剑桥古典希腊语语法

THE CAMBRIDGE GRAMMAR OF CLASSICAL GREEK

［荷兰］范·埃姆德·博阿斯　莱克斯巴隆　豪廷克　德·巴克 ◎ 编

顾枝鹰　杨志城　张培均　李孟阳　程茜雯 ◎ 译

华东师范大学出版社

·上海·

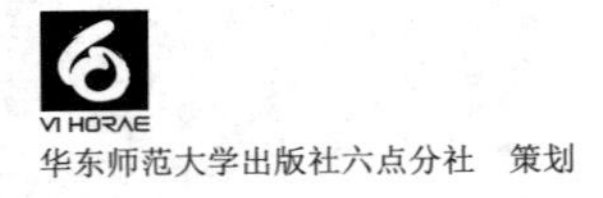

华东师范大学出版社六点分社　策划

国家社会科学基金重大项目“《牛津古典大辞典》中文版翻译”（项目批准号：17ZDA320）阶段成果

封面题签临摹自《十三经集字摹本》（清道光二十九年刻本）

目　　录

第二部分　句　法

第三部分　语篇连贯

参考文献、索引和附录

中文版弁言

中文版《剑桥古典希腊语语法》系《拉丁语语法新编》的姊妹篇。黾勉从事，不敢告劳，惟愿汉语学界获益一二，俾使古希腊罗马经典著作有更多精良的中译本，以期推进我们对古典智思的理解。

原书封底有一段简介可大致反映全书概貌，中译如下：

> 《剑桥古典希腊语语法》是一个世纪以来英语世界首部全面的古典希腊语参考性语法书。[①] 这部开创之作反映了近几十年来语言学领域取得的重要进展，为学生、教师和研究者提供了一套完备而易懂的语法论述。语音和词法部分充分吸收比较语言学和历史语言学的见解，以阐明由词根、词干和词尾构成的复杂系统。句法部分针对格的用法、时态和体、语态、从句、不定式和分词等主题，提供了最前沿的语言学解说。语篇连贯部分是本书的一大创新，先探讨小品词和词序，再详细讨论四段例文，展现了处理古希腊语文本的新方法。全书提供大量原典例句，均附有译文，往往还配有说明性注释。清晰的表格、便捷的交叉引用、详尽的索引，让各个层次的读者都能轻松使用这份必备资料。

原序提供的其他相关信息，译者不再赘述。这里首先需要说明中文版的翻译思路。

在正文部分，译者并未拘泥于英语的表述，而是根据具体情况给出中译文。比如，在论及现在时词干系统时（12.14），作者说：

> The verb οἴομαι *think* is regularly thematic.

显然，这句话不能译作动词 οἴομαι［认为］通常是构干元音型的。因为，动词的所有词干系统不可一概描述为构干元音型的或无构干元音型的（见 11.18 注一）。考虑到第 12 章的主题是现在时，我们便译作：

> οἴομαι［认为］的现在时词干系统通常属于构干元音型变位。

---

① 引用者按：在参考性语法书（reference grammar）之外，还有教学性语法书（pedagogical grammar，即语法教材）和侧重历史比较语言学的历史性语法书（historical grammar）。作者在原序中强调，本书并非历史性语法书。

同理，原书多次使用的 with/without vowel changes/differences/variations 也不应按字面译作[不]带元音变化/差异，而应译作在元音音级上有别/相同（例如 18.19 以及若干标题）。其他类似情况仿此。

有赖前辈筚路蓝缕之功，本书所引的古希腊语经典作品多数已有中译，有些篇目甚至不止一种译本。在翻译例句时，我们参考了现有的各种中西译本，根据古希腊语原文给出直译译文。下面分别以哲人、肃剧诗人和史家笔下的三个句子为例。

柏拉图《游叙弗伦》4e（52.11 例句 43）：

原文：οὐ φοβῇ δικαζόμενος τῷ πατρὶ ὅπως μὴ αὖ σὺ ἀνόσιον πρᾶγμα τυγχάνῃς πράττων;

中译甲：你竟然胆敢告你父亲杀人，不怕自己做了慢神的事？[①]

中译乙：你可以控告你的父亲，对吗？你并不害怕自己这样做是不虔敬的吗？[②]

中译丙：你并不害怕把你的父亲送上法庭而背上不孝之名？[③]

中译丁：你不怕在告父亲的时候自己做出什么不虔诚的事情来呢？[④]

中译戊：你把你父亲告上法庭，难道你真不担心自己落个不虔敬的下场？[⑤]

中译己：你根本不害怕你在告父亲时你自己恰恰又做出什么不虔敬的事情来，是这样吧？[⑥]

原书英译：Are you not afraid that you are the one who, as it happens, is behaving impiously by prosecuting your father?

本书中译：你若控告你的父亲，就不担心自己反而恰巧做了不虔敬的事情？

如原书所言，这个句子包含一个由 ὅπως μή 引导的疑惧从句，从句中的动词 τυγχάνῃς[你恰巧]带分词 πράττων[做]；母动词 φοβῇ[你害怕]则受另一个分词 δικαζόμενος[控告]的修饰。与此同时，我们并未依从

---

① 参见柏拉图：《游叙弗伦·苏格拉底的申辩·克力同》，严群译，北京：商务印书馆，1983年，第 16 页。严本主要依据洛布本（1914）。

② 参见柏拉图：《柏拉图全集》（第 1 卷），王晓朝译，北京：人民出版社，2001 年，第 236 页。

③ 参见柏拉图：《柏拉图全集》（第 2 册），增订版，王晓朝译，北京：人民出版社，2015 年，第 98 页。

④ 参见柏拉图：《柏拉图对话集》，王太庆译，北京：商务印书馆，2004 年，第 5 页。王本译自“牛津古典文本”丛书中柏内特（Burnet）的古希腊语校勘本（1899），顾本、溥本亦然。

⑤ 参见柏拉图：《游叙弗伦》，顾丽玲译，上海：华东师范大学出版社，2010 年，第 39 页。

⑥ 参见柏拉图：《欧悌弗戎》，溥林译，北京：商务印书馆，2021 年，第 11 页。

原书英译，而是根据语境和原文词序，将 δικαζόμενος 理解作表达条件的情状性分词，[①] 并且译出了副词 αὖ[反而]。

埃斯库罗斯《波斯人》386–387（51.18 例句 45）：

原文：λευκόπωλος ἡμέρα | πᾶσαν κατέσχε γαῖαν εὐφεγγὴς ἰδεῖν.

中译甲：白日的光马跃到大地，光耀夺目。[②]

中译乙：驾驭白马的白天重新照耀整个大地，一切清楚地显现。[③]

中译丙：白天的骏马闪出耀眼的光辉，跨越广袤的大地。[④]

中译丁：白昼驾驭着那些白色骏马，光明晴朗。[⑤]

原书英译：white-horsed day, bright to see, covered the entire earth.

本书中译：驾驭白驹的昼日笼罩整个大地，看上去熠耀生辉。

本书引用这两行诗的重点在于最后的 εὐφεγγὴς ἰδεῖν，其中形容词 εὐφεγγής[闪闪发光的]带补说不定式 ἰδεῖν，后者对前者加以具体限定，故译为看上去。句首的二尾形容词 λευκόπωλος 复合自 λευκός[白色的]和 πῶλος[小马驹]，修饰句子的主语 ἡμέρα[白天；昼日]。

修昔底德《佩洛璞斯岛人与雅典人的战争》8.46.5（46.8 例句 16）：

原文：καταφανέστερον ἢ ὥστε λανθάνειν οὐ προθύμως ξυνεπολέμει.

中译甲：他很明显地表示不愿意在战争中帮助他们了。[⑥]

中译乙：他很明显地表现出并不热衷于联合作战了。[⑦]

中译丙：他也不热心支持他们作战，这一点实在是太明显不过了。[⑧]

---

① 斯特方版中的拉丁语译文作 dum accusas，即使用虚拟式的附带条件从句。

② “光耀夺目”见于译注，译本正文中省略。参见埃斯库罗斯：《埃斯库罗斯悲剧六种》（《罗念生全集》第 2 卷），罗念生译，上海：上海人民出版社，2016 年，第 33、59 页。罗本译自西奇威克（Arturus Sidgwick）的希腊文版（1899），并参考了普里查德（A. O. Prichard）的注释（1928）。

③ 参见埃斯库罗斯：《埃斯库罗斯悲剧》（《古希腊悲剧喜剧全集》第 1 卷），王焕生译，南京：译林出版社，2015 年，第 95–96 页。王本译自古希腊语。

④ 参见埃斯库罗斯：《埃斯库罗斯悲剧集》，陈中梅译，沈阳：辽宁教育出版社，1999 年，第 97 页。陈本译自史密斯（Herbert W. Smyth，见后文）的洛布本（1936）。

⑤ 参见埃斯库罗斯：《希腊悲剧之父》（全集 2），张炽恒译，台北：书林出版有限公司，2008 年，第 63 页。这个译本所标注的行码与各种希腊语版本无关，只是中译自身的行码，比如这两行是张本第 488、489 行。张译底本不明。

⑥ 参见修昔底德：《伯罗奔尼撒战争史》，谢德风译，北京：商务印书馆，1960 年，第 596 页。谢本主要依据沃纳（Rex Warner）的英译本（1954）。

⑦ 参见修昔底德：《伯罗奔尼撒战争史》，徐松岩译，上海：上海人民出版社，2017 年，第 686 页。徐本来自克劳利（Richard Crawley）的英译本（1874）。

⑧ 参见修昔底德：《伯罗奔尼撒战争史》，何元国翻译、编注，修订译本，北京：中国社会科学出版社，2024 年，第 506 页。何本译自“牛津古典文本”中琼斯（Henricus Stuart Jones）和鲍威尔（Johannes Enoch Powell）的古希腊语校勘本（1942）。何译旧版（2017）译文相同。

原书英译：(Tissaphernes) engaged in war with a lack of zeal that was too clear to escape notice (*lit. ‘clearer than so as to escape notice’*).

本书中译：太过明显以至于无法让人忽视的是，[提斯撒斐尔内斯]当时勉为其难地协同作战。

本书引用修昔底德的这个句子是为了说明，比较级＋ἢ ὥστε 引导的结果从句使用不定式，表达过于……以至于无法……。为了强调这个结构，译者按照古希腊语原文的词序，先给出对应于主句的中译，从句随后。我们还根据语境和原书英译，把动词第三人称单数 ξυνεπολέμει[他当时协同作战]的主语提斯撒斐尔内斯（Τισσαφέρνης）补上，没有使用人称代词他。原书用括号给出的注释仅涉及英语译文，无需译出。①

需向读者交待的体例和形式问题如下——

对于例词，我们根据实际需要，或按具体词形给出释义（例如属宙斯[1.80]、他俩曾自己分配[21.7]），或标注词法属性，或仅仅给出基本含义，亦可能不加中译，并无定则。

在例句的中译文后，引用次数较多的作家作品在标注出处时使用简称，② 主要例外有二：若作家仅一见，则写出作家和作品的全名；③ 若作品引用次数较少或者名称较短，则写作品全名，不写作家名。④ 其他情况则随机应变，具体处理，⑤ 详见附录。

原书在例句中有时不标明对话者的身份，中译文视情况增补。

全书例句约 1600 条，其中近百条未标注出处。译者一一核查、补漏并标注星号（*）。不过，出于版式的考虑，31.8 介词用法表中的出处以脚注形式注明。大约 50 组例句完全重复或部分重合（比如 33.60 例句 93 和 59.33 例句 49 都引用德摩斯梯尼《演说辞集》19.130，两个例句部分重合）。对于这种情况，译者添加两个星号（**），提示读者可借助引文索引找到本书对句中其他语法点的解释或者对同一个语法点更

---

① 常见的拉丁语、古希腊语专名基本沿用旧译，相对少见的专名依据原文按照附录中的《古典学音译流程图》《拉丁语古希腊语汉字转写表》以及译者参与设计、开发的转写程序《小物》译出；关于“佩洛璞斯岛”等译名，译者另文说明。

② 例如柏《高》指柏拉图《高尔吉亚》。

③ 例如忒欧格尼斯《诉歌集》(33.31 例句 39)。

④ 分别如米南德《单行格言》(全书共引用 2 次）和阿里斯托芬《云》。

⑤ 柏拉图和色诺芬各有一部《会饮》，但由于引用格式的差异，不标明作者也不会产生歧义。本书多次引用柏拉图的《苏格拉底的申辩》，仅一次引用色诺芬的同名作品（51.37 例句 97 引用第 34 节），故我们用色《申辩》以示区别。《伊翁》和《伊昂》分别指柏拉图和欧里庇得斯的同名作品，由于译名和引用格式的差异而避免了混淆，是故这两部作品也无烦再注明作者。

完整的描述。这样做也有助于读者熟悉例句的语境。不过，如果例句的附带说明或者译注已作了相关说明，那么就省略这两个星号（比如 36.1 例句 1 和 51.12 例句 28 引用的《地母节妇女》1012）。还有个别例子，不仅原书未标注出处，而且多次出现，中译本以三个星号（***）表示（比如 28.25 和 30.28 都引用《佩洛璞斯岛人与雅典人的战争》6.60.4 而原书未标注出处，中文版分别标注三个星号和一个星号）。

如果例句中译另起一段不会影响版面，那么就另起一段（如 1.34 例句 2），否则中译就紧随在原文之后（如 1.34 例句 1）。

一些语法概念对于中文读者来说并不难理解，但原书作者为英语读者举例解释，颇费周折。这些英语例句往往毫无古典气息，亦缺希腊风韵，因此中译者偶有修改，不再一一说明。[1]

译文的脚注皆为译注，标有*原书正文*的除外。少数正文移入脚注，主要是因为版式的限制（如 33.36）。个别内容在脚注中给出原文，不予中译（如 28.24 *注一*）。

原书没有具体说明古希腊语的*音节划分*（syllabi[fi]cation）规则，却在第 24 章讲解重音规则时为少数单词划分了音节。其中的一些划分方式有待商榷（比如 24.18 的 δουλό·οι·ντο），甚至前后不一（比如 24.16 的 παιδεύ·εσ·θε 和 24.18 的 τιμή·σαι·σθε）。与音节问题相关的是，原书没有为古希腊语*断字*（hyphenate），[2] 致使字间距常常过紧或过松。针对这些情况，中文版在附录中给出现代希腊学者*伊科诺穆*所编的古希腊语词法教科书（由希腊教育部门审定，已通行数十年）对音节划分的介绍，[3] 并且按照其中的规则为希腊文断字。[4] 伊著所述的音节划分规则

---

① 比如我们把 38.46 的 what a cool car John drove 改为了 what a great soul Socrates had。

② 作者在邮件中解释说，词法部分以连字符划分单词的组成部分，因此断字可能造成歧义。译者认为，断字仅发生在行末，断字的位置往往也是词法上不同部分的连接之处，而且语境可为读者扫除歧义。中文版约有七百处断字，其中词法部分仅约百处，作者的顾虑实无必要。

③ 参见 Μιχ. Χ. Οικονόμου, *Γραμματική της Αρχαίας Ελληνικής (Γυμνασίου – Λυκείου)*, Αθήνα: Οργανισμός Εκδόσεως Διδακτικών Βιβλίων, [1971], σ. 34. 与此书对应的古希腊语句法教科书是 Α. Β. Μουμτζάκης, *Συντακτικό της Αρχαίας Ελληνικής (Α΄ Β΄ Γ΄ Γενικού Λυκείου)*, Αθήνα: Οργανισμός Εκδόσεως Διδακτικών Βιβλίων, [1982].

④ 我们在 DOCX 文件中主要通过手动添加可选连字符（optional hyphen，又名*软连字符*[soft hyphen]）来实现断字。不过，这一方式会造成两个问题：其一，某些位置即便添加了可选连字符，计算机系统依旧不断字，而把单词完整地置于一行，造成字间距过小（比如 29.15 例句 39 的 σεαυ-τόν）；其二，如果页面末行最后使用可选连字符，那么系统会将这一行自动移至下一页（比如 52.28 例句 83 的 τοι-οῦτον；英语不允许页末断字，而古希腊语和拉丁语不受这一约束的限制）。对于这两种情况，译者使用普通的连字符来断字。不过，在印刷品上，可选连字符与连字符看起来并无差异。

源自雅典科学院（Ακαδημία Αθηνών）1939 年的一份正字法文件。[①]

原书使用的希腊文字体是无衬线的 Neohellenic 的修订版。与宋体、仿宋或楷体混排时，它都稍显唐突且字形偏小，因此我们没有沿用该字体。[②] 同理，New Athena Unicode 和 AttikaU 这两款字体也不予考虑。中译本也不采用比较常见的 Times New Roman 和颇具艺术性的 Alexander，因为这两种字体包含的字符较少，不能满足语法工具书的需要。[③]

我们在这里着重介绍 KadmosU、BosporosU 和 GFS Porson Archaic 这三套字体。本书中的希腊文主要使用 KadmosU，这款字体端庄典雅，易与汉字协调。前两种字体均由韦恩州立大学（Wayne State University）科根（Marc Cogan）教授设计，它们的 Unicode 版本出自加利福尼亚大学伯克利分校（University of California, Berkeley）玛斯特若纳德教授之手（非 Unicode 版本已淘汰）。[④] 在第 1 印中，第 25 章伊欧尼亚方言和其他方言中的阿提卡方言形式使用 BosporosU；在第 2 印中，我们改用了希腊字体协会（Εταιρεία Ελληνικών Τυπογραφικών Στοιχείων / Greek Font Society）的发起人之一玛特修普洛斯（Γιώργος Ματθιόπουλος）博士设计的 GFS Porson Archaic（GFS Porson 的修订版）：相较于 BosporosU，这款字体更易与 KadmosU 区分。[⑤]

---

① 参见 D. Filippou, “Hyphenation Patterns for Ancient and Modern Greek,” in A. Syropoulos, K. Berry, Y. Haralambous, et al., eds., *TeX, XML, and Digital Typography*, Berlin: Springer, 2004, pp. 59–67.

② 何况，在现代希腊的图书排印中，Neohellenic 字体多用于童书，参见 Y. Haralambous, “From Unicode to Typography, a Case Study: The Greek Script,” *Fourteenth International Unicode Conference*, 1998. p. 22. 此文从排版和字体的角度较为全面地讨论了希腊字母，在实践层面较有参考价值。

③ 中文图书中偶见 Bwgrkl。该字体由国外宗教团体设计，较少用于古典学出版物。其原理是以希腊字母的形式显示拉丁字母。比如，若要显示 ἐχθές（ἐχθές），就必须输入 evcqe,j（e 作 ε，v 作不送气符，c 作 χ，q 作 θ，逗号作扬音符，j 作 ς），因此较易出错，也不便于电子检索。

④ 玛氏编撰的教科书《阿提卡希腊语入门》（*Introduction to Attic Greek*，2013）就使用 BosporosU。他批评原书所用的字体不便阅读，还指出了缺少断字的问题，参见 D. J. Mastronarde, “A New Greek Grammar for Students and Teachers: Review of *The Cambridge Grammar of Classical Greek*,” *Mnemosyne*, vol. 73, no. 3, 2020, pp. 510–525.

⑤ 1808 年，凸模雕刻师奥斯汀（Richard Austin）根据英格兰校勘家波森（Richard Porson）的希腊文手写体制成了铅字，很快风靡英语世界。这种字体在二十世纪就已见于中文书籍，比如司徒雷登编译的通用希腊语教程和一些科技文献，参见 J. L. Stuart, *The Essentials of New Testament Greek in Chinese*, Shanghai: Presbyterian Mission Press, 1917. 唐士良等编：《鱼病学》，上海：上海科技文献出版社，1983 年，第 195 页。

2023 年 11 月，我们向 Neohellenic 的修订者玛特修普洛斯反馈了 GFS Porson 中大写字母 Π 的设计缺陷。他不仅修复了问题，而且热情地接受了中国学者的建议，补充设计了同时带有长/短音符、重音符和气符的元音字母等诸多字符：GFS Porson Archaic 由此问世。《古典学研究》期刊中的希腊字母也使用这款字体。

这里以亚里士多德《形而上学》的第一个句子（所有人在本性上都欲求知道）作为示例：

πάντες ἄνθρωποι τοῦ εἰδέναι ὀρέγονται φύσει.	(GFS Neohellenic)
πάντες ἄνθρωποι τοῦ εἰδέναι ὀρέγονται φύσει.	(New Athena Unicode)
πάντες ἄνθρωποι τοῦ εἰδέναι ὀρέγονται φύσει.	(AttikaU)
πάντες ἄνθρωποι τοῦ εἰδέναι ὀρέγονται φύσει.	(Times New Roman)
πάντες ἄνθρωποι τοῦ εἰδέναι ὀρέγονται φύσει.	(Alexander)
πάντες ἄνθρωποι τοῦ εἰδέναι ὀρέγονται φύσει.	(KadmosU)
πάντες ἄνθρωποι τοῦ εἰδέναι ὀρέγονται φύσει.	(BosporosU)
πάντες ἄνθρωποι τοῦ εἰδέναι ὀρέγονται φύσει.	(GFS Porson Archaic)

2017 年秋，中文版《拉丁语语法新编》正式出版后不久，同一个中译团队便准备着手翻译史密斯（Herbert W. Smyth）著、[①] 梅辛（Gordon M. Messing）校订的《古希腊语语法》（*Greek Grammar*）。第一部分（字母、语音、音节和重音）译出初稿后，我们听说《剑桥古典希腊语语法》即将出版。先前支持我们翻译《拉丁语语法新编》和《古希腊语语法》的倪为国先生了解到这一情况后，立刻表示愿意联系剑桥大学出版社，尝试购买版权。随后，经原书第四作者德·巴克（Mathieu de Bakker）博士允许，格罗宁根大学文学院白珊珊学友寄来了原书未定稿的复印本。2018 年春节，《剑桥古典希腊语语法》的中译工作正式开始。

原书于 2019 年 3 月正式出版，中文版此时在篇幅上已完成一半。作者很快发现 14 处问题，在 4 月的第二次印刷中作了挖改。不久之后，作者又察觉 2 处错误，便在剑桥大学出版社网站上发布了一份勘误及增补表。同年 10 月，原书第一作者范·埃姆德·博阿斯（Evert van Emde Boas）[②] 在其学术界（Academia.edu）网站的个人页面上发布了第二份勘误及增补表，约有 170 处修订。[③] 译者在第一时间作了相应的订正。

经过与剑桥大学出版社的反复沟通，我们在 2020 年 3 月终于获得了字符可复制的原书的 PDF 文件。此时，第 15–23 章和第 25 章尚未翻译，第 14 章和第 24 章译出一半，其余 49 章已有初稿。[④]

---

① Smyth 是 Smith 的异体，不过传闻史氏本人自称史迈斯。

② 范·埃姆德·博阿斯是其姓氏。后文及译注中简称为博阿斯。

③ 截至 2021 年 7 月中文版首次付梓时，相较于博阿斯在个人页面所公布的勘误及增补表，剑桥大学出版社网站上提供下载的同名文件反而少了 6 条内容。

④ 我们优先翻译句法和语篇连贯部分，这是为了等待原版 PDF 文件，以减少在翻译词法部分时因人工录入希腊文而产生的拼写错误。句法和语篇连贯部分的例句原文几乎全部复制自古希腊语语料库（Thesaurus Linguae Graecae），后来均据原书逐一核对。

中译团队在 2020 年 5 月与博阿斯博士取得联系后，将发现的各种疑似问题（诸如误植字符、格式问题、表述失当等等，总计约 230 处，不包括作者主动更正的内容）悉数反馈给作者。

博阿斯在 2020 年秋曾计划整理一份完整的勘误表，但未能如愿。博阿斯阅毕译者整理的疑似问题列表的后半部分，于 2021 年 1 月发来另一份电子书稿，带有 501 处批注，中文版据以作出相应的修改。[①] 对于问题列表前半部分的一百多处疑问，博阿斯允许译者改动。其中，诸如 [prâːŋma] 误作 [praːŋma] 这种明显的错误（1.29 注一），译者径改，不作说明。诸如 18.10 前的标题问题和 19.27 的表述问题，以及诸如 51.10 例句 23 的翻译问题，我们在脚注中稍作讨论。[②]

程志敏、贺方婴、彭磊、李致远、黄薇薇、胡镓、万昊、何博超、冯金朋和芝人老师慷慨提供了各自的译文未刊稿，涉及柏拉图的《苏格拉底的申辩》《吕西斯》《欧蒂德谟》《高尔吉亚》、亚里士多德的《修辞术》、色诺芬的《回忆苏格拉底》、阿里斯托芬的《财神》《马蜂》以及德摩斯梯尼、埃斯奇内斯和伊赛欧斯的演说辞。在本书定稿前，贺方婴老师的《吕西斯》译本、黄薇薇老师的《财神》译本以及芝人老师的《金冠辞》《为奉使无状事》译本已经正式出版。作为第一批读者，我们愿意向本书的读者郑重推荐这几个译本。

肖有志、娄林、柯常咏、戴晓光、冯庆、徐晓旭、陈莹雪、李慧、吴雅凌、白钢、张巍、冼若冰、康凯、李腾、梁中和、归伶昌、刘津瑜、玛斯特若纳德、顾斯文（Sven Günther）、雷立柏（Leopold Leeb）老师以及作者范·埃姆德·博阿斯、德·巴克博士解答了我们的各种疑问。译者对诸位师长心怀感激——不仅是因为他们为我们释惑——倘若我们有幸能使自己对古典的理解扎根于对超越性的追求和对人世的体察，那么或许就不必担心自己辜负老师们的教诲。

何启文、李旺成、陈若薇、隋昕、王潇语、何颜希、陈子博学友协

---

① 博阿斯对 24.19 的增补可能造成原书版面的大幅度调整，因此他在批注中告诉编辑在需要的情况下可删减 24.18 的某些文字以避免排版问题。所幸中文版无需过多的变动，可以保留本无必要删除的内容。类似的情况又如 34.16 例句 30 最后补充的说明性注释，译者不再一一说明。

② 博阿斯于 2021 年 7 月 9 日发来一份带有 690 处批注的 PDF 文档，中文版第 1 印未能据以订正。另外，《剑桥古典希腊语语法》还会有现代希腊语版和法语版。现希译本《古典希腊语语法》（*Γραμματική της Αρχαίας Ελληνικής της Κλασικής Περιόδου*，克里特大学出版社即出）由塞萨洛尼基亚里士多德大学扬纳基斯（Γεώργιος Κ. Γιαννάκης）教授主持翻译。

助校对了中文版的部分内容，包括个别章节的译稿、人工录入的希腊文以及参考文献和索引的格式。邢北辰、朱镭博、李晨煜、金炎学友在专名转写问题上多有贡献。毕唯乐学友在术语和小品词方面助力颇多，大大提升了整个译本的可读性。白珊珊、许一诺、江松霖、冯坤、陈石、曾佑瀛、刘峰、陈元瑗、刘勋、何源、杨立军、李天顺、李韬、孙伯、陈驰、周浩学友阅读了未定稿，提出了不少有用的建议。

上述师友给予译者诸多帮助、支持和关爱，我们在此谨致谢忱。

“六点”的创始人倪为国先生一直关注中西古典学问题、支持古典西学中国化事业，为青年译者的这部作品付出了非同寻常的心血。他担任本书的责任编辑，全力争取到版权，与我们多次讨论中文版的各种细节。更加重要的是，他反复提醒译者强化中国文明意识——在译文和版式上都不应屈从于英语的习惯而影响中文读者的感受。

译者最后要感谢的是我们的恩师刘小枫先生。他不仅始终鼓励、指点我们逡译西方原典，而且将本书纳为他主持的国家社科基金重大项目《牛津古典学词典》中文版翻译的阶段成果。修习古典语言，通晓古典文法，不为炫学，亦不为“复古”，只为研读、理解、翻译原典，从而提升我们对现代性和西方文明的诊断力。而这，正是他对我们的期许。

与原书相仿，我们的中译本也是合作的产物。五位译者在这段艰辛而甘美的旅途中，不仅收获了语言知识和翻译经验，而且在集体讨论和相互修订中，在那些伟大灵魂的见证下，结成了友爱的共同体。

在本书付梓之际，译者祈愿，能够与读者共同呼吸古希腊的和非古希腊的古典智慧。我们初心不改：

> 维文法殒而气息活之。
>
> *grammatica enim occĭdit, spiritus autem vivificat.*

是为序。

译　者

二〇二一年二月九日

于中国人民大学古典文明研究中心

二〇二五年三月二十日

修订于中国社会科学院外国文学研究所古典学研究室

原　序

两个C和两个G：本书的成书史和目标

构想和发展

读者捧起这块厚重的“蓝砖”时，或许会惊讶于CGCG（我们喜欢用这一简称）中的第一个C曾经代表的是concise［简明］。[①] 正如众多语法书起初无疑只是课堂讲义，那部《古典希腊语简明语法》（*Concise Grammar of Classical Greek*）的句法部分亦然——准确地说，它是范·埃姆德·博阿斯（Evert van Emde Boas）在牛津大学第一学年古希腊语句法课上的讲义。着手编写此书的原因是，他对以英语写成的现有的教学材料并不满意。这主要是因为，那些材料未能反映数十年来古希腊语语言学描述方面取得的进展。普通语言学中各个领域的洞见组合起来造就了这些进步。在英语世界中，上一部优秀而全面的古希腊语参考性语法书是史密斯的《古希腊语语法》（*Greek Grammar*）。尽管此书相当出色，但它所处的时代远远早于那些进展可能产生的时代，而且晚近的语法著作也未曾缩小其间的差距。事实是，现有的著作均不能代表学界对古希腊语的认知现状。当然，也有其他问题：本科生常常觉得史密斯的著作体量过大，知识点过于密集，但是替代品一般在广度上过于狭窄；现有的语法书所用的例子并不总是具有代表性，而且来自业已淘汰的校勘本；书中所用的术语混乱而老旧；诸如此类。

莱克斯巴隆（Albert Rijksbaron）参与到博阿斯的工作中负责校订稿件、撰写其余章节之时，这份课堂讲义就开始展露出书本的面貌。豪廷克（Luuk Huitink）当时也在牛津大学任教，在面对现有的教学材料时遇到了类似困难，他随后参与进来，并且与博阿斯一同撰写了语篇连贯部分的初稿——鉴于上文提到的语言学上的进展，这部分可谓特别的

① 本书的英文名是The Cambridge Grammar of Classical Greek，故简称为CGCG。译文的脚注均为中译者注。

desideratum[急需之物]。

在牛津大学格罗辛讲师科克赫科（Juliane Kerkhecker）的鼓动下，我们于 2009 年岁末把书稿以当时的面貌呈交给剑桥大学出版社（尚无词法部分）。这并非一份成熟的出版计划（至少在编者心中如此，因为没有词法部分就不能完全配得上第一个字母 G[语法(书)]），而只是一个开场白。令人欣喜的是，出版社非常严肃地对待我们提交的稿件，并且安排了大量审读者来评判我们的作品。于是，我们签订了出版合同，书名中的 C 也转而代表 Cambridge[剑桥]。

不过直到此时，大量工作仍旧有待完成。在后续几年中——我们不得不因为其他任务而多次耽搁——编者草拟了语音和词法部分，并且仔细校对了现有的部分，以便吸收审读者的意见（令人高兴的是，这些意见助益良多且十分详细）。正是在这一阶段，前牛津大学格罗辛讲师德·巴克（Mathieu de Bakker）也加入了编写团队——他本人原先也有类似的计划。

在添加了语音和词法部分以及审读者要求的其他内容后，修订版篇幅猛增，于 2013 年冬季被再次提交给出版社。我们在次年收到了另一组审读者对全稿的反馈。这些反馈同样详细且大有助益，不仅促使我们最后一次审阅全稿，而且促使我们全面修订了章节的编号系统。2015 年初，修订工作完成，随后便开始了漫长而复杂的出版流程（因此，在参考文献中，我们没有系统地添加 2016 年及以后的文献）。

最终的产物完完全全是合作努力的成果：尽管单一编者撰写特定几章的草稿或者主动承担部分章节的修订任务，但是我们协同讨论了书中的每一页，而且四位编者都对全书作了通盘的考量。我们每个人都乐于对整本书的质量承担责任。

目标读者和知识覆盖范围

我们特别希望大学生（不论何种层次）和教师都能从本书中受益。古希腊语语言学领域之外的专业学者也可从我们的作品中有所收获，尤其是在传统语法书通常不太涉及的方面（词序就是一个典型例子），而更普遍的情况是，因为我们尝试的方法而受益——我们试图通过这些方法来呈现当下对这一领域的思考，涉及动词的体、时态的用法、语态、间接话语、补语结构和小品词等等。

我们建议，《剑桥古典希腊语语法》可用于本科生和研究生的语言课程；此外，主要为学生读者而写的古典文本的笺注也可以在大多数语法点上引用本书——过于罕见而肯定需要论述得更详细的内容除外。不过，我们可能在许多主题上花费了较多笔墨，而在另一些主题上几乎未置一词（对此，我们会立刻想到音节的结构、感叹词和称谓的形式）。另一些扩展内容，诸如格律和/或散文的韵律，或者语法书中常见的文体术语列表，我们从未认真考虑——在我们看来，如果读者就这些话题去查阅专门的资料，那么肯定会获得更好的了解。

就知识覆盖范围而言，我们还要稍许解释一下书名中的第二个 C [古典的]和第二个 G[希腊语]。我们顶住了诱惑，没有增加本书的历时范围和方言范围以涵盖荷马、古风琴歌和通用希腊语等等（这对于少数读者而言也是一种欲求）；我们原本也想对铭文中的希腊语多作些说明。然而，任何这样的变化都会大幅增加全书的体量和复杂性（也会相应减少其实用性），因此，我们决定把自己的范围限定为古典希腊语。另外，考虑到读者可以使用关于方言和荷马希腊语语法等等的专门资料，本书在这些方面的省略应该就更加行得通了。由于希罗多德和戏剧诗人所用的语言明确属于古典希腊语，我们就辟出一章来论述伊欧尼亚散文以及属于戏剧的一些方言特征（尤其是多瑞斯方言的 α）。

编纂原则

我们很早就改变了第一个 C 的含义，但是，本书依旧追求简洁和实用。因而，我们决定不在书中堆砌参考文献，也不过多讨论学者的分歧。不过，本书最后给出了一份按主题分类的文献简目。我们相信其中胪列的资料足以帮助有兴趣的读者在特定的主题上继续深入。当然，我们也清楚地意识到，本书的某些内容并非不刊之论，而是有待商榷。尽管我们略去了讨论，但这并非出于武断，而是为了保持连贯和清晰。

我们还尝试了另一种方式以便读者使用本书，亦即在“理论为辅”（‘theory-light’）的同时对术语体系多有琢磨。至于我们在这一点上是否成功，应由读者自行评判——这方面的讨论详见序言后的术语说明。

实用性也意味着不能在根本上偏离编纂语法书的常规方式。比如，在句法部分，我们遵循传统的做法，从简单句的结构（包含基本的名词形式的句法和诸如时态、体和语式的动词范畴）过渡到各种类型的从属结构，把后者分置于诸如原因从句、目的从句和分词等等与词形密切相关的标题之下。另一条路径或许更加突出语言的功用，比如在一个标题下讨论所有表达原因或目的的方式。这种路径更符合这个事实：语言不仅是各种形式组成的系统，而且是言说者和写作者据以实现其特定目标和效果的一种媒介。总之，这并非我们采纳的路径，但是读者可以在全书中发现趋向于这一路径的表现，并且一些章节（例如表达愿望、指示等等的章节）显然更加顺应这种思路。

在原文例句的挑选上，我们投入了相当多的精力。当然，一些例句见于前人的作品，我们只是再次使用；不过大多数例句是重新从海量文本中遴选出来的。例句出自多种来源，既要求清晰，又要能呈现我们想说明的语法现象。诸如古希腊语语料库（Thesaurus Linguae Graecae）、以爱语文数据库格式存储的珀尔修斯电子图书馆（Perseus under PhiloLogic）这样的数字语料库对于寻找合适的材料大有帮助。另外，我们基本不用生造的句子，因为我们坚信，接触真实的古希腊语例句最有助于学习如何面对真实的古希腊语文本（另一个原因是，我们认为，怀疑自己生造古希腊语句子的能力并无害处——即便我们编出的句子在古人听来可能并不突兀）。[①]

在语音和词法部分，我们对词形的呈现也常常基于对语料库的重新检索。一些语法书中常常列出一些异常形式，但是这些形式事实上并不见于古典希腊语，故而我们省略不提。这种情况与主要部分列表尤其相关——我们一般避免给出不见于古典希腊语或几乎不见于古典希腊语的形式。[②]

不过，在语音和词法部分，我们在历史语言学方面提供的信息远远多于现在那些目标读者为本科生的语法书通常提供的信息。许多“不规则的”古希腊语形式和词形变化表用少量历史背景即可解释。编者的经验是，学生从这类信息中受益颇多。需要强调，这一做法显然以教学为目的，而非旨在提供一本严格意义上的历史性语法书。倘若专业学者质疑我们的挑选原则（没有使用圆唇软腭音[labiovelar]？）或者呈现方式（比方用希腊字母来表示拟构的形式，例如使用不太恰当的 *σεχ- 代替 *seg^{h}-），那么，这就是我们可以给出的唯一解释。倘若某位学生有兴趣深入了解古希腊语的历史背景，那么我们会强烈建议他查阅参考文献里

---

① 不过，作者还是在一些并无必要的地方给出了疑似生造的例子，比如 31.8 介词用法表中的 οἱ περὶ Κῦρον、56.2 的 μὴ ἔστω ταῦτα 和 57.3 的 ὡς Σωκράτη 等等。

② 然而，介词用法表中却出现了几处不见于古典希腊语的例子，作者也未标注出处，详见相关译注。

相关主题的著作。

在语音和词法部分，如果我们认为标出元音音量有助于分析词形或者便于读者记忆占主导地位的模式（比如词尾中的元音音量），那么就会标注短音符或长音符（ᾰ/ᾱ、ῐ/ῑ 和 ῠ/ῡ）。在一个小节中，我们常常只完整标注一次元音音量，或者仅在一个形式或词尾首次出现时标注。编者并不力求前后完全一致，也不试图重复词典的词条中的既有信息。

在词法部分，我们还有一条编纂原则，就是明确地拆分词形——我们在教学中发现，告诉学生 παιδεύω 的不定过去时主动态分词阳性复数宾格是 παιδεύσαντας，完全不同于告诉学生这一形式来自 σ 型不定过去时词干 παιδευσ(α)-（这一词干本身产生自规则的构成过程）、分词后缀 -ντ- 和第三变格法复数宾格词尾 -ας。在全书中，我们的目标是激发学生以第二种分析式的路径进入古希腊语词法。

使用指南

尽管本书的每一章都旨在方便读者连续阅读，但是编者知道，参考性语法书的大多数读者会用来查阅关于特定主题的论述——因此，我们给出了详细的目录和全面的索引以便检索。

全书包含大量交叉引用，读者可以迅速链接到相关的主题或术语。在某些情况下，交叉引用旨在为当前尚未充分讨论的内容提供[更为]完整的论述；而在其他情况下，如果所用的语法术语或概念可能不为读者所知，或者读者可能希望了解得更详细，那么我们也会使用交叉引用。与此同时，在讨论例句时，我们也会提供交叉引用来帮助读者学习语法难点。一些读者可能比另一些读者更愿意参考这些交叉引用——在这方面，我们相信每位读者会很快找到自己的使用方式。

本书中的小字表示相关内容[在编者看来]不太常见、不属于核心内容或者比较次要。小节后的注释用以给出进一步的讨论和例外等等。一般而言，大字表示某个主题的主要语法点（可能是本科生需要掌握的内容），注释和以小字给出的小节提供额外信息，或是学生在阅读文本时将会遇到的语法点——教师可能并不要求学生掌握这些内容。当然，教师在使用本书作为教本时，可以自主决定强调哪些内容。①

在词法部分，本书先给出词形变化表，然后再详细讨论。需要词形

---

① 中文版保留原书文字大小之异，个别表格例外。

变化总表的读者可以从剑桥大学出版社的网站上下载。

致　谢

《剑桥古典希腊语语法》的成书经年累月，数年来受益于多方。然书中舛误皆由编者自负文责。借此良机，聊表谢忱——

古希腊语语言学领域的诸多同仁当之无愧位居首列。许多同道可以在字里行间发现他们的想法。虽然我们只在参考文献中胪列了具体姓名和大作（原因见上文），但是在编者形塑想法的过程中，他们的贡献不可磨灭。

剑桥大学出版社指定的审读者（两次！）慷慨拨冗在大开本的草稿上给出详细的评审意见。他们的基本认可使编者欢欣，他们的批评促使我们在诸多地方打磨表述，他们的修改也使我们避免了许多错误。我们有幸能在这里给出一些审阅者的大名：芬格拉斯（Patrick Finglass），他对本书涉及《埃阿斯》选文的部分作了尖锐的评点，也是这一工作的理想人选；迪克（Helma Dik）投入了大量时间和精力，并且在完成了自己的那部分审读任务后依旧如此。乔治（Coulter George）的评述在深度和广度上都值得编者致以特别的感谢。

阿尔盖尔（Benjamin Allgaier）、德·莱乌（Maurits de Leeuw）、施特格曼（Karel Stegeman）和科恩（David Cohen）检查了所有例句的拼写和出处，工作细致、高效。利布雷赫茨（Mirte Liebregts）承担了初步整理主题索引（以及其他两种索引的几个部分）的艰巨工作，我们对她的辛勤付出深表谢意。

科克赫科起初就给予我们鼓励，并且在我们联系出版社的过程中起到了重要作用。瓦科（Gerry Wakker）深入参与了早期的讨论，并且对语篇连贯部分的初稿给出了意见。阿伦（Rutger Allen）对数章内容提出了颇具洞见的建议，而在更多的情况下，我们在很多地方从其已刊著作中受益。

在出版社方面，我们要感谢夏普（Michael Sharp）以及我们接连的几位内容经理汉隆（Liz Hanlon）、撒瑞扬尼都（Christina Sarigiannidou）和斯图尔特（Ross Stewart），还要特别感谢兰伯特（Sarah Lambert）。细心敏锐的文字编辑托德（Malcolm Todd）在本书出版阶段一直是我们的可靠伙伴。

本书所用的希腊文字体是剑桥大学出版社自用的 Neohellenic 字体

的特别修订版，增补的字符由博阿斯和希腊字体协会的玛特修普洛斯设计。尽管后者临时才接到通知着手设计，但其成果依旧精致典雅，我们致以由衷的感谢。①

我们所在的各个研究所的朋友和同仁给予了我们精神支持，并且在我们着力编纂语法书的各个时期对我们相当耐心。博阿斯想要感谢牛津大学古典学系、圣体学院和莫德林学院的全体教员（尤其是卡勒瓦中心的同事），还有荷兰阿姆斯特丹大学、阿姆斯特丹自由大学、格罗宁根大学和莱顿大学古典学系的成员。在本书编纂的数年中，这些机构都提供了温馨的家园以及一个或多个场合所需的工作环境。莱克斯巴隆受惠于阿姆斯特丹大学人文学院阿姆斯特丹语言和交流中心，在他退休后，该中心依旧提供各种物质支持。豪廷克要感谢牛津大学伍斯特学院（编纂工作的起点）的院长和教师、牛津大学默顿学院（本书基本成书于此）的院长和教师以及海德堡大学古典语文学研讨班（本书定稿于此，海德堡大学的格雷特莱茵[Jonas Grethlein]特别耐心，鼎力支持此书）。德·巴克想感谢阿姆斯特丹大学古典学团队的同事，特别感谢德·雍（Irene de Jong）的支持和鼓励。

四位编者的家人当然更加耐心，他们始终如一地支持编纂工作，而且爽快地放任我们在夜里收发邮件。即便在晚上和周末，四位编者也花费大量时间共处——常常是以网络途径——我们都很清楚，这些时光原本也可以用在别处。

牛津大学（尤其是默顿学院）、阿姆斯特丹大学、格罗宁根大学和莱顿大学的学生在某些时候试用了本书中的几页内容或者完整的早期版本，并且给出了他们的建议。我们受益于学生良多，而在编写本书时，我们心中所念的正是他们。

① 关于中文版所用的字体，详见中文版弁言的说明。

缩写、符号和版本

本书所用的缩写

原书中的语法术语常常以缩写形式出现（例如 dative[与格]缩写成 dat.，note[注释]缩写成 n.），故列出缩写表一张。中文版不译，移至主题索引之前。

其他符号

古希腊语例句前带有编号 (1)、(2) 和 (3) 等等，每章编号独立。

例句中的三点（...）表示为了简明清晰而作的省略，[①] 竖线（|）表示换行，两个冒号（::）表示发话人的变化。

>、<、*和†这四个符号见 1.48。

国际音标（IPA）所表达的拟构的语音见 1.14。

例句的文本和译文

本书的例句一般都来自电子资源——我们大量使用古希腊语语料库的在线版本和以爱语文数据库格式存储的珀尔修斯电子图书馆卓越的检索功能。所有例句后来均根据印刷版检查过——一般是最新的“牛津古典文本”（Oxford Classical Texts）版，偶尔也用比代（Budé）版或托伊布纳（Teubner）版。例句中省略原文的地方均有标注，不过，对于句法上完整而在原文中并未结束的例句，我们自由地添加句号（或问号）。例句中也标注了换行和说话人的变化（见上文的说明）。

英译均出自编者，不过我们常常借鉴已出版的译文（尤其是“洛布古典丛书”[Loeb Classical Library]本）。[②]

① 例句中译视情况添加省略号。

② 译者认为，原作者对现有英译的参考时而不够，时而过度。比如在 49.19 例句 44 和 51.10 例句 23 中，作者都弄错了主语，而洛布本不误。博阿斯已在电子版上将前一处英译的主语 (the horse) 改为了 he（指色诺芬前文提到的骑手[τὸν ἱππέα]），但拒绝中译者对后一处提出的修改建议。与此同时，33.57 例句 88、47.10 例句 22 的译文都由于过度因袭洛布本而造成了错误（博阿斯并未回应我们对这两处的质疑）。中译者在翻译例句时尽可能直译，参考了多个中西译本，详见中文版弁言。

术语说明

问题和原则

古希腊语语法几乎就是术语大杂烩。各种语法现象通过不同标签或多或少的叠加而为人所知——这些标签在不同时代或地区广为流行。与此相反，古希腊语的一些特征从未有过准确的术语。这一事实也并没有什么帮助——在希腊以外，古希腊语语法的传统术语在很大程度上基于拉丁语语法，尽管这两种语言有一些根本差异（尤其是动词系统）。

语法书的编纂者面临不少挑战，它们的紧要程度也不尽相同：我们该用什么术语来指称使用 εἰ + 祈愿式的条件？假设性（hypothetical）、远（remote）、should-would、潜在/可能（potential）还是将来更小可能性（future less vivid）？又该如何称呼小品词 μήν？情态（modal）、态度性（attitudinal）、互动性（interactional）还是孤立地表达一种思维模式的（which expresses a mode of thought in isolation）？我们始终清醒地意识到，小品词（particle）这个术语本身已然不受今日的语言学家认可。既然我们并不喜欢陈述不定式（declarative infinitive）和能动不定式（dynamic infinitive）这两个术语，那么是否应该抛弃它们——这两个术语在古希腊语语言学中的地位相当稳固，在广义的古典学领域里却未必如此——而代之以会模糊关键差异的老旧手段？在涉及动词的体时，语言学文献所用的完全标准化的术语未完成体（imperfective）和完成体（perfective）是否太过混乱而无法使用——考虑到要与未完成时（imperfect）和不属于完成体的完成时（perfect）相区分？

对这番问题的任何回应都不可避免地是一种妥协，这种妥协难免会让一些人心生不悦，因为他们眼看着自己偏好的术语未受青睐。我们只能简要介绍本书选择、使用术语的基本原则——

- 本书力求尽可能使用不仅见于古希腊语语法而且通行于普通语言学的术语。
- 本书希望通过术语的选择来呈现近几十年来古希腊语语言学领域取得的一些重要进展。
- 本书力求使用准确而有区分度的术语（亦即术语与其表达的语法现象准确对应，恰到好处）。
- 基于以上原则，本书力求使用自明且尽量为人熟悉的术语。
- 另外，最重要的是，全书追求术语的包容性，亦即在注释和主题索引中为相关语法现象给出众多替代术语（编者有时也会说明不选用那些术语的原因）。

动词的术语

我们需要在这里单独说明动词的术语。传统的语法术语混乱不清、让人困扰，尤其难以准确描述古希腊语的动词系统。这一问题解决起来并不容易，除非完全抛弃传统术语（本书没有这样做）。尽管编者在使用动词术语时力求准确，但是依旧会出现一些有所重合的术语以及缩略形式。在全书伊始就说明这些问题较为妥当（第 11 章开头的表格可能有助于理解这里对动词术语的说明，具体的讨论详见第 11 章）。

时态、体和语式

• 时态（tense）这一术语表达的是——

（1）为区分特定直陈式而使用的一种词法概念（例如未完成时、不定过去时和叙述体时态等等）；

（2）时态-体词干（tense-aspect stem）[①] 的等价物（例如不定过去时分词、现在时祈愿式和直陈式以外的时态等等）；

（3）表达时间关系的语法概念（例如过去时态、现在时态等等，还有先在性、同时性等等）。

在本书中，时态一词基本表达第三种含义，偶尔也表达第一种含义；本书避免（也应该避免）用它表达第二种含义，因为在描述分词、祈愿式等等的时候，这一术语的适用性要小得多。

• 类似地，现在时、不定过去时、将来时和完成时这几个术语既可用于表达各种时态-体词干（例如完成时不定式、不定过去时祈愿式不带增音），也可用来表达这些时态-体词干的直陈式（例如不定过去时和未完成时、不定过去时带增音）。需要注意，在后一种用法中，不定过去时是未完成时的直接对应物，但在前一种用法中则不然（在古希腊语中，没有与不定过去时虚拟式对应的未完成时虚拟式）。在本书中，仅在没有歧义时，我们才使用不定过去时来代替不定过去时直陈式（其他类似情况同理）。

注一：因此，不定过去时在本书中最常见的用法是用来指代表达一种体（完成

---

① 书中也常称之为时态词干（tense stem），例如 13.18、22.1 和 33.58。

体）的词干，现在时用来指代表达另一种体（未完成体）的词干，等等。这两种体的差异见 33.4–7。编者注意到，在普通语言学的一些晚近论述中，实际上以体的名称来称呼这两种词干（从而在涉及古希腊语时产生出诸如基本未完成体直陈式[primary imperfective indicative]、完成体不定式[perfective infinitive]这样的术语，这两者分别相当于我们所说的现在时直陈式和不定过去时不定式）。这种做法颇具优势，但或许太过远离大多数古希腊语学习者和研究者所熟悉的领域。

- 相较于未完成时直陈式和过去完成时直陈式，我们更偏好未完成时和过去完成时这两个术语，因为前两个名称是同意反复（古希腊语的未完成时和过去完成时在定义上就是直陈式），并且可能暗示直陈式的位置可以有其他变数（实际上没有可能，并不存在未完成时虚拟式）。我们把未完成时定义为历史现在时直陈式，把过去完成时定义为历史完成时直陈式，见 11.7。
- 我们仅把直陈式、虚拟式、祈愿式和命令式视作语式，不定式和分词不应该归到这一范畴中。

“第一”“第二”不定过去时和“第一”“第二”完成时

另外，一些手册坚持区分不定过去时、不定过去时被动态和完成时词干的“第一”（或“弱变化”）和“第二”（或“强变化”）形式——

- 在动词词干上添加 σ 所构成的不定过去时词干（比如 παιδευσ̲(α)-）、添加 θ 所构成的不定过去时被动态词干（比如 παιδευθη̲-）和添加 κ 所构成的完成时词干（比如 πεπαιδευκ̲-）被称作“第一”（或“弱变化”）形式。
- 其他形式都是“第二”（或“强变化”）形式。

本书不用“第一”“第二”，因为编者认为，这两个无用的术语未提供充分的词法信息（比如，请注意构干元音型“第二”不过时 ἐ-λίπ-ο̲-μεν 有构干元音，词根型“第二”不过时 ἔ-γνω-μεν 却无构干元音，两者不该归为一类），而且“第一”“第二”还有误导性——它们暗示实际上相当规则的形式（比如以 χ 和以 φ 结尾的完成时主动态词干）不规则。我们把不定过去时词干分为三类（σ 型、构干元音型和词根型，见第 13 章），把不定过去时被动态词干分为两类（θη 型和 η 型，见第 14 章），把完成时主动态词干分为三类（κ 型、送气型和词干型，见第 18 章）。

第一部分　语音和词法

第 1 章　古典希腊语的书写符号和语音

书写：字母表、重音、气符和标点

字母表

1.1　标准的希腊字母表由 24 个字母组成：

	大写	小写	名称		大写	小写	名称
1	Α	α	ἄλφα alpha	13	Ν	ν	νῦ nu
2	Β	β	βῆτα beta	14	Ξ	ξ	ξεῖ (ξῖ) xi
3	Γ	γ	γάμμα gamma	15	Ο	ο	ὂ μικρόν omicron
4	Δ	δ	δέλτα delta	16	Π	π	πεῖ (πῖ) pi
5	Ε	ε	ἒ ψιλόν epsilon	17	Ρ	ρ	ῥῶ rho
6	Ζ	ζ	ζῆτα zeta	18	Σ, Ϲ	σ, ς, ϲ	σῖγμα/σίγμα sigma
7	Η	η	ἦτα eta	19	Τ	τ	ταῦ tau
8	Θ	θ	θῆτα theta	20	Υ	υ	ὖ ψιλόν upsilon
9	Ι	ι	ἰῶτα iota	21	Φ	φ	φεῖ (φῖ) phi
10	Κ	κ	κάππα kappa	22	Χ	χ	χεῖ (χῖ) chi
11	Λ	λ	λά(μ)βδα la(m)bda	23	Ψ	ψ	ψεῖ (ψῖ) psi
12	Μ	μ	μῦ mu	24	Ω	ω	ὦ μέγα omega

1.2　在古典时期及这一时期之前，希腊字母表中还有其他几个字母。其中，本书会用到的几个是：（1）ϝ，名为 digamma 或 wau（见 1.31、1.74 和 9.13），我们也会用符号 u̯ 或 w 来表示这个字母；（2）ϙ，名为 koppa（见 9.13）；（3）ϛ，名为 stigma（见 9.13）；（4）ϡ，名为 san 或 sampi（见 9.13）。符号 y 名为 yod（见 1.31、1.74），并不属于任何一种希腊字母表，但常用来拼写拟构的形式；y 也常被写成 i̯ 或 ϳ。[①]

具体细节

1.3　字母的发音（和语音学分类），见 1.14–33。α、ε、η、ι、ο、

① 原书中，1.2 以小字排印，1.9 注一等多处亦然。小字内容在编者看来不太常见、不属于核心内容或比较次要，大字内容则是本科生应掌握的知识点。中文版保留原书文字大小之异（个别表格例外）。在 Unicode 中，这个 ϳ（U+03F3）不同于拉丁字母 j（U+006A），大写形式作 Ϳ（U+037F）。

υ 和 ω 表示元音，其他字母表示辅音，而 ζ、ξ 和 ψ 分别表示两个辅音。

1.4 习惯上，小写的（lower case）σ 在词末写成 ς，在词首和词中写成 σ，例如：Σώστρατος[人名]、στάσις[放置；位置；派别]。

一些校勘本采用所谓的新月形的（lunate）σ，即 C/c，用于词首、词中和词末，例如：Cώcτρατοc、cτάcιc。

1.5 双元音（diphthong）由两个元音组合而成，在一个音节中发音。双元音有一些特定的拼写习惯——

- 双元音中，仅第一个字母大写（capitalize），例如：Αἴγυπτος[尼罗河；人名；埃及]、Εὐριπίδης[欧里庇得斯]。
- 对于 ι 结尾的三个双元音而言，ι 习惯上写在第一个元音的下方，分别作 ᾳ、ῃ 和 ῳ。这个 ι 被称作下写的（subscript）ι。这三个双元音有时也可以使用后写的（adscript）ι，分别写成 αι、ηι 和 ωι。大写字母不带下写的 ι，例如：

  Ἅιδης[哈德斯]、Ὠιδή[歌曲]（小写是 ᾠδή）。①

双元音的完整列表、发音以及下写的 ι，详见 1.20–23。

双元音上的重音和气符，见 1.8。

重音和气符

1.6 习惯上，古希腊语文本使用三种重音[符]（accent (sign)）：

- 扬音[符]（acute，´），例如：ά、έ、ό、αί 和 οί；②
- 抑音[符]（grave，`），例如：ὰ、ὲ、ὸ、ὺ、αὶ 和 οὶ（抑音符只写在单词的尾音节上）；
- 扬抑音[符]（circumflex，ˆ，也常常写成˜），例如：ᾶ、ῆ、αῦ 和 οῖ（扬抑音符只写在长元音或双元音上）。

这三种重音的含义和古希腊语重音的基本规则见第 24 章。

1.7 习惯上，古希腊语文本使用两种气符（breathing mark/sign），写在词首的元音、双元音或字母 ρ 上——

- 不送气符（smooth breathing / *spiritus lenis*，’），例如：

---

① 但是实际上，至少在现代希腊，也有 ᾍδης、ᾨδή 这样的写法。另外，在全大写的环境中，这里的 ι 可以使用小型大写字母的形式，例如：ΑιΔΗΣ、ΩιΔΗ。

② 在 Unicode 中，带重音符（τόνος）的希腊字母不同于带扬音符（ὀξεῖα）的字母（分别借助 Q 键和分号键输入）。二者通常并无明显的形态差异。不过，Times New Roman 字体的 ΐ、ΰ 有助于我们看到它们的区别：ΐ（U+0390）、ΰ（U+03B0）带重音符，ΐ（U+1FD3）、ΰ（U+1FE3）带扬音符。在 Word 软件中，输入代码，选择后同时按下 ALT 键和 X 键，代码就会变为相应的字符。

ὄρος[山]、αὐτή[她自己]和 ᾖ[系动词 εἰμί 的现虚三单]；

• 送气符（rough breathing / *spiritus asper*，῾），例如：

ὅρος[界限]、αὕτη[这]和 ᾗ[关系代词 ὅς 的阴单与]。

送气符表示送气（aspiration），即词首元音或双元音之前带一个[h]音（见 1.27）。另外，词首的 ρ 要带送气符（例如 ῥίπτω[我投掷]）。不送气符表示不送气。

1.8 重音和气符的位置有如下规则——

• 重音和气符只写在元音上（辅音 ρ 可带送气符）。如果元音或 ρ 大写，那么重音和气符就写在它的前方，例如：

ὁ Ἐρατοσθένης[人名]、ὁ Ἄδμητος[人名]和 ἡ Ῥόδος[罗德岛]。

• 双元音的重音和气符写在第二个元音上，例如：

αἰτεῖν[去要求]、οἷος[(种类)如此的]和 ποίησον[ποιέω 的不过命二单]、οὔκουν[小品词]、Εὐριπίδης[欧里庇得斯]和 παιδεῦον[在教化的]。

然而，对于带下写的 ι 的双元音而言，重音和/或气符都写在第一个元音上。甚至对于带后写的 ι 的双元音而言亦是如此（这种情况见于某些校勘本，或是在双元音大写时出现）。例如：

ᾤκουν[我/他们曾居住]（后写：ὤικουν）、ᾗ（后写：ἧι）[关系代词 ὅς 的阴单与]和 ῞Αιδης[哈德斯]。

• 如果一个元音同时带气符和重音，那么扬音符和抑音符就写在气符的后方（即右边，例如 οὔκουν[小品词]、ἃ[关系代词 ὅς 的中复主宾]和 Ἄδμητος[人名]）；扬抑音符则写在气符的上方（例如 εἶδος[样貌；形式；理念]、ᾧ[关系代词]和 Ἥρα[赫剌]）。

标点符号

1.9 古希腊语文本的现代印本使用以下标点符号（punctuation）：

• 句号（period，.）：与英语中的用法相同；

• 逗号（comma，,）：与英语中的用法相同；

• 中点（high dot，·）：大致相当于英语的分号（;）和冒号（:）；

• 问号（question mark，;）：相当于英语的问号（?）；

• 省音符（apostrophe，’）：表示词末省音（见 1.34–38）；

• 破折号（dash，–）或括号（parenthesis sign，()）用来标示插入语；一些校勘者在戏剧文本中也用破折号标示被打断的或不完整的话语（utterance）；另有一些校勘者使用三个点（...）。

现代印本中引号（quotation mark）的用法并不统一：一些版本完全不用引号（此时常在引文开头使用大写字母，本书即是如此），一些版本使用双引号（“ ... ”）或单引号（‘ ... ’）；另外还有一些版本使用双尖引号（« ... »，尤其见于法国和意大利的印本）。

注一：古希腊语文本使用的现代标点所遵循的规则习惯上与现代语言一致（因此随地域而有所变化），常常无法反映出可能的古代语调和/或书写惯例。①

其他区分性符号

1.10 除了上述的气符、重音和标点符号之外，还有以下符号——

• 分音符（diaeresis，¨）：写在两个元音的后一个上，表示它们不构成双元音（例如 δαΐζω[我切开]、ἄϋπνος[不眠的；醒着的]）；

• 融音符（coronis，᾽，与不送气符形态相同）：② 用来表示融音。融音指一个以元音或双元音结尾的单词与后一个以元音或双元音开头的单词的融合，例如：ταὐτό（= τὸ αὐτό[这个]）、κᾆτα（= καὶ εἶτα[然后；那么]）；融音详见 1.43–45。

字母、气符、重音和标点符号：历史概况

1.11 希腊人从腓尼基人那里吸纳了*字母表*（alphabet）。这可能发生于公元前九世纪——第一份年代确定的铭文是公元前八世纪的产物。腓尼基字母表中的字母都表示辅音，但是希腊人给其中一些字母重新赋予音值（value）以表示元音，又添加了一些字母。大多数希腊字母的名称都来源于腓尼基字母的名称。

早期的各种希腊字母表彼此大相径庭，在内容和字母形状上皆是如此。东伊欧尼亚字母表（它有一些特别的创新，比如把一个元音音值赋予字母 H）最终在整个希腊世界得到采用；在雅典，这份字母表在公元前 403/402 年用于官方文件——不过它可能早就用于文学作品了。这就是前文给出的标准字母表。

大写和小写字母的区分并不是自古就有的：小写字母（小楷[minus-

---

① 感叹号见 38.43。

② 扬音符（U+1FFD，´）、不送气符（U+1FBF，᾿）、省音符/右单引号（U+2019，’）、融音符（U+1FBD，᾽）、希腊数字符号（Greek numeral sign，U+0374，ʹ）、修饰字母撇号（modifier letter apostrophe，U+02BC，ʼ）、打字机撇号（typewriter apostrophe，U+0027，'）和上标符号（prime，U+2032，′）在 Unicode 中是不同的符号。修饰字母撇号可用于转写表示喉塞音（glottal stop）的阿拉伯字母（ء）和西里尔文的软音符号（soft sign，Ь/ь）。

cule］）在公元九世纪或十世纪由拜占庭学者引入；古希腊人自己只用大写字母（大楷［majuscule］或安色尔体［uncial］）。在现代印本中，大写字母习惯上仅用于专名的首字母，有时也用于一个新的句子、新的段落或新的话轮（speech turn，见于对话），或者用来标示直接话语的开头（这是本书中的用法）。在现代印本中，铭文有时完全以大写字母排印。

注一：表示数字的字母，见 9.13。

1.12 两种气符和三种重音符由希腊化时期亚历山大里亚图书馆的学者引入。尽管现代校勘本采用的重音体系间接地来自这些希腊化时期的学者，但却基于拜占庭学者的论述。

1.13 古希腊人同样未曾系统地运用标点符号，他们也没有隔开单词（尽管早期铭文中单词间有时以 : 或 ⁝ 隔开）。标点符号和隔开单词的做法都是拜占庭时期引入的，并且在现代印本中得到应用。

元音和双元音的发音

1.14 后面几节中，古典希腊语的［重构式］发音以国际音标来表示，同时尽可能接近地以英语或另一种现代语言来表示。国际音标置于方括号中（例如［a］）。许多符号在国际音标中表示的音与在标准英语中表示的音相同；但是，一些符号则不然（对于这些符号，可参考国际语音学会［International Phonetic Association］网站上的指南）。国际音标中的符号 : 表示长元音（例如［aː］）。

元 音

1.15 古希腊语的元音（vowel）及其发音如下所示。我们还给出了英语和/或另一种现代语言中近似古典希腊语的发音。

元 音	发 音	例 词	近似发音
α	［a］	γάρ［gár］［因为；其实］	aha、德 Mann、意 amare
	［aː］	χώρα［k^{h}ɔ́ːraː］［土地］	aha、意 amare
ε	［e］	ψέγω［pségɔː］［我指责］	fatal、法 clé
η	［ɛː］	ἦθος［ɛ̂ːt^{h}os］［习俗；性情］	air、法 tête
ι	［i］	πόλις［pólis］［城邦］	fancy、法 écrit
	［iː］	δελφῖνος［delp^{h}îːnos］［属海豚］	weed
ο	［o］	ποτε［pote］［曾经］	go、notorious、德 Motiv
υ	［y］	φύσις［p^{h}ýsis］［本性；自然］	法 lune
	［yː］	μῦθος［mŷːt^{h}os］［言辞；故事］	法 muse、法 écluse
ω	［ɔː］	Πλάτων［plátɔːn］［柏拉图］	more、notorious

后文中，为了区分短音和长音的 α、ι 和 υ，我们会频繁使用短音符（breve，˘）和长音符（macron，¯）：ᾰ、ῐ 和 ῠ 是短元音，ᾱ、ῑ 和 ῡ 则是长元音。ε 和 ο 总是短元音，η 和 ω 总是长元音。

注一：在惯用的盎格鲁式古希腊语发音法（Anglophone pronunciation of Ancient Greek）中，ε 通常读作 get 中的[ɛ]，η 常常读作 made 中的[eː]（美国尤其如此），ι 通常读作 win 中的[ɪ]，ο 常常读作 got 中的[ɒ]。

注二：词首的 υ 在发音时总是送气，因此在书写时总是带有送气符（ὑ-）。

语音细节

1.16 把气流连续地从声带送出口腔就发出了元音（而发辅音时，气流完全或部分地受到阻断，见 1.25）。

1.17 元音的音质（quality）由以下三个因素决定——

- 高低（height，或开闭[openness]）：舌头相对于口腔顶部的垂直位置，比如：ι 和 υ 就是高（闭）元音，因为在发这两个元音时，舌头在口腔中较高的位置；α 则是一个低（开）元音；
- 前后（backness）：舌头相对于口腔后部的位置，比如：ι 就是一个前元音，因为在发这个元音时，舌头的位置在口腔的前部；ο 是后元音；α 则是央元音（central vowel）；
- 圆唇（roundedness）：嘴唇是否圆撮，比如：υ 和 ο 是圆唇元音，因为在发这两个元音时嘴唇圆撮；ι、ε 和 α 是非圆唇元音。

1.18 元音的音量（quantity）或说音长（length）主要取决于发音持续的时间，不过，长元音与短元音也常有音质上的差异。注意，字母 α、ι 和 υ 既可表示长元音也可表示短元音。ε 对应的长元音或是 η，或是假性双元音 ει；ο 对应的长元音或是 ω，或是假性双元音 ου（见 1.23）。

1.19 基于上述变量，古典希腊语阿提卡方言的元音系统如下图所示（外、内两层三角形分别表示长、短元音；加下划线的是圆唇元音）：

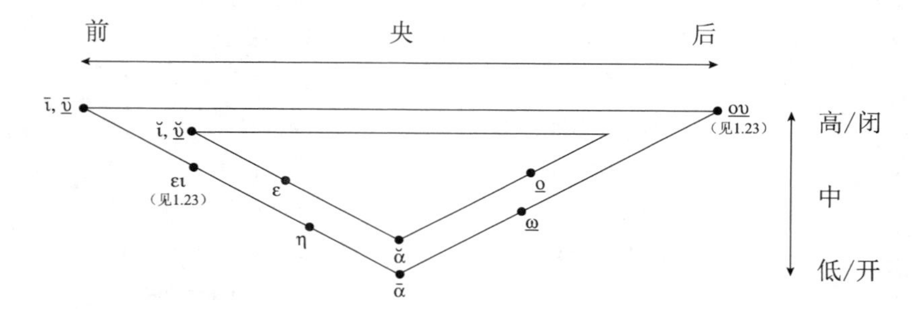

双元音

1.20　古希腊语有 13 个双元音（diphthong）。双元音由两个元音组成，在一个音节中发音。双元音的第二部分总是 ι 或 υ。双元音中第一个元音的长短区分出短[首]双元音和长[首]双元音。在分析格律和重音时，所有带双元音的音节皆为长，例外是某些单词词末的 -οι 或 -αι；详见 24.7、24.10。

短首双元音

1.21　短[首]双元音（diphthong beginning with a short vowel / ‘short’ diphthong）如下：

双元音	发　音	例　词	近似发音
αι	[ai]	καινός[kainós][新的]	high、eye（α 短读）
ει	[eː]（早期作[ei]）	πείθω[péːtʰɔː][我说服]	made、德 Beet（早期作 eight、hey）
οι	[oi]	λοιπός[loipós][剩下的]	南非荷兰语 rooibos（o 短读）
υι	[yj]	μυῖα[myĵa][苍蝇]	法 huit、halleluja
αυ	[au]	ταῦρος[taûros][公牛]	how（α 短读）
ευ	[eu]	εὖρος[eûros][宽度]	从 get 滑向 wide；对比伦敦东区口音的 bell（无对应的近似发音）
ου	[oː]（早期作[ou]，晚期作[uː]）	πούς[póːs][脚]	mode（早期作 low，晚期作 pool）

注一：双元音第二部分的 υ 的发音可能更接近[u]（如英语 do）而非[y]。另外，双元音中的 ι 和 υ 的发音不会与 ι 和 υ 单独出现时完全相同，而是分别近似于半元音（semivowel）[j]和[w]（如英语 you 和 wave）；如果双元音的后方是一个元音，那么就尤其如此，此时 ι 或 υ 的发音就像是从一个元音滑向另一个元音（如英语 hey you 和 new wave）。半元音见 1.31。

注二：υι 只在元音前出现。

长首双元音

1.22　对于长[首]双元音（diphthong beginning with a long vowel / ‘long’ diphthong）而言，如果第二部分是 ι，那么这个 ι 在大多数文本中就写在第一个字母的下方（即下写的 ι）：

双元音	发 音	例 词	近似发音
ᾳ	[a:i]	ᾄδω[a:ídɔ:][我歌唱]	rye
ῃ	[ɛ:i]	κομιδῇ[komidɛ̂:i][完全地]	法 appareil
ῳ	[ɔ:i]	τραγῳδία[tragɔ:idía:][肃剧]	noise（ω 长读）
ᾱυ	[a:u]	ταὐτό[ta:utó][相同之物]	how（α 长读）
ηυ	[ɛ:u]	ηὗρον[hɛ̂:uron][我/他们曾发现]	（类似 ευ，但 η 长读）
ωυ	[ɔ:u]	ἑωυτόν[heɔ:utón][他自己，宾]（伊欧尼亚方言，见 25.14）	从 more 滑向 wide，对比 saw

注一：长首双元音中充当第二部分的 ι 在后古典希腊语的发音里逐渐消失了，随后在书写中亦然。于是，就引入了下写的 ι，表示在语音中原本存在 ι。现代校勘本的趋势是把这个 ι 写成一个完整的字母，即*后写的* ι（例如 ηι 代替 ῃ，αι 代替 ᾳ，ωι 代替 ῳ）。注意，这种书写体系中的 αι 会引起歧义（可能是短首双元音，也可能是长首双元音；但请参见 1.8 重音和气符的位置）。

注二：ῃ 中的 ι 很可能在古典时期就已经消失了，随后就与 ει 合为一个音。

注三：在惯用的盎格鲁式古希腊语发音法中，下写的 ι 通常不发音（也就是说，ῃ 的发音与 η 相同，其他长首双元音类似）。

假性双元音 ει、ου

1.23 古希腊语的以下两个演变过程造成了它在拼写方面的一个特点（尤其见于阿提卡-伊欧尼亚方言）：

- 缩合（见 1.58–65）和补偿性延长（见 1.67–69）会产生长的 e 音[e:]和长的 o 音[o:]；这两个音分别与先前的[ɛ:]（最终写成 η）和[ɔ:]（最终写成 ω）不同，亦即发音位置更高（见 1.17–19）；
- 双元音[ei]、[ou]的发音也逐渐变为[e:]、[o:]（单元音化）。

经过上述变化，在公元前五世纪晚期，*双字母*（digraph）**ει** *和* **ου** 开始用来表示[e:]和[o:]，它们不仅表示从先前的真性双元音变来的[e:]和[o:]（那时它们不再这样发音），*而且*表示由缩合或补偿性延长造成的[e:]和[o:]。这种拼写后来标准化了。

由于这种情况的 ει 和 ου 从不表示真性双元音，因此，它们一般被称作*假性双元音*（'spurious' diphthong）。

注一：后文中偶尔会用 ε̄ 和 ō 这两个符号来表示缩合或补偿性延长所造成的[e:]和[o:]，以区别于真性双元音。需要注意，直到公元前五世纪晚期，阿提卡铭文中的 E、O 既表示长音[e:]、[o:]，也表示短音[e]、[o]。由于 EI、OY 的使用，长元音[e:]、[o:]便有可能区别于短元音[e]、[o]。

注二：ου 的发音（无论原本是真性双元音还是假性双元音）很快就变为了[u:]（即一个前高元音，见 1.17–19）。

辅音的发音

辅音表

1.24 古典希腊语的辅音（consonant）及其发音如下：

辅音	发音	例词	近似发音
β	[b]	βαίνω[baínɔ:][我行走]	bed
γ	[g]	γυνή[gyné:][妇女]	guy
	[ŋ]（γ、κ 或 χ 之前）	συγγενής[syŋgené:s][同族的]	living、hangman
δ	[d]	διά[diá][经由；通过]	dear
ζ	[zd]	ζωή[zdɔ:ɛ́:][生命]	wisdom
θ	[t^h]	θάνατος[t^{h}ánatos][死亡]	Tom（词首的 t）
κ	[k]	ἐκ[ek][出自]	scan
λ	[l]	καλός[kalós][美好的]	lesson
μ	[m]	ῥῆμα[r^{h}ɛ̂:ma][单词]	mother
ν	[n]	νύξ[nýks][夜晚]	nothing
ξ	[ks]	ξίφος[ksíp^{h}os][剑]	ex
π	[p]	λείπω[lé:pɔ:][我离开；我遗留]	spot
ρ	[r]	ῥέω[r^{h}éɔ:][我流动]	rhyme（颤音 r）
σ/ς	[s]	βάσις[básis][步伐]	sound
τ	[t]	κράτος[krátos][力量]	still
φ	[p^h]	γράφω[gráp^{h}ɔ:][我书写]	pot（词首的 p）
χ	[k^h]	ταχύς[tak^{h}ýs][快速的]	chorus
ψ	[ps]	ῥαψῳδός[r^{h}apsɔ:idós][诵诗人]	lapse

语音细节

1.25 在发辅音时，气流完全或部分地在声道的某个位置受到阻碍。古希腊语的辅音可分为四类：塞音（唇塞音、软腭塞音和齿塞音）、擦音、流音和鼻音（半元音见 1.31）。

塞　音

1.26　塞音（stop，或称作爆破音[plosive]）：发音时气流完全受阻。根据发音部位，塞音可以分为如下三类——

- [双]唇塞音（(bi)labial stop，对比拉丁语 *labia*[嘴唇]）：上下嘴唇一起阻碍气流；
- 齿塞音（dental stop，对比拉丁语 *dentes*[牙齿]）：舌尖抵住牙齿来阻碍气流；
- 软腭塞音（velar stop，对比拉丁语 *velum*[帆]）：舌尖抵住口腔顶部来阻碍气流。

塞音也可这样分类——

- 浊塞音（voiced stop）：声带震动；
- 清塞音（voiceless stop）：声带不震动；
- 送气[清]塞音（aspirated (voiceless) stop）：发音时送气（带一个 h 音，见 1.27）。

古希腊语的九个塞音如下所示：[①]

	浊　音	清　音	送气[清]音
唇塞音	β[b]	π[p]	φ[p^h]
齿塞音	δ[d]	τ[t]	θ[t^h]
软腭塞音	γ[g]	κ[k]	χ[k^h]

注一：在惯用的盎格鲁式古希腊语发音法中，φ 和 θ 常常读作擦音（分别如 fast 中的[f]和 theatre 中的[θ]），中世纪希腊语和现代希腊语中亦然。

注二：γ 也可表示鼻音，见 1.29 及注一。

擦　音

1.27　擦音（fricative）：把气流从口腔中的某个位置挤出去就发出了擦音。在标准的希腊字母表中，只有一个符号（**σ**）表示擦音，即一个清咝音（sibilant，刺耳的“嘶嘶”声，舌尖抵住齿龈形成阻碍）。

另外，送气符（ʽ）也表示擦音，即[h]。

① 在汉语普通话中，[b]和[p]是音位变体，而在英语中[p]和[p^h]是音位变体；齿塞音和软腭塞音的情况同理。

响　音

1.28　响音（resonant）分为两类，一类是鼻音 μ 和 ν（以及某些情况下的 γ），还有一类是所谓的流音 λ 和 ρ。

1.29　鼻音（nasal）：气流在口腔中受到完全的阻碍，从鼻腔流出。希腊字母表中有三个符号表示鼻音（皆为浊音）：

- 唇鼻音（labial nasal），即 **μ**[m]：上下嘴唇一起阻碍气流，气流从鼻腔流出；
- 齿鼻音（dental nasal），即 **ν**[n]：舌尖抵住牙齿或齿龈来阻碍气流，气流从鼻腔流出；
- 软腭鼻音（velar nasal），即 **γ**[ŋ]（γ 仅在软腭塞音 γ、κ 和 χ 前表示鼻音）：舌头抵住口腔顶部来阻碍气流，气流从鼻腔流出。

注一：根据一些古代学者的说法，在鼻音 μ 前，字母 γ 也要发成[ŋ]，例如 πρᾶγμα[prâːŋma][行为；事情]。这个 γ 称作 angma。不过，在今天惯用的发音法中，我们通常不将 μ 前的 γ 发作[ŋ]，而是“规则地”发作浊软腭塞音[g]。

1.30　流音（liquid）：古希腊语中只有两个流音字母，λ 和 ρ：

- 边辅音（lateral consonant），即 **λ**[l]，气流从舌头两侧流出，不经过口腔中部；
- 卷舌辅音（rhotic consonant 或震动的[tremulant]辅音），即 **ρ**[r]：舌尖在齿龈上颤动着发出这个齿龈颤音（alveolar trill）。

注一：[r]在大多数情况下是浊音，但词首的 ρ 和双音 ρρ（见 1.32）中的是清音。古代的材料说清音 ρ 送气，从而词首的 ρ 总写成 ῥ-（而在早期 ρρ 有时写成 ῤῥ）。

1.31　两个所谓的半元音也可以归入响音一类——

- [j]，如英语 you：在古希腊语中，我们用符号 y 或 j（名为 yod）来表示这个音，如今也会使用符号 i̯；
- [w]，如英语 wave：多种希腊字母表使用字母 ϝ（名为 digamma，又被称作 wau）来表示这个音，如今也会使用符号 w 或 u̯。

这两个半元音其实分别是元音 ι、υ 的等价物，只是见于不同的音系学环境；出现这两个半元音的音系学环境以及它们从古希腊语中消失的现象，见 1.74–82。

双　音

1.32　以上所述的大多数辅音都可以重叠（即构成所谓的双音[geminate]），例如：κκ、μμ 和 σσ，它们表示同一个音的“延长”（对比英语复合词的发音，比如

unnamed、part-time）。如果两个送气塞音构成双音（πφ、τθ 和 κχ），那么其中的第一个往往写成对应的不送气清音（例如 Σαπφώ[萨福]）。双音会影响音节的格律音量，例如在 ὄμμα[眼睛]中，尽管第一个音节中的 ο 为短元音，但是这个音节在分析格律时算作长音节。

表示两个辅音的字母

1.33 一字母两辅音：希腊字母表中有三个字母能表示两个辅音：

- **ζ**[zd]：即浊咝音和一个浊齿塞音；
- **ξ**[ks]：即清腭音和一个清咝音；
- **ψ**[ps]：即清唇塞音和一个清咝音。

注一：在惯用的盎格鲁式古希腊语发音法中，ζ 有时发成一个浊咝音[z]（如英语 zoo）。后古典时期的希腊语和晚期希腊语中就这样发音。

词末省音、可移动的辅音、融音和元音连续

词末省音

1.34 如果词末的短元音后方是一个以元音或双元音开头的单词，那么这个短元音在大多数情况下要脱落，这就是词末省音（elision）。发生词末省音的元音用省音符（apostrophe，’）代替，例如：

ἀπ’ αὐτοῦ (= ἀπ(ὸ) αὐτοῦ) 从他那里；

(1) ἔτ’ ἆρ’ Ἀθηνῶν ἔστ’ ἀπόρθητος πόλις; (= ἔτ(ῐ) ἆρ(ᾰ) Ἀθηνῶν ἔστ(ῐ) ἀπόρθητος πόλις;) 那么雅典人的城邦尚且未遭劫掠么？（《波斯人》348）

如果发生词末省音的元音之前是 π、κ 或 τ，并且后一个单词词首的元音或双元音上带送气符，那么这三个塞音就要送气（分别变为 φ、χ 和 θ；同化见 1.88–89），例如：

ἀφ’ οὗ (= ἀπ(ὸ) οὗ) 自从；

(2) ἀλλ’ ἔσθ’ ὅθ’ ἡμᾶς αἰνέσεις. (= ἀλλ(ὰ) ἔστ(ῐ) ὅτ(ε) ἡμᾶς αἰνέσεις.) 但是，[终]有[一天]你会称赞我的。（欧《阿》1109）

1.35 在构成复合词（compound word）时也会发生词末省音，但并不写出省音符，例如：ἐπέρχομαι[我走向；我攻击]（ἐπί + ἔρχομαι[我来；我去]）、ἄφεσις[释放；卸任]（ἀπό + ἕσις[送出；趋向]）。

1.36 对于单音节词而言，发生词末省音的必要条件是单词以 ε 结尾，例如：γ’（γε）、δ’（δέ）和 μ’（με）；如果单词不以 ε 结尾，那么就不发生词末省音，例如 τό、τά、τί 和 πρό 等等。

περί 和 ὅτι 这两个单词词末的 -ῐ 从不会发生省音。第三变格法单数与格（例如 φύλακι[守卫]）词末的 -ῐ 只在极少情况下省去。词末的 -ῠ 从不省去。

1.37 在诗歌中，如果一个以元音（通常是 ἐ-）开头的单词前方是一个以长元音或双元音结尾的单词，那么这个词首的元音就可省去。这种现象被称作词首省音（prodelision / aphaeresis）。例如：ποῦ 'στι (= ποῦ (ἐ)στι)[他在哪里]、ἐγὼ 'κ (= ἐγὼ (ἐ)κ)[我出自]。

1.38 在极少情况下，词末的 -αι 和 -οι 会省去，而这只见于诗歌，例如：

εἶν' ἐν τῇ πόλει (= εἶν(αι) ἐν τῇ πόλει) 在城邦里；

οἴμ' ὡς ἀθυμῶ (= οἴμ(οι) ὡς ἀθυμῶ) 哎呀，我多么丧气。（索《埃》587）*

可移动的辅音

1.39 对于一些动词形式和名词性形式而言，后方单词词首若是元音或双元音，那么这些形式的词末一般会添加一个 -ν，在分句或句子最后也常常如此。这个 -ν 被称作可移动的 **ν**（'movable' *nu*，古希腊语中称作 νῦ ἐφελκυστικόν[被吸引的/附带的 ν]），添加在以下形式的词末——

- 名词性形式以 -σι 结尾的复数与格，例如：

πατράσι(ν)[父亲]、Ἕλλησι(ν)[希腊人]和 τοῖσι(ν)[冠词/关系代词]。

- 以 -ε 或 -ι 结尾的第三人称动词形式，例如：ἔλεγε(ν)[他当时说]、φέρουσι(ν)[他们承担]、τίθησι(ν)[他放置]和 ἐστί(ν)[他是]；
- 未完成时第三人称 ᾔει(ν)[他当时走]、以 -ει(ν) 结尾的过去完成时第三人称单数（例如 ᾔδει(ν)[他当时已知道]），还有未完成时第一人称单数 ἦ(ν)[我当时是]。

ἔλεγεν αὐτοῖς 她当时对他们说。

ἔλεγε τοιάδε 她当时说了如此一番话。

φέρουσιν αἵδε πρόσπολοι

这些侍女携带着。（欧里庇得斯残篇坎尼希特[Kannicht]本 822.20）*

διαφέρουσι δ' αἱ φύσεις

各种天性不尽相同。（欧里庇得斯残篇坎尼希特本 494.29）*

πᾶσιν ἀνθρώποις 予所有人；

πᾶσι θεοῖς 予所有神明。

在本书中，我们选择使用 -(ν) 来表示可移动的 ν。

注一：可移动的 ν 甚至可以出现在辅音前，在诗歌中尤其如此，例如：πᾶσιν βροτοῖς[予一切有死者]（这常常是出于格律方面的考虑，因为这个可移动的 ν 使得尾音节在格律上为长）。不过，这种情况在散文中也时有出现。

1.40 如果 **οὕτως**[如此；这样]之后的单词以辅音开头，那么它通常就写成 **οὕτω**（没有结尾的 -ς）。从而这个 -ς 有时也被称作可移动的 ς：

οὕτως ἐτελεύτησεν

[居鲁士]就这样命终。（色《上》1.9.1）***

οὕτω δέχονται τὸν στρατόν

他们就这样接纳了那支军队。（《佩战》4.88.1）*

1.41 如果介词 **ἐκ**[自……中出]之后的单词以元音开头，那么它就写成 **ἐξ**，例如：

ἐξ ἀνδρῶν 从人们之中；

ἐκ βροτῶν 从有死者之中。

1.42 否定词 **οὐ**[不]有三种形式：辅音前作 οὐ，带不送气符的元音和双元音前作 οὐκ，带送气符的元音和双元音前作 οὐχ。例如：

οὐ θέμις 没有许可/不允许；

οὐκ οἶδα 我不知道。

οὐχ ὁρᾷς; 你没看见吗？

注一：带重音的 οὔ、οὔκ、οὔχ 和 οὐχί，见 24.36、56.1。

注二：μηκέτι[不再]（否定词 μή + ἔτι[仍旧]）中的 κ 是由 οὐκέτι[不再]（οὐκ + ἔτι）类推产生的。

融 音

1.43 如果前一词（不超过两个音节）以元音或双元音结尾而后一词以元音或双元音开头，那么这两个单词就可以融合在一起，融合起来的两个音节形成一个新的音节。这被称作融音（crasis，对比 κρᾶσις[混合]）。在书写时，融音形成的新的元音或双元音上会带有一个融音符（coronis，见 1.10），例如：

ταὐτά (= τὰ αὐτά) 几个相同的东西；

τοὐναντίον (= τὸ ἐναντίον) 反面/对面；

ἐγᾦδα (= ἐγὼ οἶδα) 我知道。

如果前一个单词词末的元音或双元音之前是 π、κ 或 τ，并且第二个单词词首带送气符，那么融音之后这个塞音就会送气（融音符照常出现），例如：

θοἰμάτιον (= τὸ ἱμάτιον) 这外衣；

τῇδε θἠμέρᾳ (= τῇδε τῇ ἡμέρᾳ) 在这一天；

χὠ (= καὶ ὁ) 并且那个。

注一：一些校勘者使用 θοἰμάτιον、θἡμέρᾳ 等等，这些都是错误的。

1.44 如果发生融音的第一个单词仅由一个元音或双元音构成（这对于冠词的各种形式而言尤其常见），那么就不用融音符。此时只写出第一个单词所带的气符：

ὦνερ (= ὦ ἄνερ) 先生啊！

αὑτή (= ἡ αὐτή) 这同一位女人；

αὑτός (= ὁ αὐτός) 这同一位男人；

οὑμοί (= οἱ ἐμοί) 我的人手。

1.45 融音根据缩合规则（见 1.58–66）产生元音或双元音，例如：τὸ ἐναντίον 融音为 τοὐναντίον 是因为 ο + ε 缩合为假性双元音 ου，τὰ ἐναντία 融音为 τἀναντία 是因为 α + ε 缩合为 ᾱ。

注一：在一些情况下则不遵守缩合规则，这是为了体现后一个单词词首元音的音质，例如：ἁνήρ（= ὁ ἀνήρ[这人]，尽管 ο + α 一般缩合为 ω）、αὑτή 和 αὑτός（见 1.44）。

注二：如果前一个单词词末是带 ι 的双元音，那么融音时这个 ι 就会消失，例如 κἀγώ（= καὶ ἐγώ）、τἄρα（= τοι ἄρα）、μεντἄν（= μέντοι ἄν）；θἠμέρᾳ、χὠ、αὑταί 和 οὑμοί 同理（见 1.43–44）。

注三：ὁ ἕτερος[（二者之中的）另一个]的大多数融音形式都基于更古老的形式 ἅτερος，例如：ἅτερος（= ὁ ἅτερος）、ἅτεροι（= οἱ ἅτεροι）、θἄτερον（= τὸ ἅτερον）和 θἠτέρᾳ（= τῇ ἁτέρᾳ）。带有 θᾱτερ- 的形式在书写时常常不带融音符，由此就产生出另一种成熟的代词 θάτερος。

元音连续

1.46 元音连续（hiatus）指前一词词末为元音且后一词词首也为元音的情况，例如：τὰ δὲ ἐναντία、τοῦτο ἄρα。诗歌一般会避免元音连续，散文有时亦然，方法是词末省音、添加可移动的辅音或者发生融音。

古希腊语的历史演变

引　言

1.47 本章的下面几节论述古典时期之前希腊语的某些历史演变。这几节意在说明[阿提卡]希腊语词法中的许多“不规则情况”。比方，我们可以对比以下第三变格法名词的单数主格和单数属格——

单数主格 ἀγών[竞争]	单数属格 ἀγῶνος
单数主格 γένος[种族；种类]	单数属格 γένους
单数主格 βασιλεύς[国王]	单数属格 βασιλέως

初看之下，这些属格的结尾毫无关联，但实际上它们都可以解释为 ἀγῶν-ος 的单数属格词尾 -ος 的三种情形——

- 我们把 γένους 出自的形式拟构为 *γένεσ-ος，这一形式中的第一个 σ 脱落了，然后变为 γένεος；εο 随后缩合为 ō（假性双元音 ου；这些过程见 1.83、1.58–60）；
- βασιλέως 来自 *βασιλῆϝ-ος，其中的 ϝ 脱落了，ηο 经由名为音量交换的过程而变为了 εω（这些过程见 1.80、1.71）。

在特定时期的特定音系学环境下，这些变化不断发生，从而我们有时将其归为音变规律（sound change 'law'），例如，两个元音之间 ϝ 的脱落就是希腊语历史语法中一条这样的音变规律。在古希腊语词法中，大多数表面上的不规则情况都可由这些规律得到解释，因此稍稍熟悉这些规则很有益处。整个词法部分都会涉及以下几节。

1.48 在描述古希腊语的历史演变时，我们会用到以下惯用符号：

- 星号（asterisk，*）表示不见于现存文本而根据我们对历史演变的了解拟构出的早期形式。
- 符号†表示并不存在的假定形式和不可能存在的形式。
- 符号 > 表示变为（develop into），符号 < 表示源于（be derived from），这两个符号既表示具体形式的变化（例如 *γένεσος > γένεος），也表示普遍的规则（例如阿提卡方言中的 ᾱ > η，见 1.57）。

1.49 原则上，下面详述的语音规律没有例外（尽管它们常常限于特定的音系学环境[例如在元音之间]，受特定方言区的限制，并且总是受语言历史演变中特定时期的影响）。当然，还有许多形式看起来违反了这些规则。这些意料之外的形式常常是类推（analogy）的结果——经由类推，某些形式根据其他某些常见的形式得到了重新塑造。

举例来说，中性名词 ὀστοῦν[骨头]的复数主宾格是 ὀστᾶ，这一形式来自 ὀστέα，但 εα 一般缩合为 η（见 1.59）。意料之外的形式 ὀστᾶ 可能就是从其他几乎总是以 -α 结尾的中性复数主宾格形式（如 δῶρα[礼物]）类推而来的。

类推造成的变化常常使名词或动词的词形变化表“变得整齐”（即变得规则），例如 χέω[我倾倒]的不定过去时被动态（θη 型不定过去时）是 ἐχύθην 等等，但是根据语音变化规律，我们所预期的形式则是 †ἐκύθην（-κυθ- < *-χυθ-，见 1.97）。我们可以这样解释带 χυθ- 的形式：动词词形变化表变整齐了，因为这一动词的其他所有形式都带有 χ-。

1.50　在后文详述的语音演变规律中，有几条仅适用于阿提卡希腊语（Attic Greek，其他方言见第 25 章）。

换音（元音递变）

引　言

1.51　古希腊语如所有的印欧语那样，一个独立的词根（见 23.2）常常有多种音级（grade）。不同的音级带有不同的元音。一般使用德语术语换音（Ablaut）来表示这种变化。

举例来说，意为父亲的词根有如下五个音级，这些音级取决于使用那个词根的单词以及语法格：

词　根	举　例	音　级
πατερ-	单呼 πάτερ、复主 πατέρες	e[普通]级
πατηρ-	见于单主 πατήρ[父亲]	e 延长级
πατορ-	单属 ἀπάτορος、单宾 ἀπάτορα	o[普通]级
πατωρ-	形容词单主 ἀπάτωρ[没有父亲的]	o 延长级
πατρ-	单属 πατρός、单与 πατρί	零级

动词的各种时态-体词干也常常表现出不同的音级（见 11.11–12），我们可以举 λείπω[离开；遗留]的例子来说明：

时态词干	举　例	音　级
λειπ-	现直 λείπω、将直 λείψω	带双元音的 e 级
λοιπ-	完直 λέλοιπα	带双元音的 o 级
λĭπ-	不过直 ἔλιπον	非双元音，零级

注一：英语中类似的词干变化（诸如 drink, drank, drunk 和 blood, bleed）也是印欧语的换音造成的。

注二：在一些较早的语法著作中，换音被称作元音交替（apophony）。

音质换音和音量换音

1.52 我们可以从两个维度来区分换音——

- 音质换音（qualitative ablaut）：即 e 级（e-grade）和 o 级（o-grade）之间的变换；
- 音量换音（quantitative ablaut）：即零级（或称作弱级[weak grade]）、普通级（normal grade，或称作强级[strong grade]、全级[full grade]）和延长级（lengthened grade）之间的变换。

音质换音和音量换音造成了以下五种可能情况：

音量换音\音质换音	e 级	o 级
普通级	πάτερ	ἀπατόρος
延长级	πατήρ	ἀπατώρ
零　级	πατρός	

1.53 在古希腊语中，一个词根的各种变体常常并不直接体现上面概述的换音模式，这是因为，历史音变和/或后来由类推造成的变化遮蔽了这些换音模式。举例来说——

- 鼻音或流音词根常常有一个带 ᾰ 的零级（见 1.85–87）：

	e 级	o 级	零级
τρέπω[我使转动]	τρεπ-	τροπ-	τρᾰπ-（< *τρ̥π-）
στέλλω[我准备；我派遣]	στελ-	στολ-	στᾰλ-（< *στλ̥-）
σπείρω[我播种；我生育]	σπερ-	σπορ-	σπᾰρ-（< *σπρ̥-）
πάσχω[我遭受]、名词 πένθος[痛苦]	πενθ-	πονθ-	πᾰθ-（< *πν̥θ-）

- 对于一些频繁出现的动词来说，它们的词干中出现长元音和短元音的交替，我们将其拟构为 e 级和零级，例如：

	e 级	零级
δίδωμι[给予]	δω-	δο-
ἵστημι[使竖立]	στη-（< στᾱ-，见 1.57）	στᾰ-
τίθημι[放置]	θη-	θε-
ἵημι[送出；放走]	ἡ-	ἑ-

注一：诸如 δω-/δο-、στη-/στᾰ- 等词干的拟构涉及一系列名为喉音（laryngeal）

的辅音。例如：δω-/δο- 被拟构为 *deh$_3$-/*dh$_3$-，στη-/στᾰ- 被拟构为 *steh$_2$-/*sth$_2$-（这里的 h$_2$ 和 h$_3$ 就是喉音的符号）。这些喉音在希腊语历史的很早的阶段就消失了，但留下了一些痕迹。关于喉音理论，可查阅书末参考书目中涉及历史语法的著作。

一些典型的古希腊语换音模式

1.54 延长级形式主要见于第三变格法名词性形式的阳性和阴性单数主格（见 4.31–92）。对比以下两组形式：

延长级	普通级
阳单主 δαίμων［精灵］	单宾 δαίμονα
阴单主 μήτηρ［母亲］	单宾 μητέρα

1.55 许多以 η/ᾱ 结尾的第一变格法名词（见 4.3–7），以及大多数以 -ος 结尾的第二变格法名词（见 4.19–23），具有 o［普通］级词干：

o 级	对　比
λόγος［单词；言辞］	λέγω［我言说］（e 级）
στόλος［出征］、στολή［装备；服装］	στέλλω［我准备；我派遣］（e 级）

注一：这种换音模式有时也被音变遮蔽了（常常涉及喉音，见 1.53 注一）：

o 级	对　比
φωνή［声音］（< *b^{h}oh$_2$-）	φημί［我宣称］（< φᾱμί，e 级，< *b^{h}eh$_2$-；对比一复 φᾰμέν，零级，< *b^{h}h$_2$-；另外对比上面的 στη-/στᾰ-）

以 -ος 结尾的第三变格法中性名词（见 4.65–67）和以 -μα 结尾的第三变格法中性名词（见 4.40–42）常常用 e 级词干（以 -ος 结尾的第三变格法中性名词词末的换音，见 4.66）：

e 级	对　比
γένος［种族；后代；种类］	γί-γν-ομαι［我成为；我出生］（零级）
	γόνος［后代；家族］（o 级）
σπέρμα［种子］	ἐσπᾰ́ρην［我曾被生下］（零级，< *σπr̥-）
	σπόρος［播种；收成；后代］（o 级）

1.56 许多动词的不同词干原本使用不同的音级——

- 构元型现在时词干、将来时词干和 σ 型不过时词干用 e 级；
- 完成时主动态词干用 o 级；
- 构元型不过时词干、不定过去时被动态词干和完成时中被动态词干用零级。

以 τρέπω[使转动]为例，这一模式以表格所示如下：

e 级	o 级	零　级
现在时 τρέπω	完成时 τέτροφα	构元型不过时 ἐτρᾰπόμην（< *τρ̥π-）
将来时 τρέψω		不过时被动态 ἐτρᾰ́πην
σ 型不过时 ἔτρεψα		完成时中被动态 τέτρᾰμμαι

然而，这一模式常常被后来的变化或类推遮蔽了（见 1.49）。

元音的历史演变

阿提卡-伊欧尼亚方言中的 ᾱ > η

1.57 在阿提卡方言中，长音 **ᾱ** 逐渐升高，变为 **η**（元音的高低见 1.17），例如：

μήτηρ[母亲]（< μᾱ́τηρ）、φυγή[溃逃；流亡]（< φυγᾱ́）、νίκη[胜利]（< νίκᾱ）、δεσπότης[主人]（< δεσπότᾱς）、δεινή[可怕的；令人惊异的，阴]（< δεινᾱ́）、ἵστημι[我使竖立]（< ἵστᾱμι）、ἐτίμησα[我曾崇敬]（< ἐτίμᾱσα）和 νικήσω[我将胜利]（< νικᾱ́σω）。

但是，紧挨在 **ε**、**ι** 或 **ρ** 之后的 ᾱ 并不发生这一变化，例如：

θέᾱ[观看；沉思]、αἰτίᾱ[责任；原因]、σοφίᾱ[智慧]、χώρᾱ[土地]、νεανίᾱς[青年]、δικαίᾱ[正义的，阴]、ἔδρᾱσα[我曾完成]和 ἀνιᾱ́σω[我将悲痛]。

注一：ᾱ > η 这一变化是阿提卡-伊欧尼亚方言群所特有的。在伊欧尼亚方言中，即便紧挨在 ε、ι 或 ρ 之后，ᾱ 也会变为 η，例如 χώρη，见 25.5。

注二：在阿提卡方言中，如果一个 ᾱ 之前不是 ε、ι 或 ρ，那么它就是其他演变造成的结果，通常是由缩合（例如命令式 τίμᾱ < *-ᾰε，见 1.58–66）或者补偿性延长（例如 πᾶς < *πᾰ́ντς[全部的]，见 1.68）造成的。

注三：音量交换（见 1.71）发生在这一变化后，例如单属 νεώς[船]（< *νη(ϝ)ός < *νᾱϝός）。ϝ 的脱落（见 1.80）也发生在 ᾱ > η 之后，例如 κόρη[女孩]（η 紧挨在 ρ 后，κόρη < *κόρϝη < *κόρϝᾱ）。

元音缩合

1.58 缩合（contraction）指的是一个元音与一个双元音（或另一个元音）合为一个双元音或长元音的现象。如果两个元音之间原本的 ϝ、y 或 σ 脱落（见 1.74–84），那么就尤其会发生缩合，例如：τιμῶ[我崇敬]（< *-ά-(y)ω）、γένει[予种族]（< *-ε(σ)-ι）。各种可能的缩合情况总结表见 1.63。

α、ε、η、ο 和 ω 之间的缩合

1.59 在决定元音音质的三种主要因素（见 1.17–19）中，高低和圆唇涉及 α、ε、η、ο 和 ω 之间的缩合：

	非圆唇元音	圆唇元音
高	ε̄（表示假性双元音 ει）	ο̄（表示假性双元音 ου）
	ε	ο
	η	ω
低	ᾰ 和 ᾱ	

如果发生缩合的元音中至少有一个是[相对的]低元音，那么缩合的产物就是低元音；如果发生缩合的元音中至少有一个是圆唇元音，那么缩合的产物就是圆唇元音（粗略地说，发 α 时的口型比 ε 圆，而发 ο 时最圆）。缩合的产物总是一个长元音或双元音，例如：

- ε + ε（皆非圆唇或低元音）> ε̄（高、非圆唇、长），例如：第二人称复数 ποιεῖτε（= -ε̄τε < -έετε）；
- ε + ο（皆非低元音，一个圆唇）> ο̄（高、圆唇、长），例如：第一人称复数 ποιοῦμεν（= -ο̄μεν < -έομεν）；
- ο + ο（皆非低元音，皆圆唇）> ο̄（高、圆唇、长），例如：第一人称复数 δηλοῦμεν（= -ο̄μεν < -όομεν）；
- α + ο（一个低元音，一个圆唇）> ω（低、圆唇、长），例如：第一人称复数 τιμῶμεν（< -άομεν）。

如果缩合的产物是低元音且非圆唇（即 α 与 ε/η 缩合），那么缩合规律就是：α 在前，缩合为 ᾱ；ε/η 在前，缩合为 η：

- ε + α（一个低元音，ε 在前）> η（低元音，非圆唇），例如：中性复数主宾格 γένη（< -εα）；
- α + ε（一个低元音，不过 α 在前）> ᾱ，例如：

第二人称复数 τιμᾶτε（< -άετε）。

注一：ηᾰ、ηᾱ、ηο、ηō 和 ηω 发生的音变，见 1.71。

1.60 在古典希腊语中，长元音 **ε̄**、**ō** 分别写成假性双元音 **ει**、**ου**（见 1.23）。然而，它们在参与缩合时的变化规律分别与 **ε** 和 **ο** 完全相同。这意味着，当这两个音与其他元音缩合时，并不会产生 **ι** 或 **υ**，例如：

- α + 假性双元音 ει > ᾱ（而非 ᾳ），例如：

现在时不定式 τιμ<u>ᾶ</u>ν（< *-ά-ε̄ν）；

- ο + 假性双元音 ει > 假性双元音 ου（= ō），例如：

现在时不定式 δηλ<u>οῦ</u>ν（= -ōν < *-ό-ε̄ν）；

- α + 假性双元音 ου > ω（而非 ωυ），例如：

未完成时中被动态第二人称单数 τιμ<u>ῶ</u>（< *-α-ō）。

双元音的缩合

1.61 如果缩合过程中有 **ι** 或 **υ** 参与，那么缩合的产物一般为双元音，例如：πόλει[予城邦]（< *πόλε(y)ι）、παιδεύοι[愿他教化]（-ο-ι）。

1.62 如果一个元音与一个双元音缩合，那么这个双元音的第二部分（ι 或 υ）就会成为缩合产物的第二部分，缩合产物的第一部分的缩合规则如上文所述（例如 ε + αι > ῃ，因为 ε + α > η）。

例外：ο + ῃ > οι（例如虚拟式三单 δηλοῖ < *-ο-ῃ）。

注一：作为缩合结果的双元音 ε̄ι、ōι 和 ōυ 分别“短化”为普通的 ει、οι 和 ου（例如直陈式三单 δηλοῖ < *-ό-ει[ο + ε > ō][他指出]）。

注二：现在时直陈式主动态二单词尾 -εις 和三单词尾 -ει 中的双元音是真性双元音，但不定式词尾 -ειν 中的则是假性双元音（ε̄，缩合自 -ε-εν），例如直陈式三单 τιμᾷ（< *-α-ει），但是不定式作 τιμᾶν（< *-α-ε̄ν），又如直陈式三单 δηλοῖ（< *-ο-ει），但是不定式作 δηλοῦν（= -ôν < *-ο-ε̄ν）。

缩合规则简表

1.63 上述缩合规则产生的可能情况如下表所示：

后	元音								
前	ᾰ/ᾱ	ε	ει (ε̄)	η	ι	ο	ου (ō)	ω	υ
ᾰ/ᾱ	ᾱ	ᾱ	ᾱ	ᾱ	αι/ᾳ	ω	ω	ω	αυ
ε	η	ει (ε̄)	ει (ε̄)	η	ει	ου (ō)	ου (ō)	ω	ευ
η	η[1]	η	η	η	ῃ	ω[1]	ω[1]	ω[1]	ηυ

后 前	元音								
	ᾰ/ᾱ	ε	ει (ē)	η	ι	ο	ου (ō)	ω	υ
ο	ω	ου (ō)	ου (ō)	ω	οι	ου (ō)	ου (ō)	ω	ου
ω	ω	ω	ω	ω	ῳ	ω	ω	ω	ωυ

后 前	双元音						
	ει	ῃ	αι	ᾳ	οι	ου	ῳ
ᾰ/ᾱ	ᾳ	ᾳ	(ᾳ)	ᾳ	ῳ	不缩合	不缩合
ε	ει	ῃ	ῃ	ῃ	οι	不缩合	ῳ
η	ῃ	ῃ	ῃ[1]	不缩合	ῳ[1]	不缩合	不缩合
ο	οι	οι	不缩合	不缩合	οι	不缩合	ῳ
ω	ῳ	ῳ	不缩合	不缩合	ῳ	不缩合	ῳ

[1] 这六个形式见 1.71。

ι 和 υ 偶尔也会与后面的元音缩合，一般是“吞并”它，例如复数主格 ἰχθύες > ἰχθῦς[诸鱼]，Χίϊος > Χῖος[奇欧斯岛]。

1.64　更多的例子如下——

• α 与其他元音或双元音缩合，例如：

α + ε > ᾱ　　τίμαε > τίμᾱ

α + 假性的 ει > ᾱ　　τιμάειν（= -άε̄ν）> τιμᾶν

α + η > ᾱ　　τιμάητε > τιμᾶτε

α + ο > ω　　τιμάομεν > τιμῶμεν

α + 假性的 ου > ω　　τιμάου > τιμῶ

α + ω > ω　　τιμάω > τιμῶ

α + 真性的 ει > ᾳ　　τιμάει > τιμᾷ

α + οι > ῳ　　τιμάοιμεν > τιμῷμεν

• ε 与其他元音或双元音缩合，例如：

ε + ε > 假性的 ει　　ποίεε > ποίει

ε + 假性的 ει > 假性的 ει　　ποιέειν（= -έε̄ν）> ποιεῖν[去制作]

ε + ο > 假性的 ου　　ποιέομαι > ποιοῦμαι

ε + 假性的 ου > 假性的 ου　　χρυσέου (= -έō) > χρυσοῦ[金(色)的，属]

ε + α > η　　γένεα > γένη

ε + αι > ῃ　　παιδεύεαι > παιδεύῃ

ε 融入后面的 ει、οι、η 和 ω　　ποιέει > ποιεῖ，ποιέοιμεν > ποιοῖμεν，ποιέητε > ποιῆτε，ποιέω > ποιῶ

• ο 与其他元音或双元音缩合，例如：

ο + ε > 假性的 ου　　δήλοε > δήλου

ο + 假性的 ει > 假性的 ου　　δηλόειν（= -όε̄ν）> δηλοῦν

ο + α > ω　　αἰδόα > αἰδῶ［羞怯；敬意，宾］

ο + η > ω　　δηλόητε > δηλῶτε

ο + ω > ω　　δηλόω > δηλῶ

ο + ει > οι　　δηλόει > δηλοῖ

ο + οι > οι　　δηλόοιμεν > δηλοῖμεν

ο + ῃ > οι（!）　　δηλόῃ > δηλοῖ

• η、ω 与其他元音或双元音缩合，例如：

η + ε > η　　χρήεται > χρῆται［他使用］

η + ῃ > ῃ　　ζήῃ > ζῇ［你（宜）为自己活］

ω + ε > ω　　ἥρωες > ἥρως［诸英雄］

ω + α > ω　　ἥρωα > ἥρω［英雄，宾］

ω + οι > ῳ　　λαγώοι > λαγῴ［予野兔］

其他具体情况和例外情况

1.65　如果 ε/η 和另一个元音之间的 ϝ 脱落（见 1.80），那么只有在第二个元音也是 ε/η（或者带有这两个音的双元音）时才会发生缩合：

πλεῖ［他航行］（< *πλέϝ-ει）、Περικλῆς［伯里克勒斯］（< *-κλέϝ-ης）；但是一复 πλέομεν（< *πλέϝομεν）和单属 Περικλέους（< *-κλέϝ-ο̄ς < *-κλέ-ϝε(σ)ος）中的 ϝ 脱落后就不发生缩合。

其他元音之间的 ϝ 脱落后不会发生缩合，例如：

完成时 ἀκήκοα［我已听］（< *ἀκήκοϝα）。

注一：即便 ϝ 在两个 ε/η 之间脱落，也不一定会导致缩合，对比未完成时第三人称单数 κατέχεε 和 ἐνέχει（都来自 *-έχεϝε，词典形式分别为 καταχέω［我倾倒］和 ἐγχέω［我灌入］），另对比复数主格 νῆες［诸船］和 βασιλῆς［国王们］（均来自 *-ῆϝες）。

1.66 类推（见 1.49）常常会抹消缩合的影响，例如：

中性复数主宾格 ὀστέ-α > ὀστᾶ[诸骨头]（而非 †ὀστῆ，类推自其他以 -α 结尾的中性复数形式）；阴复主 μνάαι > μναῖ[姆纳（重量、货币单位）]（而非 †μνᾷ，类推自其他以 -αι 结尾的阴性复数主格形式）；阴复主 χρυσέ-αι > χρυσαῖ[金(色)的]（而非 †χρυσῆ）。

长短差异：增音、词干的构成和补偿性延长

1.67 一些语法规则和语音变化使得某些形式中的元音或双元音具有长短差异，这种现象见于——

- 许多动词词干和名词词干的构成，例如：

δαίμων[精灵]，对比单属 δαίμονος；ποιη-（比如将来时 ποιήσω），对比 ποιε-（ποιέω[我制作]的现在时词干）；

- 以元音或双元音开头的动词的增音（augment），例如未完成时 ἤκουον（来自 ᾱ̓κούω[我听]），详见 11.37–38；
- 所谓的补偿性延长（compensatory lengthening），通常由响音 + **σ/y** 构成的辅音丛中一个辅音的脱落造成，如不定过去时 ἔφηνα[我曾揭示]（< *ἔ-φᾰν-σα）。

上述三种现象常常被归为延长，但是造成这些现象的语音变化却不尽相同，而且出现在语言演变过程中的不同时刻（其实，延长这一概括常常并不准确，在涉及词干的构成时尤其如此，因为这种元音变化一般是换音[见 1.51–56]造成的）。因此，这些现象导致了不同结果，在涉及 ᾰ、ε 和 ο 所对应的长元音时尤其如此。这些不同结果的总结如 1.69 的表格所示。

补偿性延长

1.68 补偿性延长最常由鼻音/流音 + **σ/y** 构成的辅音丛中一个辅音的脱落造成。补偿性延长一般见于——

- 隐性 **σ** 型不定过去时（动词词干以响音结尾，见 13.24–26）：

κρῑ́νω[区分；评判]，动词词干 κρῐ(ν)-，不过时 ἔκρῑνα（< *ἔ-κρῐν-σα）；φαίνω[使显现]，动词词干 φην-/φᾰν-，不过时 ἔφηνα（< *ἔ-φᾰν-σα）；

- 以 **-είνω/-είρω**、以 **-ῑ́νω/-ῑ́ρω** 和以 **-ῡ́νω/-ῡ́ρω** 结尾的动词的现在时词干，例如：

σπείρω[播种]（= σπε̄́ρω < *σπέρ-yω）、κρῑ́νω[区分；评判]（< *κρῐ́ν-yω）和 φῡ́ρω[混合；混淆]（< *φῠ́ρ-yω）。

• 以 **ντ** 结尾的名词性词干（见 4.45–48、5.15–18）的阳中性复数与格和阴性形式，阳性单数主格有时也发生补偿性延长，例如：

分词阳单主 δεικνῡ́ς[在指出的]（< *δεικνῠ́νς < *δεικνῠ́ντς），阳中复与 δεικνῦσι（< *-ῠ́νσι < *-ῠ́ντσι），阴单主 δεικνῦσα（< *-ῠ́νσα < *-ῠ́ντyα），但是阳单属 δεικνῠ́ντος，与 δεικνῠ́ντι。

• -ω 动词的现在时直陈式主动态第三人称复数（有构干元音，见 11.27、12.3–7），例如：

παιδεύουσι（= παιδεύōσι < *παιδεύονσι），对比一复 παιδεύομεν；

• 第一变格法和第二变格法的复数宾格词尾，例如：

τᾱ́ς < *τᾰ́νς、τούς（= τṓς < *τόνς）；

• 其他个别情况，例如：

εἷς[一]（= ἑ̄̂ς < *ἕνς），对比属格 ἑνός；εἰς[往；入]（= ἐ̄ς < *ἐνς）；εἰμί[我是；我存在]（= ἐ̄μί < *ἐσμί），对比二复 ἐστέ。

补偿性延长可以分为两个阶段：在第一阶段，σ 或 y 脱落，留下一个响音（例如 ἔκρῑνα < *ἔκρῐνσα）；在第二阶段，留下的是 σ（词末的 σ 或者次生的 σ，见 1.84）而响音脱落（例如 τούς < *τόνς）。

在阿提卡方言中，这两个阶段在涉及延长的 α 的情形中导致了不同结果，因为第一阶段发生在 ᾱ > η（见 1.57）之前，第二阶段则在此之后；因而，第一阶段延长的 ᾱ 可能随后变为了 η（例如 ἔφηνα < *ἔφᾱνα < *ἔφᾰνσα），第二阶段延长的 ᾱ 则无变化（例如 τᾱ́ς < *τᾰ́νς）。

注一：诸如 τᾱ́ς、τούς 和 εἰς 这样的延长形式原本只在以元音开头的单词之前出现，但被普遍化了。有时，在不同方言、不同作者中，得到普遍化的是不同的形式（例如伊欧尼亚方言使用 ἐς）。

注二：对于以 ν 结尾的名词性词干的复数与格而言，ν 的脱落似乎并没有造成补偿性延长，例如：

δαίμων[精灵]（词干 δαιμον-）的复数与格 δαίμοσι；

σώφρων[明智的；审慎的]（词干 σωφρον-）的复数与格 σώφροσι。

这可能是类推的结果（词形变化表变整齐了），而非规则的音变，见 4.51 注一。

总结表

1.69 以下两张表格总结了各种长短元音的交替：

长短	变化结果	增音	词干构成
ᾰ	η	ᾰ̓κούω[听]，未 ἤκουον	τιμᾰ́ω[崇敬]，将 τιμήσω
	ᾱ（ε、ι 或 ρ 后）		δρᾰ́ω[做；完成]，将 δρᾱ́σω
ε	η	ἐρωτάω[询问]，未 ἠρώτων	ποιέω[制作]，将 ποιήσω
ῐ	ῑ	ῐ̔́ημι[送出；放走]，未 ῑ̔́ην	—
ο	ω	ὀνομάζω[称呼]，未 ὠνόμαζον	δηλόω[表明]，将 δηλώσω
ῠ	ῡ	ῠ̔βρίζω[虐待]，未 ῡ̔́βριζον	δείκνῡμι[展示]，复 δείκνῠμεν
长元音	无变化	ἥκω[来；返回]，未 ἧκον	无变化
双元音	第一部分：如上	αἰσχύνομαι[感到羞愧]，未 ᾐσχυνόμην	无变化
	第二部分：ι、υ 无变化	εὑρίσκω[发现]，不过 ηὗρον οἰκέω[居住]，未 ᾤκουν	

长短	补偿性延长		
	第一阶段：σ/y 脱落，响音保留		第二阶段：σ 保留，响音脱落
ᾰ	η	词干 φᾰν-[揭示]，不过时 ἔφηνα（< *ἔφᾰνσα）	延长为 ᾱ 而非 η：复与 ἱστᾶσι[在竖立的]（< *ἱστᾰ́ντσι）
	ᾱ（ε、ι 或 ρ 后）	词干 μιᾰν-[污染]，不过时 ἐμίᾱνα（< *ἐμίᾰνσα）	
ε	假性的 ει（= ē）	词干 μεν-[等待；停留]，不过时 ἔμεινα（< *ἔμενσα）	复与 τιθεῖσι（< *τιθέντσι）[在放置的]
ῐ	ῑ	词干 κρῐν-[区分]，不过时 ἔκρῑνα（< *ἔκρῐνσα）	伊欧尼亚方言中的复数宾格 πόλῑς（< *πόλῐνς，见 25.22）
ο	假性的 ου（= ō）	—	复与 διδοῦσι（< *διδόντσι）[在给予的] 直三复 λύουσι（< *λύονσι）[他们释放]
ῠ	ῡ	词干 ἀμῠν-[防御]，不过时 ἤμῡνα（< *ἤμῠνσα）	复与 δεικνῦσι[在指出的]（< *δεικνῠ́ντσι）

注一：对于增音的构成来说，上述规则有几条例外，详见 11.40–41。

奥斯特霍夫规律

1.70 如果长元音（ᾱ、η、ῑ、ῡ 和 ω）的后方是一个响音（μ、ν、λ 和 ρ）和另一个辅音，那么这个长元音就要短化（分别变为 ᾰ、ε、ῐ、ῠ 和 ο）。这种音变被称作奥斯特霍夫规律（Osthoff's law）。例如：

不定过去时被动态分词单数属格 παιδευθέντος（< *-θηντος），复数属格 παιδευθέντων（< *-θηντων），对比直陈式 ἐπαιδεύθην[我曾教化]。

不定过去时分词 γνόντες（< *γνῶντες），复数与格 γνοῦσι（= γνôσι < *γνόντσι < *γνῶντσι），对比直陈式 ἔγνων[我曾认识]。

在双元音开头的长元音在辅音前（或在词末）的短化也可归为此类，因为双元音的第二部分（ι、υ）算作响音（对比 y、ϝ，见 1.31），这就能解释：

βασιλεύς[国王]（< *-ηυς）、单数呼格 βασιλεῦ（< *-ηυ），对比复数主格 βασιλῆς（< *-ῆϝες，见 1.79–80）；

ναῦς[船]（< *νᾱῦς，而不是变为 νηῦς）、复数与格 ναυσί（< *νᾱυσί，而不是变为 νηυσί），对比复数主格 νῆες（< *νῆϝες）。

注一：由祈愿式标志 ι 或 ιη（见 11.16）构成的双元音总是短首双元音，即便 ι 或 ιη 前方的元音在其他时候为长，例如：γνοίην、σταῖεν[ἵστημι 的不过时祈三复]和 παιδευθεῖμεν（对比 ἔγνων、ἔστην[ἵστημι 的不过直一单]和 ἐπαιδεύθην）。奥斯特霍夫规律可能至少与词尾以辅音开头的一些形式有关（比如 παιδευθεῖμεν < *παιδευθή-ι-μεν）；其他一些情况下出现短首双元音的原因尚有争议。

音量交换

1.71 音量交换（quantitative metathesis / exchange of (vowel) quantity）这一术语指的是下面两种音变——

- 在阿提卡-伊欧尼亚方言中，如果 **η** 后是长音 ᾱ 或 ω，那么这个 η 就要短化（例如 **ηᾱ > εᾱ**、**ηω > εω**）；如果 η 后是 ō（假性的 ου），那么 η 就短化并且 ō 变为 ω（亦即 **ηō > εω**）。
- 如果 **η** 后是短音 **ᾰ** 或 **ο**，那么这个 η 就要短化并且后面那个元音延长为 ᾱ 或 ω（亦即 **ηᾰ > εᾱ**、**ηο > εω**）。

音量交换之后，两个紧挨的元音要发生缩合，除非它们之间有 ϝ（见 1.65），例如：

θέᾱ[观看；沉思]（< *θή(ϝ)ᾱ）、单属 νεώ[神庙]（< *νη(ϝ)ō）、复属

βασιλέων[国王]（< *βασιλῆ(ϝ)ων）、不过时虚一单 θῶ[飞奔]（< θέω < *θήω）、不过时虚三复 στῶσιν[使竖立]（< στέωσιν < *στήωσιν）。

单宾 βασιλέᾱ（< *βασιλῆ(ϝ)ᾰ）、单属 βασιλέως（< *βασιλῆ(ϝ)ος）、单主 νεώς[神庙]（< *νη(ϝ)ός < *νᾱϝός）、[1] 阳阴复主 ἵλεῳ[慈祥的]（< *ἵλη(ϝ)οι）。

注一：音量交换这一术语对于 θέᾱ、νεώ 等等的情况而言并不准确，因为其中并没有元音音长的交换，只是第一个元音短化了。不过，这一术语往往也用于这一类情况。

辅音的历史演变

词末的辅音

1.72　词末允许出现的辅音只有 **ν**、**ρ** 和 **ς**（包括 **ξ** 和 **ψ**）。

注一：有两个例外（都是后倾词，见 24.33–35）：介词 ἐκ 和否定词 οὐκ/οὐχ。

1.73　其他原本在词末的辅音或是脱落，或是发生变化——

- 词末的塞音脱落，例如：

单呼 γύναι[女人]（< *γύναικ，对比单属 γυναικός）、单主 γάλα[奶]（< *γάλακτ，对比单数 γάλακτος）；

单呼 παῖ[孩童]（< *παῖδ，对比单属 παιδός）、现分中 παιδεῦον[在教化的]（< *-οντ，对比单属 παιδεύοντος）、未三复 ἔφερον[他们当时承担]（< *ἔφεροντ，对比拉丁语 *ferebant*[他们当时承担]）。

- 如果词末的 **-μ** 前是个元音，那么这个 -μ 就变为 **-ν**（词末以辅音 + μ 结尾的情况见 1.85–86），例如：

中性 ἕν[一]（< *σέμ，对比阴性 σμία）、单宾 λύκον[狼]（< *λύκομ，对比拉丁语 *lupum*[狼]）、未一单 ἔφερον[我当时承担]（< *ἔφερομ，对比拉丁语 *ferebam*[我当时承担]）。

ϝ、y 和 σ 的脱落

1.74　在古希腊语词法中，许多特例都是由半元音 y、半元音 ϝ（见 1.31）或擦音 σ 在希腊语历史上不同时间点的脱落或变化造成的。下面要说的就是涉及这三个辅音的最重要的音变细则。

在不同环境中，半元音 ϝ 和元音 ῠ 实际上都是同一个音，比如在两

---

① 比较单属 νεώς[船]（见 1.57 注三）。这两个词的变格表分别在 4.27、4.86。

个辅音之间作 ταχύ̮ς[迅捷的](单主，零级)，而在两个元音之间则作 *ταχέϝος（单属，e 级，> ταχέος）。这同样适用于半元音 y 和元音 ĭ 的情况，比如在两个辅音之间作 πόλι̮ς[城邦]（单主，零级），而在两个元音之间作 *πόλεyες（复主，e 级，> πόλεις）。

涉及 ĭ/y 的音变

1.75 元音 **ĭ** 见于——

• 两个辅音之间或者词末的辅音后，例如：πόλι̮ς、呼 πόλι̮。

• 一个元音和一个辅音之间或者词末的元音后，与前面那个元音构成双元音，例如：

εἶμι[我来；我去]、ᾄδω[我歌唱]（< ἀείδ-）、ᾠδη[歌曲]（< ἀοίδ-）、祈愿式一单 παιδεύοιμι 和三单 παιδεύοι。

1.76 如果半元音 **y** 在两个元音之间，那么这个 y 就脱落，不留痕迹，随后两个元音发生缩合（见 1.58–66），例如：

单与 πόλει（< *πόλεyι）、复主 πόλεις（= πόλε̄ς < *πόλεy-ες）、直一单 τιμῶ[我崇敬]（< *τιμάyω）和复主 τρεῖς[三]（= τρε̂ς < *τρέyες）。

注一：如果 ι 出现在两个元音之间（即 ι 与前一个元音构成双元音，后面跟着一个元音），那么这通常是由 ϝ 或 σ 的脱落造成的（例如 ποιέω < *ποιϝε-[我制作]，τοῖος < *τόσyος[如此的]），或者是类推的产物（见 1.49；例如：不定过去时祈愿式二单 δοίης[< *δοyής]可能类推自一复 δοῖμεν，未完成时一单 ᾖα[我当时走]类推自诸如一复 ᾖμεν 的形式）。

1.77 塞音 + 元音前的 **y** 有不同的音变结果——

• 唇塞音 + y（即 **πy** 或 **φy**）> **πτ**，例如：

βλάπτω[我伤害]（< *βλάπyω）、θάπτω[我埋葬]（< *θάφyω）。

• 清齿或清腭塞音 + y（即 **τy** 或 **θy**、**κy** 或 **χy**）> **ττ**，例如：

μέλιττα[蜜蜂]（< *μέλιτyα）、κορύττω[我武装起来]（< *κορύθyω）、φυλάττω[我守护]（< *φυλάκyω）和 ὀρύττω[我挖掘]（< *ὀρύχyω）。

但是在一些情况下，**τy > σ**，例如：

πᾶσα[全部的，阴]（< *πἄνσα < *πἄντyα）、τόσος[如此大小的]（< *τότyος）。

• 浊齿或浊腭塞音 + y（即 **δy** 或 **γy**）> **ζ**，例如：

Ζεύς[宙斯]（< *Δyεύς）、νομίζω[我认为]（< *νομίδyω）、κράζω[我大叫]（< *κράγyω）和 ἅζομαι[我敬畏(父母或神明)]（< *ἅγyομαι）。

但有时也会出现 **γy > ττ**，比如 τάττω[我安排]（< *τάγyω），这很可能类推自清腭音的情况。

作为上述音变结果的 ττ 尤其见于阿提卡方言，而在包括伊欧尼亚方言的其他方言中则作 σσ，后一形式也为肃剧作家和修昔底德所偏好，并且见于通用希腊语（见 25.10）。

1.78 响音＋元音前的 **y** 也会有不同的音变结果——

• **λy > λλ**，例如：

ἀγγέλλω[我宣告]（< *ἀγγέλyω）、βάλλω[我投掷；我击中]（< *βάλyω）和 ἄλλος[其他的]（< *ἄλyος）。

• **α** 与其后的 **νy** 和 **ρy** 分别变为 **αιν** 和 **αιρ**，**ο** 与其后的 **νy** 和 **ρy** 分别变为 **οιν** 和 **οιρ**（ν 或 ρ 与 y 的位置颠倒），例如：

φαίνω[我使显现]（< *φάνyω）、μέλαινα[黑暗的，阴]（< *μέλᾰνyα）、καθαίρω[我净化]（< *καθάρyω）和 μοῖρα[命运]（< *μόρyα）。

• **ε**、**ι** 和 **υ** 分别与其后的 **νy** 和 **ρy** 变为 **ειν** 和 **ειρ**（= **ε̄ν** 和 **ε̄ρ**）、**ῑν** 和 **ῑρ** 以及 **ῡν** 和 **ῡρ**（y 脱落，同时 ν 或 ρ 前方的元音发生补偿性延长[见 1.68–69]），例如：

κτείνω[我杀死]（< *κτένyω）、σπεῖρα[盘绕的东西；绳子]（< *σπέρyα）、κρῑ́νω[我区分；我评判]（< *κρῐ́νyω）、ἀμῡ́νω[我防御；我支援；我复仇]（< *ἀμῠ́νyω）和 φῡ́ρω[我混合；我混淆]（< *φῠ́ρyω）。

注一：元音之间的 σy 和 ϝy 均变为 y，从而产生一个双元音，例如：τοῖος[如此的]（< *τόσyος）、καίω[我点燃]（< *κάϝyω）；y 有时脱落，例如 καίω 又作 κάω。

涉及 ῠ/ϝ 的音变

1.79 元音 **ῠ** 见于——

• 两个辅音之间或者词末的辅音之后，例如：

ταχῠ́ς[迅捷的]、中性 ταχῠ́、单宾 ἰσχῠ́ν[力量]和 ἄστῠ[城市]。

• 一个元音和一个辅音之间或者词末的元音之后，与前面那个元音构成双元音，例如：

Ζεύς[宙斯]、单呼 Ζεῦ 和 βοῦς[公牛]。

ῠ 前的长元音要短化（奥斯特霍夫规律，见 1.70），例如：

βασιλεύς[国王]（< *βασιληύ-ς）、ναῦς[船]（< *νᾱῦ-ς）。

1.80 半元音 **ϝ** 在其他位置脱落——

• 词首的元音之前，例如：

οἶκος[家宅]（< *ϝοῖκος）、ἄναξ[主人]（< *ϝάναξ）和 ἔργον[劳作；作品]（< *ϝέργον）。

• 两个元音之间，例如：

πλέομεν[我们航行]（< *πλέϝομεν）、Διός[属宙斯]（< *Διϝός）。

如果 ϝ 的前后是 ε/η，那么通常就会导致缩合（见 1.65）：

Περικλῆς[伯里克勒斯]（< *Περικλέϝης）、πλεῖ[他航行]（< *πλέϝει）和复主 βασιλῆς[国王们]（< *βασιλῆϝες）。

1.81 词首元音前的 σϝ 脱落，留下一个送气符，例如：ἡδύς[甜美的]（< *σϝᾱ-δύς，对比拉丁语 *suavis*[甜美的]、英语 sweet）、ἁνδάνω[我使喜欢]（< *σϝα-）。

1.82 如果响音 + ϝ 在两个元音之间，那么 ϝ 脱落，不留痕迹，例如 ξένος[外邦人；陌生人]（< *ξένϝος）；但是，关于伊欧尼亚方言中的 ξεῖνος，见 25.11。

涉及 σ 的音变

1.83 两个元音之间或者词首元音前的 **σ** 脱落，留下[h]音——

• 在词首元音之前：[h]以送气符的形式出现，例如：

ἕπομαι[我跟随]（< *σε-，对比拉丁语 *sequor*[我跟随]）、ἵστημι[我使竖立]（< *σίστ-，见 11.49）、εἷς[一]（= ἓς < *ἕνς[见 1.68] < *σένς）和 ἑπτά[七]（< *σεπτḿ̥，见 1.86；对比拉丁语 *septem*[七]）。

• 在两个元音之间：[h]随后消失，一般会导致缩合（见 1.58–66），例如：

γένους[属种类]（< γένε(h)ος < *γένεσος）、Σωκράτη[苏格拉底，宾]（< *-κράτεσα）、ἐπαιδεύου[你当时受教化]（< *ἐπαιδεύεσο）和 βαλῶ[我将投掷]（< *βαλέσω）。

注一：在古典希腊语中，如果我们看到一个位于两个元音之间或者位于词首元音之前的 σ，那么它本身一般就是语音变化的产物，例如：

γένεσι[予诸种类]（< *γένεσσι，见 1.92）、ὀνομάσω[我将称呼]（< *ὀνο-μάδσω，见 1.91）和 τόσος[如此大小的]（< *τότyος，见 1.77）。

两个元音之间或者词首元音之前的 σ 也可能是类推（见 1.49）的结果，例如：

ἰσχύσι[予诸力量]（类推自 φύλαξι[予诸守卫]）、παιδεύσω[我将教化]（类推自 δείξω[我将指出]）和 ἐπαίδευσα[我曾教化]（类推自 ἔδειξα[我曾指出]）。

这种 σ 常被称作次生的（secondary）**σ**，或者，这种情况和原本的未脱落的情况（比如词末的 σ）统称为强（strong）**σ**。

1.84　在由响音 + **σ** 构成的辅音丛中，σ 通常会脱落，前方的元音发生补偿性延长（见 1.68），例如 μία[一，阴]（< *σμία）；隐性 σ 型不定过去时中亦然，例如：

ἔνειμα[我曾分配]（= ἔνη̄μα < *ἔνεμσα）、ἔφηνα[我曾揭示]（< ἔφᾱνα < *ἔφᾰνσα）。

在这种辅音丛中，词末的或者次生的 σ（见 1.83 注一）并不会脱落，脱落的反而是响音，并且依旧伴有补偿性延长，例如：

πᾶσα[全部的，阴]（< *πᾰ́νσα < *πᾰ́ντyα）、παιδεύουσι[他们教化]（= -ō̄σι < *-ονσι < *-οντι）和 εἷς[一]（= ἓς < *ἕνς）。

注一：在阿提卡方言中，辅音丛 ρσ 变为 ρρ，例如：

θάρρος < θάρσος[勇气]、ἄρρην < ἄρσην[雄性的；阳刚的]。

注二：辅音丛 λσ 有时保持不变，例如：

ἄλσος[（圣）林]、ἔκελσα[我曾推（船）上岸]。

其他辅音丛：响音元音化、同化和辅音脱落

成节响音的元音化

1.85　响音（鼻音和流音）原本可能出现在辅音之间或者出现在词末的辅音之后——这些鼻音或流音本来作为一个单独的音节发音，从而被称作成节响音（syllabic resonant），通常写成 m̥、n̥、l̥和 r̥。

注一：这种鼻音和流音的发音可与英语中的例子相比，就像 seventh[sɛvᵊnθ]、bottle[bɒtᵊl]。

注二：μ 与 m̥的关系就像是 ι 与 y 的关系、υ 与 ϝ 的关系（见 1.74，ν、λ 和 ρ 的情况同理）。

1.86　古希腊语的成节鼻音 **m̥**和 **n̥**元音化为 **ᾰ**，例如：

ἑκᾰτόν[一百]（< *ἑ-κn̥τόν，对比拉丁语 *centum*[一百]）、δέκᾰ[十]（< *δέκm̥，对比拉丁语 *decem*[十]）和 ὄνομᾰ[名称]（< *ὄ-νομ-n̥，对比拉丁语 *nomen*[名称]）。

请特别注意许多第三变格法名词性形式的单数宾格词尾 -ᾰ 和复宾词尾 -ᾰς（见 2.4 注一、2.6），还有一些动词的零级词干（见 1.53、1.56）：

单宾 πόδᾰ[脚]（< *πόδ-m̥，对比拉丁语单宾 *pedem*[脚]）、γῦπᾰ[兀鹫]（< *γῦπ-m̥），对比 τόν（< *τόμ，见 1.73）；

复宾 πόδᾰς（< *πόδ-n̥ς）、γῦπᾰς（< *γῦπ-n̥ς），对比 τούς（< *τόνς，

见 1.68）；

零级词干：不过被 ἐτά̆θην（< *ἐ-τή̥-θην）、完 τέτᾰκα（< *τέ-τn̥-κα），对比 τείνω[我拉紧]（< *τέν-yω，见 1.78）；ἔπᾰθον[我曾遭受]（< ἔ-πn̥θ-ον），对比 πένθος[痛苦]。

这一现象也可以解释[隐性]σ 型不定过去时（见 13.7）中的 -ᾰ：

ἔδειξᾰ[我曾指出]（< *ἔ-δειξ-m̥，对比未主一单 ἔδεικνυν < *-νυ-μ，见 1.73）。

1.87 成节流音 l̥ 和 r̥ 也会元音化，分别变为 **λᾰ**（或 ᾰλ）和 **ρᾰ**（或 ᾰρ），例如：

πατρά̆σι[予诸父亲]（< *πατŕ̥-σι，对比单属 πατρ-ός）、πλᾰτύς[宽的]（< *πl̥τύς）。

要特别注意一些动词的零级词干（见 1.53、1.56），例如：

不过被 ἐστρά̆φην（< *ἐ-στŕ̥φ-ην，对比 στρέφω[使转向]）、完中被 δι-έφθᾰρμαι（< *δι-έ-φθr̥-μαι，对比 διαφθείρω[使毁灭]）；

不过被 ἐκλά̆πην（< *ἐ-κĺ̥π-ην，对比 κλέπτω[偷窃]）、完中被 ἔστᾰλ-μαι（< *ἔ-στl̥-μαι，对比 στέλλω[安排]）。

辅音丛中的同化

1.88 同化（assimilation）是一种常见的词法现象，经由这一过程，一个音变得与附近的另一个音更加相似。在古希腊语中，如果两个辅音构成辅音丛，那么前一个辅音常受后一个辅音的影响而变化（即先行同化[anticipatory assimilation]，例如 συλλέγω < συν-λέγω[我收集]）；极少情况下会发生相反的过程（移后同化[lag assimilation]，例如 ὄλλυμι < *ὄλ-νυμι[我使毁灭]）。最常见的同化现象详见下文。

1.89 由两个塞音构成的辅音丛中的同化——

• 齿塞音前的唇塞音或软腭塞音在清浊和送气方面（见 1.26）与其后的齿塞音相同，从而只可能有三种组合：πτ 和 κτ（清音）、βδ 和 γδ（浊音）以及 φθ 和 χθ（送气音）。例如：

完中被三单 τέτριπται（< *τέτριβ-ται，对比 τρίβω[我摩擦]）、不过被 ἐλέχθην（< *ἐλέγ-θην，对比 λέγω[我言说]）和 πλέγδην[交织地]（< *πλέκ-δην，对比 πλέκω[我编织]）。

• 齿塞音前的另一个齿塞音变为 σ，例如：

不过被 ἐπείσθην（< *ἐπείθ-θην，对比 πείθω[我说服]）、完中被三单

κεκόμισται[我照料；我带走]（<*κεκόμιδ-ται，对比 κομιδή[照顾；运输]）和 ψεύστης[撒谎者]（<*ψεύδ-της，对比 ψεύδομαι[我撒谎]）。

注一：在复合词中，介词前缀 ἐκ- 不发生变化，例如：ἔκγονος[自……而生的；后代]、ἐκδίδωμι[我放弃；我投降]和 ἔκθετος[送出的；遗弃的；显著的]。

注二：诸如 ττ 的双音见 1.32。

1.90　塞音+鼻音构成的辅音丛中的同化——

• 软腭塞音或齿塞音与鼻音构成的辅音丛一般保持不变：

ἀκμή[刀刃；顶峰]、ὀκνῶ[我畏缩]和 κεδνός[小心的；珍爱的]。

不过，在完成时中被动态的变位中，μ 前的软腭音变为 γ，齿音变为 σ（即 κμ 和 χμ 变为 γμ，τμ、δμ 和 θμ 变为 σμ），在诸如 -μα 和 -μος 的一些后缀（见 23.21–22）前方也会出现这样的情况：

完中被 πεφύλαγμαι[我已被守卫]（<*πεφύλακ-μαι，对比名词 φύλακος[属守卫]）、δεῖγμα[样品]（<*δεῖκ-μα，对比 δείκνυμι[我展示]）；

完中被 πέπεισμαι（<*πέπειθ-μαι，对比 πείθω[我说服]）、ψεῦσμα[谎言；虚伪]（<*ψεῦδ-μα，对比 ψεύδομαι[我欺骗]）。

• μ 前的唇塞音完全同化为 μ（即 πμ、βμ 和 φμ 变为 μμ），βν 则同化为 μν，例如：

完中被 τέτριμμαι（<*τέτριβ-μαι，对比 τρίβω[我摩擦]）、γράμμα[文字]（<*γράφ-μα，对比 γράφω[我书写]）和 σεμνός[威严的]（<*σεβ-νός，对比 σέβομαι[我敬畏]）。

• 塞音前的鼻音与这个塞音的发音位置相同（见 1.26、1.29），即唇塞音前的鼻音为唇鼻音 μ，齿塞音前的鼻音为齿鼻音 ν，软腭塞音前的鼻音为软腭鼻音 γ，例如以下动词：

συμβάλλω[扔到一起；合并]、συντάττω[布置；安排]和 συγκαλῶ[召集]（它们的前缀原本都是 συν-），一并对比诸如 λαμβάνω[拿取；理解]、λανθάνω[受忽视；不被注意]和 λαγχάνω[凭机运得到]等动词的鼻音中缀（见 12.30，对比后三者的不定过去时 ἔλαβον、ἔλαθον 和 ἔλαχον）。

1.91　塞音+σ 构成的辅音丛中的同化——

• σ 前的齿塞音脱落，不留痕迹，例如：

不过时 ἔψευσα（<*ἔψευδ-σα，对比 ψεύδω[我欺骗]）、将来时 πείσω（<*πείθ-σω，对比 πείθω[我说服]）、复与 πράγμασι[行为]（<*πράγματ-σι，对比单属 πράγματος）、νύξ[夜晚]（<*νύκ-ς<*νύκτ-ς，对比单属 νυκτός）和复与 πᾶσι[全部的]（< *πᾰ́νσι[见 1.68] < *πᾰ́ντ-σι，对比单属 πᾰντός）。

注一：对于一些以 -δε 结尾的表示方向的副词（见 6.11）而言，咝音 σ 在浊齿音 δ 前浊化，产生的辅音组写为 ζ（发音为[zd]，见 1.33），例如 Ἀθήναζε（< -ασ-δε）[向雅典]。

• 唇塞音 + **σ** > **ψ**，软腭塞音 + **σ** > **ξ**（在某种程度上，这是拼写问题而非同化），例如：

不过时 ἔτριψα（< *ἔτριβ-σα，对比 τρίβω[我摩擦]）、将来时 γράψω（< *γράφ-σω，对比 γράφω[我书写]）和 γύψ[兀鹫]（< *γύπ-ς，对比单属 γυπός）；

不过时 ἔπλεξα（< *ἔπλεκ-σα，对比 πλέκω[我编织]）、将来时 τάξω[我将布置；我将安排]（< *τάγ-σω，对比名词 ταγή[阵列]）和 φύλαξ[守卫]（< *φύλακ-ς，对比单属 φύλακος）。

1.92 紧挨在一起的两个咝音（**σ** + **σ**）简化为一个 **σ**，例如：

γένεσι[予诸种类]（< γένεσ-σι）、ἐγέλασα[我曾嘲笑]（< ἐγέλασ-σα）。

1.93 流音和鼻音构成的辅音丛中的同化——

• 如果 **ν** 在 **μ** 之前，那么 ν 就同化为 μ，例如：

ἐμμένω[我遵守；我坚持]（< ἐν-μένω）、σύμμαχος[并肩作战的]（< σύν-μαχος）。

然而，在完成时中被动态的变位中，νμ 有时经由类推而被 σμ 代替，在一些诸如 -μα 的后缀之前亦然，例如：

完中被 πέφασμαι（< *πέφαν-μαι，对比 φαίνω[我使显现]）、μίασμα（< *μίαν-μα，对比 μιαίνω[我亵渎]）[血污]，对比完中被的规则形式 ᾔ-σχυμμαι（< *ᾔσχυν-μαι，对比 αἰσχύνομαι[我感到羞愧]）。

• 辅音丛 **νρ**、**μρ** 和 **μλ** 中插入一个过渡的浊塞音，发音部位与鼻音相同（亦即或是齿音或是唇音，见 1.26、1.28），分别变为 **νδρ**、**μβρ** 和 **μβλ**。若是在词首，那么鼻音就要脱落，例如：

单宾 ἄνδρα[男人]（< *ἄνρα[零级]，对比呼格 ἄνερ[e 级]）、βλώσκω[我来；我去]（< *μλω-[零级]，对比不过时 ἔ-μολ-ον）。

注一：例外：尤其是在以 συν- 或 παν- 为前缀的复合词中，鼻音常常完全同化为后面的流音，例如：συρρέω[我汇聚；我毁坏]（< συν-ρ-）、συλλέγω[我召集]（< συν-λ-）和 παρρησία[直言不讳；胡诌]（< παν-ρ-）。

辅音脱落

1.94 如果一个辅音丛中有三个或更多的辅音，那么其中的一个辅音有时就要脱落。在完成时中被动态的变位中，由辅音–σ–辅音构成的辅音丛中尤其会发生辅音脱落，脱落的一般是 σ，例如：

完中被不定式 ἠγγέλθαι（< *ἠγγέλσθαι，ἀγγέλλω[宣布；报告]）、τετράφθαι（< *τετράπθαι < *τετράπσθαι，τρέπω[使转动]）和完直中被二复 τέταχθε（< *τέταγθε < *τέταγσθε，τάττω[安排；布置]）。

1.95 如果 σ 位于两个发音部位相同的塞音之间，那么第一个塞音就脱落，例如 λάσκω[我大叫；我发出响声]（< *λάκσκω，对比不定过去时 ἔλακον）。

1.96 齿塞音 + σ 构成的辅音丛见 1.91（齿塞音脱落），例如：

νύξ[夜晚] < *νύκτς，πάσχω[我遭受] < *πάθσκω（< *πń̥θ-σκ-ω，见 1.86；送气也同时转移）。

送气的脱落：格拉斯曼规律

1.97 在送气塞音–元音–送气塞音这样的辅音丛中，第一个送气塞音不再送气，这种音变即格拉斯曼规律（Grassmann's Law）。即便这类辅音丛中还有一个响音，这种变化也依旧会发生。例如以下动词形式：

τίθημι[放置]（< *θίθ-），完成时 τέθηκα（< *θέθ-），不过被 ἐτέθην（< *ἐθέθ-）；完成时 πέφηνα（< *φέφ-，φαίνομαι[显现]）、完成时 κέχυμαι（< *χέχ-，χέω[倾倒]）、τρέφω[抚养]（< *θρέφ-）和 τρέχω[奔跑]（< *θρέχ-）。

类似地，送气塞音前带送气符的元音也会失去它的送气符，例如：

ἔχω[我拥有]（< *ἕχω < *σέχω，σ 的脱落见 1.83）。

注一：在发生这一音变时，ξ 和 ψ 并不送气，从而它们对前面的送气塞音或送气符没有影响。这就解释了一些变体的出现，比如 ἔχω[我拥有]（< *ἕχω < *σέχω）的词首带不送气符但是将来时 ἕξω（< *σέχσω）则带送气符。类似的还有：

将来时 θάψω，不过被 ἐτάφην（< *ἐθάφην，θάπτω[我埋葬]）；τρέφω[我抚养]（< *θρέφ-），将来时 θρέψω；单主 θρίξ[毛发]，属 τριχός（< *θριχός）。

这一变化发生在 y 脱落之后，因而有 θάπτω[我埋葬]（< *θάφyω，见 1.77，而非 †τάπτω）。

注二：这一规则的例外不少，在后起的形式中尤其常见。这些例外一般都可以解释为类推（见 1.49）的结果，例如以下动词：

不过被 ὠρθώθην（ὀρθόω[竖起]）、ἐχύθην（χέω[倾倒]）、ἐφάνθην（φαίνω[使显现]，一并对比完中被不定式 πεφάνθαι）和 ἐκαθάρθην（καθαίρω[净化]）

等等。

我们还要注意这条规则的反向情况（即第二个送气塞音不再送气），见于 θη 型不定过去时命令式的第二人称单数，例如 παιδεύθητι（< *παιδεύθη-θι），见 14.6。

第 2 章　名词性形式引言

基本范畴

2.1　所有的名词性形式（冠词、名词、形容词、分词和代词）都表达以下三类范畴——

- 格（case）：主格、属格、与格、宾格或呼格；
- 数（number）：单数、复数或双数（表达两个项构成的一组）；
- 性属（gender）：阳性、阴性或中性。

下面是一些名词性形式及其表达的范畴：

δώρῳ[礼物]：名词，与格、单数、中性。

παιδεύοντες[在教化的]：分词，主格、复数、阳性；分词也表达时态–体和语式（见 11.2–4）。

τοῖν[这；那]：冠词，属格或与格、双数、阳阴或中性。

注一：名词的格和数可以任意变化，但是[通常]只有一种性属。例如对于名词 οἶκος[房屋]而言，οἴκου 是单数属格，οἴκοις 是复数与格，οἴκους 是复数宾格，但是它们都是阳性的，因为这个名词是阳性名词。

冠词、形容词、分词和代词的性属、数和格都可以任意变化，例如，对于形容词 δεινός[令人惊异的；可怕的]而言，δεινοί 是阳性复数主格，δειναῖς 是阴性复数与格。

注二：属格、与格和宾格通常被称作斜格/间接格（oblique case）。

构件：词干和词尾

2.2　一个特定的名词性单词的所有形式都有相同的词干（stem）。词干告诉我们这些形式来自哪个特定的名词或形容词等等，比如在形容词 δεινός 的任何一个形式（比如 δεινοῦ、δειναῖς 或 δεινά）中，名词性词干 δειν- 都表明该形式来自那个特定的形容词，从而意为令人惊异的。

在古希腊语中，一些名词性词干由于换音（见 1.51–56）而出现不同的变体。例如：名词 γένος[种族]的词干是 γενοσ-（o 级）或 γενε(σ)-（e 级），名词 δαίμων[精灵]的词干是 δαιμων-（延长级）或 δαιμον-（全级）。[1] 使用哪种音级由词干的类型、格和数来确定。

另一些名词和形容词具有差异更大的各种名词性词干变体，例如形

① 全级即普通级，见 1.52。

容词 πολύς[许多的]的一些形式基于词干 πολυ-（比如 πολύς、πολύν），另一些则基于词干 πολλ-（比如 πολλοῦ、πολλαῖς）。

在后面几章中，一般会给出这类形式的所有词干变体。

2.3 每个名词性形式都有一个词尾（ending）。只有通过词尾提供的信息才能确认某一形式的格、数以及性属（就冠词、形容词和代词而言），例如：

πατρός：词尾 -ος 表明它是单数属格；πατήρ[父亲]是阳性名词。

ὁδοῖς：词尾 -οις 表明它是复数与格；ὁδός[道路]是阴性名词。

αὐτοί：词尾 -οι 表明它是阳性复数主格。

在很多情况下，一个词尾可能代表两种或三种不同的格、数和性属的组合，例如：

αὐτοῖς：词尾 -οις 表明它是阳性或中性复数与格。

ἐκεῖνο：词尾 -ο 表明它是中性单数主格或宾格。

δεινῶν：词尾 -ων 表明它是阳性、阴性或中性的复数属格。

变格法与词尾

变格法

2.4 古希腊语名词性形式根据有规律的模式构成，这些模式称作变格法（declension）：

- 第一变格法或 a 变格法：几乎所有第一变格法形式的词尾中都有 α 音（ᾰ 或者 ᾱ，在阿提卡方言中，ᾱ 变为 η，但是在 ε、ι 和 ρ 后的 ᾱ 保持不变，见 1.57）；
- 第二变格法或 o 变格法：几乎所有第二变格法形式的词尾中都有 o 音（ο、ου 或者 ω）；
- 第三变格法或辅音变格法（consonant-declension，有时也称作混合变格法[mixed declension]）：这些形式由以辅音、ι 或 υ（或者半元音 y 或 ϝ，见 1.74）结尾的词干和一系列独特的词尾构成。举例如下——

δειν-άς[令人惊异的]：第一变格法，带复数宾格词尾 -ᾱς。

δούλ-ους[奴隶]：第二变格法，带复数宾格词尾 -ους。

γῦπ-ες[兀鹫]：第三变格法，带复数主格词尾 -ες。

注一：从语言史的角度看，三种变格法所用的词尾大体上是相同的。不同变格法的差异可以这样来解释——

- 第二变格法的形式是构干元音型的，也就是说其中包含一个构干元音 ο（对单数呼格来说则为 ε，构干元音见 11.18–19）。因此，第二变格法单数主格 δοῦλος[奴隶]可以这样分析：它是由词干 δουλ-、构干元音 -ο- 和原本的词尾 -ς 构成的。构干元音常常被视作词干的一部分，从而，第二变格法由通常以 ο 结尾的词干构成，例如 δουλο-。
- 第一变格法（词干以 α 结尾）和第三变格法（词干以辅音、ι 或 υ 结尾）是无构干元音型的，也就是说，词尾直接加在词干上。例如第一变格法单数主格 νεανίας[年轻人]和第三变格法单数主格 γύψ[兀鹫]分别可以分析作 νε-ανία-ς 和 γύπ-ς，它们带有相同的词尾 -ς。

不过，在很多情况下，不同变格法的相似性因为语音变化或词尾的各种变体而模糊不清。从而，比如说，在第一和第二变格法中，原本的单数宾格词尾 *-μ 变为了 -ν（例如 δοῦλον < *δοῦλ-ο-μ，见 1.73），而在大多数第三变格法的子类中则变为了 -ᾰ（例如 γῦπᾰ < *γῦπ-m̥，见 1.86）；类似地，还可以对比第一变格法的复数宾格（原本的词尾是 *-νς，例如 νεανίᾱς < *νεανία-νς，见 1.68）、第二变格法的复宾（例如 δούλους = δούλōς < *δούλ-ο-νς，见 1.68）和第三变格法的复宾（例如 γῦπᾰς < *γῦπ-n̥ς，见 1.86）。

为了清晰起见，在后文中，第一变格法的 α 音和第二变格法的 ο/ε 将被视作词尾的一部分。

2.5 我们常常无法仅凭单数主格形式推断出一个名词的词干及其所属的变格法。因此，词典还会标出冠词和/或单数属格形式。一般而言，以上形式足够我们确定一个名词属于哪一个子类，对比以下形式：

ὁ δοῦλος[奴隶]，属格 δούλου（第二变格法），但是：

τὸ γένος[种类；种族]，属格 γένους（第三变格法）；

ὁ Ξέρξης[克色尔克色斯]，属格 Ξέρξου（第一变格法），但是：

ὁ Σωκράτης[苏格拉底]，属格 Σωκράτους（第三变格法）。

对于第三变格法名词而言，通常需要单数主格和单数属格来确定名词属于哪一子类，见 4.33。

词尾表

2.6 下表给出的是各类变格法的规则格尾，更详细的信息和例外情况见后续几章：

	第一变格法		第二变格法		第三变格法	
单主	阴 -ᾰ 或 -ᾱ/-η	阳 -ᾱς/-ης	阳阴 -ος	中 -ον 或 -ο	阳阴 -ς 或 -ø[1]	中 -ø[1]
属	阴 -ᾱς/-ης	阳 -ου[2]	-ου[2]		-ος	
与	-ᾳ/-ῃ		-ῳ		-ῐ	
宾	-ᾰν 或 -ᾱν/-ην		阳阴 -ον	中同主[3]	阳阴 -ᾰ 或 -ν	中同主[3]
呼	阴同主[4]	阳 -ᾰ 或 -ᾱ/-η	-ε	中同主[3]	同主或 ø[1]	
复主	-αι		阳阴 -οι	中 -ᾰ	阳阴 -ες	中 -ᾰ
属	-ῶν（< -άων）		-ων		-ων	
与	-αις[5]		-οις[5]		-σῐ(ν)	
宾	-ᾱς		阳阴 -ους[2]	中同主[3]	-ᾰς	中同主[3]
呼	同主[4]		同主[4]		同主[4]	

[1] 符号 ø 表示无词尾。例如阳单主 Ἕλλην［希腊人］（对比单属 Ἕλλην-ος）。

[2] 这三处的 ου 都是假性双元音（ō），见 1.23。

[3] 对于中性形式而言，主格、宾格和呼格总是相同的。

[4] 第一变格法阴性名词的单数呼格总是与单数主格相同；所有名词性形式的复数呼格总是与复数主格相同。

[5] 叙事诗或伊欧尼亚方言（见第 25 章）中的复数与格词尾 -οισι(ν) 和 -αισι(ν) 常常见于诗歌，偶尔也见于散文。在伊欧尼亚方言的散文中，第一变格法复数与格的规则词尾是 -ῃσι(ν)。

2.7 双数的词尾见 10.1。

第 3 章　冠　词

3.1　冠词的含义和用法见第 28 章。冠词的变格形式如下：

冠　词

ὁ, ἡ, τό

	阳　性	阴　性	中　性
单主	ὁ	ἡ	τό
属	τοῦ	τῆς	τοῦ
与	τῷ	τῇ	τῷ
宾	τόν	τήν	τό
复主	οἱ	αἱ	τᾰ́
属	τῶν	τῶν	τῶν
与	τοῖς	ταῖς	τοῖς
宾	τούς	τᾱ́ς	τᾰ́

冠词的阳性和中性形式使用第二变格法的词尾，阳性单数主格 ὁ 则是例外（无词尾）；阴性形式使用第一变格法的词尾。阳性和阴性主格词首带送气符，其余形式均以 τ- 开头。

注一：冠词的各种形式均为前置词（见 60.4–6、60.13）。在涉及重音问题时它们算作后倾词（见 24.33–39）。

注二：复数与格形式 τοῖσι 和 ταῖσι 常见于诗歌。一些散文会使用阳性单数主格形式 ὅς（见 28.29–30）。

注三：伊欧尼亚方言中的变格形式见 25.26。

第 4 章 名 词

第一变格法名词

第一变格法名词的词干、类型和性属

4.1 第一变格法也称作 **a** 变格法，因为第一变格法名词的词干均以 a 音结尾（这个 a 音被视作词尾的一部分，见 2.4 注一）。

4.2 第一变格法包含以下两类名词——

- 单数主格以短元音 -ᾰ 或长元音 -ᾱ 结尾的阴性名词（在阿提卡方言中，-ᾱ 变为 -η，但在 ε、ι 和 ρ 后依旧是 -ᾱ，见 1.57）；
- 单数主格以 -ης 或 -ᾱς 结尾的阳性名词。

第一变格法中没有中性名词。

以 -η、以 -ᾱ 和以 -ᾰ 结尾的阴性名词

4.3 以 -η、以 -ᾱ 和以 -ᾰ 结尾的阴性名词的变格概览如下：

	以长元音 -η 和以 -ᾱ 结尾		以短元音 -ᾰ 结尾	
		在 ε、ι 或 ρ 后		在 ε、ι 或 ρ 后
	ἡ φυγή[溃逃]	ἡ χώρᾱ[土地]	ἡ μοῦσᾰ[文艺]	ἡ διάνοιᾰ[想法]
单主呼	φυγή	χώρᾱ	μοῦσᾰ	διάνοιᾰ
属	φυγῆς	χώρᾱς	μούσης	διανοίᾱς
与	φυγῇ	χώρᾳ	μούσῃ	διανοίᾳ
宾	φυγήν	χώρᾱν	μοῦσᾰν	διάνοιᾰν
复主呼	φυγαί	χῶραι	μοῦσαι	διάνοιαι
属	φυγῶν	χωρῶν	μουσῶν	διανοιῶν
与	φυγαῖς	χώραις	μούσαις	διανοίαις
宾	φυγᾱ́ς	χώρᾱς	μούσᾱς	διανοίᾱς

注一：伊欧尼亚方言中的变格形式，见 25.15。

4.4 第一变格法名词大多是阴性的，分为两大类——

- 单数主格以长音 **-η** 或 **-ᾱ** 结尾，例如：

ἡ φυγή[溃逃；流亡]、ἡ τύχη[机运]、ἡ νίκη[胜利]、ἡ ἀδελφή[姐妹]、ἡ Ἑλένη[海伦]、ἡ χώρᾱ[土地]、ἡ θέᾱ[观看；视野]、ἡ αἰτίᾱ[原因]和 ἡ

Ἠλέκτρᾱ[厄勒克特刺]。

• 单数主格以短音 -ᾰ 结尾，例如：

ἡ μοῦσᾰ[文艺]、ἡ θάλαττᾰ[大海]、ἡ δόξᾰ[意见]、ἡ διάνοιᾰ[想法]、ἡ μοῖρᾰ[命数]和 ἡ Ἰφιγένειᾰ[伊菲革涅亚]。

4.5　单数词尾（见 2.6）的规律是——

• 对于单数主格以长音 η 或 ᾱ 结尾的类型而言，单数词尾都用长元音（ε、ι 和 ρ 后为 ᾱ，其余都用 η），例如：

词尾用 η	词尾用 ᾱ（ε、ι 和 ρ 后）
τύχη（单主）	χώρᾱ（单主）
φυγῆς（单属）	αἰτῐ́ᾱς（单属）
ἀδελφῇ（单与）	χώρᾳ（单与）
νίκην（单宾）	αἰτῐ́ᾱν（单宾）

• 对于单数主格以短音 ᾰ 结尾的类型而言，单数主格、宾格和呼格词尾用短元音，例如：

单数主格 θάλαττᾰ、单数宾格 διάνοιᾰν 和单数呼格 μοῦσᾰ。

• 在其他单数变格中，词尾或是用 η，或是用长元音 ᾱ（在 ε、ι 和 ρ 后），例如：

词尾用 η	词尾用 ᾱ（ε、ι 和 ρ 后）
θαλάττης（单属）	διανοίᾱς（单属）
μούσῃ（单与）	μοίρᾳ（单与）

4.6　上述所有类型的复数词尾（见 2.6）均相同，例如：

复数主格	复数与格
φυγαί	θαλάτταις
μοῦσαι	αἰτίαις

4.7　注意，如果词尾前是 ε、ι 或 ρ，那么在拼写上我们就无法区分单数主格以长音结尾和以短音结尾的这两种类型（一般情况下都不会标注元音的长短）。

但是，我们常常可以根据重音来确定 α 的长短（比如单主 διάνοιᾰ 的情况，见 24.8–9、24.27），有时也可以根据特定的格律位置中单词的使用来推断（比如当尾音节处于一个在格律上必定为短的位置之时）。

以 -ης 和以 -ᾱς 结尾的阳性名词

4.8 以 -ης 和以 -ᾱς 结尾的阳性名词的变格概览如下：

	以 -ης 结尾	以 -ᾱς 结尾（在 ε、ι 或 ρ 后）
	ὁ δεσπότης［主人］	ὁ νεανίᾱς［青年］
单主	δεσπότης	νεανίᾱς
属	δεσπότου	νεανίου
与	δεσπότῃ	νεανίᾳ
宾	δεσπότην	νεανίᾱν
呼	δέσποτᾰ	νεανίᾱ
复主呼	δεσπόται	νεανίαι
属	δεσποτῶν	νεανιῶν
与	δεσπόταις	νεανίαις
宾	δεσπότᾱς	νεανίᾱς

注一：伊欧尼亚方言中的变格形式，见 25.16。

4.9 单数主格以 -ς 结尾的第一变格法名词是阳性的（大多数是专有名词［proper name］或职业的名称），例如：

ὁ δεσπότης［主人；君主］、ὁ πολίτης［城邦民］、ὁ κριτής［仲裁人；裁判］、ὁ Ἀτρείδης［阿特柔斯之子］、ὁ Εὐριπίδης［欧里庇得斯］、ὁ Πέρσης［波斯人］、ὁ νεανίᾱς［青年］、ὁ ταμίᾱς［司库；管事］、ὁ Ξανθίᾱς［人名］。

4.10 第一变格法阳性名词与阴性名词词尾相同，但有两条例外：

- 阳性名词的单主以 **-ς** 结尾，对比 ὁ κριτής 和 ἡ τύχη。
- 阳性名词的单属以 **-ου** 结尾，对比 τοῦ κριτοῦ 和 τῆς τύχης。

注一：属格词尾 -ου 可能来自属格词尾 -(σ)ο，其过程是：-ᾰ(σ)ο > -ηο（见 1.57、1.83）> -εω（见 1.71）> -εο（类推而来，见 1.49）> -ō（见 1.58–60；相当于 -ου）。第二变格法单数属格词尾 -ου（来自 -ο(σ)ο）用于许多阳性名词，因此它可能也对第一变格法阳性名词单数属格的构成产生了直接影响。

4.11 第一变格法阳性名词的单数词尾中不会出现短元音 ᾰ，因此其单数词尾总是用长元音（例如单主 πολίτης、单宾 νεανίᾱν），一些呼格则是例外。

4.12 第一变格法阳性名词单数呼格的构成如下——

- 以 -της 结尾的名词以及种族、族群名称的单数呼格词尾是 -ᾰ（例如

κριτής 的单呼 κριτᾰ́、Πέρσης 的单呼 Πέρσᾰ）；

• 其他以 -ης 和 -ᾱς 结尾的第一变格法阳性名词（包括以 -άδης 和 -ίδης 结尾的所有专名）的单呼词尾分别是 -η 和 -ᾱ，例如：Ἀτρείδης 的单呼 Ἀτρείδη、νεανίᾱς 的单呼 νεανίᾱ 和 Ξανθίᾱς 的单呼 Ξανθίᾱ。

4.13 以 -ης 结尾的专名也可能是第三变格法名词，例如 ὁ Σωκράτης[苏格拉底]（单属 Σωκράτους，见 4.65–69）。所有以 -άδης 或 -ίδης 结尾的人名都属于第一变格法。

其他注意事项和例外

4.14 一些第一变格法名词的词尾涉及 **ε** 或 **α** 的缩合。对于 α 的缩合而言，作为缩合结果的长音 ᾱ 见于所有形式。对于 ε 的缩合而言，相关词尾就如同 φυγή 那一类型（见 4.3–7），但在重音方面有差异（见 24.12）：

• α 的缩合如 ἡ μνᾶ[姆纳（重量、货币单位）]（< *μνά-ᾱ），单属 μνᾶς，等等；ἡ Ἀθηνᾶ[雅典娜]（< Ἀθηνα(ί)-ᾱ），单属 Ἀθηνᾶς，等等。

• ε 的缩合如 ἡ γαλῆ[鼬鼠；貂]（< *γαλέ-ᾱ），单属 γαλῆς，等等；ὁ Ἑρμῆς[赫尔墨斯]（< *Ἑρμέ-ᾱς），单属 Ἑρμοῦ，等等；ὁ Βορρᾶς[北风神]（< Βο(ρ)ρέ-ᾱς，由于前面为 ρ，故用 ᾱ），等等。

注意，对于 ε 的缩合而言，许多形式不同于缩合规则本该产生的结果，这些形式类推自非缩合的第一变格法词尾（见 1.49），例如 γαλῆ 的复数主格作 γαλαῖ（而不是从 *γαλέ-αι 缩合为 γαλῇ）。

4.15 对于以 -ᾱς 结尾的专名而言，单数属格词尾偶尔会用 -ᾱ（多瑞斯方言的属格，见 25.47），例如：

单属 Εὐρώτᾱ（主格 ὁ Εὐρώτᾱς[厄乌若塔斯河]）、单属 Καλλίᾱ（主格 ὁ Καλλίᾱς[卡珥利阿斯]）。

4.16 ἡ κόρη[女孩]和 ἡ δέρη[脖；颈]的单数用 -η，尽管它的前面是 ρ（ρ 和 η 之间原本有 ϝ，例如 κόρη < *κόρϝη < *κόρϝᾱ，见 1.57 注三）。

第二变格法名词

第二变格法名词的词干、类型和性属

4.17 第二变格法也称作 **o** 变格法，因为第二变格法名词的词干通常以 o 结尾（这个 o 被视作词尾的一部分，见 2.4 注一）。

4.18 第二变格法包含以下两类名词——

• 单数主格以 **-ος**（以及 -ους 或 -ως）结尾的阳性名词（还有几个阴性名词）；

• 单数主格以 **-ον**（以及 -ουν）结尾的中性名词。

以 -ος 和以 -ους 结尾的阳性（和阴性）名词

4.19 以 -ος 和以 -ους 结尾的阳性（和阴性）名词的变格概览如下：

	以 -ος 结尾	以 -ους 结尾	
	ὁ δοῦλος[奴隶]	ὁ νοῦς[努斯；心智]	
单主	δοῦλος	νοῦς	< -ό-ος
属	δούλου	νοῦ	< -ό-ου
与	δούλῳ	νῷ	< -ό-ῳ
宾	δοῦλον	νοῦν	< -ό-ον
呼	δοῦλε	νοῦ	< -ό-ε
复主呼	δοῦλοι	νοῖ	< -ό-οι
属	δούλων	νῶν	< -ό-ων
与	δούλοις	νοῖς	< -ό-οις
宾	δούλους	νοῦς	< -ό-ους

注一：伊欧尼亚方言中的变格形式，见 25.18。

4.20 第二变格法名词大多是阳性的，单数主格以 -ος 结尾，例如：

ὁ δοῦλος[奴隶]、ὁ ἰατρός[医生]、ὁ πόλεμος[战争]、ὁ ποταμός[河流]和 ὁ Αἰσχύλος[埃斯库罗斯]。

4.21 一些第二变格法阳性名词词尾中的元音与词干末尾的 ο 发生缩合（见 1.58–64），例如：

ὁ νοῦς[努斯；心智]（< νό-ος)、ὁ ἔκπλους[出航]（< ἔκπλο-ος)。

4.22 几个第二变格法名词是阴性的，其中包括：

• ἡ παρθένος[少女]、ἡ ἤπειρος[大陆]、ἡ νόσος[疾病]、ἡ νῆσος[岛屿]和 ἡ ὁδός[道路]（其复合词亦然，如 ἡ εἴσοδος[入口]）；

• 许多地名，例如：

ἡ Αἴγυπτος[埃及]、ἡ Κόρινθος[科灵托斯]和 ἡ Ῥόδος[罗德岛]；

• 大多数树木和植物的名称，例如：

ἡ ἄμπελος[葡萄藤]和 ἡ πλάτανος[悬铃树]。

第二变格法阴性名词的变格与阳性名词相同，例如：阴性单数属格

τῆς ὁδοῦ、阴性复数与格 ταῖς νήσοις。

一些第二变格法名词既是阳性的也是阴性的（常被称作通性名词[‘common gender’ noun]），变格与第二变格法阳性名词相同，比如 ὁ/ἡ θεός[神/女神]、ὁ/ἡ ἄνθρωπος[男人/女人]和 ὁ/ἡ τροφός[养育者]等等，请对比阳性单数属格 τοῦ ἀνθρώπου 和阴性单数属格 τῆς ἀνθρώπου。

4.23　还有一些单数主格以 -ος 结尾的名词属于第三变格法，它们都是中性的，例如 τὸ γένος[种族；种类]（单属 γένους，见 4.65–67）。我们必须区分以 -ος 结尾的第三变格法名词和第二变格法名词。

以 -ον 和以 -ουν 结尾的中性名词

4.24　以 -ον 和以 -ουν 结尾的中性名词的变格概览如下：

	以 -ον 结尾 τὸ δῶρον[礼物]	以 -ουν 结尾 τὸ ὀστοῦν[骨头]	
单主呼	δῶρον	ὀστοῦν	< -έ-ον
属	δώρου	ὀστοῦ	< -έ-ου
与	δώρῳ	ὀστῷ	< -έ-ῳ
宾	δῶρον	ὀστοῦν	< -έ-ον
复主呼	δῶρᾰ	ὀστᾶ	
属	δώρων	ὀστῶν	< -έ-ων
与	δώροις	ὀστοῖς	< -έ-οις
宾	δῶρᾰ	ὀστᾶ	

注一：伊欧尼亚方言中的变格形式，见 25.18。

4.25　第二变格法中性名词为数不少，例如：

τὸ ἄστρον[星辰]、τὸ δεῖπνον[餐；膳；食物]、τὸ δῶρον[礼物；贿赂]和 τὸ ἱμάτιον[外衣；衣服]。

注意，中性形式的主格与宾格形式相同，并且中性复数主格和宾格都以 -ᾰ 结尾。

4.26　在一些第二变格法中性名词中，词尾的元音和词干末尾的 ε 缩合（见 1.58–66），例如：

τὸ κανοῦν[篮子]（< κανέ-ον）、τὸ ὀστοῦν[骨头]（< ὀστέ-ον）。

注一：复数主宾格词尾 -ᾱ（例如 ὀστᾶ）类推自诸如 δῶρα 中的 a 音（见 1.49；但 -εᾰ 的规则的缩合结果是 -η，例如第三变格法的 γένη < γένεᾰ[诸种族]，见 1.59）。

其他注意事项和例外

4.27 所谓的*阿提卡型第二变格法*（Attic second declension）包括一些阳性名词和阴性名词，单数主格以 -ως 结尾，例如：ὁ νεώς［神庙］、ὁ λεώς［民众］、ἡ ἕως［黎明］和 ὁ Μενέλεως［墨涅拉奥斯］。在阿提卡型第二变格法中，所有的词尾都带有 ω。这些词尾通常都是音量交换（见 1.71）导致的结果：

	阿提卡型第二变格法名词 ὁ νεώς［神庙］	
单主呼	νεώς	< *νηϝός
属	νεώ	< *νηϝô
与	νεῴ	< *νηϝῷ
宾	νεών	< *νηϝόν
复主呼	νεῴ	< *νηϝοί
属	νεών	< *νηϝῶν
与	νεῴς	< *νηϝοῖς
宾	νεώς	< *νηϝṓς

在阿提卡型变格法中，还有一些形式并非音量交换导致的结果，例如：

ὁ λαγώς［野兔］（< *λαγωός）、ὁ κάλως［绳子］（< *κάλωος）。

这些名词的词尾均与 νεώς 的词尾相同。

阿提卡型第二变格法名词的单数宾格有时以 -ω 结尾，λαγώς 这一类名词尤其如此。ἕως［黎明］一词（其变格原本如 αἰδώς［敬畏；羞耻心］，见 4.71）的单数宾格总是如此，作 τὴν ἕω。

注一：阿提卡方言的诗歌并未一成不变地使用阿提卡型变格法，伊欧尼亚方言（见 25.19）中也是如此，通用希腊语不采用阿提卡型变格法，而使用 Μενέλᾱος、λᾱός 等形式。实际上，阿提卡型变格法得名*阿提卡*的原因是，它与通用希腊语形成对比。

注二：Μενέλεως 这类形式的重音，见 24.10 注二。

4.28 一些第二变格法名词同时具有阳性形式和中性形式（这些单词的不同性属根据不同的变格模式来变格，常被称作*异干名词*［heteroclitic］）：

- **ὁ δεσμός**［纽带；锁链］的复数有阳性和中性形式：中性复数主宾格 δεσμά，阳性复数主格 δεσμοί，阳性复数宾格 δεσμούς。只有在表示监禁用的链条或镣铐时，才会使用阳性形式 δεσμοί。

- **ὁ σῖτος**[谷物]有中性复数形式：主宾格 τὰ σῖτα。
- **τὸ στάδιον**[跑道；斯塔迪昂（长度单位）]的复数有阳性和中性两种形式：阳复主 οἱ στάδιοι，阳复宾 τοὺς σταδίους，中复主宾 τὰ στάδια。

4.29 θεός[神明]的单数呼格与单数主格形式相同，不使用以 -ε 结尾的形式，例如：ὦ θεός[神明啊！]。

4.30 名词 τὸ δάκρυον[泪水]、ὁ ὄνειρος[梦]、ὁ σκότος[阴影]和 ὁ υἱός[儿子]的变格，见 4.91。

第三变格法名词

第三变格法名词的词干、类型和性属

4.31 所有第三变格法名词的词干都以辅音、元音 **ι**（半元音 y）或元音 **υ**（半元音 F）结尾。

4.32 尽管从整体上说，第三变格法只有一套词尾（见 2.6，例外见下文各节），但我们依旧区分出第三变格法的若干不同子类。子类之间的差异主要在于以下两个层面——

- 词干末辅音[的种类]，或者，词干是以 ι 结尾还是以 υ 结尾；
- 词干中是否有换音（见 1.51–56）。

4.33 我们常常无法仅凭单数主格形式推断出第三变格法的词干（从而也无法推断出确切的变格模式），因而就需要单数属格来确定名词究竟属于哪一子类。例如以下四组对比：

对　比					
单　主	单　属	词干结尾	单　主	单　属	词干结尾
ὁ ἀγών[竞争]	ἀγῶνος	ν	ὁ γέρων[老人]	γέροντος	ντ
ἡ ἐλπίς[希望]	ἐλπίδος	δ	ἡ πόλις[城邦]	πόλεως	ι
ἡ κόρυς[头盔]	κόρυθος	θ	ὁ ἰσχύς[力量]	ἰσχύος	υ
			ὁ πῆχυς[前臂]	πήχεως	υ
ὁ σωτήρ[拯救者]	σωτῆρος	ρ	ὁ πατήρ[父亲]	πατρός	ρ

其中，πῆχυς 和 πατήρ 的词干还要发生换音。

名词变格类型的总结表见 4.93。

4.34 第三变格法有阳性、阴性和中性名词。不过一些子类仅有特定的性属，见下文各节。

词干以唇塞音（π、β和φ）和以软腭塞音（κ、γ和χ）结尾

4.35 词干以唇塞音（π、β和φ）和以软腭塞音（κ、γ和χ）结尾的第三变格法名词的变格概览如下：

	以-ψ结尾	以-ξ结尾
	ὁ γύψ[兀鹫]	ὁ φύλαξ[护卫；看守]
词干	γυπ-	φυλακ-
单主呼	γύψ	φύλαξ
属	γυπός	φύλακος
与	γυπί́	φύλακῐ
宾	γῦπᾰ	φύλακᾰ
复主呼	γῦπες	φύλακες
属	γυπῶν	φυλάκων
与	γυψί́(ν)	φύλαξῐ(ν)
宾	γῦπᾰς	φύλακᾰς

4.36 词干以唇塞音和软腭塞音结尾的第三变格法名词或是阳性的，或是阴性的，例如：

ὁ γύψ[兀鹫]（γυπ-）、ἡ φλέψ[血管；水脉；叶脉]（φλεβ-）、ὁ Πέλοψ[佩洛璞斯]（Πελοπ-）、ὁ φύλαξ[护卫；看守]（φυλακ-）、ὁ/ἡ αἴξ[山羊]（αἰγ-）、ἡ σάλπιγξ[号角（声）]（σαλπιγγ-）、ἡ θρίξ[头发；鬃毛]（θριχ-）和 ὁ ὄνυξ[爪子；指甲]（ὀνυχ-）。

4.37 唇塞音 + σ = ψ，软腭塞音 + σ = ξ，见于——

- 单主：γύπ-ς > γύψ，φλέβ-ς > φλέψ，ὄνυχ-ς > ὄνυξ；
- 复与：γυπ-σί > γυψί，φλεβ-σί > φλεψί，ὄνυχ-σι > ὄνυξι。

4.38 ἡ γυνή[女人；妻子]的单数主格不规则，其他诸格的形式与词干以软腭塞音结尾的单词相仿（词干 γυναικ-），例如：单属 γυναικός、复与 γυναιξί，等等。

γυνή 的单呼作 γύναι（< *γύναικ，见 1.73）。

4.39 对于 θρίξ[毛发]一词的词干而言，如果送气音 χ 不变，那么词首的 θ 就不再送气（见 1.97 注一），例如：单属 τριχός，单与 τριχί，单宾 τρίχα；复主 τρίχες，复属 τριχῶν，复宾 τρίχας；但是，如果送气音 χ 发生变化，那么词首的 θ 就保持不变，例如：单主 θρίξ、复与 θριξί。

词干以齿塞音（τ、δ 和 θ，ντ 除外）结尾

4.40 词干以一个齿塞音结尾的第三变格法名词的变格概览如下：

	以 -μα 结尾（皆为中性）	以 -ίς 结尾（尾音节带重音）	以 -ις（或 -υς）结尾（尾音节不带重音）	其他名词
	τὸ πρᾶγμα[事物]	ἡ ἐλπίς[希望]	ἡ ἔρις[纷争]	ἡ ἐσθής[服装]
词干	πραγματ-	ἐλπιδ-	ἐριδ-	ἐσθητ-
单主	πρᾶγμα	ἐλπίς	ἔρις	ἐσθής
属	πράγματος	ἐλπίδος	ἔριδος	ἐσθῆτος
与	πράγματι	ἐλπίδι	ἔριδι	ἐσθῆτι
宾	πρᾶγμα	ἐλπίδα	ἔριν	ἐσθῆτα
呼	同主	ἐλπί	ἔρι	同主
复主呼	πράγματα	ἐλπίδες	ἔριδες	ἐσθῆτες
属	πραγμάτων	ἐλπίδων	ἐρίδων	ἐσθήτων
与	πράγμασι(ν)	ἐλπίσι(ν)	ἔρισι(ν)	ἐσθῆσι(ν)
宾	πράγματα	ἐλπίδας	ἔριδας	ἐσθῆτας

注一：伊欧尼亚方言中的变格形式，见 25.20。

4.41 词干以齿塞音结尾的第三变格法名词可能是——

- 中性名词，词干通常以 μᾰτ 结尾，例如：

τὸ πρᾶγμα[事物；事件]（πραγματ-）、τὸ σῶμα[身体]（σωματ-）和 τὸ ὄνομα[名字]（ὀνοματ-）；

注一：另外还有一些中性名词的词干以 τ（而非 ματ）结尾，例如：

τὸ γόνυ[膝盖]（γονατ-）、τὸ δόρυ[矛杆；树干]（δορατ-）、τὸ μέλι[蜂蜜]（μελιτ-）、τὸ οὖς[耳朵]（ὠτ-）、τὸ τέρας[预兆]（τερατ-）、τὸ ὕδωρ[水]（ὑδατ-）和 φῶς[光]（φωτ-）。另见 4.90–91。

- 阴性名词，例如：

ἡ ἐλπίς[希望；期待]（ἐλπιδ-）、ἡ ἔρις[纷争]（ἐριδ-）、ἡ ἐσθής[服装]（ἐσθητ-）、ἡ κακότης[卑劣；悲惨]（κακοτητ-）、ἡ κόρυς[头盔]（κορυθ-）、ἡ χάρις[恩惠；感谢]（χαριτ-）和 ἡ Ἄρτεμις[阿尔忒米斯]（Ἀρτεμιδ-）；

- 阳性名词和通性名词，不多见，例如：

ὁ πούς[脚]（ποδ-）、ὁ/ἡ ὄρνις[鸟]（ὀρνιθ-）和 ὁ/ἡ παῖς[孩童]（παιδ-）。

4.42 齿塞音在 **σ** 前脱落，不留痕迹（见 1.91），见于——

- 单主：*ἐλπίδ-ς > ἐλπίς；
- 复与：*ἐλπίδ-σι > ἐλπίσι，*τέρατ-σι > τέρασι[异象]。

词干以 ματ 结尾的中性名词的单数主宾格没有词尾，词干末的 τ 脱落（见 1.73），例如 *πρᾶγματ > πρᾶγμα。

注一：ἡ νύξ[夜晚]来自 νύκ(τ)-ς（词干 νυκτ-，对比单属 νυκτός），复与 νυξί < νυκ(τ)-σί。ὁ ἄναξ[主人]（单属 ἄνακτος）类似。一并比较中性名词 τὸ γάλα[奶]（词干 γάλακτ-，主宾来自 *γάλα(κτ)，属格 γάλακτος；γάλα 只有单数形式）。

4.43 如果以 -ις（或 -υς）结尾的名词的重音不在词干最后的音节上（即 ι 或 υ 上无重音），那么其单数宾格词尾就是 **-ιν**（或 -υν）。

单数主格	单数属格	单数宾格
ὄρνις[鸟]	ὄρνιθος	ὄρνιν
χάρις[恩惠；感谢]	χάριτος	χάριν
Ἄρτεμις[阿尔忒米斯]	Ἀρτέμιδος	Ἄρτεμιν
κόρυς[头盔]	κόρυθος	κόρυν
ἐλπί̱ς[希望]	ἐλπί̱δος	ἐλπί̱δα̱

4.44 单数呼格通常没有词尾，词干末的齿音脱落，例如 ὦ παῖ（< *παῖδ，见 1.73）[孩子啊]。对于其他子类而言，呼格与主格形式相同。

词干以 ντ 结尾

4.45 词干以 **ντ** 结尾的第三变格法名词的变格概览如下：

	ὁ γίγᾱς[巨人]	ὁ γέρων[老人]
词干	γιγᾰντ-	γεροντ-
单主	γίγᾱς	γέρων
属	γίγᾰντος	γέροντος
与	γίγᾰντι	γέροντι
宾	γίγᾰντα	γέροντα
呼	γίγᾰν	γέρον
复主呼	γίγᾰντες	γέροντες
属	γιγᾰ́ντων	γερόντων
与	γίγᾱσι(ν)	γέρουσι(ν)
宾	γίγᾰντας	γέροντας

4.46 词干以 ντ 结尾的第三变格法名词是阳性的，例如：

ὁ γέρων［老人；长者］（γεροντ-）、ὁ γίγας［巨人］（γιγᾰντ-）、ὁ δράκων［蟒蛇］（δρακοντ-）、ὁ λέων［狮子］（λεοντ-）、ὁ ὀδούς［牙齿］（ὀδοντ-）和 ὁ Ξενοφῶν［色诺芬］（Ξενοφωντ-）。

4.47 辅音丛 **ντ** 在 **σ** 前脱落，伴有补偿性延长（见 1.68–69），见于：

- 以 -ς 为词尾的单数主格，例如：*γίγᾰντ-ς > γίγᾱς，*ὀδόντ-ς > ὀδούς（= ὀδṓς）；但在构成单数主格时，一些名词不用词尾 -ς，只延长元音，词干末的 τ 脱落，例如：γέρων、δράκων。
- 复数与格，例如：*γέροντ-σι > γέρουσι（= γέρōσι）、*γίγᾰντ-σι > γίγᾱσι。

4.48 单数呼格没有词尾（见 2.6），词干末的 τ 脱落，例如 ὦ γέρον。

词干以 ν 结尾

4.49 词干以 ν 结尾的第三变格法名词的变格概览如下：

	无换音	有换音	
	ὁ ἀγών［竞赛］	ὁ ποιμήν［牧人；首领］	ὁ δαίμων［精灵］
词干	ἀγων-	ποιμεν-/ποιμην-	δαιμον-/δαιμων-
单主	ἀγών	ποιμήν	δαίμων
属	ἀγῶνος	ποιμένος	δαίμονος
与	ἀγῶνι	ποιμένι	δαίμονι
宾	ἀγῶνα	ποιμένα	δαίμονα
呼	同主	同主	δαῖμον
复主呼	ἀγῶνες	ποιμένες	δαίμονες
属	ἀγώνων	ποιμένων	δαιμόνων
与	ἀγῶσι(ν)	ποιμέσι(ν)	δαίμοσι(ν)
宾	ἀγῶνας	ποιμένας	δαίμονας

4.50 词干以 **ν** 结尾的第三变格法名词可能是——

- 阳性名词，例如：

ὁ ἀγών［竞赛］（ἀγων-）、ὁ δαίμων［精灵］（δαιμον-）、ὁ δελφίς［海豚］（δελφιν-）、ὁ ἡγεμών［向导；领袖］（ἡγεμον-）、ὁ ποιμήν［牧人］（ποιμεν-）、ὁ Ἀγαμέμνων［阿伽门农］（Ἀγαμεμνον-）、ὁ Ἕλλην［希腊人］（Ἑλλην-）和 ὁ Πλάτων［柏拉图］（Πλατων-）。

• 阴性名词，但更少，例如：

ἡ εἰκών[图像；相似]（εἰκον-）、ἡ σταγών[一滴]（σταγον-）、ἡ ὠδίς[产痛；子女]（ὠδιν-）和 ἡ Σαλαμίς[撒拉米斯岛]（Σαλαμιν-）。

4.51 词干末的 ν 在 **σ** 前脱落，见于——

• 一些名词的单数主格，例如：*δελφίν-ς > δελφίς（单数属格 δελφῖνος），*Σαλαμίν-ς > Σαλαμίς（属格 Σαλαμῖνος）；但需注意，大多数词干以 ν 结尾的第三变格法名词单数主格无词尾（见 2.6），用延长级形式（见 1.54），例如：ἀγών（ἀγων-）、δαίμων（δαιμον-）；

• 复数与格：此时不发生补偿性延长，例如：ἀγῶσι、δαίμοσι 和 σταγόσι。

注一：复数与格的变化过程可能是：*δαίμn̥-σι（零级，见 1.51–53）> *δαίμᾰσι（n̥ > ᾰ，见 1.86）> δαίμοσι（类推使词形变化表整齐，见 1.49，用 ο 代替 α）。因此更准确的说法是：复数与格中，元音之间并没有引起补偿性延长的辅音丛 -νσ-。这一模式见于所有词干以 ν 结尾的名词性形式（形容词见 5.24、5.27，代词见 7.24）。

4.52 单数呼格没有词尾（见 2.6），常常与主格形式相同（例如 ὦ Πλάτων、ὦ ποιμήν），不过一些名词的单数呼格用普通级形式，例如：ὦ Ἀγάμεμνον、ὦ δαῖμον 和 ὦ Ἄπολλον（一并参见下一条）。

4.53 **ὁ Ἀπόλλων**[阿波罗]的宾格作 Ἀπόλλωνα，亦作 Ἀπόλλω。因此，同理，**ὁ Ποσειδῶν**[波塞冬]的宾格作 Ποσειδῶνα，亦作 Ποσειδῶ。这两个单词的呼格分别作 Ἄπολλον 和 Πόσειδον。

4.54 **ὁ κύων**[狗]一词的词干 κυν- 见于其他所有变格形式（例如单属 κυνός、单与 κυνί 等等），不过单数呼格是例外，作 κύον。

词干以流音（λ、ρ）结尾

4.55 词干以流音（λ、ρ）结尾的第三变格法名词的变格概览如下：

	ὁ ἅλς[盐]	ὁ ῥήτωρ[公开演说者]
词干	ἁλ-	ῥητορ-
单主	ἅλς	ῥήτωρ
属	ἁλός	ῥήτορος
与	ἁλί	ῥήτορι
宾	ἅλα	ῥήτορα
呼	—	ῥῆτορ

	ὁ ἅλς[盐]	ὁ ῥήτωρ[公开演说者]
词干	ἁλ-	ῥητορ-
复主呼	ἅλες	ῥήτορες
属	ἁλῶν	ῥητόρων
与	ἁλσί(ν)	ῥήτορσι(ν)
宾	ἅλας	ῥήτορας

4.56 词干以流音结尾的第三变格法名词的性属——

• 一般为阳性，例如：

ὁ ῥήτωρ[公开演说者]（ῥητορ-）、ὁ κρατήρ[调酒缸]（κρατηρ-）、ὁ σωτήρ[拯救者；救主]（σωτηρ-）、ὁ φώρ[窃贼；小偷]（φωρ-）和 ὁ Ἕκτωρ[赫克托尔]（Ἑκτορ-）。

也有一些阴性名词，例如：

ἡ κήρ[厄运]（κηρ-）、ἡ χείρ[手]（χειρ-）；

• 一些名词为阳性或者阴性，例如：

ὁ ἅλς[盐；盐粒]（ἁλ-）、ἡ ἅλς[海]（ἁλ-）、ὁ/ἡ ἀήρ[空气]（ἀερ-）和 ὁ/ἡ αἰθήρ[穹苍]（αἰθερ-）；

• 中性名词只有两个：τὸ ἔαρ[春天]和 τὸ πῦρ[火]（见 4.61）。

4.57 词干以流音结尾的第三变格法名词的单数主格一般无词尾。不过，几个名词的词干发生换音，从而它们的单数主格使用延长级形式（见 1.54），例如：αἰθήρ（属格 αἰθέρος）、ῥήτωρ（属格 ῥήτορος）；其他名词则在整个变格中都使用长元音，例如：κρατήρ（属格 κρατῆρος）、φώρ（属格 φωρός）。

对于 ἅλς 一词而言，-ς 加在词干上（不发生音变）构成单数主格。

4.58 这类名词的单数呼格没有词尾（见 2.6），一般带短元音，例如：ὦ ῥῆτορ、ὦ σῶτερ 和 ὦ Ἕκτορ。

4.59 **ἡ χείρ**[手]（词干 χειρ-，属格 χειρός）的复数与格作 χερσί，这种使用短元音的词干变体（χερ-）也见于其他格，在诗歌中尤其如此。

4.60 **ὁ μάρτυς**[证人]（词干 μαρτυρ-，属格 μάρτυρος，与格 μάρτυρι，等等）的复数与格作 μάρτυσι。

4.61 中性名词 **τὸ πῦρ**[火]和 **τὸ ἔαρ**[春天]只用单数，变格分别作：πῦρ, πυρός, πυρί, πῦρ（第二变格法复数名词 πυρά[营火]见 4.91）和 ἔαρ, ἔαρος（常变为 ἦρος），ἔαρι（常变为 ἦρι），ἔαρ。

词干以 (ε)ρ 结尾且有三种音级（πατήρ、ἀνήρ 类）

4.62 词干以 (ε)ρ 结尾并且有三种音级的第三变格法名词的变格概览如下：

	πατήρ 类型	ἀνήρ
	ὁ πατήρ[父亲]	ὁ ἀνήρ[男人]
词干	πατ(ε)ρ-	ἀν(ε)ρ-
单主	πατήρ	ἀνήρ
属	πατρός	ἀνδρός
与	πατρί	ἀνδρί
宾	πατέρα	ἄνδρα
呼	πάτερ	ἄνερ
复主呼	πατέρες	ἄνδρες
属	πατέρων	ἀνδρῶν
与	πατρᾰ́σι(ν)	ἀνδρᾰ́σι(ν)
宾	πατέρας	ἄνδρας

4.63 有四个以 -τηρ 结尾的第三变格法名词在变格中表现出三种不同的换音变体（见 1.51–52），它们是：ὁ **πατήρ**[父亲]、ἡ **μήτηρ**[母亲]、ἡ **θυγάτηρ**[女儿]和 ἡ **γαστήρ**[肚子]。

对于这四个名词来说——

- 单数主格使用 e 延长级词干，例如：πατήρ、μήτηρ；
- 单数宾格、单数呼格以及复数主格、属格和宾格使用 e 级词干，例如：πατέρα、θυγατέρων 和 γαστέρας；
- 单数属格、与格以及复数与格使用零级词干，例如：μητρός、θυγατρός；在词干和词尾结合时，复数与格 *-τρ-σι 中的流音 ρ 元音化了，扩展为 ρᾰ（见 1.87），例如：πατρᾰ́σι、γαστρᾰ́σι。

4.64 类似地，ὁ **ἀνήρ**[男人]一词在变格中也存在三种换音变体：单数主格用延长级（ἀνήρ），单数呼格用 e[普通]级（ἄνερ），其他格均用零级，此时辅音从 νρ 变为 νδρ（见 1.93），例如：ἀνδρί、ἀνδρῶν。注意，它的复数与格作 ἀνδρᾰ́σι（见 1.87）。①

① 这里五个单词的重音见 24.24。

词干以 σ 结尾（以 -ος 结尾的中性名词和以 -ης 结尾的人名）

4.65 词干以 σ 结尾的第三变格法名词（以 -ος 结尾的中性名词和以 -ης 结尾的人名）的变格概览如下：

	以 -ος 结尾的中性名词		以 -ης 结尾的人名			
	τὸ γένος[种族；种类]		Σωκράτης[苏格拉底]		Περικλῆς[伯里克勒斯]	
词干	γενοσ-/γενεσ-		Σωκρατεσ-		Περικλε(ϝ)εσ-	
单主	γένος		Σωκράτης		Περικλῆς	< *-έ(ϝ)ης
属	γένους	< *-ε(σ)ος	Σωκράτους	< *-ε(σ)ος	Περικλέους	< *-έ(ϝ)ε(σ)ος
与	γένει	< *-ε(σ)ι	Σωκράτει	< *-ε(σ)ι	Περικλεῖ	< *-έ(ϝ)ε(σ)ι
宾	γένος		Σωκράτη 或 Σωκράτην	< *-ε(σ)α	Περικλέᾱ	< *-έ(ϝ)ε(σ)α
呼	同主		Σώκρατες		Περίκλεις	< *-ε(ϝ)ες
复主呼	γένη	< *-ε(σ)α	—		—	
属	γενῶν	< *-έ(σ)ων				
与	γένεσι(ν)	< *-εσσι(ν)				
宾	γένη	< *-ε(σ)α				

注一：伊欧尼亚方言中的变格形式，见 25.21。

4.66 词干以 σ 结尾的第三变格法名词可能是——

- 中性名词：以 -ος 结尾，词干有两种换音变体 οσ- 和 εσ-，前者用于单数主宾格，后者用于其他格，例如：

  τὸ γένος[种族；后代；种类]（γενεσ-）、τὸ ἔπος[语词；话语；叙事诗]（ἐπεσ-）、τὸ ἔτος[年；岁]（ἐτεσ-）、τὸ κράτος[力量；优胜]（κρατεσ-）和 τὸ τεῖχος[墙；堡垒]（τειχεσ-）；

- 阳性名词：一些以 -ης 结尾的阳性专名，词干以 εσ- 结尾；以 -κλῆς 结尾的人名亦然，其词干原本以 ε(ϝ)εσ- 结尾，例如：

  ὁ Διογένης[第欧根尼]（Διογενεσ-）、ὁ Σωκράτης[苏格拉底]（Σωκρατεσ-）；ὁ Περικλῆς[伯里克勒斯]（Περικλε(ϝ)εσ-）和 ὁ Σοφοκλῆς[索福克勒斯]（Σοφοκλε(ϝ)εσ-）。

阳性专名与一些中性名词具有相同的词干，例如：

Διογένης（γένος）、Σωκράτης（κράτος）和 Περικλῆς（κλέος[名誉；荣誉]，来自 *κλέϝος）。

4.67 在元音之间，词干末尾的 **σ** 会脱落（见 1.83），造成元音缩合（见 1.58–66），例如：

单属 Σωκράτους（= -τōς）< -εος < *-εσος，复数主宾格 γένη < -εα < *-εσα。

加上词尾后，复数与格中的 -εσ-σι 简化为 -εσι，比如 γένεσι、ἔτεσι 均来自 -εσσι。

4.68 以 -ης 结尾的专名的单宾词尾常用 **-ην**（仿照第一变格法），例如：τὸν Σωκράτην、τὸν Διογένην。

4.69 对于以 -κλῆς 结尾的人名而言，变格时元音之间的 σ 和 ϝ 都脱落了。ϝ 脱落后，主格、与格和呼格还发生进一步的缩合（Περικλῆς < *-κλέϝης，Περικλεῖ < *-κλέϝεσι，Περίκλεις < *-κλεϝες），但是属格和宾格则不会如此（Περικλέους < *-κλέϝεσος，Περικλέᾱ < *-κλέϝεσα；ε 后的 ᾱ 见 1.57）。①

4.70 还有一些词干以 **ασ-** 结尾的中性名词，例如：τὸ γέρας[奖品]、τὸ γῆρας[老年]、τὸ κρέας[肉；躯体]。它们的变格如：单主宾 γέρας，属 γέρως（< *-α(σ)ος），与 γέρᾳ（< *-α(σ)ι）；复主宾 γέρᾱ（< *-α(σ)α），属 γερῶν（< *-ά(σ)ων），与 γέρασι（< *-α(σ)σι）。

4.71 有两个阴性名词的词干也以 σ 结尾：**ἡ τριήρης**[三层桨战船]、**ἡ αἰδώς**[羞耻心]，它们的变格如下——

- τριήρης（严格地说它是个形容词，修饰省略的名词 ἡ ναῦς[船]）：单属 τριήρους，与 τριήρει，宾 τριήρη；复主 τριήρεις，属 τριήρων，与 τριήρεσι，宾 τριήρεις（关于变格，对比 ἀληθής，见 5.28–29）；
- αἰδώς（只有单数）：属 αἰδοῦς（< *-ό(σ)ος），与 αἰδοῖ（< *-ό(σ)ι），宾 αἰδῶ（< *-ό(σ)α）。

4.72 **ὁ Ἄρης**[阿瑞斯]的变格：属 Ἄρεως 或 Ἄρεος（用于诗歌），与 Ἄρει，宾 Ἄρη 或 Ἄρεα（用于诗歌），呼 Ἄρες。

4.73 以 -ης 结尾的专名也可能属第一变格法（见 4.8–13），例如 Εὐριπίδης[欧里庇得斯]，属格 Εὐριπίδου。但是，所有以 -γένης、-κράτης、-μένης 和 -σθένης 结尾的名字都属第三变格法。

---

① 如果 ε/η 和另一个元音之间的 ϝ 脱落，那么只有在第二个元音是 ε/η（或者带有这两个音的双元音）时才会发生缩合，见 1.65、1.80。

词干以 ι/ε(y) 结尾（πόλις 类）

4.74　词干以 ι/ε(y) 结尾的第三变格法名词的变格概览如下：

ἡ πόλις[城邦]，词干 πολι-/πολε(y)-		
单主	πόλῐς	
属	πόλεως	
与	πόλει	< *-ε(y)ι
宾	πόλῐν	
呼	πόλῐ	
复主呼	πόλεις	< *-ε(y)ες
属	πόλεων	< *-ε(y)ων
与	πόλεσῐ(ν)	
宾	πόλεις	

注一：伊欧尼亚方言中的变格形式，见 25.22（与阿提卡方言差别较大）。

4.75　词干以 ῐ 结尾的第三变格法名词几乎都是阴性名词，例如：ἡ πόλις[城邦]、ἡ δύναμις[力量]和 ἡ ὕβρις[肆心]。还有许多这种名词的单数主格以 -σις 结尾（见 23.27），例如：ἡ ποίησις[诗作]、ἡ λύσις[释放]、ἡ πρᾶξις[行为]。还有一些阳性名词，例如：ὁ μάντις[预言者]、ὁ ὄφις[蛇]。

这些名词的词干有两种换音变体——

- 词干以 ι 结尾（零级）：见于单数主格、宾格和呼格，例如：πόλι-ς、πόλι-ν 和 πόλι；
- 词干以 εy 结尾（e 级），其中的 y 脱落（见 1.76），例如：单与 πόλει（< *πόλε(y)-ι）、复主 πόλεις（= πόλῑς < *πόλε(y)-ες，发生缩合）。

4.76　复数与格很可能仿照复数主格，使用词干 πολε-，作 πόλε-σι。复数宾格也来自复数主格，或是直接照搬复主，或是基于词干 πολε- 构成，亦即复宾 πόλεις = πόλῑς < *πόλε-νς（见 1.68）。

以 -εως 结尾的单数属格和以 -εων 结尾的复数属格都基于词干 πολη-（由荷马的作品证实）：πόλεως < πόληος，πόλεων < *πολήων（音量交换见 1.71，πόλεως 和 πόλεων 的重音见 24.10 注二）。

4.77　名词 οἶς[绵羊]的词干以 ι 结尾，变格时无换音：单主 οἶς（< *ὄ(ϝ)ι-ς），

属 οἰός，与 οἰΐ，宾 οἶν；复主 οἶες，属 οἰῶν，与 οἶσι，宾 οἶς（< *ὄ(ϝ)ι-νς）。

4.78 对于一些由 -πόλις 复合而成的专名而言，其变格与齿音词干名词相同（见 4.40–44；也就是说，它们的变格与 πόλις 不同），例如：ὁ Δικαιόπολις[人名]，属 Δικαιοπόλιδος，与 Δικαιοπόλιδι，宾 Δικαιόπολιν，呼 Δικαιόπολι。

词干以 υ 结尾（ἰσχύς 类）和以 υ/ε(ϝ) 结尾（πῆχυς 类）

4.79 词干以 υ 和以 υ/ε(ϝ) 结尾的第三变格法名词的变格概览如下：

	无换音	有换音	
	ἡ ἰσχύς[力量]	ὁ πῆχυς[前臂]	
词干	ἰσχυ-	πηχυ-/πηχε(ϝ)-	
单主	ἰσχύς	πῆχῠς	
属	ἰσχύος	πήχεως	
与	ἰσχύϊ	πήχει	< -ε(ϝ)ι
宾	ἰσχύν	πῆχῠν	
呼	ἰσχύ	πῆχυ	
复主呼	ἰσχύες 或 ἰσχῦς	πήχεις	< -ε(ϝ)ες
属	ἰσχύων	πήχεων	< -έ(ϝ)ων
与	ἰσχύσι(ν)	πήχεσι(ν)	
宾	ἰσχῦς 或 ἰσχύας	πήχεις	

注一：伊欧尼亚方言中的变格形式，见 25.23。

4.80 词干以 υ 结尾的第三变格法名词分为两类——

- 无换音：以 -υς 结尾的阴性名词和一些阳性名词，属格以 -υος 结尾，例如：

  ἡ ἰσχύς[力量]、ἡ χέλυς[乌龟]、ἡ Ἐρινύς[复仇女神]、ὁ ἰχθῦς[鱼]和 ὁ νέκυς[遗体]。

- 词干发生换音（ῠ/εϝ，见 1.74；不常见）：这些名词的单数属格以 -εως 结尾，都是阳性的，例如：

  ὁ πῆχυς[前臂]、ὁ πέλεκυς[斧子]和 ὁ πρέσβυς[老人]。

4.81 对于无换音的类型而言，规则的第三变格法词尾直接加在以 υ 结尾的词干上；注意单数宾格 ἰσχύ-ν 和复数宾格 ἰσχῦς（< *ἰσχύ-νς，见 1.68；有时也会出现 ἰσχύας）。复数主格通常是 ἰσχύες，但 ἰσχῦς 这个缩合形式也会出现。

注一：这一类型中 υ 的音量并不固定。比如对于 ἰσχύς 而言，韵文中既有单数主格 ἰσχῦς，也有 ἰσχῡ́ς，既有单数宾格 ἰσχῦν，也有 ἰσχῡ́ν。不过，属格和与格中一般使用短音 ῠ，例如：-ῠος、-ῠι、-ῠων 和 -ῠσι(ν)。

4.82 有换音的那类名词的变格基本与 πόλις 类相同（见 4.74–76），因为 ϝ 与 y 在同样的位置脱落。单数属格、复数与格和复数宾格的不规则形式实际上很可能仿照 πόλις 类（复数宾格 πήχεις 也可能仿照的是复数主格）。

注一：这些名词的重音规则也与 πόλις 类相同（见 24.10 注二）。

4.83 发生换音的中性名词只有一个，就是 **τὸ ἄστυ**[城镇]，它的变格是：单属 ἄστεως，与 ἄστει，复主宾 ἄστη（< *-εϝα），属 ἄστεων，与 ἄστεσι(ν)。ἄστυ 的重音见 24.10 注二。

词干以 ηυ/η(ϝ) 结尾（βασιλεύς 类）

4.84 词干以 ηυ/η(ϝ) 结尾的第三变格法名词的变格概览如下：

	单数主格以 -εύς 结尾 ὁ βασιλεύς[国王]，词干 βασιλη(ϝ)-	
单主	βασιλεύς	< -ηυς
属	βασιλέως	< -η(ϝ)ος
与	βασιλεῖ	< -η(ϝ)ι
宾	βασιλέᾱ	< -η(ϝ)ᾰ
呼	βασιλεῦ	< -ηυ
复主呼	βασιλῆς 或 βασιλεῖς	< -η(ϝ)ες
属	βασιλέων	< -η(ϝ)ων
与	βασιλεῦσι(ν)	< -ηυσι
宾	βασιλέᾱς 后作 βασιλεῖς	< -η(ϝ)ᾰς

注一：伊欧尼亚方言中的变格形式，见 25.24。

4.85 以 **-εύς** 结尾的第三变格法名词都是阳性的（它们是专名，或者表示职业或地理来源），例如：

ὁ βασιλεύς[国王]、ὁ ἱππεύς[御者；骑兵]、ὁ χαλκεύς[铜匠]、ὁ Πρωτεύς[普罗透斯]、ὁ Ἀχαρνεύς[阿卡奈人]。

它们的变格形式来自以 ηυ/ηϝ（见 1.74、1.79–80）结尾的词干——

• 在辅音之前（单数呼格中亦然）：词干以双元音 ηυ 结尾，其第一部分短化，变为 ευ（见 1.70），从而单数主格作 βασιλεύ-ς，复与 βασιλεῦ-σι。

• 在元音之前：词干以 ηϝ 结尾，其中的 ϝ 脱落，在许多情况下会发生音量交换（见 1.71），例如：

单数属格 βασιλέως < *-ηϝος，单数宾格 βασιλέᾱ < *-ηϝᾰ，复数属格 βασιλέων < *-ηϝων，复数宾格 βασιλέᾱς < *-ηϝᾰς。

在下面两种情况中发生缩合：

单与 βασιλεῖ < *-ῆϝι（η̯ 短化为 ει），复主 βασιλῆς < *-ῆϝες。

注一：后来的复数主格形式 βασιλεῖς 仿照单数中带 ε 的形式（-εῖς < *-ε-ες），公元四世纪开始它逐渐取代了以 -ῆς 结尾的形式。后来，通过仿照这一新的主格形式就产生了以 -εῖς 结尾的复数宾格（对比 πόλις，见 4.76）。

Ζεύς、ναῦς 和 βοῦς

4.86 名词 Ζεύς[宙斯]、ναῦς[船]和 βοῦς[牛]的变格如下所示：

	ὁ Ζεύς[宙斯]		ἡ ναῦς[船]		ὁ/ἡ βοῦς[牛]	
词干	Δγευ-/Δι(ϝ)-		νᾱυ-/νᾱ(ϝ)-		βου-/βο(ϝ)-	
单主	Ζεύς	< *Δγεύς < *Δγηύς	ναῦς	< *νᾱῦς	βοῦς	
属	Διός	< *Διϝός	νεώς	< *νηϝός < *νᾱϝός	βοός	< *βοϝός
与	Διί	< *Διϝί	νηΐ	< *νηϝί < *νᾱϝί	βοΐ	< *βοϝί
宾	Δία	< *Δίϝα	ναῦν		βοῦν	
	亦作 Ζῆνα					
呼	Ζεῦ	< *Δγεῦ	ναῦ		βοῦ	
复主呼	—		νῆες	< *νῆϝες < *νᾶϝες	βόες	< *βόϝες
属			νεῶν	< *νηϝῶν < *νᾱϝῶν	βοῶν	< *βοϝῶν
与			ναυσί(ν)	< *νᾱυσί(ν)	βουσί(ν)	
宾			ναῦς		βοῦς	

注一：伊欧尼亚方言中 ναῦς 的变格形式，见 25.25。

4.87 名词 **ὁ Ζεύς**[宙斯]、**ἡ ναῦς**[船]和 **ὁ/ἡ βοῦς**[牛]与以 -εύς 结尾的名词（见 4.84–85）一样，词干以 υ/ϝ 结尾。如果这个 υ/ϝ 后面是辅音，那么它就与前面的元音构成双元音（呼格中亦然），但在两个元音之间则脱落（见 1.74、1.79–80）。

• 另外，ὁ Ζεύς 的词干有三种换音变体：延长级 *Δyηυ-（见于单数主格；ηυ 短化为 ευ，见 1.70）、全级 *Δyευ- 和零级 *Δι(ϝ)-。不仅 υ/ϝ 会导致不同的变化，而且 δy > ζ 的音变（见 1.77）也使得这个词的变格复杂起来；

• 在 ἡ ναῦς 的变格中，词干（νᾱυ-/νᾱϝ-）中的长音 ᾱ 在构成双元音 αυ 时变短（在辅音之前，见 1.70），但是在 ϝ 脱落时保持为长（在元音之间）。在单数和复数属格中，长音 ᾱ 变为 η（见 1.57），导致了音量交换（见 1.71），例如 νεώς < νηός < *νᾱϝός。

4.88 **ἡ γραῦς**[老妪]的变格原本与 ναῦς 相同，但是在阿提卡方言中，不同的格情况不一，因为 ᾱ 前面出现了 ρ（见 1.57）：单主 γραῦς，属 γρᾱός，与 γρᾱΐ，宾 γραῦν，呼 γραῦ；复主 γρᾶες，属 γρᾱῶν，与 γραυσί，宾 γραῦς。

其他注意事项和例外

4.89 对于一些阴性名词（通常是女子名）而言，词干以 ωy/oy 结尾，例如：ἡ Σαπφώ[萨福]、ἡ πειθώ[说服(行为)]。它们的变格见下文，一并比较 αἰδώς[羞耻心]的变格（见 4.71）。

还有极少数阳性名词的词干以 ωϝ 结尾，例如：ὁ ἥρως[英雄]、ὁ μητρώς[舅父]和 ὁ δμώς[(战争中俘获的)奴隶]。它们的完整变格如下所示。偶尔出现的以 ω 结尾的单数属格（例如 ἥρω）仿照的是阿提卡型第二变格法（见 4.27）：

	词干以 ω(y)/o(y) 结尾		词干以 ω(ϝ) 结尾	
	ἡ Σαπφώ[萨福]		ὁ ἥρως[英雄]	
词干	Σαπφο(y)-		ἡρω(ϝ)-	
单主	Σαπφώ	< *Σαπφώ(y)	ἥρως	< *ἥρω(ϝ)ς
属	Σαπφοῦς	< *-ό(y)ος	ἥρωος 或 ἥρω	< *ἥρω(ϝ)ος
与	Σαπφοῖ	< *-ό(y)ι	ἥρωϊ 或 ἥρῳ	< *ἥρω(ϝ)ι
宾	Σαπφώ	< *-ό(y)α	ἥρωα 或 ἥρω	< *ἥρω(ϝ)α
呼	Σαπφοῖ		同主	
复主呼	—		ἥρωες 或 ἥρως	< *ἥρω(ϝ)ες
属	—		ἡρώων	< *ἡρώ(ϝ)ων
与	—		ἥρωσι(ν)	< *ἥρω(ϝ)σι
宾	—		ἥρωας 或 ἥρως	< *ἥρω(ϝ)ας

4.90 几个第三变格法名词在变格中使用不同的词干（异干名词）：

• **τὸ κέρας**[犄角]有齿音词干以及 σ 词干形式（见 4.40–44；另外对比 σ 词干的 γέρας[奖品]，见 4.70），例如：单属 κέρατος 或 κέρως，单与 κέρατι 或 κέρᾳ，等等。

• 同样，**τὸ φῶς**[光]（< φάος，这个非缩合形式也会出现）还有齿音词干的属格 φωτός、与格 φωτί 等，另外还有 σ 词干形式（见 4.65）φάους、φάει；**ὁ χρώς**[皮肤；肤色]（对比 αἰδώς[羞耻心]，见 4.71）的属格作 χρωτός 或 χροός（非缩合），与格作 χρωτί 或 χροΐ（亦作 χρῷ），宾格作 χρῶτα 或 χρόα。这些名词的 σ 词干形式主要见于诗歌。

• **τὸ γόνυ**[膝盖]和 **τὸ δόρυ**[树干；矛杆]的单数主宾格词干以 υ 结尾（对比 ἄστυ，见 4.83），但是其他形式的词干以 ατ- 结尾（见 4.40–44；例如：单属 δόρατος，复与 γόνασι）。

• 类似地，**τὸ ὕδωρ**[水]也有以 ατ 结尾的词干（ὑδατ-），例如：单数属格 ὕδατος，单数与格 ὕδατι。

• 词干以 ατ 结尾的又如：**τὸ ἧπαρ**[肝脏]，单属 ἥπατος，与 ἥπατι；还有 ἦμαρ[日子]，单属 ἤματος（用于诗歌）。

• **τὸ κάρα**[头]（用于诗歌）的单属是 κρατός，与 κρατί（也会用 κάρᾳ），复属 κράτων。单数主宾格 τὸ κρᾶτα 也会出现。

• ἡ γυνή 见 4.38。

4.91 其他异干名词兼有第二变格法和第三变格法的形式——

• **ὁ ὄνειρος**[梦]（诗歌中也用 τὸ ὄνειρον）另有齿音词干的形式，例如单数属格作 ὀνείρου 或 ὀνείρατος 等等；单数主宾格亦有 τὸ ὄναρ 的形式。

• **ὁ γέλως**[笑(声)]，单属 γέλωτος，如齿音词干名词那样规则变格；诗歌中还会出现阿提卡型第二变格法的单数宾格 γέλων。

• **ὁ ἔρως**[情爱]，单属 ἔρωτος，如齿音词干名词那样规则变格；诗歌中还会出现第二变格法的形式 ἔρος，与格 ἔρῳ，宾格 ἔρον。

• **ὁ σκότος**[阴影]，第二变格法名词，也有第三变格法 σ 词干中性名词的形式：单数主宾格 τὸ σκότος，属 σκότους，与 σκότει，等等。

• 类似地，**τὸ δένδρον**[树木]也有第三变格法形式，单与 δένδρῳ 又作 δένδρει，复主宾 δένδρα 又作 δένδρη，复与 δένδροις 又作 δένδρεσι。

• **ὁ υἱός**[儿子]除了规则的第二变格法形式之外还有第三变格法 υ 词干的形式：单属 υἱέος，与 υἱεῖ；复主 υἱεῖς，属 υἱέων，与 υἱέσι，宾 υἱεῖς（关于这些形式，对比 ἡδύς[甜美的]的变格，见 5.21)。

• 类似地，**τὸ δάκρυον**[眼泪]的复数与格 δακρύοις 又作 δάκρυσι，单数主宾格 δάκρυον 在诗歌中又作 δάκρυ。

• 另外，单数名词 **τὸ πῦρ**[火]（属格 πυρός，见 4.61）还有对应的第二变格法复数主宾格 τὰ πυρά[营火]，属格 πυρῶν，与格 πυροῖς。

4.92 名词 **τᾶν**（不变格）仅用作一种称呼，例如：ὦ τᾶν[先生啊！朋友啊！]。

名词变格类型总结

4.93 下面这张名词变格类型总结表以单数主格和属格的字母顺序排列，给出了大多数名词（个别特例除外）的变格类型（及子类）、性属以及这一类型在前文中得到详细描述的位置：

单主	单属	变格法（及子类）	性属	详见
-ᾰ	-ᾱς	第一变格法（ε、ι 或 ρ 后）	阴	4.3–7
-ᾰ	-ης	第一变格法	阴	4.3–7
-ᾱ	-ᾱς	第一变格法（ε、ι 或 ρ 后）	阴	4.3–7
-ᾱς	-ου	第一变格法（ε、ι 或 ρ 后）	阳	4.8–13
-ᾱς	-ᾰντος	第三变格法（ντ 词干）	阳	4.45–48
-ᾰς	-ᾰτος	第三变格法（齿音词干）	中	4.40–42
-ᾰς	-ως	第三变格法（σ 词干）	中	4.70
-εύς	-έως	第三变格法（ευ 词干）	阳	4.84–85
-η	-ης	第一变格法	阴	4.3–7
-ην	-ηνος	第三变格法（ν 词干）	阳	4.49–52
-ην	-ενος	第三变格法（ν 词干）	阳或阴	4.49–52
-ηρ	-ηρος	第三变格法（流音词干）	阳	4.55–58
-ηρ	-ερος	第三变格法（流音词干）	多为阳	4.55–58
-(τ)ηρ	-(τ)ρος	第三变格法（ρ 词干且换音）	阳或阴	4.62–64
-ῆς	-έους	第三变格法（σ 词干）	阳专名	4.65–69
-ης	-ητος	第三变格法（齿音词干）	阴或阳	4.40–42
-ης	-ου	第一变格法	阳	4.8–13
-ης	-ους	第三变格法（σ 词干）	阳专名	4.65–68
-ῐς	-εως	第三变格法（ι/ε(y) 词干）	多为阴	4.74–77
-ῐς	-ῐδος/-ῐθος/-ῐτος	第三变格法（齿音词干）	多为阴	4.40–44

单 主	单 属	变格法（及子类）	性 属	详 见
-ῖς	-ῖνος	第三变格法（ν 词干）	多为阴	4.49–52
-μα	-ματος	第三变格法（齿音词干）	中	4.40–42
-ξ	-γος/-κος/-χος	第三变格法（软腭音词干）	阳或阴	4.35–37
-ος	-ου	第二变格法	多为阳	4.19–22
-ος	-ους	第三变格法（σ 词干）	中	4.65–67
-ον	-ου	第二变格法	中	4.24–26
-ουν	-ου	第二变格法（发生缩合）	中	4.24–26
-ους	-οντος	第三变格法（ντ 词干）	阳	4.45–48
-ους	-ου	第二变格法（发生缩合）	阳	4.19–22
-υ	-εως	第三变格法（υ/ε(ϝ) 词干）	中	4.83
-υς	-υος	第三变格法（υ 词干）	多为阳	4.79–81
-υς	-εως	第三变格法（υ/ε(ϝ) 词干）	阳	4.79–82
-ψ	-βος/-πος/-φος	第三变格法（唇音词干）	阳或阴	4.35–37
-ω	-ους	第三变格法（οy 词干）	阴	4.89
-ων	-ονος	第三变格法（ν 词干）	阳或阴	4.49–52
-ων	-οντος	第三变格法（ντ 词干）	阳	4.45–48
-ων	-ωνος	第三变格法（ν 词干）	多为阳	4.49–53
-(τ)ωρ	-(τ)ορος	第三变格法（流音词干）	阳	4.55–58
-ως	-ω	第二变格法（阿提卡型变格法）	多为阳	4.27
-ως	-ωος（或 -ω）	第三变格法（ϝ 词干）	阳	4.89

第 5 章　形容词和分词

第一、第二变格法形容词和分词

三尾形式（-ος, -η/-ᾱ, -ον）

三尾形容词

5.1　第一、第二变格法三尾形容词的变格概览如下：[①]

	-ος, -η, -ον δεινός[令人惊异的；可怕的]			-ος, -ᾱ, -ον（ε、ι 和 ρ 后） δίκαιος[正义的]		
	阳　性	阴　性	中　性	阳　性	阴　性	中　性
单主	δεινός	δεινή	δεινόν	δίκαιος	δικαίᾱ	δίκαιον
属	δεινοῦ	δεινῆς	δεινοῦ	δικαίου	δικαίᾱς	δικαίου
与	δεινῷ	δεινῇ	δεινῷ	δικαίῳ	δικαίᾳ	δικαίῳ
宾	δεινόν	δεινήν	δεινόν	δίκαιον	δικαίᾱν	δίκαιον
呼	δεινέ	同主	同主	δίκαιε	同主	同主
复主呼	δεινοί	δειναί	δεινᾰ́	δίκαιοι	δίκαιαι	δίκαιᾰ
属	δεινῶν	δεινῶν	δεινῶν	δικαίων	δικαίων	δικαίων
与	δεινοῖς	δειναῖς	δεινοῖς	δικαίοις	δικαίαις	δικαίοις
宾	δεινούς	δεινᾱ́ς	δεινᾰ́	δικαίους	δικαίᾱς	δίκαιᾰ

5.2　这是最常见的形容词类型：阳性和中性形式使用第二变格法，阴性使用第一变格法，例如：

δεινός, -ή, -όν[令人惊异的；可怕的]、καλός, -ή, -όν[美好的]、ὀλίγος, -η, -ον[少量的]、λεπτός, -ή, -όν[纤细的]、φίλος, -η, -ον[友爱的；亲爱的]、δίκαιος, -ᾱ, -ον[正义的]、αἰσχρός, -ᾱ́, -όν[可耻的]和 νέος, -ᾱ, -ον[年轻的；新的]。

三尾形容词的变格规则是——

- 阳性形式均如 δοῦλος[奴隶]（见 4.19，第二变格法）；
- 阴性形式的变格如 φυγή[溃逃]，如果词尾前是 ε、ι 或 ρ，那

① 形容词的升级、构成以及句法等等，详参索引。以 -τέος, -τέα, -τέον 结尾的动词性形容词和以 -τός, -τή, -τόν 结尾的动词性形容词的变格亦如本节所示，它们的构成见 23.29、23.34，它们的用法见第 37 章。

么阴性形式的变格就如 χώρᾱ[土地]（见 4.3，第一变格法）；阴性单数词尾中均带长音；

- 中性形式均如 δῶρον[礼物]（见 4.24，第二变格法）。

注一：但是，形容词的重音规则并不一定与名词相同。形容词的重音取决于阳性单数主格的基础重音（见 24.14）；阴性复数属格的重音，见 24.22 注一。

三尾分词

5.3 第一、第二变格法三尾分词的变格概览如下：①

	-μενος, -μένη, -μενον παιδεύω[教化]的现在时中被动态分词		
	阳 性	阴 性	中 性
单主	παιδευόμενος	παιδευομένη	παιδευόμενον
属	παιδευομένου	παιδευομένης	παιδευομένου
与	παιδευομένῳ	παιδευομένῃ	παιδευομένῳ
宾	παιδευόμενον	παιδευομένην	παιδευόμενον
呼	παιδευόμενε	同主	同主
复主呼	παιδευόμενοι	παιδευόμεναι	παιδευόμενα
属	παιδευομένων	παιδευομένων	παιδευομένων
与	παιδευομένοις	παιδευομέναις	παιδευομένοις
宾	παιδευομένους	παιδευομένας	παιδευόμενα

5.4 所有以 -μενος, -μένη, -μενον 结尾的中被动态分词的变格都如同 δεινός, δεινή, δεινόν：

现在时中被动态分词，例如：παιδευόμενος、ποιούμενος、τιμώμενος、δηλούμενος 和 δεικνύμενος；

不过时中动态分词，例如：παιδευσάμενος、λαβόμενος 和 δόμενος；

将来时中动态分词，例如：παιδευσόμενος、νεμούμενος；

将被（θη 型或 η 型）分词，例如：παιδευθησόμενος、βουλησόμενος；

完成时中被动态分词，例如：πεπαιδευμένος、τετριμμένος。

注意重音的差异，见 24.20。

① 各种分词的用法见第 52 章。

发生缩合的三尾形容词（-οῦς, -ῆ/-ᾶ, -οῦν）

5.5 发生缩合的三尾形容词的变格概览如下：

	-οῦς, -ῆ, -οῦν			-οῦς, -ᾶ, -οῦν（ε、ι 和 ρ 后）		
	χρυσοῦς[金(色)的]			ἀργυροῦς[银(色)的]		
	阳 性	阴 性	中 性	阳 性	阴 性	中 性
单主呼	χρυσοῦς	χρυσῆ	χρυσοῦν	ἀργυροῦς	ἀργυρᾶ	ἀργυροῦν
属	χρυσοῦ	χρυσῆς	χρυσοῦ	ἀργυροῦ	ἀργυρᾶς	ἀργυροῦ
与	χρυσῷ	χρυσῇ	χρυσῷ	ἀργυρῷ	ἀργυρᾷ	ἀργυρῷ
宾	χρυσοῦν	χρυσῆν	χρυσοῦν	ἀργυροῦν	ἀργυρᾶν	ἀργυροῦν
复主呼	χρυσοῖ	χρυσαῖ	χρυσᾶ	ἀργυροῖ	ἀργυραῖ	ἀργυρᾶ
属	χρυσῶν	χρυσῶν	χρυσῶν	ἀργυρῶν	ἀργυρῶν	ἀργυρῶν
与	χρυσοῖς	χρυσαῖς	χρυσοῖς	ἀργυροῖς	ἀργυραῖς	ἀργυροῖς
宾	χρυσοῦς	χρυσᾶς	χρυσᾶ	ἀργυροῦς	ἀργυρᾶς	ἀργυρᾶ

注一：伊欧尼亚方言中的变格形式，见 25.27。

5.6 在一些第一、第二变格法形容词中，词尾与词干末的 ε 或 ο 缩合。其中一些表达材质，例如：

χρυσοῦς, -ῆ, -οῦν[金(色)的]（-έος, -έᾱ, -έον）、ἀργυροῦς, -ᾶ, -οῦν[银的]和 πορφυροῦς, -ᾶ, -οῦν[紫的]。

还有一些以 -πλοῦς 结尾，表达倍数，例如：

ἁπλοῦς, -ῆ, -οῦν[单一的]（-όος, -έᾱ, -όον）、διπλοῦς, -ῆ, -οῦν[双倍的；双重的]。

这类形容词的变格——

- 阳性形式均如 νοῦς[努斯；心智]（见 4.21）；
- 阴性形式如 φυγή[溃逃]，但如果词尾前是 ε、ι 或 ρ，那么就如 χώρᾱ[土地]（见 4.3，第一变格法）；阴性单数词尾中均带长音；
- 中性形式均如 ὀστοῦν[骨头]（见 4.24）。

注一：即便词干以 ο 结尾，阴性词尾也如同是与 ε 缩合那样，例如阳性 ἁπλοῦς（-όος）而阴性 ἁπλῆ（-έᾱ）。

注二：中性复数主宾格中的 -ᾱ（比如 χρυσᾶ、ἀργυρᾶ）是从 δεινά 等形式类推而来的（见 1.49；-εᾰ 的规则缩合结果是 -η，对比 γένη < γένεᾰ，见 1.59）。阴性中也有类推而来的形式（例如复数主格作 χρυσαῖ 而非我们所预期的 †χρυσῆ < -έαι）。

二尾形容词（-ος, -ον 或 -ους, -ουν）

5.7 二尾（of two endings）形容词的变格概览如下：

	-ος, -ον		-ους, -ουν	
	ἄδικος[不正义的]		εὔνους[善意的]	
	阳阴性	中　性	阳阴性	中　性
单主	ἄδικος	ἄδικον	εὔνους	εὔνουν
属	ἀδίκου	ἀδίκου	εὔνου	εὔνου
与	ἀδίκῳ	ἀδίκῳ	εὔνῳ	εὔνῳ
宾	ἄδικον	ἄδικον	εὔνουν	εὔνουν
呼	ἄδικε	同主	同主	同主
复主	ἄδικοι	ἄδικα	εὖνοι	εὔνοα
属	ἀδίκων	ἀδίκων	εὔνων	εὔνων
与	ἀδίκοις	ἀδίκοις	εὔνοις	εὔνοις
宾	ἀδίκους	ἄδικα	εὔνους	εὔνοα

5.8 一些形容词没有单独的阴性形式。对于它们来说，第二变格法的形式用于三种性属，阴性形式与阳性形式相同（二尾的意思就是一组词尾用于阳性和阴性，另一组词尾用于中性），对比：

ὁ ἄδικος ἀνήρ 不正义的男人；

ἡ ἄδικος δίκη 不正义的审判；

τὸ ἄδικον ἔργον 不正义的行为。

5.9 二尾形容词的变格——

- 阳性、阴性形式如 δοῦλος[奴隶]（见 4.19，第二变格法）；
- 中性形式如 δῶρον[礼物]（见 4.24，第二变格法）。

一些二尾形容词中发生缩合（比如 εὔνους, -ουν[善意的]、ἄπλους, -ουν[不适于航海的]），这些形容词的变格——

- 阳性形式和阴性形式如 νοῦς[努斯；心智]（见 4.19）；
- 中性形式如 ὀστοῦν[骨头]（见 4.24）；但请注意复数主格和宾格并不缩合（以 -οᾰ 结尾）。

5.10 二尾形容词分为两组——

- 复合形容词，由两个或更多的部分构成（见 23.37–40）。复合形容词一般都是二尾形容词，例如：

ἔν-δοξος, -ον[闻名的]、περί-οικος, -ον[住在周围的]、εὔ-φημος, -ον[说吉利话的；肃静的]和 θεήλατος, -ον[神明驱动的]（来自 θεός[神明]和 ἐλαύνω[驾驭；驱赶]）。

注意，一些复合形容词带所谓的否定性的（privative）ἀ-，例如：

ἄ-δικος, -ον[不正义的]、ἄ-λογος, -ον[无道理的；无言的]、ἄ-φιλος, -ον[不友善的]和 ἀ-κίνητος, -ον[不可动的；未移动的]。

• 还有一些二尾形容词并非复合词，例如：

βάρβαρος, -ον[非希腊的；蛮夷的]、βέβαιος, -ον[稳定的；确实的]、ἔρημος, -ον[荒凉的；孤独的]、ἥσυχος, -ον[平静的]、φρόνιμος, -ον[审慎的]和 χρήσιμος, -ον[有用的]。

注一：这些形容词的比较级和最高级（见 5.36–38）则是三尾的，例如：ἄδικος 的比较级是 ἀδικώτερος, -ᾱ, -ον，βέβαιος 的最高级是 βεβαιότατος, -η, -ον。

5.11　在特定的作家或文本中，或者在个别位置，一般以三尾形式出现的形容词也会以二尾形式出现，反之亦然。这种现象常见于诗歌。以 βέβαιος（通常以二尾形式 -ος, -ον 出现）为例：

(1) σοὶ δ᾽ ὁμιλία πρὸς τόνδε ... βέβαιος.

你与他的交往安全无虞。（索《菲》70–71）[如通常那样是二尾形式]

(2) ἀρετῆς βέβαιαι ... αἱ κτήσεις μόνης. 只有对德性的获取才是可靠的。（索福克勒斯残篇拉特[Radt]本 201d）[这里是三尾形式]

其他特殊形式

5.12　一些[第一、]第二变格法形容词的阳性和中性形式的变格遵循阿提卡型第二变格法（见 4.27）。在这些形容词中，唯一的三尾形容词是 πλέως, -έᾱ, -έων[充满的]，其他形容词（如 ἵλεως, -εων[和蔼的；吉利的]）和复合形容词（如 ἔκπλεως, -εων[完整的；充满的]）都是二尾形容词。这些形容词的完整变格如下所示：

	-εως, -εᾱ, -εων πλέως[充满的]			-εως, -εων ἵλεως[和蔼的；吉利的]	
	阳 性	阴 性	中 性	阳阴性	中 性
单主	πλέως	πλέᾱ	πλέων	ἵλεως	ἵλεων
属	πλέω	πλέᾱς	πλέω	ἵλεω	ἵλεω
与	πλέῳ	πλέᾳ	πλέῳ	ἵλεῳ	ἵλεῳ
宾	πλέων	πλέᾱν	πλέων	ἵλεων	ἵλεων

	-εως, -εᾱ, -εων			-εως, -εων	
	πλέως[充满的]			ἵλεως[和蔼的；吉利的]	
	阳 性	阴 性	中 性	阳阴性	中 性
复主	πλέῳ	πλέαι	πλέᾱ	ἵλεῳ	ἵλεᾱ
属	πλέων	πλέων	πλέων	ἵλεων	ἵλεων
与	πλέῳς	πλέαις	πλέῳς	ἵλεῳς	ἵλεῳς
宾	πλέως	πλέᾱς	πλέᾱ	ἵλεως	ἵλεᾱ

注一：伊欧尼亚方言中 πλέως 的形式，见 25.27。

混合变格法形容词

5.13 混合变格法形容词的变格概览如下：

	πολύς, πολλή, πολύ[许多的]			μέγας, μεγάλη, μέγα[大的]		
	阳 性	阴 性	中 性	阳 性	阴 性	中 性
单主	πολῠ́ς	πολλή	πολῠ́	μέγας	μεγάλη	μέγα
属	πολλοῦ	πολλῆς	πολλοῦ	μεγάλου	μεγάλης	μεγάλου
与	πολλῷ	πολλῇ	πολλῷ	μεγάλῳ	μεγάλῃ	μεγάλῳ
宾	πολῠ́ν	πολλήν	πολῠ́	μέγαν	μεγάλην	μέγα
呼	同主	同主	同主	μεγάλε	同主	同主
复主呼	πολλοί	πολλαί	πολλᾰ́	μεγάλοι	μεγάλαι	μεγάλᾰ
属	πολλῶν	πολλῶν	πολλῶν	μεγάλων	μεγάλων	μεγάλων
与	πολλοῖς	πολλαῖς	πολλοῖς	μεγάλοις	μεγάλαις	μεγάλοις
宾	πολλούς	πολλᾱ́ς	πολλᾰ́	μεγάλους	μεγάλᾱς	μεγάλᾰ

注一：伊欧尼亚方言中的形式（规则的 πολλός, πολλή, πολλόν），见 25.27。

5.14 **πολύς**[许多的]和 **μέγας**[大的]用混合变格，各有两个词干：

- 阳性和中性的单数主格和宾格遵循第三变格法，分别基于词干 πολῠ- 和 μεγᾰ-；阳性单数主格以 -ς 结尾，宾格以 -ν 结尾；中性单数主宾格无词尾，从而有：阳单主 πολύ-ς、μέγα-ς，阳单宾 πολύ-ν、μέγα-ν，中单主宾 πολύ、μέγα。

- 其他所有形式都分别基于词干 πολλ- 和 μεγᾰλ-，并且遵循第一、第二变格法，如 δεινός[令人惊异的；可怕的]（见 5.1）那样，例如：阳复主 πολλ-οί、μεγάλ-οι，阴单属 πολλ-ῆς、μεγάλ-ης。

第一、第三变格法形容词和分词

词干以 ντ 结尾的三尾形式

形容词（-ων, -ουσα, -ον 和 πᾶς, πᾶσα, πᾶν）

5.15　词干以 ντ 结尾的第一、第三变格法形容词的变格概览如下：

	-ων, -ουσα, -ον			πᾶς, πᾶσα, πᾶν		
	ἑκών[乐意的；自愿的]			πᾶς[所有的；全部的]		
	阳　性	阴　性	中　性	阳　性	阴　性	中　性
单主呼	ἑκών	ἑκοῦσᾰ	ἑκόν	πᾶς	πᾶσᾰ	πᾶν
属	ἑκόντος	ἑκούσης	ἑκόντος	πᾰντός	πᾱ́σης	πᾰντός
与	ἑκόντῐ	ἑκούσῃ	ἑκόντῐ	πᾰντῐ́	πᾱ́σῃ	πᾰντῐ́
宾	ἑκόντᾰ	ἑκοῦσᾰν	ἑκόν	πᾰ́ντᾰ	πᾶσᾰν	πᾶν
复主呼	ἑκόντες	ἑκοῦσαι	ἑκόντᾰ	πᾰ́ντες	πᾶσαι	πᾰ́ντᾰ
属	ἑκόντων	ἑκουσῶν	ἑκόντων	πᾰ́ντων	πᾱσῶν	πᾰ́ντων
与	ἑκοῦσῐ(ν)	ἑκούσαις	ἑκοῦσῐ(ν)	πᾶσι(ν)	πᾱ́σαις	πᾶσι(ν)
宾	ἑκόντᾰς	ἑκούσᾱς	ἑκόντᾰ	πᾰ́ντᾰς	πᾱ́σᾱς	πᾰ́ντᾰ

5.16　形容词 **ἑκών**[乐意的；自愿的]（词干 ἑκοντ-）、**ἄκων**[不乐意的；不情愿的]（词干 ἀκοντ-）和 **πᾶς**[所有的；全部的]（词干 πᾰντ-）的词干以 **ντ** 结尾，它们的变格——

• 阳性形式：遵循第三变格法，如 γέρων[老人]或 γίγας[巨人]（见 4.46）。对于 ἑκών、ἄκων 的阳性单数主格而言，词干元音（stem-vowel）[1] 为长，词干末尾的 τ 脱落（从而 ἑκόντ- 变为 ἑκών）。对于 πᾶς 而言，在加上词尾 -ς 后，ντ 脱落，伴随着补偿性延长（πᾶς < *πᾰ́ντς，见 1.68）。在这些形容词的复数与格中，ντ 再次脱落，同样发生补偿性延长（ἑκοῦσι = ἑκōσι < *ἑκόντ-σι，πᾶσι < *πᾰ́ντ-σι）。

• 阴性形式：在词干上添加后缀 *-yᾰ（见 23.9），产生 -σᾰ（< *-ντyᾰ，见 1.77），伴随有前一个元音的补偿性延长（见 1.68），例如：ἑκοῦσᾰ（< *ἑκόντ-yᾰ）、πᾶσᾰ（< *πᾰ́ντ-yᾰ）。产生的这些形式遵循单主词末为短音 ᾰ 的第一变格法，变格如 μοῦσᾰ（见 4.3）。

• 中性形式：单数主宾格与词干相同，但是末尾的 τ 脱落，例

---

① 词干元音指词干中的最后一个元音，与构干元音（thematic vowel）不同。

如：ἑκόν（< *ἑκόντ）、πᾶν（< *πάντ，不过见下注一）。复数主宾格以 -ᾰ 结尾。其他形式均与阳性相同。

注一：中性单数主宾格 πᾶν 中的长音 ᾱ 是不规则的，这仿照的是整个词形变化表中的其他形式，诸如规则的 πᾶς、πᾶσα（类推，见 1.49）。

分　词

5.17　词干以 ντ 结尾的第一、第三变格法三尾分词变格概览如下：

	-ων, -ουσα, -ον			-ῶν, -οῦσα, -οῦν		
	παιδεύω[教化]的现主分			ποιέω[制作]的现主分		
	阳　性	阴　性	中　性	阳　性	阴　性	中　性
单主	παιδεύων	παιδεύουσα	παιδεῦον	ποιῶν	ποιοῦσα	ποιοῦν
属	παιδεύοντος	παιδευούσης	παιδεύοντος	ποιοῦντος	ποιούσης	ποιοῦντος
与	παιδεύοντι	παιδευούσῃ	παιδεύοντι	ποιοῦντι	ποιούσῃ	ποιοῦντι
宾	παιδεύοντα	παιδεύουσαν	παιδεῦον	ποιοῦντα	ποιοῦσαν	ποιοῦν
复主	παιδεύοντες	παιδεύουσαι	παιδεύοντα	ποιοῦντες	ποιοῦσαι	ποιοῦντα
属	παιδευόντων	παιδευουσῶν	παιδευόντων	ποιούντων	ποιουσῶν	ποιούντων
与	παιδεύουσι(ν)	παιδευούσαις	παιδεύουσι(ν)	ποιοῦσι(ν)	ποιούσαις	ποιοῦσι(ν)
宾	παιδεύοντας	παιδευούσας	παιδεύοντα	ποιοῦντας	ποιούσας	ποιοῦντα

	-ῶν, -ῶσα, -ῶν			-ῶν, -οῦσα, -οῦν		
	τιμάω[尊崇]的现主分			δηλόω[表明]的现主分		
	阳　性	阴　性	中　性	阳　性	阴　性	中　性
单主	τιμῶν	τιμῶσα	τιμῶν	δηλῶν	δηλοῦσα	δηλοῦν
属	τιμῶντος	τιμώσης	τιμῶντος	δηλοῦντος	δηλούσης	δηλοῦντος
与	τιμῶντι	τιμώσῃ	τιμῶντι	δηλοῦντι	δηλούσῃ	δηλοῦντι
宾	τιμῶντα	τιμῶσαν	τιμῶν	δηλοῦντα	δηλοῦσαν	δηλοῦν
复主	τιμῶντες	τιμῶσαι	τιμῶντα	δηλοῦντες	δηλοῦσαι	δηλοῦντα
属	τιμώντων	τιμωσῶν	τιμώντων	δηλούντων	δηλουσῶν	δηλούντων
与	τιμῶσι(ν)	τιμώσαις	τιμῶσι(ν)	δηλοῦσι(ν)	δηλούσαις	δηλοῦσι(ν)
宾	τιμῶντας	τιμώσας	τιμῶντα	δηλοῦντας	δηλούσας	δηλοῦντα

δείκνῡμι[展示]、**ἵστημι**[使竖立]、**τίθημι**[放置]和 **δίδωμι**[给予]的现在时主动态分词的变格见下页。

	-ύς, -ῦσα, -ύν δείκνῡμι[展示]的现主分			-άς, -ᾶσα, -άν ἵστημι[使竖立]的现主分		
	阳 性	阴 性	中 性	阳 性	阴 性	中 性
单主	δεικνῡ́ς	δεικνῦσα	δεικνῠ́ν	ἱστᾱ́ς	ἱστᾶσα	ἱστᾰ́ν
属	δεικνῠ́ντος	δεικνῡ́σης	δεικνῠ́ντος	ἱστᾰ́ντος	ἱστᾱ́σης	ἱστᾰ́ντος
与	δεικνῠ́ντι	δεικνῡ́σῃ	δεικνῠ́ντι	ἱστᾰ́ντι	ἱστᾱ́σῃ	ἱστᾰ́ντι
宾	δεικνῠ́ντα	δεικνῦσαν	δεικνῠ́ν	ἱστᾰ́ντα	ἱστᾶσαν	ἱστᾰ́ν
复主	δεικνῠ́ντες	δεικνῦσαι	δεικνῠ́ντα	ἱστᾰ́ντες	ἱστᾶσαι	ἱστᾰ́ντα
属	δεικνῠ́ντων	δεικνῡσῶν	δεικνῠ́ντων	ἱστᾰ́ντων	ἱστᾱσῶν	ἱστᾰ́ντων
与	δεικνῦσι(ν)	δεικνῡ́σαις	δεικνῦσι(ν)	ἱστᾶσι(ν)	ἱστᾱ́σαις	ἱστᾶσι(ν)
宾	δεικνῠ́ντας	δεικνῡ́σας	δεικνῠ́ντα	ἱστᾰ́ντας	ἱστᾱ́σας	ἱστᾰ́ντα

	-είς, -εῖσα, -έν τίθημι[放置]的现主分			-ούς, -οῦσα, -όν δίδωμι[给予]的现主分		
	阳 性	阴 性	中 性	阳 性	阴 性	中 性
单主	τιθείς	τιθεῖσα	τιθέν	διδούς	διδοῦσα	διδόν
属	τιθέντος	τιθείσης	τιθέντος	διδόντος	διδούσης	διδόντος
与	τιθέντι	τιθείσῃ	τιθέντι	διδόντι	διδούσῃ	διδόντι
宾	τιθέντα	τιθεῖσαν	τιθέν	διδόντα	διδοῦσαν	διδόν
复主	τιθέντες	τιθεῖσαι	τιθέντα	διδόντες	διδοῦσαι	διδόντα
属	τιθέντων	τιθεισῶν	τιθέντων	διδόντων	διδουσῶν	διδόντων
与	τιθεῖσι(ν)	τιθείσαις	τιθεῖσι(ν)	διδοῦσι(ν)	διδούσαις	διδοῦσι(ν)
宾	τιθέντας	τιθείσας	τιθέντα	διδόντας	διδούσας	διδόντα

5.18 所有的主动态分词（除了以 -ώς, -υῖα, -ός 结尾的完成时主动态分词，见 5.19–20）和不定过去时被动态（θη 型或 η 型不定过去时）分词的词干都以 ντ 结尾，从而它们遵循 ἑκών[乐意的；自愿的]或 πᾶς[所有的；全部的]的变格模式——

- 变格如 ἑκών（单主的词干元音为长，词干末 τ 脱落）的有：

-ω 动词的现主分	例如：παιδεύων (属 -οντος), παιδεύουσα, παιδεῦον
εἰμί[是]的现主分	ὤν (属 ὄντος), οὖσα, ὄν
εἶμι[来；去]的现主分	ἰών (属 ἰόντος), ἰοῦσα, ἰόν

将来时主动态分词	例如：παιδεύσων (属 -οντος), παιδεύσουσα, παιδεῦσον
构元型不过时主分	例如：λαβών (属 -όντος), λαβοῦσα, λαβόν［拿取］

注意以下缩合的分词形式：

-έω 动词的现主分	例如：ποιῶν (属 -οῦντος), ποιοῦσα, ποιοῦν
-άω 动词的现主分	例如：τιμῶν (属 -ῶντος), τιμῶσα, τιμῶν
-όω 动词的现主分	例如：δηλῶν (属 -οῦντος), δηλοῦσα, δηλοῦν
阿提卡型将主分	例如：νεμῶν (属 -οῦντος), νεμοῦσα, νεμοῦν［分配］

• 变格如 πᾶς（单主以 -ς 结尾并发生补偿性延长）的有：

-μι 动词的现主分	例如：δεικνῡ́ς (属 -ῠ́ντος), δεικνῦσα, δεικνῠ́ν
	ἱστᾱ́ς (属 -ᾰ́ντος), ἱστᾶσα, ἱστᾰ́ν［使竖立］
	διδούς (属 -όντος), διδοῦσα, διδόν
	τιθείς (属 -έντος), τιθεῖσα, τιθέν
	ἱείς (属 -έντος), ἱεῖσα, ἱέν［送出；放走］
σ 型不过时主分	例如：παιδεύσᾱς (属 -ᾰντος), παιδεύσᾱσα, παιδεῦσᾰν
词根型不过时主分	例如：δῡ́ς (属 δῠ́ντος), δῦσα, δῠ́ν［使沉入］
	στᾱ́ς (属 -ᾰ́ντος), στᾶσα, στᾰ́ν
	θείς (属 -έντος), θεῖσα, θέν
	δούς (属 -όντος), δοῦσα, δόν
θη 型或 η 型不过分	例如：παιδευθείς (属 -έντος), παιδευθεῖσα, παιδευθέν
	φανείς (属 -έντος), φανεῖσα, φανέν

完成时主动态三尾分词（-ώς, -υῖα, -ός）

5.19 完成时主动态分词的变格概览如下：

-ώς, -υῖα, -ός παιδεύω［教化］的完主分	阳 性	阴 性	中 性
单主	πεπαιδευκώς	πεπαιδευκυῖᾰ	πεπαιδευκός
属	πεπαιδευκότος	πεπαιδευκυίᾱς	πεπαιδευκότος
与	πεπαιδευκότι	πεπαιδευκυίᾳ	πεπαιδευκότι
宾	πεπαιδευκότα	πεπαιδευκυῖᾰν	πεπαιδευκός

-ώς, -υῖα, -ός

παιδεύω[教化]的完主分

	阳 性	阴 性	中 性
复主	πεπαιδευκότες	πεπαιδευκυῖαι	πεπαιδευκότα
属	πεπαιδευκότων	πεπαιδευκυιῶν	πεπαιδευκότων
与	πεπαιδευκόσι(ν)	πεπαιδευκυίαις	πεπαιδευκόσι(ν)
宾	πεπαιδευκότας	πεπαιδευκυίᾱς	πεπαιδευκότα

5.20 对于完成时主动态分词而言，一些阳性形式和中性形式的词干以 οσ 结尾，另一些阳性形式和中性形式的词干以 οτ 结尾，阴性形式的词干总是以 υι 结尾。完成时主动态分词的变格规则是：[①]

- 阳性形式：遵循第三变格法，单数主格基于以 οσ- 结尾的词干，无词尾，但延长词干元音（即以 -ως 结尾），例如 πεπαιδευκώς；其他阳性形式都基于以 οτ 结尾的词干，例如：单数属格 πεπαιδευκότος、复数与格 πεπαιδευκόσι（齿音 τ 在词尾 -σι 前脱落，见 1.91、4.42）；
- 阴性形式：遵循第一变格法 διάνοιᾰ 子类（见 4.3，注意 α 前有 ι），从而单数属格作 πεπαιδευκυίᾱς，单数与格作 -υίᾳ；
- 中性形式：单数主宾格基于以 οσ 结尾的词干，无词尾（例如 πεπαιδευκός），其他中性形式基于以 οτ 结尾的词干，例如复数主宾格 πεπαιδευκότα，单复数属格和与格都与阳性形式相同。

注一：在这些完成时主动态分词形式中，阳性和中性形式原本使用的是 o 级后缀 *-ϝοσ-，阴性形式则原本基于零级词干 *-ϝσ-，带有后缀 *-yᾰ（见 23.9，*-ϝσ-yᾰ > -υιᾰ）。后缀 *-ϝοτ- 后来在阳性和中性的大多数变格形式中取代了 *-ϝοσ-。这种异干变格模式起初见于诸如 εἰδώς, εἰδυῖα 等等的词干型完成时（οἶδα[知道]的各种完成时形式，见 18.23）。而且，由于古希腊语使用者不再感受到 ϝ 的存在，这种变格模式随后就从词干型完成时延伸到了后来规则地构成的 κ 型完成时和送气型完成时（这三种完成时词干见 18.2）。

词干以 υ/εϝ 结尾的三尾形容词（-υς, -εια, -υ）

5.21 词干以 υ/εϝ 结尾的三尾形容词的变格概览如下：

---

① 以 -μενος, -μένη, -μενον 结尾的完成时中被动态分词的变格，见 5.3；完成时分词的重音，见 24.20。

	-υς, -εια, -υ ἡδύς[甜美的]		
	阳 性	阴 性	中 性
单主	ἡδῠ́ς	ἡδεῖᾰ	ἡδῠ́
属	ἡδέος	ἡδείᾱς	ἡδέος
与	ἡδεῖ	ἡδείᾳ	ἡδεῖ
宾	ἡδῠ́ν	ἡδεῖᾰν	ἡδῠ́
呼	ἡδῠ́	同主	同主
复主呼	ἡδεῖς	ἡδεῖαι	ἡδέᾰ
属	ἡδέων	ἡδειῶν	ἡδέων
与	ἡδέσῐ(ν)	ἡδείαις	ἡδέσῐ(ν)
宾	ἡδεῖς	ἡδείᾱς	ἡδέᾰ

注一：伊欧尼亚方言中的变格形式，见 25.27。

5.22 有一类形容词以 **-υς, -εια, -υ** 结尾，其词干有零级 ῠ 和 e 级 εϝ 两种换音变体（ῠ/ϝ 见 1.79），例如：

ἡδύς[甜美的；怡人的]、βαρύς[沉重的]、εὐρύς[宽广的]、ὀξύς[锐利的]和 ταχύς[快速的]。

• 阳性形式：遵循第三变格法，类似 πῆχυς（见 4.79，但是单属有差异）。以 υ 结尾的零级词干用于单主、单宾，例如：ἡδύ-ς、ἡδύ-ν。其他格使用普通 e 级词干 *ἡδεϝ-，其中的 ϝ 脱落，例如：单属 ἡδέ(ϝ)ος、复属 ἡδέ(ϝ)ων；单数与格 ἡδεῖ（< *ἡδέ(ϝ)ι）和复数主格 ἡδεῖς（= ἡδε̄ς < *ἡδέ(ϝ)ες）中发生缩合。

注一：复数与格和复数宾格可能基于词干 ἡδε-，类推自复数主格等等；关于这类构成方式，对比 πόλις（见 4.76）和 πῆχυς（见 4.82）。

• 阴性形式：后缀 *-yᾰ（见 23.9）加于 e 级词干 ἡδεϝ-，产生出 ἡδεῖᾰ（< *ἡδέ(ϝ)yᾰ）。这一形式遵循第一变格法 διάνοια 子类（见 4.3，注意 ᾰ 前有 ι）；

• 中性形式：遵循第三变格法，类似 ἄστυ（见 4.83，但注意单属和复主宾不缩合）。单数主宾格基于零级词干，无词尾，作 ἡδύ，其他格使用普通 e 级词干。复数主宾格以 -ᾰ 结尾（ἡδέᾰ < *ἡδέ(ϝ)ᾰ，不缩合）。其他形式与阳性相同。

词干以 ν 结尾的三尾形容词（-ας, -αινα, -αν）

5.23 词干以 ν 结尾的三尾形容词的变格概览如下：

-ας, -αινα, -αν μέλας[黑暗的]			
	阳 性	阴 性	中 性
单主	μέλᾱς	μέλαινα	μέλᾰν
属	μέλᾰνος	μελαίνης	μέλᾰνος
与	μέλᾰνι	μελαίνῃ	μέλᾰνι
宾	μέλᾰνα	μέλαιναν	μέλᾰν
呼	μέλᾰν	同主	同主
复主呼	μέλᾰνες	μέλαιναι	μέλᾰνα
属	μελᾰ́νων	μελαινῶν	μελᾰ́νων
与	μέλᾰσι(ν)	μελαίναις	μέλᾰσι(ν)
宾	μέλᾰνας	μελαίνας	μέλᾰνα

5.24 形容词 **μέλας**[黑暗的]（词干 μελᾰν-）和 **τάλας**[悲惨的]（词干 ταλᾰν-）的词干以 ν 结尾，其变格规则是——

- 阳性形式：如第三变格法 ν 词干名词（见 4.49），单主 μέλας、τάλας 有词尾 -ς，ν 脱落并发生补延（μέλᾱς < *μέλᾰνς，见 1.68）。

注一：复数与格（μέλ<u>ᾰ</u>σι）中的短元音似乎是类推造成的，对比诸如 δαίμοσι 等等的 ν 词干形式，见 4.51 注一。

- 阴性形式：后缀 *-yᾰ（见 23.9）加于词干，ν 与 y 的位置颠倒后产生 μέλαινα、τάλαινα（< *τάλ<u>ανyα</u>，见 1.78）；
- 中性形式：单主宾无词尾，例如：μέλαν、τάλαν；复主宾以 -ᾰ 结尾，如 μέλανα；其他中性形式与阳性形式相同。

注二：形容词 **τέρην**[纤柔的]的词干以 ν 结尾（τερεν-），阳单主 τέρ<u>η</u>ν 无词尾，词干元音为长；阴单主 τέρεινα（= τέρ<u>ε̄ν</u>α < *τέρ<u>ενyα</u>，见 1.78），属 τερείνης；中单主 τέρεν，属 τέρενος。二尾形容词 ἄρρην[雄性的]按 τέρην 的阳性和中性形式变格。

注三：也有词干以 ν 结尾的（-ον）二尾形容词，见 5.26。

词干以 εντ 结尾的三尾形容词（-εις, -εσσα, -εν）

5.25 一些第一、第三变格法形容词主要用于诗歌，意为富于……的、充满……的，以 -εις, -εσσα, -εν 结尾，例如：χαρίεις[优雅的；有教养的]、φωνήεις[有声的]

和 δακρυόεις[含泪的；使人流泪的]。这些形容词的词干以 ντ 结尾，其阳性和中性变格如 5.17 所示（即分别如 τιθείς、τιθέν），阴性变格中的词干以 -εσσ- 结尾（这是从叙事诗中得知的），它们的完整变格如下：

-εις, -εσσα, -εν χαρίεις[优雅的；有教养的]			
	阳　性	阴　性	中　性
单主呼	χαρίεις	χαρίεσσα	χαρίεν
属	χαρίεντος	χαριέσσης	χαρίεντος
与	χαρίεντι	χαριέσσῃ	χαρίεντι
宾	χαρίεντα	χαρίεσσαν	χαρίεν
复主呼	χαρίεντες	χαρίεσσαι	χαρίεντα
属	χαριέντων	χαριεσσῶν	χαριέντων
与	χαρίεσι(ν)	χαριέσσαις	χαρίεσι(ν)
宾	χαρίεντας	χαριέσσας	χαρίεντα

第三变格法形容词

词干以 ον 结尾的二尾形容词（-ων, -ον）

5.26 词干以 ον 结尾的二尾形容词的变格概览如下：

-ων, -ον σώφρων[明智的；审慎的]		
	阳阴性	中　性
单主	σώφρων	σῶφρον
属	σώφρονος	σώφρονος
与	σώφρονι	σώφρονι
宾	σώφρονα	σῶφρον
呼	σῶφρον	同主
复主呼	σώφρονες	σώφρονα
属	σωφρόνων	σωφρόνων
与	σώφροσι(ν)	σώφροσι(ν)
宾	σώφρονας	σώφρονα

5.27 有一组二尾形容词（亦即没有单独的阴性形式）的词干以 ον

结尾，例如：

σώφρων[明智的；审慎的]（词干 σωφρον-）、εὐδαίμων[幸运的]（词干 εὐδαιμον-）和 μνήμων[记得的]（词干 μνημον-）。

它们的变格规则是——

- 阳阴性形式：如 δαίμων（见 4.49），单数主格的词干元音为长，没有词尾（比如 σώφρων，词干作 σωφρον-）；
- 中性形式：单数主宾格无词尾，例如 σῶφρον，复数主宾格以 -ᾰ 结尾，其他形式与阳阴性相同。

注一：在复数与格中，ν 脱落但没有补偿性延长（比如 σώφροσι），这类形式见 4.51 注一。

词干以 σ 结尾的二尾形容词（-ης, -ες）

5.28 词干以 σ 结尾的二尾形容词的变格概览如下：

	-ης, -ες					
	ἀληθής[真实的]				ὑγιής[健康的]	
	阳阴性		中性		阳阴性	中性
单主	ἀληθής		ἀληθές		ὑγιής	ὑγιές
属	ἀληθοῦς	< -έ(σ)ος	ἀληθοῦς		ὑγιοῦς	ὑγιοῦς
与	ἀληθεῖ	< -έ(σ)ι	ἀληθεῖ		ὑγιεῖ	ὑγιεῖ
宾	ἀληθῆ	< -έ(σ)α	ἀληθές		ὑγιᾶ	ὑγιές
呼	ἀληθές		同主		ὑγιές	同主
复主呼	ἀληθεῖς	< -έ(σ)ες	ἀληθῆ	< -έ(σ)α	ὑγιεῖς	ὑγιᾶ
属	ἀληθῶν	< -έ(σ)ων	ἀληθῶν		ὑγιῶν	ὑγιῶν
与	ἀληθέσι(ν)	< -έσσι(ν)	ἀληθέσι(ν)		ὑγιέσι(ν)	ὑγιέσι(ν)
宾	ἀληθεῖς		ἀληθῆ	< -έ(σ)α	ὑγιεῖς	ὑγιᾶ

注一：伊欧尼亚方言中的变格形式，见 25.27。

5.29 有一组以 -ης, -ες 结尾的二尾形容词的词干以 εσ 结尾，例如：

ἀληθής[真实的]（词干 ἀληθεσ-）、εὐγενής[出身高贵的]（词干 εὐγενεσ-）、εὐκλεής[著名的]（词干 εὐκλεεσ-）和 ὑγιής[健康的]（词干 ὑγιεσ-）。

它们的变格规则是——

- 阳阴性形式：单数主格的词干元音为长，无词尾（如 ἀληθής，词干作 ἀληθησ-），其他变格形式是词干的 σ 脱落后（见 1.83）的缩合产物（见 1.58–64），注意复数宾格以 -εῖς 结尾（对比 πόλεις 的复数宾格，见 4.76）；

• 中性形式：单主宾无词尾，例如 ἀληθές、εὐκλεές；复主宾以 -η 结尾（缩合自 -ε(σ)α），单复数属格、与格与阳阴性相同。

5.30 诸如 εὐκλεής[著名的]、ὑγιής[健康的]的形容词在词干的 εσ 前有 **ε** 或 **ι**，它们的阳阴性单宾和中性复主宾一般不缩合为 -η，而是缩合为 **-ᾱ**（见 1.57），例如：εὐκλεᾶ、ὑγιᾶ（但是也会出现 ὑγιῆ）。

其他具体细节

第二部分是齿音词干名词的复合形容词

5.31 一些第三变格法复合形容词（从而是二尾形容词，见 5.10）的第二部分是齿音词干名词，例如：

εὔελπις[有希望的]，第二部分是 ἐλπίς，词干 ἐλπῐδ-，属 εὐέλπιδος；

ἄχαρις[无礼的；不感谢的]，第二部分是 χάρις，词干 χαρῐτ-，属 ἀχάριτος；

ἄπολις[无城邦的]，第二部分是 πόλις，词干被当作是 πολῐδ-，属 ἀπόλιδος；对比以 -πολις 结尾的专名，见 4.78。

这种形容词基本按照相关的名词变格（见 4.40；中性复数主宾格以 -α 结尾，例如 ἀχάριτα）。不过阳性单数宾格总是以 -ιν 结尾（见 4.43），中性单数主宾格以 -ι 结尾（例如 εὔελπι）。

一尾形容词

5.32 其他一些二尾形容词的词干以齿塞音结尾（某些情况下则以其他类型的辅音结尾）。由于这些形容词的中性没有单独的形式，因此它们有时也被称作一尾（of one ending）形容词，例如：

πένης, πένητος[贫穷的]、ἀγνώς, ἀγνῶτος[不为人知的；无知的]、φυγάς, φυγάδος[逃亡的]和 ἅρπαξ, ἅρπαγος[偷窃的；抢夺的]。

其中，形容词 ἐθελοντής, -οῦ[自愿的]仅有阳性形式（第一变格法，见 4.8），而以 -ίς, -ίδος 结尾的形容词则仅有阴性形式（第三变格法，见 4.40），例如：

Ἑλληνίς[希腊的]、συμμαχίς[结盟的]。

形容词 μάκαρ, μάκαρος[幸福的]也可以列在这里（μάκαρ 可能是阳性、阴性或中性的），尽管诗歌中也有单独的阴性形式 μάκαιρᾰ（< *-αρ-yᾰ，见 23.9、1.78）。

5.33 许多一尾形容词一般用作名词，例如：

ὁ/ἡ φυγάς[逃亡者]、ὁ πένης[穷人]和 ἡ Ἑλληνίς[希腊女人]。

形容词的比较等级

引　言

5.34　形容词的比较级（comparative，表达更大的程度）和最高级（superlative，表达最大的程度）由两种方式构成——

- 大多数形容词通过添加后缀 **-τερος, -τέρᾱ, -τερον** 来构成比较级，并且通过添加后缀 **-τατος, -τάτη, -τατον** 来构成最高级，例如：
  δικαιότερος[更/较/相当/过于正义的]、δικαιότατος[最/极正义的]；
- 一小部分形容词通过添加后缀 **-(ῑ)ον-**（主格 -(ῑ)ων）来构成比较级，并且通过添加后缀 **-ιστος, -ίστη, -ιστον** 来构成最高级，例如：
  κακίων[更/较/相当/过于坏的]、κάκιστος[最/极恶劣的]。

5.35　比较级和最高级的含义和用法，见第 32 章。

注一：除了使用单一形式之外，还可通过添加副词 μᾶλλον[更加]（它本身是 μάλα[非常]的比较级）来表达比较，例如 μᾶλλον φίλος[更亲爱的]。类似地，还可用副词 μάλιστα[最；至；极其]（它本身是 μάλα 的最高级）来表达最高级，例如 μάλιστα φίλος[最亲爱的]。

以 -τερος 结尾的比较级和以 -τατος 结尾的最高级

5.36　大多数形容词比较级的构成方式是在原级（positive degree）的阳性词干上加后缀 **-τερος, -τέρᾱ, -τερον**（详见后文）。这种比较级的变格与第一、第二变格法形容词相同，如 δίκαιος（见 5.1–2，注意 -τέρᾱ）。

5.37　这些形容词的最高级的构成方式是在相同的词干上添加后缀 **-τατος, -τάτη, -τατον**。这种最高级的变格与第一、第二变格法形容词相同，如 δεινός 那样（见 5.2）。

5.38　需要注意下面这几类形容词——

- 对于阳性以 **-ος** 结尾的形容词（见 5.1–2、5.7–10）而言，如果 -ος 之前的音节为长（亦即元音为长或者元音后是两个或更多的辅音），那么比较级和最高级就分别以 **-ότερος**、**-ότατος** 结尾，例如：

原　级	比较级	最高级
δεινός[可怕的；惊人的]	δεινότερος	δεινότατος
δίκαιος[正义的]	δικαιότερος	δικαιότατος
ἰσχῡρός[强有力的]	ἰσχῡρότερος	ἰσχῡρότατος

原 级	比较级	最高级
λεπτός[精细的；狭窄的]	λεπτότερος	λεπτότατος
πικρός[锋利的；苦涩的]	πικρότερος	πικρότατος

• 如果-ος 之前的音节为短（在这里相当于-ος 前为短元音），那么其比较级和最高级就分别以 **-ώτερος**、**-ώτατος** 结尾，例如：

原 级	比较级	最高级
ἄξῐος[值得的]	ἀξῐώτερος	ἀξῐώτατος
ἱκᾰνός[足够的]	ἱκᾰνώτερος	ἱκᾰνώτατος
νέος[年轻的]	νεώτερος	νεώτατος
χαλεπός[艰难的]	χαλεπώτερος	χαλεπώτατος

• 阳性以 **-ας** 结尾的形容词（词干以 ν 结尾，见 5.23–24）的比较级和最高级分别以 **-άντερος**、**-άντατος** 结尾，例如：

原 级	比较级	最高级
μέλας[黑暗的]	μελάντερος	μελάντατος

• 阳性以 **-υς** 结尾的形容词（见 5.21–22）的比较级和最高级分别以 **-ύτερος**、**-ύτατος** 结尾（但有例外，见 5.43），例如：

原 级	比较级	最高级
βαρύς[沉重的]	βαρύτερος	βαρύτατος
βραχύς[短小的]	βραχύτερος	βραχύτατος

• 阳性以 **-ης** 结尾的形容词（见 5.28–30）的比较级和最高级分别以 **-έστερος**、**-έστατος** 结尾，例如：

原 级	比较级	最高级
ἀληθής[真实的]	ἀληθέστερος	ἀληθέστατος
εὐκλεής[著名的]	εὐκλεέστερος	εὐκλεέστατος

• 阳性以 **-ων** 结尾的形容词（见 5.26–27）在词干上添加 -έσ-，从而其比较级和最高级分别以 **-ονέστερος**、**-ονέστατος** 结尾，例如：

原 级	比较级	最高级
εὐδαίμων[幸运的]	εὐδαιμονέστερος	εὐδαιμονέστατος

原　级	比较级	最高级
σώφρων[明智的；审慎的]	σωφρονέστερος	σωφρονέστατος

• 因此，在大多数情况下，阳性以 **-ους** 结尾的缩合形容词（见 5.5–6、5.7–10）的比较级和最高级分别以 **-ούστερος**（< -οέστερος）、**-ούστατος** 结尾，例如：

原　级	比较级	最高级
ἁπλοῦς[简单的]	ἁπλούστερος	ἁπλούστατος
	不过亦作 ἁπλοώτερος	
εὔνους[心怀善意的]	εὐνούστερος	εὐνούστατος

• 阳性以 **-εις** 结尾的形容词（见 5.25）的比较级和最高级分别以 **-έστερος**、**-έστατος** 结尾，例如：

原　级	比较级	最高级
χαρίεις[优雅的]	χαριέστερος	χαριέστατος

5.39　需要注意以下例外——

• 形容词 φίλος[亲爱的]的比较级和最高级中没有 ο，比较级 φίλτερος，最高级 φίλτατος（偶尔分别作 φιλαίτερος、φιλαίτατος，见后文）；οἱ ἔνεροι[冥界亡灵/诸神]亦然（仅有阳性复数），比较级 ἐνέρτερος，最高级 ἐνέρτατος。

• 几个以 -αιος 结尾的形容词的比较级和最高级中也没有这个 ο，例如：

原　级	比较级	最高级
γεραιός[年迈的]	γεραίτερος	γεραίτατος
παλαιός[古旧的]	παλαίτερος	παλαίτατος
σχολαῖος[闲暇的]	σχολαίτερος	σχολαίτατος
	不过亦作 σχολαιότερος	不过亦作 σχολαιότατος

• 另一些形容词的比较级和最高级也分别以 -αίτερος、-αίτατος 结尾：

原　级	比较级	最高级
ὄψιος[晚的；迟的]	ὀψιαίτερος	ὀψιαίτατος
ἥσυχος[安静的]	ἡσυχαίτερος	ἡσυχαίτατος
	不过亦作 ἡσυχώτερος	不过亦作 ἡσυχώτατος

• κενός[空虚的]和 στενός[狭窄的]（分别来自 *κενϝός 和 *στενϝός，见 1.82）的比较级和最高级一般分别以 -ότερος、-ότατος 结尾，尽管在阿提卡方言中 -ος 之前的音节为短（开音节）。

• πένης, πένητος[贫穷的]一词在比较级和最高级中缩短元音，分别作 πενέ̲στερος（< *πενέτ-τερος，见 1.89）、πενέ̲στατος。

• 一些形容词的比较级和最高级分别以 -ίστερος、-ίστατος 结尾，例如 λάλος, λαλίστερος, λαλίστατος[喋喋不休的]。

5.40 此类中的一些比较级和最高级并不基于形容词，而是基于介词或副词，或者根本没有原级，例如：

原　级	比较级	最高级
ἐκ[自……中]	—	ἔσχατος[极端的；最远的]
πρό[在……之前]	πρότερος[更早的；先前的]	πρῶτος[第一的；首先的]
ὑπέρ[在……之上]	ὑπέρτερος[更高的]	ὑπέρτατος[最高的]
—	ὕστερος[较晚的]	ὕστατος[最晚的]

以 -(ῑ́)ων 结尾的比较级和以 -ιστος 结尾的最高级

5.41 几个频繁出现的形容词通过在形容词词干（尤其是以 -υς 结尾的形容词）或者另一个完全不同的词干上添加后缀 **-ῑον-/-(y)ον-** 来构成比较级。这些比较级的变格见 5.44。

5.42 在相同的词干上添加后缀 **-ιστος, -ίστη, -ιστον** 便构成了这些形容词的最高级。这些最高级的变格与第一、第二变格法形容词相同，如 δεινός, -ή, -όν 那样（见 5.1–2）。

5.43 以下比较级和最高级就属于这一类：

原　级	比较级	最高级
ἀγαθός[好的；强的]	ἀμείνων	ἄριστος（见下文）
同上	ἀρείων[1]	ἄριστος
同上	βελτῑ́ων	βέλτιστος
同上	λῴων	λῷστος
κρατύς[强大的][2]	κρείττων[更好的]	κράτιστος[最好的]
αἰσχρός[丑陋的]	αἰσχῑ́ων	αἴσχιστος

① [原书正文]ἀρείων 仅见于诗歌。

② [原书正文]κρατύς 仅见于荷马叙事诗。

原　级	比较级	最高级
ἐχθρός[敌对的；受厌恶的]	ἐχθῑ́ων	ἔχθιστος
ἡδύς[甜美的；怡人的]	ἡδῑ́ων	ἥδιστος
κακός[坏的；恶的]	κακῑ́ων[①]	κάκιστος
同上	χείρων	χείριστος
同上	ἥττων[更坏的]	ἥκιστος[最坏的][②]
καλός[美好的]	καλλῑ́ων	κάλλιστος
μακρός[长的]	（诗歌形式 μάσσων）[③]	μήκιστος
	但一般作 μακρότερος	但是亦作 μακρότατος
μέγας[大的]	μείζων[④]	μέγιστος
μικρός[小的]	ἐλάττων[⑤]	ἐλάχιστος
同上	μέιων	—
	但是亦作 μικρότερος	μικρότατος
ὀλίγος[少的]	ἐλάττων[⑥]	ἐλάχιστος
同上	μέιων	ὀλίγιστος
同上	ἥττων	ἥκιστος[最少][⑦]
πολύς[多的]	πλέων 或 πλείων	πλεῖστος
ῥᾴδιος[容易的]	ῥᾴων	ῥᾷστος
ταχύς[快速的][⑧]	θάττων[⑨]	τάχιστος

注一：ἀγαθός 和 κακός 的各种比较级和最高级在含义上有细微差别：粗略地说，ἀρείων 和 ἄριστος 表达能力或英勇，βελτῑ́ων 和 βέλτιστος 表达道德上的相宜，λῴων 和 λῷστος 表达有用或有利；χείρων 和 χείριστος 表达缺乏价值，ἥττων 和 ἥκιστος 表达软弱无力。ἀμείνων 和 κακῑ́ων 在含义上分别与 ἀγαθός 和 κακός 类似，比较宽泛。在具体情况下这些差异并不总是非常明显。

5.44　以 -(ῑ)ων 结尾的比较级的变格与第三变格法词干以 ον- 结尾

① [原书正文]不过亦作 κακώτερος，仅见于诗歌。
② [原书正文]通常以副词形式 ἥκιστα 出现。
③ [原书正文]μάσσων < *μάκ-yων，见 1.77。
④ [原书正文]μείζων 的伊欧尼亚方言形式 μέζων < *μέγ-yων，见 1.77。
⑤ [原书正文]ἐλάττων < *ἐλάχ-yων，见 1.77。
⑥ [原书正文]ἐλάττων < *ἐλάχ-yων，见 1.77。
⑦ [原书正文]通常以副词形式 ἥκιστα 出现。
⑧ [原书正文]来自 *θαχ-，见 1.97。
⑨ [原书正文]θάττων < *θάχ-yων，见 1.77。

的二尾形容词相同，如 σώφρων（见 5.26–27，阳阴性单数主格的词干元音为长）。

在一些情况下（阳阴单宾、阳阴复主宾和中复主宾），基于更早的后缀 *-yoσ- 的异体（alternative (form)）比词干以 ον- 结尾的形式常见（关于这些异体，可对比 αἰδώς[羞耻心]，见 4.71）。

完整的变格如下：

-(ῑ́)ων, -(ι)ον μείζων[更大的；更多的]		
	阳阴性	中　性
单主	μείζων	μεῖζον
属	μείζονος	μείζονος
与	μείζονι	μείζονι
宾	μείζονα①	μεῖζον
呼	μεῖζον	同主
复主呼	μείζονες②	μείζονα③
属	μειζόνων	μειζόνων
与	μείζοσι(ν)	μείζοσι(ν)
宾	μείζονας④	μείζονα⑤

注一：这类比较级的重音，见 24.32。

① [原书正文]阳阴单宾 μείζονα 更常作 μείζω（< *-ο(σ)α）。

② [原书正文]阳阴复主呼 μείζονες 更常作 μείζους（< *-ο(σ)ες）。

③ [原书正文]中复主呼 μείζονα 更常作 μείζω（< *-ο(σ)α）。

④ [原书正文]阳阴复宾 μείζονας 更常作 μείζους（同主格）。

⑤ [原书正文]中复宾 μείζονα 更常作 μείζω（< *-ο(σ)α）。

第 6 章 副 词

副词的构成

引 言

6.1 几乎所有的副词原本都派生自形容词或名词的变格形式。

• 其中一些变为后缀的格尾尤其会用于副词的构成，其中主要是 -ως（古老的格尾 -ω，带后缀 -ς）。后缀 -ως 可自由地加于形容词词干上，构成方式副词（亦即它有构词能力），例如副词 ἡδέως[甜美地]来自形容词 ἡδύς[甜美的]，见 6.3。

表达不同位置关系的各种词尾的构词能力较弱，但它们依旧得到广泛的使用，例如：-δε/-σε（表达向某处）、-θεν（表达从某处）等等，见 6.7–11。

• 在其他许多情况下，另一种变格形式用来充当副词：在某些例子中，这种派生在古典希腊语中依旧清晰可见（因为这里所说的变格形式依旧见于使用，例如副词 πολύ[非常；很]就来源于形容词 πολύς[多的]的中单宾 πολύ），然而在其他情况下，原本的名词或形容词已不再使用，从而副词就变为固化的孤立形式，见 6.4–6。

注一：即便一个副词显然是一种变格形式，它依旧可能不再被当作形容词。如果副词与原本的形容词在重音上不同，那么这就最明显不过了，例如 σφόδρα[很；强烈地]（原本来自形容词 σφοδρός[剧烈的]的中复宾 σφοδρά）。

6.2 一些副词并不来源于名词或形容词的变格形式，其中一些后文会有所涉及。来自代词[词干]的副词（例如 πότε、ὁπότε、τότε、τῇδε 和 ταύτῃ），见 8.2。来自数词的副词（通常以 -άκις 结尾），见 9.12。

以 -ως 结尾的方式副词

6.3 有构词能力的副词后缀 **-ως** 主要构成方式副词，这一后缀直接加在词干上。

注一：这就意味着，这些副词形式几乎等同于对应的形容词的阳性复数属格，只是以 -ς 结尾（简而言之就是用 -ως 代替阳性复数属格词尾 -ων 来构成副词）。这种对应延伸到了重音层面，例如：ἄξιος[值得的；配得上的]的副词 ἀξίως[以配得上的方式]（复属 ἀξίων）、καλός[美好的]的副词 καλῶς[美好地]（复属 καλῶν）。

各种类型的形容词（分词偶尔亦然）都以这种方式构成副词。

形容词构成的副词	
ἀξίως[以配得上的方式]	ἄξιος[值得的；配得上的]
ἄλλως[以其他方式；枉然地]	ἄλλος[其他的]
καλῶς[美好地；高贵地]	καλός[美好的；高贵的]
ἁπλῶς[简单地]	ἁπλοῦς[简单的]
πάντως[全部地；以所有方式]	πᾶς[所有的；整全的]
ἀληθῶς[真实地；实际地]	ἀληθής[真实的]
ἡδέως[甜美地；怡人地]	ἡδύς[甜美的；怡人的]
ἀφρόνως[糊涂地]	ἄφρων[糊涂的；没头脑的]
χαριέντως[优雅地]	χαρίεις[优雅的；有教养的]
分词构成的副词	
ὄντως[真实地；实际地]	εἰμί[是；存在]的分词 ὤν
διαφερόντως[不同地]	διαφέρω[与……不同]的分词 διαφέρων

注二：副词 ὁμῶς[类似地]和 ὅμως[尽管；然而]（对比英语 all the same）与形容词 ὁμός[同一的]相关（在古典希腊语中用形容词 ὅμοιος[类似的]代替 ὁμός，前者有规则地构成的副词 ὁμοίως[以类似的方式]）。

注三：在一些并不派生自形容词或分词的副词中，后缀 -ως 也表达方式——

- 指示方式副词 οὕτως[以此方式；以那一方式]（亦作 οὕτω，见 1.40；这个副词对应于 οὗτος[这]，注意 οὕτως 的构成方式与 οὗτος 的阳性复数属格 τούτων 无关）；
- 疑问副词 πῶς;[如何？以什么方式？]；
- 关系方式副词 ὡς[如同；好像]。

这些形式另见 8.2。

基于其他变格形式的副词

6.4 形容词的变格形式也会派生出各种副词。

- 中性宾格（单数或复数，副词性宾格见 30.18），例如：

μέγα（亦作 μεγάλως）[大；很；响亮地]	μέγας[巨大的]
μικρόν[小地；少地]	μικρός[小的]
ὀλίγον[少地]	ὀλίγος[少的；小的]
πολλά[常常]	πολύς[大的；多的]
πολύ[多地；很]	πολύς[大的；多的]

ταχύ[快速地]（亦作 ταχέως）　　ταχύς[快速的]

注一：副词 μακράν[远地；长地]也基于宾格（源于形容词 μακρός[长的]，暗含阴性宾格 ὁδόν[途径]，对比最高级 (τὴν) ταχίστην[以尽可能快的途径]，见 6.13）。

注二：以 -ῃ 结尾的副词，亦见 8.2。

- 中性属格，例如：

μικροῦ[几乎]　　μικρός[小的]

ὀλίγου[几乎]　　ὀλίγος[少的；小的]

- 与格（通常为阴性，可能暗含 ὁδῷ，对比注一），例如：

ἰδίᾳ[个人地]　　ἴδιος[个人的]

κοινῇ[普遍地；共同地]　　κοινός[共同的]

πεζῇ[步行地]　　πεζός[步行的]

6.5　一些副词基于名词的变格形式，我们常常难以将它们和各种格的特定用法区分开来——比如作间接宾语的宾格（见 30.12）、方面宾格（见 30.14）和方式与格（见 30.44），例如：

τέλος[最后]　　τὸ τέλος[终点]

δωρεάν[免费地]　　ἡ δωρεά[礼物]

κύκλῳ[围成一圈地]　　ὁ κύκλος[圆圈]

σιγῇ[安静地；默默地]　　ἡ σιγή[安静]

6.6　对于许多派生自变格形式的副词而言，它们在古典希腊语中不再有对应的形容词或名词了，而这些副词成为了孤立而固化的形式（这里只给出少数几个例子）：

- 来自宾格的形式，例如：

ἄγαν、λίαν[过度地]、μάτην[徒劳地]、εὖ（ἀγαθός[好的]的副词，来自 ἐύς[好的；勇敢的]，后者见于叙事诗）和 πάλιν[向后；重新]。

- 来自属格的形式，例如：

ἑξῆς[依次地]。

- 来自与格的形式，例如：

εἰκῇ[随机地]、λάθρᾳ[秘密地]。

- 由副词性的 -ς 构成的形式（对比 -(ω)ς），例如：

ἅπαξ[一次地；一度]、ἅλις[足够地]、μόγις、μόλις[艰难地；勉强地]、εὐθύς[直接地；径直地；笔直地]（亦作 εὐθύ、εὐθέως）。

• 另外，一些副词的来源不明（这里只给出少数例子），例如：

πέλας[附近]、μάλα[很]、πάνυ[完全；很]（与 πᾶς[所有的]相关）、νῦν[现在]和 χθές[昨天]。

表达位置的副词的特殊构成

6.7 对于一些地名和其他一些第一变格法名词（以 -η 或 -α 结尾）而言，尽管它们的复数与格以 -αις 结尾，但是它们还有以 -ᾱσι 或 -ησι 结尾的早期形式，用作位格（locative，表达在何处），例如：

Ἀθήνησι[在雅典]、Πλαταιᾶσι[在璞拉泰阿/普拉蒂亚]。

6.8 古典希腊语中还残存着一些固化的例子，这些例子原本是以 **-ι** 结尾的位格，例如：

οἴκοι[在家]、χαμαί[在地上]和 Πυθοῖ[在蟒地/丕托]。

注一：这个 -ι 也见于 α(ἰ)εί[永远；总是]。

6.9 一些属格也用来表达在何处，例如：

αὐτοῦ[在这里；在那里；就在……这里]（来自 αὐτός）、ὁμοῦ[在同一处；一起；同时；在附近]（来自 ὁμός，见 6.3 注二）。

6.10 一个古老的具格（instrumental）词尾 **-ω** 也见于各种副词，它们表达方向，常常与介词相关，例如：

ἄνω[在上方；向上方]	ἀνά[在上]
κάτω[在下方；向下方]	κατά[在下方]
ἔξω[向外；在……之外]	ἐξ[向外；出自]
πόρρω[向前]	
ὀπίσω[向后]	

注一：这个 -ω 亦见于 οὔπω/μήπω[尚未]和 οὐ πώποτε/μὴ πώποτε[从未]。

6.11 其他几个后缀（起初是格尾）也用来构成空间性修饰语——

• 后缀 **-σε**、**-δε**（加在宾格上）表达向何处，例如：

πανταχόσε[朝所有方向]、ὁμόσε[向同一处]、Ἀθήναζε（< Ἀθήνασ-δε）[向雅典]（ζ 见 1.91 注一）和 οἴκαδε[向家里；在家]。

• 后缀 **-θεν** 表达从何处，例如：

πανταχόθεν[从四面八方]、Ἀθήνηθεν[从雅典]和 οἴκοθεν[从家里]。

• 后缀 **-θι**（仅加于特定的词干）表达在何处，例如：

ἄλλοθι[在其他地方]、ἀμφοτέρωθι[在两边；在两方面]和 αὐτόθι（大约相当于 αὐτοῦ）[恰在那个地方]。

这些后缀在关联副词系统中的用法，见 8.2。

派生自介词或介词短语的副词

6.12 另外，还有一些副词派生自介词或者介词短语——

• 一些副词派生自介词和名词所构成的复合词（这类构成方式见 23.38），例如：

ἐκποδών[远离]（ἐκ ποδῶν）、παραχρῆμα[立刻]（παρὰ χρῆμα）和 παράπαν[完全；绝对]（παρὰ πᾶν）。

• 还有一些介词用作副词（见 31.6），例如：

μετά[此后]、πρός[进而；另外]。

• 诸如 ἄνω（ἀνά）、κάτω（κατά）等等的副词，见 6.10。

副词的比较等级

6.13 副词的比较级和最高级在形式上分别等同于对应的形容词的比较级和最高级的中性宾格。副词的比较级是对应的形容词比较级的中性单数宾格，副词的最高级是对应的形容词最高级的中性复数宾格：

原 级	比较级	最高级
ἀληθῶς[真实地]	ἀληθέστερον	ἀληθέστατα
ἀξίως[值得地]	ἀξιώτερον	ἀξιώτατα
ἁπλῶς[简单地]	ἁπλούστερον	ἁπλούστατα
ἀφρόνως[糊涂地]	ἀφρονέστερον	ἀφρονέστατα
χαριέντως[优雅地]	χαριέστερον	χαριέστατα

对于不规则的形容词比较级和最高级（见 5.41–44）而言，同样的规则依旧有效，例如：

εὖ（ἀγαθῶς）[良好地]	ἄμεινον	ἄριστα
ἡδέως[甜美地]	ἥδιον	ἥδιστα
μεγάλως、μέγα[大大地]	μεῖζον	μέγιστα
καλῶς[美好地]	κάλλιον	κάλλιστα
ὀλίγον[少地]	ἧττον	ἥκιστα

πολύ[多地]	πλεῖον	πλεῖστα
ταχέως、ταχύ[快速地]	θᾶττον	τάχιστα[1]

注意，一些比较级或最高级副词并没有直接对应的原级副词（见5.40），例如：

(πρό)	πρότερον[更早地；先前] 或作 τὸ πρότερον[上一次]	πρῶτον、πρῶτα[首先] 或作：τὸ πρῶτον、τὰ πρῶτα[初次]
—	ὕστερον[更晚地；之后] 或作 τὸ ὕστερον[下一次]	ὕστατον[最后] 或作：τὸ ὕστατον、τὰ ὕστατα[最后一次]

在一些情况下，比较级和最高级副词来自一个原级副词，尤其是：

μάλα[非常]	μᾶλλον[更为]	μάλιστα[至为]

注一：一些副词（比如 ἄλλως[另外地]和 πάντως[全部地]）由于其含义而没有比较级和最高级。

6.14 另外，以 **-τέρως** 结尾的副词比较级也相当常见，例如：

副词比较级	形容词原级
δικαιοτέρως[更正义地]（多作 δικαιότερον）	δίκαιος
χαλεπωτέρως[以更艰难的方式]（多作 χαλεπώτερον）	χαλεπός
σωφρονεστέρως[更审慎地]（多作 σωφρονέστερον）	σώφρων

以 -τάτως 结尾的副词最高级并不常见，例如：

συντομωτάτως[以最概括的方式]（多作 συντομώτατα）	σύντομος

① [原书正文]亦作(τὴν) ταχίστην[以最快的方式]。

第 7 章　代　词

人称代词

7.1　人称代词（personal pronoun）的含义和用法，见 29.1–6；它们的形式如下：

	第一人称		第二人称	
	ἐγώ[我]、ἡμεῖς[我们]		σύ[你]、ὑμεῖς[你们]	
	带重音	无重音	带重音	无重音
单主	ἐγώ	—	σύ（亦是呼格）	—
属	ἐμοῦ	μου	σοῦ	σου
与	ἐμοί	μοι	σοί	σοι
宾	ἐμέ	με	σέ	σε
复主	ἡμεῖς		ὑμεῖς（亦是呼格）	
属	ἡμῶν		ὑμῶν	
与	ἡμῖν		ὑμῖν	
宾	ἡμᾶς		ὑμᾶς	

注一：伊欧尼亚方言中的变格形式，见 25.28。

注二：不带重音的形式是前倾词（见 24.33–34）。

一些校勘者在诗歌中遵循古代的语法传统，区分出不带重音的复数斜格（这些前倾词的重音加在第一音节上）：

第一人称：ἥμων, ἥμῑν (或 ἧμῐν), ἥμεας/ἥμᾱς (或 ἧμᾰς)；

第二人称：ὕμεων/ὕμων, ὕμῑν (或 ὗμῐν), ὕμεας/ὕμᾱς (或 ὗμᾰς)。

在诗歌中，复数与格以 -ιν 结尾的尾音节在格律分析时常常算作短音节，因此在这些情况下有很好的理由印作 ἧμιν 和 ὗμιν。

7.2　在古典希腊语中，第三人称代词主要用 αὐτός 的斜格来替代（见 29.5、29.7）。自成一类的第三人称代词几乎完全不见于古典希腊语，但是——

- 在诗歌和伊欧尼亚方言中，μιν 这个形式常常用作第三人称代词的宾格。在诗歌中，νιν 这个形式也常常用作单数和复数宾格。[1]

- 早先，第三人称代词有单独的一套形式，见于荷马叙事诗，并且在阿提

[1] μιν 和 νιν 的实际使用，分别见 33.54 例句 81、51.36 例句 90。

卡方言中用作间接反身代词（见 29.18）；在希罗多德笔下，它们也常用作人称代词，见 25.28。完整的词形变化如下（阿提卡方言中的形式）：

	第三人称 他、她、它、他们	
	带重音	不带重音
单主	—	—
属	οὗ	οὑ
与	οἷ	οἱ
宾	ἕ	ἑ
复主	σφεῖς	—
属	σφῶν	σφων
与	σφίσι(ν)	σφισι(ν)
宾	σφᾶς	σφᾱς

注一：伊欧尼亚方言中的形式，见 25.28。

注二：不带重音的形式是前倾词（见 24.33–34）。

反身代词

7.3 反身代词（reflexive pronoun）的含义和用法，见 29.14–20。第一、第二人称直接反身代词的变格如下所示：

	第一人称 ἐμαυτοῦ, -ῆς [我自己；我们自己]		第二人称 σ(ε)αυτοῦ, -ῆς [你自己；你们自己]	
	阳 性	阴 性	阳 性	阴 性
单主	—	—	—	—
属	ἐμαυτοῦ	ἐμαυτῆς	σ(ε)αυτοῦ	σ(ε)αυτῆς
与	ἐμαυτῷ	ἐμαυτῇ	σ(ε)αυτῷ	σ(ε)αυτῇ
宾	ἐμαυτόν	ἐμαυτήν	σ(ε)αυτόν	σ(ε)αυτήν
复主	—	—	—	—
属	ἡμῶν αὐτῶν	ἡμῶν αὐτῶν	ὑμῶν αὐτῶν	ὑμῶν αὐτῶν
与	ἡμῖν αὐτοῖς	ἡμῖν αὐταῖς	ὑμῖν αὐτοῖς	ὑμῖν αὐταῖς
宾	ἡμᾶς αὐτούς	ἡμᾶς αὐτάς	ὑμᾶς αὐτούς	ὑμᾶς αὐτάς

第三人称直接反身代词的变格见下页。

	第三人称 ἑαυτοῦ, -ῆς, -οῦ[他、她、它自己；他们自己]		
	阳　性	阴　性	中　性
单主	—	—	—
属	ἑαυτοῦ, αὑτοῦ	ἑαυτῆς, αὑτῆς	ἑαυτοῦ, αὑτοῦ
与	ἑαυτῷ, αὑτῷ	ἑαυτῇ, αὑτῇ	ἑαυτῷ, αὑτῷ
宾	ἑαυτόν, αὑτόν	ἑαυτήν, αὑτήν	ἑαυτό, αὑτό
复主	—	—	—
属	ἑαυτῶν, αὑτῶν σφῶν αὐτῶν	ἑαυτῶν, αὑτῶν σφῶν αὐτῶν	ἑαυτῶν, αὑτῶν
与	ἑαυτοῖς, αὑτοῖς σφίσιν αὐτοῖς	ἑαυταῖς, αὑταῖς σφίσιν αὐταῖς	ἑαυτοῖς, αὑτοῖς
宾	ἑαυτούς, αὑτούς σφᾶς αὐτούς	ἑαυτάς, αὑτάς σφᾶς αὐτάς	ἑαυτά, αὑτά

注一：反身代词没有主格形式。

注二：属格 ἐμαυτοῦ、σεαυτοῦ 和 ἑαυτοῦ 原本分别是 ἐμέο αὐτοῦ、σέο αὐτοῦ 和 ἕο αὐτοῦ 融音后的产物（ἕο 亦见于荷马叙事诗，相当于古典阿提卡方言的 οὗ）。这些形式泛化后就产生了其他格的形式（类推，见 1.49），分别基于 ἐμ-、σε- 和 ἑ-。

7.4　第三人称的 ἑαυτοῦ 逐渐泛化到第一和第二人称，详见 29.19。

7.5　已废弃的第三人称代词 οὗ/οὑ、οἷ/οἱ、ἕ/ἑ 和 σφῶν/σφων 等等（见 7.2）用作间接反身代词，见 29.18。

相互代词

7.6　相互代词（reciprocal pronoun）ἀλλήλων[相互；彼此]的用法，见 29.26；其变格如下：

	相互代词 ἀλλήλων[相互]		
	阳　性	阴　性	中　性
复主	—	—	—
属	ἀλλήλων	ἀλλήλων	ἀλλήλων
与	ἀλλήλοις	ἀλλήλαις	ἀλλήλοις
宾	ἀλλήλους	ἀλλήλας	ἄλληλα

物主代词（物主形容词）

7.7 *物主形容词*（possessive adjective）的用法，见 29.21–25。物主形容词是：

第一人称	ἐμός, ἐμή, ἐμόν［我的］	ἡμέτερος, -τέρᾱ, -τερον［我们的］
第二人称	σός, σή, σόν［你的］	ὑμέτερος, -τέρᾱ, -τερον［你们的］
第三人称	—	σφέτερος, -τέρᾱ, -τερον［他们的］

物主形容词如同以 -ος, -η/-ᾱ, -ον 结尾的形容词那样变格（见 5.1）。

注一：用代词这个术语来指称这些形容词的做法有一定的误导性，因为严格地说，它们是形容词，也不用作代词（见 26.22；不过，物主形容词与其他形容词一样，可以用作名词短语的中心语［见 26.20］，例如 τὰ ἐμά［我的东西］）。

7.8 阿提卡方言中并没有单数第三人称的物主形容词，而且，使用 σφέτερος 来表达复数属有的情况也相对少见，取而代之的做法是使用 αὐτός 的属格、反身代词的属格或者指示代词的属格（更少见）。

注一：严格地说，σφέτερος 是古老的第三人称物主形容词的一种形式，在荷马叙事诗中尚且常用（荷马希腊语中还有单数代词 ὅς/ἑός, ἥ/ἑή, ὅν/ἑόν）。σφέτερος 在罕见的情况下也表达单数含义（意为*他/她/它的*），用于诗歌。

7.9 表达反身含义的物主代词偶尔由 αὐτός 的属格强化，复数形式尤其如此，如：ἐμὸν αὐτῆς、ἡμέτερος αὐτῶν 和 σφετέροις αὐτῶν［我/我们/他们自己的］等等。

αὐτός

7.10 **αὐτός** 的含义和用法，见 29.7–13；其变格如下：

	αὐτός, -ή, -ό		
	阳 性	阴 性	中 性
单主	αὐτός	αὐτή	αὐτό
属	αὐτοῦ	αὐτῆς	αὐτοῦ
与	αὐτῷ	αὐτῇ	αὐτῷ
宾	αὐτόν	αὐτήν	αὐτό
复主	αὐτοί	αὐταί	αὐτᾰ́
属	αὐτῶν	αὐτῶν	αὐτῶν
与	αὐτοῖς	αὐταῖς	αὐτοῖς
宾	αὐτούς	αὐτᾱ́ς	αὐτᾰ́

αὐτός 如同以 -ος, -η, -ον 结尾的形容词那样变格，不过中性单数主宾格是 αὐτό，其中的代词性词尾-o 亦见于冠词（τό）、οὗτος（τοῦτο）和 ἐκεῖνος（ἐκεῖνο，见 7.14–15）。

7.11 以元音或双元音结尾的冠词常常与 αὐτ- 融音（见 1.43–45）：

αὑτός = ὁ αὐτός，αὑτή = ἡ αὐτή，ταὐτό = τὸ αὐτό（但亦有 ταὐτόν）；

ταὐτοῦ = τοῦ αὐτοῦ，ταὐτῷ = τῷ αὐτῷ；

ταὐτῇ = τῇ αὐτῇ；

αὑτοί = οἱ αὐτοί，αὑταί = αἱ αὐταί，ταὐτά = τὰ αὐτά；

注一：伊欧尼亚方言中的融音形式，见 25.14。

注二：αὐτός 和 ὁ αὐτός（融音之后）的各种形式常常彼此混淆，或与 οὗτος、ἑαυτοῦ 的形式相混淆；这些形式的差异见 7.26。

指示代词

7.12 指示代词（demonstrative pronoun）的用法见 29.27–37。

ὅδε

7.13 ὅδε[这]的变格如下：

ὅδε, ἥδε, τόδε[这]			
	阳　性	阴　性	中　性
单主	ὅδε	ἥδε	τόδε
属	τοῦδε	τῆσδε	τοῦδε
与	τῷδε	τῇδε	τῷδε
宾	τόνδε	τήνδε	τόδε
复主	οἵδε	αἵδε	τάδε
属	τῶνδε	τῶνδε	τῶνδε
与	τοῖσδε	ταῖσδε	τοῖσδε
宾	τούσδε	τάσδε	τάδε

在冠词（见 3.1）上加指示性后缀 **-δε**，就构成了 ὅδε 的变格形式。

οὗτος

7.14 οὗτος[这；那]的变格如下：

	οὗτος, αὕτη, τοῦτο[这；那]		
	阳 性	阴 性	中 性
单主	οὗτος	αὕτη	τοῦτο
属	τούτου	ταύτης	τούτου
与	τούτῳ	ταύτῃ	τούτῳ
宾	τοῦτον	ταύτην	τοῦτο
复主	οὗτοι	αὗται	ταῦτα
属	τούτων	τούτων	τούτων
与	τούτοις	ταύταις	τούτοις
宾	τούτους	ταύτας	ταῦτα

οὗτος 的词尾与 αὐτός 相同（也就是说，与以 -ος, -η, -ον 结尾的形容词相同，但是中性单数主宾格词尾是代词性词尾 -ο）。对于这些形式的词干来说，需要注意——

- 除了阳性和阴性主格以送气符开头外，其他形式都以 τ- 开头（对比冠词，见 3.1）；
- 词干是 (τ)ουτ- 还是 (τ)αυτ- 取决于词尾而非性属：如果词尾中带 α 或 η 音，那么词干就是 (τ)αυτ-，如果词尾中带 ο 音，那么词干就是 (τ)ουτ-。尤其需要注意阴性复数属格 τούτων 和中性复数主宾格 ταῦτα。

ἐκεῖνος

7.15 ἐκεῖνος[那；彼]的变格如下：

	ἐκεῖνος, -η, -ο[那；彼]		
	阳 性	阴 性	中 性
单主	ἐκεῖνος	ἐκείνη	ἐκεῖνο
属	ἐκείνου	ἐκείνης	ἐκείνου
与	ἐκείνῳ	ἐκείνῃ	ἐκείνῳ
宾	ἐκεῖνον	ἐκείνην	ἐκεῖνο
复主	ἐκεῖνοι	ἐκεῖναι	ἐκεῖνα
属	ἐκείνων	ἐκείνων	ἐκείνων
与	ἐκείνοις	ἐκείναις	ἐκείνοις
宾	ἐκείνους	ἐκείνας	ἐκεῖνα

ἐκεῖνος 的变格与 αὐτός 相同（见 7.10）。

注一：ἐκεῖνος 有一种异体 κεῖνος，出于格律原因而用于诗歌，偶尔亦见于希罗多德笔下。

其他具体细节

其他指示词

7.16 以下代词性形容词也是指示词（详见 8.1）：

τοσόσδε, τοσήδε, τοσόνδε 如此大小/数量的、如此数量的（复数）；

τοιόσδε, τοιάδε, τοιόνδε 如此类型/天性/品质的、如此这般的；

τοσοῦτος, τοσαύτη, τοσοῦτο/-ον 如此大小/数量的、如此数量的（复数）；

τοιοῦτος, τοιαύτη, τοιοῦτο/-ον 如此这般的、如此类型/天性/品质的。

注一：τοσόσδε、τοιόσδε 分别由形容词 τόσος、τοῖος（这两者见于诗歌）与后缀 -δε 复合而成（复合前后含义相同；对比 ὅδε，见 7.13）。τοσοῦτος、τοιοῦτος 分别由 τοσ-、τοι- 与 οὗτος 复合而成。

7.17 指示词 τηλικόσδε, τηλικήδε, τηλικόνδε [如此年老/年少的；如此大的] 和 τηλικοῦτος, τηλικαύτη, τηλικοῦτο(ν) [如此年老/年少的；如此大的] 较为少见。

指示性的 ι

7.18 指示代词、指示形容词或指示副词有时可由后缀 -ί 来扩展，后者通常称作指示性的 ι（deictic iota）。如果出现了这个后缀，那么代词的重音必定在这个字母上。-ί 前的短元音 α、ε 和 ο 脱落，例如：

ὁδί, τουδί, τῳδί, τονδί; ἡδί, τοδί;

οὑτοσί, τουτουί, τουτῳί, τουτονί;

αὑτηί, τουτί，还有 ἐκεινοσί, ἐκεινηί。

指示性的 ι 的用法和例句，见 29.36。

注一：在谐剧中，指示性的 ι 前的长元音和双元音算作短音，例如：

αὑτη̆ί、τουτο̆ῠί 等等。

关系代词

7.19 关系代词的用法见第 50 章。

ὅς 和 ὅστις

7.20 关系代词 ὅς 和 ὅστις 的变格如下：

ὅς, ἥ, ὅ[那……的]			
	阳 性	阴 性	中 性
单主	ὅς	ἥ	ὅ
属	οὗ	ἧς	οὗ
与	ᾧ	ᾗ	ᾧ
宾	ὅν	ἥν	ὅ
复主	οἵ	αἵ	ἅ
属	ὧν	ὧν	ὧν
与	οἷς	αἷς	οἷς
宾	οὕς	ἅς	ἅ

ὅστις, ἥτις, ὅτι[无论谁]			
	阳 性	阴 性	中 性
单主	ὅστις	ἥτις	ὅτι
属	οὗτινος / ὅτου	ἧστινος / ὅτου	οὗτινος / ὅτου
与	ᾧτινι / ὅτῳ	ᾗτινι / ὅτῳ	ᾧτινι / ὅτῳ
宾	ὅντινα	ἥντινα	ὅτι
复主	οἵτινες	αἵτινες	ἅτινα / ἅττα
属	ὧντινων / ὅτων	ὧντινων / ὅτων	ὧντινων / ὅτων
与	οἷστισι(ν) / ὅτοις	αἷστισι(ν) / ὅτοις	οἷστισι(ν) / ὅτοις
宾	οὕστινας	ἅστινας	ἅτινα / ἅττα

限定关系代词（definite relative pronoun）**ὅς** 的变格与 αὐτός 的词尾相同（见 7.10），词首均带送气符。不定关系代词 **ὅστις** 的形式相当于在 ὅς 的对应形式上加不定代词 τις（见 7.24）的对应形式。

注一：在许多校勘本中，ὅστις 的中性单数主宾格印作 ὅ τι，[1] 以区别于连词 ὅτι。

注二：异体 ὅτου、ὅτῳ（不变格的 ὅ + τις 的属格、与格的异体，见 7.24）和 ἅττα（< *ἅ-τγα，见 1.77）均远比规则构成的形式 οὗτινος、ᾧτινι 和 ἅτινα 常见。复数属格 ὧντινων、ὅτων 和复数与格 οἷστισι(ν)、ὅτοις 罕见。

注三：伊欧尼亚方言中的变格形式，见 25.31。

7.21 ὅς 的各种形式后常常带有小品词 -περ（见 59.55），后者是前倾词，于是就写成一个单词，作 **ὅσπερ** 等等。

---

① 亦有作 ὅ,τι 或 ὅ, τι 的情况。

7.22 诗歌中把冠词用作关系代词，见 28.31。

其他关系代词

7.23 其他一些用于关系从句的代词有（详见 8.1）：[①]

ὁπότερος, -ᾱ, -ον 两者中……的那个；

限定性的 ὅσος, -η, -ον 大小/数量如……的、所有……的（复数）；

非限定性的 ὁπόσος, -η, -ον 大小/数量如……的、所有……的（复数）；

限定性的 οἷος, οἵᾱ, οἷον 种类/天性如……的、如同……的；

非限定性的 ὁποῖος, -ᾱ, -ον 种类/天性如……的、如同……的；

疑问代词和不定代词

τίς, τί 和 τις, τι

7.24 疑问代词的含义和用法，见 38.11–14（直接疑问）、42.5–6（间接疑问）。不定代词的含义和用法，见 29.38–42。主要的疑问代词 τῐ́ς, τῐ́ 和与之对应的不定代词 τῐς, τῐ 的变格如下：

	疑问代词 τίς, τί[谁？什么？哪个？哪些？]		不定代词 τις, τι[某人；某物；某个]	
	阳阴性	中　性	阳阴性	中　性
单主	τίς	τί	τις	τι
属	τίνος / τοῦ	τίνος / τοῦ	τινος / του	τινος / του
与	τίνι / τῷ	τίνι / τῷ	τινι / τῳ	τινι / τῳ
宾	τίνα	τί	τινα	τι
复主	τίνες	τίνα	τινες	τινα / ἅττα
属	τίνων	τίνων	τινων	τινων
与	τίσι(ν)	τίσι(ν)	τισι(ν)	τισι(ν)
宾	τίνας	τίνα	τινας	τινα / ἅττα

它们按照第三变格法变格，阳性和阴性形式相同（二尾），并且词干以 ν 结尾（见 5.26）。

注一：τοῦ/του、τῷ/τῳ 等形式常常见于散文和诗歌，但是在某种程度上比 τίνος/τινος、τίνι/τινι 等形式少见。不定代词的中性复数主宾格形式 ἅττα 比 τινα 少见得

① ὅσος、ὁπόσος、οἷος 和 ὁποῖος 引导的关系从句，见 50.28。

多，并且前者在诗歌中特别罕见。

注二：这些代词的重音，见 24.38 注一。

注三：伊欧尼亚方言中的变格形式，见 25.30。

其他疑问代词

7.25 其他疑问代词（详见 8.1）是：

πότερος, ποτέρᾱ, πότερον 两者中的哪个？

πόσος, πόση, πόσον 多大？多少？（复数）

ποῖος, ποίᾱ, ποῖον 哪种？

注一：另外还有罕见的 πηλίκος, -η, -ον[多大？几岁？]。

αὐτός、ὁ αὐτός、ἑαυτοῦ 和 οὗτος 的相似形式

7.26 αὐτός、ὁ αὐτός（融音）、ἑαυτοῦ（缩合）和 οὗτος 的各种形式容易混淆，但可以通过重音的位置和送气符来区分。注意，这些形式或组合并无歧义：

	αὐτός • 不送气符 • 重音在尾音节	ἑαυτοῦ（缩合） • 送气符 • 重音在尾音节 • 只有斜格	ὁ αὐτός（融音） • 送气符（阳阴主） • 其他形式作 τ-，并且带有融音符 • 重音在尾音节	οὗτος • 送气符（阳阴主） • 其他形式作 τ- • 重音在第一音节（在 ου 或 αυ 上）
阳单主	αὐτός	—	αὑτός	οὗτος
阳复主	αὐτοί	—	αὑτοί	οὗτοι
阴单主	αὐτή	—	αὑτή	αὕτη
阴复主	αὐταί	—	αὑταί	αὗται
中单主宾	αὐτό	αὑτό（宾）	ταὐτό(ν)	τοῦτο
中复主宾	αὐτά	αὑτά（宾）	ταὐτά	ταῦτα
阳中单属	αὐτοῦ	αὑτοῦ	ταὐτοῦ	τούτου
阳中单与	αὐτῷ	αὑτῷ	ταὐτῷ	τούτῳ
阴单与	αὐτῇ	αὑτῇ	ταὐτῇ	ταύτῃ
其他形式	αὐτῆς, αὐτόν, αὐτήν, αὐτῶν, αὐτοῖς 等等	αὑτῆς, αὑτόν, αὑτήν, αὑτῶν, αὑτοῖς 等等	—	ταύτης, τοῦτον, ταύτην, τούτων, τούτοις 等等

第 8 章 关联代词和关系副词

关联代词和关联形容词的系统

8.1 关联代词和关联形容词以及对应的关系词如下所示：

	疑问		不定	人称/指示	关系	
	直接	间接			限定	不定
基本 形式	τίς; 谁？什么？ 哪个/些？	ὅστις, τίς 谁、什么 哪个/些	τις 某人	ὅδε 这 οὗτος 那 ἐκεῖνος 彼（远指）	ὅς 那……的	ὅστις 任何……的
-τερος 两者 之中	πότερος; 两者中的哪个？	ὁπότερος πότερος 两者中的哪个	πότερος[1] 两者中的某个 （很罕见）	(ὁ) ἕτερος 两者中的 [另]一个	—	ὁπότερος 两者中的任何一个
-οσο- 大小、 数量	πόσος; 多大？ 多少？	ὁπόσος πόσος 多大/多少	ποσος 某种大小/数量的	τοσόσδε[2] τοσοῦτος 如此大小/数量的	ὅσος 大小/数量 如……的、所有	ὁπόσος 任何大小/数量如……的、所有的
-οιο- 种类	ποῖος; 哪种？	ὁποῖος ποῖος 哪种	ποιος 某种	τοιόσδε[2] τοιοῦτος 如此这般的	οἷος 种类如……的	ὁποῖος 任何如……的

不定代词是前倾词（见 24.33–34）。

[1] 不定词 πότερος 的重音和疑问词相同，但却是前倾词，不同于疑问词。

[2] 诗歌中亦作 τόσος、τοῖος。

关联副词的系统

8.2 关联副词以及对应的关系副词如下所示：

	疑问		不定	指示	关系	
	直接	间接			限定	不定
-ου 位置	ποῦ; 在何处？	ὅπου, ποῦ 在何处	που 在某处 在任何地方	αὐτοῦ 就在那里 ἐνθάδε 在这里	(ἐνταῦθα ...) οὗ, ἵνα, ἔνθα 在……处	ὅπου 在……处

	疑问		不定	指示	关系	
	直接	间接			限定	不定
				ἐνταῦθα[1] ἐκεῖ 在那里		
-ῃ 途径、方式	πῇ; 以何途径？ 如何？	ὅπῃ, πῇ 以何途径 如何	πῃ 以某一途径	τῇδε ταύτῃ, ἐκείνῃ 以那一途径 在那一边	ᾗ 以……的途径	ὅπῃ 以……的途径
-θεν 分离	πόθεν; 从何处？	πόθεν, ὁπόθεν 从何处	ποθεν 从某处	ἔνθεν, ἐνθένδε 从这里 ἐντεῦθεν ἐκεῖθεν 从那里	ἔνθεν, ὅθεν 从……的	ὁπόθεν 从……的
-οι 目标	ποῖ; 向何处？	ὅποι, ποῖ 向何处	ποι 向某处	ἐνθάδε [向]这里 ἐνταυθοῖ ἐνταῦθα ἐκεῖσε κεῖσε, ἐκεῖ [向]那里	οἷ 向……的	ὅποι 向……的
-τε 时间	πότε; 在何时？	ὁπότε, πότε 在何时	ποτε 在某时/曾经	νῦν 现在 τότε, ἐνταῦθα 当时、在那时	ὅτε 在……时	ὁπότε 在……时
-ως 方式	πῶς; 如何？	ὅπως, πῶς 如何	πως 以某种方式	ὧδε 以此方式 οὕτως, ἐκείνως 以那种方式	(οὕτως ...) ὡς [以这种方式……]就好像	ὅπως 以……方式

不定副词是前倾词（见 24.33–34）。

ἐνθένδε、ἐντεῦθεν、ἐκεῖθεν 这三者间的关系和 ὧδε、οὕτως、ἐκείνως 这三者间的关系相当于 ὅδε、οὗτος、ἐκεῖνος 之间的关系。

[1] 诗歌中亦作 ἔνθα。

第 9 章　数　词

9.1　数词（numeral）如下所示：

	基数词（cardinal number，几）	序数形容词（ordinal adjective，第几）
1	εἷς, μία, ἕν	πρῶτος, πρώτη, πρῶτον
2	δύο	δεύτερος, -ᾱ, -ον
3	τρεῖς, τρία	τρίτος, -η, -ον
4	τέτταρες, τέτταρα	τέταρτος
5	πέντε	πέμπτος
6	ἕξ	ἕκτος
7	ἑπτά	ἕβδομος
8	ὀκτώ	ὄγδοος（不缩合）
9	ἐννέα	ἔνατος
10	δέκα	δέκατος
11	ἕνδεκα	ἑνδέκατος
12	δώδεκα	δωδέκατος
13	τρεῖς/τρία καὶ δέκα	τρίτος καὶ δέκατος
14	τέτταρες/-ρα καὶ δέκα	τέταρτος καὶ δέκατος
15	πεντεκαίδεκα	πέμπτος καὶ δέκατος[1]
16	ἑκκαίδεκα	ἕκτος καὶ δέκατος[1]
17	ἑπτακαίδεκα	ἕβδομος καὶ δέκατος[1]
18	ὀκτωκαίδεκα	ὄγδοος καὶ δέκατος[1]
19	ἐννεακαίδεκα	ἔνατος καὶ δέκατος[1]
20	εἴκοσι(ν)	εἰκοστός
21 等	εἷς/μία/ἓν καὶ εἴκοσι 等	πρῶτος καὶ εἰκοστός 等
30	τριάκοντα	τριακοστός
40	τετταράκοντα	τετταρακοστός
50	πεντήκοντα	πεντηκοστός
60	ἑξήκοντα	ἑξηκοστός
70	ἑβδομήκοντα	ἑβδομηκοστός
80	ὀγδοήκοντα	ὀγδοηκοστός
90	ἐνενήκοντα	ἐνενηκοστός
100	ἑκατόν	ἑκατοστός

	基数词（cardinal number，几）	序数形容词（ordinal adjective，第几）
101 等	εἷς καὶ ἑκατόν 等	πρῶτος καὶ ἑκατοστός 等
200	διακόσιοι, -αι, -ᾰ	διακοσιοστός
300	τριακόσιοι	
400	τετρακόσιοι	
500	πεντακόσιοι	
600	ἑξακόσιοι	
700	ἑπτακόσιοι	
800	ὀκτακόσιοι	
900	ἐνακόσιοι	
1000	χίλιοι, -αι, -ᾰ	χιλιοστός
1001 等	εἷς καὶ χίλιοι 等	
2000	δισχίλιοι（两个一千）	
10000	μύριοι, -αι, -ᾰ	μυριοστός
20000 等	δισμύριοι 等	

[1] 古典阿提卡方言之外亦用 πεντεκαιδέκατος[第十五]、ἑκκαιδέκατος[第十六]、ἑπτακαιδέκατος[第十七]、ὀκτωκαιδέκατος[第十八]和 ἐννεακαιδέκατος[第十九]。

数词的变格

9.2 数词一、二、三和四的变格如下所示：

	εἷς[一]			δύο[二]
	阳 性	阴 性	中 性	阳阴中三性
主	εἷς	μία	ἕν	δύο
属	ἑνός	μιᾶς	ἑνός	δυοῖν
与	ἑνί	μιᾷ	ἑνί	δυοῖν
宾	ἕνα	μίαν	ἕν	δύο

	τρεῖς[三]		τέτταρες[四]	
	阳阴性	中 性	阳阴性	中 性
主	τρεῖς	τρία	τέτταρες	τέτταρα
属	τριῶν	τριῶν	τεττάρων	τεττάρων
与	τρισί(ν)	τρισί(ν)	τέτταρσι(ν)	τέτταρσι(ν)
宾	τρεῖς	τρία	τέτταρας	τέτταρα

9.3 与 εἷς 变格相同的有——

- **οὐδείς**[没有人/物]，属格 οὐδενός，阴性 οὐδεμία, -ᾶς，中性 οὐδέν, οὐδενός。
- 与 οὐδείς 对应的 **μηδείς**, μηδεμία, μηδέν[没有人/物]，用于可出现 μή 的结构（见第 56 章）。

与 εἷς, μία, ἕν 不同的是，οὐδείς 和 μηδείς 这两个词有复数形式，前者的复数形式作：οὐδένες, οὐδένων, οὐδέσι(ν), οὐδένας（不过并不常见）。非缩合形式 οὐδὲ εἷς, οὐδὲ μία, οὐδὲ ἕν 则用作强调性的变体，意为甚至没有人/物。

9.4 以 **-κόσιοι** 结尾的数词、**χίλιοι** 等以及 **μύριοι** 等的变格与以 -ος, -ᾱ, -ον 结尾的形容词的复数形式相同（见 5.1–2）。

9.5 其他数词不变格，例如：ἑξήκοντα καὶ πέντε νεῶν[六十五艘船]（阴复属）、ὀγδοήκοντα καὶ πέντε ἔτεσι[八十五年]（中复与）。

其他具体细节

9.6 大于 20 的、需要多个单词表达的数有两种词序——

- 个十百千的顺序，单词之间必须用 καί 连接（希罗多德也用 τε καί）；
- 千百十个的顺序，可以但不必须用 καί 连接。

πέντε καὶ εἴκοσι 或 εἴκοσι (καὶ) πέντε 二十五；

πέντε (τε) καὶ πεντακόσια 五百零五；[中性]

ἔτει πέμπτῳ καὶ τετταρακοστῷ 在第四十五年。[序数词]

9.7 [几]十八、[几]十九也可由 δέω[缺少]的分词分别加上属格 δυοῖν[二]、ἑνός/μιᾶς[一]来表达，例如：

δυοῖν δέοντα εἴκοσιν ἔτη 十八年/离二十年还差两年；

μιᾶς δέουσαι τετταράκοντα νῆες 三十九艘船/差一艘船四十艘；

ἔτος ἑνὸς δέον εἰκοστόν 第十九年/离第二十年差一年。[序数词]

9.8 还有抽象的和集合性的数词性名词，以 -άς, -άδος 结尾，例如：ἡ δεκάς[十年]、ἡ μυριάς[一万]。μυριάς 常常用于表达很大的数目，例如：

πέντε καὶ εἴκοσι μυριάδες ἀνδρῶν 二十五万人。

9.9 古代的语法学家在重音上区分 μύριοι, -αι, -α[万]和 μυρίοι, -αι, -α[无数；无穷多]这两种形式（后者也有单数，例如 μυρίον ἄχθος[无穷大的负担]等等）。然而在斜格中，重音通常不能体现词意上的差异（比如阳性复数宾格都作 μυρίους，见 24.8–10）。在这种情况下，语境（比如另一个数词）通常可以确定词意，例如：

τρισχιλίους καὶ μυρίους 一万三千；

ὑπὲρ μυρίους 超过一万；

ἢ Ὀδυσσέα ἢ Σίσυφον ἢ ἄλλους μυρίους

奥德修斯、西绪弗斯或者其他无数的人。(《申辩》41c) *

9.10 注意，古希腊人在计数时把起点也包括在内，例如 τρίτον ἔτος τουτί[两年前]（字面意思是这是第三年；τουτί 见 7.18、29.36）。

9.11 ἥμισυς[半]（变格如 ἡδύς，见 5.21–22）可用来表达分数，例如：

τάλαντον καὶ ἥμισυ 一个半塔兰同；

τὸ ἥμισυ τῆς ὅλης μισθώσεως 全部租金的一半；

τὸν ἥμισυν τοῦ χρόνου 一半的时间；[宾格]

τὰς ἡμισείας τῶν νεῶν 半数船只。[宾格]

其他表达例如：

ἡμιτάλαντον 半塔兰同；

τριτημόριον 三分之一；

τρίτον μέρος ἀνθ' ἡμίσεος 三分之一而非一半；(《佩战》4.83.6) *

τρίτον ἡμιτάλαντον 第三个为半个的塔兰同/两个半塔兰同；

Πελοποννήσου τῶν πέντε τὰς δύο μοίρας

佩洛璞斯岛的五分之二。(《佩战》1.10.2) *

9.12 乘法由副词和形容词表达——

• 副词：ἅπαξ[一次]、δίς[两次]和 τρίς[三次]，其他所有副词都由后缀 -άκις 构成，如 τετράκις[四次]、πεντάκις[五次]等等（对比副词 πολλάκις[经常]），例如 τὰ δὶς πέντε δέκα ἐστίν[二五一十]。

• 形容词：或是由 -πλοῦς, -πλῆ, -πλοῦν[重；层]构成，例如 ἁπλοῦς[简单的；单一的]、διπλοῦς[双重的]等等（变格见 5.5–6），或是由 -πλάσιος, -ᾱ, -ον 构成，例如：διπλάσιος[如两倍大/多的]、τριπλάσιος[如三倍大/多的]等等。

9.13 古希腊人通常完整地写出数字。抄本（manuscript）① 和铭文中有两套数字系统——

• 第一种见于古典时期的铭文：垂直的竖线（Ι）表示一，数词的首字母表达相应的数，例如：Γ = πέντε[五]，Δ = δέκα[十]，ΔΙ = ἕνδεκα[十一]，𐅄 = πεντάκις δέκα[五十]，Η = ἑκατόν (hεκατόν)[百]，Χ = χίλιοι[千]，等等。

---

① manuscript 一词指手写的文稿。在汉语中，抄本或钞本指抄写的书本，手稿则指作者本人亲手写的原稿，二者区分严格。

这一系统尤其见于价值、重量和度量的表达。[①]

• 第二种见于晚期铭文、莎草纸文献（papyrus）和抄本：用字母来表达十进制系统中的数。字母后上方常常带有一撇，这一方式表达 1 到 999 的整数，如下表所示：[②]

α′	β′	γ′	δ′	ε′	ς′或ϝ′	ζ′	η′	θ′
1	2	3	4	5	6	7	8	9
ι′	κ′	λ′	μ′	ν′	ξ′	ο′	π′	ϙ′
10	20	30	40	50	60	70	80	90
ρ′	σ′	τ′	υ′	φ′	χ′	ψ′	ω′	ϡ′
100	200	300	400	500	600	700	800	900

字母 ς（stigma）、ϝ（digamma / wau）、ϙ（koppa）和 ϡ（sampi）不见于常规用法。它们被引入这一数字系统以弥补标准的 24 个字母的不足——我们无法用 24 个字母来表达 1 到 999 的整数。[③]

撇号若在左下方，那么就表达 1000 开始的整数，例如：͵α = 1000，͵β = 2000，等等。

需要多个单词表达的数通过组合字母来构成，仅最右边的（小于 1000）和最左边的（大于 999）的字母带有撇号，例如：τιθ′ = 319（也可写成 τθι′、θτι′等等）、͵ατιθ′ = 1319。

• 直到希腊化时期，古希腊文都没有表示零的字符（希腊化时期表示零的字符是ō）。表达零的单词形式是 οὐδέν。

① 类似的数字还有𐅅（500）、𐅆（5000）和𐅇（50000），等等。

② 关于希腊数字符号（Greek numeral sign，U+0374，ʹ），参见 1.10 下的脚注。

③ 字母 ς 有时会被用作 στ 的连字，ς′有时也会被写为 στ′。另外，ϝ 也会以大写形式（F）出现，这可能是为了突出其碑铭属性。ϙ 还有 ϟ（U+03DF，小写）、Ϟ（U+03DE，大写）的形态。

第 10 章　名词性形式的双数

词　尾

10.1　名词性形式的双数（指两两一组的事物）的构成方式与前几章中所述的各种形式相同，唯一不同的是词尾。

各个变格法的双数词尾如下所示：

	第一变格法	第二变格法	第三变格法
双主宾呼	-ᾱ	-ω	-ε
属与	-αιν	-οιν	-οιν

双数形式

冠　词

10.2　冠词的双数形式如下：

	ὁ, ἡ, τό 阳阴中三性
双主宾	τώ
属与	τοῖν

注一：阴性双数冠词 ταῖν 偶尔也会出现，例如：ταῖν χειροῖν［两只手，属/与］。主宾格形式 τά 在阿提卡方言中并不常见，现代校勘本中常常改作 τώ，但这一做法可能并不合理。

名词和形容词/分词

10.3　第一变格法的形式例如：

δυοῖν χώραιν　两个地方；（柏《帕》149a）*

μόνᾱ νὼ λελειμμένᾱ　仅剩下的我们俩人。（索《安》58）［νώ 见下文］*

10.4　第二变格法的形式例如：

τὼ ἀνθρώπω, τοῖν ἀνθρώποιν　这两个人；

δυοῖν καλοῖν　两件好事物；［中性］

τὼ παρθένω, τοῖν παρθένοιν　这两位少女；

τὼ θεώ, τοῖν θεοῖν　这两位神明。［德墨忒尔和她的女儿］

10.5　第三变格法的形式例如：

τὼ χεῖρε, τοῖν χειροῖν 这两只手；

ἄμφω τὼ πόλεε/τὼ πόλει, ἀμφοῖν τοῖν πολέοιν 两座城邦都；

τὼ φύλακε κωλύοντε 两名护卫者在阻止。(《邦制》465a) *

τοῖν παρόντοιν πραγμάτοιν 这两个当下的问题；

δυοῖν νεοῖν ἐναντίαιν περιπλέοντες

以两艘[战]舰相对着绕圈行驶。(《佩战》4.23.2) *

代　词

10.6　第一人称代词和第二人称代词还有另外的双数形式：

	第一人称代词 νώ[我们俩]	第二人称代词 σφώ[你们俩]
双主宾	νώ	σφώ
属与	νῷν	σφῷν

10.7　其他代词的双数形式例如：

- 指示代词：

τούτοιν τοῖν διαθήκαιν 这两份遗嘱；

ἐκείνω τὼ λόγω 那两种道理；(《云》882) *

τωδὶ τὼ τρίποδε 这两张三角桌；(阿《城》787) [-ί 见 7.18]*

(1) θερμὸν καὶ ψυχρὸν ἤ τινε δύο τοιούτω

温热和寒冷，或者诸如此类的某种“二”。(《智术师》243d)

- 物主形容词：

τοῖν ὑμετέροιν πολίταιν 你们的两位城邦民；(色《希》6.3.6) *

ἀφμὶ τοῖν σοῖν δυσμόροιν παίδοιν

关于你那两个命运多舛的儿子。(《俄科》365) *

- 关系代词：

(2) τὼ μὲν οὖν ἀδελφὼ αὐτῷ ὥ περ ἐγενέσθην ἄμφω ἄπαιδε ἐτελευτησάτην. 如今他有过的那两个兄弟都死而无后。(伊赛《演》6.6) [动词的双数形式 ἐγενέσθην 和 ἐτελευτησάτην，见第 21 章]

(3) δύ᾽ ... τώδ᾽ ἄνδρ᾽ ἔλεξας, οἷν ἐγὼ | ἥκιστ᾽ ἂν ἠθέλησ᾽ ὀλωλότοιν κλύειν.

你提到了这两个人——他们的殒灭是我最不愿意听到的。(索《菲》

426–427）①

• 不定/疑问代词：

(4) ΣΩ. ἐστὸν δή τινε δύο ... :: ΠΡ. πῶς τούτω καὶ τίνε λέγεις;

苏格拉底：那么，就存在两个东西。璞若塔尔科斯：你说这两者是怎样的？它们是什么？（《斐勒布》53d）[动词的双数形式 ἐστόν 见第 21 章]

• αὐτός[本身；自己]、ἄλλος[其他的]、ἕτερος[其他的]和 ἀλλήλων[相互]等等：

ἀλλήλοιν 相互；

ἑκατέρω τὼ γένει

两个种族中的每一个/两个种族都；（《邦制》547b）*

(5) δύο γένη τινὲ αὐτώ, τῶν μὲν τριῶν ἄλλω

在另外三者之外的某两个类型本身。（《智术师》254e）

注一：对于代词而言，以 -ᾱ 结尾的阴性主宾格双数形式（比如 τᾱ́δε、ταύτᾱ 等等）一般不见于古典希腊语，不过以 -αιν 结尾的属与格则会出现（尤见于索福克勒斯笔下），但依旧罕见。

① ὀλωλότοιν 是双数属格，受 κλύειν 支配。

第 11 章　动词形式引言

古希腊语动词变位简表

现在时词干系统

	主动态	中被动态
	现在时直陈式	
单一	παιδεύω	παιδεύομαι
二	παιδεύεις	παιδεύει/-ῃ
三	παιδεύει	παιδεύεται
复一	παιδεύομεν	παιδευόμεθα
二	παιδεύετε	παιδεύεσθε
三	παιδεύουσι(ν)	παιδεύονται
	未完成时（历史直陈式）	
单一	ἐπαίδευον	ἐπαιδευόμην
二	ἐπαίδευες	ἐπαιδεύου
三	ἐπαίδευε(ν)	ἐπαιδεύετο
复一	ἐπαιδεύομεν	ἐπαιδευόμεθα
二	ἐπαιδεύετε	ἐπαιδεύεσθε
三	ἐπαίδευον	ἐπαιδεύοντο
	现在时虚拟式	
单一	παιδεύω	παιδεύωμαι
二	παιδεύῃς	παιδεύῃ
三	παιδεύῃ	παιδεύηται
复一	παιδεύωμεν	παιδευώμεθα
二	παιδεύητε	παιδεύησθε
三	παιδεύωσι(ν)	παιδεύωνται

	主动态	中被动态
	现在时祈愿式	
单一	παιδεύοιμι	παιδευοίμην
二	παιδεύοις	παιδεύοιο
三	παιδεύοι	παιδεύοιτο
复一	παιδεύοιμεν	παιδευοίμεθα
二	παιδεύοιτε	παιδεύοισθε
三	παιδεύοιεν	παιδεύοιντο
	现在时命令式	
单一		
二	παίδευε	παιδεύου
三	παιδευέτω	παιδευέσθω
复一		
二	παιδεύετε	παιδεύεσθε
三	παιδευόντων[1]	παιδευέσθων[2]
	现在时分词	
阳	παιδεύων, -οντος	παιδευόμενος, -ου
阴	παιδεύουσα, -ης	παιδευομένη, -ης
中	παιδεῦον, -οντος	παιδευόμενον, -ου
	现在时不定式	
不	παιδεύειν	παιδεύεσθαι

---

① 晚期形式作 παιδευέτωσαν。

② 晚期形式作 παιδευέσθωσαν。

不定过去时词干系统

	主动态	中动态	被动态
	不定过去时直陈式		
单一	ἐπαίδευσα	ἐπαιδευσάμην	ἐπαιδεύθην
二	ἐπαίδευσας	ἐπαιδεύσω	ἐπαιδεύθης
三	ἐπαίδευσε(ν)	ἐπαιδεύσατο	ἐπαιδεύθη
复一	ἐπαιδεύσαμεν	ἐπαιδευσάμεθα	ἐπαιδεύθημεν
二	ἐπαιδεύσατε	ἐπαιδεύσασθε	ἐπαιδεύθητε
三	ἐπαίδευσαν	ἐπαιδεύσαντο	ἐπαιδεύθησαν
	不定过去时虚拟式		
单一	παιδεύσω	παιδεύσωμαι	παιδευθῶ
二	παιδεύσῃς	παιδεύσῃ	παιδευθῇς
三	παιδεύσῃ	παιδεύσηται	παιδευθῇ
复一	παιδεύσωμεν	παιδευσώμεθα	παιδευθῶμεν
二	παιδεύσητε	παιδεύσησθε	παιδευθῆτε
三	παιδεύσωσι(ν)	παιδεύσωνται	παιδευθῶσι(ν)
	不定过去时祈愿式①		
单一	παιδεύσαιμι	παιδευσαίμην	παιδευθείην
二	παιδεύσειας	παιδεύσαιο	παιδευθείης
三	παιδεύσειε(ν)	παιδεύσαιτο	παιδευθείη
复一	παιδεύσαιμεν	παιδευσαίμεθα	παιδευθεῖμεν
二	παιδεύσαιτε	παιδεύσαισθε	παιδευθεῖτε
三	παιδεύσειαν	παιδεύσαιντο	παιδευθεῖεν
	不定过去时命令式②		
单二	παίδευσον	παίδευσαι	παιδεύθητι
三	παιδευσάτω	παιδευσάσθω	παιδευθήτω
复二	παιδεύσατε	παιδεύσασθε	παιδεύθητε
三	παιδευσάντων	παιδευσάσθων	παιδευθέντων
	不定过去时分词		
阳	παιδεύσας, -αντος	παιδευσάμενος, -ου	παιδευθείς, -έντος
阴	παιδεύσασα, -ης	παιδευσαμένη, -ης	παιδευθεῖσα, -είσης
中	παιδεῦσαν, -αντος	παιδευσάμενον, -ου	παιδευθέν, -έντος
	不定过去时不定式		
不	παιδεῦσαι	παιδεύσασθαι	παιδευθῆναι

① 主动态单二、三及复三分别又作 παιδεύσαις、παιδεύσαι 和 παιδεύσαιεν，被动态复数分别又作 παιδευθείημεν、παιδευθείητε 和 παιδευθείησαν。

② 复三主、中和被的晚期形式分别作 παιδευσάτωσαν、παιδευσάσθωσαν 和 παιδευθήτωσαν。

将来时词干系统

	主动态	中动态	被动态
	将来时直陈式		
单一	παιδεύσω	παιδεύσομαι	παιδευθήσομαι
二	παιδεύσεις	παιδεύσει/-ῃ	παιδευθήσει/-ῃ
三	παιδεύσει	παιδεύσεται	παιδευθήσεται
复一	παιδεύσομεν	παιδευσόμεθα	παιδευθησόμεθα
二	παιδεύσετε	παιδεύσεσθε	παιδευθήσεσθε
三	παιδεύσουσι(ν)	παιδεύσονται	παιδευθήσονται
	将来时祈愿式		
单一	παιδεύσοιμι	παιδευσοίμην	παιδευθησοίμην
二	παιδεύσοις	παιδεύσοιο	παιδευθήσοιο
三	παιδεύσοι	παιδεύσοιτο	παιδευθήσοιτο
复一	παιδεύσοιμεν	παιδευσοίμεθα	παιδευθησοίμεθα
二	παιδεύσοιτε	παιδεύσοισθε	παιδευθήσοισθε
三	παιδεύσοιεν	παιδεύσοιντο	παιδευθήσοιντο
	将来时分词		
阳	παιδεύσων, -οντος	παιδευσόμενος, -ου	παιδευθησόμενος, -ου
阴	παιδεύσουσα, -ης	παιδευσομένη, -ης	παιδευθησομένη, -ης
中	παιδεῦσον, -οντος	παιδευσόμενον, -ου	παιδευθησόμενον, -ου
	将来时不定式		
不	παιδεύσειν	παιδεύσεσθαι	παιδευθήσεσθαι

将来完成时[①]

	直陈式主动态	直陈式中被动态	分　词
单一	τεθνήξω	πεπαιδεύσομαι	πεπαιδεύσων, -ουσα, -ον
二	τεθνήξεις	πεπαιδεύσει/-ῃ	πεπαιδευσόμενος, -η, -ον
三	τεθνήξει	πεπαιδεύσεται	不定式
复一	τεθνήξομεν	πεπαιδευσόμεθα	πεπαιδεύσειν
二	τεθνήξετε	πεπαιδεύσεσθε	πεπαιδεύσεσθαι
三	τεθνήξουσι(ν)	πεπαιδεύσονται	

① 将来完成时变位表为中文版所补，仅给出独体形式，详见第 20 章。

完成时词干系统

	主动态	中被动态		主动态	中被动态
	完成时直陈式			完成时祈愿式	
单一	πεπαίδευκα	πεπαίδευμαι	单一	πεπαιδεύκοιμι	πεπαιδευμένος εἴην
二	πεπαίδευκας	πεπαίδευσαι	二	πεπαιδεύκοις	εἴης
三	πεπαίδευκε(ν)	πεπαίδευται	三	πεπαιδεύκοι	εἴη
复一	πεπαιδεύκαμεν	πεπαιδεύμεθα	复一	πεπαιδεύκοιμεν	εἶμεν
二	πεπαιδεύκατε	πεπαίδευσθε	二	πεπαιδεύκοιτε	εἶτε
三	πεπαιδεύκασι(ν)	πεπαίδευνται	三	πεπαιδεύκοιεν	εἶεν
	过去完成时（历史直陈式）			完成时命令式[1]	
单一	ἐπεπαιδεύκειν[2]	ἐπεπαιδεύμην	单一		
二	ἐπεπαιδεύκεις[3]	ἐπεπαίδευσο	二		πεπαίδευσο
三	ἐπεπαιδεύκει(ν)	ἐπεπαίδευτο	三		πεπαιδεύσθω
复一	ἐπεπαιδεύκεμεν[4]	ἐπεπαιδεύμεθα	复一		
二	ἐπεπαιδεύκετε[5]	ἐπεπαίδευσθε	二		πεπαίδευσθε
三	ἐπεπαιδεύκεσαν[6]	ἐπεπαίδευντο	三		πεπαιδεύσθων[7]
	完成时虚拟式			完成时分词	
单一	πεπαιδεύκω	πεπαιδευμένος ὦ	阳	πεπαιδευκώς, -ότος	πεπαιδευμένος, -ου
二	πεπαιδεύκῃς	ᾖς	阴	πεπαιδευκυῖα, -ας	πεπαιδευμένη, -ης
三	πεπαιδεύκῃ	ᾖ	中	πεπαιδευκός, -ότος	πεπαιδευμένον, -ου
复一	πεπαιδεύκωμεν	πεπαιδευμένοι ὦμεν		完成时不定式	
二	πεπαιδεύκητε	ἦτε	不	πεπαιδευκέναι	πεπαιδεῦσθαι
三	πεπαιδεύκωσι(ν)	ὦσι(ν)			

注一：动词的双数形式见第 21 章；分词的其他变格形式见 5.3–4、5.17–20；动词性形容词（以 -τός 或 -τέος 结尾）的构成方式见 23.34、23.29。

---

① 以 -ε, -έτω, -ετε, -έτωσαν 结尾的完成时命令式主动态不见于古典希腊语，完成时命令式主动态和中被动态另有 πεπαιδευκώς/πεπαιδευμένος ἴσθι 等等的迂说形式。

② 过去完成时主动态单数第一人称的早期形式作 ἐπεπαιδεύκη。

③ 过去完成时主动态单数第二人称的早期形式作 ἐπεπαιδεύκης。

④ 过去完成时主动态复数第一人称的晚期形式作 ἐπεπαιδεύκειμεν。

⑤ 过去完成时主动态复数第二人称的晚期形式作 ἐπεπαιδεύκειτε。

⑥ 过去完成时主动态复数第三人称的晚期形式作 ἐπεπαιδεύκεισαν。

⑦ 完成时命令式被动态复数第三人称的晚期形式作 πεπαιδεύσθωσαν。

基本范畴和要素

动词的范畴

动词的限定形式和非限定形式

11.1　古希腊语的动词形式或是限定（finite）形式（直陈式、虚拟式、祈愿式和命令式），或是非限定（non-finite）形式（不定式、分词和以 -τός 或 -τέος 结尾的动词性形容词）。限定动词有人称词尾（见 11.15），并且表达人称、数和语式；非限定动词没有人称词尾，并且也不表达人称或语式。

所有动词形式均涉及的范畴：时态–体和语态

11.2　古希腊语动词形式，亦即限定形式和非限定形式（除了以 -τός 或 -τέος 结尾的动词性形容词），都具有时态–体（tense-aspect）和语态（voice）这两个范畴上的特征。

11.3　时态–体：古希腊语动词有四个总括性的系统，分别对应于动词所用的词干（见 11.12）；这四个系统的差异主要在于所表达的体，不过对于将来时词干而言，时态是更为重要的变量（这些术语详见第 33 章）：

- 现在时词干系统，包括现在时直陈式（即基本现在时直陈式）、未完成时（即历史现在时直陈式）、现在时虚拟式、现在时祈愿式、现在时命令式、现在时不定式和现在时分词；
- 不定过去时词干系统，包括不定过去时直陈式、不定过去时虚拟式、不定过去时祈愿式、不定过去时命令式、不定过去时不定式和不定过去时分词；
- 将来时词干系统，包括将来时直陈式、将来时祈愿式、将来时不定式和将来时分词；
- 完成时词干系统，包括完成时直陈式（基本完成时直陈式）、过去完成时（历史完成时直陈式）、完成时虚拟式、完成时祈愿式、完成时命令式、完成时不定式和完成时分词。

对于上述四个系统而言，直陈式都表达时态，将来时词干系统的所有形式也都表达时态。将来时词干系统之外的所有形式都表达体。

注一：罕见的将来完成时（严格地说是第五个时态–体系统），见第 17 章和 33.46–47。

11.4 语态：古希腊语动词形式也表达语态，详见第35章。对于各种不同的形式来说，我们主要区分以下两种形式——

- 主动态（active）形式；
- 中被动态（middle-passive）形式。

在不定过去时词干系统和将来时词干系统中，不同类型的中被动形式下通常还会再作细分，最常见的是中动形式和被动形式的区分。

注一：在现在时词干系统和完成时词干系统中，中被动态只有单独的一套形式（这套形式涵盖了中被动语态所表达的所有含义）。就这一点而言，我们只说主动态或中被动态的现在时形式。传统上，对于不定过去时词干系统和将来时词干系统而言，我们区分主动态、中动态和被动态这三种形式，但更精确的区分见35.8–29。

动词的限定形式专有的范畴

11.5 所有的动词的限定形式不仅属于上述四个时态-体系统，而且带有语态标记；动词的限定形式还有人称（person）、数（number）以及语式（mood）这三个范畴的标记。

11.6 动词的限定形式可以表达三种人称——

- 第一人称（first person，我、我们）；
- 第二人称（second person，你、你们）；
- 第三人称（third person，他、她、它和他们等等）。

动词的限定形式可以表达三种数——

- 单数（singular，我、你和他等等）；
- 复数（plural，我们、你们和他们等等）；
- 此外，古希腊语还有双数（dual number），仅见于第二人称和第三人称（你俩、他俩等等，见第21章）。

11.7 动词的限定形式也表达语式（用法和含义见第34章）：

- 直陈式（indicative）；对于这一范畴来说，我们可以区分出基本直陈式（primary indicative，表达现在或将来时态）和历史直陈式（secondary indicative，通常表达过去时态）。这两种直陈式都见于现在时词干系统（现在时直陈式、未完成时）和完成时词干系统（完成时直陈式、过去完成时）；不定过去时词干系统只有历史直陈式，将来时词干系统只有基本直陈式；
- 虚拟式（subjunctive）；
- 祈愿式（optative）；

- 命令式（imperative）。

11.8 关于动词的限定形式及其表达的范畴，举例如下：

παιδεύεις：现在时直陈式主动态第二人称单数：**你在教化**，属于现在时词干系统，表达第二人称、单数、直陈式（基本直陈式，表达现在时态）、体和主动态。

παιδευώμεθα：现在时虚拟式中被动态第一人称复数：**让我们受教化**，属于现在时词干系统，表达第一人称、复数、虚拟式、体和中被动态。

ἐπαίδευσε(ν)：不定过去时直陈式第三人称单数：**他曾教化**，属于不定过去时词干系统，表达第三人称、单数、直陈式（历史直陈式，一般表达过去时态）、体和主动态。

παιδεύθητε：不定过去时命令式被动态第二人称复数：**你们当受教化**，属于不定过去时词干系统，表达第二人称、复数和命令式，也表达体和被动态。

ἐπεπαιδεύκεσαν：过去完成时（历史完成时直陈式）主动态第三人称复数：**他们当时教化过了**，属于完成时词干系统，表达第三人称、复数、直陈式（历史直陈式，一般表示过去时态）、体和主动态。

动词的非限定形式涉及的范畴

11.9 动词的非限定形式具有以下范畴的特征——

- 不定式（infinitive）表达时态-体和语态；
- 分词（participle）表达时态-体和语态，并且与形容词一样，它也有性、数和格的范畴标记（见 2.1）；
- 动词性形容词（verbal adjective）具有的范畴标记仅有性、数和格。

11.10 关于动词的非限定形式及其表达的范畴，举例如下：

παιδευθῆναι：不定过去时被动态不定式：**受过教化**，属于不定过去时词干系统，表达体和被动态。

παιδεύουσαι：现在时主动态分词阴性复数主格：**正在教化的**，属于现在时词干系统，表达阴性、复数和主格，也表达体和主动态。

παιδευτέος：动词性形容词（见 37.2）阳性单数主格：**必须受教化的**，表示阳性、单数和主格。

词法构件：词干、词尾和其他标记

动词词干和时态-体词干

11.11 一个特定的动词的全部形式都共同拥有一个动词词干（verb stem），表明动词的各种形式都源自那个特定的动词，比如，对于动词 παιδεύω[教化]的各种形式（例如 ἐπαίδευσε(ν)[不定过去时直主三单]、ἐπεπαιδεύκεσαν[过完直主三复]和 παιδεύουσαι[现主分阴复主]）而言，动词词干 παιδευ- 表明这些形式都属于动词 παιδεύω（从而以某种方式表达教化）。

许多古希腊语动词词干由于换音（即元音递变，见 1.51–56）而以不同的变体出现。例如，动词 λείπω[离开；遗留]的动词词干有三种：λειπ-（e 级）、λιπ-（零级）和 λοιπ-（o 级）。这种动词的不同时态-体词干在其所体现的元音音级中各不相同。

动词词干有一类特别常见的变化（起初是换音造成的，后来很大程度上规则化了），亦即词干最后一个元音有长短变体：η/ᾰ（在 ε、ι 和 ρ 后是 ᾱ/ᾰ，见 1.57）、η/ε 和 ω/ο。例如：τιμάω[尊崇]的动词词干是 τιμᾰ- 或 τιμη-，ποιέω[制作]的动词词干是 ποιε- 或 ποιη-，δηλόω[表明]的动词词干是 δηλο- 或 δηλω-。

如果一个动词有多种动词词干，我们在后文中就会根据需要给出所有的变体。

11.12 通过选择动词词干的变体和/或添加各种后缀便构成了时态-体词干。时态-体词干表明某个形式是时态-体和语态构成的特定组合——尽管许多时态-体词干可用于构成不止一种语态。

我们可以区分出七种不同的时态-体词干，它们都可归入前文所述的四个总括性的系统（见 11.3）：

- 现在时时态-体：现在时词干（主动态、中被动态）；
- 不定过去时时态-体：不定过去时词干（主动态、中动态）和不定过去时被动态词干（θη 型或 η 型不定过去时词干）；
- 将来时时态-体：将来时词干（主动态、中动态）和将来时被动态词干；
- 完成时时态-体：完成时词干（主动态）和将来时中被动态词干。

注一：还有两个时态-体词干（罕见）：将来完成时词干（主动态）和将来完成时中被动态词干，详见第 17 章。

举例如下——

πεπαιδευκέναι：受过教化，完成时词干 πεπαιδευκ-（基于动词词干 παιδευ-）表明这一形式来自动词 παιδεύω，属于完成时时态-体系统，并且表达主动态。

ἐπαιδεύσαμεν：我们教化过，不定过去时词干 παιδευσ(α)-（基于动词词干 παιδευ-）表明这一形式来自动词 παιδεύω，属于不过时时态-体系统。

ἔλιπε(ν)：他离开了，不定过去时词干 λῐπ-（动词词干 λειπ-/λοιπ-/λῐπ- 的变体之一）表明这一形式来自动词 λείπω，属于不过时时态-体系统。

λελοιπότες：已然离开的，完成时词干 λελοιπ-（基于动词词干 λειπ-/λοιπ-/λῐπ- 的变体之一）表明这一形式来自 λείπω，属于完成时时态-体系统，表达主动态。

从动词词干构成时态-体词干的机理详见后文各章：现在时词干见第 12 章，不定过去时词干见第 13、14 章，将来时词干见第 15、16 章，完成时词干见第 17–19 章。

11.13 在一些情况下，完全不同的动词词干用来构成“同一个”动词的不同时态-体词干，例如就动词 αἱρέω[拿取]而言，动词词干 αἱρη-/αἱρε- 见于现在时、不定过去时被动态（ᾑρέθην）、将来时（αἱρήσω）、完成时和完成时中被动态（ᾕρηκα/ᾕρημαι），但不见于不定过去时主动态和中动态——此时所用的动词词干是 ἑλ-（例如不定过去时直陈式主动态第一人称单数 εἷλον）。这种动词称作*异干动词*（suppletive verb）。

11.14 缺少某些时态-体词干的动词统称作*残缺动词*（defective verb），例如在古典希腊语中，动词 εἴωθα[惯于]缺少现在时词干（εἴωθα 是完成时，现在时 ἔθω 见于荷马希腊语），并且根本没有其他词干（不定过去时或将来时词干）的形式。

词　尾

11.15 所有的动词形式都有*词尾*。需要通过词尾所提供的信息来确定是限定形式还是非限定形式，语态的确定通常也依赖于词尾。

- 对于限定动词而言，词尾（人称词尾）也表达人称和数，有时（在命令式形式中）也表达语式；
- 不定式的词尾只表达语态；
- 分词和动词性形容词的词尾表达性、数和格。

举例如下——

ἐπαιδευόμην：人称词尾 -μην 表明这是第一人称单数中被动形式。

γνῶθι：人称词尾 -θι 表明这一形式是第二人称单数命令式。

πεπαιδεῦσθαι：词尾 -σθαι 表明这一形式是中被动态不定式。

πεπαιδευμένα：词尾 -(μεν)α 表明这一形式是分词中性复数主宾格。

对词尾的说明详见 11.20–34。

构干元音、祈愿式后缀和分词后缀

11.16 在词干和词尾之间会出现其他一些元素——

• 许多动词形式包含一个构干元音（thematic vowel），或是 **ο** 或是 **ε**。构干元音位于词干和词尾之间，例如：παιδεύομεν[我们教化]、ἐπαιδεύεσθε[你们当时受教化]和 λιπόντων[λείπω(离开；留下)的不过主分阳中复属或不过命主三复]，详见 11.18–19。

• 虚拟式的特征是其构干元音是长元音，或是 **ω** 或是 **η**，例如：παιδεύησθε、λίπωμεν。

• 祈愿式的特征是后缀 **-ι-**（某些情况下是 **-ιη-**），直接加在词尾之前。这个 ι 总是会参与构成一个短首双元音（见 1.70 注一）：或是与前方的构干元音构成短首双元音，例如 παιδεύοιμι、παιδεύοιεν；或是与前方的词干元音构成短首双元音，例如 παιδευθεῖμεν、τιθείην 和 ἱσταίμεθα。

• 主动态分词和不定过去时被动态分词的特征是后缀 **-ντ-**，例如：παιδεύοντος、παιδευθέντων；在几种情况下，ντ 并不见于相关的形式，例如 παιδεύουσα（< *παιδεύοντ-yα，见 1.77、1.68）；完整的变格见 5.17–18。

完成时主动态分词的特征则是 **-οτ-**（阳中性）和 **-υι-**（阴性），例如：λελοιπότας、πεπαιδευκυῖα；完整的变格见 5.19–20。

• 除了不定过去时被动态分词之外，所有中被动态分词的特征都是后缀 **-μεν-**，例如：πεπαιδευμένον、λιπόμενα。

增音和介词前缀

11.17 另外，还有一些在词干之前的元素——

• 历史直陈式（未完成时、不定过去时和过去完成时直陈式）带有增音，其形式是词干之前的一个 ε（例如 ἔλιπον[不过时]）；如果动词词干以元音开头，那么增音的构成方式就是延长这个元音（例如 ὡμολόγουν[他们当时同意]）。增音详见 11.35–42。

• 许多复合动词带有介词前缀。前缀本是介词，后来与动词合而为一了，例如：ἐκπαιδεύω[培育；训练]、ἀπολείπω[遗赠；抛弃]（见 23.51）。介词前缀总是在动词形式的最前方，增音和叠音均位于其后（见 11.51–58）。

介词前缀末尾的辅音常与后面那个音同化，例如：ἐλ-λείπει[他剩下]（但是 ἐν-έλιπε[他曾剩下]，见 11.54）。如果介词前缀以元音结尾，那么这个元音通常会在另一个元音之前脱落（词末省音，见 1.35），对比 ἀπο-βαίνει[他离去]与 ἀπ-έρχεται[他离开]、ἀφ-ίησι[他送出]。

注一：叠音（其本身是词干的一部分）见 11.43–50。

构干元音型变位和无构干元音型变位

11.18 古希腊语动词形式或是构干元音型的（thematic）或是无构干元音型的（athematic）。构干元音型形式在词根和词尾之间带构干元音（ο/ε，虚拟式是 ω/η）。无构元型形式不带构干元音，从而词尾直接加在词干上（此时只有祈愿式或分词后缀可以出现在词干和词尾之间）：

• 构干元音型变位：-ω 动词的现在时词干形式、-νυμι 动词的现在时祈愿式形式、-μι 动词的一些未完成时、构干元音型不定过去时形式、所有的将来时和将来完成时形式以及几乎所有的完成时主动态祈愿式。另外，由于虚拟式的特征是带有长的构干元音（η 或 ω），因此所有的虚拟式都属构干元音型变位。

• 无构干元音型变位：-μι 动词的现在时词干形式（除了虚拟式、-νυμι 动词的祈愿式以及一些未完成时）、σ 型不定过去时和词根型不定过去时（虚拟式除外）、所有的不定过去时被动形式（虚拟式除外）以及所有的完成时形式（虚拟式和主动态祈愿式除外）。以动词 δείκνυμι[展示]为例——

δείκνυ-σι(ν)：现在时直陈式主动态第三人称单数，无构干元音型变位，词尾 -σι(ν) 直接加在现在时词干 δεικνυ- 上。

δεικνύ-οι-μεν：现在时祈愿式主动态第一人称复数，构干元音型变位，构干元音和祈愿式后缀 ι 合为一个双元音 οι，位于现在时词干和词尾 -μεν 之间。

δείξ-ε-τε：将来时直陈式主动态第二人称复数，构干元音型变位，构干元音位于将来时词干 δειξ- 和词尾 -τε 之间。

δέδεικ-ται：完成时直陈式中被动态第三人称单数，无构干元音型变位，词尾 -ται 直接加在完成时词干 δεδεικ- 上。

注一：把动词一概称为构干元音型的或无构干元音型的的做法具有误导性。我们可举出反例：将来时的动词形式，无论来自哪个动词，都是构干元音型的；同理，完成时中被动形式都属于无构干元音型变位。如果要依据构干元音型变位和无构干元音型变位来区分动词，那么这一区分仅限于现在时和不定过去时（对于现在时而言就是 -ω 动词和 -μι 动词的区分）。

11.19 构干元音的使用（ε/η 或 o/ω）取决于其后的音——

- **o/ω** 用于 **μ** 或 **ν** 之前，并且第一人称单数词尾也是 **-ω**，例如：παιδεύω、παιδεύομεν、παιδευόντων 和 παιδεύωμαι，等等。
- **o** 用于祈愿式后缀 **-ι-** 或 **-ιη-** 之前（所有的构干元音型祈愿式都如此），这个 o 与后面的 ι 构成双元音，例如：παιδεύοις、παιδεύοισθε 和 πεπαιδεύκοι，等等。
- 其他情况下，一律用 **ε/η**，例如：παιδεύετε、παιδεύησθε 和 παίδευε，等等。

注一：构干元音根据数和人称的顺序排列一般是 o、ε、ε、o、ε、o（祈愿式例外）。不过，这一规则其实是上述规则的结果，并且还有其他例外。比如，现在时命令式主动态第三人称复数是 παιδευόντων（在 ν 之前用 o），但其中被动态的对应形式是 παιδευέσθων（第三人称复数，因为在 σ 前用 ε）。

词　尾

人称词尾

11.20 动词的限定形式的人称词尾或是主动态的或是中被动态的，并且或是基本时态的或是历史时态的（命令式除外）：

- 主动态词尾用于所有主动态，还用于不定过去时被动态。

  中被动态词尾用于所有的中动态和被动态，不定过去时除外。
- 基本[时态]词尾用于所有涉及现在或将来的直陈式（基本直陈式）、所有的虚拟式以及一些祈愿式。

  历史[时态]词尾用于所有涉及过去的直陈式（带有增音的直陈式，即历史直陈式），并且用于几乎所有的祈愿式。

  命令式有一套专属的词尾。

11.21 最常见的词尾及例词如后文所示，以数和人称为序。

词尾表

11.22　第一人称单数：

主动态			中被动态	
基本词尾		历史词尾	基本词尾	历史词尾
-ω[1]（带构元）	-μῐ（无构元）	-ν	-μαι	-μην

[1] -ω 包含了一个构干元音（词尾和构干元音已经完全融合在一起了）。

举例如下——

主动态基本词尾，例如：现在时直陈式 παιδεύω、τιμῶ（< *-άω）、δείκνυμι 和 εἰμί；历史时态，例如：未完成时 ἐπαίδευον、ἐδείκνυν，现在时祈愿式 ποιοίην 和不定过去时被动态 ἐπαιδεύθην。

中被动态基本词尾，例如：现在时直陈式 παιδεύομαι、δείκνυμαι、δύναμαι和完成时直陈式 πεπαίδευμαι；历史时态，例如：未完成时 ἐπαιδευόμην、过去完成时 ἐπεπαιδεύμην 和现在时祈愿式 παιδευοίμην。

11.23　第二人称单数：

主动态			中被动态	
基本词尾		历史词尾	基本词尾	历史词尾
-εις[1]（带构元）	-ς[2]（无构元）	-ς[2]	-σαι[3]	-σο[3]

[1] 词尾 -εις 包含了一个构干元音（词尾和构干元音已经完全融合在一起了）。

[2] 基本时态原本的词尾是 -σῐ（依旧“见于”现在时直陈式 εἶ[<*ἐσ-σί，你是]）；基本和历史时态的词尾有时也会用 -θα（例如完成时直陈式 οἶσθα[你知道]、未完成时 ἦσθα[你当时是]）。

[3] 词尾中的 σ 通常在元音之间脱落（见 1.83），见下面的例子。

举例如下——

主动态基本词尾，例如：现在时直陈式 παιδεύεις、τιμᾷς（<*-άεις）、δείκνυς 和 τίθης；历史时态，例如：未完成时 ἐπαίδευες、ἐδείκνυς、不定过去时直陈式 ἐπαίδευσας、现在时祈愿式 παιδεύοις 和不定过去时被动态 ἐπαιδεύθης。

中被动态基本词尾，例如：现在时直陈式 δείκνυσαι、παιδεύῃ（<*-εσαι）和完成时直陈式 πεπαίδευσαι；历史时态，例如：未完成时 ἐδείκνυσο、ἐπαιδεύου（<*-εσο）、不定过去时直陈式 ἐπαιδεύσω（<*-σασο）、过

去完成时 ἐπεπαίδευσο 和现在时祈愿式 παιδεύοιο（< *-οισο）。

11.24 第三人称单数：

主动态			中被动态	
基本词尾		历史词尾	基本词尾	历史词尾
-ει[1]（带构元）	-σῐ(ν)[2]（无构元）	无词尾	-ται	-το

[1] 词尾 -ει 包含了一个构干元音（词尾和构干元音已经完全融合在一起了）。

[2] 原本是 -τῐ(ν)（依旧可见于现在时直陈式 ἐστί(ν)）。

举例如下——

主动态基本词尾，例如：现在时直陈式 παιδεύει、τιμᾷ（< *-άει）、δείκνυσι(ν) 和 τίθησι(ν)；历史时态，例如：未完成时 ἐπαίδευε(ν)（无词尾，可移动的 ν 见 1.39）、ἐδείκνυ（无词尾）、现在时祈愿式 παιδεύοι（无词尾）和不定过去时被动态 ἐπαιδεύθη（无词尾）。

中被动态基本词尾，例如：现在时直陈式 παιδεύεται、δείκνυται 和完成时直陈式 πεπαίδευται；历史时态，例如：未完成时 ἐπαιδεύετο、ἐδείκνυτο、不过时直陈式 ἐπαιδεύσατο、过去完成时 ἐπεπαίδευτο 和现在时祈愿式 παιδεύοιτο。

11.25 第一人称复数：

主动态		中被动态	
基本词尾	历史词尾	基本词尾	历史词尾
-μεν	-μεν	-μεθᾰ[1]	-μεθᾰ[1]

[1] 见于诗歌，尤其见于琴歌，有时作 -μεσθᾰ。

举例如下——

主动态基本词尾，例如：现在时直陈式 παιδεύομεν、τιμῶμεν、δείκνυμεν 和 ἐσμέν；历史时态，例如：未完成时 ἐπαιδεύομεν、ἐδείκνυμεν、现在时祈愿式 παιδεύοιμεν 和不定过去时被动态 ἐπαιδεύθημεν。

中被动态基本词尾，例如：现在时直陈式 παιδευόμεθα、δεικνύμεθα 和完成时直陈式 πεπαιδεύμεθα；历史时态，例如：未完成时 ἐπαιδευόμεθα、ἐδεικνύμεθα、不定过去时直陈式 ἐπαιδευσάμεθα、过去完成时 ἐπεπαιδεύμεθα 和现在时祈愿式 παιδευοίμεθα。

11.26 第二人称复数：

主动态		中被动态	
基本词尾	历史词尾	基本词尾	历史词尾
-τε	-τε	-σθε	-σθε

举例如下——

主动态基本词尾，例如：现在时直陈式 παιδεύετε、τιμᾶτε、δείκνυτε 和 ἐστέ；历史时态，例如：未完成时 ἐπαιδεύετε、ἐδείκνυτε、现在时祈愿式 παιδεύοιτε 和不定过去时被动态 ἐπαιδεύθητε。

中被动态基本词尾，例如：现在时直陈式 παιδεύεσθε、δείκνυσθε 和完成时直陈式 πεπαίδευσθε；历史时态，例如：未完成时 ἐπαιδεύεσθε、ἐδείκνυσθε、不过时直陈式 ἐπαιδεύσασθε、过去完成时 ἐπεπαίδευσθε 和现在时祈愿式 παιδεύοισθε。

11.27　第三人称复数：

主动态		中被动态	
基本词尾	历史词尾	基本词尾	历史词尾
-[ν]σῐ(ν)[1]（带构元）-ᾱσῐ(ν)[2]（无构元）	-ν、-σᾰν 或 -εν[2]	-νται	-ντο

[1] 其中第一个 ν 脱落了，致使之前的元音发生补偿性延长（见 1.68–69），见下面的例子。

[2] 词尾 -εν 仅见于祈愿式。

举例如下——

主动态基本词尾，例如：现在时直陈式 παιδεύουσι(ν)（<*-ονσι(ν)）、τιμῶσι(ν)（<*-άονσι(ν)）和 δεικνύᾱσιν；历史时态，例如：未完成时 ἐπαίδευον、不定过去时直陈式 ἐπαίδευσαν、未完成时 ἐδείκνυσαν、不定过去时被动态 ἐπαιδεύθησαν 和现在时祈愿式 παιδεύοιεν。

中被动态基本词尾，例如：现在时直陈式 παιδεύονται、δείκνυνται 和完成时直陈式 πεπαίδευνται；历史时态，例如：未完成时 ἐπαιδεύοντο、ἐδείκνυντο、不定过去时直陈式 ἐπαιδεύσαντο、过去完成时 ἐπεπαίδευντο 和现在时祈愿式 παιδεύοιντο。

虚拟式

11.28　如前文所言，所有的虚拟式都属于构干元音型变位（构干元音为长），并且都使用基本时态的词尾。也就是说，无论词干如何，所有的虚拟式都使用这一套词尾：主动态 **-ω, -ῃς, -ῃ, -ωμεν, -ητε, -ωσῐ(ν)**，中被动态 **-ωμαι, -ῃ, -ηται, -ώμεθᾰ, -ησθε, -ωνται**。

注一：中被动二单数词尾 -ῃ 缩合自 -ησαι（见 11.23 关于 -σαι 的内容）。

举例如下——

主动态，例如：现在时 παιδεύω、τιμᾷς（< *-άῃς）、δηλῶτε（< *-όητε）、δεικνύῃ、不定过去时 παιδεύσωμεν、βάλητε 和不定过去时被动态 παιδευθῶσι(ν)（< -έωσι(ν) < *-ήωσιν，见 1.71）。

中被动态，例如：现在时 παιδεύῃ、δεικνύωνται、不定过去时 παιδεύσωμαι 和 θώμεθα（< θεώμεθα < *θηώμεθα，见 1.71）。

命令式

11.29 命令式有一套专属的词尾。

	主动态	中被动态
单二	无词尾、-θι 或 -ς	-σο[1]
	σ 型不过时用 -(σ)ον（见 13.10）	σ 型不过时用 -(σ)αι（见 13.10）
三	-τω	-σθω
复二	-τε	-σθε
三	-ντων[2]	-σθων[2]

[1] 其中的 σ 常常在两个元音间脱落（见 1.83），见下面的例子。

[2] 后来分别变为 -τωσαν（主动态）和 -σθωσαν（中被动态）。

举例如下——

主动态单数第二人称，例如：现在时 παίδευε（无词尾）、τίμα（< *-αε，无词尾）、δείκνυ（无词尾）；现在时 ἴσθι、不定过去时 στῆθι、不过时被动态（η 型不过时）φάνηθι、不过时被动态（θη 型不过时）παιδεύθητι（见 1.97 注二）；不定过去时 δός、σχές，σ 型不过时 παίδευσον、隐性 σ 型不过时 ἄγγειλον（< *-ελ-σον）。

其他主动形式例如：单数第三人称现在时 παιδευέτω、τιμάτω、δεικνύτω、不定过去时 παιδευσάτω、不过时被动态 παιδευθήτω、复数第二人称现在时 παιδεύετε、τιμᾶτε、不过时被动态 παιδεύθητε、复数第三人称现在时 παιδευόντων 和不过时 παιδευσάντων。

中被动态单数第二人称，例如：现在时 παιδεύου（< *παιδεύεσο）、τιμῶ（< *-άεσο）、δείκνυσο、不过时 θοῦ（< *θέσο）、σ 型不过时 παίδευσαι

和隐性 σ 型不过时 ἄγγειλαι（< *-ελ-σαι）。

其他中被动形式如：单数第三人称现在时 παιδευέσθω、τιμάσθω、δεικνύσθω、不定过去时 παιδευσάσθω、复数第二人称现在时 παιδεύεσθε、τιμᾶσθε、δείκνυσθε、复三现在时 παιδευέσθων、不过时 παιδευσάσθων。

注一：命令式二复总是与直陈式二复有相同的词干，但前者无增音，例如现在时 παιδεύετε 可能是直陈式或命令式，但不定过去时 ἐπαιδεύσασθε 是直陈式，παιδεύσασθε 是命令式。

例　外

11.30　上文所述的各种词尾见于大多数形式，但是还有一些例外，尤其是几个完成时和过去完成时主动态词尾，见 18.5。

非限定形式的词尾

不定式

11.31　主动态不定式的词尾如下所示——

- 构干元音型变位使用 **-εν**，它与之前的构干元音 ε 缩合，形成 **-ειν**（假性的 ει，见 1.23、1.59），例如 παιδεύειν。这个 ει 可能进一步与动词词干末尾的元音发生缩合，例如：τιμᾶν（< *τιμά-ε-εν）、δηλοῦν（< *δηλό-ε-εν）。
- 无构干元音型变位使用 **-ναι** 或 **-εναι**，例如：
  现在时 δεικνύναι、διδόναι、εἶναι 和不过时被动态 παιδευθῆναι；
  现在时 ἰέναι、不过时 δοῦναι（< *δόεναι）和完成时 πεπαιδευκέναι。
  σ 型不定过去时不定式的词尾是 **-(σ)αι**，例如：
  παιδεῦσαι、γράψαι 和 ἀγγεῖλαι（< *-ελ-σαι）。

注一：不定过去时不定式主动态 παιδεῦσαι 和不定过去时命令式中动态 παίδευσαι 在重音上的差异以及诸如此类的差异，见 24.20 注一。

11.32　所有中被动态不定式的词尾都是 **-σθαι**，例如：
现在时 παιδεύεσθαι、δείκνυσθαι、不定过去时 παιδεύσασθαι 和完成时 πεπαιδεῦσθαι。

分词和动词性形容词

11.33　主动态分词使用第一、第三变格法形容词的词尾（见 5.17–20）。中被动态分词使用第一、第二变格法形容词的词尾（见 5.3–4）。

11.34 动词性形容词（以 -τέος, -τέᾱ, -τέον 或 -τός, -τή, -τόν 结尾）使用第一、第二变格法形容词的词尾（见 5.1–2）。

增音和叠音

增音的构成

11.35 历史直陈式（未完成时、不定过去时和过去完成时直陈式）一般带有增音（augment）。增音的位置在词干之前。增音的形式由时态–体词干中的第一个音决定。

以辅音开头的词干

11.36 如果词干以辅音开头，那么增音就是 **ἐ-**。例如：

παιδεύω[教化]　　现在时词干 παιδευ-　　未完成时 ἐπαίδευον
λύω[释放]　　不过时词干 λυσ(α)-　　不过时 ἔλυσα
δίδωμι[给予]　　不过时词干 δω-/δο-　　不过时 ἔδωκα
βλάπτω[伤害]　　η 型不过被词干 βλαβη-　　不过时被动态 ἐβλάβην

如果词干以 **ρ** 开头，那么这个 ρ 在增音后要重复一次，例如：

ῥίπτω[投掷]　　现在时词干 ῥιπτ-　　未完成时 ἔρριπτον
ῥήγνυμι[打破]　　不过时词干 ῥηξ(α)-　　不过时 ἔρρηξα

注一：这种增音称作音节性增音（拉丁语 *augmentum syllabicum*），因为发生增音之后多了一个音节。

以元音或双元音开头的词干

11.37 如果词干以元音开头，那么增音的方式就是延长这个词首的元音（见 1.67–69），例如：

ᾰ > η　　ἄγω[引导]　　不过时词干 ἀγαγ-　　不过时 ἤγαγον
ε > η　　ἐλπίζω[希望]　　现在时词干 ἐλπιζ-　　未完成时 ἤλπιζον
ῐ > ῑ　　ἱκετεύω[恳求]　　现在时词干 ἱκετευ-　　未完成时 ῑ̔κέτευον
ο > ω　　ὀνομάζω[称呼]　　不过时词干 ὀνομασ(α)-　　不过时 ὠνόμασα
ῠ > ῡ　　ὑβρίζω[虐待]　　不过时词干 ὑβρισ(α)-　　不过时 ὕβρισα

词首的长元音则不发生改变，例如：

ἡγέομαι[引导；认为]	现在时词干 ἡγε-	未完成时 ἡγούμην
ὠφελέω[帮助]	不过时词干 ὠφελησ(α)-	不过时 ὠφέλησα

11.38 如果词干以双元音开头，那么就延长双元音的第一部分：

αἰτιάομαι[控告]	不过时词干 αἰτιασ(α)-	不过时 ᾐτιασάμην
αὐξάνω[增长]	现在时词干 αὐξαν-	未完成时 ηὔξανον
εἰκάζω[使相似]	不过时词干 εἰκασ(α)-	不过时 ᾔκασα
εὑρίσκω[寻找]	不过时词干 εὑρ-	不过时 ηὗρον
οἰκέω[居住]	现在时词干 οἰκε-	未完成时 ᾤκουν

注一：11.37–38 所涉及的这种增音有时称作时间性增音（拉丁语 *augmentum temporale*），不过这个术语并不怎么有用。在发生时间性增音时，词首的元音或双元音一般需要更多的时间来发音，故名。元音的音量见 1.18。

其他具体细节

11.39 增音并不是词干的一部分，仅见于历史直陈式，例如：

未完主一单 ἦγον，但是现祈主一单 ἄγοιμι、现主分阳单主 ἄγων，等等；

不过时直主一单 ἐπαίδευσα，但是不过时虚主一单 παιδεύσω、不过时主动态不定式 παιδεῦσαι，等等。

11.40 在辅音 ϝ、y 和 σ 脱落之前（见 1.74–84），增音就出现了。因此，尽管一些增音的构成方式原本规则，但是在古典希腊语中却显得不规则，例如：

动　词	动词词干	增音形式
ἔχω[拥有]	ἐχ-/σχ-（< *σ(ε)χ-）	未 εἶχον（< *ἔεχον < *ἔ-σεχον），但不过时 ἔ-σχ-ον
ἐάω[允许]	ἐᾱ-/ἐᾰ-（< *σεϝα-）	不过时 εἴασα（< *ἐ-σεϝα-）、未完成时 εἴων
ἐργάζομαι[工作]	ἐργ-（< *ϝεργ-）	未完成时 εἰργαζόμην（< *ἐ-ϝεργ-）
ἵημι[送出；放走]	ἡ-/ἑ-（< *yη-/*yε-）	不过被 εἵθην（< *ἐ-yε-）

在一些情况下，原本的增音似乎是 ἠ-，使得增音形式以 εᾱ- 或 εω- 开头（发生了音量交换，见 1.71），例如：

动　词	动词词干	增音形式
ἁλίσκομαι[被擒]	ἁλ(ω)-（< *ϝᾰλ(ω)-）	不过时 ἑάλων（< *ἠ-ϝᾰλ-），对比不定式 ἁλῶναι；不过时亦作 ἥλων
ὁράω[看见]	ὁρᾰ-（< *ϝορᾰ）、ἰδ-（<	未完成时 ἑώρων（< *ἠ-ϝορ-），对比不过时

动 词	动词词干	增音形式
	*ϝῐδ-）和 ὀπ-	εἶδον（< *ἔ-ϝιδ-）
(ἀν)οίγνυμι[打开]	οἰγ-（< *ϝοιγ-）	未完成时 ἀν-έῳγον（< *-η-ϝοιγ-），极少情况下亦作 ἤνοιγον（见 11.57）

11.41 注意还有以下特例——

• 有时，以双元音开头（尤其是 εἰ-）的词干不发生增音；以 οὐ 开头的词干从不发生增音，例如：

εἰκάζω[使相似]	现在时词干 εἰκαζ-	未完 εἴκαζον（ᾔκαζον 更常见）
οὐτάζω[刺；戳]	现在时词干 οὐταζ-	未完 οὔταζον

• 对于 ᾄδω[吟唱]而言，双元音 ᾀ（< ἀει-）增音为 ᾐ-（< ἠει-），例如未完成时 ᾖδον。

• 对于 αἴρω[举起]而言，不定过去时词干 ἀρ-（< *ἀερ-）发生增音，变为 ἠ-，例如第一人称 ἦρα（对比不定过去时不定式 ἆραι 等等）。

• 对于 βούλομαι[意欲；打算]、δύναμαι[能够]和 μέλλω[将要；打算]而言，在四世纪和晚期希腊语中，它们的增音是 ἠ- 而非 ἐ-，例如：ἠβουλόμην、ἠδυνήθην 和 ἤμελλον 等等。

• χρῆν[当时需要]这个形式由名词 χρή[需要]和带增音的形式 ἦν[当时是]组合而成（见 12.44），常常还要带一个增音：ἐχρῆν。

11.42 在叙事诗中，增音常常省略；在其他诗歌中，增音偶尔也会省略。在肃剧的叙述性内容（比如报信人的话）中，以辅音开头的词干有时会省略增音。希罗多德常常省略以元音或双元音开头的词干的增音，见 25.43。

叠音的构成

11.43 完成时词干的构成方式是在动词词干上添加叠音（reduplication）。叠音或是由一个辅音 + ε 构成，或是与增音的构成方式完全相同，具体则取决于动词词干开头的音。

叠音的两种类型

11.44 对于以下两种动词而言，叠音的构成是词首辅音 + ε：

• 词干以一个不是 ρ 的辅音开头；

• 词干以塞音 + 响音（μ、ν、λ 或 ρ）的组合开头。

动　词	动词词干	完成时
παιδεύω[教化]	παιδευ-	πεπαίδευκα
λῡ́ω[释放]	λῡ-/λῠ-	λέλῠκα
δίδωμι[给予]	δω-/δο-	δέδωκα
γίγνομαι[变为；出生]	γεν(η)-/γον-/γν-	主 γέγονα，中被 γεγένημαι
βλάπτω[伤害]	βλᾰβ-	βέβλαφα
κλῑ́νω[使倚靠]	κλῐ(ν)-	κέκλῐκα

如果词干以送气塞音（θ、φ 或 χ）开头，那么叠音就使用对应的不送气清塞音（τ、π 或 κ，见 1.97），例如：

动　词	动词词干	完成时
φονεύω[谋杀]	φονευ-	πεφόνευκα
τίθημι[放置]	θη-/θε-	τέθηκα
θραύω[打破；使无力]	θραυ(σ)-	τέθραυσμαι

11.45　对于以下三种动词而言，增音的构成与叠音的构成相同（见 11.35–41）：

- 词干以 ῥ- 开头；
- 词干以两个辅音（含 ζ、ξ 和 ψ）开头，且这两个辅音不是塞音 + 响音，或者词干以 στρ- 开头；
- 词干以元音开头。

动　词	动词词干	完成时
ἄγω[带领]	ἀγ-	ἦχα
ζητέω[寻找]	ζητη-/ζητε-	ἐζήτηκα
ξενόομαι[招待]	ξενω-/ξενο-	ἐξένωμαι
κτίζω[建立]	κτῐδ-	ἔκτικα
ὀρθόω[矫正]	ὀρθω/ὀρθο-	ὤρθωκα
στρατηγέω[领兵]	στρατηγη-/στρατηγε-	ἐστρατήγηκα
ῥίπτω[投掷]	ῥῑπ-	ἔρρῑφα
ῥήγνυμι[打破]	ῥηγ-/ῥωγ-/ῥᾰγ-	ἔρρωγα[已爆发][1]
ὑβρίζω[虐待]	ὑβρῐδ-	ὕβρικα

① 见 18.21。

其他具体细节

11.46 与增音不同的是，叠音是词干的一部分（即便叠音的构成与增音的构成相同），从而既见于非限定形式也见于限定形式（见于所有语式），例如：

完直主一单 ἐστρατήγηκα、完主分阳单主 ἐστρατηγηκώς；对比这两个形式所对应的不定过去时：ἐστρατήγησα（直陈式带增音）和 στρατηγήσας（分词无增音）。

11.47 在辅音 ϝ、y 和 σ 脱落之前（见 1.74–84），叠音就出现了。因此，尽管一些叠音的构成方式原本规则，但是在古典希腊语中却显得不规则，例如：

动　词	动词词干	完成时
ἵημι[送出；放走]	ἡ-/ἑ-（< *yη-/*yε-）	εἷκα（< *yέyε-）
ἄγνυμι[打破]	ἀγ-/ἀγ-（< *ϝᾱγ-/ϝᾰγ-）	ἔᾱγα（< *ϝέϝᾱγ-）
(λέγω[言说])	ἐρ-/ῥη-（< *ϝερ-/ϝρη-）	εἴρηκα（< *ϝεϝρη-）
μείρομαι[注定得到]	μερ-/μορ-/μᾰρ（< *σμr̥-）	三单 εἵμαρται（< *σεσμr̥-）
λαμβάνω[拿取]	ληβ-/λᾰβ-（< *σλᾱβ-/σλᾰβ-）	εἴληφα（< *σεσλᾱβ-）

σμr̥- 见 1.87。另需注意：

动　词	动词词干	完成时
λαγχάνω[凭机运得到]	ληχ-/λᾰχ-	εἴληχα（εἰ- 类推自 εἴληφα）
συλ-λέγω[收集]	λεγ-/λογ-	συν-είλεγμαι（εἰ- 是类推而来的）

11.48 还需要注意以下例外——

• 对于四个动词 ἵστημι[使竖立]、κτάομαι[获得]、μιμνήσκω[使想起]和 πίπτω[落下]而言，尽管它们的动词词干不是以塞音+响音的两个辅音开头，但是其叠音均包含词首辅音：

动　词	动词词干	完成时
ἵσταμαι[站起]	στη-/στᾰ-	ἕστηκα（< *σέστηκα，见 1.83）
μιμνήσκω[使想起]	μνη-	中被动态 μέμνημαι
κτάομαι[获得]	κτη-/κτᾰ-	κέκτημαι（亦作 ἔκτημαι）
πίπτω[落下]	πεσ-/πτ(ω)-	πέπτωκα

• 对于大多数词干以 γν- 或 γλ- 开头的动词而言，尽管它们的词干以塞音+响音开头，但是其叠音的构成方式依旧与增音相同，例如：

动 词	动词词干	完成时
γιγνώσκω[认识]	γνω-	ἔγνωκα
γνωρίζω[使为人知]	γνωρῐδ-	ἐγνώρικα

• 一些以 α、ε 或 ο 开头且其后是一个辅音的动词具有所谓的阿提卡叠音，即重复这个元音和辅音，并且延长动词词干开头的那个元音，例如：

动 词	动词词干	完成时
ἀκούω[听]	ἀκο(υ)(σ)-	ἀκήκοα
ἐγείρομαι[醒来]	ἐγερ-/ἐγορ-/ἐγρ-	ἐγήγερμαι，亦作 ἐγρήγορα（注意 ἐγρ-）
ὄμνυμι[发誓]	ὀμ(ο)-	ὀμώμοκα
(ἔρχομαι[来；去])	ἐλευθ-/ἐλ(υ)θ-	ἐλήλυθα
(φέρω[携带])	ἐνεκ-/ἐνοκ-/ἐγκ-	ἐνήνοχα

非完成时形式所带的叠音

11.49 也有带叠音的各种现在时词干，这种情况下带有 ι，例如：γι-γνώσκω（动词词干 γνω-）[知道；了解]、τί-θημι（动词词干 θη-/θε-）[放置]和 ἵ-στημι（< *σιστ-，见 1.83；动词词干 στη-/στᾰ-）[竖立]。

11.50 很少的几个动词的不定过去时也带叠音，例如：ἄγω[引导]，不定过去时词干 ἀγαγ-（动词词干 ἀγ-），不定过去时直陈式 ἤγαγον；还有 φέρω[承受；携带]，不定过去时词干 ἐνεγκ-（动词词干 ἐγκ-），不定过去时直陈式 ἤνεγκον。

增音、叠音和前缀的相对位置

基本规则

11.51 对于带介词前缀的复合动词而言，增音和叠音均在介词前缀之后，例如：

προσ-βαίνω[前进；攀登]	未完成时 προσέβαινον	完成时 προσβέβηκα
εἰσ-άγω[带入；引进]	未完成时 εἰσῆγον	完成时 εἰσῆχα

11.52 如果介词前缀以元音结尾，那么这个元音在增音（以及如增音那样构成的叠音）前脱落，例如：

ἀνα-βαίνω[上升；登上]	未完成时 ἀνέβαινον
ἐπι-βαίνω[踏上；登上]	未完成时 ἐπέβαινον

ἀπο-στερέω［抢夺；骗取］ 不过时 ἀπεστέρησα 完成时 ἀπεστέρηκα

δια-στρέφομαι［被扭曲］ 不过时 διεστράφην 完成时 διέστραμμαι

但是，如果这个介词前缀是 περι- 或 προ-，那么这里的 ι 或 ο 就不会脱落；如果 προ- 在 ε 之前，那么就可能缩合为 προὐ-（融音，见 1.43–45；有时也印作不带融音符的 πρου-），例如：

περι-βαίνω［围绕；跨骑］ 未完成时 περιέβαινον

προ-σκέπτομαι［预先考虑］ 不过时 προεσκεψάμην 完成时 προέσκεμμαι

或缩合作 προὐσκεψάμην 或缩合作 προὔσκεμμαι

11.53 在元音前，**ἐκ-** 变为 **ἐξ-**（见 1.41），因而在增音（以及如增音那样构成的叠音）之前也是如此，例如：

ἐκ-βαίνω［走出；下马］ 未完成时 ἐξέβαινον

ἐκ-ρέω［流出；淡出］ 不过时 ἐξερρύην 完成时 ἐξερρύηκα

11.54 在无增音或无叠音的形式中，如果介词前缀末尾的辅音被动词词干开头的音同化了（见 1.90），那么在增音（以及以元音开头的叠音）之前，介词前缀末尾的辅音则不会被同化，例如：

ἐμβαίνω［走进；登上］ 未完成时 ἐνέβαινον

ἐγγράφω［刻上；登记］ 未完成时 ἐνέγραφον

συρρήγνυμαι［打碎；相撞］ 不过时 συνερράγην 完成时 συνέρρωγα

συλλέγω［收集；征召］ 未完成时 συνέλεγον 完成时 συνείλοχα

11.55 对于过去完成时而言，增音在词干之前，因此在叠音之前：

动　词	动词词干	过去完成时和完成时
παιδεύω［教化］	παιδευ-	ἐ-πεπαιδεύκειν、πεπαίδευκα
θραύω［打破；使无力］	θραυ(σ)-	被 ἐ-τεθραύσμην、τέθραυσμαι

然而，如果叠音如增音那样构成或者以元音开头，那么过去完成时就不会再带增音，例如：

动　词	动词词干	过去完成时和完成时
ὀρθόω［矫正］	ὀρθω-/ὀρθο-	ὠρθώκειν、ὤρθωκα
στρατηγέω［领兵］	στρατηγη-/στρατηγε-	ἐστρατηγήκειν、ἐστρατήγηκα

λαμβάνω[拿取] ληβ-/λᾰβ- εἰλήφειν、εἴληφα

其他具体细节

11.56 增音位于前缀和词干之间的情况仅见于带介词前缀的复合词动词。如果复合动词由其他成分构成，那么增音的位置就与通常情况相同，例如：

ἀδικέω[行不义；伤害]，不过时 ἠδίκησα；

δυστυχέω[遭受不幸；交噩运]，不过时 ἐδυστύχησα。

这些动词见 23.50。

11.57 对于动词 **καθεύδω**[睡觉]、**κάθημαι**[坐着；闲居]、**καθίζω**[使坐下；坐下]和 **ἀμφιέννυμι**[围上；使穿上]而言，我们一般不把它们视作复合词，因此它们的增音和叠音在前缀之前：

κάθ-ημαι[坐着；闲居] 未完成时 ἐκαθήμην

καθ-εύδω[睡觉] 未完成时 ἐκάθευδον（亦作 καθηῦδον）

καθ-ίζω[使坐下；坐下] 未完成时 ἐκάθῐζον（亦作 κάθῑζον）

ἀμφι-έννυμι[围上；使穿上] 不定过去时 ἠμφίεσα

动词 **ἐπίσταμαι**[理解；掌握]从不被视作复合词，其未完成时作 ἠπιστάμην。

11.58 一些复合形式带双重增音（double augment），即前缀和词干都带增音：

ἀν-έχομαι[承受] 未完成时 ἠνειχόμην 不过时 ἠνεσχόμην

ἀμφι-γνοέω[怀疑；弄错] 未完成时 ἠμφεγνόουν 不过时 ἠμφεγνόησα

ἀμφισ-βητέω[反驳] 未完成时 ἠμφεσβήτουν 不过时 ἠμφεσβήτησα

第 12 章　现在时（和未完成时）

构干元音型（-ω）现在时和无构干元音型（-μι）现在时

12.1　基于现在时词干构成的形式或是属于构干元音型变位，或是属于无构干元音型变位。

- 构干元音型变位包含所有以 **-ω** 结尾的动词，比无构干元音型变位常见得多。对于这一类动词而言，现在时词干和词尾之间有一个构干元音（ε/ο），例如：直陈式主动态一复 παιδεύ-ο-μεν、二复 παιδεύ-ε-τε。
- 无构干元音型变位包含所有以 **-μι** 结尾的动词。词尾直接加在现在时词干上（一些例外详见后文），例如：直陈式主动态一复 δείκνυ-μεν、二复 δείκνυ-τε。

现在时词干的含义见 33.6–7、33.11–12 和 33.14–26。

12.2　除了构干元音之外，构干元音型现在时与无构干元音型现在时还有以下两个重要差异——

- 词尾：两种变位的现在时词尾不同，例如：

现在时直陈式单数：构元型：-ω, -εις, -ει（含构干元音）；无构元型：-μι, -ς, -σῐ(ν)；

第三人称复数：构元型：-ουσι(ν)（< *-ονσῐ(ν)，见 11.27，含构干元音）；无构元型：-ᾱσῐ(ν)；

未完成时第三人称复数：构干元音型：-ν；无构元型：-σαν；

现在时主动态不定式：构干元音型：-ειν（= -ε̄ν < *-ε-εν，见 11.31，ε 即构干元音）；无构元型：-ναι；

对比直陈式主动态第二人称单数 παιδεύεις（构元型）和 δείκνυς（无构元型），还有主动态不定式 παιδεύειν（构元型）和 δεικνύναι（无构元型）。

- 词干中元音音长的变化：无构干元音型的现在时直陈式主动态单数、未完成时主动态单数和虚拟式使用带长元音的词干，但是在其他地方使用带短元音的词干。对比直陈式主动态第一人称单复数 λῡ́ω、λῡ́ομεν（构元型）与 δείκνῡμι、δείκνῠμεν（无构元型），详见 12.37–38。

构干元音型现在时

变位表

12.3　主动态如下所示：

		以 ω 结尾的动词	缩合动词		
			以 -έω 结尾的动词	以 -άω 结尾的动词	以 -όω 结尾的动词
		παιδεύω[教化]	ποιέω[制作]	τιμάω[尊崇]	δηλόω[表明]
基本直陈式	单一	παιδεύω	ποιῶ έω	τιμῶ άω	δηλῶ όω
	二	παιδεύεις	ποιεῖς έεις	τιμᾷς άεις	δηλοῖς όεις
	三	παιδεύει	ποιεῖ έει	τιμᾷ άει	δηλοῖ όει
	复一	παιδεύομεν	ποιοῦμεν έομεν	τιμῶμεν άομεν	δηλοῦμεν όομεν
	二	παιδεύετε	ποιεῖτε έετε	τιμᾶτε άετε	δηλοῦτε όετε
	三	παιδεύουσι(ν)	ποιοῦσι(ν) έο̄σι	τιμῶσι(ν) άο̄σι	δηλοῦσι(ν) όο̄σι
历史直陈式	单一	ἐπαίδευον	ἐποίουν εον	ἐτίμων αον	ἐδήλουν οον
	二	ἐπαίδευες	ἐποίεις εες	ἐτίμας αες	ἐδήλους οες
	三	ἐπαίδευε(ν)	ἐποίει εε	ἐτίμα αε	ἐδήλου οε
	复一	ἐπαιδεύομεν	ἐποιοῦμεν έομεν	ἐτιμῶμεν άομεν	ἐδηλοῦμεν όομεν
	二	ἐπαιδεύετε	ἐποιεῖτε έετε	ἐτιμᾶτε άετε	ἐδηλοῦτε όετε
	三	ἐπαίδευον	ἐποίουν εον	ἐτίμων αον	ἐδήλουν οον
虚拟式	单一	παιδεύω	ποιῶ έω	τιμῶ άω	δηλῶ όω
	二	παιδεύῃς	ποιῇς έῃς	τιμᾷς άῃς	δηλοῖς όῃς
	三	παιδεύῃ	ποιῇ έῃ	τιμᾷ άῃ	δηλοῖ όῃ
	复一	παιδεύωμεν	ποιῶμεν έωμεν	τιμῶμεν άωμεν	δηλῶμεν όωμεν
	二	παιδεύητε	ποιῆτε έητε	τιμᾶτε άητε	δηλῶτε όητε
	三	παιδεύωσι(ν)	ποιῶσι(ν) έωσι	τιμῶσι(ν) άωσι	δηλῶσι(ν) όωσι
祈愿式	单一	παιδεύοιμι	ποιοίην[1] εοίην	τιμῴην[1] αοίην	δηλοίην[1] οοίην
	二	παιδεύοις	ποιοίης[1] εοίης	τιμῴης[1] αοίης	δηλοίης[1] οοίης
	三	παιδεύοι	ποιοίη[1] εοίη	τιμῴη[1] αοίη	δηλοίη[1] οοίη
	复一	παιδεύοιμεν	ποιοῖμεν[2] έοιμεν	τιμῷμεν[2] άοιμεν	δηλοῖμεν[2] όοιμεν
	二	παιδεύοιτε	ποιοῖτε[2] έοιτε	τιμῷτε[2] άοιτε	δηλοῖτε[2] όοιτε
	三	παιδεύοιεν	ποιοῖεν έοιεν	τιμῷεν άοιεν	δηλοῖεν όοιεν
命令式	单二	παίδευε	ποίει εε	τίμα αε	δήλου οε
	三	παιδευέτω	ποιείτω εέτω	τιμάτω αέτω	δηλούτω οέτω
	复二	παιδεύετε	ποιεῖτε έετε	τιμᾶτε άετε	δηλοῦτε όετε
	三	παιδευόντων	ποιούντων εόντων	τιμώντων αόντων	δηλούντων οόντων
分词	阳	παιδεύων, -οντος	ποιῶν, -οῦντος έων	τιμῶν, -ῶντος άων	δηλῶν, -οῦντος όων
	阴	παιδεύουσα, -σης	ποιοῦσα, -σης έο̄σα	τιμῶσα, σης άο̄σα	δηλοῦσα, σης όο̄σα
	中	παιδεῦον, -οντος	ποιοῦν, -οῦντος έον	τιμῶν, -ῶντος άον	δηλοῦν, -οῦντος όον
不定式		παιδεύειν	ποιεῖν έε̄ν	τιμᾶν άε̄ν	δηλοῦν όε̄ν

[1] 亦作：ποιοῖμι, ποιοῖς, ποιοῖ、τιμῷμι, τιμῷς, τιμῷ 和 δηλοῖμι, δηλοῖς, δηλοῖ。

[2] 亦作：ποιοίημεν, ποιοίητε、τιμῴημεν, τιμῴητε 和 δηλοίημεν, δηλοίητε。

12.4 中被动态如下所示：

		以 ω 结尾的动词	缩合动词		
			以 -έω 结尾的动词	以 -άω 结尾的动词	以 -όω 结尾的动词
		παιδεύω[教化]	ποιέω[制作]	τιμάω[尊崇]	δηλόω[表明]
基	单一	παιδεύομαι	ποιοῦμαι έομαι	τιμῶμαι άομαι	δηλοῦμαι όομαι
本	二	παιδεύῃ/ει[1] *ε(σ)αι	ποιῇ/ει[1] έῃ/έει	τιμᾷ άῃ	δηλοῖ όῃ
直	三	παιδεύεται	ποιεῖται έεται	τιμᾶται άεται	δηλοῦται όεται
陈	复一	παιδευόμεθα	ποιούμεθα εόμεθα	τιμώμεθα αόμεθα	δηλούμεθα οόμεθα
式	二	παιδεύεσθε	ποιεῖσθε έεσθε	τιμᾶσθε άεσθε	δηλοῦσθε όεσθε
	三	παιδεύονται	ποιοῦνται έονται	τιμῶνται άονται	δηλοῦνται όονται
历	单一	ἐπαιδευόμην	ἐποιούμην εόμην	ἐτιμώμην αόμην	ἐδηλούμην οόμην
史	二	ἐπαιδεύου *ε(σ)ο	ἐποιοῦ έō	ἐτιμῶ άō	ἐδηλοῦ όō
直	三	ἐπαιδεύετο	ἐποιεῖτο έετο	ἐτιμᾶτο άετο	ἐδηλοῦτο όετο
陈	复一	ἐπαιδευόμεθα	ἐποιούμεθα εόμεθα	ἐτιμώμεθα αόμεθα	ἐδηλούμεθα οόμεθα
式	二	ἐπαιδεύεσθε	ἐποιεῖσθε έεσθε	ἐτιμᾶσθε άεσθε	ἐδηλοῦσθε όεσθε
	三	ἐπαιδεύοντο	ἐποιοῦντο έοντο	ἐτιμῶντο άοντο	ἐδηλοῦντο όοντο
虚	单一	παιδεύωμαι	ποιῶμαι έωμαι	τιμῶμαι άωμαι	δηλῶμαι όωμαι
拟	二	παιδεύῃ *η(σ)αι	ποιῇ έῃ	τιμᾷ άῃ	δηλοῖ όῃ
式	三	παιδεύηται	ποιῆται έηται	τιμᾶται άηται	δηλῶται όηται
	复一	παιδευώμεθα	ποιώμεθα εώμεθα	τιμώμεθα αώμεθα	δηλώμεθα οώμεθα
	二	παιδεύησθε	ποιῆσθε έησθε	τιμᾶσθε άησθε	δηλῶσθε όησθε
	三	παιδεύωνται	ποιῶνται έωνται	τιμῶνται άωνται	δηλῶνται όωνται
祈	单一	παιδευοίμην	ποιοίμην εοίμην	τιμῴμην αοίμην	δηλοίμην οοίμην
愿	二	παιδεύοιο *οι(σ)ο	ποιοῖο έοιο	τιμῷο άοιο	δηλοῖο όοιο
式	三	παιδεύοιτο	ποιοῖτο έοιτο	τιμῷτο άοιτο	δηλοῖτο όοιτο
	复一	παιδευοίμεθα	ποιοίμεθα εοίμεθα	τιμῴμεθα αοίμεθα	δηλοίμεθα οοίμεθα
	二	παιδεύοισθε	ποιοῖσθε έοισθε	τιμῷσθε άοισθε	δηλοῖσθε όοισθε
	三	παιδεύοιντο	ποιοῖντο έοιντο	τιμῷντο άοιντο	δηλοῖντο όοιντο
命	单二	παιδεύου *ε(σ)ο	ποιοῦ έō	τιμῶ άō	δηλοῦ όō
令	三	παιδευέσθω	ποιείσθω εέσθω	τιμάσθω αέσθω	δηλούσθω οέσθω
式	复二	παιδεύεσθε	ποιεῖσθε έεσθε	τιμᾶσθε άεσθε	δηλοῦσθε όεσθε
	三	παιδευέσθων	ποιείσθων εέσθων	τιμάσθων αέσθων	δηλούσθων οέσθων
分	阳	παιδευόμενος	ποιούμενος εόμενος	τιμώμενος αόμενος	δηλούμενος οόμενος
词	阴	παιδευομένη	ποιουμένη εομένη	τιμωμένη αομένη	δηλουμένη οομένη
	中	παιδευόμενον	ποιούμενον εόμενον	τιμώμενον αόμενον	δηλούμενον οόμενον
不定式		παιδεύεσθαι	ποιεῖσθαι έεσθαι	τιμᾶσθαι άεσθαι	δηλοῦσθαι όεσθαι

[1] 现在时直陈式第二人称单数词尾（-ῃ/-ει），见 12.7 注一。

非缩合型现在时和缩合型现在时

12.5 我们可通过现在时词干的结尾来区分两类构干元音型变位：

• 以 ι、υ、一个双元音或者一个辅音结尾的现在时词干，例如：χρίω[涂油]、λύω[释放]、παιδεύω[教化]和 λέγω[言说]。构干元音和词尾加在词干上。

• 以其他元音（尤其是 ε、α 和 o）结尾的现在时词干，例如：ποιέ-ω[制作]、τιμά-ω[崇敬]和 δηλό-ω[表明]。构干元音和词尾与词干末尾的元音发生缩合，分别变为：ποιῶ、τιμῶ 和 δηλῶ。它们被称作缩合动词（contract(ed) verb）。

词　尾

12.6 构干元音型现在时的词尾见 11.20–33，词尾的用法如下：

12.7 现在时直陈式：使用基本词尾，例如：主动态第一人称单数 παιδεύ-ω、二单 παιδεύ-εις、中被动态一单 παιδεύ-ο-μαι。

注意，中被动态二单发生缩合，例如 παιδεύῃ/-ει（< *-ε-(σ)αι）；主动态三复发生补偿性延长，例如 παιδεύουσι(ν)（= -ōσιν < *-ο-(ν)σιν）。

注一：中被动态二单的古老形式是 παιδεύῃ，来自 *παιδεύ-ε-(σ)αι（遵循 1.58–66 中的缩合规则）。但从公元四世纪开始，ῃ 和 ει 的发音彼此接近，故而两个词尾都为人所用。今日的校勘者的选择并不统一。然而，在现代印本和古代材料中，几乎总是使用 βούλει[你希望]、οἴει[你认为]和 δέει[你需要]（δέει 另见 12.17）。

12.8 未完成时：使用增音和历史词尾，例如：主动态第一人称单数 ἐ-παίδευ-ο-ν、二单 ἐ-παίδευ-ε-ς、中被动态一单 ἐ-παιδευ-ό-μην。注意中被动态二单发生缩合，例如 ἐπαιδεύου（= -ō < *-ε-(σ)ο）。

12.9 命令式：主动态二单在构干元音后没有词尾，例如 παίδευ-ε。注意中被动态二单发生缩合，例如 παιδεύου（= -ō < *-ε-(σ)ο）。

12.10 虚拟式：使用的构干元音为长元音，并且使用基本词尾，例如：主动态一复 παιδεύ-ω-μεν、中被动态一单 παιδεύ-ω-μαι。

12.11 祈愿式：使用祈愿式后缀 -ι- 或 -ιη-，并且通常使用历史词尾，例如：主动态二单 παιδεύ-οι-ς、中被动态三复 παιδεύ-οι-ντο。注意中被动态二单发生缩合，例如 παιδεύοιο（< *-οι-(σ)ο）。

12.12 主动态不定式：词尾是 -εν，与前面的构干元音发生缩合，例如主动态 παιδεύ-ειν（< *-ε-εν）。

中被动态不定式：词尾是 -σθαι，例如 παιδεύ-ε-σθαι。

12.13 主动态分词：用后缀 -ντ-，变格见 5.17–18，例如：阳单属 παιδεύ-ο-ντ-ος、阴单主 παιδεύ-ουσα（< *-οντyα）。

中被动态分词：用后缀 -μεν-，变格见 5.3–4，例如：阳单主 παιδευ-ό-μεν-ος、阴单主 παιδευ-ο-μέν-η。

12.14 **οἴομαι**[认为]的现在时词干系统通常属于构干元音型变位，但是它的一些形式无构干元音，尤其是现在时直一单 οἶμαι 和未完成时一单 ᾤμην。①

缩合型现在时

简单的缩合型现在时

12.15 对于各种类型的缩合动词而言，相关的缩合规则可概括如下（缩合规则详见 1.58–63）：

- 以 **ε** 结尾的现在时词干——

ε + ε/ε̄ > 假性的 ει（= ε̄）；

ε + ο/ō > 假性的 ου（= ō）；

ε + 任何长元音或双元音：ε 融入后面那个元音（即 ε 消失）。

- 以 **α** 结尾的现在时词干——

α + e 音（ε、ε̄ 或 η）> ᾱ；

α + 真性的 ει 或 ῃ > ᾳ；

α + o 音（ο、ō 或 ω）> ω；

α + οι > ῳ。

- 以 **ο** 结尾的现在时词干——

ο + ε/ε̄ 或 ο/ō > 假性的 ου（= ō）；

ο + η/ω > ω；

ο + 真性的 ει、ῃ 或 οι > οι。

注一：在伊欧尼亚方言中，以 -έω 结尾的动词不发生缩合，以 -άω 结尾的动词如同以 -έω 结尾的动词那样发生各种变位，详见 25.33–35。

12.16 以下三点需要特别注意——

- 由于主动态不定式 παιδεύειν（< -ε-εν）、命中被二单 παιδεύ-ου（< -ε-σο）和主分阴 παιδεύουσα（< *-ο-ντyα）中假性双元音 **ει** 和 **ου**（见 1.23）的构成不涉及 ι 或 υ，因此缩合动词的对应形式中

① 关于本节的中译，详见中文版弁言。

也没有带 ι 或 υ 的双元音（另见 1.60、1.62 注二），例如：不定式 τιμᾶν（< -α-ε-εν）、δηλοῦν（假性 ου，< -ο-ε-εν）、命令式 τιμῶ（< -α-ε-σο）、分词 ποιοῦσα（假性 ου，< *-έ-ο-ντyα）和 τιμῶσα（< *-ά-ο-ντyα）。但是，现在时直陈式主动态二单 παιδεύεις、三单 παιδεύει 中的是真性双元音，而且缩合动词的对应形式中也有一个真性双元音（例如 τιμᾷς、δηλοῖ）。

- 缩合动词的祈愿式主动态单数词尾通常不同于非缩合动词，带有祈愿式后缀 -ιη-。然而，在 ποιοίην, ποιοίης, ποιοίη 之外，我们偶尔也会发现 ποιοῖμι, ποιοῖς, ποιοῖ，在 τιμῴην, τιμῴης, τιμῴη 之外偶尔也会见到 τιμῷμι, τιμῷς, τιμῷ，在 δηλοίην, δηλοίης, δηλοίη 之外偶尔也有 δηλοῖμι, δηλοῖς, δηλοῖ。
- 缩合动词的祈愿式主动态复数词尾通常与非缩合动词相同。不过我们偶尔也会在第一人称和第二人称中见到 -ιη-。例如，在 ποιοῖμεν, ποιοῖτε 之外也有 ποιοίημεν, ποιοίητε，在 τιμῷμεν, τιμῷτε 之外也有 τιμῴημεν, τιμῴητε，在 δηλοῖμεν, δηλοῖτε 之外也有 δηλοίημεν, δηλοίητε。

其他具体细节

12.17 对于大多数词干以 **ε** 结尾（原本以 εϝ 结尾，见 12.25）的单音节词干（monosyllabic stem）动词而言，只有缩合的结果是 ει 时才会发生缩合，以 πλέω[航海]（< *πλέϝω）为例：现在时直陈式 πλέω, πλεῖς, πλεῖ, πλέομεν, πλεῖτε, πλέουσι(ν)，未完成时 ἔπλεον, ἔπλεις 等等，现在时虚拟式 πλέω, πλέῃς 等等，现在时祈愿式 πλέοιμι, πλέοις（不带 -ιη- 的形式），不定式 πλεῖν，分词 πλέων, πλέουσα, πλέον。这几个动词亦然：πνέω[呼气；呼吸]、ῥέω[流动]、χέω[倾倒]和 δέω[缺乏]。δέω 的中动态作 δέομαι[需要]（注意中动态第二人称单数 δέει），还有无人称形式 δεῖ[应该]（未完成时 ἔδει，分词 δέον）。

然而 δέω[捆绑]（< *δέ-yω）并不这样变位，而是如 ποιέω 那样规则地缩合。

12.18 动词 **κᾱ́ω**[点燃]（旧作 καίω）和 **κλᾱ́ω**[哭泣；悲悼]（旧作 κλαίω）不发生缩合（见 12.29 注一）。

12.19 还有少数一些动词的词干以 **η** 结尾：ζήω[生活]、διψήω[干渴；渴求]、πεινήω[饥饿；缺乏]和 χρήομαι[使用；需要]这些动词的变位遵循 τιμάω 的规则，但是在缩合时，η + e 音缩合为 η。词形变化表如下：

		以 -ήω/-ήομαι 结尾的动词			
		主动态		中被动态	
		διψήω[干渴；渴求]		χρήομαι[使用；需要]	
基本直陈式	单一	διψῶ	< ή-ω	χρῶμαι	< ή-ομαι
	二	διψῇς	< ή-εις	χρῇ	< ή-ῃ
	三	διψῇ	< ή-ει	χρῆται	< ή-εται
	复一	διψῶμεν	< ή-ομεν	χρώμεθα	< η-όμεθα
	二	διψῆτε	< ή-ετε	χρῆσθε	< ή-εσθε
	三	διψῶσι(ν)	< ή-ōσι	χρῶνται	< ή-ονται
历史直陈式	单一	ἐδίψων	< η-ον	ἐχρώμην	< ή-ομην
	二	ἐδίψης	< η-ες	ἐχρῶ	< ή-ō
	三	ἐδίψη	< η-ε	ἐχρῆτο	< ή-ετο
	复一	ἐδιψῶμεν	< ή-ομεν	ἐχρώμεθα	< η-όμεθα
	二	ἐδιψῆτε	< ή-ετε	ἐχρῆσθε	< ή-εσθε
	三	ἐδίψων	< η-ον	ἐχρῶντο	< ή-οντο
虚拟式	单一	διψῶ	< ή-ω	χρῶμαι	< ή-ωμαι
	二	διψῇς	< ή-ῃς	χρῇ	< ή-ῃ
	三	διψῇ	< ή-ῃ	χρῆται	< ή-ηται
	复一	διψῶμεν	< ή-ωμεν	χρώμεθα	< η-ώμεθα
	二	διψῆτε	< ή-ητε	χρῆσθε	< ή-ησθε
	三	διψῶσι(ν)	< ή-ωσι	χρῶνται	< ή-ωνται
祈愿式	单一	διψῴην	< η-οίην	χρῴμην	< η-οίμην
	二	διψῴης	< η-οίης	χρῷο	< ή-οιο
	三	διψῴη	< η-οίη	χρῷτο	< ή-οιτο
	复一	διψῷμεν	< ή-οιμεν	χρῴμεθα	< η-οίμεθα
	二	διψῷτε	< ή-οιτε	χρῷσθε	< ή-οισθε
	三	διψῷεν	< ή-οιεν	χρῷντο	< ή-οιντο
命令式	单二	δίψη	< η-ε	χρῶ	< ή-ō
	三	διψήτω	< η-έτω	χρήσθω	< η-έσθω
	复二	διψῆτε	< ή-ετε	χρῆσθε	< ή-εσθε
	三	διψώντων	< η-όντων	χρήσθων	< η-έσθων
分词	阳	διψῶν, -ῶντος	< ή-ων	χρώμενος	< η-όμενος
	阴	διψῶσα, -σης	< ή-ōσα	χρωμένη	< η-ομένη
	中	διψῶν, -ῶντος	< ή-ον	χρώμενον	< η-όμενον
	不定式	διψῆν	< ή-ε-εν	χρῆσθαι	< ή-εσθαι

12.20 有两个动词的现在时词干以 ω 结尾：**ἱδρώω**[出汗]、**ῥιγώω**[发冷；颤抖]。在整个变位中，这两个动词的缩合产物都会带 ω（或 ῳ），例如：现在时虚拟式三单 ῥιγῷ（< -ώ-ῃ）、现在时不定式 ῥιγῶν（< -ώ-ε-εν）和现在时主动态分词阳单与 ἱδρῶντι（< -ώ-οντι）。然而，我们也会发现它们拥有与 -όω 动词相仿的形式，抄本的情况有时也不一致（并且还会出现 ῥιγέω）。

12.21 阿提卡方言中动词 **λούω**[洗涤]（来自 *λοϝέω）的变位有时与非缩合动词相仿（如 λούει、λούειν、λουόμενοι 和 λούεσθαι）。但在其他情况下，尤其在更早的作家那里，λούω 有缩合形式（ἐλοῦμεν、λοῦται、λοῦσθαι 和 λούμενος）。

构干元音型现在时词干的构成

12.22 构元型现在时词干之构成的基本要点见后文，无构元型现在时词干的构成见 12.39–44。现在时词干的构成详见 23.41–51。

12.23 一般而言，我们区分两种构干元音型现在时词干。第一种不受增饰（unelaborated，亦即与动词词干[的一种变体]相同），第二种词干的构成方式是在动词词干上添加一个或多个后缀——

- 不受增饰的现在时词干（unelaborated present stem），例如：παιδεύω[教化]（动词词干 παιδευ-）、γράφω[书写]（γραφ-）。
- 带有增饰的现在时词干（present stem with elaboration）：[①] φυλάττω[守护]（φυλακ-）、γιγνώσκω[认识；了解]（γνω-）。

注一：带有增饰的现在时词干有时被称作具有特征的现在时[词干]（characterized present，因为这种现在时词干的特征是在动词词干上添加一个或数个增饰）。对于这类动词而言，其现在时词干与其他所有时态-体词干差异明显。记住最常见的增饰有助于系统地从动词的词典形式（相当于从现在时词干）推导出动词词干，由此可以推知其他时态-体词干。

不带增饰的现在时词干

12.24 对于几个动词而言，构干元音型现在时词干不带增饰，与动词词干或者动词词干的一种变体相同，例如：

γράφω[书写]（γρᾰφ-）、δέρω[剥皮]（δερ-/δᾰρ-）、διώκω[追逐；驱赶]（διωκ-）、λέγω[言说]（λεγ-/λογ-、εἰπ- 和 ἐρ-/ῥη-）、λῡ́ω[释放]（λῡ-/λῠ-）、παιδεύω[教化]（παιδευ-）、πέμπω[送出]（πεμπ-/πομπ-）、πείθω[说

---

① 原书中 elaborate、elaboration 等表达既用于描述词法（如 23.2 注三），也用于描述句法（如 26.14），还用来说明小品词的功能（如 58.4）。我们视具体情况分别译作增饰、修饰和详述/推进。

服]（πειθ-/ποιθ-/πῐθ-）、τρίβω[摩擦]（τρῑβ-/τρῐβ-）和 ψεύδω[欺骗]（ψευδ-）。

注一：这些例子中的大多数（而非全部）可以归为词根动词/原始动词（primitive verb），因为其动词词干本身就是不受增饰的动词词根。详见 23.2 及注三。

12.25 对于其他一些动词而言，现在时词干与原本的动词词干相同，但是词干中的一部分由于音变而不再见于现在时变位。对于原本以 σ 或 ϝ 结尾的动词词干而言尤其如此，这两个音在现在时词干中消失了（见 1.74–84），但是常常可见于动词的其他时态-体词干，例如：

动词现在时		对　比
σείω[震动]	< *σείσ-ω	不过被 ἐσείσθην、σεισμός[地震]
πλέω[航海]	< *πλέϝ-ω	不过时 ἔπλευσα
πνέω[呼气；呼吸]	< *πνέϝ-ω	不过时 ἔπνευσα

注一：ϝ 在 πλέω 的变位中脱落而造成的结果，见 12.17。

原本带 y 的现在时词干

12.26 许多动词的构干元音型现在时词干的构成方式是添加一个 **y**（见 1.31）。但在许多情况下，这个 y 并没有在现在时词干中留下痕迹。

12.27 以塞音结尾的动词词干——

- 以清软腭塞音或清齿塞音（**κ**、**χ**、**τ** 和 **θ**）结尾的动词词干所构成的现在时词干以 **ττ** 结尾（在伊欧尼亚方言、通用希腊语和肃剧中作 **σσ**，修昔底德笔下亦然），例如：

动词的现在时	动词词干 + y	对　比
φυλάττω[守护]	< *φυλάκ-yω	不过时 ἐφύλαξα、φυλακή[守卫]
ταράττω[扰乱]	< *ταράχ-yω	不过时 ἐτάραξα、ταραχή[混乱]
ἐρέττω[划桨]	< *ἐρέτ-yω	ἐρέτης[桨手]
πλάττω[塑造]	< *πλάθ-yω	κοροπλάθος[小雕像制造者]

- 以浊软腭塞音或浊齿塞音（**γ** 和 **δ**）结尾的动词词干所构成的现在时以 **ζ** 结尾，例如：

动词的现在时	动词词干 + y	对　比
οἰμώζω[哀哭；悲悼]	< *οἰμώγ-yω	οἰμωγή[哀哭；悲悼]
ἐλπίζω[希望；期待]	< *ἐλπίδ-yω	ἐλπίς, ἐλπίδος[希望；期待]

• 以唇音（**π**、**φ** 和 **β**）结尾的动词词干所构成的现在时以 **πτ** 结尾，例如：

动词的现在时	动词词干 + y	对　比
τύπτω[打击]	< *τύπ-yω	不过时 ἔτυπον（或 ἔτυψα）
κρύπτω[隐藏；遮蔽]	< *κρύφ-yω	κρυφῇ[秘密地]
βλάπτω[伤害]	< *βλάβ-yω	βλάβη[伤害]

注一：一些以 γ 结尾的动词词干并不会产生 ζ，而是 ττ，例如：πράττω[做；实践]来自 *πράγ-yω（对比完成时 πέπραγα），τάττω[列阵；任命]来自 *τάγ-yω（对比 ταγός[首领；统治者]）。这很可能类推自以清软腭塞音（κ、χ）结尾的动词词干。

注二：以 γγ 结尾的动词词干也常常构成以 ζ 结尾的现在时词干，例如：κλάζω[尖叫]来自 *κλάγγ-yω（对比将来时 κλάγξω），σαλπίζω[吹号角]来自 *σαλπίγγ-yω（对比 ἡ σάλπιγξ, σάλπιγγος[号角(声)]）。另需注意 φθέγγομαι[发出响声]（词干 φθεγγ-），它在构成现在时词干时并不带 y。

注三：后缀 -ίζω 和 -άζω 本身也有构词能力（见 23.48），从而频繁出现，例如：ὁπλ-ίζω[做准备；武装]、ἀναγκ-άζω[迫使]和 ἐργ-άζομαι[劳作；产出]。

12.28　以响音结尾的动词词干——

• 以 **λ** 结尾的动词词干构成的现在时以 **λλ** 结尾，例如：

动词的现在时	动词词干 + y	对　比
ἀγγέλλω[宣布；报告]	< *ἀγγέλ-yω	将来时 ἀγγελῶ
βάλλω[投掷；击中]	< *βάλ-yω	不过时 ἔ-βαλ-ον

• 如果动词词干以 **ν** 或 **ρ** 结尾，那么 y 型现在时的构成就取决于 ν 或 ρ 前的元音，具体规则如下（另见 1.78）：

-ᾰ́νyω > **-αίνω**，-ᾰ́ρyω > **-αίρω**；-ένyω > **-είνω**，-έρyω > **-είρω**；

-ῐ́νyω > **-ῑ́νω**，-ῐ́ρyω > **-ῑ́ρω**；-ῠ́νyω > **-ῡ́νω**，-ῠ́ρyω > **-ῡ́ρω**。

动词的现在时	动词词干 + y	对　比
φαίνω[使显现]	< *φᾰ́ν-yω	将来时 φᾰνῶ
καθαίρω[净化]	< *καθᾰ́ρ-yω	将来时 καθᾰρῶ
τείνω[拉伸；拉紧]	< *τέν-yω	将 τενῶ、ἀτενής[拉紧的]
σπείρω[播种；生育]	< *σπέρ-yω	σπέρμα[种子]
κρῑ́νω[区分；评判]	< *κρῐ́ν-yω	将 κρῐνῶ

动词的现在时	动词词干 + y	对　比
οἰκτί̄ρω[怜悯；遗憾]	< *οἰκτί̄ρ-yω	将 οἰκτῐρῶ
ἀμύ̄νω[抵御；援助]	< *ἀμύ̄ν-yω	将 ἀμῠνῶ
φύ̄ρω[混合；混淆]	< *φύ̄ρ-yω	φύ̆ρδην[混乱地；随机地]

12.29 大多数现在时词干以元音结尾的动词（亦即缩合动词）的现在时也属于 y 型现在时。对于它们而言，y 直接脱落而导致缩合，例如：τιμά-ω[尊崇]来自 *τιμά-yω，ποιέ-ω[制作]来自 *ποιϝέ-yω。

注一：对于几个动词来说，不仅 y 脱落了，而且 σ 或 ϝ 也脱落了。不过，σ 或 ϝ 在其他时态-体词干中可能依旧可见（对比 πλέω，见 12.25），并且导致了变位中的特殊情况，例如：

动词现在时	动词词干 + y	对　比
γελάω[嘲笑]	< *γελάσ-yω	叙事诗不过时 ἐγέλασσα、将 γελάσομαι
τελέω[完成；实现]	< *τελέσ-yω	不过被 ἐτελέσθην、叙不过 ἐτέλεσσα
αἰδέομαι[敬畏]	< *αἰδέσ-yομαι	完中被 ᾔδεσμαι、叙将 αἰδέσσομαι
κάω[点燃]	< *κάϝ-yω	不过时 ἔκαυσα、完成时 κέκαυκα

对于 κάω，对比 κλάω[哭泣；悲悼]；这两个单词分别有 καίω 和 κλαίω 的形式。注意，它们都不发生缩合，见 12.18。

注二：对于其他一些缩合动词而言，元音就是那个增饰，例如 δοκέω[认为；在……看来]可以分析作 δοκ-έ-ω（对比不定过去时 ἔδοξα）。

注三：在 y 脱落后，出现了许多新的以 -έω 结尾的动词，见 23.44 和 23.50。这些动词的变位与旧有的以 -έω 结尾的动词相同（以 -άω、-έω 和 -όω 结尾的三类动词的变位相当规则）。

带鼻音词缀的现在时词干

12.30 许多现在时词干带有一个或多个鼻音词缀（affix；一个鼻音后缀 **-(α)ν-**，常常与另一个鼻音中缀[infix]一起加于动词词干，成为 **-ν-αν-**），例如：

动词的现在时	动词词干	对　比
τέμ-ν-ω[切割]	τεμ-/τμη-	不过时 ἔ-τεμ-ον
αὐξ-άν-ω[增长]	αὐξ-	将来时 αὐξ-ήσω
ὀφλ-ισκ-άν-ω[欠款；败诉]	ὀφλ-	将来时 ὀφλ-ήσω

动词的现在时	动词词干	对　比
λα-ν-θ-άν-ω[忽视；忘记]	ληθ-/λᾰθ-	不过时 ἔ-λαθ-ον
λα-μ-β-άν-ω[拿取；理解]	ληβ-/λᾰβ-	不过时 ἔ-λαβ-ον
λα-γ-χ-άν-ω[凭命运得到]	ληχ-/λᾰχ-	不过时 ἔ-λαχ-ον
τυ-γ-χ-άν-ω[碰巧]	τευχ-/τῠχ-	不过时 ἔ-τυχ-ον
(ἐλα-ύ-ν-ω[驱赶；驾驶])	ἐλᾰ-	不过时 ἤλα-σα

注一：λαμβάνω 中的 μ 和 λαγχάνω 中的 γ，见 1.90。

注二：一些动词的这个鼻音后缀延伸到其他（但并非所有的）词干，就好像是动词词干的一部分，例如：κρί́νω[区分；评判]（< *κρῐ́-ν-yω，见 12.28），不定过去时 ἔκρῑνα（< *ἔ-κρῐν-σα，见 13.24），将来时 κρῐνῶ（见 15.32），而 θη 型不过时 ἐκρῐ́θην，完成时 κέκρῐκα，完中被 κέκρῐμαι。κλί́νω[使倚靠]类似，不过时 ἔκλῑνα，将来时 κλῐνῶ，η 型不过时 ἐκλῐ́νην，而 θη 型不过时 ἐκλῐ́θην，完成时 κέκλῐκα，完中被 κέκλῐμαι。另见 18.17 和 19.30。

带后缀 -(ι)σκ- 的现在时词干

12.31 许多现在时词干带有后缀 **-(ι)σκ-**，例如：

动词现在时	动词词干	对　比
εὑρ-ίσκ-ω[发现]	εὑρ-	将来时 εὑρ-ήσω
ὀφλ-ισκ-άν-ω[负债；败诉]	ὀφλ-	将来时 ὀφλ-ήσω
γι-γνώ-σκ-ω[认识；知道]	γνω-	不过时 ἔ-γνω-ν
πάσχω[受苦] （< *παθ-σκ-，见 1.96）	πενθ-/πονθ-/πᾰθ-	不过时 ἔπαθον

带叠音的现在时词干

12.32 许多现在时词干带有叠音，这个叠音由动词词干的第一个辅音和一个 ι 组成，例如：

动词的现在时	动词词干	对　比
γι-γνώ-σκ-ω[认识；知道]	γνω-	不过时 ἔ-γνω-ν
γί-γνομαι[成为]	γεν(η)-/γον-/γν-	不过时 ἐ-γεν-όμην
τί-κτω[生育]（< *τί-τκ-ω）	τεκ-/τοκ-/τκ-	不过时 ἔ-τεκ-ον
πί-πτω[落下]	πεσ-/πτ(ω)-	不过时 ἔ-πεσ-ον

无构干元音型现在时

变位表

以 -νυμι 结尾的动词

12.33 主动态和中被动态的变位如下：

	δείκνῡμι[展示]，词干 δεικνῡ-/δεικνῠ-				
	主动态	中被动态		主动态	中被动态
	基本直陈式			祈愿式	
单一	δείκνῡμι	δείκνῠμαι	单一	δεικνῠ́οιμι	δεικνῠοίμην
二	δείκνῡς	δείκνῠσαι	二	δεικνῠ́οις	δεικνῠ́οιο
三	δείκνῡσι(ν)	δείκνῠται	三	δεικνῠ́οι	δεικνῠ́οιτο
复一	δείκνῠμεν	δεικνῠ́μεθα	复一	δεικνῠ́οιμεν	δεικνῠοίμεθα
二	δείκνῠτε	δείκνῠσθε	二	δεικνῠ́οιτε	δεικνῠ́οισθε
三	δεικνῠ́ᾱσι(ν)	δείκνῠνται	三	δεικνῠ́οιεν	δεικνῠ́οιντο
	历史直陈式（未完成时）			命令式	
单一	ἐδείκνῡν	ἐδεικνῠ́μην	单一		
二	ἐδείκνῡς	ἐδείκνῠσο	二	δείκνῡ	δείκνῠσο
三	ἐδείκνῡ	ἐδείκνῠτο	三	δεικνῠ́τω	δεικνῠ́σθω
复一	ἐδείκνῠμεν	ἐδεικνῠ́μεθα	复一		
二	ἐδείκνῠτε	ἐδείκνῠσθε	二	δείκνῠτε	δείκνῠσθε
三	ἐδείκνῠσαν	ἐδείκνῠντο	三	δεικνῠ́ντων	δεικνῠ́σθων
	虚拟式			分　词	
单一	δεικνῠ́ω	δεικνῠ́ωμαι	阳	δεικνῠ́ς, -νῠ́ντος	δεικνῠ́μενος
二	δεικνῠ́ῃς	δεικνῠ́ῃ	阴	δεικνῦσα, -νῠ́σης	δεικνῠμένη
三	δεικνῠ́ῃ	δεικνῠ́ηται	中	δεικνῠ́ν, -νῠ́ντος	δεικνῠ́μενον
复一	δεικνῠ́ωμεν	δεικνῡώμεθα		不定式	
二	δεικνῠ́ητε	δεικνῠ́ησθε	不	δεικνῠ́ναι	δείκῠσθαι
三	δεικνῠ́ωσι(ν)	δεικνῠ́ωνται			

在主动态中，偶尔会出现构干元音型变体，见 12.54。

带叠音的动词

12.34 主动态的变位（动词词干以 η/ᾰ 结尾的动词如 ἵστημι）：

		ἵστημι[使竖立]	τίθημι[放置]	ἵημι[放出]	δίδωμι[给予]
	词干	ἱστη-/ἱστᾰ	τιθη-/τιθε-	ἱη-/ἱε-	διδω-/διδο-
基本直陈式	单一	ἵστημι	τίθημι	ἵημι	δίδωμι
	二	ἵστης	τίθης	ἵης	δίδως
	三	ἵστησι(ν)	τίθησι(ν)	ἵησι(ν)	δίδωσι(ν)
	复一	ἵστᾰμεν	τίθεμεν	ἵεμεν	δίδομεν
	二	ἵστᾰτε	τίθετε	ἵετε	δίδοτε
	三	ἱστᾶσι(ν) -ἄᾱσιν	τιθέᾱσι(ν)	ἱᾶσι(ν) -έᾱσι(ν)	διδόᾱσι(ν)
历史直陈式	单一	ἵστην	ἐτίθην	ἵειν	ἐδίδουν
	二	ἵστης	ἐτίθεις	ἵεις	ἐδίδους
	三	ἵστη	ἐτίθει	ἵει	ἐδίδου
	复一	ἵστᾰμεν	ἐτίθεμεν	ἵεμεν	ἐδίδομεν
	二	ἵστᾰτε	ἐτίθετε	ἵετε	ἐδίδοτε
	三	ἵστᾰσαν	ἐτίθεσαν	ἵεσαν	ἐδίδοσαν
虚拟式	单一	ἱστῶ	τιθῶ	ἱῶ	διδῶ
	二	ἱστῇς	τιθῇς	ἱῇς	διδῷς
	三	ἱστῇ	τιθῇ	ἱῇ	διδῷ
	复一	ἱστῶμεν	τιθῶμεν	ἱῶμεν	διδῶμεν
	二	ἱστῆτε	τιθῆτε	ἱῆτε	διδῶτε
	三	ἱστῶσι(ν)	τιθῶσι(ν)	ἱῶσι(ν)	διδῶσι(ν)
祈愿式	单一	ἱσταίην	τιθείην	ἱείην	διδοίην
	二	ἱσταίης	τιθείης	ἱείης	διδοίης
	三	ἱσταίη	τιθείη	ἱείη	διδοίη
	复一	ἱσταῖμεν	τιθεῖμεν	ἱεῖμεν	διδοῖμεν
	二	ἱσταῖτε	τιθεῖτε	ἱεῖτε	διδοῖτε
	三	ἱσταῖεν	τιθεῖεν	ἱεῖεν	διδοῖεν
命令式	单二	ἵστη	τίθει	ἵει	δίδου
	三	ἱστάτω	τιθέτω	ἱέτω	διδότω
	复二	ἵστατε	τίθετε	ἵετε	δίδοτε
	三	ἱστάντων	τιθέντων	ἱέντων	διδόντων
分词	阳	ἱστάς, -άντος	τιθείς, -έντος	ἱείς, -έντος	διδούς, -όντος
	阴	ἱστᾶσα, -σης	τιθεῖσα, -σης	ἱεῖσα, -σης	διδοῦσα, -σης
	中	ἱστάν, -άντος	τιθέν, -έντος	ἱέν, -έντος	διδόν, -όντος
	不定式	ἱστάναι	τιθέναι	ἱέναι	διδόναι

现在时直陈式有一些构元型变体，比如 τίθης、ἵησι 或作 τιθεῖς、ἱεῖ，见 12.55。

12.35 中被动态的变位（动词词干以 η/ᾰ 结尾的动词如 ἵστημι）：

		ἵστημι[使竖立]	τίθημι[放置]	ἵημι[放出]	δίδωμι[给予]
	词干	ἱστη-/ἱστᾰ-	τιθη-/τιθε-	ἱη-/ἱε-	διδω-/διδο-
基	单一	ἵσταμαι	τίθεμαι	ἵεμαι	δίδομαι
本	二	ἵστασαι	τίθεσαι	ἵεσαι	δίδοσαι
直	三	ἵσταται	τίθεται	ἵεται	δίδοται
陈	复一	ἱστάμεθα	τιθέμεθα	ἱέμεθα	διδόμεθα
式	二	ἵστασθε	τίθεσθε	ἵεσθε	δίδοσθε
	三	ἵστανται	τίθενται	ἵενται	δίδονται
历	单一	ἱστάμην	ἐτιθέμην	ἱέμην	ἐδιδόμην
史	二	ἵστασο	ἐτίθεσο	ἵεσο	ἐδίδοσο
直	三	ἵστατο	ἐτίθετο	ἵετο	ἐδίδοτο
陈	复一	ἱστάμεθα	ἐτιθέμεθα	ἱέμεθα	ἐδιδόμεθα
式	二	ἵστασθε	ἐτίθεσθε	ἵεσθε	ἐδίδοσθε
	三	ἵσταντο	ἐτίθεντο	ἵεντο	ἐδίδοντο
虚	单一	ἱστῶμαι	τιθῶμαι	ἱῶμαι	διδῶμαι
拟	二	ἱστῇ	τιθῇ	ἱῇ	διδῷ
式	三	ἱστῆται	τιθῆται	ἱῆται	διδῶται
	复一	ἱστώμεθα	τιθώμεθα	ἱώμεθα	διδώμεθα
	二	ἱστῆσθε	τιθῆσθε	ἱῆσθε	διδῶσθε
	三	ἱστῶνται	τιθῶνται	ἱῶνται	διδῶνται
祈	单一	ἱσταίμην	τιθείμην	ἱείμην	διδοίμην
愿	二	ἱσταῖο	τιθεῖο	ἱεῖο	διδοῖο
式	三	ἱσταῖτο	τιθεῖτο	ἱεῖτο	διδοῖτο
	复一	ἱσταίμεθα	τιθείμεθα	ἱείμεθα	διδοίμεθα
	二	ἱσταῖσθε	τιθεῖσθε	ἱεῖσθε	διδοῖσθε
	三	ἱσταῖντο	τιθεῖντο	ἱεῖντο	διδοῖντο
命	单二	ἵστασο	τίθεσο	ἵεσο	δίδοσο
令	三	ἱστάσθω	τιθέσθω	ἱέσθω	διδόσθω
式	复二	ἵστασθε	τίθεσθε	ἵεσθε	δίδοσθε
	三	ἱστάσθων	τιθέσθων	ἱέσθων	διδόσθων
分	阳	ἱστάμενος	τιθέμενος	ἱέμενος	διδόμενος
词	阴	ἱσταμένη	τιθεμένη	ἱεμένη	διδομένη
	中	ἱστάμενον	τιθέμενον	ἱέμενον	διδόμενον
	不定式	ἵστασθαι	τίθεσθαι	ἵεσθαι	δίδοσθαι

词根型现在时

12.36　εἰμί[是]、**εἶμι**[来；去]和 **φημί**[说]的现在时系统变位如下：

		εἰμί[是；存在]	εἶμι[来；去]	φημί[说]
	词干	ἐ(σ)-	εἰ-/ἰ̆-	φη-/φᾰ-
基	单一	εἰμί	εἶμι	φημί
本	二	εἶ	εἶ	φής/φῄς
直	三	ἐστί(ν)	εἶσι(ν)	φησί(ν)
陈	复一	ἐσμέν	ἴμεν	φᾰμέν
式	二	ἐστέ	ἴτε	φᾰτέ
	三	εἰσί(ν)	ἴᾱσι(ν)	φᾱσί(ν)
历	单一	ἦ(ν)	ᾖειν/ᾖα	ἔφην
史	二	ἦσθα	ᾔεις/ᾔεισθα	ἔφησθα/ἔφης
直	三	ἦν	ᾔει(ν)	ἔφη
陈	复一	ἦμεν	ᾖμεν	ἔφᾰμεν
式	二	ἦτε	ᾖτε	ἔφᾰτε
	三	ἦσαν	ᾖσαν/ᾔεσαν	ἔφᾰσαν
虚	单一	ὦ	ἴω	φῶ
拟	二	ᾖς	ἴῃς	φῇς
式	三	ᾖ	ἴῃ	φῇ
	复一	ὦμεν	ἴωμεν	φῶμεν
	二	ἦτε	ἴητε	φῆτε
	三	ὦσι(ν)	ἴωσι(ν)	φῶσι(ν)
祈	单一	εἴην	ἰοίην/ἴοιμι	φαίην
愿	二	εἴης	ἴοις	φαίης
式	三	εἴη	ἴοι	φαίη
	复一	εἶμεν/εἴημεν	ἴοιμεν	φαῖμεν/φαίημεν
	二	εἶτε/εἴητε	ἴοιτε	φαίητε
	三	εἶεν/εἴησαν	ἴοιεν	φαῖεν
命	单二	ἴσθι	ἴθι	φᾰ́θι
令	三	ἔστω	ἴτω	φᾰ́τω
式	复二	ἔστε	ἴτε	φᾰ́τε
	三	ἔστων	ἰόντων	φᾰ́ντων
分	阳	ὤν, ὄντος	ἰών, ἰόντος	φᾰ́σκων, -οντος
词	阴	οὖσα, οὔσης	ἰοῦσα, ἰούσης	φᾰ́σκουσα, σης
	中	ὄν, ὄντος	ἰόν, ἰόντος	φᾰ́σκον, -οντος
	不定式	εἶναι	ἰέναι	φᾰ́ναι

εἰμί 和 φημί 的现在时直陈式的重音，见 24.34。

动词 φημί 的现在时分词或作 φᾰ́ς, φᾰ́ντος、φᾶσα, φᾰ́σης 和 φᾰ́ν, φᾰ́ντος。

有长短元音变体的现在时词干

12.37 -μι 动词的现在时词干几乎总是有两种变体，一种变体的词干以长元音结尾，另一种以短元音结尾，例如：

动词的现在时	现在时词干
δείκνυμι[展示]	δεικνῡ-/δεικνῠ-
ἵστημι[使竖立]	ἱστη-/ἱστᾰ-
τίθημι[放置]	τιθη-/τιθε-
ἵημι[送走；放出]	ἱη-/ἱε-
δίδωμι[给予]	διδω-/διδο-
φημί[说；宣称]	φη-/φᾰ-

12.38 -μι 动词的长音变体（long variant）用于——

- 直陈式主动态的单数形式（未完成时的构干元音型形式除外，见 12.53）；
- 所有的虚拟式形式。

其他所有形式（包括所有的中被动形式，但虚拟式除外）均使用短音变体（short variant）。

-μι 动词的类型及其现在时词干的构成

以 -νυμι 结尾的动词

12.39 许多无构元型现在时词干带有鼻音后缀 **-νυ-**。其中许多动词的动词词干以软腭塞音结尾，或者就是动词词干原本以 σ 结尾（还有一些别的情况）而现在时词干以 -ννυμι 结尾的动词。

- 动词词干以软腭塞音结尾，例如：

动词的现在时	动词词干	不定过去时
δείκνυμι[展示]	δεικ-	ἔδειξα
ζεύγνυμι[上轭]	ζευγ-/ζῠγ-	ἔζευξα
μείγνυμι[混合]	μειγ-/μῐγ-	ἔμειξα
πήγνυμι[使固定；使凝固；使变硬]	πηγ-/πᾰγ-	ἔπηξα
ῥήγνυμι[打破]	ῥηγ-/ῥωγ-/ῥᾰγ-	ἔρρηξα

- 动词词干原本以 σ 结尾，例如：

动词的现在时	动词词干	不定过去时
κεράννυμι（< *κεράσ-νυ-μι）［混合］	κερᾰ(σ)-/κρᾱ-	主动 ἐκέρασ(σ)α
κρεμάννυμι（< *κρεμάσ-νυ-μι）［挂起］	κρεμᾰ(σ)-	主动 ἐκρέμασ(σ)α
σβέννυμι（< *σβέσ-νυ-μι）［使熄灭］	σβη-/σβε(σ)-	被动 ἐσβέσθην
χώννυμι（< *χώσ-νυ-μι）［垒；填埋］	χω(σ)-/χο-	被动 ἐχώσθην

• 其他动词，例如：

动词的现在时	动词词干	对　比
ὄμνυμι［发誓］	ὀμ(ο)-	不过时 ὤμοσα
ὄλλυμι（< *ὄλ-νυ-μι）［使毁灭；杀死］	ὀλ(ε)-	将来时 ὀλῶ

带叠音的动词

12.40　一些重要的无构干元音型现在时词干带叠音（见 12.32）：

动词的现在时	动词词干	不定过去时
ἵ-στημι（< *σί-στᾱμι）［使竖立］	στη-/στᾰ-	ἔστησα
δί-δωμι［给予］	δω-/δο-	ἔδωκα
τί-θημι［放置］	θη-/θε-	ἔθηκα
ἵ-ημι（< *yί-yημι）［送出；放走］	ἡ-/ἑ-	ἧκα

12.41　πίμπλημι［填满；使满足］、πίμπρημι［燃烧］和 ὀνίνημι［帮助；使满意］这三个动词的构成更加复杂，除了叠音外，它们还有鼻音中缀。其现在时的变位类似 ἵστημι［使竖立］，例如：

动词的现在时	动词词干	不定过去时
πί-μ-πλημι［填满；使满足］	πλη-/πλᾰ-	ἔπλησα
πί-μ-πρημι［燃烧］	πρη-/πρᾰ-	ἔπρησα
ὀ-νί-νημι［帮助；使满意］	ὀνη-/ὀνᾰ-	ὤνησα

词根型现在时

12.42　还有几个无构干元音的词根型现在时（root present，或称作词根动词），其现在时词干是不受增饰的动词词根（见 23.2 及注三）：

动词的现在时	动词词干
εἰμί［是；存在］	ἐσ-（εἰμί = ἐμί < *ἐσμί，见 1.68）

动词的现在时	动词词干
εἶμι[来；去]	εἰ-/ἰ-
φημί[言说；声称]	φη-/φᾰ-
ἠμί[说]	ἠ-

注一：动词 ἠμί[说]基本以过去时态的形式出现，例如一单 ἦν、三单 ἦ，一般用于习惯性表达 ἦν δ' ἐγώ[而我说]、ἦ δ' ὅς[而他说]。

12.43 还有一些仅有中被动形式的动词也属于这一类（从而其现在时变位仅使用以短元音结尾的词干，见 12.38），例如：

动词的现在时	动词词干
κεῖμαι[躺下；身处]	κει-
(κάθ)ημαι[坐着]	ἡ(σ)-
ἄγαμαι[爱慕；钦佩；嫉妒]	ἀγᾰ-
ἐπίσταμαι[理解；掌握]	ἐπιστη-/ἐπιστᾰ-①
δύναμαι[能够]	δυνη-/δυνᾰ-
κρέμαμαι[(被)悬挂]	κρεμᾰ(σ)-

注一：κεῖμαι 的变位与中被动态 δείκνυμαι 的形式类似；虚拟式和祈愿式使用词干 κε-，例如：虚拟式三单 κέηται、祈愿式三复 κέοιντο。

κεῖμαι 的现在时和未完成时形式分别充当 τίθημι[放置]的完成时和过去完成时被动态——后者构成的复合词尤其如此，例如 διατίθημι[分配；布置]的完成时被动态 διάκειμαι[被布置；被安排]。

注二：ἄγαμαι、ἐπίσταμαι、δύναμαι 和 κρέμαμαι 的现在时变位类似 ἵσταμαι，但是对于 ἐπίσταμαι、δύναμαι 和 κρέμαμαι 而言还有重音上的一些差异，比如祈愿式三复 δύναιντο 的重音不同于 ἱσταῖντο。

注三：(κάθ)ημαι[坐着]的变位类似于中被动态 δείκνυμαι，但是其虚拟式作 καθῶμαι, καθῇ 等等，祈愿式作 καθοίμην 等等。词干最后原本的 σ 见于未完成时三单 καθῆστο（ἐκάθητο 的形式更常见，见后文）。

κάθημαι 的现在时和未完成时形式分别充当 καθέζομαι[坐下]的完成时和过去完成时。在未完成时中，κάθημαι 也常常被当作简单动词（即带增音作 ἐκαθήμην，不作 καθήμην，见 11.57）。

---

① ἐπίσταμαι[理解；掌握]从未被视作复合词，见 11.57。

简单动词 ἧμαι[坐]有时见于诗歌，但几乎从不见于散文。

12.44　无人称形式 **χρή**[需要；必须]的大多数形式都复合自名词 χρή[需要]和 εἰμί，例如虚拟式 χρῇ（<χρὴ ᾖ）、祈愿式 χρείη（<χρὴ εἴη）、不定式 χρῆναι（<χρὴ εἶναι）和分词 χρέων（<χρὴ ὄν，见 1.71）；其未完成时作 χρῆν（<*χρὴ ἦν）或 ἐχρῆν（后者带一个额外的增音）。[①]

词　尾

12.45　无构干元音型现在时的词尾见 11.20–33。-μι 动词现在时词干形式的构成如下文所示。

12.46　现在时直陈式：使用基本词尾，例如：主动态一单 δείκνῡ-μι、τίθη-μι，二单 δείκνῡ-ς、τίθη-ς，中被动态一单 δείκνῠ-μαι、τίθε-μαι。注意，中被动态二单中的 σ 并不脱落，例如：δείκνῠ-σαι、τίθε-σαι。词根型现在时有几个不规则形式（见变位表）。

注一：在中被动态二单中，σ 其实偶尔也会在 α 后脱落，例如：δύνᾳ（更规则的形式作 δύνασαι）、ἐπίστᾳ（ἐπίστασαι）。

12.47　未完成时：带增音，使用历史词尾，例如：主动态一单 ἐ-δείκνῡ-ν、二单 ἐ-δείκνῡ-ς，中被动态一单 ἐ-δεικνῡ́-μην。注意中被动态二单中的 σ 不会脱落，例如：ἐ-δείκνῠ-σο。一些主动态单数形式有构干元音，见 12.53。词根型现在时有几个不规则形式（见变位表）。

注一：在中被动态二单中，σ 偶尔也会在 α 后脱落，并且发生缩合，例如：ἠπίστω（更规则的形式作 ἠπίστασο）、ἐδύνω（ἐδύνασο）和 ἵστω（ἵστασο）。

12.48　命令式：主动态二单通常无词尾（一些带构干元音），但是词根型现在时作 ἴσθι、ἴθι 和 φάθι。其他命令式例如：主二复 δείκνῠ-τε、中被二单 δείκνῠ-σο。

12.49　虚拟式：使用虚拟式的长的构干元音以及基本词尾。在带叠音的 -μι 现在时以及 κάθημαι[坐着]中，长的构干元音与前方的长元音缩合，例如：主动态一单 διδῶ（<*-ώ-ω）、二单 διδῷς（<*-ώ-ῃς）、中被动态一单 διδῶμαι（<*-ώ-ω-μαι）、二单 ἱῇς（<*ἱή-ῃς）、中被动态二复 ἱστῆσθε（<*ἱστή-η-σθε）。

注一：一些虚拟式的词干以 η 结尾且构干元音为 ω，发生音量交换（见 1.71），例如：主动态一单 ἱῶ（<ἱέω<*ἱή-ω）、中被动态一单 τιθῶμαι（<τιθέωμαι<*τιθή-

---

① 额外的增音（additional augment）即双重增音，见 11.40、11.58。

ω-μαι)、主动态一复 ἱστῶμεν（< ἱστέωμεν < *ἱστή-ω-μεν）。

12.50 祈愿式：以 -νυμι 结尾的动词、κάθημαι 和 κεῖμαι，见 12.53。其他无构干元音型现在时的单数使用祈愿式后缀 -ιη-，复数和所有中被动形式使用祈愿式后缀 -ι-，并且都使用历史词尾。后缀中的 ι 与短的词干元音构成双元音。例如：主动态一单 διδοίη-ν、一复 διδοῖ-μεν，中动态一单 διδοί-μην，主动态一单 τιθείη-ν、一复 τιθεῖ-μεν，中动态一单 τιθεί-μην。

注一：在 εἰμί[是；存在]和 φημί[言说；宣称]的祈愿式复数中，除了后缀 ι 之外也常常使用后缀 -ιη-（例如 εἶμεν 又作 εἴημεν，φαῖμεν 又作 φαίημεν；复二 φαῖτε 在古典希腊语中未曾出现，可能是偶然现象）。

注二：在古典希腊语中（根据流传下来的文本）有一个动词的无构干元音型祈愿式词干很可能以 νυ 结尾：柏拉图《斐多》118a 中的 πηγνῦτο（祈愿式后缀缩合到 υ 中）。[1] 荷马希腊语中有更多以 υ 结尾的祈愿式词干，例如 δῦμεν（δύομαι[潜入；沉入]的不定过去时祈愿式第一人称复数）。

12.51 主动态不定式：词尾用 -ναι，例如：主动态 δεικνύ-ναι。不过 εἶμι[来；去]的不定式以 -εναι 结尾，作 ἰ-έναι。

中被动态不定式：词尾用 -σθαι，例如：δείκνῠ-σθαι、κεῖ-σθαι。

12.52 主动态分词：带有 -ντ-，变格见 5.17–18，例如：阳性单数属格 δεικνύ-ντ-ος、阴性单数主格 δεικνῦσα（< *-ῡ́ντyα）。

中被动态分词：带有 -μεν-，变格见 5.3–4，例如：阳性单数主格 δεικνύ-μεν-ος、阴性单数主格 δεικνῠ-μέν-η。

-μι 动词的构干元音型形式

12.53 -μι 动词的某些形式一般有构干元音——

- 动词 τίθημι、ἵημι 和 δίδωμι 的大多数未完成时主动态单数，例如：ἵεις（构成类似 ἐποίεις）和 ἐδίδουν（构成类似 ἐδήλουν）。
- 所有的虚拟式（构干元音为长），例如：主一复 δεικνύωμεν、τιθῶμεν（< τιθέωμεν < *τιθήωμεν，见 1.71）和 ὦμεν（< ἔωμεν）。
- 所有以 -νυμι 结尾的动词以及 εἶμι[来；去]、κάθημαι[坐着]和 κεῖμαι[躺下]的祈愿式，例如：主动态二单 δεικνύοις、一复 δει-

---

① 柏拉图原文作：ἡμῖν ἐπεδείκνυτο ὅτι ψύχοιτό τε καὶ πηγνῦτο[（施药人）对我们表示，（苏格拉底的身体）在变冷、变僵硬]。这个祈愿式的句法见 41.9–10。

κνύοιμεν、三复 ἴοιεν、一单 καθοίμην、三复 κέοιντο。

• 动词 τίθημι、ἵημι 和 δίδωμι 的命令式主动态二单，例如：τίθει（构成类似 ποίει）、δίδου（类似 δήλου）。

• 动词 εἰμί[是]（阿提卡方言中词干不可见）和 εἶμι[来；去]的分词，例如：εἰμί 的阳复主 ὄντες、中复主宾 ὄντα 以及 εἶμι 的阳复主 ἰόντες、中复主宾 ἰόντα。

注一：伊欧尼亚方言中 εἰμί 的分词形式（ἐών 等等），见 25.40。

12.54 对于 -νυμι 动词而言，主动态除了规则的无构干元音型形式外，还有构干元音型的异体，尤其见于四世纪以降，例如：现直三单 δεικνύει、命二单 δείκνυε、不定式 δεικνύειν、主动态分词阳单主 δεικνύων、属 δεικνύοντος。

注一：这些动词的构干元音型形式常见于伊欧尼亚方言，见 25.38。

12.55 类似地，构干元音型变体也[主要]见于带叠音的无构干元音型现在时直陈式主动态第二和第三人称形式，例如：ἱεῖς, ἱεῖ、τιθεῖς, τιθεῖ、διδοῖς, διδοῖ 和 ἱστᾷς, ἱστᾷ（这些构干元音型异体的构成类似于 ποιεῖς、δηλοῖς 和 τιμᾷς 等等）。

注一：这些形式尤常见于伊欧尼亚方言，见 25.38。

12.56 动词 φημί[言说；宣称]有一些基于词干 **φασκ-** 的构干元音型形式（-σκ-见 12.31）：

• 在阿提卡散文中，φημί 的规则的分词作 φάσκων, φάσκοντος 等等（在诗歌和伊欧尼亚散文中作 φάς, φάντος 等等）；

• 未完成时一般会用 ἔφασκον 等等；

• 其他一些形式，例如：祈愿式一单 φάσκοιμι、虚拟式三复 φάσκωσιν。

第 13 章　不定过去时主动态和中动态

不定过去时（主动和中动态）词干的各种类型

13.1　不定过去时（主动和中动态）词干有三种不同的构成方式：

• 最常见的是 **σ** 型不定过去时（sigmatic aorist）：通过在动词词干上添加 σ（以及 α，见 13.6–7）来构成，例如：

παιδεύω（动词词干 παιδευ-）[教化]的不过时词干是 παιδευσ(α)-，不过直主一单作 ἐπαίδευσα；δείκνῡμι（动词词干 δεικ-）[展示]的不过时词干是 δειξ(α)-，不过直主一单作 ἔδειξα。

动词词干若以响音结尾，那么 σ 就会脱落，响音前的元音发生补偿性延长，构成所谓的隐性（pseudo-）**σ** 型不定过去时，例如：

ἀγγέλλω（动词词干 ἀγγελ-）[宣布]的不过时词干是 ἀγγειλ(α)-（< *ἀγγελσα-），不过直主一单作 ἤγγειλα；φαίνω（动词词干 φᾰν-）[使显现]的不过时词干是 φην(α)-（< *φᾰνσα-），不过直主一单作 ἔφηνα。

• 构干元音型不定过去时：其构成方式是在不过时词干（以辅音结尾，一般与动词词干相同或者是后者的一种变体）上直接添加构干元音和词尾，例如：

λαμβάνω（动词词干 ληβ-/λᾰβ-）[拿取]的不过时词干是 λᾰβ-，不过直主一单作 ἔ-λαβ-ο-ν，λείπω（动词词干 λειπ-/λοιπ-/λῐπ-）不过时词干是 λῐπ-，不过直主一单作 ἔ-λιπ-ο-ν。

• 词根型不定过去时：较少见，其构成方式是直接在以元音结尾的不过时词干上加词尾，例如：

γιγνώσκω（动词词干 γνω-）[认识；了解]的不过时词干是 γνω-，不过时直主一单作 ἔ-γνω-ν；ἵσταμαι（动词词干 στη-/στᾰ-）[站起；竖起]的不过时词干是 στη-，不过直主一单作 ἔ-στη-ν

注一：从而，σ 型不定过去时的构成方式是在动词词干上添加 -σα-，而对于构干元音型不过时和词根型不过时来说，不过时词干通常与动词词干（或者它的某一变体）相同。构干元音型不过时与词根型不过时的差异在于，前者带有构干元音（并且词干通常以辅音结尾），而后者没有构干元音（并且词干以元音结尾），对比构干元音型不过时 ἔ-λιπ-ο-ν 和词根型不过时 ἔ-γνω-ν。

注二：σ 型不定过去时常被称作第一不定过去时或弱变化不定过去时。另外两种不定过去时则称作第二不定过去时或强变化不定过去时。术语的用法见第一部分之前的术语说明。

注三：不定过去时词干的含义见 33.6–7、33.11–12 和 33.27–33。

13.2 **δίδωμι**[给予]、**τίθημι**[放置]和 **ἵημι**[送走；放出]的不过时变位特殊，基本上属词根型不过时，但有一些特别的情况，见 13.51–62。

13.3 大多数动词只有一种不定过去时，但是一些动词有多种类型的不定过去时形式；这些不过时有时在词意上有重要的差异。这些动词见 13.63–64。

σ 型不定过去时和隐性 σ 型不定过去时

变位表

13.4 σ 型不定过去时和隐性 σ 型不定过去时主动态变位如下：

	动词词干结尾	ι、υ 或双元音	α、ε、ο 或 η	唇/软腭塞音	齿塞音	响　音
	例词	παιδεύω[教化]	τιμάω[尊崇]	τρίβω[摩擦]	κομίζω[照料]	ἀγγέλλω[宣布]
	词干	παιδευσ(α)-	τιμησ(α)-	τριψ(α)-	κομισ(α)-	ἀγγειλ(α)-
直陈式	单一	ἐπαίδευσα	ἐτίμησα	ἔτριψα	ἐκόμισα	ἤγγειλα
	二	ἐπαίδευσας	ἐτίμησας	ἔτριψας	ἐκόμισας	ἤγγειλας
	三	ἐπαίδευσε(ν)	ἐτίμησε(ν)	ἔτριψε(ν)	ἐκόμισε(ν)	ἤγγειλε(ν)
	复一	ἐπαιδεύσαμεν	ἐτιμήσαμεν	ἐτρίψαμεν	ἐκομίσαμεν	ἠγγείλαμεν
	二	ἐπαιδεύσατε	ἐτιμήσατε	ἐτρίψατε	ἐκομίσατε	ἠγγείλατε
	三	ἐπαίδευσαν	ἐτίμησαν	ἔτριψαν	ἐκόμισαν	ἤγγειλαν
虚拟式	单一	παιδεύσω	τιμήσω	τρίψω	κομίσω	ἀγγείλω
	二	παιδεύσῃς	τιμήσῃς	τρίψῃς	κομίσῃς	ἀγγείλῃς
	三	παιδεύσῃ	τιμήσῃ	τρίψῃ	κομίσῃ	ἀγγείλῃ
	复一	παιδεύσωμεν	τιμήσωμεν	τρίψωμεν	κομίσωμεν	ἀγγείλωμεν
	二	παιδεύσητε	τιμήσητε	τρίψητε	κομίσητε	ἀγγείλητε
	三	παιδεύσωσι(ν)	τιμήσωσι(ν)	τρίψωσι(ν)	κομίσωσι(ν)	ἀγγείλωσι(ν)
祈愿式	单一	παιδεύσαιμι	τιμήσαιμι	τρίψαιμι	κομίσαιμι	ἀγγείλαιμι
	二	παιδεύσειας[1]	τιμήσειας[1]	τρίψειας[1]	κομίσειας[1]	ἀγγείλειας[1]
	三	παιδεύσειε(ν)[2]	τιμήσειε(ν)[2]	τρίψειε(ν)[2]	κομίσειε(ν)[2]	ἀγγείλειε(ν)[2]
	复一	παιδεύσαιμεν	τιμήσαιμεν	τρίψαιμεν	κομίσαιμεν	ἀγγείλαιμεν
	二	παιδεύσαιτε	τιμήσαιτε	τρίψαιτε	κομίσαιτε	ἀγγείλαιτε
	三	παιδεύσειαν[3]	τιμήσειαν[3]	τρίψειαν[3]	κομίσειαν[3]	ἀγγείλειαν[3]

	动词词干结尾	ι、υ 或双元音	α、ε、ο 或 η	唇/软腭塞音	齿塞音	响 音
	例词	παιδεύω[教化]	τιμάω[尊崇]	τρίβω[摩擦]	κομίζω[照料]	ἀγγέλλω[宣布]
	词干	παιδευσ(α)-	τιμησ(α)-	τριψ(α)-	κομισ(α)-	ἀγγειλ(α)-
命	单二	παίδευσον	τίμησον	τρῖψον	κόμισον	ἄγγειλον
令	三	παιδευσάτω	τιμησάτω	τριψάτω	κομισάτω	ἀγγειλάτω
式	复二	παιδεύσατε	τιμήσατε	τρίψατε	κομίσατε	ἀγγείλατε
	三	παιδευσάντων	τιμησάντων	τριψάντων	κομισάντων	ἀγγειλάντων
分	阳	παιδεύσας[4]	τιμήσας[4]	τρίψας[4]	κομίσας[4]	ἀγγείλας[4]
词	阴	παιδεύσασα[4]	τιμήσασα[4]	τρίψασα[4]	κομίσασα[4]	ἀγγείλασα[4]
	中	παιδεῦσαν[4]	τιμῆσαν[4]	τρῖψαν[4]	κομίσαν[4]	ἀγγεῖλαν[4]
	不定式	παιδεῦσαι	τιμῆσαι	τρῖψαι	κομίσαι	ἀγγεῖλαι

[1] 亦作 -σαις，例如：παιδεύσαις、τιμήσαις 等等。

[2] 亦作 -σαι，例如：παιδεύσαι、τρίψαι 等等。

[3] 亦作 -σαιεν，例如：παιδεύσαιεν、ἀγγείλαιεν 等等。

[4] 这些分词阳性、阴性和中性的单数属格分别作 -αντος、-άσης 和 -αντος。

13.5 σ 型不定过去时和隐性 σ 型不定过去时中动态变位如下：

	动词词干结尾	ι、υ 或双元音	α、ε、ο 或 η	唇/软腭塞音	齿塞音	响 音
	例词	παιδεύω[教化]	τιμάω[尊崇]	τρίβω[摩擦]	κομίζω[照料]	ἀγγέλλω[宣布]
	词干	παιδευσ(α)-	τιμησ(α)-	τριψ(α)-	κομισ(α)-	ἀγγειλ(α)-
直	单一	ἐπαιδευσάμην	ἐτιμησάμην	ἐτριψάμην	ἐκομισάμην	ἠγγειλάμην
陈	二	ἐπαιδεύσω	ἐτιμήσω	ἐτρίψω	ἐκομίσω	ἠγγείλω
式	三	ἐπαιδεύσατο	ἐτιμήσατο	ἐτρίψατο	ἐκομίσατο	ἠγγείλατο
	复一	ἐπαιδευσάμεθα	ἐτιμησάμεθα	ἐτρψάμεθα	ἐκομισάμεθα	ἠγγειλάμεθα
	二	ἐπαιδεύσασθε	ἐτιμήσασθε	ἐτρίψασθε	ἐκομίσασθε	ἠγγείλασθε
	三	ἐπαιδεύσαντο	ἐτιμήσαντο	ἐτρίψαντο	ἐκομίσαντο	ἠγγείλαντο
虚	单一	παιδεύσωμαι	τιμήσωμαι	τρίψωμαι	κομίσωμαι	ἀγγείλωμαι
拟	二	παιδεύσῃ	τιμήσῃ	τρίψῃ	κομίσῃ	ἀγγείλῃ
式	三	παιδεύσηται	τιμήσηται	τρίψηται	κομίσηται	ἀγγείληται
	复一	παιδευσώμεθα	τιμησώμεθα	τριψώμεθα	κομισώμεθα	ἀγγειλώμεθα
	二	παιδεύσησθε	τιμήσησθε	τρίψησθε	κομίσησθε	ἀγγείλησθε
	三	παιδεύσωνται	τιμήσωνται	τρίψωνται	κομίσωνται	ἀγγείλωνται

动词词干结尾		ι、υ 或双元音	α、ε、ο 或 η	唇/软腭塞音	齿塞音	响　音
	例词	παιδεύω[教化]	τιμάω[尊崇]	τρίβω[摩擦]	κομίζω[照料]	ἀγγέλλω[宣布]
	词干	παιδευσ(α)-	τιμησ(α)-	τριψ(α)-	κομισ(α)-	ἀγγειλ(α)-
祈	单一	παιδευσαίμην	τιμησαίμην	τριψαίμην	κομισαίμην	ἀγγειλαίμην
愿	二	παιδεύσαιο	τιμήσαιο	τρίψαιο	κομίσαιο	ἀγγείλαιο
式	三	παιδεύσαιτο	τιμήσαιτο	τρίψαιτο	κομίσαιτο	ἀγγείλαιτο
	复一	παιδευσαίμεθα	τιμησαίμεθα	τριψαίμεθα	κομισαίμεθα	ἀγγειλαίμεθα
	二	παιδεύσαισθε	τιμήσαισθε	τρίψαισθε	κομίσαισθε	ἀγγείλαισθε
	三	παιδεύσαιντο	τιμήσαιντο	τρίψαιντο	κομίσαιντο	ἀγγείλαιντο
命	单二	παίδευσαι	τίμησαι	τρῖψαι	κόμισαι	ἄγγειλαι
令	三	παιδευσάσθω	τιμησάσθω	τριψάσθω	κομισάσθω	ἀγγειλάσθω
式	复二	παιδεύσασθε	τιμήσασθε	τρίψασθε	κομίσασθε	ἀγγείλασθε
	三	παιδευσάσθων	τιμησάσθων	τριψάσθων	κομισάσθων	ἀγγειλάσθων
分	阳	παιδευσάμενος[1]	τιμησάμενος[1]	τριψάμενος[1]	κομισάμενος[1]	ἀγγειλάμενος[1]
词	阴	παιδευσαμένη[1]	τιμησαμένη[1]	τριψαμένη[1]	κομισαμένη[1]	ἀγγειλαμένη[1]
	中	παιδευσάμενον[1]	τιμησάμενον[1]	τριψάμενον[1]	κομισάμενον[1]	ἀγγειλάμενον[1]
不定式		παιδεύσασθαι	τιμήσασθαι	τρίψασθαι	κομίσασθαι	ἀγγείλασθαι

[1] 这些分词阳性、阴性和中性的单数属格分别作 -ου、-ης 和 -ου。

不定过去时词干中的 σ 和 α

13.6　顾名思义，σ 型不定过去时（以及隐性 σ 型不过时）的特征是词干中有一个 **σ**（但在隐性 σ 型不过时中这个 σ 脱落了，见 13.24）。

13.7　另外，几乎所有的 σ 型不定过去时都带一个 **α**。这个 ᾰ 可追溯至原本的第一人称单数词尾 *-m（这个词末的 *-m 在辅音后变为了 -ᾰ，见 1.86），例如 ἔ-δειξ-ᾰ 来自 *ἔ-δειξ-m̥（若 *-m 在元音后则变为 -ν，见 1.73，对比 ἔ-λαβ-ο-ν，来自 *-ο-m）。后来，这个 α 在整个变位中普遍化了，从而我们可以用 σᾰ 这个组合来识别 σ 型不定过去时（对于隐性 σ 型不定过去时而言则仅仅是 ᾰ）：从本质上说，这个 α 已经成为了不定过去时词干的一部分。不过请注意，这个 α 不见于直陈式主动态三单（例如 ἐπαίδευσε）和命令式主动态二单（例如 παίδευσον），也不见于所有的不过时虚拟式（例如中动态一单 παιδεύσωμαι）和某些祈愿式形式（例如主动态二单 παιδεύσειας）。在后文中，我们把不过时词干末的 α 置于括号中。

词 尾

13.8 在某些情况下，σ 型和隐性 σ 型不定过去时的词尾与 11.20–33 中给出的词尾有所不同，尤其是命令式、祈愿式和不定式。具体情况如下——

13.9 不定过去时直陈式是一种历史（过去时态）直陈式，带增音（见 11.35），各个人称的词尾是——

- 直陈式主动态第一人称的词尾是 -α（见 13.7），解释见上文，例如：ἐ-παίδευσα、ἤγγειλα。
- 其他不定过去时直陈式形式的构成方式都是在以 α 结尾的词干上加历史词尾，例如：直主二单 ἐ-παίδευσα-ς、直主一复 ἠγγείλα-μεν、直中一单 ἐ-παιδευσά-μην、直中三复 ἠγγείλα-ντο。直主三复的词尾是 -ν，例如 ἐ-παίδευσα-ν。

但是直主三单并不用 α，而是以 -ε(ν) 结尾，例如：ἐ-παίδευσ-ε(ν)、ἤγγειλ-ε(ν)。

- 注意，直中二单词尾 -σο 中的 σ 脱落了，并且 α 和 ο 发生缩合，例如 ἐ-παιδεύσω 来自 *ἐ-παιδεύσα-(σ)ο。

注一：在伊欧尼亚方言中，中被动态二单不发生缩合，见 25.6、25.32。

注二：注意，增音仅仅见于直陈式（对比直主一单 ἐπαίδευσα、虚主一单 παιδεύσω 和不定式 παιδεῦσαι）。

13.10 不定过去时命令式的词尾——

- 命主二单的词尾不带 α，而是以 **-ον** 结尾，例如：παίδευσον、ἄγγειλον；
- 命中二单以 **-αι** 结尾，例如：παίδευσαι、ἄγγειλαι；
- 其他所有命令式中都带 α，并且用规则的命令式词尾（见 11.29），例如：命主三单 ἀγγειλά-τω、命中二复 παιδεύσα-σθε。

13.11 不定过去时虚拟式不带 α，而是使用长的构干元音和基本词尾，例如：虚主一复 παιδεύσ-ω-μεν、虚中一单 παιδεύσ-ω-μαι、虚中三单 ἀγγείλ-η-ται。

13.12 不定过去时祈愿式使用后缀 -ι-，它与前方的 α 构成双元音（见 11.16），用历史词尾（见 11.22–27），如：祈主一复 ἀγγείλαι-μεν、祈中一单 παιδευσαί-μην。祈主一单用基本词尾 -μι，如 παιδεύσαι-μι。

对于祈主二单 παιδεύσαι-ς、三单 παιδεύσαι 和三复 παιδεύσαι-εν

而言，还有更常见的异体，分别作 παιδεύσειας、παιδεύσειε(ν) 和 παιδεύσειαν。

13.13 主动态不定式以 -αι 结尾，例如：παιδεῦσαι、ἀγγεῖλαι。

中动态不定式以 -σθαι 结尾，例如：παιδεύσα-σθαι、ἀγγείλα-σθαι。

注一：以 -(σ)αι 结尾的不同的形式的重音差异，见 24.20 注一。

13.14 主动态分词的词干带 -ντ-，例如：阳单属 παιδεύσᾰ-ντ-ος、阴单属 παιδευσᾱ́σης（< *-σᾰ́ντy-）。主动态分词的变格见 5.17–18。

中动态分词的词干带 -μεν-，例如：阳单主 ἀγγειλά-μεν-ος、阴单主 ἀγγειλα-μέν-η。中动态分词的变格见 5.3–4。

σ 型不定过去时词干的构成

以 ι、υ 或双元音结尾的动词词干

13.15 在 σ 之前，ι、υ 和双元音不发生变化，例如：

动　词	动词词干	不过时词干	直一单	不定式
χρίω[涂油]	χρῑ-	χρισ(α)-	ἔχρισα	χρῖσαι
κωλύω[阻碍]	κωλῡ-	κωλυσ(α)-	ἐκώλυσα	κωλῦσαι
παίω[打击]	παι-	παισ(σ)-	ἔπαισα	παῖσαι
παύω[阻止]	παυ-	παυσ(α)-	ἔπαυσα	παῦσαι
παιδεύω[教化]	παιδευ-	παιδευσ(α)-	ἐπαίδευσα	παιδεῦσαι
ἀκούω[听闻]	ἀκο(υ)(σ)-	ἀκουσ(σ)-	ἤκουσα	ἀκοῦσαι

以 ε、α 或 ο（以及 η 或 ω）结尾的动词词干

13.16 若现在时所基于的动词词干以 ε、α 或 ο 结尾（即缩合动词），不定过去时词干的构成就基于动词词干的长音变体（见 11.11）：

- 现在时词干以 ε 结尾：σ 前为 η；
- 现在时词干以 ᾰ 或 η 结尾：σ 前为 η（但 ε、ι 或 ρ 后是 ᾱ）；
- 现在时词干以 ο 结尾：σ 前为 ω；对于一些词干以 ω 结尾的动词而言，其 σ 型不过时词干的构成方式与此类似。

举例如下——

动　词	动词词干	不过时词干	直一单	不定式
ποιέω[制作]	ποιη-/ποιε-	ποιησ(α)-	ἐποίησα	ποιῆσαι

动　词	动词词干	不过时词干	直一单	不定式
ἡγέομαι[引导；认为]	ἡγη-/ἡγε-	ἡγησ(α)-	ἡγησάμην	ἡγήσασθαι
τιμᾰ́ω[尊崇]	τιμη-/τιμᾰ-	τιμησ(α)-	ἐτίμησα	τιμῆσαι
κτᾰ́ομαι[拥有]	κτη-/κτᾰ-	κτησ(α)-	ἐκτησάμην	κτήσασθαι
δρᾰ́ω[做]	δρᾱ-/δρᾰ-	δρᾱσ(α)-	ἔδρᾱσα	δρᾶσαι
δηλόω[表明]	δηλω-/δηλο-	δηλωσ(α)-	ἐδήλωσα	δηλῶσαι
χρήομαι[使用；需要]	χρη-	χρησ(α)-	ἐχρησάμην	χρήσασθαι
τιτρώσκω[使受伤]	τρω-	τρωσ(α)-	ἔτρωσα	τρῶσαι

13.17 类似地，对于动词词干有两种变体（以 η/ᾰ 结尾）的 -μι 动词（见 12.37–38）而言，不定过去时使用动词词干的长音变体：

动　词	动词词干	不过时词干	直一单	不定式
ἵστημι[使竖立]	στη-/στᾰ-	στησ(α)-	ἔστησα	στῆσαι
πίμπλημι[填满；使满足]	πλη-/πλᾰ-	πλησ(α)-	ἔπλησα	πλῆσαι
ὀνίνημι[帮助；使满意]	ὀνη-/ὀνᾰ-	ὀνησ(α)-	ὤνησα	ὀνῆσαι

13.18 对于一些以 -άω 或 -έω 结尾的动词而言，它们的动词词干以 σ 结尾，在不定过去时中 σ 前不用长音（这个 σ 见于以 -σσα 结尾的荷马/叙事诗不过时，并且也常见于其他时态词干），例如：

动　词	动词词干	直陈式（及叙事诗不过时）	不定式
ζέω[煮沸；沸腾]	ζε(σ)-	ἔζεσα（< ἔζεσσα）	ζέσαι
τελέω[完成]	τελε(σ)-	ἐτέλεσα（< ἐτέλεσσα）	τελέσαι
γελᾰ́ω[嘲笑]	γελᾰ(σ)-	ἐγέλᾰσα（< ἐγέλᾰσσα）	γελᾰ́σαι

在一些情况下，这类动词的动词词干原本并不以 σ 结尾，由于类推（见 1.49）而被归入这一类，这一做法的依据是以 -σσα 结尾的叙事诗不定过去时。另外，对于以 -ᾰ́ννυμι 或 -έννυμι 结尾的动词而言，其动词词干也以 σ 结尾。这两种动词例如：

动　词	直陈式（及叙事诗不过时）	不定式
καλέω（动词词干 κᾰλε-/κλη-）[召唤]	ἐκάλεσα（< ἐκάλεσσα）	καλέσαι
κερᾰ́ννυμι（< *κερᾰ́σ-νυμι）[混合]	ἐκέρᾰσα（< ἐκέρᾰσσα）	κερᾰ́σαι
ἀμφι-έννυμι（< *-ἕσ-νυμι）[围上]	ἠμφίεσα（< -έσσα）	ἀμφιέσαι

13.19 还有一些动词只有带短元音的动词词干（没有带长元音的变体）。因此

它们的不定过去时使用短音，例如：

(ἐπ)αἰνέω（动词词干 αἰνε-）［赞美］	直陈式 ᾔνεσα	不定式 αἰνέσαι
ἀρκέω（动词词干 ἀρκε-）［挡开；满足］	直陈式 ἤρκεσα	不定式 ἀρκέσαι

13.20　对于一些以 -άω 或 -έω 结尾的动词而言，其动词词干原本以 ϝ 结尾（见 12.25、12.29 注一）。它们的不定过去时分别以 -αυσα 和 -ευσα 结尾，例如：

动　词	直陈式	不定式
κάω（亦作 καίω，< *κάϝyω）［点燃］	ἔκαυσα（< *ἔκαϝσα）	καῦσαι
πλέω（< *πλέϝω）［航海］	ἔπλευσα（< *ἔπλεϝσα）	πλεῦσαι
πνέω（< *πνέϝω）［呼气；呼吸］	ἔπνευσα（< *ἔπνεϝσα）	πνεῦσαι

以唇塞音和以软腭塞音结尾的动词词干

13.21　基于以唇塞音结尾的动词词干的不定过去时词干以 **-ψ(α)-** 结尾（π/β/φ + σ = ψ），例如：

动　词	动词词干	不过时词干	直主一单	不定式
πέμπω［送出］	πεμπ-/πομπ-	πεμψ(α)-	ἔπεμψα	πέμψαι
τρίβω［摩擦］	τρῑβ-/τρῐβ-	τριψ(α)-	ἔτριψα	τρῖψαι
γράφω［书写］	γρᾰφ-	γραψ(α)-	ἔγραψα	γράψαι

尤其需要注意现在时词干以 -πτω 结尾的动词（见 12.27），例如：

动　词	动词词干	不过时词干	直主一单	不定式
βλάπτω［伤害］	βλᾰβ-	βλαψ(α)-	ἔβλαψα	βλάψαι
κρύπτω［隐藏］	κρῠφ-/κρῠβ-	κρυψ(α)	ἔκρυψα	κρύψαι

13.22　基于以软腭塞音结尾的动词词干的不过时词干以 **-ξ(α)-** 结尾（κ/γ/χ + σ = ξ），例如：

动　词	动词词干	不过时词干	直主一单	不定式
διώκω［追赶；驱逐］	διωκ-	διωξ(α)-	ἐδίωξα	διῶξαι
λήγω［使停止］	ληγ-	ληξ(α)-	ἔληξα	λῆξαι
ἄρχω［开始；统治］	ἀρχ-	ἀρξ(α)-	ἦρξα	ἄρξαι

尤其需要注意现在时以 -ττω 结尾的动词和一些现在时以 -ζω 结尾的动词（见 12.27），例如：

动　词	动词词干	不过时词干	直主一单	不定式
φυλάττω[守护]	φυλᾰκ-	φυλαξ(α)-	ἐφύλαξα	φυλάξαι
τάττω[安排；布置]	τᾰγ-	ταξ(α)-	ἔταξα	τάξαι
οἰμώζω[哀哭；悲悼]	οἰμωγ-	οἰμωξ(α)-	ᾤμωξα	οἰμῶξαι

还需要注意一些现在时以 -νυμι 结尾而动词词干以软腭塞音结尾的动词（见 12.39），例如：

动　词	动词词干	不过时词干	直主一单	不定式
δείκνυμι[展示]	δεικ-	δειξ(α)-	ἔδειξα	δεῖξαι
πήγνυμι[使固定/凝固]	<u>πηγ-</u>/πᾰγ-	πηξ(α)-	ἔπηξα	πῆξαι

以齿塞音结尾的动词词干

13.23　对于动词词干以齿塞音（τ、δ 和 θ）结尾的动词而言，在不定过去时中，动词词干最后的齿塞音在 **σ** 前脱落，例如：

动　词	动词词干	不过时词干	直主一单	不定式
ἀνύτω[实现；造成]	ἀνῠ(τ)-	ἀνυσ(α)-	ἤνυσα	ἀνύσαι
ψεύδομαι[撒谎]	ψευδ-	ψευσ(α)-	ἐψευσάμην	ψεύσασθαι
πείθω[说服；使听从]	<u>πειθ-</u>/ποιθ-/πῐθ-	πεισ(α)-	ἔπεισα	πεῖσαι

尤其需要注意现在时以 -ζω 结尾的动词和一些现在时以 -ττω 结尾的动词（见 12.27），例如：

动　词	动词词干	不过时词干	直主一单	不定式
ἁρμόζω/ἁρμόττω[组合]	ἁρμοδ-/ἁρμοτ-	ἁρμοσ(α)-	ἥρμοσα	ἁρμόσαι
λογίζομαι[计算；思量]	λογῐδ-	λογισ(α)-	ἐλογισάμην	λογίσασθαι
κομίζω[照料]	κομῐδ-	κομισ(α)-	ἐκόμισα	κομίσαι
νομίζω[认为]	νομῐδ-	νομισ(α)-	ἐνόμισα	νομίσαι
ἐρέττω[划桨]	ἐρετ-	ἔρεσ(α)-	ἤρεσα	ἐρέσαι
πλάττω[塑造]	πλᾰθ-	πλασ(α)-	ἔπλασα	πλάσαι

隐性 σ 型不定过去时：以响音结尾的动词词干

13.24　对于动词词干以响音（鼻音[μ、ν]和流音[λ、ρ]）结尾的动词而言，不定过去时中的 **σ** 脱落了（因此称作隐性 σ 型不定过去时），而 α 保留下来。σ 的脱落使得响音之前的元音发生补偿性延长，例如：

φαίνω（动词词干 φην-/φᾰν-）[使显现]：直主一单 ἔφηνα（< *ἔφᾱνα < *ἔ-φᾰν-σα），主动态不定式 φῆναι（< *φᾰ́ν-σαι）；

ἀγγέλλω（动词词干 ἀγγελ-）[宣布]：直主一单 ἤγγειλα（< *ἤγγελ-σα），主动态不定式 ἀγγεῖλαι（< *ἀγγέλ-σαι）；

其他例子又如——

动　词	动词词干	不过时词干	直主一单	不定式
μένω[待着；等待]	μεν-	μειν(α)-	ἔμεινα	μεῖναι
νέμω[分配；认为]	νεμ-	νειμ(α)-	ἔνειμα	νεῖμαι
δέμω[建造；准备]	δεμ-	δειμ(α)-	ἔδειμα	δεῖμαι

尤其需要注意现在时以这些形式结尾的动词：-λλω、-αίνω/-αίρω、-είνω/-είρω、-ίνω/-ίρω 和 -ύνω/-ύρω（见 12.28）。另外，还需要注意动词 αἴρω[抬起；举起]。举例如下：

动　词	动词词干	不过时词干	直主一单	不定式
στέλλω[准备；派遣]	στελ-/στᾰλ-	στειλ(α)-	ἔστειλα	στεῖλαι
σφάλλω[使跌倒]	σφᾰλ-	σφηλ(α)-	ἔσφηλα	σφῆλαι
ἀπο-κτείνω[杀死]	κτεν-/κτον-/κτᾰν-	κτειν(α)-	ἀπ-έκτεινα	ἀποκτεῖναι
μιαίνω[亵渎]	μιᾰν-	μιᾱν(α)-	ἐμίᾱνα	μιᾶναι
καθαίρω[净化]	καθᾰρ-	καθηρ(α)-	ἐκάθηρα	καθῆραι
ἀμύνω[抵御；援助]	ἀμῠν-	ἀμῡν(α)-	ἤμῡνα	ἀμῦναι
κρίνω[区分；评判]	κρῐ(ν)-	κρῑν(α)-	ἔκρῑνα	κρῖναι
αἴρω[抬起；举起]	ἀ̆ρ-（< *ἀερ-）	ἆρ(α)-	ἦρα	ἆραι

13.25　这些动词的现在时词干常常也与动词词干不同，这通常是因为 y 的脱落。这在某些情况下就导致现在时和不定过去时中具有相同的元音，例如动词词干 κτεν-，现在时 ἀποκτείνω（< *ἀποκτέν-yω），不过时 ἀπέκτεινα（< *ἀπέκτεν-σα），补偿性延长见 1.68–69。

从而，一些动词的未完主三单和不过直主三单相同，对比未完成时 ἀπέκτεινε（< *ἀπ-έ-κτεν-yε）和不定过去时 ἀπέκτεινε（< *ἀπ-έ-κτεν-σε）。

13.26　隐性 σ 型不定过去时有时也称作假性（improper）**σ** 型不定过去时或者流音第一不定过去时（liquid first aorist）。

构干元音型不定过去时

变位表

13.27 构干元音型不定过去时主动态的变位如下：

		规则形式	ἔχω	φέρω（混合构元型或 α 变位）
	例词	λαμβάνω[拿取]	ἔχω[拥有]	φέρω[携带；承受]
	不过时词干	λᾰβ-	σχ-	ἐνεγκ(α)-
直	单一	ἔλαβον	ἔσχον	ἤνεγκον 或 ἤνεγκα
陈	二	ἔλαβες	ἔσχες	ἤνεγκας
式	三	ἔλαβε(ν)	ἔσχε(ν)	ἤνεγκε(ν)
	复一	ἐλάβομεν	ἔσχομεν	ἠνέγκαμεν
	二	ἐλάβετε	ἔσχετε	ἠνέγκατε
	三	ἔλαβον	ἔσχον	ἤνεγκαν
虚	单一	λάβω	σχῶ	ἐνέγκω
拟	二	λάβῃς	σχῇς	ἐνέγκῃς
式	三	λάβῃ	σχῇ	ἐνέηκῃ
	复一	λάβωμεν	σχῶμεν	ἐνέγκωμεν
	二	λάβητε	σχῆτε	ἐνέγκητε
	三	λάβωσι(ν)	σχῶσι(ν)	ἐνέγκωσι(ν)
祈	单一	λάβοιμι	σχοίην	ἐνέγκαιμι
愿	二	λάβοις	σχοίης	ἐνέγκοις 或 ἐνέγκαις
式	三	λάβοι	σχοίη	ἐνέγκοι 或 ἐνέγκαι
	复一	λάβοιμεν	σχοῖμεν	ἐνέγκοιμεν 或 ἐνέγκαιμεν
	二	λάβοιτε	σχοῖτε	ἐνέγκαιτε
	三	λάβοιεν	σχοῖεν	ἐνέγκοιεν 或 ἐνέγκαιεν
命	单二	λαβέ	σχές	ἔνεγκε
令	三	λαβέτω	σχέτω	ἐνεγκάτω
式	复二	λάβετε	σχέτε	ἐνέγκατε
	三	λαβόντων	σχόντων	ἐνεγκάντων
分	阳	λαβών, -όντος	σχών, -όντος	ἐνεγκών, -όντος 或 ἐνέγκας, -αντος
词	阴	λαβοῦσα, -ούσης	σχοῦσα, -ούσης	ἐνεγκοῦσα, -ούσης 或 ἐνέγκασα, -άσης
	中	λαβόν, -όντος	σχόν, -όντος	ἐνεγκόν, -όντος 或 ἐνέγκαν, -αντος
	不定式	λαβεῖν	σχεῖν	ἐνεγκεῖν

13.28　构干元音型不定过去时中动态的变位如下：[①]

		规则形式	φέρω（混合构元型或 α 变位）
	例词	λαμβάνω［拿取］	φέρω［携带；承受］
	不过时词干	λᾰβ-	ἐνεγκ(α)-
直陈式	单一	ἐλαβόμην	ἠνεγκάμην
	二	ἐλάβου	ἠνέγκω
	三	ἐλάβετο	ἠνέγκατο
	复一	ἐλαβόμεθα	ἠνεγκάμεθα
	二	ἐλάβεσθε	ἠνέγκασθε
	三	ἐλάβοντο	ἠνέγκαντο
虚拟式	单一	λάβωμαι	ἐνέγκωμαι
	二	λάβῃ	ἐνέγκῃ
	三	λάβηται	ἐνέγκηται
	复一	λαβώμεθα	ἐνεγκώμεθα
	二	λάβησθε	ἐνέγκησθε
	三	λάβωνται	ἐνέγκωνται
祈愿式	单一	λαβοίμην	ἐνεγκαίμην
	二	λάβοιο	ἐνέγκαιο
	三	λάβοιτο	ἐνέγκαιτο
	复一	λαβοίμεθα	ἐνεγκαίμεθα
	二	λάβοισθε	ἐνέγκαισθε
	三	λάβοιντο	ἐνέγκαιντο
命令式	单二	λαβοῦ	ἐνεγκοῦ
	三	λαβέσθω	ἐνεγκάσθω
	复二	λάβεσθε	ἐνέγκασθε
	三	λαβέσθων	ἐνεγκάσθων
分词	阳	λαβόμενος, -ου	ἐνεγκάμενος, -ου
	阴	λαβομένη, -ης	ἐνεγκαμένη, -ης
	中	λαβόμενον, -ον	ἐνεγκάμενον, -ου
	不定式	λαβέσθαι	ἐνέγκασθαι

① σ 型不过时、隐性 σ 型不过时的中动态变位表，见 13.5。

词干和词尾

13.29　对于构干元音型不定过去时而言，不定过去时词干总是不同于现在时词干，有以下三种可能情况——

- 不过时使用不同于现在时的另一种动词词干变体，例如：λείπω（动词词干 λειπ-/λοιπ-/λῐπ-）[离开；遗留]，不过时词干 λῐπ-；
- 尽管不过时和现在时词干基于同一动词词干，但现在时词干在动词词干的基础上发生了变化或者有所增添（见 12.30），例如：λαμβάνω（动词词干 ληβ-/λᾰβ-）[拿取]，不过时词干 λᾰβ-；
- 在某些情况下，构元型不过时和现在时基于完全不同的动词词干（异干动词，见 11.13），例如：αἱρέω[拿走；抓走]（动词词干 αἱρη-/αἱρε- 或者 ἑλ-），不过时词干 ἑλ-。

13.30　构干元音型不定过去时所用的词尾和构干元音见 11.18–34，这些词尾和构干元音与 -ω 动词现在时系统（见 12.3–13）所用的完全相同。注意，不过时直陈式是历史时态，用历史词尾（因此词尾和构干元音与 -ω 动词的未完成时相同）。以 λαμβάνω 的不过时主动态为例：

	不定过去时主动态	现在时系统
直陈式	ἔλαβον	ἐλάμβανον（未完成时）
祈愿式	λάβοιμι	λαμβάνοιμι
命令式	λαβέ	λάμβανε
分　词	λαβών	λαμβάνων

注一：由于构干元音型不定过去时的词尾与 -ω 动词的现在时系统的词尾相同，因此这两者的差异仅在于所用的词干，而词干的差异有时并不显而易见。对比未完成时主动态一单 ἔλειπον 和不过时直陈式主动态一单 ἔλιπον，并且对比现在时主动态不定式 λείπειν 和不过时主动态不定式 λιπεῖν，等等。[①]

注二：构元型不过时形式与现在时词干的分词和不定式在重音上的差异（例如不过时主动态不定式作 λιπεῖν，然而现在时主动态不定式作 λείπειν），见 24.20。命令式的重音，比如 λαβέ、ἐνεγκοῦ，见 24.17。

貌似不规则的形式

13.31　动词 **ἔχω**[拥有]的不定过去时有一些不规则的形式（基于不

---

① 构干元音型不定过去时使用零级词干，见 1.51、1.56。

定过去时词干 σχ-)：不过时命令式主动态二单 σχ-έ-ς、祈愿式主动态单数 σχ-οίη-ν, σχ-οίη-ς, σχ-οίη。

13.32　几个构元型不定过去时的动词在其变位中还有带 **α** 的不定过去时形式（类推自 σ 型不过时）：

- 动词 φέρω[承受；携带]的不过时词干作 **ἐνεγκ-**，混合了构干元音型变位和 α 变位，后者占主导，在中动态中尤其如此，例如：不过时直陈式主动态三复 ἤνεγκαν、祈愿式主动态一单 ἐνέγκαιμι，等等。变位表见 13.27–28。
- 动词 λέγω[言说]的不过时词干作 **εἰπ-**，除了构干元音型形式之外，还有几个带 α 的形式。在 εἶπον、εἶπες 和命令式 εἰπέτω、εἴπετε 之外，还有带 α 的形式 εἶπα、εἶπας、εἰπάτω 和 εἴπατε。在希罗多德笔下，除了不定式 εἰπεῖν 和分词 εἰπών 之外还有带 α 的形式 εἶπαι、εἴπας, -αντος。随着时间的推移，不过时的 α 形式逐渐取代了构干元音型形式。
- 另外，动词 χέω[倾倒]有不过时直陈式主动态一单 ἔχεα 和不定式 -χέαι（仅用于复合词）、命令三单 -χεάτω 等等；这些形式来自词干 *χεϝ-，例如 ἔχεα < *ἔχεϝ-m̥，对比荷马方言 ἔχευα。

注一：其他诸如 ἐπριάμην[购买]、ἐπτάμην[飞翔]的 α 变位不定过去时，见 13.50。这些词根型不定过去时的差异在于，其中的 α 被视作词干的一部分，见于整个变位。

最常见的构干元音型不定过去时

与现在时词干在元音音级上有别的构元型不定过去时词干

13.33　一些动词的现在时词干与构元型不过时词干呈现出不同的元音音级（见 1.51–56）。这些不过时一般使用零级词干，例如：

动　词	动词词干	不过时词干	直一单	不定式
ἕπομαι[跟随]	ἑπ-/<u>σπ-</u>	σπ-	ἑσπόμην	σπέσθαι
ἔχω[拥有]	ἑχ-/<u>σχ-</u>	σχ-	ἔσχον	σχεῖν
λείπω[离开；遗留]	λειπ-/λοιπ-/<u>λῐπ-</u>	λιπ-	ἔλιπον	λιπεῖν
πείθομαι[听从]	πειθ-/ποιθ-/<u>πῐθ-</u>	πιθ-	ἐπιθόμην	πιθέσθαι
τρέπομαι[转身]	τρεπ -/τροπ-/<u>τρᾰπ-</u>	τραπ-	ἐτραπόμην	τραπέσθαι
φεύγω[逃离]	φευγ-/<u>φῠγ-</u>	φυγ-	ἔφυγον	φυγεῖν

13.34　但是，有几个带叠音的现在时词干使用零级词干，而构干元音型不定过去时使用 e 级词干，例如：

动　词	动词词干	不过时词干	直一单	不定式
γί-γν-ομαι［成为］	γεν(η)-/γον-/γν-	γεν-	ἐγενόμην	γενέσθαι
τίκτω（< *τί-τκ-ω）［生育］	τεκ-/τοκ-/τκ-	τεκ-	ἔτεκον	τεκεῖν
πί-πτ-ω［落下］	πεσ-/πτ(ω)-	πεσ-	ἔπεσον	πεσεῖν

与现在时词干在其他方面有别的构元型不定过去时词干

13.35　几种带鼻音词缀（见 12.30）的现在时具有构元型不过时：

- 以 **-άνω/-άνομαι** 结尾的动词，例如：

动　词	动词词干	不过时词干	直一单	不定式
αἰσθάνομαι［感觉］	αἰσθ-	αἰσθ-	ᾐσθόμην	αἰσθέσθαι
ἁμαρτάνω［犯错］	ἁμᾰρτ-	ἁμαρτ-	ἥμαρτον	ἁμαρτεῖν
ἀπ-εχθάνομαι［被仇恨］	ἐχθ-	ἐχθ-	ἀπηχθόμην	ἀπεχθέσθαι
λαγχάνω［凭机运得到］	ληχ-/λᾰχ-	λαχ-	ἔλαχον	λαχεῖν
λαμβάνω［拿取］	ληβ-/λᾰβ-	λαβ-	ἔλαβον	λαβεῖν
λανθάνω［受忽视］	ληθ-/λᾰθ-	λαθ-	ἔλαθον	λαθεῖν
μανθάνω［明白；习得］	μαθ-	μαθ-	ἔμαθον	μαθεῖν
πυνθάνομαι［打探；听闻］	πευθ-/πῠθ-	πυθ-	ἐπυθόμην	πυθέσθαι
τυγχάνω［碰巧］	τευχ-/τῠχ-	τυχ-	ἔτυχον	τυχεῖν

- 其他带鼻音后缀的动词，例如：

动　词	动词词干	不过时词干	直一单	不定式
κάμνω［劳作；感到疲惫］	κᾰμ-/κμη-	καμ-	ἔκαμον	καμεῖν
πίνω［喝］	πω-/πο-/πῑ-/πῐ-	πῐ-	ἔπιον	πιεῖν
τέμνω［切］	τεμ-/τμη-	τεμ-	ἔτεμον	τεμεῖν
ἀφικνέομαι［到达］	ἱκ-	ἱκ-	ἀφ-ικόμην	ἀφ-ικέσθαι

13.36　一些现在时词干带 **-(ι)σκ-** 的动词有构元型不过时，例如：

动　词	动词词干	不过时词干	直一单	不定式
ἀπο-θνήσκω/-θνῄσκω［死］	θᾰν-/θνη-	θαν-	ἀπέ-θανον	ἀπο-θανεῖν
βλώσκω［来；去］	μολ-/(μ)βλω-	μολ-	ἔμολον	μολεῖν

动　词	动词词干	不过时词干	直一单	不定式
εὑρίσκω[寻找；发现]	εὑρ-	εὑρ-	ηὗρον	εὑρεῖν
πάσχω[遭受]（见 1.96）	πενθ-/πονθ-/πᾰθ-	παθ-	ἔπαθον	παθεῖν

13.37　动词 ἄγω[引导；带领]和 βάλλω[投掷；击中]的构元型不过时词干也与现在时词干有别：

动　词	动词词干	不过时词干	直一单	不定式
ἄγω	ἀγ-	ἀγαγ-（见 11.50）	ἤγαγον	ἀγαγεῖν
βάλλω（见 1.78）	βᾰλ-/βλη-	βαλ-	ἔβαλον	βαλεῖν

异干动词

13.38　还有一些动词的不定过去时词干与现在时词干基于完全不同的动词词干，例如：

动　词	动词词干	不过时词干	直一单	不定式
αἱρέω[拿；抓]	αἱρη-/αἱρε-、ἑλ-	ἑλ-	εἷλον	ἑλεῖν
ἔρχομαι[来；去]	ἐρχ-、ἐλευθ-/ἐλ(ῠ)θ-和εἰ-/ἰ-	ἐλθ-	ἦλθον	ἐλθεῖν
ἐρωτάω[问]	ἐρ-、ἐρωτη-/ἐρωτᾰ-	ἐρ-	ἠρόμην	ἐρέσθαι
ἐσθίω[吃]	ἐσθῐ-、φᾰγ-和ἐδε-/ἐδο-/ἐδ-	φαγ-	ἔφαγον	φαγεῖν
λέγω[言说]	λεγ-/λογ-、εἰπ-和ἐρ-/ῥη-	εἰπ-/λεξ(α)-	εἶπον/ἔλεξα	εἰπεῖν/λέξαι
ὁράω[看见]	ὁρᾱ-/ὁρᾰ-、ἴδ-和ὀπ-	ἰδ-	εἶδον	ἰδεῖν
τρέχω[奔跑]	τρεχ-、δρᾰμ-	δραμ-	ἔδραμον	δραμεῖν
φέρω[携带；承受]	φερ-、ἐνεκ-/ἐνοκ-/ἐγκ-和οἰτ-	ἐνεγκ-[1]	ἤνεγκον	ἐνεγκεῖν

[1] 不定过去时词干 ἐνεγκ- 带叠音（见 11.50）

注一：注意，动词 λέγω 的不定过去时词干是 εἰπ-（对比不定式 εἰπεῖν）。直陈式 εἶπον 的增音融入了词首的双元音。然而 εἶδον（ὁράω 的不过时）和 εἷλον（αἱρέω 的不过时）词首的 ει- 则由于增音 ἐ-（见 11.40）而不同于词干 ἰδ-（对比不定式 ἰδεῖν）和 ἑλ-（对比不定式 ἑλεῖν）。

注二：λέγω[言说]有两个不定过去时形式：εἶπον 和 ἔλεξα。前者更常见，而在古典时期，如果其本身所具有的论证、解释含义在语境中有所体现，那么尤其会使用 ἔλεξα 的形式（比如用于直接引用长篇讲辞）。

对于复合动词来说，这两个不定过去时形式的差异更加明显。带有 -έλεξα 的复合形式一般在收集的含义上与 λέγω 相关，而带有 -εῖπον 的复合形式则更偏向于言说的含义。具有相同前缀的不同复合形式不过时对应着不同的现在时：带有 -εἶπον 的不过时作为异干形式，对应于现在时带有 -αγορεύω 或 -φημι 的形式，例如：

不过时	对应的现在时	不过时	对应的现在时
ἀπέλεξα	ἀπολέγω[挑出]	ἀπεῖπον	ἀπαγορεύω[禁止]
ἐξέλεξα	ἐκλέγω[挑出]	ἐξεῖπον	ἐξαγορεύω[宣布；揭晓]
κατέλεξα	καταλέγω[计数][1]	κατεῖπον	καταγορεύω[抨击]
συνέλεξα	συλλέγω[收集]	συνεῖπον	συναγορεύω/σύμφημι[同意；赞同]

[1] καταλέγω 的中动态意为登记[入册]、招募。

具有多种不定过去时形式的动词，见 13.63。

词根型不定过去时

变位表

13.39 词根型不定过去时的变位如下：

	动词词干的结尾	η	ᾱ	ω	ῡ
	例词	ἵσταμαι[站起]	ἀπο-διδράσκω[跑开]	γιγνώσκω[认识]	δύομαι[沉入]
	不过时词干	στη-	δρᾱ-	γνω-	δῡ-
直陈式	单一	ἔστην	ἀπ-έδρᾱν	ἔγνων	ἔδῡν
	二	ἔστης	ἀπ-έδρᾱς	ἔγνως	ἔδῡς
	三	ἔστη	ἀπ-έδρᾱ	ἔγνω	ἔδῡ
	复一	ἔστημεν	ἀπ-έδρᾱμεν	ἔγνωμεν	ἔδῡμεν
	二	ἔστητε	ἀπ-έδρᾱτε	ἔγνωτε	ἔδῡτε
	三	ἔστησαν	ἀπ-έδρᾱσαν	ἔγνωσαν	ἔδῡσαν
虚拟式	单一	στῶ	ἀπο-δρῶ	γνῶ	δύω
	二	στῇς	ἀπο-δρᾷς	γνῷς	δύῃς
	三	στῇ	ἀπο-δρᾷ	γνῷ	δύῃ
	复一	στῶμεν	ἀπο-δρῶμεν	γνῶμεν	δύωμεν
	二	στῆτε	ἀπο-δρᾶτε	γνῶτε	δύητε
	三	στῶσι(ν)	ἀπο-δρῶσι(ν)	γνῶσι(ν)	δύωσι(ν)
祈愿式	单一	σταίην	ἀπο-δραίην	γνοίην	
	二	σταίης	ἀπο-δραίης	γνοίης	
	三	σταίη	ἀπο-δραίη	γνοίη	

	动词词干的结尾	η	ᾱ	ω	ῡ
	例词	ἵσταμαι[站起]	ἀπο-διδράσκω[跑开]	γιγνώσκω[认识]	δύομαι[沉入]
	不过时词干	στη-	δρᾱ-	γνω-	δῡ-
	复一	σταῖμεν[1]	ἀπο-δραῖμεν[1]	γνοῖμεν[1]	
	二	σταῖτε[2]	ἀπο-δραῖτε[2]	γνοῖτε[2]	
	三	σταῖεν	ἀπο-δραῖεν	γνοῖεν[3]	
命令式	单二	στῆθι	ἀπό-δρᾱθι	γνῶθι	δῦθι
	三	στήτω	ἀπο-δρᾱ́τω	γνώτω	δῡ́τω
	复二	στῆτε	ἀπό-δρᾱτε	γνῶτε	δῦτε
	三	στάντων	ἀπο-δρᾱ́ντων	γνόντων	δῡ́ντων
分词	阳	στᾱ́ς, -ᾰ́ντος	ἀπο-δρᾱ́ς, -ᾰ́ντος	γνούς, -όντος	δῡ́ς, -ῠ́ντος
	阴	στᾶσα, -ᾱ́σης	ἀπο-δρᾶσα, -ᾱ́σης	γνοῦσα, -ούσης	δῦσα, -ῡ́σης
	中	στᾰ́ν, -ᾰ́ντος	ἀπο-δρᾰ́ν, -ᾰ́ντος	γνόν, -όντος	δῠ́ν, -ῠ́ντος
	不定式	στῆναι	ἀπο-δρᾶναι	γνῶναι	δῦναι

1 也有以 -ίημεν 结尾的形式，例如：σταίημεν、ἀποδραίημεν。

2 也有以 -ίητε 结尾的形式，例如：σταίητε、γνοίητε。

3 亦作 γνοίησαν。

词　干

13.40　词根型不定过去时的不过时词干总是不受增饰的动词词根（见 23.2 及注三）。现在时词干与词根型不定过去时的词干不同的可能原因有三——

- 现在时词干使用动词词干的另一种变体，例如 βαίνω[行走]（动词词干 βη-/βᾰ(ν)-），不定过去时词干 βη-；
- 现在时词干基于动词词干而有所变化或增添（见 12.25），例如 γιγνώσκω[认识；了解]（动词词干 γνω-），不定过去时词干 γνω-；
- 现在时词干和不定过去时词干基于完全不同的动词词干（即异干动词，见 11.3），例如 ζήω[生活]（动词词干 ζη-），不定过去时词干 βιω-（动词词干 βιω-）。

对于 δύομαι[沉入]（动词词干 δῡ-/δῠ-）而言，现在时词干与不定过去时词干的差异仅仅在于元音的音长（对比 δῠ́ομαι 和 ἔδῡν）；对于 φύομαι[生长]（动词词干 φῡ-）而言，现在时词干和不定过去时词干相同（φῡ-）。

13.41 只有少数动词有词根型不定过去时。这些不定过去时的词干以 η（ρ 后则为 ᾱ）、ῡ 或者 ω 结尾。最常见的动词及其词干如下：

- 词干以 η（ᾱ）结尾，例如：

动 词	动词词干	不过时词干	直一单	不定式
ἵσταμαι[站起；竖起]	στη-/στᾰ	στη-	ἔστην	στῆναι
ἀπο-διδρᾱ́σκω[抛开]	δρᾱ-	δρᾱ-	ἀπ-έδραν	ἀπο-δρᾶναι
βαίνω[行走]	βη-/βᾰ(ν)-	βη-	ἔβην	βῆναι
(τλάω[忍耐；胆敢])	τλη-/τλᾰ-	τλη-	ἔτλην	τλῆναι

- 词干以 ω 结尾，例如：

动 词	动词词干	不过时词干	直一单	不定式
ἁλίσκομαι[被擒]	ἁλ(ω)-	ἁλω-	ἑάλων/ἥλων	ἁλῶναι
γιγνώσκω[认识；了解]	γνω-	γνω-	ἔγνων	γνῶναι
ζήω[生活]	ζη-、βιω-	βιω-	ἐβίων	βιῶναι

- 词干以 ῡ 结尾，例如：

动 词	动词词干	不过时词干	直一单	不定式
δῡ́ομαι[潜入；沉入]	δῡ-/δῠ-	δῡ-	ἔδυν	δῦναι
φῡ́ομαι[生长]	φῡ-	φῡ-	ἔφυν	φῦναι

注一：其他一些动词也有词根型不定过去时，但它们少见得多，例如：ἔσβην（词典形式 σβέννυμαι[被熄灭；干涸]）、ἔφθην（词典形式 φθάνω[先做；抢先；到达]），见 22.9。

注意，ἔσβην 的变位与 ἔστην 的变位并不完全相似，尤其是祈愿式和分词（分别作 σβείην 和 σβείς，等等；词干中的 η 并不来源于 ᾱ，而是 ε 的一种长音变体）。

注二：不定过去时 ἐπριάμην（ὠνέομαι[购买]的异干形式）见 13.50。

词 尾

13.42 词根型不定过去时所用的词尾详见 11.20–33。注意，词根型不定过去时并没有构干元音。另外还需注意以下要点。

13.43 词根型不定过去时的直陈式有增音，使用历史词尾，第三人称复数的词尾是 -σαν，例如：

ἔ-βη-ν, ἔ-βη-ς, ἔ-βη, ἔ-βη-μεν, ἔ-βη-τε, ἔ-βη-σαν。

13.44　词根型不定过去时的虚拟式词干以 α、η 或 ω 结尾（不会是 υ），词尾与其前方的元音发生缩合，例如：

一单 βῶ（< *βή-ω）、二单 βῇς（< *βή-ῃς），一单 ἀπο-δρῶ（< *-δρᾱ́-ω）、二单 -δρᾷς（< *-δρᾱ́-ῃς），一单 γνῶ（< *γνώ-ω），二单 γνῷς（< *γνώ-ῃς）；但是还有 δῠ́-ω、δῠ́-ῃς 等等。

13.45　词根型不定过去时的祈愿式词干，单数带后缀 -ιη-，复数带后缀 -ι-。祈愿式后缀中的 ι 与短化的词干元音构成双元音（见 1.70 注一）。词根型不定过去时的祈愿式使用历史词尾。例如：

一单 βαίη-ν、一复 βαῖ-μεν，一单 γνοίη-ν、一复 γνοῖ-μεν，等等。

不过，复数也可使用带祈愿式后缀 -ιη- 的异体，例如：

一复 βαίη-μεν、二复 γνοίη-τε。

注一：词干以 υ 结尾的不定过去时似乎没有祈愿式，但是见 12.50 注二。

13.46　词根型不定过去时命令式第二人称单数以 -θι 结尾，例如：βῆ-θι、γνῶ-θι 和 δῦ-θι。注意，命令式第三人称复数的词干最后用短元音，例如：βᾰ́-ντων、γνό-ντων 和 δῠ́-ντων（见 1.70）。

13.47　词根型不定过去时不定式以 -ναι 结尾，例如：βῆ-ναι、ἀπο-δρᾶ-ναι 和 φῦ-ναι。

13.48　词根型不过时分词中，-ντ- 前的长词干元音短化（见 1.70）：

阳单属 βᾰ́-ντ-ος、阴单属 βάσης（< *βᾰ́ντy-），阳单属 γνό-ντ-ος、阳单属 γνούς（< *γνόντς）。

主动态分词的完整变格见 5.17–18。

13.49　除了 δίδωμι[给予]、τίθημι[放置]和 ἵημι[送出；放走]（见 13.51–52）以及 ἐπριάμην[购买]和 ἐπτάμην[飞翔]（见 13.50）之外，词根型不定过去时仅使用主动态词尾。但请注意，词根型不过时 ἔστην、ἔδυν 和 ἔφυν 在含义上分别对应于中动态 ἵσταμαι[站起；竖起]、δύομαι[沉入]和 φύομαι[生长]（详见 13.64），ἑάλων 对应只有中动形式的 ἁλίσκομαι[被擒]。更加广泛的这种语态区分见第 35 章。

13.50　词根型不定过去时 **ἐπριάμην** 只有中动形式，它是 ὠνέομαι[购买]的异干形式，例如：直一单 ἐπριάμην、二单 ἐπρίω、虚一单 πρίωμαι、祈一单 πριαίμην、不定式 πρίασθαι、分阳单主 πριάμενος。注意命二单 πρίω（< *πρίασο）。

类似地，动词 πέτομαι[飞翔]在构干元音型不定过去时 ἐπτόμην 之外还有一个中动态的词根型不定过去时 ἐπτάμην，另外还有一个罕见的词根型不过时 ἔπτην（主动态）。

δίδωμι、τίθημι 和 ἵημι 的不定过去时

变位表

13.51 δίδωμι、τίθημι 和 ἵημι 的主动态不定过去时变位如下：

		δίδωμι［给予］	τίθημι［放置］	ἵημι［送出；放走］
	动词词干	δω-/δο-	θη-/θε-	ἡ-/ἑ-
直	单一	ἔδωκα	ἔθηκα	ἧκα
陈	二	ἔδωκας	ἔθηκας	ἧκας
式	三	ἔδωκε(ν)	ἔθηκε(ν)	ἧκε(ν)
	复一	ἔδομεν[1]	ἔθεμεν[1]	εἷμεν[1]
	二	ἔδοτε[2]	ἔθετε[2]	εἷτε[2]
	三	ἔδοσαν[3]	ἔθεσαν[3]	εἷσαν[3]
虚	单一	δῶ	θῶ	ὧ
拟	二	δῷς	θῇς	ᾗς
式	三	δῷ	θῇ	ᾗ
	复一	δῶμεν	θῶμεν	ὧμεν
	二	δῶτε	θῆτε	ἧτε
	三	δῶσι(ν)	θῶσι(ν)	ὧσι(ν)
祈	单一	δοίην	θείην	εἵην
愿	二	δοίης	θείης	εἵης
式	三	δοίη	θείη	εἵη
	复一	δοῖμεν[4]	θεῖμεν[4]	εἷμεν[4]
	二	δοῖτε[5]	θεῖτε[5]	εἷτε[5]
	三	δοῖεν[6]	θεῖεν[6]	εἷεν[6]
命	单二	δός	θές	ἕς
令	三	δότω	θέτω	ἕτω
式	复二	δότε	θέτε	ἕτε
	三	δόντων	θέντων	ἕντων
分	阳	δούς, -όντος	θείς, -έντος	εἵς, ἕντος
词	阴	δοῦσα, -ούσης	θεῖσα, -είσης	εἷσα, εἵσης
	中	δόν, -όντος	θέν, -έντος	ἕν, ἕντος
	不定式	δοῦναι	θεῖναι	εἷναι

[1] 亦作 -καμεν，例如：ἐδώκαμεν、ἐθήκαμεν。

[2] 亦作 -κατε，例如：ἐδώκατε、ἥκατε。

[3] 亦作 -καν，例如：ἔθηκαν、ἧκαν。

[4] 亦作 -ίημεν，例如：δοίημεν、θείημεν。

[5] 亦作 -ίητε，例如：δοίητε、θείητε。

[6] 亦作 -ίησαν，例如：δοίησαν、εἵησαν。

13.52　δίδωμι、τίθημι 和 ἵημι 的中动态不定过去时变位如下：

		δίδωμι［给予］	τίθημι［放置］	ἵημι［送出；放走］
	动词词干	δω-/δο-	θη-/θε-	ἡ-/ἑ-
直陈式	单一	ἐδόμην	ἐθέμην	εἵμην
	二	ἔδου	ἔθου	εἷσο
	三	ἔδοτο	ἔθετο	εἷτο
	复一	ἐδόμεθα	ἐθέμεθα	εἵμεθα
	复二	ἔδοσθε	ἔθεσθε	εἷσθε
	三	ἔδοντο	ἔθεντο	εἷντο
虚拟式	单一	δῶμαι	θῶμαι	ὧμαι
	二	δῷ	θῇ	ᾗ
	三	δῶται	θῆται	ἧται
	复一	δώμεθα	θώμεθα	ὥμεθα
	二	δῶσθε	θῆσθε	ἧσθε
	三	δῶνται	θῶνται	ὧνται
祈愿式	单一	δοίμην	θείμην	εἵμην
	二	δοῖο	θεῖο	εἷο
	三	δοῖτο	θεῖτο	εἷτο
	复一	δοίμεθα	θείμεθα	εἵμεθα
	二	δοῖσθε	θεῖσθε	εἷσθε
	三	δοῖντο	θεῖντο	εἷντο
命令式	单二	δοῦ	θοῦ	οὗ
	三	δόσθω	θέσθω	ἕσθω
	复二	δόσθε	θέσθε	ἕσθε
	三	δόσθων	θέσθων	ἕσθων
分词	阳	δόμενος, -ου	θέμενος, -ου	ἕμενος, -ου
	阴	δομένη, -ης	θεμένη, -ης	ἑμένη, -ης
	中	δόμενον, -ου	θέμενον, -ου	ἕμενον, -ου
	不定式	δόσθαι	θέσθαι	ἕσθαι

词　干

13.53　动词 **δίδωμι**［给予］（动词词干 δω-/δο-）、**τίθημι**［放置］（动

词词干 θη-/θε-）和 ἵημι[送出；放走]（动词词干 ἡ-/ἑ-）的不定过去时变位形式独特——

- 它们的大多数形式基于动词词干的短音变体（不受增饰），遵循词根型不过时的模式；
- 一些形式基于动词词干的长音变体，构成方式不一。

13.54 注意，这些动词除了主动形式之外还有中动形式（不同于前文所述的词根型不过时）。

13.55 在散文中，动词 τίθημι 大多以复合词的形式出现（比如 ὑποτίθημι[放在下面；提议]等等），而 ἵημι 几乎总是如此。相应地，这两个动词的词根型不定式基本也仅见于复合词。

词 尾

13.56 就 δίδωμι、τίθημι 和 ἵημι 的直陈式词尾而言——

- 主动态单数在带长音的词干形式（δω-/θη-/ἡ-）上加一个 **κ**，词尾是 -α, -ας, -ε(ν)，例如：ἔ-δω-κα, ἔ-δω-κας, ἔ-δω-κε(ν)、ἔ-θη-κα, ἔ-θη-κας, ἔ-θη-κε(ν) 和 ἧ-κα, ἧ-κας, ἧ-κε(ν)。
- 主动态复数和中动态的所有形式都基于带短音的词干形式（δο-/θε-/ἑ-），构成方式与词根型不过时类似，例如：

  主一复 ἔ-δο-μεν、中一单 ἐ-δό-μην 和中一复 ἐ-δό-μεθα；

  主一复 ἔ-θε-μεν、中一单 ἐ-θέ-μην 和中一复 ἐ-θέ-μεθα；

  主一复 εἷ-μεν、中一单 εἵ-μην 和中一复 εἵ-μεθα。
- 不过，上面第二种情况有时也会用带 κ 或 α 的异体，例如：ἐ-δώ-καμεν、ἔ-θη-καν 和 ἥ-καντο。
- 对于直陈式中动态二单而言，词尾 -σο 中的 σ 脱落了（见 1.83），从而发生缩合，故而有了 ἔδου（< *ἔ-δο-(σ)ο）和 ἔθου（< *ἔ-θε-(σ)ο），但是 εἷσο 中 σ 的不脱落。

注一：ἵημι 的增音和词干产生不同的结果，例如：单一 ἧκα（< *ἔ-(y)η-κα）、复一 εἷμεν（< *ἔ-(y)ε-μεν），见 11.40。

13.57 虚拟式词尾与之前的长元音缩合，有时则在音量交换（见 1.71）后再发生缩合，例如：

主一单 δῶ（< *δώ-ω）、主二单 δῷς（< *δώ-ῃς）、中一单 δῶμαι（< *δώ-ω-μαι），主一单 ὧ（< *ἕω < *ἥ-ω）、主二单 ᾗς（< *ἥ-ῃς）、中一单 ὧμαι（< *ἕωμαι < *ἥ-ω-μαι）。

13.58　对于祈愿式而言，单数用后缀 -ιη-，复数和所有的中动形式用后缀 -ι-。后缀中的 ι 和前方的短词干元音构成双元音。祈愿式使用历史词尾，例如：主一单 δοίη-ν、主一复 δοῖ-μεν、中一单 δοί-μην，主一单 θείη-ν、主一复 θεῖ-μεν、中一单 θεί-μην。

对于主动态第一和第二人称复数而言，也有使用后缀 -ιη- 的异体，例如：复一 θείη-μεν、复二 θείη-τε。见 13.51 的动词变位表。

注一：个别情况下，这些动词的祈愿式不过时也会带构干元音，例如：προοῖτο（προίημι[送出]的不过祈中三单）、ἐπιθιοῖντο（ἐπιτίθημι[放上]的不过祈中三复）。

13.59　对于这三个动词而言，我们只能通过现在时的叠音来区分虚拟式、祈愿式的不过时和现在时（见 12.49–50）：对比虚主二复不过时 δῶτε、θῆτε、ἧτε 和现在时 διδῶτε、τιθῆτε、ἱῆτε，以及祈中三单不过时 δοῖτο、θεῖτο、εἶτο 和现在时 διδοῖτο、τιθεῖτο、ἱεῖτο。

13.60　这三个动词的命令式都基于动词词干的短音变体。命令式主动态二单以 -ς 结尾，例如：δό-ς、θέ-ς 和 ἕ-ς。对于中动态二单而言，词尾 -σο 中的 σ 都脱落了（见 1.83），从而发生缩合：δοῦ（< *δό-(σ)ο）、θοῦ（< *θέ-(σ)ο）和 οὗ（< *ἕ-(σ)ο）。

13.61　这三个动词的主动态不定式都基于动词词干的短音变体，以 -εναι 结尾，其中的 ε 与之前的短元音缩合，分别作 δοῦναι（< *δό-εναι）、θεῖναι 和 εἶναι。

这三个动词的中动态不定式按照常规，以 -σθαι 结尾，分别作 δό-σθαι、θέ-σθαι 和 ἕ-σθαι。

13.62　这三个动词的主动态分词在后缀 -ντ- 前使用动词词干的短音变体，例如：阳单属 θέ-ντ-ος、阴单属 θείσης（< *θέντy-），阳单属 ἕ-ντ-ος、阳单主 εἵς（< *ἕντς）。完整的变格见 5.17–18。

这三个动词的中动态分词在 -μεν- 前也使用动词词干的短音变体，例如：阳单主 θέ-μεν-ος、阴单主 θε-μέν-η，还有阳单主 ἕ-μεν-ος、阴单主 ἑ-μέν-η。完整的变格见 5.3–4。

具有多种不定过去时形式的动词

13.63　尽管大多数动词只有一种类型的不过时，但一些动词却有多种不过时形式。典型情况就是，各种类型的不过时基于动词词干的不同变体，或者基于完全不同的动词词干（异干动词，见 11.13），例如：

动　词	动词词干	σ 型/词根型不过时	构干元音型不过时
ἐρωτάω[问]	ἐρ-、ἐρωτη-/ἐρωτᾰ-	σ 型 ἠρώτησα	ἠρόμην（中动）
λέγω[说]	λεγ-/λογ-、εἰπ-和 ἐρ-/ῥη-	σ 型 ἔλεξα	εἶπον（或 εἶπα，见 13.32）
(ἀπο)κτείνω[杀死]	κτεν-/κτον-/κτᾰν-	隐性 σ 型 (ἀπ)έκτεινα	ἔκτανον（见于诗歌）
τρέπω[转动]	τρεπ-/τροπ-/τρᾰπ-	σ 型 ἔτρεψα	ἔτραπον（见于诗歌）
πέτομαι[飞]	πετ-/πτη-/πτ(ᾰ)-	词根型 ἐπτάμην/ἔπτην	ἐπτόμην

13.64 在其他几种情况下，不同的不过时词干也能表达显著不同的含义，中动态尤其如此。这种语态上的差异见第 35 章。注意，类似含义也常由 θη 型或 η 型不过时来表达；这些动词详见 22.9：①

δύω（动词词干 δῡ-/δῠ-）	
主动态 δύω[淹没]	σ 型不过时主动态 ἔδυσα[曾淹没]
中被动态 δύομαι[沉入]	词根型不过时 ἔδυν[曾沉入]

ἐγείρω（动词词干 ἐγερ-/ἐγορ-/ἐγρ-）	
主动态 ἐγείρω[唤醒；使醒来]	隐性 σ 型主动态 ἤγειρα[曾唤醒]
中被动态 ἐγείρομαι[醒来]	构元型不过时中动态 ἠγρόμην[曾醒来]（还有 θη 型不过时 ἠγέρθην，见 35.17 及注二）

ἵστημι（动词词干 στη-/στᾰ-）	
主动态 ἵστημι[使竖立]	σ 型不过时主动态 ἔστησα[曾使竖立]
中被动态 ἵσταμαι[站起；竖起]	词根型不过时 ἔστην[曾站起；曾站住]

πείθω（动词词干 πειθ-/ποιθ-/πῐθ-）	
主动态 πείθω[说服；使听从]	σ 型不过时主动态 ἔπεισα[曾说服；曾使听从]
中被动态 πείθομαι[听从；听信]	构元型不过中 ἐπιθόμην[曾听从；曾听信]（还有 θη 型不过时 ἐπείσθην，见 35.19 及注一）

τρέπω（动词词干 τρεπ-/τροπ-/τρᾰπ-）	
主动态 τρέπω[使转动]	σ 型/构元型主动态 ἔτρεψα/ἔτραπον[曾使转动]
中被动态 τρέπομαι[转身]	构干元音型中动态 ἐτραπόμην[曾转身]（亦作 ἐτράπην、ἐτρέφθην，见 35.17 及注二）

φύω（动词词干 φῡ-）	
主动态 φύω[使生长]	σ 型不过时主动态 ἔφυσα[曾使生长]
中被动态 φύομαι[生长]	词根型不过时 ἔφυν[曾生长；曾出生]

① 类似的情况亦见于完成时，见 18.26。

第14章　不定过去时被动态（θη型和η型不定过去时）

不定过去时被动态词干的类型

14.1　有两类词干通常被称作不定过去时被动态词干——

• 在动词词干上添加后缀 **-θη-** 构成的词干，例如：

παιδεύω[教化]（动词词干 παιδευ-）的不过被词干作 παιδευθη-；

δείκνυμι[展示]（动词词干 δεικ-）的不过被词干作 δειχθη-（χθ 见14.19）。

• 在动词词干上添加后缀 **-η-** 构成的词干，例如：

γράφω[刻划；书写]（动词词干 γρᾰφ-）的不过被词干作 γραφη-；

βλάπτω[伤害]（动词词干 βλᾰβ-）的不过被词干作 βλαβη-。

因此，这两种词干所共有的成分是元音η。大多数动词仅有其中一种词干，-θη-构成的词干常见得多。一些动词同时有这两种词干，例如：

φαίνω[使显现]（动词词干 φην-/φᾰν）的不过被词干是 φανθη-、φανη-。

注一：只有带宾语或补语（见26.3）的主动态动词和一些带宾语或补语的中动态动词所构成的被动态不过时有被动含义，例如：

παιδεύω[教化]的不过时被动态 ἐπαιδεύθην[他曾受教化]；

δείκνυμι[展示]的不过被 ἐδείχθην[他曾得到展示]；

αἰτιάομαι[控告]的不过被 ᾐτιάθην[他曾遭控告]。

然而，对于其他动词而言，不过时被动态并不表达或极少表达被动含义。从而，βούλομαι[意欲；打算]的不过被 ἐβουλήθην[他曾意欲]在语义上并不是被动的。事实上，对于在动词词干上添加后缀 -η- 构成的不过时被动态词干而言，其中一般只有一小部分表达被动含义。从而，后文中我们使用 **θη** 型不定过去时和 **η** 型不定过去时这两个名称（而非不定过去时被动态），并且给出个别形式的释义以求明确。

“被动态”不定过去时的含义及其用法的演变详见第35章。

θη型不定过去时和η型不定过去时的变位

变位表

14.2　动词词干以元音结尾的 **θη** 型不定过去时的变位和 **η** 型不定过去时的变位如下所示：

动词词干结尾		ι、υ 或双元音	α、ε、ο 或 η	η 型不过时
例 词		παιδεύω[教化]	τιμάω[尊崇]	φαίνω[使显现]
词 干		παιδευθη-	τιμηθη-	φανη-
直陈式		ἐπαιδεύθην	ἐτιμήθην	ἐφάνην
		ἐπαιδεύθης	ἐτιμήθης	ἐφάνης
		ἐπαιδεύθη	ἐτιμήθη	ἐφάνη
		ἐπαιδεύθημεν	ἐτιμήθημεν	ἐφάνημεν
		ἐπαιδεύθητε	ἐτιμήθητε	ἐφάνητε
		ἐπαιδεύθησαν	ἐτιμήθησαν	ἐφάνησαν
虚拟式		παιδευθῶ	τιμηθῶ	φανῶ
		παιδευθῇς	τιμηθῇς	φανῇς
		παιδευθῇ	τιμηθῇ	φανῇ
		παιδευθῶμεν	τιμηθῶμεν	φανῶμεν
		παιδευθῆτε	τιμηθῆτε	φανῆτε
		παιδευθῶσι(ν)	τιμηθῶσι(ν)	φανῶσι(ν)
祈愿式		παιδευθείην	τιμηθείην	φανείην
		παιδευθείης	τιμηθείης	φανείης
		παιδευθείη	τιμηθείη	φανείη
		παιδευθεῖμεν[1]	τιμηθεῖμεν[1]	φανεῖμεν[2]
		παιδευθεῖτε[1]	τιμηθεῖτε[1]	φανεῖτε[2]
		παιδευθεῖεν[1]	τιμηθεῖεν[1]	φανεῖεν[2]
命令式		παιδεύθητι	τιμήθητι	φάνηθι
		παιδευθήτω	τιμηθήτω	φανήτω
		παιδεύθητε	τιμήθητε	φάνητε
		παιδευθέντων	τιμηθέντων	φανέντων
不定式		παιδευθῆναι	τιμηθῆναι	φανῆναι
分 词	阳	παιδευθείς, -θέντος	τιμηθείς, -θέντος	φανείς, -έντος
	阴	παιδευθεῖσα, -θείσης	τιμηθεῖσα, -θείσης	φανεῖσα, -είσης
	中	παιδευθέν, -θέντος	τιμηθέν, -θέντος	φανέν, -έντος

[1] 祈愿式复数第一、第二和第三人称分别又以 -θείημεν、-θείητε 和 -θείησαν 结尾，例如：παιδευθείημεν, παιδευθείητε, παιδευθείησαν。

[2] φαίνω 的 η 型不过时祈愿式复数又以 -είημεν, -είητε, -είησαν 结尾。

14.3　动词词干以辅音结尾的 **θη** 型不定过去时的变位如下所示：

动词词干结尾		唇音或软腭塞音	齿塞音	响　音
例　词		**δείκνυμι**[展现]	**κομίζω**[照料]	**ἀγγέλλω**[宣布]
词　干		**δειχθη-**	**κομισθη-**	**ἀγγελθη-**
直陈式		ἐδείχθην	ἐκομίσθην	ἠγγέλθην
		ἐδείχθης	ἐκομίσθης	ἠγγέλθης
		ἐδείχθη	ἐκομίσθη	ἠγγέλθη
		ἐδείχθημεν	ἐκομίσθημεν	ἠγγέλθημεν
		ἐδείχθητε	ἐκομίσθητε	ἠγγέλθητε
		ἐδείχθησαν	ἐκομίσθησαν	ἠγγέλθησαν
虚拟式		δειχθῶ	κομισθῶ	ἀγγελθῶ
		δειχθῇς	κομισθῇς	ἀγγελθῇς
		δειχθῇ	κομισθῇ	ἀγγελθῇ
		δειχθῶμεν	κομισθῶμεν	ἀγγελθῶμεν
		δειχθῆτε	κομισθῆτε	ἀγγελθῆτε
		δειχθῶσι(ν)	κομισθῶσι(ν)	ἀγγελθῶσι(ν)
祈愿式		δειχθείην	κομισθείην	ἀγγελθείην
		δειχθείης	κομισθείης	ἀγγελθείης
		δειχθείη	κομισθείη	ἀγγελθείη
		δειχθεῖμεν[1]	κομισθεῖμεν[1]	ἀγγελθεῖμεν[1]
		δειχθεῖτε[1]	κομισθεῖτε[1]	ἀγγελθεῖτε[1]
		δειχθεῖεν[1]	κομισθεῖεν[1]	ἀγγελθεῖεν[1]
命令式		δείχθητι	κομίσθητι	ἀγγέλθητι
		δειχθήτω	κομισθήτω	ἀγγελθήτω
		δείχθητε	κομίσθητε	ἀγγέλθητε
		δειχθέντων	κομισθέντων	ἀγγελθέντων
不定式		δειχθῆναι	κομισθῆναι	ἀγγελθῆναι
分　词	阳	δειχθείς, -θέντος	κομισθείς, -θέντος	ἀγγελθείς, -θέντος
	阴	δειχθεῖσα, -θείσης	κομισθεῖσα, -θείσης	ἀγγελθεῖσα, -θείσης
	中	δειχθέν, -θέντος	κομισθέν, -θέντος	ἀγγελθέν, -θέντος

[1] 祈愿式复数第一、第二和第三人称分别又以 -θείημεν、-θείητε 和 -θείησαν 结尾。动词词干以元音结尾的 θη 型不过时亦然。

词 尾

14.4 θη 型不过时和 η 型不过时使用主动态人称词尾（见 11.20）。

14.5 直陈式带有增音（见 11.35–42），使用主动态历史词尾（见 11.22–27）例如：一单 ἐ-παιδεύθη-ν、二单 ἐ-δείχθη-ς 和二复 ἐ-γράφη-τε 等等。直三复词尾是 -σαν，例如 ἐ-παιδεύθη-σαν。

14.6 命令式：二单词尾是 -θι，例如 φάνη-θι、κατακλίνη-θι［请你斜靠］。然而对于 θη 型不过时来说，词尾变为 -τι，例如 παιδεύθη-τι（而非我们所预期的 †τηθι < *-θηθι［见 1.97］，类推自二复 παιδεύθητε）。

其他命令式带有规则的主动态词尾，例如：二复 παιδεύθη-τε，三复 φανέ-ντων（< *-ήντων，见 1.70）。

14.7 虚拟式带有长的构干元音（见 11.16）以及基本词尾。词干中的 η 发生缩合，缩合有时发生在音量交换之后（见 1.71），例如：一复 δειχθῶμεν（< -θέωμεν < *-θήωμεν）、二复 γραφῆτε（< *-ήητε）。

14.8 祈愿式单数带有祈愿式后缀 -ιη-，复数中带有后缀 -ι-（复数中后缀 -ιη- 偶尔亦见使用）。ι 和词干中的 η 构成双元音，这个 η 短化为 ε（见 1.70 注一）。祈愿式使用主动态历史词尾。例如：一单 φανείη-ν、一复 παιδευθεῖ-μεν。

14.9 不定式以 -ναι 结尾，例如 λειφθῆ-ναι。

14.10 分词的构成方式是在词干上添加 -ντ-，词干短化为 -(θ)ε-（见 1.70），例如：阳单属 παιδευθέ-ντ-ος、阴单属 γραφείσης（< *-έντy-）。完整的变格见 5.17–18。

θη 型不定过去时的词干

θη 型不定过去时词干的构成

以 υ 或双元音结尾的动词词干

14.11 在 -θη- 之前，以 υ 或双元音结尾的动词词干不发生变化（不过在元音的音长上可能存在变体），例如：

动 词	动词词干	时态词干	直一单	不定式
θύω［献祭］	θῡ/θῠ-	τῠθη-（见 1.97）	ἐτύθην	τυθῆναι
ἱδρύω［建立］	ἱδρῡ-	ἱδρυθη-	ἱδρύθην	ἱδρυθῆναι
λύω［释放］	λῡ/λῠ-	λῠθη-	ἐλύθην	λυθῆναι

动　词	动词词干	时态词干	直一单	不定式
μηνύω[揭露]	μηνῡ-	μηνυθη-	ἐμηνύθην	μηνυθῆναι
παίω[敲击]	παι-	παιθη-	ἐπαίθην	παιθῆναι
παιδεύω[教化]	παιδευ-	παιδευθη-	ἐπαιδεύθην	παιδευθῆναι
λούω[洗涤]	λου-	λουθη-	ἐλούθην	λουθῆναι

注一：对于现在时词干中带长音 ῡ 的单音节词干而言，θη 型不过时中的 ῡ 短化为 ῠ，例如 θύω、λύω。

14.12　κάω/καίω[点燃]的动词词干是 *κᾰϝ-（见 12.29），θη 型不定过去时作 ἐκαύθην。χέω[倾倒]的动词词干是 *χεϝ-/χῠ-，θη 型不过时作 ἐχῠ́θην。

以其他元音结尾的动词词干

14.13　对于动词词干以 η/ε、η/ᾰ 或 ω/ο 结尾的动词（亦即缩合动词）而言，-θη- 加于动词词干的长音变体（见 11.11）构成不过时词干：

- 现在时词干以 ε 结尾：θη 前为 η；
- 现在时词干以 ᾰ 或 η 结尾：θη 前为 η（但 ε、ι 或 ρ 后是 ᾱ）；
- 现在时词干以 ο 结尾：θη 前为 ω；对于一些词干以 ω 结尾的动词而言，其 θη 型不过时词干的构成方式与此类似。

动　词	动词词干	时态词干	直一单	不定式
ποιέω[制作]	ποιη-/ποιε-	ποιηθη-	ἐποιήθην	ποιηθῆναι
τιμάω[尊崇]	τιμη-/τιμᾰ-	τιμηθη-	ἐτιμήθην	τιμηθῆναι
πειράομαι[尝试]	πειρᾱ-/πειρᾰ-	πειρᾱθη-	ἐπειρᾱ́θην[曾尝试]	πειρᾱθῆναι
αἰτιάομαι[控告]	αἰτιᾱ-/αἰτιᾰ-	αἰτιᾱθη-	ᾐτιᾱ́θην[曾控告]	αἰτιᾱθῆναι
ἀξιόω[评价]	ἀξιω-/ἀξιο-	ἀξιωθη-	ἠξιώθην	ἀξιωθῆναι
σῴζομαι[获救]	σω-	σωθη-	ἐσώθην[曾获救]	σωθῆναι
τιτρώσκω[使受伤]	τρω-	τρωθη-	ἐτρώθην	τρωθῆναι

14.14　ᾰ 和 η 的长短交替还见于两个仅有被动形式的 -μι 动词 **δύνᾰμαι**[有能力；能够]和 **ἐπίστᾰμαι**[懂得；理解]，它们的 θη 型不过时分别作 ἐδυνήθην 和 ἠπιστήθην，而且前者还有 ἐδυνάσθην 这个更加少见的形式（见 14.27）。

14.15　动词 **ἵστημι**[使竖立]、**τίθημι**[放置]、**ἵημι**[送走；放出]和 **δίδωμι**[给予]的 θη 型不过时基于动词词干的短音变体：

动　词	动词词干	时态词干	直一单	不定式
ἵστημι[使竖立]	στη-/στᾰ-	στᾰθη-	ἐστᾰ́θην	σταθῆναι
τίθημι[放置]	θη-/θε-	τεθη-（见 1.97）	ἐτέθην	τεθῆναι
ἵημι[送走；放出]	ἡ-/ἑ-	ἑθη-	εἵθην（见 11.40）	ἑθῆναι
δίδωμι[给予]	δω-/δο-	δοθη-	ἐδόθην	δοθῆναι

注一：ἵημι 的简单形式罕见，在散文中尤其如此。这个动词一般以复合形式出现，比如 ἀφείθην[曾被送出；曾被放出]、παρείθην[曾被晾在一边；曾被放过]。

14.16 对于几个以 -άω 和 -έω 结尾的动词而言，它们的动词词干以 σ 结尾（见 12.29 注一），这个 σ 在 θη 前保留。还需要注意以 -άννυμι 和以 -έννυμι 结尾的动词（其动词词干以 σ 结尾）。这两类动词例如：

动　词	动词词干	时态词干	直一单	不定式
αἰδέομαι[敬畏]	αἰδε(σ)-	αἰδεσθη-	ᾐδέσθην[曾敬畏]	αἰδεσθῆναι
ἔραμαι[热爱]	ἐρᾰ(σ)-	ἐρασθη-	ἠράσθην[曾热爱]	ἐρασθῆναι
τελέω[终结]	τελε(σ)-	τελεσθη-	ἐτελέσθην	τελεσθῆναι
κεράννυμι[混合]	κερᾰ(σ)-/κρᾱ-	κερασθη-	ἐκεράσθην	κερασθῆναι
σβέννυμι[使熄灭]	σβη-/σβε(σ)-	σβεσθη-	ἐσβέσθην	σβεσθῆναι

一些动词的动词词干并不以 σ 结尾，但是它们的 θη 型不定过去时中却有这个 σ（即所谓的寄生性的[parasitic]σ），例如：γιγνώσκω[认识；理解]（动词词干 γνω-）的 θη 型不定过去时 ἐγνώσθην。这类动词见 14.27。

14.17 注意，下述以 -έω 结尾的动词情况特殊：

动　词	动词词干	时态词干	直一单	不定式
αἰνέω[赞美]	αἰνε-	αἰνεθη-	ᾐνέθην	αἰνεθῆναι
αἱρέω[拿取]	αἱρη-/αἱρε-、ἑλ-	αἱρεθη-	ᾑρέθην[曾被拿取]	αἱρεθῆναι
αἱρέομαι[选择]（中动态）			[曾被选择]	
δέω[捆绑]	δη-/δε-	δεθη-	ἐδέθην	δεθῆναι
καλέω[召唤]	κᾰλε-/κλη-	κληθη-	ἐκλήθην	κληθῆναι
ὠθέω[推动]	ὠθη-/ὠθ(ε)-	ὠσθη-[①]	ἐώσθην	ὠσθῆναι

① [原书正文]ὡσθη- 见 14.20。

以唇塞音或软腭塞音结尾的动词词干

14.18　动词词干以唇塞音结尾的 θη 型不过时词干以 **φθη**（π/β/φ + θη > φθη）结尾，例如：

动　词	动词词干	时态词干	直一单	不定式
λείπω[离开；遗留]	λειπ-/λοιπ-/λῐπ-	λειφθη-	ἐλείφθην	λειφθῆναι
πέμπω[送出]	πεμπ-/πομπ-	πεμφθη-	ἐπέμφθην	πεμφθῆναι
τρίβω[摩擦]	τρῑβ-/τρῐβ-	τριφθη-	ἐτρίφθην	τριφθῆναι
λαμβάνω[拿取]	ληβ-/λᾰβ-	ληφθη-	ἐλήφθην	ληφθῆναι

要特别注意几个现在时以 -πτω 结尾的动词（见 12.27），例如：

动　词	动词词干	时态词干	直一单	不定式
ῥίπτω[投掷]	ῥῑπ-	ῥιφθη-	ἐρρίφθην	ῥιφθῆναι
βλάπτω[伤害]	βλᾰβ-	βλαφθη-	ἐβλάφθην	βλαφθῆναι
κρύπτω[隐藏]	κρῠφ-/κρῠβ-	κρυφθη-	ἐκρύφθην	κρυφθῆναι

注一：更常见的 η 型不定过去时（表被动含义）ἐτρίβην[曾被摩擦]（τρίβω）、ἐβλάβην[曾被伤害]（βλάπτω）和 ἐρρίφην[曾被投掷]（ῥίπτω），见 14.30。

14.19　动词词干以软腭塞音结尾的 θη 型不过时词干以 **χθη**（κ/γ/χ + θη > χθη）结尾，例如：

动　词	动词词干	时态词干	直一单	不定式
διώκω[追赶]	διωκ-	διωχθη-	ἐδιώχθην	διωχθῆναι
ἄγω[引导]	ἀγ-	ἀχθη-	ἤχθην	ἀχθῆναι
λέγω[言说]	λεγ-/λογ-	λεχθη-	ἐλέχθην	λεχθῆναι
διαλέγομαι[交谈]	εἰπ-、ἐρ-/ῥη-		διελέχθην ①	διαλεχθῆναι
συλλέγομαι[聚集]			συνελέχθην ①	συλλεχθῆναι
ἄρχω[统治；开始]	ἀρχ-	ἀρχθη-	ἤρχθην	ἀρχθῆναι

尤其需要注意，对于几乎所有现在时以 -ττω/-ττομαι 结尾的动词（见 13.22）、一些现在时以 -ζω 结尾的动词和几个现在时以 -νυμι 结尾的动词而言，它们的 θη 型不过时词干以 χθη 结尾，例如：

---

① [原书正文]这两个词都表达主动含义，分别意为曾交谈和曾聚集。

动　词	动词词干	时态词干	直一单	不定式
ἀπαλλάττομαι[离开]	ἀλλᾰγ-	ἀλλαχθη-	ἀπ-ηλλάχθην①	ἀπαλλαχθῆναι
τάττω[安排]	τᾰγ-	ταχθη-	ἐτάχθην	ταχθῆναι
ὀρύττω[挖掘]	ὀρῠχ-	ὀρυχθη-	ὠρύχθην	ὀρυχθῆναι
δαΐζω[劈开；砍下]	δαϊγ-	δαϊχθη-	ἐδαΐχθην	δαϊχθῆναι
δείκνυμι[展示]	δεικ-	δειχθη-	ἐδείχθην	δειχθῆναι
μ(ε)ίγνυμι[混合]	μειγ-/μῐγ-	μ(ε)ιχθη-	ἐμ(ε)ίχθην	μ(ε)ιχθῆναι

注一：对于 λέγω 来说，除了 ἐλέχθην 之外，θη 型不过时 ἐρρήθην（异干动词，见 11.13）也常常出现，例如 ἐρρήθη[他曾据说]。

注二：更常见的 η 型不定过去时 συνελέγην[曾聚集]（συλλέγομαι）、ἀπηλλάγην[曾离开]（ἀπ-αλλάττομαι；-ηλλάγην 和 -ηλλάχθην 分别更常见于散文和诗歌）和 ἐμίγην[曾被混合；曾与……交合]（μείγνυμι），见 14.30。

以齿塞音结尾的动词词干

14.20 动词词干以齿塞音结尾的 θη 型不过时词干以 **σθη**（τ/δ/θ + θη > σθη，见 1.89）结尾，例如：

动　词	动词词干	时态词干	直一单	不定式
ψεύδομαι[犯错]	ψευδ-	ψευσθη-	ἐψεύσθην[曾犯错]	ψευσθῆναι
ἥδομαι[感到愉快]	ἡδ-	ἡσθη-	ἥσθην[曾享乐]	ἡσθῆναι
πείθω[说服]	πειθ-/ποιθ-/πῐθ-	πεισθη-	ἐπείσθην	πεισθῆναι

特别要注意大多数现在时以 -ζω/-ζομαι 结尾的动词和一些现在时以 -ττω 结尾的动词（见 13.23），例如：

动　词	动词词干	时态词干	直一单	不定式
κομίζω[带走]	κομῐδ-	κομισθη-	ἐκομίσθην	κομισθῆναι
νομίζω[认为]	νομῐδ-	νομισθη-	ἐνομίσθην	νομισθῆναι
λογίζομαι[计算；思量]	λογῐδ-	λογισθη-	ἐλογίσθην②	λογισθῆναι
ἁρμόζω/ἁρμόττω[组合]	ἁρμοδ-/ἁρμοτ-	ἁρμοσθη-	ἡρμόσθην	ἁρμοσθῆναι
πλάττω[塑造]	πλᾰθ-	πλασθη-	ἐπλάσθην	πλασθῆναι

① [原书正文]ἀπηλλάχθην 表达主动含义，意为曾离开。

② [原书正文]ἐλογίσθην 表达被动含义，意为曾被计算/曾被算作。

注一：对于 ψεύδω[欺骗]一词来说，其 σ 型不过时中动形式 ἐψευσάμην 意为曾撒谎，θη 型不过时 ἐψεύσθην 意为曾误判、曾受骗、曾犯错。

注二：在被动形式 ἐπείσθην[曾被说服]之外，还有构干元音型中动态不过时 ἐπιθόμην[曾听从；曾听信]（见 13.64）。被动形式 ἐπείσθην 更常用于散文，并且逐渐变得更加常见。

以响音结尾的动词词干

14.21 以响音（鼻音或流音）结尾的动词词干在 -θη- 前不发生变化。尤需注意现在时以 -λλω 结尾的动词，还有现在时以 -αίνω/-αίρω、-είνω/-είρω、-ΐνω/-ΐρω 和 -ΰνω/-ΰρω 结尾的动词（见 12.28），例如：

动　词	动词词干	时态词干	直一单	不定式
αἰσχΰνομαι[羞愧]	αἰσχῠν-	αἰσχῠνθη-	ᾐσχύνθην[曾羞愧]	αἰσχυνθῆναι
ἀγγέλλω[宣布]	ἀγγελ-	ἀγγελθη-	ἠγγέλθην	ἀγγελθῆναι
τίλλω[拔；扯]	τῐλ-	τιλθη-	ἐτίλθην	τιλθῆναι
αἴρω[举起]	ἆρ-	ἀρθη-	ἤρθην	ἀρθῆναι
ἐγείρομαι[醒来]	ἐγερ-/ἐγορ-/ἐγρ-	ἐγερθη-	ἠγέρθην[曾醒来]	ἐγερθῆναι
μιαίνω[玷污]	μιᾰν-	μιανθη-	ἐμιάνθην	μιανθῆναι
φαίνω[使显现]	φην-/φᾰν-	φανθη-	ἐφάνθην	φανθῆναι

注一：对于 φαίνω[使显现]来说，ἐφάνθην 意为曾被揭示，η 型不过时 ἐφάνην 意为曾显现、曾显得（见 14.30）。

注二：ἐγείρομαι[醒来]在 ἠγέρθην 之外还有构元型中动态不过时 ἠγρόμην[曾醒来]（见 13.64）。被动形式 ἠγέρθην 一般用于散文，从整体上说更加常见。

14.22 注意 τείνω[拉伸]的不过时被动态：

动　词	动词词干	时态词干	直一单	不定式
τείνω[拉伸]	τεν-/τᾰ- 见（1.86）	τᾰθη-	ἐτάθην	ταθῆναι

14.23 一些动词的现在时词干以鼻音结尾，但是在不过时被动态中并没有相应的鼻音（这个鼻音原本并不是动词词干的一部分，而是现在时词干中所带的后缀[见 12.30]），例如：

动　词	动词词干	时态词干	直一单	不定式
κλΐνομαι[斜靠]	κλῐ(ν)-	κλῐθη-	ἐκλίθην[曾斜靠]	κλιθῆναι

动　词	动词词干	时态词干	直一单	不定式
κρῑ́νω[区分；评判]	κρῐ(ν)-	κρῐθη-	ἐκρίθην	κριθῆναι

更常见的 η 型不定过去时 -εκλίνην（词典形式作 κλίνω，但是仅见于复合词），见 14.30。

14.24 许多词干以鼻音或流音结尾的动词有 η 型不过时，见 14.30。其他几个词干以鼻音或流音结尾的动词在构成 θη 型不过时的时候在词干和 θη 之间带有另一个 η，例如 νέμω[分配]（动词词干 νεμ-）的不过时 ἐνεμήθην。这些动词见 14.28。

14.25 εὑρίσκω[发现]（动词词干 εὑρ-，对比不过时不定式主动态 εὑρ-εῖν）的 θη 型不过时是 ηὑρέθην。

异干动词

14.26 对于一些频繁出现的动词来说，他们的 θη 型不过时词干与现在时词干毫无关联（见 11.13），例如：

动　词	动词词干	时态词干	直一单	不定式
λέγω[言说]	λεγ-/λογ-、εἰπ- 和 ἐρ-/ῥη-	ῥηθη-	ἐρρήθην	ῥηθῆναι
ὁράω[看见]	ὁρᾱ-/ὁρᾰ-、ἰ̆δ- 和 ὀπ-	ὀφθη-	ὤφθην	ὀφθῆναι
φέρω[携带；承受]	φερ-、ἐνεκ-/ἐνοκ-/ἐγκ- 和 οἰτ-	ἐνεχθη-	ἠνέχθην	ἐνεχθῆναι

注一：ἐλέχθην 用作 λέγω 的不过时直一单 ἐρρήθην 的异体，见 14.19。

其他注意事项和例外

14.27 对于许多动词词干以一个元音结尾的动词而言，其动词词干和后缀 θη 之间有一个寄生性的 σ（对比 14.16，那些动词的词干原本就以 σ 结尾；这个 σ 延伸到了其他动词词干以元音结尾的动词），例如：

动　词	动词词干	时态词干	直一单	不定式
ἄγαμαι[钦慕]	ἀγᾰ-	ἀγασθη-	ἠγάσθην[曾钦慕]	ἀγασθῆναι
γιγνώσκω[认识]	γνω-	γνωσθη-	ἐγνώσθην	γνωσθῆναι
δράω[做]	δρᾱ-/δρᾰ-	δρασθη-	ἐδράσθην	δρασθῆναι
δύναμαι[有能力]	δυνη-/δυνᾰ-	δυνασθη-	ἐδυνάσθην[曾能够]	δυνασθῆναι
ἕλκω[拖；拉]	ἑλκ(ῠ)-	ἑλκυσθη-	εἱλκύσθην（见 11.40）	ἑλκυσθῆναι
ἐσθίω[吃]	ἐσθῐ-、φᾰγ- 和 ἐδε-/ἐδο-/ἐδ-	ἐδεσθη-	ἠδέσθην	ἐδεσθῆναι

动　词	动词词干	时态词干	直一单	不定式
κελεύω[命令]	κελευ-	κελευσθη-	ἐκελεύσθην	κελευσθῆναι
κλαίω/κλάω[哭泣]	κλα(υ)-	κλαυσθη-	ἐκλαύσθην	κλαυσθῆναι
κλῄω/κλείω[关闭]	κλῃ-/κλει-	κλῃσθη-	ἐκλῄσθην	κλῃσθῆναι
		κλεισθη-	ἐκλείσθην	κλεισθῆναι
μιμνήσκομαι[记得]	μνη-	μνησθη-	ἐμνήσθην[曾记得]	μνησθῆναι
ὄμνυμι[发誓]	ὀμ(ο)-	ὀμοσθη-	ὠμόσθην	ὀμοσθῆναι
			亦作 ὠμόθην	
παύω[停止]	παυ-	παυσθη-	ἐπαύσθην	παυσθῆναι
			亦作 ἐπαύθην	
πίμπλημι[填满]	πλη-/πλᾰ-	πλησθη-	ἐπλήσθην	πλησθῆναι
πίμπρημι[燃烧]	πρη-/πρᾰ-	πρησθη-	ἐπρήσθην	πρησθῆναι
σπάω[拔；撕]	σπᾰ-	σπασθη-	ἐσπάσθην	σπασθῆναι
χρήομαι[使用]	χρη-	χρησθη-	ἐχρήσθην	χρησθῆναι
χρίω[涂油]	χρῑ-	χρισθη-	ἐχρίσθην	χρισθῆναι

ἐδυνήθην 是 δύναμαι 的不过时 ἐδυνάσθην 的异体，而且更加常见，见 14.14。

14.28　对于动词词干以辅音结尾的各种动词而言，动词词干和后缀 θη 之间都可能带有一个 η。这里给出了五个例词，动词词干分别以齿塞音、响音、响音、ξ 和 ψ 结尾：

动　词	动词词干	时态词干	直一单	不定式
ἁμαρτάνω[犯错]	ἁμᾰρτ-	ἁμαρτηθη-	ἡμαρτήθην	ἁμαρτηθῆναι
βούλομαι[意欲]	βουλ-	βουληθη-	ἐβουλήθην	βουληθῆναι
νέμω[分配]	νεμ-	νεμηθη-	ἐνεμήθην	νεμηθῆναι
αὐξάνω、αὔξω[增长]	αὐξ-	αὐξηθη-	ηὐξήθην	αὐξηθῆναι
ἕψω[烹煮]	ἑψ-	ἑψηθη-	ἡψήθην	ἑψηθῆναι

注一：对于 γίγνομαι 来说，构干元音型不过时中动形式 ἐγενόμην 意为*曾变为、曾出生*，θη 型不过时 ἐγενήθην 意为*曾出生*，后者在晚期希腊语中常见得多。

η 型不定过去时的词干

η 型不定过去时的构成

14.29　η 型不过时仅见于词干以辅音结尾的动词。后缀 -η- 直接加在动词词干上，与现在时相比可能还带有元音音级的差异（见下文）。

与现在时词干在元音音级上相同的η型不定过去时词干

14.30 以下动词的 η 型不定过去时词干与现在时词干在元音音级上相同：

动 词	动词词干	时态词干	直一单	不定式
βλάπτω[伤害]	βλᾰβ-	βλαβη-	ἐβλάβην	βλαβῆναι
τύπτω[打击]	τῠπ-	τυπη-	ἐτύπην	τυπῆναι
κόπτω[敲打]	κοπ-	κοπη-	ἐκόπην	κοπῆναι
γράφω[书写]	γρᾰφ-	γραφη-	ἐγράφην	γραφῆναι
ῥίπτω[投掷]	ῥῑπ-	ῥῐφη-	ἐρρίφην	ῥιφῆναι
κρύπτω[隐藏]	<u>κρῠφ-</u>/κρῠβ-	κρυφη-	ἐκρύφην	κρυφῆναι
θάπτω[埋葬]	θᾰφ-	ταφη-	ἐτάφην	ταφῆναι
(κατ)άγνυμαι[碎裂]	ἀ̄γ-/<u>ἀ̆γ-</u>	ἀ̆γη-	κατ-εάγην[曾碎裂]	καταγῆναι
ἀπαλλάττομαι[离开]	ἀλλᾰγ-	ἀλλαγη-	ἀπ-ηλλάγην[曾离开]	ἀπαλλαγῆναι
πλήττω[打击]	<u>πληγ-</u>/πλᾰγ-	πληγη-	ἐπλήγην	πληγῆναι
συλλέγομαι[集合]	λεγ-/λογ-	λεγη-	συν-ελέγην[曾集合]	συλλεγῆναι
κατακλῑ́νομαι[斜靠]	κλῐ(ν)-	κλινη-	κατ-εκλίνην[曾斜靠]	κατακλινῆναι
σφάλλομαι[跌倒]	σφᾰλ-	σφαλη-	ἐσφάλην[曾跌倒]	σφαλῆναι
μαίνομαι[狂怒]	μην-/<u>μᾰν-</u>	μανη-	ἐμάνην[曾狂怒]	μανῆναι
φαίνομαι[显得]	φην-/<u>φᾰν-</u>	φανη-	ἐφάνην[曾显得]	φανῆναι
χαίρω[感到愉快]	χᾰρ-	χαρη-	ἐχάρην[曾愉快]	χαρῆναι

注一：ταφη- 见 1.97。这里所给出的许多动词有 θη 型不过时：βλάπτω、θάπτω、ῥίπτω、κρύπτω、ἀλλάττω、συλλέγω、κλίνω 和 φαίνω，见 14.18–19。

与现在时词干在元音音级上不同的η型不定过去时词干

14.31 以下动词的 η 型不定过去时词干与现在时词干在元音音级上有别（换音见 1.51，η 型不过时使用零级），例如：

动 词	动词词干	时态词干	直一单	不定式
ζεύγνυμι[上轭]	ζευγ-/<u>ζῠγ-</u>	ζῠγη-	ἐζύγην	ζυγῆναι
κλέπτω[偷窃]	κλεπ-/κλοπ-/<u>κλᾰπ-</u>	κλᾰπη-	ἐκλάπην	κλαπῆναι

动　词	动词词干	时态词干	直一单	不定式
μ(ε)ίγνυμι/μίσγω[混合]	μειγ-/μῐγ-	μῐγη-	ἐμίγην	μιγῆναι
πήγνυμαι[变硬]	πηγ-/πᾰγ-	πᾰγη-	ἐπάγην[曾变硬]	παγῆναι
ἐκπλήττομαι[受惊]	πληγ-/πλᾰγ-	πλᾰγη-	ἐξ-επλάγην[曾失措]	ἐκπλαγῆναι
ῥέω[流动]	ῥε-/ῥῠ-	ῥῠη-	ἐρρύην[曾流动]	ῥυῆναι
ῥήγνυμαι[破裂]	ῥηγ-/ῥωγ-/ῥᾰγ-	ῥᾰγη-	ἐρράγην[曾破裂]	ῥαγῆναι
σπείρω[播种]	σπερ-/σπᾰρ-	σπᾰρη-	ἐσπάρην	σπαρῆναι
στέλλομαι[出发]	στελ-/στᾰλ-	στᾰλη-	ἐστάλην[曾出发]	σταλῆναι
στρέφομαι[转身]	στρεφ-/στροφ-/στρᾰφ-	στρᾰφη-	ἐστράφην[曾转身]	στραφῆναι
τήκομαι[融化]	τηκ-/τᾰκ-	τᾰκη-	ἐτάκην[曾融化]	τακῆναι
τρέπομαι[转身]	τρεπ-/τροπ-/τρᾰπ-	τρᾰπη-	ἐτράπην[曾转身]	τραπῆναι
τρέφομαι[生长]	θρεφ-/θροφ-/θρᾰφ-	τρᾰφη-	ἐτράφην[曾生长]	τραφῆναι
δια-φθείρομαι[丧亡]	φθερ-/φθορ-/φθᾰρ-	φθᾰρη-	δι-εφθάρην[曾丧亡]	φθαρῆναι

注一：这里给出的一些动词也有 θη 型不过时，例如：ἐμ(ε)ίχθην（μείγνυμι，见 14.19）、ἐπήχθην（πήγνυμαι）、ἐστρέφθην（στρέφομαι）、ἐτρέφθην（τρέπομαι）和 ἐθρέφθην（τρέφω，其 θη 型不过时并非我们所预期的 †ἐτρέφθην，见 1.97）。

第 15 章 将来时主动态和中动态

将来时词干的各种类型

15.1 几乎所有的动词的将来时词干都是 **σ** 型的（sigmatic），也就是说，在动词词干上添加一个 σ 构成将来时词干——

- 大多数动词直接在动词词干上添加这个 σ，例如：

  παιδεύω[教化]（动词词干 παιδευ-），将来时词干 παιδευσ-；

  δείκνυμι[展示]（动词词干 δεικ-），将来时词干 δειξ-。

- 然而，如果动词词干以响音结尾，或者多音节的动词词干以 ιδ- 结尾（即大多数以 **-ίζω/-ίζομαι** 结尾的动词），那么就有所谓的阿提卡型将来时（Attic future），带有一个 ε 而 σ 脱落了，例如：

  ἀγγέλλω[宣布；报告]（动词词干 ἀγγελ-），将来时词干 ἀγγελε-。

  κομίζω[带走；照料]（动词词干 κομῐδ-），将来时词干 κομιε-。

注一：因此，σ 型将来时词干的构成方式在很大程度上与 σ 型不定过去时词干（见 13.25–23）相似（比如下表中的前五个例词）。然而，阿提卡型将来时的构成方式与[隐性]σ 型不过时不同（比如下表中的最后两个例词）。

动　词	动词词干	将来时词干	不过时词干
παιδεύω[教化]	παιδευ-	παιδευσ-	παιδευσ(α)-
τιμάω[尊崇]	τιμη-/τιμᾰ-	τιμησ-	τιμησ(α)-
τρίβω[摩擦]	τρῑβ-/τρῐβ-	τρῑψ-	τρῑψ(α)-
διώκω[追赶]	διωκ-	διωξ-	διωξ(α)-
κολάζω[惩罚]	κολᾰδ-	κολασ-	κολασ(α)-
ἀγγέλλω[宣布]	ἀγγελ-	ἀγγελε-	ἀγγειλ(α)-
κομίζω[带走]	κομῐδ-	κομιε-	κομισ(α)-

将来时词干的含义见 33.6–7、33.11–12 和 33.43–45。

将来时的变位

词形概览

σ 型将来时

15.2 σ 型将来时主动态的变位如下：

动词词干结尾		ι、υ 或双元音	α、ε、ο 或 η	唇/软腭塞音	齿塞音
	例词	παιδεύω[教化]	τιμάω[尊崇]	τρίβω[摩擦]	κολάζω[惩罚]
	将来时词干	παιδευσ-	τιμησ-	τριψ-	κολασ-
直陈式	单一	παιδεύσω	τιμήσω	τρίψω	κολάσω
	二	παιδεύσεις	τιμήσεις	τρίψεις	κολάσεις
	三	παιδεύσει	τιμήσει	τρίψει	κολάσει
	复一	παιδεύσομεν	τιμήσομεν	τρίψομεν	κολάσομεν
	二	παιδεύσετε	τιμήσετε	τρίψετε	κολάσετε
	三	παιδεύσουσι(ν)	τιμήσουσι(ν)	τρίψουσι(ν)	κολάσουσι(ν)
祈愿式	单一	παιδεύσοιμι	τιμήσοιμι	τρίψοιμι	κολάσοιμι
	二	παιδεύσοις	τιμήσοις	τρίψοις	κολάσοις
	三	παιδεύσοι	τιμήσοι	τρίψοι	κολάσοι
	复一	παιδεύσοιμεν	τιμήσοιμεν	τρίψοιμεν	κολάσοιμεν
	二	παιδεύσοιτε	τιμήσοιτε	τρίψοιτε	κολάσοιτε
	三	παιδεύσοιεν	τιμήσοιεν	τρίψοιεν	κολάσοιεν
分词	阳	παιδεύσων, -οντος	τιμήσων, -οντος	τρίψων, -οντος	κολάσων, -οντος
	阴	παιδεύσουσα, -ούσης	τιμήσουσα, -ούσης	τρίψουσα, -ούσης	κολάσουσα, -ούσης
	中	παιδεῦσον, -οντος	τιμῆσον, -οντος	τρῖψον, -οντος	κολάσον, -οντος
	不定式	παιδεύσειν	τιμήσειν	τρίψειν	κολάσειν

15.3　σ 型将来时中动态的变位如下：

动词词干结尾		ι、υ 或双元音	α、ε、ο 或 η	唇/软腭塞音	齿塞音
	例词	παιδεύω[教化]	τιμάω[尊崇]	τρίβω[摩擦]	κολάζω[惩罚]
	将来时词干	παιδευσ-	τιμησ-	τριψ-	κολασ-
直陈式	单一	παιδεύσομαι	τιμήσομαι	τρίψομαι	κολάσομαι
	二	παιδεύσει/-ῃ	τιμήσει/-ῃ	τρίψει/-ῃ	κολάσει/-ῃ
	三	παιδεύσεται	τιμήσεται	τρίψεται	κολάσεται
	复一	παιδευσόμεθα	τιμησόμεθα	τριψόμεθα	κολασόμεθα
	二	παιδεύσεσθε	τιμήσεσθε	τρίψεσθε	κολάσεσθε
	三	παιδεύσονται	τιμήσονται	τρίψονται	κολάσονται
祈愿式	单一	παιδευσοίμην	τιμησοίμην	τριψοίμην	κολασοίμην
	二	παιδεύσοιο(<*-σοι-σο)	τιμήσοιο	τρίψοιο	κολάσοιο
	三	παιδεύσοιτο	τιμήσοιτο	τρίψοιτο	κολάσοιτο
	复一	παιδευσοίμεθα	τιμησοίμεθα	τριψοίμεθα	κολασοίμεθα
	二	παιδεύσοισθε	τιμήσοισθε	τρίψοισθε	κολάσοισθε
	三	παιδεύσοιντο	τιμήσοιντο	τρίψοιντο	κολάσοιντο
分词	阳	παιδευσόμενος, -ου	τιμησόμενος, -ου	τριψόμενος, -ου	κολασόμενος, -ου
	阴	παιδευσομένη, -ης	τιμησομένη, -ης	τριψομένη, -ης	κολασομένη, -ης
	中	παιδευσόμενον, -ου	τιμησόμενον, -ου	τριψόμενον, -ου	κολασόμενον, -ου
	不定式	παιδεύσεσθαι	τιμήσεσθαι	τρίψεσθαι	κολάσεσθαι

阿提卡型将来时

15.4 阿提卡型将来时主动态的变位如下：

		动词词干以响音结尾		动词词干以 ιδ- 结尾的多音节动词	
	例词	ἀγγέλλω[宣布；报告]		κομίζω[带走]	
将来时词干		ἀγγελε-		κομιε-	
直	单一	ἀγγελῶ	< -έω	κομιῶ	< -έω
陈	二	ἀγγελεῖς	< -έεις	κομιεῖς	< -έεις
式	三	ἀγγελεῖ	< -έει	κομιεῖ	< -έει
	复一	ἀγγελοῦμεν	< -έομεν	κομιοῦμεν	< -έομεν
	二	ἀγγελεῖτε	< -έετε	κομιεῖτε	< -έετε
	三	ἀγγελοῦσι(ν)	< -έουσιν	κομιοῦσι(ν)	< -έουσιν
祈	单一	ἀγγελοίην / -οῖμι	< -εοίην	κομιοίην	< -εοίην
愿	二	ἀγγελοίης / -οῖς	< -εοίης	κομιοίης	< -εοίης
式	三	ἀγγελοίη / -οῖ	< -εοίη	κομιοίη	< -εοίη
	复一	ἀγγελοῖμεν	< -έοιμεν	κομιοῖμεν	< -έοιμεν
	二	ἀγγελοῖτε	< -έοιτε	κομιοῖτε	< -έοιτε
	三	ἀγγελοῖεν	< -έοιεν	κομιοῖεν	< -έοιεν
分	阳	ἀγγελῶν, -οῦντος	< -έων, -έοντος	κομιῶν, -οῦντος	< -έων, -έοντος
词	阴	ἀγγελοῦσα, -ούσης	< -έουσα, -εούσης	κομιοῦσα, -ούσης	< -έουσα, -εούσης
	中	ἀγγελοῦν, -οῦντος	< -έον, -έοντος	κομιοῦν, -οῦντος	< -έον, -έοντος
不定式		ἀγγελεῖν	< -έεεν	κομιεῖν	< -έεεν

15.5 阿提卡型将来时中动态的变位如下：

		动词词干以响音结尾		动词词干以 ιδ- 结尾的多音节动词	
	例词	ἀγγέλλω[宣布；报告]		κομίζω[带走]	
将来时词干		ἀγγελε-		κομιε-	
直	单一	ἀγγελοῦμαι	< -έομαι	κομιοῦμαι	< -έομαι
陈	二	ἀγγελεῖ / -ῇ	< -έε(σ)αι	κομιεῖ / -ῇ	< -έε(σ)αι
式	三	ἀγγελεῖται	< -έεται	κομιεῖται	< -έεται
	复一	ἀγγελούμεθα	< -εόμεθα	κομιούμεθα	< -εόμεθα
	二	ἀγγελεῖσθε	< -έεσθε	κομιεῖσθε	< -έεσθε
	三	ἀγγελοῦνται	< -έονται	κομιοῦνται	< -έονται
祈	单一	ἀγγελοίμην	< -εοίμην	κομιοίμην	< -εοίμην
愿	二	ἀγγελοῖο	< -έοι(σ)ο	κομιοῖο	< -έοι(σ)ο
式	三	ἀγγελοῖτο	< -έοιτο	κομιοῖτο	< -έοιτο
	复一	ἀγγελοίμεθα	< -εοίμεθα	κομιοίμεθα	< -εοίμεθα
	二	ἀγγελοῖσθε	< -έοισθε	κομιοῖσθε	< -έοισθε
	三	ἀγγελοῖντο	< -έοιντο	κομιοῖντο	< -έοιντο
分	阳	ἀγγελούμενος, -ου	< -εόμενος	κομιούμενος, -ου	< -εόμενος
词	阴	ἀγγελουμένη, -ης	< -εομένη	κομιουμένη, -ης	< -εομένη
	中	ἀγγελούμενον, -ου	< -εόμενον	κομιούμενον, -ου	< -εόμενον
不定式		ἀγγελεῖσθαι	< -έεσθαι	κομιεῖσθαι	< -έεσθαι

词　尾

15.6　将来时主动和中动形式总是构干元音型变位（见 11.18）。所用的词尾与 -ω 动词现在时所用的相同（见 12.3–16）。这就意味着词干后发生的变化与 παιδεύω 的现在时相同；但是对于阿提卡型将来时而言，词干后发生的变化与 ποιέω 的现在时相同。

15.7　直陈式使用基本词尾，例如：

主一单 παιδεύσ-ω、二单 παιδεύσ-εις，中一单 παιδεύσ-ο-μαι；阿提卡型主一单 ἀγγελῶ（< -έ-ω）、二单 ἀγγελεῖς（< -έ-εις），中一单 ἀγγελοῦμαι（< -έ-ο-μαι）。

15.8　祈愿式使用祈愿式后缀 -ι- 或 -ιη-，并且在大多数情况下使用历史词尾，例如：

主二单 παιδεύσ-οι-ς、中三复 παιδεύσ-οι-ντο，阿提卡型主二单 ἀγγελοίης（< -ε-οίη-ς）、中三复 ἀγγελοῖντο（< -έ-οι-ντο）。

15.9　不定式主动态和中动态的词尾分别是 -εν 和 -σθαι，例如：

主动态不定式 παιδεύσ-ειν（< -ε-εν）、中动态 παιδεύσ-ε-σθαι，阿提卡型分别作 ἀγγελεῖν（< -έ-ε-εν）、ἀγγελεῖσθαι（< -έ-ε-σθαι）。

15.10　主动态分词带有 -ντ-，变格见 5.17–18，例如：

阳单属 παιδεύσ-ο-ντ-ος、阴单主 παιδεύσ-ουσα（< *-οντ-yα），阿提卡型阳单属 ἀγγελοῦντος（< -έ-ο-ντ-ος）、阴单主 ἀγγελοῦσα。

15.11　中动态分词，带有 -μεν-，变格见 5.3–4，例如：

阳单主 παιδευσ-ό-μεν-ος、阴单主 παιδευσ-ο-μέν-η，阿提卡型阳单主 ἀγγελούμενος（< -ε-ό-μενος）、阴单主 ἀγγελουμένη（< -ε-ο-μένη）。

15.12　将来时没有命令式和虚拟式（其他时态–体词干的命令式和虚拟式本身就涉及将来，见 33.63–65）。

15.13　一些阿提卡型将来时与 τιμάω 的现在时的变位相同，详见 15.38。

15.14　相当一些动词的现在时有主动形式，但是将来时只有中动形式。比如 ἀκούω[听闻]的将来时直陈式一单作 ἀκούσομαι。这些动词见 15.40。

σ 型将来时词干

词干的构成

以 ι、υ 或双元音结尾的动词词干

15.15 以 ι、υ 或双元音结尾的动词词干在添加 σ 时不发生变化：

动　词	动词词干	将来时词干	直一单
χρίω[涂油]	χρῑ-	χρισ-	χρίσω
δῡ́ομαι[沉入]	δῡ-/δῠ-	δῡσ-	δύσομαι
λῡ́ω[释放]	λῡ-/λῠ-	λῡσ-	λύσω
κωλύω[隐藏]	κωλῡ-	κωλυσ-	κωλύσω
παίω[打击]	παι-	παισ-	παίσω
παύω[停止]	παυ-	παυσ-	παύσω
παιδεύω[教化]	παιδευ-	παιδευσ-	παιδεύσω
λούω[洗涤]	λου-	λουσ-	λούσω
ἀκούω[听闻]	ἀκο(υ)(σ)-	ἀκουσ-	ἀκούσομαι

以其他元音结尾的动词词干

15.16 对于动词词干以 η/ε、η/ᾰ 或 ω/ο 结尾的动词（即缩合动词）而言，σ 加在动词词干的长音变体上（见 11.11）：

- 现在时词干以 ε 结尾：σ 前为 η；
- 现在时词干以 ᾰ 或 η 结尾：σ 前为 η（但 ε、ι 或 ρ 后是 ᾱ）；
- 现在时词干以 ο 结尾：σ 前为 ω；对于一些词干以 ω 结尾的动词而言，其将来时词干的构成方式与此类似。

动　词	动词词干	将来时词干	直一单
ποιέω[制作]	ποιη-/ποιε-	ποιησ-	ποιήσω
ἡγέομαι[引导；认为]	ἡγη-/ἡγε-	ἡγησ-	ἡγήσομαι
τιμάω[尊崇]	τιμη-/τιμᾰ-	τιμησ-	τιμήσω
κτάομαι[获得]	κτη-/κτᾰ-	κτησ-	κτήσομαι
δράω[做]	δρᾱ-/δρᾰ-	δρᾱσ-	δρᾱ́σω
δηλόω[表明]	δηλω-/δηλο-	δηλωσ-	δηλώσω
χρήομαι[用；需]	χρη-	χρησ-	χρήσομαι

动　词	动词词干	将来时词干	直一单
τιτρώσκω[使受伤]	τρω-	τρωσ-	τρώσω

15.17　对于动词词干有两种变体（以 η/ᾰ、η/ε 或 ω/ο 结尾）的 **-μι** 动词（见 12.37）而言，将来时词干也基于动词词干的长音变体，例如：

动　词	动词词干	将来时词干	直一单
δίδωμι[给予]	δω-/δο-	δωσ-	δώσω
δύναμαι[有能力]	δυνη-/δυνᾰ-	δυνησ-	δυνήσομαι
ἐπίσταμαι[理解]	ἐπιστη-/ἐπιστᾰ-	ἐπιστησ-	ἐπιστήσομαι
ἵημι[送出；放走]	ἡ-/ἑ-	ἡσ-	ἥσω
ἵστημι[使竖立]	στη-/στᾰ-	στησ-	στήσω
πίμπλημι[使充满]	πλη-/πλᾰ-	πλησ-	πλήσω
τίθημι[放置]	θη-/θε-	θησ-	θήσω

15.18　动词 **βαίνω**[行走]和 **φθάνω**[先做；抢先]的将来时词干也基于带长音 η（而非 ᾰ）的动词词干，例如：

动　词	动词词干	将来时词干	直一单
βαίνω[行走]	βη-/βᾰ(ν)-	βησ-	βήσομαι
φθάνω[先做；抢先]	φθη-/φθᾰ-	φθησ-	φθήσω

15.19　对于一些以 -έω 和以 -άω 结尾的动词而言，它们的动词词干原本以 σ 结尾（或者被归为那类动词，见 13.18），这些动词在将来时中不用长元音；另外，还需注意 (ἐπ)αἰνέω[赞美]这个词。

动　词	动词词干	将来时词干	直一单
ἀρκέω[挡开；满足]	ἀρκε(σ)-	ἀρκεσ-	ἀρκέσω
γελᾰ́ω[嘲笑]	γελᾰ(σ)-	γελᾰσ-	γελᾰ́σομαι
ζέω[沸腾]	ζε(σ)-	ζεσ-	ζέσω
καλέω[召唤]	κᾰλε-/κλη-	καλεσ-	καλέσω
τελέω[完成]	τελε(σ)-	τελεσ-	τελέσω
(ἐπ)αἰνέω[赞美]	αἰνε-	αἰνεσ-	(ἐπ)αἰνέσω

καλῶ 比 καλέσω 常见得多，τελῶ 比 τελέσω 常见，分别见 15.35、15.35 注一。

类似地，将来时使用短元音的还有以 -ᾰ́ννυμι 结尾的动词和以 -έννυμι 结尾的动词（动词词干以 σ 结尾），εἰμί[是；存在]亦然，例如：

动　词	动词词干	将来时词干	直一单
εἰμί[是；存在]	ἐσ-	ἐσ-	ἔσομαι
ἕννυμι[使穿上]	ἑ(σ)-	ἑσ-	ἕσ(σ)ω
(κατα)σβέννυμι[扑灭]	σβη-/σβε(σ)-	σβεσ-	(κατα)σβέσ(σ)ω

εἰμί 的将直三单作 ἔσται。另外又有 (ἀπο)σβήσομαι 这一形式。

15.20 一些以 -άω 和以 -έω 结尾的动词的词干原本以 ϝ 结尾（见 12.29 注一），它们的将来时分别以 -αύσω 和 -εύσω 结尾（κᾱ́ω 和 κλᾱ́ω 分别亦作 καίω 和 κλαίω）：

动　词	动词词干	将来时词干	直一单
κᾱ́ω[点燃]	κα(υ)-（< *κᾰϝ-）	καυσ-	καύσω
κλᾱ́ω[哭泣]	κλα(υ)-（< *κλᾰϝ-）	κλαυσ-	κλαύσομαι
πλέω[航海]	πλε(υ)-（< *πλεϝ-）	πλευσ-	πλεύσομαι
πνέω[呼气；呼吸]	πνε(υ)-（< *πνεϝ-）	πνευσ-	πνεύσομαι

15.21 对于以 -έω 结尾的动词 δοκέω[似乎；认为]和 ὠθέω[推；刺]来说，它们的将来时词干分别基于动词词干 δοκ- 和 ὠθ-，作 δόξω 和 ὤσω（见 15.27），后者主要见于 ἀπώσω[我将赶走]。然而，偶尔也会出现 δοκήσω 和 ὠθήσω。

以唇塞音结尾的动词词干

15.22 词干以唇塞音结尾的动词的将来时词干以 ψ 结尾（π/β/φ + σ = ψ），例如：

动　词	动词词干	将来时词干	直一单
πέμπω[送出；派遣]	πεμπ-/πομπ-	πεμψ-	πέμψω
ἕπομαι[追赶]	ἑπ-/σπ-	ἑψ-	ἕψομαι
τρῑ́βω[摩擦]	τρῑβ-/τρῐβ-	τρῑψ-	τρίψω
γράφω[书写]	γρᾰφ-	γραψ-	γράψω

尤其需要注意现在时以 -πτω 结尾的动词（见 12.27）：

动　词	动词词干	将来时词干	直一单
κλέπτω[偷窃]	κλεπ-/κλοπ-/κλᾰπ-	κλεψ-	κλέψω
βλάπτω[伤害]	βλᾰβ-	βλαψ-	βλάψω

动　词	动词词干	将来时词干	直一单
κρύπτω[隐藏]	κρῠφ-/κρῠβ-	κρυψ-	κρύψω

15.23　λαμβάνω[拿取]（动词词干 ληβ-/λᾰβ-）的将来时基于动词词干的长音变体，并且使用中动态词尾（见 15.40）：将来时词干 ληψ-，直一单 λήψομαι。

以软腭塞音结尾的动词词干

15.24　词干以软腭塞音结尾的动词的将来时词干以 ξ 结尾（κ/γ/χ + σ = ξ），例如：

动　词	动词词干	将来时词干	直一单
διώκω[追逐]	διωκ-	διωξ-	διώξω
λήγω[使停止]	ληγ-	ληξ-	λήξω
ἄγω[引导；带领]	ἀγ-	ἀξ-	ἄξω
φεύγω[逃跑]	φευγ-/φῠγ-	φευξ-	φεύξομαι
ἄρχω[开始；统治]	ἀρχ-	ἀρξ-	ἄρξω

尤其需要注意现在时以 -ττω 结尾的动词（见 12.27）以及一些现在时以 -ζω 结尾的动词（见 12.27），例如：

动　词	动词词干	将来时词干	直一单
φυλάττω[守护]	φυλᾰκ-	φυλαξ-	φυλάξω
τάττω[安排；布置]	τᾰγ-	ταξ-	τάξω
ὀρύττω[挖掘]	ὀρῠχ-	ὀρυξ-	ὀρύξω
οἰμώζω[哀哭；悲悼]	οἰμωγ-	οἰμωξ-	οἰμώξομαι
κλάζω[尖叫]	κλᾰγγ-	κλαγξ-	κλάγξω

还需要注意一些以 -νῡμι 结尾的动词，它们的动词词干以软腭塞音结尾（见 13.22），例如：

动　词	动词词干	将来时词干	直一单
δείκνυμι[展示]	δεικ-	δειξ-	δείξω
ζεύγνυμι[上轭]	ζευγ-/ζῠγ-	ζευξ-	ζεύξω
πήγνυμι[使固定]	πηγ-/πᾰγ-	πηξ-	πήξω

15.25　ἔχω[拥有；握住]有两个将来时词干：

动　词	动词词干	将来时词干	直一单
ἔχω[拥有；握住]	ἐχ-	ἑξ-	ἕξω
	σχ-	σχησ-	σχήσω

关于这里的气符，见 1.97；对于直一单 σχήσω，可对比不过时 ἔσχον。带送气符和不送气符的变体见 1.97 注一。将来时词干 σχησ- 中添加的 η 见 15.30。

ἕξω 在阿提卡散文中常见得多。两种将来时形式的差异主要在于体：ἕξω 意为会拥有、会握住，是未完成体；σχήσω 意为会得到（或者会抑制），是完成体；体的差异见 33.4–7、33.43 注二。

15.26 τυγχάνω[碰巧]（动词词干 τευχ-/τῠχ-）的将来时基于 e 级词干，并且使用中动态词尾（见 15.40）：将来时词干 τευξ-，直一单 τεύξομαι。

以齿塞音结尾的动词词干

15.27 对于大多数词干以齿塞音结尾的动词而言，塞音在将来时的 σ 前脱落（τ/δ/θ + σ = σ，见 1.91）；动词词干可能表现出元音变体或其他变体，例如：

动　词	动词词干	将来时词干	直一单
ἀνύτω[实现；造成]	ἀνῠ(τ)-	ἀνῠσ-	ἀνῠ́σω
ψεύδομαι[撒谎；欺骗]	ψευδ-	ψευσ-	ψεύσομαι
οἶδα[知道]	εἰδ-/οἰδ-/ἰδ-	εἰσ-	εἴσομαι
πάσχω[遭受]	πενθ-/πονθ-/πᾰθ-	πεισ-	πείσομαι（< *πένθσομαι）
πείθω[说服；使听从]	πειθ-/ποιθ-/πῐθ-	πεισ-	πείσω
πυνθάνομαι[打听]	πευθ-/πῠθ-	πευσ-	πεύσομαι

尤其需要注意现在时以 -ζω 结尾（以及一些现在时以 -ττω）的动词（见 12.27），例如：

动　词	动词词干	将来时词干	直一单
ἁρμόζω/ἁρμόττω[组合]	ἁρμοδ-/ἁρμοτ-	ἁρμοσ-	ἁρμόσω
παρασκευάζω[准备]	σκευᾰδ-	σκευασ-	παρασκευάσω
κτίζω[建立]	κτῐδ-	κτισ-	κτίσω
σχίζω[劈开]	σχῐδ-	σχισ-	σχίσω

注一：πείσομαι 既可以是中被动形式 πείθομαι[听从；听信]的将来时，也可以

是 πάσχω[遭受]的将来时。

15.28 如果一个动词以 -ίζω 结尾且词干具有多个音节（κτίζω[建立]和 σχίζω[劈开]就不符合这一限定，因为它们的动词词干只有一个音节），那么这个动词就具有阿提卡型将来时，见 15.33。

异干动词

15.29 在一些情况下，将来时所基于的词干与现在时和/或其他时态所基于的动词词干不同（异干动词，见 13.38），例如：

动　词	动词词干	将来时词干	直一单
ἔρχομαι[来；去]	ἐρχ-、<u>ἐλευθ-</u>/ἐλ(ῠ)θ- 和 εἰ-/ῐ̔-	ἐλευσ-	ἐλεύσομαι
ὁράω[看见]	ὁρᾱ-/ὁρᾰ-、ῐ̔δ- 和 <u>ὀπ-</u>	ὀψ-	ὄψομαι
φέρω[携带；承受]	φερ-、ἐνεκ-/ἐνοκ-/ἐγκ- 和 <u>οἰτ-</u>	οἰσ-	οἴσω

其他具体细节

15.30 各种词干以一个辅音结尾的动词在动词词干和将来时的 σ 之前都可能带有一个 η，例如：

动　词	动词词干	将来时词干	直一单
ἁμαρτάνω[犯错]	ἁμᾰρτ-	ἁμαρτησ-	ἁμαρτήσομαι
(ἐ)θέλω[愿意]	(ἐ)θελ-	ἐθελησ-	ἐθελήσω
εὑρίσκω[发现]	εὑρ-	εὑρησ-	εὑρήσω
μανθάνω[学习]	μᾰθ-	μαθησ-	μαθήσομαι
αἰσθάνομαι[感觉]	αἰσθ-	αἰσθησ-	αἰσθήσομαι
βούλομαι[意欲]	βουλ-	βουλησ-	βουλήσομαι

15.31 ῥέω[流动]（< *ῥέϝω，动词词干 ῥε(ϝ)-/ῥῠ-）的将来时基于零级词干，带有 η，作 ῥῠήσομαι，对比不定过去时 ἐρρύην，见 14.31。

阿提卡型将来时词干

词干的构成

以响音结尾的动词词干

15.32 对于大多数动词词干以响音（鼻音[μ、ν]或流音[λ、ρ]）结尾的动词而言，在构成将来时词干时，动词词干带有一个 ε。原本这个

ε 后跟着 -σω、-σεις 等等，但是在古典希腊语中这个 **σ** 脱落了，从而发生 *-έσω > -έω，阿提卡方言中就缩合为 -ῶ。此即阿提卡型将来时（Attic future，或称作缩合型将来时[contract future]）。它们的变位就类似于以 -έω 结尾的缩合动词（ποιέω，见 12.3–4）的现在时。

注一：阿提卡型将来时这一名称古已有之，本身并不指方言中的现象（它亦见于伊欧尼亚方言），而表示这种将来时形式不常见于后来的通用希腊语。

关于阿提卡型将来时，举例如下——

ἀγγέλλω[宣布]（动词词干 ἀγγελ-），将来时词干 ἀγγελε-，直主一单 ἀγγελῶ（<ἀγγελέω<*ἀγγελέσω），一复 ἀγγελοῦμεν（<ἀγγελέομεν），不定式 ἀγγελεῖν（<*ἀγγελέεεν），主分阳单属 ἀγγελοῦντος（<ἀγγελέοντος）。

βάλλω[投掷；打击]（动词词干 βᾰλ-），将来时词干 βαλε-，直主一单 βαλῶ（< βαλέω < *βαλέσω），一复 βαλοῦμεν（< βαλέομεν），不定式 βαλεῖν（< βαλέειν），主分阳单属 βαλοῦντος（< βαλέοντος）。

注二：阿提卡型将来时中的 ε 在起源上有争论。对于 βάλλω 和其他一些动词而言，我们可以准确重构出以 ε 结尾的动词词干（亦即 βαλε-）；从而，这个将来时中的 ε 就可能普遍化，进入以响音结尾的各种动词词干。然而，这个 ε 也可能有独立的起源。

动　词	动词词干	将来时词干	直一单
μένω[待在；等待]	μεν-	μενε-	μενῶ（< -έω）
νέμω[分配]	νεμ-	νεμε-	νεμῶ（< -έω）
ἀποθνῄσκω[死去]	θᾰν-/θνη-	θᾰνε-	ἀποθανοῦμαι（< -έομαι）
ἀπόλλῡμι[使毁灭]	ὀλ(ε)-	ὀλε-	ἀπολῶ（< -έω）
τέμνω[切割]	τεμ-/τμη-	τεμε-	τεμῶ（< -έω）

尤需注意现在时以 -λλω 结尾的动词和现在时以 -αίνω/-αίρω、-είνω/-είρω、-ΐνω/-ΐρω 或 -ύ̈νω/-ύ̈ρω 结尾的动词（见 12.28），例如：

动　词	动词词干	将来时词干	直一单
σφάλλω[使跌倒]	σφᾰλ-	σφᾰλε-	σφᾰλῶ（<-έω）
στέλλω[派遣]	στελ-/στᾰλ-	στελε-	στελῶ（< -έω）
φαίνω[使显现]	φην-/φᾰν-	φᾰνε-	φανῶ（< -έω）
τείνω[拉伸]	τεν-/τᾰν-	τενε-	τενῶ（< -έω）
ἀποκτείνω[杀死]	κτεν-/κτον-/κτᾰν-	κτενε-	ἀποκτενῶ（< -έω）

动　词	动词词干	将来时词干	直一单
διαφθείρω[使毁灭]	φθερ-/φθορ-/φθᾰρ-	διαφθερε-	διαφθερῶ（< -έω）
σπείρω[播种]	σπερ-/σπᾰρ-	σπερε-	σπερῶ（< -έω）
κρίνω[区分；评判]	κρῐ(ν)-	κρῐνε-	κρῐνῶ（< -έω）

以齿塞音结尾的动词词干

15.33 以 -έω（-ῶ）结尾的将来时也会见于以 -ιδ- 结尾的多音节词干（亦即大多数以 -ίζω/-ίζομαι 结尾的动词），它们的将来时词干没有动词词干最后的 δ，例如：

κομίζω[照顾；带走]（动词词干 κομῐδ-），将来时词干 κομιε-，将直主一单 κομιῶ（<κομιέω），一复 κομιοῦμεν（<κομιέομεν），不定式 κομιεῖν（<κομιέειν），将主分阳单属 κομιοῦντος（<κομιέοντος）。

在早期阶段，这类动词的将来时很可能是规则的 σ 型将来时（比如 κομίσω，δ 在 σ 前脱落，见 15.27）；σ 从两个元音间脱落后（见 1.83），这些将来时的变位就与其他非 σ 型（阿提卡型）将来时相同了，就好像 βαλῶ（亦即如同以 -έω 结尾的动词）。

其他例子如——

动　词	动词词干	将来时词干	直一单
νομίζω[认为]	νομῐδ-	νομιε-	νομιῶ（< -έω）
βαδίζω[步行]	βαδῐδ-	βαδιε-	βαδιοῦμαι（< -έομαι）
ἀγωνίζομαι[竞争]	ἀγωνῐδ-	ἀγωνιε-	ἀγωνιοῦμαι（< -έομαι）
λογίζομαι[计算；思量]	λογῐδ-	λογιε-	λογιοῦμαι（< -έομαι）

注一：其中一些动词也有“规则的”σ 型将来时，晚期希腊语中尤其如此，例如 ἐλπίζω[希望；期待]的将来时除了 ἐλπιῶ 之外还有 ἐλπίσω。

注二：动词 καθίζω[使坐下；坐下]也有阿提卡型将来时（καθιῶ < -έω），这类推自其他以 -ίζω 结尾的动词，尽管其动词词干原本并不以 ιδ 结尾（词干是 ἱζ-，来自带叠音的 *σῐ-σδ-）。

其他的阿提卡型将来时

15.34 在一些情况下，阿提卡型将来时与现在时或其他时态基于不同的动词词干（异干动词，见 11.13），例如：

动　词	动词词干	将来时词干	直一单
λέγω[言说]	λεγ-/λογ-、εἰπ- 和 ἐρ-/ῥη-	ἐρε-	ἐρῶ（< -έω）
τρέχω[跑动]	τρεχ-、δρᾰμ-	δραμε-	δραμοῦμαι（< -έομαι）

15.35　还有一些动词，尽管它们的现在时词干以 ε 结尾，但这个 ε 并不变为 η（如同 ποιέω/ποιήσω/ἐποίησα 中那样），而在将来时主动态和不定过去时主动态中保留 ε（这些不定过去时见 13.18）。在将来时中，这些动词的 σ 可以脱落，因而就出现了与阿提卡型将来时相同的形式，并且通常也被称作阿提卡型将来时，例如：

动　词	动词词干	将来时词干	直一单
καλέω[呼唤；召叫]	κᾰλε-/κλη-	καλε-	καλῶ（< -έω < *-έσω）
γαμέω[嫁娶]	γᾰμ(ε)-	γαμε-	γαμῶ（< -έω）

注一：τελέω[完成；实现]既有以 -σω 结尾的将来时（见 15.19），也有阿提卡型将来时 τελῶ。后者的变位与现在时相同，就好像 καλῶ 和 γαμῶ。

类似地，καλέω 的将来时在 καλῶ 之外偶尔亦作 καλέσω（见 15.19）。

15.36　其他一些动词也有阿提卡型将来时，尤其是中动态（亦即以 -οῦμαι 结尾，见 15.40）：

- μάχομαι[作战；争斗]（动词词干 μᾰχ(ε)-），将来时词干 μαχε-，直一单 μαχοῦμαι（< -έομαι），对比不定过去时 ἐμαχεσάμην；
- καθ-έζομαι[坐下]（动词词干 ἑδ-），将来时词干 ἑδε-，直一单 καθεδοῦμαι（< -έομαι）；
- ὄμνυμι[发誓]（动词词干 ὀμ(ο)-）的将来时作 ὀμοῦμαι（< *ὀμόσομαι，对比不定过去时 ὤμοσα）。但是，这一将来时形式被重新理解为以 -έομαι 结尾的阿提卡型将来时：将直三单作 ὀμεῖται。

15.37　一些动词有以 -σοῦμαι（-σέομαι）结尾的将来时中动形式（见 15.40）。这通常被称作多瑞斯型将来时（Doric future），因为 -σέω 是多瑞斯方言里将来时的常规形式。πίπτω[落下]的将来时一般用多瑞斯型将来时 πεσοῦμαι。对于其他一些动词来说，在常规的将来时中动形式之外，也有多瑞斯型将来时，例如：

φεύγω[逃跑]（将来时 φευξοῦμαι，但也有 φεύξομαι）、πλέω[航海]（将来时 πλευσοῦμαι/πλεύσομαι）和 πνέω[呼气；呼吸]（πνευσοῦμαι/πνεύσομαι）。

15.38　还有一些动词有以 -άω 结尾的阿提卡型将来时（如同 τιμάω 那样变位，见 12.3–4），其中最重要的是——

• ἐλαύνω[驾驭；驱赶]（动词词干 ἐλᾰ-），将来时词干 ἐλᾰ-，直陈式 ἐλῶ、ἐλᾷς 等等，不定式 ἐλᾶν（对比不定过去时 ἤλασα）；

• 以 -ᾰ́ννυμι 结尾的动词（动词词干原本以 σ 结尾，见 12.39），例如：σκεδᾰ́ννυμι[使分散；打散]（动词词干 σκεδᾰ(σ)-），将来时词干 σκεδᾰ-，直陈式 σκεδῶ、σκεδᾷς 等等，不定式 σκεδᾶν（对比不定过去时 ἐσκέδᾰσα）；同样还有 κρεμᾰ́ννυμι[悬挂；吊起]和 πετᾰ́ννυμι[张开；展开]，它们的将来时直陈式分别作 κρεμῶ, κρεμᾷς 等等和 πετῶ, πετᾷς 等等；这些动词也有以 -άσω 结尾的将来时。

• βιβάζω[使……走]（动词词干 βιβᾰδ-），将来时词干 βιβᾰ-，将来时直陈式 βιβῶ, βιβᾷς 等等，将来时分词 βιβῶν；将来时又作 βιβάσω。

其他将来时形式

15.39 对于动词 ἐσθίω[吃]和 πίνω[喝]来说，它们的将来时不带 σ 或其他任何一种后缀，并且其将来时与现在时基于不同的动词词干（异干动词，见 11.13）：

动 词	动词词干	将来时词干	直一单
ἐσθίω[吃]	ἐσθῐ-、φᾰγ-和 ἐδε-/ἐδο-/ἐδ-	ἐδ-	ἔδομαι
πίνω[喝]	πω-/πο-/πῑ-	πῑ-	πίομαι（亦有 πῐ- 开头的形式）

这些形式的变位并不复杂，与现在时中被动态 παιδεύομαι 相似（见 12.4）。

注一：这些形式基于更早期的虚拟式形式，使用短的构干元音 ο/ε。

将来时使用中动形式的动词

15.40 许多动词的现在时使用主动形式，但将来时只有中动形式或者中动形式占主导。这些动词往往归属于一些特定的语义范畴——后文就按照语义范畴来罗列最常见的将来时使用中动形式的动词。

这里给出的表格并未穷尽这些动词；没有归入表格的其他这类动词可在词典中查得。后文罗列的几个动词的将来时词干的构成方式不规则，一些则有异干形式，详见 22.9 的主要部分列表。

• 表达发出声音/话语的动词（以及意为沉默的动词），例如：

动 词	将来时直陈式第一人称单数
ᾄδω[歌唱]	ᾄσομαι
βοάω[喊；叫]	βοήσομαι
γελάω[嘲笑]	γελάσομαι

动　词	将来时直陈式第一人称单数
ἐγκωμιάζω[称赞]	ἐγκωμιάσομαι（亦作 ἐγκωμιάσω）
ἐπαινέω[称赞]	ἐπαινέσομαι（亦作 ἐπαινέσω）
ἐρωτάω[询问]	ἐρήσομαι（亦作 ἐρωτήσω）
οἰμώζω[呻吟；悲叹]	οἰμώξομαι
ὄμνυμι[发誓]	ὀμοῦμαι, -ῇ
σιγάω[沉默；保密]	σιγήσομαι
σιωπάω[沉默；保密]	σιωπήσομαι

- 表达在身体和精神上掌握、获得和遗失的动词，例如：

动　词	将来时直陈式第一人称单数
ἀκούω[听闻]	ἀκούσομαι
ἁμαρτάνω[犯错；失去]	ἁμαρτήσομαι
ἀπολαύω[获益；享用]	ἀπολαύσομαι
ἁρπάζω[抓走；抢夺]	ἁρπάσομαι（亦作 ἁρπάσω）
βλέπω[看]	βλέψομαι（亦作 βλέψω）
γιγνώσκω[认识；了解]	γνώσομαι
δάκνω[咬]	δήξομαι
λαγχάνω[凭机运得到]	λήξομαι
λαμβάνω[拿取]	λήψομαι
μανθάνω[学习；懂得]	μαθήσομαι
οἶδα[知道]	εἴσομαι
ὁράω[看见]	ὄψομαι
σκοπέω/σκέπτομαι[考察；检查]	σκέψομαι
τυγχάνω[碰巧]	τεύξομαι

- 意为吃喝饮食的动词，例如：

动　词	将来时直陈式第一人称单数
βιβρώσκω[吃]	βρώσομαι
ἐσθίω[吃]	ἔδομαι（见 15.39）
πίνω[喝]	πίομαι（见 15.39）

- 表达移动的动词，例如：

动　词	将来时直陈式第一人称单数
ἀπαντάω[遇见；碰到]	ἀπαντήσομαι
βαδίζω[步行]	βαδιοῦμαι, -ῇ
βαίνω[行走]	βήσομαι
βλώσκω[来；去]	μολοῦμαι, -ῇ
(ἀπο)διδράσκω[跑开]	(ἀπο)δράσομαι
διώκω[追赶]	διώξομαι（亦作 διώξω）
πλέω[航海]	πλεύσομαι（亦作 πλευσοῦμαι，见 15.37）
πίπτω[落下]	πεσοῦμαι, -ῇ（见 15.37）
ῥέω[流动]	ῥυήσομαι
τρέχω[跑动]	δραμοῦμαι, -ῇ
φεύγω[逃跑]	φεύξομαι（亦作 φευξοῦμαι，见 15.37）
φθάνω[抢先；先做]	φθήσομαι
χωρέω[让开；走开]	χωρήσομαι（亦作 χωρήσω）

- 表达身体条件和状态的动词，例如：

动　词	将来时直陈式第一人称单数
εἰμί[是；存在；活着]	ἔσομαι（三单 ἔσται）
ζήω/βιόω[生活；活着]	βιώσομαι
(ἀπο)θνῄσκω[死去]	(ἀπο)θανοῦμαι, -ῇ
κάμνω[疲倦；患病]	καμοῦμαι, -ῇ
πάσχω[遭受]	πείσομαι
πνέω[呼气；呼吸]	πνεύσομαι（亦作 πνευσοῦμαι，见 15.37）
τίκτω[生育]	τέξομαι（亦作 τέξω）

- 表达各种情绪的动词，例如：

动　词	将来时直陈式第一人称单数
δέδοικα、δείδω[害怕；担心][①]	δείσομαι（不见于阿提卡方言）
θαυμάζω[惊奇；惊异]	θαυμάσομαι
σπουδάζω[急忙；努力]	σπουδάσομαι

---

① [原书正文]δείδω 见于伊欧尼亚方言。

第 16 章　将来时被动态（θη 型将来时和 η 型将来时）

将来时被动态词干的各种类型

16.1　在古希腊语中，基于以 -θην 和以 -ην 结尾的不定过去时被动形式（见第 14 章），分别演变出以 **-θήσομαι** 和以 **-ήσομαι** 结尾的 σ 型将来时被动形式。在 θη 型和 η 型不定过去时词干上添加 σ 就构成了将来时被动态词干——

- θη 型将来时（见于有 θη 型不过时的动词），例如：

动　词	动词词干	θη 型不过时词干	θη 型将来时词干
παιδεύω[教化]	παιδευ-	παιδευθη-	παιδευθη<u>σ</u>-
δείκνυμι[展示]	δεικ-	δειχθη-	δειχθη<u>σ</u>-

- η 型将来时（见于有 η 型不过时的动词），例如：

动　词	动词词干	η 型不过时词干	η 型将来时词干
γράφω[书写]	γρᾰφ-	γραφη-	γραφη<u>σ</u>-
φαίνω[使显现]	φην-/<u>φᾰν-</u>	φανη-	φανη<u>σ</u>-

注一：只有主动态带宾语的动词的将来时被动形式才能表达被动含义（与不过时被动形式相仿），例如：παιδεύω[我教化]，παιδευθήσομαι[我将受教化]；δείκνυμι[我展示]，δειχθήσομαι[我将被展示]。对于其他许多动词来说，将来时被动形式表达状态变化含义，例如 φαίνω[使显现；揭示]的将被 φανήσομαι[我会显现]；其他一些含义则见于仅有被动形式的动词。这些特征见第 35 章。在后文中，我们会给出个别动词的 θη 型或 η 型将来时的含义以求明晰。

从整体上说，将来时被动态词干的含义对应于其所基于的不过时被动态词干。

注二：将来时中动态（见第 15 章）也可表达 θη 型或 η 型将来时所表达的含义，例如：τιμήσομαι[我会受尊崇]（被动含义），φανοῦμαι[我会显现]（状态变化含义，见 35.17）。尤其对于带有状态变化含义的 η 型不过时而言，其所对应的将来时常常使用中动形式而非 η 型将来时，例如 τρέπομαι[转身]，不过时 ἐτράπην[我曾转身]，将来时 τρέψομαι[我会转身]。其中的细节以及这种现象的历时演变，见 35.30。

16.2　将来时被动形式属于构干元音型变位。其直陈式使用基本词尾，这就意味着 σ 之后的词尾与将来时中动态的词尾（见 15.3）相同，

作 -σομαι, -σει/-σῃ, -σεται 等等。

与各种将来时词干形式相同，将来时被动态没有命令式或虚拟式。

将来时被动态的变位

词形概览

16.3　**θη** 型将来时和 **η** 型将来时的变位如下所示：

		θη 型将来时	η 型将来时
		παιδεύω[教化]	φαίνομαι[显现；显得]
	时态词干	παιδευθησ-	φανησ-
直陈式	单一	παιδευθήσομαι	φανήσομαι
	二	παιδευθήσει/-ῃ	φανήσει/-ῃ
	三	παιδευθήσεται	φανήσεται
	复一	παιδευθησόμεθα	φανησόμεθα
	二	παιδευθήσεσθε	φανήσεσθε
	三	παιδευθήσονται	φανήσονται
祈愿式	单一	παιδευθησοίμην	φανησοίμην
	二	παιδευθήσοιο	φανήσοιο
	三	παιδευθήσοιτο	φανήσοιτο
	复一	παιδευθησοίμεθα	φανησοίμεθα
	二	παιδευθήσοισθε	φανήσοισθε
	三	παιδευθήσοιντο	φανήσοιντο
分　词	阳	παιδευθησόμενος, -ου	φανησόμενος, -ου
	阴	παιδευθησομένη, -ης	φανησομένη, -ης
	中	παιδευθησόμενον, -ου	φανησόμενον, -ου
	不定式	παιδευθήσεσθαι	φανήσεσθαι

具体细节

16.4　θη 型将来时的其他例子如：

动　词	θη 型不定过去时	θη 型将来时
λῡ́ω[释放]	ἐλῡ́θην	λῠθήσομαι
τιμάω[尊崇]	ἐτιμήθην	τιμηθήσομαι
πολιορκέω[围城；封锁]	ἐπολιορκήθην	πολιορκηθήσομαι

动 词	θη 型不定过去时	θη 型将来时
τίθημι[放置]	ἐτέθην	τεθήσομαι
βάλλω[投掷；打击]	ἐβλήθην	βληθήσομαι
ὁράω[看见]	ὤφθην	ὀφθήσομαι
λέγω[言说]	ἐρρήθην	ῥηθήσομαι

16.5 η 型将来时的其他例子如：

动 词	η 型不定过去时	η 型将来时
βλάπτω[伤害]	ἐβλάβην	βλαβήσομαι
πλήττω[打击]	ἐπλήγην	πληγήσομαι
ἐκπλήττομαι[受惊]	ἐξεπλάγην	ἐκπλαγήσομαι[将受惊]
σφάλλομαι[跌倒；犯错]	ἐσφάλην	σφαλήσομαι[将跌倒]
δια-φθείρομαι[丧亡]	δι-εφθάρην	δια-φθαρήσομαι[将丧亡]

16.6 并非所有的 θη 型或 η 型不过时都会演变出对应的将来时被动形式，尤其需要注意的是 βούλομαι[意欲；打算]，它的不定过去时作 ἐβουλήθην，将来时中动态作 βουλήσομαι[将打算]。另见 16.1 注二。

第 17 章　完成时（和将来完成时）：引言

完成时和将来完成时词干

词干的类型

17.1　完成时词干有两种类型（许多动词有这两种类型的完成时词干，一些动词则只有一种）：

- 完成时主动态词干，分为三类：**κ** 型完成时（κ-perfect），送气型完成时（aspirated perfect）和词干型完成时（stem perfect）。此外，一些动词有混合型完成时（mixed perfect）。详见第 18 章。
- 完成时中被动态词干，详见第 19 章。

完成时词干的含义见 33.6–7、33.11–12 和 33.34–42。

17.2　将来完成时词干有两类（详见第 20 章；含义见 33.46–47）：

- 将来完成时主动态词干，构成方式是在完成时主动态词干上添加一个 σ。将来完成时主动形式非常罕见，仅见于少数动词。
- 将来完成时中被动态词干，构成方式是在完成时中被动态词干上添加一个 σ。将来完成时中被动形式也很少出现。

17.3　所有的完成时和将来完成时词干（除了 οἶδα[知道]的相关词干）都带一个叠音。完成时的叠音的构成规则，见 11.43–48。

17.4　这里举一些完成时和将来完成时词干的例子：

παιδεύω[教化]（动词词干 **παιδευ-**）			
完成时主动态词干 πεπαιδευκ-:	πε-	παιδευ-	κ-
	叠音	动词词干	κ

δείκνυμι[展示]（动词词干 **δεικ-**）		
完成时主动态词干 δεδειχ-	δε-	δειχ-
	叠音	动词词干（δεικ-）+送气

νικάω[获胜]（动词词干 **<u>νικη-</u>/νικᾰ-**）		
完成时中被动态词干 νενικη-:	νε-	νικη-
	叠音	动词词干

λύω[释放]（动词词干 **λῡ-/<u>λῠ-</u>**）			
将来完成时中被动态词干 λελῠσ-:	λε-	λῠ-	σ-
	叠音	动词词干	σ

迂说形式

17.5 完成时还可能以迂说（periphrastic）形式出现：迂说结构由一个完成时分词和 **εἰμί** 的一个辅助性形式组成——与单一形式或独体（synthetic）形式相对。完成时中被动态尤其会以迂说形式出现，在某些情况下，甚至中被动态只有迂说形式，见 19.8–9；不过主动态迂说形式也有所出现，在虚拟式和祈愿式中尤其如此。

17.6 用于迂说结构的 εἰμί 的形式（见 12.36）有——

- εἰμί 的现在时直陈式用于迂说的完成时直陈式，例如：

ἀφιγμένοι <u>εἰσί(ν)</u>（ἀφικνέομαι[到达]的完直中被三复）；

γεγονυῖά <u>ἐστι(ν)</u>（γίγνομαι[成为；出生]的完直主三单），而非 γέγονε(ν)。

- εἰμί 的未完成时用于迂说的过去完成时，例如：

γεγραμμένοι <u>ἦσαν</u>（γράφω[书写]的过完中被三复）；

δεδωκὼς <u>ἦν</u>（δίδωμι[给予]的过完主三单，而非 ἐδεδώκει）。

- εἰμί 的将来时直陈式用于迂说的将来完成时直陈式，例如：

ἐγνωκὼς <u>ἔσται</u>（γιγνώσκω[认识；了解]的将完直主三单）。

- εἰμί 的现在时虚拟式用于迂说的完成时虚拟式，例如：

παρεσκευασμένον <u>ᾖ</u>（παρασκευάζω[准备]的完虚中被三单）。

- εἰμί 的现在时祈愿式用于迂说的完成时祈愿式，例如：

πεποιηκὼς <u>εἴη</u>（ποιέω[制作]的完祈主三单），而非 πεποιήκοι。

- εἰμί 的现在时不定式 εἶναι 用于迂说的完成时不定式，例如：

πεπραγμένα <u>εἶναι</u>（πράττω[做；实践]的完成时中被动态不定式），而非 πεπρᾶχθαι。

17.7 迂说结构中的分词在数和性上与主语一致（见 27.7），例如：

<u>οἱ νόμοι</u> γεγραμμέν<u>οι</u> εἰσίν 法律已被写下了。（德《演》35.45）*

<u>ἡ μίσθωσις</u> ἦν γεγραμμέν<u>η</u> 租约当时已被写下。（德《演》37.5）*

第 18 章 完成时主动态

完成时主动态词干的各种类型

18.1 所有的完成时词干（除了 οἶδα[知道]）都带一个叠音，其形式或是辅音 + ε，或是与增音相同；叠音的构成规则见 11.43–48。

18.2 完成时主动态词干主要有以下三种类型，均带有叠音——

- **κ** 型完成时：用于大多数动词词干以一个元音、响音或齿塞音结尾的动词，构成方式是在动词词干上加一个 κ，例如：

  παιδεύω[教化；养育]（动词词干 παιδευ-），完成时词干 πεπαιδευκ-。

- 送气型完成时：用于大多数动词词干以唇塞音或软腭塞音结尾的动词，即把词干最后的塞音变为对应的送气音（φ 或 χ），例如：

  βλάπτω[伤害]（动词词干 βλᾰβ-），完成时词干 βεβλαφ-。

- 词干型完成时：见于许多动词（动词词干结尾总是辅音），除了叠音之外，完成时词干与动词词干没有差异；在大多数情况下，这种完成时词干因换音（见 1.51–56）而与现在时词干有别：

  λείπω[离开]（动词词干 λειπ-/λοιπ-/λῐπ-），完成时词干 λελοιπ-。

  带有不规则形式的动词 οἶδα[知道]、ἔοικα[好像；合适]和 εἴωθα[惯于]也属于此类。

此外，还有一些混合型完成时，它们的构成方式部分类似 κ 型完成时，部分类似词干型完成时，例如：

δέδοικα[害怕]、ἕστηκα（ἵσταμαι[使竖起]）、τέθνηκα（(ἀπο)θνῄσκω[死亡]）和 βέβηκα（βαίνω[行走]）。

注一：κ 型完成时和规则构成的送气型完成时是古希腊语中相对晚近的产物，它们来源于词干型完成时。一些动词在有了词干型完成时后又有了 κ 型完成时（一般在含义上有区别），见 18.26。

注二：词干型完成时通常被称作第二完成时或强变化完成时：关于这个术语，见本书开头的术语说明。

κ 型完成时、送气型完成时和词干型完成时的变位

词形概览

18.3 κ 型完成时的变位如下：

动词词干结尾		ι、υ或双元音	α、ε、ο或η	齿塞音	响 音
例词		παιδεύω[教化]	τιμάω[尊崇]	κομίζω[照料]	ἀγγέλλω[宣布]
完成时词干		πεπαιδευκ-	τετιμηκ-	κεκομικ-	ἠγγελκ-
直陈式	单一	πεπαίδευκα	τετίμηκα	κεκόμικα	ἤγγελκα
	二	πεπαίδευκας	τετίμηκας	κεκόμικας	ἤγγελκας
	三	πεπαίδευκε(ν)	τετίμηκε(ν)	κεκόμικε(ν)	ἤγγελκε(ν)
	复一	πεπαιδεύκαμεν	τετιμήκαμεν	κεκομίκαμεν	ἠγγέλκαμεν
	二	πεπαιδεύκατε	τετιμήκατε	κεκομίκατε	ἠγγέλκατε
	三	πεπαιδεύκασι(ν)	τετιμήκασι(ν)	κεκομίκασι(ν)	ἠγγέλκασι(ν)
过去完成时	单一	ἐπεπαιδεύκειν[1]	ἐτετιμήκειν[1]	ἐκεκομίκειν[1]	ἠγγέλκειν[1]
	二	ἐπεπαιδεύκεις	ἐτετιμήκεις	ἐκεκομίκεις	ἠγγέλκεις
	三	ἐπεπαιδεύκει(ν)	ἐτετιμήκει(ν)	ἐκεκομίκει(ν)	ἠγγέλκει(ν)
	复一	ἐπεπαιδεύκεμεν[2]	ἐτετιμήκεμεν[2]	ἐκεκομίκεμεν[2]	ἠγγέλκεμεν[2]
	二	ἐπεπαιδεύκετε[2]	ἐτετιμήκετε[2]	ἐκεκομίκετε[2]	ἠγγέλκετε[2]
	三	ἐπεπαιδεύκεσαν[2]	ἐτετιμήκεσαν[2]	ἐκεκομίκεσαν[2]	ἠγγέλκεσαν[2]
虚拟式[3]	单一	πεπαιδεύκω	τετιμήκω	κεκομίκω	ἠγγέλκω
	二	πεπαιδεύκῃς	τετιμήκῃς	κεκομίκῃς	ἠγγέλκῃς
	三	πεπαιδεύκῃ	τετιμήκῃ	κεκομίκῃ	ἠγγέλκῃ
	复一	πεπαιδεύκωμεν	τετιμήκωμεν	κεκομίκωμεν	ἠγγέλκωμεν
	二	πεπαιδεύκητε	τετιμήκητε	κεκομίκητε	ἠγγέλκητε
	三	πεπαιδεύκωσι(ν)	τετιμήκωσι(ν)	κεκομίκωσι(ν)	ἠγγέλκωσι(ν)
祈愿式[4]	单一	πεπαιδεύκοιμι	τετιμήκοιμι	κεκομίκοιμι	ἠγγέλκοιμι
	二	πεπαιδεύκοις	τετιμήκοις	κεκομίκοις	ἠγγέλκοις
	三	πεπαιδεύκοι	τετιμήκοι	κεκομίκοι	ἠγγέλκοι
	复一	πεπαιδεύκοιμεν	τετιμήκοιμεν	κεκομίκοιμεν	ἠγγέλκοιμεν
	二	πεπαιδεύκοιτε	τετιμήκοιτε	κεκομίκοιτε	ἠγγέλκοιτε
	三	πεπαιδεύκοιεν	τετιμήκοιεν	κεκομίκοιεν	ἠγγέλκοιεν
命令式		—[5]	—[5]	—[5]	—[5]
分词	阳	πεπαιδευκώς, -ότος	τετιμηκώς, -ότος	κεκομικώς, -ότος	ἠγγελκώς, -ότος
	阴	πεπαιδευκυῖα, -υίας	τετιμηκυῖα, -υίας	κεκομικυῖα, -υίας	ἠγγελκυῖα, -υίας
	中	πεπαιδευκός, -ότος	τετιμηκός, -ότος	κεκομικός, -ότος	ἠγγελκός, -ότος
不定式		πεπαιδευκέναι	τετιμηκέναι	κεκομικέναι	ἠγγελκέναι

[1] 亦作 -κη（较早），例如 ἐπεπαιδεύκη。

[2] 亦作 -κειμεν, -κειτε, -κεισαν（较晚），例如 ἐπεπαιδεύκειμεν。

[3] 完成时虚拟式非常罕见，常常用迂说形式（如 πεπαιδευκὼς ὦ）。

[4] 完成时祈愿式非常罕见，常常用迂说形式（如 πεπαιδευκὼς εἴην）。

[5] 完成时命令式主动态不存在独体形式，只有迂说形式（如 πεπαιδευκὼς ἴσθι）。

18.4　送气型完成时、词干型完成时和 οἶδα 的变位如下：

		送气型完成时	词干型完成时	οἶδα
	例词	τρίβω[摩擦]	φεύγω[逃跑]	οἶδα[知道]
完成时词干		τετριφ-(唇/软腭塞音结尾)	πεφευγ-	εἰδ-/οἰδ-/ἰδ-
直陈式	单一	τέτριφα	πέφευγα	οἶδα
	二	τέτριφας	πέφευγας	οἶσθα
	三	τέτριφε(ν)	πέφευγε(ν)	οἶδε(ν)
	复一	τετρίφαμεν	πεφεύγαμεν	ἴσμεν
	二	τετρίφατε	πεφεύγατε	ἴστε
	三	τετρίφασι(ν)	πεφεύγασι(ν)	ἴσασι(ν)
过去完成时	单一	ἐτετρίφειν[1]	ἐπεφεύγειν[1]	ᾔδη 或 ᾔδειν
	二	ἐτετρίφεις[1]	ἐπεφεύγεις[1]	ᾔδησθα 或 ᾔδεις
	三	ἐτετρίφει(ν)	ἐπεφεύγει(ν)	ᾔδει(ν)
	复一	ἐτετρίφεμεν[2]	ἐπεφεύγεμεν[2]	ᾖσμεν 或 ᾔδεμεν[2]
	二	ἐτετρίφετε[2]	ἐπεφεύγετε[2]	ᾖστε 或 ᾔδετε[2]
	三	ἐτετρίφεσαν[2]	ἐπεφεύγεσαν[2]	ᾖσαν 或 ᾔδεσαν[2]
虚拟式[3]	单一	τετρίφω	πεφεύγω	εἰδῶ
	二	τετρίφῃς	πεφεύγῃς	εἰδῇς
	三	τετρίφῃ	πεφεύγῃ	εἰδῇ
	复一	τετρίφωμεν	πεφεύγωμεν	εἰδῶμεν
	二	τετρίφητε	πεφεύγητε	εἰδῆτε
	三	τετρίφωσι(ν)	πεφεύγωσι(ν)	εἰδῶσι(ν)
祈愿式[4]	单一	τετρίφοιμι	πεφεύγοιμι	εἰδείην
	二	τετρίφοις	πεφεύγοις	εἰδείης
	三	τετρίφοι	πεφεύγοι	εἰδείη
	复一	τετρίφοιμεν	πεφεύγοιμεν	εἰδεῖμεν
	二	τετρίφοιτε	πεφεύγοιτε	εἰδεῖτε
	三	τετρίφοιεν	πεφεύγοιεν	εἰδεῖεν
命令式[5]	单二	—	—	ἴσθι
	三	—	—	ἴστω
	复二	—	—	ἴστε
	三	—	—	ἴστων
	不定式	τετριφέναι	πεφευγέναι	εἰδέναι
分词	阳	τετριφώς, -ότος	πεφευγώς, -ότος	εἰδώς, -ότος
	阴	τετριφυῖα, -υίας	πεφευγυῖα, -υίας	εἰδυῖα, -υίας
	中	τετριφός, -ότος	πεφευγός, -ότος	εἰδός, -ότος

1 亦作 -η, -ης（较早），例如：ἐτετρίφη、ἐπεφεύγης，等等。

2 亦作 -ειμεν, -ειτε, -εισαν（较晚），例如：ἐπεφεύγειτε、ᾔδειμεν。

3 完虚的独体形式很罕见，迂说形式更常见（如 τετριφὼς ὦ）。οἶδα 有单独的形式。

4 完祈的独体形式很罕见，迂说形式更常见（如 τετριφὼς εἴην）。οἶδα 有单独的形式。

5 命令式主动态不存在独体形式（οἶδα 例外），但有迂说形式（如 τετριφὼς ἴσθι）。

注一：οἶδα 的完成时命令式二单与 εἰμί[是；存在]（见 12.36）的命令式二单形式相同，都作 ἴσθι。οἶδα 的过去完成时三复与 εἶμι[来；去]（见 12.36）的未完成时三复形式相同，都作 ᾖσαν。

词尾　迂说形式

18.5 完成时基本直陈式和历史直陈式（即完成时直陈式和过去完成时）所用的词尾与 11.20–33 中所列的不同，如下所示：

	基本词尾	历史词尾
单一	**-ᾰ**	**-ειν**，亦作 -η（< -εα，较早）
二	**-ᾰς**	**-εις**，亦作 -ης（< -εας，较早）
三	**-ε(ν)**	**-ει(ν)**
复一	**-ᾰμεν**，混合型用 -μεν	**-εμεν**，亦作 -ειμεν（较晚），混合型用 -μεν
二	**-ᾰτε**，混合型用 -τε	**-ετε**，亦作 -ειτε（较晚），混合型用 -τε
三	**-ᾱσι(ν)**	**-εσαν**，亦作 -εισαν（较晚），混合型用 -σαν

过去完成时也带一个增音（见 11.35–42、11.55）。举例如下——

完直主一复 πεπαιδεύκ-αμεν、完直主一复（混合型）δέδι-μεν、过完主二单 ἐ-πεπαιδεύκ-εις（早先作 ἐπεπαιδεύκης）。

18.6 完成时主动态虚拟式和祈愿式带构干元音，使用通常的词尾（即虚拟式用 -ω, -ῃς, -ῃ 等等，祈愿式用 -οιμι, -οις, -οι 等等）。例如：

完虚主二单 πεπαιδεύκ-ῃς、完祈主三复 πεπαιδεύκ-οιεν。

然而，这些形式十分罕见——我们通常见到的是迂说形式，由一个分词和 εἰμί 的不同形式构成，见 17.5–7。[1]

18.7 完成时主动态命令式仅见于一些动词，见 18.23、18.30。[2]

18.8 完成时主动态不定式的词尾是 **-έναι**，例如 πεπαιδευκ-έναι。[3]

18.9 完成时主动态分词的形式遵循以下模式：

阳性 -ώς，属格 -ότος；阴性 -υῖα，属格 -υίας；中性 -ός，属格 -ότος。

例词如阳性单数与格 πεπαιδευκότι。完成时主动态分词的变格，见 5.19–20。[4]

---

① 主句中完成时虚拟式和祈愿式的句法分别见 34.11、34.14 注二。

② 主句中完成时命令式的句法见 34.21。

③ 完成时不定式（主要用作陈述不定式）的体见 51.26。

④ 完成时分词的体见 52.4。

κ 型完成时、送气型完成时和词干型完成时的词干

κ 型完成时[1]

以 ι、υ 或双元音结尾的动词词干

18.10　以 ι、υ 或双元音结尾的动词词干在添加的 κ 前保持不变，不过可能会在元音音长上有所变化。例如：

动　词	动词词干	完成时词干	直一单
χρίω［涂油］	χρῑ-	κεχρικ-	κέχρικα
θύω［献祭］	θῡ-/θῠ-	τεθῠκ-	τέθυκα
λύω［释放；松开］	λῡ-/λῠ-	λελῠκ-	λέλυκα
μηνύω［揭露］	μηνῡ-	μεμηνυκ-	μεμήνυκα
παίω［打击］	παι-	πεπαικ-	πέπαικα
παιδεύω［教化］	παιδευ-	πεπαιδευκ-	πεπαίδευκα
λούω［洗涤］	λου-	λελουκ-	λέλουκα

注一：对于现在时词干使用长音 ῡ 的多音节词干来说，完成时主动态词干用短音 ῠ；对比 θη 型不定过去时，见 14.11 注一。

以其他元音结尾的动词词干

18.11　对于动词词干以 η/ε、η/ᾰ 和 ω/ο 结尾的动词（即缩合动词）而言，κ 加在动词词干的长音变体上（见 11.11）：

- 现在时词干以 ε 结尾：κ 前为 η；
- 现在时词干以 ᾰ 或 η 结尾：κ 前为 η（但 ε、ι 或 ρ 后是 ᾱ）；
- 现在时词干以 ο 结尾：κ 前为 ω；对于一些词干以 ω 结尾的动词而言，其 κ 型完成时词干的构成方式与此类似。

举例如下——

动　词	动词词干	完成时词干	直一单
ποιέω［制作］	ποιη-/ποιε-	πεποιηκ-	πεποίηκα
στρατηγέω［领兵］	στρατηγη-/στρατηγε-	ἐστρατηγηκ-	ἐστρατήγηκα
τιμάω［尊崇］	τιμη-/τιμᾰ-	τετιμηκ-	τετίμηκα

① 原书标题作 Stem Formation，似作 κ-Perfects 为宜。

动　词	动词词干	完成时词干	直一单
δρᾰ́ω[做]	δρᾱ-/δρᾰ-	δεδρᾱκ-	δέδρακα
πεινήω[饿]	πεινη-	πεπεινηκ-	πεπείνηκα
δηλόω[表明]	δηλω-/δηλο-	δεδηλωκ-	δεδήλωκα
γιγνώσκω[认识；了解]	γνω-	ἐγνωκ-	ἔγνωκα
σῴζω[拯救]	σω-	σεσωκ-	σέσωκα

18.12 同样地，对于动词词干有两种变体（以 η/ᾰ、η/ε 或 ω/ο 结尾）的 -μι 动词（见 12.37）而言，κ 型完成时也基于动词词干的长音变体；但动词 ἵημι[送出；放走]则用短音词干。举例如下——

动　词	动词词干	完成时词干	直一单
πίμπλημι[填满]	πλη-/πλᾰ-	πεπληκ-	πέπληκα
τίθημι[放置]	θη-/θε-	τεθηκ-（亦作 τεθεικ-）	τέθηκα（亦作 τέθεικα）
δίδωμι[给予]	δω-/δο-	δεδωκ-	δέδωκα
ἵημι[送出；放走]	ἡ-/ἑ-	εἱκ-（见 11.47）	εἷκα

18.13 其他一些动词的完成时使用短的词干元音（这些动词通常在不定过去时和将来时的词干中也使用短元音；见 13.18–19、15.19），例如：

现在时	完成时直陈式
αἰνέω[称赞]	ᾔνεκα
τελέω[完成；实现]（动词词干 τελε(σ)-）	τετέλεκα（注意 σ 的脱落）
δέω[捆绑]	δέδεκα（但不过时直陈式作 ἔδησα）

18.14 一些以 -άω 和以 -έω 结尾的动词的词干原本以 ϝ 结尾（见 13.20、15.20 和 19.17），它们的完成时词干分别以 -αυκα 和 -ευκα 结尾，例如：

现在时	完成时直陈式
κᾰ́ω[点燃]（亦作 καίω，< *κᾰ́ϝyω）[①]	κέκαυκα（< *κέκᾰϝκα）
πλέω[航海]（< *πλέϝω）	πέπλευκα（< *πέπλεϝκα）
πνέω[呼气；呼吸]（< *πνέϝω）	πέπνευκα（< *πέπνεϝκα）

① 这一音变见 1.78 注一。

以齿塞音结尾的动词词干

18.15 对于动词词干以齿塞音（τ、δ 和 θ）结尾的动词来说，这个齿塞音在 κ 型完成时的 κ 前脱落，例如：

动　词	动词词干	完成时词干	直一单
ἀνύτω[完结]	ἀνῠ(τ)-	ἠνυκ-	ἤνυκα
πείθω[说服]	πειθ-/ποιθ-/πῐθ-	πεπεικ-	πέπεικα

尤其要注意现在时以 -ζω 或以 -ττω 结尾的动词（见 12.27），例如：

动　词	动词词干	完成时词干	直一单
ἁρμόζω/ἁρμόττω[组合]	ἁρμοδ-/ἁρμοτ-	ἡρμοκ-	ἥρμοκα
κομίζω[带走]	κομῐδ-	κεκομικ-	κεκόμικα
νομίζω[认为]	νομῐδ-	νενομικ-	νενόμικα
ὀνομάζω[称呼]	ὀνομᾰδ-	ὠνομακ-	ὠνόμακα
πλάττω[塑造]	πλᾰθ-	πεπλακ-	πέπλακα

以响音结尾的动词词干

18.16 以辅音结尾的动词词干在添加的 κ 前保持不变。尤需注意现在时以 -λλω 或者以 -αίνω/-αίρω、以 -είνω/-είρω 和以 -ῠ́νω/-ῠ́ρω 结尾的动词，见 12.28。另外，注意 κ 之前的 ν 写成 γ（见 1.29 注一）。例如：

动　词	动词词干	完成时词干	直一单
ἀγγέλλω[宣布]	ἀγγελ-	ἠγγελκ-	ἤγγελκα
αἴρω[举起]	ἆρ-	ἠρκ-	ἦρκα
φαίνω[使显现]	φην-/φᾰν-	πεφᾰγκ-	πέφαγκα

许多流音词干动词的完成时使用动词词干的零级变体。这通常导致完成时词干带有一个 ᾰ（见 1.53），例如：

动　词	动词词干	完成时词干	直一单
δια-φθείρω[使毁灭]	φθερ-/φθορ-/φθᾰρ-	δι-εφθᾰρκ-	δι-έφθαρκα
στέλλω[派遣]	στελ-/στᾰλ-	ἐστᾰλκ-	ἔσταλκα

其他几个动词在辅音和 κ 之间加 η。这种动词见 18.24。

18.17 一些动词的现在时词干以鼻音结尾，但在完成时词干中没有这个辅音

（它原本并非动词词干的一部分，而是加在现在时词干上的后缀，于是有时会延伸到别的词干；见 12.30 注二），例如：

动　词	动词词干	完成时词干	直一单
κλῑ́νω［使依靠］	κλῐ(ν)-	κεκλῐκ-	κέκλικα
κρῑ́νω［区分；评判］	κρῐ(ν)-	κεκρῐκ-	κέκρικα
(ἐκ)τῑ́νω［偿付］	τει-/τῐ-	τετεικ-	(ἐκ)τέτεικα

18.18 请注意 τείνω［伸展］的完成时（动词词干 τᾰ- < *τη̥-，见 1.86）：

动　词	动词词干	完成时词干	直一单
τείνω［伸展］	τεν-/τᾰ-	τετᾰκ-	τέτακα

送气型完成时：以唇塞音和以软腭塞音结尾的动词词干

18.19 对于大多数动词词干以唇塞音（π、β 和 φ）结尾的动词来说，其完成时词干以这个唇塞音所对应的送气清音（φ）结尾，动词词干末的 φ 不变。这种完成时词干常常与其他时态词干在元音音级上有别。

- 与现在时词干在元音音级上相同，例如：

动　词	动词词干	完成时词干	直一单
τρῑ́βω［摩擦］	τρῑβ-/τρῐβ-	τετρῐφ̣-	τέτρῐφα
γράφω［书写］	γρᾰφ-	γεγραφ̣-	γέγραφα

尤其要注意现在时以 -πτω 结尾的动词（见 12.27），例如：

动　词	动词词干	完成时词干	直一单
κόπτω［敲打］	κοπ-	κεκοφ̣-	κέκοφα
ῥίπτω［投掷］	ῥῑπ-	ἐρριφ̣-	ἔρριφα

- 与现在时词干在元音音级上有别（常用 ο，见 1.56），例如：

动　词	动词词干	完成时词干	直一单
κλέπτω［偷窃］	κλεπ-/κλοπ-/κλᾰπ-	κεκλοφ̣-	κέκλοφα
λαμβάνω［拿取］	ληβ-/λᾰβ-	εἰληφ̣-（见 11.47）	εἴληφα
πέμπω［送出］	πεμπ-/πομπ-	πεπομφ̣-	πέπομφα
τρέφω［喂养；养育］	τρεφ-/τροφ-/τρᾰφ-	τετροφ̣-	τέτροφα

18.20　类似地，对于大多数动词词干以软腭塞音（κ、γ 和 χ）结尾的动词而言，其完成时词干以这个软腭塞音所对应的送气清音（χ）结尾，动词词干最后原本的 χ 保持不变。同样，这种完成时词干常常与其他时态词干在元音音级上有别。

- 与现在时词干在元音音级上相同，例如：

动　词	动词词干	完成时词干	直一单
διώκω[追赶]	διωκ-	δεδιωχ-	δεδίωχα
ἄγω[引导；带领]	ἀγ-	ἠχ-	ἦχα
ἄρχω[开始；统治]	ἀρχ-	ἠρχ-	ἦρχα

尤其要注意现在时以 -ττω 结尾的动词（见 12.27），例如：

动　词	动词词干	完成时词干	直一单
φυλάττω[守护]	φυλᾰκ-	πεφυλαχ-	πεφύλαχα
τάττω[安排；布置]	τᾰγ-	τεταχ-	τέταχα

对于动词词干以软腭塞音结尾的 -νυμι 动词（见 12.39）而言，在古典希腊语中，有规则的送气型完成时的单词只有 δείκνυμι[展现]（(ἀν)οίγνυμι 见 18.25）：

动　词	动词词干	完成时词干	直一单
δείκνυμι[展现]	δεικ-	δεδειχ-	δέδειχα

- 与现在时词干在元音音级上有别（常用 o，见 1.56），例如：

动　词	动词词干	完成时词干	直一单
λαγχάνω[凭机运得到]	ληχ-/λᾰχ-	εἰληχ-（见 11.47）	εἴληχα
φέρω[承担；携带]	φερ-、ἐνεκ-/ἐνοκ-/ἐγκ-和 οἰτ-	ἐνηνοχ-（见 11.48）	ἐνήνοχα
συλ-λέγω[收集]	λεγ-/λογ-、εἰπ- 和 ἐρ-/ῥη-	-ειλοχ-	συνείλοχα

词干型完成时

18.21　对于词干型完成时来说，除去叠音，其完成时词干与动词词干相同。许多词干型完成时的词干与其他时态词干在元音音级上有别（换音，见 1.51–56；完成时词干中常用 o 级词干）。几个主动态的词干型完成时对应于中被动态的现在时（带有状态变化含义，见 35.17；这些完成时的含义见下文）。

最常见的词干型完成时如下所示——

- 与现在时词干在元音音级上相同，例如：

动　词	动词词干	完成时词干	直一单
ἀκούω［听闻］	ἀκο(υ)-（< *ἀκοϝ-）	ἀκήκο-（见 11.48）	ἀκήκοα（< *ἀκήκοϝα）
ἀπόλλυμαι［丧亡］	ὀλ(ε)-	ὀλωλ-（见 11.48）	(ἀπ)όλωλα［已丧亡］
πήγνυμαι［变硬］	πηγ-/πᾰγ-	πεπηγ-	πέπηγα［僵住］
φεύγω［逃跑］	φευγ-/φῠγ-	πεφευγ-	πέφευγα

- 与现在时词干在元音音级上有别（常用 o，见 1.56），例如：

动　词	动词词干	完成时词干	直一单
ἀποκτείνω［杀死］	κτεν-/κτον-/κτᾰν-	-ἐκτον-	ἀπέκτονα
γίγνομαι［变成；出生］	γεν(η)-/γον-/γν-	γεγον-	γέγονα［已出生］
διαφθείρομαι［毁灭］	φθερ-/φθορ-/φθᾰρ-	-ἐφθορ-	διέφθορα［失去理智］
ἐγείρομαι［唤醒］	ἐγερ-/ἐγορ-/ἐγρ-	ἐγρηγορ-（见 11.48）	ἐγρήγορα［已醒来］
λανθάνω［受忽视］	ληθ-/λᾰθ-	λεληθ-	λέληθα
λείπω［离开；剩下］	λειπ-/λοιπ-/λῐπ-	λελοιπ-	λέλοιπα
μαίνομαι［狂怒］	μην-/μᾰν-	μεμην-	μέμηνα［发了狂］
πάσχω［遭受］	πενθ-/πονθ-/πᾰθ-	πεπονθ-	πέπονθα
πείθομαι［听从；听信］	πειθ-/ποιθ-/πῐθ-	πεποιθ-	πέποιθα［听从；信任］
ῥήγνυμαι［破裂］	ῥηγ-/ῥωγ-/ῥᾰγ-	ἐρρωγ-	ἔρρωγα［已爆发］
στρέφομαι［转身］	στρεφ-/στροφ-/στρᾰφ-	ἐστροφ-	ἔστροφα［已转身］
τίκτω［生育］	τεκ-/τοκ-/τκ-	τετοκ-	τέτοκα
φαίνομαι［显现；显得］	φην-/φᾰν-	πεφην-	πέφηνα［已出现］

- 异干动词（见 11.13），例如：

动　词	动词词干	完成时词干	直一单
ἔρχομαι［来；去］	ἐρχ-、ἐλευθ-/ἐλ(ῠ)θ-和 εἰ-/ἰ-	ἐληλυθ-（见 11.48）	ἐλήλυθα［已来］
ὁράω［看见］	ὁρᾱ-/ὁρᾰ-、ἰδ- 和 ὀπ-	ὀπωπ-（见 11.48）	ὄπωπα

注一：如果动词词干本身就以 -φ 或 -χ 结尾，那么送气型完成时与词干型完成时就没有本质区别，例如 γράφω（动词词干 γρᾰφ-）的完成时直陈式 γέγραφ-α。

不规则的词干型完成时：ἔοικα、εἴωθα 和 οἶδα

18.22 动词 ἔοικα[好像；合适]和 εἴωθα[惯于]没有对应的现在时，它们的变位基本上与其他词干型完成时相同——

- ἔοικα：过完 ἐῴκειν，虚 ἐοίκω，祈 ἐοίκοιμι（罕见），不定式 ἐοικέναι，分词 ἐοικώς；另外还有以 εἰκ- 开头的分词形式 εἰκώς (属 εἰκότος), εἰκυῖα, εἰκός；中性形式 εἰκός 常被实词化（τὸ εἰκός[合适性；可能性]），并用于无人称结构 εἰκός (ἐστι) + 不定式[……有可能]；还需要注意无人称的 ἔοικε(ν)[……好像(可能)；……合适]；
- εἴωθα：过完 εἰώθειν，虚 εἰώθω（很罕见），无祈愿式，不定式 εἰωθέναι，分词 εἰωθώς（中性分词常被实词化，如 τὰ εἰωθότα[通常的事物]）；常用无人称形式 εἴωθε(ν)[惯常发生……]。

18.23 动词 οἶδα[知道]没有对应的现在时，其变位不规则，基于动词词干 εἰδ-/οἰδ-/ἰδ-（< *ϝειδ-/*ϝοιδ-/*ϝῐδ-），例如：

完直一单 οἶδ-α、二单 οἶσθα（< *οἶδ-θα，见 1.89）、二复 ἴστε（< *ἴδ-τε），命二单 ἴσθι（< *ἴδ-θι），过完一单 ᾔδ-η（词干 εἰδ- 带增音），不定式 εἰδ-έναι。

οἶδα 的完整变位见 18.4。注意，οἶδα 与大多数完成时不同，有命令式（还有虚拟式和祈愿式形式，而其他许多完成时并没有这两种形式）。οἶδα 在各个方面都如同现在时。

其他具体细节

18.24 对于许多动词来说，它们的其他时态词干基于以辅音结尾的动词词干，而完成时词干多带一个 η，例如：

动　词	动词词干	完成时词干	完直一单	现在/不过时
动词词干以齿塞音或软腭塞音结尾				
ἁμαρτάνω[犯错；失去]	ἁμᾰρτ-	ἡμαρτηκ-	ἡμάρτηκα	不 ἥμαρτ-ον
ἔχω[拥有]	ἐχ-/σχ-	ἐσχηκ-	ἔσχηκα	不 ἔ-σχ-ον
μανθάνω[学习；懂得]	μᾰθ-	μεμαθηκ-	μεμάθηκα	不 ἔ-μαθ-ον
动词词干以响音结尾				
εὑρίσκω[找到；发现]	εὑρ-	ηὑρηκ-	ηὕρηκα	不 ηὗρ-ον
μένω[待着；等待]	μεν-	μεμενηκ-	μεμένηκα	现 μέν-ω
νέμω[分配]	νεμ-	νενεμηκ-	νενέμηκα	现 νέμ-ω

动 词	动词词干	完成时词干	完直一单	现在/不过时
动词词干以 ξ 或 ψ 结尾				
αὐξάνω、αὔξω[增加]	αὐξ-	ηὐξηκ-	ηὔξηκα	现 αὔξ-ω
ἕψω[烹煮]	ἑψ-	ἡψηκ-	ἥψηκα	现 ἕψ-ω

18.25 动词 ἀν-οίγω（亦作 ἀνοίγνυμι）[打开]和 πράττω[做；实践]既有送气型完成时（分别作 ἀνέῳχα 和 πέπρᾱχα），也有词干型完成时（分别作 ἀνέῳγα 和 πέπρᾱγα）。πέπραχα 一般带一个宾语（已做了某事），πέπραγα 则带副词（已以某种方式进行）。

ἀνέῳχα 和 ἀνέῳγα 的叠音，见 11.40。

18.26 几个动词既有 κ 型完成时也有词干型完成时。κ 型完成时是较晚的产物，往往表达不同的含义，尤其是在词干型完成时对应于具有状态变化含义的中被动态现在时的情况下（详见 35.17），例如：[1]

ἀπ-όλλυμι（动词词干 ὀλ(ε)-）	
主动态 ἀπόλλυμι[使毁灭]	κ 型完成时 ἀπολώλεκα[已使毁灭]
中动态 ἀπόλλυμαι[丧亡]	词干型完成时 ἀπόλωλα[已丧亡]
δια-φθείρω（动词词干 φθερ-/φθορ-/φθᾰρ-）	
主动态 διαφθείρω[使毁灭]	κ 型完成时 διέφθαρκα[已使毁灭]
	词干型完成时 διέφθορα[已丧亡]
中动态 διαφθείρομαι[丧亡]	词干型完成时 διέφθορα[失去理智；被败坏]（仅见于荷马和晚期散文）
ἐγείρω（动词词干 ἐγερ-/ἐγορ-/ἐγρ-）	
主动态 ἐγείρω[唤醒；使醒来]	κ 型完成时 ἐγήγερκα[已唤醒]（用于晚期希腊语）
中动态 ἐγείρομαι[醒来]	词干型完成时 ἐγρήγορα[醒着]（晚期希腊语亦有完成时中被动态 ἐγήγερμαι）
φαίνω（动词词干 φην-/φᾰν-）	
主动态 φαίνω[使显现]	κ 型完成时 πέφαγκα[已使显现]（罕见）
中动态 φαίνομαι[显现；显得]	词干型完成时 πέφηνα[已显现]

① 类似的情况亦见于不定过去时，见 13.64。

混合型完成时：δέδοικα、ἕστηκα、τέθνηκα 和 βέβηκα

词形概览

18.27　四个完成时 δέδοικα[害怕]、ἕστηκα[站立]、τέθνηκα[死去了]和 βέβηκα[站定]有一些特别的形式——

动　词	动词词干	完成时词干
δέδοικα[害怕][1]	δει-/δοι-/δῐ-	δεδοικ-/δε(ι)δι-
(ἀπο)θνῄσκω[死亡]	θᾰν-/θνη-	τεθνηκ-/τεθνα-[已死]
ἵσταμαι[站起]	στη-/στᾰ-	ἑστηκ-/ἑστα-[站立]
βαίνω[行走]	βη-/βᾰ(ν)-	βεβηκ-/βεβα-[站定]

[1] 在古典希腊语中 δέδοικα 没有对应的现在时。

这些动词有规则的基于词干的长音变体的 κ 型完成时。然而，其他形式也会出现——这些形式基于词干的短音变体，并且使用稍有差异的词尾。下表给出的是最常见的短词干形式（short-stem form）。注意，这些完成时形式与上文所述的大多数完成时主动形式不同，因为它们有命令式形式。

	δέδοικα[害怕]	τέθνηκα[死去了]	ἕστηκα[站立]	βέβηκα[站定]
现在时	无	(ἀπο)θνῄσκω[死亡]	ἵσταμαι[站起]	βαίνω[行走]
完成时词干	δε(ι)δι-	τεθνα-	ἑστα-	βεβα-
基本直陈式	一复 δέδιμεν	三复 τεθνᾶσι(ν)	二复 ἕστατε	三复 βεβᾶσι(ν)
（完）	二复 δέδιτε		三复 ἑστᾶσι(ν)	
	三复 δεδίασιν			
	一单亦作 δέδια			
	三单亦作 δέδιεν			
历史直陈式	一复 ἐδέδιμεν	三复 ἐτέθνασαν	三复 ἕστασαν	—
（过完）	二复 ἐδέδιτε			
	三复 ἐδέδι(ε)σαν			
	一单亦作 ἐδεδίειν			
	二单亦作 ἐδεδίεις			
	三单亦作 ἐδεδίει(ν)			
虚拟式	三单 δεδίῃ	—	—	—
	三复 δεδίωσι(ν)			

	δέδοικα[害怕]	τέθνηκα[死去了]	ἕστηκα[站立]	βέβηκα[站定]
现在时	无	(ἀπο)θνῄσκω[死亡]	ἵσταμαι[站起]	βαίνω[行走]
完成时词干	δε(ι)δι-	τεθνα-	ἑστα-	βεβα-
祈愿式	—	一单 τεθναίην 三复 τεθναῖεν 等	—	—
命令式	二单 δέδιθι	二单 τέθναθι 三单 τεθνάτω	二单 ἕσταθι 三单 ἑστάτω	—
分　词	δεδιώς, -ότος δεδιυῖα, -υίας δεδιός, -ότος	τεθνεώς, -ῶτος τεθνεῶσα, -ώσης τεθνεός, -ῶτος	ἑστώς, -ῶτος ἑστῶσα, -ώσης ἑστώς, -ῶτος	βεβώς, -ῶτος βεβῶσα, -ώσης βεβώς, -ῶτος
不定式	δεδιέναι	τεθνάναι	ἑστάναι	—

具体形式

18.28 在直陈式中（完成时和过去完成时）：

• 大多数形式基于词干的长音变体（δεδοικ-/τεθνηκ-/ἑστηκ-），变位与 κ 型完成时相仿，例如：

完直 δέδοικα, δέδοικας, δέδοικε(ν)、τέθνηκα 等和 ἕστηκα 等；

过完 ἐδεδοίκειν, ἐδεδοίκεις, ἐδεδοίκειν、ἐτεθνήκειν 等和 ἑστήκειν 等。

• 然而，一些形式，尤其是第三人称复数，基于词干的短音变体（δεδι-/τεθνα-/ἑστα-），例如：

完直 δέδι-μεν, δέδι-τε, δεδί-ασι(ν)；

完直 τεθνᾶσι(ν)（< *τεθνά-ασι）、ἑστᾶσι(ν)（< *ἑστά-ασι）。

不过，κ 型的异体也常常代替这些短词干形式，例如：

δεδοίκαμεν、τεθνήκασι(ν) 等等。

注一：在 ἕστηκα 的过去完成时中，规则的 κ 型形式以 εἱ-（带有可见的增音）而非以 ἑ- 开头，例如：

εἱστήκη（更常作 ἑστήκη）、εἱστήκεσαν（更常作 ἑστήκεσαν、ἕστασαν）。

18.29 虚拟式和祈愿式的短词干形式罕见（虚拟式和祈愿式合起来算也罕见），不过偶尔也会出现祈愿式 τεθναίην 等等。

18.30 命令式（很少见）基于词干的短音变体。主动态命令式第二人称单数以 **-θι** 结尾：例如：δέδι-θι、τέθνα-θι 和 ἕστα-θι。

18.31 不定式通常基于词干的短音变体，以 **-έναι**（见于 δεδιέναι）或 **-ναι**（见于 τεθνάναι、ἑστάναι）结尾。然而，在短词干形式之外也有

κ 型形式，例如：δεδοικέναι、τεθνηκέναι、ἑστηκέναι 和 βεβηκέναι。

18.32 分词通常基于词干的短音变体（比如 δεδιώς, -ότος），有一些不规则形式：

τέθνηκα：阳 τεθνεώς, -ῶτος，阴 τεθνεῶσα, -ώσης，中 τεθνεός, -ῶτος；

ἕστηκα：阳 ἑστώς, -ῶτος，阴 ἑστῶσα, -ώσης，中 ἑστώς, -ῶτος；

βέβηκα：阳 βεβώς, -ῶτος，阴 βεβῶσα, -ώσης，中 βεβώς, -ῶτος。

然而，在短词干形式之外也有 κ 型异体，例如：

δεδοικώς、τεθνηκώς、ἑστηκώς 和 βεβηκώς 等等。

注一：动词 γίγνομαι[变成；出生]在诗歌中偶尔也有类似形式的完成时分词 γεγώς，阴性作 γεγῶσα。

第 19 章　完成时中被动态

完成时中被动态的词干

19.1 所有的完成时中被动态词干都带一个叠音（就好像完成时主动态词干那样），这个叠音的形式或是辅音 + ε，或是与增音的构成方式相同。叠音的构成规则见 11.43–48。①

19.2 在构成完成时中被动态词干时，除了叠音之外，动词词干不带其他添加物，例如：

动　词	动词词干	完成时中被动态词干
παιδεύω[教化]	παιδευ-	πεπαιδευ-
δείκνυμι[展示]	δεικ-	δεδεικ-

19.3 如果动词词干具有元音音级不同的各种形式，那么完成时中被动态词干一般会是以下两种情况中的一种——

- 使用 e 级形式，因而在元音音级上与现在时词干相同，但是与完成时主动态词干不同，例如：

动　词	完成时主动态词干	完成时中被动态词干
πέμπω[送出]	πεπομφ-	πεπεμπ-
λείπω[离开；遗留]	λελοιπ-	λελειπ-

- 在某些情况下，尤其是在词干以流音结尾时，使用零级形式，这通常会导致词干带有一个 ᾰ（见 1.53、1.87）；从而完成时中被动态词干与现在时词干在元音音级上有别，但是与完成时主动态词干相同，例如：

动　词	完成时主动态词干	完成时中被动态词干
στέλλω[准备]	ἐσταλκ-	ἐσταλ-

完成时中被动态的变位

词形概览

19.4 完成时中被动态的变位如下所示：

① 完成时主动态词干的类型见 18.1–2。

动词词干结尾		ι、υ、双元音或流音		α、ε、ο或η		ν	
	例词	παιδεύω[教化]		τιμάω[尊崇]		φαίνομαι[显现]	
	完中被词干	πεπαιδευ-		τετιμη-		πεφᾰν-	
完成时	单一	πεπαίδευμαι		τετίμημαι		πέφασμαι	
	二	πεπαίδευσαι		τετίμησαι		πέφανσαι	
	三	πεπαίδευται		τετίμηται		πέφανται	
	复一	πεπαιδεύμεθα		τετιμήμεθα		πεφάσμεθα	
	二	πεπαίδευσθε		τετίμησθε		πέφανθε	
	三	πεπαίδευνται		τετίμηνται		πεφασμένοι εἰσί(ν)	
过去完成时	单一	ἐπεπαιδεύμην		ἐτετιμήμην		ἐπεφάσμην	
	二	ἐπεπαίδευσο		ἐτετίμησο		ἐπέφανσο	
	三	ἐπεπαίδευτο		ἐτετίμητο		ἐπέφαντο	
	复一	ἐπεπαιδεύμεθα		ἐτετιμήμεθα		ἐπεφάσμεθα	
	二	ἐπεπαίδευσθε		ἐτετίμησθε		ἐπέφανθε	
	三	ἐπεπαίδευντο		ἐτετίμηντο		πεφασμένοι ἦσαν	
虚拟式	单一	πεπαιδευμένος	ὦ	τετιμημένος	ὦ	πεφασμένος	ὦ
	二		ᾖς		ᾖς		ᾖς
	三		ᾖ		ᾖ		ᾖ
	复一	πεπαιδευμένοι	ὦμεν	τετιμημένοι	ὦμεν	πεφασμένοι	ὦμεν
	二		ἦτε		ἦτε		ἦτε
	三		ὦσι(ν)		ὦσι(ν)		ὦσι(ν)
祈愿式	单一	πεπαιδευμένος	εἴην	τετιμημένος	εἴην	πεφασμένος	εἴην
	二		εἴης		εἴης		εἴης
	三		εἴη		εἴη		εἴη
	复一	πεπαιδευμένοι	εἶμεν	τετιμημένοι	εἶμεν	πεφασμένοι	εἶμεν
	二		εἶτε		εἶτε		εἶτε
	三		εἶεν		εἶεν		εἶεν
命令式	单二	πεπαίδευσο		τετίμησο		πέφανσο	
	三	πεπαιδεύσθω		τετιμήσθω		πεφάνθω	
	复二	πεπαίδευσθε		τετίμησθε		πέφανθε	
	三	πεπαιδεύσθων		τετιμήσθων		πεφάνθων	
分词	阳	πεπαιδευμένος, -ου		τετιμημένος, -ου		πεφασμένος, -ου	
	阴	πεπαιδευμένη, -ης		τετιμημένη, -ης		πεφασμένη, -ης	
	中	πεπαιδευμένον, -ου		τετιμημένον, -ου		πεφασμένον, -ου	
	不定式	πεπαιδεῦσθαι		τετιμῆσθαι		πεφάνθαι	

动词词干以塞音结尾的完成时中被动态的变位见下页。

动词词干结尾		唇塞音	软腭塞音	齿塞音
	例词	τρίβω[摩擦]	δείκνυμι[展示]	κομίζω[照料；带走]
	完中被词干	τετριβ-	δεδεικ-	κεκομῐδ-
完	单一	τέτριμμαι	δέδειγμαι	κεκόμισμαι
成	二	τέτριψαι	δέδειξαι	κεκόμισαι
时	三	τέτριπται	δέδεικται	κεκόμισται
	复一	τετρίμμεθα	δεδείγμεθα	κεκομίσμεθα
	二	τέτριφθε	δέδειχθε	κεκόμισθε
	三	τετριμμένοι εἰσί(ν)	δεδειγμένοι εἰσί(ν)	κεκομισμένοι εἰσί(ν)
过	单一	ἐτετρίμμην	ἐδεδείγμην	ἐκεκομίσμην
去	二	ἐτέτριψο	ἐδέδειξο	ἐκεκόμισο
完	三	ἐτέτριπτο	ἐδέδεικτο	ἐκεκόμιστο
成	复一	ἐτετρίμμεθα	ἐδεδείγμεθα	ἐκεκομίσμεθα
时	二	ἐτέτριφθε	ἐδέδειχθε	ἐκεκόμισθε
	三	τετριμμένοι ἦσαν	δεδειγμένοι ἦσαν	κεκομισμένοι ἦσαν
虚	单一	τετριμμένος ὦ	δεδειγμένος ὦ	κεκομισμένος ὦ
拟	二	ᾖς	ᾖς	ᾖς
式	三	ᾖ	ᾖ	ᾖ
	复一	τετριμμένοι ὦμεν	δεδειγμένοι ὦμεν	κεκομισμένοι ὦμεν
	二	ἦτε	ἦτε	ἦτε
	三	ὦσι(ν)	ὦσι(ν)	ὦσι(ν)
祈	单一	τετριμμένος εἴην	δεδειγμένος εἴην	κεκομισμένος εἴην
愿	二	εἴης	εἴης	εἴης
式	三	εἴη	εἴη	εἴη
	复一	τετριμμένοι εἶμεν	δεδειγμένοι εἶμεν	κεκομισμένοι εἶμεν
	二	εἶτε	εἶτε	εἶτε
	三	εἶεν	εἶεν	εἶεν
命	单二	τέτριψο	δέδειξο	κεκόμισο
令	三	τετρίφθω	δεδείχθω	κεκομίσθω
式	复二	τέτριφθε	δέδειχθε	κεκόμισθε
	三	τετρίφθων	δεδείχθων	κεκομίσθων
分	阳	τετριμμένος, -ου	δεδειγμένος, -ου	κεκομισμένος, -ου
词	阴	τετριμμένη, -ης	δεδειγμένη, -ης	κεκομισμένη, -ης
	中	τετριμμένον, -ου	δεδειγμένον, -ου	κεκομισμένον, -ου
	不定式	τετρῖφθαι	δεδεῖχθαι	κεκομίσθαι

词　尾

19.5　所有的完成时中被动形式均无构干元音：词尾直接加在词干上。11.20–33 中的规则词尾适用于完成时中被动态，但需注意以下几点。

19.6　以 **σθ** 开头的词尾（比如第二人称复数 -σθε、不定式 -σθαι）在加于所有的完成时中被动态词干时都会失去 σ，除非动词词干以元音或双元音结尾（见 1.94），例如 πεπαίδευ-σθε 带有 σ 而 ἔρριφ-θε 无 σ（后一种形式亦见 19.7）。

19.7　完成时中被动态词干若以一个辅音结尾，那么这个辅音就常被词尾同化（见 1.88–93），例如：βέβλαμ-μαι、βέβλαπ-ται（词干 βεβλαβ-）。此类变化的总结见 19.10。

19.8　只有以元音或双元音结尾的完成时中被动态词干才能构成以独体形式出现的第三人称复数直陈式（比如 ἐπεπαίδευντο）；其他所有的动词都使用迂说结构（完成时中被动态分词 + εἰμί 的一种形式，见 17.5–7），例如 δεδειγμένοι εἰσί(ν)[他们已被展示]。

注一：伊欧尼亚方言的三复词尾 -αται（完）和 -ατο（过完），见 25.39。

19.9　完中被虚拟式、祈愿式无独体形式，用迂说结构（见 17.5–7）。

总结：完成时中被动态词干在不同词尾前的变化

19.10　在构成完成时中被动态词干时，动词词干的最后一个音在不同词尾前发生的变化如下所示：

词干末尾	词尾开头			
	μ	σ	τ	(σ)θ
元音/双元音/流音	无变化	无变化	无变化	无变化
例如 παιδευ-	πεπαίδευμαι	πεπαίδευσαι	πεπαίδευται	πεπαίδευσθε
ν 结尾	[-μμ- 或] **-σμ-**	无变化	无变化	**-νθ-**
例如 φᾰν-	πέφασμαι	πέφανσαι	πέφανται	πέφανθε
唇塞音	**-μμ-**	**-ψ-**	**-πτ-**	**-φθ-**
例如 τριβ-	τέτριμμαι	τέτριψαι	τέτριπται	τέτριφθε
软腭塞音	**-γμ-**	**-ξ-**	**-κτ-**	**-χθ-**
例如 δεικ-	δέδειγμαι	δέδειξαι	δέδεικται	δέδειχθε
齿塞音	**-σμ-**	**-σ-**	**-στ-**	**-σθ-**
例如 ψευδ-	ἔψευσμαι	ἔψευσαι	ἔψευσται	ἔψευσθε

各种完成时中被动态词干

词干的构成

以 ι、υ 或双元音结尾的动词词干

19.11 以 ι、υ 或双元音结尾的动词词干没有变化，例如：

动　词	动词词干	完中被词干	完中被直一单
παιδεύω[教化]	παιδευ-	πεπαιδευ-	πεπαίδευμαι
χρίω[涂油]	χρῑ-	κεχρι-	κέχριμαι[1]
λύω[释放]	λῡ-/<u>λῠ-</u>	λελῠ-	λέλῠμαι
κλῄω/κλείω[关闭]	κλῃ-/<u>κλει-</u>	κεκλει-	κέκλειμαι[1]
παύω[停止]	παυ-	πεπαυ-	πέπαυμαι
κρούω[敲击；拍打]	κρου(σ)-	κεκρου(σ)-	κέκρουμαι[1]

[1] 这里的 κέχριμαι 或作 κέχρισμαι，κέκλειμαι 或作 κέκλεισμαι，见 19.32；κέκρουμαι 或作 κέκρουσμαι。

注一：在上表中，对于现在时带长音 ῡ 的单音节词干来说，完成时中被动态词干带短音 ῠ；另见 14.11 注一、18.10 注一。

19.12 这些动词按常规添加词尾，包括 -σθε 和 -σθαι。除了虚拟式和祈愿式以外（使用迂说形式），其他变形都用独体形式（见 17.5）。

以其他元音结尾的动词词干

19.13 对于动词词干以 η/ε、η/ᾰ 或 ω/ο 结尾的动词（即缩合动词）而言，完成时中被动态词干基于动词词干的长音变体（见 11.11）：

- 现在时词干以 ε 结尾：完中被动态词干以 η 结尾；
- 现在时词干以 ᾰ（或 η）结尾：完中被词干以 η（但在 ε、ι 或 ρ 后是 ᾱ）结尾；
- 现在时词干以 ο 结尾：完中被词干以 ω 结尾；对于一些词干以 ω 为结尾的动词而言，其完中被词干的构成方式与此类似。

举例如下——

动　词	动词词干	完中被词干	完中被直一单
ποιέω[制作]	<u>ποιη-</u>/ποιε-	πεποιη-	πεποίημαι
ἡγέομαι[引导；认为]	<u>ἡγη-</u>/ἡγε-	ἡγη-	ἥγημαι

动　词	动词词干	完中被词干	完中被直一单
τιμάω[尊崇]	τιμη-/τιμᾰ-	τετιμη-	τετίμημαι
νικάω[征服]	νικη-/νικᾰ-	νενικη-	νενίκημαι
αἰτιάομαι[指控]	αἰτιᾱ-/αἰτιᾰ-	ᾐτιᾱ-	ᾐτίᾱμαι
δηλόω[表明]	δηλω-/δηλο-	δεδηλω-	δεδήλωμαι
ἐναντιόομαι[反击]	ἐναντιω-/ἐναντιο-	ἠναντιω-	ἠναντίωμαι
χρήομαι[需要；使用]	χρη-	κεχρη-	κέχρημαι
τιτρώσκω[使受伤]	τρω-	τετρω-	τέτρωμαι

19.14　对于动词词干有两种变体（以 η/ᾰ、η/ε 或 ω/ο 结尾）的几个 -μι 动词（见 12.37）而言，完中被词干基于动词词干的短音变体：

动　词	动词词干	完中被词干	完中被直一单
ἵστημι[使竖立]	στη-/στᾰ-	ἑστα-（见 11.48）	ἕσταμαι
ἵημι[送出；放走]	ἡ-/ἑ-	εἱ-（见 11.47）	εἷμαι
δίδωμι[给予]	δω-/δο-	δεδο-	δέδομαι

πίμπρημι[燃烧]的完中被词干则基于带长音的动词词干。τίθημι[放置]的完中被词干 τεθει- 不规则（对比完主 τέθεικα，见 18.12）；还要注意 κεῖμαι[躺下；身处]常用作 τίθημι 的完成时被动态（见 12.43 注一）：

动　词	动词词干	完中被词干	完中被直一单
πίμπρημι[燃烧]	πρη-/πρᾰ-	πεπρη-	πέπρημαι
τίθημι[放置]	θη-/θε-	τεθει-	τέθειμαι

19.15　对于一些以 -άω 和以 -έω 结尾的动词来说，动词词干原本以 σ 结尾（或被当作这样的动词，见 13.18），完中被词干仍有这个 σ（除非是在以 σ 开头的词尾之前）；还需注意以 -έννυμι 和以 -ἄννυμι 结尾的动词（它们的词干以一个 σ 结尾）：

动　词	完中被直一单
αἰδέομαι[敬畏]（< *αἰδέσ-(y)ομαι）	ᾔδεσμαι
τελέω[完成]（< *τελέσ-(y)ω）	τετέλεσμαι（但是 τετέλεσαι < *-εσ-σαι）
ἀμφιέννυμαι[穿上]（< *-έσνυμαι）	ἠμφίεσμαι（叠音见 11.57）

这里的 y 见 12.29 注一；带寄生性的 σ 的 ἔγνωσμαι[已被认识]、πέπρησμαι[已被点燃]等等，见 19.32。

19.16 对于 (ἐπ)αινέω[称赞]来说，完中被使用长的词干元音（(ἐπ)ῄνημαι），而其他所有的时态词干使用短元音（如不定过去时 ῄνεσα、完主 ῄνεκα，分别见 13.19、18.13）。①

19.17 对于一些以 -άω（还有 -αίω）和以 -έω 结尾的动词而言，它们的动词词干原本以 ϝ 为结尾（见 13.20、15.20 和 18.14），完中被分别以 -αυμαι 和 -ευμαι 结尾，例如：

动　词	完中被直一单
κᾰ́ω（亦作 καίω）[点燃]（< *κᾰ́ϝyω）	κέκαυμαι（< *κέκᾰϝμαι）
πλέω[航海]（< *πλέϝω）	πέπλευμαι（< *πέπλεϝμαι）
πνέω[呼气；呼吸]（< *πνέϝω）	πέπνευμαι（< *πέπνεϝμαι）

19.18 这些动词按常规添加词尾，包括 -σθε 和 -σθαι。除了虚拟式和祈愿式之外（使用迂说形式），其他变位都有独体形式（见 17.5）。

以唇塞音结尾的动词词干

19.19 对于大多数词干以唇塞音（π、β 和 φ）结尾的动词而言，塞音在词尾的第一个音前发生以下变化——

- **塞音 + μ > μμ**，例如：τρῑ́βω[摩擦]，动词词干 τρῑβ-/τρῐβ-，完中被词干 τετριβ-（ῑ 和 ῐ 都有所出现），完直中被一单 τέτριμμαι（< *τέτριβ-μαι），完中被分阳单主 τετριμμένος（< *τετριβ-μένος）；
- **塞音 + σ > ψ**（仅涉及 -σαι 和 -σο；-(σ)θε 和 -(σ)θαι 见后文），例如：完直中被二单 τέτριψαι、过完中被二单 ἐτέτριψο；
- **塞音 + τ > πτ**，例如完直中被三单 τέτριπται（< *τέτριβ-ται）；
- **塞音 + θ > φθ**（-σθε 和 -σθαι 中的 σ 脱落），例如：完中被不定式 τετρῖφθαι/τετρῐ́φθαι（< *τετριβ-(σ)θαι）。

举例如下——

动　词	动词词干	完中被词干	完中被直一单
τρῑ́βω[摩擦]	τρῑβ-/τρῐβ-	τετρῑβ-/τετρῐβ-	τέτριμμαι
γράφω[书写]	γρᾰφ-	γεγραφ-	γέγραμμαι
λείπω[离开；剩下]	λειπ-/λοιπ-/λῐπ-	λελειπ-	λέλειμμαι

① 原书中 13.19 作 15.19，后者指 σ 型将来时形式，据文意改。

尤其要注意现在时以 -πτω 结尾的动词（见 12.27），例如：

动　词	动词词干	完中被词干	完中被直一单
βλάπτω[破坏]	βλᾰβ-	βεβλαβ-	βέβλαμμαι
ῥίπτω[投掷]	ῥῑπ-	ἐρριπ-	ἔρριμμαι
θάπτω[埋葬]	θᾰφ-	τεθαφ-	τέθαμμαι

19.20　如果动词词干以 μ 和一个唇音结尾，那么在词尾以 μ 开头时，产生的 μμμ 就简化为 μμ，例如 πέμπω[送出；派出]，完中被词干 πεπεμπ-，完中被直一单 πέπεμμαι。

19.21　这些动词的直陈式三复以及所有的虚拟式和祈愿式都使用迂说形式，例如完中被直三复 τετριμμένοι εἰσίν[它们已被揉弄]。

以软腭塞音结尾的动词词干

19.22　对于词干以软腭塞音（κ、γ 和 χ）结尾的动词而言，塞音在词尾的第一个音前发生以下变化——

- 软腭音 + **μ > γμ**，例如 δείκνυμι[展示]，动词词干 δεικ-，完中被直陈式一单 δέδειγμαι（< *δέδεικ-μαι），完中被分阳单主 δεδειγμένος（< *δεδεικ-μένος）；
- 软腭音 + **σ > ξ**（仅涉及 -σαι、-σο；-(σ)θε、-(σ)θαι 见后文），例如：完直中被二单 δέδειξαι、过完中被二单 ἐδέδειξο；
- 软腭音 + **τ > κτ**：例如 τάττω[布置；安排]，动词词干 τᾰγ-，完直中被三单 τέτακται（< *τέταγ-ται）；
- 软腭音 + **θ > χθ**（-σθε 和 -σθαι 中的 σ 脱落了），例如完中被不定式 δεδεῖχθαι（< *δέδεικ-(σ)θαι）。

举例如下——

动　词	动词词干	完中被词干	完中被直一单
ἄγω[引导；带领]	ἀγ-	ἠγ-	ἦγμαι
ἄρχω[开始；统治]	ἀρχ-	ἠρχ-	ἦργμαι
πλέκω[编织]	πλεκ-	πεπλεκ-	πέπλεγμαι

几乎每一个现在时以 -ττω/-ττομαι 结尾的动词（见 12.27）都需要特别注意，还要注意一些以 -ζω 结尾和几个以 -νυμι 结尾的动词，例如：

动　词	动词词干	完中被词干	完中被直一单
τάττω[安排；布置]	τᾰγ-	τεταγ-	τέταγμαι
φυλάττω[守护]	φυλᾰκ-	πεφυλακ-	πεφύλαγμαι
αἰνίττομαι[讲隐语]	αἰνῐγ-	ᾐνιγ-	ᾔνιγμαι
δείκνυμι[展现]	δεικ-	δεδειγ-	δέδειγμαι

19.23 如果动词词干以 γ 和一个软腭塞音结尾，那么在词尾以 μ 开头时，产生的 γγμ 就简化为 γμ，例如 ἐλέγχω[质问；验证]，完中被词干 ἐληλεγχ-（见 11.48），完中被直一单 ἐλήλεγμαι。

19.24 这些动词的直陈式三复以及所有的虚拟式和祈愿式都总是使用迂说形式，例如完中被直三复 δεδειγμένοι εἰσίν[他们已被展示]。

以齿塞音结尾的动词词干

19.25 对于词干以齿塞音（τ、δ 和 θ）结尾的动词来说，齿音——

• 在 **σ** 之前脱落，例如：完中被直二单 ἔψευσαι（< *ἔψευδ-σαι）、完中被命二单 ἔψευσο（< *ἔψευδ-σο）；

• 在其他音之前均变为 **σ**，例如：完中被直一单 ἔψευσμαι（< *ἔψευδ-μαι）、三单 ἔψευσται（< *ἔψευδ-ται）。

举例如下——

动　词	动词词干	完中被词干	完中被直一单
ψεύδομαι[撒谎]	ψευδ-	ἐψευδ-	ἔψευσμαι
πείθω[说服]	πειθ-/ποιθ-/πῐθ-	πεπειθ-	πέπεισμαι

尤其需要注意大多数现在时以 -ζω/-ζομαι 结尾的动词，还有一些以 -ττω 结尾的动词（见 12.27），例如：

动　词	动词词干	完中被词干	完中被直一单
ἀγωνίζομαι[竞争]	ἀγωνῐδ-	ἠγωνιδ-	ἠγώνισμαι
κομίζω[带走；照料]	κομῐδ-	κεκομιδ-	κεκόμισμαι
ἁρμόζω/ἁρμόττω[组合]	ἁρμοδ-/ἁρμοτ-	ἡρμοτ-	ἥρμοσμαι
πλάττω[塑造]	πλᾰθ-	πεπλαθ-	πέπλασμαι

19.26 这些动词的直陈式三复以及所有的虚拟式和祈愿式都总是使用迂说形式，例如完中被直三复 ἐψευσμένοι εἰσίν[他们已撒了谎]。

以响音结尾的动词词干

19.27 对于词干以流音（λ、ρ）结尾的动词而言，流音在词尾前保持不变，例如 ἀγγέλλω[宣布]，动词词干 ἀγγελ-，完中被直一单 ἤγγελμαι。注意，词尾 -σθε 和 -σθαι 中的 σ 脱落了（例如 ἀγγέλλω 的完中被不定式 ἠγγέλθαι）。尤需注意现在时以 -λλω 或者以 -αίρω/-είρω 结尾的动词（见 12.28）。

举例如下——

动 词	动词词干	完中被词干	完中被直一单
φῡ́ρω[混合；混淆]	φῠρ-	πεφυρ-	πέφυρμαι
ἀγγέλλω[宣布]	ἀγγελ-	ἠγγελ-	ἤγγελμαι
ποικίλλω[绣；装饰]	ποικῐλ-	πεποικιλ-	πεποίκιλμαι
καθαίρω[净化]	καθᾰρ-	κεκαθαρ-	κεκάθαρμαι
αἴρω[举起]	ᾰ̓ρ-	ἠρ-	ἦρμαι

许多流音词干动词的完成时中被动态使用动词词干的零级变体。这通常会导致词干中带有一个 ᾰ（见 1.56），例如：

动 词	动词词干	完中被词干	完中被直一单
δια-φθείρω[使毁灭]	φθερ-/φθορ-/φθᾰρ-	δι-εφθαρ-	δι-έφθαρμαι
σπείρω[播种]	σπερ-/σπᾰρ-	ἐσπαρ-	ἔσπαρμαι
στέλλω[派遣]	στελ-/στᾰλ-	ἐσταλ-	ἔσταλμαι

19.28 动词词干以 ν 结尾的动词——

- **ν + μ > μμ**，例如 ὀξῡ́νω[使锋利]（动词词干 ὀξῠν-），完中被直一单 ὤξυμμαι（< *ὤξυν-μαι），完中被分阳单主 ὠξυμμένος（< *ὠξυν-μένος）。然而，大多数动词此时会产生不规则的完中被词干，在 μ 前以一个 σ 结尾（亦即 **ν + μ** 产生 **σμ**），φαίνω（动词词干 φην-/φᾰν-）明显就是如此：完中被直一单 πέφασμαι，完中被分阳单主 πεφασμένος（σμ 很可能类推自齿音词干的情况，见 19.25）。
- ν 在其他音前保持不变：例如完中被直二单 πέφανσαι，完中被不定式 πεφάνθαι（注意词尾 -σθε、-σθαι 中的 σ 脱落了）。

举例如下——

动　词	动词词干	完中被词干	完中被直一单
αἰσχῡ́νομαι[羞愧]	αἰσχῠν-	ᾐσχυν-	ᾔσχυμμαι
φαίνω[展现]	φην-/φᾰν-	πεφαν-	πέφασμαι
ἡδῡ́νω[使可口]	ἡδῠν-	ἡδυν-	ἥδυσμαι
σημαίνω[标记; 指示]	σημᾰν-	σεσημαν-	σεσήμασμαι

19.29 对于词干以响音结尾的动词而言，完中被直陈式第三人称复数以及虚拟式和祈愿式总是使用迂说形式，例如：完中被直三复 ἠγγελμένοι εἰσίν[他们已被宣布]、πεφασμένοι εἰσίν[他们已被展现]等等。

19.30 一些现在时词干以 ν 为结尾的动词在完成时中没有这个鼻音（它原本并非动词词干的一部分，而是加在现在时词干上的后缀，然后延伸到了一些其他词干上；见 12.30 注二），例如：

动　词	动词词干	完中被词干	完中被直一单
κλῑ́νω[使倾斜]	κλῐ(ν)-	κεκλι-	κέκλιμαι
κρῑ́νω[区分；评判]	κρῐ(ν)-	κεκρι-	κέκριμαι

19.31 请注意 τείνω[拉伸]的完成时中被动形式（词干 τᾰ- < *τn̥-，见 1.86）：

动　词	动词词干	完中被词干	完中被直一单
τείνω[拉伸]	τεν-/τᾰ-	τετα-	τέταμαι

其他注意事项和例外情况

19.32 对于词干以元音结尾的几个动词而言，它们的完成时中被动态词干和词尾之间可能带有一个寄生性的 σ（亦常见于不定过去时被动态，见 14.27）。在特定动词中是否会有这个寄生性的 σ 取决于作者，但一些单词总是带这个 σ。例如：

动　词	动词词干	完中被词干	完中被直一单
γιγνώσκω[认识]	γνω-	ἐγνωσ-	ἔγνωσμαι
ἕλκω[拖；拉]	ἑλκ(ῠ)-	εἱλκυσ-	εἵλκυσμαι
κλῄω/κλείω[关闭]	κλῃ-/κλει-	κεκλει(σ)-	κέκλει(σ)μαι
πίμπρημι[燃烧]	πρη-/πρᾰ-	πεπρη(σ)-	πέπρη(σ)μαι
σῴζω[拯救]	σω-	σεσω(σ)-	σέσω(σ)μαι

19.33 对于一些动词来说，它们的其他时态基于以辅音结尾的动词词干，但是完成时中被动态词干中会多带一个 η（这些动词的完成时主动态词干也多带一个

η，见 18.24）。例如：

动　词	动词词干	完中被词干	完中被	完　主
动词词干以齿塞音或软腭塞音结尾				
ἁμαρτάνω［犯错；失去］	ἁμᾰρτ-	ἡμαρτη-	ἡμάρτημαι	ἡμάρτηκα
ἔχω［拥有］	ἐχ-/σχ-	ἐσχη-	ἔσχημαι	ἔσχηκα
αἰσθάνομαι［感觉］	αἰσθ-	ᾐσθη-	ᾔσθημαι	
动词词干以响音结尾				
βούλομαι［意欲；想要］	βουλ-	βεβουλη-	βεβούλημαι	
νέμω［分配］	νεμ-	νενεμη-	νενέμημαι	νενέμηκα
动词词干以 ξ 或 ψ 结尾：				
αὐξάνω、αὔξω［增加］	αὐξ-	ηὐξη-	ηὔξημαι	ηὔξηκα
ἕψω［烹煮］	ἑψ-	ἡψη-	ἥψημαι	ἥψηκα

第 20 章　将来完成时

将来完成时的构成

概　述

20.1　将来完成时词干（主动和中被动两种）的构成方式是在对应的完成时词干上添加一个 σ：[①]

- 主动态：(ἀπο)θνῄσκω[死亡]（动词词干 θᾰν-/θνη-）的完成时主动态词干作 τεθνηκ-，将来完成时主动态词干作 τεθνηξ-；
- 中被动态：γράφω[书写]（动词词干 γρᾰφ-）的完成时中被动态词干作 γεγραφ-，将来完成时中被动态词干作 γεγραψ-。

20.2　将来完成时主动态的变位与将来时主动态相仿，例如：直一单 τεθνήξω[我将死去]、二单 τεθνήξεις 和不定式 τεθνήξειν 等等。但是迂说结构更常见（见 20.5）。

将来完成时中被动态的变位与将来时中动态相似，例如：直一单 γεγράψομαι、二单 γεγράψει/-ῃ 和不定式 γεγράψεσθαι 等等。它们通常表达被动含义（比如 γεγράψεται 意为它将被写下）。

20.3　将来完成时的含义和用法，见 33.46–47。

将来完成时主动态的具体形式

20.4　将来完成时主动形式非常罕见。实际上，规则构成的将来完成时形式的仅见于——

- ἵσταμαι[站起]，完 ἕστηκα[站着]，将完 ἑστήξω[将站着]；
- (ἀπο)θνῄσκω[死亡；被杀死]，完 τέθνηκα[死去了]，将完 τεθνήξω[将死去]。

20.5　将来完成时主动态更常以迂说结构（见 17.5–7）来表达，这种结构由完成时主动态分词的形式和 εἰμί 的将来时形式（ἔσομαι、ἔσει/-ῃ 和 ἔσται 等等）组合而成，例如：

γιγνώσκω[认识；了解]（完成时 ἔγνωκα）的将完直主三单作 ἐγνωκὼς ἔσται[他将了解到]；

ἀφαιρέω[带走]（完成时 ἀφῄρηκα）的将完直主一复作 ἀφῃρηκότες

① 将来完成时的变位表见第 119 页。

ἐσόμεθα[我们将已带走];

γίγνομαι[变成；出生]（完成时 γέγονα）的将完直主三单作 γεγονὼς ἔσται[他将已成为];

δίδωμι[给予]（完成时 δέδωκα）的将来完成时不定式作 ἔσεσθαι δεδωκώς[将已给予]。

将来完成时中被动态的具体形式

20.6 将来完成时中被动形式虽然也罕见，但比主动态常见，例如：

动　词	完中被词干	将完中被词干	直一单
τιμάω[尊崇]	τετιμη-	τετιμησ-	τετιμήσομαι[将已受尊敬]
αἱρέω[拿取]	ᾑρη-	ᾑρησ-	ᾑρήσομαι[将已被选择]
λείπω[离开；剩下]	λελειπ-	λελειψ-	λελείψομαι[将已被留下]
κτάομαι[取得]	(κ)εκτη-	(κ)εκτησ-	(κ)εκτήσομαι[会拥有]
μιμνήσκομαι[记得]	μεμνη-	μεμνησ-	μεμνήσομαι[将记得]
παύω[停]	πεπαυ-	πεπαυσ-	πεπαύσομαι[将已停]
λέγω[言说]	εἰρη-/λελεγ-	εἰρησ-/λελεξ-	εἰρήσομαι/λελέξομαι[将已被说]

注一：ᾑρήσομαι 见 35.9。以短元音结尾的完成时中被动态词干在将来完成时中延长这个元音，就好像将来时中被动态那样，例如：

动　词	完中被词干	将完中被词干	直一单
δέω[捆绑]	δεδε̲-	δεδη̲σ-	δεδήσομαι

20.7 将来完成时中被动形式也可用迂说结构（见 17.5–7）来表达，这种结构由完成时中被动态分词的形式和 εἰμί 的将来时形式（ἔσομαι、ἔσει/-ῃ 和 ἔσται 等等）构成，例如：

ψεύδομαι[撒谎；落空]（完成时 ἔψευσμαι）的将来完成时直陈式三复作 ἐψευσμένοι ἔσονται[他们会撒下谎];

καταστρέφομαι[征服]（完成时 κατέστραμμαι）的将来完成时直陈式二单作 κατεστραμμένος ἔσει[你将已征服];

τάττω[安排；布置]（完中被 τέταγμαι）的将来完成时祈愿式中被三单作 ἔσοιτο τεταγμένη[那将被安排好]。

第 21 章 动词的双数形式

词 尾

21.1 动词的双数形式（这些形式的主语是刚好两个项构成的一组）的构成方式与前面数章所述的动词形式相同：它们在词干、构干元音、增音和祈愿式/虚拟式标记等方面都相同。动词的双数形式仅仅在词尾上与其他形式不同。

与其他动词词尾（见 11.20–34）相仿，双数词尾也可以在两个层面上分类——

- 基本词尾（用于现在时、将来时和完成时直陈式以及虚拟式）、历史词尾（用于历史直陈式，亦即未完成时、不定过去时和过去完成时，还用于祈愿式）和命令式词尾；
- 主动态词尾（用于主动形式以及 θη 型和 η 型不过时）和中被动态词尾（用于中被动形式）。

21.2 动词形式的双数词尾如下表所示：

	主动态词尾			中被动态词尾		
	基 本	历 史	命令式	基 本	历 史	命令式
双一	—	—	—	(-μεθον)[1]	—	—
二	-τον[2]	-τον[2]	-τον[2]	-σθον[2]	-σθον[2]	-σθον[2]
三	-τον	-τηv[3]	-τωv	-σθον	-σθην	-σθων[4]

[1] 第一人称双数的中被动态词尾 -μεθον 特别罕见，例如 λελείμμεθον（λείπω 的完成时直陈式被动态第一人称双数）[我们两个人被剩下了]（索《厄》950）。

[2] 对于双数第二人称来说，基本词尾、历史词尾和命令式词尾相同。

[3] 词尾 -τηv 也可用作双数第二人称历史词尾，不过它罕见并且仅见于诗歌。

[4] 中被动态第三人称命令式的双数词尾与复数词尾相同（见 11.29）。

21.3 动词的双数形式还有以下两个要点——

- 构干元音型双数形式总是使用构干元音 ε 或 η（后者用于虚拟式），除非是在祈愿式中（祈愿式的 ι 前总是用 ο）；
- **-μι** 动词的现在时词干双数形式基于词干的短音变体（见 12.37），例如 δίδο-τον [(请)你俩给予；他俩给予]，而非基于 διδω-。

21.4 分词双数形式的词尾见 10.1。

动词的双数形式举例

21.5 后文按时态-体词干的类型给出动词双数形式的例子。

21.6 现在时词干（见第 12 章），例如：

动　词	词形分析	词典形式
-ω 动词		
φυλάττετον	现直主双二三或现命主双二	φυλάττω[守护]
ἐπραττέτην	未完主双三	πράττω[做；实践]
ἀνῃρεῖσθον	未完中双二	ἀναιρέω[举起]
ὁπόταν γίγνησθον	现虚中双二三（当你/他俩成为）	γίγνομαι[成为]
εὐδαιμονοῖτον	现祈主双二	εὐδαιμονέω[幸福]
εὐτυχοίτην	现祈主双三	εὐτυχέω[成功]
χαίρετον ἄμφω	现命主双二（你俩好呀）	χαίρω[愉快]
ἑπέσθων	现命中双三	ἕπομαι[追赶]
ζῶντε	现主分阳中双主宾	ζήω[生活；或者]
ἡγουμένω	现中分阳中双主宾	ἡγέομαι[引导；认为]
γιγνομέναιν	现中分阴双属与	γίγνομαι[成为]
-μι 动词		
προδίδοτον	现直主双二三或现命主双二	προδίδωμι[出卖；背叛]
ἔστων	现命主双三	εἰμί[是；存在]
παρόντοιν	现主分阳中双属与	πάρειμι[在场]

注一：ἔστων 和 ἑπέσθων 又是命令式复三（见 21.2 注四）。

21.7 不定过去时词干（主动态和中动态，见第 13 章），例如：

动　词	词形分析	词典形式
σ 型不过时和隐性 σ 型不过时		
ἠρκέσατον	不过直主双二	ἀρκέω[满足]
ἠθελησάτην	不过直主双三	ἐθέλω[愿意]
ἐνειμάσθην	不过直中双三（他俩曾自己分配）	νέμω[分配]
φιλήσατόν με	不过命主双二（你俩爱/亲我吧！）	φιλέω[爱；亲吻]
παύσασθον	不过命中双二	παύομαι[停止]
ἀποκτείναντε	不过主分阳中双主宾	ἀποκτείνω[杀死]

动　词	词形分析	词典形式
构干元音型不过时		
ἀπεφύγετον	不过直主双二	ἀποφεύγω[逃走]
εἱλέσθην	不过直中双三（他俩曾选择）	αἱρέω[拿取]
ὁπόταν ἀγάγησθον	不过虚中双二三（当你/他俩为自己带领）	ἄγω[引导；带领]
οὐκ ἂν γενοίσθην	不过祈中双三（他俩不可能成为）	γίγνομαι[成为]
ἔλθετον	不过命主双二	ἔρχομαι[来；去]
λαβομένω	不过中分阳中双主宾	λαμβάνω[拿取]
词根型不过时		
ἐθέσθην	不过直中双三	τίθημι[放置]
ἀνταποδοῖτον	不过祈主双二	ἀνταποδίδωμι[回报]
μέθετόν με	不过命主双二（你俩放我走吧！）	μεθίημι[放走]
διαδύντε	不过主分阳中双主宾	διαδύομαι[溜走]

21.8　不定过去时被动态词干（θη 型和 η 型不过时，见第 14 章）：

动　词	词形分析	词典形式
θη 型不过时		
ὅταν συμμιχθῆτον	不过虚被双二三（一旦你/他俩被混合）	συμμείγνυμαι[混合]
διαλέχθητον	不过命被双二	διαλέγομαι[交谈]
βασανισθέντοιν	不过被分阳中双属与	βασανίζω[考验]
η 型不过时		
ὅταν συμπαγῆτον	不过虚被双二三（一旦你/他俩组合）	συμπήγνυμι[使组合]
τραφέντε	不过被分阳中双主宾	τρέφω[喂养；养育]

21.9　将来时词干（主动态和中动态，见第 15 章），例如：

动　词	词形分析	词典形式
σ 型将来时		
συνοίσετον	将直主双二三	συμφέρω[带到一起；有益]
προστήσεσθον	将直中双二三	προΐσταμαι[站到前面]
ἐπιδείξοντε	将主分阳中双主宾	ἐπιδείκνυμι[展示；指出]
阿提卡型将来时		
ἀπολεῖσθον	将直中双二三	ἀπόλλυμαι[丧亡]
ἀποθανεῖσθον	将直中双二三	ἀποθνῄσκω[死亡]

21.10　完成时主动态词干（见第 18 章），例如：

动　词	词形分析	词典形式
κ 型完成时		
δεδράκατον	完直主双二三	δράω[做]
送气型完成时		
μετειλήφατον	完直主双二三	μεταλαμβάνω[有份额]
词干型完成时		
ἴστον	完直主双二三或完命主双二	οἶδα[知道]
混合型完成时		
τέθνατον	完直主双二三	(ἀπο)θνῄσκω[死亡]
ἑστάτην	过完主双三	ἵσταμαι[站起]
δεδιότε	完主分阳中双主宾	δέδοικα[害怕]

21.11　完成时中被动态词干（见第 19 章），例如：

动　词	词形分析	词典形式
γεγένησθον	完直中双二三	γίγνομαι[成为]
ἀφιγμένω ἐσμέν	完直中双一迂说形式（我俩已到达）	ἀφικνέομαι[到达]
ἀπεστερημένοιν	完被分阳中双属与（已被移走/受抢夺的）	ἀποστερέω[移走]

注一：与词尾 -σθε 和 -σθαι 相仿，双数词尾 -σθον 中的 σ 也会在以辅音结尾的完成时中被动态词干后脱落（见 19.6），例如：ἀφικνέομαι[到达]的完直中双二三 ἀφῖχθον（< *-ῖγ-σθον）。

21.12　将来完成时词干（见第 20 章），例如：

动　词	词形分析	词典形式
ἐκτετμήσεσθον	将完直被双二三	ἐκτέμνω[切下]

第22章 主要部分

22.1 动词的主要部分（principal parts）分为两类来罗列——

- 第一类所包含的动词主要部分没有不规则情况；所列出的动词可以作为特定类型动词词干的示例；
- 第二类所包含的主要部分带有不规则情况或者特殊情况。

在罗列这两类动词时均会给出的形式是现在时、不定过去时、将来时和完成时词干的直陈式主动态第一人称单数，不过时和完成时的直陈式被动态第一人称单数跟在主动态后（带有下划线）。不过，一些动词（所有形式或者个别的时态词干）只有某一种语态（比如动词 βούλομαι[意欲；打算]只有被动形式，见 35.6、35.26），而另一些动词并不具有所有时态的词干（比如动词 ἀρκέω[挡开；有用；足够]在古典希腊语中没有完成时）。如果将来时被动形式可以从不过时被动形式推导而出，那么就会省略（给出时带有下划线）。

一并给出的还有动词的词义、动词词干以及对不规则形式的说明（在后一行）。如果需要，还会给出见于诗歌和/或伊欧尼亚散文的异体形式。对于动词词干中的 α、ι 和 υ 而言，还会以长/短音符标出元音音量。对于其他形式来说，只有在元音音量上存在变体时才这样做。

西文破折号（—）表示相关形式在古典希腊语中罕见或不存在，因此不予列出。

规则的主要部分

22.2 后文的总结（见 22.3–7）给出了规则动词的主要部分，它们的动词词干结尾有以下几种情况——

- υ 或双元音；
- η/ᾰ（或 ᾱ/ᾰ）、η/ε 或 ω/ο，即缩合动词（见 12.3–5、12.15–21）；
- 唇塞音（π、β 和 φ）或软腭塞音（κ、γ 和 χ）；
- 齿塞音（τ、δ 和 θ）；
- 响音（流音 λ、ρ 和鼻音 μ、ν）。

注一：这些动词在构成现在时词干时通常带一个 y，例如：κρύπτω < *κρύφyω[隐藏]，φυλάττω < *φυλάκ-yω[守护]，καθαίρω < *καθάρ-yω[净化]，详见 12.26–29。这些形式在后文中均被视作规则情况。

规则动词的主要部分有以下共同特征——

- 以 -σα 结尾的 σ 型不过时；如果词干以响音结尾，那么就是以 -α 结尾的隐性 σ 型不过时；
- 以 -θην 结尾的不定过去时被动态（θη 型不过时）；
- 以 -σω 结尾的 σ 型将来时主动态；如果词干以响音结尾且动词以 -ίζω 结尾，那么就是词尾发生缩合的阿提卡型将来时（-ῶ, -εῖς 等等）；
- 以 -κα 结尾的主动态 κ 型完成时；如果词干以唇塞音或软腭塞音结尾，那么就是以 -φα 或 -χα 结尾的送气型完成时；
- 以 -μαι 结尾的完成时中被动态。

22.3 动词词干以 **υ** 或双元音结尾，例如：

παιδεύω, παιδευ-, ἐπαίδευσα ἐπαιδεύθην, παιδεύσω, πεπαίδευκα πεπαίδευμαι 教化

λῡ́ω, λῡ-/λῠ-, ἔλῡσα ἐλῠ́θην, λῡ́σω, λέλῠκα λέλῠμαι 释放

22.4 动词词干以 **η/ᾰ**（或 **ᾱ/ᾰ**）、**η/ε** 或 **ω/ο** 结尾，例如：

τιμάω, τῑμη-/τῑμᾰ-, ἐτίμησα ἐτιμήθην, τιμήσω, τετίμηκα τετίμημαι 尊崇

ποιέω, ποιη-/ποιε-, ἐποίησα ἐποιήθην, ποιήσω, πεποίηκα πεποίημαι 制作

δηλόω, δηλω-/δηλο-, ἐδήλωσα ἐδηλώθην, δηλώσω, δεδήλωκα δεδήλωμαι 阐明

除了现在时词干之外，所有的时态-体词干都基于动词词干的长音变体（见 11.11）。

注意，以 εα、以 ια 和以 ρα 结尾的动词词干在所有时态词干中都带长音 ᾱ（见 1.57），例如：θεάομαι[注视；沉思]，将来时 θεᾱ́σομαι；ἀνιάω[使悲伤]，不定过去时 ἠνίᾱσα；δράω[做]，完成时 δέδρᾱκα。

注一：规则的 η 缩合动词（例如 χρήομαι[使用；需要]、διψήω[干渴；渴求]和 πεινήω[饥饿；缺乏]）和 ω 缩合动词（例如 ἱδρώω[出汗]），见 12.19–20。

22.5 动词词干以唇塞音或软腭塞音结尾，例如：

τρί̄βω, τρῑβ-/τρῐβ-, ἔτρῑψα ἐτρί̆φθην, τρί̄ψω, τέτρῐφα τέτριμμαι 摩擦

亦有 η 型不过时 ἐτρί̆βην（更常见）；完成时中被动态里 ῑ 和 ῐ 都会出现

κρύπτω, κρῠφ-/κρῠβ-, ἔκρυψα ἐκρύφθην, κρύψω, — κέκρυμμαι 隐藏

现在时来自 *κρύφ-yω；亦有 η 型不定过去时 ἐκρύφην（罕见，晚期希腊语中常用 ἐκρύβην）；完成时 κέκρυφα 仅见于晚期希腊语

ἄρχω, ἀρχ-, ἦρξα ἤρχθην, ἄρξω, ἦρχα ἦργμαι 开始、统治

φυλάττω, φυλᾰκ-, ἐφύλαξα ἐφυλάχθην, φυλάξω, πεφύλαχα πεφύλαγμαι 守护

现在时来自 *φυλάκ-yω

22.6 动词词干以齿塞音结尾，例如：

ὀνομάζω, ὀνομᾰδ-, ὠνόμασα ὠνομάσθην, ὀνομάσω, ὠνόμακα ὠνόμασμαι 命名
-άζω 见 23.48

νομίζω, νομῐδ-, ἐνόμισα ἐνομίσθην, νομιῶ (-εῖς), νενόμικα νενόμισμαι 相信、认为
现在时来自 *νομίδ-yω

22.7 动词词干以响音结尾，例如：

ἀγγέλλω, ἀγγελ-, ἤγγειλα ἠγγέλθην, ἀγγελῶ (-εῖς), ἤγγελκα ἤγγελμαι 宣布、报告
现在时来自 *ἀγγέλ-yω

καθαίρω, καθᾰρ-, ἐκάθηρα ἐκαθάρθην, καθαρῶ (-εῖς), — κεκάθαρμαι 净化
现在时来自 *καθάρ-yω；完成时主动态 κεκάθαρκα 仅见于晚期希腊语

αἰσχῡ́νω, αἰσχῠν-, ᾔσχῡνα ᾐσχύνθην, αἰσχυνῶ (-εῖς), — ᾔσχυμμαι 使受辱
中被动态意为羞愧、受辱；现在时来自 *αἰσχῠ́ν-yω；完成时主动态 ᾔσχυγκα 仅见于晚期希腊语

μιαίνω, μιᾰν-, ἐμίᾱνα ἐμιάνθην, μιανῶ (-εῖς), — μεμίασμαι 玷污
现在时来自 *μιᾰ́ν-yω；完成时主动态 μεμίαγκα 仅见于晚期希腊语

特殊的主要部分

22.8 后文（22.9）按字母顺序罗列最常见的带有特殊形式的动词的主要部分。

注一：即便有些动词极少以简单形式（非复合形式）出现，但表中依旧按照简单形式的字母顺序罗列，不过括号中会给出最常见的前缀（例如 (ἐπ)αινέω[称赞；认可]；简单形式 αἰνέω[称赞；认可]罕见）。如果根本没有简单形式，那么就只列出复合词（例如 ἀπ-εχθάνομαι[引人憎恨；受厌恶]；简单形式 ἐχθάνομαι 并不存在）。

典型的特殊形式如下所示——

- 由于换音而在时态词干中发生元音变化，例如现在时 πέμπω[派遣]和完成时 πέπομφα（1.51–56）；
- 时态词干在词源上来源不同（异干动词），例如 ὁράω[看见]的不定过去时作 εἶδον（分别基于动词词干 ὁρᾰ- 和 ἰδ-，见 11.13、13.38、14.26 和 15.29）；
- 无构元型（-μι）现在时，例如 ζεύγνυμι[上轭]（见 12.33–56）；
- 构干元音型不定过去时，例如 βάλλω[投掷；打击]的不过时 ἔβαλον（见 13.27–38）；

• 词根型不定过去时，例如 γιγνώσκω[知道]的不过时 ἔγνων（见 13.39–50），还有以 -κα 结尾的不过时，例如 δίδωμι[给予]的不过时 ἔδωκα（见 13.51–62）；

• 以 -ην 结尾的不定过去时被动态（η 型不过时），例如 γράφω[书写]的不过时 ἐγράφην（见 14.29–31）

• 出人意料的阿提卡型将来时，例如 γαμέω[结婚；嫁娶]的将来时 γαμῶ, -εῖς（见 15.34–37）；

• 以 -άω 结尾的阿提卡型将来时，例如 ἐλαύνω[驾驭；驱赶]的将来时 ἐλῶ, -ᾷς（见 15.38）；

• 词干型完成时，例如 ἀποκτείνω[杀死；判死刑]的完成时 ἀπέκτονα（见 18.21–23）；

• 混合型完成时，例如 (ἀπο)θνῄσκω[死去]的完成时 τέθνηκα、复数 τέθναμεν（见 18.27–32）；

• 只有被动形式的动词，例如 ἥδομαι[感到愉快]及其不过时 ἥσθην、将来时 ἡσθήσομαι（见 35.6、35.21–29）；

• 形式上语态有别而含义上语态相同的时态词干，例如 ἀκούω[听]及其将来时中动形式 ἀκούσομαι[我会听]；如果一个动词除了将来时中动态就没有其他特殊情况（例如 διώκω[追逐]，将来时 διώξομαι），那么就不列在不规则动词的主要部分列表中（最常见的这类动词的总结，见 15.40）；

• 原本以 σ 结尾的词干（见 12.29 注一）和一些被归于这一类的动词（见 13.18）；这个 σ 被置于括号中，例如 τελέω[结束；完成]的动词词干 τελε(σ)-；

• 某些带有寄生性的 σ 的时态词干，例如 μιμνῄσκω[使想起]（动词词干 μνη-）的 θη 型不定过去时 ἐμνήσθην；这个寄生性的 σ 并不标注在动词词干中；在一个或多个词干中带有寄生性的 σ 而无其他特殊情况的动词（例如 κελεύω[命令]，θη 型不定过去时 ἐκελεύσθην、完成时中被动态 κεκέλευσμαι）不列在不规则动词的主要部分列表中（寄生性的 σ 的更多的例子，见 14.27、19.32）；

• 某些带有额外元音的时态词干，例如 ὀφείλω[欠债；有义务]（动词词干 ὀφε(ι)λ-）的将来时 ὀφειλήσω（见 12.29 注二、14.28、15.30、18.24 和 19.33）；

• 由于辅音脱落而带不规则增音或叠音的形式，例如：ἐάω[允许]的不定过去时 εἴᾱσα 来自 *ἐσέϝα-（见 11.40）；

• 带有阿提卡叠音的完成时，例如 ὄμνῡμι[发誓]的完成时 ὀμώμοκα（见 11.48）。

注二：对于主动态具有使役含义的动词、中被动态[可以]表达状态变化或者思维状态及其变化的动词而言，如果中被动含义由单独的不定过去时、将来时和/或完成时形式表达，那么不规则动词的主要部分列表中就会把中被动形式作为单独的条目给出，例如在使役动词 ἵστημι[使站起；使竖立]之外，还有一个条目是状态变化动词 ἵσταμαι[站起；竖起]，因为不定过去时 ἔστην[我曾站起；我曾站住]和完成时 ἕστηκα[我站着]表达状态变化含义。这类动词详见 35.4、35.17–20。

主要部分列表

22.9 带有特殊形式的最常见的动词的主要部分如下所示——

1 ἄγαμαι, ἀγᾰ-, ἠγάσθην, ἀγάσομαι, — 钦佩
只有被动形式；无构元型现在时；θη 型不过时中有寄生性的 σ

2a (κατ)άγνυμι, ᾱ̓γ-/ἄγ-, (κατ)έᾱξα/-ῆξα, (κατ)άξω, — 打破
增音/叠音形式作 ἐα-（动词词干来自 *ϝαγ-）；无构元型现在时

2b (κατ)άγνυμαι, 2a, (κατ)εάγην, (略), (κατ)έᾱγα 碎裂
η 型不过时；主动态词干型完成时（κατέαγα[被打碎]）；伊欧尼亚方言中完成时作 -έηγα

• (ἀπ)αγορεύω 见 λέγω①

3 ἄγω, ἀγ-, ἤγαγον ἤχθην, ἄξω, ἦχα ἦγμαι 引导、带领
构干元音型不过时带叠音，见 11.50

4 αἰδέομαι, αἰδε(σ)-, ᾐδεσάμην/ᾐδέσθην, αἰδέσομαι, ᾔδεσμαι 羞愧、敬畏
只有被动形式，但不定过去时偶尔也有中动形式；将来时用中动形式；动词词干以 σ 结尾（因此在现在时之外也用短音 ε）

5 (ἐπ)αινέω, αἰνε-, (ἐπ)ῄνεσα (ἐπ)ῃνέθην, (ἐπ)αινέσω, (ἐπ)ῄνεκα (ἐπ)ῄνημαι 称赞
在阿提卡方言中，现在时之外也用短音 ε（完成时中被动态例外）；简单动词罕见于阿提卡散文

6 αἱρέω, (略), εἷλον ᾑρέθην, αἱρήσω, ᾕρηκα ᾕρημαι 拿取
中动态意为选择；异干动词，动词词干 αἱρη-/αἱρε-、ἑλ-；构元型不过时还带

① 参见 13.38 注二。

增音，以 εἱ- 开头（动词词干来自 *σελ-）；θη 型不过时用短音 ε；伊欧尼亚方言中的完成时作 ἀραίρηκα、ἀραίρημαι

7 αἴρω, ἆρ-, ἦρα ἤρθην, ἀρῶ (-εῖς), ἦρκα ἦρμαι 举起、使升起

动词词干来自 ἆερ-；伊欧尼亚方言和诗歌中使用现在时 ἀείρω 和 θη 型不过时 ἠέρθην

8 αἰσθάνομαι, αἰσθ-, ᾐσθόμην, αἰσθήσομαι, ᾔσθημαι 感觉、理解

构元型不过时；将来时和完成时中带有 η

9 ἀκούω, ἀκο(υ)(σ)-, ἤκουσα ἠκούσθην, ἀκούσομαι, ἀκήκοα 听

动词词干来自 *ἀκοϝ(σ)-；将来时用中动形式；词干型完成时（-κοα < *-κοϝα），带阿提卡叠音；完成时中被动态 ἤκουσμαι 仅见于晚期希腊语

10 ἀλείφω, ἀλειφ-/ἀλῐφ-, ἤλειψα ἠλείφθην, ἀλείψω, ἀλήλῐφα ἀλήλιμμαι 涂油

大多数情况下使用直接反身含义的中动态 ἀλείφομαι[给自己涂油]，见 35.11；词干型完成时带阿提卡叠音。

11 ἀλέξω, ἀλεκ-/ἀλεξ-, ἤλεξα/ἠλέξησα, ἀλέξω/ἀλεξήσω, — 躲闪、防卫

不定过去时 ἠλέξησα 和完成时 ἀλεξήσω 中带有 η

12a ἁλίσκομαι, ἁ̆λ(ω)-/ἁ̆λο-, ἑάλων/ἥλων, ἁλώσομαι, ἑάλωκα/ἥλωκα 被擒

现在时带后缀 -ισκ-；带增音/叠音的形式以 ἑα- 开头（动词词干来自 *ϝᾰλ(ω)-）；主动态词根型不过时 ἑάλων 和完成时 ἑάλωκα 表被动含义：曾被擒、已被擒

12b ἀν-ᾱλίσκω/ἀν-ᾱλόω, 12a, ἀνήλωσα ἀνηλώθην, ἀνᾱλώσω, ἀνήλωκα ἀνήλωμαι 花费

13a ἀλλάττω, ἀλλᾰγ-, ἤλλαξα ἠλλάγην/ἠλλάχθην, ἀλλάξω, ἤλλαχα ἤλλαγμαι 交换

散文中更常用 η 型不过时；θη 型不过时主要用于伊欧尼亚方言和诗歌

13b ἀπ-αλλάττω, 13a, ἀπήλλαξα ἀπηλλάγην/ἀπηλλάχθην, ἀπαλλάξω, ἀπήλλαχα ἀπήλλαγμαι 移走

中动态意为离开

14 ἅλλομαι, ἁ̆λ-, ἡλάμην/ἡλόμην, ἁλοῦμαι (-ῇ), — 跳跃

构干元音型不过时（隐性 σ 型不过时更常见）

15 ἁμαρτάνω, ἁμᾰρτ-, ἥμαρτον ἡμαρτήθην, ἁμαρτήσομαι, ἡμάρτηκα ἡμάρτημαι 犯错

将来时用中动形式；构元型不过时；θη 型不过时、将来时和诸完成时词干带有 η

16 ἁνδάνω, ἁ̆δ-, ἕαδον/ἧσα, ἁδήσω, — 使欢喜

增音形式以 ἑα- 开头（动词词干来自 *σϝαδ-）；构干元音型不过时

17 ἀνώγω/ἄνωγα, ἀνωγ-, —, —, ἄνωγα 命令、吩咐

用于诗歌；其他所有的形式都来自完成时；不定过去时 ἤνωξα 和将来时 ἀνώξω 见于叙事诗

18 ἀπ-εχθάνομαι, ἐχθ-, ἀπηχθόμην, ἀπεχθήσομαι, ἀπήχθημαι 招致厌恶、遭仇恨
构干元音型不过时；将来时和完成时带 η；诗歌中偶尔用 ἔχθω[厌恶]

19 ἀραρίσκω, ἄρ-, ἤραρον/ἦρσα, —, ἄρᾱρα 使接合在一起、装配上
构元型不过时带叠音；现在时词干基于不定过去时，带后缀 -ισκ-；不过时分词作 ἄρμενος；词干型完成时带阿提卡叠音；主要用于诗歌

20 ἀρέσκω, ἀρε-, ἤρεσα, ἀρέσω, — 使欢喜、使中意
现在时词干带后缀 -σκ-；不定过去时和将来时带短音 ε；索福克勒斯用过 θη 型不过时祈愿式 ἀρεσθείη ①

21 ἀρκέω, ἀρκε-, ἤρκεσα, ἀρκέσω, — 挡开、满足
不定过去时和将来时用短音 ε

22 ἁρμόζω/ἁρμόττω, ἁρμοδ-/ἁρμοτ-, ἥρμοσα ἡρμόσθην, ἁρμόσω, ἥρμοκα ἥρμοσμαι 组合
现在时 ἁρμόττω 一般用于散文；ἁρμόζω 在诗歌中更常见

23 αὐξάνω/αὔξω, αὐξ-, ηὔξησα ηὐξήθην, αὐξήσω, ηὔξηκα ηὔξημαι 使增长
中被动态意为生长；现在时带鼻音后缀 -αν-；现在时之外的其他词干带有 η

24 ἄχθομαι, ἀχθ-/ἀχθε(σ)-, ἠχθέσθην, ἀχθέσομαι, — 感到烦恼
只有被动形式；现在时之外的其他时态词干都基于带 σ 的动词词干；将来时亦作 ἀχθεσθήσομαι

25 βαίνω, βη-/βᾰ(ν)-, ἔβην, βήσομαι, βέβηκα 行走
现在时来自 *βάν-yω；词根型不过时；混合型完成时；不定过去时 ἔβησα[曾使……走]和将来时 βήσω[会使……走]作使役动词（见 35.4）

26 βάλλω, βᾰλ-/βλη-, ἔβαλον ἐβλήθην, βαλῶ (-εῖς), βέβληκα βέβλημαι 投掷、击打
现在时来自 *βάλ-yω；构干元音型不过时

27 βάπτω, βᾰφ-, ἔβαψα ἐβάφην, βάψομαι, — βέβαμμαι 染、浸
η 型不过时；将来时用中动形式

28 βιβάζω, βιβᾰδ-, ἐβίβασα ἐβιβάσθην, βιβῶ (-ᾷς), — βεβίβασμαι 使……走
以 -άω 结尾的阿提卡型将来时；βαίνω 的使役动词（见 35.4）

29 βιβρώσκω, βρω-, — ἐβρώθην, —, βέβρωκα — 吃
现在时带叠音，使用后缀 -σκ-；这个词主要见于伊欧尼亚方言（阿提卡方言用 ἐσθίω）；不定过去时 ἔβρωσα 和将来时 βρώσω 用于叙事诗；词根型不过时 ἔβρων 和完成时分词 βεβρώς, -ῶτος 用于诗歌

30 βλάπτω, βλᾰβ-, ἔβλαψα ἐβλάβην/ἐβλάφθην, βλάψω, βέβλαφα βέβλαμμαι 伤害

① 参见《安提戈涅》500：μηδ᾽ ἀρεσθείη ποτέ[但愿（你的话）也从不讨人喜欢]。

η 型不过时和 θη 型不过时都见使用

31　βλαστάνω, βλᾰστ-, ἔβλαστον, βλαστήσω, βεβλάστηκα 发芽

现在时带鼻音后缀 -αν-；构干元音型不过时；将来时和诸完成时词干带 η

32　βλώσκω, μολ-/(μ)βλω-, ἔμολον, μολοῦμαι (-ῇ), μέμβλωκα 来、去

βλ- 来自 *μλ-，见 1.93；现在时带后缀 -σκ-；构元型不过时；将来时用中动形式；仅见于诗歌

33　βούλομαι, βουλ-, ἐβουλήθην, βουλήσομαι, βεβούλημαι 意欲、打算、宁愿

只有被动形式；将来时用中动形式；未完成时作 ἠβουλόμην，见 11.41

34　γαμέω, γᾰμ(ε)-, ἔγημα, γαμῶ (-εῖς), γεγάμηκα γεγάμημαι 娶；嫁（中动）

阿提卡型将来时（与现在时形态相同）

35　γελάω, γελᾰ(σ)-, ἐγέλασα ἐγελάσθην, γελάσομαι, — 嘲笑

将来时用中动形式；动词词干以 σ 结尾（因此不定过去时和将来时用短音 ᾰ）

36　γηθέω, γηθ(ε)-, ἐγήθησα, γηθήσω, γέγηθα 高兴、欢喜

在古典希腊语中几乎只用完成时（意为兴高采烈，见 33.37）

37　γίγνομαι, γεν(η)-/γον-/γν-, ἐγενόμην/ἐγενήθην, γενήσομαι, γέγονα/γεγένημαι 成为、出生

现在时带叠音；构元型不过时；θη 不过时 ἐγενήθην 意为曾出生，主动态完成时 γέγονα 意为活着、已被生下（作为结果的状态）；完成时分词 γεγώς 用于诗歌，见 18.32 注一；伊欧尼亚方言作 γίνομαι，见 25.14

38　γιγνώσκω, γνω-, ἔγνων ἐγνώσθην, γνώσομαι, ἔγνωκα ἔγνωσμαι 认识、知道

现在时带叠音和后缀 -σκ-；词根型不过时；将来时用中动形式；θη 型不过时和完成时中被动态带寄生性的 σ；伊欧尼亚方言作 γῑνώσκω，见 25.14

39　γράφω, γρᾰφ-, ἔγραψα ἐγράφην, γράψω, γέγραφα γέγραμμαι 刻划、书写

η 型不定过去时

40　δάκνω, δηκ-/δᾰκ-, ἔδακον ἐδήχθην, δήξομαι, — δέδηγμαι 咬

现在时带鼻音后缀 -ν-；构干元音型不定过去时；将来时用中动形式

41　(δέδοικα), δει-/δοι-/δι-, ἔδεισα, —, δέδοικα 恐惧、害怕

混合型完成时，见 18.27；将来时 δείσομαι 不见于古典希腊语

42　δέρω, δερ-/δᾰρ-, ἔδειρα ἐδάρην, δερῶ (-εῖς), — δέδαρμαι 剥皮

η 型不定过去时；δᾰρ- 来自 *δṛ-

43　δέω (1), δη-/δε-, ἔδησα ἐδέθην, δήσω, δέδεκα δέδεμαι 捆绑

现在时来自 *δέ-yω；θη 型不过时和诸完成时词干用短音 ε

44a　δέω (2), δε-, ἐδέησα, δεήσω, δεδέηκα 缺乏

现在时来自 *δέϝ-ω；现在时之外的其他形式都带 η

44b δεῖ, 44a, ἐδέησε(ν), δεήσει, δεδέηκε(ν) 需要、应当

无人称形式，见 36.3

44c δέομαι, 44a, ἐδεήθην, δεήσομαι, δεδέημαι 要求、乞求

45 διδάσκω, διδᾰ(σ)κ-, ἐδίδαξα ἐδιδάχθην, διδάξω, δεδίδαχα δεδίδαγμαι 教授

现在时带叠音 δι- 和后缀 -σκ-，这两者普遍化了，进入其他所有的词干

46 (ἀπο)διδράσκω, δρᾱ-, (ἀπ)έδρᾱν, (ἀπο)δρᾱ́σομαι, (ἀπο)δέδρᾱκα 跑掉、逃走

现在时带叠音和后缀 -σκ-；词根型不过时；将来时用中动形式；词干中的 ρ 后用 ᾱ；简单形式 διδράσκω 非常罕见

47 δίδωμι, δω-/δο-, ἔδωκα ἐδόθην, δώσω, δέδωκα δέδομαι 给予

无构元型现在时带叠音；不定过去时以 κα 结尾

48a δοκέω, δοκ(ε)-, ἔδοξα, δόξω, δέδοχα δέδογμαι 在……看来、认为

词干 δοκε- 仅用于现在时；诗歌中有时用不定过去时 ἐδόκησα、将来时 δοκήσω 和完成时 δεδόκηκα

48b δοκεῖ, 48a, ἔδοξε(ν), δόξει, δέδοκται 看起来[合适]

无人称形式的用法，用法见 36.4

49 δύναμαι, δυνη-/δυνᾰ-, ἐδυνήθην (ἐδυνάσθην), δυνήσομαι, δεδύνημαι 有能力

只有被动形式；将来时用中动形式；无构元型现在时；未完成时 ἠδυνάμην 和不定过去时 ἠδυνήθην 的增音，见 11.41

50a δῡ́ω, δῡ-/δῠ-, ἔδῡσα ἐδῡ́θην, δῡ́σω, — δέδῠμαι 使沉入、浸没

亦作 δύνω

50b δῡ́ομαι, 50a, ἔδῡν, δῡ́σομαι, δέδῡκα 潜入、沉入

主动态词根型不过时 ἔδυν 意为曾沉入，主动态完成时 δέδυκα 意为在下方

51 ἐᾱ́ω, ἐᾱ-/ἐᾰ-, εἴᾱσα εἰᾱ́θην, ἐᾱ́σω, εἴᾱκα εἴᾱμαι 允许

增音或叠音形式以 εἰ- 开头（动词词干来自 *σέϝα-）

52a ἐγείρω, ἐγερ-/ἐγορ-/ἐγρ-, ἤγειρα ἠγέρθην, ἐγερῶ (-εῖς), — 唤醒、使醒来

阿提卡叠音；完成时主动态 ἐγήγερκα 仅见于晚期希腊语

52b ἐγείρομαι, 52a, ἠγέρθην/ἠγρόμην, —, ἐγρήγορα 醒来

构元型不过时；主动态词干型完成时 ἐγρήγορα 意为醒着；阿提卡叠音；完成时中被动态 ἐγήγερμαι 仅见于晚期希腊语；不定过去时 ἠγρόμην 罕见

• ἔδω 见 ἐσθίω

53a (καθ)έζομαι, -ἑδ-/-ἱ̔ζ-, (ἐκαθ)εζόμην/(καθ)εζόμην, (καθ)εδοῦμαι (-ῇ), (κάθημαι) 坐下

来自 *σεδ-，现在时来自 *σεδy-；带叠音的不定过去时来自 *σε-σδ；构元型不过时；现在时 κάθημαι 用作完成时；简单形式不见于散文；增音见 11.57

53b　(καθ)ίζω, 53a, ἐκάθισα/-εισα, καθιῶ (-εῖς), —　使坐下、坐下

带叠音的现在时来自 *σι-σδ-，不定过去时 ἐκάθισα 和将来时都来自现在时；增音见 11.57；简单形式 ἵζω 主要见于诗歌，ἵζομαι 见于伊欧尼亚散文

54　(ἐ)θέλω, (ἐ)θελ-, ἠθέλησα, ἐθελήσω, ἠθέληκα　愿意

现在时之外的形式都带有 η

55a　εἰμί, ἐσ-, —, ἔσομαι (将三单 ἔσται), —　是、存在

现在时和未完成时的变位见 12.36

55b　ἔξεστι(ν)/ἔστι(ν), 55a, —, ἐξέσται/ἔσται, —　有可能、得到允许

无人称形式见 36.4

56　εἶμι, εἰ-/ἰ-, —, —, —　来、去

现在时和未完成时的变位见 12.36；另见 ἔρχομαι；现在时具有将来含义

57　(εἴωθα), ὠθ-, —, —, εἴωθα　惯于

伊欧尼亚方言作 ἔωθα；词干型完成时；没有现在时，见 18.22；常用无人称形式 εἴωθε(ν)［……惯常发生；……是习惯］

58　ἐλαύνω, ἐλᾰ-, ἤλασα <u>ἠλάθην</u>, ἐλῶ (-ᾷς), ἐλήλακα <u>ἐλήλαμαι</u>　驾驭、驱赶

现在时带 -υν-；以 -άω 结尾的阿提卡型将来时；阿提卡叠音；完成时中被动态 ἐλήλασμαι 罕见

59　ἐλέγχω, ἐλεγχ-, ἤλεγξα <u>ἠλέγχθην</u>, ἐλέγξω, — <u>ἐλήλεγμαι</u>　质问、验证

阿提卡叠音

60　ἕλκω, ἑλκ(ῠ)-, εἵλκυσα <u>εἱλκύσθην</u>, ἕλξω, εἵλκυκα <u>εἵλκυσμαι</u>　拖、拉、拔

带增音或叠音的形式以 εἱ- 开头（动词词干来自 *σελκ-）；除了现在时和将来时之外的其他词干带 υ（伊欧尼亚方言中的将来时作 ἑλκύσω）；θη 型不过时和完成时中被动态中有寄生性的 σ

61a　ἀμφι-έννυμι, ἑ(σ)-, ἠμφίεσα, ἀμφιῶ (-εῖς), —　穿上、披上

动词词干来自 *ϝεσ-；无构元型现在时；增音或叠音在前缀之前，见 11.57；简单形式仅见于诗歌，将来时 ἕσ(σ)ω

61b　ἀμφι-έννυμαι, 61a, ἠμφιεσάμην, ἀμφιέσομαι, ἠμφίεσμαι　穿衣

62　(ἔοικα), εἰκ-/οἰκ-, —, (εἴξω), ἔοικα　好像、适合

来自 *ϝέϝοικα；词干型完成时，没有现在时；过去完成时 ἐῴκη；分词 εἰκώς；伊欧尼亚方言作 οἶκα（无叠音），见 25.43；常用于无人称结构 ἔοικε(ν)［……

好像(合适)；……合适]

63　ἐπίσταμαι, ἐπιστη-/ἐπιστᾰ-, ἠπιστήθην, ἐπιστήσομαι, — 理解、掌握
只有被动形式；无构干元音型现在时

64　ἕπομαι, ἑπ-/σπ-, ἑσπόμην, ἕψομαι, — 追赶
只有中动形式；带增音的未完成时 εἱπόμην 以 εἱ-（< *ἐσε-）开头

65　ἕρπω, ἑρπ-/ἑρπυδ-, εἵρπυσα/ἧρψα, ἕρψω, — 步行、来、去
增音的形式以 εἱ- 开头（动词词干来自 *σερπ-）；带有 -υσ- 的阿提卡方言形式基于现在时 ἑρπύζω（仅见于荷马希腊语）；这个词主要用于诗歌

66　ἔρχομαι, (略), ἦλθον, ἐλεύσομαι/εἶμι, ἐλήλυθα 来、去
异干动词，动词词干 ἐρχ-、ἐλευθ-/ἐλ(ῠ)θ- 和 εἰ-/ἰ-；构干元音型不过时（诗歌中有时作 ἤλυθον）；词干型完成时；ἔρχομαι 主要以现在时直陈式的形式出现，其他形式见 εἶμι[来；去]及 12.36

67　ἐρωτάω, (略), ἠρώτησα/ἠρόμην ἠρωτήθην, ἐρωτήσω/ἐρήσομαι, ἠρώτηκα ἠρώτημαι 求、问
异干动词，动词词干 ἐρ-、ἐρωτη-/ἐρωτᾰ-；构干元音型不过时；伊欧尼亚方言的现在时作 εἴρομαι，未完成时和不定过去时作 εἰρόμην

68　ἐσθίω, (略), ἔφαγον ἠδέσθην, ἔδομαι, ἐδήδοκα ἐδήδεσμαι 吃
异干动词，动词词干 ἐσθῐ-、φᾰγ- 和 ἐδε-/ἐδο-/ἐδ-；构干元音型不定过去时；将来时用中动形式；阿提卡叠音；主动态 ἔδω 罕见；诗歌和伊欧尼亚散文中用完成时 βέβρωκα、βέβρωμαι

69　(καθ)εύδω, εὑδ-, (ἐκαθ)εύδησα, (καθ)ευδήσω, — 就寝、睡觉
未完成时作 ἐκάθευδον 和 καθηῦδον；不定过去时和将来时中带 η；不过时罕见于阿提卡方言；简单形式主要见于诗歌和伊欧尼亚散文

70　εὑρίσκω, εὑρ-, ηὗρον ηὑρέθην, εὑρήσω, ηὕρηκα ηὕρημαι 发现
现在时带后缀 -ισκ-；构干元音型不过时；不过时和完成时也以 εὑ- 开头（不带叠音或增音，作 εὕρηκα 等等）

71a　ἔχω, ἐχ-/σχ-, ἔσχον ἐσχέθην, ἕξω/σχήσω, ἔσχηκα ἔσχημαι 拥有
中动态意为被占有；动词词干来自 *σ(ε)χ-；现在时 ἐχ- 来自 *ἑχ-，见 1.97；构干元音型不过时；未完成时 εἶχον（< *ἔ-σεχον）见 11.40；不过时命令式 σχές

71b　ἀν-έχομαι, 71a, ἠνεσχόμην, ἀνέξομαι, — 忍受
构干元音型不过时；双重增音和叠音见 11.58；未完成时 ἠνειχόμην

71c　ὑπισχνέομαι, 71a, ὑπεσχόμην, ὑποσχήσομαι, ὑπέσχημαι 承诺
构干元音型不过时；现在时带后缀 -νε-（从而是 ε 缩合动词）

72　ζεύγνυμι, ζευγ-/ζῠγ-, ἔζευξα ἐζύγην, ζεύξω, — ἔζευγμαι 上轭

无构干元音型现在时；偶尔也有 θη 型不过时 ἐζεύχθην

73　ζέω, ζε(σ)-, ἔζεσα, ζέσω, — 使沸腾

动词词干以 σ 结尾（因此现在时之外也用短音 ε）；θη 型不过时 ἐζέσθην 和完成时被动态 ἔζεσμαι 见于晚期希腊语

74　ζήω, (略), ἐβίων/ἐβίωσα, βιώσομαι, βεβίωκα βεβίωμαι 生活、活着

异干动词，动词词干 ζη-、βῐω-；现在时 βιόω 逐渐更加频繁；ζήω 是 η 缩合动词；词根型不过时 ἐβίων；将来时用中动形式，但偶尔也有主动形式 βιώσω

75　ζώννυμι, ζω(σ)-, ἔζωσα ἐζώσθην, ζώσω, — ἔζωσμαι 系、束

无构干元音型现在时；动词词干以 σ 结尾

76　ἥδομαι, ἡδ-, ἥσθην, ἡσθήσομαι, — 感到愉快

只有被动形式

77　(κάθ)ημαι, -ἡ(σ)-, —, —, — 坐着

无构元型现在时；作 καθέζομαι 的完成时；未完成时常作 ἐκαθήμην，见 11.57

78　θάπτω, θᾰφ-, ἔθαψα ἐτάφην, θάψω, — τέθαμμαι 埋葬

现在时来自 *θάφ-yω；ταφ- 来自 *θαφ-，见 1.97；θη 型不过时 ἐθάφθην 罕见

• θέλω 见 ἐθέλω

79　θέω, θε(υ)-, ἔθευσα, θεύσομαι, — 跑

动词词干来自 *θεϝ-；将来时用中动形式

80　θιγγάνω, θῐγ-, ἔθῐγον, θίξομαι, — 触摸

构干元音型不过时；将来时用中动形式；主要见于诗歌

81　(ἀπο)θνήσκω/-θνῄσκω, θᾰν-/θνη-, (ἀπ)έθανον, (ἀπο)θανοῦμαι (-ῇ), τέθνηκα 死

θνῄσκω 来自 *θνη-ίσκ-ω；将来时用中动形式；τέθνηκα 意为死去了（作为结果的状态）；简单形式 θνήσκω/θνῄσκω 仅见于诗歌

82　θύω, θῡ-/θῠ-, ἔθῡσα ἐτῠ́θην, θῡ́σω, τέθῠκα τέθῠμαι 献祭

τυθη- 来自 *θυθη-，见 1.97

• (καθ)ίζω 见 (καθ)έζομαι

83　ἵημι, ἡ-/ἑ-, ἧκα εἵθην, ἥσω, εἷκα εἷμαι 派出、送走

动词词干 *yη-/*yε-；现在时来自 *yιy-（带叠音的现在时）；无构元型现在时；不定过去时以 κα 结尾；增音或叠音以 εἱ- 开头；散文中主要用它的复合词

84　ἱλάσκομαι, ἱλᾰ(σ)-, ἱλασάμην, ἱλάσομαι, — 使息怒、使和解

现在时 ἱλ- 来自 *σίσλ-（带叠音的现在时），还带后缀 -σκ-；长音 ῑ 普遍化了，

进入了其他时态

85　(ἀφ)ικνέομαι, ἵκ-, (ἀφ)ῑκόμην, (ἀφ)ίξομαι, (ἀφ)ῖγμαι 到达
构元型不过时；现在时带后缀 -νε-（因此是 ε 缩合动词）；简单形式 ἱκνέομαι 主要用于诗歌

86a　ἵστημι, στη-/στᾰ-, ἔστησα ἐστάθην, στήσω σταθήσομαι, — ἕσταμαι 使竖立
现在时来自 *σί-στ-（带叠音），完成时来自 *σέ-στ-；无构元型现在时；散文中主要用复合形式

86b　ἵσταμαι, 86a, ἔστην, στήσομαι, ἕστηκα 站起
主动态词根型不过时 ἔστην 和完成时 ἕστηκα 分别意为曾站起和站着

87　(κατα)καίνω, κον-/κᾰν-, (κατ)έκανον, (κατα)κανῶ (-εῖς), (κατα)κέκονα 杀死
构干元音型不过时；词干型完成时；καίνω 主要用于诗歌；多瑞斯方言用 κατακαίνω 代替阿提卡方言的 ἀποκτείνω（色诺芬也用过前一种形式）

88　καίω/κᾱ́ω, κα(υ)-, ἔκαυσα ἐκαύθην/ἐκάην, καύσω, κέκαυκα κέκαυμαι 点燃
现在时来自 *κᾰ́ϝ-yω；κᾱ́ω 并不缩合；η 型不过时 ἐκάην 罕见，主要用于诗歌

89　καλέω, κᾰλε-/κλη-, ἐκάλεσα ἐκλήθην, καλῶ (-εῖς)/καλέσω, κέκληκα κέκλημαι 呼、召
现在时和阿提卡型将来时相同；不定过去时和将来时 καλέσω 类推自词干以 σ 结尾的动词，见 13.18

90　κάμνω, κᾰμ-/κμη-, ἔκαμον, καμοῦμαι (-ῇ), κέκμηκα 疲倦、劳累
现在时带鼻音后缀 -ν-；构干元音型不过时；将来时用中动形式

91　κεῖμαι, κει-, —, κείσομαι, — 躺下、身处
无构元型现在时；用作 τίθημι 的完成时被动态，见 12.43 注一

92　κεράννυμι, κερᾰ(σ)-/κρᾱ-, ἐκέρᾰσα ἐκεράσθην/ἐκρᾱ́θην, —, — κέκρᾱμαι/κεκέρᾰσμαι 混合
动词词干以 σ 结尾；无构元型现在时

93　κλαίω/κλᾱ́ω, κλα(υ)-, ἔκλαυσα ἐκλαύσθην, κλαύσομαι/κλᾱήσω, κέκλαυκα κέκλαυ(σ)μαι 哭
现在时来自 *κλᾰ́ϝ-yω；现在时 κλᾱ́ω 并不缩合；将来时用中动形式（多瑞斯型将来时 κλαυσοῦμαι, -ῇ 罕见）；寄生性的 σ 见于 θη 型不过时

94　κλέπτω, κλεπ-/κλοπ-/κλᾰπ-, ἔκλεψα ἐκλάπην, κλέψω, κέκλοφα κέκλεμμαι 偷窃
η 型不过时，用于诗歌和伊欧尼亚方言，偶尔用 ἐκλέφθην；词干型完成时；*κλᾰπ- 来自 *κl̥π-

95　κλῑ́νω, κλῐ(ν)-, ἔκλῑνα ἐκλῐ́θην, κλῐνῶ (-εῖς), κέκλῐκα κέκλῐμαι 使倚靠
中动态意为倚靠；现在时来自 *κλῐ́ν-yω，带鼻音后缀 -ν-，后者延伸至不定过去时和将来时；诗歌中也有 θη 型不过时 ἐκλίνθην

95b　κατακλῑ́νομαι, 95a, κατεκλῑ́νην, κατακλῐνήσομαι, κατακέκλῐμαι 斜靠

η 型不过时；θη 型不过时 κατεκλίθην 亦见使用

96　κόπτω, κοπ-, ἔκοψα ἐκόπην, κόψω, κέκοφα κέκομμαι 打击

η 型不过时

97　(ἀνα)κράζω, κρᾱγ-/κρᾰγ-, (ἀν)έκρᾰγον, κεκράξομαι, (ἀνα)κέκρᾱγα 喊叫

构干元音型不过时；词干型完成时 κέκρᾱγα 意为尖叫，将来完成时 κεκράξομαι 当作常规的将来时来用；现在时直到晚期希腊语都属罕见，晚期希腊语还有不定过去时 (ἀν)έκραξα、将来时 (ἀνα)κράξω

98a　κρεμάννυμι, κρεμᾰ(σ)-, ἐκρέμασα ἐκρεμάσθην, κρεμῶ (-ᾷς), — κεκρέμᾰσμαι 挂起

动词词干以 σ 结尾；无构元型现在时；以 -άω 结尾的阿提卡型将来时；主要以复合形式出现

98b　κρέμαμαι, 98a, —, κρεμήσομαι, — ［被］吊着、［被］挂着

无构干元音型现在时（变位可由 ἵσταμαι 类推）

99　κρῑ́νω, κρῐ(ν)-, ἔκρῑνα ἐκρῐ́θην, κρῐνῶ (-εῖς), κέκρῐκα, κέκρῐμαι 区分、评判

现在时来自 *κρῐ́ν-yω，带鼻音后缀 -ν-，后者延伸至不定过去时和将来时

100　κτάομαι, κτη-/κτᾰ-, ἐκτησάμην, κτήσομαι, ἔκτημαι/κέκτημαι 拥有

完成时 ἔκτημαι 主要见于伊欧尼亚方言以及柏拉图笔下

101　(ἀπο)κτείνω, κτεν-/κτον-/κτᾰν-, (ἀπ)έκτεινα/(ἀπ)έκτανον, (ἀπο)κτενῶ (-εῖς), (ἀπ)έκτονα 杀死

词干型完成时；构元型不过时 (ἀπ)έκτανον 用于诗歌；散文中还有无构元型 ἀποκτίννυμι

102　λαγχάνω, ληχ-/λᾰχ-, ἔλαχον, λήξομαι, εἴληχα εἴληγμαι 凭机运得到

现在时带鼻音词缀 -γ-αν-；构干元音型不过时；将来时用中动形式；完成时带叠音，以 εἰ- 开头；[1] 诗歌中偶尔用 λέλογχα

103　λαμβάνω, ληβ-/λᾰβ-, ἔλαβον ἐλήφθην, λήψομαι, εἴληφα εἴλημμαι 拿取

现在时带鼻音词缀 -μ-αν-；构元型不过时；将来时用中动形式；叠音形式以 εἰ- 开头；完成时中被动态 λέλημμαι 用于肃剧；希罗多德笔下有 θη 型不过时 ἐλάμφθην 和完成时主动态 λελάβηκα[2]

104a　λανθάνω, ληθ-/λᾰθ-, ἔλαθον ἐλήσθην, λήσω, λέληθα λέλησμαι 不被注意

现在时带鼻音词缀 -ν-αν-；构元型不过时；词干型完成时；诗歌中也有 λήθω、λήθομαι

---

① 见 11.47。

② θη 型不过时见于《原史》9.119.2，完成时主动态如 4.79.4。

104b ἐπιλανθάνομαι, 104a, ἐπελαθόμην, ἐπιλήσομαι, ἐπιλέλησμαι 遗忘

105a λέγω, (略), ἔλεξα/εἶπον ἐλέχθην/ἐρρήθην, λέξω/ἐρῶ (-εῖς), εἴρηκα εἴρημαι/λέλεγμαι 言说
异干动词，动词词干 λεγ-/λογ-、εἰπ- 和 ἐρ-/ῥη-；构元型不过时（εἶπα 和 εἶπον 见 13.32；ἔλεξα 与 εἶπον 的差异见 13.38 注二）；叠音 εἰ- 来自 *ϝεϝρ-

105b δια-λέγομαι, 105a, δι-ελέχθην/δι-ελέγην, διαλέξομαι, δι-είλεγμαι 交谈、讨论
将来时用中动形式；将来时偶尔作 διαλεχθήσομαι

105c συλ-λέγω, 105a, συνέλεξα συνελέγην/συνελέχθην, συλλέξω, συνείλοχα συνείλεγμαι 收集
中被动态意为集合、聚集；η 型不定过去时

105d ἀπ-αγορεύω, (略), ἀπεῖπον ἀπερρήθην, ἀπερῶ (-εῖς), ἀπείρηκα ἀπείρημαι 禁止、放弃
词干作 ἀγορευ-、εἰπ- 和 ἐρ-/ῥη-；构元型不过时；不过时偶尔作 ἀπήγορευσα；简单动词 ἀγορεύω[发言]在阿提卡方言中仅限于现在时和未完成时

106 λείπω, λειπ-/λοιπ-/λῐπ-, ἔλιπον ἐλείφθην, λείψω, λέλοιπα λέλειμμαι 离开、遗留
构干元音型不定过去时；词干型完成时

107 μαίνομαι, μην-/μᾰν-, ἐμάνην, μανοῦμαι (-ῇ), μέμηνα 狂怒
η 型不过时；诗歌中有作为使役动词（见 35.4）的不过时 ἔμηνα，意为曾使发狂；主动态词干完成时 μέμηνα 意为发了狂、狂怒着（作为结果的状态）

108 μανθάνω, μᾰθ-, ἔμαθον, μαθήσομαι, μεμάθηκα 学习、懂得
现在时带鼻音词缀 -ν-αν-；构干元音型不过时；将来时用中动形式

109 μάχομαι, μᾰχ(ε)-, ἐμαχεσάμην, μαχοῦμαι (-ῇ), μεμάχημαι 战斗
不定过去时带短音 ε；阿提卡型将来时；完成时词干带 η；伊欧尼亚方言的将来时作 μαχήσομαι

110 μ(ε)ίγνυμι/μίσγω, μειγ-/μῐγ-, ἔμ(ε)ιξα ἐμίγην/ἐμ(ε)ίχθην, μείξω, — μέμ(ε)ιγμαι 混合
无构干元音型现在时；η 型不过时；荷马所用的现在时 μίσγω 有时亦见于阿提卡方言

111a (ἐπι)μέλομαι/(ἐπι)μελέομαι, μελη-/μελ(ε)-, (ἐπ)εμελήθην, (ἐπι)μελήσομαι, (ἐπι)μεμέλημαι 关心
以 -έομαι 结尾的现在时比以 -ομαι 结尾的现在时常用

111b μέλει, 111a, ἐμέλησε(ν), μελήσει, μεμέληκε(ν) 受到关心
无人称结构见 36.15

112 μέλλω, μελλ-, ἐμέλλησα, μελλήσω, — 将要、打算、推迟
未完成时作 ἤμελλον，见 11.41；现在时之外的形式都带有 η

113 μένω, μεν-, ἔμεινα, μενῶ (-εῖς), μεμένηκα 待在、等待
完成时带有 η；诗歌中也有带叠音的现在时 μίμνω

114 μιμνήσκω, μνη-, ἔμνησα ἐμνήσθην, μνήσω, — μέμνημαι 使想起、记得（中被）
现在时带叠音和后缀 -(ι)σκ；主动态主要用于复合词；θη 型不过时带寄生性的 σ

115 νέμω, νεμ-, ἔνειμα ἐνεμήθην, νεμῶ (-εῖς), νενέμηκα νενέμημαι 分配
θη 型不过时和诸完成时词干带有 η

116 νέω, νε-, ἔνευσα, νεύσομαι, νένευκα 游泳
带 ευ 的形式可能类推自 πλέω；将来时用中动形式（还有多瑞斯型将来时 νευσοῦμαι, -ῇ）

117 (νίπτω/)νίζω, νῐπ-, ἔνιψα ἐνιψάμην, νίψω, — νένιμμαι 洗涤
现在时 νίζω 来自 *νίγ-yω；其他词干和更晚近的现在时 νίπτω 都基于 νιπ-

118 (ἀν)οίγνυμι/(ἀν)οίγω, οἰγ-, (ἀν)έῳξα (ἀν)εῴχθην, (ἀν)οίξω, (ἀν)έῳχα/(ἀν)έῳγα (ἀν)έῳγμαι 打开
无构元型现在时；词干型完成时，见 18.25；增音/叠音见 11.40

119 (οἶδα), εἰδ-/οἰδ-/ἰδ-, —, εἴσομαι, οἶδα 知道
动词词干来自 *ϝειδ-/*ϝοιδ-/*ϝῐδ-；无现在时；变位见 18.4；将来时用中动形式

120 οἴομαι/οἶμαι, οἰ-, ᾠήθην, οἰήσομαι, — 认为
只有被动形式；将来时用中动形式；οἶμαι 和 ᾤμην 没有构干元音；θη 型不过时和将来时带 η

121 οἴχομαι, οἰχ-, —, οἰχήσομαι, ᾤχωκα/οἴχωκα 来去、离开[了]
没有不定过去时；将来时带 η；主动态完成时 οἴχωκα 见于伊欧尼亚方言和诗歌，但是希罗多德笔下也有 διοίχημαι①

122a (ἀπ)όλλυμι, ὀλ(ε)-, (ἀπ)ώλεσα, (ἀπ)ολῶ (-εῖς), (ἀπ)ολώλεκα 使毁灭
带 ε 的词干用于 σ 型不过时和完成时（以及阿提卡型将来时）；无构元型现在时；阿提卡叠音

122b (ἀπ)όλλυμαι, 122a, (ἀπ)ωλόμην, (ἀπ)ολοῦμαι (-ῇ), (ἀπ)όλωλα 丧亡
构干元音型不过时；主动态词干型完成时 ὄλωλα 表达作为结果的状态

123 ὄμνυμι, ὀμ(ο)-, ὤμοσα ὠμό(σ)θην, ὀμοῦμαι (-ῇ), ὀμώμοκα ὀμώμομαι 发誓
无构元型现在时，但也有构元型形式（ὀμνύω 等等）；将来时用中动形式（见 15.36）；阿提卡叠音见 11.48；偶尔也有完成时中被动态 ὀμώμοσμαι

124 ὀνίνημι, ὀνη-/ὀνᾰ-, ὤνησα ὠνήθην, ὀνήσω, — 使获益；从……获益（中动）
无构干元音型现在时；词根型中动态不过时 ὠνήμην/ὠνᾰ́μην；其未完成时由 ὠφελέω[帮助]来补充；主要用于诗歌

125 ὁράω, (略), εἶδον ὤφθην, ὄψομαι, ἑόρᾱκα/ἑώρᾱκα/ὄπωπα ἑόρᾱμαι/ἑώρᾱμαι/ὦμμαι 看见

---

① 参见《原史》4.136.3。

异干动词，动词词干 ὁρᾱ-/ὁρᾰ-、ἰδ- 和 ὀπ-；其中 ὁρα- 来自 *ϝορα-，ἰδ- 来自 *ϝῐδ-（对比 οἶδα）；未完成时作 ἑώρων（增音见 11.40），又作 ὥρων；将来时用中动形式；词干型完成时 ὄπωπα

126 ὀρύττω, ὀρῠχ-, ὤρυξα ὠρύχθην, ὀρύξω, — ὀρώρυγμαι 挖掘
阿提卡叠音；带 η 的将来时 -ορυχησ- 见于阿里斯托芬笔下①

127 ὀφείλω, ὀφε(ι)λ-, ὠφείλησα/ὤφελον, ὀφειλήσω, ὠφείληκα 欠债、有义务
现在时 ὀφέλλω 用于诗歌；构元型不过时；未完成时和不过时亦作 ὄφελ(λ)ον；各种词干中带有 η

128 ὀφλισκάνω, ὀφλ-, ὤφλησα/ὦφλον, ὀφλήσω, ὤφληκα ὤφλημαι 吃官司、败诉
现在时带后缀 -ισκ- 和 -αν-；构干元音型不过时；各种词干中带有 η

129 πάσχω, πενθ-/πονθ-/πᾰθ-, ἔπαθον, πείσομαι, πέπονθα 遭受
现在时来自 *πn̥θ-σκ-ω，见 1.96；将来时来自 *πένθσομαι；构干元音型不过时；将来时用中动形式；词干型完成时

130a πείθω, πειθ-/ποιθ-/πῐθ-, ἔπεισα ἐπείσθην, πείσω, πέπεικα πέπεισμαι 说服、使听从
诗歌中偶尔用不定过去时 ἔπιθον

130b πείθομαι, 130a, ἐπιθόμην/ἐπείσθην, πείσομαι, πέποιθα 听从、听信
构干元音型不过时；主动态词干型完成时 πέποιθα 意为相信

131 πέμπω, πεμπ-/πομπ-, ἔπεμψα ἐπέμφθην, πέμψω, πέπομφα πέπεμμαι 送出、派遣

132 πετάννυμι, πετᾰ(σ)-, ἐπέτασα ἐπετάσθην, πετῶ (-ᾷς), — πέπταμαι 伸展、舒张
无构元型现在时；诗歌中有异体 πίτνημι、πιτνάω；动词词干以 σ 结尾；以 -άω 结尾的阿提卡型将来时（-άσω 见于诗歌）；主要以复合形式出现

133 πέτομαι, πετ-/πτη-/πτ(ᾰ)-, ἐπτόμην/ἐπτάμην/ἔπτην, πτήσομαι/πετήσομαι, — 飞
偶尔有无构干元音型现在时 πέταμαι；构元型不过时；诗歌中也有词根型不过时 ἐπτάμην（见 13.32 注一、13.50 和 13.63）；词根型不过时 ἔπτην（罕见）

134a πήγνυμι, πηγ-/πᾰγ-, ἔπηξα, πήξω, — 使固定、使凝固、使变硬
无构干元音型现在时

134b πήγνυμαι, 134a, ἐπάγην/ἐπήχθην, παγήσομαι, πέπηγα 变硬
主动态词干型完成时 πέπηγα 意为已被固定、僵住（作为结果的状态）

135 πίμπλημι, πλη-/πλᾰ-, ἔπλησα ἐπλήσθην, πλήσω, πέπληκα πέπλη(σ)μαι 使充满
无构元型现在时带叠音；诗歌中偶尔有中动态词根型不过时 ἐπλήμην，意为曾自我满足；θη 型不过时中带寄生性的 σ

① 参见《鸟》394：κατορυχησόμεσθα ποῦ γῆς;［我们会被埋在大地的何处？］。

136　(ἐμ)πίμπρημι, πρη-/πρᾰ-, (ἐν)έπρησα (ἐν)επρήσθην, (ἐμ)πρήσω, (ἐμ)πέπρηκα (ἐμ)πέπρη(σ)μαι 燃烧

无构干元音型现在时带叠音

137　πίνω, πω-/πο-/πῑ-/πῐ-, ἔπῐον ἐπόθην, πίομαι, πέπωκα πέπομαι 喝

现在时带鼻音后缀 -ν-；构干元音型不过时带短音 ῐ，但命令式作 πῖθι；将来时用中动形式

138　πιπράσκω, πρᾱ-, — ἐπρᾱ́θην, —, πέπρᾱκα πέπρᾱμαι 出售

现在时带叠音和后缀 -σκ-；现在时和不定过去时通常由 ἀποδίδομαι 补充，现在时和将来时也由 πωλέω 补充

139　πίπτω, πεσ-/πτ(ω)-, ἔπεσον, πεσοῦμαι (-ῇ), πέπτωκα 落下

现在时带叠音（πι-πτ-）；诗歌中偶尔有现在时 πίτνω；构干元音型不过时；多瑞斯型将来时中动形式

140　πλέκω, πλεκ-/πλᾰκ-, ἔπλεξα ἐπλάκην/ἐπλέχθην, πλέξω, — πέπλεγμαι 编织

η 型不过时（伊欧尼亚方言中亦作 ἐπλέκην）

141　πλέω, πλε(υ)-, ἔπλευσα, πλεύσομαι, πέπλευκα 航行、出海

现在时来自 *πλέϝω；将来时用中动形式（亦见多瑞斯型将来时 πλευσοῦμαι, -ῇ）；伊欧尼亚方言作 πλώω

142a　πλήττω, πληγ-/πλᾰγ-, ἔπληξα ἐπλήγην, πλήξω πληγήσομαι, πέπληγα πέπληγμαι 打击

η 型不过时；词干型完成时

142b　(ἐκ)πλήττω, 142a, (ἐξ)έπληξα (ἐξ)επλάγην, (ἐκ)πλήξω, (ἐκ)πέπληγα (ἐκ)πέπληγμαι 恐吓

中被动态意为受惊；η 型不过时使用带短音的词干（πλᾰγ-）；θη 型不定过去时 ἐξεπλήχθην 罕见

143　πνέω, πνε(υ)-, ἔπνευσα, πνεύσομαι, πέπνευκα 呼气、呼吸

现在时来自 *πνέϝω；将来时用中动形式；偶尔有将来时 πνεύσω 和多瑞斯型将来时 πνευσοῦμαι, -ῇ

144　(ἔπορον), πορ-/πρω-, ἔπορον, —, — πέπρωται 带给

完成时被动态意为注定；构元型不过时；只有不过时和完成时；仅用于诗歌

145　πράττω, πρᾱγ-, ἔπραξα, πράξω, πέπρᾱχα/πέπρᾱγα πέπραγμαι 做、实践

词干型完成时 πέπρᾱγα；伊欧尼亚方言作 πρήσσω

146　πυνθάνομαι, πευθ-/πῠθ-, ἐπυθόμην, πεύσομαι, πέπυσμαι 打探、听闻

现在时带鼻音词缀 -ν-αν-；构干元音型不过时

147　ῥέω, ῥε(υ)-/ῥῠ-, ἐρρύην, ῥυήσομαι, ἐρρύηκα 流动

现在时来自 *ῥέϝω；未完成时作 ἔρρεον；带 η 的不定过去时和将来时；不过时

ἔρρευσα 和将来时 ῥεύσομαι/-έομαι 罕见；完成时带有 η

148a ῥήγνυμι, ῥηγ-/ῥωγ-/ῥᾰγ-, ἔρρηξα, ῥήξω, — 打破

无构干元音型现在时

148b ῥήγνυμαι, 148a, ἐρράγην, (略), ἔρρωγα 裂开

η 型不过时；主动态词根型完成时 ἔρρωγα 意为已爆发①

149 ῥίπτω, ῥῑπ-, ἔρριψα ἐρρίφθην/ἐρρῐ́φην, ῥίψω, ἔρριφα ἔρριμμαι 丢掷

η 型不过时（带短音 ῐ 和 φ）

150 ῥώννυμι, ῥω(σ)-, ἔρρωσα ἐρρώσθην, —, — ἔρρωμαι 使变强；有力（中被动）

无构元型现在时；动词词干以 σ 结尾；将来时 ῥώσω 见于晚期希腊语

151a σβέννυμι, σβη-/σβε(σ)-, ἔσβεσα ἐσβέσθην, σβέσω σβεσθήσομαι, — ἔσβεσμαι 使熄灭

无构元型现在时；动词词干以 σ 结尾；通常以复合形式出现

151b σβέννυμαι, 151a, ἔσβην, σβήσομαι, ἔσβηκα [被]熄灭

主动态词根型不过时 ἔσβην 意为曾熄灭，κ 型完成时② ἔσβηκα 表达作为结果的状态

152a σήπω, σηπ-/σᾰπ-, ἔσηψα, σήψω, — 使腐烂

主动形式非常罕见

152b σήπομαι, 152a, ἐσάπην, σαπήσομαι, σέσηπα 腐烂

η 型不过时；主动态词干型完成时 σέσηπα 意为已腐烂（作为结果的状态）

153 σκάπτω, σκᾰφ-, ἔσκαψα ἐσκάφην, σκάψω, ἔσκαφα ἔσκαμμαι 挖掘

η 型不定过去时

154 σκεδάννυμι, σκεδᾰ(σ)-, ἐσκέδασα ἐσκεδάσθην, σκεδῶ (-ᾷς), — ἐσκέδασμαι 使散开

中被动态意为散开（不及物）；无构元型现在时；动词词干以 σ 结尾；以 -άω 结尾的阿提卡型将来时；诗歌中有异体 σκίδνημι；常常以复合形式出现

155 σκοπέω/σκέπτομαι, σκεπ-/σκοπε-, ἐσκεψάμην, σκέψομαι, ἔσκεμμαι 考察、检查

晚期希腊语有来自 σκοπέω 的时态词干

156 σπάω, σπᾰ(σ)-, ἔσπασα ἐσπάσθην, σπάσω, ἔσπακα ἔσπασμαι 拔、撕碎

动词词干以 σ 结尾（因此不定过去时和将来时带短音 ᾰ）

157 σπείρω, σπερ-/σπᾰρ-, ἔσπειρα ἐσπάρην, σπερῶ (-εῖς), ἔσπαρκα ἔσπαρμαι 播种

η 型不定过去时；σπᾰρ- 来自 *σπr̥-

158 σπένδω, σπενδ-, ἔσπεισα, σπείσω, — ἔσπεισμαι 奠酒；订约（中动）

---

① 原文作 be torn，18.21 的表格中亦然。博阿斯的勘误将彼处的释义改作 have broken out，此处应同改。

② 原文作 stem pf.，似乎当作 κ-pf.。

σπεισ- 来自 *σπενδσ-

159　στέλλω, στελ-/στᾰλ-, ἔστειλα ἐστάλην, στελῶ (-εῖς), ἔσταλκα ἔσταλμαι 派遣
中被动态意为启程；η 型不定过去时；στᾰλ- 来自 *στl̥-

160　στόρνυμι/στρώννυμι, στορ(εσ)-/στρω-, ἐστόρεσα/ἔστρωσα
ἐστορέσθην/ἐστρώθην, στορῶ/στρώσω, — ἐστόρεσμαι/ἔστρωμαι 铺平
无构元型现在时；现在时亦作 στορέννυμι

161　στρέφω, στρεφ-/στροφ-/στρᾰφ-, ἔστρεψα ἐστράφην/ἐστρέφθην, στρέψω, ἔστροφα ἔστραμμαι 使旋转
中被动态意为转身；η 型不过时；词干型完成时 ἔστροφα 罕见；στρᾰφ- 来自 *στr̥φ-

162　σφάλλω, σφᾰλ-, ἔσφηλα ἐσφάλην, σφαλῶ (-εῖς), ἔσφαλκα ἔσφαλμαι 使跌倒
中被动态意为跌倒；η 型不定过去时

163　σφάττω/σφάζω, σφᾰγ-, ἔσφαξα ἐσφάγην/ἐσφάχθην, σφάξω, — ἔσφαγμαι 屠杀
η 型不定过去时；阿提卡方言作 σφάττω；伊欧尼亚方言作 σφάζω 且用于诗歌；完成时 ἔσφακα 见于晚期希腊语

164a　σῴζω, σω-, ἔσωσα, σώσω, σέσωκα 拯救
现在时来自 *σω-ίζω；不定过去时和将来时有时也写成 σῳσ-

164b　σῴζομαι, 164a, ἐσώθην, (略), σέσω(σ)μαι 得救、逃脱
σέσωμαι 一般用于诗歌，σέσωσμαι 用于散文

165　τείνω, τεν-/τᾰ-, ἔτεινα ἐτάθην, τενῶ (-εῖς), τέτακα τέταμαι 拉伸
τᾰ- 来自 *τn̥-

166　τελέω, τελε(σ)-, ἐτέλεσα ἐτελέσθην, τελέσω/τελῶ (-εῖς), τετέλεκα τετέλεσμαι 结束、完成
词干以 σ 结尾（因此现在时之外也用短音 ε）；阿提卡型将来时与现在时相同

167　(ἀνα)τέλλω, τελ-/τᾰλ-, (ἀν)έτειλα, (ἀνα)τελῶ (-εῖς), (ἀνα)τέταλκα (ἀνα)τέταλμαι 使升起
τᾰλ- 来自 *τl̥-

168　τέμνω, τεμ-/τμη-, ἔτεμον ἐτμήθην, τεμῶ (-εῖς), τέτμηκα τέτμημαι 切割
构干元音型不过时；伊欧尼亚方言作 τάμνω；构干元音型不定过去时 ἔτᾰμον

169a　τήκω, τηκ-/τᾰκ-, ἔτηξα, τήξω, — 使融化

169b　τήκομαι, 169a, ἐτάκην, —, τέτηκα 融化
η 型不过时；词干型完成时 τέτηκα 意为已融化、是化开的（作为结果的状态）

170　τίθημι, θη-/θε-, ἔθηκα ἐτέθην, θήσω, τέθηκα/τέθεικα τέθειμαι/κεῖμαι 放置
无构元型现在时带叠音；不定过去时以 κα 结尾；τιθ-/τεθ- < *θιθ-/*θεθ-，见 1.97；κεῖμαι 充当其完成时被动形式；常常以复合形式出现

171　τίκτω, τεκ-/τοκ-/τκ-, ἔτεκον, τέξομαι, τέτοκα 生育、分娩

现在时来自 *τί-τκω（带叠音）；构干元音型不过时；将来时用中动形式；诗歌中偶尔有 θη 型不过时 ἐτέχθην 和将来时 τέξω

172 τίνω, τει-/τῐ-, ἔτεισα, τείσω, τέτεικα τέτεισμαι 赔偿；报复（中动）
现在时带鼻音后缀 -ν-；完成时仅见于复合词 ἐκτίνω[偿付]

173 (ἔτλην), τλη-/τλᾰ-, ἔτλην, τλήσομαι, τέτληκα 承受、敢于
现在时 τλάω 不见于使用（而用 τολμάω）；词根型不过时；主要用于诗歌

174 τιτρώσκω, τρω-, ἔτρωσα ἐτρώθην, τρώσω, τέτρωκα τέτρωμαι 使受伤
现在时带叠音和后缀 -σκ-

175a τρέπω, τρεπ-/τροπ-/τρᾰπ-, ἔτρεψα/ἔτρᾰπον ἐτρέφθην, τρέψω, τέτροφα τέτραμμαι 使转动
构干元音型不过时 ἔτραπον 主要用于诗歌；词干型完成时；τρᾰπ- < *τr̥π-

175b τρέπομαι, 175a, ἐτράπην/ἐτραπόμην, τρέψομαι, τέτραμμαι 转身
η 型不过时和构干元音型不过时

176 τρέφω, θρεφ-/θροφ-/θρᾰφ-, ἔθρεψα ἐτράφην, θρέψω, τέτροφα τέθραμμαι 养育
中被动态意为长大；τρεφ- < *θρεφ-，τροφ- < *θροφ-，见 1.97；η 型不过时；ἐθρέφθην 罕见；θρᾰφ- < *θr̥φ-；词干型完成时

177 τρέχω, (略), ἔδραμον, δραμοῦμαι (-ῇ), δεδράμηκα 跑
异干动词，动词词干 τρεχ-、δρᾰμ-；构干元音型不过时；诗歌中也有罕见的不过时 ἔθρεξα；将来时用中动形式

178 τυγχάνω, τευχ-/τῠχ-, ἔτυχον, τεύξομαι, τετύχηκα 碰巧
现在时带鼻音词缀 -γ-αν-；构干元音型不过时；将来时用中动形式

179 τύπτω, τῠπ-, ἔτυψα ἐτύπην, τύψω/τυπτήσω, — τέτυμμαι 打击
η 型不过时；构干元音型不过时 ἔτυπον 偶尔代替 σ 型不过时 ἔτυψα

180a φαίνω, φην-/φᾰν-, ἔφηνα ἐφάνθην, φανῶ (-εῖς), πέφαγκα πέφασμαι 使显现
完成时主动态和中被动态均罕见，主要以复合形式出现

180b φαίνομαι, 180a, ἐφάνην, φανήσομαι/φανοῦμαι (-ῇ), πέφηνα 显现、显得
η 型不过时；主动态词干型完成时 πέφηνα 意为已显现

181 φέρω, (略), ἤνεγκον/ἤνεγκα ἠνέχθην, οἴσω, ἐνήνοχα ἐνήνεγμαι 携带、承受
异干动词，动词词干 φερ-、ἐνεκ-/ἐνοκ-/ἐγκ- 和 οἰτ-；构干元音型不过时；不过时 ἤνεγκα 见 13.27、13.32；伊欧尼亚方言中的不过时作 ἤνεικα；词干型完成时带阿提卡叠音

182 φεύγω, φευγ-/φῠγ-, ἔφυγον, φεύξομαι, πέφευγα 逃走
构干元音型不过时；将来时用中动形式；多瑞斯型将来时 φευξοῦμαι, -ῇ 偶尔

见于诗歌

183　φημί/φάσκω, φη-/φᾰ-, ἔφησα, φήσω, — 言说、声称

无构元型现在时；未完成时 ἔφην 见 12.36、12.42；φάσκω 不用于现在时直陈式，而用来构成分词 φάσκων 和未完成时 ἔφασκον 等等（见 12.56）

184　φθάνω, φθη-/φθᾰ-, ἔφθασα, φθήσομαι, ἔφθακα 先做、抢先、到达

现在时带鼻音后缀 -ν-；也有词根型不过时 ἔφθην；将来时用中动形式

185a　(δια)φθείρω, φθερ-/φθορ-/φθᾰρ-, (δι)έφθειρα, (δια)φθερῶ (-εῖς), (δι)έφθαρκα 使毁灭

φθᾰρ- 来自 *φθr̥-

185b　(δια)φθείρομαι, 185a, (δι)εφθάρην, (略), (δι)έφθορα/(δι)έφθαρμαι 丧亡

η 型不过时；主动态词干型完成时 διέφθορα 意为失去理智

186a　φύω, φῡ-, ἔφῡσα, φῡ́σω, — 使生长

在元音前通常用 φῠ-，在辅音前用 φῡ-

186b　φύομαι, 186a, ἔφῡν, φῡ́σομαι, πέφῡκα 生长

主动态词根型不过时 ἔφυν 意为曾生长，完成时 πέφυκα 意为[自然地]存在

187　χαίρω, χᾰρ-, ἐχάρην, χαιρήσω, κεχάρηκα 愉快

η 型不过时（主动含义）；将来时基于现在时词干，带有 η；诗歌中偶尔有完成时中被动态 κέχαρμαι、κεχάρημαι

188　χέω, χε(υ)-/χῠ-, ἔχεα ἐχύθην, χέω, κέχυκα κέχυμαι 倾倒

现在时来自 *χέϝω；诗歌中在极少情况下有不定过去时 ἔχευα、ἐχύμην

189　χώννυμι/χόω, χω(σ)-/χο-, ἔχωσα ἐχώ(σ)θην, χώσω, κέχωκα κέχωσμαι 堆砌

无构元型现在时；动词词干以 σ 结尾；现在时 χόω 偶尔见于阿提卡方言和希罗多德笔下

190　ὠθέω, ὠθη-/ὠθ(ε)-, ἔωσα/ὦσα ἐώσθην/ὤσθην, ὠθήσω/ὤσω, — ἔωσμαι 推、刺

带增音或叠音的形式以 ἐω- 开头（动词词干来自 *ϝωθ-）

191　ὠνέομαι, (略), ἐπριάμην ἐωνήθην, ὠνήσομαι, ἐώνημαι 购买

词干作 ὠνη-/ὠνε-、πρῐ-；带增音或叠音的形式通常以 ἐω- 开头（动词词干来自 *ϝων-）；异干形式 ἐπριάμην 见 13.32 注一、13.50

第 23 章　单词的构成

引　言

23.1 古希腊语有多种构成新词的方式。构词方式主要分为两种：

- 派生（derivation）：在词根（见 23.2）上添加后缀来派生出一个新的名词性或动词性形式。对比英语 singer[歌手]、writer[作家]和 driver[驾驶者]，这些名词都由一个动词词根（sing、write 和 drive）和后缀 -er 构成，意为[惯于]进行……活动的人（所谓的施事名词[agent noun]，见下文）；而形容词 childish[幼稚的]、foolish[愚蠢的]由名词（child、fool）和后缀 -ish 构成；副词 childishly[幼稚地]、foolishly[愚蠢地]来自形容词和后缀 -ly；名词 childishness[幼稚(性)]、foolishness[愚蠢(性)]来自形容词和表达处于……的状态的后缀 -ness；诸如此类。
- 复合（composition）：由两个（或以上）的名词性或动词性词根合在一起，构成一个新的名词性或动词性形式。复合形式与简单（非复合）形式相对。

对比英语 sunrise[日出]（sun[太阳]+rise[升起]）、headache[头痛]（head[头]+ache[疼痛]），还有 washing machine[洗衣机]、car radio[车载收音机]等等。

23.2 构词方式并不基于单词本身，而基于词根。比如，古希腊语词根 κρι-（意为决定、裁断）是以下派生词的基础：

名词 ἡ κρίσις[裁断；决定性时刻]、名词 ὁ κριτής[仲裁人；裁判]、τὸ κριτήριον[裁断标准；裁判所]、形容词 κριτικός, -ή, -όν[决定性的；判断的]和动词 κρῑ́νω[区分；评判]（< *κρῑ́-yω，见 12.28、12.30 注二）。

同样，复合名词 ὁ ναυπηγός[造船者]由词根 ναυ- 和 πηγ- 组合而成，这两者分别亦见于名词 ἡ ναῦς[船]和动词 πήγνυμι[使固定]。

注一：严格地说，诸如 κρίσις 和 κριτής 等等的名词分别由词根 κρι- 与后缀 -σι-/-σε(y)- 和 -τᾱ- 构成，带有名词性词尾 -ς（它本身原为后缀）。κρισι-/κρισε(y)- 和 κριτᾱ- 这两部分是[名词性]词干。在后文中，词尾被视作派生后缀的一部分。名词性词根和词尾见第 2 章。

注二：在派生和复合（以及引入全新的单词，亦即新词根）之外，一门语言的词汇（vocabulary）[①] 也可通过对现有的词汇增添新的用法和/或意义来发生改变，此处不予讨论。

注三：词根可区分于名词性词干或动词性词干（尽管它们常常有所重合），因为词干可带增饰。比如，动词词干 παιδευ-（它充当动词 παιδεύω[教化]的所有形式的基础）本身在特定的时态-体词干中受到增饰（例如不定过去时 παιδευσ(α)-、不定过去时被动态 παιδευθη- 和完成时主动态 πεπαιδευκ- 等等），这个动词词干源自词根 παιδ-[孩童]和增饰 -ευ-。某些类型的动词变位，比如词根动词的现在时（见 12.24 注一、12.42）和词根型不过时（见 13.40–41），所用的词干是一个不受增饰、不带任何后缀的词根（例如词根型不过时 ἔ-στη-ν 以词根 στη- 作为不过时词干）。

23.3 组成古希腊语词汇的大部分单词都以某种方式作为前文所述的构词方式的产物。事实上，很少有单词仅仅由一个词根（以及适当的格尾）构成。这种词根名词（root noun）例如：

ἡ χείρ[手；臂]、τὸ πῦρ[火]，ἡ γῆ[大地；土地]、ὁ ἰχθῦς[鱼]（单主词尾 -ς）和 ὁ γύψ[兀鹫]（单主词尾 -ς）。

后文讨论的是古希腊语单词的构成所涉及的主要的后缀和原则。至于更完备的论述，可参阅书末参考文献所提到的著作。

名词性单词的构成

通过派生构成的名词性单词

23.4 下面数节论述名词和形容词的派生。涉及各类名词的专门术语需先作说明。

涉及名词的术语

23.5 抽象名词（abstract noun）表达观念、情感和概念等等，不涉及物理实体，例如：爱、正义和王权。

具体名词（concrete noun）指具体的实体（一般但不必然是可被感官察觉的物理实体），例如：爱者、审判员和王国。

23.6 动词性名词（verbal noun）或派生自动词的名词（(de)verbal noun），指源于一个动词词根的名词，可以（但不限于）表达以下概念：

• 一个动作、过程或事件本身：行为/事件名词（action/event

---

① 词汇指一种语言演变的一个具体阶段内说话者和写作者使用和支配的词的总和，不同于单词（word），参见戴炜华等编：《新编英汉语言学词典》，上海：上海外语教育出版社，2007 年，第 910 页。

noun)；比如英语 investigation［调查］（来自动词词根 investigat-）、the building of the wall［墙的建造］（来自动词词根 build-）；

- 进行某一行为的实体：施事名词（agent noun）；比如英语 investigator［调查员］、builder［建造者］；
- 一个动作的结果或影响：结果/效果/客体名词（result/effect/object noun）；比如英语 dent［凹痕］、scratch［抓痕］和 a stone building［一座石制建筑］。

派生后缀列表

23.7 后文以字母顺序罗列涉及名词和形容词之派生的最常见的后缀，主要涵盖见于古典阿提卡散文和希罗多德《原史》的情况。较少出现的后缀以小字表示。

注一：如果特定类型的派生名词或派生形容词（简单词，即非复合词）的重音是规则的（并且是固着的，见 24.21），那么后文通常就会标注重音（标在相关后缀上或者加以说明）。

注二：分词和不定式的后缀在这里一律省略；两者的构成见 11.16、11.31–33。不过本章会涉及以 -τέος 和以 -τός 结尾的动词性形容词，分别见 23.29、23.34。

23.8 -ᾱ́/-ή（重音可能改变）：构成阴性的行为名词，例如：

ἀρχή［统治；开始］	ἄρχω［统治；开始］
γραφή［书写；控告］	γράφω［书写］、γράφομαι［控告］
μάχη［战斗］	μάχομαι［战斗］
θέᾱ［观看；沉思］	θεάομαι［注视；沉思］

如果对应动词的现在时词干是 e 级形式，那么行为名词通常就是 o 级形式（见 1.55），例如：

(δια)φθορᾱ́［毁灭；灭亡］	(δια)φθείρω［使毁灭］
πομπή［护送；游行］	πέμπω［发送；引导］
σπουδή［急忙；热忱］	σπεύδω［汲汲于；赶紧］
τροφή［养育；抚养；营养物］	τρέφω［喂养；养育；使……生长］
但是 φυγή［溃逃；流亡］（零级）	φεύγω［逃跑；逃亡］

23.9 *-yᾰ：常用作以下几种形容词和分词的阴性形式的后缀：

- 以 -υς 结尾的形容词（见 5.21–22），例如：

ἡδεῖα[甜美的；怡人的]（< *ἡδέϝ-yα，阳 ἡδύς, -έος）；

• ν 词干形容词（见 5.23–24），例如：

μέλαινα[黑暗的]（< *μέλαν-yα，阳 μέλας, -ανος），以及形容词 μάκαρ[幸福的]（词干以 ρ 结尾），诗体作 μάκαιρα（< *μάκαρ-yα，见 5.32）；

• ντ 词干形容词/分词（见 5.15–18），例如：

πᾶσα[每个；所有的]（< *πάντ-yα，阳 πᾶς, παντός）；

• 完成时主动态分词（见 5.20 注一）。

后缀 *-yᾰ 也用于构成阳性施事名词所对应的各类阴性形式（这些名词的基本重音都是逆行的，见 24.27）：

• 辅音词干，例如：ἄνασσα[女王；女士]（< *ἄνακ(τ)-yα，对比阳性 ἄναξ[君主]）、Φοίνισσα[腓尼基女人]（对比 Φοῖνιξ[腓尼基人]）；在后来的希腊语中，-ισσα 本身成为了一个常见的后缀，例如 βασίλισσα[王后；女王]；

• 以 -εύς 结尾的名词（见 23.15），例如：βασίλειᾰ[女王]（< *βασίληϝ-yα，对比 βασιλεύς[国王]）、ἱέρεια[女祭司]（对比 ἱερεύς[祭司]）；

• 以 -τήρ 结尾的名词（见 23.30），例如：σώτειρα[(女)拯救者]（< *σώτερ-yα，对比 σωτήρ[拯救者]）。

23.10　-ᾰ́ς, -ᾰ́δος：构成阳性和阴性的施事名词，例如：φυγάς[逃跑者；逃亡]（φεύγω[逃跑、逃离]）、αἱ Κυκλάδες (νῆσοι)[环状群岛]。

23.11　-εία̅（伊欧尼亚方言作 -είη）：

• 这个后缀与以 -εύω 结尾的动词构成行为名词（多为抽象名词），例如：

παιδεία̅[教化]	παιδεύω[教化]
πολιτεία̅[政制]	πολιτεύω, -ομαι[参与邦务；当城邦民]
βασιλεία̅[君主制；王国]	βασιλεύω[当国王；统治]

• 另外，派生自以 -ής 结尾的第三变格法形容词的阴性抽象名词原本也以 -εία̅ 结尾：它在伊欧尼亚方言中变为 -είη（见 25.15 注一），但在阿提卡方言中这些名词以 -ειᾰ 结尾（它们由于类推而同化为如同 ἡδεῖᾰ[甜美的]、βασίλειᾰ[女王]等等的阴性形式）：

ἀλήθειᾰ[真实(性)]（伊方言 ἀληθείη）　ἀληθής[真实的]

ἀσέβειᾰ[不虔诚](伊方言 ἀσεβείη)　　ἀσεβής[不虔诚的]

这些名词的基本重音是逆行的(见 24.13、24.27)。

23.12　-εῖον：构成中性名词，表达一个位置，加在名词性词干上，例如：

καπηλεῖον[商铺；客栈]　　κάπηλος[生意人]
χαλκεῖον[五金作坊；铜锅]　　χαλκεύς[铜匠]

23.13　-εις, εσσα, -εν(变格见 5.25)：这套后缀构成意为富有/充满某物的形容词，主要见于诗歌，例如：

δακρυόεις[泪流满面的]　　δάκρυ/δάκρυον[泪水]
τιμήεις[备受尊崇的]　　τιμή[尊崇；荣誉]

23.14　-έος, -έᾱ, -έον：对比 -οῦς，见 23.26。

23.15　-εύς, -έως(变格见 4.84–85)：构成阳性施事名词，加在名词性词干上；通常意为[在职业上]处理某物者，例如：

ἱερεύς[祭司]　　ἱερά[祭品]
συγγραφεύς[散文作家]　　συγγραφή[散文作品]
χαλκεύς[铜匠]　　χαλκός[铜；青铜]

注一：一些以 -εύς 结尾的名词来自词根，它们是非派生的施事名词，例如：βασιλεύς[国王]、ἑρμηνεύς[解释者；翻译者]。

注二：后缀 -εύς 亦见于专有名词，例如：Ἀτρεύς[阿特柔斯]、Ἀχιλλεύς[阿喀琉斯]、Ὀδυσσεύς[奥德修斯]和 Τυδεύς[缇丢斯]等；后缀 -εύς 还见于表达地理来源的形容词，例如：Ἁλικαρνασσεύς[来自哈利卡尔纳斯索斯的]、Μεγαρεύς[来自美伽刺的]、Ἀχαρνεύς[来自阿卡奈(村社)的]。

23.16　-ίᾱ：构成抽象名词，描述品质或性质，加在其他名词或形容词上，例如：

ἐλευθερία[自由]　　ἐλεύθερος[自由的]
ἡγεμονία[领导权；指挥权]　　ἡγεμών[统治者、领导者]
σοφία[聪明；智慧]　　σοφός[智慧的]

注一：若存在对应的动词，那么以 -ίᾰ 结尾的形式也可有行为名词或结果名词的含义，例如 ἀδικία[不义之举](又意为不义，对应的动词是 ἀδικέω[行不义])。

23.17　-ικός, -ή, -όν：这个后缀构词能力强大，加在名词上构成形容词，总体上意为涉及……的，常常意为善于……的、专注于……的：

γραμματικός[精于文字者；语法学家]　γράμμα[字母]
ἱππικός[马的；善骑马的]　ἵππος[马]
ποιητικός[有制造能力的]　ποιητής[制作者；诗人]
φυσικός[自然的；涉及自然的；物理的]　φύσις[自然；本性]

阴性形式（以 -ική 结尾）常意为……的技艺，带有或不带 τέχνη，例如：ἡ γραμματική (τέχνη)[语法(术)]、ἡ ἱππική (τέχνη)[骑马术]和 ἡ ποιητική (τέχνη)[作诗术]等等。

23.18　-ιον：加在名词性词根上构成中性名词，含义多样，比如在……的位置、……的部分和由……构成。总体上意为与……相关的对象或行为（对比后文的 -ιος）。如果构成的名词有四个及以上的音节，那么其基本重音就是逆行的（三音节名词的重音位置不定），例如：

τὰ Διονύσια[狄奥尼索斯节]　Διόνυσος[狄奥尼索斯]
ἀργύριον[银币；金钱]　ἄργυρος[银]
χρυσίον[金块；金币]　χρυσός[金]
γυμνάσιον[身体训练；训练场；讲习所]　γυμναστής[训练师]
συμπόσιον[酒肆]　συμπότης[共饮者]

-ιον 也可用作指小（diminutive）后缀：或是单独使用，或是有所扩展（以 -άριον、-ίδιον 或 -ύλλιον 的形式出现），用以构成指小名词，意指一个小的人或物，或者表达疼爱或轻视之意，例如：

ληκύθιον[小油瓶]　λήκυθος[油瓶]
οἰκίδιον[小房子]　οἰκία[房子]
παιδίον[小孩；幼儿]　παῖς[孩童；僮仆]
παιδάριον[小孩]　παῖς[孩童；僮仆]
ἐπύλλιον[(叙事)短诗]　ἔπος[单词；叙事诗]

23.19　-ιος, -ιᾱ, -ιον（亦作 -αιος、-ειος，伊欧尼亚方言作 -ήϊος）：加在各种名词性词根上构成形容词，总体上意为属于……的、与……相关的，例如：

πάτριος[来自父辈的；继承的]	πατήρ[父亲]
ἀναγκαῖος[必然的；无法避免的]	ἀνάγκη[必然性]
δίκαιος[正义的；合法的]	δίκη[正义]
ὁμοῖος[好像……的；相似的]	ὁμός[同一个]
οἰκεῖος[房屋的；个人的；私人的]	οἶκος[家宅]

23.20 -ίσκος, -ίσκη：构成指小名词（对比 -ιον，见 23.18），例如：ἀνθρωπίσκος[小人；矮人]（ἄνθρωπος[人类；世人]）、νεανίσκος[小伙子；年轻人]（νεανίας[年轻人]）、παιδίσκη[小姑娘；年轻女仆]（παῖς[孩童；僮仆]）。

23.21 -μα, -ματος（变格见 4.40）：常见的后缀，构成中性的效果/结果名词，这些名词常常以 -ημα 结尾。它们是中性的第三变格法名词，因此其基本重音是逆行的（见 24.28），例如：

γράμμα[线条；字母]	γράφω[书写]
μάθημα[课程课业]	μανθάνω[学习]
πρᾶγμα[事物；事件]	πράττω[实践]
χρῆμα[事物]（尤其以复数形式 χρήματα[财产；货物；金钱]出现）	χρήομαι[使用]

23.22 -μός, -μοῦ：用来构成阳性的行为名词，尤其加在词干以软腭辅音结尾的动词上，例如：

διωγμός[追逐；追赶]	διώκω[追逐；追赶]
ὀλολυγμός[呼喊]	ὀλολύζω[呼喊]

这个后缀也常常以 **-σμός** 的形式出现，构成派生自以 -άζω 或 -ίζω 结尾的动词的名词（亦即加在以 δ 结尾的词干上，并发生 -δμός > -σμός 的音变，见 1.90），例如：

ἐνθουσιασμός[灵感；疯狂；热情]	ἐνθουσιάζω[得到灵感；使感悟]
λογισμός[计数；计算；推理]	λογίζομαι[计算]
μηδισμός[偏向/站在波斯人一边的]	μηδίζω[偏向/站在波斯人一边]

以 -ισμός 结尾的形式从公元前五世纪后期开始尤为常见（对应于以 -ίζω 结尾的动词），特别用于各种专业术语（医学、哲学、语言学和文史研究等领域），例如：

ἀττικισμός[对雅典的忠诚/偏向；阿提卡风格（晚期）]　ἀττικίζω[偏向/站在雅典人一边；使用阿提卡方言（晚期）]
βαρβαρισμός[对非希腊语的使用]　βαρβαρίζω[使用非希腊语]
(ἐξ)ὀστρακισμός[陶片放逐制度]　ὀστρακίζω[以陶片放逐]

23.23　-ος, -ου：用以构成阳性的行为名词。此类名词一般是次扬词（见 24.5）。如果对应的动词的现在时词干使用 e 级形式，那么名词通常就使用 o 级形式（见 1.55），例如：

λόγος[估量；道理；推理；讲辞]　λέγω[言说]
πλοῦς/πλόος[航行；航程]　πλέω[航行]
πόνος[劳苦；劳作]　πένομαι[劳苦；劳作]
στόλος[装备；征程]　στέλλω[准备；派遣]
τόκος[分娩；后代]　τίκτω[生育]的不定过去时 ἔτεκον
τρόπος[方向；方式]　τρέπω[使转动]、τρέπομαι[转身]
φόρος[贡金]　φέρω[承受；呈献]
ψόγος[指责；责备]　ψέγω[指责；责备]

23.24　-ός, -οῦ：用以构成阳性的施事名词。如果对应的动词的现在时词干使用 e 级形式，那么名词通常就使用 o 级形式（见 1.55），例如：

ἀοιδός[歌手]　ἀείδω[歌唱]
σκοπός[斥候]　σκέπτομαι[考察；检查]
τροφός[养育者]（尤作 ἡ τροφός[奶妈]）τρέφω[喂养；养育]

这个后缀亦用于复合词（另见 23.37–40；重音见 24.29）：

οἰκοδόμος[建筑师]　οἶκος[房] + δέμω[建造、建筑]

23.25　-ος, -ους（σ 词干名词，变格见 4.65）：构成中性名词——

- 以 -ος 结尾的名词常常派生自动词，表达涉及动词之动作的对象或条件，例如：

βέλος[投掷物；箭（投掷物）]　βάλλω[投掷]
γένος[种族；后代；种类]　γίγνομαι[成为；出生]
εἶδος[形式（看见的东西）]　εἶδον[曾看见]
ἔπος[话语（说出的东西）]　εἶπον[曾言说]

θέρος[夏天] θέρομαι[变热]
πάθος[遭受；经历（所经受的事情）] πάσχω[遭受；经受]的不过时 ἔπαθον
ψεῦδος[谎言；虚假] ψεύδομαι[撒谎]

注一：原则上，这些名词并不像那些以 -μα（见 23.21）结尾的名词那样表达后果。但是不应过度强调这种区别，比如 πάθος 和 πάθημα 都用来表达所承受的事情（πάθημα 更多地见于专业领域的散文，而 πάθος 多见于诗歌）。

- 后缀 -ος 也用于构成其他各种中性名词（对比形容词）：

αἶσχος[羞耻；丑陋] αἰσχρός[可耻的；丑陋的]
ἔχθος[憎恶] ἐχθρός[可憎的]
κάλλος[美] καλός[美好的]
μέγεθος[庞大；大小] μέγας[巨大的；伟大的]
τάχος[速度；迅速] ταχύς[迅速的]

这些名词重音逆行，与所有第三变格法中性名词一样（见 24.28）。

23.26 **-οῦς, -ᾶ, -οῦν**（缩合自 -έος 等等，变格见 5.5；伊欧尼亚方言作 -έος, -έη, -έον）：构成表达材料的形容词，例如：ἀργυροῦς[银的]（ἄργυρος[银]）、χρυσοῦς[金(色)的]（χρυσός[金]）。

23.27 **-σις**, -εως（变格见 4.74）是最具构词能力的行为名词的后缀：实际上，它可以加在所有动词词根上，尤其用于构成技术词汇或者学科词汇。这些名词都是阴性的，重音逆行，例如：

ἀκρόασις[聆听；课程] ἀκροάομαι[听]
γένεσις[生育；生成] γίγνομαι[成为；出生]
κρίσις[决定；裁断；决定性时刻] κρίνω[决定]
λύσις[释放；松开] λύω[释放；松开]
μάθησις[学习] μανθάνω[学习]
ποίησις[制作；制品；诗歌] ποιέω[制作；做]
πρᾶξις[做出；行为] πράττω[制作；实践]
σκέψις[考察；考虑] σκέπτομαι[考察；检查]

注一：原则上说，这些名词并不像那些以 -μα 结尾的名词（见上文）那样表达后果。但不应过度强调这种区别，比如 ποίησις[制作；制品]和 ποίημα[制品]都可以表达被制作的东西；但这里有区别：ποίημα 是可数名词（countable noun，对比英语 a poem[一首诗]），而 ποίησις 是物质名词（mass noun，对比英语 poetry[诗歌]）。

23.28 -σύνη：构成少量抽象名词，主要基于以 -ων, -ονος 结尾的形容词，尤其是以 -φρων 和以 -μων 结尾的形容词，例如：

σωφροσύνη[审慎；明智]	σώφρων[审慎的；明智的]
ἀπραγμοσύνη[悠闲]	ἀπράγμων[悠闲的]
μνημοσύνη[记忆]	μνήμων[记得的]

其他名词通过类推构成，例如 δικαιο-σύνη[正义]（δίκαιος[正义的]）。

23.29 -τέος, -τέᾱ, -τέον：构成动词性形容词，表达被动的必然性（这类形容词的用法见 37.2–3）。这个后缀直接加于动词词干：

παιδευτέος[当受教化的]	παιδεύω[教化]，动词词干 παιδευ-
γραπτέος[当被书写的][1]	γράφω[书写]，动词词干 γραφ-；
φυλακτέος[当被守护的]	φυλάττω[守护]，动词词干 φυλακ-
κομιστέος[当被携带的][1]	κομίζω[带走]，动词词干 κομιδ-；

[1] γραπτέος 中的同化结果 πτ 和 κομιστέος 中的同化结果 στ，见 1.89。

如果动词词干有换音变体，那么尤其会用普通 e 级词干；如果动词词干最后的词干元音有长有短，那么就使用长元音（见 11.11）：

φευκτέος[要被逃脱的]	φεύγω[逃离]，动词词干 φευγ-/φῠγ-
λειπτέος[要被剩下的]	λείπω[剩下]，动词词干 λειπ-/λοιπ-/λῐπ-
ποιητέος[要被制作的]	ποιέω[制作]，动词词干 ποιη-/ποιε-
τιμητέος[要被尊崇的]	τιμάω[尊崇]，动词词干 τιμη-/τιμᾰ-

23.30 -τήρ, -τῆρος（变格见 4.55–57）：构成阳性的施事名词，尤其用于阿提卡方言之外的其他方言。阿提卡方言中偏向用 -τής，而 -τήρ 实际上仅限于肃剧，主要见于借用自荷马的单词，例如：ἀροτήρ[耕作者]（ἀρόω[耕作]）、δοτήρ[给予者；分发者]（δίδωμι[给予]）和 σωτήρ[拯救者]（σῴζω[拯救]）；这个后缀还见于 κρατήρ[调酒缸]（κεράννυμι[混合]）

23.31 -τήριον, -ου：构成具体名词，表达工具或者位置；最初由以 -τήρ 结尾的施事名词和后缀 -ιον 构成（这两者见上文）；阿提卡方言中通常有对应的以 -τής 结尾的施事名词：

ποτήριον[酒杯]	πίνω[喝]的 θη 型不定过去时 ἐπόθην

δικαστήριον[审判所]	δικαστής[审判员]、δικάζω[当审判员]
χρηστήριον[神谕]	χρήω[给出神谕]

23.32 **-τής**, -ου（变格见 4.8–10；重音不定）：构成阳性施事名词：

θεᾱτής[观察者]	θεάομαι[注视；沉思]
κριτής[仲裁人]	κρίνω[裁判；裁决]
ποιητής[制作者；诗人]	ποιέω[制作]
σοφιστής[智慧者；智术师]	σοφίζομαι[有智慧]
ὑφάντης[织工]	ὑφαίνω[编织]

23.33 **-της**, -τητος（变格见 4.40–41；重音不定）：构成阴性抽象名词，表达品质或性质；它们源自以 -ος 或 -υς 结尾的形容词，一般意为……性，例如：

κακότης[恶]	κακός[坏的；恶的]
λευκότης[白]	λευκός[白的]
ταὐτότης[同一性]	τὸ αὐτό[同样的事物]
ταχυτής[快速；速度]	ταχύς[快速的]

23.34 **-τός, -τή, -τόν**：构成动词性形容词，表达被动状态或被动可能性（这些形容词的用法见 37.4）。构词方式直接类推自以 -τέος 结尾的形容词（见 23.29），后缀直接加于动词词干，例如：

παιδευτός[可教导的]	παιδεύω[教化]，动词词干 παιδευ-
φευκτός[可逃避的]	φεύγω[逃跑]，动词词干 <u>φευγ</u>-/φῠγ-
ποιητός[已做好的；已完成的]	ποιέω[制作]，动词词干 <u>ποιη</u>-/ποιε-

注一：如果这类形容词基于复合词干，那么重音可能有所不同，有时也会有对应的含义差异，例如：διαλυτός[能溶解的]、διάλυτος[放松的]（都来自 δια-λύω[溶解]）。就复合形容词的重音来说，更普遍的情况见 24.29。

23.35 **-τρον**, -ου（重音不定）：构成来自动词的中性具体名词，表达工具或位置：

κάτοπτρον[镜子]	καθοράω[俯视；观察]
σκῆπτρον[权杖；拐杖]	σκήπτομαι[依靠]
θέατρον[剧场（观看者的位置）]	θεάομαι[注视；沉思]
λουτρόν[澡堂]	λούω[洗涤]

23.36　**-ών**, -ῶνος（变格见 4.49；伊欧尼亚方言作 -εών, -εῶνος）：构成阳性名词，加在名词性词根上，表达位置，例如：ἀνδρών, -ῶνος[男人的房间]（ἀνήρ[男人]）、παρθενών, -ῶνος[少女的房间]（παρθένος[少女]）。

复合而成的名词性单词

名词性/副词性组分 + 名词性组分复合而成的形容词

23.37　在这些复合词中，前一个组分描述后一个组分。第一个组分可以是一个名词或形容词的词根、一个数词、一个介词或一个副词性前缀（例如 δυσ-、εὐ-）。例如：

μεγαλόψυχος[伟岸的；慷慨的]	μέγας[巨大的；伟大的]、ψυχή[灵魂]
Πολυκράτης[珀吕克剌忒斯（多能者）]	πολύς[许多的]、κράτος[能力]
πενταέτης[五个年头]	πέντε[五]、ἔτος[年]
ἔνθεος[有灵感的（心中有神的）]	ἐν[在……之内]、θεός[神]
περίφοβος[极其惶恐的；过于恐惧的]	περί[过度的]、φόβος[恐惧]
δυστυχής[不幸的；有厄运的]	δυσ-[糟糕的]、τύχη[命运]
εὐμενής[善意的；好心的；好脾气的]	εὖ[好的]、μένος[脾气；激情；力量]

同属此类的还有所谓的否定性的 **ἀ-**（辅音前）和 **ἀν-**（元音前），通常意为不、非（对比英语的 un-、a- 和 im-），例如：

ἄδικος[不义的]	ἀ-、δίκη[正义]
ἀθάνατος[不朽的]	ἀ-、θάνατος[死亡]
ἀνάξιος[不值得的]	ἀν-、ἀξία[价值；价格]

注一：δυσ- 和 ἀ-/ἀν- 仅见于复合词。

注二：在一些复合名词中，第一个组分也这样修饰第二个组分，例如：ἀκρόπολις, ἡ[卫城]（[雅典]城中最高的部分；ἄκρος[最高的]、πόλις[城邦]）、σύνδουλος[一同做奴隶的人]（σύν[与……一同]、δοῦλος[奴隶]）和 τρίπους[三足鼎]（τρεῖς[三]、πούς[脚]）。

一些复合名词的第一部分是名词的变格形式，例如：Διόσκουροι[宙斯的儿子们]（Διός 是 Ζεύς[宙斯]的单属）、Ἑλλήσποντος[赫珥勒海；赫勒斯滂]（Ἕλλης 是 Ἕλλη[赫珥勒]的单属）。

23.38　有一类特殊情况见于复合形容词和一些复合名词，即 **παρά-**

δοξος 类。它们可被理解为介词短语的名词化[形式]（nominalization），比如 παράδοξος[意料之外的；难以置信的]是介词短语 παρὰ δόξαν[出乎意料地]的形容词形式，其他例子如：

ἐγκέφαλος, ὁ[脑]	ἐν κεφαλῇ[在头上]
ἐκποδών[离开；远离]（副词）	ἐκ ποδῶν[与双脚远离]
ἐπιχώριος[当地的]	ἐπὶ χώρᾳ[在地方上]
σύμφωνος[同声的；声音和谐的]	σὺν φωνῇ[与声音一同]
φροῦδος[离去的]	πρὸ ὁδοῦ[向道路前方][①]

注一：名词短语也可构成这种复合形容词，例如 πολυχρόνιος[持久的]，来自 πολὺν χρόνον[长时间地；持续长时间]。

动词性组分 + 名词性组分复合而成的形式

23.39 在这些复合词里，第二个组分（名词性组分）充当第一个组分（动词性组分）的宾语。第一个组分可能——

- 以 ο 结尾，例如：

λιποτάξιον, τό[背离；遗弃]	λείπω[离开]、τάξις[位置]
φιλόσοφος[爱智慧的]	φιλέω[爱]、σοφία[智慧]
φιλότιμος[爱荣誉的；雄心壮志的]	φιλέω[爱]、τιμή[荣誉]

第一个组分结尾的 ο 也可能发生省音，例如：

μισ-/φιλάνθρωπος[憎恨/关爱人类的]	μισέω[憎]/φιλέω[爱]、ἄνθρωπος[人类]

- 以 ε 结尾（主要见于诗歌），例如：

ἑλέπ(τ)ολις[摧毁城邦的]	αἱρέω[夺取]的不过时 εἶλον、πόλις[城邦]

- 以 σι 结尾（对比以 -σις 结尾的行为名词，见 23.27），例如：

λυσιτελής[有利的；付费的]	λύω[松开；释放]、τέλος[缴纳]
Πεισίστρατος[佩伊西斯特剌托斯]	πείθω[说服]、στρατός[军队]

① 参见柏拉图《会饮》174d、亚里士多德《优台谟伦理学》1237a。

名词性/副词性组分 + 动词性组分复合而成的形式

23.40 这一范畴中有以下几类名词和形容词——

• 施事名词，还有表达动作的施事者或者对象的形容词。如果这个名词或形容词表达施事者，那么第一个组分（名词性组分）就充当第二个组分（动词性组分）的对象或者工具。如果动词词根有多种音级，那么就以 o 级的形式出现（见 1.55），例如：

δορυφόρος[持矛者；卫兵]	δόρυ[矛矢]、φέρω[携；持；承]
οἰκοδόμος[造房子的人；建筑师]	οἶκος[房]、δέμω[建造]
στρατηγός[领导军队的；将领]	στρατός[军队]、ἄγω[带领；领导]
λιθοβόλος[投石的]、λιθόβολος[被石击中的]	λίθος[石头]、βάλλω[投掷]
Ὀλυμπιονίκης[奥林匹亚赛会胜利者]	Ὀλύμπια[奥林匹亚]、νικάω[胜利]

注一：对于这类以 -ος 结尾的复合名词和复合形容词而言，如果表达施事者，那么重音一般就在动词部分（亦即是尾扬词或次扬词），例如：

λιθοβόλος[投石的]、ψυχοπομπός[灵魂的引领者]、λαιμοτόμος[切割（他人）喉咙的]（但是要注意诸如 ἡνίοχος[持缰绳者]、ἵππαρχος[管理马匹的]等等例外）。

如果这些复合词表达动作的对象，那么重音逆行，例如：

λιθόβολος[被石击中的]、λαιμότομος[喉咙被切割的]。

注二：复合形容词一般是二尾形容词（见 5.7–10）。

• 施事名词，第二组分带有后缀 -της（见 23.32），例如：

ἐπιστάτης[主掌者；掌管者]	ἐφίσταμαι[立于……之上；主掌]
νομοθέτης[立法者]	νόμος[法]、τίθημι[放置]
προδότης[叛徒]	προδίδωμι[出卖；背叛]

• 具有被动含义的复合形容词，来自以 -τος 结尾的动词性形容词（这类形容词见 23.34），例如：

δοριάλωτος[以矛矢夺来的；得自战争的]	δόρυ[矛矢]、ἁλίσκομαι[被擒；被夺走]
περίρρυτος[四面环水的]	περί[环绕]、ῥέω[流动]
σύμμεικτος[混在一起的]	σύν[与……一同]、μείγνυμι[混合]
εὔγνωστος[著名的；易于知晓的]	εὖ[好]、γιγνώσκω[认识；了解]
ἄβατος[不可穿过的；不可践踏的]	ἀ-[不；非]、βαίνω[行走]

动词性单词的构成

23.41 许多涉及古希腊语动词之构成的后缀在动词词法部分的相关章节已经论述过了（构干元音、祈愿式后缀、增音、叠音和词尾等等，见第 11 章；标志时态–体的后缀见相关章节）。在后文中，我们按构成的过程进一步详述来自名词的动词（denominative verb，即派生自名词性词干的动词）和复合动词。

由后缀 *-yω 参与构成的来自名词的动词

23.42 许多来自名词的动词的现在时词干由 ***-yω** 参与构成——

- 一些动词派生自以元音结尾的名词性词干（即以 -έω、-άω、-όω 或 -ήω 结尾的缩合动词）；y 消失后，这些动词在阿提卡方言中缩合（见 1.76、12.29）；
- 另一些动词派生自以辅音结尾的名词性词干。

注一：诸如 λέγω、λείπω、πείθω、πέμπω 和 τρέχω 等等以 ω 结尾的动词，还有其他许多所谓的非派生动词或说词根动词，它们不带后缀：构干元音或词尾直接加在词根上（见 12.24 注一）。

以元音结尾的名词性词干和 *-yω 构成的动词

23.43 **-άω/-άομαι**：来自以 **ᾱ/η** 结尾的名词性词干（即第一变格法名词：例如 τιμᾱ́ω[尊崇]（< *-ᾱyω，对比 τιμή[荣誉]）；这个 ᾱ 在构成现在时词干时短化（在构成其他词干时则不然，例如：不定过去时 ἐτίμησα、将来时 τιμήσω 和完成时 τετίμηκα；在阿提卡方言中发生 ᾱ > η 这一音变的第一变格法名词在派生出动词时皆如此，见 1.57）。其他例子如：

νικάω[得胜；胜利]	νίκη[胜利]
μηχανάομαι[设计]	μηχανή[技巧；机械]
θηράω[捕猎]	θήρα[打猎；追捕]
αἰτιάομαι[指责；指控]	αἰτία[原因]

注一：还有一些以 -άω 结尾的词根动词，词尾直接加于词根，如 δράω[做]。

注二：一些以 -άω 结尾的动词派生自 σ 词干而非以 ᾱ/η 结尾的词干，例如 γελάω[嘲笑] < *γελάσ-yω（见 12.29 注一）。对于这类动词来说，词干中的 σ 通常在其他时态词干中留下痕迹：例如：不定过去时 ἐγέλασα（叙事诗不过时 ἐγέλασσα，

见 13.18）、将来时 γελάσομαι（见 15.19）。

23.44　-έω/-έομαι：

- -έω/-έομαι < *-έyω，来自 e 级的构干元音型名词性词干（即以 -ος 结尾的第二变格法名词）：例如：οἰκέω[居住]（< *(ϝ)οικέyω，对比 οἶκος[房屋]）；词干元音在其他时态中延长（例如不定过去时 ᾤκησα、将来时 οἰκήσω），类推自以 -άω 结尾的动词以及诸如 φιλέω 等等的动词（见后文注一）。其他例子如：

κοσμέω[整饬]	κόσμος[秩序]
νοσέω[生病]	νόσος[疾病]
ἀριθμέω[计算]	ἀριθμός[数字]

然而，也有不少以 -έω/-έομαι 结尾的来自名词的动词派生自其他名词性词干（其中包括以辅音结尾的词干）：

- -έω < *-έσyω，来自以 -ος 结尾的中性名词词干中的 εσ，例如：τελέω[完成]（< *τελέσyω，对比 τέλος[目的；终点]）；这类动词另见 12.29 注一）；
- 其他词干，例如 μαρτυρέω[作见证；给证词]（对比 μάρτυς[证人]，属格 μάρτυρ-ος）。

其他例子如：

μισέω[憎恨]	μῖσος, -ους[憎恨]
εὐδαιμονέω[幸福]	εὐδαίμων, -ονος[幸福的]
ὑπηρετέω[侍候]	ὑπηρέτης[仆人]
φωνέω[发出声响]	φωνή[声音]

注一：许多以 -έω 结尾的动词很可能派生自原本以 *-ήyω 结尾的状态动词，使用后缀 -η-（对比 η 型不过时，见第 14 章）：例如 φιλέω[爱] < *φιλ-ήyω）、ἀλγέω[感到疼痛]（< *ἀλγ-ήyω）；原本的 η 仍可见于不过时 ἐφίλησα、将来时 φιλήσω 和完成时 πεφίληκα 等形式（这个 η 在现在时词干中短化）。

注二：对于一些派生自以 εσ 结尾的词干而以 -έω 结尾的动词（比如 τελέω[完成]）而言，词干中原本的 σ 在其他时态中留有痕迹，例如：不定过去时 ἐτέλεσα（叙事诗不过时 ἐτέλεσσα，见 13.18）、θη 型不过时 ἐτελέσθην（见 14.16）和阿提卡型将来时 τελῶ（有时作 τελέσω，见 15.19）等等。但是对于这种类型的其他动词来说，变位完全与标准的 -έω 型相仿，例如 μισέω 的不过时作 ἐμίσησα，等等。

注三：一些以 -έω 结尾的动词派生自其他动词。它们在词干中有 ο 换音，并且表达强调性-反复性含义：例如 σκοπέω, -ομαι[注视；考虑]（σκέπτομαι[审视；考察]）和 φορέω[常常带着]（φέρω[承受；携带]）。

注四：一些以 -έω 结尾的动词是词根动词（非派生动词），ε 后的 ϝ、σ 或 y 总是脱落，例如：ῥέω[流动]（< *ῥέϝω）、πλέω[航行]（< *πλέϝω）和 δέω[捆绑]（< *δέyω）。

注五：-έω 参与构成的复合动词见 23.50。

23.45 -όω/-όομαι：来自以 ο 结尾的名词性词干。这些动词一般表达使成含义（使……），[①] 大部分情况下基于以 -ος 结尾的第二变格法形容词，例如：δηλόω[表明]（< *δηλόyω，对比 δῆλος[明白的]）。

其他例子如：

ἀξιόω[认为……有价值；要求]	ἄξιος[有价值的]
ἐλευθερόω[释放]	ἐλεύθερος[自由的]

有一些则基于以 -ος 结尾的名词，例如：

δουλόω[奴役]	δοῦλος[奴隶]（可能源于某个形容词）
στεφανόω[加冕]	στέφανος[冠冕；花环]

注一：注意类似使成动词 δουλόω[奴役]与状态动词 δουλεύω[为奴]的对应。

23.46 以 **-εύω** 结尾的动词原本派生自以 -εύς 结尾的名词（见 4.84–85）。后来，-εύω 本身成为了一个具有构词能力的后缀，也用来从其他类型的名词派生出动词。以 -εύω 结尾的动词常常具有状态含义。例如：

βασιλεύω[当国王；统治]	βασιλεύς[国王]
ἀγορεύω[发言]	ἀγορά[市场]
δουλεύω[为奴]	δοῦλος[奴隶]
παιδεύω[教化]	παῖς[孩童；僮仆]

以辅音结尾的名词性词干和 *-yω 构成的动词

23.47 如果后缀 *-yω 加在以其他辅音结尾的名词性词干上，那么

① 关于使成动词（factitive verb）与使役动词（causative verb），博阿斯回复译者的邮件说，这两者的差异并不明显：使成动词表达的动作将其宾语转变为某物或者使之具有某种性质，使役动词表达的动作强调其宾语的状态变化（见 35.4）。前者可能表达过程，后者可能表达实现。博阿斯认为，这两个术语有助于体现使役动词在语态系统上的复杂性。

其中的 y 就会与之发生各种音变，例如：

ἁρπάζω[抓走；夺走]（< *ἁρπάγ-yω）	对比 ἁρπαγ-ή[抓捕；抢夺]
ἐλπίζω[期待；希望]（< *ἐλπίδ-yω）	ἐλπίς, -ίδος[希望]
ἀγγέλλω[宣布；报告]（< *ἀγγέλ-yω）	对比 ἄγγελ-ος[报信人]
παίζω[玩耍；弹奏]（< *παίδ-yω）	παῖς, παιδός[孩童；僮仆]
ταράττω[扰动；扰乱]（< *ταράχ-yω）	对比 ταραχή[混乱]

所涉及的音变见 1.77–78；对这些现在时词干的更完整的总结，见 12.27–28。

注一：在这一组动词中，有些并不派生自名词，例如：φράζω[表明]（< *φράδ-yω）、βαίνω[行走]（< *βάν-yω）和 φαίνω[使显现]（< *φάν-yω）。

23.48 其中几种构词方式形成了新的具有构词能力的后缀——

• 添加后缀 -άζω 和 -ίζω 的构词方式使得 **-άζω** 和 **-ίζω** 本身成为了后缀，这两个后缀用来构成许多来自名词的动词，例如：

ἀναγκάζω[强迫]	ἀνάγκη[必然性]
γυμνάζω[(裸身)锻炼]	γυμνός[赤裸的]
θαυμάζω[惊异；惊讶]	θαῦμα[惊讶]
εὐδαιμονίζω[称/认为……幸福]	εὐδαίμων[幸福的]
κουφίζω[使变轻]	κοῦφος[轻的；轻浮的]
λογίζομαι[计算；思量]	λόγος[考虑；想法；语词]
ἑλληνίζω[以纯正的希腊语表达]	Ἕλλην[希腊人]
νομίζω[认为、有……的习俗]	νόμος[法律；习俗]
ὑβρίζω[施暴]	ὕβρις[暴行；肆心]

注一：以 -ίζω 结尾的动词一般或是表达使成含义（如 κουφίζω[使变轻]）或是表达与动作的类型有关的含义（如 ἑλληνίζω、ὑβρίζω）。

注二：在构成其他时态–体词干时，这些动词就好像来自以 -ιδ- 和以 -αδ- 结尾的词干那样（也就是说，以 -ίζω/-άζω 结尾的动词的模式是高度规则化的），例如：不定过去时 ἐθαύμασα、将来时 λογιοῦμαι 和完成时中被动态 ἠνάγκασμαι 等等（这些规则的主要部分见 22.6）。

• **-αίνω**：这个后缀原本来自 *-άνyω，如 εὐφραίνω[使高兴]（< *εὐφράνyω，对比 εὔφρων[高兴的]）。它构成的动词派生自以 -μα 结尾的名词以及某些以 -ος 和以 -ης 结尾的形容词，例如：

ὀνομαίνω[命名；把……称作] ὄνομα[名称]
σημαίνω[以标记表示；宣示] σῆμα[标志；征兆]
χαλεπαίνω[生气；动怒] χαλεπός[困难的；艰难的]
ὑγιαίνω[是健康的] ὑγιής[健康的]

- **-ύνω**：它所构成的动词派生自以 -ύς 结尾的形容词，例如：

θρασύνω[使大胆；鼓励] θρασύς[大胆的]
ἰθύνω[使笔直；纠正] ἰθύς[笔直的]
ὀξύνω[使锐利] ὀξύς[锐利的]

注三：-ύνω 亦见于一些以 -ος 结尾的名词，例如 αἰσχύνω[使受辱]（αἶσχος[耻辱；丑陋]）。

复合动词

23.49 有两种方式构成复合动词——

- 基于复合名词和复合形容词构成来自名词的动词；
- 给简单动词添加前缀。

派生自复合名词或复合形容词的复合动词

23.50 有几个复合动词派生自复合名词或复合形容词（见 23.37–40），并且带有后缀 **-έω**，例如：

οἰκοδομέω[建造] οἰκοδόμος[建筑师；造房子的人]
στρατηγέω[领兵；当将领] στρατηγός[将领]
ἐπιστατέω[主掌；掌管] ἐπιστάτης[主掌者；掌管者]
δυστυχέω[遭受不幸；交噩运] δυστυχής[不幸的]
φιλοσοφέω[爱智慧；求知] φιλόσοφος[爱智者]

注一：这个类别中的一些动词可以支配直接宾语，而且也可能被被动化（passivize），例如：οἰκοδομέω γέφυραν[造一座桥]、οἰκοδομέομαι[被建造]。这表明，第一组分中的名词性词干（οἰκο-[房屋]，原本充当动词 δέμω[建造]之动作的对象）在诸如 οἰκοδομέω 的复合词中不再表达相关的含义。

带有前缀的复合动词

23.51 许多复合动词是通过添加前缀（prefixation）构成的，亦即给一个简单动词或者一个派生自名词的动词添加一个或多个介词（动词前成分[preverb]），例如：

ἐκ-βαίνω[走出]	συν-εκ-βαίνω[一起走出]	βαίνω[行走]
ἐμ-βιβάζω[装船]	μετ-εμ-βιβάζω[装到另一艘船上]	βιβάζω[使……走]
κατα-τίθεμαι[为自己存放]	παρα-κατα-τίθεμαι[把……交给……托管]	τίθεμαι[为自己放下]
παρ-οικοδομέω[在边上建造；建造(围墙)以突破(敌人的围墙)]		οἰκοδομέω[建造]

注一：简单动词变为复合动词的唯一方式是添加前缀。

注二：只有通过添加前缀来构成的复合动词可被增音或叠音分开，例如：κατ-ε-τιθέμην、συν-εκ-βέ-βηκα，但是 ἐ-φιλοσόφουν、πε-φιλοσόφηκα（来自名词的复合词）中就不行；另见 11.56。然而，如果一个来自复合名词的复合动词所基于的名词本身就带有介词前缀（如 ἐπιστατέω[主掌；掌管]派生自 ἐπιστάτης[主掌者；掌管者]），那么它有时就被视为通过添加前缀而构成的动词（如未完成时 ἐπεστάτει）。

第24章 重 音

引 言

24.1 如果我们熟悉古希腊语重音的基本规则，那么就更易分辨不同的语法形式（比如 ποιεῖ[他制作]是现在时直陈式主动态第三人称单数，而 ποίει[请你制作]是现在时命令式主动态第二人称单数），或者分辨不同的单词（比如 ἤ[或者；与……相比]和 ἦ，后者或为副词，意为真实地、当然地，或为 εἰμί[是；存在]的未完成时主动态第一人称单数；又如 νόμος 意为礼法、习俗，而 νομός 则意为草场、区划）。后文概述古希腊语重音的一般规则。更全面的研究可参阅书末的参考文献。

注一：带重音符的双元音和带重音符的大写字母的拼写惯例，见 1.8。

24.2 古希腊语的重音是音高重音。与英语和现代希腊语不同，在发音上，古希腊语并非一成不变地重读单词的某个音节，而是在音高（或音调）上有所变化，部分固定，部分取决于单词在分句中的位置。在书写时，我们使用三种符号来表示这些变化，其中的两种表示元音所在的音节为高音：

- 扬音符，例如 ά、οί（古希腊语中称作 ὀξεῖα προσῳδία[锐调；尖调]），表示其所在的音节在单词中带最高音。所有的短元音、长元音和双元音都可带扬音符，例如：

  ὄψ[声音]、ἄρα[然后]、γένος[种族]、ὁδός[道路]、ἀλήθεια[真理]、ἥδομαι[感到愉快]和 πορεύομαι[走动；行进]。

- 扬抑音符，例如 ᾶ、οῖ（古希腊语中称作 περισπωμένη προσῳδία[折调]），也表示其所在的音节在单词中带最高音，但是只有长元音和双元音可带扬抑音符，表示长元音或双元音的第一部分带最高音，而第二部分的音高降低，例如：

  παῖς[孩童；僮仆]、ὧδε[以此方式]、πνεῦμα[气息]、Περικλῆς[伯里克勒斯]、κακοῦργος[恶棍]和 εἶμι[我将去]。

注一：对于长元音和双元音而言，如果第二部分带最高音，那么就使用扬音符，例如：πορευώμεθα[让我们行进]、ηὕρομεν[我们曾发现]。尽管扬抑音符表示双元音的第一部分为高音，但它总是写在第二个字母上。作为一个符号的扬抑音符是扬音符和抑音符的组合产物，例如 εῦ < έὺ。

- 抑音符，这是第三种重音符号，例如 ὰ、οὶ（古希腊语中称

作 βαρεῖα προσῳδία[沉调])。习惯上，在连续的文本中，如果一个单词的尾音节后不是前倾词（前倾词及其重音见 24.34、24.38）或标点符号，那么就会用抑音符代替尾音节上的扬音符，例如：

αὐτὸ τὸ βιβλίον ἀγαθὸν καὶ καλόν ἐστι. 那卷书本身是高贵而美好的。[注意，由于 καλόν 之后是前倾词 ἐστι，因此其尾音节上带扬音符]

疑问词 τίς 和 τί 不会带抑音符，即便后面的单词不是前倾词。

注二：关于尾音节上的抑音符所表示的音调，并没有确凿的证据。最有可能的是，这种音节的音调高于单词中非重读的音节，但低于其他的重读音节。

24.3 古希腊语中也有非重读的单词（前倾词和后倾词）。这些单词有特殊的重音规则，见 24.33–39。

重音的一般规则

重音的可能位置

24.4 古希腊语的重音只可位于单词的最后三个音节上：

- 尾音节：单词的倒数第一个音节（x·x·**x**）；
- 次音节：单词的倒数第二个音节（x·**x**·x）；
- 前音节：单词的倒数第三个音节（**x**·x·x）。

24.5 扬音符可位于这三个音节上。扬抑音符只可位于尾音节和次音节。从而，根据重音的类型和位置，单词分为以下五种：

- 尾扬词（oxytone）：尾音节带扬音符（x·x·**x́**），例如：

ἀνήρ[男人]、ὀξύς[锐利的]、ἐπί[介词]、τιθείς[在放置的]、ἀγαγών[曾在引导的]、αὐτός[本身]和 οὐδείς[没有人]。

如果这个扬音符变为抑音符（见 24.2），那么这个单词就常常称为尾抑词（barytone）。

- 次扬词（paroxytone）：次音节带扬音符（x·**x́**·x），例如：

τύχη[机运；命数]、παρθένος[少女]、Εὐριπίδης[欧里庇得斯]、λελειμμένος[已被留下的]、δεικνύναι[展示]和 ἐνθάδε[向那里]。

- 前扬词（proparoxytone）：前音节带扬音符（**x́**·x·x），例如：

ἄγαλμα[献给神的礼物；雕像；肖像]、ὅσιος[神法允许的；虔诚的]、δίκαιος[人法允许的；正义的]、βασίλεια[女王]、φυόμενος[生长出的]、τέθνηκα[我死去了]、πεντήκοντα[五十]和 μακρότερος[更长的]。

- 尾扬抑词（perispomenon）：尾音节带扬抑音符（x·x·**x̂**）：

Σοφοκλῆς[索福克勒斯]、ἀργυροῦς[银的]、ἀληθῶς[真实地]、τιμῶ[我崇敬]、ποιεῖν[制作]、ἐμαυτῷ[我自己]和 οὐκοῦν[小品词]。

• 次扬抑词（properispomenon）：次音节带扬抑音符（x·x̂·x）：σῆμα[记号；征兆]、νῆες[诸船]、πολῖται[城邦民们]、τοιοῦτος[如此这般的]、ἀπῆγε[他当时带走]、δηλοῦμεν[我们阐明]和 ἐκεῖθεν[从那里]。

24.6 重音的可能位置还受限制规则（见 24.8–10）和 **σωτῆρᾰ** 规则（见 24.11）的约束。

重音的实际位置取决于单词是动词性形式还是名词性形式，并且还受制于另一些规则（动词性形式见 24.16–20，名词性形式见 24.21–32）。

长音节和短音节

24.7 重音在很大程度上由单词最后两个音节的音长决定。在确定重音时，我们这样区分长音节和短音节——

• 若一个音节中含有长元音或双元音，那么它就是长音节；

• 若一个音节中含有短元音（或是以 -οι 或 -αι 结尾的尾音节，见 24.10），那么它就是短音节。

元音的音量（长或短）见 1.18。名词性和动词性词尾中元音的音量见词法部分的相关章节（尤其是词尾表，见 2.6、11.22–30）。词典中一般也会给出元音的音量。

注一：在确定重音时所衡量的音节的音长与格律音量（metrical quantity）或重音值（weight）不同。例如在确定重音时，νῠ́κτα[夜晚]、ἔργον[工作]和 τῠ́πτε[请你击打]中的第一个音节都是短音节，因为其中都含有一个短元音，但是在计算格律时，它们都算作重（或长）音节，因为这三个元音后都是两个辅音（也就是说音节以辅音结尾：νῠ́κ·τα、ἔρ·γον 和 τῠ́π·τε）。

重音的限制规则

24.8 可带重音的音节是受到限制的——

• 扬音符只可位于单词的最后三个音节上；

• 扬抑音符只可位于单词的最后两个音节上。

因此，不可能出现 †παιδέυομενος、†ῆγαγες 和 †τῖματε 这样的形式（正确形式：παιδευόμενος[受教化的]、ἤγαγες[你曾引导]和 τιμᾶτε[请你们崇敬]）。

24.9　如果尾音节为长，那么——

- 扬音符只可位于最后两个音节：不可能出现†παιδευόμενης、†πόλιτου（正确形式：παιδευομένης[受教化的，阴单属]、πολίτου[属城邦民]）；
- 扬抑音符只可位于尾音节，不可能出现†σκῆνης、†αὖτοις（正确形式：σκηνῆς[属帐篷]、αὐτοῖς[予他们自己]）。

24.10　然而，如果一个单词以 **-οι** 或 **-αι** 结尾，那么其尾音节就算作短音节。从而，扬音符就可位于前音节，而扬抑音符也可位于次音节：

παιδευόμενοι[受教化的，阳复主]、ἐπιτήδειαι[合适于……的，阴复主]、ἑκοῦσαι[乐意的，阴复主]和 οἷοι[种类如……的，阳复主]。

但是，祈愿式词末的 -οι 和 -αι 为长，例如：παιδεύοι[愿他教化]（而非†παίδευοι）、不定过去时 βουλεύσαι[愿他打算]（见 13.12）。

注一：一些古老的位格形式词末的 -οι 或 -αι 也为长，例如 οἴκοι[在家]；诸如 αἰαῖ[哎呀]等感叹词（interjection）中亦然。

注二：如果尾音节中因为音量交换（见 1.71）而产生了 ω，那么这个 ω 并不会改变原本的重音（从而有时显得违反了限制规则），例如：πόλεως < *πόληος[属城邦]，Μενέλεως < *Μενέλᾱ(ϝ)ος[属墨涅拉奥斯]。复数属格 πόλεων 类推自 πόλεως。

几个 υ 词干名词（见 4.79–83）的重音类推自 πόλις 类名词，例如 πῆχυς[前臂]的单数属格作 πήχεως，复数属格作 πήχεων；ἄστυ[城市]的单数属格作 ἄστεως（复数属格在品达笔下作 ἀστέων，晚期希腊语中作 ἄστεων）。

σωτῆρᾰ 规则

24.11　如果尾音节为短，次音节为长，并且重音位于次音节上，那么这个重音总是扬抑音（亦即这个单词是次扬抑词），例如：

σωτῆρᾰ[拯救者，宾]（对比 σωτήρων）、λῦε[请释放]（对比 λύου）、ἦγες[你当时带领]（对比 ἥγου）、πολῖτᾰ[城邦民啊]（对比 πολίτης）、βασιλεῦσιν[予诸国王]（对比 βασιλεύσᾱς）和 τοσοῦτος[如此大小/数量的]（对比 τοσούτῳ）。

注一：σωτῆρᾰ 规则仅仅适用于次音节带重音的情况，例如 οἶκος（单属 οἴκου）[家宅]使用此规则，但是 ἄποικος（单属 ἀποίκου）[远离家乡者；移民]则不然。

注二：由于词末的 -αι 和 -οι 也为短（祈愿式词末除外，见 24.10），因此 σωτῆρᾰ 规则也适用于以 -αι 或 -οι 结尾的单词，例如：πολῖται[诸城邦民]、δοῦλοι[诸奴隶]。

注三：σωτῆρᾰ 规则有时也称作次扬抑词规则。

涉及缩合的重音

24.12 如果一个单词发生了缩合（见 1.58–66），那么它的重音就由缩合之前的重音位置决定，规则如下——

- 规则一：若重音原本在发生缩合的第一个元音上，那么缩合产生的长元音或双元音就带扬抑符，例如：άε > ᾶ，έα > ῆ，έο > οῦ，άο > ῶ。
- 规则二：若重音原本在发生缩合的第二个元音上，那么缩合后的重音无变化，例如：αέ > ά，εά > ή，εό > ού，αό > ώ，εῶ > ῶ。
- 规则三：若发生缩合的两个元音都不带重音，那么缩合后的元音或双元音也不带重音。

我们下面通过 νοῦς[努斯；心智]的单数变格和 ποιέω[制作]的未完成时主动态和中被动态的变位来说明上述规则（①②和③分别指代上述三条规则）：

	缩合前		缩合后
主	νό-ος	>	νοῦς ①
属	νό-ου	>	νοῦ ①
与	νό-ῳ	>	νῷ ①
宾	νό-ον	>	νοῦν ①

	ποιέω 的未完成时主动态			ποιέω 的未完成时中被动态		
	缩合前		缩合后	缩合前		缩合后
单一	ἐ-ποίε-ον	>	ἐ-ποίουν ③	ἐ-ποιε-όμην	>	ἐ-ποιούμην ②
二	ἐ-ποίε-ες	>	ἐ-ποίεις ③	ἐ-ποιέ-ου	>	ἐ-ποιοῦ ①
三	ἐ-ποίε-ε	>	ἐ-ποίει ③	ἐ-ποιέ-ετο	>	ἐ-ποιεῖτο ①
复一	ἐ-ποιέ-ομεν	>	ἐ-ποιοῦμεν ①	ἐ-ποιε-όμεθα	>	ἐ-ποιούμεθα ②
二	ἐ-ποιέ-ετε	>	ἐ-ποιεῖτε ①	ἐ-ποιέ-εσθε	>	ἐ-ποιεῖσθε ①
三	ἐ-ποίε-ον	>	ἐ-ποίουν ③	ἐ-ποιέ-οντο	>	ἐ-ποιοῦντο ①

注一：σωτῆρᾰ 规则适用于缩合后的形式，优先于这些规则，例如是 κληδοῦχος[掌管钥匙的]而非 †κληδούχος（尽管来自 *κληδο-όχος）。

注二：在以 -νους 结尾的复合形容词中（-νους < -νοος，比如 εὔνους[善意的]、κακόνους[不怀好意的]），上述规则并不适用，例如：单数属格 εὔνου（而非 †εὐνοῦ < *εὐνό-ου）、复数属格 εὔνων（而非 †εὐνῶν < *εὐνό-ων）。

注三：如果双数主格和宾格词尾-ώ 带重音，那么它总是带扬音或抑音，不考虑缩合的情况，例如：νῷ（< *νόω）[两个心智]、εὐνῴ[善意的]（双数主宾格）。

注四：发生缩合的祈愿式的重音，见 24.18。

逆行的重音、固着的重音和移动的重音

24.13　许多古希腊语单词，包括几乎所有的限定动词，在限制规则和缩合规则允许的情况下尽可能地把重音向最前方的音节逆向移动，这称作逆行的重音（recessive accent，详见 24.16）。

24.14　非限定动词（分词和不定式）以及许多名词性形式（名词、形容词和代词等等）带有固着的重音（persistent accent）。在变格时，这些词的重音位置保持不变，但在受限制规则、σωτῆρᾰ 规则或缩合规则影响时除外。

我们可以在此区分基本重音（base accent）和格重音（case accent）：

- 基本重音由名词的单数主格提供，或是由形容词、分词和代词的阳性单数主格提供。例如，单数主格 ἄνθρωπος[人类]、单数主格 παρθένος[少女]和阳性单数主格 δεινός[令人惊异的；可怕的]给出的就是基本重音。对于非限定动词（分词和不定式）而言，基本重音有成规则的模式（见 24.20）。对于名词、形容词和代词而言，在词法范畴或语义范畴上相似的单词可能具有相同的模式（见 24.25–32），但是有许多例外。
- 在这些单词的其他格中，重音（格重音）的位置与基本重音相同（从词首算起），但是在受限制规则、σωτῆρᾰ 规则或缩合规则影响时除外。例如，ἄνθρωπος 的复数主格为 ἄνθρωποι（与基本重音相同），但复数属格为 ἀνθρώπων（而非 †ἄνθρωπων，这是因为受限制规则的影响，词尾 -ων 带长元音）。

注一：对于基本形式为前扬词的单词（诸如 ἄνθρωπος）而言，逆行的重音与固着的重音没有实际区别。

24.15　一些第三变格法名词有移动的重音（mobile accent），其重音或是在尾音节，或是在次音节，依据格而变化。详见 24.23。

动词的限定形式：逆行的重音

24.16　几乎所有的限定动词都有逆行的重音，即重音尽可能前置，但要受限制规则、σωτῆρᾰ 规则和缩合规则的约束（后文中分别以①②

和③表示)。

注一:对于非缩合形式而言,有以下可能情况(最后三个音节由点号隔开):

三个或更多音节		
尾短	前扬词	例如:λυ·ό·με·θα、λέ·γω·μαι 和 ἐ·μεί·να·μεν
尾长 ①	次扬词	例如:λυ·οί·μην、κω·λύ·ω 和 δεικ·νῠ́·οις
两个音节		
次短	次扬词	例如:τῠ́π·τει、τῠ́π·τε
次尾均长	次扬词	例如:λῡ́·ω、κλῑ́·νεις 和 κλαύ·σαι[1]
次长尾短 ②	次扬抑词	例如:λῦ·ε、κλῖ·νον 和 κλαῦ·σαι[1]
一个音节(此时重音当然只能在这个音节上)		
短	尾扬词	例如:θές、δός
长	尾扬抑词	例如:εἶ

[1] κλαύσαι 和 κλαῦσαι 分别是 κλαίω[哭;流泪]的不定过去时主动态祈愿式第三人称单数和不定过去时主动态不定式,它们的尾音节分别是长音节和短音节。

下面以 παιδεύω[教化]的现在时直陈式中被动态、ἄγω[引导]的未完成时主动态和 τιμάω[崇敬]的现在时直陈式中被动态为例来说明这三条规则:

单一	παιδεύ·ο·μαι ①	ἦ·γον ①②	τιμῶμαι(< *τιμά·ο·μαι)①②③
二	παιδεύ·ῃ[1] ①③	ἦ·γες ①②	τιμᾷ(< *τιμά·ει)①③
三	παιδεύ·ε·ται ①	ἦ·γε ①②	τιμᾶται(< *τιμά·ε·ται)①②③
复一	παιδευ·ό·με·θᾰ ①	ἤ·γο·μεν ①	τιμώμεθᾰ(< *τιμα·ό·με·θᾰ)①③
二	παιδεύ·εσ·θε ①	ἤ·γε·τε ①	τιμᾶσθε(< *τιμά·εσ·θε)①②③
三	παιδεύ·ον·ται ①	ἦ·γον ①②	τιμῶνται(< *τιμά·ον·ται)①②③

[1] 来自 *παιδεύ·ε·αι,见 1.83、11.23。

24.17 以下限定动词是例外,它们的重音并不逆行——

- 现在时直陈式第二人称单数 φής/φῄς[你说](见 12.36);
- 以下五个构干元音型不定过去时命令式主动态第二人称单数:εἰπέ[请你说]、ἐλθέ[请你来]、εὑρέ[请你找]、ἰδέ[请你看]和 λαβέ[请你拿];
- 所有的构干元音型不定过去时命令式中动态第二人称单数(以 -οῦ 结尾),例如:ἀπολοῦ[你去死吧]、ἀφικοῦ[请你到达]、γενοῦ[请你成为]、ἑλοῦ[请你选择]、ἐροῦ[请你问];

• χρή［需要］及未完成时 (ἐ)χρῆν（原本并非动词形式，见 11.41、12.44）。

24.18　以下虚拟式和祈愿式是缩合形式，重音依从缩合规则——

• 缩合动词的现在时，例如：虚拟式 ποιῶμεν < ποιέ·ω·μεν，祈愿式 ποιοῖο < ποιέ·οι·ο［中被二单］，δουλοῖντο < δουλό·οι·ντο［中被三复］；

• -μι 动词的现在时，例如：虚拟式 ἱστῶμαι < *ἱστή·ω·μαι［中被一单］，τιθῇς < *τιθή·ῃς［主二单］，ὦσι < *ἔ·ω·σι［εἰμί 的三复］，祈愿式 διδοῖμεν < *δι-δό·ι·μεν［主一复］，τιθεῖσθε < *τιθέ·ι·σθε［中被二复］；

• 词根型不定过去时，例如：虚拟式 μεθῆσθε < *μεθή·η·σθε［μεθίημι（释放；放弃）的中二复］，γνῶμεν < *γνώ·ω·μεν［主一复］，δώμεθα < *δω·ώ·μεθα［中一复］，祈愿式 ἀφεῖεν < *ἀφέ·ι·εν［ἀφίημι（送走；释放）的主三复］；

• θη 型和 η 型不定过去时，例如：虚拟式 λυθῶ < λυθή·ω［一单］，φανῇς < *φανή·ῃς［二单］，祈愿式 λυθεῖτε < *λυθέ·ι·τε［二复］；

• 混合型完成时，例如虚拟式 ἑστῶ < *ἑστέ·ω（ἵσταμαι［站起；竖起］），οἶδα［知道］亦然，例如：虚拟式 εἰδῶ < *εἰδέ·ω，祈愿式 εἰδεῖεν < *εἰδέ·ι·εν。

但是，对于词干以 ι 或以 υ 结尾的无构元型形式而言，并不发生缩合，例如：ἴω［εἶμι（来；去）的虚拟式］、δεικνύω［δείκνυμι（展示）的虚拟式］、δύωμεν［δύομαι（下沉；落入）的词根型不定过去时］（见 13.39–41、13.44）和 φύωμεν［φύομαι（生长）的词根型不过时虚拟式］（见 13.39–41、13.44）。［只有中动形式的］-μι 动词 δύναμαι［能够］、ἐπίσταμαι［理解；掌握］和 κρέμαμαι［（被）悬挂］的现在时虚拟式和祈愿式也不被视作缩合动词，例如：δύνωμαι、ἐπίσταιντο。

在上文未提到的祈愿式中，带祈愿式后缀 -ι- 的双元音不被视作缩合的产物，例如：παιδεύ·οι·μεν（对比上文的 διδοῖμεν）、τιμή·σαι·σθε（对比上文的 τιθεῖσθε）。

24.19　复合动词的重音也是逆行的，但是不可先于增音或叠音所在的音节：

ἀπ-άγω［带走］：未 ἀπῆγε，完 ἀπῆχε（对比现命 ἄπαγε）；

παρ-έχω［提供］：未 παρεῖχε，不过时 παρέσχε（对比现命 πάρεχε）。

如果前缀包含两个音节，那么逆行的重音就绝不会在第一个音节上，例如：πε-ρίθες、ἀπόδος（它们分别是 περι-τίθημι［置于周围；戴上］和 ἀπο-δίδωμι［交出］的不定过去时命令式）。将来时直陈式第三人称单数 ἔσται［他将是］的复合词的重音在次音节上，例如：παρέσται、ἐξέσται［那将是可能的］。

动词的非限定形式的重音：分词和不定式

24.20　分词和不定式的重音规则总结如下——

• 分词有固着的重音（见 24.14）。分词的阳性单数主格形式提供基本重音。只要没有受到限制规则、σωτῆρᾰ 规则和缩合规则的影响（后文中分别以①②和③表示），那么其他变格形式就在相同的音节上（从词首算起）带与之相同的重音。

• 不定式（无变格形式）的重音位置一般与对应的主动态分词的基本重音相同（对于中被动态不定式而言亦常如此），详见下表：

	主动态	中被动态
构元型现在/将来时	基本重音：次扬词	基本重音：前扬词
分词阳单主（基本）	παιδεύ(σ)ων	παιδευ(σ)όμενος
阳中单属	παιδεύ(σ)οντος	παιδευ(σ)ομένου ①
阳中复与	παιδεύ(σ)ουσι	παιδευ(σ)ομένοις ①
阴单主	παιδεύ(σ)ουσᾰ	παιδευ(σ)ομένη ①
阴单属	παιδευ(σ)ούσης ①	παιδευ(σ)ομένης ①
阴复属	παιδευ(σ)ουσῶν（< *-άων）①③	παιδευ(σ)ομένων ①
中单主宾	παιδεῦ(σ)ον ②	παιδευ(σ)όμενον
不定式	παιδεύ(σ)ειν	παιδεύ(σ)εσθαι
缩合动词（现在时）		
分词阳单主（基本）	τιμῶν（< *-άων）③	τιμώμενος（< *-αόμενος）
阴单主	τιμῶσᾰ（< *-άουσᾰ）②③	τιμωμένη ①
中单主宾	τιμῶν（< *-άον）③	τιμώμενον
不定式	τιμᾶν（< *-άειν）③	τιμᾶσθαι（< *-άεσθαι）②③
构元型不定过去时	基本重音：尾扬词	基本重音：前扬词
分词阳单主（基本）	λαβών	λαβόμενος
阳中单属	λαβόντος	λαβομένου ①
阳中复与	λαβοῦσι ②	λαβομένοις ①
阴单主	λαβοῦσᾰ ②	λαβομένη ①
阴单属	λαβούσης	λαβομένης ①
阴复属	λαβουσῶν ①③	λαβομένων ①
中单主宾	λαβόν	λαβόμενον
不定式	λαβεῖν（尾扬抑词）	λαβέσθαι
σ 型不定过去时	基本重音：次扬词	基本重音：前扬词
分词阳单主（基本）	παιδεύσᾱς	παιδευσάμενος
阳中单属	παιδεύσαντος	παιδευσαμένου ①

	主动态	中被动态
阳中复与	παιδεύσασι	παιδευσαμένοις ①
阴单主	παιδεύσασᾰ	παιδευσαμένη ①
阴单属	παιδευσάσης ①	παιδευσαμένης ①
阴复属	παιδευσασῶν ①③	παιδευσαμένων ①
中单主宾	παιδεῦσᾰν ②	παιδευσάμενον
不定式	παιδεῦσαι ②	παιδεύσασθαι
	τρέψαι	τρέψασθαι
无构干元音型词干（-μι 动词的现在时、词根型不过时以及 θη 型和 η 型不过时）		
-μι 动词	基本重音：尾扬词	基本重音：前扬词
分词阳单主（基本）	δεικνύς	δεικνύμενος
阳中单属	δεικνύντος	δεικνυμένου ①
阳中复与	δεικνῦσι ②	δεικνυμένοις ①
阴单主	δεικνῦσᾰ ②	δεικνυμένη ①
阴单属	δεικνύσης	δεικνυμένης ①
阴复属	δεικνυσῶν ①③	δεικνυμένων ①
中单主宾	δεικνύν	δεικνύμενον
不定式	δεικνύναι	δείκνυσθαι
词根型不过时	基本重音：尾扬词	基本重音：前扬词
分词阳单主（基本）	δούς	δόμενος
阳中单属	δόντος	δομένου ①
阴单主	δοῦσᾰ ②	δομένη ①
阴单属	δούσης	δομένης ①
中单主宾	δόν	δόμενον
不定式	δοῦναι ②	δόσθαι
θη 型和 η 型不过时	基本重音：尾扬词	
分词阳单主（基本）	παιδευθείς	
阳中单属	παιδευθέντος	
阴单主	παιδευθεῖσᾰ ②	
阴单属	παιδευθείσης	
中单主宾	παιδευθέν	
不定式	παιδευθῆναι ②	

	主动态	中被动态
完成时	基本重音：尾扬词	基本重音：次扬词
分词阳单主（基本）	πεπαιδευκώς	πεπαιδευμένος
阳中单属	πεπαιδευκότος	πεπαιδευμένου
阳中复与	πεπαιδευκόσι	πεπαιδευμένοις
阴单主	πεπαιδευκυῖᾰ ②	πεπαιδευμένη
阴单属	πεπαιδευκυίᾱς	πεπαιδευμένης
阴复属	πεπαιδευκυιῶν ①③	πεπαιδευμένων
中单主宾	πεπαιδευκός	πεπαιδευμένον
不定式	πεπαιδευκέναι	πεπαιδεῦσθαι ②
	λελυκέναι	λελῦ́σθαι

注一：需要注意的是，几个以 -σαι 结尾的[隐性]σ 型不过时形式的重音有所差异。在命令式中动态第二人称单数和祈愿式主动态第三人称单数中都是逆行的重音，但前者的 -αι 为短，后者的 -αι 为长；不定式的重音则并不逆行。例如：

动词词干结尾	长元音或双元音		短元音	
动词词干音节数量	两个或更多	一个	两个或更多	一个
不过时命令式中二单	βούλευσαι（-αι 为短）	λῦσαι	κάλεσαι	τρέψαι
祈愿式主三单	βουλεύσαι（-αι 为长）	λύσαι	καλέσαι	τρέψαι
不定式主动态	βουλεῦσαι（不逆行）	λῦσαι	καλέσαι	τρέψαι

名词性形式：名词、形容词、代词和数词

一般规则

24.21 几乎所有名词、形容词和代词都有固着的重音（见 24.14）。名词的单数主格给出基本重音及其位置，形容词的阳性单数主格给出基本重音。只要没有受到限制规则、σωτῆρᾰ 规则和缩合规则的约束（后文中分别以①②和③表示），那么其他变格形式就在相同音节上带重音。这里以 ὁ ἄνθρωπος[人类；世人]、ἡ θάλαττᾰ[大海]、ἡ χώρᾱ[土地]和 τὸ ῥεῦμᾰ[水流；气流]这四个词为例：

	ὁ ἄνθρωπος [人类；世人]	ἡ θάλαττᾰ [大海]	ἡ χώρᾱ [土地]	τὸ ῥεῦμᾰ [水流；气流]
单主	ἄνθρωπος	θάλαττᾰ	χώρᾱ	ῥεῦμᾰ ②

	ὁ ἄνθρωπος [人类；世人]	ἡ θάλαττᾰ [大海]	ἡ χώρᾱ [土地]	τὸ ῥεῦμᾰ [水流；气流]
属	ἀνθρώπου ①	θαλάττης ①	χώρᾱς	ῥεύματος
与	ἀνθρώπῳ ①	θαλάττῃ ①	χώρᾳ	ῥεύματι
宾	ἄνθρωπον	θάλαττᾰν	χώρᾱν	ῥεῦμα ②
呼	ἄνθρωπε	θάλαττᾰ	χώρᾱ	ῥεῦμα ②
复主	ἄνθρωποι	θάλατται	χῶραι ②	ῥεύματα
属	ἀνθρώπων ①	θαλαττῶν[1] ①③	χωρῶν[1] ①③	ῥευμάτων ①
与	ἀνθρώποις ①	θαλάτταις ①	χώραις	ῥεύμασι
宾	ἀνθρώπους ①	θαλάττᾱς ①	χώρᾱς	ῥεύματα

[1] 这两个形式都来自 *-άων。

24.22 对于基本重音在尾音节的第一变格法和第二变格法名词性形式来说，还有一条补充规则：其单复数属格和与格总是带扬抑符。

这里以 θεός[神明]、ἱερός[神圣的]、πολύς[许多的]和 ὁ, ἡ, τό 为例：

	θεός [神明]	ἱερός[神圣的] 阳　性	阴　性	中　性
单主	θεός	ἱερός	ἱερᾱ́	ἱερόν
属	θεοῦ	ἱεροῦ	ἱερᾶς	ἱεροῦ
与	θεῷ	ἱερῷ	ἱερᾷ	ἱερῷ
宾	θεόν	ἱερόν	ἱερᾱ́ν	ἱερόν
复主	θεοί	ἱεροί	ἱεραί	ἱερᾰ́
属	θεῶν	ἱερῶν	ἱερῶν	ἱερῶν
与	θεοῖς	ἱεροῖς	ἱεραῖς	ἱεροῖς
宾	θεούς	ἱερούς	ἱερᾱ́ς	ἱερᾰ́

	πολύς[许多的] 阳　性	阴　性	中　性	ὁ, ἡ, τό[冠词] 阳　性	阴　性	中　性
单主	πολύς	πολλή	πολύ	ὁ	ἡ	τό
属	πολλοῦ	πολλῆς	πολλοῦ	τοῦ	τῆς	τοῦ
与	πολλῷ	πολλῇ	πολλῷ	τῷ	τῇ	τῷ
宾	πολύν	πολλήν	πολύ	τόν	τήν	τό

	πολύς[许多的]			ὁ, ἡ, τό[冠词]		
	阳 性	阴 性	中 性	阳 性	阴 性	中 性
复主	πολλοί	πολλαί	πολλᾰ́	οἱ	αἱ	τᾰ́
属	πολλῶν	πολλῶν	πολλῶν	τῶν	τῶν	τῶν
与	πολλοῖς	πολλαῖς	πολλοῖς	τοῖς	ταῖς	τοῖς
宾	πολλούς	πολλᾱ́ς	πολλᾰ́	τούς	τᾱ́ς	τᾰ́

注一：在阿提卡方言中，第一变格法复数属格形式缩合自 -έων（< -ήων < -ᾱ́ων，见 1.57），从而词尾 -ῶν 总是带扬抑符（比如 θάλαττα, θαλάττης 的复属 θαλαττῶν、χώρα 的复属 χωρῶν，等等）。

许多形容词和分词的阴性变格形式亦是如此，除非阴性复数属格与阳中性形式相同。在后一种情况下，阴性形式的重音也与阳中性相同。从而，形容词 μέλας[黑色的]的复数属格，阳中性作 μελάνων，阴性作 μελαινῶν（阴性的形式不同，重音作 -ῶν），但是 μέγας[大的]的复数属格阳阴中三性均作 μεγάλων；παιδεύω[教化]的现在时主动态分词的复数属格，阳中性作 παιδευόντων，阴性作 παιδευουσῶν，但是现在时被动态分词的复数属格阳阴中三性均作 παιδευομένων。

一些第三变格法名词的移动的重音

24.23 对于词干单音节的第三变格法名词性形式而言，属格和与格的重音在词尾上（短元音上带扬音符，长元音上带扬抑符），比如名词 μήν[月份]、χείρ[手]和 πούς[脚]。这一规则也适用于基数词 εἷς[一]、δύο[二]和 τρεῖς[三]。

	μήν[月份]	χείρ[手]	πούς[脚]
单主	μήν	χείρ	πούς
属	μηνός	χειρός	ποδός
与	μηνί	χειρί	ποδί
宾	μῆνᾰ	χεῖρᾰ	πόδᾰ
复主	μῆνες	χεῖρες	πόδες
属	μηνῶν	χειρῶν	ποδῶν
与	μησί(ν)	χερσί(ν)	ποσί(ν)
宾	μῆνᾰς	χεῖρᾰς	πόδᾰς

基数词 εἷς[一]、δύο[二]和 τρεῖς[三]的重音见下页。

	εἷς[一]			δύο[二]	τρεῖς[三]	
	阳　性	阴　性	中　性	阳阴中性	阳阴性	中　性
主	εἷς	μία	ἕν	δύο	τρεῖς	τρία
属	ἑνός	μιᾶς	ἑνός	δυοῖν	τριῶν	τριῶν
与	ἑνί	μιᾷ	ἑνί	δυοῖν	τρισί(ν)	τρισί(ν)
宾	ἕνα	μίαν	ἕν	δύο	τρεῖς	τρία

注一：这条规则的例外是 παῖς[孩童；僮仆]的复属 παίδων，还有形容词 πᾶς, πᾶν[全部的；所有的]的阳中复属 πάντων、与格 πᾶσιν（但是单数 παντός 和 παντί 依旧符合这条规则）。

24.24 名词 ἀνήρ[男人]也有移动的重音：单数 ἀνήρ, ἀνδρός, ἀνδρί, ἄνδρα，复数 ἄνδρες, ἀνδρῶν, ἀνδρᾰ́σι, ἄνδρας。对于名词 πατήρ[父亲]、μήτηρ[母亲]、γαστήρ[肚子]和 θυγάτηρ[女儿]而言，单数属格和与格词尾带重音，复数属格和与格词尾不带重音：比如单数 πατήρ, πατρός, πατρί, πατέρα，复数 πατέρες, πατέρων, πατρᾰ́σι, πατέρας。这些名词的变格见 4.62–64。

名词性形式的基本重音的一些位置规则

24.25 对于带固着的重音的名词和形容词而言，决定其基本重音之位置的规则比较复杂。在后文中我们只能给出非常有限的说明。如需更多的信息，可以查阅专门的参考性著作（见本书最后的参考文献）；第 23 章也涉及了几类有规律地构成的名词和形容词的重音规则。

24.26 大多数专名的基本重音都是逆行的，例如：Πεισίστρατος[佩伊西斯特剌托斯]、Νικίᾱς[尼基阿斯]、Μυρρίνη[密尔瑞内]、Νέαιρᾰ[内埃剌]、Πλάτων[柏拉图]、Ἀριστοτέλης[亚里士多德]、Διογένης[第欧根尼]。注意，以 -κλῆς 结尾的名字（比如 Ἡρακλῆς[赫剌克勒斯]、Σοφοκλῆς[索福克勒斯]）由于缩合而在尾音节上带扬抑符（-κλῆς < -κλέης）。

例外是以 -εύς 结尾的名字（比如 Ἀχιλλεύς[阿喀琉斯]、Περσεύς[珀尔修斯]和 Ζεύς[宙斯]）和以 -ώ 结尾的名字（比如 Καλυψώ[卡吕璞索]、Σαπφώ[萨福]和 Λαμπιτώ[兰皮托]），其主格带扬音符而呼格带扬抑符（Ζεῦ、Σαπφοῖ）。

24.27 以 -ᾰ 结尾的名词的基本重音是逆行的，例如：

ἀλήθειᾰ[真理]、γαῖᾰ[大地]、θάλαττᾰ[大海]和 δόξᾰ[意见]。

24.28 第三变格法中性名词的基本重音是逆行的，例如：

ὄνειδος[责怪；丢脸]、ὄνομα[名称]和 πρᾶγμα[事物；事件]。

24.29 大多数复合名词和形容词的基本重音都是逆行的，例如：σύμβολον[符号；象征]、περίπατος[步行；漫步]、ἄμορφος[畸形的；丑陋的]、πρόδρομος[往前跑的]。

这条规则的例外是以 -ής 结尾的复合形容词，它们大都是尾扬词，例如：ἀ-κλε-ής[不光彩的]、συμπρεπής[合适的]、εὐτυχής[幸运的]。

诸如 λιθόβολος[被石头击中的]和 λιθοβόλος[投掷石头的]的重音上的差异，见 23.40 注一。

24.30 许多形容词的基本重音在尾音节上——

- 几乎所有以 -υς 结尾的非复合形容词，例如：ταχύς[快速的]、ὀξύς[锐利的]、ἡδύς[甜美的；怡人的]和 βραχύς[短小的]，例外是 θῆλυς[阴性的]和 ἥμισυς[一半的]；
- 大多数以 -ης 结尾的形容词，其中许多都是复合词（见 24.29），例如：ἀληθής[真实的]、ὑγιής[健康的]、εὐτυχής[成功的]和 ἀσθενής[虚弱的]；不过有几个特例，例如：πλήρης[充满的]、εὐήθης[好心的；天真的]；
- 许多以 -ος 结尾的形容词，例如：ἀγαθός[优秀的]、καλός[美好的]和 ξενικός[外邦的]（所有以 -ικός 结尾的形容词皆然）、δεινός[可怕的；惊人的]、αἰσχρός[可耻的；丑陋的]（还有其他大多数以 -νος 和以 -ρος 结尾的形容词）；但是有不少例外（比如 γνώριμος[熟悉的]、πλούσιος[富有的]、δύστηνος[悲惨的]和 ἐλεύθερος[自由的]；亦见 24.32）。

24.31 以 -ως 结尾的副词的重音与对应的形容词的阳性复数属格相同，例如：ἀληθῶς[真实地]（阳复属 ἀληθῶν）、ὀξέως[尖锐地]（阳复属 ὀξέων），详见 6.3。

24.32 比较级和最高级形式的重音严格地说是逆行的（它们没有基本重音，这意味着，相较于对应的原级的阳性单数主格，它们的重音更靠近单词的开头），例如：δεινότερος[更惊人的]、δεινότατος[最惊人的]，ἀληθέστερος[更真实的]、ἀληθέστατος[最真实的]，ἀμείνων[更好的]（注意中性 ἄμεινον）、ἄριστος[最好的]，κακίων[更坏的]（注意中性 κάκιον）、κάκιστος[最坏的]，以及 μείζων[更大的]（中性 μεῖζον）、μέγιστος[最大的]。

前倾词和后倾词

引 言

24.33 两类单词本身无重音（但是它们可以在句子中获得重音）：

- 前倾词（enclitic，对比 ἐγκλίνομαι[倾斜；背靠]）：这些单词

把重音靠在前一个单词上，与之共同组成一个发音单元；

• 后倾词（proclitic，对比 προκλίνομαι[往前靠着]）：这些单词把重音靠在后一个单词上，与之共同组成一个发音单元。①

注一：相较于前倾词和后倾词所“依靠”的重读音节，前倾词和[非重读的]后倾词在音高上更低。

24.34 以下单词是前倾词——

• 不定代词 τις[一个；某个；任何]及其所有形式（τινος/του、τινι/τῳ、τινα 和 τινων，等等），但 ἄττα 除外（见 7.24）；

• 不定副词，诸如 πως[以某种方式]、που[在某处]、ποι[向某处]、πῃ[以某种方式]、ποτε[在某时]、ποθεν[从某处]和 ποθι[向某处]（见 8.2）；

• 人称代词（见 7.1–2）的无重音形式：μου, μοι, με、σου, σοι, σε 和 ἑ, οὑ, οἱ, μιν, νιν, σφε，等等。

• 小品词 γε、τε、νυ(ν)（不同于副词 νῦν）、τοι 和 περ；

• εἰμι[是；存在]和 φημι[说；宣称]的现在时直陈式形式，但第二人称单数 εἶ 和 φῄς/φής 例外（注意 φῄς 和 φής 的重音并不逆行，见 24.17）。

注一：第三人称单数除了前倾形式 ἐστι[他是]之外还有重音逆行的形式 ἔστι。ἔστι 用于分句的开头，也有存在性用法，意为有、存在（见 26.10），或意为可能（此时相当于 ἔξεστι）；在 οὐκ、μή、εἰ、ὡς、καί、ἀλλά 和 τοῦτο 之后也使用 ἔστι。

24.35 以下单词是后倾词——

• 以元音开头的冠词形式：ὁ、ἡ、οἱ 和 αἱ；

• 介词 ἐν、εἰς/ἐς、ἐκ/ἐξ 和 ὡς；

• 连词 εἰ 和 ὡς；

• 否定词 οὐ/οὐκ/οὐχ。

下面这些单词类似后倾词，但在书写时总是带有重音；这些单词常被称作前置词（prepositive），从而与严格意义上的后倾词区分——

• 冠词的其他形式：τοῦ、τῆς、τοῖς、ταῖς 和 τά 等；

• 其他介词：ἀνά、ἀπό、διά、ἐπί、πρός、σύν/ξύν 和 ὑπό 等；

• 连词/小品词 ἀλλά、καί、οὐδέ、μηδέ、ἐπεί 和 ἤ 等；

---

① 前倾词、后倾词这两个术语中的前后指重音在前或后一个单词上，ἐγκλίνομαι 和 προκλίνομαι 这两个动词分别表达方向层面上的后和前。

- 否定词 μή。

24.36 否定词 οὐ/οὐκ/οὐχ 的带重音的对应形式 οὔ/οὔκ/οὔχ 充当强调性的否定词，用于标点符号之前，例如 πῶς γὰρ οὔ;[当然了；因为怎么不呢？]；这种情况尤其见于回答（见 38.21）。

24.37 双音节介词的重音在尾音节上。在句子中一般从扬音变为抑音，例如：ἀπὸ τῶν νεῶν[从船上]、περὶ παίδων[关于孩子们]。然而，如果介词被置于其所支配的名词之后（倒装，见 60.14），那么介词的重音就在次音节上，例如：νεῶν ἄπο[从船上]、παίδων πέρι[关于孩子们]。

如果介词用于代替其与 ἐστι 或 εἰσι 的复合词，那么其重音也在次音节上，例如：πάρα = πάρεστι/πάρεισι[获准；有可能]，ἔνι = ἔνεστι/ἔνεισι[有可能]，ἔπι = ἔπεστι/ἔπεισι[留下；导致]，μέτα = μέτεστι/μέτεισι[涉及其中；与……相关]。这种现象主要见于诗歌，并且对于 πάρεστι、ἔνεστι 和 μέτεστι 的无人称用法（见 36.6）来说尤其常见。

前倾词和后倾词的重音

24.38 前倾词及其前方的单词的重音规则如下——

- 尾扬词 + 前倾词：尾扬词的重音无变化（x·x·x́ e），例如：

ποιμήν τις 某个牧人；[但是 ποιμὴν εἷς(一个牧人)]

οὐ γάρ που 因为我觉得并不。[但是 οὐ γὰρ δή(因为事实上并不)]

- 尾扬抑词 + 前倾词：尾扬抑词的重音无变化（x·x·x̂ e），例如：

ἦν τις ἀνήρ 当时有某个男人；

ἐμοῦ γε ὄντος 至少在我活着时。

- 前扬词 + 前倾词：前扬词的尾音节再带一个扬音符（x́·x·**x́** e）：

λέαινά τις 某只雌狮；

ἄνθρωπός τε 并且一个人；

παιδεύουσί τινες 一些人在教化。

- 次扬抑词 + 前倾词：次扬抑词在尾音节上再带一个扬音符（x·x̂·**x́** e），例如：

οἶκός τις 某幢房子；

δῶρόν τε 并且一个礼物；

σωτῆρά τινα 某位拯救者。

- 次扬词 + 单音节前倾词：无变化（x·x́·x e），例如：

παρθένος τις 某位少女；

πολέμου γε ὄντος 至少在战争期间。

• 次扬词＋双音节前倾词：前倾词的第二个音节上带扬音或抑音（x·x́·x e·é；τινων 则带扬抑音），例如：

παρθένοι τινές 某些少女；

ἄλλων τινῶν 属于其他某些人/物；

ὅστις ἐστὶ μὴ κακός 任何不恶劣的人。

• 如果一个前倾词在另一个前倾词后，那么前一个前倾词的最后一个音节上就带辅助性的重音，例如：

ἦσάν τινές ποτε παρθένοι 当时有某些少女。

τοῦτό γέ μοι δοκεῖ καλὸν εἶναι

在我看来这至少是美好的。（《申辩》19e）*

注一：如这些规则所示，对于作为前倾词的不定词 τις[一个；某个；任何]而言，只要其双音节形式带重音，那么重音就在尾音节上（比如 τινά、τινές 和 τινῶν），从而与疑问代词 τίς[谁？哪个？]的双音节形式（比如 τίνα、τίνες 和 τίνων）明确区分。类似地，在带重音时，不定词 πού[在某处]（以及小品词 πού[或许；我觉得]）、ποτέ[在某时]和 πή[以某一方式]等等也总是能与疑问词 ποῦ[在何处]、πότε[在何时]和 πῆ[如何]等等有所区分。

只有在单音节的前倾词 τις 和 τι 带扬音时，这两个形式才会与疑问词 τίς 和 τί（总是带扬音，见 24.2）相同，但是语境会有助于区分这些形式。

24.39 后倾词并不影响其他单词的重音。不过，如果一个原本不带重音的后倾词之后跟着一个前倾词，那么这个后倾词就带扬音，例如：

οἵ τε ἄνδρες καὶ γυναῖκες 那些男人和女人们。

注意，在应用这条规则时，会出现几个写成一个单词的形式：

οὔτε/μήτε[也不]、εἴτε[或者]、εἴπερ[如果事实上]、ὥστε[从而；以至于]和 ὥσπερ[好像]。

另外，这些形式在表面上违反了 σωτῆρᾰ 规则，而且 ὅδε 的某些形式 τήνδε、τούσδε 和 τάσδε 亦然。

涉及词末省音和融音的重音规则

24.40 词末省音见 1.34–38。

如果一个原本带重音的元音发生了词末省音，那么它之前的那个音节就带扬音，例如：

σόφ' εἰδέναι 知道智慧的东西。[相当于 σοφὰ εἰδέναι]

λάβ’ ἄλλα 请你拿好其他的东西！[相当于 λαβὲ ἄλλα]

αὔτ’ ἐάσω 我会许可这些事情。[相当于 αὐτὰ ἐάσω]

然而，对于大多数发生词末省音的介词和小品词来说，这种现象并不会发生，例如：

ἀλλ’ εἶπε 但他曾说。[相当于 ἀλλὰ εἶπε]

οὐδ’ εἶπε 并且/而他未曾说。[相当于 οὐδὲ εἶπε]

παρ’ αὐτῶν 从他们那里。[相当于 παρὰ αὐτῶν]

24.41 如果发生词末省音的单词之后是一个双音节的前倾词（εἰμί 的各种形式尤其会见于这种情况），那么前倾词的尾音节上就会带扬音或抑音，例如：

οὐχ ὑγιεία μεγάλη τοῦτ’ ἐστί;

这不是一种巨大的健康吗？（《鸟》604）*

ἄτιμοι δ’ ἐσμὲν οἱ πρὸ τοῦ φίλοι.

而此前相亲相爱的我们现在受到羞辱。（欧《美》696）*

24.42 融音见 1.43–45。

在涉及融音时，第一个单词词末的重音消失，第二个单词词首的重音保留下来，例如：

ὤνθρωπε 人啊！[相当于 ὦ ἄνθρωπε]

τοὐρανοῦ 属于天空；[相当于 τοῦ οὐρανοῦ]

τἀν 那些在……中的东西。[相当于 τὰ ἐν]

但是，σωτῆρᾰ 规则优先应用，例如：①

τοὖργον 那个工作。[相当于 τὸ ἔργον，并不作 †τοὔργον]

---

① τὰ ἄλλα 融音后的形式有 τἄλλα 和 τἆλλα 两种，本书在 41.6 例句 6 和 59.74 例句 121 用的都是前者。但按照本节的说法，带有扬抑符的 τἆλλα 更加妥当。译者用语料库检索后发现 τἄλλα 比 τἆλλα 稍许多见。

第25章　伊欧尼亚方言和其他方言

引　言

25.1　古希腊各地说不同的希腊语方言。例如，斯巴达人说拉科尼亚方言，忒拜人说波约提阿方言，米利都人说伊欧尼亚方言。文字材料向我们证明，到公元前三世纪为止，除了阿提卡方言，大约还有30种方言（它们与阿提卡方言的差异大小不等）。古典时期的雅典使用阿提卡方言，即本书的主要关注对象。

被证实存在的古希腊语方言通常分为以下四组——

- 阿提卡-伊欧尼亚方言（阿提卡、尤卑亚、环状群岛和伊欧尼亚）；
- 阿卡迪亚-塞浦路斯方言（佩洛璞斯岛的阿卡迪亚，还有塞浦路斯）；
- 埃欧利斯方言（帖撒利亚、波约提阿和爱琴海东北沿岸；勒斯波斯方言，即萨福和阿珥凯欧斯的琴歌所用的方言，亦属此列）；
- 希腊西部方言（有时亦称作多瑞斯方言；希腊西北部和中部、佩洛璞斯岛的大部分地区以及地中海各处的许多殖民地，比如西西里的叙拉古）。

25.2　除了日常语言和官方语言，古希腊文学中还演变出文学用语（literary dialect）。文学用语基于口头用语，但变得与古希腊文学的特定体裁密切相关，以至于随着时间的流逝，主要是体裁的选择（而非作者的出生地）在根本上决定了所搭配的文学用语。

到公元前四世纪末，著名的文学用语主要有以下四种——

- 阿提卡方言：肃剧和谐剧（对白部分），比如埃斯库罗斯、索福克勒斯、欧里庇德斯、阿里斯托芬（公元前五世纪）；史书，比如修昔底德（公元前五世纪）、色诺芬（公元前四世纪）；演说辞，比如德摩斯梯尼、伊索克拉底（公元前四世纪）；哲学对话，比如柏拉图、色诺芬（公元前四世纪）。
- 伊欧尼亚方言：叙事诗（epic），比如荷马、赫西俄德（公元前八世纪，但见注一）；诉歌（elegiac），比如阿尔奇洛科斯、缇尔泰欧斯和梭伦（公元前六世纪）；史书，比如希罗多德（公元前五世纪）；医书，如希波克拉底的著作（公元前五世纪及后）。

- 埃欧利斯/勒斯波斯方言：琴歌，有阿珥凯欧斯和萨福（公元前七至六世纪）。
- 多瑞斯方言：合唱琴歌，比如阿珥克曼、斯忒西科若斯、巴克曲利得斯和品达（公元前六至五世纪）；肃剧和谐剧（合唱歌部分有一层多瑞斯方言的色彩），比如埃斯库罗斯、索福克勒斯、欧里庇德斯和阿里斯托芬（公元前五世纪）。

注一：所有的文学用语在某种程度上都是人为产物，仅部分反映口头语言。荷马叙事诗的语言是一种特殊情况——它混合了不同方言的形式（主要是伊欧尼亚方言，带有更古老的埃欧利斯元素，还有迈锡尼时期使用的一种方言的某些痕迹），还有为凑格律而造出的完全人为的形式。在整个古代，荷马叙事诗的语言都对后来的希腊语诗歌影响巨大。在希腊化时期，这种语言在亚历山德里亚图书馆得到深入研究。隶属其中的公元前三世纪的诗人（比如忒欧克瑞托斯[他用多瑞斯方言的一种高度风格化的形式来写作]、卡珥利玛科斯和阿波罗尼欧斯）也模仿这种语言。

25.3 早在古典时期，带有数种伊欧尼亚方言特征的一种阿提卡方言已经成为了贸易、外交和官场上的通用语言。在希腊化时期，这种方言形成了通用希腊语（κοινή）的基础，它随后被用于地中海地区和近东的行政和文学写作，也逐渐用作口头语言（可能仍有地区差异）。使用通用希腊语的有珀吕比欧斯（公元前二世纪）、约瑟夫斯（公元一世纪）、阿里安和普鲁塔克（公元二世纪），还有《旧约》七十子本的译者（公元前三世纪）和《新约》的撰写者（公元一世纪）。通用希腊语是后来所有希腊语形式（包括今天的现代希腊语）的基础。

25.4 本章限于概述古典时期主要的非阿提卡方言的特征，即史家希罗多德的非格律文学中的伊欧尼亚方言（Ionic literary prose dialect，见 25.5–45）。[1] 本章最后对合唱琴歌用语中多瑞斯方言的 ᾱ（见 25.46–47）作一些讲解。对各种古希腊语方言的更详细的论述，可参考专门的著作（见书末的参考文献）。

注一：一些阿提卡作家使用的某些形式属于伊欧尼亚方言而非严格的阿提卡方言。比如修昔底德和肃剧诗人们用 -σσ- 而非 -ττ-（见 1.77），用 -ρσ- 而非 -ρρ-（见 1.84 注一）；修昔底德用 ἐς（见 25.14）而非 εἰς（肃剧中两者均有出现），诸如此类。

注二：多瑞斯型将来时见 15.37，多瑞斯方言中第一变格法阳性名词的单数属格见 4.15。

---

① 或译作伊欧尼亚散文用语/方言。

非格律文学中的伊欧尼亚方言

伊欧尼亚方言的语音

25.5 原本的 ᾱ 总是变成 η，即便是在 ε、ι 和 ρ 后也是如此（阿提卡方言见 1.57），例如：

γενεή[出生；家世；世代]、οἰκίη[家宅]、χώρη[土地]、πρῆγμα[事物]、κρητήρ[调酒缸]和 νεηνίης[年轻人]（*γενεά*、*οἰκίᾱ*、*χώρᾱ*、*πρᾶγμα*、*κρᾱτήρ* 和 *νεᾱνίᾱς*）。①

注一：第二阶段的补偿性延长所造成的 ᾱ（见 1.57 注二）保持不变，例如：πᾶσα < *πάντ-yα（而非 †πῆσα），复数宾格 δόξᾱς < *δόξανς（而非 †δόξης）。

25.6 伊欧尼亚方言具有以下缩合（见 1.58–66）规则——

- εα、εε、εει、εη、εω 和 οο 常常不发生缩合，例如：

复主宾 γένεα[种族]、中被动态不定式 ποιέεσθαι[为己而作；被做]、主动态不定式 ποιέειν[制作]、Ἡρακλέης[赫剌克勒斯]、Ποσειδέων[波塞冬]和 νόος[心智]（*γένη*、*ποιεῖσθαι*、*ποιεῖν*、*Ἡρακλῆς*、*Ποσειδῶν* 和 *νοῦς*）。

- εο 或是不缩合，或是变成双元音 ευ，例如：

现直中被复一 ποιεόμεθα、ποιεύμεθα[我们做]，属格 ἐμέο、ἐμεῦ[属我]（*ποιούμεθα*、*ἐμοῦ*）。

- οη 在阿提卡方言中有时不缩合，但是在伊欧尼亚方言中缩合为 ω 的情况更加常见，例如：

不定过去时直陈式主动态一单 ἐβῶσα[我曾哭]（*ἐβόησα*）。

- 如果未缩合的 εε 后面跟一个元音，那么一个 ε 就会脱落；这一现象被称作脱音（hyphaeresis，古希腊语作 ὑφαιρέω[夺走]）：

现命二单 ἡγέο[带领吧；请你考虑]（< *ἡγέεο）、单属 Ἡρακλέος[属赫剌克勒斯]（< *Ἡρακλέεος）、现直二单 φοβέαι[你害怕]（< *φοβέ-εαι）（*ἡγοῦ*、*Ἡρακλέους* 和 *φοβεῖ/-ῇ*）。

25.7 在阿提卡方言和伊欧尼亚方言中，音量交换规则都适用（见 1.71），但是在伊欧尼亚方言中，音量交换后不发生缩合，例如：

第一变格法复数属格的词尾 -έων（< -ήων < -ά̄ων）、χρέωμαι[我使用]（< *χρήομαι）、不定过去时虚拟式一单 θέω[放置]（< *θήω）和一复 θέωμεν（<

---

① 本章中，阿提卡方言的形式均以 GFS Porson Archaic 字体排印；若无歧义，则不再标注阿提卡方言的字样。关于字体，见中文版弁言。

θήομεν）（-ῶν*、*χρῶμαι*、*θῶ* 和 *θῶμεν*）。

25.8 阿提卡方言的 ει(ο) 在伊欧尼亚方言中以 ηϊ(ο) 来代替，见于许多名词（如 μαντήϊον[神谕]、χαλκήϊον[五金作坊；铜锅]）和形容词（如 βασιλήϊος[国王的]、γυναικήϊος[女人的]），还见于一些动词（如 οἰκηϊόω[使成为自己的；使适合]、κληΐω[关闭]）（*μαντεῖον*、*χαλκεῖον*、*βασίλειος*、*γυναικεῖος*、*οἰκειόω* 和 *κλείω*）。

例外情况有：θεῖος[神]、诸如 Δαρεῖος[大流士]的专名以及表示族群的形容词（例如 Ἀργεῖος[阿尔戈斯人的]、Ἠλεῖος[厄利斯人的]）。

25.9 伊欧尼亚方言已经失去了单词或词干开头的送气音[h]（见 1.7）：此即秃气（psilosis）。① 不过，伊欧尼亚方言的文本中仍按惯例书写送气符。因而只能在词末省音（见 1.34）和复合词（见 1.35）中观察到秃气，例如：

ἀπ᾽ οὗ[自从]、κάτημαι[我坐下]、ἀπαιρέω[我移走]、μετίημι[我释放；我放弃]、κάτοδος[返回；下降]（*ἀφ᾽ οὗ*、*κάθημαι*、*ἀφαιρέω*、*μεθίημι* 和 *κάθοδος*）。

注一：送气塞音（θ、φ、χ）依旧送气，例如 χώρη（而非 †κώρη）。

注二：由于秃气，κατά 这一形式既可能是连词（*καθά/καθ᾽ ἅ*[如同；好像]），也可能是介词（*κατά*）。

25.10 阿提卡方言中的 *ττ* 在伊欧尼亚方言中作 σσ（< *κy/*τy，见 1.77），例如：

φυλάσσω[我守护]（< *φυλάκ-yω）、ἥσσων[更坏的]（< *ἥκ-yων）和 μέλισσᾰ[蜜蜂]（< *μέλιτ-yᾰ）（*φυλάττω*、*ἥττων* 和 *μέλιττᾰ*）。

注一：如果阿提卡方言中的一个 *ττ* 不是 *κy 或 *τy 所造成的，那么在伊欧尼亚中也会存在这个 ττ，比方诸如 Ἀττική[阿提卡]的地名、诸如 Ἀλυάττης[阿吕阿特忒斯]的人名以及借词 ἀττέλεβος[蝗虫]。

25.11 在伊欧尼亚方言中，大部分辅音之后 ϝ 的脱落（见 1.80–82）通常导致前面一个元音发生补偿性延长（见 1.68–69），例如：

ξεῖνος[陌生人；客人]（< *ξένϝος）、μοῦνος[单独的]（< *μόνϝος）（*ξένος*、*μόνος*）。

25.12 在伊欧尼亚方言中，疑问代词、不定代词和不定关系代词用 κ- 代替 π-，例如：

---

① psilosis 无既定中译。这个词来自古希腊语 ψίλωσις[抢光；赤裸]（来自形容词 ψιλός[光的；秃的]），在医学拉丁语中意为秃发。

κοῦ[在何处]、κου[在某处]、ὅκου[在……处]和 κότε[在何时]、κοτε[在某时]和 ὁκότε[在……时]等（*ποῦ*、*που*、*ὅπου*，*πότε*、*ποτε* 和 *ὁπότε*）。但是，τίς[谁？什么？]、τις[某人]和 ὅστις[任何……的]使用 τ-。

25.13 伊欧尼亚方言中的 ρσ 不同化为 ρρ（见 1.84 注一），例如：ἄρσην[雄性的；男人]、θάρσος[勇气]（*ἄρρην*、*θάρρος*）。

25.14 伊欧尼亚方言在语音上还有以下特殊情况需要注意——

- τωὐτό[相同的]、ἑωυτοῦ, -τῷ[他自己]（*ταὐτό*、*ἑαυτοῦ*, *-τῷ*）；
- τρῶμα[创伤]、θῶμα[惊异；令人惊异的事物]、θωμάζω[我惊异]（*τραῦμα*、*θαῦμα* 和 *θαυμάζω*）；
- 单数属格 βασιλέος[王]（*βασιλέως*，见 4.84–85）；
- 比较级 μέζων[更大的]、κρέσσων[更好的；更强的]（阿提卡方言使用不规则形式 *μείζων*、*κρείττων*）；
- οἶδα[我知道]的直主一复：ἴδμεν（*ἴσμεν*）；
- γίνομαι[我成为；我出生]、γῑνώσκω[我知道；我了解]（γ 脱落，发生补偿性延长；*γίγνομαι*、*γῐγνώσκω*）；
- ὦν[因此]（*οὖν*）；
- εἰμί[是；存在]的分词 ἐών（*ὤν*），见 25.40；
- ἐς[往；入]（阿提卡方言一般作 *εἰς*）；
- οὔνομα[名称]、εἵνεκα/εἵνεκεν[由于；为了]（*ὄνομα*、*ἕνεκα*）；
- ἐπεάν/ἐπήν（即 ἐπεί + ἄν，阿提卡方言一般作 *ἐπάν*）；
- ἤν[如果]（即 εἰ + ἄν，*ἐάν*/*ἄν*/*ἤν*）；

注一：在希罗多德《原史》的各种校勘本中，除非是在引用六拍诗歌，一般不印出可移动的 ν（见 1.39），例如：ἔδοξε αὐτοῖσι[他们决定了]（而非 ἔδοξεν）、ἐστι ἄνθρωπος[世人是]（而非 ἐστιν）。① 至于希罗多德实际上是否使用可移动的 ν 则不明确；无论情况如何，下面的表格中均不写出可移动的 ν。

伊欧尼亚方言的词法：名词性形式

第一变格法

25.15 阴性名词（见 4.3–7）：

- φυγή[溃逃]、χώρη[土地]类（*φυγή*、*χώρā*）的变格如下：

---

① 这里的两个句子分别出自《原史》3.46.2 和 1.32.4（另见 30.3 例句 3）。

	单　数	复　数
主呼	χώρη	χῶραι
属	χώρης	χωρέων（< *-ήων，-ῶν）
与	χώρῃ	χώρῃσι（-αις）
宾	χώρην	χώρᾱς

• δόξᾰ[意见]类的变格如下：

	单　数	复　数
主呼	δόξᾰ	δόξαι
属	δόξης	δοξέων（< *-ήων，-ῶν）
与	δόξῃ	δόξῃσι（-αις）
宾	δόξᾰν	δόξᾱς

注一：对于阿提卡方言中 *διάνοιᾰ* 类的一些抽象名词来说，它们在伊欧尼亚方言中的变格如同 χώρη。这些名词例如 ἀληθείη[真实；真相]、εὐνοίη[善意]（*ἀλήθειᾰ*、*εὔνοιᾰ*）。另见 23.11。

25.16 阳性名词，δεσπότης[主人]类（见 4.8–12）的变格如下：

	单　数	复　数
主	δεσπότης	δεσπόται
属	δεσπότεω（< *-ηο，-ου）	δεσποτέων（< *-ήων，-ῶν）
与	δεσπότῃ	δεσπότῃσι（-αις）
宾	δεσπότην	δεσπότᾱς
呼	δέσποτᾰ	同主

在伊欧尼亚方言中，-ης 等词尾也可用于 ε、ι 和 ρ 之后（见 25.5），因此有 ὁ νεηνίης[年轻人]（*νεᾱνίᾱς*）、ὁ ταμίης[司库]（*ταμίᾱς*）。

注一：δεσπότης 类的一些专名偶尔有以 -εος 结尾的单数属格（Ὀτάνεος[欧塔内斯]）和/或以 -εα 结尾的宾格（Γύγεα[巨革斯]、Ξέρξεα[克色尔克色斯]），这些形式来自第三变格法，与上述形式（比如 Ξέρξην）并行。

注二：伊欧尼亚方言使用 ὁ πολιήτης[城邦民]（*πολίτης*）。

第二变格法

25.17 δοῦλος[奴隶]、δῶρον[礼物]类（见 4.19–26）：复数与格词

尾是 **-οισι**（*-οις*）。

25.18　νόος[心智]、ὀστέον[骨头]类（*νοῦς*、*ὀστοῦν*，见 4.19–26）：各种变格形式不缩合（见 25.6），例如：

	单　数	复　数
主	νόος（*νοῦς*）	νόοι（*νοῖ*）
属	νόου（*νοῦ*）	νόων（*νῶν*）
与	νόῳ（*νῷ*）	νόοισι（*νοῖς*）
宾	νόον（*νοῦν*）	νόους（*νοῦς*）
呼	νόε（*νοῦ*）	

25.19　伊欧尼亚方言并未一成不变地使用阿提卡型第二变格法（见 4.27）。希罗多德既用 λεώς[民众；群众]也用更古老的 λᾱός（这可能是由于抄本传统中的混淆）；νηός[神庙]一般比 νεώς 用得多。

第三变格法

25.20　以唇塞音（π、φ 和 β）、软腭塞音（κ、γ 和 χ）和齿塞音（τ、δ 和 θ）结尾的词干，还有以 ντ、ν、λ、ρ 和 (ε)ρ 结尾的词干（πατήρ[父亲]、ἀνήρ[男人]），在阿提卡方言和伊欧尼亚方言中没有差异。这类词的变格见 4.35、4.40、4.45、4.49、4.55 和 4.62。注意，伊欧尼亚方言使用第二变格法的 ὁ φύλακος[护卫者]而非 *φύλαξ*。

注一：在伊欧尼亚方言中，χάρις[优美；感谢]（χαριτ-）和 ὄρνις[鸟]（ὀρνιθ-）的单数宾格既可以 -ν 结尾也可以 -α 结尾。χάρις 的单宾作 χάριν 或 χάριτα，ὄρνις 的单宾作 ὄρνιν 或 ὄρνιθα。

25.21　伊欧尼亚方言中词干以 **σ** 结尾的第三变格法名词（见 4.65–73），即 γένος[种族]类和 Πολυκράτης[珀吕克剌忒斯]、Ἡρακλέης[赫剌克勒斯]类，词尾不发生缩合（见 25.6）。

以-ος 结尾的中性名词		以 -ης 结尾的人名	
单主	γένος	单主	Πολυκράτης
属	γένεος（*γένους*）	属	Πολυκράτεος（*-κράτους*）
与	γένεϊ（*γένει*）	与	Πολυκράτεϊ（*-κράτει*）
宾	γένος	宾	Πολυκράτεα（*-κράτη, -ην*）
		呼	Πολύκρατες

以-ος 结尾的中性名词		以 -ης 结尾的人名	
复主	γένεα（γένη）	单主	Θεμιστοκλέης（-κλῆς）
属	γενέων（γενῶν）	属	Θεμιστοκλέος（< *-κλέεος，脱音，见 25.6；-κλέους）
与	γένεσι	与	Θεμιστοκλέϊ（< *-κλέεϊ，-κλεῖ）
宾	γένεα（γένη）	宾	Θεμιστοκλέᾰ（< *-κλέεα，-κλέᾱ）
		呼	Θεμιστόκλεες（-κλεις）

25.22 伊欧尼亚方言中词干以 ι 结尾的第三变格法名词（见 4.74–76），即 πόλις[城邦]类，无换音变体（对比 οἶς[绵羊]，见 4.77）。

	单 数	复 数
主	πόλῐς	πόλῐες（πόλεις）
属	πόλῐος（πόλεως）	πολῐ́ων（πόλεων）
与	πόλῑ（πόλει）	πόλῐσι（πόλεσι(ν)）
宾	πόλῐν	πόλῑς（< *-ινς，πόλεις）
呼	πόλῐ	同主

注一：在散文文本的现代校勘本中（这些版本不标出元音的音长），πόλις 既可能是单数主格，也可能是复数宾格。

25.23 对于伊欧尼亚方言中词干以 υ 结尾的第三变格法名词（见 4.79–83）来说，无换音的类型（比如 ἰσχύς[力量]）的变格与阿提卡方言相同，有换音的类型（比如 πῆχυς[前臂]、ἄστυ[城邦]）词尾不缩合：

	单 数	复 数
主	πῆχυς	πήχεες（πήχεις）
属	πήχεος（πήχεως）	πήχεων
与	πήχεϊ（πήχει）	πήχεσι
宾	πῆχυν	πήχεας（πήχεις）
主	ἄστυ	ἄστεα（ἄστη）
属	ἄστεος（ἄστεως）	ἄστεων
与	ἄστεϊ（ἄστει）	ἄστεσι
宾	ἄστυ	ἄστεα（ἄστη）

25.24 在伊欧尼亚方言中，词干以 ευ 结尾的第三变格法名词（βασιλεύς[王]类，见 4.84–85）的变格如下：

	单 数	复 数
主	βασιλεύς	βασιλέες（βασιλεῖς/-ῆς）
属	βασιλέος（βασιλέως）	βασιλέων
与	βασιλέϊ（βασιλεῖ）	βασιλεῦσι
宾	βασιλέα（βασιλέᾱ）	βασιλέᾰς（βασιλέᾱς、βασιλεῖς）
呼	βασιλεῦ	同主

25.25 伊欧尼亚方言中 **ναῦς**[船]（见 4.86–87）的变格如下：

	单 数	复 数
主	νηῦς（ναῦς）	νέες（νῆες）
属	νεός（νέως）	νεῶν
与	νηΐ	νηυσί（ναυσί(ν)）
宾	νέᾰ（ναῦν）	νέᾰς（ναῦς）

Ζεύς[宙斯]和 **βοῦς**[公牛]的变格与阿提卡方言相同（见 4.86–87）。

冠词和形容词

25.26 伊欧尼亚方言中冠词变格的规则与上述第一和第二变格法相同（见 25.15–18），只不过阴性复数属格与阳中性形式相同（τῶν）。与阿提卡方言中的冠词（见 3.1）不同的形式在下表中加下划线表示：

	单 数			复 数		
	阳 性	阴 性	中 性	阳 性	阴 性	中 性
主	ὁ	ἡ	τό	οἱ	αἱ	τά
属	τοῦ	τῆς	τοῦ	τῶν	τῶν	τῶν
与	τῷ	τῇ	τῷ	τοῖσι	τῇσι	τοῖσι
宾	τόν	τήν	τό	τούς	τάς	τά

25.27 形容词根据各个变格模式（见第 5 章）来变格，词形变化表见上。一些特殊的要点如下——

- 阿提卡方言中的第一、第二变格法缩合形容词（χρυσοῦς[金(色)的]类，见 5.5）在伊欧尼亚方言中不缩合，例如阳中性复数与格 χρυσέοισι（*χρυσοῖς*）、阴性单数与格 σιδερέῃ[铁的]（*σιδηρᾷ*）；
- πλέος, πλέη, πλέον[充满的]（*πλέως, πλέᾱ, πλέων*，见 5.12）；

• πολλός, πολλή, πολλόν［许多的］，规则变格（πολύς，见 5.13–14）；

• 以 -ης 结尾的形容词（ἀληθής［真实的］类，词干以 εσ- 结尾，见 5.28–30）有不缩合的形式，例如：ἀληθέος（ἀληθοῦς）、ἀληθέες（ἀληθεῖς）等等；

• 以 -υς 结尾的形容词（ἡδύς 类，词干以 υ/εϝ 结尾，见 5.21–22）有不缩合的阳性和中性形式，例如 ἡδέες（ἡδεῖς），其阴性变格作 ἡδέᾰ、ἡδέης 等等（ἡδεῖα、ἡδείᾱς 等等）。

代　词

25.28 伊欧尼亚方言的人称代词（带重音和不带重音的形式，见 7.1–2）如下表所示，不同于阿提卡方言的形式加了下划线：

	第一人称	第二人称	第三人称（另见 7.2）
单主	ἐγώ	σύ	—
属	ἐμέο (ἐμοῦ); μευ, μου	σέο; σεο, σευ (σοῦ; σου)	εὑ
与	ἐμοί; μοι	σοί; σοι, τοι	οἷ; οἱ
宾	ἐμέ; με	σέ; σε	μιν
复主	ἡμεῖς, ἡμέες	ὑμεῖς, ὑμέες	(σφεῖς)[1]
属	ἡμέων (ἡμῶν)	ὑμέων (ὑμῶν)	σφέων (σφῶν); σφεων
与	ἡμῖν	ὑμῖν	σφίσι; σφισι; σφι
宾	ἡμέας (ἡμᾶς)	ὑμέας (ὑμᾶς)	σφέας (σφᾶς); σφεας; 中性 σφέα; σφε, σφεα (阿提卡方言中无对应物)

注一：希罗多德只在引用六拍诗歌时使用 ἑ（第三人称单数宾格，见 7.2）。

注二：希罗多德也把 τοι 用作态度性小品词（见 59.51）。

25.29 **αὐτός** 的融音形式（τωὐτά 即 τὰ αὐτά；反身代词作 ἑωυτοῦ）见 25.14。

25.30 疑问代词和不定代词：在规则的第三变格法形式（见 7.24）

① 博阿斯在 2023 年 11 月的邮件中表示，他不确定这里为何加上了括号。但他提供了这一解释：严格地说，σφεῖς 应当被理解为一种形式的反身代词，因为它总是指代之前出现过的一个成分；在古典希腊语中，第三人称代词（特别是主格）是相当残缺的（阿提卡方言中可能尤其如此，见 7.2）；然而，主格形式 σφεῖς 确实见于希罗多德笔下。

之外，还有一些第二变格法形式，例如：单数属格 τέο/τεῦ、与格 τέῳ，复数属格 τέων、与格 τέοισι。

25.31 关系代词：伊欧尼亚方言中关系代词的变格形式几乎与冠词完全相同；不同的形式是阳单主 ὅς、阴单主 ἥ、阳复主 οἵ 和阴复主 αἵ，后三者与冠词的差异在于重音，例如：

	单　数			复　数		
	阳　性	阴　性	中　性	阳　性	阴　性	中　性
主	ὅς	ἥ	τό	οἵ	αἵ	τά
属	τοῦ	τῆς	τοῦ	τῶν	τῶν	τῶν
与	τῷ	τῇ	τῷ	τοῖσι	τῇσι	τοῖσι
宾	τόν	τήν	τό	τούς	τάς	τά

希罗多德的原文例如——

δοῦναι τὸ ἀνθρώπῳ τυχεῖν ἄριστόν ἐστι.

赏赐人所能遇到的最好的事情。(《原史》1.31.4)

但是，如果可以发生词末省音的介词之后跟着一个关系代词，那么这个关系代词的形式就与阿提卡方言中的相同，例如：

ἀντ' ὧν（注意秃气，*ἀνθ' ὧν*）、ἐπ' οἷσι（*ἐφ' οἷσι*）和 παρ' ἥν。

在伊欧尼亚方言中，ὅστις 的各种形式基本与阿提卡方言中的相同，但是要注意 ὅτευ、ὅτεῳ、ὅτεων、ὁτέοισι（见 25.30）和中性复数主宾格 ἅσσα（见 25.10）。

伊欧尼亚方言的词法：动词性形式

构干元音型变位

25.32 伊欧尼亚方言中的构干元音型变位与阿提卡方言差别不大（παιδεύω, παιδεύεις 等等）。中被动二单词尾不缩合：基本时态用 -εαι（< *-εσαι，-*ει/η*），历史时态用 -εο（< *-εσο）。例如：

现直中被二单 βούλεαι[你意欲]、未完中被二单 ἐπηγγέλλεο[你当时吩咐]、不过时 εἴρεο[你曾问]、ἐγένεο[你曾变成]、命令式 αἰτέο[你问吧]（< αἰτέεο，见 25.6）(*βούλεαι*、*ἐπηγγέλλου*、*ἤρου*、*ἐγένου* 和 *αἰτοῦ*)。

25.33 **α** 词干缩合动词（阿提卡方言中的 τιμάω[尊崇]类）：伊欧尼亚方言中的缩合通常与阿提卡方言中的相同。在 ο/ω 前，可能会使用不缩合的形式，并且用 ε 代替 α。例如：

τολμέω[我敢于]（*τολμῶ* < -*άω*）、ἐφοίτεον[他们当时来来去去]（更常作 ἐφοίτων < -αον，阿提卡方言亦作 *ἐφοίτων* < -*αον*）和 ἐπιτιμέων[在尊崇的]（*ἐπιτιμῶν* < -*άων*）。

25.34 伊欧尼亚方言中的 **ε** 词干缩合动词（ποιέω[制作]类）一般不发生缩合（见 25.6），但是 εο 可以缩合成 ευ。例如：

	现在时主动态	现在时中被动态
单一	ποιέω（*ποιῶ*）	ποιέομαι/ποιεῦμαι（*ποιοῦμαι*）
二	ποιέεις（*ποιεῖς*）	ποιέαι（发生脱音，见 25.6；*ποιεῖ*/-*ῇ*）
三	ποιέει（*ποιεῖ*）	ποιέεται（*ποιεῖται*）
复一	ποιέομεν/ποιεῦμεν（*ποιοῦμεν*）	ποιεόμεθα/ποιεύμεθα（*ποιούμεθα*）
二	ποιέετε（*ποιεῖτε*）	ποιέεσθε（*ποιεῖσθε*）
三	ποιέουσι/ποιεῦσι（*ποιοῦσι*）	ποιέονται/ποιεῦνται（*ποιοῦνται*）
	未完成时主动态	未完成时中被动态
单一	ἐποίεον/ἐποίευν（*ἐποίουν*）	ἐποιεόμην/ἐποιεύμην（*ἐποιούμην*）
二	ἐποίεες（*ἐποίεις*）	ἐποιέο（发生脱音，*ἐποιοῦ*）
三	ἐποίεε（*ἐποίει*）	ἐποιέετο（*ἐποιεῖτο*）
复一	ἐποιέομεν/ἐποιεῦμεν（*ἐποιοῦμεν*）	ἐποιεόμεθα/ἐποιεύμεθα（*ἐποιούμεθα*）
二	ἐποιέετε（*ἐποιεῖτε*）	ἐποιέεσθε（*ἐποιεῖσθε*）
三	ἐποίεον/ἐποίευν（*ἐποίουν*）	ἐποιέοντο/ἐποιεῦντο（*ἐποιοῦντο*）

另请注意——

- 祈愿式有时在双元音之后缩合，例如：

一单 ποιοῖμι、三单 ποιοῖ（但是三复 ποιέοιεν 不缩合；*ποιοῖεν*）；

- 祈愿式在辅音后面总是不缩合，例如：

καλέοι[他呼叫]、φρονέοιεν[他有头脑]（*καλοίη*/*καλοῖ*、*φρονοῖεν*）；

- 不定式：ποιέειν、ποιέεσθαι（*ποιεῖν*、*ποιεῖσθαι*）；
- 分词：ποιέων, ποιέουσα, ποιέον（*ποιῶν*, *ποιοῦσα*, *ποιοῦν*），

也存在 ποιεῦντα、ποιεῦσα 等形式。

25.35 伊欧尼亚方言中，**ο** 词干缩合动词（δηλόω[表明]类）如阿提卡方言中那样缩合。一些校勘本使用类似 ἐδικαίευν（即 ἐδικαίουν[我当时认为正义]）、ἀξιεῦμαι（即 ἀξιοῦμαι[我认为值得]）的杂乱形式。

25.36 注意，诸如 χρέωμαι[使用]（< *χρήομαι，*χρῶμαι*）的 η 词干缩合动词形式中发生音量交换（见 1.71、25.7）而不发生缩合（见 25.6）。

无构干元音型变位

25.37　伊欧尼亚方言中 **-νυμι** 动词的现在时直陈式主动态第三人称复数以 **-νῦσι** 结尾，例如：ἀποδεικνῦσι[他们指出]、ὀμνῦσι[他们发誓]（*ἀποδεικνύασι*、*ὀμνύασι*）。

σ 型不定过去时中动态第二人称单数词尾不缩合：-αο（< *-ασο，-ω），例如：

ἐδέξαο[你曾接受]（δέχομαι）、ἐφθέγξαο[你曾发声]（φθέγγομαι）（*ἐδέξω*、*ἐφθέγξω*）。

25.38　伊欧尼亚方言中 -μι 动词的现在时和未完成时变位常常有构干元音型形式（阿提卡方言中的类似形式见 12.53–56）。例如：

τίθημι[放置]：现直主三单 τιθεῖ（*τίθησι*）；

δίδωμι[给予]：现直主二单 διδοῖς、三单 διδοῖ（又作 δίδωσι）和三复 διδοῦσι（*δίδως*、*δίδωσι* 和 *διδόασι*）；

ἵστημι[使竖立]：现直主三单 ἱστᾷ、现命主二单 ἵστᾱ（*ἵστησι*、*ἵστη*）；

ἵημι[送出；放走]：现直主三单 ἐξιεῖ（*ἐξίησι*）；

-νυμι 动词（如 δείκνυμι[展示]、ὄμνυμι[发誓]和 ζεύγνυμι[上轭]）：现直主三单 δεικνύει、三复 ὀμνύουσι（但另见 25.37）、未一单 ἐζεύγνυον 和三单 ἐζεύγνυε（*δείκνυσι*、*ὀμνύᾱσι*、*ἐζεύγνυν* 和 *ἐζεύγνυ*）。

25.39　在伊欧尼亚方言的无构干元音型变位中，中被动态第三人称复数词尾一般不是 -νται（基本时态）和 -ντο（历史时态），而是 **-ᾰται** 和 **-ᾰτο**（带有元音化的 ν，见 1.86）。这种变位包含了完成时和过去完成时形式，而在阿提卡方言中仅有迂说形式（见 17.5–7、19.8）。例如：

τιθέαται[他们被置于]、κέαται[他们躺下]、κεχωρίδαται[他们已被分开]、κατέαται[他们已坐着]和 ἠπιστέατο[他们当时知道]（*τίθενται*、*κεῖνται*、*κεχωρισμένοι/-αι εἰσί*、*κάθηνται* 和 *ἠπίσταντο*）。

注一：这些词尾也用于祈愿式：βουλοίατο[他们意欲]、γενοίατο[他们成为]（*βούλοιντο*、*γένοιντο*）。

25.40　在伊欧尼亚方言中，**εἰμί**[是；存在]的变位如下：

	现在时直陈式	未完成时
单一	εἰμί	ἔα（*ἦ(ν)*）
二	εἶς（*εἶ*）	ἔας（*ἦσθα*）
三	ἐστί	ἦν

复一	εἰμέν（*ἐσμέν*）	ἔαμεν（*ἦμεν*）
二	ἐστέ	ἔατε（*ἦτε*）
三	εἰσί	ἦσαν
	虚拟式	分　词
	一单 ἔω、三复 ἔωσι（*ὦ*、*ὦσι(ν)*）	ἐών, ἐοῦσα, ἐόν（*ὤν*, *οὖσα*, *ὄν*）

25.41 不定过去时虚拟式被动态词尾不缩合（见 25.6），例如：

ἀπαιρεθέω[我遭抢劫]（< *-θη-ω，见 14.7；*ἀφαιρεθῶ*）。

注意，不过时虚拟式 θέωμεν[让我们放置]（< θήομεν，*θῶμεν*）等形式类似。

伊欧尼亚方言中动词词法的其他要点

25.42 希罗多德使用带表达反复性的后缀（iterative suffix）**-σκ-** 的未完成时，总是没有增音，例如：

ἔσκε[他当时是/存在]、διαφθείρεσκε[他当时反复毁灭(某人/物)]以及 ποιέεσκον[我/他们当时反复制作]。

25.43 所谓的时间性增音（词干以元音或双元音开头，见 11.37–38 及注一）常常缺失，例如：ἀμείβετο[他当时回应]（ἀμείβομαι 的未完成时，代替有时间性增音的 ἠμείβετο）、διαιτώμην[我当时生活]（διαιτάομαι 的未完成时，代替 διῃτώμην）和 οἴκητο[他当时已居住]（οἰκέω 的过去完成时，代替 ᾤκητο）。

另请注意，下述形式中没有叠音：不规则的完成时 οἶκα[好像；是适合的]（*ἔοικα*，见 18.22）、分词 οἰκός（例如 οἰκός (ἐστι)[那好像；它适合]）。

25.44 在复合动词中，一个后置小品词（比如 τε、δέ、μέν 和 ὦν）可以把前缀和动词分开，例如：

κατ' ὦν ἐκάλυψε 他就覆盖。（《原史》2.47.3）

这种现象被称作插词（tmesis）。

伊欧尼亚方言中的其他具体细节

25.45 注意以下与阿提卡方言不同的用法——

- ἐπείτε[当……时]和 ἐπεί 并用，偶尔出现的 ἔπειτε[于是；然后]和更常见的 ἔπειτα 并用（注意 ἐπείτε 与 ἔπειτε 的重音差异）；
- ἐς ὅ 和 ἐς οὗ[直到]（连词，阿提卡方言作 *ἕως*）；
- μετά[在……后]也用作副词，意为然后、随后；
- ὥστε + 分词和 οἷα + 分词这两个结构的含义相当于阿提卡方

言中的 *ἅτε* + 分词（见 52.39）；

- οὐδαμά、μηδαμά 意为从不、完全不。

合唱琴歌中多瑞斯方言的 ᾱ

25.46 阿提卡剧作家们所作的合唱歌有个独特之处：它们表面上有多瑞斯方言的色彩（见 25.2），亦即使用原本的长音 **ᾱ** 而非阿提卡-伊欧尼亚方言中的 η（见 1.57、25.5）。

注一：因而，这种 ᾱ 常常被称作多瑞斯方言的 **ᾱ**，尽管长音 ᾱ 用于除阿提卡-伊欧尼亚方言之外的所有古希腊语方言。

25.47 以长音 ᾱ 代替阿提卡方言的 *η*，这在戏剧的琴歌中见于以下几种形式——

- 第一变格法词尾，例如：

γᾶ[大地]、βιοτά[生活；生活物资]、πταμένᾱς βροντᾶς[在雷电飞舞时]（属格）[①] 和 Κρονίδᾱς[克若诺斯之子（宙斯）]（*γῆ*、*βιοτή*、*πταμένης βροντῆς* 和 *Κρονίδης*）；

多瑞斯方言的长音 ᾱ + ο/ω 缩合成 ᾱ（而非 ω）。因此，此时第一变格法名词的阳性单数属格以 -ᾱ 结尾（< -ᾱο，*-ου*），所有的第一变格法名词的复数属格都以 -ᾶν 结尾（< -άων，*-ῶν*），例如：

νεᾱνίᾱ[属年轻人]、βακχᾶν[属酒神的诸伴侣们]和 μελισσᾶν[属诸蜜蜂]（*νεᾱνίου*、*βακχῶν* 和 *μελιττῶν*）

- 中被动态第一人称单数形式的历史词尾 **-μᾱν**，例如：

ἀνειλόμᾱν[我曾杀死]（*ἀνειλόμην*）；

- ἄγω[带领；带来]的带增音的形式，例如 ᾆγες（*ἦγες*）；
- 其他个别单词，比如 μάτηρ[母亲]、Ἅλιος[太阳神]等等。

注一：合唱琴歌中多瑞斯方言的 ᾱ 用法不一。比如，在《酒神的女信徒》的合唱歌中，欧里庇德斯用 ἡδύν[甜美的]（第 66 行）和 ἡδύς（第 135 行），但也用 ἁδυβόᾳ[声音甜美的]（第 127 行）。

---

① 参见欧里庇得斯《酒神的女信徒》90。

第二部分　句　法

第 26 章　简单句引言

26.1　本章讨论与第 27–38 章密切相关的基本句法原理和概念。

26.2　第 40–52 章处理的是复合句中的各种从属结构（从句、分词、不定式以及动形词），第 39 章则是这些内容的引言。

句子核心

谓语、主语、宾语和补语

26.3　大多数句子均包含至少一个谓语（predicate，几乎总是一个限定动词）和一个或多个属于这个谓语的强制成分（obligatory constituent）。这些内容共同构成了句子核心（sentence core / ‘nucleus’ of a sentence）。少数例外见 26.13。

- 几乎所有动词都会带至少一个强制成分。这个强制成分即主语（subject）。主语的特征是使用主格（见 30.2），在人称和数上与谓语一致（见 27.1）。一些动词只有主语这一个强制成分，例如：

(1) Κῦρος（主语）... ἐτελεύτησεν（谓语）.

居鲁士……命终。（色《上》1.9.1）**

(2) ἀπέθανον（谓语）δὲ ὀλίγοι（主语）.

但［只有］少数［敌军］被歼灭。（色《上》6.5.29）

(3) ὑμεῖς（主语）δὲ εὐτυχοῖτε（谓语）. 那愿你们好运。（色《希》7.1.11）

- 许多动词既有一个主语，也有另一个强制成分。在大多数情况下，这第二个强制成分是［直接］宾语（(direct) object），其特征是使用宾格（见 30.8）；一些动词还会带使用其他格的第二个强制成分（这些成分被称作补语［complement］）。[①] 例如：

---

① 博阿斯回复译者的邮件说，补语有狭义和广义之分：广义的补语指动词形式所带的强制成分，在这个意义上，直接宾语也算是一种补语；狭义的补语指直接宾语之外的其他各种补语。就古典希腊语而言，某些形式的宾格补语不可被视作直接宾语，因此，作者不得不有意模糊了补语和宾语的界限。中译者尊重作者的这一处理方式。

(4) στρουθὸν(宾语) δὲ οὐδεὶς(主语) ἔλαβεν(谓语).

但没有人抓到过鸵鸟。(色《上》1.5.3) **

(5) ἐγὼ(主语) ... ὑμᾶς(宾语) ἐπαινῶ(谓语).

我称赞你们。(色《上》1.4.16)

(6) πάντες οἱ πολῖται(主语) ... μετεῖχον(谓语) τῆς ἑορτῆς(补语).

所有的城邦民都参加这一节庆。(色《上》5.3.9)

(7) οἱ δὲ στρατιῶται(主语) ἐχαλέπαινον(谓语) τοῖς στρατηγοῖς(补语). 而士兵们当时对将领们感到愤怒。(色《上》1.4.12)

• 一些动词所带的强制成分会超过两个：主语、宾语和另外的补语。其中的第三个强制成分常常被称作间接宾语（indirect object），其特征是使用与格（见 30.37）。其他动词带以宾格或属格形式出现的第二个补语。例如：

(8) Συέννεσις(主语) μὲν ἔδωκε(谓语) Κύρῳ(间接宾语) χρήματα πολλά(宾语). 叙恩内西斯给了居鲁士大量钱财。(色《上》1.2.27) **

(9) Ἀρίστιππος δὲ ὁ Θετταλὸς(主语) ... αἰτεῖ(谓语) αὐτὸν(宾语) ... δισχιλίους ξένους(补语). 色萨利人阿瑞斯提璞珀斯向[居鲁士]索要了两千名外邦[士兵]。(色《上》1.1.10) **

26.4 在上面的一些例句中，动词的强制成分是名词短语（noun phrase）或代词（详见 26.16–23）。

然而，强制成分也可以其他形式出现，其中最主要的形式是——

• 介词短语（由介词及其补语组成），例如：

(10) ἀφικνοῦνται(谓语) πρὸς Ἀριαῖον(补语) ... οἱ ἀδελφοί(主语).

[阿瑞埃欧斯的]兄弟们来到阿瑞埃欧斯这里。(色《上》2.4.1)

• 副词，例如：

(11) ἐνταῦθα(补语) ἀφικνεῖται(谓语) Ἐπύαξα(主语).

厄丕阿克撒来到[居鲁士]这里。(色《上》1.2.12)

• 从句，例如：

(12) οὗτοι(主语) ἔλεγον(谓语) ὅτι Κῦρος ... τέθνηκεν(宾语). 这些人当时说居鲁士死了。(色《上》2.1.3) [陈述性从句（见第 41 章）作谓语 ἔλεγον 的宾语，对比 ἔλεγον ταῦτα(他们当时说这些事情)中的 ταῦτα]

• 不定式结构，例如：

(13) ἐγώ(主语) φημι(谓语) ταῦτα ... φλυαρίας εἶναι(宾语).

我说这些都是一派胡言。（色《上》1.3.18）［宾格与不定式结构（见51.21）作谓语 φημι 的宾语，对比 φημὶ ταῦτα（我说这些事情）中的 ταῦτα］

- 分词结构，例如：

(14) ἐγώ（主语）... οἶδα（谓语）... ἡμῖν ὅρκους γεγενημένους（宾语）.

我知道我们立过誓。（色《上》2.5.3）［宾格与分词结构（见52.13）充当谓语 οἶδα 的宾语，对比 οἶδα ταῦτα（我知道这些事情）中的 ταῦτα］**

如果句中有成分以从句、不定式结构或分词结构的形式出现，那么这个句子就称作复合句（complex sentence）。复合句见第39章。

注一：动词所带的强制成分的数量被称作配价（valency），比如例句2中 ἀποθνῄσκω［死亡］的配价是一，例句8中 δίδωμι［给予］的配价是三。一些动词在表达不同含义时有不同的配价，例如，φεύγω 若只有一个主语，那么就意为逃走、流亡，若有一个主语和一个宾语，就意为逃离［某人］、被［某人］追赶，例如：

(15) οἱ βάρβαροι（主语）... φεύγουσι（谓语）.

那些外夷逃走了。（色《上》1.8.19）

(16) οἱ δειλοὶ κύνες（主语）... τοὺς ... διώκοντας（宾语） φεύγουσιν（谓语）.

胆怯的狗逃离那些追赶［它们］的人。（色《上》3.2.35）

注二：主语、宾语和属于谓语的其他强制成分也被称作论元（argument）。

注三：我们有时难以评定，一个成分是否该被视作前文意义上的强制成分（亦即谓语是否需要与这个成分一同构成语法上正确的句子核心）。对于例句11中的副词性补语 ἐνταῦθα［这里］而言尤其如此，对于可能有不同配价的动词（见上注一）而言亦然。实际上，更好的做法是将句法意义上的强制性视作一种程度，而各个成分的强制性的程度差异取决于所用的动词和结构。

26.5 一些动词没有主语（无人称动词，见第36章），其中个别动词不带强制成分（即配价为零），从而句子核心仅由动词组成，例如：ὕει［在下雨］。

主语和其他成分的省略

26.6 一个动词会带一定数量的强制成分，但这并不意味着只要这个动词出现就必然要使用所有这些成分。如果上下文足以清楚地表明一个成分所表达的人或物，那么这个成分就可以省略，例如：

(17) ταύτην τὴν ἐπιστολὴν（宾语） δίδωσι（谓语） πιστῷ ἀνδρί（间接宾语）... ὁ δὲ（主语）... Κύρῳ（间接宾语） δίδωσιν（谓语）.［欧戎塔斯］把这封信交给一位信得过的人……但他把［信］给了居鲁士。（色《上》1.6.3）［第

一个句子没有明确的主语，前几个句子的主语就是欧戎塔斯，这里无需再次明确给出；第二个句子没有明确的宾语，显然指的是那封信；注意，在译文中必须补上原文省略的成分“他”“信”（或它）]

26.7 在古希腊语中，这种现象尤其常见，亦即没有明确、单独表达出来的主语。这一现象是古希腊语的常见特征之一。主语常常仅由动词的人称词尾表达，例如：

(18) λέγει Σεύθης· Ἀργύριον μὲν οὐκ ἔχω. 色乌忒斯说道：“我并没有银子。”（色《上》7.7.53）[主语“我”由第一人称单数词尾表达]

(19) θέσθε τὰ ὅπλα ἐν τάξει.

在队列中放下武器！（色《上》7.1.22）[主语由第二人称复数词尾表达；在表达命令时，汉语一般也会省略第二人称的主语]

(20) Κῦρος δὲ ... ὡρμᾶτο ἀπὸ Σάρδεων· καὶ ἐξελαύνει διὰ τῆς Λυδίας.

而居鲁士从撒尔迪斯动身，并且行军经过吕迪阿。（色《上》1.2.5）[ἐξελαύνει 的主语由第三人称单数词尾表达；从前文中显然可以看出主语是居鲁士]**

如果一个句子沿用上一个句子的第三人称主语，那么这个主语一般就要省略，如例句 20 所示。注意，如果主语改变，那么一般就需要明确给出这个主语，如例句 17 所示。

对于第一、第二人称主语而言，明确表达的主语（以人称代词 ἐγώ、σύ、ἡμεῖς 和 ὑμεῖς 的形式出现）通常只是为了强调或对比。对比性代词见 29.1–4。

注一：相较于不明确给出主语的情况，其他成分（比如例句 17 的一个宾语）的省略有更多的限制，也更加少见。

系动词 谓语性补语

26.8 系动词（linking/copulative/copular verb / copula）连接主语和名词性成分，名词性成分即所谓的谓语性补语（predicative complement）。谓语性补语界定主语或者说明主语的特性。谓语性补语通常是一个在性、数和格上与主语一致的形容词，或者是在格上与主语一致的名词（见 27.7、30.3）。可以充当系动词的动词如：

εἰμί[是；作为]、γίγνομαι[成为]、καθίσταμαι[成为]、μένω[保持]和φαίνομαι[显现；显得]等等。

(21) τὸ στράτευμα（主语） πάμπολυ（谓语性形容词） ἐφάνη（系动词）（谓语）. 这支军队显得相当庞大。（色《上》3.4.13）[πάμπολυ 与 τὸ στράτευμα 在性、数和格上一致]

(22) μεγάλα（谓语性形容词） ... τὰ τόξα τὰ Περσικά（主语） ἐστιν（系动词）（谓语）. 波斯弓弩巨大。（色《上》3.4.17）[μεγάλα 与 τόξα 在性、数和格上一致]

(23) τὰ δὲ ἆθλα（主语） ἦσαν（系动词） στλεγγίδες χρυσαῖ（谓语性名词）（谓语）. 而奖品是金质刮肤板。（色《上》1.2.10）[στλεγγίδες χρυσαῖ 与 τὰ ἆθλα 在格上一致；中性复数主语带复数动词 ἦσαν，见 27.2]

注一：充当谓语的名词和形容词有时分别称作*谓语名词*（predicate noun）和*谓语形容词*（predicate adjective）。与主语一致的谓语性补语有时也称作*主语[性]补语*（subject(ive) complement）。

26.9　许多系动词，比如 εἰμί[在；处于]、γίγνομαι[来到]和 μένω[待着]，也会带表示位置或情状的副词性表达，后者充当系动词的补语。在分析语法时，这些补语也会被视作谓语性补语，例如：

(24) ἐνθάδε（补语） δ' εἰμί（系动词）. 而我在这里。（色《上》3.3.2）

(25) Πρόξενος δὲ καὶ Μένων（主语） ... ἐν μεγάλῃ τιμῇ（补语） εἰσιν（系动词）. 而璞若克色诺斯和美农非常受尊敬。（色《上》2.5.38）

26.10　动词 εἰμί 也常常只带一个主语，意为*存在*。在这种*存在性*（existential）用法中，动词通常位于其主语之前（见 60.30，对比 50.12 和 50.35）。ἔστι(ν)[现三单]、εἰσί(ν)[现三复]、ἦν[未三单]和 ἦσαν[未三复]可译作*存在*、*有*（ἔστι 的重音见 24.34 注一）。动词 γίγνομαι 也有存在性用法，意为*存在*或*发生*。例如：

(26) ἔστι（谓语） χωρίον χρημάτων πολλῶν μεστόν（主语）.
有一个堆满了大量物资的地方。（色《上》5.2.7）

(27) ἀγαθὸν（主语） ... γεγένηται（谓语）.
发生了一件好事。（色《上》5.4.19）

26.11　在古典希腊语中，常常用 **ἔχω** + 副词的结构代替系动词 εἰμί + 形容词的结构，意为*处于……的状态*、*是……状态的*，例如：

(28) χαλεπῶς δὲ ἔχει ἡμῖν πρὸς τοῖς ἄλλοις καὶ ἡ πειθώ. 而除了其他事情之外，对于我们来说，说服[你们]也非易事。（《佩战》3.53.4）

(29) ΔΗ. ὦ κακόδαιμον, πῶς ἔχεις; :: ΝΙ. κακῶς, καθάπερ σύ. 得摩斯：

可怜虫啊，你怎么样？尼基阿斯：惨，就像你。（《骑士》7–8）

26.12 一些动词，诸如 νομίζω[认为甲是乙]、ἡγέομαι[认为甲是乙]、ποιέω[使甲成为乙]和 αἱρέομαι[任命甲为乙]（详见 30.10），连接一个宾语和与这个宾语一致的一个谓语性补语（皆为宾格），例如：

(30) σχολαίαν(谓语性形容词) ... ἐποίουν(动词)(谓语) τὴν πορείαν (宾语) ... τὰ ὑποζύγια(主语). 驮畜致使行军缓慢。（色《上》4.1.13）[σχολαίαν 在性数格上与 τὴν πορείαν 一致]

(31) δικαστὰς(谓语性名词) δὲ τοὺς λοχαγοὺς(宾语) ἐποιήσαντο(动词)(谓语). 他们任命那些百夫长为审判员。（色《上》5.7.34）[δικαστάς 在格上与 τοὺς λοχαγούς 一致]

(32) μηκέτι με(宾语) Κῦρον(谓语性名词) νομίζετε(动词)(谓语). 请你们别把我当作居鲁士了！（色《上》1.4.16）[Κῦρον 在格上与 με 一致]

注一：与宾语一致的谓语性补语有时被称作宾语[性]补语（object(ive) complement）。

系动词的省略：名词句

26.13 **ἐστί(ν)、εἰσί(ν)** 等系动词常省略，从而句子核心就只有名词性成分。这种句子就是名词句（nominal sentence），尤其见于以下情况：

- 表达评价的单词，诸如 χαλεπόν[(是)困难的]、ἀνάγκη[(是)必须的；必然的]和 εἰκός[(是)可能的；(是)合适的]等，例如：

(33) Ἀναμιμνῄσκονται ἄρα ἅ ποτε ἔμαθον; :: Ἀνάγκη(谓语).

苏格拉底：那么他们就回忆那些曾经学过的东西吗？辛米阿斯：必定[如此]。（《斐多》76c）

(34) ΣΩ. σὺ δὲ αὐτός ... Μένων, τί φῄς ἀρετὴν εἶναι; ... :: ΜΕ. ἀλλ᾽ οὐ χαλεπόν(谓语), ὦ Σώκρατες, εἰπεῖν(主语).

苏格拉底：但是你自己，美诺，说德性是什么呢？美诺：不过，苏格拉底啊，说起来并不困难。（《美诺》71d–e）

- 以 -τέος, -τέα, -τέον 结尾的动词性形容词（尤其见于中性形式构成的无人称用法，见 37.3），例如：

(35) ἡ δ᾽ ὁδὸς(主语) πορευτέα(谓语). 这路必须走。（索《菲》993）

(36) πορευτέον(谓语) δ᾽ ἡμῖν τοὺς πρώτους σταθμοὺς ὡς ἂν δυνώμεθα μακροτάτους. 而起初的几站路我们必须走得尽可能长。（色《上》2.2.12）

[无人称用法；这一结构见 37.3][1]

- 所谓的格言性表达（箴言、谚语等）、一般陈述和感叹：

(37) δυσάρεστος ἡμῶν καὶ φιλόψογος（谓语性形容词）πόλις（主语）.
我们的城邦难以取悦又好挑剔。（欧《厄》904）

(38) οἷον（谓语性形容词）τὸ τεκεῖν（主语）.
生育是何等要事啊！（阿《吕》884）

- 程式化的疑问和回答，例如：

(39) εἶτα τί（谓语）τοῦτο（主语）；那么这[是]什么？（《云》347）

- 其他更加宽松的用法，例如：

(40) καλὸς（谓语）Ἀρχίας（主语）. 阿尔奇阿斯是俊美的。（*IG* I³ 1405）

一般来说，只有系动词 εἰμί 的现在时直陈式才会以这种方式省略。其他形式，诸如未完成时 ἦν 和潜在祈愿式 εἴη ἄν（见 34.13），一般都不省略。

可选成分

状语及其他可选成分

26.14 许多句子核心受一个或多个可选成分（optional constituent，即非强制成分[non-obligatory constituent]）修饰。没有可选成分并不会导致句子不合语法。可选成分以各种方式作句子核心的补语。最常见的可选成分是状语（adverbial modifier）。这种可选成分可以由下述方式来表达——

- 副词，例如：

(41) Τισσαφέρνης（主语）... ἐκεῖ（状语）συντυγχάνει（谓语）βασιλεῖ（补语）. 提斯撒斐尔内斯在那里与国王相遇。（色《上》1.10.8）[地点状语]

- 名词短语或代词（用宾格、属格或与格，见第 29–30 章）：

(42) Ξενοφῶν（主语）... ᾤχετο（谓语）τῆς νυκτός（状语）.
色诺芬在夜晚动身。（色《上》7.2.17）[属格作时间状语，见 30.32]

(43) ἄλλο δὲ στράτευμα（主语）αὐτῷ（可选成分）συνελέγετο（谓语）ἐν Χερρονήσῳ. 而另一支部队则为他集结于半岛/刻尔索内索斯。（色《上》1.1.9）[可选成分 αὐτῷ 以与格形式表达受益方，见 30.49；这种成分常常

---

① 原书省去了 ὡς ... μακροτάτους，致使句子文意不通。这里的 ὡς + 最高级见 32.4。

被当作间接宾语，但它们是可选成分，与表达给予等等的动词所带的间接宾语（见 26.3）不同]

• **介词短语**，例如：

(44) ἐπὶ τούτῳ(状语) Κλεάνωρ ὁ Ὀρχομένιος(主语) ἀνέστη(谓语). 随后，欧尔科美诺斯人克勒阿诺尔站了起来。(色《上》3.2.4) [时间状语]

对于复合句而言，状语还可以是——

• **从句**，例如：

(45) ἐπεὶ δὲ καὶ οἱ ἄλλοι στρατιῶται συνῆλθον(状语), ἀνέστη(谓语) ... Χειρίσοφος ὁ Λακεδαιμόνιος(主语).

而在其他士兵也已集合完毕后，拉刻代蒙人刻伊瑞索佛斯站了起来。(色《上》3.2.1) [时间从句（见第 47 章）作时间状语]**

• **分词结构**（另见 26.26），例如：

(46) καὶ ἅμα ταῦτα ποιούντων ἡμῶν(状语) ... Ἀριαῖος(主语) ἀφεστήξει(谓语). 并且，在我们做这些事情的同时，阿瑞埃欧斯会抛弃[我们]。(色《上》2.4.5) [独立属格结构充当时间状语]

26.15 状语在不同的层面上对句子施加影响——

• 例句 41–46 中的状语所表达的语义范畴包括谓语动作发生的地点、时间、情状、方式和原因等等。这一层面的状语（即修饰句子核心或其中的动词的状语）常被称作*附加状语*（adjunct）。

• 状语也可能只修饰一个成分，比如名词、定语以及其他状语（这种状语被称作*下加状语*[subjunct]），例如：

(47) τούς ... λοχαγοὺς(中心语) τοὺς μάλιστα(状语) φίλους(定语)

作为[色诺芬]最亲近的朋友的那些百夫长；(色《上》7.8.11) [μάλιστα 即所谓的强化词（intensifier），修饰 φίλους，后者本身是 λοχαγούς 的定语]

(48) ἐκλώπευον(谓语) ... οἱ Παφλαγόνες(主语) εὖ μάλα(状语) τοὺς ἀποσκεδαννυμένους(宾语). 帕弗拉戈内斯人相当轻松地绑架掉队的[士兵]。(色《上》6.1.1) [强化词 μάλα 修饰 εὖ，后者本身是表达方式的状语]

(49) ἐξεπλάγη(谓语) δέ ... καὶ(状语) βασιλεύς(主语)·

而甚至国王也受到了惊吓。(色《上》2.2.18) [这个 καί 是辖域小品词（见 59.56），修饰 ἐξεπλάγη 的主语 βασιλεύς]

• 其他一些状语在句法上更加独立，修饰整个句子，表达言说者对句子内容的真实性或合意性的态度，或者表达他对句子形式或风格的态度（这种状语常被称作分离状语[disjunct]），例如：

(50) ἴσως(状语) δὲ καὶ τῶν ἐπιτηδείων σπανιεῖ. 而他或许也会缺乏给养。（色《上》2.2.12）[副词 ἴσως 表达发话人对句子内容的真实性的态度]

(51) ἀληθές γε ὡς ἔπος εἰπεῖν(状语) οὐδὲν εἰρήκασιν.

[我的控告者们]可以说根本没有讲过任何真话。(《申辩》17a)[惯用语 ὡς ἔπος εἰπεῖν（见 51.49）表达发话人苏格拉底对其话语之形式的态度——苏格拉底表示，不应过于字面地理解自己的话（尤其是 οὐδέν）]**

• 最后，在语法中通常还有第四类状语，亦即连接状语（conjunct）。连接状语表达一个句子或者一个较大的文本单元如何与其上下文连接。也就是说，连接状语的作用是连贯成文。在本书中，这类形式被当作连接性语篇小品词来处理，见 59.7–39，例如：

(52) ἐνταῦθα ἔμεινεν ὁ Κῦρος καὶ ἡ στρατιὰ ἡμέρας εἴκοσιν· οἱ γὰρ στρατιῶται οὐκ ἔφασαν ἰέναι τοῦ πρόσω· ὑπώπτευον γὰρ ἤδη ἐπὶ βασιλέα ἰέναι· μισθωθῆναι δὲ οὐκ ἐπὶ τούτῳ ἔφασαν. 居鲁士和部队在这里待了二十日。因为士兵们说自己不会前进。因为他们已经怀疑自己在向国王进发，又说自己并不是为这一[目的]而被招募的。(色《上》1.3.1）**

名词短语

名词短语的成分

26.16 在前文所述的大多数例句中均有以名词短语（noun phrase）的形式出现的成分。名词短语由中心语（head，至少一个）和[可能]加在中心语上的各种修饰语（modifier）组成。

比如，在以下例句中，以宾格 ἄνδρα[人；男人]为中心语的名词短语都用作 ὁράω[看见]的某个形式的宾语：

(53) ἄνδρα(中心语)(宾语) ὁρῶ(谓语). 我看见一个人。

(54) τὸν(修饰语) ἄνδρα(中心语)(宾语) ὁρῶ(谓语).

我看见那人了。(色《上》1.8.26）

(55) ἐν πολέμῳ δὲ ἤδη εἶδες(谓语) ἄνδρα(中心语) δειλόν(修饰语)(宾语)；而你在战争中见到过胆怯的人吗？（柏《高》498a）

(56) ὁρᾷ(谓语) τὸν(修饰语) ἄνδρα(中心语) τῆς γυναικός(修饰语)(宾语). 他看见那女人的丈夫。(《鸟》794）

(57) οὐκ εἶδον(谓语) οὕτως ἄνδρ'(中心语) ἄγροικον ... | οὐδ' ἄπορον

οὐδὲ σκαιὸν οὐδ' ἐπιλήσμονα | ὅστις σκαλαθυρμάτι' ἄττα μικρὰ μανθάνων | ταῦτ' ἐπιλέλησται πρὶν μαθεῖν(宾语). 我没有见过如此粗鄙、如此无能、如此笨拙、如此健忘之人——以至于，如果学什么琐碎小事，他在学完之前就会忘掉它们。(《云》628–631)[这几个形容词和 ὅστις 从句可视作一个长长的名词短语中 ἄνδρα 的修饰语；这种 ὅστις 从句见 50.25][1]

修饰语的类型

26.17 以下几类修饰语在性、数和格上与中心语一致（见 27.7）：

• 定冠词（详见第 28 章）；

• 指示、不定、疑问和物主代词（详见第 29 章），例如：

(58) ταύτης(修饰语) ... τῆς(修饰语) ἡμέρας(中心语) τοῦτο(修饰语) τὸ(修饰语) τέλος(中心语) ἐγένετο. 这天就这样结束了。(色《上》1.10.18)[ταύτης 与 ἡμέρας 一致，τοῦτο 与 τέλος 一致]

(59) τίνα(修饰语) γνώμην(中心语) ἔχεις περὶ τῆς πορείας; 关于[行军]路线，你持有什么观点？（色《上》2.2.10）[τίνα 与 γνώμην 一致]**

• 数词：基数词 εἷς[一]、δύο[二]，序数词 πρῶτος[第一]、δεύτερος[第二]（详见第 9 章）。诸如 ἄλλος[其他的]、ἕτερος[另外的]（详见 29.48–52）和 λοιπός[剩余的；另外的]等等的形容词也可视作序数词，例如：

(60) αἰτεῖ αὐτὸν(宾语) ... δισχιλίους(修饰语) ξένους(中心语).
[阿瑞斯提璞珀斯]向[居鲁士]索要了两千名外邦[士兵]。(色《上》1.1.10)[δισχιλίους 与 ξένους 一致]**

(61) ἀφικνοῦνται ἐπὶ τὸ ὄρος τῇ(修饰语) πέμπτῃ(修饰语) ἡμέρᾳ(中心语). 他们在第五天抵达那座山。(色《上》4.7.21)[πέμπτῃ 与 ἡμέρᾳ 一致]

• 量词（quantifier）：某些表示数量的形容词，诸如 πολύς[多的]、ὀλίγος[少的]、πᾶς[整个的；全部的]和 ἕκαστος[全部的；每一个]，例如：

(62) ἦρχον δὲ τότε πάντων(修饰语) τῶν(修饰语) Ἑλλήνων(中心语) οἱ Λακεδαιμόνιοι. 而拉刻代蒙人当时统治着所有希腊人。(色《上》6.6.9)[πάντων 与 Ἑλλήνων 一致]

• [其他]形容词和分词（见第 52 章），例如：

---

① πρίν 和它所带的不定式 μαθεῖν 见 47.14。

(63) τὴν(修饰语) δὲ Ἑλληνικὴν(修饰语) δύναμιν(中心语) ἤθροιζεν. 而[居鲁士]聚集起希腊人[组成]的武装力量。(色《上》1.1.6) [形容词作修饰语; Ἑλληνικήν 与 δύναμιν 一致]

(64) ἧκον(谓语) ... οἱ(修饰语) προπεμφθέντες(修饰语) σκοποί(中心语). 先前派出的斥候到了。(色《上》2.2.15) [分词作修饰语; προπεμφθέντες 与 σκοποί 一致]**

注一: 这几类修饰语的相对位置(特别是相对于冠词的位置), 见 28.11。

注二: 其中大多数代词、数词和形容词(或分词)也可以与名词处于谓语性关系, 或是作谓语性补语(见 26.8), 或是作谓语性修饰语(见 26.26)。

26.18 以下几类修饰语不与其中心语一致——

- 定语性属格(attributive genitive): 属格形式的名词短语或代词常常在名词短语中充当修饰语(详见 30.28–29), 例如:

(65) τὸ(修饰语) Μένωνος(修饰语) στράτευμα(中心语) ... ἐν Κιλικίᾳ ἦν. 美农的部队当时在奇利奇阿。(色《上》1.2.21)

(66) ἐστεφανωμένους τοῦ ξηροῦ χιλοῦ(修饰语) στεφάνοις(中心语). 戴着干草制成的花环。(色《上》4.5.33) [注意, 属格形式的修饰语 τοῦ ξηροῦ χιλοῦ 作为一个名词短语有自己的内部结构: χιλοῦ 是中心语, τοῦ 和 ξηροῦ 是修饰语]

(67) ᾤχοντο ἀπελαύνοντες εἰς τὸ(修饰语) ἑαυτῶν(修饰语) στρατόπεδον(中心语). 他们驱马离开, 去往自己的军营。(色《上》7.6.42)

注一: 这类属格相对于冠词的位置(若有冠词), 见 28.15。

注二: 在某几种用法中, 定语性属格也可用作谓语性补语, 详见 30.26。

- 副词或介词短语, 例如:

(68) παίουσιν ... τοὺς ἔνδον(修饰语) ἀνθρώπους(中心语). 他们冲击那些在[堡垒]里面的人。(色《上》5.2.17)

(69) ὁρῶσι τὰ ἐπὶ ταῖς πύλαις(修饰语) πράγματα(中心语). 他们看到城门附近[在发生]的事情。(色《上》7.1.17)

- 关系从句, 详见第 50 章。

中心语的类型

26.19 名词短语的中心语通常是一个名词, 如例句 53–57 所示。专有名词亦属此类, 例如:

(70) εἶδε τὸν（修饰语）Κῦρον（中心语）.

他看见了居鲁士。（色《教》3.2.15）

(71) πικρὰν（修饰语）Ἑλένην（中心语）ὄψει.

你就会看到一个痛苦的海伦。（阿《地》853）

26.20 上文（26.17–18）所列的大多数修饰语也可以充当中心语，不过，这种用法尤其见于带冠词的情况（见 28.23）：

- 形容词和分词作中心语，一般带冠词，有时也带其他修饰语：

(72) τοιγαροῦν αὐτῷ οἱ（修饰语）μὲν καλοί τε καὶ ἀγαθοὶ（中心语）τῶν συνόντων（修饰语）εὖνοι ἦσαν, οἱ（修饰语）δὲ ἄδικοι（中心语）ἐπεβούλευον. 从而，同伴中那些美好且优秀的人就对他心怀善意，而那些不正义的人就密谋反对他。（色《上》2.6.20）［形容词作中心语］

(73) πολλοὶ ... ἦσαν οἱ（修饰语）τετρωμένοι（中心语）.

伤员众多。（色《上》3.4.30）［分词作中心语］

- 定语性属格、副词和介词短语作中心语，总是带冠词：

(74) τὰ（修饰语）τῶν θεῶν（中心语）καλῶς εἶχεν.

涉及诸神的事情进展顺遂。（色《上》3.2.9）

(75) εἶχε δὲ τὸ μὲν δεξιὸν Μένων καὶ οἱ（修饰语）σὺν αὐτῷ（中心语）.

美农以及与他在一起的人居右［翼］。（色《上》1.2.15）

26.21 对于这些用法而言，阳性形式和带阳性冠词的形式表示男人或者混杂的人群，阴性形式表示女人，中性形式表示事物、概念等等，例如：οἱ ἀγάθοί［优秀的男人们；优秀的人们］、αἱ ἀγαθαί［优秀的女人们］和 τὰ ἀγαθά［各种好东西；各种益处］。

代词、量词和基数词的代词性用法和限定词性用法

26.22 除了上述类型的中心语之外，各种代词和量词——偶尔还有基数词——也可充当中心语。对于这些形式，我们区分两类用法：

- 代词性用法（pronominal use），此时代词或量词作中心语；
- 限定词性用法（adnominal use），此时代词或量词作修饰语。

就代词性用法而言，这些形式通常无法受冠词或其他修饰语的修饰（但也有例外）。换而言之，这些代词或量词本身用作名词短语，例如：

(76) οὗτοι（中心语）... βαρβάρους ἀνθρώπους ἔχουσιν.

他们拥有蛮族人［作为奴隶］。（色《回》2.7.6）［代词性用法］

(77) ἔχουσι δὲ οὗτοι(修饰语) οἱ(修饰语) ἄνθρωποι(中心语) ἀνὰ ὀκτὼ δακτύλους ἐφ' ἑκατέρᾳ χειρί. 而这些人在每只手上有多达八根的手指。(克忒西阿斯残篇朗方[Lenfant]本 45.561–562)[限定词性用法]

(78) καὶ ἅμα ἐφθέγξαντο πάντες(中心语) ... καὶ πάντες(中心语) δὲ ἔθεον. 并且，同时，所有人都发出呐喊……所有人又奔跑起来。(色《上》1.8.18)[代词性用法][1]

(79) πάντες(修饰语) οἱ(修饰语) περὶ αὐτὸν(修饰语) φίλοι(中心语) καὶ συντράπεζοι(中心语) ἀπέθανον. [居鲁士]身边所有的朋友和同桌进餐的人都死了。(色《上》1.9.31)[限定词性用法]

注一：人称代词、反身代词和相互代词仅有代词性用法（见第 29 章）。

注二：所谓的自主关系从句（本身充当名词短语的关系从句），见 50.7。

26.23 就代词性用法而言，阳性形式表示男人或者混杂的人群，阴性形式表示女人，中性形式表示事物、概念等等，例如：

οἵδε 这些男人/这些人；　　εἷς 一个男人/一个人；
αἵδε 这些女人；　　μία 一个女人；
τάδε 这些事物/这些；　　ἕν 一件事情/一个东西。

同　位

26.24 如果两个单词或者词组处于并列关系而无并列小品词（τε 或 καί，见 59.20–22、59.37），并且其中一个限定或修饰另一个，那么这种现象就称作同位（apposition），用来限定或修饰的单词或词组就是同位语（appositive）。两个名词短语（各自带有中心语）可以这种方式共同充当一个成分，例如：

(80) ἡ δ' ἡμετέρα πόλις(中心语), ἡ κοινὴ καταφυγὴ(中心语) τῶν Ἑλλήνων ... νῦν οὐκέτι περὶ τῆς τῶν Ἑλλήνων ἡγεμονίας ἀγωνίζεται. 而我们的城邦，希腊人共同的避难所，如今不再争夺希腊人的领导权。(埃《演》3.134)[组合起来的短语 ἡ δ' ἡμετέρα ... Ἑλλήνων 作 ἀγωνίζεται 的主语]

(81) τὴν θυγατέρα(中心语), δεινόν(中心语) τι κάλλος καὶ μέγεθος ... ἐξάγων ὧδ' εἶπεν· ... 他把女儿，一位在美貌和身材上令人惊异的[姑娘]，领了出来，然后这样说："……"(色《教》5.2.7)[组合起来的短语 τὴν ... μέγεθος 是 ἐξάγων 的宾语]**

[1] 起始未完成时 ἔθεον 见 33.52 例句 79。

同位中的一致关系见 27.13–14。

26.25 在古希腊语中，表示年龄、性别、职业、地位和地理来源的特定名词尤其常见于同位现象。属于这类名词的有 ἀνήρ[男人]、ἄνθρωπος[人类；世人]、γυνή[女人]和 Ἕλλην[希腊人]等等，例如：

(82) ἀπόκριναί μοι, τίνος οὕνεκα χρὴ θαυμάζειν ἄνδρα ποιητήν;

回答我，为何应该尊敬作诗之人？（《蛙》1008）[在这种情况下，ἀνήρ 不应译得过于简单]

(83) ἀλαλάξαντες οἱ Ἕλληνες πελτασταὶ ἔθεον.

希腊轻盾兵呐喊着奔跑起来。（色《上》6.5.26）

ἀνήρ 的呼格常用于[礼貌的]称呼，例如：(ὦ) ἄνδρες δικασταί[诸位审判员(啊)]、(ὦ) ἄνδρες πολῖται[城邦民们(啊)]。

谓语性修饰语

26.26 一些成分在充当状语的同时也修饰名词短语的中心语。这种成分称作**谓语性修饰语**（predicative modifier）。谓语性修饰语以形容词和分词（尤其是分词）的形式出现，在性、数和格上与其所修饰的名词一致，例如：

(84) ἀναστὰς(谓语性修饰语) ... εἶπε(谓语) Ξενοφῶν(主语)· ...

色诺芬站起来说道："……"（色《上》3.2.34）[分词 ἀναστάς 与主语 Ξενοφῶν 在性、数和格上一致，因为它描述的是色诺芬；与此同时，这个分词充当状语，描述的是色诺芬发言时的情状或时间]

(85) οἱ Ἕλληνες(主语) ἔθεον(谓语) ἐπὶ τὰ ὅπλα ... ἐκπεπληγμένοι(谓语性修饰语). 希腊人受了惊，跑向武器。（色《上》2.5.34）[分词 ἐκπεπληγμένοι 与主语一致，它描述的是希腊人；与此同时，这个分词充当状语，描述的是希腊人奔跑时的方式或情状]

(86) προσβάλλουσι(谓语) πρὸς τὸν λόφον ὀρθίοις(谓语性修饰语) τοῖς λόχοις(状语). [希腊人]以纵向连队向山脊进攻。（色《上》4.2.11）[形容词 ὀρθίοις 与 τοῖς λόχοις 一致，它描述的是队形；与此同时，ὀρθίοις τοῖς λόχοις 作为状语，描述进攻的方式]

注一：例句 84、85 中分词的这种所谓的情状性用法（无疑也是最常见的用法）见 52.29–45。

注二：谓语性修饰语相对于中心语和冠词的位置（若有冠词），见 28.11。

打断句子结构的成分和外在于句子结构的成分

插入语

26.27　句子可能被其他句子（插入语[parenthesis]）打断。插入语通常相对短小，并且常常带有某种形式的评论，例如：

(87) ἃ πρέπει, οἶμαι ἔγωγε, ἀνδρὶ εἰπεῖν καὶ ὁποῖα γυναικί ...

[诵诗人会知道]——至少我[这样]认为——那些适合一个男人说的话和那些适合一个女人说的话。(《伊翁》540b)

(88) ἆρα ὁποῖα ἄρχοντι, λέγεις, ἐν θαλάττῃ χειμαζομένου πλοίου πρέπει εἰπεῖν, ὁ ῥαψῳδὸς γνώσεται κάλλιον ἢ ὁ κυβερνήτης;

那么，你说的是，诵诗人比舵手更懂得，当船只在大海中遭受风暴时船长应该说哪种话？（《伊翁》540b）

插入句（parenthetical sentence/clause）也可用来提前引入涉及后文主句的重要信息，例如：

(89) ταῦτα νομίζων, ἦν γάρ οἱ τῶν αἰχμοφόρων Γύγης ... ἀρεσκόμενος μάλιστα, τούτῳ τῷ Γύγῃ ... τὰ σπουδαιέστερα τῶν πρηγμάτων ὑπερετίθετο ὁ Κανδαύλης. 由于[他]这样认为——他的侍卫中有个巨革斯，最让人满意——坎道勒斯就把相当重要的事情透露给这位巨革斯。(《原史》1.8.1)[γάρ的这种用法见 59.15]

外在于句法结构的成分

26.28　一些成分外在于句子，亦即，这些成分并非谓语、补语或修饰语所构成的句法结构中的一个部分。最常见的情况是——

- 各种表达称呼的形式（见 30.55），例如：

(90) φιλοσόφῳ μὲν ἔοικας, ὦ νεανίσκε.

年轻人啊，你像个哲人。(色《上》2.1.13)

- 感叹句、感叹词等（以及回答中的 **ναί**[是的；对]），例如：

(91) ἀλλὰ μὰ τοὺς θεοὺς οὐκ ἔγωγε αὐτοὺς διώξω.

但凭诸神起誓，至少我不会追赶他们。(色《上》1.4.8)

(92) παπαῖ, φεῦ. | παπαῖ μάλ', ὦ πούς, οἷά μ' ἐργάσῃ κακά.

哎呦呦，哎呦喂，脚啊，你会给我造成这般痛苦！(索《菲》785–786)

(93) φεῦ τοῦ ἀνδρός.

这个人，哎呀！(色《教》3.1.39)［这个属格的用法见 30.30］

(94) ἐνταῦθα δὴ ἀναγιγνώσκει αὐτὸν καὶ ἤρετο· Ἦ σὺ εἶ ὁ τὸν κάμνοντα ἀγαγών; Ναὶ μὰ Δί', ἔφη· Σὺ γὰρ ἠνάγκαζες. 就在这时，[色诺芬]认出了他，并且问道："你就是那个运送病号的人吗？""对，凭宙斯起誓！"他说，"因为你强迫[我这样做]。"（色《上》5.8.6）

26.29 其他一些在句法结构之外的成分（或者说，没有句法结构的成分）是：

- 列表条目，例如：

(95) Σπαρτόλιοι : HH Αἰραῖοι : HHH

斯帕尔托洛斯人：200；埃赖人：300。（*IG* I³ 259, col. III, 24–25）[这是一份刻在石头上的贡赋列表，出土于雅典；这些数字见 9.13]

- 标题，例如：

(96) Ξενοφῶντος Κύρου Ἀναβάσεως λόγος πρῶτος. Δαρείου καὶ Παρυσάτιδος γίγνονται παῖδες δύο ... 色诺芬《居鲁士上行记》第一卷。大流士和帕律撒提斯育有二子……（色《上》1.1）

这些成分一般都以主格的形式出现（不过，例句 95 中的主格也可解释作一个被省略的动词的主语——这个动词意为给予、支付或类似含义）。注意，例句 96 中的属格 Ξενοφῶντος Κύρου Ἀναβάσεως 是三个定语（Ἀναβάσεως 修饰 λόγος，Κύρου 修饰 Ἀναβάσεως，Ξενοφῶντος 修饰 Κύρου Ἀναβάσεως）。

第 27 章　一致关系

主语和限定动词的一致

基本规则

27.1　对于主语和限定动词一致（agreement）而言，基本规则是限定动词在人称和数上与其主语一致，例如：

ἡ ναῦς ἀνάγεται. 那艘船在启程。[第三人称单数]

αἱ νῆες ἀνάγονται. 那些船在启程。[第三人称复数]

ἡμεῖς ἀναγόμεθα. 我们在启程。[第一人称复数]

例外情况

27.2　如果主语是中性复数，那么动词一般就是单数，例如：

(1) τὰ ἔθνη ταῦτα τῇ πόλει πολέμια ἦν.

这些部落当时与那城邦为敌。（《佩战》5.51.2）

(2) οὐ καθεῖτο τείχη ὥσπερ νῦν.

城墙当时不像现在这样修到[桥边]。（《佩战》4.103.5）

然而，此时动词也可以用复数，强调主语由多种个体组成，例如：

(3) τοσάδε μὲν μετὰ Ἀθηναίων ἔθνη ἐστράτευον.

如此多的部族都与雅典人一起出战。（《佩战》7.57.11）[这是一句总结，前文逐一列举了参战的部族]

(4) ἦσαν δὲ ταῦτα δύο τείχη, καὶ τὸ μὲν ... , τὸ δὲ ... 而当时有两道墙，并且一道……，另一道……（色《上》1.4.4）[注意数词]

27.3　如果主语是双数，那么动词可以是双数，也可以是复数。如果主语在含义上是两个对象而在语法上是复数，那么动词有时也会用双数。例如：

(5) τὼ ἄνδρε ... ἐγενέσθην φύλακε.

两个人都成为了卫兵。（色《希》4.4.8）[主语双数，动词双数]

(6) ἔλεξαν γὰρ ... ὅτι αὐτώ με τὼ θεὼ παραγάγοιεν. 因为他们说，那两位女神把我引入了歧途。（安多《演》1.113）[主语双数，动词复数]

(7) τῶν δὲ Ἀργείων δύο ἄνδρες, Θράσυλός τε ... καὶ Ἀλκίφρων ... , Ἄγιδι διελεγέσθην μὴ ποιεῖν μάχην.

阿尔戈斯[军队]中的两个人，特剌叙洛斯和阿珥奇弗戎，对阿吉斯进言说不要发动战斗。（《佩战》5.59.5）[主语复数，动词双数]

27.4 如果句中有多个主语，那么动词一般用复数。然而，有时也会用单数，尤其是在动词位于第一个单数主语之前的时候。例如：

(8) Εὐρυμέδων καὶ Σοφοκλῆς ... ἀφικόμενοι ἐς Κέρκυραν ἐστράτευσαν ... 厄乌律美冬和索佛克勒斯在到达科西拉岛后……发动进攻。（《佩战》4.46.1）[多个主语，动词用复数]**

(9) ἔλεγε δὲ ὁ Στύφων καὶ οἱ μετ᾽ αὐτοῦ ὅτι ...

而斯缇丰以及那些与他在一起的人说……（《佩战》4.38.2）[动词只与 ὁ Στύφων 一致而不与另一个主语一致]

(10) πάρειμι καὶ ἐγὼ καὶ οὗτος Φρυνίσκος ... καὶ Πολυκράτης.

我本人、这位弗律尼斯科斯和珀吕克剌忒斯都在场。（色《上》7.2.29）[动词只与 ἐγώ 一致，而不与另外两个主语一致；注意，πάρειμι 在人称上也只与 ἐγώ 一致]

27.5 如果主语有多个且人称不同，那么动词就用复数。此时，若有第一人称主语则动词用第一人称，若无第一人称则动词用第二人称。不过，在这条一般规则之外，经常出现例外情况，例如：

(11) ἀεὶ γὰρ ἐγὼ καὶ ὁ σὸς πατὴρ ἑταίρω τε καὶ φίλω ἦμεν.

因为我和你的父亲始终是一对伙伴和朋友。（《拉刻斯》180e）

(12) οὐ σὺ μόνος οὐδὲ οἱ σοὶ φίλοι πρῶτοι καὶ πρῶτον ταύτην δόξαν ... ἔσχετε. 你本人和你的朋友均未最先、最早持有这个意见。（《法义》888b）

(13) ἐὰν ὑμεῖς τε καὶ οἱ θεοὶ θέλωσιν. 如果你们和诸神愿意……（安提《演》1.20）[其中一个主语是第二人称，但动词是第三人称]

27.6 动词可能在含义而非语法形式上与主语保持数的一致。这种现象被称作根据含义而来的结构（sense construction，拉丁语 *constructio ad sensum*，古希腊语 κατὰ σύνεσιν）。比方说，如果主语是单数但表达一个集合，那么动词就可以用复数的形式。例如：

(14) τοιαῦτα δὲ ἀκούσασα ἡ πόλις ... Ἀγησίλαον εἵλοντο βασιλέα.

而这城邦听了这样的话就选了阿革西拉欧斯为国王。（色《希》3.3.4）

(15) φρουρὰ μία τῶν περὶ τὴν χώραν ... ξυνεσελθεῖν μὲν ἐς τὸ τεῖχος οὐκ ἠθέλησαν. 这地区的一支守军不愿一同进入堡垒。（《佩战》4.57.2）

中心语和修饰语的一致　谓语性修饰语和补语的一致

基本规则

27.7　冠词、形容词、分词、限定词性用法的代词和数词在性、数和格上与其修饰的中心语一致，例如：

ὁ σοφὸς ἀνήρ 那个智慧的男人；［阳性单数主格］

τοῖς σοφοῖς ἀνδράσιν 那些智慧的男人；［阳性复数与格］

ἡ γυνή ἡ σοφὴ 那个智慧的女人；［阴性单数主格］

τούτων τῶν γυναικῶν 那些女人；［阴性复数属格］

εἷς ἀνήρ 一个男人；［阳性单数主格］

μία γυνή 一个女人。［阴性单数主格］

充当谓语性修饰语（见 26.26）或者谓语性补语（见 26.8–12）的形容词、代词等等也在性、数和格上与其中心语或主语一致，例如：

ἡ γυνὴ σοφή

那个女人是智慧的。［阴性单数主格，形容词在谓语性位置］

注一：并非每一个形容词和代词都有单独的阳性或阴性形式（二尾形容词见 5.7–11）。然而，这并不意味着基本规则失效（比如在 ἄδικος γυνή［不义的女人］中，ἄδικος 是阴性形式）。

注二：只有部分数词会变格。不变格的数词见 9.2–5。

注三：其他类型的修饰语并不与其中心语一致，尤其是定语性属格、副词以及介词短语，详见 26.18。

例外情况

27.8　对于阳性和阴性的抽象名词而言，其谓语性补语常常可以是中性的形容词。这种情况尤其见于普遍规律和格言性表述，例如：

(16) σοφὸν ... ἡ προμηθίη. 先见是智慧的。（《原史》3.36.1）

(17) καλὸν μὲν ἡ σωφροσύνη τε καὶ δικαιοσύνη, χαλεπὸν μέντοι καὶ ἐπίπονον. 节制和正义是美好的，却又困难而艰辛。（《邦制》364a）

27.9　如果指示代词作主语并且带系动词和谓语性名词，那么这个指示代词既可以与那个名词一致，也可以使用中性形式，例如：

(18) παρὰ τῶν προγεγενημένων μανθάνετε· αὕτη γὰρ ἀρίστη διδασκαλία. 你们要从已经发生的事情中学习，因为这是最好的教导。（色《教》8.7.24）

(19) εἰ δέ τις ταύτην εἰρήνην ὑπολαμβάνει ...
但如果有谁将此理解为和平……（德《演》9.9）
(20) τοῦτ᾽ ἐστὶν ἡ δικαιοσύνη.
这[种德性]就是正义。(《邦制》432b）[中性主语]

先行词和关系代词的一致

基本规则

27.10 关系代词在性和数上与其先行词一致，但是它的格取决于它在关系从句中的句法功能（详见 50.8)，例如：

ἡ ναῦς ἣ ἀνάγεται 那艘正在启程的船。[关系代词和先行词均为阴性单数，前者在关系从句中作主语，故用主格]

ἡ ναῦς ἣν ὁρᾷς 那艘你看见的船。[关系代词和先行词均为阴性单数，前者在关系从句中作宾语，故用宾格]

例外情况

27.11 根据含义而来的结构（见 27.6）常见于关系代词，例如：

(21) ... ἀπὸ Πελοποννήσου παρεσομένης ὠφελίας, οἳ τῶνδε κρείσσους εἰσί ……由于援助会来自佩洛璞斯岛[人]那里——他们比这些人强大。(《佩战》6.80.1）

27.12 其他例外情况，尤其是关系词的同化，见 50.13–14。

同位现象中的一致

27.13 同位语（见 26.24–25）在格上与其对应的单词一致，但是有其自己的性和数，例如：

(22) Θῆβαι, πόλις ἀστυγείτων 忒拜，毗邻之邦；（埃《演》3.133）
(23) τὴν θυγατέρα, δεινόν τι κάλλος καὶ μέγεθος ... ἐξάγων ὧδ᾽ εἶπεν· ...
他把女儿，一位在美貌和身材上令人惊异的[姑娘]，领了出来，然后这样说："……"（色《教》5.2.7）**

27.14 同位现象中的一致关系有一些特殊情况——

- 物主代词（以及相当于物主代词的形容词）的同位语可以使用属格，例如：

(24) τὸν ἐμὸν ... τοῦ ταλαιπώρου ... βίον
我这可怜之人的生命；(《财神》33–34）

(25) <u>Ἀθηναῖος</u> ὤν, <u>πόλεως τῆς μεγίστης</u>

[你]作为雅典人——属于最伟大的城邦。(《申辩》29d)

- 整个分句或句子的同位语通常使用宾格(见 30.19),不过偶尔也会使用主格,例如:

(26) εὐδαιμονοίης, <u>μισθὸν</u> ἡδίστων λόγων.

祝你幸福——[这是]对至美之辞的报酬!(欧《厄》231)[宾格]

(27) τὸ λοίσθιον δέ, <u>θριγκὸς</u> ἀθλίων κακῶν, | δούλη γυνὴ γραῦς Ἑλλάδ' εἰσαφίξομαι. 而末了之事——诸多不幸的苦厄之顶点——我这个老太婆将去希腊为奴。(欧《特》489–490)[主格]

对于一些带中性[最高级]形容词的短语(比如 τὸ λοίσθιον[最终的事物;最终]、τὸ μέγιστον[最大的东西;最重要的事]、τὸ δεινότατον[最荒唐的事物]和 τὸ κεφάλαιον[要点;总之])而言,它们的主格尤其常用作分句的同位语,这些同位语引出并且限定后面的句子,例如:

(28) <u>καὶ τὸ πάντων δεινότατον</u>, ὑμεῖς μὲν τοῦτον οὐ προὔδοτε, ... οὗτος δ' ὑμᾶς νυνὶ προδέδωκεν. 而一切事情中最为荒唐的是,你们未曾背弃他,他如今却背弃了你们。(埃《演》3.161)

注一:跟在这种主格同位语后的分句有时用小品词 γάρ 来引导(在这种情况下,这个小品词可译作亦即或者略去不译,见 59.14),例如:

(29) <u>τὸ δὲ μέγιστον τῶν κακῶν</u>· δεδιότες <u>γὰρ</u> διατελοῦσιν μὴ Θηβαῖοι ... μείζοσιν αὐτοὺς συμφοραῖς περιβάλωσιν τῶν πρότερον γεγενημένων.

而他们最大的痛苦——亦即他们始终害怕忒拜人会使他们陷入比之前发生的那些不幸更大的不幸。(伊索《演》5.50)[注意,大部分校勘本在这里不仅用 γάρ,还用分号来隔开同位语和主句]

注二:与这种用法非常相似的结构是中性的关系代词 ὅ 引导关系从句作同位语的结构,例如:ὃ δὲ μέγιστον[而最重要的是]、καὶ ὃ πάντων θαυμαστότατον[并且所有事情中最令人惊奇的是]。这一结构见 50.12。

第28章 冠 词

定冠词的含义

基本含义

28.1 古希腊语有定冠词（ὁ, ἡ, τό，相当于英语 the），但没有不定冠词（相当于英语 a(n)）。古希腊语通过不带冠词的方式来表达不定冠词的含义，例如：

(1) πρῶτον μὲν ἠρεμεῖν δεῖ διδάσκειν τὸν ἵππον.

首先应该教会马儿静止不动。（《论骑术》7.8）

(2) οὐ γὰρ πώποτε ἐκτήσω ἵππον πλείονος ἄξιον ἢ τριῶν μνῶν.

因为你未曾有过一匹价值超过三姆纳的马。（伊赛《演》5.43）

冠词是定冠词的原因是，它指涉某个可确指的（identifiable）人或物。冠词表示所指的人/物是明确的，并且此人/物能与他人/物相区别。

注一：在英语不会使用定冠词的地方，古希腊语常常使用定冠词。

注二：不定代词 τις（在某种程度上相当于英语的 a(n)）见 29.38–42。

28.2 在散文中，不带冠词的做法一般是有含义的；而在诗歌中，冠词省略的情况则自由得多，例如：

(2) χολωθεὶς τέκτονας Δίου πυρὸς | κτείνω Κύκλωπας· καί με θητεύειν πατὴρ | θνητῷ παρ' ἀνδρὶ τῶνδ' ἄποιν' ἠνάγκασεν.

我[阿波罗]被激怒后杀死了那群圆目巨人，宙斯的制火者——而父亲逼我给有死的凡人当仆役，作为这些的补赎。（欧《阿》5–7）[τέκτονας ... Κύκλωπας、πυρός 和 πατήρ 都是可确指的，并且在散文中很可能会带冠词，而 θνητῷ ... ἀνδρί 在散文中很可能不带冠词]

所指对象之可确指性的确定依据

28.3 所指对象（referent）若在前文中已被提及，那么它通常就是可确指的，例如：

(4) κἂν ἄρα γέ τις ἵππον πριάμενος μὴ ἐπίστηται αὐτῷ χρῆσθαι, ἀλλὰ καταπίπτων ἀπ' αὐτοῦ κακὰ λαμβάνῃ, οὐ χρήματα αὐτῷ ἐστιν ὁ ἵππος;

那么，既然如此，如果有谁买了马而不懂得[如何]使用它，却从上面反复摔下来受伤，这马对于他来说就不是财富？（色《家》1.8）[第一次

提到马时，它还不是可确指的，因此不用冠词；第二次提到马时，它是可确指的，因此使用冠词][①]

28.4 如果所指对象在语境中显而易见或者凭借当前的语境而得以明确，那么所指对象就是可确指的，例如：

(5) ἱππεύς τις προσήλαυνε καὶ μάλα ἰσχυρῶς ἱδρῶντι τῷ ἵππῳ.

一名骑兵策马前来，而他[骑]的马大汗淋漓。（色《希》4.5.7）[骑兵暗示了马的存在，因此马在首次提及时就是可确指的；这里的冠词 τῷ 译作"他[骑]的"，见下注一]

(6) τῷ ἀνδρὶ ὃν ἂν ἕλησθε πείσομαι ᾗ δυνατὸν μάλιστα.

我会尽可能服从你们要选出的那个人。（色《上》1.3.15）[关系从句提供了信息，使得 τῷ ἀνδρί 可确指]**

注一：在许多情况下，名词只用冠词就能明确体现其属有者或来源（通常就是主语），无需像英语那样使用物主代词（见 29.24），如上例句 5 以及这个例句：

(7) περὶ τούτων γὰρ ὑμεῖς νυνὶ τὴν ψῆφον οἴσετε.

因为你们现在就会对这些事情投出自己的一票。（德《演》40.60）

28.5 普遍为人所知的所指对象是可确指的，例如：

(8) ὁ δὲ κολωνός ἐστι ἐν τῇ ἐσόδῳ, ὅκου νῦν ὁ λίθινος λέων ἕστηκε ἐπὶ Λεωνίδῃ. 小山就在入口，那里如今立着那尊献给勒欧尼达斯的石狮子。（《原史》7.225.2）[这座狮子雕像是著名的纪念物]

28.6 如果所指对象是作为一个整体的种类，那么它就是可确指的（此时的冠词称作类属冠词[generic article]——注意，在表达类属时，英语中常常并不使用定冠词），例如：

(9) οὐκ ἐκβάλλει δ' ἔνια αὐτῶν πλὴν τοὺς κυνόδοντας, οἷον οἱ λέοντες.

而其中一些[动物]不换牙，犬齿除外，比如狮子。（《论动物的生殖》788b16–17）[②]

(10) πονηρόν, ἄνδρες Ἀθηναῖοι, πονηρὸν ὁ συκοφάντης ἀεί.

雅典的诸位啊，告密者是卑鄙的，永远是卑鄙的。（德《演》18.242）

(11) ὁ ἀγαθὸς ἀνὴρ πάντας τοὺς φίλους εὖ ποιεῖ.

优秀的人善待所有的朋友。（《修辞术》1402b5）

28.7 如果一个名词表达抽象概念，那么它通常会带冠词（注意，

---

① 现在时分词 καταπίπτων 的翻译见 52.5。

② οἷον 见 50.32。

在这种情况下，英语中不使用定冠词），例如：

(12) ἡ σωφροσύνη ... καὶ αὐτὴ ἡ φρόνησις μὴ καθαρμός τις ᾖ.

节制和明智本身似乎就是某种净化。（《斐多》69c）[μή ... ᾖ 见 34.10]

(13) ἡ ἀρετὴ μᾶλλον ἢ ἡ φυγὴ σῴζει τὰς ψυχάς.

拯救性命的是勇气而非逃跑。（色《教》4.1.5）

28.8 专有名词常带冠词，如果名词所表示的人或地方广为人知或者在语境中十分突出，那么尤其会带冠词，例如：

(14) τοσαῦτα εἰπὼν ... ὁ Ἀρχίδαμος Μελήσιππον πρῶτον ἀποστέλλει ἐς τὰς Ἀθήνας. 说完如此这番话，阿尔奇达摩斯先把美勒西璞珀斯派遣到雅典。（《佩战》2.12.1）[在这部分叙述中，阿尔奇达摩斯是关注的主要焦点，而雅典则广为人知；相比之下，美勒西璞珀斯在这里被首次提及，并且不怎么有名]

注一：不过，在许多情况下，专有名词不带冠词的情况难以解释，并且这种现象取决于各个作者的习惯和偏好。

注二：名词 βασιλεύς[国王]在指波斯国王时通常不带冠词，即便他明显是可确指的。此时的 βασιλεύς 很像一个专有名词或头衔。

28.9 谓语性补语（见 26.8–12）通常不带冠词，因为它一般引入新的信息。不过，如果谓语性补语因为上文所述的原因之一而可确指（比如，因为相关概念之前已有所提及，或者因为谓语性补语表示一个类别），那么它就带冠词，例如：

(15) ὁ ἐρῶν τῶν καλῶν ἐραστὴς καλεῖται.

爱美好事物的人被称作有爱欲者。（《斐德若》249e）

(16) οἱ τιθέμενοι τοὺς νόμους οἱ ἀσθενεῖς ἄνθρωποί εἰσιν. 制定礼法的是弱者。（柏《高》483b）[这里用冠词是因为名词指代一类人；例句 15 中的 ὁ ἐρῶν、τῶν καλῶν 和此句中 οἱ τιθέμενοι 的冠词，见 28.23–25]

28.10 冠词表达可确指性这一原则也适用于同位现象（见 26.24–25）中的单词。如果同位语带冠词，那么就意味着带出这个同位语的单词经由同位现象中的信息而可确指，例如：

(17) Ἑκαταῖος δ᾽ ὁ λογοποιὸς ... οὐκ ἔα πόλεμον βασιλέϊ τῶν Περσέων ἀναιρέεσθαι. 但著述家赫卡泰欧斯不让[他们]向波斯人的国王发动战争。（《原史》5.36.2）[添加 λογοποιός 这个同位语，有助于通过著述家的身份来确指赫卡泰欧斯；不带冠词的 βασιλέϊ 见 28.8 注二]

(18) Θουκυδίδης Ἀθηναῖος ξυνέγραψε τὸν πόλεμον τῶν Πελοποννησίων

καὶ Ἀθηναίων. 修昔底德，雅典人，记下了佩洛璞斯岛人和雅典人的这场战争。（《佩战》1.1.1）[修昔底德首次向读者自我介绍；若用 Θουκυδίδης ὁ Ἀθηναῖος 则意为这位/那位雅典人修昔底德（亦即这一信息已为读者所知）]**

名词短语中冠词、中心语和修饰语的相对位置

定语性位置和谓语性位置

28.11 如果名词短语中的中心语受冠词和一个或多个其他修饰语（形容词、代词、数词和分词等等，见 26.17–18）的修饰，那么对于这种情况下的冠词、中心语和修饰语而言，我们区分两种词序——

- 修饰语的所谓的定语性位置（attributive position，修饰语直接在冠词之后），例如：

  ὁ <u>ἀγαθὸς</u> ἀνήρ 这个/那个好人；

  ὁ ἀνὴρ ὁ <u>ἀγαθός</u> 这个/那个好人；

  ἀνὴρ ὁ <u>ἀγαθός</u> 这个/那个好人。[相对少见]

- 修饰语的所谓的谓语性位置（predicative position，修饰语不直接在冠词之后），例如：

  <u>ἀγαθός</u> (...) ὁ ἀνήρ 这个/那个人好；

  ὁ ἀνὴρ (...) <u>ἀγαθός</u> 这个/那个人好。

注一：中心语和修饰语的两种可能位置（中心语-修饰语、修饰语-中心语）的差异见 60.15–16。

注二：ὁ ἀνὴρ ὁ ἀγαθός 和 ἀνὴρ ὁ ἀγαθός 这两种词序的差异在于中心语的可确指性：在冠词-中心语-冠词-修饰语这种搭配中，中心语本身就可确指，而修饰语的作用是来确认这就是意在指出的所指对象，或者是用来指定一个亚群；中心语-冠词-修饰语这种搭配相对少见，若不考虑修饰语所提供的信息，那么此时的中心语一般不可确指。

28.12 定语性位置和谓语性位置的一般区别如下——

- 定语性位置的修饰语描述所指对象的属性、特征，或者描述其来源、属有者或目标等等。因此，这种用法的修饰语一般用来确指（identify）中心名词的所指对象（比如英语 the good man，与其他人相对）：

(19) ταῦτα ... πράττειν, Αἰσχίνη, <u>τὸν καλὸν κἀγαθὸν πολίτην</u> ἔδει. 这些事，埃斯奇内斯啊，是美好且优秀的城邦民该做的。（德《演》18.306）

(20) τὸν χρυσοῦν στέφανον ... ἱερὸν εἶναι ... ὁ νόμος κελεύει.

法律规定，金冠是奉献给[雅典娜]的。（埃《演》3.46）

(21) ἐγὼ μὲν καὶ ἐτράφην καὶ ἐπαιδεύθην ... ἐν τῇ τοῦ πατρὸς οἰκίᾳ.

我在父亲家中得到了养育并且接受了教化。（德《演》40.50）

(22) συνέβη γὰρ αὐτῷ διὰ τὴν ἄφιξιν τὴν εἰς Κύπρον καὶ ποιῆσαι καὶ παθεῖν πλεῖστ' ἀγαθά. 因为他偶然地凭借到达塞浦路斯而实现并经历了诸多好事。（伊索《演》9.53）

(23) ἄν τις Ἀθηναίων ... ἑταιρήσῃ, μὴ ἐξέστω αὐτῷ τῶν ἐννέα ἀρχόντων γενέσθαι. 如果某个雅典人卖过身，那么就别允许他成为九名执政官之一。（埃《演》1.19）

• 谓语性位置的修饰语并不用来确指所指对象。其实，谓语性位置的形容词和分词涉及所指对象所处的情形（比如英语 I drink my coffee black、They found the premises deserted），例如：

(24) ἐπὶ ψυχρὸν τὸν ἰπνὸν Περίανδρος τοὺς ἄρτους ἐπέβαλε.

佩瑞安得若斯曾把面包放进冰凉的炉灶里。（《原史》5.92η.2）

(25) ἀθάνατον τὴν περὶ αὑτῶν μνήμην καταλείψουσιν.

他们将把关于自己的记忆流传千古。（伊索《演》9.3）

(26) τὰς τριήρεις ἀφείλκυσαν κενάς.

他们拖走那些空无一人的三层桨战船。（《佩战》2.93.4）

(27) οὐχ ... ἕνα τὸν ἀγῶνα περὶ τοῦ πράγματος ἐποιήσω, ἀλλὰ ἀμφισβήτησιν καὶ λόγον ὑπελείπου. 你并没有一次完成关于此事的审判，而是留下了争辩和论述[的余地]。（安提《演》5.16）

28.13 系动词所带的谓语性补语（见 26.8–9）总是在谓语性位置：

(28) κοινὴ ... ἡ τύχη καὶ τὸ μέλλον ἀόρατον. 机运是共有的，将来之事也不可见。（伊索《演》[1].29）[ἐστί 的省略见 26.13]

(29) πάντα ... τἄλλ' εὐτυχῆ τὴν πόλιν κρίνων, ἓν οὐδέποτ' εὐτυχῆσαι τοῦτο νομίζω. 尽管我判断这座城邦在其他各方面都有好运，但我认为在这个方面它从未交过好运。（德《演》62.55.1）

28.14 不过，许多类型的修饰语仅见于定语性位置或者仅见于谓语性位置。对于这些情况而言，上文所述的区分就不成立，详见 28.15–22。

定语性属格的位置

28.15　大多数定语性属格（attributive genitive，见 30.28–29；比如属有属格、主体属格和客体属格）既可在定语性位置，也可在谓语性位置，例如：

ὁ δῆμος ὁ <u>τῶν Ἀθηναίων</u> [属于]雅典的民众；

ὁ δῆμος <u>τῶν Ἀθηναίων</u> [属于]雅典的民众；

τὸ <u>Παυσανίου</u> μῖσος 对泡撒尼阿斯的厌恶；（《佩战》1.96.1）*

τὸ μῖσος <u>τῶν Λακεδαιμονίων</u>

对拉刻代蒙人的厌恶。（色《希》5.2.25）*

注一：这两种位置的差异似乎在于，在定语性位置中，属格对于中心名词的确指而言显得[更加]重要（比如，如果要区分雅典人和其他人，那么就会使用定语性位置）。不过，这两种位置的差异常常微不足道，另见 60.15–16。

28.16　然而，一些类型的定语性属格只能在一种位置上——

• 部分属格（partitive genitive，见 30.25、30.29）只能在谓语性位置，例如：

οἱ πλούσιοι <u>τῶν πολιτῶν</u> 城邦民中的富人；

<u>τούτων</u> οἱ πλεῖστοι 他们中的大多数人。

• 人称代词（μου、σου 等等，见 7.1、29.1）的定语性属格以及用作人称代词的 αὐτός 的属格（见 7.2、7.10 和 29.7）在用作定语时总是在中心语之后的谓语性位置，例如：

ἡ οἰκία <u>αὐτοῦ</u> 他的房子；

τὸν πατέρα <u>μου</u> διαβάλλοντες 诽谤我的父亲。（伊索《演》16.2）*

• 但是指示代词（τοῦδε 等，见 7.13–15）、反身代词（ἐμαυτοῦ 等，见 7.3）和相互代词（ἀλλήλων，见 7.6）的定语性属格都在定语性位置，例如：

τὸ <u>ταύτης</u> βιβλίον 她的书；

τὸ <u>ἑαυτοῦ</u> βιβλίον 他[自己]的书；

(30) χαίρουσιν ἐπὶ τοῖς <u>ἀλλήλων</u> κακοῖς.

人们对彼此的苦厄感到欢欣。（伊索《演》4.168）

注一：在这些用法中，谓语性位置的修饰语实际上并不充当谓语（充当谓语的情况见 26.8–12、28.12）。因此，这个术语有一定的误导性，应该仅限于描述词序。

指示代词和物主代词的位置

28.17 限定词性用法中的指示代词 ὅδε[这；此]、οὗτος[这；那]和 ἐκεῖνος[那；彼]总是处于谓语性位置。在散文中，受这些代词修饰的中心语几乎总是带有冠词，例如：

ὁ πόλεμος ὅδε 这场战争；

ἐν ταύτῃ τῇ πόλει 在那座城邦中；

ἐκεῖνο τὸ πάγκαλον ἔργον 那全然美好的作为。（柏《游》13e）*

注一：对于这些代词而言，我们同样不应认为谓语性位置暗示谓语性功能（对比 28.16 注一）。

注二：如果一个名词受指示代词修饰而不带冠词，那么就表明这个名词具有谓语性功能，散文中尤其如此，例如：

(31) ταύτην γὰρ τέχνην ἔχει. 因为他把这当作一门技艺。（吕《演》1.16）

[若用 ταύτην τὴν τέχνην ἔχει 则意为他有这门技艺，另见 29.34]

28.18 物主形容词 ἐμός[我的]、ἡμέτερος[我们的]等等一般在定语性位置，例如：

ἡ ἐμὴ μήτηρ 我的母亲；

πρὸς τοὺς σφετέρους ξυμμάχους 对付他们的盟友；（《佩战》1.97.1）①

συμφέρει τῇ πόλει τῇ ὑμετέρᾳ

[这些]对你们的城邦有益。（德《演》20.51）*

注一：这些形容词也可用作系动词所带的谓语性补语（见 26.8–10），从而当然可以用于谓语性位置，例如：

(32) καὶ ἕως μὲν ἂν ἐγὼ ζῶ, ἐμὴ γίγνεται ἡ ἐν Πέρσαις βασιλεία.

并且，只要我活着，波斯的王权就是我的。（色《教》8.5.26）

αὐτός 的位置

28.19 如果 **αὐτός** 用作形容词，那么它的含义就取决于它是在定语性位置还是谓语性位置（详见 29.7–13），例如：

ὁ ἀνὴρ αὐτός / αὐτὸς ὁ ἀνήρ 那人自己；[谓语性位置]

ὁ αὐτὸς ἀνήρ 那同一个人。[定语性位置]

---

① 原书 ξυμμάχους 作 συμμάχους，未标注出处。

量词的位置

28.20　许多量词，诸如 πᾶς[所有的；整个的]、ὅλος[整个的；全部的]等等，既可以在定语性位置，也可以在谓语性位置。位置不同，含义也不同，详见 29.45–52。

28.21　以下量词在有冠词时总是处于谓语性位置：**ἕκαστος**[每一个]、**ἑκάτερος**[两个中的每一个]、**ἄμφω/ἀμφότερος**[两个]，例如：

ἑκάτερον τὸ πάθος 两种经历中的每一个；（柏《帕》159a）*

ἑκάστη ἡ παρ' ἡμῖν ἐπιστήμη

我们身边的每一种知识；（柏《帕》134a）*

ἄμφω τὼ πόλεε 两座城邦。（《佩战》5.23.1）*

表达位置的形容词的位置（μέσος、ἄκρος 和 ἔσχατος 等等）

28.22　诸如 μέσος[中间的]、ἄκρος[高处的]和 ἔσχατος[极度的；极端的]等表达位置的形容词在定语性位置和谓语性位置的含义不同：

ἐν τῇ μέσῃ ἀγορᾷ 在中间的广场上；[存在三个或更多的广场]

ἐν μέσῃ τῇ ἀγορᾷ 在广场的中间；

εἰς τὸ ὄρος τὸ ἄκρον 向高山；

εἰς ἄκρον τὸ ὄρος 向山顶；

ἐν τῇ ἐσχάτῃ νήσῳ 在最后一个岛上；

ἐν ἐσχάτῃ τῇ νήσῳ 在那座岛的边缘。

充当实词化工具的冠词

28.23　如果一个定冠词修饰一个不是名词的单词或词组，那么后者就被实词化（substantivize），从而充当名词短语的中心语（见 26.16、26.20–21）。这种结构中的冠词是实词化工具（substantivizer）。

28.24　根据所用冠词的性属，这类结构可以表示男人和普遍意义上的人（使用阳性冠词）、女人（使用阴性冠词）以及事物和概念（使用中性冠词），例如：

ὁ ἀγαθός 好男人/好人；

ἡ ἀγαθή 好女人；

τὸ ἀγαθόν 好东西/好；

οἱ ἀγαθοί 好男人们/好人们；

αἱ ἀγαθαί 好女人们；

τὰ ἀγαθά 各种好东西/各种益处。

另外，这种结构可以用来确指一个大群体中的子集，这个大群体可能通过部分属格（见 30.25、30.29）表达出来，或是由语境来暗示：

(33) τοὺς μὲν δὴ ἱππέας ἐδέξαντο οἱ ἀγαθοὶ τῶν Περσῶν.

波斯人中的精锐便暴露在[希腊]骑兵[的攻击]下。（色《阿》1.32）

(34) ... οἱ τὰς πολιτείας καθιστάντες, οἵ τε τὰς ἀριστοκρατικὰς καὶ οἱ τὰς ὀλιγαρχικὰς καὶ πάλιν οἱ τὰς δημοκρατικάς ...

……那些建立政制的人——那些[建立]贤良制的人、那些[建立]寡头制还有那些反而[建立]民主制的人……（《邦务》1288a21–22）[第一个 τάς 修饰 πολιτείας，而其他的冠词都充当实词化工具]

注一：略。①

28.25 下面几种单词或词组常常由冠词来实词化——

• 形容词（此时冠词通常是类属冠词，见 28.6；另见 52.48）：

τὸ κακόν 苦厄/邪恶； οἱ πολλοί 多数人/民众；

τὸ δίκαιον 正义； ἡ δύστηνος 不幸的女人。

• 分词（不受时态和语态限制，此时的冠词通常是类属冠词，见 28.6），例如：

ὁ ἐρῶν 爱欲者/情人；

ὁ βουλόμενος 任何愿意的人；②

οἱ τεθνηκότες 逝者；

τὰ γενόμενα 已发生的事情/事件；

(35) ... ὅπως ὦσι καὶ οἱ ποιήσοντες ἡμῖν τὰ ἐπιτήδεια.

……以使也会有人为我们提供给养。（色《教》4.2.40）

(36) μετέγνων καὶ τὰ πρόσθ' εἰρημένα.

我甚至后悔[讲出]之前所说的话。（欧《美》64）

• 副词，例如：

οἱ ἔνδον 里面的人；

οἱ πέλας 附近的人；

οἱ νῦν 现在[活着]的人；

οἱ πάλαι 很久之前的人/祖先；

τὸ νῦν / τὰ νῦν 眼下这个时候；[常用作副词，意为现在]

---

① 原文作：In translation, a relative clause often conveys such senses well: e.g. τὰ ἀγαθά *the things that are good*, οἱ σοφοί *men who are wise*. Also note the translation of οἱ ... καθιστάντες in (34). 例句 34 中 οἱ ... καθιστάντες 的英译作 those who introduce。

② 见 52.48 注一。

τὸ πρότερον 上一次。[常用作副词，意为先前，见 6.13]

- 介词短语，例如：

οἱ ἐν τέλει 掌权者；

οἱ ἐπὶ τῶν πραγμάτων 主事者/当局；

οἱ ἐπ᾽ ἐμοῦ 与我同时代的人/与我同辈者；

οἱ ἐν τῇ ἡλικίᾳ 正当其时者/年富力强者/青壮。(《佩战》8.75.3) *

- 定语性属格（常带中性冠词表达涉及……的事情），例如：

οἱ Ξέρξου 克色尔克色斯的手下；

τὸ τῶν Ἑρμῶν 涉及赫尔墨斯像的事情；(《佩战》6.60.4) ***

τὰ τοῦ γήρως 老年的[遭际/代价]；(色《回》4.8.8) *

(37) τὰ τοῦ δήμου φρονεῖ.

[这篮子]考虑到了关乎民众的事情。(《骑士》1216)

(38) ἄδηλα ... τὰ τῶν πολέμων. 战争之事晦暗不明。(《佩战》2.11.4)

- 不定式，带中性冠词（带冠词的不定式的句法见 51.38–46)：

τὸ ὑπὸ ἡδονῶν ἄρχεσθαι 被快乐掌控[的状态]。

ἐνικήσαμεν τῷ λέγειν 我们曾通过言说取胜。

- 整个词组、分句或句子，带中性冠词，例如：

(39) λέγω δὲ δεδημοσιευμένα οἷον τὸ γνῶθι σαυτὸν καὶ τὸ μηδὲν ἄγαν.

而我提到[的那些]众所周知的话就比如认识你自己和毋过度。(《修辞术》1395a21–22)

注一：如果名词短语具有类属含义，那么被实词化的形容词、分词、副词或介词短语的否定词就是 μή，例如 ὁ μὴ εἰδώς[任何一个不知道的人]；无类属含义的例子如 ὁ οὐκ εἰδώς[那个不知道的人]。见 56.16 注一。

冠词的代词性用法

28.26 在一些相当独特的情况下，冠词有代词性用法（亦即冠词本身充当名词短语，见 26.16)。

注一：这些用法是早期希腊语的残余——在早期希腊语中，冠词常用作代词。在荷马那里，冠词几乎仍旧完全用作指示代词，例如：

(40) τὴν μὲν ἐγὼ ... πέμψω. 我会将她送走。(《伊利昂纪》1.183–184)

这种用法在古典希腊语中大体消失了，但残存于一些特殊表达，详见后文。

28.27 并列的冠词与小品词 μέν 和 δέ 组合起来（比如 **ὁ μέν ... ὁ**

δέ，见 59.24），用来对比个体、群组等等，例如：

ὁ μέν ... ὁ δέ

那个人……另一人/某个人……另外某人/前者……后者；

οἱ μέν ... οἱ δέ 一些……另一些/前者……后者；

τὸ μέν ... τὸ δέ

一方面……另一方面/部分……部分；[亦作 τοῦτο μέν ... τοῦτο δέ]

(41) καὶ οἱ μὲν ὕπνον ᾑροῦντο κατὰ μέρος, οἱ δὲ ἤλαυνον.

并且他们轮流[行动]，一些人睡觉，另一些人划桨。(《佩战》3.49.3)

(42) σοφὴ γὰρ οὖσα, τοῖς μέν εἰμ' ἐπίφθονος, ... τοῖς δ' αὖ προσάντης.

因为我智慧，所以对一些人来说我令人嫉羡，对另一些人而言则令人鄙夷。(欧《美》303–305)

(43) ἆρ' οὖν ἐθελήσαις ἄν ... διατελέσαι τὸ μὲν ἐρωτῶν, τὸ δ' ἀποκρινόμενος; 那么你愿意继续吗，一方面问，一方面答？（柏《高》449b）

(44) τοῦτο μὲν δή, εἰ νικήσεις, τί σφεας ἀπαιρήσεαι, τοῖσί γε μὴ ἔστι μηδέν; τοῦτο δέ, ἢν νικηθῇς, μάθε ὅσα ἀγαθὰ ἀποβαλέεις.

那么一方面，你若打赢了，那么会从他们那里带走什么呢——他们其实一无所有？而另一方面，要是你被打败了，请想想你将失去多少好东西！(《原史》1.71.3) [εἰ νικήσεις ... ἢν νικηθῇς 见 49.5–6]**

28.28 与 δέ 组合起来的冠词（**ὁ δέ**、**ἡ δέ** 等等）若见于分句或句子的开头，那就意味着从一个话题（所提及的人或物，通常是主语，见 59.16）转移到了下一个话题。通常来说，新生话题（new topic）出现在上一个句子中。在这种情况下，ὁ δέ 就可以译作而他、但他或者然而他：

(45) Σίμων δὲ οὑτοσὶ καὶ Θεόφιλος ... εἷλκον τὸ μειράκιον. ὁ δὲ ῥίψας τὸ ἱμάτιον ᾤχετο φεύγων.

而这个西蒙和忒欧菲洛斯当时拖拽着那个男孩。但他扔下外衣逃走了。(吕《演》3.12) [第一个句子说的是当时拖拽着那个男孩的那些人，但句子确实提到了那个男孩，他在第二句中成为话题，由 ὁ δέ 指代]

(46) ἐγὼ τὴν γυναῖκα ἀπιέναι ἐκέλευον ... ἡ δὲ τὸ μὲν πρῶτον οὐκ ἤθελεν. 我当时吩咐这个女人离开，而她一开始却不愿意。(吕《演》1.12) [第一个句子中提到的妻子是第二个句子的话题]

28.29 καὶ ὅς[并且他]（宾格 καὶ τόν，阴性 καὶ ἡ，等等）也可表达话题的转移，不过相对少见得多。ὅς 是通过在冠词上添加阳性单数主格的词尾 -ς 来构成的。

同样的形式亦见于固定的惯用语 ἦ δ' ὅς[并且/而他说](见 12.42 注二)。

28.30 在短语 ὃς καὶ ὅς[某某人](宾格 τὸν καὶ τόν,中性 τὸ καὶ τό,等等)以及 πρὸ τοῦ[之前]中,冠词的用法类似。[1]

28.31 在诗歌中,冠词有时会用作关系代词,例如:

(47) ΟΡ. ἦ καὶ μετ' αὐτοῦ μητέρ' ἂν τλαίης κτανεῖν; | :: ΗΛ. ταὐτῷ γε πελέκει τῷ πατὴρ ἀπώλετο. 俄瑞斯忒斯:并且你真的会有勇气与他一同杀死[你的]母亲?厄勒克特剌:对,就用同一把斧子——[我的]父亲就是被它砍死的。(欧《厄》278–279)**

① 例如《斐德若》258a 的"ἔδοξέ" πού φησιν "τῇ βουλῇ" ἢ "τῷ δήμῳ" ἢ ἀμφοτέροις, καὶ "ὃς καὶ ὃς εἶπεν"[他或许会说"议事会决定"或"人民决定",或者提到两者,然后是"某某说"]以及《原史》4.68.5 的 τὰς βασιληίας ἱστίας ἐπιώρκηκε ὃς καὶ ὅς[某某人凭国王的灶台发伪誓]。

第 29 章　代词和量词

人称代词

对比性人称代词和非对比性人称代词

29.1　人称代词只有代词性用法（见 26.22–23），有带重音和不带重音两种形式（详见 7.1–2）。它们的差异在某种程度上就对应于**对比性**（contrastive）功能（强调功能）和**非对比性**（non-contrastive）功能（非强调功能）的差异。这两种功能的差异见 29.4–5、29.7。

	对比性代词		非对比性代词	
	第一人称	第二人称	第一人称	第二人称
单主	ἐγώ	σύ	—	—
属	ἐμοῦ	σοῦ	μου	σου
与	ἐμοί	σοί	μοι	σοι
宾	ἐμέ	σέ	με	σε
复主	ἡμεῖς	ὑμεῖς	—	—
属	ἡμῶν	ὑμῶν	ἡμῶν	ὑμῶν
与	ἡμῖν	ὑμῖν	ἡμῖν	ὑμῖν
宾	ἡμᾶς	ὑμᾶς	ἡμᾶς	ὑμᾶς

在阿提卡散文中，第三人称没有单独的人称代词，而是把 αὐτός 的斜格用作非对比性的第三人称代词（见 7.10、29.5 和 29.7）。

注一：复数斜格没有单独的形式来表达非对比性功能。不过在诗歌中，一些校勘者遵从古代的语法传统而区分出复数斜格的非对比性形式，详见 7.1 注二。

注二：无重音的人称代词（μου 等）是前倾词（见 24.34）。复数的非对比性形式（ἡμῶν 等）和用作人称代词的 αὐτός 的各种形式由于词序的原因（见 60.5）而显得如前倾词那般。

29.2　古老的第三人称代词形式（例如 οὗ/οὑ、οἷ/οἱ，这些形式见 7.2）在阿提卡散文中并不用作人称代词（但希罗多德这样用，见 25.28）。不过，这些形式实际上会用作间接反身代词（见 29.18）。

29.3　在肃剧中（希罗多德笔下亦然），μιν 常常用作第三人称代词的单数宾格形式，见 25.28。νιν 也在肃剧中用作单数和复数的第三人称代词宾格形式。

第一人称代词和第二人称代词

29.4 第一人称代词和第二人称代词有以下规则——

• 在表达主语时，如果主语带有某种[对比性的]强调含义，亦即区分这个主语与其他主语以明确主语的身份，或是强调主语的责任等等，那么大多数情况下就使用人称代词的主格（ἐγώ、ἡμεῖς、σύ 和 ὑμεῖς）。如果不需要作[对比性的]强调，那么动词形式的人称词尾就足以表达主语了，例如：

(1) ἐπεὶ ὑμεῖς ἐμοὶ οὐ θέλετε πείθεσθαι, ἐγὼ σὺν ὑμῖν ἕψομαι. 既然你们不愿服从我，我就会跟从你们。（色《上》1.3.6）[对比性强调]

(2) οὐδένες ὑμῶν ... μᾶλλόν εἰσιν αἴτιοι. οὐδὲ γὰρ δίκην ἔτι λαμβάνειν ἐθέλετε παρὰ τῶν ἀδικούντων. 没有谁比你们更应受责备。因为你们不再愿意将行不义者绳之以法。（德《演》23.204）[仅用人称词尾来表达主语“你们”，这个主语来自前一句，无需强调]

• 带重音的斜格形式的代词用来作对比性强调，还用于介词之后。若代词不表达强调含义，则使用不带重音的形式，例如：

(3) τί μᾶλλον ἐμοῦ σὺ ταῦτα κατηγορεῖς ἢ ἐγὼ σοῦ;

为何是你控诉我这些事情而非我控诉你呢？（德《演》18.196）

(4) καὶ πείσας ἐμὲ πιστὰ ... ἔδωκάς μοι καὶ ἔλαβες παρ' ἐμοῦ; 并且你说服我之后，你给予我保证又从我这里得到保证吗？（色《上》1.6.7）

(5) οὕτω μὲν ἃ κατηγόρηταί μου, πάντα ἄπιστά ἐστιν.

由此，所有控告我的话皆不可信。（安提《演》2.2.10）

注一：人称代词的斜格用作反身代词的情况（即前指主语），见 29.17–18。

第三人称代词

29.5 第三人称代词有以下规则——

• 在表达主语时，指示代词或者 αὐτός 的主格（强调性用法，见 29.9）可用来明确主语的身份，或者表达对比性的强调。在其他情况下，动词形式的人称词尾足以表明人称，例如：

(6) αὕτη δὲ ὀργιζομένη ... ὅτι οὐκέτι ὁμοίως ἐφοίτα ... ἐφύλαττεν ἕως ἐξηῦρεν ὅ τι εἴη τὸ αἴτιον. 而这女人生气了，因为[她的情人]不再照常前去，她监视着，直到发现原因所在。（吕《演》1.15）[αὕτη 是指示词 οὗτος 的一种形式，这里用来明确主语]

(7) ἔλεξεν ... ὅτι καὶ αὐτὴ ἀδικοῖτο ὑπὸ τοῦ πατρὸς τοῦ ἡμετέρου.

她曾说自己也在遭受我们父亲的虐待。（安提《演》1.15）[ἔλεξεν 仅仅靠人称词尾来表达主语；αὐτή 则是强调性用法，见 29.9]

• 在使用斜格的情况下，**αὐτός** 用作非对比性的第三人称代词（见 29.7），可用于介词之后（如例句 9）；若要表达[对比性的]强调含义，那么就使用指示代词（如例句 10）。例如：

(8) ἐκέλευον αὐτὴν ἀπιέναι. 我当时吩咐她离开。（吕《演》1.12）

(9) ἦ καὶ μετ' αὐτοῦ μητέρ' ἂν τλαίης κτανεῖν;

并且你真的会有勇气与他一同杀死[你的]母亲？（欧《厄》278）**

(10) πότερον ἐκείνῳ παῖδες οὐκ ἦσαν διπλοῖ, | οὓς τῆσδε μᾶλλον εἰκὸς ἦν θνῄσκειν; 那位[墨涅拉奥斯]不是有一对儿女吗，他们不比这[伊菲革涅亚]更合适去死吗？（索《厄》539–540）[①]

29.6 希罗多德笔下会出现古老的第三人称代词的斜格，阿提卡方言中则只有复数形式零星出现（这些形式见 7.2、25.28），例如：

(11) εἰ νικήσεις, τί σφεας ἀπαιρήσεαι, τοῖσί γε μὴ ἔστι μηδέν; 你若打赢了，那么会从他们那里带走什么呢——他们其实一无所有？（《原史》1.71.3）**

(12) χερσί τἂν θιγὼν | δοκοῖμ' ἔχειν σφας.

真的，只要用双手触及，我就会觉得拥有她们。（《俄僭》1469–1470）[②]

αὐτός 的用法

αὐτός 用作第三人称代词

29.7 αὐτός 的斜格（αὐτοῦ、αὐτῷ、αὐτόν 和 αὐτῆς 等等）用作非对比性的第三人称代词（见 29.5）。αὐτός 的这种用法完全是代词性用法（见 26.22–23）。用作第三人称代词的 αὐτός 总是指向先前已经提到过的某人或某物（前指性用法），例如：

(13) τί ποτε λέγει ὁ θεός, καὶ τί ποτε αἰνίττεται; ... οὐ γὰρ δήπου ψεύδεταί γε· οὐ γὰρ θέμις αὐτῷ. 神明究竟在说什么？而他究竟打什么哑谜？因为，无论如何他肯定不在撒谎：这不合于他的律令。（《申辩》21b）

(14) καὶ ἡμεῖς ἐκελεύομεν αὐτὸν πείθειν αὐτὴν περὶ τούτων. 并且我们

---

① 这里的 πότερον 与后文第 542 行和第 544 行的 ἤ 构成一组关联词，表达间接选择疑问，见 42.4。θνῄσκειν 为能动不定式，οὕς 为其主语，见 51.11。

② τἄν 是 τοι ἄν 融音后的形式，ἄν 与 δοκοῖμι 构成潜在祈愿式。

当时要他在这些事情上说服她。（伊赛《演》2.8）[αὐτόν 指受到控告人指责的美内克勒斯（Μενεκλῆς），αὐτήν 指申诉人（发话人）的妹妹]

(15) ἄρχει τις αὐτῶν, ἢ 'πὶ τῷ πλήθει λόγος; 谁在统治他们吗，抑或大众有发言的权利？（《俄科》66）[αὐτῶν 指雅典人，即讨论的话题]①

(16) καὶ εἰς τὴν οἰκίαν αὐτοῦ εἰσεφόρησαν ὡς ἐδύναντο πλεῖστα.

并且他们把尽可能多的[东西]运到他的家里。（色《上》4.6.1）[定语性属格 αὐτοῦ 在这里表达属有，见 30.28]

注一：αὐτός 的主格形式不会用作人称代词（非对比性的第三人称代词通常由动词词尾来表达，见 29.5）。

注二：αὐτός 的斜格通常不会前指分句的主语（分句的主语更常由反身代词来表达；细节和例外详见 29.14–20）。

αὐτός 用作形容词（表达相同性）

29.8 αὐτός 的各种格均可用作定语性形容词来表达相同性，意为相同的、同样的。在这一用法中，αὐτός 总是直接跟在冠词之后，由此便处于定语性位置（见 28.11–12），例如：

(17) γέγραφε δὲ καὶ ταῦτα ὁ αὐτὸς Θουκυδίδης Ἀθηναῖος.

而这些事情也由同一位雅典人修昔底德所写。（《佩战》5.26.1）**

(18) καὶ τριήρης τῇ αὐτῇ ἡμέρᾳ ἁλίσκεται τῶν Ἀθηναίων ὑπὸ τῶν Συρακοσίων. 而在同一天，雅典人的一艘三层桨战船被叙拉古人俘虏。（《佩战》7.3.5）

(19) πάλιν δὴ ἐπὶ τῶν αὐτῶν τεχνῶν λέγωμεν ὧνπερ νυνδή.

那就让我们再来谈谈刚才提到的那些相同的技艺。（柏《高》453e）

在这一用法中，αὐτός 的各种形式常常充当名词短语的中心语（见 26.22），比如：ὁ αὐτός[同一个人]、οἱ αὐτοί[同一群男人/同一群人]和 τὰ αὐτά[相同的事物]等等，例如：

(20) σὺ δ' ἴσως διὰ τὸ πολυμαθὴς εἶναι περὶ τῶν αὐτῶν οὐδέποτε τὰ αὐτὰ λέγεις. 不过，或许由于你是博学的，[因此]关于相同的事情，你从不言说相同的内容。（色《回》4.4.6）

注一：如果要表达某人（或物）与另一人（或物）相同，那么就会使用与格、

① 这里的 πλήθει 不是动词 πλήθω[变满；充满]的三单，而是名词 πλῆθος[大量；群众]的单与。ἐπὶ τῷ πλήθει，见《希英大辞典》词条 ἐπί B.I.1.g。

καί 或者由 ὅσπερ 的某种形式引导的关系从句（如例句 19）。详见 32.14–15。

注二：在 αὐτός 表达相同性时——尤其是在作名词短语的中心语时——冠词常常与 αὐτός 融音（见 1.43–45），比如：αὑτός（= ὁ αὐτός）、αὑτή（ἡ αὐτή）和 ταὐτὰ ταῦτα[同样这些东西]（= τὰ αὐτὰ ταῦτα），例如：

(21) καὶ νῦν ἔθ' αὑτός εἰμι τῷ βουλεύματι.

甚至此时，在意念上我依旧是同一个人。（《俄僭》557）

αὐτός 用作形容词（强调性用法）

29.9 αὐτός 的各种格也可用作谓语性形容词，强调某个人自己或某个事物本身，表达与其他人或事物不同，意为自己、本身。这样使用的 αὐτός 总是处于谓语性位置（亦即不直接在冠词之后，见 28.11–12）：

(22) ἀκούσας δὲ καὶ αὐτὸς ὁ Ψαμμήτιχος ἐπυνθάνετο οἵτινες ἀνθρώπων Βεκός τι καλέουσι. 而璞珊美提科斯本人听到后，就打听什么人说“贝科斯”[一词]。（《原史》2.2.4）

(23) ἀνατείνας τὼ σκέλει διαμηριῶ | τὴν Ἶριν αὐτήν.

我会抬起你的双腿，干你这个伊瑞斯。（《鸟》1254–1255）

(24) ὡς δὲ ἀληθῆ λέγω, αὐτὸ ὑμῖν τὸ ψήφισμα δηλώσει.

而我在说事实，这份判决本身会向你们表明[这点]。（吕《演》13.71）

αὐτός[本身；自己]的主格也常单独出现，与动词隐含的主语一致：

(25) EX. αὐτός, ὦ Φαίδων, παρεγένου Σωκράτει ἐκείνῃ τῇ ἡμέρᾳ ᾗ τὸ φάρμακον ἔπιεν ... ἢ ἄλλου του ἤκουσας; :: ΦΑ. αὐτός, ὦ Ἐχέκρατες.

厄刻克剌忒斯：你本人，斐多啊，那时陪着苏格拉底吗，在他饮下毒药的那一天——抑或你是从其他某个人那里听说的？斐多：我本人[就在]，厄刻克剌忒斯啊。（《斐多》57a）

(26) αὐτός σοι ἡγήσομαι. 我会亲自给你带路。（色《希》5.2.28）

29.10 在一些情况下，人称代词的主格得到 αὐτός 的加强，例如：

(27) τοῦτο ... οὐκ ἐπεχείρησα ποιεῖν, ὡς αὐτοὶ ὑμεῖς ἐπίστασθε.

我并未尝试做那件事情，如你们本人所知。（色《上》7.6.12）

29.11 αὐτός 也常与反身代词组合，强调直接反身关系（见 29.17），例如：

(28) οὕτω μεῖζον ἂν καὶ ἔλαττον εἴη αὐτὸ ἑαυτοῦ τὸ ἕν.

由此，“一”本身会比自己大，也会比自己小。（柏《帕》151a）

29.12 αὐτός 还有一些习惯性用法——

• 意为凭借自己、以其本身、不受协助地、单独地和恰恰，例如：

(29) ἥξει γὰρ αὐτά. 因为[真相]会自己出现。(《俄僭》341)

• 意为只是、仅仅，例如：

(30) λεγόντων ἄλλο μὲν οὐδὲν ὧν πρότερον εἰώθεσαν, αὐτὰ δὲ τάδε ὅτι ...

没有说其他任何他们先前习惯[说]的内容，而仅仅[讲了]这些，就是……(《佩战》1.139.3)

• 意为恰恰、精确地（带时间或地点的表达），例如：

(31) φυλάξαντες ... αὐτὸ τὸ περίορθρον

[他们]等候着黎明的那一刻。(《佩战》2.3.4)

• 意为连同、带着……一起（带伴随与格，见 30.51），例如：

(32) εἶπεν ... ἥκειν εἰς τὰς τάξεις αὐτοῖς στεφάνοις.

[居鲁士]吩咐[他们]戴着花冠进入阵列。(色《教》3.3.40)

• 意为和其他（带序数词），例如：

(33) τεσσαράκοντα δὲ ναυσὶ καὶ τέσσαρσι Περικλέους δεκάτου αὐτοῦ στρατηγοῦντος ἐναυμάχησαν. 而他们以四十四艘船打海战，伯里克勒斯和其他九人作指挥。(《佩战》1.116.1)[字面含义是伯里克勒斯本人作为第十位将领]

αὐτός 的用法总结

29.13 αὐτός 的三种主要用法的差异如下表所示：

用作第三人称代词（他等）仅用斜格	表达相同性（同样、相同）各格皆可	表达强调（亲自、本身）各格皆可
• 代词性用法（亦即本身用作名词短语）	• 限定词性用法，带冠词；常作名词短语的中心语，例如 τὰ αὐτά[相同的事物]	• 限定词性用法，作谓语性修饰语
	• 处于定语性位置，总是直接在冠词之后，例如 ὁ αὐτὸς ἀνὴρ τοῦτο ποιεῖ[同一个男人做了此事]	• 处于谓语性位置，例如 ὁ ἀνὴρ αὐτὸς τοῦτο ποιεῖ[那男人亲自做了此事]
		• 常常以主格形式单独出现，与隐含的主语一致，例如 αὐτὸς ποιεῖ ταῦτα[他本人做了这些事情]

反身代词以及其他反身表达

引言 反身代词 直接反身代词和间接反身代词

29.14 代词指代（前指或后指）句子或分句中的另一个成分（几乎总是主语），这一现象就是反身（reflexivity），例如：

(34) ἐκεῖνον μὲν οὐδὲν ἐπαινῶ, ἐμαυτὸν δὲ ψέγω. 我绝非在称赞他，而是在指责自己。（色《阿》5.7）[ἐμαυτόν 指代 ψέγω 暗含的主语“我”]

(35) οἱ δὲ ἡττώμενοι ἅμα ἑαυτούς τε καὶ τὰ ἑαυτῶν πάντα ἀποβάλλουσιν. 而战败者[会]同时丢失他们自己以及属于他们自己的一切。（色《教》3.3.45）[ἑαυτούς 和 ἑαυτῶν 前指 οἱ ἡττώμενοι]

注一：在极少数情况下，反身代词不前指主语，而前指其他成分，比如宾语：

(36) τοὺς μὲν Σπαρτιάτας ἀπέλυσεν οἴκαδε, τοὺς δὲ περιοίκους ἀφῆκεν ἐπὶ τὰς ἑαυτῶν πόλεις.

他一方面解散斯巴达城邦民[让他们]回家，另一方面把斯巴达边民遣回他们[各自]的城邦。（色《希》6.5.21）[ἑαυτῶν 前指宾语 τοὺς περιοίκους]

29.15 我们区分两种反身——

- 直接反身（direct reflexivity）：代词指代同一个分句或结构中的成分；
- 间接反身（indirect reflexivity）：从属结构（从句、不定式或分词结构）中的代词指代主句或母句中的成分（从属关系见 39.2、39.5）。

(37) γνῶθι σαυτόν. 认识你自己。[直接反身代词：σαυτόν 是 γνῶθι 的宾语，并且指代 γνῶθι 隐含的主语]

(38) οὐδέν σε κωλύσει σεαυ|τὸν ἐμβαλεῖν εἰς τὸ βάραθρον. 没有什么会阻碍你把自己扔进那坑里。（《云》1448–1449）[直接反身代词：σεαυτόν 是 ἐμβαλεῖν 的宾语，指代 ἐμβαλεῖν 的主语（即 σε 表达的第二人称单数）]

(39) τοιοῦτος γίγνου περὶ τοὺς γονεῖς, οἵους ἂν εὔξαιο περὶ σεαυτὸν γενέσθαι τοὺς σεαυτοῦ παῖδας. 请你这样对待你的父母，就好像你会期望你的孩子们对待你自己的那样。（伊索《演》[1].14）[间接反身代词：σεαυτόν 和 σεαυτοῦ 都前指 εὔξαιο 的主语，但在句法上都是宾格与不定式结构 γενέσθαι ... παῖδας 的一部分]

注一：直接反身动作也可由中动态来表达，但这仅限于特定的动词（装扮动词，见 35.11）。其他情况下都需要反身代词。

间接反身这个术语也会用于涉及中动态的另一种现象，见 35.8–9。

29.16 反身结构中会用到下面这些代词——

- 最常见的是反身代词（ἐμαυτοῦ、σεαυτοῦ、ἑαυτοῦ、ἡμῶν 和 αὐτῶν 等等）；
- 已弃用的第三人称代词（οὗ/οὑ、οἷ/οἱ、ἕ/ἑ、σφεῖς 和 σφῶν/σφων 等等，见 7.2）；
- 人称代词的斜格（μου/ἐμοῦ、σου/σοῦ 和 ἡμῶν 等等）；
- αὐτός 的斜格（αὐτοῦ 等等）。

注一：我们应该区分反身代词和用于反身结构的代词。前者是词法范畴，指某一类代词，比如 ἐμαυτοῦ 等等，后者是一种句法现象。尽管反身代词总是表达反身性，但反身性并不总是需要由反身代词来表达。

注二：略。[①]

用于表达直接反身和间接反身的代词

直接反身

29.17 在直接反身用法中，一般需要反身代词（ἐμαυτοῦ、σεαυτοῦ 和 ἑαυτοῦ 等等，见 7.3），例如：

(40) οἱ δὲ ... τὰ ὅπλα παρέδοσαν καὶ σφᾶς αὐτούς.

而他们把武器和自己都交了出来/而他们交出武器投降了。（《佩战》4.38.3）［σφᾶς αὐτούς 是 παρέδοσαν 的宾语，前指其主语 οἱ δέ］

(41) ἐκεῖνο ἐμαυτῷ σύνοιδα, ὅτι περὶ Ὁμήρου κάλλιστ᾽ ἀνθρώπων λέγω. 我知道自己的那一点——关于荷马，我说得比所有人都好。（《伊翁》533c）［ἐμαυτῷ 指代 σύνοιδα 隐含的第一人称主语］

(42) αἰσχρὰ μὲν σαυτῷ λέγεις. 你在说对于你自己而言可耻的东西。（欧《安》648）［反身代词 σαυτῷ 指代 λέγεις 隐含的主语］

(43) ὑμεῖς οὖν, ἐὰν σωφρονῆτε, οὐ τούτου ἀλλ᾽ ὑμῶν αὐτῶν φείσεσθε.

那么，倘若你们头脑清醒，你们就不会放过他，而会放过你们自己。（色《希》2.3.34）［ὑμῶν αὐτῶν 指代 φείσεσθε 的主语 ὑμεῖς］

---

① 原文作：Reflexive pronouns are frequently used in contexts where English does not use *myself*, *yourself*, etc. or *my own*, *his own*, etc., especially in the case of attributive genitives (cf. (35) and (36) above) and indirect reflexives (cf. (39)).

不过，第一和第二人称代词可以用作直接反身代词，并且这一用法在诗歌中比在散文中宽松得多，例如：

(44) ὡς ἐγὼ δοκῶ <u>μοι</u> τῶν σοφῶν τινος ἀκηκοέναι 就像是，在我自己看来，我从某位智慧者那里听说的那样。（《邦制》583b）［人称代词 μοι 指代 δοκῶ 的主语；δοκῶ ἐμαυτῷ 罕见，并且尤其用于对比性强调的情况］

(45) φονέας ἔτικτες ἆρά <u>σοι</u>. 显然，你生养了杀死你自己的人。（欧《厄》1229）［人称代词 σοι 指 ἔτικτες 的主语；对比例句 42］

注一：在肃剧的抄本中，有几处 αὑτός 被用作第三人称直接反身代词。在现代校勘本中，这些情况通常被校订为 ἑαυτοῦ 的缩合形式（αὑτοῦ 与 αὐτοῦ 的差异仅在于气符，其他类似情况同理［见 7.26］，而在涉及气符［见 1.7、1.12］时，抄本提供的证据并不可靠）。不过，抄本中的这类做法也有可能是正确的。

注二：αὐτός 和 ἑαυτοῦ 在直接反身语境中的组合用法，见 29.11、29.19。

间接反身

29.18 间接反身语境中会用到以下代词——

• 对于第一和第二人称来说，一般使用人称代词（使用反身代词的情况相对罕见），例如：

(46) οὐ λόγῳ ἀλλ' ἔργῳ ... ἐνεδειξάμην ὅτι <u>ἐμοὶ</u> θανάτου μὲν μέλει ... οὐδ' ὁτιοῦν. 我不是以言辞，而是以行动指出，我本人甚至不在任何方面/一点也不在乎死亡。（《申辩》32d）［人称代词］

(47) ὦ τέκν', ἀκούεθ' οἷος εἰς <u>ὑμᾶς</u> πατήρ; 孩子们啊！听到吗，在对付你们时，［你们的］父亲是哪种人？（欧《美》82）［人称代词］

(48) οὐ τοῖς εἰσηγησαμένοις ταῦτ' ἐπιτιμῶ ... ἀλλ' ὑμῖν, εἰ ταῦθ' ἱκανὰ <u>ὑμῖν αὐτοῖς</u> ὑπολαμβάνετ' εἶναι. 我并不责备那些提出这些的人，而是责备你们，如果你们觉得这些适合自己。（德《演》13.30）［反身代词］

• 对于第三人称来说，一般使用反身代词，例如：

(49) παρεκελεύοντο δὲ αὐτῷ πάντες ... μὴ μάχεσθαι, ἀλλ' ὄπισθεν <u>ἑαυτῶν</u> τάττεσθαι. 而所有人都促请［居鲁士］不要出战，而是在他们后面列阵。（色《上》1.7.9）［ἑαυτῶν 前指 πάντες］

(50) τούτους δ' ἐάσω, μή με φῶσιν κακῶς <u>αὑτοὺς</u> λέγειν.

而我会略过这些人，以免他们宣称我说他们坏话。（德《演》38.26）［αὑτούς 前指 φῶσιν 的主语］

另外，对比性的 οὗ、οἷ、ἕ 和 σφῶν 等等以及非对比性的 οὑ、οἱ、ἑ 和 σφων 等等一般会用作间接反身代词，例如：

(51) ἐς τὴν Ἔγεσταν πέμψαντες ἐκέλευον ἵππους σφίσιν ὡς πλείστους πέμπειν. 他们往厄革斯塔传话，命令说把尽可能多的马匹送到他们那里。（《佩战》6.88.6）［σφίσιν 前指 ἐκέλευον 的主语］

(52) κατιδὼν ... ἡμᾶς ... Πολέμαρχος ... ἐκέλευσε δραμόντα τὸν παῖδα περιμεῖναί ἑ κελεῦσαι. 珀勒玛尔科斯瞧见我们，就命令他的小僮跑着来命令［我们］等他。（《邦制》327b）［ἑ 前指珀勒玛尔科斯；严格地说，ἑ 也可以前指那位小僮，但是语境排除了这一可能］

还有，αὐτός 的斜格通常也会用作第三人称间接反身代词，例如：

(53) οἱ δ' ... εὐθὺς ἀφήσουσι τὴν λείαν, ἐπειδὰν ἴδωσί τινας ἐπ' αὐτοὺς ἐλαύνοντας. 而当他们看到有人向自己冲锋，他们就会立刻丢下战利品。（色《教》1.4.19）［αὐτούς 前指 ἴδωσι 的主语］

注一：要把第三人称间接反身代词的各种用法的差异解释清楚并非易事。若是充当定语属格，那么一定会使用反身代词（ἑαυτοῦ 等等），即便是第一和第二人称。在其他情况下，如果从属结构表达母句之主语的想法、言辞或者意图，那么就尤其会使用反身代词和 οὗ 等等的形式（也可使用主格 σφεῖς；间接话语或间接想法中的间接反身代词，见 41.9 例句 16、41.20 例句 46）。公元前五世纪之后，αὐτός 似乎成为了间接反身代词的标准形式（抄本流传中的问题见 29.17 注一）。

其他具体细节

29.19　用第三人称反身代词代替第一或第二人称代词的做法并不少见，例如：

(54) ἀμ|φὶ δ' αὑτᾶς θροεῖς | νόμον ἄνομον.

而你哭喊出关于你自己的不和音律的旋律。（埃《阿》1140–1142）［αὑτ- 代替 σ(ε)αυτ-，αὑτᾶς 中的 ᾱ 见 25.46–47］

在诸如 αὐτὸς καθ' αὑτόν［凭……自己］、αὐτὸς ἐφ' αὑτοῦ［凭……自己］以及最高级 + αὐτὸς αὑτοῦ［在其最……的时候/地方］（见 32.10）的固定搭配中经常出现这种用法，例如：

(55) ὅσας ... ναυμαχίας αὐτοὶ καθ' αὑτοὺς νενικήκατε ...

你们凭自己赢得的每一场海战……（色《希》1.1.28）

不过，现代校勘本有时会对这种情况加以修订——当然，在许多时候，抄本也很可能并无错谬。尤其是从公元前四世纪以来，第三人称反身代词似乎逐渐取代了第一和第二人称反身代词。

29.20 反身代词代替相互代词 ἀλλήλων（见 29.26）以表达相互关系的情况并不少见，例如：

(56) οἱ συγγενεῖς σύνεισι σφίσιν αὐτοῖς.

亲戚们彼此聚在一起。（色《希》1.7.8）

不过，反身代词还可与相互代词同时出现，来对比反身动作和相互动作，例如：

(57) ἀμφισβητοῦμεν ἀλλήλοις τε καὶ ἡμῖν αὐτοῖς;

我们相互有分歧而且与我们自己有分歧？（《斐德若》263a）

物主代词以及其他物主性表达

引言 物主代词

29.21 古希腊语用以下代词来表达属有、归属、血统和起源等等：

- 物主代词（ἐμός, -ή, -όν［我的］、σός, -ή, -όν［你的］、ἡμέτερος, -α, -ον［我们的］和 ὑμέτερος, -α, -ον［你们的］），严格地说，它们是形容词，从而始终与其中心名词一致；物主代词的复数形式有时尤其会与 αὐτός 的属格组合使用，例如 ἡμέτερος αὐτῶν［我们（自己）的］、σφετέρας αὐτῶν［他们（自己）的］，见 7.7–9；
- 非对比性人称代词的属格（μου、σου、ἡμῶν 和 ὑμῶν）、αὐτός 的属格（αὐτοῦ、αὐτῆς 和 αὐτῶν，用作非对比性第三人称代词）；
- 反身代词的属格（ἐμαυτοῦ、σεαυτοῦ 和 ἑαυτοῦ）；
- 指示代词的属格（τούτου、ἐκείνης 等等）。

注一：这些代词相对于名词、冠词的位置见 28.16、28.18。

不同结构中的物主代词

第一人称物主代词和第二人称物主代词

29.22 对于第一和第二人称来说，物主代词的用法有以下规则：

- 属有者若还是句子的主语，那就使用物主代词（ἐμός 等等），若有强调含义，就用反身代词的属格（ἐμαυτοῦ 等等）。复数情况中还会出现强调性的组合形式 ἡμέτερος αὐτῶν、ὑμέτερος αὐτῶν：

(58) τόν ... παῖδα τὸν ἐμὸν παρέδωκα βασανίσαι.

我把自己的奴仆交了出来接受拷问。（安多《演》1.64）

(59) αἰτιασάμενος ... με ... , τὸν πατέρα ὡς ἀπέκτονα ἐγὼ τὸν ἐμαυτοῦ

... , εἰς ἀγῶνα κατέστησεν.

指控我……，说我本人杀死了自己的父亲，就把[我]带到法庭上。(德《演》22.2) [τὸν πατέρα 在其所属的从句之前，见 60.33]

(60) διδάσκετε τοὺς παῖδας τοὺς ὑμετέρους αὐτῶν.

请你们教导自己的孩子。(伊索《演》3.57)

• 如果属有者不是句子的主语，那么就使用非对比性人称代词的属格 (μου 等等)，或者使用物主代词 (ἐμός 等等，带有强调含义时尤其如此)，例如：

(61) πλείω χρόνον διατρίβουσι τὸν πατέρα μου διαβάλλοντες.

他们费了更多的时间来诽谤我的父亲。(伊索《演》16.2)

(62) διῃτᾶτο παρ' ἡμῖν τὸν ἅπαντα χρόνον ὁ Ἀστύφιλος καὶ ἐπαιδεύθη ὑπὸ τοῦ πατρὸς τοῦ ἐμοῦ. 阿斯缇菲洛斯一直跟我们一同生活，并由家父抚养。(伊赛《演》9.27) **

第三人称物主代词

29.23 对于第三人称来说，物主代词的用法有以下规则——

• 如果属有者也是句子的主语，那么就使用反身代词的属格 (ἑαυτοῦ, -ῆς、αὑτοῦ, -ῆς)。复数情况下使用 ἑαυτῶν 或者更加少见的 σφέτερος αὐτῶν。例如：

(63) Περδίκκας δὲ ὕστερον Στρατονίκην τὴν ἑαυτοῦ ἀδελφὴν δίδωσι Σεύθῃ. 而佩尔迪克卡斯后来把自己的姐妹斯特剌托尼刻[嫁]给了色乌忒斯。(《佩战》2.101.6)

(64) οἰκέτας τοὺς σφετέρους αὐτῶν ἐπικαλοῦνται μάρτυρας.

他们把自己的家仆唤来作证人。(安提《演》1.30)

• 如果属有者不是句子的主语，那么就使用 αὐτός 的属格或者指示代词的属格 (ἐκείνου 等等，较少见，且带有强调含义)，例如：

(65) ὁ γὰρ πατὴρ αὐτῆς Ἱππόνικος ... τὸν πατέρα τὸν ἐμὸν ... κηδεστὴν ἐπεθύμησε ποιήσασθαι. 因为她的父亲希波尼科斯想让我的父亲当[他的]女婿。(伊索《演》16.31)

(66) τὸ ταύτης σῶμα τιμᾶσθαι χρεών.

[我们]应该向她的遗体致敬。(欧《阿》619)

其他具体细节

29.24 如果不会造成混淆，那么古希腊语就常常只用一个冠词来表达属有者（从而可以当作物主代词来翻译，见 28.4 注一），尤其常用于不可分割的（inalienable）属有关系，例如：

(67) πρῶτον μὲν σεαυτὸν σῷσον, εἶτα δὲ τὸν πατέρα.

首先救你自己，其次是你的父亲！（安多《演》1.50）

29.25 上文所述的各种物主性表达也可等价于主体属格或客体属格（见 30.28），例如：

φιλίᾳ τῇ ἐμῇ 出于对我的友谊/出于我[给予]的友谊；

διὰ τὴν ἐκείνων ἀπιστίαν 由于对他们的不信任/由于他们的不信任。

相互代词

29.26 相互代词只有代词性用法，表达两个或更多的人同时参与同一个动作，类似英语的 each other、one another，例如：

(68) ὡς δὲ κατεῖδον ἀλλήλους, ἀντιπαρετάσσοντο.

而[交战双方]察觉彼此后就摆开阵势。（《佩战》1.48.3）

(69) λυσιτελεῖ γὰρ οἶμαι ἡμῖν ἡ ἀλλήλων δικαιοσύνη καὶ ἀρετή.

因为我认为，彼此间的正义和德性使我们受益。（柏《普》327b）

注一：相互代词没有主格形式，并且总是以复数形式出现。如例句 69 所示，属格 ἀλλήλων 也可以充当物主代词，处于定语性位置（见 28.16）。

注二：古希腊语中还可用中动态来表达相互的动作（例如 διελέγοντο[他们互相交谈]，对比例句 68 中的 ἀντιπαρετάσσοντο，见 35.24），亦可用反身代词（例如 ἔκοπτον αὑτούς[他们自我打击/他们相互打击]，见 29.20）。还有一种表达相互动作的方法是重复名词，例如：

(70) τάξις δὲ τάξιν παρεκάλει. [舰]队相互鼓励。（《波斯人》380）

指示代词

代词性用法和限定词性用法 指向文本外部或内部

29.27 三种指示代词（**ὅδε**、**οὗτος** 和 **ἐκεῖνος**）有代词性用法，也有限定词性用法。在后一种用法中，指示代词一般带冠词（见于散文），并且处于谓语性位置（见 28.17），例如：

ὅδε / ὅδε ὁ ἀνήρ 此人；[近处]

οὗτος / οὗτος ὁ ἀνήρ 此人；

ἐκεῖνος / ἐκεῖνος ὁ ἀνήρ 那人。[远处]

注一：这里的谓语性位置并不具有谓语性功能。

29.28 指示代词具有指示性的（deictic，来自 δείκνυμι[指示]）功能。它们或是指向文本外部的某人或某物，或是指向文本内部的一个单词或更大的片段。如果指向文本内部的一个元素，那么指示代词可能指向前文提到的东西（前指性[anaphoric]用法），也可能指向后文要提到的东西（后指性[cataphoric]用法），例如：

(71) καὶ οὕτω καταφρονεῖς <u>τῶνδε</u> καὶ οἴει αὐτοὺς ἀπείρους γραμμάτων εἶναι ὥστε ... ; 你还如此轻视[这里的]这些人，而且认为他们不通文墨，以至于……？（《申辩》26d）[这里的 τῶνδε 指代审判员，即实际到场听取苏格拉底申辩的人——我们可以想象苏格拉底说话时指着他们]

(72) ὁ δὲ Ἀριαῖος εἶπε· ... ἐπὶ <u>τούτοις</u> Ξενοφῶν <u>τάδε</u> εἶπε· ...

而阿瑞埃欧斯说："……"对于这些，色诺芬说了这些[话]："……"（色《上》2.5.40）[两个代词都指文本中的内容：τούτοις 是前指性的，指阿瑞埃欧斯的话，τάδε 是后指性的，指色诺芬接下来要说的话]

ὅδε、οὗτος 和 ἐκεῖνος 的一般区别

29.29 **ὅδε** 指代在物理或思维层面上紧邻发话人或在其眼前的东西。我们常常可以设想发话人指着身边的某物或某人。ὅδε 在戏剧中用来表示角色的登场（例句 73），甚至还可以指发话人自己（例句 74）。如果指向文本内部的元素，那么 ὅδε 一般就指某个即将出现的东西（后指性用法，例句 75），或者指发话人心中明确想到的东西（例句 76）：

(73) ἀλλ' <u>ὅδε</u> ... βασιλεὺς ... χωρεῖ.

但是这位国王来了。（索《安》155–158）

(74) <u>τῆσδέ</u> γε ζώσης ἔτι

至少在这个女人还活着时。（索《特》305）[τῆσδε 指发话人自己]

(75) καὶ <u>τόδε</u> ἕτερον συνέπεσε γενόμενον ...

并且碰巧发生了另一个情况……（《原史》9.101.1）[后指性用法]

(76) ὁ μέντοι μῦθος εἰ σαφὴς <u>ὅδε</u> | οὐκ οἶδα· βουλοίμην δ' ἂν οὐκ εἶναι <u>τόδε</u>. 不过这传言是否可靠，我并不知道；但我会期愿[情况]并不如此。（欧《美》72–73）

29.30 οὗτος 指代发话人和/或受话人在物理或思维层面上触手可及但非特意挨着发话人的东西。οὗτος 可以指受话人手边的东西，甚至可以指受话人自己。在演说辞中，它常用来指出庭的控方或辩方（如例句 77），偶尔也在对话中用来称呼某人（如例句 78）。οὗτος 指向文本内部的情况特别常见，从而它最常见的用法是指代前文提到的某物（前指性用法，如例句 79），例如：

(77) ἔπειτά εἰσιν οὗτοι οἱ κατήγοροι πολλοὶ καὶ πολὺν χρόνον ἤδη κατηγορηκότες. 另外，这群控告者为数众多，而且已经控告了好长一段时间。（《申辩》18c）

(78) οὗτος, τί ποιεῖς; 你这家伙在干什么？（《蛙》198）

(79) ταύτην ... τὴν ἡμέραν καὶ τῆς ὑστεραίας μέρος τι προσβολὰς ποιησάμενοι ἐπέπαυντο. [拉刻代蒙人]在这天和后一[天]的部分[时间]里[不断]发动进攻，然后停了下来。（《佩战》4.13.1）[前指性用法]

(80) Γοργίας ... οὗτος ὁ Λεοντῖνος σοφιστής ... 高尔吉亚，那位勒昂提诺伊智术师……（《大希庇阿斯》282b）[发话人和受话人都知道高尔吉亚，因此这里用 οὗτος 可以表明苏格拉底暗示他与高尔吉亚之间有一定距离]

29.31 ἐκεῖνος 指物理或思维层面上在发话人和受话人所及范围之外的事物。它可以指物理上同时远离发话人和受话人或不为二者所见的东西（如例句 81）。如果 ἐκεῖνος 指向文本内部，那么通常就是前指性用法，指代一段时间内没有提到的东西（或者，也用来在 οὗτος 或 ὅδε 的某种形式“介入”之前重新提及某个之前提到过的东西，如例句 82）。ἐκεῖνος 还可以指以其他方式而“在远处”的东西，比如特殊的或意料之外的东西，或者是久远记忆中的东西等等（如例句 83）。例如：

(81) τοῖς δὲ Κερκυραίοις ... οὐχ ἑωρῶντο ... πρίν τινες ἰδόντες εἶπον ὅτι νῆες ἐκεῖναι ἐπιπλέουσιν. 而[雅典海军]并没有被科西拉人瞧见，直到一些看到[他们]的人说那些船只正在驶来。（《佩战》1.51.2）

(82) (ἔδοξέ μοι) αὐτῶν αὕτη ἡ πλημμέλεια ἐκείνην τὴν σοφίαν ἀποκρύπτειν. 在我看来，他们的这个[刚刚提到的]错误遮蔽了[之前所说的]那种智慧。（《申辩》22d）[前指性用法]

(83) γραφὴν σέ τις, ὡς ἔοικε, γέγραπται· οὐ γὰρ ἐκεῖνό γε καταγνώσομαι, ὡς σὺ ἕτερον. 看起来，已经有人对你提起了公诉。因为我并不会就那点来指控，说你指控别人。（柏《游》2b）[后指性用法；ἐκεῖνο 似乎强调

ὡς 从句的内容（苏格拉底指控其他人）是不可思议的]

29.32 如果指向文本内部，那么一般规则就是，**οὗτος** 用来前指，**ὅδε** 用来后指，例如：

ταῦτα εἰπών ... 说出上述事情之后……

... εἶπε τάδε· 他说了下述内容：……

注一：不过，这条规则有许多例外：οὗτος 也可后指（引出关系从句时尤其如此），ὅδε 也可前指，例如：

(84) καὶ φιλόπολις οὗτος ὀρθῶς ... ὃς ἂν ἐκ παντὸς τρόπου ... πειραθῇ αὐτὴν ἀναλαβεῖν. 并且，真正热爱[自己]城邦的人，就是那位会尝试以一切方法使它恢复的人。（《佩战》6.92.4）

(85) τάδε μὲν ἡμῖν πατέρες οἱ ὑμέτεροι ἔδοσαν. 你们的祖先给予了我们这些[刚刚描述过的特权]。（《佩战》2.71.3）[这里用 τάδε 而非 ταῦτα，可能是为了强调这些特权对发话人及其听者而言仍有意义]

29.33 如果要指前文刚刚提到的两个人、群组或者事物，那么古希腊语就用 **ἐκεῖνος ... οὗτος/ὅδε** 来表达前者……后者（但也常用 ὁ μέν ... ὁ δέ，见 28.27），例如：

(86) πολὺ ἂν δικαιότερον ἐκείνοις τοῖς γράμμασιν ἢ τούτοις πιστεύοιτε. 你们信赖前一些记录会比信赖后一些记录合理得多。（吕《演》16.7）

(87) ὑμεῖς ἐκείνων πρότερον ἠκούσατε κατηγορούντων καὶ πολὺ μᾶλλον ἢ τῶνδε τῶν ὕστερον.

你们先听到前者控告[我]，而且[他们]在程度上远甚于后来的这些人。（《申辩》18e）[苏格拉底之前刚把他的控告者分成两类]

其他具体细节

29.34 指示代词常常与名词处于谓语性关系。在这一情况下，那个名词通常不带冠词，而代词性用法的指示代词充当动词的主语或宾语。对比以下两个例句：

(88) Ἁρπάγῳ μὲν Ἀστυάγης δίκην ταύτην ἐπέθηκε.

阿斯缇阿革斯对哈尔帕戈斯施加的惩罚就是这些。（《原史》1.120.1）[谓语性用法；或译作阿斯缇阿革斯就将这作为惩罚施诸哈尔帕戈斯；前指性的 ταύτην 指代前文描述的阿斯缇阿革斯加给哈尔帕戈斯的惩罚]

(89) οὐδεμιᾷ φιλοπραγμοσύνῃ ... τὴν δίκην ταύτην ἔλαχον Βοιωτῷ.

我对波约托斯提起这场诉讼并不是因为好生是非。(德《演》39.1)

[ταύτην 是限定词性用法，表达刚刚提到的这一细微含义]

这种情况中代词与名词的一致亦见 27.9。

29.35 还有几组指示形容词和指示副词根据其指示的方式而分别对应于 ὅδε 和 οὗτος（有时还对应于 ἐκεῖνος）：

对应于 ὅδε	对应于 οὗτος	对应于 ἐκεῖνος	含　义
τοιόσδε	τοιοῦτος		如此这般的
τοσόσδε	τοσοῦτος		如此大小/数量的（单/复数）
ὧδε	οὕτω(ς)		以此方式、如此这般
ἐνθένδε	ἐντεῦθεν	ἐκεῖθεν	从这里、从那里

（其余见第 8 章）

注一：然而，τοιοῦτος 和 τοσοῦτος 的位置不同于 οὗτος：如果用作限定词，那么就处于定语性位置，例如：οἱ τοιοῦτοι ἄνδρες[这种人]、τὰ τοσαῦτα καὶ τοιαῦτα ἀγαθά[如此之多且如此这般的福祉]。

这些指示形容词和指示副词常常预示或接续关联关系从句（correlative relative clause，比如 τοσοῦτος ... ὅσος[如……一样大小]、ὅσοι ... τοσοῦτοι[如……一样数量]，见 50.5），或者预示结果从句（比如 τοιοῦτος ... ὥστε[如此……以至于]，见 46.2）。

29.36 指示代词、指示形容词和指示副词的各种形式有时会带指示性后缀（deictic suffix）**-ί**（见 7.18）。在这些情况下，指示词几乎总是指代文本之外的某物：指示性的 ι 似乎在强化代词的指示效果。指示性的 ι 尤其常见于谐剧，例如：

(90) ὁδὶ δὲ τίς ποτ᾽ ἐστίν; οὐ δήπου Στράτων;

那么这究竟是哪位？我想不是斯特剌同吧？（阿《阿》122）

(91) καὶ μὴν ὁρῶ καὶ Βλεψίδημον τουτονὶ | προσιόντα.

瞧啊，我看见这位卜勒璞西得摩斯也在过来。(《财神》332–333)[1]

(92) ΠΕ. οὑτοσὶ δὲ πηνέλοψ. :: ΕΥ. ἐκεινηὶ δέ γ᾽ ἀλκυών.

佩伊斯忒泰若斯：这是水凫。厄威玚皮得斯：那是翠鸟。(《鸟》298)

(93) τοιουτοσὶ τοίνυν με δαρδάπτει πόθος | Εὐριπίδου.

---

① καὶ μήν 见 59.71。

好吧，就是这种对欧里庇得斯的渴望吞噬着我。（《蛙》66–67）[1]

29.37 前指性的 οὗτος 还有一个相对常见的习惯性用法，见于固定表达 καὶ ταῦτά (γε)［而且；在此之外］。这个表达修饰分词、名词短语或者形容词，例如：

(94) Οὐκοῦν καὶ χρυσίον, ἦ δ' ὅς, ἀγαθὸν δοκεῖ σοι εἶναι ἔχειν; :: Πάνυ, καὶ ταῦτά γε πολύ, ἔφη ὁ Κτήσιππος. ——“在你看来，”他说道，“拥有黄金不也是好事？”——“当然啦，而且要多。”克忒西璞珀斯说。（柏《欧》299d）［ταῦτα 接续“拥有黄金是好事”这一观点，并且克忒西璞珀斯还加上了额外的、具体的附带条件（καί 和 γε 分别见 59.20、59.53），即大量的黄金］

不定代词

29.38 不定代词 τις［一个；某个；任何］既有代词性用法也有限定词性用法，指代不可确指为某个具体个体的人或物——

• τις 一般指代具体身份未知或无关紧要的任何特定个体：

(95) ἡμῶν ... ἔχει τις κατηγορῆσαι ἢ ὡς ἐπὶ πόλιν τινὰ ἐστρατεύσαμεν ἢ ὡς χρήματά τινων ἐλάβομεν; 谁能指控我们向某个城邦发了兵或者夺走了某些人的财产呢？（色《希》6.5.37）

(96) εἴ τις ἐπιβουλεύει τι τῷ δήμῳ κακὸν | τῷ τῶν γυναικῶν ... κακῶς ἀπολέσθαι τοῦτον αὐτὸν κᾠκίαν | ἀρᾶσθε.

如果有人策划针对妇女群体的某种恶行，那就请你们祈祷此人和他的家宅彻底崩坏。（阿《地》335–336、349–350）

(97) εἰ δή τῳ σοφώτερός του φαίην εἶναι, τούτῳ ἄν ...

我若真要说自己在某个方面比某人智慧，那么就是在这一点上……（《申辩》29b）［τῳ 和 του 的形式见 7.24］

• 发话人若不愿指明或关注特定个体的身份，有时就会用 τις：

(98) δώσει τις δίκην.

有人会付出代价！（《蛙》554）［实际含义是你将付出代价］

(99) ἴθ', ὦ γύναι, δήλωσον εἰσελθοῦσ' ὅτι | Φωκῆς ματεύουσ' ἄνδρες Αἴγισθόν τινες. 去吧，女人啊，请你进去禀明，有几个佛奇斯男子来找埃吉斯托斯。（索《厄》1106–1107）

29.39 不定代词可以表达集合含义（对比德语 man、法语 on，英语则用简化的 someone 来代替 every someone）。πᾶς τις 和 ἕκαστός τις

[1] τοίνυν 见 59.39。

这两个组合尤其常用来表达集合含义，例如：

(100) γαστρὶ δὲ πᾶς τις ἀμύνων λιμὸν αἰανῆ τέταται. 每一个人都奋力使长期折磨人的饥饿远离腹胃。(《地峡赛会凯歌》1.49)

29.40 τις 的各种形式可以与副词或数词一起使用，以削弱后者的含义或者使它们不那么具体，例如：

σχεδόν τι 几乎；

ὀγδοήκοντά τινες 大约八十。

29.41 中性单数宾格 **τι** 常意为以某种方式、些许和在某种程度上：

(101) παρεθάρρυνε μέν τι αὐτοὺς καὶ ὁ χρησμὸς ὁ λεγόμενος ὡς ...

在某种程度上，那条神谕也激励了他们，它说……（色《希》6.4.7）

(102) διαλεγομένῳ τε οὔ τι προσδιελέγετο.

他既不以某种方式回应交谈中的[父亲]……（《原史》3.50.3）

29.42 还需注意以下习惯用法：

λέγειν τι 有道理/中肯；[字面含义是说了某个内容]

εἶναί τις 存在某个[有价值的/不容忽视的]人；

εἴ τις ἄλλος 如果有的话/如果真会发生/若有什么……的人/事物。

(103) νῦν δ', εἴ τις ἄλλη, δυστυχεστάτη γυνή. 而如今，若还有哪个[不幸的]女人，那[我]就是最不幸的。(欧《安》6)

疑问代词

29.43 疑问代词 τίς[谁？哪个？]有代词性用法和限定词性用法：

τίς λέγει τοῦτο; 谁说了这件事？

τίς ἀνὴρ λέγει τοῦτο; 哪个人说了这件事？

直接疑问和间接疑问中 τίς 的用法分别见 38.11–14、42.5–6。

关系代词

29.44 关系代词的用法见 50.8–16。

量　词

πᾶς 的用法

29.45 量词 **πᾶς**（和 ἅπας、σύμπας）的单数形式（通常在谓语性位置）带冠词意为整个的、整个地、作为整体地，若无冠词则通常意为每一个，例如：

πᾶσα ἡ πόλις / ἡ πόλις πᾶσα 整个城邦/作为整体的城邦；

πᾶσα πόλις 每一座城邦/所有城邦。[有时也意为一整座城邦]

πᾶς 的复数形式意为每一个、所有。πᾶς 通常处于谓语性位置，但有时处于定语性位置，以强调群组的集合性，例如：

πᾶσαι πόλεις 每一座城邦/所有城邦；

πᾶσαι αἱ πόλεις/αἱ πόλεις πᾶσαι 所有的那些城邦；

αἱ πᾶσαι πόλεις 作为整体的城邦/整个城邦。

ὅλος 的用法

29.46 **ὅλος** 在谓语性位置意为作为整体地、整个地或完全地，在定语性位置则意为整个的、完整的，例如：

(104) περὶ τὸ πρᾶγμα ὅλον ἄδικός ἐστιν ἄνθρωπος.

在此事上这人完全就是个不义之徒。(德《演》[48].36) [谓语性位置]

(105) ὑμεῖς τὸ ὅλον πρᾶγμα συνίδετε.

请诸位瞧瞧这整件事情吧！(埃《演》1.46) [定语性位置]

μόνος 的用法

29.47 μόνος 在谓语性位置意为单独地、独自地或只有，在定语性位置意为仅有的，例如：

(106) τὴμῇ δὲ παιδὶ στέφανος εἷς μιᾷ μόνῃ | πόλεως θανούσῃ τῆσδ' ὕπερ δοθήσεται. 但只有我的女儿将被授予一顶花冠，因为[唯独]她为这座城邦死去了。(欧里庇得斯残篇坎尼希特本 360.34–35) [谓语性位置；融音后的 τὴμῇ 见 1.43–45，倒装的 ὕπερ 见 24.37、60.14]

(107) παίσας εἰς τὰ στέρνα τὸν μόνον μοι καὶ φίλον παῖδα ἀφείλετο τὴν ψυχήν. 他朝我唯一的、心爱的儿子[的]胸口扎去，夺走了他的性命。(色《教》4.6.4) [定语性位置]

ἄλλος 和 ἕτερος 的用法

29.48 **ἄλλος** 和 **ἕτερος** 的基本含义都是其他的、另外的，不过前者强调相似，而后者强调差异，例如：

ἡ ῥητορικὴ καὶ αἱ ἄλλαι τέχναι 修辞术和其他技艺；

ἡ ῥητορικὴ ἑτέρα τέχνη τῆς γραμματικῆς ἐστίν.

修辞术是在语法之外的另一门技艺。

不过，ἕτερος 常常与 ἄλλος 彼此互换，在含义上并无明显区别。

29.49 带冠词的 **ὁ ἕτερος**（融音后的 ἅτερος 见 1.45 注三）意为一对事物中的另一个，例如：

ὁ ἕτερος ποῦς 另一只脚。

29.50 带冠词的 **ὁ ἄλλος** 意为其余的、剩下的或其他的，例如：

ἡ ἄλλη Ἑλλάς 希腊的其余部分；

οἱ ἄλλοι διδάσκαλοι 其他的教师。

有时，带冠词的 ἄλλος 会带一个只能解释为同位语的名词，此时的 ἄλλος 意为此外、另外或还有，例如：

(108) παρεκάλεσαν τοὺς ἐν τῷ καταλόγῳ ὁπλίτας καὶ τοὺς ἄλλους ἱππέας. 他们召集了名单上的重装步兵，还有骑兵。（色《希》2.4.9）[或译作以及其他人，也就是骑兵]

29.51 如果 **ἄλλος** 的一种形式后跟着 **ἄλλος** 的另一种形式（或者副词性的 ἄλλως、ἄλλῃ），那么就意为不同人……不同，或是作双重表述，意为一些……另一些、一个……另一个，例如：

(109) οὗτοι μέν, ὦ Κλέαρχε, ἄλλος ἄλλα λέγει. σὺ δ᾽ ἡμῖν εἰπὲ τί λέγεις. 克勒阿尔科斯啊，这些人所言各不相同，不过，请你对我们讲出你的话吧。（色《上》2.1.15–16）[注意，ἄλλος (ἄλλα) 与 οὗτοι 同位（见 26.24–25）；οὗτοι 的位置表明它是句子的主题，见 60.33–34]

(110) ἐντεῦθεν πλὴν τετταράκοντα νεῶν ἄλλαι ἄλλῃ ᾤχοντο.

除了四十艘船之外，[所有的船都]以不同的路径从那里离开了。（色《希》1.1.8）[ἄλλῃ 见 8.2]

类似地，如果 **ἕτερος** 的一种形式后跟着 **ἕτερος** 的另一种变格形式，那么就表达一对事物中两者的比较，例如：

(111) τί οὖν ἂν ... ἕτερος ἑτέρου διαφέροι ἡμῶν πλὴν τόλμῃ;

那么，我们中的一[类]人怎么会超过另一[类]人呢，除了在勇气方面？（色《教》2.1.17）

29.52 **ἄλλος** 的某个形式之后带 **(καὶ δὴ) καί** 的习惯性用法（意为其他……，尤其是），见 59.70。

第 30 章　格的用法

功能、含义和语义标签

30.1　古希腊语中四种主要的格（主格、属格、与格和宾格）用来表达不同的句法功能（呼格见 30.55）：

- 充当动词和形容词所带的强制成分（主语、宾语和补语，还有诸如宾格与不定式、宾格与分词等结构中的某些用法）；
- 作介词的补语；
- 充当定语（属格的主要功能）；
- 充当各种状语（诸如独立属格、独立宾格等结构中的某些用法亦属此类）；
- 其他一些习惯用法。

后文按句法功能概述每种格最重要的用法。介词另见第 31 章。

注一：我们一般使用某些语义标签（semantic label），诸如数量、方面和位置等等，来区分古希腊语中作定语和状语的各种格的用法。尽管这些标签有所助益，但是它们常常无法区分不同用法的本质差异，而仅限于为笼统的句法功能划分出细微的差别。比如，属格常用来表达两个名词的紧密关系（作定语，见 30.28–29），而并没有表达出这种关系的确切本质。采用哪个语义标签（以及如何翻译这个属格）就取决于所涉及的名词的含义和语境，例如：

ἡ οἰκία ἡ <u>τοῦ ἀνδρός</u> 这个男人的房屋。[属有属格]

ἡ φιλία ἡ <u>τοῦ ἀνδρός</u> 对这个男人的爱。[客体属格]

ἡ φιλία ἡ <u>τοῦ ἀνδρός</u> 这个男人[给予]的爱。[主体属格]

注二：对于动词（和介词）所带的强制成分（宾语和补语）而言，尽管常常可以从历史角度解释为何特定的动词支配特定的格，但是，我们不再能够知晓古典希腊语中一种格的用法的含义了。比如，动词 βοηθέω[帮助]带与格补语，这一用法很可能来自表达利害相关方的与格（利害与格，见 30.48–53）。然而，在古典希腊语中，这种与格用法意义不大，因为这个特定的动词只能带与格（还需注意含义类似的动词，比如 ὠφελέω[使受益]带宾格形式的直接宾语）。

对于带不同的格表达不同含义的个别动词来说，情况就不同了。比如动词 ἡγέομαι 可以带与格表示带领、引导，也可带属格表示带领、统率，还可带双宾格或者带[宾格与]不定式结构来表达相信、认为。不过需要注意，在其他一些情况下，同一个动词所带的各种结构的差别似乎微乎其微，比如动词 πείθομαι[听从；听信]通常带与格补语，但有时也带属格补语。

一些动词的含义彼此相关，并且常常支配相同的格。我们常常可以把这些动词归到一起，比如，意为填满、放空、充实和空虚的动词和形容词一般带用宾格作直接宾语来表达被填充或放空的对象，而用属格作补语来表达内容（见 30.22）。后文会把这种含义相关的动词列在一起。

主　格

作动词的强制成分

30.2 限定动词的主语（以及与主语一致的各种修饰语，见 27.7）使用主格，例如：

(1) μετὰ δὲ ταῦτα οὐ πολλαῖς ἡμέραις ὕστερον ἦλθεν ἐξ Ἀθηνῶν Θυμοχάρης ἔχων ναῦς ὀλίγας· καὶ εὐθὺς ἐναυμάχησαν αὖθις Λακεδαιμόνιοι καὶ Ἀθηναῖοι, ἐνίκησαν δὲ Λακεδαιμόνιοι ἡγουμένου Ἀγησανδρίδου. μετ' ὀλίγον δὲ τούτων Δωριεὺς ὁ Διαγόρου ἐκ Ῥόδου εἰς Ἑλλήσποντον εἰσέπλει ἀρχομένου χειμῶνος τέτταρσι καὶ δέκα ναυσὶν ἅμα ἡμέρᾳ. κατιδὼν δὲ ὁ τῶν Ἀθηναίων ἡμεροσκόπος ἐσήμηνε τοῖς στρατηγοῖς.

而在这些之后，过了没几日，缇摩卡热斯就从雅典带着少量船只前来——并且，拉刻代蒙人和雅典人立刻又打了一场海战，而拉刻代蒙人在阿革珊德瑞达斯的领导下打赢了。此后不久，在冬季伊始，迪阿戈剌斯之子多瑞厄乌斯在破晓时率十四艘船从罗德岛驶向赫珥勒海。雅典人的那名日间侦察兵瞧见后就向将领们发出信号。（色《希》1.1.1–2）

(2) ὅτι μὲν ὑμεῖς, ὦ ἄνδρες Ἀθηναῖοι, πεπόνθατε ὑπὸ τῶν ἐμῶν κατηγόρων, οὐκ οἶδα· ἐγὼ δ' οὖν καὶ αὐτὸς ὑπ' αὐτῶν ὀλίγου ἐμαυτοῦ ἐπελαθόμην, οὕτω πιθανῶς ἔλεγον. καίτοι ἀληθές γε ὡς ἔπος εἰπεῖν οὐδὲν εἰρήκασιν.

雅典的人们啊，我不知道，你们何以受我的控告者们影响——但其实我本人甚至因为他们而几乎忘记了自己[是谁]，他们讲得如此有说服力。不过，他们可以说根本没有讲过任何一句真话。（《申辩》17a）①

注一：在古希腊语中，如果语境和动词的人称词尾足以表明限定动词的主语，那么这个主语省略的现象（见 26.7）就非常常见。此时就没有主格形式的作主语的成分，如例句 2 中的 οἶδα、ἔλεγον 和 εἰρήκασιν（但要译出“我”和“他们”）。

---

① 这里的 ὅτι 是 ὅστις 的宾格，作副词引导间接疑问，见 42.5。δ' οὖν 见 59.64。ὀλίγου 即 ὀλίγου δεῖν，见 51.49。ὡς ἔπος εἰπεῖν 亦见 51.49。另见 26.15 例句 51。

30.3　系动词所带的谓语性补语（见 26.8）由于与其主语一致（见 27.7），因此也使用主格，例如：

(3) πᾶν ἐστὶ ἄνθρωπος συμφορή. 世人完全是机缘。（《原史》1.32.4）**

注意，形容词、分词和一些数词不仅在格上与其主语一致（使用主格），而且在数和性上亦然，例如：

(4) ἡ δ' ἀρετὴ ... οὐ πάνυ δεινή ἐστιν ἐν τῷ παραυτίκα εἰκῇ συνεπισπᾶσθαι. 而德性在即刻、随机地拉拢[人]的时候并不是非常高明的。（色《教》2.2.24）[阴性单数主格]

(5) αἱ μὲν μηνύσεις ... περὶ τῶν μυστηρίων ... ἐγένοντο τέτταρες.

关于秘仪的告发发生了四次。（安多《演》1.25）[阴性复数主格]

注一：在宾格与不定式结构（见 51.11–12、51.21 和 51.41）以及各种分词结构（见 52.13–15、52.32）中，这种谓语性补语当然可以带主格之外的其他格。

其他用法

30.4　主格也用于纯粹的列表（见 26.29），辞书的词目亦属此类。

30.5　作句子同位语的主格见 27.14。

30.6　用作呼格的主格见 30.55 注一。

宾　格

30.7　宾格可作动词的补语（这一用法最常见），亦可作各种状语。

作强制成分（动词的直接宾语）

30.8　对于带宾语（见 26.3）的动词来说，标准的直接宾语使用宾格形式，例如：

(6) γυναῖκα ἠγαγόμην εἰς τὴν οἰκίαν.

我曾把一个女人带回了家。（吕《演》1.6）

(7) πάντες τὸν ἄνδρα ἐπαινοῦσιν.

所有人都称赞这个男人。（柏《普》310e）

注一：古希腊语中动词带宾格形式的直接宾语的结构在中译（或英译）里常常无法以动宾结构来翻译，例如：

动　词	中　译	英　译
αἰσχύνομαι（有时带与格）	为……感到羞愧	be ashamed of / feel shame for

动　词	中　译	英　译
λανθάνω（见 52.11）	受忽视；不被注意	go unnoticed by
φοβέομαι	恐惧；对……感到害怕	be afraid of
φυλάττομαι	抵抗	be on guard against

30.9 有几个动词带双宾格（double accusative），亦即一个直接宾语（甲）和一个补语（乙），皆为宾格，例如：

- 意为对待、做的动词，例如：

ποιέω、δράω[对甲做乙事]（带副词意为以……方式对待甲）。

- 一些意为索要、提问或要求的动词，例如：

αἰτέω[对乙索要甲]、ἐρωτάω[问甲乙事；就乙事问甲]（也会带间接疑问，见 42.2）。

- 其他一些动词，例如：

ἀφαιρέομαι[从乙处拿取甲]（也会支配属格，意为从乙处[属格]拿走甲[宾格]）、διδάσκω[教甲乙事；把乙教给甲]和 κρύπτω[对乙隐藏甲]。

(8) ἔλεγε ὅσα ἀγαθὰ Κῦρος Πέρσας πεποιήκοι.

他当时讲出居鲁士为波斯人做过多少好事。（《原史》3.75.1）

(9) ὁ Ἡριππίδας ... αἰτεῖ τὸν Ἀγησίλαον ὁπλίτας ... εἰς δισχιλίους. 赫瑞璞皮达斯向阿革西拉欧斯索要多达二千名的重装步兵。（色《希》4.1.21）

(10) πολλὰ διδάσκει μ' ὁ πολὺς βίοτος.

漫长的一生教给我许多[道理]。（欧《希》252）

(11) Διογείτων τὴν μὲν θυγατέρα ἔκρυπτε τὸν θάνατον τοῦ ἀνδρός.

迪欧革伊同对女儿隐瞒了她丈夫的死[讯]。（吕《演》32.7）

注一：如果这些动词以被动形式出现，那么主动形式所带的宾语就变为被动态动词的主语，不过补语（乙）依旧使用宾格，详见 35.15。

30.10 以下动词（见 26.12）带一个直接宾语（甲）和一个谓语性补语（乙），后者与那个宾语一致从而使用宾格（这种用法也常常被称作双宾格），例如：

αἱρέομαι[任命/选择甲为乙]、ἡγέομαι[认为甲是乙；把甲视作乙]（带属格意为率领、统治，带与格意为引导，带不定式意为相信）、τίθημι[使甲成为乙]、καθίστημι[任命甲为乙]、καλέω[把甲称为乙]、λέγω[把甲称为乙]、νομίζω[认为甲是乙；把甲视作乙]（带不定式意为认为、相信）和 ποιέω[任命甲为乙；使甲成为乙]。

(12) ἐκείνη γάρ, ὅταν μὲν πόλεμος ᾖ, στρατηγοὺς ἡμᾶς αἱρεῖται.

因为，无论何时有战争，[城邦]都会任命我们为将领。(色《希》6.3.4)

(13) ἕνα ἕκαστον λέγω αὐτὸν ἑαυτοῦ ἄρχοντα.

我把每一个人都称作他自己的那位统治者。(柏《高》491d)

(14) τοῦτον νόμιζε Ζῆνα, τόνδ' ἡγοῦ θεόν.

请把这当作宙斯，视之为神明！(欧里庇得斯残篇坎尼希特本 941.3)

注一：如果这些动词以被动形式出现，那么此时的主语和谓语性补语就都使用主格形式，详见 35.15。

30.11　这种宾格还见于宾格与不定式结构（见 51.11–12、51.21 和 51.41）、独立宾格结构（见 52.33）以及宾格与分词结构（见 52.13）。

内部宾语

30.12　一些动词一般不带直接宾语（见 26.3），而带宾格形式的内部宾语（internal object）或说同源宾语（cognate object）来表明动作的本质。这种宾格常常在含义和词源上与那个动词相关，通常以复数形式出现，并且/或者受形容词或代词的修饰，例如：

(15) πέντε τριήρεις ἐθελοντὴς ἐπιδοὺς ... ἐτριηράρχησε τριηραρχίας.

[我的父亲]曾通过自愿捐献五艘三层桨战船而司三层桨战船司令之令。(德《演》45.85)

(16) ἑωρᾶτε ... Σωκράτη τινὰ ... πολλὴν φλυαρίαν φλυαροῦντα.

你们看见有个苏格拉底在胡说一大堆胡话。(《申辩》19c)

同源宾语可能只在含义上与动词相关而并无词源关系，例如：

(17) εἰς Αἴγιναν κατοικισάμενος ἠσθένησεν ταύτην τὴν νόσον ἐξ ἧσπερ ἀπέθανεν. 当他定居于埃吉纳的时候，[特剌叙洛科斯]患上了这种导致他死亡的疾病。(伊索《演》19.24)

注一：宾格名词偶尔省略，此时充当内部宾语的只有形容词或代词，例如：

(18) τοῦτον μὲν ἀνέκραγον ὡς ὀλίγας παίσειεν. 他们大喊说，[色诺芬]少打他了。(色《上》5.8.12) [ὀλίγας 与省略的 πληγάς(击打)一致；注意，παίσειεν 还有一个直接宾语 τοῦτον；τοῦτον 的位置见 60.33]

30.13　注意以下惯用语，其中的 κακά 或 ἀγαθά 是内部宾语（X 表示直接宾语甲，也以宾格形式出现），例如：

κακὰ/ἀγαθὰ λέγω X　说甲的坏话/好话；

κακὰ/ἀγαθὰ ἀκούω 被说坏话/好话。

(19) ὁ Θεμιστοκλέης κεῖνόν τε καὶ τοὺς Κορινθίους ... κακὰ ἔλεγε.

忒米斯托克勒斯说了那个人和科灵托斯人的坏话。(《原史》8.61.2)

注一：类似地，使用副词的 κακῶς/εὖ λέγω τινά 和 κακῶς/εὖ ἀκούω 也分别表达说坏话/好话和被说坏话/好话，例如：

(20) οὐ προδώσω τὸν πατέρα κακῶς ἀκούοντα ἐν ὑμῖν ἀδίκως.

我不会背叛在你们之中不合理地名声狼藉的家父。(安提《演》5.75)

作可选成分（状语）

30.14 对于被动态动词、不带宾语的主动态和中动态动词以及形容词而言，可以使用方面宾格/关涉宾格（accusative of respect）或说限定宾格（accusative of limitation）来明确说明动作或形容词所适用的特定方面（意为就……而言、关于……方面），例如：

ἀλγεῖ τοὺς πόδας 他脚疼/他疼在脚上。

(21) διαφέρει γυνὴ ἀνδρὸς τὴν φύσιν.

在天性上，女人不同于男人。(《邦制》453b)

(22) τρίτον δὲ σχῆμα πολιτείας οὐχ ἡ τοῦ πλήθους ἀρχή, δημοκρατία τοὔνομα κληθεῖσα;

而政制的第三种形态不是多数人的统治，在名义上被称作民主政体吗？(《治邦者》291d)［τοὔνομα = τὸ ὄνομα，融音见 1.43–45］

方面宾格也可以用来修饰名词，尤其是用于度量，例如：

ποταμὸς εὖρος δύο πλέθρων 两尺宽的河流。

30.15 时间[持续]宾格（accusative of (duration of) time）表达动作所持续的时间长度。这种宾格通常还带数词或者表达数量的形容词（比如 πολύς[多的]、ὀλίγος[少的]），例如：

(23) ἀπέπλεε ... πολιορκήσας ... ἓξ καὶ εἴκοσι ἡμέρας ... τὴν νῆσον.

围攻那岛二十六天之后他驶离了。(《原史》6.135.1)

(24) νύμφη μὲν ἦν τρεῖς ἡμέρας. 我当了三天新娘。(阿《地》478)

时间持续宾格带序数词（无冠词），常常还会带 οὑτοσί（见 29.36）的某个形式来表达[自……]已经多久，例如：

(25) τὴν δὲ μητέρα τελευτήσασαν πέπαυμαι τρέφων τρίτον ἔτος τουτί.

而因为母亲去世，我停止照顾她，已经两年了/这已[是]第三年。(吕

《演》24.6）［注意古希腊人的含首日计数法，见 9.10］

(26) ET. ὦ τί λέγεις; Πρωταγόρας ἐπιδεδήμηκεν; :: ΣΩ. τρίτην γε ἤδη ἡμέραν. 友伴：你说什么呀？普罗塔戈拉到［雅典］城里来啦？苏格拉底：［来了］两天了/已经［是］第三天了。（柏《普》309d）

30.16 类似地，空间宾格（accusative of space）表达动作所穿过的空间范围或者距离，这种宾格也常带数词（对比上面的时间持续宾格）：

(27) Μενέλαε, ... σε κιγχάνω μόλις, | πᾶσαν πλανηθεὶς τήνδε βάρβαρον χθόνα. 墨涅拉奥斯，我好容易才见到你，在这整片外夷的土地上奔波一番之后。（《海伦》597–598）

(28) ἐπορεύθησαν διὰ τῆς Ἀρμενίας πεδίον ἅπαν καὶ λείους γηλόφους οὐ μεῖον ἢ πέντε παρασάγγας. 他们行军通过亚美尼亚，穿过整个平原和［山势］平缓的丘陵，不止五帕拉桑。（色《上》4.4.1）

30.17 不带介词的方向宾格（accusative of direction）有时用来表达向某处，不过这种用法仅见于诗歌，例如：

(29) ἐπεὶ ... ἦλθον πατρὸς ἀρχαῖον τάφον.

但我去往父亲的老旧坟茔时……（索《厄》893）

30.18 许多副词的形式源自对应形容词的中性宾格，后者常常被称作副词性宾格（adverbial accusative），例如：

οὐδέν［不在任何方面；完全不；毫不］、μέγα［很大程度地；响亮地］、πολύ［很；非常］和 πολλά［常常；频繁地］。

注一：在通常情况下，这些形式最好视作真正的副词，而非诸如名词短语中省略了中心语的修饰语等等。除了副词性宾格之外，一些这样的形容词还有规则构成的副词（πολύ 等除外），带后缀 -ως（见 6.3–4），比如 μεγάλως。

注二：这是副词比较级和最高级形式的规则构成方式，见 6.13–14。

作句子的同位语

30.19 整个句子或分句的同位语一般用宾格（见 27.14），例如：

(30) ἄλλαι δὲ θύρσους ἵεσαν δι᾽ αἰθέρος | Πενθέως, στόχον δύστηνον.

而其他女人投掷酒神杖，穿过空中，对着朋忒乌斯——［这是］不幸的一击。（欧《酒》1099–1100）

(31) Ἑλένην κτάνωμεν, Μενέλεῳ λύπην πικράν.

让我们杀了海伦，［这会是］墨涅拉奥斯的剥肤之痛！（欧《俄》1105）

属　格

30.20 属格主要在名词短语中发挥其功能，用作定语（亦即表达名词、代词和名词短语之间的各种关系）。属格也会用来作动词或形容词的某些强制成分（补语），并且在一些情况下充当状语。

属格作强制成分（动词或形容词的补语）

动词支配属格

30.21 属格尤其会用作以下动词的补语——

- 一些意为开始或结束的动词，例如：

ἄρχω/ἄρχομαι[开始]（有时带宾格，也会带分词或不定式，见 52.27）、λήγω[停止；结束]和 παύομαι[停止；结束]（后两者也带分词，见 52.9）。

- 许多表达感觉过程或心理过程的动词，例如：

αἰσθάνομαι[感觉]（属格表达声音的来源，带宾格意为了解到，也会同时带属格和宾格；还可带分词，见 52.19–20）、ἀκούω[听见]（属格表达声音的来源，带宾格意为听说、听闻，例如 ἀκούω λόγον[听到一个故事]，也会同时带属格和宾格；还可带分词，见 52.19）、ἀκροάομαι[听见]（同时带属格和宾格时，属格表达说话的人[即声音的来源]，宾格表达所说之事）、ἅπτομαι[抓住；触摸]、γεύομαι[品尝]、ἐπιθυμέω[渴望；欲求]、ἐπιλανθάνομαι[忘记]（有时也带宾格）、ἐπιμελ(έ)ομαι[关心；确保]（也带不定式或勉力从句，见 44.1）、ἐφίεμαι[努力；渴望]（也带不定式，意为力求）、μιμνήσκομαι[记得]（有时带宾格）、μέλει μοι[我所关心的是]（无人称）、μεταμέλει μοι[我后悔]（无人称）、πείθομαι[听从；听信]（带属格的情况罕见，更常见的用法是带与格）和 φροντίζω[顾虑；思考]（有时带宾格）。

- 许多表达领导、差异或优胜的动词，例如：

ἄρχω[率领、统治]（有时带与格）、διαφέρω[不同于；超越；胜过]、ἡγέομαι[率领]（带与格意为引导，带双宾格意为认为、视作，带不定式意为相信）、κρατέω[统治、掌控]（带宾格意为征服）、περιγίγνομαι[胜过]和 προέχω[超前；优于]。

- 许多意为参与、遇见、谋求及其反义词的动词，例如：

ἁμαρτάνω[错失]（带分词意为犯错）、ἀπέχω[远离]、δεῖ[缺乏]（无人称）、δέομαι[需要；缺少]（带双属格意为向乙乞求甲）、ἔχομαι[依附于；

毗邻；涉及]、κυρέω[碰上；遇到；获得]（带分词意为碰巧，见 52.11）、μετέχω[参与；分享]（有时带宾格表达参与/分享的部分）、[①] μέτεστί μοι[我参与其中；我有份]（无人称）、τυγχάνω[碰巧；遇到；获得]（也带分词意为碰巧，见 52.11）。

(32) ἀλλ' οὐ μὲν δὴ | λήξω θρήνων στυγερῶν τε γόων.

但我并不会止住哀歌和悲伤的哭泣。（索《厄》103–104）

(33) καὶ μὴν αἰσθάνομαι ψόφου τινός.

你听，我察觉到某个动静。（《蛙》285）[②]

(34) ταῦτα δὲ ἀσμένως τινὲς ἤκουον αὐτοῦ. 某些人愉快地听他[说]这些内容。（德《演》18.36）[注意动词同时带宾格 ταῦτα 和属格 αὐτοῦ]

(35) εἶναι γὰρ ὁμολογεῖται σωφροσύνη τὸ κρατεῖν ἡδονῶν καὶ ἐπιθυμιῶν. 因为，人们同意节制就是统治快乐和欲望。（《会饮》196c）

(36) ἐμοὶ ἐφαίνετο οὐδεμιᾶς παιδείας μετεσχηκώς.

当时在我看来他未曾有过任何教养。（埃《演》3.117）

30.22 以下动词带一个宾格宾语（甲）和一个属格补语（乙）：

• 意为控告、定罪等等的动词（宾格表达被控告的人，属格表达罪行或惩罚），例如：

αἰτιάομαι[控告甲犯了乙罪]、διώκω[控告甲犯了乙罪]，另外还需注意 ἁλίσκομαι[被判乙罪]。

但如果动词以 κατα- 或 ἀπο- 开头，那么在句法上受动词前成分支配的属格通常就表达被控告的人，而宾格表达罪行或惩罚，例如：

ἀπογιγνώσκω[裁定免除乙的甲罪]、ἀποψηφίζομαι[投票认为乙无甲罪]、καταγιγνώσκω[裁定乙有甲罪]、καταψηφίζομαι[投票认为乙有甲罪]、κατηγορέω[控告乙犯了甲罪]。

• 意为移走、抢走和释放等等的动词，例如：

ἀπαλλάττω[从乙处移走甲；从乙处放出甲]、ἀποστερέω[从乙处抢走甲]、ἐλευθερόω[从乙处释放甲]和 παύω[使甲停止乙]。

• 意为填充、放空等等的动词，例如：

κενόω[使甲中无乙；放空甲中的乙]、πίμπλημι[用乙填满甲；使甲充

---

① 参见《居鲁士的教育》7.2.28：ἐκείνη γὰρ τῶν μὲν ἀγαθῶν καὶ τῶν μαλακῶν καὶ εὐφροσυνῶν πασῶν ἐμοὶ τὸ ἴσον μετεῖχε[因为（我的妻子）同等地分享我的一切好东西、精致之物和愉悦的事情]。

② καὶ μήν 见 59.71。

满乙]、πληρόω[用乙填满甲；使甲充满乙]。

(37) εἰ γὰρ ἀποψηφιεῖσθε Ἀγοράτου τουτουί ... καὶ ἐκείνων τῶν ἀνδρῶν ... τῇ αὐτῇ ψήφῳ ταύτῃ θάνατον καταψηφίζεσθε.

因为，如果你们判这位阿戈剌托斯无罪，那么你们也就在用同样这个表决判那些人死刑。（吕《演》13.93）

(38) οὐ δῆτ', ἐπεί σε τοῦδ' ἐλευθερῶ φόνου.

当然不，因为我免除了你的杀人罪。（欧《希》1449）

(39) οὗτος δὲ ἡμᾶς ἀλλοτριότητος μὲν κενοῖ, οἰκειότητος δὲ πληροῖ.

而[爱神]使我们免于失和，又使我们充满亲密。（《会饮》197d）

30.23 以下形容词（常常在含义上与上述动词相关）带属格补语：

ἄξιος[配得上……的；值得……的]、ἐλεύθερος[自由的；免于……的]、ἔμπειρος[有经验的]、ἐνδεής[缺乏……的]、ἐπιστήμων[熟悉……的]、ἔρημος[孤独的；缺乏……的]、ἱερός[神圣的；献给……的]、μεστός[充满……的]、μέτοχος[分担……的；参与……的]和 πλήρης[充满……的]。

(40) ΑΔ. αἰαί. :: ΧΟ. πέπονθας ἄξι' αἰαγμάτων. 阿德美托斯：哀哉！歌队：你已然经历过了这些值得呜呼哀哉的事情。（欧《阿》872–873）

(41) οἱ παρόντες σπουδῆς μέν, ὡς ὁρᾷς, μεστοί, γέλωτος δὲ ἴσως ἐνδεέστεροι. 在场的人，就如你所见，都满[脸]严肃，或许还相当缺少欢笑。（《会饮》1.13）

比较属格

30.24 比较属格（genitive of comparison）作比较级的补语，例如：

(42) (φῄς) Σιμμίαν Σωκράτους ... μείζω εἶναι, Φαίδωνος δὲ ἐλάττω.

你说辛米阿斯比苏格拉底高大，但比斐多矮小。（《斐多》102b）

比较级的用法详见第 32 章。

定语性属格作宾语、谓语性补语或者代替介词结构

30.25 部分属格（partitive gentive，见 30.29）有时用来代替直接宾语，并且暗示动作只涉及某个较大事物的一个部分，或者是较大群组的一个子类，例如：

(43) Χειρίσοφος πέμπει τῶν ἐκ τῆς κώμης σκεψομένους πῶς ἔχοιεν οἱ τελευταῖοι. 刻伊瑞索佛斯派出村子中的[一些士兵]去察看殿后的[士兵]情况如何。（色《上》4.5.22）[注意，分词 σκεψομένους 与被省略的作为

部分的宾语一致（这里可以理解为在 τῶν ἐκ τῆς κώμης 前省略了 τινας）；短语 τοὺς ἐκ τῆς κώμης 则意为村子中的（所有）人］

(44) τῆς τε γῆς ἔτεμον καὶ αὐτὸ τὸ πόλισμα εἷλον.

他们蹂躏了一部分土地并且攻占了那座城镇本身。（《佩战》2.56.6）

30.26 许多用作定语的属格（见 30.28–29）也用作系动词所带的谓语性补语，例如：

(45) Ἱπποκράτης ὅδε ἐστὶν μὲν τῶν ἐπιχωρίων, Ἀπολλοδώρου υἱός, οἰκίας μεγάλης τε καὶ εὐδαίμονος. 这位希璞珀克剌忒斯是个本地人，阿波罗多若斯之子，来自大户殷实人家。（柏《普》316b）［部分属格和属有属格］

(46) ἐντεῦθεν ἐξελαύνει ... ἐπὶ τὸν Εὐφράτην ποταμόν, ὄντα τὸ εὖρος τεττάρων σταδίων. ［居鲁士］从那里行军至幼发拉底河，［河］宽四斯塔迪昂。（色《上》1.4.11）［度量属格］

(47) τὸν καθ᾽ ἡμέραν | βίον λογίζου σόν, τὰ δ᾽ ἄλλα τῆς τύχης. 请你把日复一日的生活视作你自己的，但［视］其他的属于机运！（欧《阿》788–789）［属有属格；注意，物主代词 σόν 在作用上与 τῆς τύχης 相同］

品质属格（genitive of quality）只表达某种特征或存在方式，例如：

(48) ἐγὼ δὲ τούτου τοῦ τρόπου πώς εἰμ᾽ ἀεί.

但我总是在一定程度上有这样的作风。（《财神》246）

(49) ὅσοι τῆς αὐτῆς γνώμης ἦσαν.

所有看法相同的人。（《佩战》1.113.2）

30.27 属格的定语性用法同样也能用来代替某些介词（见 31.8 中 ἐν 和 εἰς 的用法）所带的其他格，这种情况一般见于 ἐν、εἰς 或 ἐκ + 专名（属格）的结构，分别表达在某人家中、往某人的家和从某人家中（尤其常见于 Ἅιδου［哈德斯的家宅；冥府］），例如：

(50) ἐκέλευον ... ἐμὲ ... μεθ᾽ αὐτῶν ἀκολουθεῖν εἰς Δαμνίππου.

他们当时命令我随他们一同去达姆尼璞珀斯家里。（吕《演》12.12）

名词短语中的修饰语：定语性属格

30.28 属格尤其见于名词短语，表示一个名词短语或者代词用作中心语（见 26.18）的修饰语。传统上，我们会区分定语性属格的各种不同用法，其中最重要的几类如下所示——

- 属有属格（genitive of possession/belonging）表达所有权、归

属和属有等等，例如：

ἡ τοῦ πατρὸς οἰκία 属于他父亲的房子；

τὴν ψυχὴν τὴν Σόλωνος 梭伦的灵魂。

• 来源属格（genitive of origin）表达中心语的来源、祖先、作者等等，例如：

ἡ τῆς Νεαίρας θυγάτηρ 内埃剌的女儿；

τὰ τοῦ Σόλωνος ἐλεγεῖα 梭伦[所作]的诉歌。

• 表达动作的名词（动作名词，见 23.6）可带属格表达动作的主体或客体，即主体属格（genitive of the subject / subjective genitive）和客体属格（genitive of the object / objective genitive），例如：

ἡ μάχη ἡ τῶν στρατιωτῶν 士兵们打的仗；［主体属格］

ἡ τοῦ τείχους οἰκοδόμησις 墙的建造；［客体属格］

ὁ τῶν πολεμίων φόβος 敌人感到的恐惧/对敌人的恐惧。［主体属格或者客体属格，这里有歧义，要根据语境决定具体含义］

• 度量属格（genitive of quantity/measure）可以表达时间、空间、程度和年龄的数值，通常带数词，例如：

ὀκτὼ σταδίων τεῖχος 八斯塔迪昂长的墙壁；

ἀνὴρ εἴκοσιν ἐτῶν 二十岁的男人。

注一：如果要表达年龄，那么更常用的是 γεγονώς[γίγνομαι 的完成时分词]和时间持续宾格（见 30.15）所构成的结构，例如 εἴκοσιν ἔτη γεγονώς[二十岁；存在了二十年]。

• 属格还可以表达名词间的其他关系，比如材料/内容、价格/价值等等，或者，名词用属格对另一个名词加以细化、详述，例如：

(51) δῶρα ... χρυσοῦ τε καὶ ἀργύρου προσεφέρετο.

加上金银制成的礼物。(《佩战》2.97.3)

χιλίων δραχμῶν δίκην φεύγω.

我成为一桩案值一千德剌克美的案件的被告。

τὸ τῶν Ἑρμῶν 涉及赫尔墨斯像的事情；(《佩战》6.60.4)［见 28.25]*

γραφὴ κλοπῆς [犯]盗窃[罪]的指控；

ἡ Σόλωνος εἰκών 梭伦像；

τὸ τῆς ἀρετῆς ὄνομα 德性这个词。

注二：定语性属格常常用作谓语性补语（见 26.8）。

注三：定语性属格相对于中心名词和冠词的位置，见 28.15–16。

30.29 部分属格（partitive genitive / genitive of the divided whole）表达中心语作为一个部分所属的整体，例如：

οἱ χρηστοὶ τῶν ἀνθρώπων 人群中的君子；

πολλοὶ τῶν λόγων 很多话；

(52) τούτῳ τῷ ἀνδρὶ ἐτύγχανε ἐοῦσα γυνὴ καλλίστη μακρῷ τῶν ἐν Σπάρτῃ γυναικῶν.

斯巴达妇女中最最漂亮的妻子碰巧属于这位丈夫。（《原史》6.61.2）

注一：部分属格常常用作谓语性补语（见 26.8）。

注二：部分属格相对于中心名词和冠词的位置，见 28.15–16。

部分属格常常与疑问代词 ποῦ[在何处]、ποῖ[向何处]、πόθεν[从何处]、指示代词 οὗτος[这]的中性形式和指示形容词 τοσοῦτος[如此大小/数量的]的中性形式一起使用，例如：

(53) τίς τε ἐὼν καὶ κόθεν τῆς Φρυγίης ἥκων ἐπίστιός μοι ἐγένεο; [你]是谁，又从弗律吉阿的何处来当我灶火边的乞援者？（《原史》1.35.3）

(54) εἰς τοσοῦτον ὕβρεως καὶ ἀναιδείας ἦλθεν Στέφανος οὑτοσὶ ... , ὥστε ... 这个斯忒法诺斯在放肆和无耻上达到了如此地步，以至于……（德《演》[59].72）

属格作可选成分（状语）

30.30 如果句中有表达情绪的动词或其他形式（比如钦佩、悲伤、愤怒和嫉妒等等），那么可以用原因属格（genitive of cause）或者说情绪来源属格（genitive of source of emotion）来表达那一情绪的原由，例如：

(55) στένω σὲ ... τῆς ἁμαρτίας.

我因你的过错而为你悲叹。（欧《希》1409）

这种属格也用于感叹句（见 38.50），但不带表达情绪的动词，例如：

(56) ἀλλὰ τῆς ἐμῆς κάκης, | τὸ καὶ προσέσθαι μαλθακοὺς λόγους φρενί.

但是，因为我的怯懦，[我]甚至允许软弱的言辞进入[我的]心！（欧《美》1051–1052）[1]

30.31 意为出售或购买的动词可以带价格属格（genitive of price）或说价值属格（genitive of value）来表达商品的价格，例如：

① 感叹不定式见 38.51。

(57) τῇ σάλπιγγι τῇδε ... | ἣν ἐπριάμην δραχμῶν ποθ' ἑξήκοντ' ἐγώ

这只我当时用六十德刺克美买来的军号。(《和平》1240–1241)

注一：这种属格还见于一般带介词 περί 的固定表达 περὶ πολλοῦ ποιέομαι/τιμάομαι/ἡγέομαι[认为价值高；认为重要](比较级和最高级则分别使用 πλείονος 和 πλείστου 等等)和 περὶ ὀλίγου ποιέομαι/τιμάομαι/ἡγέομαι[认为价值低；认为次要](比较级和最高级则分别使用 ἐλάττονος 和 ἐλαχίστου 等等)，例如：

(58) ἀποκτιννύναι μὲν γὰρ ἀνθρώπους περὶ οὐδενὸς ἡγοῦντο, λαμβάνειν δὲ χρήματα περὶ πολλοῦ ἐποιοῦντο. 因为[忒欧格尼斯和佩伊松的听众]认为杀人不算什么，但觉得拿出钱来则事关重大。(吕《演》12.7)**

(59) πολλοῦ γὰρ ποιοῦμαι ἀκηκοέναι ἃ ἀκήκοα Πρωταγόρου. 因为我认为，听到我从普罗塔戈拉那里听到的东西颇有价值。(柏《普》328d)

30.32 时间属格(genitive of time)表达发生某事的时间范围，对于一些特定的名词(尤其是 νύξ[夜晚]、θέρος[夏天]和 χειμών[冬天])而言，还能表达发生某事的时间，例如：

(60) βασιλεὺς οὐ μαχεῖται δέκα ἡμερῶν.

国王在十天内不会出战。(色《上》1.7.18)

(61) ἀποδράντες νυκτὸς ᾤχοντο εἰς Δεκέλειαν.

他们在夜里逃跑，向得刻勒雅而去。(色《希》1.2.14)

(62) οἱ δ' ἐν τῇ Σικελίᾳ Ἀθηναῖοι τοῦ αὐτοῦ χειμῶνος ἔς τε τὴν Ἱμεραίαν ἀπόβασιν ἐποιήσαντο. 而在西西里的雅典人在同一个冬天完成了登陆希美剌[这件事]。(《佩战》3.115.1)

带冠词的时间属格可以表达分配含义，意为每，例如：

(63) δραχμὴν ἐλάμβανε τῆς ἡμέρας.

他当时每天挣一个德刺克美。(《佩战》3.17.4)

30.33 空间属格(genitive of space)有时用来表达动作发生于其中的空间，这种用法主要见于诗歌，例如：

(64) λαιᾶς δὲ χειρὸς ... | οἰκοῦσι Χάλυβες.

左手边住着卡吕贝斯人。(《被缚的普罗米修斯》714–715)

30.34 表达运动的动词带分离属格(genitive of separation)来表达动作发生的位置或所离开的实体。分离属格在散文中罕见。例如：

(65) ἀλλ' ὡς τάχιστα, παῖδες, ὑμεῖς μὲν βάθρων | ἵστασθε.

但是，孩子们，请你们尽快从台阶上站起来。(《俄僭》142–143)

30.35 独立属格结构和属格与分词结构分别见 52.32 和 52.14。

与 格

30.36 与格的主要功能是用作非强制性的状语。动词或形容词所必需的某些补语也会用与格。

与格作强制成分（动词或形容词的补语）

与格作间接宾语

30.37 与格用来作以下几类动词的间接宾语（甲表示宾格形式的直接宾语，乙表示间接宾语）：

- 意为给予、托付等等的动词，例如：

δίδωμι[把甲给乙]、**ἐπιτρέπω**[把甲托付给乙]和 **παρέχω**[把甲托付给乙；为乙提供甲]。

- 意为言说、告诉和宣布等等的动词（通常引导直接或间接陈述，见 41.3），例如：

λέγω[对乙说；告诉乙]、**ἀγγέλλω**[对乙宣布；向乙汇报]。

- 大多数意为命令、指示和建议等等的动词（通常还会带一个不定式，见 51.8），例如：

ἐπιτάττω[命令/指示乙(做某事)]、**λέγω**[告诉/吩咐乙(做某事)]、**παραγγέλλω**[命令乙(做某事)]和 **παραινέω**[劝告乙(做某事)]。

- 大多数意为看起来、似乎等等的动词，例如：

δοκέω[看起来]（也可不带与格而只带不定式，意为认为，其他结构见 51.30）、**φαίνομαι**[显现；显得]（其他结构见 52.24）。

(66) ἔπρασσε δὲ ταῦτα μετὰ Γογγύλου τοῦ Ἐρετριῶς, ᾧπερ ἐπέτρεψε τό τε Βυζάντιον καὶ τοὺς αἰχμαλώτους. 而他与厄热特瑞阿的贡巨洛斯一同做了这些事——他恰恰把彼孜丹提昂和那些囚徒交给后者。(《佩战》1.128.6)

(67) εἰπέ μοι, τουτὶ τί ἦν; 告诉我，这是什么？（阿《阿》157）[①]

(68) εἶπεν αὐτοῖς ἀπιέναι ἐκ τοῦ στρατεύματος ὡς τάχιστα.

他吩咐他们尽可能快地从部队中离开。(色《教》7.2.5)

(69) καλῶς γέ μοι, ὦ Εὐθύφρων, φαίνῃ λέγειν.

在我看来，游叙弗伦啊，你说得挺好。(柏《游》12e)

---

① τουτί 的词法和句法，分别见 7.18 和 29.36。

注一：意为言说的动词可用作表达命令的动词，见 51.32。注意 κελεύω[命令]带宾格与不定式结构（见 51.11–12），而不是带与格。

30.38 作为间接宾语（乙）的与格作以下无人称动词（见 36.4–5）的补语，通常还会带有一个不定式（见 51.8），例如：

δοκεῖ[在乙看来适合(做某事)；乙决定(做某事)]、συμφέρει[(做某事)对乙有利]、λυσιτελεῖ[(做某事)对乙有利；乙最好(做某事)]、μέλει[为乙所关心；乙关心]（通常还带属格，见 36.15）、ἔξεστι[乙获准/有可能(做某事)]和 πρέπει[乙适合(做某事)]。

(70) ἔδοξεν ... τῷ δήμῳ ἐπαινέσαι ...

民众曾决定称赞……（*IG* VII 2712.90–91）[①]

(71) κάλει δὴ καὶ τὸν Στράτωνα αὐτὸν τὸν τὰ τοιαῦτα πεπονθότα· ἐστάναι γὰρ ἐξέσται δήπουθεν αὐτῷ. 那么，请再传唤斯特剌同本人——他遭遇过诸如此类的事情——因为他当然会获准出庭。（德《演》21.95）

其他动词和形容词支配与格

30.39 与格尤其用作以下动词的首要的补语：

ἀπειλέω[威胁]、ἀρέσκω[满足；使满意]（有时带宾格）、βοηθέω[帮助；支援]、διαλέγομαι[与……交谈]、εἴκω[屈服；让步]（有时还带分离属格，见 30.34）、ἐπιτίθεμαι[致力于；攻击]、ἕπομαι[跟随]（也常带介词，尤其是 σύν + 与格和 μετά + 属格）、ἡγέομαι[引导]（带属格意为率领、统治，带双宾格意为认为、视作，带不定式意为相信）、μάχομαι[与……交战]、ὀργίζομαι[对……发怒]、πείθομαι[听从；听信]（极少数情况下带属格）、πελάζω[接近；靠近]（有时带属格）、πιστεύω[相信；信赖]、πολεμέω[对……开战]、συγγιγνώσκω[原谅]（带宾格意为承认、供认）、συμβουλεύω[建议]、φθονέω[嫉妒；对……心怀恶意]（有时带原因属格，见 30.30）、χαλεπαίνω[对……发怒]（有时还带原因属格，见 30.30）和 χρήομαι[使用；对待；与……亲密]。

(72) τοῖς δὲ ἀποψηφισαμένοις ἡδέως ἂν διαλεχθείην ὑπὲρ τοῦ γεγονότος τουτουὶ πράγματος.

而我会愉快地与投无罪票的人谈论这件已发生的事情。（《申辩》39e）

(73) νομίζοντες ἀδυνάτους ἔσεσθαι Ἀθηναίους βοηθεῖν τοῖς Μεγαρεῦ-

---

① 原书引作 ἔδοξεν τῷ δήμῳ ... ἐπαινέσαι ...，出处作 inscriptions。

σιν. 认为雅典人不会有能力帮助墨伽拉人。(《佩战》1.105.3)

(74) Βοιωτοὶ Ἀθηναίοισι ἐμαχέσαντο χρόνον ἐπὶ συχνόν.

波约提阿人与雅典人交战了很长时间。(《原史》9.67)

(75) οὐδενὶ χρῇ τῶν οἰκείων οὐδὲ πιστεύεις τῶν σαυτοῦ οὐδενί. 你既不与任何家人亲密，也不信任自己的任何[伙伴]。(德《演》[49].41)

注一：与这些动词含义类似的一些动词也能带宾格形式的直接宾语，例如：

ὠφελέω[有利于]、βλάπτω[伤害]、μισέω[厌恶]和 ζηλόω[嫉妒]。

30.40 以下形容词带与格补语：

ἐναντίος[与……相对的；相反的]、εὔνους[善意的]、ἐχθρός[敌对的；受厌恶的]、ἴσος[相同的；相等的]、κοινός[共通的；通用的]、ὅμοιος[相似的；等同的]和 φίλος[友善的；受喜爱的]，另外还有 ὁ αὐτός[相同的]。

(76) κοινὸς ... δὴ ἔστω ὑμῖν ὁ λόγος.

就让这个道理/这番言辞与你们共享吧。(柏《普》358a)

(77) καὶ ἐάν τινα αἰσθανώμεθα ἐναντίον τῇ ὀλιγαρχίᾳ, ὅσον δυνάμεθα ἐκποδὼν ποιούμεθα. 并且，如果我们察觉有人反对寡头政制，我们就会在力所能及的范围内除掉[他]。(色《希》2.3.26)

注一：ὅμοιος、ἴσος 和 ὁ αὐτός 的句法结构，见 32.14–15。

属有与格

30.41 存在性用法的 εἰμί 和 γίγνομαι[存在；发生](见 26.10)带属有[者]与格(dative of the possessor)作为其补语，表达属有、归属或利害，例如：

(78) ... εἰρομένου Ξέρξεω εἰ ἔστι ἄλλη ἔξοδος ἐς θάλασσαν τῷ Πηνειῷ ... ……当克色尔克色斯询问佩内约斯河是否存在另一个出海口的时候……(《原史》7.130.1)

(79) τοῖς ... πλουσίοις πολλὰ παραμύθιά φασιν εἶναι.

他们说，富人有许多安慰。(《邦制》329e)

与格作可选成分(状语)

表示事物或抽象存在的名词使用与格

30.42 与格充当可选状语(见 26.14)的现象非常常见。表示事物或抽象存在的名词使用与格的情况见于各种状语。

30.43 工具与格（dative of instrument）表达动作所用的工具，如：

λίθοις ἔβαλλον. 他们当时用石块攻击。（色《上》5.4.23）*

οὐδὲν ἤνυε τούτοις.

他没有凭借这些行径做成任何事情。（德.《演》21.104）*

(80) μητέρα κατειργάσαντο κοινωνῷ ξίφει.

他们用一把共有的剑了结了母亲。（欧《伊陶》1173）

30.44 手段与格（dative of means）、方式与格（dative of manner）和情状与格（dative of circumstance）表达动作所采用的方式或者动作发生于其中的情状，例如：

(81) κραυγῇ πολλῇ ἐπίασιν. 他们会大吼着进攻。（色《上》1.7.4）

(82) ταῦτα ἔπρηξα τῇ σῇ μὲν εὐδαιμονίῃ, τῇ ἐμεωυτοῦ δὲ κακοδαιμονίῃ. 我做出这些事情，一方面是因为你的好运，另一方面是因为我自己的噩运。（《原史》1.87.3）

注一：在有些情况下，工具和手段难以区分，例如：

(83) βούλονται δὲ πολέμῳ μᾶλλον ἢ λόγοις τὰ ἐγκλήματα διαλύεσθαι.

而他们宁愿用战争而非用言辞来消解种种控告。（《佩战》1.140.2）

不过，这其实是分类问题，与含义无关（语义标签见 30.1 注一）。

注二：以 -ῃ 结尾而意为以……方式、通过……途径的各种代词性形式在本质上是方式与格，例如：ταύτῃ[以此方式]、πῇ[以何途径？如何？]和 πῃ[以某一途径]等等。这些形式另见 8.2。

30.45 原因与格（dative of cause）表达理由或者原因，例如：

(84) ἔφερον ... οἱ ὁπλῖται ... αὐτοὶ τὰ σφέτερα αὐτῶν σιτία ... , οἱ μὲν ἀπορίᾳ ἀκολούθων, οἱ δὲ ἀπιστίᾳ. 重装步兵自己携带着他们自己的口粮，一些人是因为缺乏随从，一些是因为不信任[随从]。（《佩战》7.75.5）

(85) ὕβρει καὶ οὐκ οἴνῳ τοῦτο ποιοῦντος

因肆心而非酒精做出此事。（德《演》21.74）

30.46 时间与格（dative of time）表达动作发生的时间（特定的时刻或者时段），常常带有数词，例如：

τρίτῳ ἔτει 两年之后/在第三年；［见 9.10］

τῇ ὑστεραίᾳ 在第二天；

(86) ... δεδόχθαι τῇ βουλῇ ... στεφανῶσαι Χαρίδημον ... καὶ ἀναγορεῦσαι Παναθηναίοις τοῖς μεγάλοις ἐν τῷ γυμνικῷ ἀγῶνι καὶ Διονυσίοις τρα-

γῳδοῖς καινοῖς.

……[决议]由议事会授予卡瑞德摩斯冠冕，并在大泛雅典节时的体操竞赛和酒神庆典时新肃剧[的上演]中公开宣布。（德《演》18.116）

30.47 在诗歌中，单独出现的位置与格（dative of place）可以用来表达动作发生的地点。在散文中，只有数量有限的地名可以使用这种位置与格（在其他情况下，一般需要一个介词，见 31.4），例如：

(87) ἐπεὶ δὲ <u>γῇ</u> | ἔκειτο τλήμων, δεινὰ γ' ἦν τἀνθένδ' ὁρᾶν.

不幸的她倒在地上时，接下来的事惨不忍睹。（《俄僭》1266–1267）

(88) (ἐπαιδεύθησαν ὑπὸ) τῶν τε <u>Μαραθῶνι</u> μαχεσαμένων καὶ τῶν ἐν Σαλαμῖνι ναυμαχησάντων. 他们曾受那些在马拉松作战的人和那些在撒拉米斯参加海战的人教导。（柏《默》241b）

表示人的名词使用与格

30.48 表示人的名词也可使用与格，表达个体或群组以某种方式与动词所表示的动作密切相关（这一用法也可视作利害与格的子类）。

30.49 利益与格（dative of advantage）和损害与格（dative of disadvantage）分别表达动作的受益者和受害者，它们表达的是，所执行的动作有利于或者有损于某人的利益，例如：

(89) ἐπειδὴ <u>αὐτοῖς</u> οἱ βάρβαροι ἐκ τῆς χώρας ἀπῆλθον, ... 当[波斯]外夷为自己[的利益]从[雅典人的]领土离开时……（《佩战》1.89.3）

(90) ἥδε ἡ ἡμέρα <u>τοῖς Ἕλλησι</u> μεγάλων κακῶν ἄρξει.

这一天，对于希腊人而言，将会开启种种大难。（《佩战》2.12.3）

30.50 被动态动词可以带施事[者]与格（dative of agent）来表达动作的施事者。在散文中，施事与格几乎总是伴随着完成时/过去完成时被动态动词（如例句 91）或以 -τέος 结尾的动词性形容词（如例句 92），而在诗歌中，施事与格有时会伴随着动词的其他被动形式（如例句 93）：

(91) ἐπειδὴ <u>αὐτοῖς</u> <u>παρεσκεύαστο</u> ...

他们准备好时……（《佩战》1.46.1）

(92) οὔ <u>σφι</u> <u>περιοπτέη</u> ἐστὶ ἡ Ἑλλὰς ἀπολλυμένη.

希腊遭到毁灭不应为他们所容忍。（《原史》7.168.1）①

(93) οἶδά <u>σοι</u> στυγουμένη. 我知道自己受你憎恶。（欧《特》898）

---

① 分词的主导化用法见 52.45。

30.51 伴随与格（dative of accompaniment）不受介词支配，几乎只与军事术语一起使用来表达伴随（在其他情况下一般需要介词）：

(94) πέντε δὲ ἔλαβον, καὶ μίαν τούτων αὐτοῖς ἀνδράσιν.

[雅典人]俘获了五艘[战船]，其中一艘还载着船员。（《佩战》4.14.1）[αὐτός 的这种用法见 29.12]

(95) οἱ ... Ἀθηναῖοι ἀπίκοντο εἴκοσι νηυσί.

雅典人带着二十艘舰船抵达。（《原史》5.99.1）

30.52 如果对动作的感知基于某人的视角或立场，那么表达此人的名词也可使用与格，例如：

(96) ὁ μὲν χρύσεος ἔκειτο ἐπὶ δεξιὰ ἐσιόντι ἐς τὸν νηόν.

在走进神庙的人看来，金制[调酒缸]位于右手。（《原史》1.51.1）

(97) οἴκτιρον ... με | πολλοῖσιν οἰκτρόν.

请你怜悯在众人看来可怜的我。（索《特》1070–1071）**

30.53 所谓的特征与格/泛称与格（ethical dative）[1] 或说感受与格（dative of feeling）较难翻译：第一和第二人称代词的与格（μοι、ἡμῖν、σοι 和 ὑμῖν）可以宽松地表达动作所涉及的发话人或受话人，例如：

(98) ὦ μῆτερ, ὡς καλός μοι ὁ πάππος.

母亲啊，我的外祖父多么英俊！（色《教》1.3.2）

(99) τοιοῦτο ... ὑμῖν ἐστὶ ἡ τυραννίς.

你们看，这般[勾当]就是僭政。（《原史》5.92η.4）

(100) σύντεμνέ μοι τὰς ἀποκρίσεις καὶ βραχυτέρας ποίει.

请你为我精简回答，并且使之更加简洁。（柏《普》334d）[命令式和 μοι 常常宜译作请为我……]

表达比较的结构带与格

30.54 对于比较级、最高级以及其他表达比较的结构而言，差异程度与格（dative of measure of difference）用来表达不同实体之间差异的程度，例如：

οὐδὲ σὺ ἄρ᾽ ἂν ἀποδέχοιο εἴ τίς τινα φαίη ἕτερον ἑτέρου τῇ κεφαλῇ

---

[1] 关于术语 ethical dative 的中译，参见艾伦、格里诺等编订：《拉丁语语法新编》，顾枝鹰、杨志城等译注，上海：华东师范大学出版社，2017 年，第 309 页。

μείζω εἶναι, καὶ τὸν ἐλάττω τῷ αὐτῷ τούτῳ ἐλάττω.

那么你就不会接受[这一说法]——如果有人宣称，某人比另一人高一头，并且较矮的那人在这个相同的程度上更矮。(《斐多》100e) [①]

πολλῷ τε κάλλιστα καὶ πολλῷ μέγιστα

极其华丽而且宏伟至极的[大门]；(《原史》2.136.1) *

οὐ πολλαῖς ἡμέραις ὕστερον

过了没几天。(色《希》1.1.1、伊索《演》19.40 等多处) *

可以带与格的比较级和最高级，见 32.11。

呼　格

30.55　呼格（vocative）的用法如下——

• 用于呼叫或召唤，总是在句首，用来引起附近某人或者某位神明的注意；

• 用于称呼，用来与附近某人打招呼或者与其保持交流。

呼格之前常常（但并不总是）有 ὦ[哦；啊]，例如：

(101) Εὐριπίδη, Εὐριπίδιον, | ὑπάκουσον, εἴπερ πώποτ᾽ ἀνθρώπων τινί.

欧里庇得斯啊，亲爱的欧里庇得斯，睬睬[我]嘛，只要你搭理过什么人。(阿《阿》404–405)[呼叫或召唤]

(102) ὁ δὲ Κῦρος ... ἐπηύξατο· Ἀλλ᾽, ὦ Ζεῦ μέγιστε, αἰτοῦμαί σε, δὸς ...

而居鲁士……祈祷说："但是，最强大的宙斯啊！我恳求您许可……"(色《教》5.1.29)[呼叫或召唤]**

(103) καλῶς ἔλεξας, ὦ γύναι.

夫人啊，你说得好！(《海伦》158)[称呼]

注一：在一些情况下，主格代替呼格来表达呼叫或召唤，比如主人使用 ὁ παῖς [童子！]而非 ὦ παῖ 来呼叫自己的奴仆，又如 οὗτος[这家伙！](见 29.30)。

注意，在其他许多情况下，呼格与主格形式相同（如例句 101 中的 Εὐριπίδιον），而复数呼格总是与复数主格相同。

格的用法与时间和空间的表达

30.56　时间和空间的表达中格的用法见 30.15–17、30.28、30.32–33 和 30.46。这些格带介词来表达时间和空间的用法，见 31.4、31.8–9。

---

① 原书给的例子是 κεφαλῇ ἐλάττων[矮了一头的]，未标注出处。

无论是否受介词支配，对于表达时间和空间的各种格而言，下述通则都适用——

• 对于空间性表达而言（带或不带介词），属格往往表达从某处或者在某个空间范围内，与格往往表达在某处，宾格往往表达向某处或者穿过的空间，如下图所示：

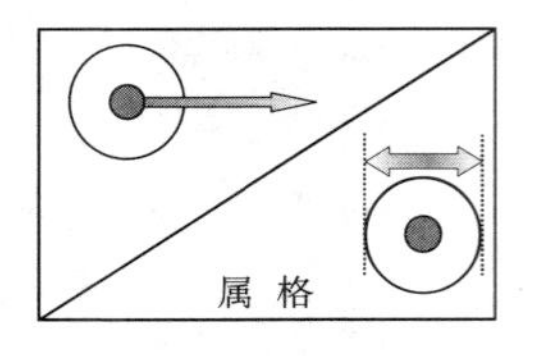

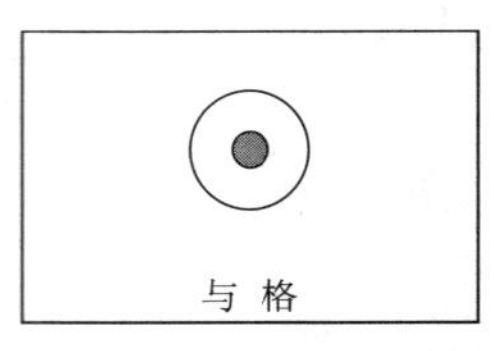

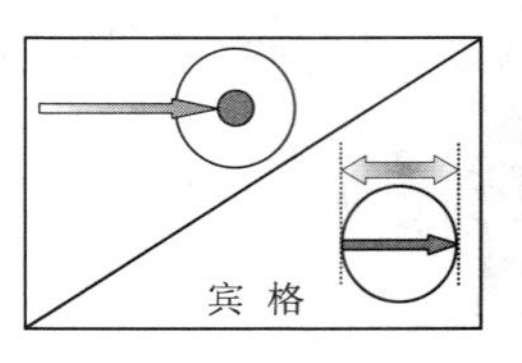

• 对于时间性表达而言（带或不带介词），属格往往表达在某个时间范围内，与格往往表达在某个时刻，宾格往往表达持续的时间，如下图所示（带双向箭头的横线是时间轴）：

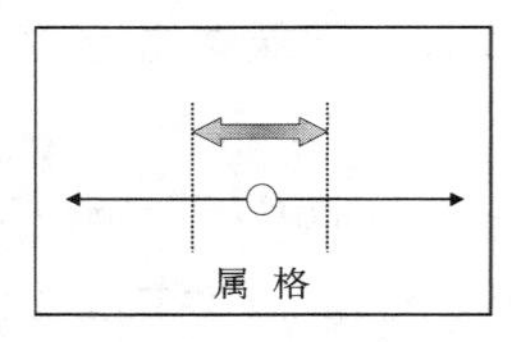

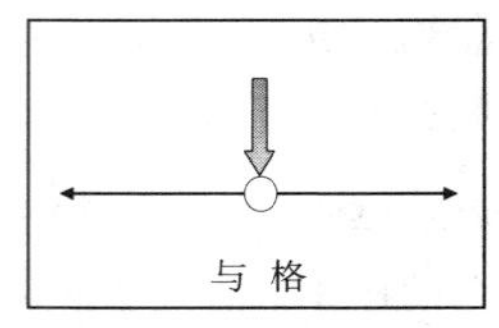

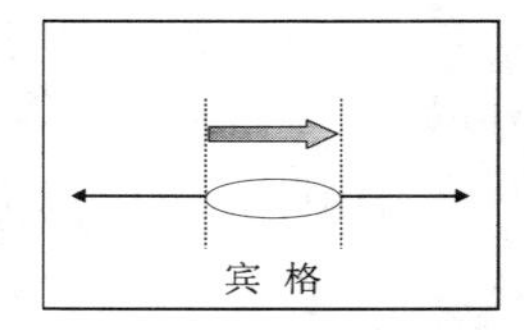

30.57 除了使用属格、与格和宾格，古希腊语还会使用各种固定形式（原先是格的形式）来表达空间（有时也表达时间），例如：οἴκοι[在家]、Ἀθήνησι[在雅典]、Ἀθήνηθεν[从雅典]和Ἀθήναζε[向雅典]。这类形式详见 6.7–11。

30.58 在表达度量时，古希腊语一般使用度量属格（见 30.28）和方面宾格（见 30.14）的组合，通常带有冠词，例如：

(104) κρηπὶς ... <u>τὸ εὖρος</u> <u>πεντήκοντα ποδῶν</u> καὶ <u>τὸ ὕψος</u> <u>πεντήκοντα</u>

[墙]基宽五十步，高五十步。（色《上》3.4.11）

第31章　介　词

引　言

31.1　古希腊语的介词（preposition）可以支配属格、与格和宾格的名词性成分和代词性成分。介词与其所支配的成分构成介词短语（prepositional phrase，比如 εἰς τὴν πόλιν[往城里]）。介词短语可以用来表达空间关系、时间关系或者其他更加抽象的关系，例如：

(1) τὴν γὰρ ἄνθρωπον ἀποπέμψω ἐκ τῆς οἰκίας.

因为我将把这女人从家中赶出去。（德《演》[59].82）[表达空间关系]

(2) ὑμᾶς δέ, ὦ παῖδες, οὕτως ἐξ ἀρχῆς ἐπαίδευον. 而且，孩子们啊，我从一开始就这样教育你们。（色《教》8.7.10）[表达时间关系]**

(3) ταῦτα γάρ οἱ ἐνετέταλτο ἐκ Δαρείου, Θρηίκην καταστρέφεσθαι.

因为这一点由大流士所命令，就是征服色雷斯。（《原史》5.2.2）[表达抽象关系；介词短语表明了 ἐνετέταλτο 所表达的命令的来由或者源头（英译 by Darius 所用的介词在某种程度上遮蔽了这种关系）]

31.2　我们把介词分为两类——

- 严格意义上的介词，亦见于复合动词，如 ἐκ（对比 ἐκβαίνω[登下]、ἐξέρχομαι[走出]）和 ἀπό（对比 ἀποβαίνω[登下；离开]、ἀπαγγέλλω[报告；带回消息]和 ἀφίστημι[拿走；使远离]），见 31.8；
- 非严格意义上的介词，不用于复合动词，如 χωρίς（+属格）、ἅμα（+与格）和 ὡς（+宾格），这些介词一般也用作副词，此时不支配其他成分，见 31.9。

31.3　一些介词总是带固定的一种格（比如 ἐκ、ἐν 和 εἰς 分别只能支配属格、与格和宾格），而另一些介词可以带两种或三种格（比如 διά 可以支配属格或宾格，παρά 可以支配属格、与格和宾格），并且带不同格时意思不同（见 31.8）。非严格意义上的介词都只能带固定的一种格。

31.4　介词在表达空间含义时——

- 带属格常常表达远离某物的运动（比如 ἐκ+属格意为远离，παρά+属格意为从……的边上）；
- 带与格常常表达在固定的位置（比如 ἐν+与格意为在某处，παρά+与格意为在……的边上）；
- 带宾格一般表达朝向某物的运动（比如 εἰς+宾格意为朝向），也可表达穿过某个较大的区域或一个空间（比如 παρά + 宾格意为到……边上）。

关于这些含义，一并比较分离属格（见 30.34）、位置与格（见 30.47）、方向宾格和空间宾格（见 30.16–17）；另见 30.56。

对于介词的其他含义来说，我们常常更加难以断言介词-格的组合中某一种格有何特定含义。在一些情况下，同一个介词所带的不同格在含义上区别很小。

31.5 冠词可以使介词短语实词化，例如 τὰ περὶ Κύρου[关于居鲁士的各种事情]；见 28.25，对比 26.19–20。

31.6 许多介词也可以用作副词而不支配其他成分，然而，这种用法在散文中相对少见——但是 πρός[此外]和 μετά[然后]除外。

31.7 严格意义上的介词的重音，见 24.37。尤其需要注意，双音节介词的重音在尾音节上，除非这个介词在其所支配的成分之后（倒装，见 60.14），或者用作副词，或者用来代替 ἐστί(ν) 或 εἰσί(ν) 的复合词（例如 πάρα 相当于 πάρεστι 或 πάρεισι[获准；有可能]，ἔνι 相当于 ἔνεστι 或 ἔνεισι[有可能]）。[①]

介词的一般用法

严格意义上的介词

31.8 古典希腊语介词最常见的用法如下表所示。本表仅含严格意义上的介词，以字母顺序罗列。伊欧尼亚方言中（希罗多德笔下）以及诗歌中的一些偏常用法不纳入本表。

	空间含义	时间含义	抽象/比喻含义
		ἀμφί（ἀμφ’）	
属			关于、涉及 ἡ δίκη ἀμφὶ τοῦ πατρός 对你父亲的审判[②]
与	（仅见于诗歌和伊欧尼亚方言）		因……的缘故 φοβεῖται ἀμφὶ τῇ γυναικί 他因妻子的缘故而害怕
宾	环绕、围绕 ἀμφὶ πῦρ καθήμενοι	大约、左右 ἀμφὶ μέσας νύκτας	关于、涉及 εἶναι/ἔχειν ἀμφί τι

① 见 36.6。

② 参见《居鲁士的教育》3.1.8。

	空间含义	时间含义	抽象/比喻含义
	围着火焰坐着	午夜左右	忙于/关心某事
	（+人）		大约、左右（+数词）
	οἱ ἀμφὶ Κῦρον		ἀμφὶ τοὺς δισχιλίους
	居鲁士及其身边的人		大约两千
		ἀνά（ἀν’）	
与	在……上（仅见于诗歌）		
	ἀνὰ ναυσίν 在船上		
宾	往上（纵向）	每一	[表达比例]
	ἀνὰ τὸν ποταμόν 沿河而上	ἀν’ ἕκαστον ἔτος 每年	ἀνὰ λόγον
	ἀνὰ τὸ ὄρος 上山	[其他用法]	相称地/成比例地
	遍及（横向）	ἀνὰ χρόνον	ἀνὰ κράτος 全力地（字面意为与力量相称地）
	ἀνὰ τὴν χώραν 遍及此地	逐渐/随着时间的推移	
		ἀντί（ἀντ’、ἀνθ’）	
属			与……交换、代替
			ἀντὶ χρημάτων 换取钱财
			πολέμιος ἀντὶ φίλου 敌人而非朋友
			为……之故、因为、由于
			ἀντὶ τοῦ; 因为什么？
		ἀπό（ἀπ’、ἀφ’）	
属	从……离开/发源	自从、自打	[表达分离]
	ἀπὸ τῶν νεῶν 从船上	ἀπ’ ἀρχῆς 从一开始	οὐκ ἀπὸ τρόπου 不离谱
	ἀπὸ τῆς θαλάττης 远离大海/与大海相隔	ἀφ’ οὗ 自从	[表达起源]
	[其他用法]		καλεῖσθαι ἀπό τινος 因/根据……而被称作
	ἀφ’ ἵππου μάχεσθαι 驾马作战/在马上作战		ἀπὸ τῶν παρόντων/ὑπαρχόντων 根据目前的情况
			ἐπράχθη ἀπ’ αὐτῶν οὐδέν 无一事由他们所成[1]

① 参见《佩洛璞斯岛人与雅典人的战争》1.17。

	空间含义	时间含义	抽象/比喻含义
		διά（δι’）	
属	通过、穿过 διὰ τοῦ θώρακος 穿透胸甲	通过、贯穿 διὰ νυκτός 过了一整夜 διὰ βίου 整整一生 [其他用法] διὰ χρόνου 过了一段时间	通过、经由、凭借 δι’ ἑρμηνέως λέγειν 经由翻译来说话 δι’ ἑαυτοῦ 凭他一己之力 διὰ τάχους 迅速地 δι’ ὀργῆς εἶναι 在冲动中
宾			由于、因为、归功于 δι’ ἀρετὴν ἐνίκησαν 他们因勇气而胜利了 διὰ ταῦτα 由于这些
		εἰς（伊欧尼亚方言作 ἐς）	
宾	往、朝向、对着 εἰς ὕδωρ βάλλειν 投向/入水中 εἰς τὴν πόλιν 往城里 εἰς οἰκίαν εἰσιέναι 走进房子 εἰς Αἴγυπτον 向/对/反对埃及 [其他用法] εἰς Ἅιδου 向冥府（这个属格见 30.27）	直到 εἰς τὴν τελευτήν 直到终点 ἐς ὅ 直到（伊欧尼亚方言的连词） 朝向 εἰς ἑσπέραν 到晚上/在黄昏 持续 εἰς ἐνιαυτόν 持续一年	[表达目标] εἰς Ἀθηναίους ἀγορεύειν 向雅典人宣讲 ἁμαρτάνειν εἰς τοὺς θεούς 得罪诸神[1] 在……层面/方面 πρῶτος εἰς πάντα 在所有方面名列第一[2] ἐς τὰ ἄλλα 在其他方面 至多、接近（+数字） εἰς τριάκοντα 至多三十[3]
		ἐκ（元音前作 ἐξ）	
属	从……之中 ἐκ τῆς μάχης ἔφυγεν	自从 ἐξ ἀρχῆς 从一开始	源自、出自、从……范围中 ἐκ πατρὸς ἀγαθοῦ

① 参见索福克勒斯残篇拉特本 472：δισσὰ γὰρ φυλάσσεται, | φίλων τε μέμψιν κεἰς θεοὺς ἁμαρτάνειν[因为它抵御两件事情：指责朋友和得罪诸神]。

② 参见《卡尔米德》158a：ἐκ δὴ τοιούτων γεγονότα εἰκός σε εἰς πάντα πρῶτον εἶναι[事实上，你生于这样的(父母)，可能在每个方面都名列第一]。

③ 参见《居鲁士上行记》7.3.46：Ξενοφῶν δὲ παρηγγύησε τοὺς εἰς τριάκοντα ἔτη παριέναι ἀπὸ τῶν λόχων εὐζώνους[而色诺芬命令三十(岁)以下的轻装士兵从连队里走上前来]。

空间含义	时间含义	抽象/比喻含义
他曾逃离战斗	ἐκ τούτου 在那之后	生于一位优秀的父亲
[其他用法]	ἐξ οὗ 自从（连词）	ἐκ ξύλου 木制的
ἐκ δεξιᾶς/ἀριστερᾶς 在右/左边		ἐκ τῶν δυνατῶν 以力之所及/在能力范围内[1]
		根据、按照、由
		ἐκ θεοπροπίου 根据神示
		προστέτακται ἐκ μαντείων 那由神谕所要求
		为……所、被（+被动态）
		τὰ λεχθέντα ἐξ Ἀλεξάνδρου 亚历山大之所言
		[其他用法]
		ἐξ ἴσου 平等地/同等地

ἐν（伊欧尼亚方言和诗歌中亦作 ἐνί）		
与　在……之中（常为静态）	在……时/期间	[表达情状或方式]
ἐν τῇ οἰκίᾳ 在屋子中	ἐν μιᾷ νυκτί 在一个夜晚	ἐν τάχει 迅速地
ἐν πᾶσιν ἀνθρώποις 在所有人之中	ἐν τούτῳ τῷ καιρῷ 在这个关头	ἐν μέρει 轮流/依次
ἐν νήσῳ 在一座岛上	ἐν τούτῳ 在这个时候	ἐν ἀπορίᾳ εἶναι 处于困境
ἐν τοῖς ὅπλοις 武装着	ἐν ᾧ 在……[的同]时	ἐν σοί ἐστιν 它取决于你
ἐν Ἅιδου 在冥府（这个属格见 30.27）		[其他用法]
往……之中（动态，强调终点）		οἱ ἐν τέλει 掌权者们
ἐν τῇ θαλάττῃ πίπτειν 落入大海		

ἐπί（ἐπ'、ἐφ'）		
属　在顶上（静态）	在……期间	[用于各种表达]
ἔχειν τι ἐπὶ τῶν ὤμων	ἐπ' εἰρήνης 在和平时	ἐπ' ἐμαυτοῦ 凭我自己

[1] 参见《佩洛璞斯岛人与雅典人的战争》2.3.4、《居鲁士上行记》4.2.23。

	空间含义	时间含义	抽象/比喻含义
	肩上放着某个东西 朝向（动态） ἐπ' Αἰγύπτου ἀποπλεῖν 往埃及驶去	τὰ ἐπ' ἐμοῦ 我生命中的事情	οἱ ἐπὶ τῶν πραγμάτων 那些掌权者 ἐπὶ τεττάρων ταχθῆναι 列为四排 [用于法律语境] ἐπὶ πάντων 在众人面前
与	在……附近 ἐπὶ ποταμῷ οἰκεῖν 住在河边 τὸ ἐπὶ θαλάσσῃ τεῖχος 海边的那面墙	紧接在……之后 ἐπὶ τούτῳ 此后/随之	[表达增添] ἐπὶ τούτοις 此外 [表达原因] θαυμάζειν τινὰ ἐπὶ σοφίᾳ 惊讶于某人的智慧 γελᾶν ἐπί τινι 嘲笑某人/对某人发笑 [表达动机、理由或目标] ἐπ' ἐλευθερώσει τῶν Ἑλλήνων 为希腊人的解放 [表达条件] ἐπὶ τούτῳ 在这种情况下 ἐφ' ᾧ 以……为条件/条件是（见 49.26） [表达影响的范围] ἐφ' ὑμῖν ἐστιν 它取决于你们/依赖你们
宾	往……上（+终点） ἐπὶ τοὺς ἵππους ἀναβῆναι 上马 朝向、反抗（+目标、对象） ἐπ' Ἀθήνας 向雅典 ἐφ' ὕδωρ πέμπειν 派去汲水 ἐπὶ τοὺς πολεμίους ἰέναι	持续 ἐπὶ πολὺν χρόνον 持续长时间	为了 ἐπὶ τί ...; 为了什么呢？ [用于各种表达] τὸ ἐπ' ἐμέ 就我而言/至于我 ὡς ἐπὶ τὸ πολύ

	空间含义	时间含义	抽象/比喻含义
	向敌人进发 遍及（+表面） ἐπὶ πᾶσαν Εὐρώπην 遍及整个欧罗巴		普遍地/一般而言[1]
	κατά（κατ'、καθ'）		
属	往下 κατὰ τοῦ ὄρους 从山上往下 在……下方 κατὰ γῆς κρύπτειν 藏到地底下 [其他用法] κατὰ νώτου εἶναι τοῦ πολεμίου 在敌人后方		反对 λέγειν κατά τινος 反驳某人 关于、至于（语义较弱） καθ' ἁπάντων 至于所有这些人/关于这一切
宾	跟随、伴着（动态） κατ' οὖρον 顺风/乘风 [表达向下的运动] κατὰ τὸν ποταμόν 顺流而下 遍及、贯穿（+表面） κατὰ τὴν ἀγοράν 市场上各处的 对着、靠近、针对 κατὰ τοὺς Ἕλληνας τάττειν 在希腊人对面列阵	每一 καθ' ἡμέραν 日复一日/每天 在……时 κατ' ἀρχάς 在起初 κατ' ἐκεῖνον τὸν χρόνον 大约在那个时候[2]	按照、与……相应 κατὰ τοὺς νόμους 按照法律 κατὰ δόξαν 按照意见[3] κατὰ δύναμιν 尽力 κατὰ κράτος 以武力 καθ' ἑαυτόν 根据/由/凭/靠他自己 [表达分配] κατ' ἔθνη 一族族地/每一族 καθ' ἕκαστον 逐一/详细 κατὰ μικρόν 一点点地 至于、就……而言

① 参见亚里士多德《论位篇》100b29。
② 参见《希腊志》4.1.29，见于 60.30 例句 47。
③ 参见《邦制》534c，它与 κατ' οὐσίαν[按照知识/所是]相对。

空间含义	时间含义	抽象/比喻含义
		τὸ κατ' ἐμέ 就我而言
μετά（μετ'、μεθ'）		
属 与……一同、伴着 μετὰ τῶν συμμάχων 与盟友一起		[表达伴随的情状] μετὰ σπουδῆς 匆忙地 μετὰ τοῦ νόμου 站在法律一边[1]
与 在……之中（见于诗歌，通常＋人） μετὰ μαινάσι 在酒神狂女之中		
宾	在……之后 μετὰ τὰ Μηδικά 美迪阿人的事情过后[2] μετὰ ταῦτα 这些事过后 μεθ' ἡμέραν 天[亮]后/在白天	次于 ἄριστος μετά τινα 次于某人的最优者[3]
παρά（παρ'）		
属 从……那里/的边上（表达来源，与动作搭配，通常＋人） ἐμοὶ ἀγγελίη ἥκει παρὰ βασιλέος λέγουσα οὕ-τως 一个消息从国王那儿传到我这里，这样说……（属格 βασιλέ-		从……那里/的边上（表达来源，通常＋人） λαμβάνειν τι παρά τινος 从某人那里得到某物 μανθάνειν τι παρά τινος 从某人那里习得/了解到某事 由/为……所（＋被动态）

① 参见《申辩》32c：μετὰ τοῦ νόμου καὶ τοῦ δικαίου ᾤμην μᾶλλόν με δεῖν διακινδυνεύειν ἢ μεθ' ὑμῶν γενέσθαι μὴ δίκαια βουλευομένων, φοβηθέντα δεσμὸν ἢ θάνατον[我认为——我站在法律和正义这边——我应该去冒风险，而非因为恐惧镣铐或死亡而与不正义地作出决议的你们在一起]。

② “美迪阿人的事情”指波斯战争，参见亚里士多德《邦务》1303b33。

③ 参见迪翁《罗马史》52.21.4：βουλευτῇ γάρ τινι, καὶ τῷ γε ἀρίστῳ μετὰ τὸν πολίαρχον, μᾶλλον ἤ τινι τῶν ἱππέων προστετάχθαι τοῦτο δεῖ[因为这一(职务)应当委派给某位元老，并且至少是排在城邦统治者之下最高层的人，而非某位骑士]。

	空间含义	时间含义	抽象/比喻含义
	ος 见 25.24）[①]		τὰ λεγόμενα παρά τινος 由某人所说的那些事情
与	在……面前、有……在场的情况下（通常＋人） οἱ παρὰ σοί 那些在你旁边的人 παρὰ δικασταῖς 在审判员面前		在……看来 παρ' ἐμοί 在我看来 在……左右、在……麾下 στρατηγεῖν παρὰ Κύρῳ 在居鲁士麾下当将领
宾	向/到……边上/那里（＋终点，通常是人） ἀφικνεῖσθαι παρά τινα 到某人边上 πέμπειν παρά τινα 送到某人那里 在……边上、挨着（＋意为“放置”的动词） καθέζεσθαι παρά τινα 在某人边上坐下 沿着、顺着 παρὰ τὴν ἤπειρον πλεῖν 沿着大陆航行	在……期间、贯穿 παρὰ πάντα τὸν χρόνον 一直/在整个期间	次于……、与……相比 γελοῖος παρ' αὐτὸν 与他相比[显得]可笑 除……之外 οὐδὲν ἄλλο παρὰ ταῦτα 除此之外别无他物[②] 与……相反、违反 παρὰ τοὺς νόμους 违反法律
	περί（从不省音）		
属			为了（＋意为竞争、斗争等等的动词） μάχεσθαι περὶ πατρίδος 为祖邦战斗 对、为了（＋意为疑惧、担心的动词）

① 参见希罗多德《原史》8.140α.1。原书作 ἄγγελος παρὰ βασιλέως ἥκει，译作 a messenger has come from the Persian King，中文版据《希英大辞典》词条 παρά 改。

② 参见经验论者塞克斯都《驳学问家》7.154。

	空间含义	时间含义	抽象/比喻含义
			φοβεῖσθαι περί τινος 为……而担心[1] 为了、关于（+意为言说等等的动词） βουλεύεσθαι περὶ τῆς εἰρήνης 为和平而思虑 ἀκούειν περί τινος 听说关于……的事情[2] 涉及、关于 τὰ περὶ τῆς ἀρετῆς 涉及/关乎德性的事情 περὶ πολλοῦ/ὀλίγου ποιεῖσθαι 认为重要/次要[3]
与	穿/戴/佩在……上的 ἃ περὶ τοῖς σώμασιν ἔχουσιν 她们穿在身上的[衣服][4]		为了（+意为疑惧、担心的动词） δεδιότες περὶ τῷ χωρίῳ 为他们的地方忧虑[5]
宾	环绕、围绕 περὶ τὴν Ἀττικὴν περιέρχεται 他围着阿提卡绕圈[6] περὶ τὸ στρατόπεδον φυλακαὶ ἦσαν 军营四周有岗哨	大约 περὶ τούτους τοὺς χρόνους 大约在这时候	涉及、关于、对、就 γνώμην ἔχειν περί τι/τινα 对……持有看法 ἁμαρτάνειν περί τινα 在某人的事情上/对某人犯错 εἶναι περί τι 忙于某事

① 参见亚里士多德《针对动物的探究》566a26、伊索克拉底《演说辞集》9.24。

② 原书释义作 hear about someone，但这里的 τινος 其实并不限于表达人，例如《邦制》358d：περὶ γὰρ τίνος ἂν μᾶλλον πολλάκις τις νοῦν ἔχων χαίροι λέγων καὶ ἀκούων;［因为某个有头脑的人可能更加频繁地乐于言说和聆听什么事情呢？］。

③ 见 30.31 注一。

④ 参见伊索克拉底《书信集》9.10。

⑤ 参见《佩洛璞斯岛人与雅典人的战争》1.60.1。

⑥ 参见《拉刻斯》183a。

空间含义	时间含义	抽象/比喻含义
[其他用法] οἱ περὶ τὸν Πείσανδρον πρέσβεις 以佩伊珊德若斯为中心的使节们①		
	πρό（从不省音）	
属　在……前方 πρὸ τῶν ἁμαξῶν 在马车前 πρὸ ποδῶν 在两脚前	在……之前 πρὸ τῶν Μηδικῶν 在美迪阿人的事情之前 πρὸ τοῦ 在此之前/先前	为……辩护、为了、替 πρὸ τῶν πολιτῶν μάχεσθαι 为城邦民作战 优先于、而非 αἱρεῖσθαί τι πρό τινος 选择……而非……
	πρός	
属　在……边上、面朝 τὸ πρὸς ἑσπέρας τεῖχος 朝向西面的墙		从……的边上、遭……的毒手 πάσχειν πρός τινος 在某人那里受难② ἀκούειν πρός τινος 从某人那里听说 在……的一边 πρὸς ἡμῶν ἐστιν 他在我们这边 被、为……所（带被动态） τὸ ποιούμενον πρός τινος 由某人所做的事情 凭……起誓 πρὸς θεῶν 凭诸神起誓！
与　在……附近		在……之外还有

① 参见《佩洛璞斯岛人与雅典人的战争》8.63.3。原书作 οἱ περὶ Κῦρον，译作 Cyrus and his followers。古典作家笔下并未出现过这个短语，故据《希英大辞典》词条 περί 改。

② 参见《原史》1.73.5：οἱ ... ταῦτα πρὸς Κυαξάρεω παθόντες[在曲阿克撒热斯那里遭受这些事情的人]。

	空间含义	时间含义	抽象/比喻含义
	πρὸς αὐτῇ τῇ πόλει καθίστανται 他们置身于那座城本身的附近/他们恰恰置身于那座城		πρὸς τούτῳ, πρὸς τούτοις 此外/加之 [其他用法] εἶναι πρός τινι 沉浸于[1]
宾	朝向（动态） ἄγειν πρός τινα 带往某人那里 ἀποβλέπειν πρός τινα 往某人那儿看去 对着、针对、反对 πορεύεσθαι πρός τινα 向……进发 πολεμεῖν πρός τινα 对……发动战争	接近、将近 πρὸς ἑσπέραν 傍晚时分	对、向（+表示言说等等的动词） λέγειν πρὸς τὸ πλῆθος 对大众说话 关于、涉及 πρὸς ταῦτα 对于这些 χρήσιμος πρός τι 对某事有用的 朝向、为了（+目标、方向） πρὸς ἀνδρείαν παιδεύεσθαι 接受以勇敢为目标的教化 λέγειν τι πρὸς χάριν τινός 为某人好而说/为施惠于某人而说 参照、根据[2] πρὸς τὴν δύναμιν 参照/根据能力 κρίνειν πρός τι 参照/根据某事来判断 πρὸς βίαν 强行/以强力
	σύν/ξύν		
与	与……一起（阿提卡方言		包含……在内

① 参见《斐多》84c：καὶ αὐτός τε πρὸς τῷ εἰρημένῳ λόγῳ ἦν ὁ Σωκράτης[并且苏格拉底本人当时沉浸在（他）说出的那番话中]。

② 例子另见 52.32 例句 93。

空间含义	时间含义	抽象/比喻含义
中罕见，一般用 μετά + 属格） πολεμεῖν σὺν τοῖς φυγάσι 与流亡者一起发动战争[1]		δισχίλιαι δραχμαὶ σὺν ταῖς Νικίου 两千德剌克美，包含尼基阿斯的那些[2] [表达伴随的情状] σὺν κραυγῇ 大喊着 σὺν θεῷ 在神明助佑下
	ὑπέρ	
属　在……上（静态） ὑπὲρ τῶν γονάτων 膝盖上 ὑπὲρ Ἁλικαρνησσοῦ μεσόγαια 哈利卡尔纳斯索斯的内陆 从……上（动态） ὑπὲρ τῶν ἄκρων κατέβαινον 他们当时从山顶上下来		为了[保护]、替 ὑπὲρ τῆς πατρίδος 为了[保护]祖邦 ἀποκρίνεσθαι ὑπέρ τινος 代替某人来回答 对、因……而 χάριν ἔχειν ὑπέρ τινος 对/因某事心怀感激 ὑπὲρ τοῦ ταῦτα λαβεῖν 为了得到这些
宾　在……之外 οἱ ὑπὲρ τὸν Ἑλλήσποντον οἰκούμενοι 住在赫珥勒海另一边的人		在……之外 ὑπὲρ δύναμιν 在能力之外/非力之所及 ὑπὲρ ἐλπίδα 出乎意料[3]
	ὑπό（ὑπ’、ὑφ’）	
属　从……下 λαβὼν βοῦν ὑπὸ ἁμάξης 从车下拉走一头牛 在……下 τὰ ὑπὸ γῆς 地下的东西		被、由、为……所（表达施事者，带被动态或表达被动含义的动词） παιδεύεσθαι ὑπό τινος 受某人的教化 πάσχειν τι ὑπό τινος

① 参见《居鲁士上行记》1.1.11。

② 参见普鲁塔克《尼基阿斯传》8.4。

③ 参见《安提戈涅》365–366：σοφόν τι τὸ μηχανόεν | τέχνας ὑπὲρ ἐλπίδ’ ἔχων[拥有某种出人意料的聪明物什，亦即技巧组成的巧妙东西]。

	空间含义	时间含义	抽象/比喻含义
			在某人那里受难 [表达原因] ὑπὸ λιμοῦ ἀπόλλυσθαι 死于饥馑 [表达伴随的情状] ὑπὸ σάλπιγγος 伴着号角的鸣响
与	在……下 ὑπ' Ἰλίῳ 在伊利昂城下 （罕见于散文）		[表达从属/依赖/支配关系] ὑφ' ἑαυτῷ εἶναι 屈从于/受制于他 ὑπὸ παιδοτρίβῃ ἀγαθῷ πεπαιδευμένος 受一名优秀的教练指导①
宾	在……下（+终点） ἔστησε τὸ στράτευμα ὑπὸ τὸν λόφον 他曾让军队在山脚停下	在……的过程中/期间 ὑπὸ τὴν νύκτα ταύτην 在那一夜中 ὑπὸ τὴν εἰρήνην 在和平时期 ὑπὸ νύκτα 乘着夜色	[表达从属/依赖/支配关系] ὑπὸ σφᾶς ποιεῖσθαι 为他们自己所掌控 [表达伴随] ὑπὸ ὄρχησίν τε καὶ ᾠδήν 伴着舞蹈和歌曲②

非严格意义上的介词

31.9 与严格意义上的介词（见 31.2、31.8）不同的是，下面这些非严格意义上的介词不用于构成复合动词：

介词及其所支配的格	含　义
ἅμα + 与格	与……一同/同时（ἅμ' ἕῳ、ἅμ' ἡμέρᾳ 都意为破晓时）
ἄνευ + 属格	毫无、远离、在……之外
δίκην + 属格	以……的方式、好像、犹如③

① 参见《拉刻斯》184e。
② 参见《法义》670a。
③ 参见《法义》705e：δίκην τοξότου[犹如一名弓箭手]。

介词及其所支配的格	含　义
ἐγγύς + 属格	将近、大约
εἴσω、ἔσω + 属格	在……内
ἐναντίον + 属格	与……相对、当着……的面
属格 + ἕνεκα[①]	因为、由于、为了……的缘故
ἐκτός + 属格	在……之外
ἐντός + 属格	在……之内、在……期间
ἔξω + 属格	在……之外（亦表达抽象含义，例如 ἔξω φρενῶν）[②]
ἐπίπροσθεν + 属格	在……前、妨碍（尤其带 γίγνομαι，意为妨碍、挡着）
μεταξύ + 属格	在……之间/之中/期间
μέχρι + 属格	直到（+时间或地点，μέχρι οὗ 意为直到……的时候）
ὁμοῦ + 与格	与……一同、在……的同时
ὄπισθεν + 属格	在……的后方
πάροιθε + 属格	在……的前方、在……之前
属格 + πέλας（一般后置）	在……附近、紧挨
πέρα(ν) + 属格	在……之外、在……对岸（亦表达抽象含义，如 πέρα τοῦ μετρίου[过度]）[③]
πλήν + 属格	除……之外（亦可引导从句：πλὴν ὅτι 意为除了，[④] πλὴν εἰ 意为除非）[⑤]
πλησίον + 属格	靠近、邻近
πόρρω、πρόσω + 属格	远离、深入（亦表达抽象含义，例如 πόρρω σοφίας ἥκειν[向智慧往前深入]）[⑥]
πρόσθεν、ἔμπροσθεν + 属格	在……前方、在……之前
属格 + χάριν（后置）	为了……的缘故
χωρίς + 属格	与……分离、毫无、在没有……的情况下
ὡς + 宾格	对着、朝（只加人，如 ὡς Ἀλέξανδρον[朝亚历山大]）

---

① [原书正文]οὕνεκα 亦然，这两个词通常后置，另见 41.4 注一、48.2。

② 参见《奥林匹亚赛会凯歌》7.47：καὶ παρέλκει πραγμάτων ὀρθὰν ὁδόν ἔξω φρενῶν[并且(某朵遗忘之云)把(做)各种事情的正确途径带离(他们的)心灵]。

③ 参见《蒂迈欧》65d。另见《佩洛璞斯岛人与雅典人的战争》2.67.1：πορευθῆναι πέραν τοῦ Ἑλλησπόντου[到赫珥勒海对岸去；渡过赫珥勒海]。

④ 参见《斐多》57b：πλήν ... ὅτι φάρμακον πιὼν ἀποθάνοι[除(苏格拉底)饮鸩而死的事情外]。

⑤ 参见《申辩》18d：πλὴν εἴ τις κωμῳδοποιὸς τυγχάνει ὤν[除非某个(控告者)碰巧是位谐剧诗人]。

⑥ 参见《欧蒂德谟》294e。

第 32 章　比较等级

比较级和最高级的含义

32.1　形容词比较级（以 -τερος 或 -(ί)ων 结尾，见 5.34、5.36、5.38–41 和 5.43–44）表达形容词含义的更大程度；最高级（以 -τατος 或 -ιστος 结尾，见 5.34、5.37–40 和 5.42–44）表达最大的程度。例如：

οὗτος σοφώτερος Σωκράτους.

这人比苏格拉底智慧。[带比较属格，见 32.6]

Σωκράτης σοφώτατος πάντων.

苏格拉底是所有人中最智慧的。[带部分属格，见 32.8]

如果两个实体相互比较，那么比较级不仅表达程度更大，也自然表达最大的程度，例如：

Σωκράτης σοφώτερος ἡμῶν δυοῖν.

苏格拉底是我俩中更智慧的。[带部分属格，见 32.9]

32.2　如果只有一个比较项，那么最高级就可以表达相当大的程度（有时也称作绝对性用法[elative use]），例如：

Σωκράτης σοφώτατος. 苏格拉底极其智慧。

32.3　比较级后缀 **-τερος** 常常表达两个概念、人物、实体或者群组的对比，这一点可见于 δεξίτερος[右手的]和 ἀρίστερος[左手的]，也可见于下面这个例句：

(1) οὕτως ... ἐπαίδευον, τοὺς μὲν γεραιτέρους προτιμᾶν, τῶν δὲ νεωτέρων προτετιμῆσθαι. 我当时这样教育[你们]：一方面要尊敬[比你们]年长的人，另一方面也要受[比你们]年轻的人尊敬。（色《教》8.7.10）**

32.4　在 **ὡς**（有时是 ὅπως）或 **ὅτι** 后的最高级表达尽可能，例如：

(2) εἰ μὴ θήσομαι | τἄμ’ ὡς ἄριστα, φαῦλός εἰμι κοὐ σοφός. 如果我不会尽可能把自己的事情处理好，那我就无能且不智慧。（欧《安》378–379）

比　较

32.5　古希腊语中有多种结构可以用来表达某人或者某物与之进行比较的实体。我们需要区分以下两种类别——

• 带比较级的结构（对比英语中的 better than 和 more than），见 32.6–7；

• 用来表达某物与另外某物相同、相似或相等的结构（对比英语中的 like、just as 和 similar to），见 32.14–15。

注一：ὡς 引导的比较从句，见 50.37；ὡς ὅτε[如同；好像]引导的比较时间从句，见 47.17；ὡσ(περ) εἰ[如同；好像]引导的比较条件从句，见 49.22–24；分词带 ὥσπερ[如同；好像]表达的比较，见 52.43。

带比较级或最高级的比较结构

32.6 比较级通常带比较属格（见 30.24）或者带 ἤ。在后一种情况中，第二个比较项（在 ἤ 后）与前一个比较项使用相同的格，例如：

(3) πόλεμος ἔνδοξος εἰρήνης αἰσχρᾶς αἱρετώτερος.

辉煌的战争比可耻的和平可取。（德摩斯梯尼残篇拜特尔–绍佩[Baiter-Sauppe]本 13.26）[比较属格]

(4) ἀνδρὸς ... ἑνὸς τοῦ ἀρίστου οὐδὲν ἄμεινον ἂν φανείη. 没有什么可能显得优于一位至善之人[的统治]。(《原史》3.82.2）[比较属格]

(5) οὗτος ὁ Ἡγήσανδρος ἀφικνεῖται, ὃν ὑμεῖς ἴστε κάλλιον ἢ ἐγώ.

这位赫革珊德若斯到了，你们比我更清楚地了解他。(埃《演》1.56）

(6) οὐ πολλῷ τινὶ ὑποδεέστερον πόλεμον ἀνῃροῦντο ἢ τὸν πρὸς Πελοποννησίους. 他们当时发起了一场战争，相较于对佩洛璞斯岛人[发起]的那场，它其实并不逊色很多。(《佩战》6.1.1）[πολλῷ 见 32.11]

如果两个比较项都使用属格或与格形式，那么一般就会使用带 ἤ 的结构（在这种情况下，比较属格罕见），例如：

(7) ἐγὼ ... οὔτ' ἂν μίλτου ἁπτοίμην ἥδιον ἢ σοῦ.

触摸红铅土不会比触摸你更让我快乐。(色《家》10.6）

(8) σοί τε νῦν ἔτι ἐχθίονές εἰσιν ἢ ἐμοί.

并且，他们现在甚至对你比对我更有敌意。(色《教》4.5.23）

32.7 如果使用 **μᾶλλον (ἤ)**[比……；相较于……]来表达比较，那么所用的结构与前面所述的相同，例如：

(9) τὸ θῆλυ γάρ πως μᾶλλον οἰκτρὸν ἀρσένων.

因为女性在某种程度上比男人更易感伤。(欧《赫》536）[比较属格]

(10) οἱ Λακεδαιμόνιοι πάσῃ πολιτείᾳ μᾶλλον ἂν ἢ δημοκρατίᾳ πιστεύσειαν. 相较于民主政制，拉刻代蒙人会更信任[其他]所有的政制。(色《希》2.3.45）[比较级带 ἤ]

注一：派生自比较级的动词也会带比较属格，例如：ὑστερέω[在……之后；比……晚到]（对比 ὕστερος[后来的；之后的]）、πλεονεκτέω[占有更大的份额]（对比 πλείων[更多的]）和 ἡττάομαι[次于；败给]（对比 ἥττων[更次的；更弱的]；属格作动词的补语，见 30.21–22），例如：

(11) ἡττώμεθα ... ἀμφότεροι τοῦ ταῦτα ἔχοντος βεβαίως βίου.

我俩都会败给牢牢掌握这些东西的生活。（《斐勒布》11e）

32.8 最高级常带部分属格（见 30.29），表达一种属性在一个群组或类别中具有最大的程度，例如：

εὐδαιμονέστατοι τῶν Ἑλλήνων

希腊人中最幸福/繁荣的[族群]；（伊索《演》6.66、8.64 和 15.155）*

πάντων μέγιστον ἄλγος 万事中最大的痛苦。（欧《乞》785）*

注一：即便最高级所修饰的实体本身并不属于部分属格所表达的群组，这种用法偶尔也会出现，也常常被称作比较性（comparative）部分属格，例如：

(12) Θουκυδίδης Ἀθηναῖος ξυνέγραψε τὸν πόλεμον ... ἐλπίσας ... ἔσεσθαι ... ἀξιολογώτατον τῶν προγεγενημένων. 修昔底德，雅典人，记下了这场战争，因为他预料到，[这]比之前发生的任何[战争]都更值得叙述。（《佩战》1.1.1）[修昔底德所记叙的战争并不属于之前发生的战争]**

32.9 比较级有时也带部分属格，尤其是两个实体在相互比较的时候（此时比较级表达最大的程度，见 32.1），例如：

(13) δυοῖν γὰρ ἀθλίοιν εὐδαιμονέστερος μὲν οὐκ ἂν εἴη.

因为在这两个悲惨的人中，不可能存在更幸福的人。（柏《高》473d）[ἀθλίοιν 是双数属格，见 10.1–5]

32.10 使用最高级的还有以下情况——

- 最高级可以通过副词性的 καί 得到强化（见 59.56），例如：

(14) οἶμαι δ᾽ αὐτὸ καὶ σοφώτατον | θνητοῖσιν εἶναι κτῆμα τοῖσι χρωμένοις.

而我认为，这甚至是一笔最富智慧的财富——对于使用它们的有死的凡人而言。（欧《酒》1151–1152）

- 最高级可以受固定表达 αὐτὸς (ἑ)αυτοῦ[在其最……的时候/地方]的修饰：形容词表达的特征在同一实体中具有或者呈现出多种程度，而最高级表达其中最大的程度，例如：

(15) ... ἡ λίμνη ... ἐοῦσα βάθος, τῇ βαθυτάτη αὐτὴ ἑωυτῆς, πεντηκοντόργυιος. 这个湖在其最深的地方深度为五十庹。（《原史》2.149.1）[湖在别的地

方没这么深]

• 在散文中（尤其是在希罗多德、修昔底德和柏拉图笔下），最高级有时与惯用表达 ἐν τοῖς[在其中]一同出现，例如：

(16) ἐν τοῖς πρῶτοι δὲ Ἀθηναῖοι τὸν ... σίδηρον κατέθεντο. 而在[希腊人]中，雅典人是第一个放下兵戈的。（《佩战》1.6.3）[ἐν τοῖς 的作用似乎是表明并非只有雅典人止戈，而是，在止戈的那些人里，他们是最早的一批]

32.11 比较级和最高级都可受表达程度的与格修饰（程度与格，见30.54），例如：

πολλῷ ἀμείνων 好得多；

τὰ δ' ἐν τῷ μέσῳ ἁπάσης ταύτης τῆς ἕξεως ἐφαπτόμενα σωφρονέστατα ἅμα τε ἀσφαλέστατα εἶναι μακρῷ. 而适中地拥有这每一个属性的各种[身体]才是最最健全的，同时也是最最稳定的。（《法义》728e）①

注意，在关联从句中，与格的这一用法常常与[τοσούτῳ 和]ὅσῳ 一同出现（见 50.5），意为越……越……，例如：

(17) ὅσῳ ἂν μείζω τούτῳ δωρήσῃ, τοσούτῳ μείζω ὑπὸ τούτου ἀγαθὰ πείσῃ. 你送给这人的东西越贵重，从他那里受到的各种好处就越大。（色《上》7.3.20）

32.12 如果修饰同一个主语或谓语的两个形容词或者副词相互比较，那么这两者都使用比较级，或者前者带 μᾶλλον ἤ 而后者使用比较级，例如：

(18) ἐποίησα ταχύτερα ἢ σοφώτερα.

我更加仓促而非更加智慧地行动。（《原史》3.65.3）

(19) εἰς Ἰωλκὸν ἱκόμην | σὺν σοί, πρόθυμος μᾶλλον ἢ σοφωτέρα. 我更富热情，而非更加智慧，曾与你一同去往伊欧珥科斯。（欧《美》484–485）

32.13 注意以下使用比较级的固定表达——

• 在比例上过高或过低的程度常常由 **ἢ κατά** + 宾格[对……来说过于……]（字面上意为相较于……的情况更加……，见 31.8 κατά）或者 **ἢ ὡς/ὥστε** + 不定式[过于……以至于无法……]（见 46.8）来表达，例如：

(20) σοφώτερ' ἢ κατ' ἄνδρα συμβαλεῖν ἔπη

---

① 原书作 σωφρονέστατα καὶ ἀσφαλέστατα μακρῷ，译作 most sensible and safest by far，未标注出处。参见《希英大辞典》词条 ἐφάπτω II.4。

[光明神的]太过智慧而凡人无法理解的言辞；（欧《美》675）

(21) νεώτεροί εἰσιν ἢ ὥστε εἰδέναι οἵων πατέρων ἐστέρηνται.

他们太过年轻以至于无法知道失去了怎样的父亲。（吕《演》2.72）

• 比较级带 ἤ + ὡς 引导的比较从句（见 50.37）也可以表达过于……以至于无法……这个含义（如果 ὡς 从句用潜在祈愿式或情态直陈式，那么尤其会这样用），例如：

(22) ἔστι γὰρ μείζω τἀκείνων ἔργα ἢ ὡς τῷ λόγῳ τις ἂν εἴποι.

因为，他们的事功大过任何人可能以言辞来表达的程度。（德《演》6.11）[或译作以至于任何人都无法用言辞来表达]

(23) εἰσπηδήσαντες εἰς τὸν πηλὸν θᾶττον ἢ ὥς τις ἂν ᾤετο μετεώρους ἐξεκόμισαν τὰς ἁμάξας.

他们跳入泥泞后拉出车辆，比任何人所料的都快。（色《上》1.5.8）[或译作过于迅速地拉出车辆，以至于任何人都无法料及]

• **οὐδενὸς ἐλάττων** (或 χείρων、ὕστερος 等等) 这个短语直译作不逊于任何人/物，也可译作胜过所有人/物，例如：

(24) ὃ κἀμοὶ δοκεῖ οὐδενὸς ἔλαττον εἶναι τεκμήριον τῆς ἀπογραφῆς ὅτι ἀληθὴς οὖσα τυγχάνει. 并且这在我看来就是那条令状的不逊于任何事物的/最为清楚的证据：它恰好是真实的。（吕《演》29.1）

表达相同、相似或相等的比较结构：ὁ αὐτός、ὅμοιος 和 ἴσος

32.14　表达相同、相似或相等的最常见的形容词和代词是——

• ὁ αὐτός（常常融音为 αὑτός、αὑτή 和 ταὐτά，见 7.11），意为与……相同的；

• ὅμοιος，意为相似的；

• ἴσος，意为相等的。

这三者都可以带与格补语（见 30.40），也可以带 **καί**，例如：

(25) φαίνεται γὰρ τῷ δήμῳ βοηθῶν, τῆς αὐτῆς πολιτείας ὑμῖν ἐπιθυμῶν. 显然，[我的父亲老阿尔喀比亚德]在帮助民众，因为他渴求与你们相同的政制。（伊索《演》16.41）

(26) οὐκ, ἐπειδὰν ταὐτὸν γένηταί τῴ τι, ἓν γίγνεται.

每当某物变得与某物相同，它就不成为“一”。（柏《帕》139d）

(27) κλίμακας ἐποιήσαντο ἴσας τῷ τείχει τῶν πολεμίων.

他们为自己造出梯子，与敌方的城墙一样[高]。(《佩战》3.20.3)

(28) ταὐτὰ ὑμῖν συνέφερε καὶ τοῖς ἐκεῖ.

相同的事情发生到你们和那里的人身上。(吕《演》20.27)

(29) οἷον δὲ πνεῖς ... | :: μῶν οὖν ὅμοιον καὶ γυλιοῦ στρατιωτικοῦ;

——你闻起来多么[香]啊！——那么的确不像是士兵背包[的味道]吧？(《和平》525–527)[γυλιοῦ στρατιωτικοῦ 是属有属格，见 30.28][1]

(30) οὐ δῆθ' ὅτῳ γε νοῦς ἴσος καὶ σοὶ πάρα. 当然不，至少对于一个心智与你相当的人而言。(《俄科》810)[πάρα 的重音和位置见 24.37、36.6][2]

32.15 在这些表达之后(尤其是在 ὁ αὐτός 之后)常常会有一个由 -περ(比如 ὅσπερ)引导的关系从句，有时在关系代词后还会有一个副词性的 καί[甚至；也]，例如：

(31) ἡ γὰρ πάλαι ἡμῶν φύσις οὐχ αὑτὴ ἦν ἥπερ νῦν.

因为我们曾经的本性并不与现在的这种相同。(《会饮》189d)

(32) ἐκ τοῦ αὐτοῦ ... χωρίου ἡ ὁρμὴ ἔσται ὅθενπερ καὶ ἐκεῖνος ἐμὲ ἐπεδέξατο γυμνήν. 刺杀会发生在同一个位置——也就是那个人展示我裸体的地方。(《原史》1.11.5)

(33) μόνοι τε ὄντες ὅμοια ἔπραττον ἅπερ ἂν μετ' ἄλλων ὄντες.

并且在独处的时候，他们做了同样的事——与别人在一起时他们[原本会做的事情]。(色《上》5.4.34)[或译作并且他们独处时所做的事情就像与别人在一起时(原本会做)的那样]

---

① μῶν 引导的疑问句见 38.8。

② ὅτῳ 是特征与格，见 30.53。

第 33 章　动词的时态和体

基本概念和术语

时　态

33.1　时态表达一个动作在时间上相对于另一时刻的关系，可分为绝对时态（absolute tense）和相对时态（relative tense）这两种情况——

- 绝对时态表达一个过去、现在和将来的动作的时间相对于发话时刻的关系，以英语为例：

The Greeks burned Troy. [过去]

The Greeks are burning Troy. [现在]

The Greeks will burn Troy. [将来]

- 相对时态表达一个动作在时间上相对于语境中给出的另一个时间参照点的关系，或在这个参照点之前（先在性[anteriority]），或与它同时（同时性[simultaneity]），或在这个参照点之后（后在性[posteriority]），以英语为例：

We arrived when the Greeks had burned Troy. [早于过去时刻]

We arrived when the Greeks were burning Troy. [与过去时刻同时]

By the time we arrive, the Greeks will have burned Troy. [早于将来时刻]

The Greeks said that they would burn Troy. [晚于过去时刻]

33.2　在古希腊语中，主句中动词的直陈式表达绝对时态——

- 现在时直陈式和完成时直陈式表达现在（即发话的时候）;
- 未完成时、不定过去时直陈式和过去完成时表达过去，此三者为历史直陈式（见 11.7），使用历史词尾（见 11.20–27）并且带有增音（见 11.35–42）;
- 将来时直陈式和将来完成时直陈式表达将来。

如下图和例句所示：

过　去	发话的时刻	将　来
未完成时 不定过去时直陈式 过去完成时	现在时直陈式 完成时直陈式	将来时直陈式 将来完成时直陈式

(1) οἱ Ἀριαίου πρόσθεν σὺν ἡμῖν ταττόμενοι νῦν ἀφεστήκασιν.

尽管阿瑞埃欧斯的[部队]先前与我们一同列阵，但他们现在离开了。（色《上》3.2.17）[完成时直陈式表达现在，注意副词 νῦν][1]

(2) τότε ... πεδία πλήρη γῆς πιείρας ἐκέκτητο, καὶ πολλὴν ἐν τοῖς ὄρεσιν ὕλην εἶχεν. 那时，[此地]拥有富含沃土的平原，山中还有大片林地。（《克里提阿》111c）[过去完成时和未完成时都表达过去；注意副词 τότε]

(3) ἦ μὴν σὺ δώσεις αὔριον τούτων δίκην. 你明天绝对会为这些付出代价。（《马蜂》1332）[将来时直陈式，表达将来；注意副词 αὔριον][2]

33.3　如果不是在主句中，那么直陈式就常常在绝对时态含义之外还表达相对时态含义，或者只表达相对时态含义（见 33.57–62）。

对于直陈式之外的其他语式（即虚拟式、祈愿式和命令式）以及动词的非限定形式（即不定式、分词和动词性形容词）而言，它们本身并不表达时态，而仅仅表达体。然而，它们的体也可能表达相对时态含义（见 33.57–62）。

体

语法体

33.4　语法体（grammatical aspect，常简称为体）表达一个动作由以得到呈现或看待的方式，与动作的内在构成尤其相关。这个动作可以被呈现为——

- 一次性的完整动作，不考虑其中任何分开的组成部分；
- 不完整的动作（正在进行的[ongoing]或者反复的[repeated]动作，可能可以被打断），得到考虑的是其中的几个组成部分。

注意，重要的不是一个动作是否具有组成部分，而是发话人是否想要呈现这些组成部分具有相关性。

33.5　除了将来时态形式（见后文）之外，其他所有的古希腊语动词形式都表达体。

33.6　古希腊语动词的时态-体词干表达三种不同的体的含义——

- 现在时词干表达不完整的动作，关注其中一个或多个中间阶

---

① 牛津本（1904）采用 Κύρειοι[居鲁士的]而非 Ἀριαίου[阿瑞埃欧斯的]的读法并标注剑号（†），表示此处文本的疑难无法解决。

② ἦ μήν 见 59.65。

段，但不关注其边界（开始和结束）。因而，现在时词干一般表达正在进行的或反复的动作。此即未完成体（imperfective aspect）。

- 不定过去时诸词干（包括不过时词干和不过时被动态词干）表达完整的动作，即一次性的（不可中断的）完整动作。它不关注动作的任何组成部分，而只关注动作的边界，把动作的开始、过程和结束融为一体。此即完成体（perfective aspect）。
- 完成时诸词干（包括完成时主动态词干、完成时中被动态词干和将来完成时词干）把一个动作呈现为先前已完成的动作所造成的状态，或者表达那个已完成的动作所产生的效果仍然以某种方式具有相关性。

将来时诸词干（将来时词干和将来时被动态词干）只表达时态含义（将来性[futurity]或说后在性）而不表达体的含义：它们在体方面是中立的，因此在形式上并不区分未完成体动作和完成体动作。

注一：注意，表达完成体的是不定过去时词干——不要与古希腊语的完成时混淆，后者并不表达完成体。

现在时词干所表达的体也由这些术语来描述：持续的（durative）、渐进的（progressive）、反复的（iterative）、习惯性的（habitual）和无边界的（unbounded）。不定过去时词干表达的体也由这些术语来描述：不定过去的（aoristic）、完全的（confective）、一次性达成的（semelfactive）、特定时刻的/瞬时的（punctual）、有边界的（bounded）和简单的（simple）。这些术语并不总能准确地表达体的含义，并且，就古希腊语中体词干的确切含义而言，学界的看法也有分歧（以及许多疑惑）。

33.7 如上面的定义所示，具体词干（语法体）的选择并不十分依赖动作本身的客观性质（这种客观性质见 33.8–9），而是取决于发话人以特定方式呈现一个动作时的[主观]需要和选择。最重要的是发话人是否有意强调动作的组成部分（或者相反地，强调动作的边界）。这一关键特征会在后面几节详述，这里先给出四个初步的例子：

(4) οἱ δὲ Ὀλύνθιοι ὡς εἶδον προθέοντας τοὺς πελταστάς, ἀναστρέψαντες ... διέβησαν πάλιν τὸν ποταμόν. οἱ δ᾽ ἠκολούθουν μάλα θρασέως, καὶ ὡς φεύγουσι διώξοντες ἐπιδιέβαινον. ἔνθα δὴ οἱ Ὀλύνθιοι ἱππεῖς, ἡνίκα ἔτι εὐχείρωτοι αὐτοῖς ἐδόκουν εἶναι οἱ διαβεβηκότες, ἀναστρέψαντες ἐμβάλλουσιν αὐτοῖς, καὶ ... ἀπέκτειναν ... πλείους ἢ ἑκατόν. 而当欧吕恩托斯人看到轻盾兵向前冲锋时，他们就转身再次渡过那条河。而[轻盾兵]相当鲁莽地

尾随，并且，由于他们以为自己追赶的是逃亡者，就过了[河]。然后，就在那个时候——已经渡过[河]的[轻盾兵]在欧吕恩托斯骑兵看来依旧易于对付——后者就转身攻击[轻盾兵]，并且杀了逾百人。（色《希》5.3.4）[叙述者使用不定过去时直陈式 διέβησαν 来描述欧吕恩托斯人过河的整个动作（完成体）：色诺芬只关注作为事实的渡河，而非渡河的过程；并未提及欧吕恩托斯人过河时发生的其他事件；然而，色诺芬使用现在时词干的未完成时 ἐπιδιέβαινον 把轻盾兵的过河描述为正在进行的动作（亦即，这个动作尚未结束；未完成体），因为色诺芬关注轻盾兵过河时发生的其他事件（即欧吕恩托斯人的进攻）；最终，完成时分词 διαβεβηκότες 表达那些已经成功渡河之人的状态；注意，色诺芬使用不过时 ἀπέκτειναν 来表达欧吕恩托斯人的杀戮（尽管杀死一百多号人需要相当一段时间），因为他关注的仅仅是发生杀戮这一事实；另外，色诺芬也没有提到杀戮发生时的其他事件（具体的一次击杀和抵抗等等）；叙述性文本中未完成时和不过时的这种搭配见 33.48–49，历史现在时 ἐμβάλλουσιν 见 33.54–55][1]

(5) Πρωταγόρας μὲν ... τοιαῦτα ἐπιδειξάμενος ἀπεπαύσατο τοῦ λόγου. καὶ ἐγὼ ἐπὶ μὲν πολὺν χρόνον ... πρὸς αὐτὸν ἔβλεπον ὡς ἐροῦντά τι, ἐπιθυμῶν ἀκούειν· ἐπεὶ δὲ δὴ ᾐσθόμην ὅτι τῷ ὄντι πεπαυμένος εἴη, ... εἶπον, βλέψας πρὸς τὸν Ἱπποκράτη· ... 普罗塔戈拉如此一番炫示后结束了言辞。而我朝他看了许久，渴望着聆听，好像[他还]会说什么；不过，事实上，当我意识到他真的停下了……我看了看希璞珀克剌忒斯，说：“……”（柏《普》328d）[不定过去时直陈式 ἀπεπαύσατο 表明普罗塔戈拉发表长篇大论后安静下来，并不涉及结束言辞这个动作的任何一个组成部分，这一含义随后由完成时词干形式 πεπαυμένος εἴη 接续（祈愿式见 40.12、41.15），它强调普罗塔戈拉不只是暂停，而是完全结束了发言，从而导致了一个新的状态（完成的状态）；这个例句也体现了未完成时 ἔβλεπον（现在时词干）与不定过去时分词 βλέψας 的差异：前者表达正在进行的注视，而后者则表达一个瞬间——苏格拉底把目光转移到另一位对话参与者身上（不定过去时的这种起始含义见 33.29）]

(6) τοῖσι ὑπολειπομένοισι ἔδοξε πλανᾶν μὲν μηκέτι Πέρσας, σῖτα δὲ ἑκάστοτε ἀναιρεομένοισι ἐπιτίθεσθαι. νωμῶντες ὦν σῖτα ἀναιρεομένους

① ὡς διώξοντες 见 52.39。

τοὺς Δαρείου ἐποίευν τὰ βεβουλευμένα.

那些留下的[斯曲泰人]决定不再领着波斯人乱跑，而是[决定]每当[后者]搜寻粮秣时就攻击[他们]。于是，注意到大流士的手下在搜寻粮秣，[斯曲泰人]就把他们的决定付诸行动。(《原史》4.128.2) [说明见下]

(7) ὁ δὲ Ἀρκεσίλεως εἵπετο φεύγουσι, ἐς οὗ ἐν Λεύκωνί τε τῆς Λιβύης ἐγίνετο ἐπιδιώκων καὶ <u>ἔδοξε</u> τοῖσι Λίβυσι <u>ἐπιθέσθαι</u> οἱ. συμβαλόντες δὲ ἐνίκησαν τοὺς Κυρηναίους. 而阿尔刻西勒欧斯追击逃亡者，直到[他]追赶着来到利比亚的勒乌孔并且利比亚人决定[在此]向他进攻。但交战后[利比亚人]打败了曲热内人。(《原史》4.160.3)

[例句 6 中的现在时不定式 ἐπιτίθεσθαι 表达组合而成的战役，由不同场合中的反复攻击组成(关注点在于组合部分，所以用未完成体)；相比之下，例句 7 中的不定过去时不定式 ἐπιθέσθαι 则不然，它表达某个特定场合的单独一次攻击；选择不定过去时词干的另一个原因是，叙述者立刻从攻击的瞬间转向他们的胜利(ἐνίκησαν)：他并不关注这次攻击的组成部分(所以用完成体)；另外，例句 6 中的现在时不定式 πλανᾶν 表达一个目前仍在进行的行动——斯曲泰人现在决定停止的这个行动]

词义体

33.8 词义体(lexical aspect)表达内在于动词含义的特定动作的时间结构，亦即它是否持续、是否指向一个终点。因而，与语法体相对的是，词义体与动作的客观性质有关，而非与呈现动作的主观方式有关。

比如，内在于动词 διαβαίνω[穿过]的含义中的是，它有一个终点，也就是某人到达另一边的那个时刻。与此同时，简单动词 βαίνω[行走]则没有作为单词的一部分内在含义的自然终点(原则上，人想走多久就可以走多久)。词义体的这两个范畴对于古希腊语动词形式的含义来说十分重要——

- 目标体动词(telic verb)：就其含义本身而言，这些动词指向一个终点，例如：διαβαίνω[穿过]、πείθω[说服]、δίδωμι[给予]、κατεργάζομαι[实现；完成]和 τήκομαι[融化]。
- 非目标体动词(atelic verb)：这些动词的内在含义并不指向一个终点，例如：βαίνω[行走]、γελάω[笑]、θαυμάζω[钦佩；惊异于]和 θεάομαι[注视；沉思]。非目标体动词还有一个子类，即所谓的状态动词（stative verb），它们表达的动作一般持久延续，并且在此期间不随时间而变化，例如：βασιλεύω[当国王；统治]、φιλέω[喜爱]、νοσέω[生病]、εἰμί[是；存在]和 ἔχω[拥有]。

注一：词义体常常会用德语术语 Aktionsart[动作特征；体]来表示，有时也称作动貌（actionality）或者情景类型（situation type）。描述目标体动词的其他术语一般还有有终止的（terminative）和有边界的（bounded），描述非目标体动词的其他术语一般还有无终止的（non-terminative）和无边界的（unbounded）。不过，这些术语也不总能准确表达相关含义。

后文中的体均指语法体。

33.9 词义体不仅仅取决于动词本身，也取决于动词所在的语境或者结构。比如，动词 τρέχω[跑]在以下两个例句中就表现出不一样的词义体：

(8) οἷα πιππίζουσι καὶ <u>τρέχουσι</u> διακεκραγότες. 它们这样啼鸣，又尖叫着跑动！(《鸟》306）[非目标体动词：并不朝向一个目标——只要愿意就可以一直(绕着厄威珥皮得斯和佩伊斯忒泰若斯)跑下去]

(9) ἦ πρός τε μαστοῖς εἰσι χὐπὸ μητέρων | πλευρὰς <u>τρέχουσι</u>;
而[羊羔]真的是在乳头边，并且跑向母亲身边吗？（欧《圆》207–208）[目标体动词：朝向一个目标，跑到母亲身边就停止了]

影响含义的因素

33.10 任何一个特定的动词形式的时态和体的含义都取决于各种因素——

- 所用的动词形式本身的性质（限定形式或非限定形式；对于限定形式而言就是语式——注意只有直陈式表达绝对时态）以及动词形式所在的结构（主句或各种类型的从句，还有分词和不定式的各种用法）；
- 语法体和词义体的相互作用；
- 动词形式所在的文本的类型（尤其需要参看叙述性文本与非叙述性文本的差异，见 33.13）。

本章的其余部分先论述主句中直陈式的用法，然后论述直陈式之外其他形式可能具有的体的含义。

时态和体的组合：主句中的直陈式

直陈式的基本含义　叙述性和非叙述性文本

古希腊语的七种直陈式：基本含义

33.11　后文（33.14–55）概述主句中直陈式的用法（从句中直陈式的用法见 40.5–11、54.2）。直陈式的含义首先取决于时态和语法体的相互作用。组合了上述的体和时态的各种含义后，古希腊语的直陈式就呈现出以下时态或者体方面的差异（以动词 κτάομαι[获得]和 παιδεύω[教化]为例）：

- 现在时直陈式表达的动作发生在发话的时刻（即现在），并且是正在进行的或反复的，例如：

  κτῶμαι 我在获得着/我[惯常]获得。

  παιδεύω 我在教化着/我[惯常]教化。

- 未完成时（或称作历史现在时直陈式）表达的动作发生在过去，并且是当时正在进行的或反复的，例如：

  ἐκτώμην 我当时在获得/我当时[惯常]获得。

  ἐπαίδευον 我当时在教化/我当时[惯常]教化。

- 不定过去时直陈式表达的动作发生在过去，呈现为一个完成的整体，例如：

  ἐκτησάμην 我曾获得/我已获得。[两种译文见 33.28 及注一]

  ἐπαίδευσα 我曾教化/我已教化。

- 将来时直陈式表达的动作（或是一次性的动作，或是正在进行的/反复的动作）发生在将来，例如：

  κτήσομαι 我将获得[着]。

  παιδεύσω 我将教化[着]。

- 完成时直陈式表达现在的状态，并且这个状态是一个已完成动作的结果；完成时直陈式或者表达这个已完成动作的影响依旧以某种方式与现在相关，例如：

  κέκτημαι 我拥有。[即我已获得]

  πεπαίδευκα 我已教化/我对……的教化负责。[见 33.34–35]

- 过去完成时（或称作历史完成时直陈式）表达过去的状态，并且这个状态是一个已完成动作的结果；过去完成时或者表达这个已完成动作的影响依旧以某种方式与过去的那个时刻相关，例如：

ἐκεκτήμην 我曾拥有。[即我已获得过]

ἐπεπαιδεύκειν 我已教化过/我当时对……的教化负责。

- 将来完成时直陈式（罕见）表达将来的状态，并且这个状态是一个已完成动作的结果；将来完成时直陈式或者表达这个已完成动作的影响依旧以某种方式与将来的那个时刻相关，例如：

κεκτήσομαι 我将会拥有。[即我将获得过]

33.12 上述七种直陈式的总结如下表所示：

	未完成体 现在时词干	完成体 不定过去时词干	完成时词干的体
现　在	现在时直陈式 κτῶμαι	—	完成时直陈式 κέκτημαι
过　去	未完成时 ἐκτώμην	不定过去时直陈式 ἐκτησάμην	过去完成时 ἐκεκτήμην
将　来	将来时直陈式 κτήσομαι		将来完成时直陈式 κεκτήσομαι

注一：如本表所示，对于现在时间而言，并没有表达完成体的特定形式。事实上，对这一形式的需求有限，因为发话人一般只在一种情况下才会提到现在正在发生的动作，那就是，动作在发话的当下[依旧]正在进行。然而，在相当特殊的语境类型中也会有特例，见 33.20、33.32–33 和 33.54–56。

叙述性和非叙述性文本

33.13 对于主句中直陈式的含义而言，文本类型（type of text）常常十分重要。我们这里可以粗略地区分叙述性（narrative）文本和非叙述性（non-narrative）文本——

- 叙述性文本是在叙事，它叙述（通常以时间顺序）发生在[真实或虚构的]过去的一系列动作，并且叙述这些动作是如何相互关联的。叙述性文本一般混合使用未完成时/过去完成时和不定过去时直陈式，还用较少出现的历史现在时。史书、神话传奇、演说中的叙述（*narratio*）和肃剧中报信人的话等等都属于叙述性文本。
- 非叙述性文本是叙述性文本之外的其他文本所属的文本类

型。其中的主动词一般是现在时、不定过去时、完成时和将来时词干的直陈式，还会有直陈式之外的其他语式。肃剧和谐剧中的大多数对白、哲学对话、论述以及关于习性、习俗的一般描述等等都属于非叙述性文本。

注一：叙述性和非叙述性段落可以频繁交替或者相互混合，因此，这两者并不总能明确区分。文本类型以及相关例句，详见 58.7–10 和第 61 章。

叙述性文本中直陈式的用法以及一些专属于叙述性语境的现象详见 33.48–55。

现在时直陈式

基本用法

33.14 现在时直陈式表达在*发话的时刻*所发生的动作。由于其未完成体，它作为默认用法，表达在发话的时刻正在进行的动作。例如：

(10) τί κάτησθε, ὦ Πέρσαι, ἐνθαῦτα;

波斯人啊，你们为什么坐在那里？（《原史》3.151.2）

(11) παραβοηθεῖθ', ὡς ὑπ' ἀνδρῶν τύπτομαι ξυνωμοτῶν. 你们救[我]啊，因为我正遭到[那些]共谋叛变的家伙殴打！（《骑士》257）[①]

注一：现在时直陈式所表达的正在进行的动作可能在发话的那一刻之前就早已开始，并且有时会带涉及持续时间的表达，例如：

(12) εἰ διδακτόν ἐστιν ἀρετὴ πάλαι σκοποῦμεν.

我们很早就在探究德性是否可教。（《美诺》93b）

33.15 现在时直陈式也可用来表达*反复的动作或习惯性动作*，这种习惯在发话的时刻存在，例如：

(13) οὗτος μὲν γὰρ ὕδωρ, ἐγὼ δὲ οἶνον πίνω.

因为他惯于喝水，而我惯于喝酒。（德《演》19.46）

(14) πάντες γὰρ οἱ τῶν ἀρίστων Περσῶν παῖδες ἐπὶ ταῖς βασιλέως θύραις παιδεύονται. 因为所有波斯贵族子弟都在国王的宫廷中接受教化。（色《上》1.9.3）

33.16 现在时直陈式可以表达持续有效的*普遍真理*或者*永恒真理*（另见 33.31 的格言不定过去时），例如：

---

① 这里的 ὡς 见 48.5。

(15) ἄγει δὲ πρὸς φῶς τὴν ἀλήθειαν χρόνος.

而时间把真理带向光明。(《单行格言》11)

(16) τὰ δὶς πέντε δέκα ἐστίν. 二五得十。(色《回》4.4.7)

特殊含义

33.17 对于目标体动词(诸如 πείθω[说服]、δίδωμι[给予]和 βάλλω[投掷；击中])而言，现在时词干可以表达[不成功的]尝试，因为它表明动作的目标尚未达成(未完成体)。此即现在时的意动(conative)含义，例如：

(17) ταῦτ' ἐστίν, ὦ Λάκριτε, ἃ τουτουσὶ πείθεις.

拉克瑞托斯啊，这些就是你在试图说服这些[审判员]同意的事情。(德《演》35.47)[现在时直陈式]

注一：尝试这个概念是一种解释/含义(interpretation)，而非现在时的内在本质。这一解释依赖于语境，还依赖于语法上的未完成体与词义中的目标体的组合。就此而言，这种解释并不限于现在时直陈式，相关动词的任何现在时词干形式都可以这样用。意动未完成时见 33.25，其他形式见 33.60。

33.18 对于某些特定的动词(目标体动词)而言，现在时词干可以表达一个动作所造成的正在发生的后果，也可以表达这个动作本身。这种结果性(resultative)用法尤其见于以下动词：

ἀδικέω[行不义；伤害]、δίδωμι[给(了)]、γίγνομαι[出生；当子女]、ἥκω[来到；到场]、ἡττάομαι[不敌；战败]、νικάω[战胜；打败]、οἴχομαι[来去；离开(了)]、τίκτω[生育；当父母]和 φεύγω[逃走；流亡]。

(18) ἥκω Διὸς παῖς τήνδε Θηβαίαν χθόνα | Διόνυσος.

我，狄奥尼索斯，宙斯之子，来到了这片忒拜土地。(欧《酒》1–2)[狄奥尼索斯已经在忒拜了，因此这里的 ἥκω 不能译作正在前往]

(19) λέγει Κάλχας τάδε· ... Ἀγάμεμνον, ... παῖδ' ... σὴ Κλυταιμήστρα δάμαρ | τίκτει ... ἣν χρή σε θῦσαι.

卡珥卡斯这样说："阿伽门农，你的妻子克吕泰姆内斯特剌生了一个孩子，你必须把她献祭。"(欧《伊陶》16–24)[τίκτει 不能译作正在生育，因为伊菲革涅亚显然早已出生了；λέγει 是历史现在时，见 33.54–55][1]

注一：结果性用法有时也称作代替完成时的现在时(present for perfect)或者

---

[1] 本书中 Κλυταιμ(ν)ήστρα 悉译作克吕泰姆内斯特剌，而非克吕泰美斯特剌。

完成现在时（perfective present），因为这种用法的现在时词干类似于完成时词干（请勿将完成的这个语义标签与完成体混淆）。

这些特定动词的其他现在时词干形式也可有结果性用法：未完成时见 33.26，其他形式见 33.60。

注二：οἴχομαι[来去；离开(了)]的结果性用法常常会带一个分词，这个分词表达离开的方式，见 52.42 注三。

注三：类似地（但不完全相同），一些意为听闻、了解或言说等等的动词的现在时直陈式也有结果性用法，带出先前的说辞或消息的内容，例如：

ἀκούω[听；听闻]（对比英语 I hear that）、λέγω[说；说出]（对比英语 Socrates here says that ...）和 πυνθάνομαι[打探；听闻]。

33.19 动词 **εἶμι**[来；去]的现在时直陈式一般表达将来含义，例如：εἶμι[我将去]、εἶσι(ν)[他将去]和 ἴασι(ν)[他们将去]。① 注意，这种现象一般不见于现在时直陈式之外的其他形式（未完成时 ᾖα[我当时走]、分词 ἰών[正在走的]等等）。

33.20 在某些非常特殊的语境中，发话人可以表达[大约]在说话的瞬间开始并完成的一次性动作，此即瞬时性现在时（instantaneous present）。对于这种现在时直陈式的用法而言，此时的现在时态含义比其词干表达的未完成体更加重要。

瞬时性现在时常常见于述行性/行事性（performative）语境。此时，第一人称直陈式用来描述言语行为，而这个动词也是言语行为的一部分（从而，在表达完成的同时，以瞬时性现在时来呈现的动作也完成了），例如：

(20) νῦν οὖν σὺ μὲν φύλασσε τἀν οἴκῳ καλῶς, | ... | ὑμῖν δ' <u>ἐπαινῶ</u> γλῶσσαν εὔφημον φέρειν | ... | τὰ δ' ἄλλα τούτῳ δεῦρ' ἐποπτεῦσαι <u>λέγω</u>. 那么现在就请你（厄勒克特剌）好好看住家里的事情，而我建议你们（歌队）肃静无哗……而在其他事情上，我呼唤[阿伽门农]到这里来看管。（埃《奠》579–583）[发话人（俄瑞斯忒斯）用 ἐπαινῶ 和 λέγω 来描述他正在做的言语行为]②

瞬时性现在时也用于同时性叙述（simultaneous narration），但非常少见，亦即，发话人把一连串动作叙述得好像这些动作发生在当下。事实上，如果发话人把过去的动作呈现得好像发生在当下（历史现在时），那么瞬时性现在时就更加常见。历史

① 在诗歌中，ἔρχομαι[来；去]、πορεύομαι[走动；行进]和 νέομαι[来；去]这三个动词的现在时直陈式也可表达将来含义，参见索福克勒斯《埃阿斯》1138（见 61.12）以及史密斯《古希腊语语法》第 1181 条。

② 原书认为 τούτῳ 指阿伽门农（作者原本理解为阿波罗，后来勘正为阿伽门农），但理解作赫尔墨斯亦可，参见 A. F. Garvie (ed.), *Aeschylus: Choephori*, Oxford: Clarendon Press, 2002, p. 201.

现在时见 33.54–55（一并比较表达将来的现在时，见 33.56）。

注一：述行性不定过去时直陈式（肃剧性不定过去时），见 33.32。

33.21　(τί) οὐ + 第一或第二人称现在时直陈式的疑问句有时可用来表达请求或建议（另见 38.33），例如：

(21) Τί οὖν, ἦ δ' ὅς, οὐκ ἐρωτᾷς; :: Ἀλλ' ἐρήσομαι, ἦν δ' ἐγώ. “那么，”他说，“你为何不问呢？”而我说：“我当然会问。”（《吕西斯》211d）

发话人通过这种疑问句表明动作并没有在发生，并且暗示它应该发生。

注一：使用不定过去时直陈式的这种疑问句，见 33.33。

未完成时

33.22　未完成时与现在时直陈式基于相同的词干，因此二者的基本含义相同，只是前者表达过去。未完成时主要用于叙述性文本以提供背景信息。就这一用法而言，未完成时与不定过去时搭配起来充当叙述的要素之一。后文中会更详细地讲述这种搭配用法（见 33.48–53），还会讲述一些特别见于叙述性文本的未完成时的含义。

未完成时的情态含义（用于非事实陈述、不可实现的愿望，还见于表达可能性或必要性的动词），见 34.15–18。

基本用法

33.23　未完成时用来表达过去正在进行的动作，例如：

(22) καὶ ταῦτα πολὺν χρόνον οὕτως ἐγίγνετο, καὶ ἐγὼ οὐδέποτε ὑπώπτευσα, ἀλλ' οὕτως ἠλιθίως διεκείμην, ὥστε ᾤμην τὴν ἑαυτοῦ γυναῖκα πασῶν σωφρονεστάτην εἶναι τῶν ἐν τῇ πόλει. 而且在长时间里，这些情形就是如此，我也从未怀疑过，却置身于如此愚蠢的状态，以至于我当时认为自己的妻子是这座城邦中所有女人里最贞洁的一位。（吕《演》1.10）[这里的每个未完成时都表达正在进行的动作（ἐγίγνετο 也可以理解为表达反复的动作，见 33.24）；对比这里的不定过去时 ὑπώπτευσα，它在这些未完成时所表达的正在进行的阶段中表达一次性动作（的缺失）]**

33.24　未完成时也用来表达过去反复发生的动作，例如：

(23) οἵπερ πρόσθεν προσεκύνουν, καὶ τότε προσεκύνησαν.

先前就常[向欧戎塔斯]跪拜的那些人，当时也[向他]跪拜。（色《上》1.6.10）[注意，这里的不定过去时 προσεκύνησαν 表达一次性动作]

(24) σὺ δ' αὐτὸν καὶ ζῶντα ἔλεγες κακῶς καὶ νῦν γράφεις κακῶς.

他活着时，你说他坏话，现在[他死了，]你又写了[关于他的]坏话。（出处不明，引用于《修辞术》1410a35–36）

注一：如果要强调性地表达一个动作反复出现，那么未完成时或不定过去时直陈式有时就会带 **ἄν**，此即反复性的（iterative）ἄν，例如：

(25) ὁ δὲ χορός γ' ἤρειδεν ὁρμαθοὺς ἂν | μελῶν ἐφεξῆς τέτταρας.

而歌队一首接一首地送出四支歌曲。（《蛙》914–915）[说明见下]

(26) σαφὲς δ' ἂν εἶπεν οὐδὲ ἕν. 而他不会说任何一句明白话。（《蛙》927）

[在《蛙》的这一段中，阿里斯托芬笔下的欧里庇得斯正在谈论埃斯库罗斯在其剧作中反复使用的戏剧手法；例句 25 中的未完成时 ἤρειδεν 与例句 26 中的不定过去时直陈式 εἶπεν 只有体的差异：注意，前一句中的 ἐφεξῆς 表达反复的动作，而后一句中的 ἕν 则表达(尚未发生的)一次性动作]

历史直陈式（即未完成时或不定过去时直陈式）与 ἄν 的组合更常见于非事实用法，见 34.16。

特殊含义

33.25 目标体动词的未完成时与现在时直陈式相仿（见 33.17），也可以表达[不成功的]尝试，从而引申出意动含义，并且这比现在时直陈式的意动用法常见，例如：

(27) Νέων δὲ καὶ παρ' Ἀριστάρχου ἄλλοι ἔπειθον ἀποτρέπεσθαι· οἱ δ' οὐχ ὑπήκουον. 而内翁和从阿瑞斯塔尔科斯那里来的其他人试图说服[他们]转身，但他们并未听从。（色《上》7.3.7）

(28) ἡ Ἀβουλία ἀτυχία δοκεῖ εἶναι, ὡς οὐ βαλόντος οὐδὲ τυχόντος οὗ ... ἔβαλλε. "失算"一词看起来就意为一次失败[的射击]，就好像在既没击中也没撞上他企图击中的东西[这一]情形中。（柏《克拉》420c）[①]

注一：与意动用法相关的是目标体动词的未完成时的另一种用法：表达一个可能或将要发生但最终并未发生的动作，例如：

(29) μεταρσία ληφθεῖσ' ἐκαινόμην ξίφει. | ἀλλ' ἐξέκλεψεν ... | Ἄρτεμις.

被高高抬起后，我就会被剑刺死。可阿尔忒米斯却偷走了[我]。（欧《伊陶》27–29）

33.26 现在时词干可以表达结果性含义的动词（见 33.18）的未完

① 这里的 βαλόντος、τυχόντος 和 οὗ 构成独立属格结构。我们可以认为 οὗ 引导一个发生关系词同化的自主关系从句（不过也可以认为 βάλλω 支配属格 οὗ）。

成时也有结果性用法；对于几个诸如 ἥκω[来到；到场]和 νικάω[战胜；打败]的动词来说，结果性含义其实是其未完成时的默认含义，例如：

(30) περὶ αὐτῶν ὁ Θεμιστοκλῆς τοῖς Ἀθηναίοις κρύφα πέμπει κελεύων ... μὴ ἀφεῖναι πρὶν ἂν αὐτοὶ πάλιν κομισθῶσιν (ἤδη γὰρ καὶ ἧκον αὐτῷ οἱ ξυμπρέσβεις). 至于这些[斯巴达使节]，忒米斯托克勒斯给雅典人秘密送信，命[后者]别放走[这些斯巴达使节]，直到他们自己返回[雅典]（因为与他一同出使[斯巴达]的使节现在也已经到了[斯巴达]）。（《佩战》1.91.3）[ἤδη 和大语境都表明，ἧκον 不能解释作正在前来；πέμπει 是历史现在时，见 33.54–55]

不定过去时直陈式

33.27 不定过去时直陈式在叙述性文本中十分常见（详见 33.48–49）；不过，在叙述性文本之外，它也有一些特殊用法。

不定过去时的情态含义（用于非事实陈述和不可实现的愿望等等）见 34.15–18。

基本用法

33.28 不定过去时直陈式表达过去发生的动作，不涉及这个动作的持续或过程，而是把它呈现为一次性的、不可中断的整体。就此而言，不定过去时是叙述性文本中用来呈现一次性完整动作的默认时态：

(31) σκοποὺς δὲ καταστήσας συνέλεξε τοὺς στρατιώτας καὶ ἔλεξεν· ... 而他布置好斥候后召集战士们，并且说：“……”（色《上》6.3.11）

(32) ἅμα δὲ τῇ ἡμέρᾳ συνελθόντες οἱ στρατηγοὶ ἐθαύμαζον ὅτι Κῦρος οὔτε ἄλλον πέμπει ... οὔτε αὐτὸς φαίνοιτο. ἔδοξεν οὖν αὐτοῖς ... ἐξοπλισαμένοις προϊέναι εἰς τὸ πρόσθεν. 而将领们天一亮就聚到一起，他们诧异于居鲁士既没有派别人来，他自己也未出现。因此，他们决定披挂起来之后向前挺进。（色《上》2.1.2）[与未完成时 ἐθαύμαζον 搭配，见 33.49]

在非叙述性文本中，不定过去时一般用于评述或总结，表达一个在发话的时刻之前已然完成的动作。这有时称作述愿性/表述性不定过去时（constative aorist），[①] 例如：

---

① constative[述愿性的；表述性的]与 performative[述行性的；行事性的]相对，关于后者，见 33.20、33.32，另见 38.2 注一下脚注。

(33) ἔλεγε Ξέρξης τάδε· ... ὑμέας νῦν ἐγὼ συνέλεξα, ἵνα ... 克色尔克色斯说了这些话："我现在把你们召到了一起，为的是……"（《原史》7.8–8α.2）[不定过去时直陈式 συνέλεξα 用于克色尔克色斯的演说（非叙述性文本）；注意 νῦν 把召集这个动作的完成置于刚刚过去的那个时刻]

(34) ἔδοξε τῇ βουλῇ ... 议事会决定了……（阿《地》943 等多处）*

注一：略。[1]

特殊含义

33.29 对于 γελάω[笑]、βλέπω[注视]等非目标体动词而言（尤其是状态动词，诸如 πλουτέω[变富有]、βασιλεύω[当国王；统治]、ἐράω[爱慕]、νοσέω[生病]和 ἔχω[拥有]，见 33.8），不定过去时词干常常带有起始（ingressive）含义（表达一个状态的开始；注意，完成体涉及一个动作的边界，见 33.4–6），例如：

(35) καί οἱ πάντα τε ἐκεῖνα διδοῖ καὶ πρὸς ἑτέροισί μιν δωρέεται ... οὕτω μὲν ἐπλούτησε ἡ οἰκίη αὕτη μεγάλως. 并且[克若伊索斯]把所有那一切都给了他，另外还给予他别的馈赠。从而，这个家族就发了大财。（《原史》6.125.5）[διδοῖ 和 δωρέεται 是历史现在时，见 33.54–55；πρός 见 31.6]

(36) ἀποβάντες τοὺς ἀντιστάντας μάχῃ νικήσαντες τὴν πόλιν ἔσχον. 下了[船]，战败守军后，他们占据了那座城。（《佩战》8.23.3）

注一：这种起始含义并不限于直陈式。相关动词的任何一种不过时词干形式都可以表达起始含义。非直陈式形式见 33.59，一并比较例句 5 中的 βλέψας。

33.30 不过，这种动词的不定过去时也可用来表达一个完整的阶段（被视作从开始到结束的一个完整的整体，不涉及组成部分）。此即不定过去时的所谓复合性（complexive）或聚合性（concentrating）用法。一般来说，这种不定过去时还会带一个涉及动作的持续时间的表达：

(37) Ἄρδυος δὲ βασιλεύσαντος ἑνὸς δέοντα πεντήκοντα ἔτεα ἐξεδέξατο Σαδυάττης ὁ Ἄρδυος, καὶ ἐβασίλευσε ἔτεα δυώδεκα, Σαδυάττεω δὲ Ἀλυάττης. οὗτος δὲ Κυαξάρῃ ... τῷ Δηιόκεω ἀπογόνῳ ἐπολέμησε.

在阿尔笛斯统治四十九年之际，阿尔笛斯之子撒笛阿特忒斯接掌了

---

① 原文作：Observe the different translations in (31)/(33) and (32)/(34): whereas the English present perfect (*I have called*, *the Council has resolved*) is often the most suitable translation for the constative use, the simple past (*he called*, *they resolved*) is the most suitable translation of aorist indicatives in narrative.

[王权]，并且他统治了十二年，然后是撒笛阿特忒斯之子阿吕阿特忒斯。而后者与得约刻斯的后裔曲阿克撒热斯交战。(《原史》1.16.1–2) [希罗多德详细给出了一系列统治者的名字，简要叙述他们的功业；说到撒笛阿特忒斯时，希罗多德使用不定过去时 ἐβασίλευσε 来讲述他进行统治这一简单事实（及其在位时间），而没有提及期间发生的任何事件][1]

(38) αὐτοὶ δὲ Κυδωνίην τὴν ἐν Κρήτῃ ἔκτισαν ... ἔμειναν δ᾽ ἐν ταύτῃ καὶ εὐδαιμόνησαν ἐπ᾽ ἔτεα πέντε. [萨摩斯人]自己则在克里特建立了曲多尼阿……而他们在这里居住并幸福地过了五年。(《原史》3.59.1–2)

注一：与起始性用法相同，复合性用法也不限于直陈式，相关动词的任何一种不过时词干形式都可以这样用（比如例句 37 中的不过时分词 βασιλεύσαντος）。

不定过去时的非过去用法

33.31 不定过去时有时用于非叙述性文本来表达一般的倾向、习惯和步骤等等。这一用法中的不定过去时显得与过去无关，称作格言不定过去时（gnomic aorist，这一名称来自 γνώμη[格言；判断]）或者普遍性不定过去时（generic aorist），例如：

(39) καὶ σώφρων ἥμαρτε. 明智者也犯错。(忒欧格尼斯《诉歌集》665)

(40) ἐν δὲ ὀλιγαρχίῃ ... στάσιες ἐγγίνονται, ἐκ δὲ τῶν στασίων φόνος· ἐκ δὲ τοῦ φόνου ἀπέβη ἐς μουναρχίην. 而寡头制中往往产生党争，血腥则出自党争——而从这血腥中就导致了君主制。(《原史》3.82.3)

注一：格言不定过去时为目标体动词（见 33.8）所用，而一般不为诸如 ἔχω[拥有]、βασιλεύω[当国王；统治]等等的状态动词所用。若要表达真正永恒的真理，则会使用现在时直陈式（见 33.16）。

33.32 在肃剧和谐剧的回答和回应中，表达言语行为的动词（诸如 ὄμνυμι[发誓]、ἐπαινέω[称赞]和 οἰμώζω[哀悼]）有时会用不定过去时直陈式第一人称。不定过去时的这种述行性用法也称作肃剧不定过去时（tragic aorist）、戏剧不定过去时（dramatic aorist）或者瞬时性不定过去时（instantaneous aorist），例如：

(41) ἐγημάμεσθ᾽, ὦ ξεῖνε, θανάσιμον γάμον. | :: ᾤμωξ᾽ ἀδελφὸν σόν.

厄勒克特剌：外邦人啊，我缔结了一场致命的婚姻。俄瑞斯忒斯：我哀悼你的兄弟。(欧《厄》247–248)

注一：不定过去时直陈式的这种述行性用法在定义上是完成体（在表达这一行

---

① 属格 Σαδυάττεω 见 25.16。

为时，它就被完成了）。这是说得通的，因为古典希腊语的时态/体框架中缺少现在时态的完成体形式（见 33.12 注一）。选用不定过去时是出于它在体方面的含义，而不顾及它的时态。然而，述行性用法也可由现在时直陈式来表达（见 33.20）。这两种用法的共存意味着，可能得到强调的或是时态（现在时直陈式）或是体（不过时直陈式）。不过，需要注意，肃剧不定过去时仅限于一些特定的体裁（肃剧和谐剧），诸如语域（register）[①] 和格律等不定因素也会有所影响。

33.33 由 **τί οὐ**[为何不]引导并且带有不定过去时直陈式第一或第二人称动词的疑问句有时用来表达请求或建议（另见 38.33），例如：

(42) ET. <u>τί</u> οὖν <u>οὐ διηγήσω</u> ἡμῖν τὴν συνουσίαν, εἰ μή σέ τι κωλύει ... ; :: ΣΩ. πάνυ μὲν οὖν. 友伴：那么，你为何不给我们详细说说那次谈话，如果不耽搁你什么事的话？苏格拉底：当然好啊。（柏《普》310a）

注一：现在时直陈式表达这种疑问的用法，见 33.21。这一用法中的不定过去时直陈式可能暗示动作原本应当已经完成（你为何尚未……？），这种情况实际上并不是非过去用法。或者说，这种用法就如同肃剧不定过去时那般（见 33.32 注一），仅仅因为体的含义而得到使用，而与其时态无关。

完成时直陈式

基本用法 主动态和被动态的对比

33.34 完成时直陈式表达动作在过去已然完成，并且其影响在某种程度上与现在相关。完成时直陈式通常表达一个或多或少持久的现在状态，这一状态就是过去已然完成的动作之结果。例如：

(43) ἔτι δὲ χρήματα μὲν ὀλίγα, φίλους δὲ πολλοὺς <u>κέκτηται</u>.

他拥有的钱财尚且不多，却获得了众多朋友。（伊索《演》21.9）

(44) κεῖνος μὲν οὖν <u>δέδωκε</u> σὺν θεοῖς δίκην.

那个男人如今在神明的佑助下已付出了代价。（欧《特》867）[κεῖνος 指死去的帕里斯，他因为拐走海伦而遭到了惩罚]

(45) οἱ νόμοι ... περὶ ... τῶν δωροδοκούντων δύο μόνον τιμήματα <u>πεποιήκασιν</u>, ἢ θάνατον ... ἢ δεκαπλοῦν ... τὸ τίμημα τῶν δώρων.

法律，关于受贿，只规定了两种惩罚：或者是死刑，或者就是赃款的

① 语域指具有某种具体用途的语言使用变体。职业环境（以及兴趣爱好）会产生不同的语言使用变体。比如医生和士兵是不同的职业，就产生不同的语言使用变体，亦即语域。参见戴炜华等编：《新编英汉语言学词典》，上海：上海外语教育出版社，2007 年，第 707 页。

十倍罚金。（得《演》1.60）[法律所规定的惩罚与当下的案件有关]

33.35 完成时的主动形式常常用来强调主语对过去动作所造成的状态负有责任（演说辞中特别常见），目标体动词尤其如此，例如：

(46) γέγραφε δὲ καὶ ταῦτα ὁ αὐτὸς Θουκυδίδης Ἀθηναῖος.

而这些事情也由同一位雅典人修昔底德所写。（《佩战》5.26.1）**

(47) ὃ δὲ πάντων δεινότατον οἱ συνεστηκότες πεποιήκασιν (καί ... μηδεὶς ὑπολάβῃ δυσκόλως, ἐὰν τοὺς ἠδικηκότας ἐμαυτὸν πονηροὺς ὄντας ἐπιδεικνύω) ... 而这些同谋者犯下的一切事情中最坏的事（并且，但愿没有人感到难以接受，倘若我展现出对我本人行了不义的那些人是群无赖）……（德《演》57.59）

但是，完成时词干的被动形式通常表达，主语处于其承受的动作所导致的状态之中。此时强调的并非动作施事者的责任，而是主语当下的状态，例如：

(48) τὸν Ὀλυμπιονίκαν ἀνάγνωτέ μοι | Ἀρχεστράτου παῖδα, πόθι φρενός | ἐμᾶς γέγραπται.

请你们为我念出奥林匹亚赛会冠军[的名字]，阿尔刻斯特剌托斯之子，他在我心中记刻于何处。（《奥林匹亚赛会凯歌》10.1–3）

(49) μῦ μῦ. :: τί μύζεις; πάντα πεπόιηται καλῶς.

——哞！哞！——你哞哞叫啥？一切都搞定啦。（阿《地》231）

注一：完成时直陈式是现在时态，表达发话的时刻（见 33.2）。注意，它不带增音，使用基本词尾（中被动态词尾作 -μαι, -σαι 等等，主动态词尾见 18.5）。并且，完成时直陈式所带的从句不用历史序列（见 40.12）。完成时直陈式既涉及现在也涉及过去，不同情况下侧重不同。尽管它常常侧重于表达所造成的当下状态，但它有时侧重于表达过去的动作，这一动作的完成显得与发话的时刻特别相关——此即所谓的与当下相关的（current-relevance）完成时，例句 44、45 和 47 中的完成时有时就被归为这一用法。

注二：当然，完成时主动态和被动态的细微差异并不局限于直陈式。比如，请注意例句 47 中的主动态分词 ἠδικηκότας 就暗示责任。

特殊含义

33.36 一些特定的古希腊语动词在以完成时词干形式出现时表达一个正在进行的状态，而不明确提到任何[可推想的]先前的动作，从而其功能与现在时词干形式非常相似。这种完成时有时称作带有现在含义的完成时（perfect with present meaning），但是在实际含义上与其他完成时并无差异，例如：

πέφυκα[（自然地）成为；（自然地）存在]	φύομαι[使生长]
μέμνημαι[记得]	μιμνήσκομαι[想起][①]
πέποιθα[相信；对……有信心]	πείθομαι[听从；听信]
εἴθισμαι[习惯于]	ἐθίζομαι[（变得）习惯于]
βέβηκα[站住；站稳]	βαίνω[行走]
ἕστηκα[站着]	ἵσταμαι[站起；竖起]

一些动词（至少在古典希腊语中）只有完成时词干形式，并且没有对应的现在时词干形式。这类动词几乎在任何句法方面都可以被认为相当于现在时形式，例如：οἶδα[知道]、δέδοικα[恐惧]、ἔοικα[好像；适合]和 εἴωθα[惯于]。这些动词的过去时态的直陈式只有过去完成时（不过，需要注意 δέδοικα 有不定过去时 ἔδεισα）。举例如下——

(50) γυνή ... οὐκ ἂν ἐξαπατηθείη ποτέ· | αὐταὶ γάρ εἰσιν ἐξαπατᾶν εἰθισμέναι. 女人从不可能受骗，因为她们自己惯于欺骗。（阿《城》236–238）

(51) τῆς δὴ ταλασιουργικῆς δύο τμήματά ἐστον, καὶ τούτοιν ἑκάτερον ἅμα δυοῖν πεφύκατον τέχναιν μέρη. 于是，毛纺分为两部分，而且这两者中的每一个同时生来就是两种技艺的部分。（《治邦者》282b）[注意 πεφύκατον 与现在时直陈式 ἐστον 并列（双数形式见第 21 章）][②]

(52) οἱ μὲν γὰρ εἰδότες ἑαυτοὺς τά τε ἐπιτήδεια ἑαυτοῖς ἴσασι καὶ διαγιγνώσκουσιν ἅ τε δύνανται καὶ ἃ μή. 因为了解自己的人就了解适合自己的东西，并且明白[自己]有能力做的事情和没有能力做的事情。（色《回》4.2.26）[注意完成时直陈式 ἴσασι 与现在时直陈式 διαγιγνώσκουσιν 并列]

注一：这些完成时的这种类似于现在时的含义并不限于直陈式。比如可对比例句 52 中的分词 εἰδότες，它同样也表达一个状态，并不涉及一个[可推想的]先前的动作。过去完成时见 33.41，其他形式见 33.61。

δέδοικα[恐惧]、ἔοικα[好像；适合]、εἴωθα[惯于]和 οἶδα[知道]这四个动词有时还会以虚拟式、祈愿式和命令式形式出现（οἶδα 尤其如此）。对于其他动词而

---

① [原书正文]在晚期希腊语之前这一现在时形式都很罕见。

② 单数主语 ἑκάτερον 带双数谓语 πεφύκατον，见 27.6。

言，完成时词干的这些语式一般相当罕见（不过，完成时命令式被动态相对常见一些，见 34.21）。对于这四个动词而言，这些形式在用法上等同于现在时词干的虚拟式、祈愿式和命令式。

33.37 对于诸如 φοβέομαι[害怕；恐惧]、θαυμάζω[钦佩；惊异于]和 νομίζω[相信]等等的非目标体动词（见 33.8）而言，完成时词干常常表达所谓的强化含义（表现状态的极端程度）。同样，在这些完成时的用法中，也不会明确涉及[可推想的]先前的动作，例如：

γέγηθα[兴高采烈]	γηθέω[高兴]（现在时罕见）
μέμηνα[暴怒；发狂]	μαίνομαι[发火；发疯]
νενόμικα[确信]	νομίζω[相信]
πεφόβημαι[惶恐；畏惧]	φοβέομαι[害怕]
σεσιώπηκα[一言不发；默不作声]	σιωπάω[沉默；安静]
τεθαύμακα[钦佩；惊异于]	θαυμάζω[好奇；惊奇]

一些动词表达发出声音的各种方式。这些动词的完成时也会表达强化含义，例如：

λέληκα[尖叫；尖声叫喊]	λάσκω[叫喊]
κέκραγα[尖叫]	κράζω[大喊；大声说]（现在时罕见）

举例如下——

(53) πολλὰ δὲ θαυμάζων τῶν εἰωθότων λέγεσθαι παρ᾽ ὑμῖν, οὐδενὸς ἧττον, ὦ ἄνδρες Ἀθηναῖοι, <u>τεθαύμακα</u>, ὃ καὶ πρώην τινὸς ἤκουσα εἰπόντος ἐν τῇ βουλῇ. 而尽管我常常惊异于那些经常在你们面前得到宣讲的东西，但是，雅典人啊，我不久前在议事会上听到某人所讲的东西比[其他]任何事情都让我更感惊异。（德《演》8.4）

(54) τί <u>κέκραγας</u>; ἐμβαλῶ σοι πάτταλον, | ἢν μὴ σιωπᾷς.
你嚷啥？我要给你嵌个钉子，如果你不闭嘴。（阿《地》222–223）

注一：同样，这种强化性用法也不限于完成时直陈式，还适用于其他完成时词干形式。强化性过去完成时见 33.42，其他形式见 33.61。

33.38 完成时直陈式偶尔也表达实际上尚未发生的动作，尤其是在条件从句之后。从而，这些动作被呈现得好像已然在产生影响。这种用法有时被称作修辞性（rhetorical）完成时、完成时的修辞性用法或者代替将来完成时的完成时（perfect for future perfect)，例如：

(55) τοὺς νόμους οὖν δεῖ τηρεῖν ... τοὺς ἀεὶ δικάζοντας ὑμῶν ... εἰ δὲ μή, λέλυται πάντα, ἀνέῳκται, συγκέχυται.

你们中间那些一直在当审判员的人应当维护法律……而若不[这样做]，那么一切都将遭到瓦解，被开了口子，并且混为一谈。（德《演》25.24–25）

过去完成时

33.39 过去完成时主要用于叙述性文本。此时它与未完成时一样，也用于提供背景信息（见 33.50）。由于过去完成时和完成时直陈式基于相同的词干，因此它们的基本含义相同，不过前者涉及过去而非现在。

基本用法

33.40 过去完成时表达一个存在于过去时刻的状态，这一状态是一个先前动作的结果。过去完成时或者表达先前动作的效果在那一过去时刻依旧有所影响并且具有相关性。例如：

(56) λογίσασθαι δ' ἤθελον αὐτῷ καθ' ἕκαστον ... οὕτω γάρ μοι ἀκριβῶς ἐγέγραπτο, ὥστ' οὐ μόνον αὐτά μοι τἀναλώματα ἐγέγραπτο, ἀλλὰ καὶ ὅποι ἀνηλώθη. 而我当时愿意向他逐一历数……因为那由我登记得如此精确，以至于我所登记的不仅是花费本身，而且还有花往何处。（德《演》50.30）[过去完成时表达被登记的状态，还提供相关的背景信息；要注意它与不定过去时 ἀνηλώθη 的对比，后者并不表达花费导致的状态]

(57) ὁ Δαρεῖός τε ἤσχαλλε καὶ ἡ στρατιὴ πᾶσα οὐ δυνατὴ ἐοῦσα ἑλεῖν τοὺς Βαβυλωνίους. καίτοι πάντα σοφίσματα καὶ πάσας μηχανὰς ἐπεποιήκεε ἐς αὐτοὺς Δαρεῖος. 大流士和他的整支军队都感到苦恼，因为无法征服巴比伦人。尽管大流士对他们施展了一切计策和所有手段。（《原史》3.152）[过完时强调大流士先前的失败尝试所造成的正在发生的后果]**

注一：古希腊语的过去完成时与英语和拉丁语的过去完成时不同，它并不一定表达过去的过去（past-in-the-past；比如在 Li Hua came back to class. He *had been ill* the week before 中，英语的过去完成时是相对时态，表达相对于 came 的先在性）。这是因为在古希腊语中，过去完成时和主句中的其他直陈式一样表达绝对时态。如果要表达过去的过去，那么古希腊语可以使用三种过去时态中的任何一种（不定过去时、未完成时和过去完成时），取它们常规的体的含义——表达过去的过去这一含义的是语境，例如：

(58) ἐνταῦθα πόλις ἦν ἐρήμη ... · ᾤκουν δ᾽ αὐτὴν τὸ παλαιὸν Μῆδοι.

这里曾有一座荒芜的城邦……而美迪阿人古时居于此处。(色《上》3.4.7)[未完成时表达一个过去正在进行的动作；副词 τὸ παλαιόν 把 ᾤκουν 置于过去的过去，比前一句中的 ἦν 久远]

(59) τούς ... Ἱμεραίους ἔπεισαν ... τοῖς ἐκ τῶν νεῶν τῶν σφετέρων ναύταις ... ὅπλα παρασχεῖν. τὰς γὰρ ναῦς ἀνείλκυσαν ἐν Ἱμέρᾳ.

他们曾说服希美剌人从他们自己的船只中为水手准备武器，因为他们在希美剌把船只拖上了岸。(《佩战》7.1.3)[不定过去时直陈式表达一个完整的动作，并且它早于前一个句子的动作(ἔπεισαν)；注意，小品词 γάρ 表明，后一个句子提供了解释性信息(在时间上倒退了一步)，见 59.14]

(60) σπανιώτερα τὰ ἐπιτήδεια ἦν· τὰ μὲν γὰρ ἀνήλωτο, τὰ δὲ διήρπαστο.

给养当时愈发减少——因为一些给养被消耗了，另一些则被劫走了。(色《希》6.5.50)[过去完成时形式表达先前已完成动作导致的过去状态(这些状态本身实际上与 ἦν 同时)；依旧需要注意小品词 γάρ]

特殊含义

33.41 带有类似现在(present-like)含义的完成时一般以过去完成时作为其规则的过去时态(代替未完成时的过去完成时[pluperfect for imperfect])，例如：

(61) ἐφύλαττον αὐτὸν εἰ καὶ τὴν νύκτα ἑστήξοι. ὁ δὲ εἱστήκει μέχρι ἕως ἐγένετο καὶ ἥλιος ἀνέσχεν. 他们当时盯着他，[看他]是否真的会站一整夜。而[苏格拉底]一直站到破晓日出。(《会饮》220d)[过去完成时 εἱστήκει 表达过去的站立状态，并未提及先前站起来的动作；将来完成时祈愿式 ἑστήξοι 的词法见 20.4，句法见 42.7][1]

(62) ἰδὼν δ᾽ ὁ κῆρυξ τὰ ὅπλα ... ἐθαύμαζε τὸ πλῆθος· οὐ γὰρ ᾔδει τὸ πάθος.

而当传令官看到武器时，他惊讶于其数量，因为他不知道那场灾难。(《佩战》3.113.2)[οἶδα 没有现在时词干形式，故用过去完成时 ᾔδει]

33.42 与完成时直陈式相仿，某些非目标体动词的过去完成时也可以表达强化含义(见 33.37)，例如：

(63) ἔξω ... οἱ τῶν Ἀρκάδων ὁπλῖται παντάπασιν οὐκ ἀντεξῇσαν· οὕτω τοὺς πελταστὰς ἐπεφόβηντο. 阿尔卡迪亚人的重装步兵完全没有出来应战——他们是如此畏惧那些轻盾兵。(色《希》4.4.16)[表达强化含义的过去完成时]

---

① 这里的 εἰ καί 见 49.19 注一。

将来时直陈式

33.43 将来时直陈式表达[几乎]肯定会在将来实现的动作（比一些表达更具确定性，比如潜在祈愿式，见 34.13）。将来时直陈式可以根据语境来表达多种交流目的，诸如预言、陈述意图、宣告、承诺、威胁和建议等等，例如：

(64) τήνδε <u>δείξω</u> μὴ λέγουσαν ἔνδικα.

我将揭露她说得不在理。（欧《特》970）[宣告]

(65) οὔτοι <u>καταπροίξει</u> ... τοῦτο δρῶν.

你若这样做，就决不会不遭报复。（《马蜂》1366）[威胁]

(66) Θηβαῖοι δ᾽ ἔχουσι μέν ... ἀπεχθῶς, ἔτι δ᾽ ἐχθροτέρως <u>σχήσουσιν</u>.

而忒拜人怀有敌意，而且还会更加心怀敌意。（德《演》5.18）[预言，ἔχω + 副词见 26.11，将来时 σχήσω 与 ἕξω 的差异见 15.25]

注一：也可用 μέλλω + 不定式来表达将来动作，见 51.33。

注二：将来时直陈式一般是体中立的，亦即它既能表达被认为不可中断的一次性完整动作，也可表达在将来进行的或反复的动作。例外情况见 15.25、35.30。

33.44 将来时直陈式第二人称可用于 **οὐ** 引导的疑问句，表达急迫的命令；表达禁止则用 οὐ μή。例如：

(67) <u>οὐ μὴ φρενώσεις</u> μ᾽, ἀλλὰ δέσμιος φυγὼν | <u>σώσῃ</u> τόδ᾽; 别来指导我！倒是你个逃脱的囚徒，守住这[自由]吧！（欧《酒》792–793）①

这一用法另见 38.32。

注一：如果要表达强烈的命令或劝诫，那么有时可以用 ὅπως (μή) 带将来时直陈式。这是勉力从句（见第 44 章）的结构，但是用在主句中，详见 38.34。

33.45 在大多数情况下，将来时直陈式所表达的动作处于一个相对其他时刻（在主句中就是发话的时刻）而言实际的将来时间，如例句 64–67 所示。不过，将来时直陈式也可以表达——

- 假定的场景或者普遍真理（对比英语 If A is larger than B, B will be smaller than A 和 Oil will float on water）；
- 推测（对比英语 That'll be the postman）。

在这种情况下，将来时并不一定表达动作在将来的实现。确切地说，将来时直

---

① 这里的 τόδ(ε) 指 τὸ δέσμιον φυγεῖν[逃脱枷锁]，即自由。也有学者把 σώσῃ τόδ(ε) 理解作记住这点。参见 I. T. Beckwith (ed.), *Euripides: Bacchantes*, Boston: Ginn & Company, 1888, p. 77; E. R. Dodds (ed.), *Euripides: Bacchae*, 2nd ed., Oxford: Oxford University Press, 1960, p. 173.

陈式的使用暗示陈述的真实性会在将来的某个时刻得到确定（如果推理符合逻辑结构或者有了证据），例如：

(68) λείπεται δὴ ἐκεῖνος μόνος ... φίλος τῷ τοιούτῳ, ὃς ἂν ὁμοήθης ὢν ... οὗτος μέγα ἐν ταύτῃ τῇ πόλει δυνήσεται, τοῦτον οὐδεὶς χαίρων ἀδικήσει. οὐχ οὕτως ἔχει; 事实上，对于这样一个人（僭主）而言，只剩下那仅有的一个朋友，[就是]性情可能相同的那位。他会在这座城邦中大有权势，没有人会得罪他而不受惩罚。不是这样吗？（柏《高》510c）[这是一段(假设性)论述的结尾，讨论如何能避免遭受不义；将来时直陈式表明这个结论是论述得出的合乎逻辑的结果；注意，苏格拉底以 οὐχ οὕτως ἔχει 来寻求肯定（其中使用现在时直陈式），要求他的对话者确认这一推论有理]

(69) Ἄκουε δή, ἦ δ' ὅς. Φημὶ γὰρ ἐγὼ εἶναι τὸ δίκαιον οὐκ ἄλλο τι ἢ τὸ τοῦ κρείττονος συμφέρον. ἀλλὰ τί οὐκ ἐπαινεῖς; ἀλλ' οὐκ ἐθελήσεις. Ἐὰν μάθω γε πρῶτον, ἔφην, τί λέγεις· νῦν γὰρ οὔπω οἶδα. "那你就听吧，"他说道，"其实，我本人宣称，正义并非其他什么东西，而是更强之人的利益。但你怎么不称赞呢？得了，你不会愿意的。""当然[愿意]，"我说，"如果我首先明白你在说什么，因为我尚不了解。"（《邦制》338c）[特剌叙玛科斯根据之前的对话得出推论，认为苏格拉底不愿同意他的观点，苏格拉底则在回答中质疑这一推论][①]

将来完成时直陈式

33.46 将来完成时直陈式（罕见）充当完成时词干形式的将来时态，并且表达作为结果的状态将会存在，或者表达已完成的动作的效果会在将来的某个时间点具有相关性，例如：

(70) σὲ δ' ἄλλη τις γυνὴ κεκτήσεται.

而另外某个女人会把你占有。（欧《阿》181）

(71) ταῦτα ὅκως σοι πρὸ τῶν ἐπιμηνίων ἡμέρῃ μιῇ πρόσθεν πεποιήσεται.

确保这些会在月信的前一天由你处理完成。（希波克拉底《论妇科病》37.30）[ὅπως（伊欧尼亚方言作 ὅκως，见 25.12）+ 将来(完成)时直陈式表达的强烈的命令，见 38.34]

33.47 将来时完成时（形式不限，不仅仅是直陈式）也可表达完成时词干的特殊含义（现在含义、强化含义，见 33.36–37），例如：

(72) ἥν τ' ἴδῃ λύκον, | κεκράξεται.

① ἐὰν μάθω 是预期条件（见 49.6），其结论分句在特剌叙玛科斯的话中。

而且，他若看见一匹狼，就会尖叫。（厄乌珀利斯残篇科克[Kock]本 1.2–3）[表达发出声音的动词（κράζω，见 33.37）的将来完成时表达强化含义]

叙述性文本中时态的搭配

33.48 叙述性文本一般由不定过去时直陈式、未完成时、过去完成时和历史现在时直陈式混合构成，并且在叙述中每一种时态都发挥特定的作用。后文处理的就是这种分工。篇幅更长的叙述性文本示例详见61.1–3。

不定过去时与未完成时（以及过去完成时）的对比

33.49 不定过去时直陈式和未完成时是古希腊语叙述性文本所用的主要时态。这两种时态均表达过去的动作，但在体方面有所差异。未完成时表达尚未完成的动作（未完成体），一般并不推进叙事，而是用以“搭建舞台”或者创建背景（background）或框架（framework）。在这个背景或框架中，那些的确在推进叙事的主要事件则以不定过去时直陈式形式出现。例如：

(73) καὶ ὅτε δὴ ἦν δεκαέτης ὁ παῖς, πρῆγμα ἐς αὐτὸν τοιόνδε γενόμενον ἐξέφηνέ μιν· ἔπαιζε ἐν τῇ κώμῃ ... μετ᾽ ἄλλων ἡλίκων ἐν ὁδῷ. καὶ οἱ παῖδες παίζοντες εἵλοντο ἑωυτῶν βασιλέα εἶναι τοῦτον δὴ τὸν τοῦ βουκόλου ἐπίκλησιν παῖδα. ὁ δὲ αὐτῶν διέταξε τοὺς μὲν οἰκίας οἰκοδομέειν ...

而就在那个孩子（居鲁士）十岁的时候，以下发生在他身上的事情揭示出他[的身份]：他在村里与其他同龄人一起在路边游戏。童子们在玩耍时就选出了这个名义上的牧人之子作为他们自己的王。他便指派其中一些[孩子]建造房屋……（《原史》1.114.1–2）[未完成时 ἔπαιζε 为发生的各种事件“搭建舞台”，成了后续故事所基于的背景；不定过去时 εἵλοντο 和 διέταξε 用以叙述事件，这些事件推动孩子在玩耍时所发生的故事（注意现在时分词 παίζοντες 暗示它与 εἵλοντο 同时，见 33.57）；另外要注意，不定过去时 ἐξέφηνε 以一种宣布的方式总括了整个叙事（若使用未完成时，则表达这种揭示是其他动作的背景）]

(74) δμῶες πρὸς ἔργον πάντες ἵεσαν χέρας· | οἱ μὲν σφαγεῖον ἔφερον, οἱ δ᾽ ἦρον κανᾶ, | ἄλλοι δὲ πῦρ ἀνῆπτον ἀμφί τ᾽ ἐσχάραις | λέβητας ὤρθουν· πᾶσα δ᾽ ἐκτύπει στέγη. | ... ἐκ κανοῦ δ᾽ ἑλὼν | Αἴγισθος ὀρθὴν σφαγίδα, μοσχείαν τρίχα | τεμὼν ἐφ᾽ ἁγνὸν πῦρ ἔθηκε δεξιᾷ. 所有仆人都动手参与此

事。一些人端来血盆，一些人举着祭篮，而其他人在生火，并且围绕着灶台摆放大锅，满屋子作响。埃吉斯托斯从祭篮里取出一把笔直的祭刀，割下牛犊的毛后，用右手把它放在圣火上。(欧《厄》799–812)［这里用一系列未完成时（引用时有所省略）所描绘的情景构成了一个背景，祭祀（由不定过去时 ἔθηκε 开启）中的主要事件就发生在这一背景下］

33.50 过去完成时与未完成时类似，也常常用来勾画主要动作发生于其中的背景情况，例如：

(75) φθάνουσι τῶν Πλαταιῶν καὶ οἱ ὕστατοι διαβάντες τὴν τάφρον, χαλεπῶς δὲ καὶ βιαίως· κρύσταλλός τε γὰρ ἐπεπήγει οὐ βέβαιος ἐν αὐτῇ ὥστ᾽ ἐπελθεῖν, ... καὶ ἡ νὺξ ... ὑπονειφομένη πολὺ τὸ ὕδωρ ... ἐπεποιήκει.

甚至，最后一批璞拉泰阿人也越过壕沟过来了，只不过［十分］艰难费力：因为冰雪凝结得并不足以让［他们］从［壕沟］上走过，并且雪夜使得积水变深了。(《佩战》3.23.4–5)［φθάνουσι 是历史现在时，见 33.54–55］

叙述性文本中未完成时的特殊用法

33.51 在“舞台的搭建”中，目标体动词的未完成时可能表达在叙述中的下一动作出现之前就明显已经结束的动作。在这种情况下，现在时词干的体表明这个动作及其影响尚未结束，从而未完成时就把注意力引向动作的后果。如果期待对言辞或命令有所反应，那么这一用法就尤其常见于意为言说或命令的动词，例如：

(76) ὁ μὲν δή σφι τὰ ἐντεταλμένα ἀπήγγελλε, τοῖσι δὲ ἕαδε μὲν βοηθέειν Ἀθηναίοισι ...

于是他把［自己所受的］命令报告给［拉刻代蒙人］，而他们也决定帮助雅典人。(《原史》6.106.3)［使用未完成时显然不是因为叙述者对报告时发生的其他事情感兴趣，并且叙述者马上就继续推进到报告过后发生的事情（对比例句 4 和例句 73、74）；其实，未完成时 ἀπήγγελλε 表明叙述中的这一“情节”尚未完成，并且它使得注意力集中于对这个消息的反应］

(77) ἐκεῖθεν δὲ τῇ ὑστεραίᾳ ἔπλεον οἱ Ἀθηναῖοι ἐπὶ Κύζικον. οἱ δὲ Κυζικηνοὶ τῶν Πελοποννησίων καὶ Φαρναβάζου ἐκλιπόντων αὐτὴν ἐδέχοντο τοὺς Ἀθηναίους· Ἀλκιβιάδης δὲ μείνας αὐτοῦ εἴκοσιν ἡμέρας καὶ χρήματα πολλὰ λαβὼν παρὰ τῶν Κυζικηνῶν, οὐδὲν ἄλλο κακὸν ἐργασάμενος ἐν τῇ πόλει ἀπέπλευσεν εἰς Προκόννησον.

雅典人次日从那里（鹿岛[Προκόννησος]）驶向曲孜迪科斯。而曲孜迪科斯人，由于佩洛璞斯岛人和法尔纳巴孜多斯抛弃了这座[城]，就接纳了雅典人。而阿尔喀比亚德在这里待了二十天并且从曲孜迪科斯人手中拿走了大量钱财之后——不过他没有在这城中做其他任何坏事——向鹿岛驶离。（色《希》1.1.18–20）[色诺芬用未完成时 ἔπλεον 和 ἐδέχοντο 把读者的注意力引向后续情况：曲孜迪科斯人遇到了什么事情？他们接纳雅典人后发生了什么？不定过去时 ἀπέπλευσεν 结束了这一段内容；在这种情况下，未完成时表达的未完成含义和不定过去时表达的完成含义都与作为一个单元的语篇相关，而非与一个一次性动作相关]

33.52 对于非目标体动词而言，叙述中的未完成时可以表达在进程中紧跟另一动作的动作，这有时称作即刻性（immediative）用法（或者称作表达接续动作的未完成时[imperfect of consecutive action]）：

(78) καὶ τάχα δὴ ἀκούουσι βοώντων τῶν στρατιωτῶν Θάλαττα θάλαττα καὶ παρεγγυώντων. ἔνθα δὴ ἔθεον πάντες.

并且他们很快就听到士兵们高呼“大海啊！大海啊！”并把[这声音]传来。于是那里（殿军）的所有人都跑了起来。（色《上》4.7.24）

注一：在一些语法书中，有时会用表始的（inceptive / inchoative）这一术语来描述未完成时的这种用法，但这一术语有误导性。这是因为，尽管未完成时暗示了动作的开始（因而有时可以译作开始……、……起来），但它表达的是进程中的动作而非这个动作的起点——实际上，使用未完成时就暗示，这一动作与之前的动作并无明确的边界（对比英语 no sooner had ... than ...）。若要表达动作的开始，古希腊语可以使用 ἄρχομαι + 分词或不定式（见 52.27），或者使用起始不定过去时（见 33.29）。这些用法的差异如下面这个例句所示：

(79) ὡς δὲ πορευομένων ἐξεκύμαινέ τι τῆς φάλαγγος, τὸ ὑπολειπόμενον ἤρξατο δρόμῳ θεῖν· καὶ ἅμα ἐφθέγξαντο πάντες οἷον τῷ Ἐνυαλίῳ ἐλελίζουσι, καὶ πάντες δὲ ἔθεον. 而当方阵的某一[部分]在行进中冲出来时，滞后的[部分]就开始跑动。并且，同时，所有人都发出那种对厄倪阿利欧斯吼出的呐喊，所有人又奔跑起来。（色《上》1.8.18）[ἄρχομαι + 不定式明确表达方阵的一个部分开始（亦即最先）跑动；起始不定过去时 ἐφθέγξαντο 表达希腊人呐喊的起点；随后，即刻性未完成时 ἔθεον 使读者置身于士兵随后的全面冲锋之中]**

33.53 过去完成时有类似用法，甚至可以在叙述性文本中描述主要事件，从而表达动作在很短的时期内彻底完成，就好像它所造成的状态几乎即刻出现，例如：

(80) ἐπεὶ δ' ἅπαξ ἤρξαντο ὑπείκειν, ταχὺ δὴ πᾶσα ἡ ἀκρόπολις ἔρημος τῶν πολεμίων <u>ἐγεγένητο</u>. 而就在他们开始投降的时候，整座卫城迅速变得毫无敌军了。（色《希》7.2.9）

历史现在时

33.54 在叙述性文本中，偶尔可以使用现在时直陈式来突出决定性的或至关重要的事件，这些事件常常在叙述的时空中决定性地改变了情势。从效果上说，这种所谓的历史现在时（historic(al) present，或称作叙述性现在时[narrative present]）使得一个发生在过去的动作好像发生在当下，因而愈发紧迫。历史现在时几乎仅限于目标体动词（从而，诸如 εἰμί[是；存在]、κεῖμαι[躺下；身处]等等的动词一般不会使用历史现在时），例如：

(81) παρῆν καὶ ἡ γυνή. ἐσελθοῦσαν δὲ καὶ τιθεῖσαν τὰ εἵματα ἐθηεῖτο ὁ Γύγης. ὡς δὲ κατὰ νώτου ἐγένετο ἰούσης τῆς γυναικὸς ἐς τὴν κοίτην, ὑπεκδὺς ἐχώρεε ἔξω. καὶ ἡ γυνὴ <u>ἐπορᾷ</u> μιν ἐξιόντα. 那位妻子也出现了。巨革斯注视着她走进来并脱下衣服。但当那女人因上床而背对[他]时，他溜着退了出去，而那女人瞧见他出去了。（《原史》1.10.1–2）[历史现在时 ἐπορᾷ 标志着这个故事中的一个枢纽性时刻，这一时刻将对这个女人、她的丈夫（即国王坎道勒斯）以及国王的侍卫巨革斯产生巨大的影响][①]

(82) ὤσαντες δὲ τὴν θύραν τοῦ δωματίου οἱ μὲν πρῶτοι εἰσιόντες ἔτι εἴδομεν αὐτὸν κατακείμενον παρὰ τῇ γυναικί, οἱ δ' ὕστερον ἐν τῇ κλίνῃ γυμνὸν ἑστηκότα. ἐγὼ δ', ὦ ἄνδρες, πατάξας <u>καταβάλλω</u> αὐτόν. 推开卧室的门后，我们先进去的人看到他还躺在那女人边上，而后进去的人则看到他一丝不挂地站在床上。而我，诸君啊，一拳下去把他打倒。（吕《演》1.24–25）[发话人使用历史现在时表达他把妻子捉奸在床时对姘夫的激烈反应]

注一：现在时词干的未完成体似乎在历史现在时中不起作用，历史现在时通常表达已完成的动作。关于这一点，见 33.20。

历史现在时的其他例子见于例句 4、19、30、35、75 和 85。另外，61.1–3 中也有许多历史现在时。

33.55 作家不同，历史现在时的用法也不尽相同。一些文本中的历史现在时并不怎么表达戏剧性的转折，而是用来给叙述“加标点”（‘punctuate’），亦即通过突

① 第三人称代词单数宾格 μιν 见 7.2 和 25.28。

出每一个新的阶段来把叙述划分为不同的部分，例如：

(83) Κῦρος ... ὡρμᾶτο ἀπὸ Σάρδεων· καὶ ἐξελαύνει διὰ τῆς Λυδίας ... ἐξελαύνει διὰ Φρυγίας ... ἐντεῦθεν ἐξελαύνει ... εἰς Κελαινάς.

居鲁士从撒尔迪斯动身，并且行军经过吕迪阿，[又]行军经过弗律吉阿，[又]从那里行军至刻莱奈。（色《上》1.2.5、1.2.6和1.2.7）[这里的历史现在时 ἐξελαύνει 引出居鲁士行军中每一个相继出现的新阶段]**

注一：这一用法或许类似于英语中用以概括和章节标题的一般现在时（比如对亨利·菲尔丁[Henry Fielding]《弃儿汤姆·琼斯史》[*Tom Jones*]第五卷第7章的概括 In which Mr Allworthy appears on a Sick-Bed[本章中，奥维资先生卧床寝疾]）。[①] 在这种情况下，使用现在时态的理由似乎是，作者使相关说法在任何时候都可以理解。基于这一分析，现在时的这种用法实际上更接近33.16的现在时直陈式的永恒性用法，而非33.54所述的历史现在时。

33.56 正如现在时直陈式可以表达过去的动作，就好像这个动作发生在现在那样，同理，现在时直陈式也可以表达将来的动作，就好像它发生在现在。这种代替将来时的现在时（present for the future）尤其见于神谕和预言——在先知眼中，将来的动作就如同正在发生那样，例如：

(84) τότ' ἐλεύθερον Ἑλλάδος ἦμαρ | εὐρύοπα Κρονίδης ἐπάγει καὶ πότνια Νίκη. 那时，目力深远的克若诺斯之子和受人敬拜的胜利女神会带来希腊的自由之日。（《原史》8.77.2）[这是希罗多德记述的一则神谕的结论]

主句中非直陈式的体

体和相对时态

33.57 除了将来时词干形式之外，其他古希腊语动词形式本身并不表达相对时态。不过，在一些从属结构中，先在性或同时性凭借相关形式所表达的体而约定俗成地由特定的时态-体词干形式暗示。如果母句中的动词给出了明确而固定的参照点，那么体就往往表达相对时态含义。这些从属结构中的形式是——

- 时间从句（第47章）、原因从句（第48章）、条件从句（第49章）和关系从句（第50章）中动词的限定形式（直陈式、虚拟式和祈愿式）；

① 参见亨利·菲尔丁：《弃儿汤姆·琼斯史》，张谷若译，北京：人民文学出版社，2019年。

- 间接话语、间接想法中的间接祈愿式（见 41.9，时间相对于言说或思考的时刻）；
- 陈述不定式（见 51.25–26，时间相对于言说或思考的时刻）；
- 分词（见 52.4）。

这些形式所表达的相对时态含义如下——

- 现在时词干形式由于其未完成体而往往表达动作相对于母句中的动作（通常是主动词，见 39.2–4）而言尚未完成，亦即暗示同时性；
- 完成时词干形式也通过表达正在进行的状态或正在进行的后果（作为先前动作的结果）来暗示同时性；
- 不定过去时词干形式由于其完成体而往往表达动作相对于母句中的动作而言已然完成，亦即暗示先在性；
- 将来时形式总是表达后在性。

注一：间接话语/想法和间接观念/知识/情感中直陈式的时间含义，见 41.8、41.10、41.14 和 41.15。

(85) ἐπεὶ δὲ πορευόμενοι ἐκ τοῦ πεδίου ἀνέβησαν ἐπὶ τὸν πρῶτον γήλοφον καὶ κατέβαινον ... , ἐνταῦθα ἐπιγίγνονται οἱ βάρβαροι.

而他们从平原行军登上第一座山丘后又爬下来，这时，外夷发动了进攻。（色《上》3.4.25）[主动词 ἐπιγίγνονται（历史现在时，见 33.54）表达过去的动作；时间从句由 ἐπεί 引导，其中的不定过去时直陈式 ἀνέβησαν 早于主句动作，未完成时 κατέβαινον（现在时词干）与主句动作同时]

(86) χρὴ δέ, ὅταν μὲν τιθῆσθε τοὺς νόμους, ὁποῖοί τινές εἰσιν σκοπεῖν, ἐπειδὰν δὲ θῆσθε, φυλάττειν καὶ χρῆσθαι. 而在你们立法时，应当检视它们是何种类型，可你们一旦立下了法律，就当维护并遵守[法律]。（德《演》21.34）[现在时虚拟式 τιθῆσθε 表达正在进行的法律制定过程，亦即一个与 σκοπεῖν 同时的动作；第二个时间从句中的不定过去时虚拟式 θῆσθε 早于 φυλάττειν 和 χρῆσθαι（一旦法律定下后就需遵循的做法）]

(87) ὀμόσας μὴ λαβεῖν δῶρα μηδὲ λήψεσθαι ... εἰληφὼς ἠλέγχθη ... εἴκοσι μνᾶς. 尽管他发过誓，说自己未曾收受也不会收受贿赂，但是他被证实曾收受了二十姆纳。（埃《演》1.114–15）[陈述不定式 λαβεῖν（不定过去时）和 λήψεσθαι（将来时）分别表达在发誓（ὀμόσας）之前和之后的动作；不过时分词 ὀμόσας 本身意味着这一动作发生在 ἠλέγχθη 之前]

(88) (ἀδικοῦσι) τοὺς ἢ πεποιηκότας κακῶς ἢ βουληθέντας ἢ βουλομένους ἢ ποιήσοντας. 他们对那些做了恶、曾打算作恶、正打算作恶或者将作恶的人行不义。(《修辞术》1373a13–14)[四个分词的时间都相对于 ἀδικοῦσι：完成时 πεποιηκότας 与之同时（见 33.35），不定过去时 βουληθέντας 在先，现在时 βουλομένους 与之同时，将来时 ποιήσοντας 在后][①]

其他含义　例外情况

33.58 依附于上述各种形式的相对时态含义是约定俗成的，而非必然如此的。在许多情况下，特定时态词干所表达的含义补充或者不同于那种相对于母动词的时态含义。这种例外情况如后文的例句所示。进一步的讨论和例句详见 51.26 及注一（陈述不定式）、52.4–5（分词）。

33.59 不定过去时词干形式不仅可以暗示先在性，也可以表达起始含义（见 33.29）或复合性含义（见 33.30），例如：

(89) ἐπειδὴ δὲ Θησεὺς ἐβασίλευσε, ... διεκόσμησε τὴν χώραν.

而忒修斯当上国王之后，……他整饬国土。(《佩战》2.15.2)[时间从句中的不定过去时直陈式表达起始含义；注意，它依旧暗示先在性]

(90) πολλοὶ γὰρ καὶ χρημάτων δυνάμενοι φείδεσθαι πρὶν ἐρᾶν, ἐρασθέντες οὐκέτι δύνανται. 许多人在产生情爱之前其实能够节约钱财，在陷入情爱后就不再有能力[勤俭节约]了。(色《回》1.2.22)[不定过去时分词表达起始含义，依旧暗示先在性]

特别地，分词表达的动作有时并不早于母动词的动作，而是与之完全重叠（从开始到结束）。这被称作不定过去时分词的同时性（coincident）用法，例如：

(91) ἀπώλεσέν μ' εἰποῦσα συμφορὰς ἐμάς.

她通过说出我的不幸毁了我。(欧《希》596)[ἀπώλεσεν 和 εἰποῦσα 这两个动作同时发生，并且都被完整地呈现出来]**

同时性不定过去时分词的其他例句见 52.5。

33.60 现在时词干形式不仅可以表达同时性，而且可以表达正在

---

① 这里的行不义也可作犯罪。原书英译作：They commit crimes against those who are responsible for mistreating them, or those who have intended to do so, or those who are intending to do so, or who are about to do so. 其中的 for mistreating them 因袭洛布本英译 those who have already injured us，似不妥。拉普（Rapp）的德译 denen, die Schlechtes getan oder gewollt haben oder wollen oder es tun werden 和贝克（Bekker）本中的拉丁语译文 qui male fecerunt vel facere voluerunt vel volunt vel facturi sunt 均不支持原书和洛布本的理解。

进行的或反复的动作，还可能具有意动含义（见 33.17），对于某些动词而言，又有结果性用法（见 33.18），例如：

(92) πρότερον γὰρ οὐκ ἔχων πρόφασιν ἐφ' ἧς τοῦ βίου λόγον δοίην, νυνὶ διὰ τοῦτον εἴληφα. 因为，尽管我之前没有用以解释我的生活的理由，但现在，由于这个人，我获得了[一个理由]。（吕《演》24.1）[现在时分词表达早于母动词的正在进行的动作（注意 πρότερον 和 νυνί，前者把同时性含义排除在外），这种情况下的分词有时被称作**未完成时分词**][1]

(93) τίνας οὖν εὐχὰς ὑπολαμβάνετ' εὔχεσθαι τοῖς θεοῖς τὸν Φίλιππον, ὅτ' ἔσπενδεν, ἢ τοὺς Θηβαίους; 那么你们认为，在奠酒时，腓力或忒拜人向诸神作了什么祈祷？（德《演》19.130）[现在时不定式表达早于母动词 ὑπολαμβάνετε 的动作，如 ὅτ' ἔσπενδεν 所示；这个现在时把祈祷呈现为一个进程（注意德摩斯梯尼通过使用 τίνας εὐχάς 而看起来是在询问祈祷的组成部分）；对应的直接话语则会用未完成时 ηὔχετο]**

(94) ὅστις δ' ἀφικνεῖτο τῶν παρὰ βασιλέως πρὸς αὐτὸν πάντας οὕτω διατιθεὶς ἀπεπέμπετο ὥστε αὐτῷ μᾶλλον φίλους εἶναι ἢ βασιλεῖ.

而无论国王身边的哪个人来到[居鲁士]这里，他都如此招待了每一个人再送走[他们]，以至于他们与[居鲁士]而非与国王更加亲近。（色《上》1.1.5）[现在时分词表达反复的动作；现在时分词 διατιθείς 并不必然与 ἀπεπέμπετο 同时]

(95) οὕτω μὲν ἑκάτεροι νικᾶν ἠξίουν.

从而，双方都宣布自己胜利了。（《佩战》1.55.1）[陈述不定式表达结果含义，这是动词 νικάω 特有的用法][2]

33.61 除了表达同时性之外，一些动词的完成时词干形式还可以带有现在含义（见 33.36）或者表达强化含义（见 33.37），例如：

(96) ὁ δὲ Σιλανὸς δεδιὼς μὴ γένηται ταῦτα ... ἐκφέρει εἰς τὸ στράτευμα λόγον ὅτι ... 而西拉诺斯因为害怕这些事情发生，就向部队传话说……（色《上》5.6.17）[带有现在含义的完成时分词]

(97) ΣΩ. οὐκοῦν ἐὰν μὲν οὗτος ἐμμένῃ, γεγηθὼς ἀπέρχεται ἐκ τοῦ θεάτρου ὁ ποιητής· ἐὰν δὲ ἐξαλειφθῇ ... πενθεῖ αὐτός τε καὶ οἱ ἑταῖροι. :: ΦΑ. καὶ μάλα. :: ΣΩ. δῆλόν γε ὅτι οὐχ ὡς ὑπερφρονοῦντες τοῦ ἐπιτηδεύματος,

---

① 未完成时分词见 52.5。

② νικάω 的结果性含义见 33.26。

ἀλλ' ὡς τεθαυμακότες. 苏格拉底：因此，如果这番[说辞]占有一席之地，那么作者就会高高兴兴地离开剧场；而如果遭抹除，那么他和他的同伴就会哀叹？斐德若：那肯定的。苏：显然，并非因为他们轻视这种事业，而是因为他们崇敬[它]。(《斐德若》258b)[①][完成时分词的强化用法]

33.62 将来时词干形式总是表达后在性，不过可能还带有结果、目的或者可能性等等的细微含义，在关系从句和分词中尤其如此（另见 50.24–25、52.41 和 52.49 注一），例如：

(98) καὶ αὐτῶν μία μὲν ἐς Πελοπόννησον ᾤχετο, πρέσβεις ἄγουσα οἵπερ τά ... σφέτερα φράσουσιν ὅτι ἐν ἐλπίσιν εἰσί.

并且其中一艘[船]载着那些使者前往佩洛璞斯岛，他们要去说他们的局势充满希望。(《佩战》7.25.1)[关系从句中的将来时直陈式表达目的]

(99) τοῖς στρατηγοῖς τὸ μὲν ἐνθύμημα χαρίεν ἐδόκει εἶναι, τὸ δ' ἔργον ἀδύνατον· ἦσαν γὰρ οἱ κωλύσοντες πέραν πολλοὶ ἱππεῖς, οἳ εὐθὺς τοῖς πρώτοις οὐδὲν ἂν ἐπέτρεπον τούτων ποιεῖν. 在将领们看来，这一想法巧妙，但这一行动却不可能——因为在[河]对岸有那些会阻止[他们]的人，[还]有众多骑兵，他们会直接不让最先[过河]的[士兵]做这些[计划]中的任何[一步]。(色《上》3.5.12)[带冠词的将来时分词表达可能性或能力]

时间固定的文本中体的含义

33.63 有许多结构在主句和从句中具有固定的时间含义，尤其是绝对或相对的将来含义。比方说，命令式（如 *close* the door）必然表达将来的动作（因为在发话之时门尚未关闭）。而诸如 he closed the door in order to *have* privacy 这样的目的性表达所呈现的状态（拥有隐私）当然也晚于母动词所表达的动作（关门，母动词的概念见 39.2–4）。

33.64 在古希腊语中，以下结构必然涉及将来——

- 命令式（见 34.19）；
- 劝勉虚拟式、禁止虚拟式和考量虚拟式（见 34.6–8）；
- 表达可实现的愿望的祈愿式（见 34.14）；
- [通常情况下的]潜在祈愿式（见 34.13）。

以下从属结构所表达的动作在大多数情况下晚于母动词——

- [大多数]疑惧从句（见第 43 章）；

---

① ὡς 带分词的结构见 52.39。

• 勉力从句（见第 44 章）；
• 目的从句（见第 45 章）；
• [大多数]结果从句（见第 46 章）；
• 大多数能动不定式（受意为命令、需要等等的动词支配，见 51.8–17）。

33.65 所有这些结构都可以使用现在时词干和不定过去时词干形式（完成时词干形式相当罕见）。由于这些结构本身已经预先确定了其中所用的动词形式的时间含义，因此，不同词干的差异仅在于体。所采用的形式取决于发话人的主观选择：他想把一个动作呈现为已完成的动作还是未完成的动作——鉴于这两种体有各种可能含义（反复的动作抑或一次性动作、一般过程抑或特殊情况、正在进行的/可中断的过程抑或不可中断的动作，等等，还有诸如意动、起始、复合等含义）。例如：

(100) σκοπεῖτε δὴ καὶ λογίσασθ' ἐν ὑμῖν αὐτοῖς, εἰ ... 请你们在自己心中审视并衡量，是否……（德《演》20.87）[审判员受邀参与审议的过程（现在时命令式），然后给出唯一确定的结论（不定过去时命令式）]

(101) εἴπωμεν ἢ σιγῶμεν;

我们应该说话还是该沉默？（《伊昂》758）[两个动词都是考量虚拟式，描述将来可能发生的动作：εἴπωμεν 是不定过去时虚拟式，表达一次性的完整动作，换言之，发话人可以作出的一次发言将会不可逆转地中断这种持续的沉默局面（这种局面由现在时虚拟式 σιγῶμεν 表达）]

(102) δεήσεται δ' ὑμῶν οὗτος μὲν ὑπὲρ τῆς μητρὸς ... ὅπως δίκην μὴ δῷ ... · ἐγὼ δ' ὑμᾶς ὑπὲρ τοῦ πατρὸς τοὐμοῦ τεθνεῶτος αἰτοῦμαι, ὅπως παντὶ τρόπῳ δῷ· ὑμεῖς δέ, ὅπως διδῶσι δίκην οἱ ἀδικοῦντες, τούτου γε ἕνεκα καὶ δικασταὶ ἐγένεσθε καὶ ἐκλήθητε.

他将为母亲乞求你们，免得她遭受惩罚，而我为我那已然去世的父亲请求你们务必使她遭到[惩罚]；你们，为了使行不义者受惩——至少是为了这点——才成为并且被称作审判员。（安提《演》1.23）[目的从句（由 ὅπως 引导，见 45.2–3）使用虚拟式；发话人两次使用了不定过去时虚拟式 (δίκην) δῷ 来表达一次性的具体的惩罚，并没有提到这些惩罚的相关过程或持续时间；然而，发话人使用现在时虚拟式 διδῶσι δίκην 来表达一般意义上罪犯所应面临的惩罚（一个反复的过程，不涉及动作的终点）]

(103) καὶ δή σφι πρὸς ταῦτα ἔδοξε τῷ κήρυκι τῶν πολεμίων χρᾶσθαι,

δόξαν δέ σφι ἐποίευν τοιόνδε· ὅκως ὁ Σπαρτιήτης κῆρυξ προσημαίνοι τι Λακεδαιμονίοισι, ἐποίευν καὶ οἱ Ἀργεῖοι τὠυτὸ τοῦτο.

于是，针对这些，他们决定利用敌方的传令官，而[阿尔戈斯人]作出决定之后就如此这般地行事：每当斯巴达传令官向拉刻代蒙人发出什么信号时，阿尔戈斯人也做同样这些事情。（《原史》6.77.3）[说明见下][①]

(104) ἅμα ἡμέρῃ δὲ ἐς λόγους προεκαλέετο τοὺς Βαρκαίους. οἱ δὲ ἀσπαστῶς ὑπήκουσαν, ἐς ὅ σφι ἕαδε ὁμολογίῃ χρήσασθαι. τὴν δὲ ὁμολογίην ἐποιεῦντο τοιήνδε τινά, ...

而他天一亮就邀请巴尔刻人来谈判。他们欣然响应，[双方谈判]直到他们决定达成协议。他们制定了这样一份协议……（《原史》4.201.2）

[例句 103 中的现在时不定式 χρᾶσθαι 指行动的方针，将落实于一个个反复的动作；例句 104 中的不定过去时不定式 χρήσασθαι 则有一种起始的含义，因为它表示协议的达成]

一并比较例句 6 和 7。

注一：请注意，尽管这些结构一般表达将来或者表达后在性，但是它们却不使用将来时词干形式。主要的例外是勉力从句，它当然也表达后在性，但使用的是将来时直陈式（或祈愿式），见第 44 章。ἐλπίζω[希望]、ὑπισχνέομαι[保证]和 ὄμνυμι[发誓]带将来时不定式的用法，见 51.31。

注二：完成时词干形式在这些结构中罕见，不过，一般只以完成时词干形式出现的动词（比如 οἶδα，见 33.36）除外。如果真的出现了完成时词干形式，它就表达通常所具有的体的含义，见 33.6–7、33.34–35。完成时命令式另见 34.21。

33.66 进一步的讨论和其他例句，详见 38.30（表达命令的命令式和虚拟式）、38.41（愿望）和 51.15（能动不定式）。

① 这里的 ὅκως 引导不带 ἄν 的反复祈愿式 προσημαίνοι，见 40.9。独立宾格 δόξαν 见 52.33 例句 97。

第 34 章　动词的语式

引　言

34.1　我们应该区分用于主句的语式与各种类型的从句根据语法而要求使用的语式。从句所用的语式见 40.5–15 和相关的第 41–50 章。第 54 章总结了语式的所有用法。

34.2　古希腊语中主句动词的各种语式表达不同的交流功能（详见第 38 章）和发话人对动作的真实性或合意性的不同态度，例如：

(1) καλὸν τὸ πῶμα δαιτὶ πρὸς καλῇ δίδως.

在美食之上，你[又]给[我]这美酒。(欧《圆》419) [δίδως 是现在时直陈式主动态第二人称单数，表示发话人陈述、宣称受话人正在给予]

(2) πλέων δὲ τὸν σκύφον δίδου μόνον.

你把倒满[酒]的杯子给[我]就行！(欧《圆》556) [δίδου 是现在时命令式主动态第二人称单数，发话人命令受话人把杯子给他]

(3) ὦ Ζεῦ, διδοίης τοῖσι τοιούτοισιν εὖ.

宙斯啊，愿你赐福给这样的人。(《俄科》642) [διδοίης 是现在时祈愿式主动态第二人称单数，发话人俄狄浦斯表达对受话人赐福的希望]

34.3　在主句中，一种语式表达的含义取决于多方面的因素——

- 动词所在的句子的种类（陈述、疑问和指示，见 38.1）；
- 有无情态小品词 **ἄν**（见后文）；
- 有无否定词（οὐ、μή）；
- 动词的人称（第一、第二和第三人称）；
- 动词的时态或体；
- 其他语境因素。

34.4　古希腊语有几种语式可以与情态小品词 **ἄν** 组合使用。这个小品词的具体功能取决于与其组合的语式（其用法的总结见第 55 章）。在主句中，带 ἄν 的结构的基本功能是限定动作实现的可能性，例如：

(4) τοσούτῳ δ' ἂν δικαιότερον οὗτος ἀποθάνοι τῶν ἐκ τῶν στρατοπέδων φευγόντων. 而他可能在如此这般的程度上比那些逃离军营的人更配受死刑。(吕库尔戈斯《演》1.131) [祈愿式 + ἄν；潜在祈愿式见 34.13；这个动作（仍然）有可能会发生]

(5) εἰ τὸ καὶ τὸ ἐποίησεν ἄνθρωπος οὑτοσί, οὐκ ἂν ἀπέθανεν.

假设此人当时做了某某事，那么他原本就不会死。（德《演》18.243）[直陈式＋ἄν；非事实结构见 34.16；这个动作不再可能是未完成的，亦即不再可能是要发生的事情][1]

注一：基本时态的直陈式、命令式和将来时祈愿式不会带 ἄν。从句中的虚拟式＋ἄν 见 40.7–9，不定式＋ἄν 见 51.27，分词＋ἄν 见 52.7。

主句中的直陈式

34.5 直陈式用来陈述、断言事实（或者表达呈现为事实的看法），还用于对事实提出疑问，涉及的动作可以发生在过去、现在和将来。不同时态的直陈式的用法详见 33.11–55。疑问句中以直陈式来表达请求、命令或建议的用法（οὐ＋第二人称将来时直陈式、(τί) οὐ＋第一或第二人称现在时/不定过去时直陈式），见 38.32–33。

情态直陈式（用于非事实的陈述和无法实现的愿望），见 34.15–18。

主句中的虚拟式

劝勉虚拟式和禁止虚拟式（表达命令或请求）

34.6 劝勉虚拟式（hortatory subjunctive）以第一人称（常为复数）的形式出现，可表达肯定性命令，也可表达否定性命令（带 μή），例如：

(6) ἀλλ’ ἴωμεν ἐς δόμους. 还是让我们进屋去吧。（欧《厄》787）

(7) ἴδωμεν δὴ εἴ τι λέγουσιν. 那就让我们看看他们是否言之有物。（柏《卡》159b）[τι λέγουσιν 见 29.42]

(8) καὶ μὴ περιίδωμεν ὑβρισθεῖσαν τὴν Λακεδαίμονα. 并且我们别忽略拉刻代蒙人遭受了羞辱[这个事实]。（伊索《演》6.108）[2]

34.7 禁止虚拟式（prohibitive subjunctive）以第二人称（偶尔也用第三人称）不定过去时虚拟式的形式出现，带有 μή（不用不过时命令式第二人称表达禁止；现在时词干的禁止则用 μή＋命令式，见 38.26）：

(9) μὴ οὖν προδόται γένησθε ὑμῶν αὐτῶν.

因此，别成为你们自己的叛徒。（《佩战》3.40.7）

(10) ἀλλὰ μή μ’ ἀφῇς | ἐρῆμον.

千万别丢下我一人。（索《菲》486–487）

---

[1] τὸ καὶ τό 见 28.30。本句另见于 40.10 例句 8。

[2] περιοράω[忽略；环顾；允许]带补充性分词，见 52.9。

考量虚拟式（用于疑问）

34.8 考量虚拟式（deliberative subjunctive），又名疑虑虚拟式（dubitative subjunctive），以第一人称的形式出现在疑问句中，对采取什么行动（用于特指疑问，见 38.4）或者是否继续采取某种行动（用于是非疑问和选择疑问，见 38.4）提出疑问，否定词用 μή，例如：

(11) οἴμοι, τί δράσω; ποῖ φύγω μητρὸς χέρας;

哎呀，我该做什么？我该往哪里逃脱母亲的双手？（欧《美》1271）

(12) πότερον βίαν φῶμεν ἢ μὴ φῶμεν εἶναι;

我们应该还是不应该说[那]是暴力？（色《回》1.2.45）

注一：考量虚拟式也可用于间接疑问，见 42.8。

注二：βούλει/βούλεσθε、θέλεις[你(们)愿意……吗？]（另见 38.17）有时在对话中带考量虚拟式；在这种情况下，发话人问受话人他是否应该做某事，例如：[①]

(13) βούλεσθε δῆτα κοινῇ | σκώψωμεν Ἀρχέδημον; 那么你们愿意吗——我们一起拿阿尔刻得摩斯开个玩笑？（《蛙》416–417）

其他具体细节

34.9 **οὐ μή** + 虚拟式表达断然的否认，即坚决认定某种情况不会发生，例如：

(14) κοὐ μή ποτέ σου παρὰ τὰς κάννας οὐρήσω μηδ᾽ ἀποπάρδω.

并且我决不会冲你的芦苇篱笆上撒尿放屁。(《马蜂》394)

(15) οὐ μὴ πίθηται. 他肯定不会听从。(索《菲》103)

34.10 虚拟式 + **μή**（疑惧从句的结构，见第 43 章）有时在独立句中表达存疑的、慎重的或试探性的判断（否定用 μὴ οὐ）。这一用法主要见于柏拉图笔下，例如：

(16) μὴ ἀγροικότερον ᾖ τὸ ἀληθὲς εἰπεῖν.

说出真相恐怕过于粗野。(柏《高》462e)

(17) ἀλλὰ μὴ οὐ τοῦτ᾽ ᾖ χαλεπόν, ὦ ἄνδρες, θάνατον ἐκφυγεῖν, ἀλλὰ πολὺ χαλεπώτερον πονηρίαν. 但是诸位啊，逃离死亡，这件事恐怕不难，[逃离]恶倒是困难得多。(《申辩》39a)

34.11 在上述各种虚拟式结构中，现在时与不定过去时的差异仅在于体，见 33.63–65、38.30。完成时虚拟式在这些结构中罕见（但如果出现完成时，那么就表达常规的体的含义，比如完成时的劝勉虚拟式 μεμνώμεθα[让我们记住]）。

---

① 参见 40.1 注一。

34.12 在古典希腊语中（与荷马不同），带 ἄν 的虚拟式不会见于主句，而是仅见于从句。从句中的 ἄν + 虚拟式见 40.7–9。

主句中的祈愿式

带 ἄν 的潜在祈愿式（用于陈述或疑问）

34.13 带 ἄν 的潜在祈愿式用来表达有可能实现的动作，此即潜在/可能结构（potential construction）。这种结构可用来表达一系列有细微差别的含义——

- 表达假设会发生的动作，或者用来作出弱语气的判断（也就是用比直陈式谨慎的方式来陈述某事），例如：

(18) εἰ δοίητε ὑμέας αὐτοὺς βασιλέϊ ... ἕκαστος ἂν ὑμέων ἄρχοι γῆς Ἑλλάδος δόντος βασιλέος.

倘若你们把自己献给国王，那么你们中的每个人都会因国王的赏赐而统治希腊的一片土地。（《原史》7.135.2）[εἰ + 祈愿式见 49.8–9]

(19) ἀρετὴ μὲν ἄρα, ὡς ἔοικεν, ὑγίειά τέ τις ἂν εἴη καὶ κάλλος καὶ εὐεξία ψυχῆς. 那么，德性，如看起来的那般，就会是属于灵魂的某种健康、美好和强健。（《邦制》444d）

(20) γνοίης δ᾽ ἂν ὅτι τοῦθ᾽ οὕτως ἔχει.

而你可能认识到这就是如此。（色《教》1.6.21）

- 否定性的潜在祈愿式（带 οὐ）表达断然的否定——动作根本不可能发生，例如：

(21) πρὸς βίαν δ᾽ οὐκ ἂν λάβοις.

你绝不可能用暴力带走[他]。（索《菲》103）

- 第二人称的潜在祈愿式可以表达谨慎的命令或请求，而第一人称的潜在祈愿式可以表达某人谨慎地获得允许去做某事，或是表达某人根据命令或请求而做某事，例如：

(22) λέγοις ἄν εἴ τι τῶνδ᾽ ἔχεις ὑπέρτερον. | :: ... | λέξω, κελεύεις γάρ, τὸν ἐκ φρενὸς λόγον. ——如果你有什么比这些更妥当的[办法]，就请说吧。——既然你吩咐了，那我就会说出心里话。（埃《奠》105–107）[注意，κελεύεις 表明歌队长把厄勒克特剌所用的潜在祈愿式视作一种请求]

(23) ΜΕ. λέγ᾽· ... . :: ΟΡ. λέγοιμ᾽ ἂν ἤδη.

墨涅拉奥斯：请你说："……"俄瑞斯忒斯：那我现在就说。（欧《俄》

638–640）［注意，潜在祈愿式 λέγοιμ᾽ ἄν 是对命令式 λέγ᾽ 的回应］

注一：就潜在结构而言，现在时祈愿式、不过时祈愿式和完成时祈愿式（完成时祈愿式远为少见）之间的差异仅在于体，见 33.63–65。

意欲祈愿式（用于愿望）

34.14 不带 **ἄν** 的祈愿式可以表达愿望（此即意欲祈愿式[cupitive optative]），常常带有 εἴθε、εἰ γάρ 或 ὡς，否定词是 μή，例如：

(24) εἰ γὰρ γενοίμην, τέκνον, ἀντὶ σοῦ νεκρός.

但愿，孩子啊，我能代替你成为尸体！（欧《希》1410）

(25) ὦ παῖ, γένοιο πατρὸς εὐτυχέστερος, | τὰ δ᾽ ἄλλ᾽ ὁμοῖος.

孩子啊，愿你比父亲幸运，而在其他方面相同。（索《埃》550–551）

(26) μὴ πλείω κακὰ | πάθοιεν.

愿他们免受更多的苦厄。（索《安》928–929）

注一：对表达各类愿望的结构的总结，见 38.38–42。

注二：就意欲祈愿式而言，现在时与不定过去时的差异仅在于体，见 33.63–65。完成时祈愿式极少用来表达愿望，但若出现，就表达常规的体的含义（例如 τεθναίην[愿我已经死了]）。[1]

主句中的情态直陈式

34.15 历史直陈式即过去时态的直陈式（带增音）：未完成时、不定过去时和过去完成时。历史直陈式见于多种结构，一些带 ἄν，一些不带 ἄν，表达非事实（counterfactual / contrary-to-fact / unreal）动作。直陈式的这类用法称作情态直陈式（modal indicative）。

用于陈述句和疑问句

34.16 带 **ἄν** 的历史直陈式用于陈述句和疑问句，表达在某个未实现的现在/过去条件下原本会发生或者原本已经发生的动作。这个条件可由 εἰ[假设]引导的条件从句（见 49.10）、分词（见 52.40）或者副词来表达，也可能不表达出来。例如：

(27) ἔπραξαν ἂν ταῦτα, εἰ μὴ ὑπ᾽ Ἀγοράτου τουτουὶ ἀπώλοντο. 他们原本可做成这些，假设他们未被这个阿戈剌托斯杀掉。（吕《演》13.16）

---

① 原书英译作 I wish I were dead.

(28) εἰ μὴ πατὴρ ἦσθ', εἶπον ἄν σ' οὐκ εὖ φρονεῖν.

你要不是[我]父亲，我就会说你思虑不周。（索《安》755）

(29) καὶ μὴ γενομένης μὲν κρίσεως περὶ τοῦ πράγματος ἑάλω ἄν.

即便关于此事的审判尚未进行，他也会被判有罪。（埃《演》1.85）

(30) τότε δὲ αὐτὸ τὸ πρᾶγμα ἂν ἐκρίνετο ἐφ' αὑτοῦ.

但在当时，事情本身原本可根据其本身来得到审判。（德《演》18.224）[αὐτὸ ... ἐφ' αὑτοῦ，见 29.19]

如果带否定词（οὐ），那么这一结构就表示假设（if）或即便（even if）某个现在/过去条件实现了，相关动作原本[也]不会发生或者原本不会已经发生，例如：

(31) μὴ κατηγορήσαντος Αἰσχίνου μηδὲν ἔξω τῆς γραφῆς οὐδ' ἂν ἐγὼ λόγον οὐδένα ἐποιούμην ἕτερον. 假如埃斯奇内斯未曾就诉状之外的任何事情进行控诉，那么我就不会作出其他任何论述。（德《演》18.34）

(32) σίγησε δ' αἰθήρ ... θηρῶν δ' οὐκ ἂν ἤκουσας βοήν.

空气沉寂，而你当时不会听到野兽的咆哮。（欧《酒》1084–1085）[1]

注一：我们不该认为非事实这个术语意味着由直陈式 + ἄν 表达的动作本身就必然与事实不合。比如，在例句 29 中被告人事实上被定罪了，而在例句 32 中受话人事实上并未听到动物的咆哮。更准确地说，与事实不合的是本会发生的动作所处的条件。

然而，在大多数情况下，直陈式 + ἄν 这一表达暗示了动作本身也与事实不合。比如例句 27 中他们实际上并未做成，例句 30 中那件事情并未以其本身得到审判，例句 31 中德摩斯梯尼其实是在说离题话。与之相应，在某些情况下，非事实结构也用来论证原本会发生的动作所处的条件必然不符合事实，因为由直陈式 + ἄν 表达的动作并未发生，例如：

(33) καίτοι οὗτοι, εἰ ἦσαν ἄνδρες ἀγαθοί, ὡς σὺ φῄς, οὐκ ἄν ποτε ταῦτα ἔπασχον. 而事实上，这些人，假设如你所言是好人，那么就从不会遭受这些事情。（柏《高》516e）[但他们的确遭受了这些，因而不可能是好人]

注二：在各种语法书中，诸如例句 32 这样的情况常被视作另一类结构（即所谓的过去潜在[past potential]结构，英译可以用 could/might (not)）。这种结构最常见于有普遍性的主语或第二人称主语的情况，疑问句中亦然（比如 τί ἂν ἐποίησεν; [他

① [原书正文]这里暗含的条件是假设你当时在那里。

原本可能做了什么？]）。这种结构与其他非事实陈述没有实质区别：某个动作原本会（would）发生于其中或者原本可能（*or could*）发生于其中的条件并未实现。

注三：在这一结构中，未完成时与不定过去时的差异在于体。实际上，不定过去时直陈式通常表达过去原本可能发生的某事（例句 27、29 和 32，对比例句 28），而未完成时通常表达现在可能会发生的某事（例句 31），它表达过去的情况（例句 30、33）较为少见。

使用过去完成时的情况少见得多，不过它往往表达一种在特定的非事实条件下会在当下出现的状态，例如：

(34) μὴ γὰρ ὁμολογούντων τῶν ἀνδραπόδων οὗτός τ' εὖ εἰδὼς ἂν ἀπελογεῖτο ... καὶ ἡ μήτηρ αὐτοῦ <u>ἀπήλλακτο ἂν</u> ταύτης τῆς αἰτίας.

因为，假使奴隶们的说法[与我的]不符，那么他就可胸有成竹地作辩护，而且他的母亲原本也能摆脱这一指控。（安提《演》1.7）[①]

34.17 在以下几种带有非事实含义的陈述中，ἄν 省略——

• 表达必要性、义务或者适合性的无人称动词的未完成时（比如 ἔδει、(ἐ)χρῆν[需要；应该]、καλῶς εἶχε[状态好]等等）可以不带 **ἄν**，表达当下或过去需要一个与正在发生的动作对立的动作：

(35) <u>ἔδει</u> τὰ ἐνέχυρα τότε λαβεῖν.

[我们]当时本该索取担保。（色《上》7.6.23）

(36) εἶεν, τί σιγᾷς; οὐκ <u>ἐχρῆν</u> σιγᾶν, τέκνον.

哎呀，你为何沉默？不该沉默，孩子啊。（欧《希》297）**

• 第一人称未完成时 **ἐβουλόμην**[我（原本）会期待]一般不带 **ἄν**，表达对某个没有发生或尚未发生的动作的期待，例如：

(37) <u>ἐβουλόμην</u> ... τὴν βουλὴν τοὺς πεντακοσίους ... ὑπὸ τῶν ἐφεστηκότων ὀρθῶς διοικεῖσθαι.

我会期待五百人议事会由主持者们正确地管理。（埃《演》3.2）

• **μέλλω**[将会]的未完成时（带不定式，见 51.33）可不带 **ἄν**，表达在特定的非事实情景中必定或可能发生的动作，例如：

(38) ἔτι δὲ καὶ ἡ ἑτέρα θυγάτηρ ἀνέκδοτος <u>ἔμελλεν</u> ἔσεσθαι· τίς γὰρ ἄν ποτε ... ἔλαβεν ἄπροικον; 另外还有一点，他的另一个女儿可能会嫁不出去——因为究竟谁会娶一个没有嫁妆的女人呢？（德《演》[59].8）

---

① 本句中的独立属格见 52.40。

注一：在前两种用法中，必要性、义务（ἐδει 和 (ἐ)χρῆν 等等）或者期待（ἐβουλόμην）本身的确存在，但是它们的“目标”都没有实现。比如例句 35 中并未索取担保，例句 36 中蜚德剌没有说话，例句 37 中议事会也没有得到正确管理。

如果 ἔδει 等等的未完成时本身带 ἄν，那么就表示这种必要性或义务本身并不存在（亦即常规的非事实结构），例如：

(39) εἰ μέν που ἦσαν πεπαιδευμένοι, ἔδει ἂν τὸν ἐπιχειροῦντα αὐτοῖς ἀνταγωνίζεσθαι ... ἰέναι ὡς ἐπ' ἀθλητάς. 假如他们算是受过教化的，那么一个试图与他们竞争的人就应该如同对付运动员那样去……（《阿尔喀比亚德前篇》119b）[但他们实际上并未受过教化，从而并无必要]

注二：注意，这些用法既可表达现在的非事实动作（如例句 36、37），也可表达过去的非事实动作（如例句 35、38）。

表达无法实现的愿望

34.18 如果要表达无法实现的愿望，那么就使用不带 **ἄν** 而总是带 **εἴθε** 或 **εἰ γάρ** 的历史直陈式（对于所愿之事无法再出现的情况，亦见 38.39 及注一），否定词是 μή，例如：

(40) εἰ γὰρ τοσαύτην δύναμιν εἶχον.

如果我能拥有如此强大的力量就好了。（欧《阿》1072）

(41) εἴθε σοι, ὦ Περίκλεις, τότε συνεγενόμην.

伯里克勒斯啊，要是我当时与你结交就好了。（色《回》1.2.46）**

(42) εἴθε σ' εἴθε σε | μήποτ' εἰδόμαν. 但愿，但愿我从未见过你。（《俄僭》1217–1218）[εἰδόμᾱν（即 εἰδόμην）见 25.46–47]

注一：在这种结构中，不定过去时直陈式与未完成时的差异在于体。实际上，不定过去时直陈式用于表达过去无法实现的愿望（例句 41、42），未完成时通常表达对现在的愿望（例句 40），有时也表达对过去的愿望。过去完成时似乎不用来表达无法实现的愿望。

注二：无法实现的愿望也可由 ὤφελον 的一种形式 + 不定式来表达。这一结构以及其他各种表达愿望的结构，见 38.38–42。

命令式

34.19 命令式用于第二和第三人称的指示句（命令、请求等等），否定词是 μή（用于表达禁止），例如：

(43) ταῦτά μοι πρᾶξον, τέκνον, | καὶ μὴ βράδυνε.

为我做这些吧，孩子，并且不要拖拉。（索《菲》1399–1400）

(44) λεγέτω εἴ τι ἔχει τοιοῦτον.

请[美勒托斯]说，他是否有某位如此这般的[证人]。（《申辩》34a）

在第二人称的禁止中，命令式只可见于现在时词干（不定过去时词干使用禁止虚拟式，见 38.26），从而不会使用 †μὴ ποίησον（不定过去时命令式）。

34.20 命令式可以表达不同的含义，比如强硬的命令、礼貌的请求以及建议等等。这些含义的差异取决于指示的内容以及表达指示的语境（发话人与受话人的相对权位或地位、他们之间的关系以及内在于被要求的动作而施加在受话人身上的强迫程度，等等）。因此，古希腊语的命令式本身并非不礼貌的表达。在某些情况下，命令式所表达的含义严格说来并不属于指示句——

- 让步或顺从（常常是讽刺性的），例如：

(45) ἐξημπόλημαι κἀκπεφόρτισμαι πάλαι. | κερδαίνετ' ... εἰ βούλεσθε ... | τάφῳ δ' ἐκεῖνον οὐχὶ κρύψετε. 我[克热翁]早就被出卖、背叛了。你们若愿意，就去牟利吧，但你们不会用丧仪埋葬他！（索《安》1036–1039）

- 问候（尤其是 χαίρω 的命令式 χαῖρε/χαίρετε[你(们)好啊；再会了；向你(们)致敬；万岁]、[1] χαιρέτω[向……告别啦][2] 等等）和诅咒（比如 βάλλ' ἐς κόρακας[滚蛋；滚去乌鸦那里]）。[3]

另见 38.2。

注一：对表达命令、指示、规劝等等的结构的总结以及这些结构之间的差异，见 38.25–37。

34.21 对于命令式而言，现在时与不定过去时的差异仅在于体，见 33.63–65、38.30。完成时命令式不太常见，但是一些零星的动词（οἶδα 的命令式 ἴσθι[请你知道]、μέμνημαι 的命令式 μέμνησο[请你记得]）和第三人称被动态除外。在这些命令式中，完成时表达其常规的体的含义，例如：

(46) ἀλλὰ περὶ μὲν τούτων τοσαῦτά μοι εἰρήσθω· πάλιν δ' ἐπάνειμι ὅθεν ἀπέλιπον. 不过，关于这些事情，我就说这么多吧——但我要退回到我曾搁下的[话题]。（伊赛《演》5.12）[完成时命令式表达已完成的状态]

---

① 例如：柏拉图《克拉底鲁》429e、色诺芬《居鲁士的教育》5.3.19、7.2.9。
② 例如：欧里庇得斯《圆目巨人》363、364 以及希罗多德《原史》2.117。
③ 例如：阿里斯托芬《马蜂》835、《地母节妇女》1079 和《财神》782。

主句中语式的用法总结

34.22 上述用法的总结如下表所示：

语式		含义或用法	否定词
直陈式		关于现在、过去和将来的陈述句和疑问句	οὐ
虚拟式		(1) 劝勉虚拟式：第一人称的劝勉	μή
		(2) 禁止虚拟式：第二人称，带 μή，只用不定过去时	
		(3) 考量虚拟式：第一人称，用于带有疑虑的疑问句	
		(4) 断然的否认，带 οὐ μή	
		(5) 存疑的判断，带 μή	
祈愿式	无 ἄν	意欲祈愿式	μή
	带 ἄν	潜在祈愿式，用于表达可能性或谨慎的判断的陈述句和疑问句	οὐ
情态直陈式	无 ἄν	无法实现的愿望（带 εἴθε 或 εἰ γάρ）	οὐ
	带 ἄν	非事实的陈述句和疑问句	οὐ
	无 ἄν	无人称动词的未完成时（ἔδει 等）：尚未实现的必然性等等 ἐβουλόμην［（原本）会期待］ ἔμελλον［（原本）会（去做）］	
命令式		第二或第三人称的命令或禁止 （表达禁止的第二人称命令式只用现在时）	μή

第 35 章　动词的语态

引　言

基本术语

语态：主动含义和中被动含义

35.1　语态的范畴涉及动词形式的主语受动作影响的不同方式。古希腊语的语态系统来自一个基本的二分——

- 第一种语态在传统上称作主动语态：我们可以认为这种语态在语义上是中立的，因为它本身并不表达任何关于主语的受影响性（affectedness）的信息，例如 παρασκευάζει[他准备(好)(某事)]。
- 所谓的中被动语态，表达主语以某种方式受动作影响；主语受影响的具体方式可能有所差异，因此，这种语态可以表达一系列不同的含义，例如 παρασκευάζεται 可以有如下三种含义：

  他为自己准备好(某事)。[主语从动作中受益：间接反身含义]

  他[使自己]准备好。[主语对自身施加动作：直接反身含义]

  他被安排好。[动作由其他某人施加给主语：被动含义]

中被动态可能表达不同的含义，见 35.8–29。

注一：主动态是中立的，指的是主动态动词的主语可以受动作的影响：事实上，一些主动态动词表达的动作显然是由主语来承受的，例如：ἀποθνῄσκει[他死去]、πάσχει κακά[他遭受苦厄]。

如果同一个动词的主动形式与中被动形式相对（比如 παρασκευάζει 和 παρασκευάζεται），那么主动形式几乎总是带宾语或者其他补语（见 35.8–16）。

主动、中动和被动的形式

35.2　对于现在时词干和完成时词干而言，中被动态的所有可能含义均由同一组形式（中被动形式）来表达。

不过，对于不定过去时词干和将来时词干而言，中被动态的各种可能含义由不同形式来表达。因此我们传统上区分中动形式和被动形式：

παρεσκεύασε(ν)　　他准备好(某事)。[主动含义：不表达主语受影响]

不过直主三单

παρεσκευάσατο 不过直中三单	他为自己准备好(某事)。[间接反身含义：见 35.8–10]
	他使自己准备好。[直接反身含义：见 35.11–12]
παρεσκευάσθη 不过直被三单	他被安排好。[被动含义：见 35.13–16]

对于现在时词干和完成时词干形式而言，中动形式与被动形式并无词法上的差异，因此它们的具体含义取决于语境，例如：

(1) οἱ Κορίνθιοι ... <u>παρεσκευάζοντο</u> ... νεῶν στόλον. 科灵托斯人为自己准备好舰队。(《佩战》1.31.1)［间接反身含义：不定过去时用中动态］

(2) Κορινθίων νῆες <u>παρεσκευάζοντο</u> τριάκοντα. 科灵托斯人的三十艘船准备就绪。(《佩战》1.27.2)［被动含义：不定过去时用被动态］

表达语态的不同形式详见 35.5–7。

注一：传统上，主动、中动和被动这些术语既用来描述词法上的差异，也用来描述含义上的差异。然而这一做法常常并不妥当——比如，不是所有的“被动”形式都表达“被动”含义（例如 ἠγέρθην[我曾醒来]、ἐβουλήθην[我曾打算]，这些动词分别见 35.17 和 35.26），并且，一些动词以不同形式表达不同的含义，而这些含义却属于相同的词法范畴（例如 ἔστησα[我曾竖起]和 ἔστην[我曾站起；我曾站住]在词法上都是不定过去时主动态；这个动词的概述见 35.35）。

我们还会用语质/配位（diathesis）① 这个术语来指称特定语态的含义（比如 ἐβουλήθην 在词法上是被动语态，但没有被动语质）。

在后文中，我们会区分中被动态的几种不同含义，并且把这些含义与可以表达这些含义的形式联系在一起。

带宾语的动词和不带宾语的动词　使役动词

35.3 在语态方面，对古希腊语动词的含义作出有效区分的方式，是区分一般带宾语或补语的动词和一般不带宾语或补语的动词——

- 带宾格宾语或属格/与格补语的动词，其表达的动作涉及两个或多个项，通常是因为其中某个项以某种方式影响另一个。这些动词可以被动形式出现（见 35.13–15），例如：

  τύπτω[打击]、παρασκευάζω[准备]、γράφω[书写]、φιλέω[爱恋]、δείκνυμι[指示；展示]、ἐπιβουλεύω + 与格[设计陷害]和 κατεργάζομαι[实

① diathesis 一词来自 διάθεσις[安排；状况；遗嘱；条件]，作医学术语意为易患某种疾病的素质、体质。

现；完成]。

• 不带宾语或补语的动词所表达的动作只涉及一个项（主语），一般无法以被动形式出现，例如：

ἀποθνῄσκω[死亡]、νοσέω[生病]、βασιλεύω[当国王；统治]、βαίνω[行走]、εἰμί[是；存在]、ἔρχομαι[来；去]和 γίγνομαι[变为；出生]。

注一：传统上将这一区分称作及物（transitive）与不及物（intransitive）动词的区分。然而，在许多现行的语言学论述中，及物性（transitivity）被视作一种衡量的程度而非二元对立；此外，还有其他理由表明这组术语在描述古希腊语动词时并不总是有效——

• 及物这个术语一般仅限于描述带以宾格形式出现的直接宾语的动词，从而错误地暗示带属格或与格补语的古希腊语动词是不及物动词；

• 诸如 φοβέομαι[惧怕]等等的动词虽然带宾格宾语，但是在严格意义上不宜视作及物动词（这个动词见 35.19，注意其被动态不定过去时 ἐφοβήθην 意为我曾惧怕，从无我曾被惧怕的意思）。①

35.4 许多不带宾语或补语的中被动态动词和许多表达身体或思维状态之变化的中被动态动词所对应的主动态要带宾语，这些主动态表达一个项给另一项带来变化，称作使役动词（causative verb），例如：

中被动态	使役动词
ἐγείρομαι[醒来]	ἐγείρω[使醒来；唤醒]
ἵσταμαι[站起；竖起]	ἵστημι[使竖立]
τήκομαι[融化；变消瘦]	τήκω[使融化]
φύομαι[生长；长大]	φύω[使生长]
φαίνομαι[显现；显得]	φαίνω[使显现]

但也有一些使役动词所对应的中被动态带宾语或补语，例如：

中被动态	使役动词
φοβέομαι + 宾格[惧怕]	φοβέω[使惧怕]
μιμνήσκομαι + 属格[记得]	μιμνήσκω[使想起]

① 原书针对英译说 in this grammar, we use 'intransitive' (intr.) only to clarify the sense of some English verbs used as translations of Greek ones, e.g. τήκω *(cause to) melt* vs. τήκομαι *melt* (intr.)，随后说 τήκω[使融化]与 τήκομαι[融化；变消瘦]的差异见 35.4 和 35.17。

注一：这些使役动词的中被动形式往往比其主动形式常见。

语态的词法

不同时态词干的语态差异

35.5 各种时态–体词干都有两种或更多的形式来表达不同语态：

• 现在时词干（见第 12 章）：

语态	变位形式	例词
主动态	-ω（构干元音型）和 -μι（无构干元音型）	παρασκευάζω、ἄγω、γράφω、φαίνω、ἵστημι 和 δίδωμι
中被动态	-μαι（构干元音型和无构干元音型）	παρασκευάζομαι、ἄγομαι、γράφομαι、φαίνομαι、ἵσταμαι 和 δίδομαι

• 不定过去时词干（见第 13–14 章）：

语态	变位形式	例词
主动态	-(σ)α（[隐性]σ 型）以及 -ν 或 -κα（构干元音型和词根型）	παρεσκεύασα、ἤγαγον、ἔγραψα、ἔφηνα、ἔστησα（及 ἔστην）和 ἔδωκα
中动态	-μην（[隐性]σ 型、构干元音型和词根型）	παρεσκευασάμην、ἠγαγόμην、ἐγραψάμην、ἐφηνάμην、ἐστησάμην 和 ἐδόμην
被动态	-θην、-ην（θη 型不过时和 η 型不过时）	παρεσκευάσθην、ἤχθην、ἐγράφην、ἐφάνθην（及 ἐφάνην）、ἐστάθην 和 ἐδόθην

• 将来时词干（见第 15–16 章）：

语态	变位形式	例词
主动态	-σω/-ῶ（σ 型和阿提卡型）	παρασκευάσω、ἄξω、γράψω、φανῶ、δείξω、στήσω 和 δώσω
中动态	-σομαι/-οῦμαι（σ 型和阿提卡型）	παρασκευάσομαι、ἄξομαι、γράψομαι、φανοῦμαι、δείξομαι、στήσομαι 和 δώσομαι
被动态	-θήσομαι 和 -ήσομαι	παρασκευασθήσομαι、γραφήσομαι、φανήσομαι、σταθήσομαι 和 δοθήσομαι

• 完成时词干（见第18–19章）：

语 态	变位形式	例 词
主动态	-α（κ型、送气型和混合型）	παρεσκεύακα、ἦχα、γέγραφα、πέφηνα（及πέφαγκα）、δέδειχα、ἕστηκα和δέδωκα
中被动态	-μαι	παρεσκεύασμαι、ἦγμαι、γέγραμμαι、πέφασμαι、δέδειγμαι、ἕσταμαι和δέδομαι

注一：如这些例子所示，一些动词的语态系统非常复杂：ἵστημι在词法上有两种主动态不定过去时，总计有四种不同的不定过去时（ἔστησα、ἔστην、ἐστησάμην和ἐστάθην）；φαίνω也有四种不同的不定过去时（ἔφηνα、ἐφηνάμην、ἐφάνην和ἐφάνθην），并且在词法上还有两种主动态的完成时（πέφαγκα和πέφηνα）。这些特殊动词的概述见35.35。

只有一种语态的动词

35.6 一些动词在词法上只有一种语态，例如ἀσθενέω[变得虚弱；变穷苦]和ἐθέλω[愿望；想要]只有主动态。

只有中被动形式的动词（比只有主动形式的动词常见得多）还可以根据不定过去时（和将来时）的变位类型作进一步的区分——

• 只有中动形式的动词（middle-only verb / *media tantum*）：不定过去时（和将来时）只有中动形式，例如：

ἡγέομαι[引导；率领；认为]（不定过去时ἡγησάμην）、κτάομαι[获得]（不过时ἐκτησάμην）和μηχανάομαι[设计]（不过时ἐμηχανησάμην）。

• 只有被动形式的动词（passive-only verb / *passiva tantum*）：不定过去时只有被动形式，例如：

βούλομαι[意欲；打算]（不定过去时ἐβουλήθην）、δύναμαι[能够]（不过时ἐδυνήθην）和ἥδομαι[感到愉快]（不过时ἥσθην）。

许多只有被动形式的动词的将来时有中动形式，详见35.30–31。

只有中动形式的动词和只有被动形式的动词详见35.21–29。

注一：只有中动形式的动词和只有被动形式的动词常常统称作异态动词（deponent verb），这一术语来自拉丁语语法。不过，我们还是应该区分这两类动词，因为这两者往往表达不同类型的含义。

在两种时态词干间变换语态的动词

35.7 许多动词在两种时态词干间变换语态，尤其需要注意一下几类动词——

• 许多表达移动、获取、感受和言说的主动态动词有对应的将来时中动态，例如：

βαίνω[行走]（将来时 βήσομαι）、φεύγω[逃走；流亡]（将来时 φεύξομαι）、λαμβάνω[拿取；得到]（将来时 λήψομαι）和 ὁράω[看见]（将来时 ὄψομαι），对比 εἰμί[是；存在]（将来时 ἔσομαι）。其他例子见 15.40。

• 动词 **ἁλίσκομαι**[被擒]、**φύομαι**[生长]、**ἵσταμαι**[站起；竖起]和 **δύομαι**[沉入；潜入]有对应的主动态词根型不定过去时（见 13.39–50）：ἑάλων、ἔφυν、ἔστην 和 ἔδυν。它们还有对应的完成时主动态：ἥλωκα、πέφυκα、ἕστηκα 和 δέδυκα。详见 35.17、35.28。

注一：除了 ἁλίσκομαι 之外，其他三个动词都有对应的主动态使役动词，分别是 φύω[使生长]、ἵστημι[使竖立]和 δύ(ν)ω[淹没]；对应的 σ 型不定过去时分别是 ἔφυσα、ἔστησα 和 ἔδυσα。

• 其他几个完成时主动形式（通常是词干型完成时，见 18.21）对应于其他时态的中被动形式，例如：

πέφηνα（φαίνομαι[显现；显得]）、ἀπόλωλα（ἀπόλλυμαι[丧亡]）、πέποιθα（πείθομαι[听从；听信]）和 γέγονα（γίγνομαι[成为；出生]）。详见 35.17 及注三。

• 对于一些异干动词（见 11.13）而言，动词词干不同，使用的语态也不同，例如：中被动态的 ἔρχομαι[来；去]有主动态不定过去时 ἦλθον，主动态的 ἐρωτάω[询问]有中动态不定过去时 ἠρόμην（见于阿提卡方言），等等。

中被动态的含义

间接反身含义

35.8 对于大多数主动形式可带宾语的动词而言，它们有中被动形式（也可以带宾语），这些形式表示动词表达的动作与主语有利害关系，这就是间接反身（indirect-reflexive）含义。对于不定过去时和将来时而言，间接反身含义由中动形式（即以 -μην 结尾的不过时和以 -μαι 结尾的将来时）来表达。可比较以下三对例句：

(3) πλοῖα καὶ ἐπικούρους <u>παρασκευασάμενοι</u> διέβησαν ἐς τὴν νῆσον.

他们准备好船只和雇佣军后就渡海到岛上。(《佩战》3.85.3)[中动]

(4) ναυτικὸν <u>παρεσκεύαζον</u> ὅ τι πέμψουσιν ἐς τὴν Λέσβον.

他们准备好一艘战舰以派往勒斯波斯岛。(《佩战》3.16.3)[主动]

[例句 3 里中动态的 παρασκευασάμενοι 表明主语已出于自己的利益准备好了船只和雇佣军，他们会去使用；例句 4 里主动态的 παρεσκεύαζον 则没有表达主语是否特别地从中受益(这里的主语为别人准备战舰)]

(5) οὐ γάρ κώ τοί ἐστι υἱὸς οἷον σὲ ἐκεῖνος <u>κατελίπετο</u>.

因为你还没有一个儿子，如同他传下的你。(《原史》3.34.5)[中动]

(6) <u>κατέλιπε</u> δὲ τούς τε ὄνους καὶ τοὺς ἀσθενέας τῆς στρατιῆς. 而[大流士]留下了驴子和军队中无力[作战]的人。(《原史》4.135.2)[主动]

[中动形式的 καταλείπομαι(留下；传下)用于王位传承的语境，如例句 5 所示；王子的诞生或可保证王室的延续，从而对其有益；其他语境使用主动形式 καταλείπω，比如例句 6]

(7) ἀπὸ ὀλυρέων <u>ποιεῦνται</u> σιτία.

他们以欧吕剌麦制成食物。(《原史》2.36.2)[中动]

(8) οἱ ἀστοὶ ἄλευρά τε καὶ ἄλφιτα <u>ἐποίευν</u>.

城内居民磨制小麦粉和大麦粉。(《原史》7.119.2)[主动]

[例句 7 中准备的食物由 ποιεῦνται 的主语自己食用，而例句 8 中的食物是邦民为波斯国王准备的]

注一：通常情况下，间接反身含义最容易辨认的特征就是中动形式带直接宾语，如例句 3、5 和 7 所示。

35.9　注意，以下动词的中动态表达特殊的间接反身含义：

主动态	中动态
αἱρέω[拿取]	αἱρέομαι[选择]
αἰτέω[询问；要求]	αἰτέομαι[乞求]
ἀποδίδωμι[归还]	ἀποδίδομαι[售卖]
γράφω[书写]	γράφομαι[控告]
μισθόω[出租]	μισθόομαι[租用]
τιμωρέω[为……复仇](+与格)	τιμωρέομαι[对……复仇](+宾格)
τίνω[赔偿；弥补]	τίνομαι[使……付出代价；报复；惩罚]
χράω[给出神谕]	χράομαι[求神谕]

另需注意，τίθημι[放置]和 ἵημι[送出；放走]的复合词经常以中动形式出现，常常表达特殊的间接反身含义，例如：κατατίθεμαι[储存；搁置]（κατατίθημι[放下]）、προσίεμαι[认可；接受；允许]（προσίημι[让……靠近]）。ἵημι、τίθημι 和 ἵ-στημι[使竖立]的其他复合词见 35.17 注一、注二和 35.27 注三。

35.10 这些动词的被动形式一般表达被动含义，例如：ἐποιήθην[曾被做成]、ἐφυλάχθην[曾被守护]。在一些情况下，被动形式表达某个特别的间接反身含义所对应的被动含义，尤其要注意 αἱρέω[拿取]的中动态 αἱρέομαι 意为选择（不定过去时 εἱλόμην），被动态 αἱρέομαι 意为被拿取或被选择（后者更常见，不过时 ᾑρέθην）。

这些动词的完成时中被动态与现在时类似，也可表达间接反身含义和被动含义，例如：πεποίημαι 可以意为为自己做成了（间接反身含义）也可以意为被做成了（被动含义），后者常见得多。

直接反身含义

35.11 一些动词表达日常的身体护理，诸如 λούω[给……洗澡]、κείρω[理发]、κοσμέω[打扮；布置；整饬]和 ἀλείφω[涂油]，即所谓的装扮动词（verb of grooming）。它们（并且主要是这些动词）的中被动形式可以表达主语对自身施加动作，亦即表达直接反身含义。其他一些动词的中被动形式也可表达直接反身含义。例如：

παρασκευάζω[准备]、γυμνάζω[(裸身)锻炼]、στεφανόω[给……戴上花冠]、τάττω[部署]和 δέφω[揉搓]（中动态 δέφομαι 意为自渎）。

不定过去时和将来时的直接反身含义由中动形式（即以 -(σ)αμην 结尾的不过时和以 -σομαι/-οῦμαι 结尾的将来时）表达。举例如下——

(9) οὐκ <u>ἐλούσατ’</u> ἐξ ὅτουπερ ἐγένετο.

自打他出生，他就没洗过澡。（《财神》85）

(10) ὑπὸ ταῖς μορίαις ἀποθρέξει | <u>στεφανωσάμενος</u> καλάμῳ λεπτῷ.

戴上去了壳的芦苇后，你就会在[阿卡德米阿的]神圣橄榄树下飞奔。（《云》1005–1006）[1]

(11) μετὰ τοῦ <u>γυμνάζεσθαι</u> <u>ἠλείψαντο</u>.

[拉刻代蒙人]在裸身锻炼时给自己涂油。（《佩战》1.6.5）

---

① ἀποθρέξει 是 ἀποτρέχω 的将来时中动态二单。λεπτῷ 在他本中作 λευκῷ[白色的]或 γλαυκῷ[绿色的；灰色的]。

(12) τοῖς αἰσχροῖς | ἐψήφισται προτέροις βινεῖν, | ὑμᾶς δὲ τέως ... ἐν τοῖς προθύροισι δέφεσθαι. 投票决定了，让丑汉先去肏，与此同时你们则去门口自撸。（阿《城》705–709）[①]

这些动词的主动形式（带宾语）表示动作施加于主语之外的某人：

(13) πρῶτον μὲν αὐτὸν ἐπὶ θάλατταν ἤγομεν, | ἔπειτ' ἐλοῦμεν.

我们首先把他带到海边，随后给[他]洗了澡。（《财神》656–657）

注一：除了这些有限的动词之外，其他动词的中动态一般不能表达直接反身含义：它们借助反身代词（ἐμαυτόν 等等）来表达主语对自身施加的动作。从而，παιδεύεται 并不意为他自我教育，λύεται 也不意为他释放自己（若要表达这两个含义，那么分别应该用 παιδεύει ἑαυτόν 和 λύει ἑαυτόν），例如：

(14) ῥίπτει αὑτὸν εἰς τὴν θάλατταν. 他自投于海。（德《演》32.6）

35.12　诸如 κείρομαι[理发]、παρασκευάζομαι[准备]等等的中动形式也可以表达间接反身含义，见 35.8。这些动词在带直接宾语时只可能表达这种含义，如例句 1 和 3 所示。这些动词的被动形式表达被动含义，例如：ἐλούθην[曾被水洗]、ἐκοσμήθην[曾被装扮]、παρεσκευάσθην[曾被准备]和 ἐστεφανώθην[曾被授花冠]。这些动词的完成时中被动形式与现在时类似，也可以表达这三种含义，比如 παρεσκεύασμαι 可以意为[为自己]准备好某事（间接反身）、自我准备好（直接反身）和被准备好（被动）。

被动含义

35.13　只有能带宾格宾语的动词才能表达被动含义（有时带属格或与格补语的动词也可表达被动含义，分别见 30.21、30.39）。对于这些动词而言，中被动态表示动作由另外某人施加给主语。主动结构中的宾语或补语在被动结构中充当主语。

不定过去时被动形式表达被动含义，通常用 θη 型不过时，有时用 η 型不过时。将来时形式见 35.30。例如：

(15) καὶ διῃτᾶτο παρ' ἡμῖν τὸν ἅπαντα χρόνον ὁ Ἀστύφιλος καὶ ἐπαιδεύθη ὑπὸ τοῦ πατρὸς τοῦ ἐμοῦ. 而且阿斯缇菲洛斯一直跟我们一同生活，并由家父抚养。（伊赛《演》9.27）[παιδεύω 带宾格形式的直接宾语：对比 ὁ πατὴρ ὁ ἐμὸς ἐπαίδευσε τὸν Ἀστύφιλον（家父养育了阿斯缇菲洛斯）]**

(16) αἱ δὲ κῶμαι αὗται ἦσαν δεδομέναι ὑπὸ Σεύθου Μηδοσάδῃ.

---

① 形容词 πρότερος 常常在词法上与名词一致，但在句法上作状语。

而这些村子当时已经由色乌忒斯交给美多撒得斯了。(色《上》7.7.1)[δίδωμι 带宾格形式的直接宾语，对比 ταύτας τὰς κώμας ἐδεδώκει Σεύθης Μηδοσάδῃ(色乌忒斯当时已经把这些村子交给美多撒得斯了)]

(17) ἐπιβουλευόμενοι διάξουσι πάντα τὸν βίον.

他们将被暗算着度过一生。(《邦制》417b)[ἐπιβουλεύω 带与格补语，对比 ἐπιβουλεύει αὐτοῖς(他暗算他们)]

注一：使用 η 型不过时表达被动含义的单词有：

ἀπηλλάγην (ἀπαλλάττω[移走；摆脱]；亦见 ἀπηλλάχθην，见 35.17)、ἐβλάβην (βλάπτω[伤害])、ἐγράφην (γράφω[书写；刻划])、ἐδάρην (δέρω[剥皮])、ἐκόπην (κόπτω[敲击])、ἐρρίφην (ῥίπτω[投掷]，亦见 ἐρρίφθην) 和 ἐτύπην (τύπτω[打击])。

大多数不定过去时被动态都是 θη 型不过时。

注二：ἔχω[拥有；保留]及其复合词的不定过去时中动态也可表达被动含义：

(18) οἱ νεηνίαι οὐκέτι ἀνέστησαν, ἀλλ᾽ ἐν τέλεϊ τούτῳ ἔσχοντο.

[两位]少年再也没有起来，而是被留在这个结局里。(《原史》1.31.5)

35.14 被动态动词的施事者（掌控动作的实体）常常并不表达出来；不过，如果要表达施事者，那么可使用以下两种方式——

• **ὑπό**（有时用 παρά、πρός 或 ἐκ）+ 属格，例如：

(19) ἦ δεινόν ... ἐλεύθερον ὄντα ὑπὸ δούλου ἄρχεσθαι. 自由人被奴隶统治，真是可怕。(《吕西斯》208c)[一并比较例句 15、16]

• 施事与格（见 30.50），通常与完成时被动态或与以 -τέος 结尾的形容词一同出现，例如：

(20) ἀναμνήσω ὑμᾶς τὰ τούτῳ πεπραγμένα.

我会使你们回想起他的所作所为。(色《希》2.3.30)

35.15 一些主动态动词同时带宾语和另一个以宾格形式出现的补语（双宾格，见 30.9），例如：ἐρωτάω τινά τι[问某人某事]、αἰτέω τινά τι[向某人要求某物]。如果这些动词以被动形式出现，那么宾语（某人）就成为被动态动词的主语，另一补语依旧以宾格形式出现，例如：

(21) ἐτελεύτησεν οὐ ... τὸν δῆμον αἰτήσας δωρεάς.

他在没有向民众要求豁免的情况下死去了。(得《演》1.17)[主动形式，带宾格宾语和宾格补语]

(22) ἓν αἰτηθεὶς πολλὰ δίδως. 尽管只被要求一件事，你却给了很多。

（柏《泰》146d）[被动形式，ἕν 作其宾格补语]

然而，对于带宾语和谓语性补语的动词（见 30.10）而言，如果动词以被动形式出现，那么那两个成分都会使用主格，例如：

(23) Ἰφικράτην στρατηγὸν εἵλοντο. 他们任命伊菲克剌忒斯为将领。（色《希》6.5.49）[主动态，宾语和谓语性补语都用宾格]

(24) ἡγεμὼν δὲ καὶ κύριος ᾑρέθη Φίλιππος ἁπάντων.

而腓力被选为所有人的领袖和主人。（德《演》18.201）[被动态，主语和谓语性补语都用主格]

35.16 一些主动态动词不带宾语，但可以充当其他动词的被动形式（此即异干互补[suppletion]，见 11.13），例如：

ἀποθνῄσκω[死亡；被杀死]（作为 ἀποκτείνω[杀死]的被动形式）、φεύγω[逃离；被告]（作为 διώκω[追捕；控告]的被动形式）和 ἐκπίπτω[跌落；被驱逐]（作为 ἐκβάλλω[扔出；放逐]的被动形式）。还需注意，ἁλίσκομαι[被擒]（作为 αἱρέω[擒；拿]的被动形式）只有中动形式。

这些动词的句法结构与其他被动形式相同（比如带 ὑπό + 属格来表达施事者）。

状态变化动词

物理状态或位置的变化

35.17 表达自发过程造成的物理状态变化的动词、表达身体位置变化的动词以及表达群体位置变化的动词常常使用中被动态。这些动词通常有对应的主动态使役动词。其中最常见的一些如下所示——

中被动态	主动态使役动词
ἀθροίζομαι[集合]	ἀθροίζω[召集；收集]
ἀπαλλάττομαι[离开]	ἀπαλλάττω[移走；摆脱]
δύομαι[沉入；潜入]	δύ(ν)ω[淹没；使浸入]
ἐγείρομαι[醒来]	ἐγείρω[唤醒；使醒来]
ἵσταμαι[站起；竖起]	ἵστημι[使竖立]
κλίνομαι[倾斜；依靠]	κλίνω[使倾斜]
κομίζομαι[旅行；出行]	κομίζω[带走；照料]
(ἀπ)όλλυμαι[遭毁灭；丧亡]	(ἀπ)όλλυμι[使毁灭；杀死]
πήγνυμαι[被固定；变僵硬]	πήγνυμι[使固定；使凝固；使变硬]

中被动态	主动态使役动词
πορεύομαι[走动；行进]	πορεύω[使移动；携带]
ῥήγνυμαι[开裂；爆发]	ῥήγνυμι[打碎；突破]
στέλλομαι[出发；旅行]	στέλλω[准备；派遣]
στρέφομαι[转身；转圈]	στρέφω[使旋转]
συλλέγομαι[集合；聚集]	συλλέγω[召集；收集]
σφάλλομαι[跌倒；犯错]	σφάλλω[使跌倒]
σῴζομαι[获救；逃脱]	σῴζω[保护；使安全]
τήκομαι[融化；变消瘦]	τήκω[使融化]
τρέπομαι[转身]	τρέπω[使转动]
τρέφομαι[生长]	τρέφω[使生长；养育]
φαίνομαι[显现；显得]	φαίνω[使显现；揭示]
φύομαι[生长]	φύω[使生长；生育；生产]

注一：注意，ἵστημι 的各种复合词有特殊含义：

ἀνίσταμαι[起身(发言)]（ἀνίστημι[使站起]）、ἀφίσταμαι[离开；起事]（ἀφίστημι[使分离；煽动起事]）、καθίσταμαι[获得……地位]（καθίστημι[任命；放下]）和 ἐφίσταμαι[立于……之上；主掌]（ἐφίστημι[设置；任命]）。

状态变化动词的不定过去时（θη/η 型不过时）通常使用被动形式；将来时形式见 35.30。许多 η 型不过时也属于这一类，例如：

ἀπηλλάγην[曾离开]（亦作 ἀπηλλάχθην）、ἐπορεύθην[曾旅行]、ἐστάλην[曾出发]、συνελέγην[曾收集]、ἐσφάλην[曾跌倒]、ἐσώθην[曾逃脱]、ἐτάκην[曾融化]和 ἐφάνην[曾显得]。

另外，动词 ἵσταμαι[站起；竖起]（ἵστημι）、δύομαι[潜入；沉入]（δύ(ν)ω）和 φύομαι[生长]（φύω）有对应的主动态词根型不过时，分别作 ἔστην[曾站起；曾站住]、ἔδυν[曾潜入]和 ἔφυν[曾生长]。

注二：一些情况下，构元型中动态不定过去时也表达物理状态或位置的变化：

ἀπωλόμην[曾丧亡]（ἀπόλλυμαι）、ἠγρόμην[曾醒来]（ἐγείρομαι，更常用 ἠγέρθην）、ἐτραπόμην[曾转身]（τρέπομαι，更常用 ἐτράπην 或 ἐτρέφθην）。

属于这一类别的还有一些复合词，诸如：

ἐπιτίθεμαι[攻击；致力于]（ἐπιτίθημι[反对；施加]）、(ἐφ)ίεμαι[汲汲于；渴望]（(ἐφ)ίημι[让……去往]）。

这些复合词有中动态的词根型不过时，例如 ἐπεθέμην[曾攻击]。

其中的一些状态变化动词有对应的主动态完成时（一般是词干型完成时，见 18.21），例如：

ἐγρήγορα[醒着]、ἕστηκα[站着]、ὄλωλα[已被毁灭；已丧亡]和 πέφηνα[已呈现出]。

注三：这些完成时形式表达自发过程或者[身体]位置变化等等所导致的状态，比如醒着（ἐγρήγορα）的状态是醒来（ἐγείρομαι）导致的结果，站着（ἕστηκα）的状态是站起（ἵσταμαι）导致的结果。

(25) οὐδέτεροι οὐδὲν πλέον ἔχοντες ἐφάνησαν ἢ πρὶν τὴν μάχην γενέσθαι. 相较于战斗发生前，双方看起来都并不拥有更多的东西。（色《希》7.5.27）[φαίνομαι + 分词见 52.10，οὐδέτεροι οὐδέν 见 56.4]

(26) οἱ Χῖοι καὶ οἱ ἄλλοι σύμμαχοι συλλεγέντες εἰς Ἔφεσον ἐβουλεύσαντο ... πέμπειν εἰς Λακεδαίμονα πρέσβεις. 奇欧斯人和其他同盟者聚集到以弗所后决定往拉刻代蒙派使者。（色《希》2.1.6）

(27) ἐκ δὲ τούτου ἀνίσταντο οἱ μὲν ἐκ τοῦ αὐτομάτου, λέξοντες ἃ ἐγίγνωσκον. 而在此之后，一些人主动站起身来以说出他们之所想。（色《上》1.3.13）[①]

(28) καὶ τῆς ἀρχῆς ἀπόδειξιν ἔχει τῆς τῶν Ἀθηναίων ἐν οἵῳ τρόπῳ κατέστη. 并且[上述所言]可以表明雅典人的霸权以什么方式得到建立。（《佩战》1.97.2）

(29) Ὦ Σώκρατες, ἔφη, ἐγρήγορας ἢ καθεύδεις;

“苏格拉底呀，”他说，“你是醒着还是睡着了？”（柏《普》310b）

35.18　大多数表达物理状态或位置的变化的动词所对应的主动态使役动词本身也可能有表达间接反身含义或被动含义的中被动形式，从而导致语态系统相当复杂。比如，ἀθροίζομαι 可以意为集合（状态变化含义，不定过去时 ἠθροίσθην），也可意为为自己集合（间接反身含义，不过时 ἠθροισάμην）或者被收集（被动含义，不过时 ἠθροίσθην）。ἵσταμαι[站起；竖起]和 φαίνομαι[显现；显得]见 35.35。

思维状态及其变化

35.19　状态变化动词这一范畴还包括几个表达某种思维状态及其变化的动词。这些动词的中被动形式往往带宾语或补语，也有对应的主

① 将来时分词 λέξοντες 表达目的，见 52.41。

动态使役动词。

中被动态	主动态使役动词
μιμνήσκομαι + 属格[想起；记得]	μιμνήσκω[使想起]
ὀργίζομαι + 与格[(变得)生气]	ὀργίζω[使生气]
πείθομαι + 与格[听从；听信]	πείθω[说服；使听从]
φοβέομαι + 宾格[(变得)畏惧]	φοβέω[使畏惧]

这四个动词有被动形式的不定过去时，分别作：ἐμνήσθην[曾记得]、ὠργίσθην[曾生气]、ἐπείσθην[曾听从]和 ἐφοβήθην[曾畏惧]。将来时形式见 35.30。例句如：

(30) τίνι τρόπῳ | Χρεμύλος πεπλούτηκ' ἐξαπίνης; οὐ πείθομαι.

克热密洛斯以何种方式暴富？我不信。(《财神》335–336)

(31) καί μοι μηδὲν ὀργισθῇς· οὐδὲν γὰρ φλαῦρον ἐρῶ σε.

并且别对我发怒——因为我不会说你坏话。(德《演》20.102)

(32) τίς δὲ οὐκ ἂν πολέμιος φοβηθείη ἰδὼν διηυκρινημένους ὁπλίτας;

而什么敌人会不畏惧于看到编队整齐的重装步兵呢？(色《家》8.6)

注一：在 ἐπείσθην（晚期希腊语中更加常见）之外，πείθομαι 也有构元型中动态不定过去时 ἐπιθόμην，意为曾听从、曾听信。而在 πέπεισμαι（更常见于散文）之外，它还有主动态完成时 πέποιθα，意为相信。πείθομαι 的将来时是中动态的 πείσομαι（后来亦作 πεισθήσομαι，见 35.30–31）。

35.20 它们的被动形式也可表达被动含义，例如：不定过去时 ἐπείσθην[曾被说服]、不过时 ἐφοβήθην[曾被弄得畏惧]和完成时 πέπεισμαι[已被说服]。

只有中动形式的动词和只有被动形式的动词

35.21 只有中动形式的动词和只有被动形式的动词可以表达上述所有的含义以及各种类似的含义（每种情况都涉及主语受到影响这一基本含义）。

只有中动形式的动词的不定过去时和将来时使用中动态（比如间接反身含义，见 35.8），大多数只有被动形式的动词的不过时和将来时则使用被动态（比如状态变化动词，见 35.17–19）。

间接反身含义

35.22 一些只有中动形式的动词表达间接反身含义（主语从动作

中受益），例如：

δέχομαι[接受]（不定过去时 ἐδεξάμην）、ἐργάζομαι[实现；制造]（不过时 εἰργασάμην）、κτάομαι[拥有]（不过时 ἐκτησάμην）和 ὠνέομαι[购买]（异干不过时 ἐπριάμην）。

35.23 这些只有中动形式的动词也可以通过被动形式来表达被动含义，例如：ἐκτήθην[曾被拥有]、εἰργάσθην[曾被实现]和 ἐωνήθην[曾被购买]。这些动词的完成时中被动态可以表达两种含义，例如：εἴργασμαι[已实现；已被实现]、ἐώνημαι[已购买；已被购买]。

相互含义

35.24 一些只有中动形式的动词所表达的动作由不同的成员相互施加，其主语是这些成员构成的群体或者群体的一部分，此即相互含义（reciprocal meaning，类似于直接反身含义，见 35.11）。其中一些动词带与格补语，例如：

ἀγωνίζομαι[竞争；争斗]（不定过去时 ἠγωνισάμην）、μάχομαι + 与格[与……作斗争]（不过时 ἐμαχεσάμην）和 ἁμιλλάομαι + 与格[与……竞争；努力]（不过时 ἡμιλλησάμην）。

注一：动词 ἁμιλλάομαι[努力；与……竞争]也有被动态不过时 ἡμιλλήθην[曾努力]（在古典希腊语中更常见）。动词 διαλέγομαι[对话；交谈]亦可归于此类，表达相互含义时只用被动态不过时 διελέχθην 或 διελέγην[曾对话；曾交谈]。

状态变化　思维状态及其变化

35.25 一些只有中动形式的动词表达状态或位置变化（见 35.17）：

ἀφικνέομαι[到达]（不过时 ἀφικόμην）、γίγνομαι[变为；出生]（不过时 ἐγενόμην，后亦作 ἐγενήθην[曾出生]；主动态词干型完成时 γέγονα，后亦有中动态 γεγένημαι）、ἕπομαι[跟随]（不过时 ἑσπόμην）、ἔρχομαι[来；去]（异干的主动态不过时 ἦλθον）、οἴχομαι[来去；离开(了)]（没有不过时，将来时作 οἰχήσομαι）和 πέτομαι[飞翔]（不过时 ἐπτόμην）。

35.26 只有被动形式的动词通常表达思维状态或变化（见 35.19）：

αἰδέομαι + 宾格[羞愧；敬畏]（不过时 ᾐδέσθην）、ἄχθομαι + 与格/分词[为……而烦恼]（不过时 ἠχθέσθην）、βούλομαι[意欲；打算；偏好]（不过时 ἐβουλήθην）、διανοέομαι[认为；打算]（不过时 διενοήθην）、ἐνθυμέομαι + 宾格[深思]（不过时 ἐνεθυμήθην）、ἐπιμελ(έ)ομαι + 属格/勉力从句

[关心；努力使]（不过时 ἐπεμελήθην）、ἐπίσταμαι[理解；掌握]（不过时 ἠπιστήθην）、ἥδομαι + 与格[感到愉快；乐于]（不过时 ἥσθην）和 οἴ(ο)μαι [认为]（不过时 ᾠήθην）。

注一：在古典希腊语中，ἥδομαι 也有对应的主动态使役动词 ἥδω[使高兴]，形成于后荷马希腊语，但从未得到广泛使用。

其他只有中动或被动形式的动词

35.27 其他只有中动或被动形式的动词一般分为如下两类——

• 表达有意或无意的思维活动的动词（主语在思维或情绪上受到影响），尤其是表达感知的动词，例如：

有意的思维活动：ἀκροάομαι[听]、ἡγέομαι[认为]、θεάομαι[沉思]、λογίζομαι[计算]、μηχανάομαι[设计；谋划]、σκέπτομαι[思考；审视]和 τεκμαίρομαι[根据迹象判断]；

无意的思维活动：αἰσθάνομαι[感觉；注意到]、ὀσφραίνομαι[闻；嗅]。

• 表达某种话语类型的动词，例如：

ἀράομαι[祈祷]、αἰτιάομαι[指控]、ἀρνέομαι[拒绝；否认]、δέομαι[乞求；讨要]、εὔχομαι[祈祷；许愿；吹牛]、μέμφομαι[责备]、ὀλοφύρομαι[哀悼]和 ὑπισχνέομαι[保证]。

这些动词几乎都只有中动形式，即 σ 型中动态不过时和将来时：

ἐσκεψάμην[曾审视]、ἐθεασάμην[曾注视]、ἐλογισάμην[曾计算]、ᾐτιασάμην[曾指控]和 ἐμεμψάμην[曾责备]。

不过，δέομαι 和 ἀρνέομαι 只有被动形式（它们的 θη 型不过时分别作 ἐδεήθην[曾乞求]和 ἠρνήθην[曾拒绝]）。

注一：从四世纪开始，这两类动词中的被动形式逐渐增多（θη 型不过时随着古希腊语的演变而愈发常见），例如：ὠσφράνθην[曾嗅闻]、ἐλογίσθην[曾计算]。

注二：μέμφομαι 也可用作表达思维状态的动词，意为责备、对……发怒，从而有对应的被动态不定过去时 ἐμέμφθην[曾被挑剔；曾受责备]。

注三：还有一些主动态动词，它们所对应的中被动形式表达上面两种含义：

γεύω[使品尝]和 γεύομαι[尝起来]、τίθημι[使甲成为乙]和 τίθεμαι[把甲视作乙]（思维活动）、惯用语 περὶ πολλοῦ/ὀλίγου ποιέομαι[认为价值高/低]（思维活动）[1] 以及 συμβουλεύω[提供建议]和 συμβουλεύομαι[征求建议]（话

---

① 属格 πολλοῦ 和 ὀλίγου 见 30.31。

语类型）。

在一些情况下，这些只有中动形式或被动形式的动词在晚期演变出对应的主动态使役动词，例如：ὀσφραίνω[使嗅闻]、θεάω[使注视]，不过这些主动形式罕见。

35.28 动词 **ἁλίσκομαι**[被擒]（主动态词根型不定过去时 ἑάλων，主动态完成时 ἑάλωκα 或 ἥλωκα）在含义上是被动的。

35.29 动词 **δύναμαι**[能够]（不定过去时 ἐδυνήθην、ἐδυνάσθην，将来时 δυνήσομαι）只有被动形式，难以归类。

其他具体细节

表达被动含义的将来时中动态

35.30 在古典希腊语中（特别是在诗歌中），将来时中动形式常常具有被动含义或状态/思维变化含义。这种将来时中动形式与将来时被动形式有时在体方面有所差异：将来时中动形式（基于体中立的将来时词干，见 33.6）可用来表达正在进行的或反复的动作，而将来时被动形式（基于以 θη 或 η 结尾的不定过去时词干，+ σ，见 16.1）则表达一个完整的动作。例如：

(33) ἢν δέ τις ἄρα καὶ βουληθῇ, κολασθήσεται τῇ πρεπούσῃ ζημίᾳ, οἱ δὲ ἀγαθοὶ τιμήσονται τοῖς προσήκουσιν ἄθλοις τῆς ἀρετῆς.

于是，如果有谁也打算[行不义]，那么他就会受到合适的惩罚，而良善之人则会凭借与美德相称的奖赏受到尊崇。（《佩战》2.87.9）[良善之人会一直（或逐个）受到尊崇，而行不义者会受到一次性的惩罚]

(34) καὶ εἰ καταστρέψονται ἡμᾶς Ἀθηναῖοι, ταῖς μὲν ὑμετέραις γνώμαις κρατήσουσι, τῷ δ' αὑτῶν ὀνόματι τιμηθήσονται. 并且，如果雅典人征服了我们，那么他们就凭借你们的判断而获胜，而因他们自己的名号获得荣光。（《佩战》6.80.4）[雅典人在假想的胜利中获得荣光是一次性的完整动作]

(35) ἐν τοῖς γὰρ οἰκείοισιν ὅστις ἔστ' ἀνὴρ | χρηστός, φανεῖται κἀν πόλει δίκαιος ὤν. 因为在家庭事务中有所助益的男人在城邦中也会显得是正义的。（索《安》661–662）[普遍的/反复的动作][①]

(36) φανήσεται δὲ παισὶ τοῖς αὑτοῦ ξυνὼν | ἀδελφὸς αὑτὸς καὶ πατήρ.

[俄狄浦斯]似乎将与自己的孩子们一同生活——同一个人[既]是兄长又是父亲。（《俄僭》457–458）[揭示真相是一瞬间的动作]

---

① κἀν 是 καὶ ἐν 融音后的形式，见 1.45 注二。

这种体方面的差异在四世纪左右明显消失了，此时，以 -(θ)ησομαι 结尾的将来时得到了更广泛的使用。

35.31 类似地，许多只有被动形式的动词[至少]在四世纪前[只]有将来时中动态，例如：

βούλομαι[意欲；打算]，不定过去时 ἐβουλήθην，将来时 βουλήσομαι；ἐπίσταμαι[理解；掌握]，不过时 ἠπιστήθην，将来时 ἐπιστήσομαι；δέομαι[祈求；讨要]，不过时 ἐδεήθην，将来时 δεήσομαι；ἄχθομαι[感到烦恼]，不过时 ἠχθέσθην，将来时 ἀχθέσομαι（亦作 ἀχθεσθήσομαι）；等等。

主动态和中动态“同义”的动词

35.32 一些动词的主动态和中动态含义大致相同，例如：

βουλεύω/-ομαι[审议；决议]、ὁρμάω/-ομαι[出发；动身]（ὁρμάω 也可作使役动词，意为激发、促动）和 πολιτεύω/-ομαι[参与邦务；当城邦民]。在一些情况下，选择何种形式取决于作者的个人偏好。

总　结

中被动态的含义和形式值得关注的三类动词

带宾语或补语的主动态动词

35.33 诸如 παιδεύω[教化]、λύω[释放]、τιμάω[尊崇]、δηλόω[表明]、ποιέω[制作]以及其他大多数带宾语的动词：

	现在时	不过时	将来时	完成时
主动态 教化	παιδεύω	ἐπαίδευσα	παιδεύσω	πεπαίδευκα
间接反身 为自己教化	παιδεύομαι	ἐπαιδευσάμην	παιδεύσομαι	πεπαίδευμαι
被动态 受教化	παιδεύομαι	ἐπαιδεύθην	παιδευθήσομαι	πεπαίδευμαι

中被动态可能有直接反身含义的动词

35.34 诸如 παρασκευάζω[准备]、κοσμέω[打扮]、κείρω[理发]、γυμνάζω[（裸身）锻炼]和 στεφανόω[给……戴花冠]等等的动词：

	现在时	不过时	将来时	完成时
主动态 把……准备	παρασκευάζω	παρεσκεύασα	παρασκευάσω	παρεσκεύακα
间接/直接反身 为己/自我准备	παρασκευά- ζομαι	παρεσκευα- σάμην	παρασκευά- σομαι	παρεσκεύα- σμαι
被动态 被安排	παρασκευά- ζομαι	παρεσκευά- σθην	παρασκευα- σθήσομαι	παρεσκεύα- σμαι

中被动态有状态变化含义的动词

35.35 诸如 φαίνω[使显现]、ἵστημι[使竖立]、ἀθροίζω[收集]、ἀπόλλυμι[使毁灭]、σφάλλω[使跌倒]和 φοβέομαι[惧怕]等等的动词：

	现在时	不过时	将来时	完成时
主动态 使显现、揭示	φαίνω	ἔφηνα	φανῶ	πέφαγκα（罕）
间接反身 为自己揭示	φαίνομαι	ἐφηνάμην	φανοῦμαι	πέφασμαι
状态变化 显现、显得[1]	φαίνομαι	ἐφάνην	φανήσομαι 或 φανοῦμαι	πέφηνα
被动态 被揭示	φαίνομαι	ἐφάνθην	φανθήσομαι	πέφασμαι

[1] 在意为似乎、显得时，φαίνομαι（+不定式）并不必然表达状态的变化（显现出来、变得可见），而可以表达状态本身（显得、是可见的）。这种含义很可能来自状态变化含义。完成时 πέφηνα 本来就表达状态（已显现、是可见的）。

	现在时	不过时	将来时	完成时
主动态 使竖立	ἵστημι	ἔστησα	στήσω	—
间接反身 为……竖起	ἵσταμαι	ἐστησάμην	στήσομαι	ἕσταμαι
状态变化 站起身	ἵσταμαι	ἔστην	στήσομαι	ἕστηκα
被动态 被竖起	ἵσταμαι	ἐστάθην	σταθήσομαι	ἕσταμαι

不定过去时和将来时形式所表达的含义

35.36 各种不定过去时和将来时形式所能表达的含义如下表所示（零星出现的情况以单词的形式给出）：

	不定过去时			
	[隐性]σ 型	构干元音型	词根型	θη 型/η 型
主动含义	-(σ)α	-ον	-ν/κα	
间接反身（见 35.8–10）	-(σ)άμην	-όμην	ἐδόμην ἐθέμην εἵμην	
直接反身（见 35.11–12）	-(σ)άμην			
相互含义、思维活动等等（见 35.24、35.27）	[-(σ)άμην]	如 ᾐσθόμην	如 ἐθέμην	[-(θ)ην]
状态变化等等（见 35.17–19、35.25–26）		如 ἀφικόμην ἐπιθόμην ἀπωλόμην	如 ἔστην ἔδυν	-(θ)ην
被动含义（见 35.13）		ἐσχόμην	ἑάλων	-(θ)ην

	将来时	
	σ 型/阿提卡型	θη 型/η 型
主动含义	-σω、-ῶ	
间接反身（见 35.8–10）	-σομαι、-οῦμαι	
直接反身（见 35.11–12）	-σομαι、-οῦμαι	
相互含义、思维活动等等（见 35.24、35.27）	-σομαι、-οῦμαι，另见 35.30–31	[-(θ)ήσομαι]
状态变化等等（见 35.17–19、35.25–26）	见 35.30–31	-(θ)ήσομαι
被动含义（见 35.13）	见 35.30–31	-(θ)ήσομαι

第36章　无人称结构

引　言

36.1　无人称动词没有常规意义上的主语。无人称动词总是以第三人称单数的形式出现（如果涉及性属，那么就用中性形式），可以分为如下两类——

• 准无人称动词（'quasi-impersonal' verb），[宾格与]不定式结构或者从句充当其主语，详见36.3–10，例如：

(1) δεῖ με γίγνεσθ' Ἀνδρομέδαν. 我得扮作安德若美达。（阿《地》1012）[宾格与不定式结构 με γίγνεσθ' Ἀνδρομέδαν 充当 δεῖ 的主语][1]

(2) πρόδηλόν ἐστιν ὅτι παῖδες ὄντες καλῶς ἐπαιδεύθησαν.

清晰可见的是，当他们是孩童时，曾受过良好的教育。（《葬礼演说》4.27）[ὅτι 从句充当 πρόδηλόν ἐστιν 的主语；注意，πρόδηλον 是中性的]

• 严格意义上的无人称动词（'proper' impersonal verb），完全没有主语。实际上，属于这类的只有表达天气或时间的动词，以及无人称被动态结构，详见36.11–15，例如：

(3) νείφει. βαβαιάξ. 下雪了。哎呀呀！（阿《阿》1141）[表达天气]

(4) ἤδη δὲ ἦν ὀψὲ καὶ ἐπεπαιάνιστο αὐτοῖς ὡς ἐς ἐπίπλουν.

而[天色]已晚，并且凯歌也已由他们唱毕，就好像是为了进攻。（《佩战》1.50.5）[时间性表达和无人称被动态]

一些严格意义上的无人称动词没有主语，但是带有其他的强制成分，例如：

(5) καὶ πάνυ γ' ... μέλει μοι τούτων ὧν ἐρωτᾷς.

并且我当然关心你问的这些事物。（色《家》11.9）[无人称动词 μέλει（关心）支配与格补语和属格补语，分别表达关心者和受关心的事物]

注一：英语中的无人称动词带所谓的假位代词（dummy pronoun）it，例如 it is raining。对于英语的准无人称动词而言，it 预示着从属结构，例如 It is clear that he is coming（对比 That he is coming is clear）。

36.2　无人称结构中的不定式，见51.10注一、51.20注一。无人称结构中的分词（尤其是独立宾格），见52.16、52.33。

---

① 宾格 με 和 Ἀνδρομέδαν 见51.12例句28。

准无人称动词及结构

准无人称动词

36.3 常见的准无人称动词 δεῖ (με) + 不定式、χρή (με) + 不定式意为对我来说需要、我应该，以[宾格与]不定式结构（见 51.11）为主语：

(6) τί δεῖ ἡμᾶς, ὦ ἄνδρες, μάχεσθαι;

诸位啊，我们为何应该作战呢？（色《希》7.4.25）

(7) γυναῖκα γὰρ χρὴ πάντα συγχωρεῖν πόσει.

因为女人应该在一切事情上向丈夫让步。（欧《厄》1052）

注一：δεῖ 也可作严格意义上的无人称动词，带属格意为需要某物，见 36.15。

36.4 以下准无人称动词以[宾格与]不定式结构为主语，并且常常还带有与格补语，例如：

δοκεῖ (μοι)[在我看来适合；我决定]、ἔξεστί/πάρεστί (μοι)[对我来说可能；我获准；我可以]、μέτεστί (μοι)[是我的特性/能力/权力]、[1] πρέπει (μοι)[对我来说适合；适合我]、προσήκει (μοι)[对我来说适合；适合我]、συμβαίνει (μοι)[发生到我身上]、συμφέρει (μοι)[对我来说有用；对我有利]、λυσιτελεῖ(μοι)[有利于我]和 ἔνεστί (μοι)[对我来说可能；我能够]。

(8) καὶ ἔδοξεν αὐτοῖς ἐπὶ τῆς Ἱμέρας πλεῖν.

并且他们决定驶向希美剌。（《佩战》7.1.2）

(9) μὴ σκυθρώπαζ’, ὦ τέκνον. | οὐ γὰρ πρέπει σοι τοξοποιεῖν τὰς ὀφρῦς.

孩子啊，别面带愁容，因为你不宜紧锁双眉。（阿《吕》7–8）

简单动词 ἔστι（重音见 24.34 注一）常常代替 ἔξεστι[有可能]：

(10) καὶ ταῦτα ... ἔστι μοι | κομπεῖν.

并且对我而言就能夸口这些事情。（《俄科》1344–1345）

36.5 对于其中一些动词而言，带与格补语的结构和带宾语与不定式结构之间有时几乎没有差异，例如：

(11) ἀγαθοῖς τε ὑμῖν προσήκει εἶναι.

不仅变得勇敢对你们来说是合适的……（色《上》3.2.11）

(12) ὑμᾶς προσήκει ... ἀμείνονας ... εἶναι.

你们变得更加勇敢[才]合适。（色《上》3.2.15）

---

① 参见《邦制》490b：τούτῳ τι μετέσται ψεῦδος ἀγαπᾶν[热爱虚假在某种程度上会是其特性]。另见《厄勒克特剌》536：οὐ μετῆν αὐτοῖσι τήν γ’ ἐμὴν κτανεῖν[他们当时并无权杀死我的(女儿)]。

36.6　单独一个介词有时可代替其与 ἐστί 复合而成的无人称动词，诗歌中尤其如此，比如：πάρα（重音见 24.37）代替 πάρεστι[获准；有可能]，μέτα 代替 μέτεστι[涉及其中；与……相关]，ἔνι 代替 ἔνεστι[有可能]。例如：

(13) τί γὰρ οὐ πάρα μοι μελέᾳ στενάχειν;

为何我这悲惨的人就不能去哀悼？（欧《特》106）

36.7　在诗歌中，λύει 这个形式有时会用来代替 λυσιτελεῖ[有利于]。

中性形容词　名词

36.8　在准无人称结构中，许多形容词的中性单数形式可带 εἰμί 的第三人称单数形式，支配[宾格与]不定式结构或者 ὅτι 从句，例如：

αἰσχρόν ἐστι[是可耻的]、ἀναγκαῖόν ἐστι[是必须的]、δῆλόν ἐστι[是显然的]、δυνατόν ἐστι[是可能的]、καλόν ἐστι[是美好的]、οἷόν τέ ἐστι[是可能的]、φανερόν ἐστι[是明显的]和 χαλεπόν ἐστι[是困难的]。

类似地，准无人称结构中还会出现一些名词，例如：

ἀνάγκη ἐστί[是必须的；是必然的]、θέμις ἐστί[是正当的]。

(14) χαλεπόν ἐστι περὶ τὴν αὐτὴν ὑπόθεσιν δύο λόγους ἀνεκτῶς εἰπεῖν.

难以就同一个主题以可接受的方式发表两次演说。（伊索《演》5.11）

(15) πολὺ γὰρ οὐχ οἷόν τε ἦν ἀπὸ τοῦ ἄλλου στρατεύματος διώκειν.

因为不可能离开其余的部队远距离追击。（色《上》3.3.9）[ἄλλος（其余的）见 29.50]

(16) ἐμοὶ ἀνάγκη ἐστὶ πολλὴ βοηθεῖν τῷ ... πατρί.

对我而言，帮助我的[养]父是相当必要的。（伊赛《演》2.1）

36.9　对于这类形容词和名词而言，**ἐστί** 省略的情况特别常见（见 26.13），例如：

(17) δῆλον ὅτι τῶν χρηστῶν τις ... εἶ.

显然，你是好人中的一位。（《财神》826）

(18) οὐ θέμις εἰσορᾶν | ὄργια σεμνά.

观看神圣的秘仪并不正当。（阿《地》1150–1151）

36.10　这些形容词所对应的副词还可用于无人称结构 **ἔχει**＋副词，意为是……的，这是 ἔχω＋副词这个结构（见 26.11）所对应的无人称形式，例如：

(19) ἀναγκαίως ἡμῖν ἔχει δηλῶσαι πρὸς ὑμέας ...

必须由我们来向你们表明的是……（《原史》9.27.1）

严格意义上的无人称动词和无人称结构

涉及天气和时间的表达

36.11 表达天气的动词有无人称用法，诸如下面这些：

ὕει[下雨]、ἀστράπτει[打闪电]、νείφει[下雪]、χειμάζει[起风暴]、βροντᾷ[打雷]和 σείει[发生地震]。

(20) ἡμέρας ... ἐχείμαζε τρεῖς. 风暴持续了三天。(《原史》7.191.2)

(21) τοῦ αὐτοῦ μηνὸς ἱσταμένου ἔσεισεν.

在同一个月伊始，发生了地震。(《佩战》4.52.1)

注一：这类动词的主语也可以是神祇，例如：ὕει ὁ θέος[天神下雨；神明送来雨水]、ἔσεισεν ὁ θέος[神灵震动大地]。

注二：这些动词有时以下雨、下雪等等的地点作为其宾语。反之，这一结构也可能以被动形式出现，主语是地点，例如：

(22) ἑπτὰ δὲ ἐτέων μετὰ ταῦτα οὐκ ὗε τὴν Θήρην.

但此后七年，忒剌岛都没有下雨。(《原史》4.151.1)

(23) ὕεται πᾶσα ἡ χώρη τῶν Ἑλλήνων.

希腊人的整片土地都得到雨水灌溉。(《原史》2.13.3)

注三：一些第三人称动词与表达天气的动词有些类似，它们表达程序性动作，主语是不确定的人，由语境暗示（一般被视作无人称动词），例如：σαλπίζει[号角响起；(号兵)吹起号角]、ἐκήρυξε[公告发布；(传令官)宣布]和 ἐσήμηνε[发出信号]。

36.12 一些涉及时间的表达带 εἰμί 的无人称形式，例如：

ἤδη δὲ καὶ ὀψὲ ἦν. 而[天色]也已经晚了。(色《上》2.2.16)[①]

(24) ἤδη ... ἀμφὶ ἡλίου δυσμὰς ἦν. 当时已近日落。(色《上》6.4.26)

无人称被动态和以 -τέον 结尾的动词性形容词的无人称用法

36.13 没有主语的第三人称单数被动形式偶尔见于不带宾语的动词（见 35.3）以及带属格或与格补语的动词。这种无人称被动态（impersonal passive）尤见于完成时被动态，施事者用与格来表达（见 30.50）：

(25) οὐκ ἄλλως αὐτοῖς πεπόνηται.

[有爱欲者]并未白白辛苦。(《斐德若》232a)

(26) ἐμοὶ ... βεβοήθηται τῷ τεθνεῶτι καὶ τῷ νόμῳ. 凭借我，死者和法

① 原书作 ὀψέ ἐστι，释义作 it is late，未标注出处。

律已然得到了援助。（安提《演》1.31）[βοηθέω 带与格补语，见 30.39]

注一：[对于带宾语的动词而言]更常见的情况是，上下文暗示了这种被动形式的主语，或者其主语以从属结构的形式出现，例如：

(27) κατὰ δὲ τοῦτο τοῦ ὄρεος ἐφύλασσον, ὡς καὶ πρότερόν μοι δεδήλωται, Φωκέων χίλιοι ὁπλῖται. 而在山的这一段，也就像先前由我所示的那般，一千名佛奇斯重装兵把守着。（《原史》7.217.2）

(28) ἐψήφισται τοὺς ἀδικοῦντας τοῖσι δικασταῖς παραδοῦναι. 投票决定把犯人交给审判员。（《马蜂》591）[不定式 παραδοῦναι 作 ἐψήφισται 的主语]

36.14 以 **-τέον** 结尾的中性形容词也有无人称用法，例如：

(29) οὐκ ἀποστατέον ἔτι τοῦ πολέμου ... ἀλλ' ἐθελοντὶ ἰτέον ἐπὶ τοὺς Ἀθηναίους. 不应仍置身于战争之外，而应向雅典人主动进攻。（《佩战》8.2.1）[这一结构详见 37.3]

带一个[与格和]属格的严格意义上的无人称动词

36.15 以下无人称动词带属格补语（见 30.21），通常还带有一个表达人的与格补语，例如：

δεῖ (μοί) τινος[我需要某物]、μέτεστί μοί τινος[我参与某事]、μέλει μοί τινος[我关心某事；我记挂某事]、μεταμέλει μοί τινος[我对某事感到遗憾；我对某事感到后悔]和 προσήκει μοί τινος[某事与我相关]。

(30) τῶν γὰρ πατρῴων οὐδ' ἀκαρῆ μέτεστί σοι.

你父亲的财产里根本没你的份。（《鸟》1649）

(31) νῦν τοίνυν ὑμῖν μεταμελησάτω τῶν πεπραγμένων.

因此，现在你们该对自己的所作所为感到后悔。（吕《演》30.30）

(32) πάνυ ἁπλοῦν ἐστιν διαγνῶναι ὑμῖν ὑπὲρ ταύτης τῆς δίκης, καὶ οὐδὲν δεῖ λόγων πολλῶν.

就这个案件作裁断对你们来说轻而易举且无需多言。（德《演》56.37）[注意，οὐδέν 是副词性宾格（见 30.18），常与 δεῖ 连用，在字面上意为不在任何方面/毫不需要；类似的用法还有 δεῖ τι(在某种程度上需要)]

注一：δεῖ 也可带[宾格与]不定式结构，见 36.3。

注二：μέλει μοι 也可带勉力从句（ὅπως + 将来时直陈式），见第 44 章。

注三：μεταμέλει + 与格的结构也可带分词（与格与分词结构，见 52.15），有时可带 ὅτι 从句（见 41.3–15）。

第 37 章　动词性形容词

动词性形容词的类型

37.1　古希腊语有两种类型的*动词性形容词*（verbal adjective，它们是基于动词词干构成的形容词）：

- 以 -τέος, -τέα, -τέον 结尾的形容词；
- 以 -τός, -τή, -τόν 结尾的形容词（重音不定，复合词中有时作 -τος, -τη, -τον）。

这些形容词的构成见 23.29、23.34。分词的用法（分词也是一种动词性形容词）见第 52 章。

以 -τέος, -τέα, -τέον 结尾的形容词

作谓语性补语

37.2　以 **-τέος, -τέα, -τέον** 结尾的动词性形容词（这些形容词也被称作*动形词*[gerundive]）表达一种*被动的必要性*——这个形容词所修饰的单词或短语必须承受一个特定的动作，例如：

παιδευτέος (ἐστί) 他应当受教化。

τὰ πρακτέα 必须做的诸多事情。[实词化了，见 28.23]

这类形容词可用作系动词 εἰμί 所带的谓语性补语（不过，系动词实际上常常省略，见 26.13），例如：

(1) ἐὰν δέ τις κατά τι κακὸς γίγνηται, <u>κολαστέος ἐστί</u>.

谁若在某方面变坏，他就该受惩罚。（柏《高》527b）[κολάζω]

(2) οὐκοῦν αὗται (ἁρμονίαι), ἦν δ' ἐγώ, <u>ἀφαιρετέαι</u>; “那么这些调式，”我说道，“不应该被摒弃吗？”（《邦制》398e）[ἀφαιρέω]

如果要表达施事者，那么这类形容词所带的*施事者*就以与格形式出现（见 30.50），例如：

(3) ταῦτα μὲν οὖν, ὦ ἄνδρες δικασταί, <u>τούτοις</u> <u>ποιητέα ἦν</u>.

而这些事，审判员啊，就应由他们来处理。（安多《演》1.136）[ποιέω]

(4) <u>νουθετητέος</u> δέ <u>μοι</u> | Φοῖβος.

我不得不责备光明神。（《伊昂》436–437）[νουθετέω]

无人称用法

37.3 以 **-τέον** 结尾的中性单数形式（复数形式 -τέα 罕见）具有无人称用法（见第 36 章），表达应该实现某个动作。若有施事者，那么在这一结构中就用与格来表达施事者（见 30.50）。这种结构用于——

- 不带宾语或补语的动词（这些动词在其他情况下无法以被动形式出现，见 35.3），例如：

(5) εἰσιτέον εἴσω δ' ἐστίν.

而[我]该向里面走进去。(《竖琴女》63)［εἴσειμι 通常不能用被动态］

(6) ἐν ἀσπίσιν σοι πρῶτα κινδυνευτέον.

首先你必须冒甲兵之险。（欧《乞》572）［κινδυνεύω］

- 带宾语或补语的动词；在这种情况下，宾语或补语所用的格与对应的动词所支配的格相同，例如：

(7) πᾶσαν κολακείαν ... φευκτέον.

应该杜绝一切奉承。(柏《高》527c)［φεύγω 带宾格形式的直接宾语］

(8) ἀκροατέον ὑμῖν ἐν μέρει τῶν κρειττόνων. 应该轮到你们来听从更强者了。(《鸟》1228)［ἀκροάομαι 带属格补语，见 30.21］

(9) τί ταῦτ' ἀλύω; πειστέον πατρὸς λόγοις. 我为何因这些而心烦意乱？必须听从父亲的话。(欧《希》1182)［πείθομαι 带与格补语，见 30.39］

注一：这些表达大体上可以视作 δεῖ/χρή＋不定式结构的等价物。比如例句 7 就相当于 δεῖ φεύγειν πᾶσαν κολακείαν。阿提卡作家显然感受到了这两者的相似性，他们有时就用宾格（作 δεῖ 或 χρή 之补语的格）而非与格来表达施事者，例如：

(10) οὐ μὴν δουλευτέον τοὺς νοῦν ἔχοντας τοῖς οὕτω κακῶς φρονοῦσιν.

拥有心智的人当然不该屈从于想法如此邪恶的人。(伊索《演》9.7)

注二：对于主动态和中被动态含义不同的动词（比如 πείθω[说服；使听从]和 πείθομαι[听从；听信]，见 35.19）而言，以 -τέον 结尾的动词性形容词的无人称用法含义模糊，并且可以表达其中的任何一种含义，需要用句子结构或者语境来明确究竟表达的是哪种含义。对比下面这个句子和例句 9：

(11) τοὺς φύλακας ἐκεῖνο ἀναγκαστέον ποιεῖν καὶ πειστέον.

护卫者们必须被强迫并且被说服去做那件事。(《邦制》421b)［这里的 πειστέον 对应于主动态的 πείθω，后者支配宾格形式的直接宾语］

以 -τός, -τή, -τόν 结尾的形容词

37.4 以 **-τός, -τή, -τόν** 结尾的动词性形容词或是表达被动状态（如完成时被动态分词），或是表达被动的可能性，例如：

κρυπτός[藏起来的；秘密的]（被动状态，来自 κρύπτω[隐藏；保密]）、πόλις ἀφύλακτος[一座不设防的城邦]（被动状态，来自 φυλάττω[守护]）、πιστός[可信的；可以信赖的人]（被动的可能性，来自 πείθομαι[听从；听信]）以及 ποταμὸς διαβατός[一条可涉渡而过的河流]（被动的可能性，来自 διαβαίνω[步行穿过]）。

(12) δίδαξον, εἰ <u>διδακτόν</u>, ἐξ ὅτου φοβῇ.

如果可以解释，就请解释你出于什么原因而害怕。（索《特》671）

注一：我们应该认为，这里的被动可能性包含了一系列有细微差别的含义，比如可以（如例句 12）、应当和适宜等等。

几个动词性形容词既表达被动状态，也表达被动的可能性，例如：

ἄγνωστος[不为人知的；不可知的]（来自 γιγνώσκω[知道；认识]）、ἀόρατος[未见到的；不可见的]（来自 ὁράω[看见]）。

注二：其中一些形容词既有被动含义也有主动含义，例如：

δυνατός[可被完成的；有力量的；有能力的]（来自 δύναμαι[有力量；能够]）、ἄπρακτος[棘手的；无法实现的；失败的]（来自 πράττω[实践；完成]）。

第 38 章 疑问、指示、意愿和感叹

引言：句子类型和交流功能

38.1 话语在句子类型（sentence type）上主要分为三类——

- 陈述句，例如：

(1) ὦ ξέν', οὐ δίκαια δρᾷς.

异邦人啊，你做得不正义。(《俄科》831)

- 疑问句，例如：

(2) οὗτος, τί δρᾷς; 你这家伙在干啥呢？（《鸟》1567）

- 命令句，例如：

(3) μὴ δρᾶ τάδε. 别做这些！(《俄僭》1064)

句子类型主要由主动词的语式（见第 34 章）和话语的语调决定。

注一：我们对古希腊人说话语调的知识有限，而且在古典时期之后才有标点符号和重音符号（见 1.12–13），因此我们有时无法简单地确定一个话语属于哪种句子类型。现代校勘本常常依赖中世纪抄本提供的证据。

注二：在以上三种句子类型外，有时还会加上意愿[句]（desiderative / wish）和感叹[句]（exclamative / exclamation）。意愿和感叹分别见 38.38–42 和 38.43–51。

38.2 尽管一个话语所属的句子类型与这个话语可能承担的交流功能（communicative function，诸如请求、意愿、命令、断言和疑问）相关，但[在不同语境下]同一个语言形式可能具有多种不同的交流功能。比如，尽管下面三个例句都是疑问句，但它们的交流功能不同：

(4) ΕΥ. τί οὖν; ποιήσεις ταῦτα; :: ΑΓ. μὴ δόκει γε σύ. 欧里庇得斯：那么怎样呢？你会做这些事情吗？阿伽同：你就别指望了。(阿《地》208)［疑问句 ποιήσεις ταῦτα;表达真的想要获得信息，阿伽同回答了这个问题］

(5) οὐ μὴ ... ποιήσεις ἅπερ οἱ τρυγοδαίμονες οὗτοι; | ἀλλ' εὐφήμει.

你别去做这群可怜的诗人恰恰在做的事，还是说点吉利话吧！(《云》296–297)［疑问句 οὐ μή ... ποιήσεις ... ;表达命令，见 38.32］

(6) ἴσως καὶ μάλιστα πρέπει μέλλοντα ἐκεῖσε ἀποδημεῖν διασκοπεῖν ... περὶ τῆς ἀποδημίας τῆς ἐκεῖ ... · τί γὰρ ἄν τις καὶ ποιοῖ ἄλλο ἐν τῷ μέχρι ἡλίου δυσμῶν χρόνῳ; 或许，最合适的是——既然我将要往那儿去——去审察朝向那儿的此番旅途。因为，在直到太阳落山的这段时间里，一个人还能做其他什么呢？（《斐多》61d–e）［τί ἄν τις ποιοῖ 以疑问形式出现，

但用来表达并没有其他可做的——此即修辞性疑问（见后文 38.19）]①

反过来，不同的语言形式也可能具有相似的交流功能。比如，下面几个例句都表达请求或命令某人说话（这些结构的细微差别见 38.31–37）：

(7) λέγε, πέραινε σοὺς λόγους.

说吧，讲完你的话！（《伊昂》1348）[现在时命令式]

(8) φέρε τοῦτό μοι ἀτρεκέως εἰπέ.

来吧，把这点给我细细道来。（《原史》7.47.1）[不定过去时命令式]

(9) τί σοί ποτ' ἔστ' ὄνομ'; οὐκ ἐρεῖς; 你的名字究竟是什么？你不会说出来么？（《和平》185）[οὐ + 将来时直陈式构成的疑问句]

(10) λέγοις ἄν· εὔνους δ' οὖσ' ἐρεῖς ὅσ' ἂν λέγῃς. 请你说——你心善，所以你会[善意地]讲出你要说的任何事情。（《伊昂》1336）[潜在祈愿式]

(11) εἰπεῖν μοι πρὸς βασιλέα, Μαρδόνιε, ὡς ἐγὼ τάδε λέγω.

玛尔多尼欧斯啊，替我对国王说，我要说的是这些。（《原史》8.68α.1）[命令不定式]

(12) δεῖ σε λέγειν τι καινόν.

你该说些新鲜事。（《云》1032）[δεῖ + 宾格 + 不定式；陈述句]

(13) αὐτοῖς ... ὑμᾶς κελεύω λέγειν. 我命令你们对他们说话。（色《教》3.3.39）[κελεύω + 宾格 + 不定式；陈述句]

(14) τί σιγᾷς; οὐκ ἐχρῆν σιγᾶν, τέκνον. 你为何沉默？不该沉默，孩子啊。（欧《希》297）[疑问句后是带情态直陈式 ἐχρῆν 的陈述句，见 34.17]

注一：在语言学中，话语的交际功能（不同于句子类型）称作言外/以言行事（illocution）或言外之意（illocutionary force）。②

注二：用命令式来表达非直接交流功能的例子见 34.20。

---

① 作者认为，这里的分词 μέλλοντα 不带冠词，故理解为情状性分词比理解为 ἀποδημεῖν 的主语更合适。如果采用后一种理解，那么就译作最适合一个将要往那儿去的人的，是去审察。

② 奥斯汀（J. L. Austin）把话语分为述行性/行事性（performative）话语和述愿性/表述性（constative）话语两类，后来改为言语行为的三分，即以言指事（locution）、以言行事（illocution）和以言成事（perlocution）。以言指事指说话人发出的由语音流组成的发声行为，表达一个命题、概念或意义。以言行事指说话人在发声行为中进行的言语行为，表达允诺、询问、申述、报告、请求、建议、命令、威胁、警告等；以言行事的句子分为述行句（performative sentence）和述愿句（constative sentence）。以言成事是指通过说话人的说话对听话人造成某种影响或产生某种效果的言语行为；以言成事是通过以言行事来实现的，如通过陈述来说服别人，或通过威胁来恐吓别人等。参见戴炜华等编：《新编英汉语言学词典》，上海：上海外语教育出版社，2007 年，第 404 页。另见本书 33.28、33.32。

38.3　本章处理的是——

- 疑问（question）的基本形式以及古希腊语疑问句可用于表达的一些交流功能（见 38.4–24）；
- 指示（directive，命令、请求和劝勉等）的基本结构以及其他一些用来表达类似交流功能的结构（见 38.25–37）；
- 用于表达意愿（wish）的各种结构（见 38.38–42）；
- 涉及感叹（exclamation）的一些语法点（见 38.43–51）。

疑　问

引言：基本术语

38.4　疑问主要分为两类——

- 回答为是或者否的疑问，亦即是非疑问（yes/no-question），例如：苏格拉底是人吗？是非疑问有一子类，在这种疑问中，给出了两个（或更多）选择支以供选择，此即选择疑问（alternative question），例如：苏格拉底是人还是神？
- 通过指定某个或多个人、物、位置等（或者没有谁、没有什么东西等）来回答的疑问，亦即指定疑问（specifying question），[1] 例如：苏格拉底是哪种人？

38.5　间接疑问（从属疑问），即以间接话语或想法的形式来呈现的疑问（比如他问苏格拉底是哪种人），见 42.1–8。

是非疑问和选择疑问

38.6　疑问也可由各种小品词来引导。由 **ἆρα**（见 59.43）或 **ἦ**（见 59.48）引导的是非疑问是中立的，因为它们并不明确期待或要求特定的回答，例如：

(15) ΣΩ. ἆρα ἐρωτᾷς ἥντινα τέχνην φημὶ εἶναι; :: ΠΩ. ἔγωγε.

苏格拉底：你是问我把[修辞术]称作哪种技艺吗？珀洛斯：我的确[在问这个]。（柏《高》462b）

(16) OI. ἦ κἀν δόμοισι τυγχάνει τανῦν παρών; | :: IO. οὐ δῆτ'.

---

① [原书正文]这类疑问俗称 wh 疑问，因为在英语中它们通常由 wh 开头的词引导，比如 who?、when?和 why?等等。

俄狄浦斯：[那个仆人]现在恰好就在房间里吗？伊俄卡斯忒：当然不是。（《俄僭》757–758）[①]

中立的是非疑问常常不由任何小品词引导，例如：

(17) Θησεύς τιν' ἡμάρτηκεν ἐς σ' ἁμαρτίαν;

忒修斯对你犯下过什么过失吗？（欧《希》320）

38.7 如果是非疑问由 **οὐ**、**ἆρ' οὐ** 或者 **οὐκοῦν**（见 59.33）引导，那么发话人就表示自己期待或要求肯定回答（对比英语中否定词、否定性附加疑问[tag question]以及 surely 一词的类似用法），例如：

(18) οὐχὶ ξυνῆκας πρόσθεν; 难道你之前没明白吗？（《俄僭》360）

(19) Πρῶτον μὲν αὐτῶν τούτων, καίπερ ὄντων γενναίων, ἆρ' οὐκ εἰσί τινες ... ἄριστοι; :: Εἰσίν.

苏格拉底：首先，在这些[动物]之中——尽管[它们]是良种——就没有某一些是最优秀的？格劳孔：有一些是的。（《邦制》459a）

38.8 如果是非疑问由 **μή**（个别情况下还有 ἆρα μή）或 **μῶν** 开头，那么发话人就表示不愿接受肯定回答，常常表达忧惧或吃惊（对比英语中的 really?、surely not?以及肯定性附加疑问的用法），例如：

(20) Ἀλλὰ μὴ ἀρχιτέκτων βούλει γενέσθαι; ... Οὔκουν ἔγωγ', ἔφη. "但是你真的打算成为一名领工吗？""我并不[想]。"他说。（色《回》4.2.10）

(21) ἰδού, πάρειμι. μῶν ἐπισχεῖν σοι δοκῶ;

你看，我在啊。你真的不觉得我在拖拉吧？（《和平》1042）

38.9 是非疑问偶尔由 **μῶν οὐ** 引导，表示发话人不愿接受否定回答，例如：

(22) ΑΙ. μῶν οὐ πέποιθας; ἢ τί σοι τὸ δυσχερές; | :: ΜΗ. πέποιθα.

埃勾斯：难道你不相信[我]？你的难处又是什么呢？美狄亚：我相信[你]。（欧《美》733–734）

38.10 古希腊语的选择疑问由 **ἤ**[或者；还是]来连接其组成部分。选择疑问可以（但不必须）由 **πότερον** 或 **πότερα** 引导（作为选择疑问的标志而不必译出），例如：

(23) πότερα δ' ἐν οἴκοις, ἢ 'ν ἀγροῖς ὁ Λάιος, | ἢ γῆς ἐπ' ἄλλης τῷδε συμπίπτει φόνῳ; 拉伊俄斯是在家里，还是在乡下，抑或是在别的地方死于这场谋杀的？（《俄僭》112–113）

---

① κἀν 是 καὶ ἐν 融音后的形式，见 1.45 注二。

(24) ΟΔ. ἄνωθεν ἢ κάτωθεν; ... :: ΝΕ. τόδ' ἐξύπερθε. 奥德修斯：上面还是下面？内欧璞托勒摩斯：这里，在上面。（索《菲》28–29）

特指疑问

38.11 古希腊语中的特指疑问由疑问代词、疑问形容词或疑问副词（τ- 或 π- 开头，见 8.1–2）等疑问词（question word）引导，其中最常见的是：

τίς; / τί; [谁？什么？]、τί; / διὰ τί; [为何？]、πότερος; [两者中的谁？两者中的哪个？]、πόσος; [多大/多少？（单/复）]、ποῖος; [何种？]、ποῦ; [在何处？]、ποῖ; [在何处？向何处？]、πόθεν; [从何处？]、πότε; [在何时？]、πῶς; [如何？何以？] 和 πῇ; [沿哪条路？以什么方式？如何？何以？]。

注一：注意，疑问词 τίς（总是带扬音符，见 24.2）的重音不同于不定词 τις，疑问词 πότε 的重音不同于不定词 ποτε，详见 24.38 注一。

注二：在伊欧尼亚方言中，这些疑问词以 κ- 而非 π- 开头，例如：κῶς、κότε 等等（见 25.12）。

38.12 疑问代词和疑问形容词有代词性用法（独立使用，作名词）也有限定词性用法（修饰名词），见 26.22–23，例如：

(25) κᾆτα <u>τίς</u> γαμεῖ;

那么谁还会娶[你们]？（《俄僭》1500）[代词性用法][1]

(26) <u>τίς</u> με <u>πότμος</u> ἔτι περιμένει; 还有什么命运在等着我？（索《安》1296）[限定词性用法：τίς 修饰 πότμος，在性、数和格上与后者一致]

(27) Οὐ πάνυ, ἦν δ' ἐγώ, ἔτυχες οὗ λέγω. <u>Ποῖα</u> μήν, ἔφη, λέγεις;

"你，"我说道，"根本没有领会我所说的。""那么，"他说，"你究竟在说什么呢？"（《邦制》523b）[代词性用法]

(28) καὶ <u>ποῖ' ἀδικήματα</u> ζητεῖθ' ἕτερα μείζω τῶν εἰρημένων ἀκοῦσαι;

你们还渴望听到其他哪种不正义的事情——比那些已然说出的更加严重？（得《演》3.17）[ποῖ(α) 修饰 ἀδικήματα]

38.13 疑问代词和疑问形容词也常常与名词处于谓语性关系（对比指示代词的类似用法，见 29.34），例如：

(29) ἀλλὰ <u>ποῖα</u> <u>ταῦτα</u> λέγεις;

---

① κᾆτα 是 καί εἶτα 融音后的形式，见 1.10。

但是你说的这些是什么？（柏《克拉》391e）[ποῖα 作 ταῦτα 的谓语]

38.14 在古希腊语中，疑问词不仅可作主动词的强制成分和修饰语（如上述例句），还可作从属结构（比如分词）的强制成分和修饰语，例如：

(30) ὁ δὲ Καλλίας τί βουλόμενος ἐτίθει τὴν ἱκετηρίαν;

卡珥利阿斯把[乞援用的]橄榄枝放[在祭坛上时]有何企图？（安多《演》1.117）[τί 作 βουλόμενος 的宾语；注意，这种句子不宜直译]

疑问中语式的用法

38.15 直接疑问大多使用直陈式（见例句 15–30），不过其他语式也会出现，尤其是潜在祈愿式（见 34.13）和情态直陈式（见 34.16）：

(31) πῶς δ', ὦ Σώκρατες, ἂν εἶεν ψευδεῖς ἡδοναὶ ἢ λῦπαι; 可是，苏格拉底啊，怎么会有虚假的快乐或痛苦呢？（《斐勒布》36c）[潜在祈愿式]

(32) τί ἂν ἀπεκρίνω μοι, εἴ σε ἠρόμην· ... εἰπέ, τί ἂν ἀπεκρίνω οὕτως ἐρωτηθείς; 如果我问你，你会回答我什么？……说吧，若被这样提问，你会回答什么？（《美诺》72b）[情态直陈式]

38.16 考量疑问（deliberative question，见 34.8）使用[第一人称的]虚拟式，例如：

(33) τί δρῶμεν; ἀγγέλλωμεν ἐς πόλιν τάδε | ἢ σῖγ' ἔχωμεν; 我们该做什么？向城邦报告这些还是保持沉默？（欧《俄》1539–1540）

(34) ἀλλ' ἐκδιδαχθῶ δῆτα δυσσεβεῖν, πάτερ;

可是父亲，我真的该被教唆去做不虔敬的人吗？（索《特》1245）

38.17 考量疑问有时由 **βούλει**、**βούλεσθε**、θέλεις 或 θέλετε[你(们)愿意……吗？]引导（见 34.8 注二、40.1 注一），后两者见于诗歌，例如：

(35) θέλεις | μείνωμεν αὐτοῦ; 你希望我们留在这里吗？（索《厄》80–81）

其他具体细节

疑问的非标准交流功能

38.18 许多以疑问形式出现的表达并不是为了引出信息，而是为了承担其他的交流功能（见 38.2），比如断言、命令和请求等等。

38.19 所有类型的疑问均可用于修辞性疑问/设问/反问（rhetorical question）。尽管修辞性疑问的确以疑问形式出现，但实际上却表达[强烈的]断言。比如，例句 25 中俄狄浦斯的修辞性疑问 κᾆτα τίς γαμεῖ;

[那么谁还会娶(你们)？]并非真的要他的女儿给出未来丈夫的名字，而是断言她们绝不会结婚(俄狄浦斯在下一行挑明了这一暗含的断言：οὐκ ἔστιν οὐδείς, ὦ τέκν'[没有任何人，孩子们啊])。例句 28 中的 ποῖα ἀδικήματα ζητεῖτε[你们渴望哪种不正义的事情]暗示没有更大的不义。

修辞性疑问在古希腊文献中非常常见，在演说辞中尤其如此。

注一：在修辞性疑问中——

• 由 οὐ 或 ἆρ' οὐ 引导的是非疑问暗示肯定回答（见 38.7），中立的疑问暗示否定回答；

• 特指疑问暗示答案是空集，比如例句 25 的 τίς 暗示没有人，例句 28 的 ποῖα 暗示没有某种事情；带有否定词的特指疑问暗示答案是全集（例如 τίς οὐ [谁不呢？]暗示所有人）；另见注二。

注二：注意以下惯用表达（本质上都是修辞性疑问）：

πῶς γὰρ οὔ; 当然了/肯定的。[直译：因为怎么不呢？]

πῶς γάρ; 当然不是。[直译：因为怎么会呢？]

τί γὰρ οὔ; 当然了/肯定的。[直译：因为为什么不呢？]

τί γάρ; 当然不是。[直译：因为为什么会呢？]

这些表达中的 γάρ 见 59.14。

38.20　以下两类疑问一般用来表达命令或请求（指示）：

• **οὐ** + 将来时直陈式第二人称（否定用 οὐ μή），见 38.32。

• **(τί) οὐ** + 现在时或不定过去时直陈式第一或第二人称，见 38.33。

回　答

38.21　在回答是非疑问时，肯定（affirmative）回答的表达方式有——

• 重复疑问的焦点（见 60.20–24），比如例句 19 用 εἰσίν[有些是]来回答 ἆρ' οὐκ εἰσίν;[没有某一些是？]；

• 如果问题是某人是否在做某事，那么人称代词会受到 γε 的强化（尤其是 ἔγωγε），比如例句 15 用 ἔγωγε[我的确]来回答 ἐρωτᾷς;[你是问？]；

• 使用表达确认或同意的动词的第一人称，例如：

φημί[我(如此)宣称]、ὁμολογῶ[我同意]；

• 对可能性和真实性的各种表达，例如：

ἀνάγκη[(那是)必然；一定(是的)]、φαίνεται[似乎(如此)]、εἰκός (γε)

[好像是]、ἔστι ταῦτα[就是这样]、ἀληθῆ[诚然]、πῶς δ' οὔ;[怎么不呢？]、πῶς γὰρ οὔ;[当然了；肯定的；因为怎么不呢？]和 τί γὰρ οὔ;[当然了；肯定的；因为为什么不呢？]（见 38.19 注二）。

• 肯定性的副词和副词性短语（是的、当然、一定、肯定等等在古希腊语中的对应物），例如：

ναί[是的]、μάλα[当然]、μάλα γε[当然了]、μάλιστα[当然了]、πάνυ γε[一定的]、παντάπασί γε[肯定的]和 παντάπασι μὲν οὖν[肯定的]等等。

在回答是非疑问时，否定（negative）回答的表达方式有——

• οὔ[不]（重音如此；动词省略，即疑问所用的动词），例如：

(36) ΝΕ. οὐκ αἰσχρὸν ἡγῇ δῆτα τὸ ψευδῆ λέγειν; | :: ΟΔ. <u>οὔκ</u>, εἰ τὸ σωθῆναί γε τὸ ψεῦδος φέρει. 内欧璞托勒摩斯：那么你不认为说假话是可耻的？奥德修斯：不[可耻]，如果谎言的确会带来拯救。（索《菲》108–109）

οὔ 也可以得到小品词的强化，比如在例句 20 的 οὔκουν ἔγωγε[我并不]中它与 οὖν 组合起来，在例句 16 中则受 δῆτα[当然]的强化。

• ἥκιστα[几乎不；根本不]、οὐδαμῶς[肯定不]、πῶς γάρ;[当然不是；因为怎么会呢？]和 τί γάρ;[当然不是；因为为什么会呢？]。

注一：回答是非疑问时所用的 γάρ 和 γε 分别见 59.14、59.53。

38.22 对于给出两种可能的选择疑问来说，一般选择其中一种可能作为回答，如例句 24 所示。

38.23 特指疑问的回答自然针对被询问的信息，例如：

(37) ΣΩ. ὦ φίλε Φαῖδρε, <u>ποῖ</u> δὴ καὶ <u>πόθεν</u>; :: ΦΑ. <u>παρὰ Λυσίου</u> ... <u>τοῦ Κεφάλου</u>· πορεύομαι δὲ <u>πρὸς περίπατον</u> <u>ἔξω τείχους</u>.

苏格拉底：亲爱的斐德若啊，[你]这是往哪去、从哪来？斐德若：我从克法洛斯之子吕西阿斯那儿来，往城墙外去散步。（《斐德若》227a）

38.24 当然，各种疑问的回答者也可不给出答案（比如 οὐκ οἶδα[我不知道]），或者根本不作回答。

指　示

基本结构

38.25 第二或第三人称的命令、建议、请求和劝诫等等一般由命令式表达，例如：

(38) σὺ οὖν ἐκείναις <u>λέγε</u> ὅτι ἀντὶ κυνὸς εἶ φύλαξ.

因此请你对她们说，你代替狗成为了守护者。（色《回》2.7.14）

(39) λεγέτω δ' ὑπὲρ ὑμῶν μί' ἅπερ ἂν κἀγὼ λέγω.

请一位妇女代表你们说我也会说的那些内容。（阿《吕》210）

第一人称（大多为复数）的自我劝诫使用劝勉虚拟式，例如：

(40) ἴωμεν ἐπὶ τοὺς πολεμίους. 让我们向敌人挺进！（色《教》1.5.11）

38.26 第二人称的否定性命令和请求（禁止）由 **μή** 和现在时命令式或不定过去时虚拟式组成（不会出现 μή + 第二人称不定过去时命令式，也不会出现 μή + 第二人称现在时虚拟式），例如：

(41) πιστοὺς δὲ μὴ νόμιζε φύσει φύεσθαι ἀνθρώπους.

但你别以为世人在本性上就是可信赖的。（色《教》8.7.13）

(42) μὴ γὰρ ἄλλο τι νομίσητε τὴν γῆν αὐτῶν ἢ ὅμηρον. 其实，请你们别把他们的土地当作抵押品之外的其他什么东西。（《佩战》1.82.4）

对于第三人称而言，最常见的结构是 μή + 命令式（或是不定过去时，或是现在时），不过，虚拟式（大多为不定过去时，现在时少见）也会出现，例如：

(43) καὶ μηδεὶς αὐτὰ φαῦλα νομισάτω εἶναι. 并且，别让任何人以为这些事情无关紧要。（《狩猎之道》2.2）[不定过去时命令式]

(44) ὑπολάβῃ δὲ μηδεὶς ὡς οὐδὲν προσῆκον ὑμῶν κηδόμεθα.

不要让任何人以为我们多管闲事地关心你们。（《佩战》6.84.1）[不定过去时虚拟式]

对于第一人称而言，使用 **μή** + 劝勉虚拟式，例如：

(45) μὴ μέλλωμεν ἤδη τῴδε τίλλειν καὶ δάκνειν.

让我们别等着啦，这就去拉扯、撕咬他俩。（《鸟》352）

38.27 所有这些结构的前方都可以出现诸如 **ἄγε(τε)**、**φέρε(τε)** 和 **ἴθι**[来吧；走吧]这样的感叹词，这些感叹词常常还带有 δή，例如：

(46) ἄγε δή, ὦ Ἀριαῖε, ... εἰπὲ τίνα γνώμην ἔχεις.

来吧，阿瑞埃欧斯啊，请说说你持有什么观点！（色《上》2.2.10）**

(47) φέρετε, τοῦ λοιποῦ μὴ πειθώμεθα αὐτοῦ. 得了，以后我们别听他的！（《原史》6.12.3）[πείθομαι 带属格的结构少见，见 30.21]

38.28 间接指示（indirect directive）指的是在间接话语或者间接想法（见 41.1–2）中表达的命令或请求（对比他让他离开[间接指示]和走开！[直接指示]）。在古希腊语中，间接指示由操控动词（意为命令、请求、祈求等等的动词）和能动不定式表达，详见 51.8–15。

38.29 基本的指示结构总结如下：

	第一人称	第二人称	第三人称
肯定（命令、劝诫和建议等等）	虚拟式	命令式	命令式
否定（禁止、警告等等）	μή + 虚拟式	μή + 现在时命令式或 μή + 不定过去时虚拟式	μή + 命令式（或虚拟式）

现在时词干与不定过去时词干在命令式或虚拟式上的差异

38.30 就含义来说，现在时命令式/虚拟式与不定过去时命令式/虚拟式的差异仅在于体（见 33.63–65）：现在时词干形式（未完成体）表达作为一个过程来实施的动作，亦即正在进行的或反复的动作；不定过去时词干形式（完成体）表达一次性的完整动作，例如：

(48) ΣΩ. καὶ νῦν δὴ τούτων ὁπότερον βούλει ποίει, ἐρώτα ἢ ἀποκρίνου. :: ΠΩ. ἀλλὰ ποιήσω ταῦτα. καί μοι ἀπόκριναι, ὦ Σώκρατες· ἐπειδὴ Γοργίας ἀπορεῖν σοι δοκεῖ περὶ τῆς ῥητορικῆς, σὺ αὐτὴν τίνα φῂς εἶναι;

苏格拉底：那么现在就请你做这两件事中的任意一件，请你提问或者回答。珀洛斯：得了，我会这样做的。也请你回答我，苏格拉底哦，既然在你看来高尔吉亚对演说术迷茫无知，你本人把这[技艺]称为什么呢？（柏《高》462b）[苏格拉底用现在时命令式 ἐρώτα 和 ἀποκρίνου 迫使珀洛斯着手开始某个过程（现在时命令式常用来表达程序性命令——珀洛斯或是当提问者，或是当回答者）；珀洛斯则用不定过去时命令式 ἀπόκριναι 请苏格拉底回答一个问题]

现在时命令式和现在时虚拟式也可以用于请求开始进行某个动作（这有时称作现在时命令式的即刻性用法），[①] 例如：

(49) ἀνάγνωθι δέ μοι λαβὼν τουτονὶ ... τὸν νόμον, ὃς διαρρήδην οὐκ ἐᾷ ... ἀναγίγνωσκε.

而请你拿起这条法令为我朗读，它明确不许……请读出来。（德《演》24.32）[不过时命令式表达作为完整动作的朗读（命令的是去做某事），而

① 见 33.52。

即刻性现在时命令式表达读出来的过程（命令的是正在做某事）]

(50) καί μοι, ὦ ἄνδρες Ἀθηναῖοι, <u>μὴ θορυβήσητε</u>, μηδ᾽ ἐὰν δόξω τι ὑμῖν μέγα λέγειν ... εἰς Δελφοὺς ἐλθὼν ἐτόλμησε τοῦτο μαντεύσασθαι — καί, ὅπερ λέγω, <u>μὴ θορυβεῖτε</u>, ὦ ἄνδρες — ἤρετο γὰρ δὴ εἴ τις ἐμοῦ εἴη σοφώτερος.

而且，雅典的诸位啊，请你们不要喧哗，即便看起来我在对你们说某种大话……[凯瑞丰]到德尔菲时，他竟敢就此事求神谕——而且，就[按]我说的[那样]，诸位啊，不要喧哗——他问的是，究竟是否有人比我智慧。（《申辩》20e–21a）[苏格拉底用不定过去时虚拟式(μὴ) θορυβήσητε 来表达他的请求，这是一个单纯的指令，意为不要执行某个动作；苏格拉底（尚）不关注不喧哗的过程，只关注"不打断"这一基本的事实；后来，在听众喧哗的可能性达到顶峰的时候（在苏格拉底即将说大话[μέγα λέγειν]的时候），他重述自己的请求，使用现在时命令式(μὴ) θορυβεῖτε：现在涉及喧哗的过程了，因为之前表达过的请求（注意 ὅπερ λέγω）变得有条件实现]

现在时命令式或虚拟式也可用来命令某人继续或停止（用 μή）做某事（继续性[continuative]用法），例如：

(51) ἔστιν οὖν ὅστις βούλεται ὑπὸ τῶν συνόντων βλάπτεσθαι μᾶλλον ἢ ὠφελεῖσθαι; <u>ἀποκρίνου</u>, ὦ ἀγαθέ· καὶ γὰρ ὁ νόμος κελεύει ἀποκρίνεσθαι.

那么，存在某个希望被所结交的人伤害而非帮助的人吗？请继续回答，好人哦——因为法律要求[你]回答。（《申辩》25d）[苏格拉底的疑问是一系列正在提出的问题的一部分]

(52) γυναικὶ δὴ ταύτῃ τῇ νῦν συνοικέεις <u>μὴ συνοίκεε</u>.

就是这个女人，你现在与她一同起居，别继续了！（《原史》9.111.2）

注一：完成时命令式和完成时虚拟式罕见，但在用到的时候也表达常规的体的含义。完成时命令式被动态第三人称的用法，见 34.21。

其他指示性表达及其中的差异

38.31 在古希腊语中，还有其他几种表达命令和请求的惯用语（另见例句 7–14）。发话人选择一种指示性表达而非另一种表达的原因比较复杂，可能涉及发话人和受话人社会地位的不同、指示的紧迫性和严肃性，还可能是出于礼貌等等的考虑。最常见的带有指示含义的其他表达如下文所示。

38.32 疑问句用 **οὐ** + 第二人称将来时直陈式表达紧急的命令或请

求，或者用 οὐ μή 表达紧急的禁令（另见 33.44），例如：

(53) οὐ καὶ σὺ αὖ ὁμολογήσεις μηδὲν ὑπ' ἐμοῦ ἀδικεῖσθαι;

于是你也不会同意我没有[对你]行过任何不义？（色《教》5.5.13）

38.33 疑问句用 **(τί) οὐ** + 第一或第二人称现在时/不定过去时直陈式表达请求或建议（亦见 33.21、33.33），例如：

(54) ΑΘ. τί οὐ καλοῦμεν δῆτα τὴν Λυσιστράτην, | ἥπερ διαλλάξειεν ἡμᾶς ἂν μόνη; | :: ΛΑ. ναὶ τὼ σιώ. 雅典人：那么我们何不叫上吕西斯特剌忒？只有她能让我们和解。拉科尼亚人：好啊，凭两位神明起誓！（阿《吕》1103–1105）[双数形式 σιώ 是拉科尼亚方言（见 25.1），相当于 θεώ]

(55) Τί οὖν, ἔφην ἐγώ, οὐ καὶ Πρόδικον καὶ Ἱππίαν ἐκαλέσαμεν καὶ τοὺς μετ' αὐτῶν, ἵνα ἐπακούσωσιν ἡμῶν; :: Πάνυ μὲν οὖν, ἔφη ὁ Πρωταγόρας. 于是我说："我们为何不把璞若迪科斯、希琵阿斯以及与他们在一起的那些人都叫上，以便让他们听听我们的？""当然好啊。"普罗塔戈拉说。（柏《普》317d）

注一：在这种疑问句中，现在时直陈式与不定过去时直陈式的差异可能仅在于体（而非时态），见 33.33 注一（一并比较 38.30）。

38.34 **ὅπως**（否定用 ὅπως μή）+ 第二或第三人称将来时直陈式（勉力从句的结构，见第 44 章）可以单独用来表达强调性的劝诫或警告。这里的 ὅπως 并非连词。例如：

(56) ὅπως οὖν ἔσεσθε ἄνδρες ἄξιοι τῆς ἐλευθερίας ἧς κέκτησθε.

因此，你们必须成为配得上你们拥有的自由的男儿。（色《上》1.7.3）[关系代词 ἧς 的格见 50.13]**

38.35 第二人称的潜在祈愿式（带 ἄν）可用来表达谨慎的命令或请求（见 34.13），例如：

(57) τῷδ' ἂν μὴ προέσθαι ἡμᾶς μάθοιτε.

由此你们应该明白不应该背叛我们。（《佩战》1.36.3）

类似地，第一人称的潜在祈愿式可以用来表达谨慎的自我劝诫，这种用法常见于发话人被要求做某事的情况，例如：

(58) ΙΦ. οὐκοῦν λέγειν μὲν χρὴ σέ, μανθάνειν δ' ἐμέ; | :: ΟΡ. λέγοιμ' ἄν.

伊菲革涅亚：难道不应该由你来说，而由我来听吗？俄瑞斯忒斯：让我来说说吧。（欧《伊陶》810–811）

38.36 **δεῖ**、**χρή** 等等的无人称结构尤其见于发话人不想表达得过于直接的情况（比如对尊者说话），例如：

(59) <u>δεῖ</u> δ’ οὐ τοιούτων, ἀλλ’ ὅπως τὰ τοῦ θεοῦ | μαντεῖ’ ἄριστα λύσομεν, τόδε σκοπεῖν. 这种[话]毫无必要，不过我们应该思考如何最妥善地解开神明的预言。(《俄僭》406–407) [歌队长给国王俄狄浦斯提建议]

38.37 不定式有时用于指示（命令不定式[imperatival infinitive / *infinitivus pro imperativo*]），表达特定情况下（最常见的是有惯例的场合）需要遵守的合适步骤，例如：

(60) εἰ μὲν γὰρ ἀξιόχρεος δοκέεις εἶναι σεωυτῷ τοῖσι ἐμοῖσι πρήγμασιν ἀντιωθῆναι, σὺ δὲ ... <u>μάχεσθαι</u>· εἰ δὲ συγγινώσκεαι εἶναι ἥσσων, σὺ δὲ ... δεσπότῃ τῷ σῷ ... ἐλθὲ ἐς λόγους. 因为，你若认为自己足以抵挡我的行动，那就请你战斗；而如果你承认自己更弱，就请来与你的主公议和。(《原史》4.126) [不定式 μάχεσθαι 表达战争的一方如果觉得自己有获胜的机会则应当采取的合适步骤；命令式 ἐλθέ 则是发话人（大流士）实际上想让受话人做的事情；结论性的 δέ（见于两个 σὺ δέ）见 59.17]

(61) σύ νυν τοῦτον τὸν ἄνδρα παῦσον ταῦτα ποιεῦντα, ἵνα μὴ οἰκηίῳ πολέμῳ συνέχῃ ... ἐπεὰν δὲ αὐτὸν περιλάβῃς, <u>ποιέειν</u> ὅκως μηκέτι κεῖνος ἐς Ἕλληνας ἀπίξεται.

现在请你制止他做这些，以免你卷入内战……而当你控制住他，就得这么做，免得他再来到希腊。(《原史》5.23.3) [ποιέειν 表达为了应对希斯提埃欧斯（τοῦτον τὸν ἄνδρα）造成的威胁所应遵循的步骤]

注一：命令不定式是一种能动不定式（否定词是 μή，现在时不定式与不定过去时不定式的差异仅在于体；见 51.4）。

意 愿

可实现的和不可实现的意愿

38.38 如果发话人认为意愿可以实现，那么就使用不带 ἄν 的意欲祈愿式（见 34.14），有时由 εἴθε、εἰ γάρ 或者 ὡς（见于诗歌）引导，意为但愿，否定词是 μή，例如：

(62) <u>γένοιτο</u> ... κατὰ νόον τοι, βασιλεῦ.

国王啊，愿诸事顺应你心！(《原史》7.104.5) [或译作心想事成]

(63) <u>εἴθ’</u>, ὦ λῷστε, σύ τοιοῦτος ὢν φίλος ἡμῖν <u>γένοιο</u>. 最亲爱的人啊，既然你是这样的，那么但愿你成为我们的朋友。(色《希》4.1.38)

38.39 如果[发话人认为]愿望不再能实现（不可实现的愿望），那么就使用情态直陈式（不定过去时、未完成时或过去完成时），总是由 **εἴθε** 或 **εἰ γάρ** 引导（见 34.18），否定词是 μή，例如：

(64) εἴθ' <u>ἦν</u> Ὀρέστης πλησίον κλύων τάδε.

但愿俄瑞斯忒斯就在附近听到这些事情！（欧《厄》282）

(65) εἴθε με Καδμείων <u>ἔναρον</u> στίχες ἐν κονίαισιν.

愿卡德摩斯的子孙的队伍诛我于尘土之中！（欧《乞》821）[ἔναρον 是 ἐναίρω（杀死）的不带增音的不定过去时]

注一：不可实现的愿望并不表达希望动作实现，而是就不再能改变的情况表达一种悔意或无可奈何的心态。

38.40 不定过去时 **ὤφελον** 的一种形式+不定式[我本应该；但愿我当时]也可表达不可实现的愿望，例如：

(66) <u>ὤφελε</u> ... Κῦρος <u>ζῆν</u>. 居鲁士活着该多好！（色《上》2.1.4）

(67) <u>ὀλέσθαι</u> δ' <u>ὤφελον</u> τῇδ' ἡμέρᾳ.

而我本应该在那一天就死去。（《俄僭》1157）

注一：εἰ γὰρ ὤφελον/ὤφελεν 可以单独出现，意为但愿；在这种情况下，语境就可以表明所愿望的事情。

现在时词干和不定过去时词干在表达意愿时的差异

38.41 对于可实现的愿望而言，不定过去时祈愿式与现在时祈愿式的差异在于体（见 33.63–65）：现在时词干的祈愿式（未完成体）表达正在进行的或反复的动作，不定过去时祈愿式（完成体）表达一次性的完整动作，例如：

(68) ληφθείς γ' ὑπὸ λῃστῶν <u>ἐσθίοι</u> κριθὰς μόνας.

愿他被强盗逮住后只有大麦吃。（《和平》449）[说明见下]

(69) καὶ μήποτ' αὐτῆς μᾶζαν ἡδίω <u>φάγοι</u>.

并且愿它再也吃不到比这更可口的糕饼！（《和平》3）

[在例句 68 中，歌队长用现在时祈愿式来强调习惯性的或正在进行的动作，亦即歌队希望好战者所遭受的囚禁；而在例句 69 中，不定过去时表明家奴提到的“吃糕饼”是一次性的独立动作][①]

① 另有版本认为例句 68 是剧中的特律盖欧斯（Τρυγαῖος）所言。

注一：完成时祈愿式表达愿望的用法非常罕见。不过，如果用完成时祈愿式来表达愿望，那么它就具有常规的体的含义（例如 τεθναίην[愿我已经死了]）。[1]

注二：前文（见 38.30）描述的现在时命令式所具有的即刻性和继续性含义偶尔也见于现在时祈愿式。

38.42 类似地，对于不可实现的愿望而言，未完成时与不定过去时直陈式的差异也在于体，ὤφελον 带现在时不定式与带不过时不定式的差异亦然。实际上，涉及现在的不可实现的愿望用现在时词干形式（比如例句 64 中的未完成时和例句 66 中的现在时不定式），而涉及过去的不可实现的愿望一般用不定过去时词干形式（比如例句 65 中的不定过去时直陈式和例句 67 中的不定过去时不定式）。另见 34.18 注一。

感　叹

引言：基本术语

38.43 感叹句表达发话人对一个动作、人或事物的强烈情感（吃惊、愤怒、苦恼和快乐等等）。从原则上说，任何句子都可以是感叹句（现代语言中用感叹号标记——例如色诺芬干得好！——但是在标准的古希腊语文本中没有感叹号[exclamation mark]）。不过，古希腊语可以使用一些特殊的句子类型，其形式表明是在表达感叹（比如英语可以使用词序倒装的句子来表达感叹：Did Xenophon ever do a great job!）。

38.44 我们需要区分以下三类感叹——

- 程度感叹（exclamation of degree / *wh*-exclamation，对比英语 What a great job!）：在古希腊语中，这种感叹由限定关系形容词和副词（οἷος[(种类)如此的]、ὅσος[大小/数量如此的]和 ὡς[多么]等等）表达；
- 名词性感叹（nominal exclamation，对比英语 Great job!）：在古希腊语中，这种感叹由主格或属格表达；
- 句感叹（sentence exclamation，对比英语 Did Xenophon do a great job!）：古希腊语用一种特殊的结构来表达这种感叹，亦即使用不定式结构（见 38.51）。

38.45 古希腊语中的感叹句常常带呼格和/或感叹词（φεῦ、οἴμοι

---

① 原书英译作 I wish I were dead. 意欲祈愿式见 34.14。

[哎呀！呜呼！]等等)。

38.46 间接感叹，亦即间接话语中表达的感叹（对比英语 He was amazed at what a great soul Socrates had），见 42.9–11。

程度感叹

38.47 程度感叹表达发话人对事实的惊讶或激动——一个情形或事物在某个方面（质、量等等）超出了他的预期。古希腊语使用限定关系形容词（οἷος[(种类)如此的]、ὅσος[大小/数量如此的]等等，见 8.1）来表达这种类型的感叹。这些形容词可修饰名词（限定词性用法），也可用作代词（见 26.22–23），例如：

(70) ὦ πάππε, ὅσα πράγματα ἔχεις ἐν τῷ δείπνῳ, εἰ ἀνάγκη σοι ἐπὶ πάντα τὰ λεκάρια ταῦτα διατείνειν τὰς χεῖρας καὶ ἀπογεύεσθαι τούτων τῶν παντοδαπῶν βρωμάτων. 外祖父啊，您在一顿饭中有这么多的麻烦——倘若您必须伸出双手够向所有这些小碟子，而且必须品尝这每一种肉！（色《教》1.3.4）[ὅσα 修饰 πράγματα，在性、数和格上与其一致]

(71) ὦ δύσδαιμον, οἷα πάσχομεν. 不幸的[妻子]啊！我们在遭受怎样的[痛苦]！（欧《阿》258）[οἷα 用作代词，作 πάσχομεν 的宾语]

关系性方式副词 **ὡς**[多么]可以修饰形容词（或副词），也可修饰动词（表达动作以不同寻常的程度得到执行），例如：

(72) παπαιάξ, ὡς καλὴν ὀσμὴν ἔχει.

哎呀呀呀，[这酒]具有多么香醇的气味！（欧《圆》153）

(73) ὦ φίλταθ' Αἷμον, ὥς σ' ἀτιμάζει πατήρ.

我最亲爱的海蒙啊，[你的]父亲是多么轻视你！（索《安》572）

38.48 限定关系形容词可用作谓语（请对比疑问形容词和指示代词的类似用法，见 38.13、29.34），例如：

(74) ὅσην ἔχεις τὴν δύναμιν, ὦναξ δέσποτα.

你拥有多么强大的力量，[我的]主人啊！（《财神》748）[ὅσην 充当 τὴν δύναμιν 的谓语（注意冠词），后者是 ἔχεις 的宾语]

(75) οἵαν ἔχιδναν τήνδ' ἔφυσας. 你生了她这样一条毒蛇！（《伊昂》1262）[οἵαν ἔχιδναν 是 τήνδ' 的谓语，后者是 ἔφυσας 的宾语]

[这两个例句与例句 70、71 有细微差异；比如，在例句 74 中，感叹仅仅涉及谓语部分，我们也可以译作你执掌权能，而它是多么强大；但是在例句 70

中，感叹涉及的是 ὅσα πράγματα ἔχεις 这整个表达]

38.49 程度感叹中常常省略动词（见 26.13），例如：

(76) ὦ Ζεῦ πολυτίμηθ’, ὡς καλαί.

备受钦崇的宙斯啊，她们多么美！（《骑士》1390）

名词性感叹

38.50 名词性感叹表达发话人对某人或某物的惊讶或激动，可由主格（常带感叹词 ὤ）表达，也可使用原因属格（见 30.30）。在后一种结构中，实际上总是会使用感叹词（比如 φεῦ、οἴμοι 或 ὤμοι；感叹词是对悲伤、愤怒等等的直接表达，而属格表达情绪的来由）。例如：

(77) ΦΑ. γέγραφε γὰρ δὴ ὁ Λυσίας πειρώμενόν τινα τῶν καλῶν, οὐχ ὑπ’ ἐραστοῦ δέ, ἀλλ’ αὐτὸ δὴ τοῦτο καὶ κεκόμψευται ... :: ΣΩ. ὢ γενναῖος.

斐德若：因为吕西阿斯其实写了某个被引诱的俊男，而[他]并非被有爱欲者[引诱]，但这一点恰恰就是他所精巧构思的。苏格拉底：高贵的人啊！（《斐德若》227c）[注意感叹词 ὤ 的重音（不同于带呼格的 ὦ）]

(78) οἴμοι ταλαίνης ἆρα τῆσδε συμφορᾶς.

哎呀，都是因为这令人痛苦的噩运！（索《厄》1179）

注一：如果有诸如 οἴμοι 等等的感叹词，那么第二和第三人称就使用原因属格的形式来表达，而发话人自己则使用主格形式，例如：

(79) οἴμοι τάλαινα. 哎，可怜的我啊！（索《安》554）

感叹不定式

38.51 不定式可用于感叹。感叹不定式（exclamatory infinitive）[①] 表达对特定情形的惊讶或愤怒。若有主语，则它以宾格形式出现（宾格与不定式结构，见 51.21）。例如：

(80) βάλλ’ ἐς κόρακας. τοιουτονὶ τρέφειν κύνα.

滚一边去！竟然养了这条狗！（《马蜂》835）[②]

(81) ἐμὲ παθεῖν τάδε, φεῦ, | ἐμὲ παλαιόφρονα κατά τε γᾶν οἰκεῖν.

我竟然要遭受这些！呸！尽管我有古老智慧，却还要住到地下！（《和善女神》837–838）

---

① 感叹不定式可带冠词，例如《居鲁士的教育》2.2.3：τῆς τύχης, τὸ ἐμὲ νῦν κληθέντα δεῦρο τυχεῖν[机运啊，我现在竟碰巧被叫到这里来！]，另见 30.30 例句 56。

② 命令式 βάλλ(ε) 见 34.20。

第39章 复杂句引言

复杂句的定义 从句的功能

39.1 第26章介绍了简单句。简单句只有一个谓语，而有几个强制成分或可选成分。若一个句子的谓语多于一个，那么它就是复杂句。

39.2 在构成复杂句时，谓语有两种组合方式：并列（co-ordination / parataxis）和从属（subordination / hypotaxis）。在从属结构的句子中，一个谓语在句子结构上高于另一个谓语，因为从属谓语与其上级谓语一起承担句法功能，例如：

(1) τότε μὲν οὖν ... ἐδειπνοποιήσαντο καὶ ἐκοιμήθησαν. 于是他们当时用餐并就寝。（色《阿》2.15）［两个分句是并列结构，由 καί 连接］

(2) τότε μὲν οὖν ... δειπνοποιησάμενοι ἐκοιμήθησαν.

于是他们当时用了餐后就寝。（色《希》4.3.20）［从属结构：从属谓语以分词 δειπνοποιησάμενοι 的形式出现，充当谓语性修饰语（见 26.26），与其上级谓语 ἐκοιμήθησαν 一起承担句法功能］

诸如例句 2 中的上级谓语 ἐκοιμήθησαν 在后文中称作*母*［*句*］*谓语*（matrix predicate），母谓语所在的分句称作*母句*（matrix clause）。

39.3 从属谓语可以充当名词性成分所能够充当的所有句法角色。因而，从属谓语可以是母谓语的*强制成分*（主语、宾语和补语），也可以是修饰母谓语的*可选成分*（状语、谓语性修饰语），或者，对于许多关系从句和分词而言，它们可以*在名词短语中作修饰语*。例如：

(3) πόλεμον ... οἶμαι προσήκειν ἡμῖν ὑπομένειν.

我认为忍受战争适合我们。（伊索《演》6.89）［这里的不定式结构由 προσήκειν 以及从属于它的所有的内容组成，这个不定式结构充当主句谓语 οἶμαι 的宾语（强制成分），同时，不定式结构 πόλεμον ὑπομένειν 又充当 προσήκειν 的主语（亦为强制成分）］

(4) καλλίστην γὰρ μάχην νικήσαντες καὶ δόξαν ἐξ αὐτῆς μεγίστην λαβόντες ... οὐδὲν βέλτιον πράττουσιν. 因为尽管打了极其漂亮的胜仗并且从中获得了极大的名声，他们却没有过得更好。（伊索《演》5.53）［两个并列的分词结构在围绕 πράττουσιν 的分句中充当谓语性修饰语］

(5) ἐκεῖνοι δέ, οὓς οὗτοι ἀπώλεσαν, ... πέρας ἔχουσι τῆς παρὰ τῶν ἐχθρῶν τιμωρίας. 这帮人杀害的那些人却受［死亡的］限制，得不到敌人的

赔偿。（吕《演》12.88）［关系从句 οὓς ... ἀπώλεσαν 充当 ἐκεῖνοι 的定语，后者是围绕着谓语 ἔχουσι 的母句中的一个成分］

39.4 上面的例句 3 和例句 4 表明，从属和并列都是可递归的过程（recursive process）：从属谓语本身还可以带从属谓语，也可以与其他从属谓语并列。这两个例句的层级结构可如下图所示：

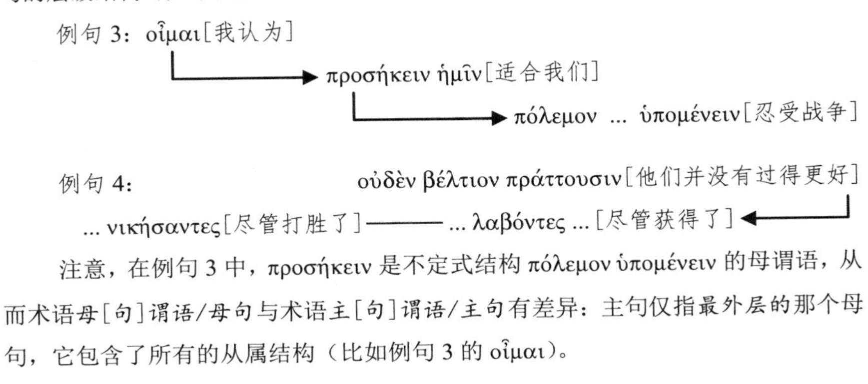
例句 3：οἶμαι［我认为］
προσήκειν ἡμῖν［适合我们］
πόλεμον ... ὑπομένειν［忍受战争］
例句 4：
οὐδὲν βέλτιον πράττουσιν［他们并没有过得更好］
... νικήσαντες［尽管打胜了］
... λαβόντες ...［尽管获得了］

注意，在例句 3 中，προσήκειν 是不定式结构 πόλεμον ὑπομένειν 的母谓语，从而术语母［句］谓语/母句与术语主［句］谓语/主句有差异：主句仅指最外层的那个母句，它包含了所有的从属结构（比如例句 3 的 οἶμαι）。

从属结构的类型

39.5 如上文例句所示，古希腊语中出现了三种主要的从属结构，根据从属谓语所用的动词形式，分为以下三种——

- 不定式（比如例句 3）；
- 分词（比如例句 2 和例句 4）；
- 限定从句（比如例句 5），其中有一个从属词（subordinator，连词或关系代词等等）和限定动词（有人称词尾）。

注一：简单句中的谓语可以决定名词性成分的格（例如 παιδεύω［教化］支配作宾语的宾格，而 βοηθέω［帮助］支配作补语的与格），同样，母谓语也常常对从属谓语的时态、语式和其他特征有所约束。比如，在例句 3 中，οἶμαι［我认为］就预先确定宾语为不定式，因为这个动词总是支配不定式（而非 ὅτι/ὡς 从句或分词，见 51.19 及注一），而 προσήκειν［合适］也要求带不定式（见 51.8）。而在例句 2 中，基于不定过去时词干的分词暗示用餐早于就寝：母谓语充当从属谓语的时间锚（temporal anchor，见 33.57）。另外，这个分词与母谓语的主语一致。

尽管这三种形式都表达从属关系，但是从句（subordinate clause）这个术语通常仅用来指代第三种形式，本书中亦然。我们先讲各种限定从句（第 40–50 章），不定式和分词的句法则分别在第 51 章和第 52 章中另作说明。各种从属结构的总结见第 53 章。

第40章　限定从句引言

从属词

40.1 在古希腊语中，以下几种从属词引导限定从句——

- 连词（ὅτι、ὡς、εἰ、ὅτε、ἐπεί、διότι 和 μή 等等）；
- 关系代词（ὅς, ἥ, ὅ、ὅστις 等等）、关系形容词（οἷος、ὅσος、ὁποῖος 和 ὁπόσος 等等）和关系副词（ἔνθα、ὡς 和 ὅπως 等等）；
- 间接疑问中的从属词则是疑问代词（τίς 等等）和不定关系代词（ὅστις 等等）。

注一：在古希腊语中，限定从句总是由一个从属词引导，与此相对的是，英语中有时可以省略从属词（对比 He said that I was clever 和 He said I was clever，另外对比 The man that/whom I saw was good 和 The man I saw was good）。

这条古希腊语语法规则的唯一例外是，第二人称的 βούλει、βούλεσθε、θέλεις 和 θέλετε[你(们)愿意……吗？]可以在没有从属词的情况下直接带虚拟式，见 34.8 注二和 38.17（不过，或许最好把这种情况视作一种并列结构而非从属结构）。

限定从句的功能和类型

40.2 对于某几类母谓语而言，下面几种从句是强制成分，作母谓语的主语或者宾语（因此不可以省略），被称作补语从句（complement clause）：

- 由 ὅτι 或 ὡς 引导的陈述性从句（间接陈述，见第 41 章）；
- 由 εἰ、πότερον ... ἤ、εἴτε ... εἴτε、疑问代词/形容词/副词（τίς、πόσος 和 ποῦ 等等）、不定关系代词/形容词/副词（ὅστις、ὁπόσος 和 ὅπου 等等）引导的间接疑问，以及限定关系形容词/副词（ὅσος、ὡς 等等）引导的间接感叹（间接疑问和间接感叹均见第 42 章）；
- 由 μή 引导的疑惧从句（见第 43 章）；
- 由 ὅπως 引导的勉力从句（见第 44 章）。

注一：这些从句也常被称作实词性从句（substantival clause），因为它们所充当的句法角色也可由名词短语（即实词[substantive]）来充当。它们也常被称作宾语从句（object clause）。注意，尽管它们有补语从句和宾语从句之名，但是它们也可能充当主语，例如 ἐλέγετο ὅτι[当时据说]，其中的 ὅτι 从句是 ἐλέγετο 的主语。

40.3 以下几种从句可选择性地加在母句上，它们的作用是充当母谓语的可选状语。这些从句被称为状语从句（adverbial clause）：

- 由 ἵνα、ὅπως、ὡς 或 μή 引导的目的从句（见第 45 章）；
- 由 ὥστε 引导的结果从句（见第 46 章）；
- 由 ὅτε、ἐπεί、πρίν 或 ἕως 等引导的时间从句（见第 47 章）；
- 由 ὅτι 或 διότι 引导的原因从句（见第 48 章）；
- 由 εἰ 引导的条件从句（以及由 εἰ καί 或 καὶ εἰ 引导的让步从句，见第 49 章）。

40.4 最后还有由关系代词 ὅς、ὅστις 等等或者由关系形容词 οἷος、ὅσος 等等引导的关系从句（见第 50 章）。它一般充当母句里的中心名词或中心代词（先行词）的定语。不过，还有一类自主关系从句，它们在母句中并没有名词性先行词（见 50.7），并且它们本身就是母句中的成分。这种关系从句是否可以省略取决于它在句子中的作用。

注一：由于关系从句通常修饰一个名词先行词，因而它们常常被称作形容词性从句（adjectival clause）。但是严格地说，自主关系从句并非形容词性从句。

其他关系从句的作用是充当可选状语（尤其是那些由诸如 ἔνθα[在那里；在那时]、ὡς[如同]的关系副词所引导的从句，见 50.34–40）。

从句的语式

与独立句使用相同语式的从句

40.5 几种从句所用的语式与独立句中所用的（见第 34 章）相同：

- 陈述性的 ὅτι/ὡς 从句（见第 41 章）；
- 间接疑问（见第 42 章，直接疑问所用的相同语式见 38.15–17）；
- 原因从句（第 48 章）；
- 由 ὥστε 引导的一些结果从句（见 46.4–5）；
- 非限制性关系从句（见 50.6、50.17）。

在前三种情况（ὅτι/ὡς 从句、间接疑问以及 ὅτι 引导的原因从句）中，间接祈愿式可以代替历史序列中所用的语式，见 40.12–14。

注一：所有这些从句中主要使用的语式是直陈式、潜在祈愿式（+ ἄν）和情态直陈式（+ ἄν）。在从句中，很少用祈愿式和情态直陈式来表达意愿，也很少用命令式和虚拟式来表达命令。

使用特定语式的从句

40.6 几种从句在语法上要求使用特定的语式——

• 疑惧从句：表达对将来的疑惧，使用虚拟式；若表达对过去或现在的疑惧则用直陈式（见第 43 章）；

• 勉力从句：使用将来时直陈式，有时也用虚拟式（见第 44 章）；

• 目的从句：使用虚拟式（见第 45 章）。

这几类从句在历史序列中可改用间接祈愿式（见下文 40.12–14）。

时间从句、条件从句和关系从句中的语式和 ἄν 的用法

40.7 在时间从句（见第 47 章）、条件从句（见第 49 章）以及限制性关系从句（见 50.6、50.18–22）中，发话人可能会使用不同的语式和/或小品词 ἄν 来表达从句动作在时间、真实性或可能性方面的差异。这些结构详见相关章节。不过，由于这几种从句有一些共性，因此我们这里可以给出一些基本要点。

40.8 在时间从句、条件从句和关系从句中，语式的选择受到多种因素的影响——

• 所提及的动作发生在过去、现在还是将来；

• 发话人要表达一次性动作还是反复的或习惯性动作；

• 另外，在条件从句和一些关系从句中，动作的发生是很有可能的、[稍有]可能的还是不再可能的，或者，并没有明确表达动作发生的可能性（即中立态度）。

注一：时间从句总是把一个动作呈现为正在发生的动作，因此，这类从句不表达在可能性程度方面的差异。

40.9 在时间从句、条件从句和关系从句中常用以下结构——

• 直陈式：发话人用以表达过去或现在实际发生的动作（时间从句和关系从句），或者表达对其真实性或可能性持中立态度的过去、现在或将来动作（条件从句和某些关系从句），例如：

(1) ἐπειδὴ δὲ Θησεὺς ... δημοκρατίαν ἐποίησεν ... , τὸν ... βασιλέα οὐδὲν ἧττον ὁ δῆμος ᾑρεῖτο ἐκ προκρίτων. 而当忒修斯建立民主政制后，民众依然从挑出来的人中选任国王。（德《演》[59].75）[时间从句用不定过去时直陈式；叙述者将民主政制的建立呈现为过去实际发生的事件]

(2) ... περὶ Ὑπερβορέων εἰρημένα ... ἔστι ... Ὁμήρῳ ἐν Ἐπιγόνοισι, εἰ δὴ τῷ ἐόντι γε Ὅμηρος ταῦτα τὰ ἔπεα ἐποίησε. 关于极北族，荷马在《七将之子》里有所提及，如果荷马的确在事实上至少作过这部叙事诗。（《原史》4.32）[带不定过去时直陈式的条件从句；叙述者表达一种中立态度：他不断言荷马是否写过《七将之子》（不过，τῷ ἐόντι γε 流露出一定程度的怀疑，中性条件从句表达的这种怀疑见 49.4）]

• 预期虚拟式（prospective/anticipatory subjunctive）+ **ἄν**：用来表达发话人所呈现的正在发生的动作（时间从句）或将来很可能发生的动作（条件从句、关系从句）；主句中的动词形式一般会涉及将来（如将来时直陈式、命令式和劝勉虚拟式等等，见 33.63–64）：

(3) ὁπότερος ἂν σφῷν ... με μᾶλλον εὖ ποιῇ, | τούτῳ παραδώσω τῆς Πυκνὸς τὰς ἡνίας.

无论你俩中谁待我更好，我都会把璞倪克斯山的大权交给这个[待我更好的]人。（《骑士》1108–1109）[关系从句使用 ἄν + 虚拟式，主句使用将来时直陈式；发话人提到的是将来的优待，他认为这可能性很大][①]

• 不定虚拟式（indefinite subjunctive）+ **ἄν**：表达现在或迄今为止的习惯性动作（反复的、典型的或普遍发生的动作）；主句一般用现在时直陈式来表达习惯性动作（见 33.15），例如：

(4) ὃς ἂν δακρῦσαι μάλιστα ... ποιήσῃ πόλιν, οὗτος τὰ νικητήρια φέρει.

只要这个[合唱队]最使城邦流泪，它就会获得胜利的奖赏。（《法义》800d）[关系从句使用 ἄν + 虚拟式，主句使用现在时直陈式；发话人提到的是城邦中反复发生的情况]

在历史序列中，使用不带 ἄν 的反复祈愿式（见下 40.13）来表达这种不定结构（表达过去反复发生的动作）；主句通常使用未完成时来表达过去的习惯性动作（见 33.24），例如：

(5) ὅκως γὰρ τειχήρεας ποιήσειε, τὸ ἐνθεῦτεν χώματα χῶν πρὸς τὰ τείχεα ἐπόρθεε. 每当他使[敌人]受困于城墙内，他就在那里通过靠着城墙堆起土丘来攻克[城市]。（《原史》1.162.2）[时间从句用祈愿式，主句用未完成时：叙述者提到的是反复的攻城准备过程]

注一：对于表达将来动作的时间从句、条件从句和关系从句而言，预期结构是

① Πυκνός，主格作 Πνύξ，山名，即雅典人举行公民大会之处。

默认结构；而在表达将来动作的时间从句中，这是唯一可以使用的结构（见 47.8）。注意，英语中对应的情况使用现在时形式（所谓的隐含的将来[concealed future]，比如例句 3 的英译就用 treats 来翻译 ἄν ... ποιῇ）。

注二：对于虚拟式 + ἄν 的结构而言，预期和不定是传统上的标签，但是不应当过度强调这两种类型的差异：这两种结构都涉及未指明的时间。母句中的动词决定了一个 ἄν + 虚拟式的结构当被理解为预期虚拟式还是不定虚拟式：如果母句中的动词涉及将来（使用将来时直陈式或命令式等等），那么从句中的 ἄν + 虚拟式就是预期虚拟式；如果母句中用现在时直陈式表达反复的动作或普遍真理，那么从句中的 ἄν + 虚拟式就是不定虚拟式。

即便如此，这一区别有时也是无关紧要的，例如：

(6) τοῦτο ὑμῶν δέομαι ... · ἐὰν διὰ τῶν αὐτῶν λόγων ἀκούητέ μου ἀπολογουμένου δι᾽ ὧνπερ εἴωθα λέγειν ... μήτε θαυμάζειν μήτε θορυβεῖν τούτου ἕνεκα.

我向你们请求此事：倘若/只要你们听到我用同一番言辞申辩——我已习惯用这些[言辞]说话——那么请不要因此而惊讶或喧哗。(《申辩》17c–d) [母句中的能动不定式 θαυμάζειν 和 θορυβεῖν（受 δέομαι 支配）涉及将来，从而 ἄν + 虚拟式可被视作预期虚拟式；与此同时，这个句子又表达一种普遍的要求，因此又可理解作不定虚拟式][1]

40.10 在条件从句和一些关系从句中（时间从句则不然），还可能使用以下几种结构：

- 潜在祈愿式：表达发话人认为可能（但只是可能而已）发生的将来动作（或另一种现实），主句一般用潜在祈愿式 + ἄν（见 34.13），例如：

(7) εἰ μέν τις τῶν τραγικῶν ποιητῶν ... ποιήσειεν ἐν τραγῳδίᾳ τὸν Θερσίτην ὑπὸ τῶν Ἑλλήνων στεφανούμενον, οὐδεὶς ἂν ὑμῶν ὑπομείνειεν.

倘若某位肃剧诗人在肃剧中使得忒尔西忒斯由希腊人加冠，那么，你们中没有谁会容忍[这一点]。(埃《演》3.231) [条件从句用祈愿式，主句用 ἄν + 祈愿式；发话人指的是肃剧中某个可能出现的（但不是很有可能出现的）情节]

- 非事实的情态直陈式：表达发话人认为不再可能发生的现在或过去动作，主句一般使用非事实的情态直陈式 + ἄν（见 34.16）：

① ἀκούητέ μου ἀπολογουμένου 见 52.14。

(8) εἰ τὸ καὶ τὸ ἐποίησεν ἄνθρωπος οὑτοσί, οὐκ ἂν ἀπέθανεν.

假设此人当时做了某某事，那么他原本就不会死。（德《演》18.243）[条件从句用历史直陈式，主句用ἄν + 历史直陈式："做某某事"被呈现为一个不再可能发生的动作；τὸ καὶ τό 见 28.30]**

40.11 下表总结了有可能出现的各种结构——

时间从句、条件从句和关系从句		
结构或含义	从 句	主 句
事实上的或中立的	直陈式	所有的时态和语式
预期的	虚拟式 + ἄν	将来时直陈式等等
不定的（历史序列中）	虚拟式 + ἄν	现在时直陈式等等
	不带 ἄν 的反复祈愿式	未完成时

条件从句和关系从句		
结构或含义	从 句	主 句
潜在的	祈愿式（不带 ἄν）	祈愿式 + ἄν
非事实的	情态直陈式（不带 ἄν）	情态直陈式 + ἄν

语式的序列 间接祈愿式

40.12 在许多（而非全部）类型的从句中，语式的使用可能会受到母句时态（见 33.1–2）的影响——

- 如果母句中的动词使用非过去时态（现在时、完成时和将来时），那么母句所用的就是基本序列（primary sequence）；从句的语式一般不受影响；
- 如果母句中的动词使用过去时态（未完成时、不定过去时和过去完成时），那么母句所用的就是历史序列（historic/secondary sequence），此时从句一般使用所谓的间接祈愿式（oblique optative）代替基本序列所用的语式——不过也可以沿用基本序列原本所用的语式；时态词干总是不变。例如：

(9) ... ὃ ... δέδοικ᾽ ἐγὼ μὴ πάθηθ᾽ ὑμεῖς.

我担心你们会遭受这个。（德《演》9.65）[说明见下]

(10) ἔδεισα μὴ ... πάθοιτέ τι.

我曾担心你们遭遇什么[不测]。（色《教》2.1.11）[说明见下]

(11) πολὺν μὲν φόβον ἡμῖν παρείχετε μή τι πάθητε. 你们曾带给我们

许多恐惧——[怕]你们遭遇什么[不测]。（色《教》4.5.48）

[例句 9 为基本序列，主句用完成时直陈式 δέδοικ(α)，疑惧从句（见 43.3）用虚拟式 πάθητ(ε)；例句 10 为历史序列，主句用不定过去时直陈式 ἔδεισα，从句用不过时的间接祈愿式 πάθοιτε 代替不过时虚拟式；例句 11 为历史序列，主句用未完成时 παρείχετε，从句仍用不过时虚拟式 πάθητε]

(12) λέγει ὅτι παρὰ τοῦ αὑτοῦ ἀνθρώπου ἔχει τὸ ἀργύριον.

他说他从自己的奴隶那儿拿了钱。（德《演》[48].37）[说明见下]

(13) εἶπε ... ὅτι παρασπόνδους ὑμᾶς ἔχοι.

[吕珊德若斯]曾说，他把你们当作背约者。（吕《演》12.74）

[例句 12 为基本序列，主句用现在时直陈式 λέγει，陈述性的 ὅτι 从句（见 41.7）用直陈式 ἔχει（标准用法）；例句 13 为历史序列，主句用不定过去时直陈式 εἶπε，从句用现在时间接祈愿式 ἔχοι 代替现在时直陈式]

注一：从而，与英语有所不同，古希腊语一般没有涉及[时态]后移的（back-shifting）时态序列（对比 He says that he has 与 He said that he had，详见 41.1），只有语式序列。例外情况见 41.15。

注二：我们常常会说，在历史序列中“原本”的时态或语式或是得到“沿用”，或是“改用/改为”相同时态词干的间接祈愿式。这种表述是为了方便教学，本书中偶尔也有所使用。然而，我们不能认为发话人有意识地“沿用”或者“改用”，也不该推论说间接祈愿式更加醒目或者更加出人意料。在大多数语境中，改用间接祈愿式是更为常见的做法，甚至是默认的做法（见 41.13 注一、45.3）。

在历史序列中沿用原本的语式与改用间接祈愿式有细微差异。各种从句中的这种差异详见 41.13–14、43.3 注二、45.3 注一和 48.2。

40.13 历史序列中的不定从句（见 40.9）总是使用反复祈愿式（不带 ἄν；在基本序列中用 ἄν + 虚拟式）：从而，在不定从句中，没有改用间接祈愿式和沿用原本语式的选择余地。

40.14 对于一个在历史序列中而可以改用间接祈愿式的从句而言，如果它本身带另一个从句，那么这个从句也可以（但非必须）用祈愿式，例如：

(14) ἐσκόπει ὁ Μενεκλῆς ὅπως ... ἔσοιτο αὐτῷ ὅστις ζῶντα ... γηροτροφήσοι. 美内克勒斯当时思忖他如何有一个在他活着时赡养自己的人。（伊赛《演》2.10）[关系从句 ὅστις ... γηροτροφήσοι 从属于间接疑问 ὅπως ... αὐτῷ，后者又从属于 ἐσκόπει；两个将来时直陈式 ἔσται 和 γηροτροφήσει

分别改为将来时祈愿式 ἔσοιτο 和 γηροτροφήσοι；使用将来时直陈式的关系从句见 50.24]

在这种从句中，如果没有沿用预期的/不定的虚拟式 + ἄν，那么就会改用不带 ἄν 的祈愿式，例如：

(15) ἠπείλησε τῇ γυναικὶ ὅτι εἰ μὴ βούλοιτο ἑκοῦσα, ἄκουσα ποιήσοι ταῦτα. 他威胁那女子，她若不愿意主动[做]，那么她就会被迫做这些。（色《教》6.1.33）[条件从句 εἰ ... ἑκοῦσα 从属于陈述性的 ὅτι 从句（ὅτι ... ταῦτα），而后者本身又从属于 ἠπείλησε；将来时直陈式 ποιήσει 改为将来时祈愿式 ποιήσοι，现在时虚拟式 βούληται + ἄν 改为现在时祈愿式 βούλοιτο]

语式的同化

40.15　如果一个从句所修饰的母句使用潜在祈愿式 + **ἄν**（见 34.13）或意欲祈愿式（见 34.14），那么这个从句中的限定动词有时也可以使用祈愿式（而非原本所预期的另一个语式）。从而，这一动作被呈现为这个可能发生的或所希望的情景中的一个部分。这种现象被称作语式的同化（attraction of mood），例如：

(16) βούλοιντ᾽ ἂν ἡμᾶς πάντας ἐξολωλέναι, | ἵνα τὰς τελετὰς λάβοιεν αὐτοὶ τῶν θεῶν.

他们会希望我们大家都彻底完蛋，从而他们自己就能接管[祭祀]诸神的仪式。（《和平》412–413）[ἵνα 引导的目的从句一般使用虚拟式（见 45.3），但这里改用祈愿式 λάβοιεν，因为被母句中的潜在祈愿式 βούλοιντ᾽ ἄν 同化了]

(17) ἔρδοι τις ἣν ἕκαστος εἰδείη τέχνην. 愿每个人都从事他所了解的技艺。（《马蜂》1431）[在 ἥν 引导的关系从句中，限定动词原本预期使用不定的 ἄν + 虚拟式，但实际上改用祈愿式 εἰδείη，因为被意欲祈愿式 ἔρδοι 同化了]

如果一个从句所修饰的母句使用情态直陈式（见 34.15–18），那么也会出现语式的同化。在这种从句中，动词也使用情态直陈式，例如：

(18) ἐβουλόμην δ᾽ ἄν, ὦ βουλή, Σίμωνα τὴν αὐτὴν γνώμην ἐμοὶ ἔχειν, ἵν᾽ ἀμφοτέρων ἡμῶν ἀκούσαντες τἀληθῆ ῥᾳδίως ἔγνωτε τὰ δίκαια.

而我原本希望，议事会啊，西蒙与我持有相同的看法，以便你们从我俩这里听取真相后能轻松地作出正义的裁断。（吕《演》3.21）[ἵνα 引导的目的从句使用虚拟式（或者在历史序列中改用祈愿式），但在这里使用情态直陈式，因为被母句中非事实的 ἐβουλόμην ἄν 同化了]

第 41 章　间接陈述

引言：间接话语

直接话语和间接话语

41.1 发话人可用以下两种方式中的一种来呈现话语（或想法）：

- 直接话语（direct speech），例如：

(甲) 达弗尼斯对克洛厄说："我想见你。"

(A) Daphnis said to Chloe: "I want to see you."

- 间接话语（indirect speech），例如：

(乙) 达弗尼斯当时对克洛厄说，他想见她。

(B) Daphnis said to Chloe that he wanted to see her.

直接话语给我们的感觉是，达弗尼斯的话以他说话时所用的那同一种方式得到呈现（达弗尼斯是否的确说过这样的话则另当别论）。而间接话语给我们的感觉是，这些话是以转述者的角度给出的，从而使得原话的形式需要发生某些改变，这些变化包括——

- 语法人称的表达：在直接话语中，人称的使用（我、你和他）取决于话语言说者的角度（即指示中心[deictic centre]）。在甲句（A句）中，达弗尼斯和克洛厄分别用第一人称我（I）和第二人称你（you）来表达，构成了发话人和受话人，这是达弗尼斯和克洛厄在被转述的话语情景中的身份。在间接话语中，人称取决于转述者的视角。乙句（B 句）中的达弗尼斯和克洛厄都根据转述者的角度以第三人称代词（他[he]、她[she]）来表达，因为达弗尼斯和克洛厄都不是当下话语情景中的发话人和受话人。

- 时态：直接话语中的时态取决于话语言说者的时间角度。A句使用现在时 want，表示达弗尼斯说话的时候也正是想见克洛厄（wanting (to see Chloe)）的时刻。在间接话语中，时态取决于转述者的时态角度。在 B 句中，过去时态的 wanted 表示，想见克洛厄的时刻对于转述者而言发生在过去。这一过程被称作时态后移（back-shifting (of tense)）。

- 从属与并列：直接话语并不明显从属于一个意为言说或思考的动词，两个分句的句法关系最好视作并列关系（见 39.2）。相比之下，间接话语则明显从属于意为言说或思考的动词，在 B 句中，连词 that 表明了这一从属关系。

前两种变换并不是机械的，而是取决于被转述的话语情景和当下话语情景中参与者的关系和时间的关系。举例而言，如果转述者把达弗尼斯的话告诉克洛厄（后者在被转述的话语情景中也是受话人），那么合适的间接转述就是达弗尼斯对你说他想见**你**（Daphnis said to you that he wanted to see *you*）。另外，一些语言（包括古希腊语）可以使用并列的间接话语和从属的直接话语（分别见 41.16 和 41.5）。

间接话语的类型

41.2 在间接地转述不同类型的话语（见 38.1）时，话语从属于一个母动词的方式也不尽相同——

- 间接陈述从句（indirect declarative clause），又被称作间接陈述（indirect statement），通常由 ὅτι 或 ὡς 引导，本章涉及的就是这类 ὅτι/ὡς 从句。

  间接陈述结构取决于母动词，因此它也会以陈述不定式或者陈述分词的形式出现；这些结构见 51.19–27、52.8 和 52.10。

注一：陈述不定式与 ὅτι/ὡς 从句的差异见 51.19 注一；陈述分词与 ὅτι/ὡς 从句的差异见 52.28。对这些结构的总结见 53.1–4。

- 间接疑问从句（indirect interrogative clause），又被称作间接疑问（indirect question），见第 42 章，例如：

  (1) νῦν ἐρωτᾷς εἰ ἔχω σε διδάξαι.

  你正在问我是否能够教你。（《美诺》82a）**

- 间接感叹（indirect exclamation），见第 42 章，例如：

  (2) τὸν λόγον δέ σου πάλαι θαυμάσας ἔχω, ὅσῳ καλλίω τοῦ προτέρου ἀπηργάσω. 就你的讲辞而言，我早就惊讶于，相较于前一篇，你在何等程度上完成得更加漂亮。（《斐德若》257c）[①]

- 间接命令（indirect command），古希腊语使用能动不定式来表示间接命令，见 51.2–4、51.8–15，例如：

  (3) πέμπειν οὖν ἐκέλευεν αὐτοὺς ναῦς.

  因此他要求他们派一些战舰。（《佩战》7.31.4）

---

① θαυμάσας ἔχω 见 52.53 例句 144。

间接陈述

引导间接陈述的动词

41.3 许多动词可以带 ὅτι/ὡς 从句，其中最常出现的有：

αἰσθάνομαι[感到；理解]、ἀκούω[听闻]、ἄχθομαι[为……而烦恼；怒于]、γιγνώσκω[认识；意识到]、δείκνυμι[展示]、δῆλόν (ἐστι)[清晰可见的是；显然]、διδάσκω[教授]、λέγω/εἶπον[言说]、μανθάνω[明白；懂得]、οἶδα[知道]、ὁράω[看见]、πυνθάνομαι[打探；听闻]、φαίνεται[看起来；显得；似乎]、φράζω[表明]和 χαίρω[感到愉快；喜欢]。

注一：许多可带间接陈述的动词与言说无关，而涉及认知、[心理]感受或者情绪（这类动词一般也带分词结构，见 52.10）。在诸如 δῆλόν ἐστι 和 φαίνεται 这样的无人称表达中，甚至没有明确给出言说者。在这种情况下，间接话语、直接话语等术语或许不太恰切。但为了方便起见，我们还是会使用这些术语。

引导间接陈述的从属词

41.4 间接陈述由 **ὅτι** 或 **ὡς** 引导。

注一：间接陈述还可由其他从属词引导，它们是：ὅπως（相当于 ὡς）、διότι（相当于 ὅτι；διότι 通常引导原因从句，见 48.2）、οὕνεκα 和 ὁθούνεκα（后两者只用于诗歌）。

41.5 ὅτι 有时也用来引导直接话语（但 ὡς 基本上不会这样使用），这一用法被称作述说性的 **ὅτι**（ὅτι *recitativum*），例如：

(4) ἐπεὶ δὲ Πρόξενος εἶπεν <u>ὅτι</u> αὐτός εἰμι ὃν ζητεῖς, εἶπεν ὁ ἄνθρωπος τάδε· ... 而当璞若克色诺斯说“我本人就是你所寻找的人”时，那人就说了这番话：“……”（色《上》2.4.16）

41.6 在古典希腊语的阿提卡方言中，一般情况下的连词都是 ὅτι（ὡς 随着时间的流逝愈发罕见）。如果转述者明确想要表达间接陈述的真实性值得怀疑，那么大多数情况下就会使用 ὡς。不过，ὡς 也会用来表达如何或怎么（对比 πῶς λέγεις[你说什么？你怎么会说……？]），因此常常用于[对事实的]概述，例如：

(5) λέγουσιν <u>ὡς</u> οὐδὲν κακὸν οὐδ᾽ αἰσχρὸν εἰργασμένοι εἰσίν. ἐγὼ δ᾽ ἐβουλόμην ἂν αὐτοὺς ἀληθῆ λέγειν.

他们说，自己既没做过任何坏事也没做过任何丑事。我倒希望他们所言不虚。（吕《演》12.22）[发话人用连词 ὡς 表示他认为被转述者的陈述不实]

(6) κατηγόρει πρῶτον μὲν <u>ὡς</u> μετὰ τὴν ἐκφορὰν αὐτῇ προσίοι, ἔπειτα <u>ὡς</u>

αὐτὴ τελευτῶσα εἰσαγγείλειε καὶ ὡς ἐκείνη τῷ χρόνῳ πεισθείη, καὶ τὰς εἰσόδους οἷς τρόποις προσιεῖτο ... καὶ τἆλλα τὰ γενόμενα πάντα ἀκριβῶς διηγήσατο. 她当时指责，首先说他如何在葬礼之后接近她，然后说自己最终如何[替他]传话，又说那个女人如何随着时间的推移被说服，还有她用来[让他]一次次进[屋]的种种方式……她还[向我]详细描述了其他一切发生的事情。（吕《演》1.20）[ὡς 的使用表明，被转述的发话人详细地集中描述了被转述的事态如何出现；ὅτι 则没有这种暗示，对比**她告诉我他如何接近她**与**她告诉我他接近她**；被转述的言说者所讲的内容比 ὡς 从句所转述的更多，因此转述仅仅呈现出一个原本长得多的说法的梗概；另外要注意 ὡς 与 οἷς τρόποις 的并列关系][①]

(7) ἡγοῦμαι τοίνυν, ὦ βουλή, ἐμὸν ἔργον ἀποδεῖξαι, ὡς, ἐπειδὴ τὸ χωρίον ἐκτησάμην, οὔτ' ἐλάα οὔτε σηκὸς ἐνῆν ἐν αὐτῷ. 因此我觉得，议事会啊，我的任务是要表明，在我获得这块地产时，那上面是既无橄榄树，又无残干。（吕《演》7.5）[发话人预先概述了他将要更详细地呈现的要点，故连词用 ὡς]

ὅτι/ὡς 从句的时态和语式

基本序列中的情况

41.7 在基本序列（见 40.12）中，亦即母动词使用基本时态（现在时、将来时和完成时）或者使用命令式、潜在祈愿式或情态直陈式，ὅτι/ὡς 从句所用的时态词干和语式与对应的直接陈述所用的相同，例如：

(8) λέγει δ' ὡς ἡμεῖς ἤλθομεν ἐπὶ τὴν οἰκίαν τὴν τούτου ὄστρακον ἔχοντες, καὶ ὡς ἠπείλουν αὐτῷ ἐγὼ ἀποκτενεῖν, καὶ ὡς τοῦτό ἐστιν ἡ πρόνοια. 而他说我们当时拿着陶片去他家，还说我当时威胁他要杀[他]，又说这是预谋犯罪。（吕《演》3.28）[直接陈述：ἦλθον、ἠπείλει 和 ἐστίν]

(9) καὶ ἐμοὶ οὐδεὶς λόγος ἔσται ἔτι, ἐάν τι πάσχω, ὡς παρανόμως ἀπωλόμην. 若我有不测，那么我就不再会有任何理由[说]自己被非法地处决了。（安提《演》5.96）[直接陈述：ἀπωλόμην；注意，“处决”对于转述者而言可能发生在将来，但是在他以后提到处决的时候，处决就会是一个(未发生的)过去动作]

(10) ἀλλ' εἴποι ἄν τις ὅτι παῖδες ὄντες ἐμάνθανον. 但有人或许会说，当他们[还]是孩童时就学过了。（色《教》4.3.10）[直接陈述：ἐμάνθανον]

---

① 分词 τελευτῶσα 见 52.37 注一。

(11) παρελθών τις ... δειξάτω ... ὡς οἱ ... δεδουλωμένοι νῦν οὐκ ἂν ἐλεύθεροι γένοιντο ἄσμενοι. 请某个人站出来表明那些曾经为奴的人如今不会乐意成为自由人。(德《演》2.8)[直接陈述：οὐκ ἂν γένοιντο]

历史序列中的情况

意为言说的动词带 ὅτι/ὡς 从句

41.8 在历史序列（见 40.12）中，亦即母动词使用历史时态（未完成时、不定过去时、过去完成时和历史现在时）的时候，ὅτι/ὡς 从句的动词所用的时态词干和语式可能与对应的直接陈述相同（与英语不同，古典希腊语在这里并不发生时态后移），例如：

(12) αὐτίκα δὲ ἔς τε τοὺς δήμους φάτις ἀπίκετο ὡς Ἀθηναίη Πεισίστρατον κατάγει. 流言立刻传到各个村社，说雅典娜带回了佩伊西斯特剌托斯。(《原史》1.60.5)[直接陈述：κατάγει；注意 ὡς 的用法（见 41.6）：读者从前文中已经知道，把佩伊西斯特剌托斯带回来的实际上并不是雅典娜；英译由于时态后移而把从句动词译作 was bringing]

(13) ἀπεκρίνατο ... ὅτι πειθομένοις αὐτοῖς οὐ μεταμελήσει. 他回答说，他们不会后悔听从。(色《上》7.1.34)[直接陈述：ὑμῖν οὐ μεταμελήσει；英译由于时态后移而把从句动词译作 would not regret obeying]

(14) Κροῖσος δέ οἱ ἐπαλιλλόγησε ... ὡς ἐπαρθεὶς τῷ μαντηίῳ ἐστρατεύσατο ἐπὶ Πέρσας. 而克若伊索斯对[居鲁士]再次叙述了他如何在那神谕的鼓动下向波斯人进军。(《原史》1.90.3)[直接陈述：ἐστρατευσάμην；英译由于时态后移而把从句动词译作 had gone to war]

(15) Εὐφίλητος ... λέγει πρὸς αὐτοὺς ὅτι πέπεισμαι ταῦτα συμποιεῖν καὶ ὡμολόγηκα αὐτῷ μεθέξειν τοῦ ἔργου. 厄乌菲勒托斯对他们说，我已被说服一起做这些事情，并且已然同意随他参与行动。(安多《演》1.62)[直接陈述：πέπεισται、ὡμολόγηκε；λέγει 是历史现在时（见 33.54）；英译由于时态后移而把两个从句动词分别译作 had consented 和 had agreed]

41.9 在历史序列中，也可以用间接祈愿式来代替直接陈述中动词原本所用的直陈式，此时时态-体词干保持不变，例如：

(16) εἶπον ὅτι σφίσι μὲν δοκοῖεν ἀδικεῖν οἱ Ἀθηναῖοι.

他们曾说自己认为雅典人行了不义。(《佩战》1.87.4)[直接陈述 ἡμῖν δοκοῦσιν；现在时祈愿式代替了现在时直陈式；注意，第三人称间接反身

代词 σφίσι（见 29.18）代替了第一人称代词 ἡμῖν]

(17) ἔλεγεν ὅτι πεισθείη ὑπὸ τούτων ἐμοῦ καταψεύδεσθαι.

他当时说，自己受这伙人哄骗才诬陷了我。（安提《演》5.33）[直接陈述：ἐπείσθην；不定过去时祈愿式代替了不定过去时直陈式]

(18) εἶπεν ὡς τὸν Παφλαγόνα φίλον ποιήσοιντο.

他曾说他们会与那个帕弗拉戈内斯人交朋友。（色《上》5.6.3）[直接陈述：ποιησόμεθα；将来时祈愿式代替了将来时直陈式]

(19) ἐπέστελλον ... καὶ ἄλλοι πολλοὶ τῷ Ξενοφῶντι ὡς διαβεβλημένος εἴη. 其他许多人当时也给色诺芬传话，说他已遭人诽谤。（色《上》7.6.44）[直接陈述：διαβέβλησαι；完成时祈愿式代替了完成时直陈式（使用通常的迂说形式，见 19.9）]

41.10 原则上，现在时祈愿式代替现在时直陈式和未完成时，完成时祈愿式代替完成时直陈式和过去完成时。但在实际运用中这样做并不会造成含混，因为用祈愿式代替未完成时和过去完成时的情况很少见：

(20) εἶχε γὰρ λέγειν καὶ ὅτι μόνοι τῶν Ἑλλήνων βασιλεῖ συνεμάχοντο ἐν Πλαταιαῖς, καὶ ὅτι ὕστερον οὐδεπώποτε στρατεύσαιντο ἐπὶ βασιλέα.

因为他能够说，不仅在希腊人中只有[忒拜人]在璞拉泰阿与[波斯]国王并肩作战，而且他们后来从未对[波斯]国王出兵。（色《希》7.1.34）[直接陈述：καὶ συνεμαχόμεθα ... καὶ ... οὐδεπώποτε ἐστρατευσάμεθα；注意，尽管未完成时保留，但不定过去时祈愿式代替了不定过去时直陈式]**

(21) ταῦτα μὲν τοῦ Ὀρχομενίου Θερσάνδρου ἤκουον, καὶ τάδε πρὸς τούτοισι, ὡς αὐτὸς αὐτίκα λέγοι ταῦτα πρὸς ἀνθρώπους πρότερον ἢ γενέσθαι ἐν Πλαταιῇσι τὴν μάχην. 我从欧尔科美诺斯人忒尔珊德若斯那里听闻了这些事情，除此之外还有这些：在璞拉泰阿之战发生前，他本人刚刚对人们说过这些事。（《原史》9.16.5）[对应的直接陈述是 ἔλεγον 而非 λέγω（这个祈愿式不同寻常地代替了一个未完成时）；注意 πρότερον ἢ γενέσθαι ἐν Πλαταιῇσι τὴν μάχην 表明整个分句属于相对于 ἤκουον 的过去时间]

41.11 潜在祈愿式（+ ἄν，见 34.13）、非事实的情态直陈式（+ ἄν，见 34.16–17）在间接陈述中总是保持不变，例如：

(22) ἀπελογοῦντο ὡς οὐκ ἄν ποτε οὕτω μῶροι ἦσαν ὡς ...

他们申辩说，自己原本从不会如此愚蠢以至于……（色《希》5.4.22）[直接陈述：οὐκ ἂν ἦμεν]

(23) πέμψας πρὸς τὸν Δερκυλίδαν εἶπεν ὅτι ἔλθοι ἂν εἰς λόγους, εἰ ὁμήρους λάβοι. [美伊迪阿斯]派人去得尔曲利达斯那里说，他若得到人质，就会去谈判。（色《希》3.1.20）[直接陈述：ἔλθοιμι ἄν]

41.12 历史序列中 ὅτι/ὡς 引导的间接陈述的可能时态和语式如下：

直接陈述	间接陈述
ὁ Σωκράτης ἐπιστολὴν γράφει.	εἶπεν ὅτι ὁ Σωκράτης ἐπιστολὴν γράφει/γράφοι.
[现在时直陈式]	[现在时直陈式或现在时祈愿式]
苏格拉底在写信。	他曾说苏格拉底在写信。
	[被转述者说话时苏格拉底在写信]
ὁ Σωκράτης ἐπιστολὴν ἔγραφε.	εἶπεν ὅτι ὁ Σωκράτης ἐπιστολὴν ἔγραφε (/γράφοι).
[未完成时]	[未完成时或现在时祈愿式，后者罕见]
苏格拉底当时在写信。	他曾说苏格拉底之前在写信。
	[被转述者说话前苏格拉底在写信]
ὁ Σωκράτης ἐπιστολὴν γράψει.	εἶπεν ὅτι ὁ Σωκράτης ἐπιστολὴν γράψει/γράψοι.
[将来时直陈式]	[将来时直陈式或将来时祈愿式]
苏格拉底将会写信。	他曾说苏格拉底将会写信。
ὁ Σωκράτης ἐπιστολὴν ἔγράψε.	εἶπεν ὅτι ὁ Σωκράτης ἐπιστολὴν ἔγραψε/γράψειε.
[不定过去时直陈式]	[不定过去时直陈式或不定过去时祈愿式]
苏格拉底曾写信。	他曾说苏格拉底写过信了。
ὁ Σωκράτης ἐπιστολὴν γέγραφε.	εἶπεν ὅτι ὁ Σωκράτης ἐπιστολὴν γέγραφε/γεγράφοι.
[完成时直陈式]	[完成时直陈式或完成时祈愿式]
苏格拉底写好信了。	他曾说苏格拉底写好信了。
ὁ Σωκράτης ἐπιστολὴν ἐγεγράφει.	εἶπεν ὅτι ὁ Σωκράτης ἐπιστολὴν ἐγεγράφει (/γεγράφοι).
[过去完成时]	[过去完成时或完成时祈愿式，后者罕见]
苏格拉底之前写好信了。	他曾说苏格拉底之前写好信了。
ὁ Σωκράτης ἐπιστολὴν γράψειεν ἄν.	εἶπεν ὅτι ὁ Σωκράτης ἐπιστολὴν γράψειεν ἄν.
[祈愿式 + ἄν]	[祈愿式 + ἄν]
苏格拉底可能会写信。	他曾说苏格拉底可能会写信。
ὁ Σωκράτης ἐπιστολὴν ἔγραψεν ἄν.	εἶπεν ὅτι ὁ Σωκράτης ἐπιστολὴν ἔγραψεν ἄν.
[直陈式 + ἄν]	[直陈式 + ἄν]
苏格拉底原本会写信。	他曾说苏格拉底原本会写信。

41.13　如果转述者有两种选择，那么在历史序列中沿用直接陈述原本的语式与改用间接祈愿式就会有细微的差别——

- 间接祈愿式表明转述者以自己的时间视角来呈现所有的内容。此时，转述者把自己置于原本的发话人与受话人之间，强调自己作为中介的角色。
- 对应的直接陈述的语式强调话语的内容是从被转述者的发话者的视角给出的。就此而言，这种结构的作用就像一个间隔装置（distancing device）：它可能暗示，转述者认为所转述的内容是虚假的或不合适的，或者认为所转述的内容就被转述的话语情景而言特别重要（对被转述者及其受话人来说至关重要），而在当下的话语情景中则没那么重要。

如果在同一次转述中同时出现了这两种结构，那么二者间的细微差别就尤为清晰可见，例如：

(24) ἔτι δὲ ἀμφὶ δείλην ἔδοξαν πολεμίους ὁρᾶν ἱππέας ... ἐν ᾧ δὲ ὡπλίζοντο ἧκον λέγοντες οἱ προπεμφθέντες σκοποὶ ὅτι οὐχ ἱππεῖς <u>εἰσιν</u>, ἀλλ' ὑποζύγια <u>νέμοιντο</u>. 但还是在下午时分，他们认为自己看到了敌方的骑兵，而在他们披挂的同时，先前派出的斥候回报说，那些不是骑兵，而是驮畜在吃草。（色《上》2.2.14–15）[对士兵们来说，情报的关键在于纠正他们的预期：与先前以为的不同，他们看到的是驮畜，而非敌方骑兵]**

(25) ὁ δ' ἑρμηνεὺς εἶπε περσιστὶ ὅτι παρὰ βασιλέως <u>πορεύονται</u> πρὸς τὸν σατράπην. αἱ δὲ ἀπεκρίναντο ὅτι οὐκ ἐνταῦθα <u>εἴη</u>, ἀλλ' <u>ἀπέχει</u> ὅσον παρασάγγην.

而翻译官用波斯语说，他们从国王那里赶路去[见]总督。她们回答说[总督]不在那里，而是距离约一帕拉桑。（色《上》4.5.10）[翻译官对一些当地妇女撒了并无恶意的谎言以弄清波斯总督在哪里（希腊人实际上并不是在找他，而是在试图躲避他）；转述者对 πορεύονται πρὸς τὸν σατράπην 不负责任；她们的回答中最突出的部分并非总督不在某地（希腊人之前怀疑他不在那里，因此走了这一条路），而是他只有一帕拉桑之远这一说法]

注一：尽管各个作家之间有所差异，但是在所有的古典散文中，祈愿式都是更常见的结构（如果把无法用祈愿式轻易替换的直陈式排除在外，见 41.14）。不过，将来时祈愿式和完成时祈愿式罕见，并且将来时直陈式和完成时直陈式得到保留的情况多于现在时直陈式和不定过去时直陈式。另外，大约在公元前 300 年以后，间接祈愿式就从通行的用法中迅速消失了。

注二：将来时祈愿式几乎专门在间接陈述中作为间接祈愿式（不过这一现象亦见于勉力从句，见 44.2）。

41.14 历史序列中的现在时直陈式并不都能由祈愿式随意代替。如果发话人/叙述者想要强调，一种被转述的事态存在于被转述者的过去，并且持续到现在，那么通常就不使用祈愿式。对于这种间接陈述而言，我们并不能说对应的直接陈述里的现在时直陈式得到沿用。这是因为，时态基于转述者的“现在”。注意，在这些情况下，英语中一般也不发生时态后移（对比例句 26、27 的英译），例如：

(26) κἀγὼ ἔγνων αὐτὸν ὅτι μοι χαλεπαίνοι διαστέλλοντι τὰ λεγόμενα ... ἀνεμνήσθην οὖν τοῦ Κόννου, ὅτι μοι κἀκεῖνος χαλεπαίνει ἑκάστοτε ὅταν αὐτῷ μὴ ὑπείκω, ἔπειτά μου ἧττον ἐπιμελεῖται ὡς ἀμαθοῦς ὄντος. 而我意识到，［欧蒂德谟］对我厘析他的话语感到生气……于是我想起了孔诺斯，每当我不顺着他，他也对我生气，于是他就更不在意我，因为觉得我无知。（柏《欧》295d）［在苏格拉底作这番转述时，欧蒂德谟已经不生气了；与此不同，孔诺斯的“感到生气”和“不在意”则是习惯性动作（注意 ἑκάστοτε 和不定结构），持续到现在；注意，这里搭配使用直陈式和祈愿式的原因不同于例句 24、25］①

(27) ταῦτα ... ἐποίεε, ἐπιστάμενος ὅτι τῷ δικαίῳ τὸ ἄδικον πολέμιον ἐστι. 他做了这些事情，因为他认识到，不义之事与正义之事为敌。（《原史》1.96.2）［ὅτι 从句包含一个普遍原则，这一原则永远成立，在转述者的时代也成立；现在时直陈式表达普遍或永恒真理的用法，见 33.16］②

将来时直陈式偶尔也涉及转述者的将来，并不限于被转述者的将来，例如：

(28) τοῦτο ... ὁ τιθεὶς τὸν νόμον εἶδεν, ὅτι τούτων μὲν οὐδεὶς εἴσεται τὸν ἑαυτῷ κεχαρισμένον ὑμῶν, οἱ θεοὶ δὲ εἴσονται καὶ τὸ δαιμόνιον τὸν μὴ τὰ δίκαια ψηφισάμενον. 立法者看到了这点，就是这些人里没有谁会知道你们中那位帮助他的人，而诸神和神灵会知道那没有投出公正一票的人。（德《演》19.239）［这里讨论的是秘密投票，这一程序依旧有人执行，并且如 τούτων 所示（见 29.30），德摩斯梯尼关注的是当前的审判，其结果取决于审判员未来的投票］

---

① 原书英译作：I realized that he (*Euthydemus*) was angry with me for making distinctions in his phrases ... I remembered that Connus, too, becomes angry with me every time I do not give in to him and that afterwards he devotes less attention to me because he believes that I am stupid. 关于 ὡς ἀμαθοῦς ὄντος，见 52.39。

② 原书英译作：These things ... he did, understanding that injustice is the enemy of justice.

表达感受、认知和情绪的动词带 ὅτι/ὡς 从句

41.15 表达感受、认知和情绪的动词若用历史时态，那么它们所带的 ὅτι/ὡς 从句就与意为言说的动词使用相同的结构——或是沿用对应的直接陈述的时态词干和语式，或是改用间接祈愿式，例如：

(29) οὗτος ὁ Κόμων ἐτελεύτησεν ἄπαις ... καὶ ἦν πρεσβύτερος ὅτε ἐτελεύτα. καὶ ἐγὼ ἐπειδὴ ἠσθόμην ὅτι οὐχ οἷός τέ ἐστιν περιγενέσθαι ... 这位科蒙死而无子……去世时也很老迈。而当我意识到他当时不可能康复时……（德《演》[48].5）［沿用现在时直陈式；直接话语：οὐχ οἷός τέ ἐστιν περιγενέσθαι］

(30) ἐπεὶ δ' ᾔσθοντο οἱ μὲν Ἕλληνες ὅτι βασιλεὺς σὺν τῷ στρατεύματι ἐν τοῖς σκευοφόροις εἴη ...

而当希腊人意识到［波斯］王与他的部队在自己的辎重队里时……（色《上》1.10.5）［间接祈愿式；直接话语：βασιλεὺς ἐν τοῖς σκευοφόροις ἐστί］

不过，还可能有第三种结构。这种结构类似于英语中的时态后移：直接陈述中原本的现在时直陈式和完成时直陈式在间接陈述中分别由未完成时和过去完成时代替，而将来时直陈式则由 ἔμελλον + 将来时不定式代替。意为言说的动词不带这种结构，但是 ὁράω/εἶδον［看见］所带的 ὅτι/ὡς 从句中只能用这一结构，例如：

(31) καὶ εὐθὺς ἔγνωσαν πάντες ὅτι ἐγγύς που ἐστρατοπεδεύετο βασιλεύς.

并且所有人都立刻意识到［波斯］王就在附近某处扎营。（色《上》2.2.15）［直接话语：στρατοπεδεύεται］

(32) ἐν πολλῇ δὴ ἀπορίᾳ ἦσαν οἱ Ἕλληνες, ἐννοούμενοι ὅτι ἐπὶ ταῖς βασιλέως θύραις ἦσαν, ... ἀγορὰν δὲ οὐδεὶς ἔτι παρέξειν ἔμελλεν ... προυδεδώκεσαν δὲ αὐτοὺς καὶ οἱ σὺν Κύρῳ ἀναβάντες βάρβαροι, μόνοι δὲ καταλελειμμένοι ἦσαν. 这些希腊人显然身处巨大的困境中，因为他们意识到自己在［波斯］王的大门口……而任何人都不会再提供市场……与居鲁士一同上行的外夷也抛弃了他们，自己被孤零零地撇下了。（色《上》3.1.2）［直接话语分别用 ἐσμέν（我们在）、παρέξει（他会提供）、προδεδώκασιν（他们抛弃）和 καταλελείμμεθα（我们被撇下）代替划线的四个部分］

注一：在这种结构中，间接陈述并不被呈现为主句之主语的想法，却被呈现为独立于转述者的时间视角的事实，而母动词的主语对这个事实加以考虑。与此不同的是，表达感受、认知和情绪的动词所带的对应的“直接陈述”的直陈式（例句 29）或祈愿式（例句 30）则把间接陈述呈现为母句的主语过去持有的一种思维内容。

注二：表达感受、认知和情绪的动词带分词的用法，见 52.10，进一步的讨论

见 52.17–28。

间接陈述的延续

41.16 间接陈述常常不止一句。转述者有多种方式来表示间接陈述延续了多个句子——

- 在每个新句子前，可以添加意为言说的动词；φημί 的各种形式带陈述不定式（见 51.19–27）尤其常见，例如：

(33) οἱ δὲ στρατιῶται ἔκοπτον τὰς πύλας καὶ ἔλεγον ὅτι ἀδικώτατα πάσχοιεν ἐκβαλλόμενοι εἰς τοὺς πολεμίους· κατασχίσειν τε τὰς πύλας ἔφασαν, εἰ μὴ ἑκόντες ἀνοίξουσιν. 而士兵们捶打着城门，并且反复说，他们在遭受极其不义的事情，因为他们被丢给了敌人——他们还说，自己会砍倒城门，倘若[城里的人]不主动打开[门]。（色《上》7.1.16）

- 即便不插入 ἔφη，ὅτι/ὡς 从句也可切换为陈述不定式：

(34) ἡ δὲ ἀπεκρίνατο ὅτι βούλοιτο μὲν ἅπαντα τῷ πατρὶ χαρίζεσθαι, ἄκοντα μέντοι τὸν παῖδα χαλεπὸν εἶναι νομίζειν καταλιπεῖν.

而她回答说，她愿意在一切事情上讨父亲欢喜，不过，她认为难以留下不愿[待在美迪阿]的孩子。（色《教》1.3.13）

- 由于间接祈愿式能明确表达间接陈述，因此在使用间接祈愿式时，受话人也能知道转述的内容超过了一个句子，例如：

(35) ἔλεξα ὅτι τὸν μὲν νόμον οὐ δικαίως μου προκαθισταίη Φιλοκράτης ... διαβάλλων εἰς τὸ δικαστήριον ... ἃ μέντοι ... διαβάλλοι, ῥᾳδίως ἐξελεγχθήσοιτο ψευδόμενος· εἶεν γὰρ οἱ συνειδότες πολλοί ... καὶ εἶπον ... ταῦτα ἐν τῷ δικαστηρίῳ ...

我说，菲洛克剌忒斯去法庭诽谤，并不正义地把法律横在我面前[作为阻碍]，然而就他诽谤的内容而言，他轻而易举地被证实为一个骗子：总之，见证者众多……我在法庭上说了这些……（安提《演》6.21–23）

- 还有一个常用的方法来表达间接陈述的延续，就是把间接陈述改为直接陈述，ἔφη 可加可不加，例如：

(36) ἔλεγον ὅτι ἐγὼ πάντα εἴην πεπυσμένος τὰ γιγνόμενα ἐν τῇ οἰκίᾳ· Σοὶ οὖν, ἔφην, ἔξεστι δυοῖν ὁπότερον βούλει ἑλέσθαι, ...

我说家里发生的一切事情我都已经听说了。“那么，”我说道，“随你，无论你打算选择两者中的哪个……”（吕《演》1.18）

(37) ἐπεὶ δὲ ἀφίκοντο ἐπὶ σταθμόν, εὐθὺς ὥσπερ εἶχεν ὁ Ξενοφῶν ἐλθὼν πρὸς τὸν Χειρίσοφον ᾐτιᾶτο αὐτὸν ὅτι οὐχ ὑπέμεινεν, ἀλλ' ἠναγκάζοντο φεύγοντες ἅμα μάχεσθαι. Καὶ νῦν δύο καλώ τε κἀγαθὼ ἄνδρε τέθνατον καὶ οὔτε ἀνελέσθαι οὔτε θάψαι ἐδυνάμεθα.

而当他们抵达宿营处时，色诺芬径直来到刻伊瑞索佛斯面前——就好像他当时就在[那里]——指责他没有等候，却强迫他们在逃跑的同时战斗。[色诺芬说：]“现在，不仅两名美好且优秀的男儿死了，而且，我们既无法取回也无法埋葬[他们的遗体]。”（色《上》4.1.19）

间接话语中的从句

41.17 间接话语中所转述的句子（陈述、疑问、命令或感叹）也可以带自己的从句。如果是在对应的直接话语中，那么这些分句就从属于主句。用英语表示即是——

- 直接话语：Daphnis said to Chloe: “I want to see you as soon as I arrive.”
- 间接话语：Daphnis said to Chloe that he wanted to see her as soon as he arrived.

在古典希腊语中，这些从句里语式的用法与上文所述的（见41.7–15）大体相似，只是还有一些要点需注意。

41.18 在基本序列中，所有从句动词沿用对应的直接陈述所用的时态词干和语式（见41.7），例如：

(38) λέγουσιν ὡς, ἐπειδάν τις ἀγαθὸς ὢν τελευτήσῃ, μεγάλην μοῖραν καὶ τιμὴν ἔχει. 他们说，每当一个优秀的人命终时，他便会拥有巨大的声望和尊荣。（柏《克拉》398b）[直接陈述：ἐπειδάν ... τελευτήσῃ, ... ἔχει，这是使用 ἄν + 虚拟式的习惯性时间从句，见47.9]

(39) λέγουσιν, ὅτι εἰ σαρκώδης ἦν, μακροβιώτερον ἂν ἦν τὸ γένος. 他们说，假设[头部的]肌肉发达，那么[人]这一物种就会更加长寿。（《论动物的部分》656a16–17）[直接陈述：εἰ ... ἦν, ... ἂν ἦν，这是使用情态直陈式的非事实条件从句，见49.10]

41.19 在历史序列中，所有从句动词的时态词干和语式都可以保持不变（见41.8）。也可以使用时态词干相同的间接祈愿式来代替直陈式（见41.9），但是未完成时和过去完成时除外（见41.10），例如：

(40) ἀπεκρίνατο ὅτι μανθάνοιεν οἱ μανθάνοντες ἃ οὐκ ἐπίσταιντο.

他回答道，学习者学习他们并不知道的东西。（柏《欧》276e）[直接陈述：μανθάνουσι ... ἃ οὐκ ἐπίστανται；关系从句中用现在时祈愿式代替了现在时直陈式]

(41) εἶχε γὰρ λέγειν ... ὡς Λακεδαιμόνιοι διὰ τοῦτο πολεμήσειαν αὐτοῖς, ὅτι οὐκ ἐθελήσαιεν μετ' Ἀγησιλάου ἐλθεῖν ἐπ' αὐτὸν οὐδὲ θῦσαι ἐάσαιεν αὐτὸν ἐν Αὐλίδι τῇ Ἀρτέμιδι. 因为[佩洛皮达斯]能够说，拉刻代蒙人如何由于这一原因而对他们发动战争，就是[忒拜人]并不愿意与阿革西拉欧斯一同向[波斯国王]进发，他们还不允许他在奥利斯向阿尔忒米斯献祭。（色《希》7.1.34）[直接话语：ἐπολέμησαν ἡμῖν, ὅτι οὐκ ἠθελήσαμεν ... οὐδὲ ... εἰάσαμεν；原因从句中的不定过去时直陈式由祈愿式代替][1]

41.20 在历史序列中，情态直陈式和所有的祈愿式都保持不变（见41.11）。但是虚拟式（无论何种用法）可由祈愿式代替；虚拟式所带的ἄν会消失。例如：

(42) ἐδόκει ... εἰ μὴ ἔφθασαν δὴ αὐτοὶ ... ξυλλαβόντες τοὺς ἄνδρας, προδοθῆναι ἂν ἡ πόλις.

看起来，假设他们自己真的没有抢先逮捕那些人，那么城邦原本就会遭到出卖。（《佩战》6.61.2）[直接陈述：εἰ μὴ ἐφθάσαμεν ... προυδόθη ἄν；非事实条件所要求的不定过去时直陈式（见49.10）保持不变][2]

(43) εἶπον ὅτι ἀπίοιεν ἄν, εἰ σφίσιν ἀσφάλειαν μετὰ τῶν ὅπλων ἀπιοῦσι διδοῖεν. 他们说自己会撤走，倘若他们在带着武器撤走时[忒拜人]给予他们安全。（色《希》5.4.11）[直接话语：ἀπίοιμεν ἂν εἰ ἀσφάλειαν διδοῖτε；在间接话语中，潜在条件（见49.8）所要求的祈愿式保持不变]

(44) ἤλπιζον ὑπὸ τῶν σφετέρων αὐτῶν παίδων γηροτροφηθέντες, ἐπειδὴ τελευτήσειαν τὸν βίον, ταφήσεσθαι. 他们希望在年老时得到自己孩子的赡养，当他们结束一生时由[他们]安葬。（吕《演》13.45）[直接陈述：ἐπειδὰν τελευτήσωμεν ... , ταφησόμεθα；涉及将来的时间从句要求 ἄν + 不定过去时虚拟式（见47.8），在历史序列中由不带 ἄν 的不过时祈愿式代替]

(45) Κίμωνος εἰπόντος ὅτι φοβοῖτο μὴ δικαιολογούμενος περιγένοιτο ἡμῶν ὁ Φίλιππος ...

---

① 本句中的 ὡς Λακεδαιμόνιοι 接在41.10例句20之后，色诺芬以一个 καί 连接两个句子。

② ἔφθασαν 带宾格的用法见52.11。

当奇蒙说他担心腓力会在法庭陈述中胜过我们时……（埃《演》2.21）[直接陈述：φοβοῦμαι μὴ περιγένηται；表达疑惧的动词结构在基本序列中要求的不定过去时虚拟式（见 43.3）在历史序列中由祈愿式代替]

注一：由于可能无法确定，一个不定过去时祈愿式所代表的原本是不定过去时直陈式还是不定过去时虚拟式，因此，在从属于间接陈述的分句中，不定过去时直陈式常常保持不变，而不定过去时虚拟式更常被祈愿式代替。

注二：在某些情况下，祈愿式会有不止一种说得通的解释。典型情况是，要么代替原本的虚拟式 + ἄν，要么原本就是祈愿式，例如：

(46) οἱ δὲ πεμφθέντες λέγουσι Κύρῳ ὅτι μισοῖέν τε τοὺς Ἀσσυρίους δικαίως, νῦν τ', εἰ βούλοιτο ἰέναι ἐπ' αὐτούς, καὶ σφεῖς σύμμαχοι ὑπάρξοιεν καὶ ἡγήσοιντο. 而被派出来的[许尔卡尼阿人]对居鲁士说，他们有理由憎恨亚述人，并且现在，如果他打算向这些人进发，那么他们就会成为并肩作战者，并且会[为居鲁士]当向导。（色《教》4.2.4）[直接陈述：μισοῦμέν τε ... νῦν τ', ἐὰν βούλῃ / εἰ βούλοιο ... καὶ αὐτοὶ σύμμαχοι ὑπάρξομεν καὶ ἡγησόμεθα；现在时祈愿式 βούλοιτο 可能代替 ἄν + 现在时虚拟式（预期条件从句），也可能代替现在时祈愿式（潜在条件从句）；这两种可能都与结论分句中的两个将来时祈愿式兼容，代替将来时直陈式（如果理解为代替原本的祈愿式，那么这就是常见的一类混合条件句，见 49.17；这会传达出一种礼貌的语气）；还需要注意强调性的间接反身代词 σφεῖς（相当于直接陈述中的 αὐτοί），并且句中的 νῦν 指的是转述的当下]

41.21 如果从属于间接陈述的分句并非转述的内容，而是由转述者插入的评论，并且以转述者的时间视角来呈现，那么就不使用间接祈愿式，而如英语的时态后移那般使用未完成时或者过去完成时（对比 41.15 注一），例如：

(47) ᾔδει δὴ σαφῶς, οἶμαι, τοῦτο ὅτι νῦν, ἡνίκ' ἐστασίαζε μὲν αὐτῷ τὰ Θετταλῶν, καὶ Φεραῖοι πρῶτον οὐ συνηκολούθουν, ἐκρατοῦντο δὲ Θηβαῖοι καὶ μάχην ἥττηντο καὶ τρόπαιον ἀπ' αὐτῶν εἱστήκει, οὐκ ἔνεστι παρελθεῖν, εἰ βοηθήσεθ' ὑμεῖς. [腓力，]我认为，事实上对这点一清二楚：如今，当色萨利的各种事情与他[的心意]不合时，斐赖人首先就不追随他了，忒拜人又被击溃——他们输了一仗，针对他们的胜仗纪念碑也立了起来——如果你们援助，他是不可能突破的。（德《演》19.320）[时间从句是转述者德摩斯梯尼的额外评论；假设这个从句以腓力的视角表达，那么就会用现在时 στασιάζει、συνακολουθοῦσιν 等等；注意，根据得到沿用的将来时直陈式 βοηθήσεθ'（见 49.5）可以

明确推知，另一个从句 εἰ βοηθήσεθ' 其实是以腓力的时间视角来表达的]

41.22 如果一个分句从属于历史序列中的[宾格与]陈述不定式（见 51.19–27），那么上述的各种规则也适用于这一分句，例如：

(48) οὐδεὶς ἦν ὅστις οὐκ ᾤετο, εἰ μάχη ἔσοιτο, τοὺς ... κρατήσαντας ἄρξειν. 不存在这样的人——他不认为，如果发生了战斗，那么胜利者就会统治[失败者]。（色《希》7.5.26）[条件从句 εἰ ... ἔσοιτο 从属于宾格与不定式结构 τοὺς κρατήσαντας ἄρξειν；将来时祈愿式 ἔσοιτο 代替了将来时直陈式 ἔσται]

41.23 在一个间接陈述使用不定式的时候，从属于这个间接陈述的分句偶尔也用陈述不定式，例如：

(49) λέγεται, ... ἐπειδὴ ἐκ τῆς Ὀάσιος ταύτης ἰέναι ... ἐπιπνεῦσαι νότον μέγαν τε καὶ ἐξαίσιον. 据说，当他们从这欧阿西斯穿过[沙漠]时，刮起了一阵猛烈而狂乱的南风。（《原史》3.26.3）[直接陈述：ἐπειδὴ ἦσαν ... ἐπέπνευσε νότος；不定式代替了 ἐπειδή 从句中的直陈式]

第 42 章　间接疑问和间接感叹

间接疑问

引言：直接疑问和间接疑问

42.1　间接疑问（indirect question），又称作从属疑问（dependent question），是直接疑问在间接话语或间接想法中的对应物——

- 直接疑问例如：τίς εἶ;[你是谁？]、(ἦ/ἆρα) ἐποίησε τοῦτο;[他做过此事吗？]。
- 间接疑问例如：ἐρωτᾷ τίς εἰμι[他问我是谁]、οὐκ ᾔδη εἰ τοῦτο ἐποίησεν[我当时不知道他是否做过此事]。

直接疑问（类型、语式的用法等等）见 38.4–24。宽泛意义上的间接话语或间接想法，见 41.1–2。

引导间接疑问的动词

42.2　间接疑问可由意为询问、惊奇、了解、分辨、展示和知道等等的动词引导，例如：

ἀγγέλλω[宣布]、ἀπορέω[不知所措]、γιγνώσκω[认识；意识到]、δείκνυμι[展示]、ἐρωτάω[询问]、θαυμάζω[惊异于；钦佩]、μανθάνω[明白；懂得]、οἶδα[知道]、πυνθάνομαι[打探；听闻]和 ὁράω[看见]。

如果母句表达不了解，那么涉及认识或[心理]感受的动词就可以带间接疑问，就像英语的 I don’t know if ...、Do you know if ... ?和 Who knows if ... ?（对比后文例句 2–3、13–15 和 18）。

引导间接疑问的从属词

是非疑问和选择疑问

42.3　间接是非疑问（indirect yes/no-question）由 **εἰ**[是否]引导：

(1) νῦν ἐρωτᾷς εἰ ἔχω σε διδάξαι.

你正在问我是否能够教你。（《美诺》82a）**

(2) τίς οἶδεν εἰ κάτω ’στὶν εὐαγῆ τάδε;

谁知道这些事情在冥界是否毫无罪孽？（索《安》521）

(3) τίς οὖν ὁ γνωσόμενος εἰ τὸ προσῆκον εἶδος κερκίδος ἐν ὁποιῳοῦν

ξύλῳ κεῖται; 那么谁是那个会知道梭子的恰当理念是否在任意一块木材之中的人？（柏《克拉》390b）①

42.4 间接选择疑问（indirect alternative question）由一组关联词引导：**πότερον/α ... ἤ**、**εἰ ... ἤ**、**εἰ ... εἴτε** 或 **εἴτε ... εἴτε**[或者……或者]；第二个选择项的否定词是 μή，例如：

(4) ἐρωτᾷ πότερον βούλεται εἰρήνην ἢ πόλεμον ἔχειν.

他问，他想要和平还是战争。（色《希》3.2.1）

(5) ἀθρήσατ' ... εἰ τὸν Αἵμονος | φθόγγον συνίημ', ἢ θεοῖσι κλέπτομαι.

你们瞧啊，我是听到了海蒙的声音，还是被诸神欺骗了。（索《安》1216–1218）

(6) καὶ δείξεις τάχα | εἴτ' εὐγενὴς πέφυκας εἴτ' ... κακή.

而你很快就会展现出你是生得高贵还是出身卑贱。（索《安》37–38）

(7) σκοπεῖτε εἴτ' ὀρθῶς λογίζομαι ταῦτ' εἴτε μή.

请你们考虑一下，这些事情我想得对还是不对。（德《演》15.11）

特指疑问

42.5 间接特指疑问（indirect specifying question）或是由常规的疑问代词/形容词/副词（τίς、πόσος 和 ποῦ 等等，见 8.1–2、38.11）引导，或是由对应的不定关系代词/形容词/副词（以 ὁ- 开头：ὅστις、ὁπόσος 和 ὅπου 等等，见 8.1–2）引导，例如：

(8) ὅταν σ' ἐρωτᾷ τίς τε καὶ πόθεν πάρει ...

当他问你是谁以及你从何处来时……（索《菲》56）

(9) ἐρωτῶντος γὰρ Στρατοκλέους ὅστις αὑτῷ ἀποδώσει τὰ χρήματα ...

因为当斯特剌托克勒斯问谁会还他钱时……（伊索《演》17.37）

(10) ἐλθὼν δέ σ' ἠρώτησα πῶς τροχηλάτου | μανίας ἂν ἔλθοιμ' ἐς τέλος πόνων τ' ἐμῶν. 我来[到你的神殿]后问你，我如何才能走向在车轮上疾驰的疯狂的终点和我各种痛苦的尽头。（欧《伊陶》82–83）

(11) τοῦτο δὴ ἄρτι ἠρώτων, ὅπως χρὴ τοῖς ὀνόμασι χρώμενον λέγειν περὶ αὐτῶν.

其实我刚才问的是这点：应该如何用名称来谈论这些。（柏《泰》198e）

42.6 如同在直接疑问中那样（见 38.14），在间接疑问中，疑问词可以充当强

---

① 分词 γνωσόμενος 见 52.49 例句 138，ὁποιῳοῦν 见 59.35。

制成分，不仅可作为限定动词的修饰语，还可作为从属结构（比如分词）的修饰语：

(12) ἐλθὼν δ’ ὁ Ξενοφῶν ἐπήρετο τὸν Ἀπόλλω τίνι ἂν θεῶν θύων καὶ εὐχόμενος κάλλιστα καὶ ἄριστα ἔλθοι τὴν ὁδόν. 色诺芬就出发了，他询问阿波罗，通过向哪位神明献祭和祈祷，才可能最美好且最卓越地踏上道路。（色《上》3.1.6）［τίνι 是 θύων 和 εὐχόμενος 所带的间接宾语］

间接疑问中语式的用法

42.7 间接疑问所用的语式序列与 ὅτι 或 ὡς 引导的间接陈述（见 41.7–14）相同：如果母句没有用过去时态（即为基本序列），那么从句中的时态和语式（相对于对应的直接疑问）就不发生改变，例如：

(13) κεῖνος δ’ ὅπου | βέβηκεν οὐδεὶς οἶδε.
他去何方，无人知晓。（索《特》40–41）［直接疑问：ποῦ βέβηκεν;］

(14) ἐγὼ μὲν οὐκ οἶδ’ ὅπως ἄν τις σαφέστερον ἐπιδείξειεν.
我并不知道某人能以什么方式证明得更加清楚。（德《演》27.48）［直接疑问：πῶς ἂν ἐπιδείξειεν;］

如果母句使用过去时态（即为历史序列），那么从句中就可以（但非必须）使用时态词干相同的间接祈愿式，例如：

(15) τὸν Μιλύαν δ’ οὐδ’ ὅστις ἔστιν οὐδεὶς ᾔδει.
而根本没有谁知道米吕阿斯是谁。（德《演》29.29）［保留原有语式；直接疑问：τίς ἔστιν;；双重否定 οὐδ’ ... οὐδείς 见 56.4］

(16) ἔφη ... παραγενέσθαι ἐρωτωμένῳ ἑτέρῳ ὑπὸ ἑτέρου ὅπου εἴη Ἀρδιαῖος ὁ μέγας. ［厄尔］说他在一人边上，后者被另一人问及大阿尔迪埃欧斯在何处。（《邦制》615c）［间接祈愿式；直接疑问：ποῦ ἐστιν;］

注一：改用间接祈愿式与沿用原有语式的差异，见 41.13–14。

42.8 考量疑问（见 34.8、38.16）的规则完全相同：在基本序列中沿用考量虚拟式，在历史序列中则可以改用祈愿式，例如：

(17) καὶ ἐρωτᾷ δὴ πῶς με θάπτῃ. 并且［克力同］就问，他应该如何埋葬我。（《斐多》115d）［基本序列；直接疑问：πῶς σε θάπτω;］

(18) ὁ Ἀριστεὺς ... ἠπόρησε ... ὁποτέρωσε διακινδυνεύσῃ χωρήσας.
阿瑞斯忒乌斯拿不准应该向两个地方中的哪个冒险进发。（《佩战》1.63.1）［历史序列，依旧用虚拟式；直接疑问：ποτέρωσε διακινδυνεύσω;］

(19) οὐχ ὡς ἐπιθυμοῦντες τῆς ἐξόδου ἠρωτήσατε εἰ ἐξίοιτε.

你们问是否该离开，并非因为[你们]渴望出征。（色《教》4.5.21）[历史序列，改用间接祈愿式；直接疑问：ἐξίωμεν;]

间接感叹

引言：直接感叹和间接感叹

42.9 间接感叹，亦即从属感叹，是直接感叹在间接话语或间接想法中的对应物——

- 直接感叹例如：οἷός ἐστι[他是这样的啊！]。
- 间接感叹例如：θαυμάζω οἷός ἐστι[我惊异于他是这样的]。

直接感叹见 38.43–51。

宽泛意义上的间接话语或间接想法见 41.1–2。

注一：在间接话语或间接想法中，只有程度感叹有特别的结构——并没有另外的名词性感叹或句感叹结构（这两种结构见 38.44）。

引导间接感叹的动词

42.10 涉及情绪表达的动词，诸如 θαυμάζω[惊异；感到惊异]、κατοικτείρω/-ίρω[感到同情]，尤其会带间接感叹作为补语，涉及深思之过程的动词亦然，比如 ἐνθυμέομαι[深思；留心]。

间接感叹的结构

42.11 间接程度感叹与其对应的直接感叹相同，都由限定关系形容词/副词（οἷος、ὅσος 等等或者 ὡς）引导。

间接感叹在结构上与间接陈述（见 41.7–14）相同：在基本时态中，时态和语式与对应的直接感叹相同；在历史时态中，从句可改用间接祈愿式。间接感叹的否定词是 οὐ。例如：

(20) <u>ἐννοηθέντες</u> δὲ <u>οἷα</u> ... <u>πάσχουσιν</u> ὑπὸ τῶν Ἀσσυρίων ... ταῦτα ἐνθυμουμένοις ἔδοξεν αὐτοῖς νῦν καλὸν εἶναι ἀποστῆναι.

而由于他们考虑到自己在亚述人那里遭受了如此这般的情况……当[许尔卡尼阿人]深思这些事情时，在他们看来，现在就是起义的好[时机]。（色《教》4.2.3）[直接感叹：οἷα πάσχομεν]

(21) ὁ μὲν δὴ ταῦτ᾽ εἰπὼν ἀπῄει, <u>κατοικτίρων</u> τήν τε γυναῖκα <u>οἵου</u> ἀνδρὸς <u>στέροιτο</u> καὶ τὸν ἄνδρα <u>οἵαν</u> γυναῖκα καταλιπὼν οὐκέτ᾽ <u>ὄψοιτο</u>.

于是，[居鲁士]说完这些就走开了，心怀对那个失去了这样一位丈夫的女子之怜悯，又心怀对那个丈夫的怜悯——他在离开这样一位妻子后再也不会见到[她]。（色《教》7.3.14）[直接感叹：οἵου ἀνδρὸς στερεῖται ... οἵαν γυναῖκα καταλιπὼν οὐκέτ' ὄψεται]

(22) ἐθαύμαζεν ... ὁ Λύσανδρος ὡς καλὰ μὲν τὰ δένδρα εἴη.

吕珊德若斯惊讶于那些树木是如此之美。（色《家》4.21）[直接感叹：ὡς καλὰ τὰ δένδρα ἐστί]

注一：我们应该区分间接感叹与由疑问代词/副词（πῶς 等等）或者不定关系代词/副词（ὅπως 等等）引导的间接疑问（见 42.1–8），对比例句 22 与 23：

(23) ἴσως ... θαυμάζεις σὺ πῶς ἐγὼ ἀνήλωκα σοῦ αὐτοὺς τρέφοντος.

或许你好奇，在你供养[士兵]时我是如何花钱的。（色《教》2.4.9）

[例句 22 中的 θαυμάζω 带间接感叹，意为惊讶；例句 23 中的 θαυμάζω 带间接疑问，意为好奇]

第 43 章　疑惧从句

引言　表达疑惧和忧虑的动词

43.1　疑惧从句（fear clause）由 **μή** 引导（否定用 μὴ οὐ），可以充当表达害怕、忧惧、焦虑和怀疑等等的动词的补语。这些动词例如：

δέδοικα[担心]、φοβέομαι[恐惧]、δέος ἐστί[怀有对……的担心]、κίνδυνός ἐστι[有……的危险]、φόβος ἐστί[怀有对……的担心]、ἀθυμέω[对……泄气；担忧]、φροντίζω[顾虑；担忧；考虑]和 ὑποπτεύω[怀疑]。

43.2　上述动词带疑惧从句时的用法如下——

• 如果疑惧或忧虑的是将来会发生的动作，那么 μή (οὐ) 就带不定过去时或现在时虚拟式，在历史序列中则带祈愿式，例如：

φοβοῦμαι μὴ τοῦτο ποιήσῃ 我害怕他会做这件事。

• 如果疑惧或忧虑的是当下正在发生或已然发生的动作会在将来得到证实，那么 μή (οὐ) 后就带现在时或完成时虚拟式，在历史序列中则带祈愿式，例如：

φοβοῦμαι μὴ τοῦτο ποιῇ 我害怕[将来会证实]他在做这件事。

• 如果失望或忧虑的是一个真实性已得证实的（亦即关乎事实的）动作（或这个动作的后果），那么 μή (οὐ) 就带完成时或现在时直陈式，例如：

φοβοῦμαι μὴ τοῦτο ποιεῖ 我害怕他在做这件事。

请注意，这些结构中的 μή 不表达否定。

注一：上面列出的某几个动词带不同结构时含义不同。例如 φοβέομαι[害怕]就有多种含义，可以带能动不定式（害怕做某事）、间接疑问（怀疑……是否）、介词短语（比如带 περί 意为为……担心）或者直接宾语（害怕）等等。

特别地，表达疑惧的动词与表达勉力的动词多有重合（见 44.6–7，表达勉力的动词带疑惧从句的用法亦见彼处）。

疑惧从句的结构和含义

对将来可能情况的疑惧

43.3　如果主语疑惧或忧虑的是将来可能发生的动作，那么疑惧从句就使用 **μή (οὐ)** + 不定过去时或现在时虚拟式，例如：

(1) ταῦτ' οὖν περί μου δέδοικε μὴ διαφθαρῶ.

因此这就是[儿子]对我的[担心]，他担心我会堕落。（《马蜂》1358）

(2) οἱ Περσέων στρατηγοὶ πυθόμενοι τὸ πλῆθος τῶν Ἰάδων νεῶν καταρρώδησαν μὴ οὐ δυνατοὶ γένωνται ὑπερβαλέσθαι. 波斯人的将领了解到伊欧尼亚人的舰船数量后便害怕自己会无力战胜[他们]。（《原史》6.9.1）

(3) οἱ μέγιστον δυνάμενοι ... αἰσχύνονται ... καταλείπειν συγγράμματα ἑαυτῶν, δόξαν φοβούμενοι τοῦ ἔπειτα χρόνου, μὴ σοφισταὶ καλῶνται.

最有权势的人羞于留下自己的著述，因为[他们]担心后世的名声，害怕会被称作智术师。（《斐德若》257d）[注意，这里的 φοβούμενοι 带直接宾语 δόξαν，然后由疑惧从句加以详述；这种详述性的疑惧从句并不少见]

在历史序列中，这种疑惧从句常常改用间接祈愿式，不过也可能沿用虚拟式，例如：

(4) οἱ πρὸς τοῖς Κερκυραίοις ... δείσαντες μὴ ὅπερ ἐν Ναυπάκτῳ γένοιτο, ἐπιβοηθοῦσι. 那些与科西拉人对阵的[佩洛璞斯岛人]由于害怕发生在瑙帕克托斯的那件事情会[再次]发生，就前来援助。（《佩战》3.78.2）[改用祈愿式；注意 ἐπιβοηθοῦσι 是历史现在时]

(5) οἱ δὲ Λακεδαιμόνιοι ... ἐν φυλακῇ πολλῇ ἦσαν, φοβούμενοι μὴ σφίσι νεώτερόν τι γένηται. 而拉刻代蒙人高度戒备，唯恐有什么始料未及的事情会发生在他们身上。（《佩战》4.55.1）[沿用虚拟式]

注一：在这种疑惧从句中，现在时虚拟式/祈愿式与不定过去时虚拟式/祈愿式的差异完全在于体（见 33.63–65）。不定过去时虚拟式/祈愿式更常见（如例句 1、2、4 和 5），因为所疑惧的动作通常呈现为一个完整的动作。与此不同，在例句 3 中，现在时虚拟式 καλῶνται 指一个流传中的名声。

注二：改用间接祈愿式与沿用虚拟式的差异，见 41.13。例句 4 中的祈愿式 γένοιτο 与例句 5 中的虚拟式 γένηται 的差异似乎是，后者从斯巴达人的视角来呈现这一疑惧，而祈愿式 γένοιτο 使得佩洛璞斯岛人的疑惧被叙述者淡化了。

对现在或过去[不确定]情况的疑惧

43.4 如果主语疑惧或忧虑的是现在可能正在发生的动作或者可能已然发生的动作，但其确定性尚未得到证实，那么疑惧从句就使用现在时或完成时虚拟式，例如：

(6) δεινῶς ἀθυμῶ μὴ βλέπων ὁ μάντις ᾖ.

我极其担心先知并不瞎。(《俄僭》747) [βλέπων ᾖ 见 52.51]

(7) γυναῖκες, ὡς δέδοικα μὴ περαιτέρω | πεπραγμέν' ᾖ μοι πάνθ' ὅσ' ἀρτίως ἔδρων. 姑娘们，我多么担心刚才我所完成的一切都被我做得过头了！(索《特》663–664)

在历史序列中，这种疑虑从句也可以改用间接祈愿式，例如：

(8) τὰ περὶ τοῦ Μνασίππου αὐτόπτου μὲν οὐδενὸς ἠκηκόει, ὑπώπτευε δὲ μὴ ἀπάτης ἕνεκα λέγοιτο. 他没有从任何目击者那里听到关于姆纳西璞珀斯的事情，而怀疑那些是为了欺骗[他]才说的。(色《希》6.2.31)

注一：请注意，现在时虚拟式、祈愿式也可用于涉及将来动作的疑惧从句（比如例句 3）。整体而言，完成时词干的虚拟式、祈愿式在疑惧从句中相对罕见。

表达失望的疑惧从句

43.5 表达疑惧的动词（通常用第一人称）也可以用来表达主语对已确定为真的动作（或这个动作的后果）的后悔、失望或忧虑。这种疑惧从句使用 **μή (οὐ)** + 完成时或现在时直陈式，例如：

(9) νῦν δὲ φοβούμεθα μὴ ἀμφοτέρων ἅμα ἡμαρτήκαμεν.

而我们现在担心自己在两件事上同时落了空。(《佩战》3.53.2)

(10) δέδοικά σ', ὦ πρεσβῦτα, μὴ πληγῶν δέει.

老家伙哦，恐怕你欠揍。(《云》493)

在这种情况下，疑惧结构本身并不表达真实的疑惧，而是用来充当一座"屏障"，即以客气或谨慎的方式来宣称疑虑从句中的内容（这一手法也可以用来表示讽刺，如例句 10）。

注一：在这种从句中，完成时直陈式尤其常见（表达一个不如人意的状态作为一个已完成动作的结果而存在），而不定过去时直陈式在古典希腊语中一般不会这样使用，但是荷马希腊语中会这样用不过时直陈式，例如：

(11) δείδω μὴ δὴ πάντα θεὰ νημερτέα εἶπεν.

我真的担心那位女神确凿地道出了一切。(《奥德修斯纪》5.300)

μή + 虚拟式的独立用法

43.6 μή (οὐ) + 虚拟式（疑惧从句的结构）可在独立句中表达谨慎或不太放心的陈述，见 34.10。

第44章　勉力从句

引言　意为勉力、小心、防范和策划的动词

44.1　勉力从句（effort clause）由 ὅπως 引导（有时由 ὡς 引导），充当意为勉力、小心、防范和策划等等的动词的补语。这些动词例如：

ἐπιμέλομαι[关心；努力使]、εὐλαβέομαι[关心；努力使]、μέλει μοι[我关心]、μηχανάομαι[准备；策划]、ὁράω[注意；关心；致力于]、παρασκευάζομαι[做好准备]、ποιέω[造成；使得]、σκοπέω[注意；关心；观察]、σπεύδω[汲汲于]、φροντίζω[顾虑；思考]和 φυλάττω/-ομαι[看守；防范]。

在带勉力从句时，这些动词表达一种勉力或防范，这种勉力或防范确保某个动作将来会发生或者不会发生，例如：

μηχανῶνται ὅπως τοῦτο γενήσεται 他们在策划使此事发生。

注一：上面罗列的许多动词在带不同结构时含义不同。例如，ὁράω 最常见的用法是表达感觉，意为看见，而 φροντίζω 也可以用来表达疑惧（意为顾虑，带疑惧从句，见 43.1）。

特别地，表达勉力的动词也常常带目的从句（见 44.3）或者带[宾格与]能动不定式结构（见 51.8；表达阻碍的动词亦然，见 51.34）。另外，表达勉力的动词与表达疑惧的动词多有重合（见 44.6–7）。

勉力从句的结构

44.2　勉力从句由 **ὅπως** 引导（有时由 ὡς 引导），带将来时直陈式，否定用 ὅπως μή，例如：

(1) τοῦτο δεῖ παρασκευάσασθαι, ὅπως ὡς κράτιστα μαχούμεθα.

这一点应该得到准备，以求尽可能有力地作战。（色《上》4.6.10）

(2) ὅρα δ' ὅπως ὠθήσομεν τούσδε ... ἐξ ἄστεως.

你还得关心如何使我们把这些[男人]挤出城市。（阿《城》300）[1]

(3) φύλαττέ θ' ὅπως μὴ τὴν βάλανον ἐκτρώξεται.

而且请你留心，别让他把插销啃掉。（《马蜂》155）

在历史序列中，将来时直陈式一般得到沿用（见 40.12），尽管也会

---

[1] 或译作并让我们致力于把……，英译文作 See to it that we expel these men from the city。《佩洛璞斯岛人与雅典人的战争》5.27.2 类似：χρή ... ὁρᾶν τοὺς Ἀργείους ὅπως σωθήσεται ἡ Πελοπόννησος[阿尔戈斯人应关心如何/致力于使佩洛璞斯岛得救]。

出现将来时祈愿式（罕见），例如：

(4) ἔπρασσον ὅπως τις βοήθεια ἥξει.

他们当时行动起来以求出现某种援助。（《佩战》3.4.6）

(5) ἐπεμελεῖτο δὲ ὅπως μήτε ἄσιτοι μήτε ἄποτοί ποτε ἔσοιντο.

而[居鲁士]当时留心使他们从不会缺饮少食。（色《教》8.1.43）

44.3 勉力从句在意思上类似于目的从句（后者由 ὅπως、ὡς 或 ἵνα 引导，带虚拟式或祈愿式，见 45.2–3）。事实上，表达勉力的动词往往带 ὅπως 或 ὡς（而非 ἵνα）引导的目的从句，亦即带虚拟式而非将来时直陈式。在色诺芬笔下，这种用法特别常见，例如：

(6) ἐπιμελητέον ... ὅπως τρέφωνται οἱ ἵπποι.

必须努力使马匹得到喂养。（《骑兵统帅》1.3）

44.4 这种从句偶尔使用 **ὅπως (μὴ) ἄν** + 虚拟式的结构。ἄν + 虚拟式（预期虚拟式，见 40.9，对比 45.4）的用法可以暗示，作为目标的事件被认为很可能会发生：

(7) καὶ αὐτός τε θηρᾷ καὶ τῶν ἄλλων ἐπιμελεῖται ὅπως ἂν θηρῶσιν.

[国王]本人狩猎，并且他还确保其他人会去狩猎。（色《教》1.2.10）

44.5 就诸如 σκοπέω[注意；关心；考察]和 φροντίζω[顾虑；思考]这样的动词而言，我们有时难以判别它们所带的是勉力从句还是间接疑问（从而 ὅπως 也可能作为 πῶς[如何]的对应物，见 42.5），例如：

(8) ἡμεῖς ... οὐδὲν φροντίζομεν, οὐδὲ σκοποῦμεν ὅπως ἐπανορθώσομεν αὐτήν. 我们毫不考虑也毫不关心匡正[城邦]。（伊索《演》7.15）[或者理解为间接疑问，译作考察如何匡正城邦]

其他具体细节

疑惧从句与勉力从句的交叉

44.6 表达勉力的动词也常常带疑惧从句（μή + 虚拟式或祈愿式）。由这种疑惧从句（见 43.3）表达的对将来或现在动作的疑惧或忧虑与母谓语的含义结合在一起（亦即，力图确保所疑惧的某件事情不会发生，或者力图确定所疑惧的某件事情没有在发生）。在这种情况下，μή 可译作以免、唯恐，例如：

(9) ... ἵνα | σκοπῆτε ... μὴ καὶ προσπέσῃ | ὑμῖν ... πρᾶγμα δεινὸν καὶ μέγα.

……以使你们小心，也免得可怕的大麻烦落到你们头上。（阿《地》579–581）[不定过去时虚拟式：对将来动作的疑惧]

(10) φύλαξαι μὴ θράσος τέκῃ φόβον. 请你提防，免得鲁莽滋生出恐惧。

埃（《乞援的妇女》498）［不定过去时虚拟式：对将来动作的疑惧］

(11) ὑποβλέπουσ’ ἡμᾶς σκοποῦνταί τ’ εὐθέως | μὴ μοιχὸς ἔνδον ᾖ τις ἀποκεκρυμμένος. 他们怀疑地看看我们，并且立刻检查，唯恐房间里有某个被藏起来的情夫。（阿《地》396–397）［完成时虚拟式：对现在状态的疑惧］

注一：诸如例句 9 和例句 10 的情况有时也可被理解为目的从句（μή + 虚拟式），这种结构见 44.3。

44.7 反之，表达疑惧的动词偶尔也带勉力从句（ὅπως μή + 将来时直陈式）：

(12) δέδοιχ’ ὅπως | μὴ ’κ τῆς σιωπῆς τῆσδ’ ἀναρρήξει κακά.

我担心从这安静之中会迸发出苦痛。（《俄僭》1074–1075）

注一：这一结构可以暗示，表达疑惧的动词的主语有意努力避免所疑惧的事情。

ὅπως + 将来时直陈式的独立用法

44.8 ὅπως (μή) + 将来时直陈式（勉力从句的结构）可在独立句中表达强烈的命令，见 38.34。

第45章 目的从句

引 言

45.1 古典希腊语可以使用以下结构来表达动作的目的——

- 目的从句（purpose/final clause），论述见本章；
- 将来时分词，常常带 ὡς（见 52.41）；
- 使用将来时直陈式的关系从句（见 50.24）；
- 某些介词短语（比如 ἐπί + 与格，见第 31 章）。

注一：与英语不同，古典希腊语一般不用不定式来表达目的。然而，表达来去、给予和拿取的动词可能会带具有目的含义的不定式，见 51.16–17。

ἐάν + 虚拟式、εἰ + 祈愿式（意为希望、以求）可表达目的，见 49.25。ὥστε 从句可表达有意达成的结果，见 46.9。

目的从句的结构

45.2 在古典希腊语中，目的从句由 **ἵνα** 或 **ὅπως** 引导，有时也会由 **ὡς**[以便；旨在]引导。否定性的目的从句则由 ἵνα μή、ὅπως μή 或 ὡς μή 引导，偶尔也由 μή[以免]单独引导。

注一：在诗歌中，偶尔用连词 ὄφρα[以便；在……时]来引导目的从句。

45.3 在基本序列中，目的从句所用的语式是虚拟式，例如：

(1) τῶν παίδων ἕνεκα βούλει ζῆν, ἵνα αὐτοὺς ἐκθρέψῃς καὶ παιδεύσῃς; 你愿意为孩子们活着，从而抚养并教化他们吗？（《克力同》54a）①

(2) πορεύεσθε ἔμπροσθεν, ὅπως ... λανθάνωμεν ὅτι πλεῖστον χρόνον. 你们[许尔卡尼阿人]要行军在前，以使我们在尽可能长的时间里不被察觉。（色《教》4.2.23）②

(3) διενοοῦντο τὰς προσβάσεις ... φυλάσσειν, ὅπως μὴ ... λάθωσι σφᾶς ἀναβάντες οἱ πολέμιοι. [叙拉古人]打算守住[上山的]通道，以免敌军上[山]时躲过自己的视线。（《佩战》6.96.1）

历史序列中常常改用间接祈愿式（见 40.12），但也可沿用虚拟式：

(4) ἐπρεσβεύοντο ... πρὸς τοὺς Ἀθηναίους ἐγκλήματα ποιούμενοι, ὅπως σφίσιν ὅτι μεγίστη πρόφασις εἴη τοῦ πολεμεῖν.

---

① βούλει 带虚拟式 ζῆν，见 40.1 注一。

② ὅτι + 最高级的结构，见 32.4。

他们派使者去雅典人那里提出种种抗议，为的是让自己发动战争的借口尽可能充分。(《佩战》1.126.1)[改用间接祈愿式]

(5) οἱ πλείους αὐτῶν, ἵνα μὴ ἀπ᾽οἴκου ὦσι, χρήματα ἐτάξαντο ἀντὶ τῶν νεῶν. 他们中的大多数都为了不远离家乡而交付金钱代替船只。(《佩战》1.99.3)[沿用虚拟式]

注一：改用祈愿式与沿用虚拟式的差异见 41.13。例句 4 的 εἴη 与例句 5 的 ὦσι 的差异似乎是，虚拟式 ὦσι 从母句主语的角度来呈现意图（叙述者不为“他们”的动机承担责任），而祈愿式 εἴη 使动作的目的被叙述者淡化。若目的从句中虚拟式和祈愿式紧接着出现，那么虚拟式就往往强调与其主语关联得更直接的目的，例如：

(6) τῶνδε δὲ εἵνεκα ἀνῆγον τὰς νέας, ἵνα δὴ τοῖσι Ἕλλησι μηδὲ φυγεῖν ἐξῇ, ἀλλ᾽ ... δοῖεν τίσιν τῶν ἐπ᾽ Ἀρτεμισίῳ ἀγωνισμάτων. 他们出于这些原因而把船开出：为了使希腊人无法逃跑，而要让他们为阿尔忒米西昂附近的壮举付出代价。(《原史》8.76.2)[在这个历史序列中沿用虚拟式 ἐξῇ，表达与主语最直接相关的目的，而祈愿式 δοῖεν 则表达次要的目的][1]

如果原初的目的在发话人的当下依旧存在，那么也会使用虚拟式，例如：

(7) τούτων ἕνεκα ἐγεννήθη τῶν ἄστρων ὅσα ... ἔσχεν τροπάς, ἵνα τόδε ὡς ὁμοιότατον ᾖ τῷ τελέῳ ... ζῴῳ. 由于这些[原因]，就生成了所有那些旋转的星辰，以使这个[宇宙]尽可能与那完美的生命体一致。(《蒂迈欧》39d–e)[沿用虚拟式：设计宇宙的目的在发话人的当下依旧存在；另见 41.14][2]

注二：在目的从句中，现在时虚拟式/祈愿式与不定过去时虚拟式/祈愿式的差异在于体（见 33.63–65）。例如，在例句 3 中，不过时虚拟式 λάθωσι 表达一个完整的动作（敌军将完全无法躲过视线），而例句 2 中的现在时虚拟式 λανθάνωμεν 则表达一个进行中的动作（注意 ὅτι πλεῖστον χρόνον[在尽可能长的时间里]）。

45.4 ὅπως 或 ὡς（而非 ἵνα）所带的目的从句有时用 ἄν + 虚拟式：

(8) δεῦρ᾽ ἔλθ᾽, ὅπως ἂν καὶ σοφώτερος γένῃ.

到这来吧，从而你甚至会变得更加智慧。(欧《阿》779)

(9) ὡς δ᾽ ἂν μάθῃς ... ἀντάκουσον.

而为了让你了解到……，该轮到你来听[我说]了。(色《上》2.5.16)

注一：这就是 ἄν + 预期虚拟式（见 40.9）的用法，并且可能具有一种细微的预期性含义：这个目的被呈现为某件很可能会发生的事情。

---

① μηδὲ φυγεῖν，牛津本（2015）作 μὴ διαφυγεῖν。

② 关系形容词 ὅσα 见 50.30；ὡς + 最高级意为尽可能，见 32.4。

第 46 章　结果从句

引　言

46.1 古希腊语用以下两种结构表达动作有意或无意造成的结果：

- 结果从句（result/consecutive clause），由 ὥστε[从而；以至于]引导，详见后文；
- 关系从句，常常由 ὅστις 或 οἷος 等等引导（见 50.25）；οἷος 等等带不定式的结构见 46.10。

46.2 古典希腊语的结果从句由 **ὥστε** 引导（偶尔由 ὡς 引导）。母句中常常带有预示着结果从句的表达，这些标志诸如（另见第 8 章）：

οὕτω(ς)[如此；以这种方式]、τοιοῦτος, τοιαύτη, τοιοῦτο[如此这般的]、τοσοῦτος, τοσαύτη, τοσοῦτο[如此大小/数量的]、εἰς τοῦτο + 属格[到了这个程度]和 εἰς τοσοῦτο(ν) + 属格[到了如此程度]。

46.3 结果从句有两种可能的结构——

- **ὥστε** + 独立句的语式（一般是直陈式）：表达一个实际的结果（见 46.4–6）；
- **ὥστε** + 不定式（或者宾格带不定式结构）：表达一个潜在的（自然而然的、不可避免的）结果（见 46.7–11）。

结果从句的结构

使用独立句的语式

46.4 如果 ὥστε 带直陈式，那么结果就被呈现为一个事实，亦即，这一结果实际上发生在某个特定的时间点。否定词是 οὐ。例如：

(1) <u>οὕτω</u> πονηρός ἐστι ... <u>ὥστε</u> ... ποιησαμένων αὐτὸν Τροιζηνίων πολίτην ... κατασταθεὶς ἄρχων <u>ἐξέβαλεν</u> τοὺς πολίτας ἐκ τῆς πόλεως.

他是如此卑劣，以至于在特洛伊孜登人使他成为邦民之后……在受任为执政官后，他把邦民们逐出了城邦。（《诉阿忒诺革内斯》15.5–11）

(2) ἡ τῶν ἰδίων ἐπιμέλεια ... τοὺς ... πλουσίους ἐμποδίζει, <u>ὥστε</u> πολλάκις <u>οὐ</u> <u>κοινωνοῦσι</u> τῆς ἐκκλησίας. 对个人事务的关心阻碍了富人，以至于他们常常不参加城邦大会。（《邦务》1293a7–9）

(3) αὐτοὺς ... ἐς κίνδυνον καθίστασαν, <u>ὥστε</u> τέλος ἡσυχίαν <u>ἦγον</u>.

他们使自己陷入危险，以至于最终停了下来。（《佩战》2.100.5）

46.5　结果从句也可以使用独立句的其他语式——

• ὥστε + ἄν + 潜在祈愿式（见 34.13），表达由一个动作导致的[实际上]可能发生的结果；

• ὥστε + ἄν + 非事实的情态直陈式（见 34.16）表达的是，假设特定条件实现了，一个动作原本就会作为另一动作的结果出现。

(4) οὕτω γὰρ ἀμφοτέρων σφόδρα πεπείρασθε, ὥστε καὶ τοὺς ἄλλους ὑμεῖς ἄριστ' ἂν διδάξαιτε περὶ αὐτῶν.

其实，你们已然如此彻底地经历了这两种情况，以至于你们自己甚至可以最出色地就这些事情来教导其他人。（伊索《演》18.44）

(5) τοὺς στρατιώτας τὸν μισθὸν ἀπεστέρησεν, ὥστε τὸ μὲν ἐπ' ἐκείνῳ πολλάκις ἂν διελύθησαν, διὰ δὲ τὸν ἐφεστῶτα ... ναυμαχοῦντες ἐνίκησαν.

[国王]克扣士兵军饷，以至于假设此事取决于他，[军队]原本就会被多次解散；但多亏了那位指挥官，他们在海战中胜利了。（伊索《演》4.142）

引导一个新句子的 ὥστε

46.6　ὥστε 常常出现在一个新的句子的开头（如现代校勘本中排印的那样）。在这种情况下，ὥστε 可以译作结果是、因而，例如：

(6) βασιλεὺς ... ἔδοξε ... Κύρῳ ... ἀπεγνωκέναι τοῦ μάχεσθαι· ὥστε τῇ ὑστεραίᾳ Κῦρος ἐπορεύετο ἠμελημένως μᾶλλον. 在居鲁士看来，国王已决意不出战。因而居鲁士翌日就行进得更加漫不经心了。（色《上》1.7.19）

(7) τίνες ἂν τούτοις τῶν ἄλλων Ἑλλήνων ἤρισαν ... ἀρετῇ; ὥστε δικαίως ... τἀριστεῖα τῆς ναυμαχίας ἔλαβον παρὰ τῆς Ἑλλάδος.

在其他希腊人中，哪些人可能在英勇方面与这些人较量？因而，[雅典人]理应在希腊取得海战的英勇奖。（吕《演》2.42–43）[吕西阿斯以修辞性疑问（见 38.19）断言雅典人无比英勇，ὥστε 表达这一品质的结果]

如果 ὥστε 引导一个命令或直接疑问，那么就常常如此，例如：

(8) θνητοῦ πέφυκας πατρός, Ἠλέκτρα, φρόνει, | θνητὸς δ' Ὀρέστης· ὥστε μὴ λίαν στένε. 厄勒克特剌，你由凡人父亲所生，请你明白，俄瑞斯忒斯[也]是有死的凡人——因而，请勿太过悲伤。（索《厄》1171–1172）

(9) προσήκει δήπου ... χάριν αὐτοὺς ἔχειν ... ὥστε πῶς οὐ βοηθήσουσιν ἡμῖν ἐπ' Ὠρωπόν; 他们当然理应心怀感激……因而，他们怎么会不在欧若

珀斯帮助我们呢？（德《演》16.13）

带不定式

46.7 如果 **ὥστε** 或 **ὡς** 带[宾格与]不定式，那么发话人就表达一个结果自然而然地或不可避免地来自母句中的动作。这一结果实际上是否[已然]发生则并未得到详细说明，只是说，母句中的动作使结果的发生成为可能，或者有利于结果的发生。否定词是 μή。例如：

(10) ἔχει γὰρ οὕτως ὥστε μὴ σιγᾶν πρέπειν.

因为她的情况是如此这般以至于[我]不该沉默。（索《特》1126）

(11) πειράσομαι οὕτω ποιεῖν ὥστε καὶ ὑμᾶς ἐμὲ ἐπαινεῖν.

我会试图这样做，从而你们也会称赞我。（色《教》5.1.21）

(12) τὸν μὲν ἄλλον χρόνον οὕτω διεκείμην ὥστε μήτε λυπεῖν μήτε λίαν ἐπ' ἐκείνῃ εἶναι ὅ τι ἂν ἐθέλῃ ποιεῖν. 而在其后的时间里，我置身于这样一种状态，从而既不会惹恼[她]，也不会太让她为所欲为。（吕《演》1.6）

注一：ὥστε + 独立句的语式与 ὥστε + 不定式的差异可以通过下面两个例句得到说明：

(13) εἰς τοῦτ' ἀφικνεῖται βδελυρίας ὥστε τύπτειν ἐπεχείρησε τὸν ἄνθρωπον. 他兽性大发到这一程度，以至于试图殴打那个人。（德《演》25.60）

(14) ἀλλὰ ξυνέπεσεν ἐς τοῦτο ἀνάγκης ὥστε ἐπιχειρῆσαι ἀλλήλοις τοὺς Κορινθίους καὶ Ἀθηναίους. 但是[事态]发展到属于必然性的这一刻，以至于科灵托斯人和雅典人相互进攻。（《佩战》1.49.7）

[例句 13 来自法庭演说辞，殴打本身被呈现为已经在某个时间点发生的相关事实——这一事实被呈现为低劣品质所导致的结果；例句 14 摘自对海战的叙述性描写，其中表现了雅典海军逐渐被拖入一场它们不愿主动参加的战斗——这个句子的主要含义是，当双方别无选择只好交战时，战斗达到了高潮；这暗示出双方实际上的确交战了（语境也表明了这一点）]

注二：ὥστε 带现在时不定式与带不过时不定式的差异在于体，见 33.63–65。

46.8 对于以下情况而言，默认使用不定式——

- 母句是否定句（如例句 15）；
- 比较级 + **ἢ ὥστε** 引导结果从句（意为过于……从而无法，如例句 16）；[1]

① ἢ κατά + 宾格的结构也可表达过于……而无法，见 32.13。

• 母句是条件从句（如例句 17）。例如：

(15) οὐ γὰρ ἀλκὴν ἔχομεν ὥστε μὴ θανεῖν.

我们真的没有抵抗之力，从而不得不死。（欧《赫》326）

(16) καταφανέστερον ἢ ὥστε λανθάνειν οὐ προθύμως ξυνεπολέμει.

太过明显以至于无法让人忽视的是，[提斯撒斐尔内斯]当时勉为其难地协同作战。（《佩战》8.46.5）

(17) εἰ οὖν μηχανή τις γένοιτο ὥστε πόλιν γενέσθαι ... ἐραστῶν τε καὶ παιδικῶν ... 因此，如果有什么途径，使得城邦由爱欲者和[他们的]男童组成……（《会饮》178e）

注一：这些情况下都预期使用不定式而非独立句的语式：实际上的结果毫无疑问。在例句 15 和 17 中，导致结果的那个动作本身并未被呈现为实际发生的动作，例句 16 的结构表明实际情况与结果不符（提氏如此明显地缺乏热情以至于让人无法忽视这点）。

46.9 若 ὥστε 从句表达有意达成的结果，那么也会使用不定式：

(18) πᾶν ποιοῦσιν ὥστε δίκην μὴ διδόναι.

他们做一切事情都是为了不受惩罚。（柏《高》479c）

注一：同样，这种情况下的结果从句也预期使用不定式——母句表达的是动作以此方式完成，以至于它[自然而然地]导致了有意为之的结果。这类从句与目的从句（见第 45 章）的差异也正在于此（目的从句并不点明母句和从句间的因果关系）。然而，这些从句与勉力从句（见第 44 章）含义相仿。

46.10 母句若带诸如 τοιοῦτος[如此这般的]、τοσοῦτος[如此大小/数量的]的标志（见 46.2），那么结果从句也可带关联形容词 **οἷος**[(种类)如……的]、**ὅσος**[大小/数量如……的]（见 8.1）与不定式（含义类似上文所述的 ὥστε + 不定式）：

(19) ἐγὼ ... τοιοῦτος οἷος ... μηδενὶ ἄλλῳ πείθεσθαι ἢ τῷ λόγῳ ὃς ... 我就是这种人——不会被其他任何东西，而会被……的道理说服。（《克力同》46b）

母句有时并无 τοιοῦτος 等标志，而只有关联形容词和不定式，例如：

(20) ἐλείπετο τῆς νυκτὸς ὅσον σκοταίους διελθεῖν τὸ πεδίον.

剩下如此长的黑夜，以致[希腊人]可以摸黑穿过平原。（色《上》4.1.5）

不定式结构使这种结果从句不同于由 οἷος、ὅσος 引导且带限定动词的关联从句（见 50.28），因为不定式结构表达一种明确的结果含义。

46.11 诸如 πείθω[说服；使听从]等动词可带多余的 ὥστε 和必不可少的不定式，见 51.17。

第 47 章　时间从句

引　言

意为“在……时”的表达

47.1 古典希腊语使用以下结构来表达动作在何时发生——

- 有时间含义的介词短语（见第 31 章），例如：

(1) μετὰ ταῦτα ... οἱ Θηβαῖοι ... ἀπῆλθον οἴκαδε.

这些事情过后，忒拜人回家去了。（色《希》7.1.22）

- 时间副词；
- 用作时间状语的与格或属格（见 30.32、30.46 和 30.56），如：

(2) καὶ δὴ καὶ τότε πρῳαίτερον συνελέγημεν· τῇ γὰρ προτεραίᾳ ἐπειδὴ ἐξήλθομεν ἐκ τοῦ δεσμωτηρίου ἑσπέρας, ...

当时，我们[在监狱附近]集合得特别早，因为在前一[天]，当我们在晚上从监狱离开的时候……（《斐多》59d–e）

- 表达时间关系的连结分词或独立属格（见 52.35–37），例如：

(3) ταῦτ᾽ ἀκούσαντες οἱ στρατηγοὶ ... ἀπῆλθον.

听完这些[话]后，将领们便离开了。（色《上》2.2.5）

- 时间从句（temporal clause，即本章所述），例如：

(4) ἐπεὶ κατεστρατοπεδεύοντο οἱ Ἕλληνες ... , ἀπῆλθον οἱ βάρβαροι.

在希腊人扎营时，外夷们撤退了。（色《上》3.4.18）

注一：无人称的时间性表达，例如 ὀψέ ἐστι[迟了]，见 36.12。

引导时间从句的连词

47.2 时间从句可由以下从属连词引导：

ἐπεί、ἐπειδή（伊欧尼亚方言作 ἐπείτε）[在……之后；在……时；既然]、ὡς[在……之后；在……时]、ὅτε[在……时；在……之后；既然]、ὁπότε[在……时；每当；既然]、ἐπεί/ὡς τάχιστα[一……就]、ἡνίκα[就在……时]、ἕως[只要；直到]、μέχρι (οὗ)[只要；直到]、ἔστε[只要；直到]、πρίν (ἤ)[在……之前；直到]、πρότερον ἤ[在……之前]、ἐν ᾧ[在……(的同)时]、ἐς ὅ[直到]和 ἐξ/ἀφ᾽ (οὗ)[自从]。

如果后面有 ἄν，那么 ἐπεί、ἐπειδή、ὅτε 和 ὁπότε 就会因为融音（见

1.43–45）而分别变为 ἐπήν/ἐπεάν/ἐπάν、ἐπειδάν、ὅταν 和 ὁπόταν。

注一：诸如 ἐν ᾧ 等等由介词和关系代词组成的形式已经固化了（就好像英语 during (the time) that 的含义变得等同于 while），以至于可以视作一个单独的连词（注意，此时的介词和关系代词不可被其他单词隔开，例如 ἐν ᾧ δέ 不可作 ἐν δὲ ᾧ）。

时间从句中的语式和时态

47.3 在古典希腊语的时间从句中，不仅连词有不同的含义，而且动词的时态–体词干也表达不同的含义，例如：

ἐπεί + 未完成时意为在……时、与……同时；

但是 ἐπεί + 不定过去时直陈式却意为在……时、在……后（见 47.7）。

ἕως ἄν + 现在时虚拟式意为只要；

但是 ἕως ἄν + 不定过去时虚拟式却意为直到（见 47.12）。

47.4 在时间从句中，语式（和否定词）的用法根据从句与母句的时间关系的性质来变化，主要有三种类型——

- 涉及过去[一次性动作]的时间从句：使用历史直陈式（即过去时态的直陈式），否定词是 οὐ，见 47.7；
- 涉及将来的时间从句：使用预期虚拟式 + **ἄν**，否定词是 μή，见 47.8；
- 涉及重复或习惯性动作的时间从句：如果涉及现在或将来，就使用不定虚拟式 + **ἄν**；如果涉及过去，就使用反复祈愿式（不带 ἄν）；否定词是 μή。见 47.9–11。

47.5 连词 **πρίν** 既可带各种语式的动词的限定形式，也可以带不定式，见 47.14–16。

带有原因含义的时间从句

47.6 在非叙述性语境（见 33.13）中，由 ἐπεί、ἐπειδή、ἐπείτε、ὅτε、ὁπότε 或 ὡς（后两者更少见）引导的从句也表达原因含义，此时这些连词意为既然、由于。

带有原因含义的时间从句使用独立句的语式和时态，否定词是 οὐ，本章不作论述，详见 48.3–5。

注一：如果这些连词带涉及现在的直陈式（现在时直陈式、完成时直陈式），那么这种从句一般就具有原因含义，因此本章不作讨论。

涉及过去一次性动作的时间从句

47.7 如果时间从句表达过去的一次性动作，那么它就使用历史直陈式（不定过去时、未完成时或过去完成时），否定词是 οὐ。母句可以使用任何过去时态，甚至某种现在时态（但这种情况罕见）。从句中各种时态的差异在于体，而在时间从句中，几乎总是会有一种相对时态含义（见 33.57）。一般情况如下——

• 未完成时，表示从句动作尚未完成，从而表示从句动作与母句动作同时进行（同时性）；

• 过去完成时（更少见），表达[之前已完成动作所导致的]正在进行的状态，从而暗示这一状态与母句动作同时存在（同时性）；

• 不定过去时直陈式，表示从句动作已然完成，从而表示从句动作早于母句（先在性）。

(5) ὡς ἐγεωργοῦμεν ἐν τῇ Νάξῳ, ἐθήτευεν ἐκεῖ παρ' ἡμῖν.

当我们在纳克索斯种地的时候，他在那里与我们一同当雇工。（柏《游》4c）[未完成时，同时性]

(6) Ἀριαῖος ... ἐθωρακίζετο καὶ οἱ σὺν αὐτῷ. ἐν ᾧ δὲ ὡπλίζοντο ἧκον ... οἱ προπεμφθέντες σκοποί.

阿瑞埃欧斯以及那些与他一起的人穿戴上胸铠。而在他们披挂的同时，先前派出的斥候到了。（色《上》2.2.14–15）[未完成时，同时性]**

(7) ἐπειδὴ οὐ προυχώρει ᾗ προσεδέχοντο, ἀπῆλθον ἐπ' Ἀντίσσης.

当[战况]没有以他们所预期的方式发展时，他们就撤往了安提斯撒。（《佩战》3.18.1）[未完成时，同时性]

(8) ἑβδομαῖος ἀφ' οὗ ἔκαμεν ἔξω τοῦ ἱεροῦ ἐτελεύτησε.

生病后的第七日，[阿革西拉欧斯]在神庙外去世了。（色《希》5.3.19）[不定过去时，先在性]

(9) ἐπεὶ δὲ παρεσκεύαστο ἀμφοτέροις, ἦσαν ἐς χεῖρας. 而双方准备妥当时，他们就交手了。（《佩战》3.107.4）[过去完成时；这个动作所导致的状态与 ἦσαν 同时（这一未完成时的即刻性含义见 33.52）]

注一：带有否定词的时间从句（如例句 7）常常暗示原因。

注二：在叙述性文本中，意为在……时、在……后的连词（ἐπεί、ἐπειδή、ἐπείτε、ὡς、ὅτε、ὁπότε 和 ἡνίκα）或者意为在……[的同]时的连词（ἐν ᾧ）所带的从句通常位于母句之前（如例句 5–9），而 ἐς ὅ[直到]所引导的从句则在母句之后。这种句子呈现出所谓的图像式词序（iconic ordering）：先发生的就先出现，后发生的就后出现。（另一个造成时间从句先出现的可能因素是，时间从句常用来充当场景；场景见 60.32。）

不过特别的是，ἡνίκα[在……时]引导的从句也可以在母句之后，在这种情况下，时间从句一般表达更重要的动作，并且常常表示动作被耽搁或者出人意料：

(10) καὶ ἤδη ... ἦν ἀμφὶ ἀγορὰν πλήθουσαν ... , ἡνίκα Πατηγύας ... προφαίνεται. 并且，当帕忒巨阿斯出现时，大约已经是市场挤满人[的午前]了。（色《上》1.8.1）[注意，这个 ἡνίκα 从句不同寻常地带历史现在时（προφαίνεται）；从句使用历史现在时的现象罕见]

涉及将来的时间从句

47.8 如果时间从句涉及将来，那么它就总是使用 **ἄν** + 虚拟式（预期虚拟式，见 40.9），否定词是 μή。母句或是使用将来时直陈式，或是使用涉及将来的表达（比如命令式、劝勉虚拟式等等，见 33.63–64）。

现在时虚拟式与不定过去时虚拟式的差异在于体，它们一般表达相对时态含义（如 47.7）：

- **ἄν** + 现在时虚拟式（未完成体）一般表示，时间从句中的动作与主句或母句中的动作同时进行（同时性）；
- **ἄν** + 不定过去时虚拟式（完成体）一般表示，时间从句中的动作早于主句或母句中的动作（先在性）。例如：

(11) καὶ ἐν ᾧ ἂν ζῶμεν, οὕτως, ὡς ἔοικεν, ἐγγυτάτω ἐσόμεθα τοῦ εἰδέναι ... 并且在我们活着的同时，如看起来那样，我们会以此方式最接近于知道……（《斐多》67a）[母句用将来时直陈式；现在时虚拟式暗示同时性]

(12) ἐξάρξω μὲν οὖν ἐγὼ ἡνίκ’ ἂν καιρὸς ᾖ παιᾶνα.

于是，时机一到，我就会[唱]起凯歌。（色《希》2.4.17）[母句用将来时直陈式；现在时虚拟式暗示同时性]

(13) τοὺς ὑεῖς μου, ἐπειδὰν ἡβήσωσι, τιμωρήσασθε, ὦ ἄνδρες.

诸位啊，当我的儿子长成青年，就请你们报复[他们]。（《申辩》41e）[母句使用命令式；不定过去时虚拟式暗示先在性]

(14) νῦν ὦν μοι δοκέει, ἐπεὰν τάχιστα νὺξ ἐπέλθῃ ... ἀπαλλάσσεσθαι.

从而现在依我之见，夜幕一降临就该撤走。（《原史》4.134.3）[能动不定式 ἀπαλλάσσεσθαι 具有将来含义；不定过去时虚拟式暗示先在性]

注一：完成时词干的虚拟式（οἶδα 的各种形式除外）在这类从句中不常出现；如果的确出现了这些形式，那么完成时表达的体与通常的无异（见 33.6、33.34–37），在时间从句中一般暗示同时性，例如：

(15) ὅταν γὰρ ἐν κακοῖς | ἤδη βεβήκῃς, τἄμ' ἐπαινέσεις ἔπη. 其实，当你真的发现自己处于困境时，你就会赞成我的话。（索《厄》1056–1057）[母句用将来时直陈式，从句用完成时虚拟式（表达正在进行的状态）暗示同时性]

注二：在古典希腊语的时间从句中，一般不用将来时直陈式表示将来（原因从句中的将来时直陈式见 48.3 及注一，条件从句中的将来时直陈式见 49.5）。

注三：略。[1]

涉及反复或习惯性动作的时间从句

47.9 如果时间从句表达反复的或习惯性的现在或将来动作，那么就使用 **ἄν** + 虚拟式（不定虚拟式，见 40.9），否定词是 μή。母句包含一个普遍化的陈述，通常使用现在时直陈式。

不定过去时虚拟式与现在时虚拟式的差异在于体，它们一般表达相对时态含义（如前文所述），例如：

(16) οἱ γὰρ ἀδικούμενοι πάντες εἰσίν, ὁπόταν τις τὴν πόλιν ἀδικῇ. 只要有人对城邦行不义，所有人就都遭受了不义。（《法义》768a）[母句使用现在时直陈式，从句中的现在时虚拟式暗示同时性]

(17) μεγίστη γίγνεται σωτηρία, | ὅταν γυνὴ πρὸς ἄνδρα μὴ διχοστατῇ. 只要妻子不对丈夫产生异心，就会实现巨大无比的平安。（欧《美》14–15）[母句使用现在时直陈式；从句中的现在时虚拟式暗示同时性]

(18) ἡνίκ' ἂν οὖν ὁ ἀγὼν ἔλθῃ τοῦ πολέμου, πᾶς τις εὐχερῶς ἑαυτὸν σῴζει. 于是，每当战事到来，每一个人都宽心地自我拯救。（德《演》60.25）[母句使用现在时直陈式，从句中的不定时虚拟式暗示先在性]

47.10 如果这种时间从句涉及过去，那么就使用反复祈愿式（不带 ἄν）。母句一般使用未完成时，有时则用过去完成时。

不定过去时祈愿式与现在时祈愿式的差异在于体，它们一般表达相对时态含义（如前文所述），例如：

(19) ἐθήρευεν ἀπὸ ἵππου, ὁπότε γυμνάσαι βούλοιτο ἑαυτόν τε καὶ τοὺς

---

[1] 原文作：Observe that English typically uses a present-stem form (a ‘concealed future’) in temporal clauses referring to the future (e.g. *live* in the translation of (11), *is* in (12)).

ἵππους. 每当他打算训练自己和马匹，他就骑马打猎。（色《上》1.2.7）[母句使用未完成时；从句中的现在时祈愿式暗示同时性]

(20) ἐπὶ τῷ λιμένι, ὁπότε μὴ χειμὼν κωλύοι, ἐφώρμει.

每当没有风暴阻碍[出航]的时候，他就在港口实行封锁。（色《希》6.2.7）[母句使用未完成时，从句的现在时祈愿式暗示同时性]

(21) ἐπειδὴ γὰρ προσβάλοιεν ἀλλήλοις, οὐ ῥᾳδίως ἀπελύοντο ὑπό τε τοῦ πλήθους καὶ ὄχλου τῶν νεῶν. 因为每次他们相互进攻后，由于船只众多又密集，[双方]就[打得]难解难分。（《佩战》1.49.3）[母句使用未完成时；从句中的不定过去时祈愿式暗示先在性]

注一：完成时虚拟式和完成时祈愿式（οἶδα 的各种形式除外）在这种从句中并不常见；如果的确出现了这些形式，那么完成时词干就表达其通常的体的含义，它在时间从句中一般暗示同时性，例如：

(22) τοὺς δὲ παραδιδομένους νόμους δοκιμασάτω πρότερον ἡ βουλὴ καὶ οἱ νομοθέται οἱ πεντακόσιοι, οὓς οἱ δημόται εἵλοντο, ἐπειδὰν ὀμωμόκωσιν.

议事会，还有村社民所选的五百名立法官，应该在发誓时提前审查已呈交的法律。（安多《演》1.84）[命令式 δοκιμασάτω 表达一般的命令；发誓的情形（ἐπειδὰν ὀμωμόκωσιν，完成时虚拟式）与 δοκιμασάτω 同时][1]

47.11 在普遍性的陈述中，如果时间从句不涉及过去，那么偶尔也会使用不带 ἄν 的祈愿式，例如：

(23) ὁ ... ἑκὼν πεινῶν φάγοι ἂν ὁπότε βούλοιτο.

自愿挨饿的人可以吃东西，只要他想[吃]。（色《回》2.1.18）

如果主句中有带 ἄν 的潜在祈愿式，那么就尤其会出现这种情况，如例句 23（对比潜在条件从句，见 49.8；这种情况可被视作一种语式的同化，见 40.15）。

ἕως 引导的时间从句

47.12 连词 **ἕως** 可意为只要、在……期间或直到，具体的译文取决于其所引导的从句动词的体的含义——

- 如果从句动词是未完成体（现在时直陈式、未完成时和过去完成时、现在时虚拟式 + ἄν 或者现在时祈愿式），那么 **ἕως** 就意为

---

① 原书和洛布本均将 δημόται 译作 Demes[村社]，恐不妥，当译作 the members of the demes，参见 M. Gagarin & D. M. MacDowell (trans.), *Antiphon & Andocides*, Austin: University of Texas Press, 1998, p. 123.

只要，表示母句动作与从句动作同时，并且前者以后者为条件。

• 如果从句动词是完成体（不定过去时直陈式、不定过去时虚拟式 + ἄν 或者不定过去时祈愿式），那么 **ἕως** 就意为直到，表示在从句动作发生时母句动作才结束。一般来说，这种 ἕως 从句位于母句之后。例如——

(24) οὐδὲν γὰρ κωλύει διαμυθολογῆσαι πρὸς ἀλλήλους ἕως ἔξεστιν.

因为只要[情况]允许，就没有东西阻碍[我们]彼此用话语交流。(《申辩》39e) [ἕως + 现在时直陈式，意为只要；现在一次性动作]

(25) ἕως δὲ ἀφειστήκη πόρρωθεν, ἐφαίνετό τί μοι λέγεσθαι.

而只要我离得远些，在我看来就有话可说了。（柏《泰》208e）[ἕως + 过去完成时，意为只要；过去一次性动作；习语 λέγω τι 见 29.42]

(26) ἐφίει τὸ δόρυ διὰ τῆς χειρός, ἕως ἄκρου τοῦ στύρακος ἀντελάβετο.

他[只好]让长矛从手中滑走，直到抓住杆尾的末端。(《拉刻斯》184a) [ἕως + 不定过去时直陈式，意为直到；过去一次性动作]

(27) ἕωσπερ ἂν ἐμπνέω καὶ οἷός τε ὦ, οὐ μὴ παύσωμαι φιλοσοφῶν. 只要我一息尚存并且有能力，就绝不会停止爱智。(《申辩》29d) [ἕως ἄν + 现在时的预期虚拟式，意为只要；将来持续性动作；οὐ μή + 虚拟式见 34.9]

(28) ἀλλὰ χρή, ἔφη ὁ Σωκράτης, ἐπᾴδειν αὐτῷ ἑκάστης ἡμέρας ἕως ἂν ἐξεπᾴσητε. “那么，”苏格拉底说，“就该给他每日吟唱咒语，直到你们安抚住[他]。”(《斐多》77e) [ἕως ἄν + 不定过去时的预期虚拟式，意为直到；将来动作]

(29) περιεμένομεν οὖν ἑκάστοτε ἕως ἀνοιχθείη τὸ δεσμωτήριον ... ἐπειδὴ δὲ ἀνοιχθείη, εἰσῇμεν παρὰ τὸν Σωκράτη.

因此我们每次都等着，直到监狱开门；门一开，我们就进去找苏格拉底。(《斐多》59d) [ἕως + 不定过去时祈愿式，意为直到；过去反复性动作]

47.13 ἔστε[只要；在……期间；直到]和 μέχρι (οὗ)[只要；在……期间；直到]是两个更罕见的连词，用法与 ἕως 相同，如以下两个例句所示：

(30) ἐγὼ μὲν οὖν ἔστε μὲν αἱ σπονδαὶ ἦσαν οὔποτε ἐπαυόμην ἡμᾶς ... οἰκτίρων. 因此我本人在和约有效期内从未停止怜悯我们自己。（色《上》3.1.19）

(31) ἐμάχοντο ἀπό τε τῶν νεῶν καὶ τῆς γῆς μέχρι οἱ Ἀθηναῖοι ἀπέπλευσαν εἰς Μάδυτον.

他们从船只和陆地上攻击，直到雅典人向玛笛托斯驶去。（色《希》1.1.3）

πρίν 引导的时间从句

47.14 连词 **πρίν**（以及 **πρὶν ἤ**，有时还有 πρότερον ἤ）表达从句动作在主句动作之后，有两种结构——

- 如果母句是否定句（或者母句自身带否定性动词，诸如 ἀπαγορεύω[禁止]、ἀδύνατόν (ἐστι)[不可能的是]等等)，那么 πρίν 通常就带不定过去时词干的限定形式。在这种情况下，πρίν 可译作在……之前或直到（或者不译出母句的否定含义，译作仅在……的时候）。一般来说，这种 πρίν 从句位于母句之后，例如：

(32) πρότερον δ' οὐκ ἦν γένος ἀθανάτων, πρὶν Ἔρως ξυνέμειξεν ἅπαντα· 之前没有不死者的族类，直到爱若斯把一切混合。(《鸟》700)［不定过去时直陈式，过去一次性动作］

(33) οὐ πρότερον κακῶν παύσονται αἱ πόλεις, πρὶν ἂν ἐν αὐταῖς οἱ φιλόσοφοι ἄρξωσιν. 诸城邦并不会先行终止邪恶之举，直到哲人们在其中统治。(《邦制》487e)［ἄν + 不定过去时的预期虚拟式，将来动作］

(34) ἀπηγόρευε μηδένα βάλλειν, πρὶν Κῦρος ἐμπλησθείη θηρῶν. 他禁止任何人掷出[标枪]，直到居鲁士狩猎得尽兴。(色《教》1.4.14)［意为阻止的动词带不定式的结构见 51.35；不过时祈愿式 ἐμπλησθείη 是间接祈愿式，代替预期虚拟式 + ἄν 的结构（见 40.14)；对应的直接命令作 μὴ βάλλετε πρὶν ἂν Κῦρος ἐμπλησθῇ θηρῶν］

- 如果母句是肯定句，那么 πρίν 一般就带[宾格与]不定式。在这种情况下，πρίν 只可译作在……之前，不可译作直到，例如：

(35) λέγοιμ' ἂν ἤδη. πρὶν λέγειν δ', ὑμᾶς τοδὶ | ἐπερήσομαί τι μικρόν. 我这就说。但在说之前，我会问你们这一点，一个小问题。(阿《吕》97–98)①

(36) ὀλίγον δὲ πρὶν ἡμᾶς ἀπιέναι μάχη ἐγεγόνει ἐν τῇ Ποτειδαίᾳ. 在我们开拔前不久，珀忒伊代阿发生了一场战斗。(柏《卡》153b)

(37) ἦν ἡμίν, ὦναξ, Λάιός ποθ' ἡγεμὼν | γῆς τῆσδε, πρὶν σὲ τήνδ' ἀπευθύνειν πόλιν. 对我们来说，主上啊，拉伊俄斯当时是这个地方的首领，在你治理这座城邦之前。(《俄僭》103–104)

注一：无论 πρίν 从句带限定动词还是不定式，从句本身一般都不可被否定。

① τοδί 是中性单数宾格，见 7.18。

注二：后在性也可以由 ἕως 来表达，见 47.12。

47.15 诗歌中偶尔还有这种情况（散文中罕见）：πρίν 带不定过去时词干的限定形式，出现在肯定性的主句之后（在这种情况下，可以译作*在……之前*，也可以译作*直到*），例如：

(38) ἡγόμην δ᾽ ἀνὴρ | ἀστῶν μέγιστος τῶν ἐκεῖ, πρίν μοι τύχη | τοιάδ᾽ ἐπέστη ... 我当时被视作那里的城内居民中最显赫的一员，直到如此这般的机运降临在我身上……（《俄僭》775–777）

47.16 在诗人和希罗多德笔下（根据抄本传承，修昔底德亦然），如果 πρίν 从句涉及将来或习惯性动作，那么偶尔就会省略其中的 ἄν，例如：

(39) οὐκ ἔστιν ὅστις αὐτὸν ἐξαιρήσεται | ... , πρὶν γυναῖκ᾽ ἐμοὶ μεθῇ.

没有谁会放走他，直到他把那女人交给我。（欧《阿》848–849）[οὐκ ἔστιν ὅστις 见 50.12]

注一：πρὶν ἤ 从句若涉及将来或习惯性动作，那就只用虚拟式，从不会带 ἄν。

比较时间从句（ὡς ὅτε 或 ὡς ὁπότε 引导）

47.17 在诗歌中，ὅτε 和 ὁπότε 有时与 ὡς 组合（构成 **ὡς ὅτε** 或者 **ὡς ὁπότε**，意为*就像在……时*），用于比较或比喻，把一种情形比作另一种情形。在这种从句中，动词一般省略（此时的 ὡς ὅτε 可译作*好像*、*如同*），例如：

(40) χρυσέας ὑποστάσαντες ... | κίονας, ὡς ὅτε θαητὸν μέγαρον | πάξομεν.

我们会造起支撑……的金色柱子，就好像建造壮观的殿宇。（《奥林匹亚赛会凯歌》6.1–3）①

① 品达的原文是 ὑποστάσαντες εὐτειχεῖ προθύρῳ θαλάμου | κίονας[支撑墙壁坚固的属于厅堂的门廊的柱子]。

第 48 章　原因从句

引　言

48.1　古典希腊语一般使用以下结构来表达动词的动作出于什么理由、动机或原因而发生——

- 与格修饰语（见 30.45）；对于表达情绪的动词而言，属格修饰语亦然（见 30.30）；
- 介词短语，尤其是带 διά[通过；凭借]和 ἕνεκα[由于……的缘故]的短语（见第 31 章）；
- 情状性分词，尤其是受 ὡς[因为；由于认为；因为确信]或 ἅτε[因为；考虑到……的事实；既然]修饰的时候（见 52.38–39）；
- 特定类型的关系从句（见 50.23）；
- 原因从句（causal clause），由 ὅτι 或 διότι 引导，或者由时间从句的连词（ἐπεί 等等）引导；本章讨论这一类结构。

注一：由小品词 γάρ 引导的句子也常常表达理由、动机和原因（见 59.14–15）。然而，原因从句（副词性从句[adverbial (subordinate) clause]）与解释性的 γάρ 分句有重要差异。前者在句法上是复杂句（见第 39 章）的一部分，而后者则是另一个独立的句子。对比这个例句中的两种结构：

(1) ταῦτα ἐς τοὺς πάντας Ἕλληνας ἀπέρριψε ὁ Κῦρος τὰ ἔπεα, ὅτι ἀγορὰς στησάμενοι ὠνῇ τε καὶ πρήσι χρέωνται· αὐτοὶ γὰρ οἱ Πέρσαι ἀγορῇσι οὐδὲν ἐώθασι χρᾶσθαι, οὐδέ σφι ἐστὶ τὸ παράπαν ἀγορή.

居鲁士把这些话甩给所有的希腊人，因为[后者]设立市场来做买卖——其实，波斯人自己不习惯使用市场，并且没有任何一座市场是他们的。（《原史》1.153.2）[居鲁士对希腊人说得不友善（ἀπέρριψε），希罗多德用 ὅτι 分句给出原因，而用 γάρ 分句解释居鲁士为何特别对希腊人提到了市场]

另外请注意，只有 ὅτι/διότι 从句可以回答由 τί;[为何？]、διὰ τί;[因为什么理由？]表达的疑问，γάρ 分句则不然。（对比下文例句 2 和 5。）

原因从句的结构

连词 ὅτι 和 διότι

48.2　在连词 **ὅτι** 或 **διότι**（诗歌中也会用 ὁθούνεκα 和 οὕνεκα）引

导的原因从句中，所用的语式和时态与独立的陈述句中所用的相同（见第 34 章）。直陈式最为常见，但情态直陈式（+ ἄν）和潜在祈愿式（+ ἄν）也会出现。否定词是 οὐ。

(2) ΟΙ. διὰ τί δῆτα κλαύσομαι; | :: ΣΤ. ὅτι τῶν παχειῶν ἐνετίθεις θρυαλλίδων. 家奴：那么我为何会遭受惩罚？斯特热瑛西阿得斯：因为你把[一根]粗灯芯放进去了。(《云》58–59)[①]

(3) ὀκνῶ εἰπεῖν ὅτι οὐκ ἔχω τί λέγω, διότι μοι νυνδὴ ἐπέπληξας εἰπόντι αὐτό. 我不愿说我不知道该说什么，因为就在刚才，我说这件事情的时候，你批评了我。(柏《泰》158a)

(4) οἵ τ' Ἀθηναῖοι ἐνόμιζον ἡσσᾶσθαι ὅτι οὐ πολὺ ἐνίκων.

而雅典人认为自己打败了，因为他们并未大获全胜。(《佩战》7.34.7)[注意，在这个例句中，正是叙述者本人给出了雅典人这样想的原因，这个原因是一个独立的事实——也就是说，ὅτι 从句并不体现雅典人自己对其所认为的失败的解释（对比例句 6，另见 41.21）；现在时词干的 ἡσσᾶσθαι 和 ἐνίκων 的含义见 33.18]

(5) τί ποτ' οὖν ... τῶν ἐμοὶ πεπραγμένων οὐχὶ μέμνηται; ὅτι τῶν ἀδικημάτων ἂν ἐμέμνητο τῶν αὑτοῦ. 那么他究竟为何不提我所做的事情？因为[那样]他就会提到自己的诸多不义。(德《演》18.79)

在历史序列中（主句动词用未完成时、不定过去时或过去完成时），原因从句也可以改用间接祈愿式（见 40.12），表示原因是转述而来的或者据说如此的，例如：

(6) τὸν Περικλέα ... ἐκάκιζον ὅτι στρατηγὸς ὢν οὐκ ἐπεξάγοι.

[雅典人]辱骂伯里克勒斯，据说是因为，尽管他是将领，却没有领兵出战。(《佩战》2.21.3)

表达原因含义的时间连词

48.3　时间连词 ἐπεί、ἐπειδή、ὅτε 以及 ὁπότε（较少见）也可以表达原因含义。在非叙述性文本（见 33.13）中，尤其会出现这种情况。此时的原因从句最常涉及当下，所用的语式与独立句中的相同，亦即使用现在时直陈式、完成时直陈式或者述愿性不定过去时直陈式，[②] 但也可

---

① ΟΙ. 是 οἰκέτης 的简写，原书作 ΘΕ.，据诸本改。

② 见 33.28。

以使用将来时直陈式、潜在祈愿式（+ ἄν）和情态直陈式（+ ἄν）。

注一：请注意，这类原因从句中的语式一般不见于严格意义上的时间从句（见 47.4），而是与前文所述的 ὅτι/διότι 从句的语式相同。

48.4 如果这种原因从句在其母句之前，那么它就表达原因或理由，此时母句一般带有涉及将来的形式（将来时直陈式、命令式等等，见 33.63–64），例如：

(7) ἐπεί με ἀναγκάζεις δεσπότεα τὸν ἐμὸν κτείνειν οὐκ ἐθέλοντα, φέρε ἀκούσω ... 既然你强迫我不情愿地杀死我自己的主人，好吧，让我来听听……（《原史》1.11.4）[ἐπεί 从句用现在时直陈式，主句用劝勉虚拟式]

(8) νῦν δὲ ἐπειδὴ οὐκ ἐθέλεις καὶ ἐμοί τις ἀσχολία ἐστὶν ... εἶμι.

但现在，既然你不愿意而我又没什么闲暇，那我就走了。（柏《普》335c）[ἐπειδή 从句用现在时直陈式；主句中的 εἶμι 涉及将来，见 33.19]

(9) ὅτε ... διακεκρίμεθα χωρὶς τάς τε καθαρὰς ἡδονὰς καὶ τὰς ... ἀκαθάρτους ... , προσθῶμεν ...

由于我们已然区分了纯粹的快乐和不纯粹的快乐，那么就让我们加上……（《斐勒布》52c）[ὅτε 从句用完成时直陈式；主句用劝勉虚拟式]

(10) ἐπεὶ δὲ τάδε ἀκινδυνότερα ἔδοξεν εἶναι, ἡμῖν ... ἀπολογητέον.

而因为[我们]断定这些做法更加无虞，就必须由我们来辩护。（安提《演》4.4.1）[ἐπεί 从句使用述愿性不定过去时直陈式（见 33.28）；主句中的 ἀπολογητέον 涉及将来][①]

如果 ἐπεί 或 ἐπειδή 引导的这种原因从句在其母句之后，那么它就几乎总是表达作出前面那种表述的动机。ὡς 也有这一用法。例如：

(11) ἀλλ' ἐμοῦ μὲν οὐ τυραννεύσουσ', ἐπεὶ φυλάξομαι | καὶ φορήσω τὸ ξίφος. 但是我不会遭受她们的僭政，因为我会提防并且带上我的剑。（阿《吕》631–632）[将来时直陈式]

(12) Λακεδαιμόνιοί τε ... ἄκοντας προσάγουσι τοὺς πολλοὺς ἐς τὸν κίνδυνον, ἐπεὶ οὐκ ἄν ποτε ἐνεχείρησαν ἡσσηθέντες παρὰ πολὺ αὖθις ναυμαχεῖν. 拉刻代蒙人还把大多数[盟邦]强行拖入危险，因为后者原本从不会在惨败过后再次尝试海战。（《佩战》2.89.4）[非事实的情态直陈式 + ἄν]

(13) προϊέναι βέλτιστα νῷν, | ὡς οὗτος ὁ τόπος ἐστὶν οὗ τὰ θηρία | τὰ

① 无人称动词 ἔδοξεν 见 51.11、51.30。

δείν' ἔφασκ' ἐκεῖνος. 咱俩最好往前走，因为这地方就是他当时提到的那块恶兽[出没]之地。(《蛙》277–279) [现在时直陈式][1]

引导一个新句子的 ἐπεί 和 ὡς

48.5 如果 ἐπεί 和 ὡς 用来给出前面那种表述的动机，那么它们一般就引导一个新的句子（如现代校勘本中那般），并且可能伴有发话人的改变，例如：

(14) τί ποτε λέγεις, ὦ τέκνον; ὡς οὐ μανθάνω.

你究竟在说什么，我的孩子啊？因为我并不明白。(索《菲》914)

(15) ΙΩ. μητρὸς τάδ' ἡμῖν ἐκφέρεις ζητήματα; | :: ΠΡ. ἐπεί γ' ὁ δαίμων βούλεται. 伊昂：你在给我展示这些关于[我]母亲的搜寻[线索]？女预言者：是的，因为神灵愿意。(《伊昂》1352–1353) [2]

---

① νῷν 是 ἐγώ 的双数与格。

② ΠΡ. 是 προφῆτις 的简写。γ(ε) 见 59.53。

第49章　条件从句

引　言

49.1　条件句（conditional sentence）由两部分组成——

- 条件从句（条件分句[protasis]）：If Achilles is shot in the heel；
- 母句（结论分句[apodosis]）：(then) he will die。

整个条件句表达母句动作的实现取决于从句动作的实现。

通过使用不同类型的条件句，发话人可以表明自己对条件实现的可能性或实际性的判断，以英语为例：

(1) If Achilles has (in fact) been shot in the heel, he will die.

[中性条件或开放条件：不暗示可能性或实际性]

(2) If Achilles were to be shot in the heel, he would die.

[远条件或将来假设条件：将来可能实现，但仅仅是可能]

(3) If Achilles had been shot in the heel, he would have died.

[非事实条件、未实现的条件或过去假设条件：不再可能实现]

古典希腊语的条件从句也是如此，由五种基本类型构成了一个复杂的系统。这五种条件是：中性（neutral）、预期（prospective）、潜在/可能（potential）、非事实（counterfactual）和习惯性（habitual）条件。每一种类型都表达发话人对条件分句中情况实现的可能性的不同态度。不同类型的条件使用不同的语式和时态。

49.2　古典希腊语的条件从句由 **εἰ** 引导。如果 **εἰ** 带有 ἄν，那么就会因为融音（见 1.43–45）而变为 ἐάν、ἤν 或 ἄν。条件分句的否定词几乎总是 **μή**。

49.3　上面对条件从句的定义，即结论分句中动作的实现取决于条件分句中动作的实现，适用于大多数而非全部的条件从句。在一些条件句中，作为条件的是结论的真实性或者是给出结论这一做法的相关性——

- 真实性：If my sources are correct, Achilles has died。阿喀琉斯之死并不取决于发话人消息来源的正确性；然而，阿喀琉斯已死这一陈述的真实性却取决于发话人消息来源的正确性（而阿喀琉斯可能还活着）。
- 相关性：If you're interested: Achilles has died。在这里，阿喀琉斯之死并不取决于受话人的兴趣，阿喀琉斯已死这一陈述的真实性也不取决于受话人的兴趣（阿喀琉斯实际上已经死了）。条件所涉及的是，这一陈述的表达本身是否与受话人相关或让他感兴趣。

后一类型的条件从句常被称作言外（illocutionary）条件；这种条件用作分离状语（见 26.15）。下文中，古希腊语例句 9 即属于前一种类型（涉及真实性），例句 7 和 37 则属于后一类（涉及相关性）。

中性条件

49.4 在中性条件（neutral condition）中，发话人并未表明条件分句中动作实现的可能性。若用英语来对应，那么发话人所表达的只是 If it is true that X, then Y 或者 If it is the case that X, then Y。

中性条件的条件分句使用 **εἰ** + 直陈式，结论分句可以使用任何语式和时态。

(4) ἀξιῶ δέ, ὦ βουλή, εἰ μὲν ἀδικῶ, μηδεμιᾶς συγγνώμης τυγχάνειν.

而我，议事会啊，若行不义，那就不配受到任何宽恕。（吕《演》3.4）

(5) εἰ ... ὑμᾶς οἴονται ... ὑπὸ τῶν διαβολῶν πεισθέντας καταψηφιεῖσθαί μου, οὐκ ἂν θαυμάσαιμι. 如果他们觉得你们会因为听信诽谤而投票定我有罪，我不会感到惊讶。（吕《演》9.2）

(6) εἰ μεγάλ' ἐγκαλῶν ὀλίγ' ἐπράξατο, οὐ ... τοῦτο τεκμήριόν ἐστιν ὡς ἡ δίαιτα οὐ γέγονεν. 如果他开价高而逼取得少，那么这就并非未曾有过仲裁的证据。（伊索《演》18.14）

(7) μέλλω κτενεῖν σου θυγατέρ', εἰ βούλῃ μαθεῖν.

我打算杀死你的女儿——如果你想知道的话。（欧《俄》1578）

中性条件常常暗示发话人在某种程度上的怀疑，这种怀疑可通过添加 (ὡς) ἀληθῶς [真的；确实] 等类似的单词来表达，例如：

(8) εἰ γάρ τις ὡς ἀληθῶς χαίρει τῇ εἰρήνῃ, τοῖς στρατηγοῖς, ὧν κατηγοροῦσιν ἅπαντες, χάριν αὐτῆς ἐχέτω.

因为，如果真的有谁为和平而感到高兴，那就请他为和平而对大家都在指责的那些将领致以感谢吧。（德《演》19.96）

(9) Ἀλκμεωνίδαι δὲ ἐμφανέως ἠλευθέρωσαν, εἰ δὴ οὗτοί γε ἀληθέως ἦσαν οἱ τὴν Πυθίην ἀναπείσαντες προσημαίνειν Λακεδαιμονίοισι ἐλευθεροῦν τὰς Ἀθήνας. 而阿珥克美翁家族显然解放了［这座城邦］，如果事实上他们的确就是劝动那位射蟒神女祭司去指示拉刻代蒙人解放雅典的那些人。（《原史》6.123.2）

条件分句使用将来时直陈式的中性条件

49.5 如果中性条件使用将来时直陈式，那么结论分句常常就暗示不快、不中意等等。从而，使用将来时直陈式的条件句常用来表达威胁、吁求和警告等等，例如：

(10) εἰ δ' αὐτὸν εἴσω τῆσδε λήψομαι χθονός, | παύσω κτυποῦντα θύρσον ἀνασείοντά τε | κόμας, τράχηλον σώματος χωρὶς τεμών.

但如果我在这片土地上把他逮住，那我就会阻止[他]弄响酒神杖并把头发往后甩——[通过]把他的头颈从身体上切开。（欧《酒》239–241）①

(11) ὅτι γε οὐ στήσεται, δῆλον, εἰ μή τις κωλύσει.

其实显然，若没有谁加以阻拦，他就不会停住。（德《演》4.43）

注一：许多语法书把条件分句使用 εἰ + 将来时直陈式的条件句称作将来最大可能性（future most vivid）或情绪性将来（emotional future）条件，理由是这类条件常表达威胁等等。不过，这两个术语并不总是恰切——其实，这里的直陈式和其他中性条件中的直陈式并无差异，只是它的含义很适于怀疑、威胁等等的语境。（发话人仅仅表明，如果条件实现，那么就会发生结论分句中的动作[诸如惩罚、破坏]，而动作实现的可能性则留给受话人评估。）将来时直陈式另有一些表达其他含义的用法，见 33.43。

预期条件

49.6 对于涉及将来的条件而言，预期条件（prospective condition）显然是最为常见的一类。发话人通过使用这一类条件，表达动作很有可能实现。若用英语来对应，那就是 If X happens — and I consider it very well possible that it will, then Y will happen。

注一：在一些语法书中，预期条件常被称作将来更大可能性（future more vivid）条件或将来开放（future open）条件。

在古典希腊语的预期条件中，条件分句使用 **ἐάν** + 虚拟式（预期虚拟式，见 40.9），结论分句使用涉及将来的动词形式（诸如将来时直陈式、命令式和劝勉虚拟式，见 33.63–64），例如：

(12) ἐὰν δὲ νῦν καταληφθεὶς ἀποθάνω, ἀνόσια ὀνείδη τοῖς παισὶν ὑπολείψω. 但如果我现在被捕而死，那么就将给我的孩子留下龌龊的耻辱。

---

① 旧本中 χθονός 多作 στέγης[房间；屋顶]，后者是中世纪抄本上的读法，前者为《奥克西林库斯莎草纸》提供的异文。同时性不定过去时分词 τεμών 见 52.42。

（安提《演》2.2.9）［结论分句使用将来时直陈式］

(13) Τεύκρῳ ... , ἢν μόλῃ, σημήνατε | μέλειν μὲν ἡμῶν.

如果透克洛斯来了，就请你们示意他来照料我。（索《埃》688–689）［结论分句使用命令式］

(14) καί με μηδεὶς ὑπολάβῃ ἀπαρτᾶν τὸν λόγον τῆς γραφῆς, ἐὰν εἰς Ἑλληνικὰς πράξεις ... ἐμπέσω. 并且，如果我涉及希腊事务，那么请大家都别以为我偏离了诉讼的论述。（德《演》18.59）［结论分句使用禁止虚拟式；此句中的 ἄν + 虚拟式也可以被视作不定虚拟式，见 40.9 注二］

(15) ἄν σοι πειθώμεθα, οὔτε ὁ γεωργὸς γεωργὸς ἔσται οὔτε ὁ κεραμεὺς κεραμεύς. 如果我们听信了你，那么农人将不成农人，陶工也将不成陶工。（《邦制》420e）［结论分句使用将来时直陈式］

(16) ἢν ... χρόνον τινὰ μέλλῃς ἐν τῷ αὐτῷ μένειν, ὑγιεινοῦ πρῶτον δεῖ στρατοπέδου μὴ ἀμελῆσαι.

如果你打算在相同的［位置］停留一段时间，那么你首先就不应当忽视一座卫生的军营。（色《教》1.6.16）［δεῖ + 不定式的结构涉及将来］

注二：请注意，在上述例句的英译中，条件分句通常都使用一般现在时（即所谓的“隐含的”［concealed］将来）。

49.7 现在时虚拟式与不定过去时虚拟式的差异在于体，它们一般暗示相对时态含义（见 33.57）。规则是——

- ἄν + 不定过去时虚拟式暗示先在性，如例句 12、13；
- ἄν + 现在时虚拟式暗示同时性，如例句 15、16。

注一：与通常情况一样，这种对相对时态的暗示尽管典型（见于大多数情况），但并非必然如此。例如，在例句 14（或许还有例句 12）中，不定过去时虚拟式似乎涉及一个同时的动作。详见 33.58–62。

潜在条件

49.8 潜在/可能条件（potential condition）也涉及将来（但这是一种被认为可能性较小的将来），或者涉及一种假设的（hypothetical）可能性。在发话人看来，条件有可能实现，但是仅限于可能。潜在条件通常暗示该条件的相关性较小。若用英语来对应，那就是 If X should/were to happen, Y would happen 或者 If X happened, Y would happen。

注一：在一些语法书中，潜在条件也被称作将来更小可能性（future less vivid）

条件、should-would 条件或远（remote）条件。

在潜在条件中，条件分句使用 **εἰ** + 祈愿式，结论分句使用 **ἄν** + 祈愿式（潜在祈愿式，见 34.13），例如：

(17) παραχθεὶς δὲ ὑπὸ τῶνδε εἰ ἀδίκως ἁλοίην, ἀποδραίην ἄν.

而我若被他们传唤后被不正义地定罪，我就会逃跑。（吕《演》9.21）

(18) θέλοις ἄν, εἰ σώσαιμί σ', ἀγγεῖλαί τί μοι | πρὸς Ἄργος ἐλθὼν τοῖς ἐμοῖς ἐκεῖ φίλοις; 如果我救了你，那么你会愿意为我去阿尔戈斯向我在那里的亲友们传递某个消息吗？（欧《伊陶》582–583）

(19) ὑμᾶς γὰρ ἂν αὐτοὺς ἀτιμάζοιτ' εἰ τοιαῦτα γιγνώσκοιτε περὶ τῶν πολιτῶν. 其实，你们可能使自己蒙羞——倘若你们对这些城邦民作出这样的判断。（伊索《演》20.19）

(20) εἰ δὲ ὑπ' ἑνὸς ἄρχοιτο ἢ φρονέοι κατὰ τὠυτό, ἄμαχόν τ' ἂν εἴη καὶ πολλῷ κράτιστον πάντων ἐθνέων κατὰ γνώμην τὴν ἐμήν.

而根据我的看法，倘若[色雷斯人]能受一人之治或者他们万众一心，那么[色雷斯人]就会不可战胜，并且远远强过一切族群。（《原史》5.3.1）

49.9　现在时祈愿式与不定过去时祈愿式的差异在于体，它们一般暗示相对时态含义。规则是——

- εἰ + 不定过去时祈愿式暗示先在性，如例句 17、18；
- εἰ + 现在时祈愿式暗示同时性，如例句 19、20。

非事实条件

49.10　非事实条件（counterfactual condition）表明，发话人认为现在或过去条件的实现不可能或者不再可能，若用英语来对应，那就是 If X were true, Y would be true (but X isn't true) 或者 If X had happened, Y would have happened (but X didn't happen)。

注一：在一些语法书中，非事实条件也被称作未实现的（unfulfilled）条件、非真（unreal）条件或假设性（hypothetical）条件。

在非事实条件中，条件分句使用 **εἰ** + 情态直陈式，[①] 结论分句使用情态直陈式 + **ἄν**（见 34.16）或者不带 ἄν 的非事实结构（见 34.17）：

(21) ἴσαι αἱ ψῆφοι αὐτῷ ἐγένοντο· εἰ δὲ μία ψῆφος μετέπεσεν, ὑπερώριστ' ἄν. 针对那人的投票是平局；而假设一票当时发生变化，他现在就会

① 非事实条件中的 εἰ 译作假设为妥。

遭到流放。(埃《演》3.252)[但是并无变化]

(22) καὶ ταῦτα εἰ μὲν ἠπίστουν, ἐξελέγχειν ἂν ἐζήτουν. 而假设我没有相信这些，我就会寻求去证实[它们]。(吕《演》[8].9)[但我信了]

(23) εἰ ... ὁ Καμβύσης ἐγνωσιμάχεε καὶ ἀπῆγε ὀπίσω τὸν στρατόν, ... ἦν ἂν ἀνὴρ σοφός· 假设坎彼色斯当时回心转意并撤回军队，那么他原本就会是个有智慧的人。(《原史》3.25.5)[但他并未放弃]

(24) οὐ γὰρ ἔσθ᾽ὅπως οὐκ ἠναντιώθη ἄν μοι τὸ εἰωθὸς σημεῖον, εἰ μή τι ἔμελλον ἐγὼ ἀγαθὸν πράξειν.

因为，假设我要做的不是一件好事，那么，那个熟悉的信号当时就不可能不反对我。(《申辩》40c)[οὐ γὰρ ἔσθ᾽ὅπως οὐκ 见 50.39]

(25) εἰ γάρ με τότε ἤρου, εἶπον ἂν ὅτι ...

其实，假设你当时问了我，我原本就会说……(柏《普》350c)

(26) ἀλλ᾽ εἴ σ᾽ ἐγὼ ἠρόμην· ... τί ἄν μοι ἀπεκρίνω;

但是，假设我问你……你会如何回答我？(《伊翁》540e)

49.11 未完成时、过去完成时和不定过去时的情态直陈式的差异在于体，但是在实际使用中——

- 不定过去时直陈式通常表达过去原本会发生的事情，如例句 21、24 和 25；但在例句 26 中，不定过去时 ἠρόμην 和 ἀπεκρίνω 用来表达在假设的(非现实)情景中的一次性问答；
- 未完成时通常表达某件现在原本会发生的事情，比如例句 22；过去完成时亦然，但是罕见，如例句 21；这两者涉及过去的情况相对少见，如例句 23；未完成时 ἔμελλον 带不定式的结构(见 51.33)也可以表达非事实的将来情景，如例句 24。
- 注意，条件分句和结论分句可以涉及不同的时间，如例句 21 和 24 所示。

其他更多的例句见 34.16 注三。

习惯性条件

49.12 如果发话人使用习惯性条件(habitual condition)，那么他就表示，一个反复出现的动作取决于另一个在发生的动作。换言之，就是一个反复的或习惯性动作引起了另一个动作。若用英语来对应，那就是 If ever (≈ whenever) X happens, then Y happens。现在和过去习惯性条件使用不同的结构。

注一：习惯性条件也被称作不定（indefinite）条件、普通（generic）条件或一般（general）条件。

49.13 如果习惯性条件涉及现在，那么条件分句就使用 **ἄν** + 虚拟式（不定虚拟式，见 40.9），结论分句通常使用现在时直陈式（表达反复的动作或一般事实），例如：

(27) ἐάν ... νουθετῇ τις εὐνοίᾳ λέγων, | στυγεῖς. 如果有个心怀善意的言说者在劝告[你]，那么你就会怨恨[他]。（索《菲》1322–1323）

(28) αἰτιᾶσθε δὲ πολλάκις ἐξαπατᾶν ὑμᾶς αὐτούς, ἐὰν μὴ πάνθ' ὃν ἂν ὑμεῖς τρόπον βούλησθε γένηται. 而你们往往会指责这些人欺骗你们，只要一切没有以你们想要的方式发生。（德《演》62.25.1）

如果习惯性条件涉及过去，那么条件分句就使用不带 **ἄν** 的反复祈愿式，结论分句使用未完成时（或过去完成时），例如：

(29) τῶν δὲ πολλῶν εἴ τις αἴσθοιτο, ἐσίγα καὶ κατεπέπληκτο. 而众人中只要有人曾觉察，他就会沉默并感到惊恐。（德《演》9.61）

(30) ὑμῖν δέ, εἴ τι δέοισθε, χρήματα ὑπῆρχε κοινῇ πλεῖστα τῶν πάντων Ἑλλήνων. 而对于你们来说，只要你们缺少什么，公库里当时都会存有所有希腊人中最多的钱款。（德《演》23.209）

注一：请注意，习惯性条件在从句的结构上与预期条件（ἐάν + 虚拟式，见 49.6）或涉及过去的潜在条件（εἰ + 祈愿式，见 49.8）相同，只能通过母句来区分类型。

49.14 现在时虚拟式/祈愿式与不定过去时虚拟式/祈愿式的差异在于体，它们通常暗示相对时态含义——

- ἄν + 不定过去时虚拟式/祈愿式暗示先在性，如例句 28、29；
- ἄν + 现在时虚拟式/祈愿式暗示同时性，如例句 27、30。

49.15 诗人和希罗多德笔下的习惯性条件有时省略 ἄν，用 εἰ + 虚拟式，例如：

(31) ἀλλ' ἄνδρα, κεἴ τις ᾖ σοφός, τὸ μανθάνειν | πόλλ' αἰσχρὸν οὐδέν. 但一个男人多多学习并不可耻，即便他是位智慧之人。（索《安》710–711）[κεἴ（融音自 καὶ εἰ）见 49.19–21；ἄνδρα 是 (τὸ) μανθάνειν 的主语，见 51.41]

49.16 我们有时难以把握习惯性条件从句与习惯性时间从句（见 47.9–10）的差异。前者表达有时发生而有时不发生的动作（结论分句表达的只是从句动作发生时的情况）；而习惯性时间从句仅仅表达某件会不止一次地发生的事情。一般来说，这两种从句都可用只要、每当来翻译，例如：

(32) ἐπειδὴ δὲ προσμείξειαν, οἱ ἐπιβάται ... ἐπειρῶντο ταῖς ἀλλήλων ναυσὶν ἐπιβαίνειν. 每当[战舰]交战，船员就试图登上彼此的船。(《佩战》7.70.5)

(33) εἰ μὲν ἐπίοιεν οἱ Ἀθηναῖοι, ὑπεχώρουν, εἰ δ' ἀναχωροῖεν, ἐπέκειντο. 只要雅典人进攻，[叙拉古人]就撤退，只要[雅典人]后撤，[叙拉古人]就推进。(《佩战》7.79.5)

[例句 32 中的是习惯性时间从句，表达雅典人和叙拉古人的海战中不止一次地出现的交战类型；例句 33 中的是习惯性条件从句，表达雅典人在战斗中无法同时采取的动作：进攻和撤退只能二选其一；两个例句中的结论分句所描述的都是叙拉古人根据雅典人的行动而采取的军事回应]

其他具体细节

混合条件句

49.17 尽管上文所引的例句大多遵循以上标准模式，但是还有许多混合条件句（mixed conditional）。其中，不同类型的条件分句、结论分句一起使用，分别表达上文所述的各种含义。一些可能的组合有——

- 将来时直陈式的中性条件，搭配潜在结论，例如：

(34) πάντων γὰρ ἀθλιώτατος ἂν γενοίμην, εἰ φυγὰς ἀδίκως καταστήσομαι. 因为，如果我不正义地陷于流亡，那么我就会成为所有人中最悲惨的那个。(吕《演》7.41)

- 潜在条件，搭配将来时直陈式的结论分句，例如：

(35) ὅλως γὰρ εἰ 'θέλοιμεν σκοπεῖν τὰς φύσεις τὰς τῶν ἀνθρώπων, εὑρήσομεν τοὺς πολλοὺς αὐτῶν οὔτε τῶν σιτίων χαίροντας.

因为如果我们愿意从总体上考察世人的本性，那么我们会发现，其中的大多数人并不因为食物而快乐。(伊索《演》2.45)

- 潜在条件，搭配非将来时直陈式的结论分句，例如：

(36) εἰ γὰρ σύ μοι ἐθέλοις συνεῖναι, ἐξαρκεῖ καὶ οὐδένα ἄλλον ζητῶ.

因为，如果你本人愿意和我待在一起——这便足矣——那么我就不会再找其他任何人。(《忒阿革斯》127a)

(37) ὁ χρυσός, εἰ βούλοιο τἀληθῆ λέγειν, | ἔκτεινε τὸν ἐμὸν παῖδα καὶ κέρδη τὰ σά. 如果你愿意说出真相，那么杀害我儿的，就是金子和你的利益。(《赫卡贝》1206–1207) [关于这个例句，另见 49.3]

其他各种组合也会出现。

49.18　在个别情况下，两个不同类型的条件分句前后相连，以不同程度的可能性表达不同的可能结果，例如：

(38) εἰ μὲν οὖν πρὸς ἕκαστον αὐτῶν τὰς πράξεις τὰς Εὐαγόρου παραβάλλοιμεν ... , οὔτ’ ἂν ὁ χρόνος τοῖς λεγομένοις ἀρκέσειεν· ἣν δὲ προελόμενοι τοὺς εὐδοκιμωτάτους ... σκοπῶμεν ... , πολὺ ... συντομώτερον διαλεχθησόμεθα περὶ αὐτῶν. 于是，倘若我们把厄瓦戈若斯的成就与他们每一位的作比较，那么时间就不够[我]说了；而若我们在挑选出最著名的[王者]后再作考察，那么我们就会以远为简洁的方式来讨论他们。（伊索《演》9.34）[潜在条件（εἰ + 祈愿式），表达动作发生的可能性较小（也暗示动作不太合意）；随后是一个预期条件（ἤν + 虚拟式），表示可能性更大的动作]

(39) ὥστ’ εἰ μὲν ἀποψηφιεῖσθε τούτων, οὐδὲν δεινὸν δόξει αὐτοῖς εἶναι ... ἐκ τῶν ὑμετέρων ὠφελεῖσθαι· ἐὰν δὲ καταψηφισάμενοι θανάτου τιμήσητε, ... τούς ... ἄλλους κοσμιωτέρους ποιήσετε ἢ νῦν εἰσι.

因而，如果你们投票认为这些人无罪，那么在他们看来，从你们的东西中获利就毫无风险，而如果你们投票判他们死刑，那么你们就会使得其他人比现在更守规矩。（吕《演》27.7）[中性条件（暗示不合意：εἰ + 将来时直陈式）表达发话人不希望出现的判决，随后是一个预期条件（ἐάν + 虚拟式），表达发话人想要的判决]

让步从句（εἰ καί 和 καὶ εἰ）

49.19　由 **καὶ εἰ** 或 **εἰ (...) καί**[即便；就算]引导的条件从句也被称作让步从句（concessive clause），表达例外或不太可能的条件。如果条件分句中的动作实现了，那么结论分句中动作的实现就显得出乎意料，不过条件的实现对结论最终无所影响。

各种条件都会见于让步从句，语式和时态的用法也如上文所言。如果要表达否定，那么就用 οὐδ’ εἰ 或 μηδ’ εἰ[即便不]来引导从句。结论分句中可能有 ὅμως[依旧；仍然]来强化条件分句和结论分句的对比。

(40) ἀλλά τοι εἰ καὶ πάντα ταῦτα πεποίηκε καὶ ἄλλα τούτων πολλαπλάσια, οὐδεὶς ἂν δύναιτο αὐτῆς ἀνασχέσθαι τὴν χαλεπότητα.

但是，你知道，即便她做了所有这一切以及比这些多许多倍的其他事情，依旧没人会有能力忍受她的坏脾气。（色《回》2.2.7）[中性条件]

(41) τοῦτο μέν, | οὐδ’ ἢν θέλῃ, δράσει ποτ’.

即便他愿意，他也不会去做这件事。（索《菲》981–982）［预期条件］

(42) <u>εἰ καὶ</u> τὸν ἄλλον χρόνον εἴθιστο συκοφαντεῖν, τότ' ἂν ἐπαύσατο.

即便［尼基阿斯］过去惯于诬陷［别人］，他当时也会停下。（伊索《演》21.11）［非事实条件］

(43) τῆς γῆς κρατοῦντες <u>καὶ εἰ</u> θαλάττης εἴργοιντο, δύναιντ' ἂν καλῶς διαζῆν. 由于［斯巴达人］控制着土地，因此，即便他们与大海相隔，他们依旧可能生活得好。（色《希》7.1.8）［潜在条件］

注一：καί 的这种副词性用法及其对应的否定词 οὐδέ，见 59.56。

注二：καὶ εἰ 和 εἰ καί 并不总是引导让步从句——在一些情况下，καὶ εἰ 中的 καί 只是一个并列连词，从而此时的 καὶ εἰ 意为*并且如果*，例如：

(44) οὕτω γὰρ ἂν πονεῖν τε ἔτι μᾶλλον δύναιτο <u>καὶ</u> <u>εἰ</u> ἕλκοι τις αὐτὸν ἢ ὠθοίη ἧττον ἂν σφάλλοιτο. 因为［骑手］以这种方式就会有能力耐受得更久，并且，如果有人拉他或者推他，他就不太会跌下来。（《论骑术》7.7）

在一些使用 εἰ (...) καί 的情况下，καί 的辖域仅仅是从句中的一个成分，此时的 εἰ (...) καί 意为*如果……也*、*如果……事实上*，例如：

(45) ΑΝ. ἀλλ' οἶδ' ἀρέσκουσ' οἷς μάλισθ' ἁδεῖν με χρή. | :: ΙΣ. <u>εἰ</u> <u>καὶ</u> δυνήσῃ γ'. 安提戈涅：可是我知道［我］在使那些我最应该取悦的人满意。伊斯墨涅：如果你至少真的有能力。（索《安》89–90）［καί 的辖域只是 δυνήσῃ］

49.20 καὶ εἰ 与 εἰ καί 的差异可以这样来描述——

• καὶ εἰ（此时 καί 的辖域是整个 εἰ 从句）往往强调结论分句中的动作将会实现、可能实现或者本该实现等等，无论条件如何不利，包含条件分句中给出的［极端］情况，比如，例句 43 可以意译作**甚至**在他们与大海相隔时。

• εἰ καί（此时 καί 的辖域是 εἰ 从句中的谓语或另一个成分）把焦点置于条件分句的动作上，常常用来强调其本身不太可能，比如例句 40 可以意译作*就算她**做完了**所有这些事情*。

然而实际上，这两者差别细微。总地来说，καὶ εἰ 更为常见。

49.21 在一些情况下，条件分句用直陈式表达预设会实现的动作，也就是说，并不表达动作的发生受到怀疑。此时，εἰ καί 和 καὶ εἰ 可译作*虽然*、*尽管*，[①] 例如：

(46) <u>καὶ</u> γὰρ <u>εἰ</u> πένης <u>ἔφυν</u>, | οὔτοι τό γ' ἦθος δυσγενὲς παρέξομαι.

其实，虽然我生来贫寒，但我会展现，至少我的性情并不卑劣。（欧《厄》

---

① 请比较*虽然/尽管*（even though）和 49.19 中的*即便/就算*（even if）。

362–363）[发话人是一位贫困的农夫]

更常见的情况是用 καίπερ + 分词来表达这种让步关系，见 52.44。

比较条件从句（ὡς εἰ、ὥσπερ εἰ 和 ὥσπερ ἂν εἰ）

49.22 在古典希腊语中，如果要比较一个动作和另一个假设的动作，那么就可以把 εἰ 和比较小品词 ὡς 或 ὥσπερ（见 50.37）组合起来，常常还会插入 ἄν，构成 **ὡς εἰ**、**ὥσπερ εἰ** 和 **ὥσπερ ἂν εἰ**[好像；如同]。这种比较条件从句（comparative conditional clause）一般用祈愿式（潜在条件从句，见 49.8）或情态直陈式（非事实条件从句，见 49.10）：

(47) ὦ Ἀγησίλαε, ὥσπερ εἰ ἐν αὐτοῖς εἴημεν τοῖς πολεμίοις, οὕτω μοι σημαίνεται. 阿革西拉欧斯啊，我得到如此这般的征兆，就好像我们恰恰处于敌人之间那般。（色《希》3.3.4）[1]

(48) πρὸς μόνους τοὺς προγόνους τοὺς ἡμετέρους συμβαλόντες ὁμοίως διεφθάρησαν ὥσπερ ἂν εἰ πρὸς ἅπαντας ἀνθρώπους ἐπολέμησαν.

虽然只对我们的祖先进攻，但他们全军覆没，就好像与所有的人类交战那般。（伊索《演》4.69）

注一：分词带 ὥσπερ[如同；好像]表达比较的用法，见 52.43。

49.23 ὡς εἰ、ὥσπερ εἰ 和 ὥσπερ ἂν εἰ 常写成一个词，分别作 ὡσεί、ὡσπερεί 和 ὡσπερανεί。

49.24 ὡσεί、ὡσπερεί 和 ὡσπερανεί（合写或分开写）引导的比较条件从句中常常没有限定动词，例如：

(49) ἀλλ' οὖν εὐνοίᾳ γ' αὐδῶ, | μάτηρ ὡσεί τις πιστά. 但是无论如何，我出于善意才发出声音，就像一位可靠的母亲。（索《厄》233–234）[2]

(50) χὠ κολοιὸς οὑτοσὶ | ἄνω κέχηνεν ὡσπερεὶ δεικνύς τί μοι. 这只寒鸦也向上张嘴，好像在对我表达什么。（《鸟》50–51）[χὠ = καὶ ὁ，融音见 1.43–45]

εἰ 和 ἐάν

49.25 使用 **ἐάν** + 虚拟式的从句和过去语境中使用 **εἰ** + 间接祈愿式的从句有时具有类似目的从句的含义，当译作希望、以求等等。这种从句一般位于主句之后，例如：

---

① αὐτοῖς 见 29.12。

② ἀλλ(ὰ) οὖν 见 59.61。

(51) ἴθ', ἀντιβολῶ σ', ἤν πως κομίσωμαι τὼ βόε.

来吧，求你了，但愿我能以某种方式带回那两头牛。（阿《阿》1031）

(52) ἐπέπλει οὖν ... πρὸς τὴν Σύμην ... , εἴ πως περιλάβοι ... τὰς ναῦς.

于是他向叙美航行，希望以某种方式截住[敌]舰。（《佩战》8.42.1）

实际上，这种从句并不能称作条件从句，因为主句动作的实现、真实性或合适性并不取决于从句动作的实现。

注一：这一事实（亦即这种从句与主句没有依从关系）使得我们可以相对直接地区分这类 εἰ 从句和真正的条件从句。注意例句 52 使用一种叙述性的过去时态，可以明显地区分于涉及母句之真实性或合适性的条件（见 49.3）；不过，这种用法也有可能是后者的延伸。

注二：在这种从句中，语式的用法基本与目的从句中的用法相同（见 45.3–4；虚拟式，或在过去语境中改用祈愿式）。由 ἵνα、ὅπως 或 ὡς 引导的目的从句与这种从句的差异似乎是，条件连词（εἰ 或 ἐάν）明确表示并不确定所期待的动作是否会实现，并且实现与否也不受母动词的主语控制。

ἐφ' ᾧ(τε)

49.26 另外还有一类表达条件的从句由 **ἐφ' ᾧ** 或 **ἐφ' ᾧ(τε)**[以……为条件；条件是]引导（ἐπί + 与格表达条件的用法，见 31.8）。这类从句通常用不定式（有时用将来时直陈式）。否定词是 μή。例如：

(53) ἀφίεμέν σε, ἐπὶ τούτῳ μέντοι, ἐφ' ᾧτε μηκέτι ... φιλοσοφεῖν.

我们放你走，但[这]以[你]不再爱智为条件。（《申辩》29c）

(54) ξυνέβησαν ... ἐφ' ᾧ ἐξίασιν ἐκ Πελοποννήσου ὑπόσπονδοι καὶ μηδέποτε ἐπιβήσονται αὐτῆς. 他们达成一致，条件是他们在停战状态中离开佩洛璞斯岛，并且不再踏上这片[土地]。（《佩战》1.103.1）[ἐξίασιν 在形式上是现在时直陈式，但在功能上相当于将来时直陈式，见 33.19]

间接话语中的条件从句

49.27 如果一个过去时态的意为言说、思考等等的动词带一个完整的条件句（历史序列）来转述间接话语或间接想法，那么条件分句和结论分句都可以改用间接祈愿式；如果条件分句改用间接祈愿式代替虚拟式 + ἄν，那么这里的 ἄν 就会消失。例如：

(55) ἡγεῖτ' οὖν, εἰ μὲν ὑμᾶς ἕλοιτο, φίλους ἐπὶ τοῖς δικαίοις αἱρήσεσθαι. 因此他认为，如果他选择你们，那么他就会根据各种正理来选择朋

友。（德《演》6.12）[直接陈述：ἐὰν αὐτοὺς ἕλωμαι, φίλους ἐπὶ τοῖς δικαίοις αἱρήσομαι]

间接祈愿式不用于非事实条件和潜在条件。详见 41.19–22。

条件句总结（基本类型）

49.28　上文所述的几种基本类型的条件句总结如下：

	过去		现在		将来	
	条件	结论	条件	结论	条件	结论
中性	εἰ + 过去直 εἰ τοῦτο ἐποίησε 若他做了此事	不限定 κολασθήσεται 他会受惩罚	εἰ + 现直 εἰ τοῦτο ποιεῖ 若他做此事	不限定 κολασθήσεται 他会受惩罚	εἰ + 将直 εἰ τοῦτο ποιήσει 若他要做此事 常用于威胁、警告等等	不限定 κολασθήσεται 他将受惩罚
预期					ἐάν + 虚 ἐὰν τοῦτο ποιήσῃ 若他做此事	将直等等 κολασθήσεται 他将受惩罚
潜在					εἰ + 祈 εἰ τοῦτο ποιήσειε 若他做此事	ἄν + 祈 κολασθείη ἄν 他可能会受惩罚
非事实	εἰ + 不过直 εἰ τοῦτο ἐποίησεν 若他做了此事	ἄν + 不过直 ἐκολάσθη ἄν 他本会受惩罚	εἰ + 未完成时 εἰ τοῦτο ἐποίει 若他做此事	ἄν + 未完成时 ἐκολάζετο ἄν 他本会受惩罚		
	不定过去时直陈式与未完成的差异在于体；这里对过去和现在的区分仅仅基于经验					
习惯性	εἰ + 祈愿式 εἰ τοῦτο ποιήσειεν 若他做了此事	未完成时 ἐκολάζετο 他就会受惩罚	ἐάν + 虚拟式 ἐὰν τοῦτο ποιήσῃ 若他做此事	现在时直陈式 κολάζεται 他就会受惩罚		

第 50 章 关系从句

引 言

关系代词、关系形容词和关系副词

50.1 关系从句（relative clause）由以下关系代词、关系形容词或关系副词引导：

	限定形式	不定形式	释 义
代 词	ὅς	ὅστις	那……的
形容词	οἷος	ὁποῖος	[种类]如……的
	ὅσος	ὁπόσος	大小/数量如……的（常可译作所有、每一个）
副 词	ἔνθα、οὗ	ὅπου	在……的
	ἔνθεν、ὅθεν	ὁπόθεν	从……的
	ἔνθα、οἷ	ὅποι	向……的
	ᾗ	ὅπῃ	以……的途径/方式、如同
	ἵνα		在……的、向……的
	ὡς	ὅπως	如同、以……的方式

注一：伊欧尼亚方言中关系代词的形式，见 25.31。冠词在诗歌中用作关系代词的现象，见 28.31。

注二：不定代词、不定形容词和不定副词也可用于间接疑问，见 42.5；οἷος 和 ὅσος 也可用于直接和间接感叹，见 38.47–49、42.9–11，这两个词也可以用于结果从句，见 46.10。ὅπως 亦用于勉力从句和目的从句，分别见第 44 章和第 45 章。ὡς 的其他用法见第 57 章。

限定关系词和不定关系词

50.2 限定关系词和不定关系词的一般用法是——

• 如果关系从句指涉一个特定的（可确指的）实体，那么就使用限定关系词（definite relative）；如果有先行词（关系词所指涉的母句中的单词或短语），那么先行词通常就会带冠词；

• 如果关系从句指涉不具体的（不可确指的或一个类别的）实体，亦即此时的关系词可以指涉任意数量的实体（或者其具体所指不清楚），那么就使用不定关系词（indefinite relative）；如果有先行词，那么先行词通常不会带冠词。

(1) τίς ἡ γυνὴ δῆτ' ἐστὶν ἣν ἥκεις ἄγων;

你带过来的那女人究竟是谁？（索《特》400）[这里指一个特定的女人；注意先行词带有冠词，见 28.1]

(2) γυνὴ δ', ἀπόντος ἀνδρὸς ἥτις ἐκ δόμων | ἐς κάλλος ἀσκεῖ, διάγραφ' ὡς οὖσαν κακήν. 而在丈夫离家时，把[自己]往美艳里打扮的女人——把[她]贬低为恶妇吧！（欧《厄》1072–1073）[这里指一类女人，而非一个特定的女人；注意先行词不带冠词；主题结构（独立主格）见 60.34]

50.3 然而，ὅς 与 ὅστις 的差异并不总是易于说明——

• 尤其要注意的是，在带不定虚拟式＋ἄν 或者带反复祈愿式的关系结构中（见 50.21），限定关系词更为常见，例如：

(3) ἐπειδὰν δὲ κρύψωσι γῇ, ἀνὴρ ᾑρημένος ὑπὸ τῆς πόλεως, ὃς ἂν ... ἀξιώσει προήκῃ, λέγει ἐπ' αὐτοῖς ἔπαινον τὸν πρέποντα.

而当他们埋葬[逝者]后，由城邦挑选的一位在名声方面卓越的人对[逝者]道出合适的颂词。（《佩战》2.34.6）[这里的关系代词并不指代一个特定的人（发言者每年一变），并且先行词不带冠词，但依旧使用限定关系代词]

不定关系词 ὅστις ἄν＋虚拟式也会出现，暗示就连极端情况也该被纳入考虑（意为任何），例如：

(4) καὶ ἤν τινες ἐς τὴν Ἀθηναίων γῆν ἴωσι πολέμιοι ... , ὠφελεῖν Λακεδαιμονίους Ἀθηναίους τρόπῳ ὅτῳ ἂν δύνωνται ἰσχυροτάτῳ.

并且，[盟约规定，]如果有敌人侵入雅典人的领土，那么拉刻代蒙人就要以他们可能采取的任何一种最有力的方式来援助雅典人。（《佩战》5.23.2）

• 相反，ὅστις 有时也可指代非常具体的人或物，有明确的先行词，例如：

(5) ἐγώ ... | μαίνομαι; σὺ μᾶλλον, ὅστις ἀπολέσας κακὸν λέχος | ἀναλαβεῖν θέλεις. 我在发疯？你才是！你这个在失去了可恶的同床者之后想要找回[她]的家伙！（欧《伊奥》388–390）

这种用法的 ὅστις 从句通常具有细微的原因含义，见 50.6 注二和 50.23。

50.4 限定关系词可以与 **περ** 复合（ὅσπερ[正是那……的]）来表达特性。而不定关系词的不定性则可通过添加 **ποτε** 来强调（ὅστις ποτέ[无论谁]）。

注一：οὖν 加在不定关系词上表达普遍性，见 59.35。

关联从句

50.5 关系代词、关系形容词和关系副词常常位于母句中指示代词、指示形容词或指示副词的前方或后方，例如：

母　句	关系从句	整个句子的含义
οὗτος	ὅσ(τις)	这个……的
τοιοῦτος	οἷος	如此……的，好像……
τοσοῦτος	ὅσος	如此大小/数量……，好像……
ἐνταῦθα	ἔνθα	在那……的地方
οὕτω(ς)	ὡς	如此……，好像……

这种从句称作关联从句（correlative clause）。关联代词、关联形容词和关联副词的完整体系，见第8章。

后文会更详细地论述由关系形容词和关系副词引导的从句（其中尤其常见关联现象[correlation]），见50.27–40。

限制性关系从句、非限制性关系从句和自主关系从句

50.6 我们可以区分两种类型的关系从句——

• 限制性（restrictive / determinative）关系从句：其中的内容用来确指先行词，或者将先行词限制到一个特定的子集，例如：

(6) τῷ Φιλοκτήμονι ἐκ μὲν τῆς γυναικὸς ἧ συνῴκει οὐκ ἦν παιδίον οὐδέν. 菲洛克忒蒙跟与他同住的那个女人当时没有孩子。（伊赛《演》6.5）[关系从句确指了先行词，若无关系从句就不清楚发话人指的是哪个女人]

(7) πότερ᾽ ἂν βούλοιο τούτους τοὺς στρατιώτας οὓς Διοπείθης νῦν ἔχει ... εὐθενεῖν ... , ἢ ... διαφθαρῆναι;

你想要迪欧佩伊忒斯现在拥有的这些士兵发展壮大还是毁灭殆尽？（德《演》8.20）[关系从句把这群士兵限制到一个特定的子集]

限制性关系从句中语式和时态的用法类似于时间从句或条件从句中的用法（见50.18–22）。

• 非限制性（non-restrictive，又称作离题性[digressive]或解释性[explanatory]）关系从句：[①] 这种关系从句给出附加的信息，而并不需要用这些信息来确指或具体说明先行词。换而言之，即便忽

① 中文版通称作非限制性关系从句。

略这种关系从句，先行词所表达的实体也不会变化。例如：

(8) ... ἐξῃρηκότες ... τὴν Σουσίδα γυναῖκα, ἣ καλλίστη δὴ λέγεται ἐν τῇ Ἀσίᾳ γυνὴ γενέσθαι, ...

……挑选出了那名苏撒女子——据说，在亚细亚中，她显然是最美艳的女子。（色《教》4.6.11）[并不需要用这个关系从句来确指那位显然众所周知的苏撒女子，而是用它来提供关于她的补充性信息]

(9) στέγαι ... εἰσιν ... οὐδὲ τῷ δήμῳ τῶν στρατιωτῶν, ὧν ἄνευ ἡμεῖς οὐκ ἂν δυναίμεθα στρατεύεσθαι. 普通士兵没有栖身之处——没了他们，我们就不会有能力举兵。（色《教》6.1.14）[这个关系从句的作用既不是确指士兵，也不是定义某一组士兵]

非限制性关系从句尤其会用来修饰专有名词。非限制性关系从句中语式和时态的用法类似于独立句中的用法（见 50.17）。

注一：在英语中，限制性关系从句前后一般没有逗号；非限制性关系从句一般在两个逗号之间（对比这两个关系从句：The animal that you see here is a whale, which is a kind of mammal）。只有限制性关系从句可以使用 that 作为关系代词（对比例句 7 的英译 the soldiers that Diopithes has）或者完全省略关系代词（对比例句 6 的英译 the woman he was living with）。

注二：由于非限制性关系从句的决定性特征是指涉一个可确指的实体（因为就算没有关系从句，从句的先行词也可确指），因此不定关系词 ὅστις、ὁποῖος 等等原则上并不适用于非限制性关系从句。不过，不定关系词确实偶见于这种从句，并且几乎总是具有细微的原因含义（详见 50.23）。

50.7 有一类特殊的限制性关系从句，即所谓的自主（autonomous）关系从句，没有先行词，例如：

(10) ΙΩ. ἣ δ᾽ ἔθρεψέ με :: ΚΡ. τίς; ... :: ΙΩ. Φοίβου προφῆτιν, μητέρ᾽ ὣς νομίζομεν. 伊昂：那个养育我的女人。克热乌撒：谁？伊昂：光明神的预言者，我把[她]视作母亲一样。（《伊昂》319–321）[1]

注一：译文中常常需要为自主关系从句补上先行词（如例句 10 中的“女人”）；一些语法书常把这类关系从句视作省略先行词的情况。

① 这里的 ὡς 在其所带出的内容之后，故有重音。

先行词、一致、同化和连接

一致的基本规则

50.8 关系代词 ὅσ(τις) 的一致规则和关系形容词 (ὁπ)όσος、(ὁπ)οῖ-ος 的一致规则是——

- 关系词的性属和数与先行词一致；
- 关系词的格由其在从句中的句法功能确定。例如：

(11) ὅδ' ἐστὶν ἁνὴρ ὃν λέγεις. 这就是你所说的那个男人。（阿《地》635）[ὅν 是阳性单数，与 ἁνήρ 一致，又作 λέγεις 的宾语，故用宾格；融音后的 ἁνήρ（= ὁ ἀνήρ）见 1.45 注一]

(12) ἀνὴρ παρ' ἡμῖν ἐστιν, ... | Ἕλενος ἀριστόμαντις, ὃς λέγει ... 我们这里有个男人，赫勒诺斯，一名极其出色的先知，他说……（索《菲》1337–1338）[ὅς 是阳性单数，与 ἀνήρ 一致，又作 λέγει 的主语，故用主格]

注一：关系代词的形式有时依据的是含义而非先行词的语法形式。这种根据含义而来的（κατὰ σύνεσιν）结构，见 27.11（一并比较 27.6）。

50.9 在古典希腊语中，如果连续出现的关系从句都指向同一个先行词，那么一般就会避免重复使用关系代词，倘若不同的关系从句所用的关系代词在格上不同，那么尤其会如此。在先行词相同的情况下，后面的关系从句或是没有自己的关系代词，或是使用 αὐτός 或指示代词的一种恰当的变格形式，例如：

(13) Ἀριαῖος δέ, ὃν ἡμεῖς ἠθέλομεν βασιλέα καθιστάναι, καὶ ἐδώκαμεν καὶ ἐλάβομεν πιστὰ ..., καὶ οὗτος ... ἡμᾶς ... κακῶς ποιεῖν πειρᾶται. 而阿瑞埃欧斯——我们当时愿意立他为王，并且我们给予[他]誓约并[从他那里]接受了誓约……甚至他也在试图对我们作恶。（色《上》3.2.5）[本句仅用了一个关系代词 ὅν（宾格，καθιστάναι 的宾语）；后一个从句 ἐδώκαμεν καὶ ἐλάβομεν πιστά 没有自己的关系代词（因此中译补上“他”和“从他那里”）；另需注意 Ἀριαῖος δέ ... 是主题成分（见 60.33），由复述性的（resumptive）οὗτος 接续（对比例句 29 和 59.15 例句 14），从而表明严格意义上的主句只能从 καὶ οὗτος 开始]

(14) ποῦ δὴ ἐκεῖνός ἐστιν ὁ ἀνὴρ ὃς συνεθήρα ἡμῖν καὶ σύ μοι μάλα ἐδόκεις θαυμάζειν αὐτόν. 那么，他在哪里呢——当时与我们一起打猎并且在我看来你特别钦佩的那个人？（色《教》3.1.38）[那个人在关系从句中作主语，在后一个从句中作 θαυμάζειν 的宾语，故以 αὐτόν 代替第二个关系代词]

50.10 对于自主关系从句而言，阳性（或阴性）的关系词通常指代多个个体或者一群人，而中性关系词则指代多个事物；与其他关系从句相同，关系词的格依旧由其在关系从句中的功能来确定，例如：

(15) <u>οἳ</u> τὰς πόλεις ἔχουσι ... | τοῖς ἀνθαμίλλοις εἰσὶ πολεμιώτατοι.

那些掌握着城邦的人对他们的竞争者敌意满满。（《伊昂》605–606）［指代人群故阳性；作 ἔχουσι 的主语故主格；整个关系从句作 εἰσί 的主语］

(16) σὺ μὲν βίᾳ | πράξεις <u>ἃ</u> βούλει.

你将以暴力做出你想［做］的那些事情。（欧里庇得斯残篇坎尼希特本 953.42–43）［中性关系词，指代事物或行为］

50.11　自主关系从句尤其常见于介词之后。从而，介词可能作用于从句，也可能作用于母句，例如：

(17) οὐκ ἔχω, ὦ Σώκρατες, ὅπως χρὴ <u>πρὸς</u> <u>ἃ</u> λέγεις ἐναντιοῦσθαι.

我不懂得，苏格拉底啊，该如何反驳你所说的东西。（柏《克拉》390e）［介词 πρός 作用于母句（受 ἐναντιοῦσθαι 支配），而自主关系从句则作 πρός 的补语，对比 ἐναντιοῦσθαι πρὸς ταῦτα ἃ λέγεις］

(18) καὶ κάλει <u>πρὸς</u> <u>οὓς</u> ἐξεμαρτύρησεν.

并且请传唤他曾在其面前作证的那些人。（埃《演》2.19）［πρός 作用于关系从句（受 ἐξεμαρτύρησεν 支配），包含介词在内的自主关系从句作宾语，对比 κάλει τούτους, πρὸς οὓς ἐξεμαρτύρησεν］

50.12　自主关系从句有以下习惯用法需要注意——

• 中性关系代词 ὅ 引导的自主关系从句（一般带形容词最高级）可以与整个分句或句子同位，例如：

<u>ὃ</u> δὲ πάντων <u>δεινότατον</u>

而一切事情中最荒唐/糟糕的是……（伊索《演》4.128、5.52 等九处）*

καὶ <u>ὃ</u> πάντων <u>θαυμαστότατον</u>

并且所有事情中最令人惊奇的是……（《会饮》220a）*

在这种分句中，ἐστί 几乎总是省略（对比英语 what *is* the worst thing）。关于这一用法，对比中性冠词带最高级的近似用法（例如 τὸ δεινότατον［最荒唐的事物］，见 27.14），例如：

(19) <u>ὃ δὲ μέγιστον τεκμήριον</u>· Δῆμος γὰρ ὁ Πυριλάμπους ...

而作为最有力的证据的［事实］就是：得摩斯，丕瑞兰佩斯之子……（吕《演》19.25）［这里的 γάρ 难以翻译，见 27.14 注一］

• 存在性用法的 εἰμί（见 26.10）的第三人称形式有时可以带自主关系从

句，构成 ἔστιν ὅστις[有一位……的人]、εἰσὶν οἵ[有一些……的人]等表达，它们可带否定词，比如 οὐκ ἔστιν ὅστις[并没有……的人]。例句如下：

(20) οὐκ ἂν εἴη ὅστις οὐκ ἐπὶ τοῖς γεγενημένοις ἀγανακτοίη. 不可能存在对所发生的事情不感到愤怒的人。（吕《演》1.1）[这个祈愿式的用法见 50.22]

这种结构已经相当固化了，从而此时单数的 ἔστι 甚至可以带复数形式（比如 ἔστιν οἵ, ἔστιν ὧν[存在一些……]等等），并且，这个现在时态的形式还可以用于过去或将来语境，例如：

(21) ... αἰσθανόμενοι δὲ τοὺς συμμάχους πάντας μὲν ἀθύμως ἔχοντας πρὸς τὸ μάχεσθαι, ἔστι δὲ οὓς αὐτῶν οὐδὲ ἀχθομένους τῷ γεγενημένῳ ...

……又察觉到所有的盟友都对作战毫无热情，而其中甚至有人对所发生的事情不感到忧心。（色《希》6.4.15）[这里的 ἔστι ... οὕς 并不指代现在（本句来自叙述性文本）；使用宾格是因为 αἰσθανόμενοι 支配宾格与分词结构，见 52.13；还需要注意，定语性属格 αὐτῶν 出现在其所修饰的作为一个整体的短语 ἔστι ... οὕς 之后]

关系词的同化

50.13 一致的规则有个例外，即所谓的关系词的同化（attraction）。当（且仅当）出现以下情况时，关系词的格几乎总是与其先行词一致：

- 关系从句是限制性关系从句；
- ὅς、οἷος 或 ὅσος 的一个形式（它们对应的不定形式则不然）在其引导的关系从句中作宾语、内部宾语或者不定式的主语，亦即在它们预期以宾格形式出现的时候；
- 先行词以属格或与格形式出现。例如：

(22) ὅπως οὖν ἔσεσθε ἄνδρες ἄξιοι τῆς ἐλευθερίας ἧς κέκτησθε.

因此，你们必须成为配得上你们拥有的自由的男儿。（色《上》1.7.3）[关系代词作 κέκτησθε 的宾语，但是在先行词 τῆς ἐλευθερίας 的影响下同化为属格；τῆς ἐλευθερίας 是 ἄξιοι 所带的属格补语]**

自主关系从句中也会发生关系词的同化，相当于省略了属格或与格形式的先行词，例如：

(23) ἣν δ' ἐπιδειχθῇ ... πολίτης ὢν ... τοιοῦτος οἷος οὐδεὶς ἄλλος ὧν ἡμεῖς ἴσμεν, ... 而如果他显得是这样一个城邦民，不像是我们知道的其他任何人……（伊索《演》15.106）[关系代词作 ἴσμεν 的宾语，但是在母句

结构的影响下使用属格：οὐδεὶς ἄλλος 带部分属格；自主关系从句]

(24) τίνα γὰρ εἰκὸς ἦν ἧττον ταῦτα ὑπηρετῆσαι ἢ τὸν ἀντειπόντα οἷς ἐκεῖνοι ἐβούλοντο πραχθῆναι; 因为，当时谁更不可能奉命做这些事情——相较于那个抨击他们希望得逞的那些事情的人？（吕《演》12.27）[关系代词作不定式 πραχθῆναι 的主语（ἐβούλοντο 带宾格与不定式结构），但是在 ἀντειπόντα（带与格补语）的影响下同化为与格；自主关系从句]

关系词的同化在介词后尤其常见，这多见于自主关系从句，例如：

(25) ἐπαινῶ σε ἐφ' οἷς λέγεις. 我因你所言而赞许你。（色《上》3.1.45）[关系词作 λέγεις 的宾语，但在介词 ἐπί 后同化为与格]

(26) ταῦτα μὲν οὖν ἐάσω, ἀπ' αὐτῶν δ' ὧν αὐτὸς βεβίωκεν ἄρξομαι. 那么我将略过这些，而从他本人所过的那种生活本身开始。（德《演》18.130）[关系词作 βεβίωκεν 的内部宾语（见 30.12），但是在介词 ἀπό 后同化为属格；αὐτῶν 修饰整个关系从句]

注一：如果关系从句中原本预期使用主格或与格（而非宾格），那么在极少情况下也会出现关系词的同化，例如：

(27) ὀλίγοι ὧν ἐγὼ ἐντετύχηκα

我遇到过的少数几个人。（《邦制》531e）[ἐντετύχηκα 原本要求与格，但是这里受到母句结构的影响而使用了属格（修饰 ὀλίγοι 的部分属格）]

关系词的逆向同化

50.14 在某些情况下，先行词的格同化为后方的关系代词所用的格（而不根据句法功能使用相应的格）。这种现象称作逆向同化（inverse attraction），例如：

(28) πολιτείαν δ' οἵαν εἶναι χρὴ παρὰ μόνοις ἡμῖν ἐστιν. 而这样一种应当存在的政制只在我们这里。（伊索《演》6.48）[πολιτείαν 是 ἐστιν 的主语，因此原本预期使用主格；但是它同化为 οἵαν 所用的宾格（εἶναι χρή 带宾格）]

(29) τὸν ἄνδρα τοῦτον ὃν πάλαι | ζητεῖς ... | ... , οὗτός ἐστιν ἐνθάδε.

这位你寻觅已久的男人就在这里。（《俄僭》449–451）[τὸν ἄνδρα τοῦτον 是 ἐστιν 的主语，但是同化为 ὅν 所用的宾格，后者是 ζητεῖς 的宾语；注意 οὗτος 是复述代词，接续 τὸν ἄνδρα τοῦτον，并且如所预期的那样使用主格]

注一：如果要出现关系词的逆向同化，那么作先行词的名词原本预期使用的必须是主格（主要是被动态动词的主语、不带宾格的动词的主语或者 εἰμί 的主语[如例句 28、29]）或宾格。逆向同化仅见于在分句中充当主题或话题（见 60.25–29、

60.33）的成分；这个分句的其余内容总是在关系从句之后。

先行词并入关系从句

50.15 本该作为先行词的单词有时被并入（incorporate into）关系从句。此时，“先行词”和关系代词使用相同的格（由前文所述的规则确定；此时常常会发生关系词的同化），例如：

(30) εἰ δέ τινα ὁρῴη ... κατασκευάζοντα ... ἧς ἄρχοι χώρας ...

而如果[居鲁士]看到某人安顿好[自己]统治的那片土地……（色《上》1.9.19）[先行词本该作 κατασκευάζοντα 的宾语，但并入了关系从句，与关系代词 ἧς 一样使用属格，作 ἄρχοι 的补语]

(31) τούτους ... ἄρχοντας ἐποίει ἧς κατεστρέφετο χώρας.

[居鲁士]使他们成为[自己]征服的那片土地的治理者。（色《上》1.9.14）[本句中还发生了关系词的同化：尽管关系代词作 κατεστρέφετο 的宾语，但同化为属格，因为“先行词” χώρας 作 ἄρχοντας 的属格定语]

(32) Ἱπποκράτης ὅδε Πρωταγόρᾳ συγγενόμενος, ᾗ ἂν αὐτῷ ἡμέρᾳ συγγένηται, βελτίων ἄπεισι. 如果这位希璞珀克剌忒斯拜普罗塔戈拉为师，那么，在以他为师的那一天，他就会作为更好的人离开。（柏《普》318d）[ἡμέρᾳ 受关系从句的修饰，作 ἄπεισι 的时间状语]

并入从句的“先行词”不带冠词，可以视作一个名词短语的中心语，关系从句作为它的修饰语（见 26.16–18）。如果关系从句表达了确指先行词的突出信息，那么就尤其会出现这种结构。

注一：关于这一结构，对比英语 I took what books she gave me。

关系词表连接

50.16 关系代词偶尔用来引导一个新的独立句（先行词在之前的那个句子中）。这种现象称作关系词表连接（relative connection），此时，关系词的功能类似于指示代词或人称代词（也可这样来翻译），例如：

(33) ἀνδρῶν γὰρ ἐπιφανῶν πᾶσα γῆ τάφος ... οὓς νῦν ὑμεῖς ζηλώσαντες ... μὴ περιορᾶσθε τοὺς πολεμικοὺς κινδύνους.

每一块土地都是卓越男儿的坟墓。现在你们与他们竞争吧，别担忧战争的危险。（《佩战》2.43.3–4）[分词 ζηλώσαντες 的翻译见 52.6]

(34) ἡμῖν δὲ δὴ δίδωσιν Ἠλέκτραν ἔχειν | δάμαρτα ... ἣν οὔποθ’ ἀνὴρ ὅδε ... ᾔσχυν’ ἐν εὐνῇ.

随后[埃吉斯托斯]又把厄勒克特剌给我作妻子……我从未在床上使她蒙羞。(欧《厄》34–44)[这里的 ἀνὴρ ὅδε 译作“我”，见 29.29]

关系从句中的语式和时态

非限制性关系从句中的情况

50.17 在非限制性关系从句中，语式和时态的用法与独立分句中的相同(见第 34 章)。直陈式最为常见，潜在祈愿式和情态直陈式常常出现。极少情况下也会出现命令式、劝勉虚拟式或意欲祈愿式等等。否定词一般是 οὐ，除非是必须用 μή 的情况(比如用祈愿式表达意愿)：

(35) ἀπῆλθεν εἰς Ἔφεσον, ἣ ἀπέχει ἀπὸ Σάρδεων τριῶν ἡμερῶν ὁδόν.

他去往以弗所，后者距撒尔迪斯三日路。(色《希》3.2.11)[直陈式]

(36) Ἅλυν ... , ὃν οὐκ ἂν δύναισθε ἄνευ πλοίων διαβῆναι 那条哈吕斯河……你们若没有船就不会有能力渡过；(色《上》5.6.9)[潜在祈愿式]

(37) κρατῆρές εἰσιν ... ὧν κρᾶτ᾽ ἔρεψον.

[这里]有调酒缸，请盖住它们的顶部。(《俄科》472–473)[命令式]

(38) τοιαῦτ᾽ ἐβούλευσ᾽· ὧν ἐμοὶ δοίη δίκην.

他如此谋划——愿他为这些事情而向我付出代价。(欧《厄》269)[意欲祈愿式；注意关系词表连接，见 50.16]

限制性关系从句中的情况

50.18 在大多数限制性关系从句中，语式和时态的用法与时间从句或条件从句中的用法非常相似。从而，在限制性关系从句中可以出现下述形式——

50.19 直陈式：否定词或是 οὐ 或是 μή，后者带有细微的条件含义或类属含义，例如：

(39) ... , ἵν᾽ εἴπω παρθένου χωρὶς λόγους | οὓς οὐκ ἀκούειν τὰς γαμουμένας πρέπει. ……，从而，在远离[那]姑娘的地方，我就可以说一些不适合即将结婚的[姑娘]听见的话。(欧《伊奥》1107–1108)[说明见下]

(40) ὃν μὴ σὺ φράζεις πῶς ὑπολάβοιμ᾽ ἂν λόγον;

那个你不表达出来的想法我怎么可能理解呢？(欧《伊奥》523)

[在例句 39 中，关系从句的否定词是 οὐ，指的是阿伽门农打算说的并且伊菲革涅亚不该听到的话；而在例句 40 中，关系从句的否定词是 μή，

表达细微的条件含义，因此也可译作你若不表达出来]

(41) ὑμεῖς ἄρα μανθάνοντες ἃ οὐκ ἠπίστασθε, ἀμαθεῖς ὄντες ἐμανθάνετε. 那么，当你们在学习你们并不理解的东西时，你们就是作为无知者在学习。（柏《欧》276b）[对比例句 42]

(42) πότερον γὰρ οἱ μανθάνοντες μανθάνουσιν ἃ ἐπίστανται ἢ ἃ μὴ ἐπίστανται; 其实，学习者是学习他们理解的东西还是他们不理解的东西？（柏《欧》276d）[在例句 41 中，带 οὐ 的关系从句表达学习者并不理解但是后来所学的一系列具体事项；而在例句 42 中，带 μή 的关系从句表达在类属意义上学习者不理解的任何东西]

注一：关于 μή 的条件含义或类属含义，对比 μή + 分词，见 52.40、52.48。

50.20 预期虚拟式：在涉及将来的限制性关系从句中，一般使用 **ἄν** + 预期虚拟式（见 40.9），否定词是 μή。母句中有涉及将来的形式，诸如将来时直陈式、命令式等等（见 33.63–64）。例如：

(43) τῷ ἀνδρὶ ὃν ἂν ἕλησθε πείσομαι.

我会服从你们要选出的那个人。（色《上》1.3.15）**

(44) ἀκούοντες καὶ σοῦ καὶ τῶν τοῦ Λακωνικοῦ αἱρησόμεθα ἃ ἂν κράτιστα δοκῇ εἶναι. 在听过你[的说法]和那些来自拉科尼亚的人[的说法]后，我们将选择那些看起来会是最为妥善的做法。（色《上》7.3.8）

50.21 习惯性结构：在涉及习惯性或反复性动作的限制性关系从句中，如果涉及现在，就使用 **ἄν** + 不定虚拟式（见 40.9），如果涉及过去，就使用不带 ἄν 的反复祈愿式。否定词是 μή。母句一般使用现在时直陈式（涉及现在）或未完成时（涉及过去）。例如：

(45) ἀποτίνει ζημίην τὴν ἂν οἱ ἱρέες τάξωνται. 他缴纳祭司们指定的任何罚金。（《原史》2.65.5）[伊欧尼亚方言的关系代词 τήν 见 25.31]

(46) καὶ οὓς μὲν ἴδοι εὐτάκτως καὶ σιωπῇ ἰόντας, προσελαύνων αὐτοῖς ... ἐπῄνει. 并且，只要[居鲁士]看见有人秩序井然且安静地行进，他就向他们策马而去后加以称赞。（色《教》5.3.55）

注一：在诗人和希罗多德笔下，不定虚拟式结构有时省略 ἄν，见 49.15。

50.22 以下类型（较少出现）一般具有明确而细微的条件含义（语式的用法见 49.8–11）：

• 潜在条件：如果限制性关系从句表达[稍有]可能的动作，那么就使用不带 **ἄν** 的祈愿式（否定词是 μή），母句中有带 ἄν 的潜在祈愿式，例如：

(47) ἐγὼ γὰρ ὀκνοίην μὲν ἂν εἰς τὰ πλοῖα ἐμβαίνειν ἃ ἡμῖν δοίη.

因为我会迟疑，不敢登上他会给我们的那些船只。（色《上》1.3.17）

• 非事实条件：如果限制性关系从句表达不再可能实现的动作，那么就使用不带 **ἄν** 的情态直陈式（否定词是 μή），母句使用带 ἄν 的情态直陈式。例如：

(48) οὔτε γὰρ ἂν αὐτοὶ ἐπεχειροῦμεν πράττειν ἃ μὴ ἠπιστάμεθα, ... οὔτε τοῖς ἄλλοις ἐπετρέπομεν ... ἄλλο τι πράττειν ἢ ὅ τι πράττοντες ὀρθῶς ἔμελλον πράξειν. 因为我们自己既不会试着做那些我们并不理解的事情……也不会委托其他人去做别的什么事情，除了那件他们在做的时候会正确地做的事情。（柏《卡》171e）[第一个假设的情景是“我们并未理解”，第二个假设的情景是“在做的时候会正确地做”]

注一：在这两种结构中语式的用法或许最好视作一种语式的同化（见 40.15）。

其他具体细节

表达原因、目的或结果的关系从句

50.23 关系从句可能具有细微的原因含义。这种情况主要见于非限制性关系从句（因为这种关系从句并不意在确指先行词，而是意在表达其他含义）。原因关系从句通常使用直陈式（否定词是 οὐ）。例如：

(49) θαυμαστὸν ποιεῖς, ὃς ἡμῖν ... οὐδὲν δίδως.

你做得奇怪，因为你不给予我们任何东西。（色《回》2.7.13）

不定关系词 ὅστις 常常在非限制性关系从句（见 50.6 注二）中表达细微的原因含义，例如：

(50) Λοξίᾳ δὲ μέμφομαι, | ὅστις μ᾽ ἐπάρας ἔργον ἀνοσιώτατον, | τοῖς μὲν λόγοις ηὔφρανε, τοῖς δ᾽ ἔργοισιν οὔ. 我谴责洛克西阿斯，他怂恿我做出最为亵渎的行为后，用言辞而非以行动来鼓励[我]。（欧《俄》285–287）

(51) οἰκτιρόν τέ με | ... , ὅστις ὥστε παρθένος | βέβρυχα κλαίων.

也请你怜悯我这个如女孩般流泪哭喊的人。（索《特》1070–1072）[这里的关系从句也可译作因为我像个女孩那般流泪哭喊]**

50.24 使用将来时直陈式的[限制性或非限制性]关系从句常常表达细微的目的含义（否定词是 μή），例如：

(52) ἀλλ᾽ εἶμ᾽ ἐπὶ τὸν Κλέων᾽, ὃς αὐτοῦ τήμερον | ἐκπηνιεῖται ταῦτα.

但我会去克勒翁那里，以使他今天就把这些从[狄奥尼索斯]身上扒出来。(《蛙》577–578)[非限制性关系从句][1]

(53) ἀποκρύπτεσθαι γὰρ καὶ διαδύεσθαι καὶ πάντα ποιεῖν ἐξ ὧν μὴ λειτουργήσεις τουτοισὶ μεμάθηκας. 因为你已学会隐藏、逃脱以及做所有借以免于为这些人效劳的事情。(德《演》42.23)[限制性关系从句]

注一：即便母动词使用过去时态，关系从句也可使用将来时直陈式：这种结构类似于间接陈述，暗示关系从句表达的是母句动作背后的意图或想法。其实，间接陈述中典型的将来时间接祈愿式（见 41.13 注二）有时见于这种类型的关系从句：

(54) ἔδοξε τῷ δήμῳ τριάκοντα ἄνδρας ἑλέσθαι, οἳ τοὺς ... νόμους συγγράψουσι, καθ' οὓς πολιτεύσουσι.

民众决定选出三十个人来编纂他们要据以参与邦务的法律。(色《希》2.3.2)[母句用过去时态的 ἔδοξε，从句动词用将来时直陈式]

(55) οἱ δὲ τριάκοντα ᾑρέθησαν ... ἐφ' ᾧτε συγγράψαι νόμους, καθ' οὕστινας πολιτεύσοιντο. 而那三十个人被选了出来……条件是编纂[雅典人]要据以参与邦务的法律。(色《希》2.3.11)[将来时的间接祈愿式]

50.25 位于母句之后且使用直陈式的关系从句也可能具有结果从句的细微含义，母句中常常有 οὕτως[以如此方式]、τοιοῦτος[如此这般的]等词预示这种从句（对比结果从句，见 46.2）。不定关系词 ὅστις 尤其常见于这种从句。否定词是 οὐ。例如：

(56) τίς οὕτω μαίνεται ὅστις οὐ βούλεταί σοι φίλος εἶναι;

有谁这样发疯以至于不愿与你交朋友呢？（色《上》2.5.12）

(57) τί οὐκ ἂν πράξειεν ὁ τοιοῦτος, ὅστις γράμματα λαβὼν μὴ ἀπέδωκεν ὀρθῶς καὶ δικαίως; 这样一个拿到信后不以正直且正义的方式交出的人，会有什么事情做不出来？（德《演》34.29）

如果一个带有 τοιοῦτος 等等的母句之后跟有一个使用将来时直陈式的关系从句，那么从句可能会有细微的目的和结果含义，例如：

(58) κρεῖττόν ἐστιν ... τοῖς τοιούτοις τῶν ἔργων ἐπιτίθεσθαι, ἃ καὶ πρεσβυτέρῳ γενομένῳ ἐπαρκέσει. 更好的做法就是去承担这样一类工作——它们[的薪酬]在[你]年老后也会供得起[你]。(色《回》2.8.3)

注一：结果从句中带 οἷος、ὅσος 等等和不定式的用法，见 46.10。

---

① ἐκπηνίζομαι 的本义是从线筒上拉出纺线。

限制性关系从句中的潜在祈愿式和情态直陈式

50.26　与非限制性关系从句（见 50.17）一样，限制性关系从句中也可使用潜在祈愿式 + **ἄν**（否定词是 οὐ）和情态直陈式 + **ἄν**（否定词是 οὐ），例如：

(59) οὐκ ἔσθ' ὅτου θίγοιμ' ἂν ἐνδικώτερον.

不存在我能够更加正当地触摸的人！（欧《厄》224）[自主关系从句（一种限制性关系从句），潜在祈愿式 + ἄν]

(60) πρὸς ταῦτα δὴ ἀκούσατε ἃ ἐγὼ οὐκ ἄν ποτε εἶπον τούτου ἐναντίον, εἰ μή μοι παντάπασιν ἀγνώμονες ἐδοκεῖτε εἶναι.

那么，就这些事情来说，请你们听听我从不会当着此人的面言说的内容，假设你们在我看来不是无知透顶的话。（色《上》7.6.23）[自主关系从句（一种限制性关系从句），情态直陈式 + ἄν]

关系形容词或关系副词引导的关系从句和关联从句

50.27　在关系形容词或关系副词引导的关系从句和关联从句中，语式和时态的用法与关系代词引导的关系从句中的语式和时态的用法相同，如上文所述。

关系形容词（οἷος、ὁποῖος、ὅσος 和 ὁπόσος）作从属词

50.28　在关系形容词 οἷος、ὁποῖος、ὅσος 和 ὁπόσος 的后方或前方的母句中，常常有一个以指示形容词（τοιοῦτος、τοσοῦτος 等等）的形式出现的"先行词"，例如：

(61) οὐδεὶς τοσαῦτα ἀγαθὰ πεποίηκε τὴν πόλιν ὅσα οὗτος ἠδίκηκεν.

没有谁对这座城邦做过如许好事[而]抵得过此人[对它]所行的种种不义。（吕《演》30.33）

(62) δίκαιοί ἐστε καὶ ὑμεῖς περὶ τούτων τοιαύτην ἔχειν τὴν γνώμην οἵανπερ καὶ αὐτοὶ περὶ αὑτῶν ἔσχον. 你们也是正义的——对这些人作出如此评判，正如他们也对自己作出这一评判。（安多《演》1.3）

不过，这种从句也常被简化（即变为自主关系从句），也就是母句中的指示形容词消失了，例如：

(63) οὕτω δὴ ἐξῆλθον σχεδὸν ἅπαντες καὶ οἱ Μῆδοι πλὴν ὅσοι σὺν Κυαξάρῃ ἔτυχον σκηνοῦντες. 于是几乎所有人就这样出动了，甚至还有美迪

阿人，除了碰巧与曲阿克撒热斯一起扎营的每一个人。（色《教》4.2.11）

(64) ἔκαιον οἷς τοῦτο ἔργον ἦν ὁπόσων μὴ αὐτοὶ ἐδέοντο.

那些有这项任务的人当时悉数烧掉了他们自己并不需要的东西。（色《教》4.5.36）［ἔκαιον 的主语和宾语都是自主关系从句，分别是 οἷς ... ἦν 和 ὁπόσων ... ἐδέοντο］

注一：只有在指示形容词位于关系形容词 οἷος 和 ὅσος 之前时，后两者才可译作如、好像（此时，指示形容词译作如此这般/数量/大小的），如例句 61、62 所示。在其他情况下，这两个关系形容词必须分别译作所有、每一个等等（英译则用 such as、as much as 和 as many as 等等），如例句 63、64 所示。

50.29 关系形容词所引导的从句也常作名词的同位语（见 26.24），这个名词充当关系从句的先行词，例如：

(65) καὶ ἐκ μὲν τοῦ πρώτου ἁλόντος χαλεπῶς οἱ ἄνθρωποι, ὅσοι καὶ ἐς τὰ πλοῖα καὶ ὁλκάδα τινὰ κατέφυγον, ἐς τὸ στρατόπεδον ἐξεκομίζοντο.

并且，那些从已被攻占的第一座［要塞］中［逃］出来的人——他们又逃到筏子和一艘商船上——难以被送回军营。（《佩战》7.23.2）［ὅσοι 从句作 οἱ ἄνθρωποι 的同位语］

(66) ... ἆθλ', οἷα μηδεὶς τῶν ἐμῶν τύχοι φίλων.

愿我的朋友中无人遭受这种痛苦。（索《菲》509）［注意非限制性关系从句中的意欲祈愿式，见 50.17］①

50.30 ὅσος 和 ὁπόσος 的复数形式之前常常有 πᾶς 的某个形式，例如：

(67) στρατηγὸν δὲ αὐτὸν ἀπέδειξε πάντων ὅσοι ἐς Καστωλοῦ πεδίον ἀθροίζονται. ［大流士］曾任命［居鲁士］为所有那些聚集在卡斯托洛斯平原的［部队］的将领。（色《上》1.1.2）

注一：这些形式（无论前面有没有 πᾶς 的某个形式）通常最好译作所有、全部等等，一并对比例句 63 和 64 的译文。

50.31 在关系形容词引导的关联从句中也会出现关系词的同化（见 50.13）：

(68) Μήδων ... ὅσων ἑώρακα ... ὁ ἐμὸς πάππος κάλλιστος.

在我见过的美迪阿人中，我的外祖父最为英俊。（色《教》1.3.2）［ὅσων

---

① 中性名词 ἆθλον［奖品；竞争］的复数形式在词意上与阳性名词 ἆθλος［竞争；比赛；痛苦］的复数形式相同，参见《希英大辞典》词条 ἆθλον II 以及 R. C. Jebb, *Sophocles: The Plays and Fragments (Part IV: The Philoctetes)*, Cambridge: Cambridge University Press, 1898, p. 89.

这里的 οἷα 也可理解作关涉宾格（见 30.14），并不一定要视作 τυγχάνω 的直接宾语，参见 B. L. Schein (ed.), *Sophocles: Philoctetes*, Cambridge: Cambridge University Press, 2013, pp. 207–208.

作 ἑώρακα 的宾语，但受到 Μήδων 的影响而同化为属格]

50.32 中性形式的关系形容词 οἷον 和 οἷα 常常用作副词，此时它们也可译作例如、比如或诸如，例如：

(69) νῦν δὲ περὶ ὀλίγας οἰκίας αἱ κάλλισται τραγῳδίαι συντίθενται, οἷον περὶ Ἀλκμέωνα καὶ Οἰδίπουν καὶ Ὀρέστην ...

而现在，最佳的肃剧[仅]由少数几个家族[的故事]构成，诸如阿珥克美翁、俄狄浦斯和俄瑞斯忒斯[家族的故事]。(《论作诗术》1453a18–20)

50.33 (τοσούτῳ ...) ὅσῳ 可作度量与格，带比较级来表达越……越……，这种用法见 32.11。οἷος、ὅσος 等等在结果从句中带不定式的用法，见 46.10。

关系副词作从属词

表达地点（和时间）的关系副词

50.34 地点副词（οὗ、ἔνθα、οἷ、ὅθεν 和 ᾗ 等等，ὅπου、ὅποι 等等；见第 8 章）引导的关联从句可出现在指示副词的后方或前方，例如：

(70) τί οὖν ἐγὼ ἐνταῦθα ἠδίκησα ἀγαγὼν ὑμᾶς ἔνθα πᾶσιν ὑμῖν ἐδόκει;

那么，当我把你们带到你们所有人都决定[要去]的这个地方时，我行了什么不义？（色《上》7.6.14）

但是这种从句更常以被简化的形式出现（亦即变为自主关系从句，不带指示副词），例如：

(71) ἄξω ὑμᾶς ἔνθα τὸ πρᾶγμα ἐγένετο.

我会带你们去曾发生过那件事情的地方。(色《教》5.4.21)

(72) ἐθήρα ὅπουπερ ἐπιτυγχάνοιεν θηρίοις. 哪里遇到野兽，他就在哪里打猎。(色《教》3.3.5) [注意反复祈愿式，见 50.21]

50.35 这类自主关联从句可以与存在性的 ἔστιν（见 50.12）连用，例如：

ἔστιν οὗ[存在……的地方]、ἔστιν ὅτε[有一次……；有时……]。

50.36 由 ὅτε 或 ὁπότε 引导的时间从句（见第 47 章）在本质上也是表达时间的副词性关联从句，通常会被简化。如果从句前方或后方有 τότε，那么其关联性本质就可一目了然，例如：

(73) εἴθε σοι, ὦ Περίκλεις, τότε συνεγενόμην ὅτε δεινότατος ἑαυτοῦ ἦσθα.

伯里克勒斯啊，要是我在你最聪明的时候与你结交就好了。(色《回》1.2.46) [ἑαυτοῦ 见 29.19]**

表达方式的关系副词：比较从句

50.37 比较从句（clause of comparison）由关系副词 ὡς、ὅπως、ὥσπερ 或 καθάπερ[如同；好像；恰似；宛如；仿佛]引导。从句的前方或后方有时带有 οὕτω(ς) (καί)[(也)如此；(同样)这般]，例如：

(74) Πάνυ, ἔφη, ἔχει οὕτως ὡς λέγεις. “完全，”[辛米阿斯]说，“如你所言。”（《斐多》68c）[ἔχει + 副词见 26.11、36.10]

(75) οὕτω γὰρ ποιήσω ὅπως ἂν σὺ κελεύῃς.

我会如你所要求的这样做。（柏《欧》295b）[预期虚拟式 + ἄν]

(76) ὥσπερ οἶνος κιρνᾶται τοῖς τῶν πινόντων τρόποις, οὕτω καὶ φιλία τοῖς τῶν χρωμένων ἤθεσιν. 正如酒与饮者的习惯混合，同样，友谊也与享有[友谊]者的习性混合。（德摩斯梯尼残篇拜特尔-绍佩本 13.27）

不过，大多数比较从句都被简化了（亦即变为自主关系从句，不带 οὕτω(ς)），仅仅表达出受到比较的对象。例如：

(77) ποίει ὅπως ἄριστόν σοι δοκεῖ εἶναι.

就如在你看来最好的那样去做吧！（色《教》4.5.50）

(78) καί μ' ἀφείλεθ' ἡ τύχη | ὥσπερ πτερὸν πρὸς αἰθέρ' ἡμέρᾳ μιᾷ.

而机运一朝使我一无所有，宛若羽毛[飘]往穹苍。（欧《赫》509–510）

(79) περιιστώμεθα δὴ καθάπερ ἀθληταὶ πρὸς τοῦτον αὖ τὸν λόγον.

那让我们如竞技者那般再次置身于这个论述的周围。（《斐勒布》41b）

注意，在例句 78 和 79 中，比较从句不带限定动词。这种现象常见于比较从句。

50.38 关系词 ᾗ 也可以表达方式（见 8.2），前方可能有 ταύτῃ，例如：

(80) θεοὺς ... μάρτυρας ποιούμενοι πειρασόμεθα ἀμύνεσθαι πολέμου ἄρχοντας ταύτῃ ᾗ ἂν ὑφηγῆσθε. 神明作证，如果[你们]发动战争，那么我们就会尝试抵挡，以你们所示范的这种方式。（《佩战》1.78.4）

50.39 请注意习惯用法 ἔστιν ὅπως[有……的方式；有可能]、οὐκ ἔστιν ὅπως[没有……的方式；不可能]，对比 50.12、50.35。

50.40 比较词 ὥσπερ εἰ 和 ὥσπερ ἂν εἰ[如同；好像]，见 49.22–24。分词带 ὥσπερ[如同；好像]表达比较的用法，见 52.43。

第51章　不定式

引　言

不定式的基本属性

51.1　不定式是动词性名词——

• 不定式与名词相似，因为名词短语（主语、宾语和补语，见26.3）通常充当的句法角色也可由不定式来充当，还因为，不定式可受冠词的修饰；

• 不定式与动词相似，因为它们都有时态-体和语态，并且都可带宾语、补语等等，还可以受副词等等的修饰。

不定式的用法概述

不带冠词的不定式：能动不定式和陈述不定式

51.2　不带冠词的不定式大体上可分为两类——

• 能动不定式（dynamic infinitive）：作一些动词的补语，这些动词意为：（1）必须、可以、能够等等（情态动词）；（2）想要、欲求、敢于、尝试等等（愿望动词）；（3）擅于、教授、学习等等（表达认知行为的动词）；（4）命令、建议、强迫等等（操控动词）；（5）开始、停止等等（阶段动词）；某些具有类似含义的形容词和名词也可以带能动不定式；详见51.8–18；[1]

• 陈述不定式（declarative infinitive）：作某些动词的补语，这些动词意为言说或者意为相信、认为，从而引导一种间接陈述的形式（见41.1–2）；详见51.19–27。

51.3　充当补语的能动不定式与陈述不定式有本质区别——

• 能动不定式表达一个动作，这一动作的实现是可能的、被试图实现的、被欲求的、被迫的、必须的、受要求的等等；动作可能实现也可能不实现；

• 陈述不定式表达某人针对一个动作的话语或信念的内容。这一内容（所谓的命题性内容）可能为真也可能为假。例如：

---

① 关于术语的名称，见51.3注二。

(1) ἡ δὲ Παρύσατις ... ἐκέλευσε ... τὴν ... Ῥωξάνην ζῶσαν κατατεμεῖν· καὶ ἐγένετο. 帕律撒提斯命令把若克撒内活活切开，并且[这件事]发生了。（克忒西阿斯残篇朗方本 15.56）[κατατεμεῖν 作 κελεύω 的补语，是能动不定式；帕律撒提斯要求执行可怕的刑罚；叙述者随后继续说，的确执行了这一刑罚]

(2) φημὶ τοίνυν ἐγώ (καὶ ... μηδεὶς φθόνῳ τὸ μέλλον ἀκούσῃ, ἀλλ' ἂν ἀληθὲς ᾖ σκοπείτω), ... κάλλιον Κόνωνα τὰ τείχη στῆσαι Θεμιστοκλέους.

因此我宣称——并且，谁都别以恶意来听[我]将要[说]的话，但请考察它是否真实——科农筑墙比忒米斯托克勒斯筑得好。（德《演》20.74）[陈述不定式 στῆσαι 作 φημί 的补语；德摩斯梯尼提出自己的观点，让他的听众判断对错]

(3) ἔδοξε δὲ καὶ τοῖς τῶν Ἀθηναίων στρατηγοῖς ... πλεῖν ... ταῦτα δὲ βουλομένους ποιεῖν ἄνεμος καὶ χειμὼν διεκώλυσεν αὐτούς.

而雅典将领们也决定出海。可尽管他们打算做这些事情，大风和风暴阻碍了他们。（色《希》1.6.35）[能动不定式 ποιεῖν 作 βουλομένους 的补语；能动不定式 πλεῖν 作无人称动词 ἔδοξε 的补语；雅典将领打算继续出征，但是叙述者随后说这实际上无法实现]

(4) οὔ φημι ποιεῖν αὐτοὺς ἃ βούλονται· ἀλλά μ' ἔλεγχε.

我表示他们没有做那些他们想要做的事情；得了，反驳我吧。（柏《高》467b）[ποιεῖν 是陈述不定式，作表示话语、观点的动词 φημί 的补语；苏格拉底给出自己的观点，并且向他的受话人提出挑战，请他反驳自己]

能动不定式和陈述不定式的共同之处是，它们本身并不具体说明动作是否得到实现，也不具体说明命题性内容是否为真。

注一：在这一点上，不定式与补充性分词有别。后者大体上明确表示其所表达的动作已然实现或者其所表达的命题性内容为真（见 52.8）。

注二：能动不定式所表达的动作有可能（ἐν δυνάμει）发生，故名为能动（dynamic）不定式。一些著作也称之为补述（prolative）不定式。

注三：对于一些带能动不定式的动词而言，尤其是意为强迫、迫使的动词（比如 ἀναγκάζω[强迫]、βιάζομαι[被迫]），以及 τολμάω[敢于；忍受]和 ἄρχομαι[开始]，母动词的完全实现使得不定式所表达的动作也得以实现，例如：

(5) πρῶτα μὲν τοὺς Λυδοὺς ἠνάγκασε τὰς Κύρου ἐντολὰς ἐπιτελέειν· ἐκ τούτου δὲ κελευσμοσύνης Λυδοὶ τὴν πᾶσαν δίαιταν τῆς ζόης μετέβαλον. 他首

先强迫吕迪阿人执行居鲁士的命令；而由于他的命令，吕迪阿人改变了整个生活方式。（《原史》1.157.2）[针对吕迪阿人的强迫发生了并且得到完成——如后一个句子所示，吕迪阿人“执行居鲁士的命令”的行为也得到了实现]

(6) πρῶτος δὲ Κλέαρχος τοὺς αὑτοῦ στρατιώτας ἐβιάζετο ἰέναι· οἱ δ᾽ αὐτόν τε ἔβαλλον καὶ τὰ ὑποζύγια τὰ ἐκείνου, ἐπεὶ ἄρξαιντο προϊέναι. 而克勒阿尔科斯第一个试图强迫自己的部队进发，但他们投掷[石块]攻击他及其驮畜——每当他们开始往前。（色《上》1.3.1）[ἐβιάζετο 是意动未完成时，暗示该动作从未完全实现（见 33.25）；如色诺芬后文所示，士兵们实际上并未向前进发][1]

注四：一些动词的补语可以是能动不定式，也可以是陈述不定式。所带补语的差异取决于母动词在含义上的差异。这些动词详见 51.28–33。一些动词也可以带分词，见 52.22–27。

51.4 上文详述的差异对应于能动不定式与陈述不定式的几个关键的结构差异——

- 能动不定式的否定词是 μή（见 51.13），而陈述不定式的否定词几乎总是 οὐ（见 51.22–23）；
- 能动不定式从不会带 ἄν，但是陈述不定式则可能带 ἄν（见 51.27）；
- 将来时不定式从不用作能动不定式，完成时不定式用作能动不定式的情况罕见；所有时态–体词干的不定式都可用作陈述不定式。对各种时态–体词干不定式的详细解释见 51.15（能动不定式）、51.25–26（陈述不定式）。

带冠词的不定式　不定式的其他用法

51.5 中性冠词（任何格，只能单数）可以加在不定式前，使之变为名词短语[的中心语]。不定式本身从不变格，例如 τὸ παιδεύειν, τοῦ παιδεύειν 等等。带冠词的不定式的用法详见 51.38–46。

51.6 不定式的一些其他用法见 51.47–49。

51.7 ὥστε（或 οἷος 等等）在结果从句中所带的不定式见 46.7–11。ἐφ᾽ ᾧ(τε) 所带的不定式见 49.26。πρίν 所带的不定式见 47.14。

---

① 本句紧接在 26.15 例句 52 之后。

能动不定式

带能动不定式的动词

51.8 以下几类动词带能动不定式作为补语——

注一：下面给出的许多动词可以带不同的结构。在这种情况下，它们就不再属于后文所列的特定类别了。例如，μανθάνω 若用作表达认知行为/实践性认知的动词（verb of practical knowledge，意为学习如何做）就带能动不定式，若用作表达智识[性]认知的动词（verb of intellectual knowledge，意为懂得、明白）则带补充性分词（见 52.10）或者 ὅτι/ὡς 从句（见 41.3）。

可带能动不定式也可带陈述不定式的动词，见 51.28–32。可带不定式也可带分词的动词，见 52.22–27。对各种动词所带的不同补语的总结见第 53 章。

- 情态动词（modal verb）：表达动作发生的必要性或可能性：

δεῖ[应该；需要]、δύναμαι[能够]、ἔξεστι + 与格[获准；可能]、ἔχω[可以；能够]、προσήκει[适宜]和 χρή[应该；需要]。

(7) σκοπέειν δὲ χρὴ παντὸς χρήματος τὴν τελευτήν.

而需要考查一切事物的究竟。(《原史》1.32.9)

(8) οὐδ' ... νόμον ἕξουσι δεῖξαι καθ' ὃν ἐξῆν αὐτῷ ταῦτα πρᾶξαι. 他们也不会有能力指出一条据以许可他做这些事的法律。(伊赛《演》10.11)

- 表达认知行为的动词（verb of practical knowledge）：主语学习、教授或知道如何做某事，例如：

διδάσκω[教授/指导如何做]、ἐπίσταμαι[掌握/知道如何做]、μανθάνω[学习如何做]和 οἶδα[知道如何做]。

(9) παίδευσις ... καλὴ διδάσκει χρῆσθαι νόμοις καὶ λέγειν περὶ τῶν δικαίων. 好的培育教的是遵循礼法和谈论正义之事。(《狩猎之道》12.14)

- 愿望动词（desiderative/volitional verb）：其主语意图、希望或决定使一个动作实现，例如：

αἱρέομαι[选择]、βουλεύω/βουλεύομαι[审议；决议]、βούλομαι[意欲；打算；宁愿]、διανοέομαι[打算]、δοκεῖ + 与格[看起来(合适)；得到决定]（见 36.4、51.30）、ἐθέλω[希望；愿意]和 σπουδάζω[急忙；努力]。

(10) πρῶτον δὲ διηγήσασθαι βούλομαι τὰ πραχθέντα τῇ τελευταίᾳ ἡμέρᾳ. 而我首先想要讲述最后一天发生的种种事情。(吕《演》1.22)

(11) οὐ γὰρ λόγοισι τὸν βίον σπουδάζομεν | λαμπρὸν ποεῖσθαι μᾶλλον

ἢ τοῖς δρωμένοις. 我并不是在言辞中力图使生命卓著，而是在我所做的事情中[力图使生命卓著]。(《俄科》1143–1144)

• 意为命令、强迫或操控的动词（verb of ordering, forcing, manipulating）：其主语强迫、吩咐或要求另一人作某事，例如：

αἰτέω[要求；请求]、ἀναγκάζω[强迫]、δέομαι[要求]、κελεύω[命令；促请]和 πείθω[说服；使听从]。

(12) <u>κελεύει</u> με Μαρδόνιος μένοντα αὐτοῦ <u>πειρᾶσθαι</u> τῆς Πελοποννήσου. 玛尔多尼欧斯促请朕留在这里夺取佩洛璞斯岛。(《原史》8.101.2)

注二：意为防止、阻碍的动词也属于这一类，见 51.34–37。

注三：意为言说的动词（比如 λέγω）可用作表达命令的动词，见 51.32。

• 一些阶段动词（phase verb）：表达动作的某一阶段（开始或结束），例如：

ἄρχομαι[开始]、παύω[使停止]。

(13) ἐκ τῶν δὲ πρώτων πρῶτον <u>ἄρξομαι</u> <u>λέγειν</u>.

那我将从发轫开始述说。(欧《美》475)

注四：这两个阶段动词和其他阶段动词带分词的情况[更加]常见（见 52.9）；带不定式与带分词的差异见 52.27。

51.9 能动不定式也用作某些形容词和名词的补语，这些形容词和名词的含义与上述动词类似，也表达能力、可能性、需要和欲求等等：

形容词：ἄξιος[值得的]、δεινός[能干的；强大的；令人惊异的]、ἐπιτήδειος[合适的]、ἱκανός[足够的；有能力的]、οἷός τε[能够的]和 ῥᾴδιος[简单的]；

名　词：ὥρα (ἐστί) + 现在时不定式[(是……的)时候]、ἵμερος[欲求；爱欲]、σχολή[闲暇；机会]和 νόμος[法律(规定)]。

(14) ἐξ αὐτῶν δὲ τούτων ἐπιδείξω αὐτὸν <u>ἐπιτηδειότερον</u> <u>τεθνάναι</u> μᾶλλον ἢ <u>σῴζεσθαι</u>. 而恰恰是根据这些事情，我会阐明他更适合领受死刑而非留住性命。(安多《演》[4].25)

(15) <u>ὥρα</u> <u>προβαίνειν</u>, ὦνδρες, ἡμῖν ἐστι.

各位先生们，对我们来说，是时候前进啦。(阿《城》285)

注一：这类形容词所修饰的成分可以作不定式的主语（如例句 14 中的“他”是 τεθνάναι 和 σῴζεσθαι 的主语），也可以作不定式的宾语（如例句 16）。无论如何，不定式往往都用主动形式。例如：

(16) ἦν ... ὁ Θεμιστοκλῆς ... ἄξιος θαυμάσαι. 忒米斯托克勒斯值得钦佩。(《佩战》1.138.3)[忒米斯托克勒斯可作主动态不定式 θαυμάσαι 的宾语]

能动不定式的主语

51.10 如果能动不定式的主语充当支配不定式的母动词的强制成分，那么就不另外重复能动不定式的主语，分为两种情况——

- 不定式的主语是母动词的主语（二者共指[co-referential]）：

(17) καὶ τέσσερας ἵππους συζευγνύναι παρὰ Λιβύων οἱ Ἕλληνες μεμαθήκασι. 希腊人还从利比亚人那儿学会驾驭驷马。(《原史》4.189.3)[不定式的主语也即 μεμαθήκασι 的主语 οἱ Ἕλληνες]

如果母动词意为开始、能够、懂得、意欲、力图，或者意为强迫、命令等等且使用被动形式，那么能动不定式的主语就总是省略：

(18) πῶς γὰρ οὐχὶ γεννάδας, | ὅστις γε πίνειν οἶδε καὶ βινεῖν μόνον;

这个实际上只知道喝和肏的家伙怎么不高尚了？(《蛙》739–740)[不定式的主语和 οἶδε 的主语共指，都是 ὅστις]

(19) ἠναγκάσθησαν ... ναυμαχῆσαι πρὸς Φορμίωνα.

他们被迫对佛尔米翁发动海战。(《佩战》2.83.1)[不定式 ναυμαχῆσαι 的主语与被动态 ἠναγκάσθησαν 的主语共指]

- 不定式的主语是母动词的宾语或补语，例如：

(20) ἔπεισε μὲν Τισσαφέρνην μὴ παρέχειν χρήματα Λακεδαιμονίοις.

[小阿尔喀比亚德]说服了提斯撒佩尔内斯不给拉刻代蒙人提供资财。(伊索《演》16.20)[Τισσαφέρνην 是 ἔπεισε 的宾语和 παρέχειν 的主语]

(21) ἐδέοντο αὐτοῦ παντὶ τρόπῳ ἀπελθεῖν Ἀθήνηθεν.

他们当时要他千方百计地从雅典离开。(吕《演》13.25)[αὐτοῦ 是 ἐδέοντο 的属格补语（见 30.21），作不定式 ἀπελθεῖν 的主语]

(22) βασιλεὺς ὁ Αἰθιόπων συμβουλεύει τῷ Περσέων βασιλέϊ ... ἐπ' Αἰθίοπας ... στρατεύεσθαι. 埃塞俄比亚人的王建议波斯人的王来攻打埃塞俄比亚人。(《原史》3.21.3)[τῷ ... βασιλέϊ 是 συμβουλεύει 的与格补语（见 30.39），作不定式 στρατεύεσθαι 的主语]

注一：当然，如果支配能动不定式的是无人称动词（见第 36 章），那么就不会给出这个不定式的主语（因为这个不定式根本就没有主语），例如：

(23) πολλάκις ἐξεργάζεται ὧν μεταμέλειν ἀνάγκη. [愤怒]常常造成那些

必然使人后悔的事情。(《论骑术》6.13)[μεταμέλειν 是能动不定式，相当于支配属格的无人称动词 μεταμέλει（见 36.15)；这个不定式受 ἀνάγκη 的支配][1]

51.11 如果能动不定式的主语并非母动词的强制成分，那么它就使用宾格形式。这一结构称作宾格与不定式（accusative-and-infinitive / accusative plus infinitive / accusative with infinitive / *accusativus cum infinitivo*[AcI]），例如：

(24) ἅμα δ' ἐκέλευεν ἀναγνωσθῆναι τὸ ψήφισμα τοῦ δήμου.

而与此同时他要求民众的决议得到宣读。(埃《演》2.50)[τὸ ψήφισμα 是 ἀναγνωσθῆναι 的主语，整个宾格与不定式结构是 ἐκέλευεν 的宾语；注意，在这个例句中，不可能把单独一个 τὸ ψήφισμα 当作 ἐκέλευεν 的宾语，因为人们不可能对某项决议发出指令]

宾格与不定式结构常见于无人称表达，诸如 δεῖ[需要；必须]、χρή[需要]、ἔδοξε[已决定]、πρέπει[合适]和 οἷόν τέ (ἐστι)[能够]等等（见 36.3–5），例如：

(25) δεῖ σε καθεύδειν | ... παρ' ἐμοί.

你得陪我睡。(阿《城》700–701)[σε 是 καθεύδειν 的主语，σε καθεύδειν παρ' ἐμοί 整个都是 δεῖ 的主语；见 36.3]

(26) ἔδοξε πλεῖν τὸν Ἀλκιβιάδην. 已决定[指派]阿尔喀比亚德出航。(《佩战》6.29.3)[τὸν Ἀλκιβιάδην 是 πλεῖν 的主语，πλεῖν τὸν Ἀλκιβιάδην 这整个结构作 ἔδοξε 的主语；见 36.4]

(27) ὑμᾶς δὲ πρέπει συνεπαινεῖν ... τοιούτους ἄνδρας.

你们一同称颂这样的人，这是妥当的。(柏《默》246a)[ὑμᾶς 是 συνεπαινεῖν 的主语；整个宾格与不定式结构作 πρέπει 的主语；见 36.4]

51.12 能动不定式的主语的谓语性补语（见 26.8）和谓语性修饰语（见 26.26）与不定式的主语一致——

---

[1] 原书误将 ἐξεργάζεται 的主语译作 he，这个主语应该是色诺芬前文中的 ἡ ὀργή。我们向作者反馈了这一问题后，博阿斯第一次的回复是 I'm not sure: I think the subject of ἐξεργάζεται may well in fact be the horseman. At any rate since 'anger' isn't in the Greek it would perhaps complicate the example needlessly。在我们提醒过后，他仍未查阅原文及英译。中译者遂以洛布本英译 for anger is a reckless thing, so that it often makes a man do what he must regret 回复。博阿斯此时依旧不承认错误，云 I'll run it by the others to see what they think。我们又回复以麦克布雷耶（McBrayer）编本中博内特（Bonnette）的译文 for anger is lacking forethought and frequently results in what it is necessary to regret。截至中文版付梓时，博阿斯尚未就这一问题给出进一步的答复。

• 在宾格与不定式结构中，谓语性补语和谓语性修饰语与宾格主语一致（这个主语可以省略），例如：

(28) δεῖ με γίγνεσθ' Ἀνδρομέδαν.

我得扮作安德若美达。（阿《地》1012）[Ἀνδρομέδαν 是谓语性修饰语，与 με 一致，με 作 γίγνεσθ(αι) 主语，从而它们都用宾格][1]

(29) χρὴ μικρὰν καὶ ἀσθενῆ γενέσθαι τὴν πόλιν.

这座城邦必须变得渺小且羸弱。（吕《演》12.70）[μικράν 和 ἀσθενῆ 在性、数和格上与 γενέσθαι 的主语 τὴν πόλιν 一致]

(30) καὶ τί δεῖ καθ' ἓν ἕκαστον λέγοντα διατρίβειν; 那么为什么需要花时间一个个地讲呢？（伊索《演》2.45）[λέγοντα 与 διατρίβειν 的主语一致，而这个主语省略了；这里的宾格暗示一种普遍性的主语]

• 如果不定式的主语取自母句，那么它的谓语性补语或谓语性修饰语一般就与母句中的相关成分一致，例如：

(31) ἄλλα τε πάμπολλα ἀγαθὰ γίγνοιτ' ἄν, εἰ τοῦ νόμου τις τούτου δύναιτο ἐγκρατὴς εἶναι. 还会发生许许多多的其他好事，如果有人能够成为这一法律的掌控者。（《法义》839b）[谓语性补语 ἐγκρατής 与 τις 一致，τις 是 δύναιτο ... εἶναι 的主语；两个主语共指]

(32) νῦν σοι ἔξεστιν, ὦ Ξενοφῶν, ἀνδρὶ γενέσθαι. 现在，色诺芬啊，你有可能成为一个大丈夫。（色《上》7.1.21）[谓语性补语 ἀνδρί 与 σοι 一致，σοι 是 ἔξεστιν 的与格补语，作 γενέσθαι 的主语]

注一：然而，这种谓语性补语或谓语性修饰语有时也以宾格形式出现，因为宾格通常与不定式的主语（以及任何与不定式的主语一致的成分）相关，例如：

(33) Λακεδαιμονίοις ἔξεστιν ὑμῖν φίλους γενέσθαι.

你们有可能与拉刻代蒙人交朋友。（《佩战》4.20.3）[谓语性补语 φίλους 以宾格形式出现，即便与格 ὑμῖν 被理解作 γενέσθαι 的主语；对比例句 32]

(34) ὁ Σωκράτης ... συμβουλεύει τῷ Ξενοφῶντι ἐλθόντα εἰς Δελφοὺς ἀνακοινῶσαι τῷ θεῷ. 苏格拉底建议色诺芬去德尔菲向那位神寻求建议。（色《上》3.1.5）[使用宾格 ἐλθόντα，尽管 ἀνακοινῶσαι 的主语是与格 τῷ Ξενοφῶντι]

能动不定式的否定

51.13 能动不定式的否定词是 **μή**，例如：

---

[1] 准无人称动词 δεῖ 见 36.1 例句 1。

(35) ἀπιέναι δ’ ἐκέλευεν καὶ μὴ ἐρεθίζειν, ἵνα σῶς οἴκαδε ἔλθοι.

而[阿伽门农]当时命令[那位祭司]离开并且不要激怒[他]，以使[祭司]平安回家。(《邦制》394a)

(36) μάλιστα μὲν οὖν ἂν ἠβουλόμην μὴ ἔχειν πράγματα.

因此，我原本会极其希望不生事端。(德《演》[47].4)

51.14 意为禁止、阻碍、防止等等的动词尤其会带 μὴ οὐ、τὸ μὴ οὐ 等等 + 不定式的结构，见 51.34–37。

能动不定式的时态和体

51.15 能动不定式几乎仅限于现在时词干和不定过去时词干（完成时罕见，将来时不定式从不会用作能动不定式）。这两种词干的能动不定式所涉及的动作可能发生也可能不发生，一般晚于母动词；现在时词干与不定过去时词干的能动不定式的差异仅在于体（见 33.63–65）：

- 现在时的能动不定式表达作为一个过程的动作（正在进行的或反复的动作，未完成体）；
- 不定过去时的能动不定式表达已经完成并因此而完整的动作（完成体）。例如：

(37) κεῖνον ... ἐκέλευον ἀναβάντα ἐπὶ πύργον ἀγορεῦσαι ὡς ... 他们命他登上塔楼去宣布……(《原史》3.74.3) [分词 ἀναβάντα 见 52.6]

(38) ἀνεβίβασαν αὐτὸν ἐπὶ πύργον καὶ ἀγορεύειν ἐκέλευον.

他们带他登上塔楼，并且命令[他]宣布。(《原史》3.75.1)

[希罗多德讲了两遍普热克萨斯佩斯是如何被命令去发言的；例句 37 的不定过去时能动不定式 ἀγορεῦσαι 把他不得不发表的讲话视作一个整体(注意，讲话的内容由后面的 ὡς 从句给出)；例句 38 的现在时不定式 ἀγορεύειν 则用来表达普热克萨斯佩斯在命令下开始讲话的实际过程；注意，两个不定式表达的动作都必然晚于 ἐκέλευον，因为不可能命令某人做已经在做的事或已经做了的事]

(39) δεῖ ... τὸν βουλόμενόν τι ποιῆσαι τὴν πόλιν ἡμῶν ἀγαθὸν τὰ ὦτα πρῶτον ὑμῶν ἰάσασθαι· διέφθαρται γάρ. 打算为我们的城邦做点什么好事的人必须首先把你们的耳朵治好——因为它们已遭败坏。(德《演》13.13)

(40) ὡρμηκότα νῦν τὸν ἄνθρωπον φίλον εἶναι καὶ βουλόμενόν τι ποιεῖν ἀγαθὸν τὴν πόλιν εἰς ἀθυμίαν τρέψομεν, εἰ καταψηφιούμεθα.

此人（刻尔索卜勒璞忒斯）现已开始成为朋友，并且愿意为城邦做点什么好事——如果我们投反对票，那么就会使他灰心。（德《演》23.194）

[例句 39 的不定过去时不定式 ποιῆσαι 表明，发话人关心的不是为城邦做好事的过程，而是关心每个人对这一行为的意愿；而例句 40 涉及的是刻尔索卜勒璞忒斯（Κερσοβλέπτης）已经开始（ὡρμηκότα）展现的某种行为（现在时不定式 ποιεῖν）：他想给予城邦某种好处，但如果雅典人投“错”了票，那么这种给予行为就可能被中断]

注一：例句 38 和例句 40 中的两个现在时不定式的差异类似于即刻性现在时命令式与继续性现在时命令式的细微差异，详见 38.30。

其他具体细节

表达目的或结果的能动不定式

51.16 意为给予、委托、拿取、接受等等或者意为交由……处置的动词通常带能动不定式，表达目的或结果（不带 ὥστε 或 ὡς）。这种用法的不定式通常称作目的-结果（final-consecutive）不定式，例如：

(41) ταύτην τὴν χώραν ἐπέτρεψε διαρπάσαι τοῖς Ἕλλησιν.

[居鲁士]把这片土地交给希腊人去劫掠。（色《上》1.2.19）**

(42) οἱ στρατιῶται ἤχθοντο, ὅτι οὐκ εἶχον ἀργύριον ἐπισιτίζεσθαι εἰς τὴν πορείαν. 士兵们恼怒了，因为他们没有钱财以供行军。（色《上》7.1.7）

注一：这种用法可被视作意为给予、委托等含义的动词的一种特殊结构，而非不定式的一种特殊用法。如在例句 41 中，ἐπέτρεψε 的主语是居鲁士，宾语是 ταύτην τὴν χώραν，间接宾语是 τοῖς Ἕλλησιν，还有第四个强制成分，即不定式 διαρπάσαι。

注二：目的-结果不定式的使用有时比较随意，在诗歌中尤其如此——也就是说，其他类型的动词（以及形容词、名词）也可带这种不定式，例如：

(43) ἀρχόμεσθ᾽ ἐκ κρεισσόνων | καὶ ταῦτ᾽ ἀκούειν κἄτι τῶνδ᾽ ἀλγίονα.

我们受更强大的人统治，因而[得]听从这些[命令]以及甚至比它们更令人痛苦的[命令]。（索《安》63–64）[不定式表达更强大的人（κρεισσόνων）造成的结果]

注三：目的-结果不定式有时被称作补说不定式。不过，如果真要使用这一术语，那么它最恰切的用法是表示限定副词和名词含义的不定式，见 51.18。

51.17 有时候，51.8 中所列的几类动词甚至还会带 ὥστε，以明确能动不定式的结果含义。在这种情况下，ὥστε 是多余的（也无需译出），例如：

(44) ὁ Πειθίας ... πείθει ὥστε τῷ νόμῳ χρήσασθαι. 佩伊提阿斯说服[他们]依法[行事]。(《佩战》3.70.5) [πείθω 一般直接带不定式]

具体说明形容词和名词的能动不定式

51.18 能动不定式有时用来限定或具体说明一个形容词或名词的含义（不同于 51.8–9 中所列的类型），诗歌中尤其如此（但不限于诗歌）；这种用法的不定式常被称作补说（epexegetic(al)）不定式，例如：

(45) λευκόπωλος ἡμέρα | πᾶσαν κατέσχε γαῖαν εὐφεγγὴς ἰδεῖν.

驾驭白驹的昼日笼罩整个大地，看上去熠耀生辉。(《波斯人》386–387)

(46) ΚΛ. ἐν Αἰγύπτῳ δὲ δὴ πῶς τὸ τοιοῦτον φῂς νενομοθετῆσθαι; :: ΑΘ. θαῦμα καὶ ἀκοῦσαι.

克勒伊尼阿斯：那么你说，在埃及，一件如此这般的事情究竟是如何受法律制约的呢？雅典人：甚至听到[它]也算稀罕事了。(《法义》656d)

补说不定式并不表达目的或结果。在含义上，它近似于关涉宾格，见 30.14。

注一：补说不定式在形式上往往是主动的，即便支配这种不定式的名词或形容词是其“宾语”（注意例句 46 的中译“听到[它]”），另见 51.9 注一。

陈述不定式

带陈述不定式的动词

51.19 陈述不定式（宾格与不定式）用于间接陈述（见 41.1），受表达观点、信念的动词以及某些意为言说的动词支配——

- 表达观点或信念的动词，例如：

γιγνώσκω[认为；判断]、λογίζομαι[计算；料想]、νομίζω[认为；相信]、ἡγέομαι[相信；认为]、οἴομαι/οἶμαι[认为]、πιστεύω[相信；信赖]、ὑπολαμβάνω[假设；认为]和 ὑποπτεύω[怀疑]。

属于这一类的还有意为看起来的动词，亦即表达主语之外的某人的信念或观点的动词，例如：

φαίνομαι + 与格[看起来]（它与 φαίνομαι + 分词的差异见 52.24）、δοκέω + 与格[看起来]（δοκέω/δοκεῖ 所带的其他结构见 51.30）。

- 陈言动词（declarative utterance verb），即意为言说的动词：

ἀγγέλλω[宣布；汇报]、ἀκούω[听说]、δηλόω[表明]、λέγω[言说]和 φημί[言说；声称]。

意为否认的动词见 51.34–36。

注一：除了 φημί 之外，其他意为言说的动词更常带 ὅτι/ὡς 从句。如果这些动词带出的内容不是实际的话语而是观点或传闻（换而言之，即意为言说的动词用作表达观点或信念的动词），那么大多数情况下就会使用陈述不定式。表达这种含义的 ἀκούω 和 λέγω（尤其是 λέγουσι[人们说]和 λέγεται[据说]这两个形式）常常带陈述不定式，而 εἶπον 则较少这样用。对于 φημί 而言，陈述不定式是标准结构（φημί 带 ὅτι/ὡς 从句的情况很罕见），因为这个动词通常意为声称（而非发话），动词 πείθω [说服……相信]亦然（这个动词见 51.32），例如：

(47) Κριτίαν ... ἀπέτρεπε φάσκων ἀνελεύθερόν τε εἶναι καὶ οὐ πρέπον ... τὸν ἐρώμενον ... προσαιτεῖν ὥσπερ τοὺς πτωχοὺς ... τοῦ δὲ Κριτίου τοῖς τοιούτοις οὐχ ὑπακούοντος οὐδὲ ἀποτρεπομένου, λέγεται τὸν Σωκράτην ἄλλων τε πολλῶν παρόντων καὶ τοῦ Εὐθυδήμου εἰπεῖν ὅτι ὑικὸν αὐτῷ δοκοίη πάσχειν ὁ Κριτίας.

[苏格拉底]声称，像乞丐那样向被爱者索求是不自由且不合适的，他以此方式劝阻克里提阿。但由于克里提阿没有听进这番话也没有被阻止，据说，苏格拉底就在其他许多人和欧蒂德谟都在场的时候说，克里提阿在他看来遭受着猪猡的[境况]。（色《回》1.2.29–30）[这里的 φάσκων 带不定式（它几乎总是带不定式），表达苏格拉底关于合适与否所作的普遍性断言；λέγεται 也带不定式（εἰπεῖν），表达关于苏格拉底的传言；εἰπεῖν 本身带 ὅτι 从句，带出苏格拉底所作的一次性表达]

陈述不定式的主语

51.20 如果陈述不定式的主语与支配不定式的母动词的主语相同（二者共指），那么就不另外重复不定式的主语，例如：

(48) ὑπώπτευον γὰρ ἤδη ἐπὶ βασιλέα ἰέναι.

因为他们已经怀疑自己在向国王进发。（色《上》1.3.1）**

(49) ὁ Ἀσσύριος εἰς τὴν χώραν αὐτοῦ ἐμβαλεῖν ἀγγέλλεται.

亚述人据说会入侵他的土地。（色《教》5.3.30）

主语所带的任何谓语性补语和谓语性修饰语（必须与主语一致）自然也用主格（即主格与不定式[nominative-and-infinitive]结构），例如：

(50) ἀλλὰ φημὶ μὲν ἔγωγε, ὦ Σώκρατες, καὶ αὐτὸς τοιοῦτος εἶναι οἷον σὺ ὑφηγῇ. 不过我自己宣称，苏格拉底哦，我本人也是你所指的那种人。（柏《高》458b）

注一：当然，无人称动词（见第 36 章）的陈述不定式也并没有明确给出的主语（因为根本就没有主语）。例如，在常见的短语 οἶμαι δεῖν[我认为需要]（+宾格与不定式）中，使用无人称动词 δεῖ 的不定式 δεῖν，构成 οἶμαι 引导的间接陈述。

51.21 在绝大多数情况下，陈述不定式的主语并非母动词的主语。此时，就以宾格形式另外给出不定式的主语（宾格与不定式），例如：

(51) ἐκ τούτων δὲ τῶν λίθων ἔφασαν τὴν πυραμίδα οἰκοδομηθῆναι τὴν ἐν μέσῳ τῶν τριῶν ἑστηκυῖαν. 他们曾说，立在三者中间的那座金字塔是用这些石头建成的。（《原史》2.126.2）[宾格 τὴν πυραμίδα ... τὴν ... ἑστηκυῖαν 是 οἰκοδομηθῆναι 的主语；整个宾格与不定式结构作 ἔφασαν 的补语]

(52) ἥξειν νομίζεις παῖδα σὸν γαίας ὕπο;
你以为你的儿子会从地下回来？（欧《赫》296）[παῖδα σόν 是 ἥξειν 的主语；整个宾格与不定式结构作 νομίζεις 的补语]

这种不定式的主语的谓语性补语和谓语性修饰语（必须与主语一致）当然也以宾格形式出现，例如：

(53) πονηρὰν μὲν φήσομεν οὕτω γίγνεσθαι δόξαν, πονηρὰν δὲ καὶ ἡδονήν; 我们会说，意见就这样变得堕落，而快乐也变得堕落？（《斐勒布》37d）[两个 πονηράν 分别与 γίγνεσθαι 的主语 δόξαν、ἡδονήν 一致]

陈述不定式的否定

51.22 陈述不定式的否定词一般是 **οὐ**（如同在对应的直接陈述中那样），例如：

(54) κυάμους ... οἱ ... ἱρέες οὐδὲ ὁρέοντες ἀνέχονται, νομίζοντες οὐ καθαρὸν εἶναί μιν ὄσπριον. 祭司们甚至不容许自己看一眼蚕豆，因为他们认为那不是洁净的豆类。（《原史》2.37.5）[直接陈述：οὐ καθαρόν ἐστι]

(55) καὶ νῦν ἤδη τινὲς λέγουσιν οὐ γιγνώσκειν τὰς διαλλαγὰς αἵτινές εἰσι. 而现在已经有一些人说，不知道那是什么和约。（安多《演》3.36）[直接陈述：οὐ γιγνώσκομεν]

51.23 然而，陈述不定式的否定词有时也会用 **μή**，此时相当于一种强调性的陈述（常见于神谕），例如：

(56) πάντες ἐροῦσι τὸ λοιπὸν μηδὲν εἶναι κερδαλεώτερον ἀρετῆς.
所有人以后都会说，没有任何东西比勇气更有益。（色《教》7.1.18）

(57) ἤρετο γὰρ δὴ εἴ τις ἐμοῦ εἴη σοφώτερος. ἀνεῖλεν οὖν ἡ Πυθία μη-

δένα σοφώτερον εἶναι. [凯瑞丰]问的是，究竟是否有人比我智慧。于是，射蟒神女祭司回答说，没有谁更智慧了。(《申辩》21a)

如果支配陈述不定式的是诸如 ἐλπίζω[希望]、ὑπισχνέομαι[保证]和 ὄμνυμι[发誓]等等的动词，那么否定词一般就是 μή，见 51.31。

51.24 意为否认的动词带 μὴ οὐ、τὸ μὴ οὐ 等等 + 不定式的结构，见 51.34–36。

注一：如果 φημί 引出的观点或声明表示情况并非如何，那么否定词大多依附于母动词（φημί）而非不定式。换而言之，οὔ φημι 一般意为否认、宣称……并非。

陈述不定式的时态和体

51.25 所有时态-体词干的不定式都可用作陈述不定式。陈述不定式所用的词干取决于对应的直接陈述（即不定式所再现的话语或想法，见 41.1）所用的时态-体，例如：

(58) ἔφασαν ἐκβάλλειν τοὺς ξεινικοὺς θεούς.

他们曾宣称自己在驱逐异邦的神祇。(《原史》1.172.2)[现在时不定式 ἐκβάλλειν 对应于直接话语的现在时直陈式 ἐκβάλλομεν]

(59) τούτους δέ φασιν ... τοὺς Πεισιστράτου παῖδας ἐκβαλεῖν. 而他们宣称是这些人驱逐了佩伊西斯特剌托斯的儿子们。(德《演》21.144)[不定过去时不定式 ἐκβαλεῖν 对应于直接话语的不过时直陈式 ἐξέβαλον]

51.26 实际上，这就意味着各种时态-体词干的陈述不定式通常具有相对时态含义（见 33.57）：

• 现在时不定式表达的动作通常与表达话语、信念或观点的动词同时，例如：

(60) οἱ ἄλλοι τοῦτον τὸν χρόνον ... ἐδόκουν ... προσκτᾶσθαί τι.

其他人看起来在这段时间里获得了什么东西。(色《教》4.3.3)[直接陈述：现在时直陈式 προσκτῶνται]

• 将来时不定式表达的动作总是晚于表示话语、信念或观点的动词，例如：

(61) ... ἔχοντες ... ἔπιπλα καὶ ἱμάτια γυναικεῖα ὅσα οὐδεπώποτε ᾤοντο κτήσεσθαι. ……拥有的家具和女装——他们从未想到过会获得如此之多。(吕《演》12.19)[对应的直接陈述：将来时直陈式 κτησόμεθα]

• 不定过去时不定式表达的动作通常早于表达话语、信念或观点的动词，例如：

(62) τολμᾷ ... λέγειν ... ὑμᾶς ... ταῦτα ποιήσαντας ... τιμὴν παρὰ πᾶσιν ἀνθρώποις κτήσασθαι.

他竟敢说，你们通过做这些事赢得了所有人的尊敬。（吕《演》14.32–33）[对应的直接陈述：不定过去时直陈式 ἐκτήσαντο 或 ἐκτήσασθε]

• 完成时不定式通常表达一个状态（或持续的效果），与表达话语、信念或观点的动词同时，作为先前已完成的动作的结果：

(63) καὶ γὰρ τὰ Ὁμήρου σέ φασιν ἔπη πάντα κεκτῆσθαι.

并且，其实他们说你拥有荷马的全部诗作。（色《回》4.2.10）[直接陈述：完成时直陈式 κέκτησαι]

注一：上文概述的相对时态含义偶有例外（另见 33.58–62）：尤其是，现在时的陈述不定式有时用来表达习惯性动作，这个动作早于表达话语、信念或观点的动词——也就是说，其对应的直接陈述会使用未完成时，例如：

(64) καὶ τοὺς ἐπὶ τῶν προγόνων ἡμῶν λέγοντας ἀκούω ... τούτῳ τῷ ἔθει ... χρῆσθαι. 而且我听说，我们祖先时代的发言者常常使用这种习俗。（德《演》3.21）[对应的直接陈述用未完成时 ἐχρῶντο；不定式 χρῆσθαι 表达的动作早于 ἀκούω 表达的动作；因为有涉及过去的时间性修饰语 ἐπὶ τῶν προγόνων，因此，这里的现在时陈述不定式具有习惯性含义]

类似地，有时可用完成时不定式，对应于直接陈述中的过去完成时。

带 ἄν 的陈述不定式

51.27　陈述不定式可以受 **ἄν** 修饰，表示潜在含义（对应于潜在祈愿式，见 34.13）或者非事实含义（对应于情态直陈式，见 34.16）：

(65) οἶμαι ἄν σε ταῦτα διαπραξάμενον ἀποπλεῖν, εἰ βούλοιο.

我认为，你在完成这些事情之后可以驶走，如果你愿意。（色《希》3.4.5）[ἄν ... ἀποπλεῖν 相当于直接话语中的 ἀποπλέοις ἄν（潜在祈愿式 + ἄν）；注意，εἰ βούλοιο 是潜在条件从句]

(66) καὶ πόσα ἂν ἤδη οἴει μοι χρήματα εἶναι, εἰ συνέλεγον χρυσίον ὥσπερ σὺ κελεύεις; 并且，你认为我可能已经有了多少财富——假设我如你所要求的那样敛财？（色《教》8.2.16）[ἂν ... εἶναι 对应于直接话语的 ἦν ἄν（情态直陈式 + ἄν）；注意，εἰ συνέλεγον 是非事实条件从句]

注一：如果缺乏明确的判断依据（如例句 65 和 66），那么就必须通过上下文

来确定 ἄν + 陈述不定式表达的是潜在含义还是非事实含义，例如：

(67) οἱ δὲ Ἀκαρνᾶνες ἠξίουν Δημοσθένη ... ἀποτειχίζειν αὐτούς, νομίζοντες ῥᾳδίως γ' ἂν ἐκπολιορκῆσαι καὶ πόλεως αἰεὶ σφίσι πολεμίας ἀπαλλαγῆναι.

而阿卡尔纳尼阿人要求得摩斯忒内斯筑墙包围[勒乌卡斯人]，因为他们认为可以轻松地以围攻使之投降，亦可摆脱一个总是与他们为敌的城邦。(《佩战》3.94.2)[这里的 ἂν ἐκπολιορκῆσαι καὶ ... ἀπαλλαγῆναι 只可能表达潜在含义，相当于 ἐκπολιορκήσαιμεν ἄν 和 ἀπαλλαγεῖμεν ἄν，不可能表达非事实含义]

注二：注意，不定式的时态-体词干与对应的直接陈述所用的相同：在例句 65 中，现在时词干的 ἀποπλεῖν 对应于现在时祈愿式 ἀποπλέοις；在例句 66 中，现在时词干的 εἶναι 对应于未完成时 ἦν（现在时词干）；在例句 67 中，不定过去时不定式 ἐκπολιορκῆσαι 和 ἀπαλλαγῆναι 分别对应于不定过去时祈愿式 ἐκπολιορκήσαιμεν 和 ἀπαλλαγεῖμεν。

可带能动不定式也可带陈述不定式的动词

51.28 一些动词既可带能动不定式，又可带陈述不定式。对于这种动词而言，两种结构的含义不同（这些动词所属的类别取决于其所带的结构）。其中最重要的如下所示。

注一：既可带不定式又可带分词的动词见 52.22–27。

51.29 γιγνώσκω：

- 带陈述不定式，意为判断、认为（表达观点的动词）；
- 带能动不定式，意为决定（愿望动词）。例如：

(68) ἔγνωσαν οἱ παραγενόμενοι Σπαρτιητέων Ἀριστόδημον ... ἔργα ἀποδέξασθαι μεγάλα. 在场的斯巴达人认为阿瑞斯托得摩斯立下了赫赫功勋。(《原史》9.71.3)[不定过去时陈述不定式；直接陈述用 ἀπεδέξατο]

(69) οἱ δὲ Κυμαῖοι ἔγνωσαν συμβουλῆς πέρι ἐς θεὸν ἀνοῖσαι τὸν ἐν Βραγχίδῃσι. 而曲美人决定就决策而求诸卜冉奇代的神。(《原史》1.157.3)[不定过去时的能动不定式；ἀνοῖσαι 是 ἀναφέρω 的不定式形式，较少见]

注一：γιγνώσκω + 分词意为意识到的用法（及其他可能的结构）见 52.24 注二。

51.30 δοκέω：

- 作无人称动词（δοκεῖ/ἔδοξε/δέδοκται），带能动不定式（和与格补语），意为[在某人]看来[做某事]为宜，引申为得到决定或者某人（与格）决定[做某事]（愿望动词）；

• 作有人称动词（比如 δοκῶ），带陈述不定式（和与格补语），意为[在某人]看来，引申为某人认为（表达[引出(engendering)]信念的动词）；

• 作有人称动词（比如 δοκῶ），带陈述不定式（宾格与不定式），意为觉得、认为（表达信念的动词）。例如：

(70) τοῖσι δὲ στρατηγοῖσι ἐπιλεξαμένοισι τὸ βυβλίον ... ἔδοξε μὴ καταπλῆξαι Τιμόξεινον προδοσίῃ.

而读完信后，将领们决定不用背叛[的罪名]来打击提摩克色伊诺斯了。（《原史》8.128.3）[无人称动词带与格补语 τοῖσι στρατηγοῖσι 和能动不定式 καταπλῆξαι：注意否定词 μή 和不定过去时词干的体的含义][①]

(71) εἰ μὲν ὅσιά σοι παθεῖν δοκῶ ...

如果在你看来，我遭受了神明准许的这些事情……（《赫卡贝》788）[作有人称动词，带与格补语和陈述不定式；对应的直接陈述：ἔπαθον]

(72) ... , τὴν ἐγὼ ... | οὐκ ἄν ποτ᾽ ἐς τοσοῦτον αἰκίας πεσεῖν | ἔδοξ᾽. 我之前认为她完全不会陷入这种痛苦。（《俄科》747–749）[有人称形式 ἔδοξ(α) 带陈述不定式（宾格与不定式），后者所对应的直接陈述作 οὐκ ἂν πέσοι；注意否定词 οὐκ 和表达潜在性的 ἄν；关系代词 τήν 见 28.31]

51.31　ἐλπίζω[希望]、**ὑπισχνέομαι**[保证]和 **ὄμνυμι**[发誓]——

• 一般带陈述不定式，绝大多数情况是将来时不定式：ἐλπίζω 意为希望（表达信念的动词），ὑπισχνέομαι 意为保证（陈言动词），ὄμνυμι 意为发誓（陈言动词）；

• 有时带能动不定式，此时不定式的主语和母动词的主语必然共指（见 51.10）：ἐλπίζω 意为希望（愿望动词），ὑπισχνέομαι 意为保证做（愿望动词或操控动词），ὄμνυμι 意为发誓做（愿望动词或操控动词）。

无论这些动词带哪种不定式，否定词都总是 **μή**。例如：

(73) ... ἐλπίζων τὸν θεὸν μᾶλλόν τι τούτοισι ἀνακτήσεσθαι.

……期盼凭借这些来赢得神明更多一点的眷顾。（《原史》1.50.1）[将来时的陈述不定式]

---

① καταπλῆξαι，牛津本（2015）作 καταπλέξαι。

(74) τὸ Ῥήγιον ἤλπιζον πεζῇ τε καὶ ναυσὶν ἐφορμοῦντες ῥᾳδίως χειρώσασθαι. 他们从陆路和水路进攻，希望轻而易举地征服热吉昂。(《佩战》4.24.4)［不定过去时的能动不定式］

(75) ὑπισχνοῦντο μηδὲν χαλεπὸν αὐτοὺς πείσεσθαι.

［掌权者们］当时保证他们不会遭到任何刁难。(色《希》4.4.5)［将来时陈述不定式；注意否定词］

注一：注意，如果这类动词带宾格与不定式结构，那么就必须理解为陈述不定式，例如：

(76) ὄμνυσιν ... | μὴ πώποτ᾽ ἀμείνον᾽ ἔπη τούτων κωμῳδικὰ μηδέν᾽ ἀκοῦσαι. 他发誓说，从未有人听过比这些更棒的谐剧诗行。(《马蜂》1046–1047)［不定过去时的陈述不定式］

51.32 几个意为言说的动词（陈言动词），尤其是 λέγω/εἶπον（但一般不包括 φημί），也可以带能动不定式，相当于表达命令的动词（操控动词），比如 λέγω + 陈述不定式或者 ὅτι/ὡς 从句意为言说，而 λέγω + 与格 + 能动不定式则意为吩咐[某人]做。例如：

(77) τούτοις ἔλεγον πλεῖν τὴν ταχίστην ἐφ᾽ Ἑλλησπόντου.

我当时吩咐这些人尽快向赫珥勒海出航。(德《演》19.150)

(78) εἶπον μηδένα τῶν ὄπισθεν κινεῖσθαι.

我曾吩咐后面的人都别动。(色《教》2.2.8)［否定词 μηδένα 是能动不定式 κινεῖσθαι 的宾格主语，作为命令的接受者原本应使用与格］

属于这一类的还有 πείθω + 宾格 + 陈述不定式（宾格与不定式），意为说服某人相信（陈言动词），还有 πείθω + 宾格 + 能动不定式，意为说服某人做某事（操控动词）。例如：

(79) οἱ δὲ τοῦ δήμου προστάται πείθουσιν αὐτὸν πέντε μὲν ναῦς τῶν αὐτοῦ σφίσι καταλιπεῖν ... , ἴσας δὲ αὐτοὶ πληρώσαντες ἐκ σφῶν αὐτῶν ξυμπέμψειν. 而那些民众首领说服他给他们留下[他]自己的五艘船，又说服他相信，他们会给自己的等量[船只]载上人后一同派出。(《佩战》3.75.2)［这个例句很特殊：πείθουσιν 首先带能动不定式 καταλιπεῖν，然后立刻带主格 αὐτοί 与陈述不定式 ξυμπέμψειν（对应的直接陈述是 ξυμπέμψομεν）］

51.33 **μέλλω**[将要；打算；推迟]所带的结构可以是——

- 将来时不定式（相当常见），例如：

(80) μέλλω ... ὑμᾶς διδάξειν ὅθεν μοι ἡ διαβολὴ γέγονεν.

我打算为你们指明，对我的诽谤从何而起。（《申辩》21b）

(81) Σοφοκλέα δὲ ... ἐπὶ τῶν πλειόνων νεῶν ἀποπέμψειν ἔμελλον.

而他们打算把索佛克勒斯随主力舰队一同派出。（《佩战》3.115.5）

• 能动不定式（μέλλω + 现在时不定式常见，意为将要做；μέλλω + 不定过去时不定式罕见，一般暗示必然性，意为注定）：

(82) Σκόπει δὲ ὃ μέλλω λέγειν. :: Λέγε, ἔφη.

“请你思考我将要说的话。”“说吧。”他说。（《邦制》473c）

(83) καὶ ἐν τῷ παρόντι καιρῷ, ὡς ἤδη ἔμελλον μετὰ κινδύνων ἀλλήλους ἀπολιπεῖν, μᾶλλον αὐτοὺς ἐσῄει τὰ δεινὰ ἢ ὅτε ἐψηφίζοντο πλεῖν. 并且更是在眼下这个关头，当他们已然注定要把彼此留下与危险做伴之时，可怕的事情来到他们这里——而非那投票出海的时候。（《佩战》6.31.1）

意为阻止或否认的动词带不定式

51.34 有一些常见的动词，意为防止、阻碍、禁止和避免等等，还有一些意为争辩、否认等等的动词，它们是——

• 意为防止、阻碍和避免等等的动词，例如：

ἀναβάλλομαι[推迟]、ἀπαγορεύω[禁止]、ἀπεῖπον[禁止]（没有现在时）、ἀπέχομαι[抑制]、ἀπέχω[远离]、εἴργω[阻止；远离]、οὐκ ἐάω[不允许；禁止]和 φυλάττομαι[戒备；提防]。

• 意为争辩、否认等等的动词，例如：

ἀντιλέγω/ἀντεῖπον[反驳；反对]、ἀμφισβητέω[不同意；争辩]、(ἀπ-/ἐξ-/κατ-)ἀρνέομαι[否认]和 ἔξαρνός εἰμι[否认]。

注一：κωλύω[防止；阻碍]和 παύω[阻止]，见 51.36 注一。

注二：还有一种意为否认的常见结构，即 οὔ φημι[否认；声称……并不]（见 51.24 注一）。然而，后文所述的用法并不适用于这一表达，οὔ φημι 总是带陈述不定式（宾格与不定式）。

51.35 这些动词最常见的用法是带 **μή** + 不定式（意为防止、阻碍等等的动词带能动不定式，意为否认等等的动词带陈述不定式）。在古典希腊语中，这个否定词表达动作的不发生（受阻或被否认），而在译文中一般无需译作否定词。例如：

(84) ἀλλ᾽ ἀπαγορεύω μὴ ποιεῖν ἐκκλησίαν | τοῖς Θρᾳξὶ περὶ μισθοῦ.

但是我不许开会讨论给予色雷斯人的报酬。（阿《阿》169–170）[能

动不定式]

(85) τὸν νοῦν τ' ἀπείργει μὴ λέγειν ἃ βούλεται. 并且[恐惧]阻碍他的心灵言说他想[说出]的事情。(欧里庇得斯残篇坎尼希特本 88a)①

(86) φής, ἢ καταρνῇ μὴ δεδρακέναι τάδε;

你承认抑或否认自己做过这些事情?(索《安》442)[陈述不定式]②

如果一个意为防止、阻碍或否认的动词本身被否定,那么它就带 **μὴ οὐ**(这两个否定词都不可按字面译出),例如:

(87) οὐκ ἄν ποτ' ἔσχον μὴ οὐ τάδ' ἐξειπεῖν πατρί.

我原本绝不会抑制自己把这些告知我的父亲。(欧《希》658)[意为阻碍的动词被否定,带能动不定式]

(88) τῶν δὲ φρατέρων οὐδεὶς ἀντεῖπεν οὐδ' ἠμφεσβήτησε μὴ οὐκ ἀληθῆ ταῦτα εἶναι. 而族人中无人反对这些事情属实或者[对此]有争议。(伊赛《演》8.19)[意为否认的动词被否定,带陈述不定式]

51.36 这类动词也会带其他各种常见程度不一的结构——

• **τὸ μή** + 不定式(如果母动词本身被否定,那么就是 τὸ μὴ οὐ + 不定式),这里的冠词见 51.38–39。例如:

(89) καὶ ἡμῶν οἱ πολλοὶ ... οἷοί τε ἦσαν κατέχειν τὸ μὴ δακρύειν, ὡς δὲ ... 并且我们中的大多数人都能忍住不哭,可是当……(《斐多》117c)

(90) ἐκόμπασε, | μηδ' ἂν τὸ σεμνὸν πῦρ νιν εἰργαθεῖν Διὸς | τὸ μὴ οὐ ... ἑλεῖν πόλιν.

他口出狂言,说甚至宙斯的神火也不能阻止他打下这座城邦。(欧《腓》1174–1176)[εἰργαθεῖν 是 εἴργω 的不定过去时不定式,用于诗歌]③

• 类似地,还有 τὸ μή + 不定式这一结构的属格,即 **τοῦ μή** + 不定式,其否定形式作 **τοῦ μὴ οὐ** + 不定式,例如:

(91) πᾶς γὰρ ἀσκὸς δύ' ἄνδρας ἕξει τοῦ μὴ καταδῦναι.

因为每张兽皮将使两个人不沉下去/托住两个人。(色《上》3.5.11)

• 这些动词有时带 **ὥστε μή** + 不定式,例如:

---

① 原书英译作 He prevents his mind from speaking what it wants。根据语境,ἀπείργει 的主语当为第 1 行的 φόβος。这个"他"也可能指安菲特律翁之妻阿玛克美内(Ἀλκμήνη)。参见 C. Collard & M. Cropp (ed. and trans.), *Euripides: Fragments Aegeus–Meleager*, Cambridge: Harvard University Press, 2008, pp. 106–107.

② 此句的文字和标点与 59.44 例句 67 稍有差异,均从原书。

③ ἄν 见 51.27。

(92) εἰ μέλλοιμεν τούτους εἴργειν ὥστε μὴ δύνασθαι βλάπτειν ἡμᾶς πορευομένους ... 如果我们打算阻止他们，使其没有能力在我们行进时伤害我们。（色《上》3.3.16）[冗余的 ὥστε 见 51.17]

- 有时只带一个不定式（亦即没有 μή 的不定式），例如：

(93) ὀλίγους ἐπὶ Ὀλύνθου ἀποπέμπουσιν, ὅπως εἴργωσι τοὺς ἐκεῖθεν ἐπιβοηθεῖν. 他们派出少数[人马]往欧吕恩托斯那儿去，以阻止那里来的人前来助战。（《佩战》1.62.4）

注一：动词 κωλύω[防止；阻碍]和 παύω[阻止]通常带单独的不定式——需要注意的是，παύω 更常作为阶段动词，带分词（意为使某人停止做某事，见 52.9）：

(94) χάριν δὲ δοῦναι τήνδε κωλύει τί σε;

什么事情妨碍你给予[我]这一恩赐？（欧《伊陶》507）

(95) ῥαψῳδοὺς ἔπαυσε ἐν Σικυῶνι ἀγωνίζεσθαι τῶν Ὁμηρείων ἐπέων εἵνεκα. 他由于荷马叙事诗而阻止诵诗人在西曲昂竞赛。（《原史》5.67.1）

其他动词带意为阻碍或防止的动词所带的结构

51.37 有几个动词（和名词、形容词）本身并非表达阻碍或防止的动词，但它们在带 μή + 能动不定式时与这类动词具有非常相似的含义，如 δύναμαι μή + 不定式意为能够不去做，在含义上相似于克制不去做。从而，意为阻碍或否认的动词与其他带 μή 的动词有很大的重合。

此时，如果母动词本身被否定，那么能动不定式的否定词就尤其常用 **μὴ οὐ**（其中一个否定词常常必须译出），例如：

(96) οὐδεὶς οἷός τ᾽ ἐστὶν ἄλλως λέγων μὴ οὐ καταγέλαστος εἶναι.

在以其他方式说话时，没有谁能够不变得可笑。（柏《高》509a）

(97) ἐγὼ μὲν δὴ κατανοῶν τοῦ ἀνδρὸς τήν τε σοφίαν καὶ τὴν γενναιότητα οὔτε μὴ μεμνῆσθαι δύναμαι αὐτοῦ οὔτε μεμνημένος μὴ οὐκ ἐπαινεῖν.

事实上，当我体察这个男人的智慧和高贵时，我既无法不想起他，也无法在想起他时不赞美[他]。（色《申辩》34）

注一：在这类情况下，μὴ οὐ 的用法绝不是固定的：在被否定的母动词后常有一个单独的 μή，例如：

(98) οὔτοι μὰ τὴν Δήμητρα δύναμαι μὴ γελᾶν.

凭德墨忒尔起誓，我真的不得不笑啦！（《蛙》42）[1]

---

① οὔτοι 见 59.51。

还要注意例句 97 所用的 μὴ μεμνῆσθαι（而非 μὴ οὐ μεμνῆσθαι）。

注二：这些动词也会带前文所述的其他结构，比如 τὸ μὴ οὐ，例如：

(99) κοὐδείς γέ μ’ ἂν πείσειεν ἀνθρώπων τὸ μὴ οὐκ | ἐλθεῖν ἐπ’ ἐκεῖνον.

并且，没有谁能说服我不往他那儿去。（《蛙》68–69）

带冠词的不定式

引　言

51.38　中性单数冠词若用作实词化工具（见 28.23–25），那么它就可加在不定式上，把这个不定式及其补语或修饰语一并变为一个名词短语（不定式作中心语）。这种不定式称作带冠词的（articular）不定式。

带冠词的不定式可以主格、属格、与格或宾格的形式出现，但只有冠词要变格：τὸ παιδεύειν, τοῦ παιδεύειν, τῷ παιδεύειν, τὸ παιδεύειν。

注一：略。[①]

注二：尽管带冠词的不定式被实词化了，但它依旧保留所有的动词性特征：

- 有语态和时态–体（详见 51.44–45）；
- 可以带宾语或补语，格与动词一般要求的相同，对比 τὸ παῖδας παιδεύειν[教化孩童(的过程)](宾格宾语)和 ἡ παίδων παίδευσις[对孩童的教化](宾语属格)。带冠词的不定式的主语见 51.40–41。
- 可受副词的修饰，例如 τὸ καλῶς παιδεύειν[良好的教化(过程)]。

51.39　带冠词的不定式可如其他名词短语那样使用，可用作动词的主语、宾语或者补语，可用作定语（以属格形式），可用作介词的补语，等等。例如：

(100) οὐκ ἄρα τὸ χαίρειν ἐστὶν εὖ πράττειν.

那么，享受并非做得好。（柏《高》497a）[主格，作 ἐστιν 的主语]

(101) ... τὸ ζῆν περὶ πλείονος ποιησάμενοι τοῦ καλῶς ἀποθανεῖν.

……把偷生看得比慷慨赴死有价值。（安多《演》1.57）[τὸ ζῆν 是 ποιησάμενοι 的宾格宾语，τοῦ ... ἀποθανεῖν 是 πλείονος 所带的比较属格]

(102) πολλὰ δ’ ἄν τις ἔχοι ... ἐπιδεικνύναι σημεῖα τοῦ τοῦτον συκοφαντεῖν. 而有人可能拥有许多证据[证明]此人在诽谤。（德《演》36.12）[宾格与不定式结构（见 51.41）的属格形式，作 σημεῖα 的定语]

---

① 原文作：The articular infinitive is often best translated into English by a gerund, e.g. τὸ παιδεύειν *educating*. For other possible translations, see of the examples below.

(103) οὐ λίαν ἔγωγε μέγα ἔργον εἶναι νομίζω <u>τὸ κατηγορεῖν</u>.

至少我本人并不认为指控是非常重要的任务。（埃《演》1.44）［宾格，作 εἶναι 的主语］

后文（51.46）总结了带冠词的不定式的一些尤其常见的用法。

带冠词的不定式的主语

51.40　在以下两种情况中，带冠词的不定式一般没有主语——

- 表达普遍性的动作（亦即不表达具体的主语），对比上文例句 100、101 和 103；
- 不定式的主语作母句中的一个成分（通常是主语）。例如：

(104) καὶ τὴν Θέτιν γ᾽ ἔγημε διὰ <u>τὸ σωφρονεῖν</u> ὁ Πηλεύς.

而佩琉斯由于其明智审慎就娶到了忒提斯。（《云》1067）［母句的主语 Πηλεύς 被理解为 σωφρονεῖν 的主语］

在这种情况下，任何谓语性修饰语或者谓语性补语所用的格都与母句中的相关成分相同（通常是主格），例如：

(105) ἐκ <u>τοῦ πρότερος λέγειν</u> ὁ διώκων ἰσχύει. 起诉者凭借优先发言而占上风。（德《演》18.7）［主格 πρότερος 与 διώκων 一致］

51.41　在一些情况下，不定式的主语会另外给出，这种主语使用宾格（宾格与不定式结构）。任何谓语性修饰语或者谓语性补语自然也要使用宾格。例如：

(106) ηὕρισκον οὐδὲν μεῖον Λακεδαιμονίοις ἢ σφίσιν ἀγαθὸν <u>τὸ Ἀρκάδας μὴ προσδεῖσθαι Θηβαίων</u>.

他们发现，阿尔卡迪亚人不对忒拜人有所需要［的情况］，对拉刻代蒙人而言比对他们自己而言，在更小的程度上不是好事。（色《希》7.4.2）［宾格 Ἀρκάδας 作 προσδεῖσθαι 的主语；σφίσιν 见 29.18］

(107) καὶ ἐπιδεδείχθω ... χαλεπὸν ὂν <u>τὸ πόλιν εὔνομον γίγνεσθαι</u>.

并且就让它体现出，城邦要有善法是困难的。（《法义》712a）［宾格 πόλιν 是 γίγνεσθαι 的主语，谓语性补语 εὔνομον 与 πόλιν 一致；εὔνομος 是二尾形容词，见 5.7–10］

带冠词的不定式的否定词

51.42　带冠词的不定式的否定词是 **μή**，例如：

(108) <u>τὸ μὴ κακῶς φρονεῖν</u> | θεοῦ μέγιστον δῶρον.

不怀恶念是神明的最佳馈赠。(埃《阿》927–928)

(109) ... τοῦ μὴ λύειν ἕνεκα τὰς σπονδάς.

……为了不破坏和约。(《佩战》1.45.3)

51.43 意为防止、阻碍或否认的动词带 τὸ μὴ (οὐ) + 不定式的用法和带 τοῦ μὴ (οὐ) + 不定式的用法，见 51.36。

带冠词的不定式的时态和体

51.44 对于带冠词的不定式而言，与能动不定式类似，现在时与不定过去时的差异常常完全在于体，例如：

(110) ... εἰδότες ... ἐν τῷ ποιῆσαι τὴν πόλιν εὐδαίμονα τοὺς χρηστοὺς τῶν πονηρῶν διαφέροντας ... ……知道在使城邦繁荣[这点]上，正直的[领导者]不同于卑劣的……(伊索《演》8.122)

(111) τίς οὐκ οἶδε ... τοὺς μὲν δημοτικοὺς καλουμένους ἑτοίμους ὄντας ὁτιοῦν πάσχειν ὑπὲρ τοῦ μὴ ποιεῖν τὸ προσταττόμενον; 谁不知道，被称作民主派的人为了不做[敌人]交派的事情而甘愿遭受任何情形？(伊索《演》7.64) [在上一个例句中，不定过去时不定式 τῷ ποιῆσαι 把“使城邦繁荣”呈现为一个完整的动作（亦即与其过程无关）；而对良好的领导行为的整体评价取决于领导者是否具有这一特点；而在这个例句中，现在时不定式 ὑπὲρ τοῦ ... ποιεῖν 则表达一个正在进行的、一贯的抗拒姿态]

51.45 然而，如果一个带冠词的不定式所表达的动作实际上正在发生或者实际上已然发生（在具体的时间和地点），那么这个不定式的时态-体词干也常常表达相对时态含义（见 33.57）：

- 不定过去时不定式所表达的动作通常早于母句动作；
- 现在时不定式所表达的动作通常与母句动作同时。例如：

(112) ... τὸ τῶν παρθένων ... μνῆμα, αἳ λέγονται διὰ τὸ βιασθῆναι ὑπὸ Λακεδαιμονίων τινῶν ἀποκτεῖναι ἑαυτάς. ……少女陵——她们据说因为遭到某些拉刻代蒙人强暴而自杀。(色《希》6.4.7) [不定过去时不定式 τὸ βιασθῆναι 所表达的动作早于少女的自杀]

(113) οὐχ οἷόν τ' ἐστὶν εἰπεῖν τοῦτον τὸν λόγον, ὡς ἡμεῖς μὲν διὰ τὸ δημοκρατεῖσθαι κακῶς ἐχρησάμεθα τοῖς πράγμασιν.

不可能说出这番言辞——我们由于拥有民主政制而处理不好诸多事务。(伊索《演》8.95) [τὸ δημοκρατεῖσθαι 中的现在时不定式表达一种正

在进行的统治形式，与 ἐχρησάμεθα 同时]

带冠词的不定式的常见用法

51.46 如上所述，带冠词的不定式可如其他名词短语那样使用（作主语、宾语等等）。以下结构中尤其常用带冠词的不定式——

- 带冠词的不定式的与格和 **διὰ τό** + 不定式，常用作表达工具或表达原因的修饰语，例如：

(114) τὴν ἄνοιαν εὖ φέρειν | τῷ σωφρονεῖν νικῶσα προυνοησάμην.

我思量的是好好忍受愚蠢，用节制战胜[它]。（欧《希》398–399）[①]

(115) χαλεπῶς δὲ αὐτοῖς διὰ τὸ αἰεὶ εἰωθέναι τοὺς πολλοὺς ἐν τοῖς ἀγροῖς διαιτᾶσθαι ἡ ἀνάστασις ἐγίγνετο. 而由于许多人一直习惯在乡野生活，迁居对他们来说就艰难不堪。（《佩战》2.14.2）

- 带冠词的不定式的属格（即 **τοῦ μή** + 不定式），有时用来表达目的含义，尤其是带否定词的时候，例如：

(116) ἐτειχίσθη δὲ καὶ Ἀταλάντη ... τοῦ μὴ λῃστὰς ... κακουργεῖν τὴν Εὔβοιαν. 而阿塔兰忒也建起城墙，以免海盗蹂躏优卑亚岛。（《佩战》2.32）

- 意为防止、阻碍或否认的动词带 τὸ μὴ (οὐ) + 不定式的用法和带 τοῦ μὴ (οὐ) + 不定式的用法，见 51.36。

不定式的其他用法

51.47 不定式偶尔独立使用，表达命令（命令不定式），例如：

(117) σὺ δέ μοι ἐπὶ τὴν Ἑλλάδα στρατεύεσθαι.

而在我看来你该对希腊出兵！（《原史》3.134.5）

详见 38.37。

51.48 不定式在少数情况下表达感叹，例如：

(118) τῆς μωρίας, | τὸν Δία νομίζειν ὄντα τηλικουτονί.

愚蠢！才这[小小]年纪居然就相信宙斯！（《云》818–819）[②]

详见 38.51。

51.49 最后，不定式还见于一些惯用表达，例如：

ὡς (ἔπος) εἰπεῖν[可以说；简直；几乎]（常常带 πᾶς 和 οὐδείς 的各种

---

① προυνοησάμην 是 προνοέω 的不定过去时直陈式中动态第一人称单数。

② τῆς μωρίας 是表达感叹的原因属格，见 38.50。

形式，分别意为几乎所有和几乎没有）、[1] (ὡς) συνελόντι εἰπεῖν[简而言之]、τὸ σύμπαν εἰπεῖν[概而言之；总之]、ὀλίγου δεῖν[几乎；差一点]、ἐμοὶ δοκεῖν[在我看来]、ὡς εἰκάσαι[看起来；如所料想的那般]、ἑκὼν εἶναι[自愿地；有意地]和 τὸ νῦν εἶναι[目前；暂且]。

在所有这些表达中，不定式都是独立的，也就是说不从属于动词、形容词等等，例如：

(119) ἔλαβε ἐκ θεοῦ νέμεσις μεγάλη Κροῖσον, ὡς εἰκάσαι, ὅτι ἐνόμισε ἑωυτὸν εἶναι ἀνθρώπων ἁπάντων ὀλβιώτατον.

出自神明的巨大义愤擒住了克若伊索斯——如所料想的那般——因为他认为自己就是全人类中最有福气的。（《原史》1.34.1）

(120) πέπεισμαι ἐγὼ ἑκὼν εἶναι μηδένα ἀδικεῖν ἀνθρώπων.

我确信自己没有故意对任何人行不义。（《申辩》37a）

① 例如 26.15 例句 51。

第52章　分　词

引　言

分词的基本性质和主要用法

52.1　分词是动词性形容词（verbal adjective）：

• 分词类似于形容词，因为分词有性、数和格，并且遵循一致规则（见27.7）；

• 分词类似于动词，因为分词有时态-体和语态，并且可以带宾语、补语等等，又可受副词等等的修饰。

注一：以-τός和以-τέος结尾的动词性形容词见第37章。

52.2　分词的用法可以分为以下三类——

• 补充性分词（supplementary participle，见52.8–28）：这种分词用作动词的强制成分（见39.3），例如：

(1) ὅλην ἀδικῶν φανήσεται τὴν πόλιν. 他将表现出在对整个城邦行不义。（德《演》24.29）[ὅλην ἀδικῶν ... τὴν πόλιν 是 φανήσεται 的补语]

• 情状性分词（circumstantial participle，见52.29–45）：用作分句的可选成分，表达情状、原因、条件、动机和意图等。这种分词或是与分句中的一个成分一致（连结分词[connected participle]），或是与其自身的属格主语一起使用（独立属格），例如：

(2) φίλος ... ἐβούλετο εἶναι τοῖς μέγιστα δυναμένοις, ἵνα ἀδικῶν μὴ διδοίη δίκην. 他愿意与最有权势的人交朋友，以便行不义后免受惩罚。（色《上》2.6.21）[ἀδικῶν 是谓语性修饰语，与 διδοίη 的主语（美农[Μένων]）一致；即便没有 ἀδικῶν，ἵνα μὴ διδοίη δίκην 也符合语法；这个分词表达条件]

(3) αὐτοὶ δ᾽ οὐ δύνανται ... ἡσυχίαν ἄγειν οὐδενὸς αὐτοὺς ἀδικοῦντος. 他们自己则无法保持安静，尽管没人对他们行不义。（德《演》8.67）[情状性分词 οὐδενὸς αὐτοὺς ἀδικοῦντος 是可选成分，使用独立属格结构（详见52.32），表达让步]

• 定语性用法和实词性用法（见52.46–50）：这种分词一般带冠词，用于名词短语，作修饰语（定语性用法）或中心语（实词性用法），例如：

(4) ... βοηθεῖν ταῖς ἀδικουμέναις πόλεσι. ……去帮助那些受了不义的城邦。（色《希》6.3.18）[定语性分词，作 ταῖς πόλεσι 的修饰语]

(5) τίμιος ... ὁ μηδὲν ἀδικῶν. 那位不去行不义的人是可敬的。（《法义》730d）[实词性用法：作名词短语的中心语]

另外，分词还有各种迂说结构，这些用法见 52.51–53。

分词的位置

52.3 情状性分词和补充性分词相对于与之一致的[中心]名词而言都出现在谓语性位置，定语性分词自然在定语性位置（见 28.11）：

(6) ὁρῶντες ... τοὺς ἑαυτῶν ἱππέας φεύγοντας 因为看见己方的骑兵正在溃逃……（色《上》4.3.23）[谓语性位置的补充性分词]

(7) οὔτε οἱ πεζοὶ τοὺς πεζοὺς ἐκ πολλοῦ φεύγοντας ἐδύναντο καταλαμβάνειν. [我方]步兵也无法赶上从远处逃走的[敌方]步兵。（色《上》3.3.9）[谓语性位置的情状性分词；或译作因为后者从远处逃走]

(8) τοὺς δούλους παρέλυσεν | τοὺς φεύγοντας. 他释放了那些逃跑的奴隶。（《和平》742–743）[定语性位置的定语性分词]

分词的时态/体和“语式”

52.4 各种时态–体词干都有各自的分词。不同词干的差异在于体（将来时词干除外）。就分词而言，体的差异在大多数情况下都导致相对时态含义（见 33.57）：

- 现在时分词通常表示动作与母动词的动作同时，例如：

(9) ταῦτα γράφων ἔννομα ... ἔγραψα.

在写这些东西时，我写的是合法之事。（德《演》7.25）

- 不定过去时分词通常表示动作早于母动词的动作，例如：

(10) κἀν δέλτου πτυχαῖς | γράψας ἔπεμψα πρὸς δάμαρτα τὴν ἐμήν.

并且在写板上作书后，我寄往妻子那里。（欧《伊奥》98–99）[①]

- 完成时分词通常表达一个状态（或持续的效果），与母动词的动作同时，这一状态或效果是先前已完成动作的结果，例如：

(11) ὑπανέγνω τὸ ψήφισμα ὃ γεγραφὼς αὐτὸς ἦν.

[德摩斯梯尼]曾大声宣读他本人作为其起草者的那份议案。（埃《演》

---

① κἀν 是 καὶ ἐν 融音后的形式，见 1.45 注二。此句是阿伽门农的台词。

2.109）[成为起草者是写作所造成的状态]

• 将来时分词总是表达相对时态含义，表示动作晚于母动词的动作，例如：

(12) οὐδέπω ... δῆλος ἦν ... ἐκεῖνος τοιαῦτα <u>γράψων</u>.

当时尚不清楚那人会提出诸如此类的议案。（德《演》19.236）

将来时分词表达目的的用法见 52.41。

52.5 尽管上述分词词干通常表达这些相对时态含义，但是仍有不少例外。在例外情况中，特定时态-体词干的一种不同含义优先于（或者附加于）常见的相对时态含义，例如：

• 不定过去时分词表达的动作常常并不早于母动词的动作，而是与之同时发生（所谓的同时性[coincident]不定过去时分词）。因此，这种不定过去时表达完整的动作（见 33.6）。对于用作方式状语的情状性分词（见 52.42）而言，这种情况尤其常见，例如：

(13) Σόλων δὲ οὐδὲν <u>ὑποθωπεύσας</u>, ἀλλὰ τῷ ἐόντι <u>χρησάμενος</u> λέγει· ...

但梭伦毫不迎合，而是根据事实，说道："……"（《原史》1.30.3）[分词表达的两个动作都没有在梭伦说话前结束，而是与之同时]

(14) δοκεῖ μοί τις οὐκ ἂν ἁμαρτεῖν <u>εἰπὼν</u> ὅτι ... 在我看来，某人说……的时候并不会犯错。（德《演》25.6）[εἰπών 与 (ἂν) ἁμαρτεῖν 同时]

(15) κτενῶ γὰρ αὐτόν ... | ποινὰς ἀδελφῶν καὶ πατρὸς <u>λαβοῦσ'</u> ἐμοῦ.

因为我会将他杀死，为我兄弟和父亲讨还血债。（欧《特》359–360）[λαβοῦσ(α) 与 κτενῶ 同时，这个不定过去时分词表达母动词的效果]

• 非目标体动词的不定过去时分词也可以表达起始含义或复合含义（见 33.29–30），例如：

(16) καὶ ὁ Ἰσχόμαχος <u>γελάσας</u> εἶπεν· Ἀλλὰ παίζεις μὲν σύγε, ἔφη, ὦ Σώκρατες. 并且伊斯科玛科斯笑了起来，说："但你是在开玩笑吧，"他说，"苏格拉底哦？"（色《家》17.10）[起始含义]

(17) τῶν δ' ἐμῶν προγόνων ἀκούω <u>τὸν πρῶτον βασιλεύσαντα</u> ἅμα τε βασιλέα καὶ ἐλεύθερον γενέσθαι. 而我听说，在我的祖先中，第一个当王的人同时成为了国王和自由人。（色《教》7.2.24）[复合含义：βασιλεύσαντα 指作为一个整体的君主统治；也可理解为起始含义，译作登基]

• 现在时分词可表达正在进行的动作、习惯性动作或反复性动作（见 33.11），早于母动词的动作；这种情况下的现在时分词有时被称作未完成时分词（imperfect participle）。若要明确表达先在性，那么通常会用现在时分词，例如：

(18) ... ὥστε φίλος ἡμῖν οὐδεὶς λελείψεται, ἀλλὰ καὶ οἱ πρόσθεν ὄντες πολέμιοι ἡμῖν ἔσονται. ……从而没有任何一位朋友会被留给我们，甚至那些先前与我们[为友]者还会与我们为敌。(色《上》2.4.5)［实词性的 ὄντες 早于 ἔσονται，这种先在性是 πρόσθεν 施加的］[1]

(19) οἱ Κορίνθιοι μέχρι τούτου προθύμως πράσσοντες ἀνεῖσαν τῆς φιλονικίας καὶ ὠρρώδησαν. 尽管科灵托斯人当时直到这个时候还在热忱地行动，但他们现在放弃了对胜利的欲求，并且有所顾虑。(《佩战》5.32.4)［μέχρι τούτου 清楚地表明 πράσσοντες 早于 ἀνεῖσαν 和 ὠρρώδησαν］

(20) τὴν γὰρ χώραν οἱ αὐτοὶ αἰεὶ οἰκοῦντες διαδοχῇ τῶν ἐπιγιγνομένων μέχρι τοῦδε ἐλευθέραν δι' ἀρετὴν παρέδοσαν. 因为，同样那些[先辈]，他们一直居住在这片土地，就凭借英勇而把自由代代相传，直至此刻。(《佩战》2.36.1)［μέχρι τοῦδε 明确表示 οἱ οἰκοῦντες 指代过去的几代人；注意 αἰεί 的分配性用法，指的是每一个给定情况下都居住在那片土地的先辈］

• 目标体动词的现在时分词也可表达意动含义，或者用作结果性现在时（见 33.17–18），例如：

(21) ἐμοῦ τ' ἐκδιδόντος τὸν παῖδα ... βασανίζειν ... οὐκ ἠθέλησε παραλαβεῖν. 并且当我试图交出奴隶[让他]受拷问时，[埃西欧斯]不愿接受。(德《演》29.18)［意动含义：发话人试图交出他的奴隶，但遭到拒绝］

(22) ἐπειδὴ ἔμαθε ἀπολωλότας τοὺς Πέρσας καὶ νικῶντας τοὺς Ἕλληνας, ... 当她了解到波斯人覆灭了而希腊人已获胜……(《原史》9.76.1)［结果性现在时；注意 νικῶντας 与完成时分词 ἀπολωλότας 一起使用］

• 表达感知的动词所带的补充性分词的体的含义见 52.18–21。

52.6 如上所述，分词表达的时态一般相对于母动词，与此相仿，分词[在宽泛意义上所具有]的情态含义通常（若非总是）也与母动词相应，例如：

(23) ἰδού· λαβὼν ἔκπιθι καὶ μηδὲν λίπῃς. 喂，拿去喝掉吧，而且一点都别剩。(欧《圆》570)［母动词用命令式，而情状性分词 λαβών 表达的“语式”取决于母动词：λαβών 是命令的一部分；关于主动词前方的不定过去时分词的翻译，对比例句 99（这里的母动词是命令式）］

---

① 本句紧接在 26.14 例句 46 之后。

(24) μὴ οὖν ὕστερον τοῦτο γνῶτε, ἀναίτιόν με ὄντα ἀπολέσαντες.

那么，请勿在处死我这无辜者之后才发现这点。（安提《演》5.71）[ἀπολέσαντες 是 μὴ γνῶτε 所带的补充性分词，这本身是一种假想的“发现”，而发话人正是在恳求审判员不要有这一“发现”；当他这样说的时候，审判员显然尚未以有罪判决“处死”他][①]

一并比较后文例句 29 和 109。

带 ἄν 的分词

52.7 分词可以带 **ἄν**，从而或是具有潜在祈愿式的含义（见 34.13），或是具有情态直陈式的含义（见 34.16），例如：

(25) καὶ ὁρῶν τὸ παρατείχισμα τῶν Συρακοσίων ... ῥᾳδίως ἂν ... ληφθέν ...

并且看到叙拉古人的围墙易于拿下……（《佩战》7.42.4）[ἂν ληφθέν 是 ὁρῶν 所带的补充性分词，相当于 ληφθείη ἄν（潜在祈愿式 + ἄν）；补充性分词 + ἄν 详见 52.10 注一]

(26) Ποτείδαιαν ... ἑλὼν καὶ δυνηθεὶς ἂν αὐτὸς ἔχειν, εἴπερ ἐβουλήθη, παρέδωκεν. 夺下珀忒伊代阿后，尽管他原本能够[将其]占为己有（假如他愿意），他却放弃了。（德《演》23.107）[δυνηθεὶς ἄν 是情状性的，相当于 ἐδυνήθη ἄν（情态直陈式 + ἄν）][②]

补充性分词

引言　带补充性分词的动词

52.8 补充性（supplementary）分词作动词的补语，这些动词大体上分为三组——

- 表达直接的感官感觉（看、听）的动词、表达动作阶段（开始、继续、停止）的动词，还有意为忍受、坚持等等的动词；
- 意为知道、认识、阐明等等的动词，还有表达情绪状态（快乐、后悔等等）的动词；
- 一些表达某种存在方式或行为方式的动词，例如：τυγχάνω[碰巧]、λανθάνω[受忽视；不被注意]和 φθάνω[先做；抢先]。

第一组动词所带的补充性分词与第二组动词所带的补充性分词有

---

① 也可译作：那么，请勿过后[才]发现，尽管我是无辜者，你却处死了我。

② αὐτός 见 29.12。

本质差异（能动不定式与陈述不定式的类似差异见 51.3）：

- 第一组动词所带的分词表达一个动作，这个动作的实现已然为人/物所见、所闻、所止、所开始、所忍受，等等；
- 第二组动词所带的分词表达命题性内容，涉及某人对一个动作的认知或情绪反应。

所有的补充性分词都有一个共同特点——明确表示相关动作在事实上已然实现或者相关的命题性内容为真，例如：

(27) καὶ τῶν τις Σκυθέων ... ἐσήμηνε τῷ βασιλέϊ Σαυλίῳ· ὁ δὲ καὶ αὐτὸς ἀπικόμενος ὡς εἶδε τὸν Ἀνάχαρσιν ποιεῦντα ταῦτα, τοξεύσας αὐτὸν ἀπέκτεινε. 而某个斯曲泰人向国王扫利欧斯禀报。并且，[国王]本人在到达之后看到阿纳卡尔西斯正在做这些时，就把他射杀了。(《原史》4.76.5) [ποιεῦντα 表达一个实际正在发生的动作，扫利欧斯在到达现场时亲眼看到了这个动作]

(28) μάγους μὲν γὰρ ἀτρεκέως οἶδα ταῦτα ποιέοντας· ἐμφανέως γὰρ δὴ ποιεῦσι. 我明确知道穆护做这些事，因为他们就是公开做的。(《原史》1.140.2) [分词表达希罗多德知晓的内容，他将之呈现为事实][1]

注一：在这一方面，分词与能动不定式和陈述不定式有别。后两者并不明确表示相关的动作已然实现或者相关的命题性内容为真（见 51.3）。

注二：一些动词可带以上两种分词；补语的差异对应于母动词含义的差异。详见 52.18–20。

注三：如果母动词的动作本身并未实现或者并非事实等等，那么分词所具有的事实性可能（但不一定）会消失（这种情态上的从属性见 52.6），例如：

(29) καὶ ἡμῖν γ᾽ ἂν οἶδ᾽ ὅτι τρισάσμενος ταῦτ᾽ ἐποίει, εἰ ἑώρα ἡμᾶς μένειν κατασκευαζομένους.

而且我知道他至少会三倍情愿地为我们做这些事情，假如他看到我们为留下来做准备。(色《上》3.2.24) [发话人使用非事实条件（见 49.10），想象波斯国王看到希腊雇佣军为留在其领地做准备时会发生什么；色诺芬没有说波斯国王真的看到了什么，并且如其前文所示，希腊人实际上也并不打算留下来]

(30) Κῦρος δὲ αὐτός ... ἀπέθανε ... οὐ ... ᾔδεσαν αὐτὸν τεθνηκότα.

而居鲁士本人死了……[希腊雇佣军]当时并不知道他已死了。(色《上》

---

① γὰρ δή 见 59.62 例句 101。

1.8.27、1.10.16）[色诺芬首先说居鲁士也是库纳克撒（Κούναξα）战役中的一名身亡者；数节过后，他提到居鲁士手下的一些希腊雇佣军并不知道居鲁士已经死了；分词 τεθνηκότα 的事实性并不受对 ᾔδεσαν 的否定的影响]

动词带表达已实现动作的补充性分词

52.9　以下动词所带的补充性分词表达已然实现的动作——

• 表达直接感官知觉的动词，动词的主语感知到一个正在发生的动作（几乎总是带现在时分词），例如：

αἰσθάνομαι + 属格[感觉；听闻]（见 52.14、52.19）、αἰσθάνομαι + 宾格[看见]（见 52.19–20）、ἀκούω + 属格[听闻]（见 52.14、52.19）、ὁράω[看见]和 πυνθάνομαι[打探；听闻]。

• 所谓的阶段动词，表达动作的某个阶段（开始、持续或者结束，只带现在时分词），例如：

ἄρχομαι[开始]、διατελέω[继续；延续]、λήγω[停止]、παύω[使某人（宾格）停止做某事]和 παύομαι[停止]。

意为忍受、坚持、允许和放弃的动词也属于这一类，例如：

ἀνέχομαι[承受]、ἀπαγορεύω[放弃]、ἀπεῖπον[厌倦；放弃]（无现在时）[①] 和 περιοράω[环顾；坐视；允许]。

(31) ὁρῶ γὰρ αὐτὸν πρὸς δόμους στείχοντ' ἐμούς. 因为我看见[克热翁]正往我的殿堂走来。（欧《腓》696）[表示感官感知的动词]

(32) ὁ νόμος οὗτος διατελέει ἐὼν ὅμοιος τὸ μέχρι ἐμεῦ ἀπ' ἀρχῆς.
这条法律从开始到我那时都维持原样。（《原史》2.113.2）[阶段动词]

(33) μόνον δὴ τὸ αὑτὸ κινοῦν, ἅτε οὐκ ἀπολεῖπον ἑαυτό, οὔποτε λήγει κινούμενον. 因此，唯独那自我推动之物，由于不离弃自我，就从不停止运动。（《斐德若》245c）[阶段动词][②]

(34) νῦν δ' οὖν οὔ σε περιόψομαι | γυμνὸν ὄνθ' οὕτως. 但现在我肯定不会坐视你这样赤身裸体。（阿《吕》1019–1020）[意为忍受等等的动词][③]

注一：表达感知的动词也常用作表达认知的动词，见 52.18–19。

---

① ἀπεῖπον 另有宣称、反对、禁止等多种含义。
② ἅτε 带分词见 52.39。
③ δ' οὖν 见 59.64。

动词带表达命题性内容的补充性分词

52.10 以下动词所带的补充性分词表达命题性内容，这一命题性内容是某人对一个动作的认知或情绪反应——

- 表达智识认知的动词，[①] 其主语了解、发现、知道或理解某事如何，例如：

οἶδα[知道]、ἐπίσταμαι[理解；掌握]、γιγνώσκω[知道；认识；意识到]、μανθάνω[明白；懂得]、μέμνημαι[记得]、αἰσθάνομαι + 宾格[懂得；感到；理解]（见 52.20）、ἀκούω + 宾格[听闻；获悉]（见 52.19）、ὁράω[看见；分辨；察觉]和 πυνθάνομαι[打探；听闻]。

意为使……明了、显然……、说明的动词也属于这一类。这些动词的主语表达对某事如何的认知，例如：

ἀγγέλλω[宣布；报告]（ἀγγέλλω + 不定式，见 52.25）、δείκνυμι[展示；阐明]、δῆλός εἰμι[显然]、φαίνομαι[显得；显然；似乎]和 φανερός εἰμι[（我）显然]。

- 表达情绪状态的动词，其主语对某事如何具有特定的情绪态度，例如：

αἰσχύνομαι[感到羞愧]、ἄχθομαι[感到烦恼]、ἥδομαι[感到愉快]、μεταμέλομαι[后悔]、μεταμέλει μοι[后悔]（无人称动词）、χαίρω[感到愉快；喜欢]。

(35) Χαρμίδην δὲ τόνδε οἶδα πολλοὺς μὲν ἐραστὰς κτησάμενον. 而我知道这位卡尔米德曾拥有众多爱人。（《会饮》8.2）[表达智识认知的动词]

(36) ὡς ἥ τε ἡμέρα ἐγένετο καὶ ἔγνωσαν τοὺς Ἀθηναίους ἀπεληλυθότας, ... 而在天亮后，并且在他们发觉雅典人已经离开的时候……（《佩战》7.81.1）[表达智识认知的动词]

(37) πῶς ἂν φανερώτερον ἢ οὕτως ψευδομένους ἀποδείξαιμι τοὺς κατηγόρους; 我如何可能比这样更清楚地证明原告们在说谎？（吕《演》25.14）[表达智识认知的动词]

(38) ἀριστοκρατεῖσθαι δῆλος εἶ ζητῶν. 你显然想要生活在贤良政制下。（《鸟》125）[表达智识认知的动词，意为显然]

---

① 请注意表达智识[性]认知的动词（verb of intellectual knowledge）与表达认知行为/实践性认知的动词（verb of practical knowledge）的区别，详见 51.8。

(39) οὔτε νῦν μοι μεταμέλει οὕτως ἀπολογησαμένῳ.

我现在也不后悔这样申辩。(《申辩》38e)[表达情绪状态的动词][1]

(40) ΧΟ. καὶ δέδρακας τοῦτο τοὔργον; :: ΕΠ. καὶ δεδρακώς γ' ἥδομαι.

歌队长：并且你做了这件事情？戴胜：是的，并且我对做了[这件事]感到愉快。(《鸟》325)[表达情绪状态的动词][2]

注一：只有表达命题性内容的补充性分词可以带 ἄν(这种情况下的 ἄν＋分词是一种潜在结构或者非事实结构，见 52.7)，例如：

(41) πάντ' ἂν φοβηθεῖσ' ἴσθι.

你得明白，你可能害怕一切事情。(欧《希》519)[ἂν φοβηθεῖσ(α) 是 ἴσθι 所带的补充性分词，相当于潜在结构 φοβηθείης ἄν(你可能害怕)]

对于带不定式的动词而言，也有可带 ἄν 与不可带 ἄν 的类似差异，见 51.4。相较于补充性分词，情状性分词带 ἄν 的情况更加常见。

注二：许多带表达命题性内容的补充性分词的动词也可以带其他结构，比如带 ὅτι/ώς 从句或者不定式。这些结构的差异见 52.22–28。

注三：对于表达情绪状态的动词而言，我们有时难以确定其所带的是补充性分词还是情状性分词。比如在例句 40 中，我们也可以把戴胜的话译作是的，在做了[这件事情]后，我感到愉快(即把 δεδρακώς 理解为情状性分词)。

表达存在方式的动词带补充性分词

52.11 以下三个动词表达某种存在或行为方式，带分词补语：

τυγχάνω[碰巧](诗歌中的 κυρέω[碰到；遇上]亦然)、λανθάνω＋宾格[受……忽视；不被……注意]和 φθάνω＋宾格[先……做；抢……先]。

(42) ὅτε δ' αὕτη ἡ μάχη ἐγένετο, Τισσαφέρνης ἐν Σάρδεσιν ἔτυχεν ὤν.

而在这场战斗发生的时候，提斯撒斐尔内斯恰好就在撒尔迪斯。(色《希》3.4.25)

(43) οὐ φοβῇ δικαζόμενος τῷ πατρὶ ὅπως μὴ αὖ σὺ ἀνόσιον πρᾶγμα τυγχάνῃς πράττων; 你若控告你的父亲，就不担心自己反而恰巧做了不虔敬的事情？(柏《游》4e)[疑惧从句中的 ὅπως μή 见 44.7]

(44) παρεσκευάζοντο εὐθὺς ὅπως μὴ λήσουσιν αὐτοὺς αἱ νῆες ... ἀφορμηθεῖσαι. 他们立即准备，以免[敌方]战舰瞒着自己起航。(《佩战》8.10.1)

---

① 与格与分词结构见 52.15。

② γε 见 59.53。

(45) περιέπλεον Σούνιον, βουλόμενοι φθῆναι τοὺς Ἀθηναίους ἀπικόμενοι ἐς τὸ ἄστυ. 他们绕过苏尼昂海角，因为他们打算抢在雅典人之前抵达[雅典]城。(《原史》6.115)

这些动词在带分词的时候可被视作一类助动词：分词表达主要的动作，而以 -άνω 结尾的动词以某种方式描述这一动作。

注一：在中译文里，我们也可以把 λανθάνω + 宾格[受忽视；不被注意]结构的主语和宾语颠倒后译作忽视、不注意。英译有时不得不把 λανθάνω 的分词译作主动词，用 before 来译 φθάνω + 宾格[先做；抢先]的结构。中译似可更贴合原文。

注二：οἴχομαι + 分词（通常也把这一结构归在此类）见 52.42 注三。

补充性分词及其主语的格

52.12 如果母动词的主语与母动词所带的补充性分词的主语相同（即二者共指），那么分词（以及任何谓语性补语或谓语性修饰语）就与主语一致，从而一般使用主格（主格与分词结构[nominative-and-participle construction]），例如：

(46) ἐγὼ ... ἀπείρηκα ... συσκευαζόμενος καὶ βαδίζων καὶ ...

我已厌倦了打点行装、行进和……（色《上》5.1.2）

(47) ἐπειδὴ ... ἀδύνατοι ὁρῶμεν ὄντες ... περιγενέσθαι ...

既然我们看到自己无力胜过[他们]……（《佩战》1.32.5）

(48) ἔτυχον ... ἐν τῇ ἀγορᾷ ὁπλῖται καθεύδοντες.

重装步兵碰巧在市场里宿营。(《佩战》4.113.2)

注一：对于阶段动词（除了带宾语时的 παύω[阻止]）、φαίνομαι[显得；显然；似乎]、δῆλός εἰμι[显然]等等以及 λανθάνω[受忽视；不被注意]、τυγχάνω[碰巧]和 φθάνω[先做；抢先]而言，情况总是如此。

52.13 如果母动词的主语和补充性分词的主语不同，那么一般就要用宾格形式另外给出分词的主语，而分词与其主语一致，也使用宾格（宾格与分词结构[accusative-and-participle construction]），例如：

(49) βούλομαι δεῖξαι αὐτὸν ψευδόμενον.

我打算表明他在说谎。(德《演》37.21)

(50) ἀλλ᾽ ἐπεὶ ἤκουσε Κῦρον ἐν Κιλικίᾳ ὄντα, ...

但是当他听说居鲁士在奇利奇阿时……（色《上》1.4.5）**

(51) τοὺς ξυμμάχους ... οὐ περιοψόμεθα ἀδικουμένους.

我们不会坐视盟友受不义。(《佩战》1.86.2)

此时，分词的主语的任何谓语性补语或谓语性修饰语（即与主语一致的单词）自然也以宾格形式出现，例如：

(52) πάντες δέ σ' ᾔσθοντ' οὖσαν Ἕλληνες σοφήν. 所有的希腊人都知道你智慧。(欧《美》539) [σοφήν 与 σ(ε) 一致，后者是 οὖσαν 的主语]

52.14 但是，如果表达听闻的动词（ἀκούω[听到]、αἰσθάνομαι[察觉；理解]）用来表达直接的听觉，那么补充性分词及其主语就使用属格（属格与分词结构[genitive-and-participle construction]），例如：

(53) ἤκουσα ... αὐτοῦ καὶ περὶ φίλων διαλεγομένου.

我也曾听过[苏格拉底]谈论朋友[这一主题]。(色《回》2.4.1)

(54) ὅστις ... σ' ἐξέθρεψα, | αἰσθανόμενός σου πάντα τραυλίζοντος ...

我这个把你养大的人，听你牙牙地吐各种话……(《云》1380–1381)

注一：请对比例句 53 和例句 50 中 ἀκούω 的不同用法（前者表达直接听觉，后者表达智识认知）。这种差异另见 52.19。

52.15 最后，一些动词所带的补充性分词和这个分词的主语都使用与格（与格与分词结构[dative-and-participle construction]）：带这一结构的是 χαίρω[感到愉快；喜欢]以及某些无人称动词，比如 μεταμέλει μοι + 分词[我后悔]（见例句 39）、φίλον ἐστί μοι + 分词[合我心意；为我所喜]等等，例如：

(55) χαίρουσιν ἐξεταζομένοις τοῖς οἰομένοις μὲν εἶναι σοφοῖς, οὖσι δ' οὔ.

他们为那些自以为智慧但并不智慧的人受到审察而欢喜。(《申辩》33c) [分词 ἐξεταζομένοις 及其主语（τοῖς ... οὔ 这整个短语）用与格；注意，分词的主语是两个具有对比性的用作实词的分词（οἰομένοις 和 οὖσι，都受 τοῖς 修饰）；谓语性补语 (εἶναι) σοφοῖς 也同这些与格一致；χαίρω 带 ἐπί + 与格 + 分词的结构更加常见]

(56) Ζεύς, ὅστις ποτ' ἐστίν, εἰ τόδ' αὐ|τῷ φίλον κεκλημένῳ, ... 宙斯，无论他究竟是谁，如果这样称呼他合他心意，……(埃《阿》160–161)

52.16 无人称动词的补充性分词以中性单数宾格的形式出现（对比独立宾格，见 52.33），例如：

(57) Εὐρύλοχος δὲ καὶ οἱ μετ' αὐτοῦ ὡς ᾔσθοντο ... ἀδύνατον ὂν τὴν πόλιν βίᾳ ἑλεῖν, ἀνεχώρησαν ... ἐς τὴν Αἰολίδα. 而当厄乌律洛科斯及其麾下意识到无法以武力夺下这座城邦时，他们就向埃欧利斯撤军了。(《佩战》3.102.5) [ἀδύνατον ὄν 是无人称动词 ἀδύνατόν ἐστι 的分词，作 ᾔσθοντο 的补语]

补充性分词以及其他补语结构

52.17 一些动词不仅可以带某种类型的补充性分词作为补语，还可以带其他各种补语结构。

可带不止一种补充性分词的表达知觉的动词

52.18 表达视觉感受的动词，诸如 ὁράω[看见]，不仅用来表达对一个动词的视觉感受，而且常用来表达智识认知（对比我看出了你的想法、I see your point，这个句子实际上并不涉及视觉感受）：

- 这种动词在表达视觉感受时，其分词补语表达感觉到的动作；这个分词几乎总是用现在时词干（因为在感觉到动作时，动作必定正在进行）；
- 这种动词在表达智识认知时，其分词补语表达知识组成的命题性内容，分词的词干没有限制（通常的相对时态含义见 52.4）：

(58) εἶδε Κλέαρχον διελαύνοντα. [某位士兵]看到克勒阿尔科斯骑马穿过。（色《上》1.5.12）[现在时分词；εἶδε 表达视觉]

(59) ὁρῶ δὲ καὶ τὴν τύχην ἡμῖν συλλαμβάνουσαν καὶ τὸν παρόντα καιρὸν συναγωνιζόμενον.

而我看见，机运站在我们这边，并且，眼下的时机也[与我们]并肩同在。（伊索《演》[1].3）[现在时分词（与 ὁρῶ 同时）；ὁρῶ 表达智识认知]

(60) ἐπειδὴ δ' οὐδ' ὥς ἄνευ ἀγῶνος ἑώρα ἐσόμενα τὰ πράγματα, ...

而当他意识到即便如此那些事情也不会未经审判就发生……（安多《演》1.122）[将来时分词晚于 ἑώρα，后者表达智识认知][1]

注一：对于表达视觉的动词而言，诸如例句 58，分词的主语总是一个本身可以通过视觉被感知的实体。这就使得这个分词可以解释作情状性分词，意为[某位士兵]在克勒阿尔科斯骑马穿过时看到他。对于表达智识认知的动词而言就不一定如此了：注意，实际上例句 59 中的“机运”和“眼下的时机”并不能通过视觉来感知，例句 60 中的“那些事情”也是如此。

注二：如果表达视觉的动词用来表达智识认知，那么其补语也可以是 ὅτι/ὡς 从句（见 52.28）。

52.19 类似地，表达听觉的动词，诸如 ἀκούω[听见]，既可以表达

---

① οὐδ' ὥς 见 57.2 注一。

事实上听到了某个动作，也可以表达事实信息的传递，从而意为听说、听闻（对比英语 I hear that Xenophon has performed well in his anabasis，这个句子并不涉及对“上行”的听觉感受）：

- 这种动词在表达听觉感受时，其补语用属格与分词结构（见 52.14）；分词几乎总是用现在时（因为在感觉到动作时，动作必定正在进行）；
- 这种动词在表达[获取]认知时，其补语用宾格与分词结构，表达信息组成的命题性内容；分词的时态不限，带有通常的相对时态含义（见 52.4）。例如：

(61) καὶ ταῦτα πολλοὶ ἡμῶν ἤκουον τοῦ ἱεροφάντου λέγοντος.

而且我们中的许多人当时都听到那位祭司言说这些事情。（吕《演》6.2）[属格形式的现在时分词；ἤκουον 表示听觉]

(62) Ἀβροκόμας δὲ ... ἐπεὶ ἤκουσε Κῦρον ἐν Κιλικίᾳ ὄντα, ἀναστρέψας ἐκ Φοινίκης παρὰ βασιλέα ἀπήλαυνεν. 而当阿卜若科玛斯听说居鲁士在奇利奇阿时，他就从腓尼基调转方向，往国王那里行军。（色《上》1.4.5）[现在时分词（与 ἤκουσε 同时）以宾格形式出现；ἤκουσε 意为听说、听闻]**

(63) προειδότες καὶ προακηκοότες παρὰ τούτων καὶ τοὺς συμμάχους ἀπολουμένους καὶ Θηβαίους ἰσχυροὺς γενησομένους ... 预先得知并且从他们那里预先了解到盟友将会丧亡而忒拜人将会变得强大……（德《演》19.219）[带宾格形式的将来时分词（晚于 προακηκοότες）；προακηκοότες 带有准确得知的意思（注意这个词与表达认知的动词 προειδότες 并列）]

注一：表达实际听觉的动词所带的分词可解释为情状性分词，比如例句 61 的分词可译作在祭司言说这些事情时（属格表达声音的来源）。对于表达获取认知的动词而言则不可如此，比如例句 62 并不暗示居鲁士在西里西亚发出了什么声音。

注二：ἀκούω 也可作陈言动词，带陈述不定式或 ὅτι/ὡς 从句（二者的差异见 51.19 注一），或者带间接疑问（见 42.2）：用作表达认知的动词（带分词）与用作陈言动词的差异，见 52.25。

52.20　αἰσθάνομαι[感觉；察觉]可用作表达听觉的动词（+属格和现在时分词，意为听见）、表达视觉的动词（+宾格和现在时分词，意为看见）以及表达智识认知的动词（+宾格和分词，意为察觉、理解）。

πυνθάνομαι[打探；听闻]可带上述所有结构，此外还可带陈述不定式、ὅτι/ὡς 从句或者间接疑问，详见 52.25。

对于 αἰσθάνομαι 和 πυνθάνομαι 而言，它们所带的属格与分词结构和宾格与分词结构相互干扰（有时用一种结构表达另一种结构的含义）。

52.21 表达实际视觉或听觉的动词所带的补充性分词偶尔用不定过去时。这一时态在体方面与现在时相对（动作必然与母动词的动作同时；对比现在时的能动不定式与不定过去时的能动不定式在体方面的差异，见 51.15），例如：

(64) τοσαῦτα φωνήσαντος εἰσηκούσαμεν. 我们听到[他]说了这么多话。（《俄科》1645）[不过时分词表示大家听到了俄狄浦斯所有的话，不多也不少]

(65) ὡς δὲ εἶδεν ἔλαφον ἐκπηδήσασαν, ...

而当[居鲁士]看到一只鹿跃起的时候……（色《教》1.4.8）[不定过去时分词表示居鲁士看到了鹿跳起的整个过程，亦即，他看到那只鹿完全出现；如 52.18 注一所示，这种类型的分词也可理解作情状性分词，译作在鹿跃起时]

可带分词也可带不定式的动词：表达认知的动词

52.22 分词补语的主要特征在于，它表达实际上发生的动作，或者表达在事实上为真的命题性内容（见 52.8）。对于既可带分词也可带不定式的动词而言，这些含义就变得尤其明晰：这些动词所带的不定式表达可能发生也可能不发生的动作，或者表达可能为真也可能非真的命题性内容（见 51.3）。

52.23 许多表达认知的动词可带分词表达智识认知（意为知道某事如何），也可带能动不定式表达认识行为（意为知道如何做某事，见 51.8），例如：

οἶδα 带分词意为知道，带不定式意为知道如何做；

ἐπίσταμαι 带分词意为理解，带不定式意为掌握如何做；

μανθάνω 带分词意为明白、懂得，带不定式意为学习如何做。

(66) τά τε κατὰ τὴν θάλασσαν συντυχόντα σφι παθήματα κατεργασαμένους μάλιστα Ἀθηναίους ἐπίστατο. 而且他明白主要是雅典人造成了[波斯人]在海上遭遇的灾难。（《原史》8.136.2）

(67) νῦν δ᾽ ἅπας τις τῶν ποιμένων ἐπίσταται ξυλοργέειν.

而每一个牧人现在都懂得如何做木工。（《原史》3.113.2）

注一：如果这些动词用作表达智识认知的动词，那么它们就可以带 ὅτι/ὡς 从句（带分词与带 ὅτι/ὡς 从句的差异见 52.28），也可以带间接疑问（见 42.2），在带有否定词时尤其如此。

52.24 一些动词或用作表达智识认知的动词（+分词），或用作表达观点的动词（+陈述不定式），差异在于确定性的程度。这些动词如：

ὑπολαμβάνω 带分词意为理解，带不定式意为假定；

εὑρίσκω 带分词意为发现，带不定式意为考虑。

(68) ἱστορέων δὲ εὕρισκε Λακεδαιμονίους τε καὶ Ἀθηναίους προέχοντας, τοὺς μὲν τοῦ Δωρικοῦ γένεος, τοὺς δὲ τοῦ Ἰωνικοῦ.

而在探究时，[克若伊索斯]发现拉刻代蒙人和雅典人名列前茅——前者属多瑞斯族，后者属伊欧尼亚族。（《原史》1.56.2）[分词所表达的知识被希罗多德视作是确定的]

(69) φροντίζων δὲ εὕρισκέ τε ταῦτα καιριώτατα εἶναι. 经过一番斟酌，[居鲁士]发觉这些既是最为合适的……（《原史》1.125.1）[陈述不定式表达主语的观点，而所提出的这些做法在多大程度上有效则尚待观察]

属于这一类的还有 **φαίνομαι**+不定式[看起来；似乎]和 **φαίνομαι**+分词[显现；显示出]，例如：

(70) καὶ οἱ κατήγοροι ... οὐδαμῇ εὖνοι ὄντες ἐφαίνοντο τῷ δήμῳ.

而且原告们未在任何地方显示出对民众心怀善意。（吕《演》20.17）[ἐφαίνοντο+分词表达一个现在为人所知的事实]

(71) οἱ ... χῶροι οὗτοι τοῖσι Ἕλλησι εἶναι ἐφαίνοντο ἐπιτήδεοι.

这些地方在希腊人看来合适。（《原史》7.177.1）[ἐφαίνοντο+不定式表达希罗多德归给希腊人的印象或观点]

注一：如果这些动词用作表达认知的动词，那么就可带 ὅτι/ὡς 从句（带分词与带 ὅτι/ὡς 从句的差异见 52.28），也可以带间接疑问（见 42.2），在带有否定词时尤其如此。

注二：动词 γιγνώσκω 亦属此类，不过另外还可用作愿望动词（见 51.29）：

- 用作表达认知的动词：γιγνώσκω+分词或者 ὅτι/ὡς 从句，意为发现、注意到、意识到或知道；
- 用作表达观点的动词：γιγνώσκω+陈述不定式，意为判断、断定；
- 用作愿望动词：γιγνώσκω+能动不定式，意为决定、决意。例如：

(72) καὶ ὃς ἐθαύμασεν ... κἀγὼ γνοὺς αὐτὸν θαυμάζοντα ... ἔφην ...

而他感到惊奇……并且在我发现他感到惊奇后，我说道……（柏《欧》279d）[带分词，καὶ ὅς 见 28.29]

(73) Τελμησσέες μέντοι τάδε ἔγνωσαν, στρατὸν ἀλλόθροον προσδόκιμον

εἶναι Κροίσῳ ἐπὶ τὴν χώρην. 不过，忒珥美斯索斯人这样判断——克若伊索斯应当预料到一支讲外语的军队来到他的土地。(《原史》1.78.3)[陈述不定式]

(74) ὁ Ἀγησίλαος ... ἔγνω διώκειν τοὺς ἐκ τῶν εὐωνύμων προσκειμένους. 阿革西拉欧斯决定追击那些从左边进攻的人。(色《希》4.6.9)[能动不定式]

52.25 类似地，一些动词或是用作表达[传递]智识认知的动词(带分词)，或是用作陈言动词(带陈述不定式)，两种用法的差异依旧在于确定性的程度。这些动词中最重要的是：

ἀγγέλλω 带分词意为宣布(事实)，带不定式意为转述(传闻)；

ἀκούω 带分词意为获悉(事实)，带不定式意为听说(传闻)；

πυνθάνομαι 带分词意为获悉(事实)，带不定式意为听说(传闻)。

(75) ἐπειδὴ τάχιστα ἠγγέλθη Ἀστύφιλος τετελευτηκώς ...

阿斯绲菲洛斯去世[的消息]一传来……(伊赛《演》9.3)[阿斯绲菲洛斯之死被呈现为一个事实]

(76) μετὰ δὲ τοῦτο ... ἠγγέλλετο βασιλεὺς διανοεῖσθαι ὡς ἐπιχειρήσων πάλιν ἐπὶ τοὺς Ἕλληνας. 此事过后，据说国王想要再一次攻击希腊人。(柏《默》241d)[克色尔克色斯的计划只是传闻——并未发生另一次入侵]

注一：ἀκούω 和 πυνθάνομαι 也会用作表示直接感受的动词，见 52.19–20。

可带分词也可带不定式的其他动词

52.26 **αἰσχύνομαι** 有两种含义，带不同的补语——

• αἰσχύνομαι + 能动不定式，意为羞于、犹豫或者不愿(如同愿望动词)；

• αἰσχύνομαι + 分词(或者 ὅτι/ὡς 从句)，意为对……感到羞愧(如同表达情绪状态的动词)。例如：

(77) αἰσχύνομαι οὖν ὑμῖν εἰπεῖν, ὦ ἄνδρες, τἀληθῆ.

因此，诸位啊，我羞于告诉你们真相。(《申辩》22b)

(78) οὐκ αἰσχύνῃ εἰς τοιαῦτα ἄγων, ὦ Σώκρατες, τοὺς λόγους;

苏格拉底啊，你把谈话引向这类东西，不羞愧吗？(柏《高》494e)

52.27 阶段动词 **ἄρχομαι**[开始]和 **παύω**[阻止]可以带能动不定式，也可以带[现在时]分词——

• ἄρχομαι + 不定式意为首次着手、开始做或者第一个做；

• ἄρχομαι + 分词意为开始做(执行动作的第一阶段)。

(79) ἤρξαντο δὲ κατὰ τοὺς χρόνους τούτους καὶ τὰ μακρὰ τείχη Ἀθηναῖοι ἐς θάλασσαν οἰκοδομεῖν.

而在这段时间，雅典人开始把长墙修到大海。(《佩战》1.107.1)

(80) εἰ τοίνυν ἐχιόνιζε ... ταύτην τὴν χώρην ... ἐκ τῆς ἄρχεται ῥέων ὁ Νεῖλος, ... 因此，如果尼罗河从中发源的这一地区下雪……(《原史》2.22.4)

• παύω + 能动不定式意为阻止[某人做某事]——受阻的动作实际上并未开始；

• παύω + 分词意为使[某人]停止[做某事]——主语中止或打断已然开始的动作。例如：

(81) εὔχετο ... μηδεμίαν οἱ συντυχίην τοιαύτην γενέσθαι ἥ μιν παύσει καταστρέψασθαι τὴν Εὐρώπην πρότερον ἢ ἐπὶ τέρμασι τοῖσι ἐκείνης γένηται. [克色尔克色斯]祈祷说，在他出现在欧罗巴的边界之前，别让任何诸如此类的意外发生到他身上以至于阻碍他征服那里。(《原史》7.54.2)[①]

(82) λέγει γὰρ τὰ γεγραμμένα ὅσην ἡ πόλις ὑμῶν ἔπαυσέν ποτε δύναμιν ὕβρει πορευομένην ἅμα ἐπὶ πᾶσαν Εὐρώπην καὶ Ἀσίαν.

因为文献说，你们的城邦曾经阻止了一种如此强大的力量怀着肆心同时向整个欧罗巴和亚细亚进发。《蒂迈欧》24e)

注一：中动态的 παύομαι[停止(做某事)]只能带现在时分词，因为它总是表达打断一个正在进行的动作。

可带分词也可带 ὅτι/ὡς 从句的动词

52.28 表达智识认知的动词和表达情绪的动词（见 52.10）可以带 ὅτι/ὡς 从句，也可以带补充性分词，这两种结构的差异并不明显——

• 如果带补充性分词，那么一般就暗示，补语表达的信息被当作是已然为人所知的，而且其本身并不突出；

• 如果带 ὅτι/ὡς 从句，那么一般就暗示，补语呈现的信息是新的（宣称的信息，见 60.21），从而是突出的。例如：

(83) λέγει ὁ Κλέαρχος τάδε· Ἐγώ, ὦ Τισσαφέρνη, οἶδα μὲν ἡμῖν ὅρκους γεγενημένους καὶ δεξιὰς δεδομένας μὴ ἀδικήσειν ἀλλήλους· φυλαττόμενον δὲ σέ τε ὁρῶ ὡς πολεμίους ἡμᾶς ... ἐπεὶ δὲ σκοπῶν οὐ δύναμαι οὔτε σὲ αἰσθέσθαι πειρώμενον ἡμᾶς κακῶς ποιεῖν ἐγώ τε σαφῶς οἶδα ὅτι ἡμεῖς γε οὐδὲ ἐπινοοῦμεν τοι-

① 这个关系从句见 50.25。

οὗτον οὐδέν, ἔδοξέ μοι εἰς λόγους σοι ἐλθεῖν. 克勒阿尔科斯说了这些话："提斯撒斐尔内斯啊，我知道我们立过誓，并且伸出过右手以免对彼此行不义——而我还看到你把我们当作敌人那样来提防……而我思量过后，没能觉察到你试图对我们作恶，我也清楚地知道，至少我们没有考虑任何一件如此这般的事情，当时我就决定到你这里来谈谈。"（色《上》2.5.3–4）［克勒阿尔科斯首先提醒提斯撒斐尔内斯，他们立过誓（分词），这只是一个基点，提氏当然熟悉；随后，克氏向提氏保证，希腊人没有密谋攻击他（ὅτι 从句）：这是克氏想要表达的主要内容，对于提氏来说是值得提及的信息］**

(84) τί οὖν ... ἔτι ἀπιστεῖς, ἐπειδὴ ὁρᾷς ἀποθανόντος τοῦ ἀνθρώπου τό γε ἀσθενέστερον ἔτι ὄν; 那么，为何你依旧不相信呢——既然你看见世人死后较脆弱[的灵魂部分]其实仍然存在？（《斐多》87a）［说明见下］

(85) καὶ ὅταν γέ τις αἵρεσις ᾖ ... ὁρᾷς ὅτι οἱ ῥήτορές εἰσιν οἱ συμβουλεύοντες καὶ οἱ νικῶντες τὰς γνώμας.

并且只要有选举，你便会看到，演说家是提出建议者和意见胜出者。（柏《高》456a）［在例句 84 中，灵魂在身体死后继续存在这个事实已经在前面的讨论中得到了确立（ὁράω + 分词）；在例句 85 中，发话人希望在此刻的讨论中确立一个事实，亦即演说家在选举中有影响力（ὁράω + ὅτι 从句）］

情状性分词

引　言

52.29　情状性（circumstantial）分词是可选成分，加在分句上，表达时间、原因、动机、条件和目的等等（具体含义取决于语境和特定副词的使用，见 52.34–44）。

情状性分词及其主语的格

52.30　情状性分词的主语有以下可能——

- 作为母句的一个成分：此时情状性分词与这一成分连结（在性数格上与之一致）；
- 并非母句的一个成分：此时主语另外给出，与分词一同使用属格形式，此即所谓的独立属格结构。

无人称动词的情状性分词以中性单数宾格形式出现，即独立宾格。

连结分词

52.31 如果分词的主语是母句的一个成分，这个分词就作为谓语性修饰语（见 26.26）与这个成分连结，在性、数和格上与之一致：

(86) ὁ δὲ Κῦρος ταῦτα ἀκούσας ἐπηύξατο ...

而居鲁士在听了这些事情后就祈祷说……（色《教》5.1.29）[主格 ὁ Κῦρος 作 ἐπηύξατο 的主语；ἀκούσας 在性、数和格上与 ὁ Κῦρος 一致]**

(87) ἀκούσαντι ταῦτα τῷ Κύρῳ ἔδοξεν ἄξια ἐπιμελείας λέγειν.

居鲁士听了这些话后，在他看来，[伽达塔斯]在说值得注意的事情。（色《教》5.4.37）[τῷ Κύρῳ 是 ἔδοξεν 的与格补语，ἀκούσαντι 在性、数和格上与 τῷ Κύρῳ 一致]

(88) (λέγεται) ... ἀκούσαντα ... ταῦτα τὸν Κῦρον ἡσθῆναί τε καὶ εἰπεῖν ... 据说，居鲁士听了这些就高兴起来，并且说……（色《家》4.22）[τὸν Κῦρον 是宾格，作 ἡσθῆναι 的主语（宾格与不定式结构）；分词 ἀκούσαντα 在性、数和格上与 τὸν Κῦρον 一致]

注一：分词可能与一个并未明确给出的主语一致（见 26.7），例如：

(89) ἀκούσας δὲ τοῦ ἰατροῦ ὅτι οὐδὲν ἔτι εἴη ἡ ἄνθρωπος, πάλιν ἑτέρους μάρτυρας παραλαβὼν τήν τε ἄνθρωπον ἐπέδειξα ὡς εἶχε. 而从医生那里听说这女人命不久矣后，我又带来了其他证人，并表明了这女人情况如何。（德《演》[47].67）[ἀκούσας 和 παραλαβών 都与动词 ἐπέδειξα 的第一人称主语一致]

(90) ἀκούσας δὲ οὗ ἕνεκα ἤλθομεν, αὐτὸς σκέψαι. 不过，请你听听我们为何而来之后，自己再作考虑。（柏《普》316b）[ἀκούσας 与命令式第二人称 σκέψαι 的主语一致；命令式之前的不定过去时分词的翻译见 52.6]

独立属格

52.32 如果分词的主语不是母句的成分，那么它的主语就必须单独给出。在这种情况下，这个分词及其主语都使用属格。这种结构被称作独立属格（genitive absolute）。例如：

(91) τὰ δ᾽ ἐκ τῆς ἄλλης οἰκίας ἐξέφερον σκεύη, ἀπαγορευούσης τῆς γυναικὸς μὴ ἅπτεσθαι αὐτοῖς. 但他们从房子的其他部分搬走了家具，尽管内子阻止他们触碰。（德《演》[47].56–57）[由于 γυναικός 不是分句 τὰ δ᾽ ἐκ τῆς ἄλλης οἰκίας ἐξέφερον σκεύη 的成分，分词 ἀπαγορευούσης 便无法与已经出现在句中的 γυνή 的某个形式相连，于是两者都以属格形式出现]

(92) προθύμως ... ἐλευκοῦντο οἱ ἱππεῖς τὰ κράνη <u>κελεύοντος ἐκείνου</u>.

在[厄帕美伊农达斯]的命令下，骑兵们积极地把战盔擦亮。(色《希》7.5.20)［厄帕美伊农达斯并不是分句 ἐλευκοῦντο οἱ ἱππεῖς τὰ κράνη 中的成分：指代他的代词 ἐκείνου 以及分词 κελεύοντος 都用属格形式］

(93) οὕτως οὖν <u>ἐχόντων τούτων</u> τῇ φύσει, πρὸς τοὺς πρὸ ἐμαυτοῦ νῦν ἐγὼ κρίνωμαι καὶ θεωρῶμαι; μηδαμῶς.

于是，既然这些事情在本质上就是如此，那么我现在应当参照我的前人来受到审判和检察吗？当然不。(德《演》18.315)［这里的独立属格的主语"这些事情"并非句子其余部分的一个成分］

注一：请注意以下例外情况和特殊情况——

- 如果独立属格的主语易于从语境中推知，那么偶尔可以省略这个主语：

(94) εἵποντο δ' αὐτοῖς καὶ τῶν Ἑλλήνων τινές ... οἱ δὲ πολέμιοι <u>προσιόντων</u> τέως μὲν ἡσύχαζον. 而某些希腊人也跟着他们……当他们靠近时，敌人在一段时间里按兵不动。(色《上》5.4.16)［προσιόντων 的主语是希腊人，但色诺芬并没有用一个属格名词（τῶν Ἑλλήνων）或代词（αὐτῶν）表达出来］①

- 在少数情况下，独立属格的主语实际上是母句的成分，这种情况主要发生在独立属格位于母句前方的时候（从本质上说，是独立属格结构开启了句子，但在句子中途发生变化），例如：

(95) οὕτω δὴ <u>δεξαμένου τοῦ Κύρου</u> οἱ ... γεραίτεροι αἱροῦνται αὐτὸν ἄρχοντα. 于是，当居鲁士以这种方式接受了[邀请]时，长者们就把他选为统帅。(色《教》1.5.5)［由于居鲁士（αὐτόν）是 αἱροῦνται 的宾语，因此严格地说，这里的独立属格结构不符合语法（但是可以用 δεξάμενον τὸν Κῦρον αἱροῦνται ἄρχοντα）；使用独立属格表明它是一个独立的部分］

独立宾格

52.33 无人称动词的情状性分词无法与主语一致（因为这类动词并无主语，见 36.1）。它们的分词以中性单数宾格形式出现，称作独立宾格（accusative absolute）结构，例如：

---

① 色诺芬先前提到，一些希腊人跟随一群摩斯叙诺伊科伊人/木屋族人（Μοσσύνοικοι）进攻另一群摩族人。因此，中译者认为 προσιόντων 的主语实则是这部分希腊人和那群摩族人，不赞同 as they (*the Greeks*) were drawing near 这一英译（以及附带的解释），但原书作者拒绝作出修改。关于这一情节，参见布泽蒂：《苏格拉底式的君主色诺芬：〈居鲁士上行记〉的论证》，高挪英、杨志城译，北京：华夏出版社，2020 年，第 292 页。

(96) τί δὴ ὑμᾶς ἐξὸν ἀπολέσαι οὐκ ἐπὶ τοῦτο ἤλθομεν; 那么，在有可能杀死你们的时候，我们为何没有向这一[做法]前进呢？（色《上》2.5.22）[ἐξόν 是无人称动词 ἔξεστι(有可能)的分词，使用独立宾格的形式]

(97) καὶ δή σφι πρὸς ταῦτα ἔδοξε τῷ κήρυκι τῶν πολεμίων χρᾶσθαι, δόξαν δέ σφι ἐποίεον τοιόνδε· 于是，针对这些，他们决定利用敌方的传令官，而[阿尔戈斯人]作出决定之后就如此这般地行事：（《原史》6.77.3）[δόξαν 是不定过去时无人称动词 ἔδοξε(已决定)（见 51.30）的分词，使用独立宾格的形式，一般带与格补语（σφι）；δόξαν 接续上文的 ἔδοξε]**

注一：但是，可以神祇为主语的表达天气的无人称动词（见 36.11 注一）有时用独立属格，并不明确给出主语，例如：ὕοντος[下雨时]、βροντήσαντος[打雷时]。

情状性分词的含义

52.34 情状性分词的含义（时间、原因和动机等等）取决于语境以及与分词一同出现的特定副词和/或小品词。情状性分词的含义既不可能也肯定无需限于后文概述的某一种可能。

表达时间或情状

52.35 情状性分词常常自然而然地被理解为表达母句动作发生的时间（或者所处的情状）。如果分词位于母动词前方（常常作为场景，见 60.32），那么就尤其如此。例如：

(98) οὓς δ᾽ ἐν τῷ πολέμῳ συμμάχους ἐκτησάμεθα, εἰρήνης οὔσης ἀπολωλέκασιν οὗτοι. 而这些人在和平时期把我们在战争期间获得的盟友丢失殆尽。（德《演》3.28）[εἰρήνης οὔσης 与 ἐν τῷ πολέμῳ 的平行关系支持我们把这个独立属格解释为时间性表达]

52.36 在限定动词的前方使用不定过去时分词以表达一系列动作的现象相当常见（尤其用于叙述性文本，见 58.9；这种分词-动词词序被称作图像式词序，见 47.7 注二），例如：

(99) συλλέξας στράτευμα ἐπολιόρκει Μίλητον.
[居鲁士]集结了一支部队后围攻米勒托斯。（色《上》1.1.7）[“了”“后”二字亦可省去，因为集结和围攻这两个行为本身就有时间先后]

(100) ἐξ Ἐρετρίης δὲ ὁρμηθέντες διὰ ἑνδεκάτου ἔτεος ἀπίκοντο ὀπίσω.
经过了十一年，他们从厄热特瑞阿动身返回。（《原史》1.62.1）[διὰ ἑνδεκάτου ἔτεος 或译作十年后，这种含首日计数法见 9.10]

52.37 ἅμα[同时]、ἤδη[已然]和 αὐτίκα[立刻]等时间副词也会明确分词与母动词的时间关系，例如：

(101) ἐπαιάνιζον ... ἅμα <u>πλέοντες</u>.

他们在航行的同时唱着凯歌。(《佩战》2.91.2)

注一：在一般情况下，τελευτάω[结束；完成]的情状性分词应当被理解为时间状语，意为最终、终于，例如：

(102) πολλὰ ἂν εἴη λέγειν, ὅσον πένθος ἐν τῇ ἐμῇ οἰκίᾳ ἦν ἐν ἐκείνῳ τῷ χρόνῳ. <u>τελευτῶσα</u> δὲ ἡ μήτηρ αὐτῶν ἠντεβόλει με καὶ ἱκέτευε ...

[要说]在那段时间里我家中有多少叹息，那就说来话长了。而最终，他们的母亲请求乃至乞求我……(吕《演》32.11)

表达原因或动机

52.38 情状性分词常用来表达动作或陈述的原因或动机，如果分词位于母动词的后方，那么尤其会这样使用，例如：

(103) Παρύσατις μὲν δὴ ἡ μήτηρ ὑπῆρχε τῷ Κύρῳ, <u>φιλοῦσα</u> αὐτὸν μᾶλλον ἢ τὸν βασιλεύοντα Ἀρταξέρξην.

事实上，太后帕律撒提斯站在居鲁士这边，因为她更爱[次子居鲁士]而非身为国王的阿尔塔克色尔克色斯。(色《上》1.1.4)

52.39 分词与母动词的关系可以通过以下方式得到明确——

- **ὡς** 给出主观的理由或动机，母动词的主语对此负责(意为因为、由于认为和因为确信)；
- **ἅτε**(**οἷα** 和 **οἷον** 有时亦然)给出客观的理由，发话人或叙述者对此负责(意为因为、考虑到……的事实和既然)。例如：

(104) αὐτοὶ ἐνταῦθ' ἔμενον <u>ὡς</u> τὸ ἄκρον <u>κατέχοντες</u>. οἱ δ' οὐ κατεῖχον.

他们当时留在那里，因为他们以为自己占据了山顶。可他们并没有占据[那里]。(色《上》4.2.5) [ὡς 表达主观的理由；οἱ δ' οὐ κατεῖχον 明确表示叙述者并不认同这一理由]

(105) λέξατε οὖν πρός με τί ἐν νῷ ἔχετε <u>ὡς</u> ... <u>βουλόμενον</u> κοινῇ σὺν ὑμῖν τὸν στόλον ποιεῖσθαι. 那么就请你们对我说说[你们]心里有什么[打算]吧，因为我确认自己愿意与你们一同上路。(色《上》3.3.2) [发话人米特剌达忒斯(Μιθραδάτης)给予受话人(希腊众将领)某些关于他本人的主观设定，他们应该基于这些主观设定给出他希望他们给出的答复]

(106) καὶ τὸ μειράκιον, ἅτε μεγάλου ὄντος τοῦ ἐρωτήματος, ἠρυθρίασέν τε καὶ ἀπορήσας ἐνέβλεψεν εἰς ἐμέ.

而因为这是个大问题，那小伙子就脸红了，并且困惑地盯着我。（柏《欧》275d）［发话人给出了那个小伙子这样反应的原因］[①]

(107) καὶ οἷα δὴ ἀπιόντων πρὸς δεῖπνον ... τῶν πελταστῶν ... ἐπελαύνουσι. 并且就因为轻盾兵离开去吃饭，［忒拜人］发起了冲锋。（色《希》5.4.39）［带 οἷα 的独立属格解释了忒拜人能够轻松进攻的原因］

表达条件

52.40 情状性分词可以表达主句动作可能发生于其中的条件：

(108) σὺ δὲ κλύων εἴσει τάχα. 你若听，就会很快发现。（《鸟》1390）

如果母句有潜在祈愿式（见 34.13）或者情态直陈式（见 34.16），那么这个分词就可能有对应的潜在或非事实条件从句的含义，例如：

(109) νῦν δὲ Ἀθηναίους ἄν τις λέγων σωτῆρας γενέσθαι τῆς Ἑλλάδος οὐκ ἂν ἁμαρτάνοι τἀληθέος. 而现在要是有人说雅典人是希腊的救星，那么他就不会偏离真相。（《原史》7.139.5）［母句有潜在祈愿式 οὐκ ἂν ἁμαρτάνοι，因此分词结构相当于潜在条件从句（见 49.8）；ἄν 的重复见 60.12］

(110) ἀκρίτου μὲν γὰρ ὄντος τοῦ πράγματος οὐκ ἂν ἠπίστασθ’ ...

因为，假设案件未经审判，你们原本就不会知道……（伊索《演》19.2）［由于母句 οὐκ ἂν ἠπίστασθ(ε) 具有非事实含义，因此独立属格亦然］

具有条件含义的情状性分词的否定词是 **μή**（μή + 情状性分词几乎总是表达条件），例如：

(111) ... ὃ νῦν ὑμεῖς μὴ πειθόμενοι ἡμῖν πάθοιτε ἄν.

如果不听从我们，你们现在就会遭受［战争］。（《佩战》1.40.2）

表达目的

52.41 将来时分词通常表达目的，常常带 ὡς 来表达主语的意图：

(112) παρεσκευάζοντο ὡς πολεμήσοντες.

［雅典人］做好了战斗的准备。（《佩战》2.7.1）**

(113) δεξιᾷ δὲ λαμπάδα | Τιτὰν Προμηθεὺς ἔφερεν ὡς πρήσων πόλιν.

---

① 此句中的 ἅτε 带独立属格。

[缇丢斯就像]提坦神普罗米修斯，他用右手举着火炬以期焚毁这座城邦。（欧《腓》1121–1122）[1]

但是 ὡς 常常省略，尤其是在母谓语意为送出或来去的时候，例如：

(114) αὖθις ὁ βάρβαρος ... ἐπὶ τὴν Ἑλλάδα δουλωσόμενος ἦλθεν.

外夷复临于希腊以求奴役之。（《佩战》1.18.2）

注一：请注意惯用表达 ἔρχομαι + 将来时分词，意为即将、将要，对于意为言说的动词的分词而言尤其如此，例如：

(115) ἐγὼ δὲ περὶ μὲν τούτων οὐκ ἔρχομαι ἐρέων ὡς ...

而我并不会谈论这些事情，说……（《原史》1.5.3）**

表达方式或手段

52.42 现在时分词或者同时性不定过去时分词（见 52.5）有时表达方式或手段，例如：

(116) ληζόμενοι ζῶσι. 他们靠打劫过活。（色《教》3.2.25）

(117) ἀπώλεσέν μ' εἰποῦσα συμφορὰς ἐμάς.

她通过说出我的不幸毁了我。（欧《希》596）[同时性不过时分词]**

注一：意为具有、拿取和使用等等的动词的情状性分词（比如 ἔχων[具有着]、χρώμενος + 与格[使用着]、φέρων[带着]、ἄγων[引导着]和 λαβών[拿着]）所表达的含义常常几乎与英语的 with 等同，例如：

(118) ἔρχεται ... τὸν υἱὸν ἔχουσα. 她带着儿子前去。（色《教》1.3.1）

注二：分词 ἔχων 可能带现在时直陈式，意为持续地、不停地，例如：

(119) ΣΩ. τὸν σκυτοτόμον ἴσως μέγιστα δεῖ ὑποδήματα καὶ πλεῖστα ὑποδεδεμένον περιπατεῖν. :: ΚΑ. ποῖα ὑποδήματα; φλυαρεῖς ἔχων.

苏格拉底：鞋匠或许应该穿着最大且最多的鞋子散步。卡珥利克勒斯：什么鞋子？你胡诌个不停。（柏《高》490e）

注三：动词 οἴχομαι[来去；离开(了)]（见 33.18 注二）常常与意为移动的动词的分词连用，表达离开的方式，例如：οἴχεται φεύγων[他逃走了]、ᾤχετο ἀπελαύνων[他当时骑马离开]、ᾤχοντο ἀπιόντες[他们当时撤退了/离开了]。

表达比较

52.43 情状性分词可以带 **ὥσπερ**[如同；好像]（有时也可用 ὡς）

---

① 根据语境，ἔφερεν 的主语是第 1120 行的 Τυδεύς。

来表达比较，例如：

(120) αὖθις γὰρ δή, ὥσπερ ἑτέρων τούτων ὄντων κατηγόρων, λάβωμεν αὖ τὴν τούτων ἀντωμοσίαν. 既然这些人好像真的是另一群控告者，就让我们回过头，再来看看他们发誓为真的陈述。(《申辩》24b)

注意，ὥσπερ 可带 ὁμοίως[以类似的方式；就好像]，例如：

(121) κείνη δ', ὁμοίως ὥσπερ οὐκ ἰδοῦσα φῶς, | τέθνηκε κοὐδὲν οἶδε τῶν αὑτῆς κακῶν. 但[珀吕克色内]死去了，就好像没见过阳光那样，并且她完全不知道自己的苦厄。(欧《特》641–642)

注一：**ὡσπερανεί** (或作 ὥσπερ ἂν εἰ) + 分词也可以表达比较，这种结构可被视作一种不带动词的比较条件从句（见 49.24），例如：

(122) κραυγὴ καὶ βοὴ τῶν γυναικῶν τοσαύτη ... ἦν ὡσπερανεὶ τεθνεῶτός τινος, ὥστε ... 女人们的哭喊和嚎叫是如此大声，就好像有谁死了那般，以至于……（德《演》54.20）

表达让步

52.44　在表达让步时，分词前方通常有 **καίπερ**、**καί**[即便；尽管；虽然]或者 **καὶ ταῦτα**[即便……还；不管……的事实]（见 29.37）：

(123) τὸν ... Ἄδρηστον κατοικτείρει, καίπερ ἐὼν ἐν κακῷ ... τοσούτῳ.
他怜悯阿德热斯托斯，尽管他身处如此巨大的苦厄。(《原史》1.45.2)

(124) πῶς οὐκ ἂν ἄθλιοι γεγονότες εἶεν ... μηδὲν πλέον νέμοντες τοῖς φίλοις ... ἢ τοῖς ἐχθροῖς, καὶ ταῦτα ἄρχοντες ἐν τῇ ἑαυτῶν πόλει;
他们怎么不会变得悲惨呢，如果给朋友分配的东西不比给敌人分配的多——即便[他们]还在自己的城邦里统治？（柏《高》492b–c）

注一：在诗歌中，分词有时带 περ（见 59.55）来表达让步含义，例如：

(125) χώρει σύ· μὴ πρόσλευσσε, γενναῖός περ ὤν.
你走吧，别盯着[他]，就算[菲洛克忒忒斯]出身高贵。(索《菲》1068)

情状性分词的主导化用法

52.45　在个别情况下，如果情状性分词相较于其在句法上修饰的中心名词提供了更重要的信息，那么这个分词对正确理解句子来说就不可或缺。这种分词及其修饰的名词充当强制成分（就这一点而论，这个分词在句法上并非可选成分）。这就是分词的主导化（dominant）用法。例如：

(126) ἐλύπει γὰρ αὐτὸν ἡ χώρα πορθουμένη.

因为乡村遭受的蹂躏使他忧心。（色《上》7.7.12）[ἐλύπει 的主语不是单独一个 ἡ χώρα，而是整个短语 ἡ χώρα πορθουμένη；一般来说，乡村无法使人感到苦痛，因此这里的 πορθουμένη 显然是主导化用法]

这种结构在本质上是被名词化的（nominalize）分句，比如例句 126 的 ἡ χώρα πορθουμένη[被蹂躏的乡村]就以名词性形式来表达 ἡ χώρα πορθεῖται[乡村遭受蹂躏]（以主格形式作 ἐλύπει 的主语）。

如果分词作介词的补语，那么主导化用法就尤其常见，例如：

μετὰ Σόλωνα οἰχόμενον 梭伦离开之后；

ἐπὶ Θεοφίλου ἄρχοντος 在忒欧非洛斯任执政官时。

(127) ἐς μὲν γὰρ ἄνδρα σκῆψιν εἶχ' ὀλωλότα, | παίδων δ' ἔδεισε μὴ φθονηθείη φόνῳ. 因为就丈夫被杀害[这一点]而言，[克吕泰姆内斯特剌]是有借口的，但她担心因为孩子们的血案而遭人憎恶。（欧《厄》29–30）[字面意思是被杀害的丈夫][①]

注一：这种结构有时也被称作 *ab urbe condita* 结构，得名于拉丁语中可与之比较的结构（*ab urbe condita* 意为自[罗马]建城以来）。[②]

名词短语中的分词

定语性用法（作修饰语）和实词性用法（作中心语）

52.46 带冠词的分词可用于名词短语，或作修饰语（定语性用法），或作中心语（实词性用法），例如：

οἱ νόμοι οἱ κείμενοι 立下的各种法律；[νόμοι 的定语]

τὰ παρόντα πράγματα 眼下的情形；[πράγματα 的定语]

οἱ ἀπόντες 缺席的人们；[实词性用法，作中心语]

τὰ ἀεὶ παρόντα

任何时候的状况；（《泰》158d）[实词性用法，作中心语]*

(128) ἐν ᾧ δὲ ὡπλίζοντο ἧκον ... οἱ προπεμφθέντες σκοποί.

而在他们披挂的同时，先前派出的斥候到了。（色《上》2.2.15）[定语性用法，修饰 σκοποί]**

(129) ἔλεγον ὡς εἴη τὰ ἔργα τὰ γεγενημένα οὐκ ὀλίγων ἀνδρῶν ἀλλ' ἐπὶ τῇ τοῦ δήμου καταλύσει. 他们宣称，已然犯下的行径并非少数人所为，

① ὄλλυμι 的完成时主动形式可表达中动含义，见 18.26。

② 而非意为来自建立的[罗马]城。

而旨在推翻民主政制。(安多《演》1.36)[定语性用法，修饰 ἔργα]

(130) ΚΑ. τίνος πρόσωπον δῆτ' ἐν ἀγκάλαις ἔχεις; | :: ΑΓ. λέοντος, ὥς γ' ἔφασκον αἱ θηρώμεναι. 卡德摩斯：那你怀中抱着谁的面庞？阿高厄：狮子的，至少如狩猎的妇女们所言。(欧《酒》1277–1278)[实词性用法]

(131) ... ἀναλαβὼν ... τοὺς ἐν τῇ μάχῃ πρὸς τοὺς Ἕλληνας αὐτομολήσαντας. ……带回那些在战斗中叛逃到希腊人那边的人。(色《上》1.10.6)[实词性用法；注意分词本身受 ἐν τῇ μάχῃ πρὸς τοὺς Ἕλληνας 的修饰]

注一：分词相对于冠词(及中心名词)的位置，见 28.11–12、28.25。

注二：一些用作实词的分词变为了名词，例如 ὁ ἄρχων[统治者；执政官](对比 ἄρχω[统治；开始])。

52.47　定语性分词和实词性分词偶尔不带冠词，例如：

(132) ... φαμένη τὸν Νεῖλον ῥέειν ἀπὸ τηκομένης χιόνος.

据说尼罗河源自融化的冰雪。(《原史》2.22.1)[作定语修饰 χιόνος][1]

(133) ἔπλει δώδεκα τριήρεις ἔχων ἐπὶ πολλὰς ναῦς κεκτημένους.

他带着十二艘三层桨战船，朝那些拥有许多船只的人驶去。(色《希》5.1.19)[实词性分词]

类属性用法

52.48　如果分词(尤其是现在时分词)带冠词，那么它常常表达类属含义(见 28.6)，意为任何……的人/物，否定词是 **μή**，例如：

(134) πῶς ἂν γένοιντο πονηρότεροι ἄνθρωποι ... τοῦ παιδεύοντος τὰ τοιαῦτα; 怎么可能存在比教这种东西的人更加卑劣的人？(德《演》35.42)

(135) ὁ μὴ γαμῶν ἄνθρωπος οὐκ ἔχει κακά.

不结婚的男人没有苦厄。(《单行格言》437)

注一：βούλομαι[意欲]的分词表达类属含义的情况特别常见，ὁ βουλόμενος 意为任何愿意的人、随便任何人，例如：

(136) ΣΥ. κατηγορεῖ δὲ τίς; | :: ΔΙ. ὁ βουλόμενος. :: ΣΥ. οὔκουν ἐκεῖνός εἰμ' ἐγώ; 告密人：但谁来告发呢？正直人：谁愿意[谁来]。告：我不就是那个人吗？(《财神》917–918)[2]

---

① 这里的 φαμένη 暗含了一个 ὁδός[方式]。

② ΣΥ. 是 συκοφάντης 的简写，ΔΙ. 是 δίκαιος 的简写。

定语性分词和实词性分词的时态/体

52.49 不同时态词干在体方面的差异（见 52.4–5）也完全适用于定语性分词和实词性分词。

• 这种差异通常会造成相对时态含义（见 33.57）；比如，上文例句 128 中的 προπεμφθέντες[先前派出的]早于 ἧκον[回来了]，例句 130 中的 θηρώμεναι[狩猎的]与 ἔφασκον[宣称]同时，例句 129 中的 γεγενημένα[已发生的]表达一种与 εἴη 同时的状态。

• 然而，体的其他含义也经常适用于分词，并不亚于相对时态含义（另见 33.58），例如：

(137) Τραυσοὶ ... κατὰ δὲ τὸν γινόμενόν σφι καὶ ἀπογινόμενον ποιεῦσι τοιάδε· τὸν μὲν γενόμενον ... ὀλοφύρονται, ... τὸν δ᾽ ἀπογενόμενον παίζοντές τε καὶ ἡδόμενοι γῇ κρύπτουσι.

关于他们中出生的[婴儿]和逝者，特绕索伊人做出如此这些：他们哀悼那出生的[婴儿]，却欢闹着、愉快地埋葬那逝者。(《原史》5.4.1–2)［现在时分词 γινόμενον 和 ἀπογινόμενον 指的是反复发生的出生和死亡（**每当有人出生或死去**），不过时分词 γενόμενον 和 ἀπογενόμενον 则举出单独一次的出生和死亡来论述这种情况下会发生什么（**出生/死去的那个人**）］①

注一：带冠词的将来时分词可表达可辨识的一组或一类人，他们打算（intend）、被要求/被授意（are intended）并且/或者能够、有可能实现某个动作，例如：

(138) τίς οὖν ὁ γνωσόμενος εἰ τὸ προσῆκον εἶδος κερκίδος ἐν ὁποιῳοῦν ξύλῳ κεῖται; ὁ ποιήσας, ὁ τέκτων, ἢ ὁ χρησόμενος ὁ ὑφάντης;

那么谁是那个会知道梭子的恰当理念是否在任意一块木材之中的人？是制造者，即木匠，还是那个会使用[它]的人，即织工？（柏《克拉》390b）②

作同位语的分词

52.50 定语性分词也可用作名词（或名词短语）的同位语。这种现象尤其常见于 εἰμί[是；存在]的分词：它常常与一个专名同位，例如：

(139) ἦγον δὲ καὶ ἄλλοι Θεσσαλῶν αὐτὸν καὶ ἐκ Λαρίσης Νικονίδας Περδίκκᾳ ἐπιτήδειος ὤν. 而其他色萨利人也护送过他，并且[其中]有拉瑞

---

① 我们认为，原书英译 The Trausi behave as follows with respect to those who are born and those who die 没有译出 σφι 的含义。作者认为此处无需订正。

② ὁποιῳοῦν 见 59.35。另见 42.3 例句 3。

撒的尼科尼达斯，佩尔迪克卡斯的好友。（《佩战》4.78.2）[Περδίκκᾳ ἐπιτήδειος ὤν 作 Νικονίδας 的同位语]

注一：由于这种情况下的分词相对于中心名词和冠词而言并不处于定语性位置，因此，必须通过语境来确定这个分词该理解为同位语还是情状性分词（即处于谓语性位置）。在有些情况下，两种解释皆有可能，例如：

(140) Ἐριχθόνιος ... παρὰ Κέκροπος ἄπαιδος ὄντος ἀρρένων παίδων ... τὴν βασιλείαν παρέλαβεν. 厄瑞克托尼欧斯从没有男性子嗣的刻克若璞斯那里继承了王权。（伊索《演》12.126）[也可译作由于刻克若璞斯没有男性子嗣，也就是理解作情状性分词]

分词的迂说用法

εἰμί + 分词

52.51　εἰμί + 分词（通常是现在时或完成时分词，不定过去时分词相对少见）在含义上大致相当于分词所对应的限定形式的动词（并且具有相同的时态–体词干），例如：

(141) ... ὅπως, ἂν μὲν ὑμῖν ἑκατὸν δέῃ τριήρων, τὴν ... δαπάνην ἑξήκοντα τάλαντα συντελῇ ... ἂν δὲ διακοσίων, τριάκοντα ... ᾖ τάλαντα τὴν δαπάνην συντελοῦντα. ……从而，如果你们需要一百艘三层桨战船，那么一艘就要花掉六十塔兰同的费用，但如果需要两百艘，那么一艘就会花掉三十塔兰同的费用。（德《演》14.20）[ᾖ συντελοῦντα 大致对应于现在时虚拟式 συντελῇ，其实这个词在这句话的前半部分已经用过了]

(142) οἱ δὲ Αἰτωλοί (βεβοηθηκότες γὰρ ἤδη ἦσαν ἐπὶ τὸ Αἰγίτιον) προσέβαλλον τοῖς Ἀθηναίοις.

而埃托利阿人（因为他们已经向埃吉提昂施以援手）向雅典人进攻。（《佩战》3.97.3）[βεβοηθηκότες ἦσαν 相当于 ἐβεβοηθήκεσαν]

注一：使用带 εἰμί 的迂说结构而非某种独体形式的原因可能多种多样，包括两者在含义上可能存在的细微差异、对词序的考虑、格律的限制（在诗中）、语域[1]和多样性等等。

涉及的考虑很可能并非始终如一，对于不同时态词干或者不同类型的以分词形式出现的动词而言也不总是相同。

---

① 见 33.32 注一脚注。

52.52 多种完成时中被动形式只能以迂说结构的形式（带 εἰμί 的各种形式）出现，详见 19.8。

ἔχω + 分词

52.53 **ἔχω** + 分词（几乎总是不定过去时分词）被称作 σχῆμα Ἀττικόν[阿提卡格]或者 σχῆμα Σοφόκλειον[索福克勒斯格]，大致相当于完成时直陈式，例如：

(143) καὶ νῦν ἀδελφὰ τῶνδε κηρύξας ἔχω | ἀστοῖσι παίδων τῶν ἀπ' Οἰδίπου πέρι. 而现在我已向城内居民宣布了与此相关的事情，涉及俄狄浦斯的子女。（索《安》192–193）[κηρύξας ἔχω 大致相当于 κεκήρυχα]

(144) τὸν λόγον δέ σου πάλαι θαυμάσας ἔχω ... 就你的讲辞而言，我早就惊讶于……（《斐德若》257c）[θαυμάσας ἔχω 相当于 τεθαύμακα]**

注一：ἔχω + 分词主要见于索福克勒斯、欧里庇得斯和希罗多德笔下，后二者笔下出现得少一些。这一结构在后来的散文作家笔下罕见。

注二：ἔχω + 不定过去时分词的结构与完成时直陈式（比如 τεθαύμακα）的差异并非总是清晰可见，可能有各种考虑使得作者取此舍彼（与 εἰμί + 分词的结构相仿，见 52.51 注一）。迂说结构的含义很可能随着时间的流逝而变化。对于以分词形式出现的不同类型的动词而言，迂说结构的含义也可能不同。

第 53 章 从属结构总结

补 语

53.1 补语从句（complement clause）的作用是充当主句谓语的强制成分，通常作主语或宾语（见 39.3）。这种补语的形式可以是——

- 能动不定式或陈述不定式；
- 补充性分词；
- ὅτι/ὡς 从句；
- 间接疑问；
- μή 引导的疑惧从句；
- ὅπως 引导的勉力从句。

下面按动词的语义分为 12 类，逐条给出它们所带的不同补语——

(1) 阶段动词，表达动作的某一阶段（开始、持续或结束），例如 ἄρχομαι[开始]、παύομαι[停止]和 παύω[阻止]，补语为现在时分词或能动不定式，分别见 51.8、52.9；

(2) 情态动词，表达动作发生的必要性或可能性，例如 δύναμαι[有能力]、δεῖ[需要；必须]，补语为能动不定式，见 51.8；

(3) 操控动词，其主语强迫、吩咐或要求他人做某事，例如 ἀναγκάζω[强迫]、κελεύω[命令]，补语为能动不定式，见 51.8；

(4) 愿望动词，其主语想要或决定使某事发生，例如 βούλομαι[打算]、αἱρέομαι[选择]和 γιγνώσκω[决定]，补语为能动不定式，见 51.8；

(5) 表达认知行为的动词，其主语知道如何做某事或教授别人如何做某事，例如 ἐπίσταμαι[掌握]、διδάσκω[教授]，补语为能动不定式，见 51.8；

(6) 表达直接感觉的动词，其主语经由感官感觉到一个动作正在发生，例如 ὁράω[看到]、ἀκούω[听到]，补语为现在时分词，见 52.9、52.14；

(7) 表达疑惧的动词，其主语害怕某个动作[在将来]实现，例如 φοβέομαι[害怕]、φόβος ἐστί[有所恐惧]，补语为 μή + 虚拟式，见第 43 章（μή + 直陈式见 43.5）；

(8) 表达勉力的动词，其主语努力实现某个动作，例如 φροντί-

ζω[考虑]、σπεύδω[力求]，补语为 ὅπως + 将来时直陈式（其他结构见 44.6–7），见第 44 章；

(9) *表达观点的动词*，其主语相信补语表达的动作为真，例如 νομίζω[认为；相信]、οἴομαι[认为]和 γιγνώσκω[认为；判断]，补语为陈述不定式，见 51.19；

(10) *表达认知和情绪的动词*，其主语知道补语表达的动作，或对这个动作有情绪反应，例如 ἐπίσταμαι[理解]、γιγνώσκω[认识；意识到]和 ἥδομαι[感到愉快]，补语为分词或者 ὅτι + 任何时态/语式（这些动词可带间接疑问，见 42.2），见 41.3、41.15 和 52.10；

(11) *陈言动词*，其主语明确道出补语表达的动作，例如 λέγω[言说]、φημί[言说；声称]，补语为陈述不定式或 ὅτι + 任何时态/语式（φημί 带 ὅτι/ὡς 从句的情况非常罕见），见 41.3、51.19；

(12) *疑问性表达*，其主语对补语表达的动作[的某方面]不确定，例如 ἐρωτάω[提问]、βουλεύομαι[审议]，补语为 εἰ、πότερον ... ἤ ...、εἰ ... εἴτε ...（是非疑问、选择疑问）[①] 或者 τίς/ὅστις、πόσος/ὁπόσος 等等（特指疑问），时态/语式与直接疑问所用的相同，见第 42 章。

注一：对于表达疑惧的动词（7）、表达勉力的动词（8）、表达认知和情绪的动词（10）、陈言动词（11）和疑问性表达（12）而言，在历史序列中（亦即母动词用过去时态时）也可改用间接祈愿式（见 40.12）。

其他具体细节

53.2 对于许多动词来说，我们无法根据其补语将其归入单一的类型，例如 γιγνώσκω 带陈述不定式意为*判断*（表达观点的动词），带能动不定式意为*决定*（愿望动词），带分词或者 ὅτι/ὡς 从句意为*意识到*（表达认知的动词）。对这些动词的概述见 51.28–33、52.17–28。

53.3 对于上面某几种类型的动词而言，带不同的补语时它们的含义不同，详见 52.27（阶段动词）、52.28（表达认知和情绪的动词）和 51.19 *注一*（陈言动词）。

53.4 在历史序列中改用间接祈愿式与沿用原本的语式之间的差

① 尽管原书把选择疑问视作是非疑问的一个子类（见 38.4），但这里还是加上选择疑问四个字更好——原书 38.6 之前的标题也将这两者并列。

异见 41.13–14。

副词性从句和形容词性从句

53.5　下面罗列的是古希腊语副词性从句和形容词性从句（即关系从句）以及它们所用的连词和语式。若某一子类的特定语式取决于母句的特定时态/语式或者与之密切相关，后文就一并给出母句的情况——

(1) 目的从句（见第 45 章），连词为 ἵνα、ὅπως、ὡς 和 μή（否定）：

- 从句用虚拟式，时态词干与体相应；
- 若母句用过去时态，从句就常常改用间接祈愿式。

(2) 结果从句（见第 46 章），连词为 ὥστε：

- 若表达实际的结果，语式/时态就与独立句中的相同；
- 若表达自然而然的或不可避免的结果，就使用不定式，时态词干与体相应。

(3) 时间从句（见第 47 章），连词为 ὅτε、ὥς、ἐπεί、ἐπειδή、ἐν ᾧ、ἕως 和 πρίν 等等：

- 若表达过去时间，就用过去时态的直陈式；
- 若表达将来时间，就用 ἄν + 虚拟式，时态词干与体相应，母句中有涉及将来的形式；
- 若表达习惯性动作，就用 ἄν + 虚拟式（母句用现在时直陈式），或者用不带 ἄν 的祈愿式（母句用未完成时），从句的时态词干与体相应；
- 若连词为 πρίν，从句就用限定动词的不定过去时词干，语式如上所述（母句为否定句，时态和语式不限）；或者用不定式，时态词干与体相应（母句不是否定句，时态和语式不限）。

(4) 原因从句（见第 48 章），连词为 ὅτι、διότι，还有 ἐπεί 和 ὡς，从句的语式/时态与独立句的语式/时态相同，母句的时态/语式不限；如果母句用过去时态，那么从句就可改用间接祈愿式，表达转述而来的或者据说如此的原因。

(5) 条件从句（见第 49 章），连词为 εἰ（让步从句用 καὶ εἰ/εἰ καί）：

- 中性条件，从句用直陈式（现在或过去时态，母句的时态/语式不限）或者将来时直陈式（常见于威胁、警告等等，母句中有涉及将来的形式）；

• 预期条件，从句用 ἄν + 虚拟式，时态词干与体相应，母句中有涉及将来的形式；

• 潜在条件，从句用不带 ἄν 的祈愿式，母句用 ἄν + 祈愿式，从句和母句的时态词干均与体相应；

• 非事实条件，从句用不带 ἄν 的情态直陈式，母句用 ἄν + 情态直陈式；从句和母句的时态（不定过去时、未完成时或过去完成时）均由体决定；

• 习惯性条件，从句用 ἄν + 虚拟式（母句用现在时直陈式）或者不带 ἄν 的祈愿式（母句用未完成时或过去完成时），时态词干与体相应。

• 另外，不同类型的条件分句（从句）和结论分句（主句）常常组合为混合条件句。

(6) 关系从句和关联从句（见第 50 章），连词为 ὅς、ὅστις、ἔνθα 和 ὡς 等等：

• 非限制性从句的语式/时态与独立句的语式/时态相同；

• 限制性从句的语式/时态与时间从句和条件从句的相同，并且可以使用 ἄν + 情态直陈式或 ἄν + 潜在祈愿式。

• 关系从句若带有目的含义，那么就可以使用将来时直陈式；如果带有原因或结果含义，就用过去或现在时态的直陈式，连词常常是 ὅστις。

其他具体细节

53.6 目的从句中改用间接祈愿式与沿用原本语式的差异见 45.3 注一。

53.7 语式的同化（从句使用其母句的语式）见 40.15，本章从略。

第 54 章　语式的用法总结

直陈式

54.1　直陈式在主句中的用法总结如下：

直陈式在主句中的用法（及否定词）	参　见
用于涉及现在、过去和将来的陈述句和疑问句（οὐ）	34.5
ποιοῦσι ταῦτα 他们在做这些。τί ποιοῦσιν; 他们在做什么？	
οὐ + 第二人称将来时直陈式表达紧急的命令（(οὐ) μή）	38.32
οὐ ποιήσεις ταῦτα; 你不会去做这些吗？［或译作去做这些！］	
(τί) οὐ + 第一/第二人称现在时/不定过去时直陈式表达请求或建议（(οὐ)）	38.33
τί οὐκ ἐποιήσαμεν ταῦτα; 我们为何不做这些？	
ὅπως + 将来时直陈式表达语气强烈的命令（μή）	38.34
ὅπως ποιήσεις ταῦτα 你必须做这些！	

54.2　直陈式在从句中的用法总结如下（间接陈述、间接疑问、结果从句、原因从句和非限制性关系从句中的直陈式见 54.11）：

直陈式在从句中的用法（及否定词）	参　见
疑惧从句用 **μή** + 现在时/完成时直陈式表达对现在或过去事实的失望（οὐ）	43.5
δέδοικα μὴ πεποιήκασι ταῦτα 我担心他们已做了这些。	
ὅπως (ὡς) + 将来时直陈式用于相关动词所带的勉力从句（μή）	44.2
ὅρα ὅπως ποιήσουσι ταῦτα 让他们致力于/请你关心如何使他们做这些！	
用于表达过去一次性动作的时间从句（οὐ）	47.7
ὅτε ταῦτα ἐποίησαν, ηὐτύχουν 做了这些之后，他们顺利了。	
用于 **εἰ** 引导的中性条件从句（μή）	49.4
εἰ ταῦτα ποιοῦσιν εὐτυχοῦσιν 他们若做这些，就会顺利。	
将来时直陈式用于 **εἰ** 引导的中性条件从句，尤其见于威胁、警告等（μή）	49.5
εἰ ταῦτα ποιήσουσιν ἀποθανοῦνται 他们若做这些，就会死去。	
用于限制性关系从句（οὐ/μή）	50.19
ἐπαινῶ ταῦτα ἃ ποιοῦσιν 我称赞他们正在做的这些。	
用于表达原因含义的［非限制性］关系从句（οὐ）	50.23
μὴ θορυβήσητε, οἳ οὐδὲν λέγετε 别闹了，你们这些胡说八道的人！	
将来时直陈式用于表达目的含义的关系从句（μή）	50.24

直陈式在从句中的用法（及否定词）	参 见
σύλλεγε ἄνδρας οἳ ταῦτα ποιήσουσιν 请召集人手来做这些。	
用于表达结果含义的关系从句（οὐ）	50.25
οὐδεὶς οὕτω μάχεται ὅστις οὐκ ἀποθανεῖν ἐθέλει 没有人以如此方式战斗以至于不愿去死。	

情态直陈式

54.3 情态直陈式在主句中的用法总结如下：

ἄν	情态直陈式在主句中的用法（及否定词）	参 见
有	用于非事实陈述和非事实疑问（οὐ）	34.16
	ἐποίησαν ἂν ταῦτα 他们原本会做这些。	
无	用于 εἴθε、εἰ γάρ 引导的不可实现的愿望（μή）	34.18
	εἴθε ἐποίησαν ταῦτα 要是他们做了这些就好了！	
无	无人称动词的未完成时表达未得到满足的必需性（οὐ）	34.17
	ἔδει αὐτοὺς ποιεῖν/ποιῆσαι ταῦτα 他们当时应该/本该做这些。	
无	未完成时 ἐβουλόμην[(原本)会期待]、ἔμελλον[(原本)会(去做)](οὐ)	34.17

54.4 情态直陈式在从句中的用法总结如下（间接陈述、间接疑问、结果从句、原因从句和非限制性关系从句中的情态直陈式见 54.11）：

ἄν	情态直陈式在从句中的用法（及否定词）	参 见
有	用于表达非事实动作的关系从句（οὐ）	50.17
	ἐπαινῶ ταῦτα ἃ ἂν ἐποίησαν 我称赞他们原本会做的这些。	50.26
无	用于非事实条件句，主句的情态直陈式带 ἄν（μή）	49.10
	εἰ ταῦτα ἐποίησαν ηὐτύχουν ἄν 假设他们做了这些，原本就会顺利。	
无	用于表达非事实条件的限制性关系从句，主句的情态直陈式带 ἄν（μή）	50.22
	ἐπῄνεσεν ἂν ταῦτα ἃ ἐποίησαν 他当时本会称赞他们原本会做的这些。	
无	因语式的同化而在从句中用情态直陈式（μή）	40.15

虚拟式

54.5 虚拟式在主句中的用法总结如下：

虚拟式在主句中的用法（及否定词）	参 见
第一人称的劝勉虚拟式（μή）	34.6
ποιῶμεν ταῦτα 让我们来做这些吧。	

虚拟式在主句中的用法（及否定词）	参见
第二人称的禁止虚拟式，带 μή，仅限于不定过去时虚拟式（μή）	34.7
μὴ ποιήσῃς ταῦτα 你别做这些！	
第一人称的考量虚拟式（μή）	34.8
τί ποιῶμεν; 我们该做什么？	
带 **οὐ μή** 表达断然的否定（οὐ μή）	34.9
οὐ μὴ ποιήσω ταῦτα 我决不会做这些。	
带 **μή** 表达存疑的判断（(μὴ) οὐ）	34.10
μὴ οὐχ οὕτως ἔχῃ [情况]好像不是如此。	

54.6　虚拟式在从句中的用法总结如下：

ἄν	虚拟式在从句中的用法（及否定词）	参见
无	用于相关动词所带的涉及将来的疑惧从句，由 μή 引导（οὐ）	43.3
	δέδοικα μὴ ποιήσωσι ταῦτα 我担心他们会做这些。	
无	用于表达不确定的现在或过去动作的疑惧从句，由 μή 引导（οὐ）	43.4
	δέδοικα μὴ πεποιήκωσι ταῦτα 我担心他们做了这些。	
无	用于由 ἵνα、ὅπως 和 ὡς 引导的目的从句（有时也用于由 ὅπως、ὡς 引导的勉力从句，μή）	45.3 44.3
	ἀπέρχονται ἵνα ποιήσωσιν ταῦτα 他们离开以做这些。	
有	预期虚拟式用于涉及将来一次性动作的时间从句、条件从句和限制性关系从句，主句用将来时直陈式、命令式等等（μή）	40.9 47.8
	ὅταν/ἐὰν ταῦτα ποιήσωσιν εὐτυχήσουσιν 当/若他们做这些，就会顺利。	49.6
	ἐπαινέσω ταῦτα ἃ ἂν ποιήσωσιν 我会称赞他们要做的这些。	50.20
有	不定虚拟式用于涉及非过去的习惯性/反复性动作的时间从句、条件从句和限制性关系从句，主句用现在时直陈式（μή）	40.9 47.9
	ὅταν/ἐὰν ταῦτα ποιήσωσιν εὐτυχοῦσιν 每当/但凡他们做这些，就会顺利。	49.13
	ὃς ἂν ταῦτα ποιῇ εὐτυχεῖ 无论谁做这些，他都会顺利。	50.21
有	预期虚拟式偶尔用于 ὅπως、ὡς 引导的目的从句和勉力从句（μή）	45.4
	ἀπέρχονται ὅπως ἂν ποιήσωσιν ταῦτα 他们离开以便做这些。	44.4

祈愿式

54.7　祈愿式在主句中的用法总结如下：

ἄν	祈愿式在主句中的用法（及否定词）	参见
无	意欲祈愿式表达可实现的愿望，常由 εἴθε、εἰ γάρ 或 ὡς 引导（μή） (εἴθε) ποιοίης ταῦτα 但愿你做这些！	34.14
有	潜在祈愿式（οὐ）： • 在陈述和疑问中表达可能的动作 ποιοῖεν ἂν ταῦτα 他们可以/会/能做这些。 • [带否定词]表达断然的否定 οὐ ποιοῖεν ἂν ταῦτα 他们决不能/会做这些。 • 表谨慎的请求、许可等等 ποιοίης ἂν ταῦτα 请你做这些吧。	34.13

54.8 祈愿式在从句中的用法总结如下（从句中罕见的不带 ἄν 的意欲祈愿式见 54.11；间接陈述、间接疑问、结果从句、原因从句和非限制性关系从句中的祈愿式亦见 54.11）：

ἄν	祈愿式在从句中的用法（及否定词）	参见
无	反复祈愿式用于涉及过去习惯性/反复性动作的时间从句、条件从句和限制性关系从句，主句用未完成时（μή） ὅτε/εἰ ταῦτα ποιήσειαν ηὐτύχουν 每当/但凡他们做了这些，就会顺利。 ὃς ταῦτα ποιοίη ηὐτύχει 无论谁做了这些，他都会顺利。	40.9 47.10 49.13 50.21
无	用于潜在条件从句，主句用带 ἄν 的潜在祈愿式（μή） εἰ ταῦτα ποιοῖεν εὐτυχοῖεν ἄν 如果他们会做这些，他们就会顺利。	49.8
无	用于表达潜在条件含义的限制性关系从句，主句用潜在祈愿式+ἄν（μή） ἐπαινέσαιμ' ἂν ταῦτα ἃ ποιήσειαν 我将称赞他们可能做的这些。	50.22
无	间接祈愿式可用于各种历史序列中的从句： • 由 ὅτι/ὡς 引导的间接陈述（οὐ） ἔλεγον ὅτι ποιοῖεν ταῦτα 他们当时说他们在做这些。 • 间接疑问（历史序列中代替考量虚拟式的间接祈愿式亦然，οὐ） ἤροντο τί ποιοῖεν 他们当时问自己该做什么。 • 疑惧从句（常见，(μὴ) οὐ） ἐφοβούμην μὴ ποιήσειαν ταῦτα 我当时担心他们会做这些。 • 勉力从句，用将来时祈愿式（罕见，μή） ἐπεμέλοντο ὅπως ποιήσοιεν ταῦτα 他们当时努力让自己做这些。	40.12 41.9 42.7 43.3 44.2

ἄν	祈愿式在从句中的用法（及否定词）	参见
	• 目的从句，常见（μή）	45.3
	ἀπῆλθον ἵνα ποιοῖεν ταῦτα 他们当时离开以便做这些。	
	• 原因从句，表达据说如此的或转述而来的原因（οὐ）	48.2
	ἐγράψαντο αὐτὸν διότι τοὺς νέους διαφθείρειε	
	他们当时控告他，因为据说他败坏了青年。	
	• 用于从属于从句的从句（不带 ἄν 的祈愿式代替 ἄν + 虚拟式），	40.14
	尤其是从属于间接话语的从句	41.19
	ἔλεγον ὅτι εὐτυχήσοιεν ὅτε/εἰ ταῦτα ποιήσειαν	
	他们当时说，当/如果他们做这些，他们就会顺利。	
无	由于语式的同化而在从句中使用祈愿式（μή）	40.15
有	用于表达可能的动作的关系从句	50.17
	ἐπαινῶ ταῦτα ἃ ἂν ποιήσειαν 我称赞他们会做的这些。	50.26

命令式

54.9 命令式在主句中的用法总结如下：

命令式在主句中的用法（及否定词）	参见
用于第二、第三人称的命令、请求等等	34.19
ποίει ταῦτα 请你做这些！ ποιείτω ταῦτα 让他做这些！	34.20
用于第二人称的禁止，带 μή，仅限于现在时命令式（μή）	34.19
μὴ ποίει ταῦτα 你别做这些！	34.20

54.10 命令式在从句中罕见，用法见 54.11。

使用独立句语式的从句

54.11 在间接陈述（ὅτι/ὡς 从句，见 41.7–15）、间接疑问（见 42.7–8）、结果从句（使用不定式的另当别论，见 46.4–6）、原因从句（见 48.2–3）以及非限制性关系从句（见 50.17）中，使用独立句所用的语式（不过，命令式、劝勉虚拟式、禁止虚拟式和意欲祈愿式都罕见）。

在历史序列的间接陈述、间接疑问和原因从句中，可以改用间接祈愿式。

第 55 章　ἄν 的用法总结

ἄν 在独立分句中的用法

55.1　ἄν 在独立分句中的用法总结如下——

• 主句中现在时、不定过去时或完成时的潜在祈愿式 + ἄν（见 34.13）在陈述或疑问中表达可能的动作、谨慎的请求等等（此时条件从句或关系从句中的潜在祈愿式通常不带 ἄν，见 40.10），例如：

ποιήσειαν ἂν ταῦτα, εἰ πλούσιοι γένοιντο.

如果他们会变得富有，那么他们就会/能做这些事。

• 主句中未完成时、不定过去时或过去完成时的情态直陈式 + ἄν（见 34.15–17）在陈述或疑问中表达某种未实现的情况下原本会发生的动作（此时条件从句或关系从句中的情态直陈式通常不带 ἄν，见 40.10），例如：

ἐποιήσαν ἂν ταῦτα, εἰ πλούσιοι ἦσαν.

假设他们富有，那么他们原本就会做这些事。

• 独立句使用未完成时、不定过去时或过去完成时的历史直陈式，带反复性的 ἄν（见 33.24 注一），表达过去反复发生的动作，例如：

ἐποιήσαν ἂν ταῦτα. 他们当时惯常做这些事。

ἄν 在限定从句中的用法

55.2　ἄν 在限定从句中的用法总结如下——

• 时间、条件或关系从句使用现在时、不定过去时或完成时的预期虚拟式 + **ἄν**（见 40.9），母句使用涉及将来的动词形式（将来时直陈式、命令式、虚拟式，见 33.63–64），例如：

ἐὰν ποιήσωσι ταῦτα, πλούσιοι γενήσονται.

如果他们做这些事情，那么他们就会变得富有。

• 目的从句（见 45.4）和勉力从句（见 44.4）有时也用预期虚拟式 + ἄν。

• 表达反复的、典型的动作的时间、条件或关系从句使用现在时、不定过去时或完成时的不定虚拟式 + **ἄν**（见 40.9），母句使用现在时直陈式（或者其他涉及反复的、典型的动作的动词形式）：

ἐὰν ποιήσωσι ταῦτα, πλούσιοι γίγνονται.

每当他们做这些事情，他们就变得富有。

• 一些从句所用的语式与独立句所用的相同（见 40.5），这些从句和一些限制性关系从句（见 50.26）中可以使用现在时、不定过去时或完成时的潜在祈愿式 + **ἄν**，也可以使用未完成时、不过时或过去完成时的情态直陈式 + **ἄν**。

不定式和分词所带的 ἄν

55.3 不定式和分词所带的 ἄν 的用法总结如下——

• 现在时、不定过去时或完成时的陈述不定式（用于间接话语或间接想法，见 51.27）带 ἄν，构成潜在结构或者非事实结构：

οἴει αὐτοὺς τοῦτο ἂν ποιῆσαι, εἰ πλούσιοι γένοιντο;

你认为，如果他们会变得富有，他们就能/会做这件事吗？

οἴει αὐτοὺς τοῦτο ἂν ποιῆσαι, εἰ πλούσιοι ἦσαν;

你认为，假设他们富有，他们就会做这件事吗？

• 现在时、不定过去时或完成时的分词（某一类补充性分词[①]和仅仅某些情况下的情状性分词）带 ἄν，相当于潜在祈愿式或情态直陈式（见 52.7、52.10 注一）。

① 原文作 but not with all types of supplementary participle，其实指的是补充性分词表达命题性内容的用法。

第 56 章 否定词的用法总结

基本要点

οὐ 和 μή

56.1 在古希腊语中，**οὐ** 和 **μή** 这两个否定词的差异在以下各种复合形式中依旧存在：

οὐ	μή	不
οὔτε ... οὔτε	μήτε ... μήτε	既不……也不
οὐδέ	μηδέ	并且不、甚至不
οὐδείς	μηδείς	没有人/事物
οὐδαμοῦ	μηδαμοῦ	没有地方
οὔποτε / οὐ ... ποτε	μήποτε / μή ... ποτε	从不
οὔπω / οὐ ... πω	μήπω / μή ... πω	尚未（诗歌中又意为绝不）
οὐκέτι / οὐ ... ἔτι	μηκέτι / μή ... ἔτι	不再

οὐ 用于辅音前，οὐ<u>κ</u>用于带不送气符的元音和双元音前，οὐχ 用于带送气符的元音和双元音前（见 1.42）。带有重音的形式 οὔ/οὔκ/οὔχ 主要用于回答（见 38.21）。另外还有一个强化的形式 οὐχί，表达强调。

56.2 宽泛地说，οὐ 与 μή 的差异在于——

• **οὐ** 是中性否定词，表达某件事情实际上并非事实（或者，在疑问中询问是否不是）。οὐ 可用来作出反驳或否认，例如：οὐκ ἔστι ταῦτα[并非如此]。①

• **μή** 是主观否定词，表达与意愿或希望相关的事情，μή 用来作出拒斥或抗议，例如：μὴ ἔστω ταῦτα[但愿不要如此]。②

不过，在这一定义之外，μή 还有几种特殊用法（见 56.6–17）。

多个否定词

56.3 如果一个分句中有两个或两个以上的否定词，当且仅当它们

---

① οὐκ ἔστι ταῦτα 在德摩斯梯尼《金冠辞》（《演说辞集》第 18 篇）笔下三见，分别是在第 24 节、第 47 节和第 52 节。

② μὴ ἔστω ταῦτα 似不见于古典希腊语文献。参见《宗徒大事录》1.20 的《圣咏集》69.26 引文：καὶ μὴ ἔστω ὁ κατοικῶν ἐν αὐτῇ[愿没有人在那里居住]。

满足以下两个条件时，它们才会相互抵消——

- 第二个否定词是简单词（即非复合形式）；
- 两个否定词都修饰同一个谓语。

(1) οὐδεὶς ἀνθρώπων ἀδικῶν τίσιν οὐκ ἀποτίσει. 没有任何不义之人不会付出代价。（《原史》5.56.1）[相当于任何不义之人都会付出代价；第二个否定词是简单词，而且两个否定词属于同一个谓语，因此相互抵消]

56.4 如果第二个否定词是复合词，那么它就强化第一个否定词的含义（只需译出一个否定词的否定含义），例如：

(2) οὐκ ἔστιν ἀνδρὶ ἀγαθῷ κακὸν οὐδέν. 好人绝无任何坏事。（《申辩》41d）[第二个否定词是复合形式，因此它强调前一个否定词][1]

56.5 如果多个否定词修饰不同的谓语或短语，那么它们的否定含义就分别作用于这些谓语或短语，例如：

(3) οὐ διὰ τὸ μὴ ἀκοντίζειν οὐκ ἔβαλον αὐτόν.

并非因为不投掷标枪他们才没有击中他。（安提《演》3.4.6）[οὐ 修饰介词短语 διὰ ... ἀκοντίζειν，μή 修饰 ἀκοντίζειν，οὐκ 修饰 ἔβαλον；这里暗示的意思是，他们没有击中他并非因为没有过尝试]

独立句中否定词的用法

56.6 在陈述句中，以下形式用 οὐ 及其复合词来否定——

- 直陈式；
- 带 ἄν 的潜在祈愿式，见 34.13；
- 带 ἄν 的情态直陈式（非事实情况，见 34.16）以及未完成时（诸如 ἔδει、(ἐ)χρῆν[需要；应该]）的非事实用法（见 34.17）。

注一：οὐ μή + 不定过去时虚拟式表达断然的否认，即坚决认定某种情况不会发生，见 34.9。

注二：μὴ (οὐ) + 虚拟式表达存疑的判断，见 34.10。

56.7 在否定性意愿、否定性劝勉以及禁止等表达中，以下形式由 μή 及其复合词来否定——

- 命令式或不定过去时虚拟式（用于禁止），见 34.19、34.7；
- 第一或第三人称虚拟式（用于否定性劝勉），见 34.6；
- 不带 ἄν 的意欲祈愿式（用于否定性意愿），见 34.14。

---

① ἔστιν 的逆行的重音见 24.34 注一。

56.8 疑问句中否定词的用法如下——

• **οὐ/οὐκοῦν** 引导的是非疑问表示期待肯定回答，οὐ/οὐκοῦν 意为难道不（见 38.7）；

• **μή/μῶν** 引导的是非疑问表示发话人不愿把肯定回答接受为事实，μή/μῶν 意为难道（见 38.8）；

• 特指疑问（见 38.11–14）所用的否定词是 οὐ。

从属分句中否定词的用法

56.9 以下从句所用的否定词是 **οὐ**——

• 陈述性的 ὡς/ὅτι 从句（间接陈述，见第 41 章）和间接疑问、间接感叹（见第 42 章）；

• 疑惧从句（注意其从属词是 μή），见第 43 章；

• 使用独立句的语式的（表达实际结果的）结果从句（从属词 ὥστε），见 46.4–6；

• 涉及过去的时间从句（从属词 ἐπεί、ὅτε 等等），见 47.7；

• 原因从句（从属词 ὅτι、διότι 还有 ἐπεί 等等），见第 48 章；

• 非限制性关系从句（从属词 ὅς 等等）、一些限制性关系从句、具有原因或结果含义的关系从句、使用潜在祈愿式 + ἄν 或者情态直陈式 + ἄν 的关系从句，见 50.17、50.19、50.23 和 50.25–26。

56.10 以下从句所用的否定词是 **μή**——

• 勉力从句（从属词 ὅπως），见第 44 章；

• 目的从句（从属词 ἵνα、ὅπως 或 ὡς，单独的一个 μή[以免] 也可用作从属词），见第 45 章；

• 使用不定式的（表达可能的结果或自然而然的结果的）结果从句（从属词 ὥστε），见 46.7–11；

• 涉及将来或者反复性/习惯性动作的时间从句，见 47.8–11；

• 条件从句（从属词 εἰ）和让步从句（从属词 εἰ καί/καὶ εἰ），见第 49 章；

• 大多数限制性关系从句（从属词 ὅς 等等）以及具有目的含义的关系从句，分别见 50.18–22、50.24。

注一：如果使用直陈式的限制性关系从句具有条件含义或类属含义，那么其否定词就用 μή，见 50.19。

不定式所带的否定词

56.11 能动不定式（作动词的补语）的否定词是 **μή**，详见 51.13。

注一：如果带能动不定式的动词本身被否定，那么这个不定式的否定词常常就是 μὴ οὐ，见 51.37。

56.12 陈述不定式（用于间接陈述）的否定词几乎总是 **οὐ**，详见 51.22；例外情况见 51.23。

56.13 对于意为否认的动词（带陈述不定式）和意为阻止、禁止等等的动词（带能动不定式）而言，它们所带的不定式的否定词总是 **μή**。如果意为否认或阻止等等的动词本身被否定，那么它们所带的不定式的否定词就是 μὴ οὐ，见 51.34–36。

56.14 带冠词的不定式的否定词是 **μή**，见 51.42。

分词所带的否定词

56.15 补充性分词（用作 τυγχάνω[碰巧]、οἶδα[知道]和 χαίρω[感到愉快；喜欢]等动词的补语）的否定词是 **οὐ**。

56.16 对于名词短语中的分词来说——

- 如果短语表达特定的实体，那么否定词就用 **οὐ**，例如：ὁ οὐ βαίνων[那个不在行走的人]；
- 如果短语表达完整的某一类（类属含义，见 52.48），那么否定词就用 **μή**，例如：ὁ μὴ βαίνων[任何一个不在行走的人]。

注一：对于名词和实词化的形容词而言，μή 的这种类属性用法也很常见，例如：οἱ μὴ πλούσιοι[任何不富有的人]、ὁ μὴ ἰατρός[任何一位不是医生的人]。这种类属性用法也常见于使用直陈式的限制性关系从句，见 50.19。

56.17 情状性分词（连结分词或者独立属格）的否定词通常是 οὐ。但如果分词具有条件含义，那么否定词就用 μή（见 52.40）。

第 57 章 ὡς 的用法总结

ὡς 作连词

57.1 在以下情况中，ὡς 用作连词——

• 在比较从句中，作为关系副词的 ὡς（还有 ὅπως、ὥσπερ 和 καθάπερ）意为如同、好像，母句可带可不带 οὕτω(ς)，见 50.37：

ὡς ἔοικε 如它看起来的那般；

ὡς ἐμοὶ δοκεῖ 就像在我看来的那样。（《佩战》1.3.3）*

(1) ἐκέλευσε δὲ τοὺς Ἕλληνας ὡς νόμος αὐτοῖς εἰς μάχην οὕτω ταχθῆναι. 而[居鲁士]命令希腊人以这种方式列阵，就如同他们在战斗中的习惯那样。（色《上》1.2.15）

πῶς 引导的疑问（ὥσπερ 引导的更加常见）可由 ὡς 来回答：

(2) ΘΕ. πῶς τοὺς θανόντας θάπτετ' ἐν πόντῳ νεκρούς; | :: ΜΕ. ὡς ἂν παρούσης οὐσίας ἕκαστος ᾖ.

忒欧克吕美诺斯：你们如何埋葬死于大海的人？墨涅拉奥斯：就好像每个人在财富许可的范围内可以的那样。（《海伦》1252–1253）

注一：比较时间从句（由 ὡς ὅτε[好像；如同]引导）见 47.17；比较条件从句（由 ὡσ(περ) (ἄν) εἰ[好像；如同]引导）见 49.22–24。

• 在意为言说等等的动词后引导间接陈述，相当于英语中的 that、how，见 41.4–6，例如：

λέγει ὡς ... 他说……

• 引导间接感叹，见 42.9–11，意为如此、多么，例如：

θαυμάζω ὡς ... 我惊异于……如此/多么……

• 引导勉力从句，带将来时直陈式（不及 ὅπως 常见），相当于英语中的 that，见第 44 章；

• 引导目的从句，带虚拟式（在历史序列中则带祈愿式），有时带有 ἄν，意为以使、旨在，见第 45 章，例如：

(3) καὶ ἅμα ταῦτ' εἰπὼν ἀνέστη, ὡς μὴ μέλλοιτο ... τὰ δέοντα.

并且，在说完这些话的同时他站了起来，以免耽搁必须[做]的事情。（色《上》3.1.47）

• 引导结果从句（不及 ὥστε 常见），带不定式或者独立句的语式，意为从而、以至于，见第 46 章，例如：

(4) ... ὑψηλὸν δὲ οὕτω ... ὡς τὰς κορυφὰς οὐκ οἷα τε εἶναι ἰδέσθαι.

而[阿特拉斯山]如此之高以至于不能看到山顶。(《原史》4.184.3)

• 引导时间从句，意为在……之后、在……时和一……就，尤其见于 ὡς (...) τάχιστα[一……就]这一表达，见第 47 章，例如：

(5) ὡς τάχιστα ἕως ὑπέφαινεν, ἐθύοντο.

黎明一出现，他们就献祭。(色《上》4.3.9)

(6) ὡς διαβαίνειν ἐπειρᾶτο ὁ Κῦρος ... , ἐνθαῦτα ...

当居鲁士试图跨过……，这时……(《原史》1.189.1)

• 引导一个新的句子，带有原因含义，表达前一个表述的动机，意为因为，见 48.5。

ὡς 作副词

57.2 在以下情况中，ὡς 用作副词——

• 引导直接感叹，意为多么，修饰形容词、副词或动词，见 38.47，例如：

(7) ὡς πολλὸν ἀλλήλων κεχωρισμένα ἐργάσαο.

你做出了多么彼此矛盾不合的事情啊！(《原史》7.46.1)

• 带最高级，意为尽可能，例如 ὡς κράτιστα[尽可能有力]；

• 带分词，给出主观的理由或动机(意为因为、考虑到)，给出意图(带将来时分词，意为以使、旨在)，或者表达比较(意为好像、如同)，见 52.39、52.41、52.43，例如：

(8) ταύτην τὴν χώραν ἐπέτρεψε διαρπάσαι τοῖς Ἕλλησιν ὡς πολεμίαν οὖσαν. [居鲁士]把这片土地交给希腊人去劫掠，因为[这地方与他]为敌。(色《上》1.2.19) **

(9) παρεσκευάζοντο ὡς πολεμήσοντες.

[雅典人]做好了战斗的准备。(《佩战》2.7.1) **

(10) λέγουσιν ἡμᾶς ὡς ὀλωλότας.

他们把我们说得好像已经丧亡了。(埃《阿》672)

• 在各种习惯性表达中带不定式，例如：ὡς (ἔπος) εἰπεῖν[可以说；简直；几乎]，见 51.49；

• 在诗歌中表达愿望，意为但愿，见 38.38；

• 带数词或者表示程度的单词，意为大约、左右，例如：

(11) ὁπλίτας ἔχων ὡς πεντακοσίους

拥有大约五百名重装步兵。(色《上》1.2.3)

注一：ὥς（重音如是，但在有些情况下亦作 ὧς）是指示副词，意为如此、这般，对比 οὕτω(ς)[如此；这般]、ὧδε[以这种方式；如此]。尤其要注意 ὥς 在以下特定组合中的用法：

καὶ ὧς 即便如此；

οὐδ᾽ ὧς 即便如此……也不。①

类似地，还有：

ὡσαύτως 以同样的方式。

ὡς 作介词

57.3 在用作介词时，ὡς 支配宾格，意为对着、朝向，仅用来表达朝向某人的动作，见 31.9，例如：

ὡς Σωκράτη 向苏格拉底。②

① 见 52.18 例句 60、59.23 例句 34。

② 原书所举的这个例子可能不完全妥当。在古典希腊语文献中，ὡς Σωκράτη 仅见于《苏格拉底的申辩》38c：οὐ πολλοῦ γ᾽ ἕνεκα χρόνου, ὦ ἄνδρες Ἀθηναῖοι, ὄνομα ἕξετε καὶ αἰτίαν ὑπὸ τῶν βουλομένων τὴν πόλιν λοιδορεῖν ὡς Σωκράτη ἀπεκτόνατε, ἄνδρα σοφόν[其实，因为时间不多了，雅典的人们啊，你们被那些意图责难这座城邦的人点名并控告——你们杀害了智慧的男人苏格拉底]。在这个句子中，ὡς 是连词而非介词。另外，这里的 αἰτίαν ἔχειν 相当于 αἰτιᾶσθαι 的被动态。

第三部分　语篇连贯

第 58 章　引　言

连　贯

句子和文本

58.1　本书第二部分论述的各种语法现象几乎都发生在单个句子的层面。然而，当人们在进行口头或书面交流时，通常并不仅仅使用单独一个句子。实际上，这些句子组合为更大的整体：发话人可通过叙述一系列独立事件来讲述一个全面完整的故事，也可用证据和解释来表达和支撑一种主张，还可以通过描述一个人或事物从而对各种相关的方面作出评论，诸如此类。概而言之，人们在相互交流时通常说出或写下完整的文本，其篇幅从几个句子至完整的讲辞或著作不等。

58.2　构成文本的句子并不是随机组合在一起的——文本不可能只是其各部分的总和。其实，当我们听到或读到一个文本时，会本能地寻找各个句子之间的关系，亦即寻找语篇连贯（textual coherence）。

如以下两个句子所示，初看之下，它们只不过是两个随机放在一起的断言：

(1) 下雨了。

(2) 克珊提璞佩待在家里。

然而，我们会禁不住把这两个句子合一起，视作连贯而有意义的文本。当我们这样做时，就能轻而易举地发现它们的关系。如果我们把这两个句子连在一起读——

(3) 下雨了。克珊提璞佩待在家里。

我们就能解释说，前一个句子为后一个句子提供了原因：下雨解释了为何克珊提璞佩待在家里。

这两个句子的连贯可通过添加一个连接二者的单词而得以明确：

(4) 下雨了。因此克珊提璞佩待在家里。

在这个新的文本中，因此这个词明确表示这两个句子之间存在因果关系。在表达因果关系时，并不必须使用因此这个词，但是发话人或写作者可以通过这一方法帮助他的受话人更容易地理解文本。

片段之间的关系　层级结构　互动关系

58.3　在以下两个例句中，因此这个词也表明文本的两个片段之间存在因果关系，与例句 4 相仿：

(5) 下雨了。因此街道潮湿。[这个因此相当于此即……的原因]

(6) 街道潮湿。因此下雨了。[这个因此不等于此即……的原因]

在例句 5 中，我们可以说两个句子存在因果关系——雨水造成街道潮湿。但是例句 6 中的因果关系则大相径庭：街道潮湿并不是下雨的原因，毋宁说，例句 6 的发话人使用因此来解释他为何可以说下雨了。注意，这里的下雨了可以改作肯定下[过]雨了。

通常而言，在文本中表达连贯的方法尤其会在后一层面上得到运用：它们并不涉及文本所描述的世界中的各种关系或实体，而涉及文本片段之间的关系。这些关系包括解释、辩护、推论和详述等等。古希腊语的连接性小品词（见 59.7–39）尤其常用来表达这些关系。

58.4　依照层级结构（hierarchy）来思考文本片段之间的关系常常十分有用：如果一个文本片段得到另一个文本片段的解释、支持或详述等等，那么前者就可能比后者居于更核心的地位或者说比后者层级更高。许多表达连贯关系的标志具有一种相当抽象的表达层级结构的功能，在不同的语境中有各种不同的效果，例如：

(7) 二二得四。因此四除以二等于二。[第一个句子在逻辑上导致了第二个句子，从而支持后者：因此表达过渡到结果，第二个句子在层级结构上是更高的文本片段]

(8) 璞剌克撒戈剌离家迟了。因此她错过了城邦大会。[这个小故事的核心是璞剌克撒戈剌错过了城邦大会；她离家迟了这一事实是我们需要用来理解这一核心的信息；因此表达向这个更核心的片段过渡]

(9) 那些就是他关于那件事情所说的。因此让我们来审查他所说的是否为真。[第一个句子似乎结束了前一个文本片段，发话人随后转向后一个与他想做的事情更相关的部分；因此标志着这一过渡]

注一：当然，例句 8 的“离家迟”与“错过城邦大会”有因果关系。不过，虽然这种因果关系常常用因此来表达，但它也可被视作一种更基础的功能（这一功能表明某些类型的[层级结构上的]文本关系）的某一个可能的例子。

从而，诸如原因、解释和辩护等等的含义有时可被视作更抽象的基本文本功能的副产物。另一个使情况复杂的因素是，连贯文本的方法常常随时间的推移而改变其功能——原本表达特定含义（比如原因）的单词可能变为表达更抽象的文本关系（比如文本的层级结构关系）的标志物，但在某些情况下则保留其原本的功能。

58.5 在文本片段之间的关系之外，还有一些表达连贯的标志物作用于发话人、受话人和文本之间的互动，例如：

(10) 下雨了。毕竟，街道湿了。

与例句 6 相仿，毕竟一词也用来解释发话人为何可以说下雨了。但这个词似乎不限于此：毕竟诉诸受话人知道下雨了，或者至少诉诸受话人愿意接受街道潮湿这一事实。除此之外，发话人还可使用这种互动方法来表达他们自己对某一点的承诺，预先防止发话人可能会有所疑虑或者表示拒绝，等等。

表达连贯的方法

58.6 本书第三部分的四章内容论述的是古希腊语在句子之间建立连贯的各种语言学线索。如果不从分析句子的层次扩展到分析更大的文本单位的层次，那么就无法完全理解古希腊语语法的许多方面——

- 代词：在 29.28 中，我们讨论了指示代词 ὅδε、οὗτος、ἐκεῖνος 和 αὐτός 的非主格形式的后指性用法和前指性用法。是否可用代词来指称一个人、应该用哪个代词来指称，这些问题在很大程度上取决于我们通过前文在何种程度上熟悉了相关人物，汉语和英语中亦然，例如：

  (11) 克珊提璞佩庆祝了生日。她收到了许多礼物。

  在这个例句中，“她”显然指克珊提璞佩。但我们只能通过观察语境来确定这一点（若无第一个句子，我们就不知道“她”指谁）。

  同样，就区分对比性人称代词和非对比性人称代词（见 29.1）而言，语境也很重要——对代词的其他几种用法而言亦然。

- 时态：在 33.49–51 中，我们探究了未完成时在叙述中搭建框架的可能方式——由不定过去时表达的推动叙事发展的其他事件就发生在这一框架中。未完成时引出了还发生了什么这一问题，后续的语境则回答这一问题。我们还看到，历史现在时用来标志叙事中的决定性事件（见 33.54）。因此，对于认识发话人或写作者如何按层级（见 58.4）组织文本而言，时态至关重要。如第 61 章所示，时态的用法还会根据发话人组织文本时所抱有的特定交流目的而发生明显变化。由此，对于理解发话人试图达成的目的而言，时态也十分重要。

- 小品词：许多古希腊语小品词（无词形变化的短小单词）搭建起句子之间的各种关系，类似于因此、从而（见上文例句）。它们被称作连接性（connective）或文本建构性（text-structuring）小品词。另一类小品词使得发话人能够借以向受话人表达应该如何看待自己的信息——视作事实、非事实、重要信息还是期待受话人认同的信息，等等。这些小品词被称作态度性（attitudinal）小品词或者互动性（interactional）小品词。第三类小品词详细说明一些表达或其中的部分所适用的程度，被称作辖域小品词（particle of scope）。小品词详见第 59 章。

- 词序：在古希腊语中，各个成分的顺序常常由它们的重要性以及它们为文本提供的信息的“新鲜度”决定。因此，在描述一个句子的词序时，至关重要的是去观察这个句子所在的语境。词序详见第 60 章。

如上所言，如果不对更长的文本片段加以研究，我们就无法完全理解这些因素如何共同建立语篇连贯。正因为如此，我们在第 61 章研究四段文本——在分析这些更长的文段时，上文提到的各种因素都有所涉及，并且不限于这些内容。

文本类型

58.7 第 61 章的选文代表了不同的文本类型（type of text）。33.13 提到了叙述性文本与非叙述性文本的重要差异，不过，更细致的区分会有所助益：讲故事的人、描绘风景的人和在辩论中为某一主张辩护的人会以不同的方式建构文本。这些文本类型的差异包括但不限于它们如何随着时间推进、它们如何涉及所论及的实体，还包括发话人和受话人在文本中“可见”的方式。

58.8 在各种类型的文本中，首要的区分是独白性（monological）文本和对话性（dialogical）文本——

- 在独白性文本中，文本的脉络由单独一位发话人或写作者掌控，他把句子串联在一起，用以构成一个更长的叙事、论述等等。

- 在对话性文本中，两个或更多的对话者共同构建文本，他们交流各种事实、观点和指令，并且常常试图说服对方相信/做某事。对话性文本常常具有这些特征（至少比独白性文本常见）：包含多种形式的语式和时态、常常出现态度性小品词（见 59.40），而且会使用第一和第二人称。

虽然独白性文本与对话性文本的差异显而易见，但最好还是把独白性和对话性视作相对的概念，而非绝对的两端。在对话性文本中，单个对话者可能会将其发言扩展为长篇大论以至于几乎像独白一样，与此相对，即使是属于单一发话人或作者的长篇大论也可以显示出听者的存在（例如针对特定听众的演说辞、写给一位友人的书简），这都会影响文本的谋篇布局和呈现方式。

58.9　另外，我们可以通过文本所属的各种用法来区分文本：讲故事、描述对象/刻画人物性格、提供信息以及加以说服，等等。我们这里根据这些功能大致区分三种常见于古希腊语文献的文本类型：*叙述*、*描述*和*论述*（但不限于此，我们还可以区分出其他多种文本类型）。

- 在*叙述*（narrative）中，发话人讲述一串连续的事件，通常发生在过去。在通常情况下（不考虑闪回和闪前），这些事件按照时间顺序叙述，这意味着主句中的许多限定动词推动叙述随着时间向前发展。不过，发话人可以通过时态的选择和从句的频繁运用来表达背景事件。叙述中突出的人物通常是有限的，他们反复出现，只是方式不同。发话人本身可能是也可能不是故事的参与者（叙述可以第一人称或第三人称的形式来呈现）。
- 对人或事物的*描述*（description）则不同于叙述，通常不随时间发展——在描述中，发话人依次讨论人或事物的几个方面，从而枚举这些方面。尽管描述可以设定在现在或过去，但是时间的流逝在其中无所影响，通常就导致描述性文段总是使用同一种时态（现在时或未完成时）。各个项的描述顺序常常取决于空间（比如，描述可以从远到近愈发详细地呈现对象，也可以从事物的顶部描述到底部，反之亦然）。由于在描述中讨论了多个方面，因此在整个文本中常常会引入新的实体。
- 在*论述性文本*（argumentative text）中，发话人用证据、解释等等来支撑一个或多个主张。论述中的主张常常带有普遍的有效性，从而常常使用现在时。论述常常具有复杂的层级结构，其中包含各种连接性小品词。由于论述意在说服某人相信/做某事，因此可能屡屡涉及论述所指向的受话人——比如使用动词的第二人称形式以及态度性小品词。

58.10 文本中可能有多种形式（独白性、对话性）和功能（叙述性、描述性和论述性等等）的组合，第 61 章讨论了四个文段作为示例。我们需要注意，文本很少直接对应于上文的归纳，常常混在一起。比如，描述常常是更长的叙述的一部分，而叙述则可能通过为某一主张给出证明其可行性的例子来支持这个主张，从而更具论述性，诸如此类。就这一点而论，第 61 章讨论的四个代表性文段绝非纯粹的叙述性文本、描述性文本等等的范例。

注一：上文所述的几种不同的文本类型的概念不同于体裁（genre，比如叙事诗、肃剧、谐剧、琴歌、史书和哲学对话等等），但它们并非与体裁毫无关联。任何一种体裁的作品都可能以各种不同的文本类型为特征，尽管特定的文本类型往往在特定的体裁中大量出现——比如，史书主要由叙述性和描述性内容组成，哲学对话中有许多论述性内容，等等。

58.11 在第 61 章中，我们试图说明多方面的因素，它们使得四个范例文段成为组织起来的有意义的文本：这一相互作用不仅发生在上文提到的各种特征（代词、时态、词序和小品词）之间，还在其他诸多语法特征之间。整个 61 章都会出现涉及全书相关章节的交叉引用。

第 59 章 小品词

引 言

小品词的含义、功能和类型

59.1 小品词（particle）通常被视作不同于副词、连词和感叹词（οἶμοι[哎哟]、ἔα[啊！哦！]和 ἒ ἔ[哎呀]等等）的另一类单词，尽管小品词与这些词类有相当大的交集。事实上，我们几乎无法泾渭分明地区分小品词与副词或连词。

注一：连接性小品词 καί、ἀλλά、τε 和 ἤ 实际上常常明确地用作并列连词。

小品词与副词的分界线尤其模糊不清，因为，从句法功能的角度说，小品词一般可以被描述为在句子的不同层面上起作用的分离状语和连接状语（偶尔还作为下加状语，这些术语见 26.15）。

在一些情况下，一个词条的一些用法被认为属于一种词类，而其他用法则属于另一词类（比如 αὖ 有时作为副词，有时作为连接性小品词）。

被归为小品词的单词都具有以下形式上的特征——

- 比较短小（大多数小品词只有一个或两个音节），并无屈折变化，一般情况下不是派生词（见 23.1）；
- 要么是后置词，要么是前置词（见 60.5–6）。

59.2 小品词常常在另一个层面上具有含义，不同于 οἰκία[房屋]、σοφία[智慧]、βαίνειν[步行]和 ἀνδρεῖος[勇敢的]。这四个单词涉及文本所描述的世界的实体、动作、关系或性质（所指性含义[referential meaning]）。小品词其实表达的是功能性含义（functional meaning）：它们用来表达文本本身的特定部分如何相互关联，或者表达文本如何与发话人和受话人的态度和期待产生关系（见 58.3–5）。

注一：由于古希腊语小品词表达功能性含义（通常相当抽象）而非所指性含义，并且由于汉语和英语中并不总是有功能完全相同的词，因此在译文中常常无法逐字对应地译出某些古希腊语小品词。在不同的语境和/或文本类型（见 58.7–11）中，某个小品词的同一种基本功能可以有不同的含义，因此就可能产生不同的译文。

我们有时难以确定一个古希腊语小品词的准确功能，尤其是因为，这些功能也可能发生变化并且随着时间的推移而变得更加模糊不清。此外，学者们并不总能就某个小品词的功能达成一致的看法。

59.3 小品词可分为如下三类（后文的论述也分为这三个部分）：

• 连接性（connective）小品词，亦即文本建构性（text-structuring）小品词，主要表达各个文本片段[的内容]之间的关系：

ἀλλά、αὖ、γάρ、δέ、ἤ、καί、καίτοι、μέν、μέντοι、νυν、οὐδέ/μηδέ、οὔκουν/οὐκοῦν、οὖν、οὔτε/μήτε、τε、τοιγάρ、τοιγαροῦν、τοιγάρτοι 和 τοίνυν（见 59.7–39）；

• 态度性（attitudinal）小品词，也称作情态（modal）小品词或互动性（interactional）小品词，主要表达发话人对其所述内容的态度，或者表达发话人针对受话人对待这一内容的态度的预期：

ἄρα、ἆρα、δή、δήπου、ἦ、μήν、που 和 τοι（见 59.40–51）；

• 辖域小品词（particle of scope），决定一个表达的内容对于特定成分的适用性：

γε、γοῦν 和所谓的副词性的 καί，还有 περ（见 59.52–56）。

注一：在几种情况下，小品词可能既是连接性的，也是态度性的，并且有时难以明确区分这两者——如果这种小品词被认为是用来防止出现散珠格（见 59.9），那么关于它的论述就置于连接性小品词的部分（不过，连接性的 δή 和 μήν 则连同其态度性用法一起论述，分别见 59.44 和 59.49）。连接性小品词和态度性小品词常常统称作语篇小品词（discourse particle）。

注二：本章不论述 ἄν，这个小品词见第 55 章。

小品词组合

59.4 小品词组合（particle combination）特别常见，例如：ἀλλὰ μήν、μὲν οὖν、καὶ δή 和 ἦ μήν。这些组合的含义并不总能简单地视作各个部分之含义的累加，因为某些[相对]固定的组合产生了特定的用法。这种小品词组合另作论述，见 59.57–76。

一些小品词组合相当固定，以至于其用法很可能不让人觉得是两个小品词，事实上也惯于写成一个单词，例如：

καίτοι（καί + τοι）、μέντοι（μέν + τοι）、τοίνυν（τοι + νυν）和 δήπου（δή + που）。

在后文中，这四者视作单个的小品词，其他的视作小品词组合。

小品词组合中也常带有否定词，传统上也写成一个单词，例如：οὐδέ、οὔτε 和 οὐκοῦν。在后文中，它们也被视作单个的小品词。

小品词的位置

59.5 许多小品词是后置词（postpositive），无法作为分句的开头，亦即它们在其所修饰的分句或词组之后，在第二位置（详见 60.7–12）。这些后置性小品词是：

ἄρα、αὖ、γάρ、γε、γοῦν、δέ、δή、δήπου、μέν、μέντοι、μήν、νυν、οὖν、περ、που、τε、τοι 和 τοίνυν。

59.6 其他小品词是前置词（prepositive），亦即它们一般在其所修饰的分句或词组之前（详见 60.13）。这些前置性小品词是：

ἀλλά、ἆρα、ἤ、ἦ、καί 和 καίτοι，以及 οὐδέ/μηδέ、οὔκουν/οὐκοῦν、οὔτε/μήτε、τοιγάρ、τοιγαροῦν 和 τοιγάρτοι。

连接性小品词

引　言

59.7 绝大多数古希腊语句子都以某种方式与其所在的语境相连，大多数情况是通过连接性小品词（connective particle）。不同的连接性小品词在其所处的文本片段与之前和/或之后的语境之间建立起不同类型的连贯（文本片段可能用不止一个连接性小品词来表达复杂的关系，并且有几种常见的组合）。

59.8 连接性小品词用来连接单个句子，但也可用来连接句子内部的各种分句、分句内部的各种成分，或者表达更大的文本章节之间的关系（这非常常见）。

59.9 在古希腊语文本中，不用任何小品词来连接句子的情况相对罕见。这种现象称作散珠格（asyndeton），并且只在特定的情况下出现（例子见第 61 章）。

注一：“相对罕见”这一描述适用于单个发话人表达的句子间的过渡：一个发话人用小品词来连接另一发话人的句子的情况远非常规做法，尽管这并不少见。

59.10 大多数连接性小品词都具有相当抽象的功能，从而表达文本片段之间的大致关系（常常是层级结构关系，见 58.4）。在不同的语境中，这些宽泛的功能可能造成不同的特定含义和译文。

比如，小品词 **ἀλλά** 具有的宽泛的基本功能是替代或纠正：ἀλλά 引导的新的文本片段或者其中的一个成分——亦即主导性片段——替代了之前的文本片段或者其中的一个成分。在不同语境中，这一基本功能表现出多种具体的含义，例如：

(1) δοκεῖτε ... μοι νήφειν. οὐκ ἐπιτρεπτέον οὖν ὑμῖν, ἀλλὰ ποτέον.

你们在我看来清醒未醉。因此，你们不该获准[做此事]，而是应该喝[下去]。(《会饮》213e) [替代明确的成分：ἀλλά 用一个明确的替代物（ποτέον）替代另一个成分（ἐπιτρεπτέον），这在 οὐ X, ἀλλά Y(不是……而是)这样的惯用语中很常见，此时的 ἀλλά 是并列连词]

(2) ΦΙ. διατρώξομαι τοίνυν ὀδὰξ τὸ δίκτυον. :: ΒΔ. ἀλλ' οὐκ ἔχεις ὀδόντας. **菲洛克勒翁**：那么我就用牙咬破这网。**卜得吕克勒翁**：可是你没有牙齿。(《马蜂》164–165) [ἀλλά 替代预设的情况：菲洛克勒翁宣称他会使用牙齿，这预设了他先要有牙齿，而 ἀλλά 纠正了这一预设]

(3) Εἰπέ, ὠγαθέ, τίς αὐτοὺς ἀμείνους ποιεῖ; :: Οἱ νόμοι. :: Ἀλλ' οὐ τοῦτο ἐρωτῶ, ὦ βέλτιστε, ἀλλὰ τίς ἄνθρωπος; **苏格拉底**：说吧，好人啊，谁使他们更好？**美勒托斯**：法律。**苏**：但我不是问这个，最好的人哦，而是[问]哪个人[……]？(《申辩》24d–e) [替代隐含的成分：第一个 ἀλλά 纠正美勒托斯答复中隐含的想法：苏格拉底的问题得到了满意的回复；第二个 ἀλλά 与例句 1 中的相仿，也替代明确的成分]

(4) ΣΩ. πειρῶ ἀποκρίνεσθαι τὸ ἐρωτώμενον ᾗ ἂν μάλιστα οἴῃ. :: ΚΡ. ἀλλὰ πειράσομαι. **苏格拉底**：请你尝试回答所问之事，以你认为最好的方式。**克力同**：我当然会尝试。(《克力同》49a) [在这里，ἀλλά 打消了克力同不会满足苏格拉底的请求（苏格拉底在请求时尚未得到答复）这一隐含的可能性，而保证会满足这一请求；从而，克力同暗示，他乐意转向这些问题，并且苏格拉底无需为他提出的初步请求而担心]

(5) οὐκ ἀντέτεινον ἀλλ' εἶκον, μέχρι ὅσου κάρτα ἐδέοντο αὐτῶν ... · ὡς γὰρ δὴ διωσάμενοι τὸν Πέρσην περὶ τῆς ἐκείνου ἤδη τὸν ἀγῶνα ἐποιεῦντο ... ἀπείλοντο τὴν ἡγεμονίην τοὺς Λακεδαιμονίους. ἀλλὰ ταῦτα μὲν ὕστερον ἐγένετο. τότε δὲ ... [雅典人]没有抗拒，而是放弃了[对领导权的要求]，只要[希腊人]相当需要他们；因为当他们事实上逼退波斯人而且已经在后者的[地域]作战的时候，他们就从拉刻代蒙人那里夺走了领导权。不过这些是后来发生的事。而那时……(《原史》8.3.2–4.1) [第二个 ἀλλά 替代语篇话题：由于希罗多德想回到他之前留下的叙事线，他便用 ἀλλά 打断关于雅典人后续行动的叙事；第一个 ἀλλά 替代一个明确的成分]

注一：ἀλλά 的功能取决于具体的语境，从而可能有非常多样的译文：但是、不、毋宁、然而、相反，在某些情况下还可译作亦然、无论如何、当然、好吧等等。如上所言（见 59.2 注一），一个古希腊语小品词在汉语和英语中往往没有单一的对应物，因此译文常常依赖于我们如何分析具体的语境（包含文本类型，见 58.7–11）中小品词的用法，还依赖于小品词的基本功能。

我们下面给出连接性小品词的宽泛的抽象功能以及具体语境中某些常见的含义。括号中给出的是推荐的可能译文（但不限于此）。

连接性小品词的用法

ἀλλά 的用法

59.11　ἀλλά 的基本功能是替代、纠正和排除，亦即纠正一个明确或不明确的成分，并且以另一个成分代替——

- [在句子之中作为并列连词：]纠正明确的成分：οὐ A, ἀλλά B 意为不是甲，而是乙（而是、毋宁、并不、相反）；
- 纠正前文中不明确的或预设的成分（但是、相反）；
- 中断语篇的一个特定话题并代之以新生话题（好吧、然而、无论如何、到此为止）；
- 在对话中也常见于命令或请求，暗示之前的对话中断并且受话人应该转向眼下新的内容（但是、好吧、现在、到此为止）；
- 在对话中亦见于回答，暗示不需要更多地关注引出答案的语境或其中的成分（但是、好吧、当然）。

例句见 59.10。

59.12　ἀλλά 有时用于主句，纠正或代替前方的从句或其中的成分（即所谓的结论性的[apodotic]**ἀλλά**），例如：

(6) νῦν ὦν ἐπειδὴ οὐκ ὑμεῖς ἤρξατε τούτου τοῦ λόγου, <u>ἀλλ᾽</u> ἡμεῖς ἄρξομεν.

于是，既然现在你们没有开启这番对话，那么就会由我们来开启。（《原史》9.48.3）[ἀλλά 在接续 οὐκ (ὑμεῖς) 的时候用“我们”（主句中的对话发起者）替换掉 ἐπειδή 从句中的“你们”][①]

由于结论性的 ἀλλά 在句法上并没有连接性功能（删除后并不影响句法），因此这一用法的 ἀλλά 常常被称作副词性的（adverbial）**ἀλλά**；然而，其基本功能（亦即替代等等）在根本上并无不同。

---

① 校勘本上多作 ἄρχομεν 而非 ἄρξομεν，后者是某些抄本提供的异文。

ἀτάρ 的用法

见 59.18 关于 δέ 的论述。

αὖ 和 αὖτε 的用法

59.13 αὖ(τε) 是后置词，其基本功能是转换到不同的话题——它标志着发话人正在转向另一个相关的语篇话题（话题见 60.25；比如一个较大群组中的第二、第三个成员，或者一个对立的观念等等）；这个小品词常常与 δέ 一起使用——

- 在论述性和描述性文本中（叙述性文本中不常见），αὖ(τε) 转向一个不同的相关话题（反而、再者、另外、在另一方面、于是、就……而言、此外）；
- 在疑问句中引导一个不同的相关话题（那么……呢？转而、反而、在另一方面、就……而言）。

(7) τὰ μὲν καθ᾽ Ἑλένην ὧδ᾽ ἔχει· σὲ δ᾽ <u>αὖ</u> χρεών, | Ὀρέστα, ... Παρράσιον οἰκεῖν δάπεδον. 关于海伦的事情就是如此。而至于你，俄瑞斯忒斯，则必须在帕尔剌西阿的大地上居住。（欧《俄》1643–1645）[①]

(8) Τὸ ἐπιμελεῖσθαι καὶ ἄρχειν ... καὶ τὰ τοιαῦτα πάντα, ἔσθ᾽ ὅτῳ ἄλλῳ ἢ ψυχῇ δικαίως ἂν αὐτὰ ἀποδοῖμεν ... ; :: Οὐδενὶ ἄλλῳ. :: Τί δ᾽ <u>αὖ</u> τὸ ζῆν; οὐ ψυχῆς φήσομεν ἔργον εἶναι; 苏格拉底：在照管、统治以及所有诸如此类的事情方面，存在灵魂之外的其他东西吗——我们能正义地把这些托付给它？特剌叙玛科斯：并无他物。苏：那在生活方面又是如何呢？我们不该宣称[这]就是灵魂的功用吗？（《邦制》353d）

注一：αὖτε 仅用于[早期]诗歌，αὖ 则用于其他地方。

注二：αὖ 和 αὖτε 也有纯粹的副词性用法，意为再次、第二次。

γάρ 的用法

59.14 γάρ 是后置词，其基本功能是引出附带的文本片段——带有 γάρ 的文本片段用来解释语境，为语境提供动机，详述语境，或者为语境举出例证。γάρ 片段所提供的信息协助阐释之前的文本片段中的信息（也可以是之后的文本片段中的信息，但这种情况少见得多）：

- 在论述性文本中，γάρ 提供支持性的论述、解释等等（因为、其实、毕竟、比如，有时也可不译出或者以冒号表达）；
- 在叙述性文本中，γάρ 提供关于某些特征、实体或事件的解

---

① 形容词 Παρράσιος 派生自地名 Παρρασία。

释性的背景信息，或者给出特定行为的动机，等等（因为、其实，有时也可不译出或者以冒号表达）；

• 在对话中，一位发话人可以用 γάρ 来连接自己的话与另一位发话人的话（尤其是在回答问题时，γάρ 的出现常常暗示是的或不是，从而为回答提供解释；可译作是的/不是，因为……、[你这样说是]因为）。

• 在对话中，γάρ 也常见于某些短小的习惯性疑问（见 38.19 注二）。

πῶς γὰρ οὔ; / τί γὰρ οὔ; 当然了/肯定的。[直译：因为怎么不呢？]

πῶς γάρ; / τί γάρ; 当然不是。[直译：因为怎么会呢？]

οὐ γάρ; 不是吗？

(9) οὐ περὶ τῶν ἴσων ἀγωνίζομαι· οὐ <u>γάρ</u> ἐστιν ἴσον νῦν ἐμοὶ τῆς παρ' ὑμῶν εὐνοίας διαμαρτεῖν καὶ τούτῳ μὴ ἑλεῖν τὴν γραφήν.

我并非在[与埃斯奇内斯]同等的[意义]上打官司——因为失去你们的善意如今对我而言[的意义]不同于没胜诉对他而言[的意义]。（德《演》18.3）[γάρ 分句解释之前的断言]

(10) τὸν μὲν ἀμφὶ τὸν χειμῶνα χρόνον διῆγεν ἐν Βαβυλῶνι ἑπτὰ μῆνας· αὕτη <u>γὰρ</u> ἀλεεινὴ ἡ χώρα.

大约在冬季的时候，[居鲁士]会在巴比伦度过七个月，因为这是一片温暖的土地。（色《教》8.6.22）[在叙述性文本中提供解释性的背景信息]

(11) ἀλλ' ὁ μέν, ὡς καὶ πρότερόν μοι εἴρηται, ὁδῷ χρεώμενος ἅμα τῷ ἄλλῳ στρατῷ ἀπενόστησε ἐς τὴν Ἀσίην. μέγα δὲ καὶ τόδε μαρτύριον· φαίνεται <u>γὰρ</u> Ξέρξης ἐν τῇ ὀπίσω κομιδῇ ἀπικόμενος ἐς Ἄβδηρα. 不过，也就像我先前所说的那样，他取道陆路，与其余部队一同回到了亚细亚。另外还有这个有力的证据：克色尔克色斯显得在返回途中到过阿卜得剌。（《原史》8.119–120）[γάρ 引出信息（克色尔克色斯到访阿卜得剌，此地在回波斯的陆路而非海路上），这一信息充当希罗多德所宣称的支撑性证据（τόδε μαρτύριον）；注意，这里的 γάρ 可以用冒号来呈现]

(12) ΧΟ. ἀλλὰ κτανεῖν σὸν σπέρμα τολμήσεις, γύναι; | :: ΜΗ. οὕτω <u>γὰρ</u> ἂν μάλιστα δηχθείη πόσις. 歌队：可是，夫人，你会狠心杀死自己的后代吗？美狄亚：是的，因为这样一来，[我的]丈夫就会受到最强烈的刺激。（欧《美》816–817）[美狄亚给出一个肯定的回答并且为它提供了解释]

59.15 尽管 γάρ 引入的片段通常[仅仅]支持或解释之前的文本（如上面几个例句所示），但是，它有时也会用来预先表达有待给出的信息。发话人中断其推理或叙述的脉络，用 γάρ 提供对理解后文而言必需的信息。在这一用法中，γάρ 片段事实上有时会打断句子（作为插入语，见 26.27），例如：

(13) ἔτι τοίνυν ἀκούσατε καὶ τάδε. ἐπὶ λείαν γὰρ ὑμῶν ἐκπορεύσονταί τινες. οἴομαι οὖν βέλτιστον εἶναι ...

那么，请你们也听听这些。由于你们中的某些人要外出劫掠，因此我认为最好是……（色《上》5.1.8）[发话人色诺芬在继续给出他所宣布的建议之前先提供了背景信息，他的建议会被认为与此相关；注意，在接续其说理的主线（亦即提供建议）时，色诺芬用 οὖν（见 59.34）来过渡]

(14) ὁ Κανδαύλης ... ἐνόμιζέ οἱ εἶναι γυναῖκα πολλὸν πασέων καλλίστην. ὥστε δὲ ταῦτα νομίζων — ἦν γάρ οἱ τῶν αἰχμοφόρων Γύγης ... ἀρεσκόμενος μάλιστα — τούτῳ τῷ Γύγῃ καὶ τὰ σπουδαιέστερα τῶν πρηγμάτων ὑπερετίθετο ὁ Κανδαύλης καὶ δὴ καὶ τὸ εἶδος τῆς γυναικὸς ὑπερεπαινέων.

坎道勒斯认为，在所有女人中，他的妻子是最美艳不过的。结果，由于[他]这样认为——他的侍卫中有个巨革斯，最让人满意——坎道勒斯就把相当重要的事情透露给这位巨革斯，特别是，[他]过度称赞妻子的容貌。(《原史》1.8.1）[γάρ 片段把巨革斯引入叙述，他是后文的主角之一；γάρ 片段作插入语，夹在 ὥστε δὲ ταῦτα νομίζων 和 τούτῳ τῷ Γύγῃ 之间，后者接续被打断的句子和被中断的叙述（注意 τούτῳ 的复述性用法和主语 ὁ Κανδαύλης 的重复）][①]

在叙述性文本的某些例子中，γάρ 引入一整个嵌入的叙述以作为背景信息：

(15) τὸ μὲν Ἀττικὸν κατεχόμενον ... ἐπυνθάνετο ὁ Κροῖσος ὑπὸ Πεισιστράτου τοῦ Ἱπποκράτεος τοῦτον τὸν χρόνον τυραννεύοντος Ἀθηναίων. Ἱπποκράτεϊ γὰρ ἐόντι ἰδιώτῃ καὶ θεωρέοντι τὰ Ὀλύμπια τέρας ἐγένετο μέγα. 克若伊索斯听闻，阿提卡人被希璞珀克剌忒斯之子、当时对雅典人施行僭政的佩伊西斯特剌托斯掌控。话说，在希璞珀克剌忒斯[还]是私民并且在观看奥林匹亚赛会的时候，一场大灾异发生在他身上。(《原史》1.59.1）[γάρ 引入嵌入的叙述，提供关于希璞珀克剌忒斯和佩伊西斯特剌托斯的必要的背景信息；嵌入的叙述持续五章，在此之后希罗多德才回到关于克若伊索斯的主线故事]

插入性的 γάρ 一般也会用在称呼（呼格）之后，夹在受话人和其他内容之间，用以解释这一称呼为何指向那个特定的受话人，或者解释为何使用了那个特定的称

---

① οἱ 见 25.28。引导一个新句子的 ὥστε 见 46.6。καὶ δὴ καί 见 59.69。另见 26.27 例句 89。

呼形式，例如：

(16) ὦ δέσποτ’ — ἤδη <u>γὰρ</u> τόδ’ ὀνομάζω σ’ ἔπος — | ὄλωλα.

主上啊——因为我正在用这个词称呼你——我完了。(《海伦》1193–1194)［注意，这个 γάρ 其实不是预期性的，因为它解释的是 δέσποτ(α) 这一称呼而非 ὄλωλα；位于称呼后方的 γάρ 并非在同等的程度上是预期性的］

δέ 的用法

59.16 δέ 是后置词，基本功能是转换到一个新的不同的文本片段，常常带有话题的变换（话题见 60.25）；在古希腊语文本中，δέ 是最常见的用来连接分句和/或句子的小品词之一。它的用法是：

- 表达转向新的要点、新的论述、要讨论的新的话题或者某个较大话题的另一个方面（而、并且、现在、随后；话题改变：至于、就……而言、在……方面；表达对比：但是、而；常常不译出为宜）；
- 在叙述性文本中：表达转向叙事的新阶段、转换到不同的角色等等（而、并且、现在、随后、而至于、并且就……而言；表达对比：但是；常常不译出为宜）；
- 常常与前方的 μέν 构成小品词组合（见 59.24；ὁ μέν ... ὁ δέ、τὸ μέν ... τὸ δέ 等等，见 28.27）；
- 在对话中还见于习惯性表达 τί δέ;［怎么了？什么呀？］、τί δέ X;［而……如何呢？］；
- ὁ δέ 重新开始一个话题，这一用法见 28.28。

(17) τὸν βίον οὐκ ἐκ τῶν ἰδίων προσόδων πορίζεται, ἀλλ’ ἐκ τῶν ὑμετέρων κινδύνων. πρὸς <u>δ’</u> εὐγνωμοσύνην καὶ λόγου δύναμιν πῶς πέφυκε; δεινὸς λέγειν, κακὸς βιῶναι. 他不以个人的收入，却以你们的危险谋生。而在良好的判断以及言辞的能力上他又怎样？说话厉害，为人可恶！(埃《演》3.173–174)［埃斯奇内斯转换到要讨论的新生话题，用 δέ 来表示这点］

(18) κατὰ <u>δὲ</u> τὸν αὐτὸν χρόνον ... Εὐρυμέδων καὶ Σοφοκλῆς ... ἀφικόμενοι ἐς Κέρκυραν ἐστράτευσαν ... ἐπὶ τοὺς ἐν τῷ ὄρει τῆς Ἰστώνης Κερκυραίων καθιδρυμένους ... προσβαλόντες <u>δὲ</u> τὸ μὲν τείχισμα εἷλον, οἱ <u>δὲ</u> ἄνδρες καταπεφευγότες ... ξυνέβησαν.

而在同一个时间，厄乌律美冬和索佛克勒斯在到达科西拉岛后向那些驻扎在伊斯托内山的科西拉人发动进攻。他们攻打过后拿下了堡垒。［科西拉］人溃败逃命，达成了［投降］协议。(《佩战》4.46.1–2)［第一个 δέ 标志着叙述中的切换，修昔底德从公元前 425 年的一个事件转向另一个事件；后者中的第二阶段（攻占堡垒）由另一个 δέ 引出；叙述的主题随后转向（如第三个 δέ 所示）那些逃亡、投降的科西拉人]**

(19) ἐς δὲ Προιτίδας | πύλας ἐχώρει ... | ὁ μάντις Ἀμφιάραος ... Ὠγύγια δ' ἐς πυλώμαθ' Ἱππομέδων ἄναξ | ἔστειχ' ... Ὁμολῳσιν δὲ τάξιν εἶχε πρὸς πύλαις | Τυδεύς. 先知安菲阿刺欧斯往璞若伊托斯门前进，往欧巨吉阿大门进发的则是希波美冬王，而缇丢斯在霍摩洛伊欧斯门前列阵。（欧《腓》1109–1120）[报信人报告了几座忒拜城门所面对的进攻者，关于城门和进攻者的每一项都由一个 δέ 带出][1]

(20) AN. νέα πέφυκας καὶ λέγεις αἰσχρῶν πέρι. | :: EP. σὺ δ' οὐ λέγεις γε, δρᾷς δέ μ' εἰς ὅσον δύνᾳ. | :: AN. οὐκ αὖ σιωπῇ Κύπριδος ἀλγήσεις πέρι; | :: EP. τί δ'; οὐ γυναιξὶ ταῦτα πρῶτα πανταχοῦ;

安德若玛刻：你年纪轻轻，又谈论可耻的东西。赫尔米欧内：而你的确不说，却尽你所能对我做出[这些]来。安：相反，对于塞浦路斯女神[带来]的痛苦，你不能沉默吗？赫：什么？对于女人而言，这些事情在任何地方不都是首要的么？（欧《安》238–241）[第一个 δ' 标志发话人的改变；第二个则表示从言说变为了行动；τί δ' 表达一种吃惊的疑问，其后通常紧跟另一个疑问；δύνᾳ（δύνασαι 的异体）见 12.46 注一]

注一：δέ 与 καί 的差异见 59.21。

59.17 与 ἀλλά 相似（见 59.12），δέ 有时也可用来在从句之后引出一个主句（所谓的结论性的 **δέ**），例如：

(21) εἰ δὲ συγγινώσκεαι εἶναι ἥσσων, σὺ δὲ ... δεσπότῃ τῷ σῷ ... ἐλθὲ ἐς λόγους. 而如果你承认自己更弱，就请来与你的主公议和。（《原史》4.126）[第二个 δέ 标明了不同于条件从句的主句，从而强调主句的重要性；注意，与第一个 δέ（在 εἰ 之后）不同，第二个 δέ 不连接句子，删去后不影响句子结构]**

结论性的 δέ 与结论性的 ἀλλά 相仿，在句法上也没有连接功能，因此它常被称作副词性的 **δέ**；然而，其基本功能（引入不同的文本片段）并无根本差异。

59.18 小品词 ἀτάρ 的功能与 δέ 非常相似，不过，其分隔含义常常比 δέ 强烈一点。在无法使用 δέ 的情况下常常会出现 ἀτάρ，比如与呼格同时出现的时候（常见于新的话轮[speaking turn]开头）。在语气上，ἀτάρ 可以是口语性的。例如：

---

① Προιτίς 派生自人名 Προῖτος；Ὠγύγιος 派生自地名 Ὠγυγία；Ὁμολωΐδες 派生自宙斯的绰号 Ὁμολώϊος。

(22) <u>ἀτάρ</u>, ὦ φίλε Φαῖδρε, δοκῶ τι σοί ... θεῖον πάθος πεπονθέναι;

不过，亲爱的斐德若啊，在你看来，我已经遭受了某种神圣的遭受？（《斐德若》238c）[苏格拉底此时刚结束一篇讲辞，这篇讲辞旨在与吕西阿斯较量修辞术；这里用 ἀτάρ 和呼格以隔开讲辞本身与对讲辞的评价]

ἤ 的用法

59.19 ἤ 的基本功能是表达析取/选言关系（disjunction），亦即连接两个选择支——

- 作句子之间的并列连词：连接两个作为选择支的分句或短语（或者）；第一个选择支前常常也有 ἤ（ἤ ... ἤ[不是……就是]）；ἤ 也可引导选择疑问（见 38.10）；第一个选择支前常用 πότερον（间接选择疑问中的第一个选择支也可由 εἰ 引导，见 42.4）；
- 在疑问开头表达自我纠正和/或供选择的建议（还是……？）；
- 在比较级、μᾶλλον 和 ἄλλος 的各种形式之后引导第二个比较成分（比、相较于，见 32.6–7）。

(23) ἀμαθής τις εἶ θεὸς <u>ἢ</u> δίκαιος οὐκ ἔφυς.

你是一个无知的神，或者你生来就不正义。（欧《赫》347）

(24) πρὸς ἕκαστα δὲ δεῖ <u>ἢ</u> ἐχθρὸν <u>ἢ</u> φίλον μετὰ καιροῦ γίγνεσθαι.

在每一种情况下，都应该根据情况而为敌或为友。（《佩战》6.85.1）

(25) <u>πότερον</u> συνηγόρευες τοῖς κελεύουσιν ἀποκτεῖναι <u>ἢ</u> ἀντέλεγες;

你当时赞成还是抨击那些下令处死[我们]的人？（吕《演》12.25）

(26) τίς αὐτὸν τῶν ἐπιστημῶν ποιεῖ εὐδαίμονα; <u>ἢ</u> ἅπασαι ὁμοίως;

诸多知识中的哪个使他幸福呢？抑或所有的[知识]都同等地[使他幸福]？（柏《卡》174a）

(27) τούς γε μὴν διαβόλους μᾶλλον <u>ἢ</u> τοὺς κλέπτας ἐμίσει, μείζω ζημίαν ἡγούμενος φίλων <u>ἢ</u> χρημάτων στερίσκεσθαι.

而事实上，相较于窃贼，他更厌恶诽谤者，因为他认为，相较于被夺走钱财，被夺走朋友是更大的损失。（色《阿》11.5）

注一：πρὶν ἤ 见 47.14、47.16 注一，ἦ 见 59.48。

καί 的用法

59.20 καί 的基本功能是表达增添，它连接两个成分，把后者加到前者上——

• 作为句子中的并列连词：用来连接两个单词、词组或分句（和、并且）；被连接的第一个成分前有时会有 καί，标志着后面会出现另一个 καί（第一个 καί 是副词性的，见 59.56）：καί A καί B 意为甲和乙都（两者都、既……又、亦然）；

• 连接句子（亦即开启一个句子），表示新的句子与上一个句子联系密切；比如，在叙述性文本中表示一个动作紧接着另一个动作，或者是另一个动作的直接后果（并且、以及、随后）；这一用法中的 καί 常与其他小品词组合起来（比如构成 καὶ γάρ、καὶ δή 和 καὶ μήν，这些小品词组合见 59.66–71）；

• καί 和 τε 的组合见 59.37。

(28) ταῦθ' ὑμεῖς, ὦ ἄνδρες δικασταί, ὀρθῶς καὶ καλῶς πᾶσιν Ἕλλησι καὶ βαρβάροις δοκεῖτε ἐψηφίσθαι κατ' ἀνδρῶν προδοτῶν καὶ θεοῖς ἐχθρῶν.

诸位审判员啊，在所有的希腊人和外夷看来，针对叛徒和与诸神为敌的人，你们正直且良好地作出了此项决议。（德《演》19.268）[三个 καί 分别连接 ὀρθῶς 和 καλῶς、Ἕλλησι 和 βαρβάροις 以及 ἀνδρῶν προδοτῶν 和 θεοῖς ἐχθρῶν]

(29) πολλάκις ἡ γυνὴ ἀπῄει κάτω καθευδήσουσα ὡς τὸ παιδίον, ἵνα τὸν τιτθὸν αὐτῷ διδῷ καὶ μὴ βοᾷ. καὶ ταῦτα πολὺν χρόνον οὕτως ἐγίγνετο, καὶ ἐγὼ οὐδέποτε ὑπώπτευσα.

这女人常常离开下楼，为了睡到孩子那儿，以便给他喂奶并不让他哭。而且在长时间里，这些情形就是如此，我也从未怀疑过。（吕《演》1.10）[καί 连接分句（διδῷ 和 βοᾷ）与句子；在这篇演说的叙述部分中接二连三地出现 καί，或许暗示一种“质朴的”叙述风格][①]

(30) καὶ μὴν ὁρῶ καὶ Κλειναρέτην καὶ Σωστράτην | προσιοῦσαν ἤδη τήνδε καὶ Φιλαινέτην.

瞧，我还看到克勒伊纳热忒正在过来，还有索斯特剌忒和菲莱内忒。（阿《城》41–42）[第一个人名前的 καί 是副词性的，后面两个 καί 连接其他两个人名；戏剧中标志人物登场的 καὶ μήν，见 59.71][②]

注一：副词性的 καί[也；甚至]见 59.56。

59.21 尽管 δέ 和 καί（以及 τε，见 59.37）都可译作和、而、并且，但是这些

① 介词 ὡς 见 57.3，分词 καθευδήσουσα 见 52.38。另见 33.23 例句 22。

② ὁράω 带补充性分词的结构见 52.18。

小品词作用于不同的层面：δέ 用来表达从一个文本片段/话题转换到另一个文本片段/话题（见 59.16），καί 连接涉及一个话题的几个事物，在一个较大的文本片段之中串连几个成分。καί 或 τε 与 δέ 的差异也见于下面这个例句：

(31) οὗτος ὢν ὁ Ὀτάνης ... Βυζαντίους τε εἷλε καὶ Καλχηδονίους, εἷλε δὲ Ἄντανδρον τὴν ἐν τῇ Τρῳάδι γῇ, εἷλε δὲ Λαμπώνιον, λαβὼν δὲ παρὰ Λεσβίων νέας εἷλε Λῆμνόν τε καὶ Ἴμβρον. 于是，这位欧塔内斯攻占了彼孜丹提昂人[的城市]和卡珥刻冬人[的城市]；他又攻占了特洛亚地区中的安坦德若斯，又攻占了兰珀尼昂，又从勒斯波斯人那里拿走船只后攻占了勒姆诺斯和印卜若斯。(《原史》5.26)［一些被攻占的城市由 (τε) καί 连接，另一些由 δέ 连接：这暗示出有几次不同的征服行动，彼孜丹提昂和卡珥刻冬在一次行动中被攻占，勒姆诺斯和印卜若斯在另一次行动中被攻占］

59.22 小品词 **ἠδέ**[并且]只连接句子内部的成分；在古典时期，它仅见于肃剧和琴歌。

καίτοι 的用法

59.23 καίτοι 的基本功能是向下一个文本片段过渡。从其前文的语境来看，这个文本片段补充（καί）值得注意的信息（τοι）：小品词 καίτοι 引人重新思考发话人刚才所说的内容——

- 引入异议（常常以修辞性疑问的形式出现）；καίτοι 片段表明要否定前文或其中的某个成分（可是、不过、尽管）；
- 在叙述性或论述性文本中引入背景信息：καίτοι 片段中的信息引发与上文信息相矛盾的期待（例如他不幸福，尽管他富有；与对预期的否定相反；关于后者，对比 μέντοι，见 59.27），可译作可是、不过、即便、尽管。

(32) εἰς τοῦτ᾽ ἀναισχυντίας ἐληλύθασιν, ὥστε ... τῆς ... τῶν ἄλλων δουλείας αὑτοὺς κυρίους καθιστᾶσιν. καίτοι τίς οὐκ ἂν μισήσειε τὴν τούτων πλεονεξίαν, οἳ τῶν μὲν ἀσθενεστέρων ἄρχειν ζητοῦσι; [忒拜人]已经到了如此无耻的地步，以至于他们使自己当上主人奴役他人。可是谁会不厌恶这群人的贪婪呢——他们渴望统治更弱小的人？（伊索《演》14.19–20）[反问句（暗示每个人都厌恶忒拜人的贪婪），表达对忒拜人行为的反对]

(33) καί μοι χέρ᾽, ὦναξ, δεξιὰν ὄρεξον, ὡς | ψαύσω ... | καίτοι τί φωνῶ; πῶς σ᾽ ἂν ἄθλιος γεγὼς | θιγεῖν θελήσαιμ᾽ ἀνδρὸς ᾧ τίς οὐκ ἔνι | κηλίς;

国王啊，请您再向我伸出右手，从而让我触摸[它]……可是我在说什么啊？作为一个倒霉的人，我怎么可以希望您触碰[我]这个身上有着每一种污点的人呢？（《俄科》1130–1134）[俄狄浦斯反驳了自己的请求——考虑到他的状态，这一请求看起来不合时宜；ἔνι（= ἔνεστι）的重音，见24.37；τίς οὐκ ἔνι κηλίς，见38.19注一][1]

(34) ὁ Δαρεῖός τε ἤσχαλλε καὶ ἡ στρατιὴ πᾶσα οὐ δυνατὴ ἐοῦσα ἑλεῖν τοὺς Βαβυλωνίους. <u>καίτοι</u> πάντα σοφίσματα καὶ πάσας μηχανὰς ἐπεποιήκεε ἐς αὐτοὺς Δαρεῖος· ἀλλ’ οὐδ’ ὣς ἐδύνατο ἑλεῖν σφεας.

大流士和他的整支军队都感到苦恼，因为无法征服巴比伦人。尽管大流士对他们施展了一切计策和所有手段，但即便如此他也无法征服他们。（《原史》3.152）[καίτοι 引出与前文内容相反的背景信息：大流士为打下巴比伦所作的艰苦努力通常会让人预期他会成功，但实际上他并未成功；大流士的失败在 καίτοι 片段之后又得到了重述（ἀλλ’ οὐδ’ ὥς）][2]

μέν 的用法

59.24 μέν 是后置词，其基本功能是表达不完整性或开放性。μέν 标志着其主导的文本片段本身并未提供所有的必要信息，并且它使人预期另一个紧随而至的文本片段会来作补充或者作对比——

- μέν 引发的预期几乎总是由 δέ 来具体说明：在古希腊语中，用 μέν ... δέ 来表达对比的情况非常常见（比方甲做了子，但乙做了丑），也可用来表达更为中立的罗列（甲做了子，乙做了丑，丙做了寅）；μέν 通常不宜译出，而对应的 δέ 可译作但或而；[3] μέν ... δέ 可用来平衡短语、分句或更大的文本片段；紧挨在这两个小品词之前的单词常常是对比性话题（见60.28），构成对比或罗列的基础；
- ὁ μέν ... ὁ δέ 和 τὸ μέν ... τὸ δέ 等等，见28.27；
- 除了 δέ 之外，其他可与 μέν 并列的小品词有 ἀλλά、μέντοι 和 ἀτάρ（它们表达的对比性均强于 μέν ... δέ），还有 καί 和 τε；
- 在一些情况下，μέν 之后并没有其他小品词（所谓的单独的[solitarium]μέν）：这通常意味着隐含有与 μέν 片段形成对比或者对其作补充的片段或成分（至少、举个例子、就……而论）。

---

① 这里的 τίς οὐκ 相当于 πᾶσα。

② 过去完成时 ἐπεποιήκεε 见33.40例句57，οὐδ’ ὥς 见57.2注一。

③ 原书在这里针对英语译文说 in contrasts, μέν or δέ may also be translated with *while*, *whereas*, with the other particle left untranslated，中译从略。

(35) ὡς δὲ δῆλον ἐγένετο ὅτι οὐκ ἐξίοιεν οἱ πολέμιοι ... ὁ μὲν Κυαξάρης καλέσας τὸν Κῦρον ... ἔλεξε τοιάδε· Δοκεῖ μοι, ἔφη, ... δηλοῦν ὅτι θέλομεν μάχεσθαι. οὕτω γάρ, ἔφη, ἐὰν μὴ ἀντεπεξίωσιν ἐκεῖνοι, οἱ μὲν ἡμέτεροι μᾶλλον θαρρήσαντες ἀπίασιν, οἱ δὲ πολέμιοι ... μᾶλλον φοβήσονται. τούτῳ μὲν οὕτως ἐδόκει. ὁ δὲ Κῦρος, Μηδαμῶς, ἔφη, ...

而在显然出现了这一情况——也就是敌军不会出动——的时候，曲阿克撒热斯召来了居鲁士，他这样说："在我看来，"他说，"应当表明我们愿意作战。因为，以这种方式，"他说，"如果那些人不前来应战，那么我们的[战士]就会更加英勇地出战，而敌军会更加恐惧。"在他看来就应当如此。而居鲁士说："万万不可……"（色《教》3.3.29–31）[第一个 μέν 表示曲阿克撒热斯的发言并非叙事的全部，他还会得到反馈；曲氏的话结束后，在总结性的 τούτῳ ... ἐδόκει 中还有一个 μέν，与后面的 ὁ δὲ Κῦρος 相连；在曲氏的发言中，有一组 μέν/δέ 来平衡 οἱ ἡμέτεροι 和 οἱ πολέμιοι]

(36) ἐγὼ δὲ λέξω δεινὰ μέν, δίκαια δέ. 但我将说可怕但又正义的话。（阿《阿》501）[μέν ... δέ 平衡两个单词，两者均为 λέξω 的宾语]

(37) πολλοὺς μὲν ... | ξένους μολόντας οἶδ᾽ ἐς Ἀδμήτου δόμους, | ... ἀλλὰ τοῦδ᾽ οὔπω ξένου | κακίον᾽ ... ἐδεξάμην.

我知道许多曾经来到阿德美托斯之殿宇的客人，可是，我尚未接待过比他更糟糕的客人。（欧《阿》747–750）[μέν 的含义由 ἀλλά 来补充，后者具有纠正性的含义（见 59.11），暗示 μέν 分句实际上并不切题——这个仆人先前接待形形色色的客人的经验无法帮助他应对眼下这位客人]

(38) πρῶτα μὲν σκοποὺς | πέμψω ... μάντεις τ᾽ ἀθροίσας θύσομαι.

首先我会派出斥候，再召集先知，然后献祭。（《赫剌克勒斯的儿女》337–340）[τε 对 μέν 加以补充]

(39) φασὶ δὲ οἱ αὐτοὶ οὗτοι, ἐμοὶ μὲν οὐ πιστὰ λέγοντες, τὸν θεὸν αὐτὸν φοιτᾶν ... ἐς τὸν νηόν. 同样是这些人宣称——至少对我而言[他们]说得不可信——那个神自己进出神庙。（《原史》1.182.1）[单独的 μέν：后文中并没有与 μέν 搭配的小品词，但是依旧暗含一种对比——希罗多德暗示，尽管其他人可能相信关于这位神的故事，但至少他不相信]

59.25　某些小品词组合中的 μέν 具有 μήν（见 59.49）的含义，伊欧尼亚方言中尤其如此。从而，μέν 在希罗多德笔下见于小品词组合 οὐ μὲν οὐδέ、γε μέν (δή) 和 καὶ μέν (δή)，其中的大多数小品词组合见 59.71–76。在阿提卡作家笔下，ἀλλὰ μὲν (δή) 中的 μέν 也有 μήν 的含义，一些情况下 μὲν οὖν（见 59.72）和 μέντοι（见 59.26–28）中的 μέν 以及个别情况下单独的 μέν 也有 μήν 的含义。

μέντοι 的用法

59.26 μέντοι 是后置词，可以分为两种不同的用法：一是作连接性的转折（adversative）小品词，二是在回答中作强调词（emphasizer）。

59.27 转折词 **μέντοι** 的基本功能表达对预期的否定或者修改：用 μέντοι 过渡后的文本片段反驳或修改前文所引发的期待（比如他富有，但他不幸福）：

- 对比明确的陈述：陈述甲给出某个预期，而陈述乙（由 μέντοι 带出）对它加以否定（不过、然而、依旧、但是、尽管如此、说真的）；
- 修改文本关系：[尤其在对话中]表示发话人作了一种不同类型的表达，异于前文引发的期待（然而、但是，常常难以翻译）。

(40) καὶ εὐθὺς ... ἐς Οἰνιάδας ἐστράτευσαν καὶ ἐπολιόρκουν, οὐ μέντοι εἷλόν γε, ἀλλ᾽ ἀπεχώρησαν ἐπ᾽ οἴκου. 并且他们径直向欧伊尼阿代进发并且进行围攻，不过他们并未攻克，而是离开回家了。(《佩战》1.111.3）[提到围攻，就让人预期可以攻克那座城；μέντοι 片段明确否定了这个预期]

(41) ἀπικόμενοι παρὰ τὸν Κροῖσον ... ἄγγελοι ἔλεγον τάδε· Ὦ βασιλεῦ, ... προσδεόμεθά σευ τὸν παῖδα καὶ λογάδας νεηνίας καὶ κύνας συμπέμψαι ἡμῖν ... Κροῖσος δὲ ... ἔλεγέ σφι τάδε· Παιδὸς μὲν πέρι τοῦ ἐμοῦ μὴ μνησθῆτε ἔτι· οὐ γὰρ ἂν ὑμῖν συμπέμψαιμι· ... Λυδῶν μέντοι λογάδας καὶ τὸ κυνηγέσιον πᾶν συμπέμψω.

使者们来到克若伊索斯这里后说了这番话："国王啊！我们乞求您派遣王子、精选的青壮以及犬只陪同我们。"而克若伊索斯对他们这样说："请你们别再提我的儿子，因为我不可能派[他]陪你们……但我会派遴选出的吕迪阿[青壮]和全套狩猎装备。"(《原史》1.36.2–3）[克若伊索斯最初的拒绝可能让人以为他会拒绝整个请求，但 μέντοι 否定了这种推测；注意，这个例子中的 μέντοι 对 (παιδὸς) μέν 加以补充]

(42) ΚΡ. μεῖνον, τί φεύγεις; :: ΤΕ. ἡ τύχη σ᾽, ἀλλ᾽ οὐκ ἐγώ. | :: ΚΡ. φράσον πολίταις καὶ πόλει σωτηρίαν. | :: ΤΕ. βούλῃ σὺ μέντοι κοὐχὶ βουλήσῃ τάχα. 克热翁：等等，你为何离开？忒瑞西阿斯：[离开]你的是机运，而不是我。克：请告诉[我]邦民和城邦的纾难之法！忒：你现在想[知道]，

可是很快你就不会想[知道]了。(欧《腓》897–899)[克热翁请忒瑞西阿斯告知拯救城邦的方法，引发了对回答的期待；忒瑞西阿斯用 μέντοι 绕开了这一期待，令人费解地说克热翁根本就不会想知道 σωτηρία]

注一：尽管 ἀλλά、καίτοι 和 μέντοι 这三个小品词都具有转折性，但这三者有所差异：A ἀλλά B 表示乙代替甲（甲被证明为误，见 59.11–12），而 A καίτοι B（见 59.23）和 A B μέντοι 中的甲乙都成立，只是其中的一个否定了另一个引发的期待。

59.28 强调性的 **μέντοι** 的基本功能是表达发话人保证其陈述的真实性或相关性，无论受话人有何期待（见 59.49 的 μήν），并且使受话人充分感受到这一保证（见 59.51 的 τοι）。μέντοι 的这一用法实际上仅限于回答，通常表达赞同，例如：

(43) Λέγεται ψυχὴ ἡ μὲν νοῦν τε ἔχειν ... , ἡ δὲ ἄνοιαν ... καὶ ταῦτα ἀληθῶς λέγεται; :: Ἀληθῶς <u>μέντοι</u>. 苏格拉底：据说，这个灵魂拥有心智，而那个拥有愚蠢？这些说得真实吗？辛米阿斯：当然真实。(《斐多》93b–c)[辛米阿斯确认了苏格拉底的提问中 ἀληθῶς 的正确性]

νυν 的用法

59.29 νυν 的基本功能是表达向一个新的文本片段过渡，这个文本片段由之前的文本片段引发（对比后文的 οὖν）：在阿提卡方言中，νυν 几乎只见于对话中的命令和请求，此时表示相关指示自然而然地来自前文（那么、于是、就），例如：

(44) ΠΥ. ἐς κοινοὺς λόγους | ἔλθωμεν, ὡς ἂν Μενέλεως συνδυστυχῇ. | :: ΟΡ. ὦ φίλτατ᾽, εἰ γὰρ τοῦτο κατθάνοιμ᾽ ἰδών. | :: ΠΥ. πιθοῦ <u>νυν</u>, ἀνάμεινον δὲ φασγάνου τομάς. | :: ΟΡ. μενῶ, τὸν ἐχθρὸν εἴ τι τιμωρήσομαι. | :: ΠΥ. σίγα <u>νυν</u>· ὡς γυναιξὶ πιστεύω βραχύ.

丕拉得斯：让我们达成共识，如何让墨涅拉奥斯分担[我们的]不幸。俄瑞斯忒斯：最亲爱的朋友啊，但愿我目睹这事后再死。丕：那就请你听[我的]，暂缓剑镡的挥舞吧。俄：我会等着瞧，我是否会以某种方式报复我的仇敌。丕：那就安静！因为我不太信任女人。(欧《俄》1098–1103)[两个 νυν 都表明，丕拉得斯的指令都是俄瑞斯忒斯之前的表达的结果][①]

注一：后置的（见 60.5）小品词 νῠν（带短音 ῠ）需要与副词 νῦν[现在]（带长音 ῡ）区别开来。在诗歌中，前倾词 νυν 有时会由于格律原因而带长音 ῡ（从而在某些校勘本中带重音作 νῦν）。在叙事诗和使用方言的铭文中，这个重音前倾的小品

① εἰ γάρ 见 38.38。

词会以 νυ 的形式出现。

59.30 希罗多德笔下的 νυν 常常相当于阿提卡方言中的 οὖν，在小品词组合 μέν νυν ... δέ 中尤其如此（μὲν οὖν ... δέ 见 59.73），例如：

(45) ταῦτα μέν νυν Πέρσαι τε καὶ Φοίνικες λέγουσι. ἐγὼ δὲ περὶ μὲν τούτων οὐκ ἔρχομαι ἐρέων ὡς οὕτως ἢ ἄλλως κως ταῦτα ἐγένετο. 于是，波斯人和腓尼基人就讲了这些。而我并不会谈论这些事情，说它们以这种或其他某种方式发生。（《原史》1.5.3）[ἔρχομαι + 将来时分词见 52.41 注一]**

οὐδέ/μηδέ 和 οὔτε/μήτε 的用法

59.31 οὐδέ/μηδέ 是 καί（见 59.20）的否定词，并且只用于另一个否定词之后，οὐ A οὐδέ B 意为甲不，乙也不（并且……不）；不过另见 59.32 注一。

59.32 οὔτε/μήτε 是 τε（见 59.37）的否定词，οὔτε A οὔτε B 意为既不甲也不乙（既不……也不）。

(46) ... μυρίους ἔδωκε δαρεικούς· οὓς ἐγὼ λαβὼν οὐκ εἰς τὸ ἴδιον κατεθέμην ἐμοὶ οὐδὲ καθηδυπάθησα, ἀλλ᾽ εἰς ὑμᾶς ἐδαπάνων.

[居鲁士]给了[我]一万达里克。我收了这笔[钱]后没有蓄为己用，也没有肆意挥霍，而是花在了你们身上。（色《上》1.3.3）

(47) ... οὔτε σίδηρον οὔτε ξύλον οὔτε ἄλλο οὐδὲν ἔχων, ᾧ τοὺς εἰσελθόντας ἂν ἠμύνατο. 既没有刀，也没有棒，还没有其他东西可以用来打退进去的人。（吕《演》1.27）

注一：οὐδέ/μηδέ[甚至不]（作副词性的 καί 的否定词）见 59.56；在这一用法中，οὐδέ/μηδέ 之前并不需要另一个否定词。

注二：使用 οὐ 和 μή 的语境见第 56 章。

οὐκοῦν 和 οὔκουν 的用法

59.33 这两个词皆由否定词 οὐ 和连接性小品词 οὖν（见 59.34）复合而成，二者的差异在于，οὔκουν 中的否定词只有普通的否定含义，而 οὐκοῦν 中的否定词作为疑问词，强调的是 οὖν：

- οὐκοῦν 引导是非疑问，此时的否定词具有其通常的含义，表达期待一个肯定回答（见 38.7），而 οὖν 则具有常规的“奔向主题”的功能（那么……不就？）；
- οὐκοῦν 偶尔也用于陈述和指示（这一用法很可能来自其在

疑问句中的用法）；此时的否定词没有否定含义，而这个小品词与一个单纯的 οὖν 非常类似（于是、从而、那么、因此）；

• οὔκουν 用于疑问，强调否定含义，表达怀疑受话人是否真的会给出否定回答（真的不/并不……吗？那么……不……吗？）；

• οὔκουν 偶尔也可用于陈述（尤其见于否定回答），同样强调否定含义（并不、就不），一般带有 γε（无论如何都不）。

(48) Τοὐναντίον ἄρα ἐστὶν τὸ ἀφρόνως πράττειν τῷ σωφρόνως; :: ἔφη. :: Οὐκοῦν τὰ μὲν ἀφρόνως πραττόμενα ἀφροσύνῃ πράττεται, τὰ δὲ σωφρόνως σωφροσύνῃ; :: ὡμολόγει. ——那么，无节制地行事就是节制地[行事]的反面？——他说是。——从而，无节制地做出的事情不就是由于无节制而做出，而节制地[做出的]事情不就是由于节制[而做出]？——他同意。（柏《普》332b）[οὐκοῦν 引导是非疑问]

(49) τίνας οὖν εὐχὰς ὑπολαμβάνετ' εὔχεσθαι τοῖς θεοῖς τὸν Φίλιππον ... ; ἆρ' οὐ κράτος πολέμου ... διδόναι ... ; οὐκοῦν ταῦτα συνηύχετο οὗτος καὶ κατηρᾶτο τῇ πατρίδι.

那么你们认为，在奠酒时，腓力向诸神作了什么祈祷？难道不是给予[他]战争的胜利？于是，此人当时参与这些祈祷，又诅咒[自己的]祖邦。（德《演》19.130）[οὐκοῦν 在这里用于陈述，过渡到德摩斯梯尼要说的核心内容：埃斯奇内斯对雅典人心存敌意；ἆρ' οὐ 见 38.7]**

(50) ΣΩ. ὅρα οὖν εἰ ἐθελήσεις ... διδόναι ἔλεγχον ἀποκρινόμενος τὰ ἐρωτώμενα. ἐγὼ γὰρ δὴ οἶμαι καὶ ἐμὲ καὶ σὲ καὶ τοὺς ἄλλους ἀνθρώπους τὸ ἀδικεῖν τοῦ ἀδικεῖσθαι κάκιον ἡγεῖσθαι ... :: ΠΩ. πολλοῦ γε δεῖ, ἀλλ' οὔτ' ἐγὼ οὔτε σὺ οὔτ' ἄλλος οὐδείς. :: ΣΩ. οὔκουν ἀποκρινῇ; :: ΠΩ. πάνυ μὲν οὖν ... **苏格拉底**：那么请看，你是否愿意在回答问题时经受审查。因为我当然相信，我、你和其他人都认为，行不义比受不义更坏。**珀洛斯**：远非如此，相反，我、你和其他人都不[这样]认为。**苏**：那你不会回答吗？**珀**：当然会。（柏《高》474b–c）[珀洛斯的回答使苏格拉底推测（-ουν）他并不（οὔκ-）想回答自己的问题，他便询问情况是否真的如此][1]

(51) ΧΟ. τούτων ἄρα Ζεύς ἐστιν ἀσθενέστερος; | :: ΠΡ. οὔκουν ἂν ἐκφύγοι γε τὴν πεπρωμένην. **歌队长**：那么宙斯比她们弱小吗？**普罗米修斯**：他无论如何都不可能逃脱业已注定的[命运]。（《被缚的普罗米修斯》517–

① μὲν οὖν 见 59.72。

518）[强调性的 οὔκουν ... γε 用于否定回答]

注一：校勘者在选择使用 οὐκοῦν 还是 οὔκουν 时的差异很大，在把带 οὐκοῦν 的句子标点为疑问句还是陈述句时也多有不同的做法。由于重音是后来才加上去的（见 1.12），因此在各种情况下都没有稳妥的办法来断定哪种异文可靠。

οὖν 的用法

59.34 伊欧尼亚方言作 ὦν，后置词，基本功能是向更切题、更关键或更相关的信息过渡，并表达前文当被视作对主片段的预备或解释：

- 用于论述性文本：表达从论据或前提过渡到结论或总结（于是、那么、因此）；
- 用于叙述性文本：在背景叙述性片段后表达过渡到主要的、得到突出的叙事线（其实、于是、那么、如今）；
- 用于对话（常见于疑问句）：表达在前文的作用下发话人的论点或疑问等等是其想要传达的核心（于是、那么、因此、如今）；
- 用于对话：τί οὖν;[那么……什么？]。

(52) καὶ ... παμπόλλους ἔχω λέγειν, οἳ αὐτοὶ ἀγαθοὶ ὄντες οὐδένα πώποτε βελτίω ἐποίησαν ... ἐγὼ <u>οὖν</u>, ὦ Πρωταγόρα, εἰς ταῦτα ἀποβλέπων οὐχ ἡγοῦμαι διδακτὸν εἶναι ἀρετήν.

并且我可以举出众多[例子]，尽管他们自己都是好人，却从未使任何人变得更好。因此，普罗塔戈拉啊，我本人注意到这些事情，便不主张德性可教。（柏《普》320b）[这里的 οὖν 标志着从苏格拉底的论据（例句中仅摘录了其中的一个）过渡到了这些论据所证实的结论]

(53) οἱ τριάκοντα ... φάσκοντες χρῆναι τῶν ἀδίκων καθαρὰν ποιῆσαι τὴν πόλιν ... οὐ τοιαῦτα ποιεῖν ἐτόλμων ... Θέογνις γὰρ καὶ Πείσων ἔλεγον ... περὶ τῶν μετοίκων, ὡς εἶέν τινες τῇ πολιτείᾳ ἀχθόμενοι· καλλίστην <u>οὖν</u> εἶναι πρόφασιν τιμωρεῖσθαι μὲν δοκεῖν, τῷ δ᾽ ἔργῳ χρηματίζεσθαι· ... ἔδοξεν <u>οὖν</u> αὐτοῖς δέκα συλλαβεῖν. 尽管三十寡头说他们需要使得城邦无染行不义者，他们却不敢这样做……因为，忒欧格尼斯和佩伊松谈论过客籍民，说某些[客籍民]对[寡头]政制不满——因此[这]是个看似报复但实则敛财的绝佳借口……于是他们决定逮捕十个人。（吕《演》12.5–7）[第二个 οὖν 表达过渡，向叙述的主线返回，结束一连串由 γάρ 引出的解释性的背景内容，这些内容详细说明了导致三十寡头作出决定的一些考虑；第一个 οὖν 连接忒欧格尼斯和佩伊松之论证的两个部分：前一个部分断言在客籍民中

有人反对他们，于是就引出相关的要点——他们提议把那些反对者用作敛财的借口；这段内容另见 61.1–3]

(54) ΕΥ. Ἀγάθωνά μοι δεῦρ' ἐκκάλεσον ... | :: ΘΕ. μηδὲν ἱκέτευ'· αὐτὸς γὰρ ἔξεισιν τάχα· | καὶ γὰρ μελοποεῖν ἄρχεται. χειμῶνος <u>οὖν</u> | ὄντος κατακάμπτειν τὰς στροφὰς οὐ ῥᾴδιον, | ἢν μὴ προΐῃ θύρασι ... | ΕΥ. τί <u>οὖν</u> ἐγὼ δρῶ; :: ΘΕ. περίμεν', ὡς ἐξέρχεται.

欧里庇得斯：把阿伽同给我叫出来，到这来！仆人：你别去寻求什么，因为他本人很快就会出来。其实，他正开始作曲。关键是冬天来了，摆弄诗节并不容易——除非他到门外来。欧：那我该做什么？仆：等呗，他走出来后再说。（阿《地》65–70）[仆人表示阿伽同正开始作曲，而这个说辞本身并不怎么有效，就用 οὖν 过渡到相关的要点（这意味着阿伽同将要走出来）；随后，欧里庇得斯希望仆人回答自己关心的问题（为了与阿伽同说上话，自己该做什么）；οὖν 带出那个相关的问题]

59.35　οὖν 有时加在不定关系代词或形容词上来表达普遍性，这种代词或形容词通常并不引导关系从句或关联从句，而是用作不定代词，例如：ὁστισοῦν[无论何人]、ὁτιοῦν[无论什么东西]和 ὁποσοιοῦν[无论多少]等等。[①]

59.36　**μῶν**（即 μὴ οὖν）的用法，见 38.8。

τε 的用法

59.37　τε 是后置词，其基本功能是表达增添（对比上文关于 καί 的论述）：

- 作为句子中的并列连词：τε 将紧挨在其前方的单词与前文连接起来，A B τε 意为甲和乙（和、两者都、亦然）；
- τε 也用于标记所列举的第一个项（这一用法相当常见），后面带有 καί 或另一个 τε，A τε καί B 和 A τε B τε 都意为甲和乙都（其中第一个 τε 一般并不译出；两者都）。

(55) ἐν ἐκείνῃ τῇ νυκτὶ ἐψόφει ἡ μέταυλος θύρα ... , ὃ οὐδέποτε ἐγένετο, ἔδοξέ <u>τέ</u> μοι ἡ γυνὴ ἐψιμυθιῶσθαι. 在那个晚上，内门发出了声响，此事以前从未发生过，而且在我看来那女人抹了白铅粉。（吕《演》1.17）

(56) ἰὼ μέλαθρα βασιλέων, φίλαι στέγαι, | σεμνοί <u>τε</u> θᾶκοι, δαίμονές <u>τ'</u> ἀντήλιοι ... 啊！属于君王的殿堂、亲爱的宫室，还有庄严的宝座以及朝

① 比如 42.3 例句 3。

向太阳的神灵……（埃《阿》518–519）

(57) ἄξιον ἐπαινέσαι τήν τε πατρίδα καὶ τὸ γένος αὐτοῦ.

他的父邦和出身都值得称赞。（《色《阿》1.4）

注一：在古典时期，τε 有时用于引出普遍真理（仅见于肃剧和琴歌）。这一用法称作叙事性的（epic）τε，并且尤其见于非限制性关系从句（见 50.6），例如：

(58) παῖ Ῥέας, ἅ τε πρυτανεῖα λέλογχας, Ἑστία, ... 瑞亚之女，护佑市政厅的[女神]，赫斯提亚……（《内美阿赛会凯歌》11.1）①

注二：注意惯用语 οἷός τέ (εἰμι)[能够；有能力]。

τοιγάρ、τοιγαροῦν 和 τοιγάρτοι 的用法

59.38 τοιγάρ、τοιγαροῦν 和 τοιγάρτοι 的基本功能是表达结果。这三个小品词并不常见，均由指示性的成分 τοι-（对比 τοιόσδε 和 τοιοῦτος）和 γάρ 组合而成（这个 γάρ 的含义在这里并不明确）；它们的功能是向一个文本片段过渡，而这一片段的内容是前文的结果。

τοιγάρ 常见于回答，而 τοιγαροῦν 和 τοιγάρτοι 通常见于连续的论述性或叙述性文本（因此、所以、从而、由此），例如：

(59) ΟΔ. Βρομίου δὲ πῶμ' ἔχουσιν, ἀμπέλου ῥοάς; | :: ΣΙ. ἥκιστα· τοιγὰρ ἄχορον οἰκοῦσι χθόνα. 奥德修斯：他们有喧闹者的饮料，葡萄的汁水？西勒诺斯：完全没有，因而它们居住在没有舞蹈的土地上。（欧《圆》123–124）②

(60) ἐξ ὧν αὐτοὶ συνίσασι καὶ ἐξητάκασι, τὴν ψῆφον φέρουσι. τοιγάρτοι διατελεῖ τοῦτο τὸ συνέδριον εὐδοκιμοῦν ἐν τῇ πόλει. 他们基于自己的所知所察投票，因而，这个议事会在城邦中久负盛名。（埃《演》1.92）

注一：τοιγάρ 主要见于叙事诗和肃剧，从未见于阿提卡散文——后者更倾向于使用意味更强的 τοιγαροῦν 和 τοιγάρτοι。

τοίνυν 的用法

59.39 τοίνυν 是后置词，其基本功能是过渡到一个新近相关的、切题的文本片段（νυν，对比 59.29–30、59.34 关于 οὖν 的论述），并且强调新论点对受话人的重要性或相关性（τοι，见 59.51）：

- 在论述性文本中向一个重要的新论点或重要的结论过渡（于

---

① 原书将关系从句译作 to whom city halls have been allotted。动词 λαγχάνω 的基本含义是中签获得、[在分配中]获取应得的份额，若主语是神明，则意为掌管、护佑。

② Βρόμιος[喧闹者]是狄奥尼索斯的诨号。

是、因此、如今、那么）；

• 在对话中表达发话人的陈述、疑问或命令是切题的，并且应该得到受话人的特别注意（于是、因此、那么）；受话人需要注意的理由不一，比方受话人提出了要求（好吧、于是）、发话人暗示对受话人有所批评（我可能会指出、于是），等等；

• 在叙述性文本中，τοίνυν 罕见。

(61) νῦν δ᾽ οὕνεχ᾽ Ἑλένη μάργος ἦν ... | τούτων ἕκατι παῖδ᾽ ἐμὴν διώλεσεν. | ἐπὶ τοῖσδε τοίνυν καίπερ ἠδικημένη | οὐκ ἠγριώμην οὐδ᾽ ἂν ἔκτανον πόσιν. 而现在，因为海伦是个荡妇……出于这一点［阿伽门农］杀了我的孩子。那么如今考虑到这些事情，尽管我遭受不义，我并不会发狂，也不可能杀害丈夫。（欧《厄》1027–1031）［克吕泰姆内斯特剌开启论述中的一个新论点：她最初宽恕了阿伽门农；克氏尤其希望向她的受话人（有报复心的女儿厄勒克特剌）说明这一点］

(62) ΧΟ. τὴν σαυτοῦ φύσιν εἰπέ. | :: ΚΡ. λέξω τοίνυν.

歌队长：说出你的本性吧。正理：我这就会说。（《云》960–961）［由于歌队长要求得到解释，正理便暗示他随后的言辞就是为歌队而说的］①

注一：τοίνυν 与更中立的小品词 οὖν 的差异在于，前者在态度上有细微差别：除了表达主片段提供了切题的信息之外，τοίνυν 还表明这一信息对于受话人而言特别相关或者特别重要。

态度性小品词

引　言

59.40　态度性小品词（attitudinal particle）ἄρα、ἆρα、δή、δήπου、ἦ、μήν、τοι 和 που（以及上文提到的 μέντοι、καίτοι 和 τοίνυν）参与表达发话人和受话人对话语内容的态度和看法。发话人通过使用这些小品词来表达应该以某一特定的方式来理解其话语，或者表达他能够预料受话人可能或应该对其话语产生的想法。这些小品词相当难译，并且后文中的“定义”也绝非确定无疑的。

注一：略。②

---

① 关于简写 ΚΡ.，见后文 59.45 例句 71 下的脚注。

② 原文作：Similar devices in English are *perhaps*, *surely*, *really*, *apparently*, *you know*, *obviously*, etc.

59.41 这些小品词一般不具有连接性功能，不过也有一些例外（尤其是 ἄρα 和 δή）。

态度性小品词的用法

ἄρα 的用法

59.42 ἄρα 是后置词，其基本功能是表达发话人由于考虑到前文（常常令发话人感到惊讶或不悦）而不得不作出这一表达——

- 用于陈述（显然、似乎、于是、因此、若承认这点，那么）；常用于结论，表达从前文必然（常常令人惊讶地）得出的相关结论；
- 如果发话人回顾性地意识到某个情况属实，那么 ἄρα 通常会带未完成时或不定过去时（显然、似乎、于是、既然如此）；
- 在疑问中，ἄρα 表达语境必然会引出的疑问（因此、于是、既然那样）；
- 在后来的用法中，ἄρα 似乎偶尔产生出连接性功能，用来连接句子。

(63) βαρέως δὲ φέρων τῇ ἀτιμίᾳ ... εἶπεν· Ὦ Ἀγησίλαε, μειοῦν μὲν ἄρα σύγε τοὺς φίλους ἠπίστω. 而[吕珊德若斯]因为这一耻辱而心里一沉，说道："阿革西拉欧斯啊，不得不说，你似乎熟稔于打压你的朋友。"（色《希》3.4.9）[ἄρα + 未完成时表达事后才意识到令人诧异的情况]

(64) ΣΩ. τί ... ἂν εἴη ... τὰ παρ' ἡμῶν δῶρα τοῖς θεοῖς; :: ΕΥ. τί ... ἄλλο ἢ τιμή τε καὶ γέρα καί ... χάρις; :: ΣΩ. κεχαρισμένον ἄρα ἐστίν, ὦ Εὐθύφρων, τὸ ὅσιον, ἀλλ' οὐχὶ ὠφέλιμον οὐδὲ φίλον τοῖς θεοῖς; :: ΕΥ. οἶμαι ἔγωγε πάντων γε μάλιστα φίλον. :: ΣΩ. τοῦτο ἄρ' ἐστὶν αὖ, ὡς ἔοικε, τὸ ὅσιον, τὸ τοῖς θεοῖς φίλον.

苏格拉底：我们给诸神的礼物会是什么呢？游叙弗伦：除了崇敬、尊荣和感恩之外，还会是别的什么？苏：那么，游叙弗伦啊，虔敬讨得[诸神]欢心，但对诸神无所助益，亦不获诸神青睐？游：至少我认为，[虔敬]在万事万物中最获青睐。苏：那么回过来，这种虔诚似乎就是获诸神青睐的。（柏《游》15a–b）[第一个 ἄρα 引导疑问，暗示先前讨论的必然结论；第二个 ἄρα 类似，引导一个假设——鉴于前面的想法，这种假设便不可避免（注意 ὡς ἔοικε）]

(65) δῆλον ... τῆς ἀρετῆς ἐνέργειαν τῆς ψυχῆς ἄριστον εἶναι. ἦν δὲ καὶ

ἡ εὐδαιμονία τὸ ἄριστον. ἔστιν ἄρα ἡ εὐδαιμονία ψυχῆς ἀγαθῆς ἐνέργεια.

显然，德性的活动是灵魂的至善，而幸福也就是至善。那么，幸福就是好的灵魂的活动。(《优台谟伦理学》1219a28–35)［这里的 ἄρα 似乎也产生出连接性功能，因为除此之外并没有其他连词］

ἆρα 的用法

59.43　ἆρα 由 ἦ（见 59.48）和 ἄρα（见 59.42）组合而成，尤其用于是非疑问句，详见 38.6。

δαί 的用法

见 59.46 关于 δή 的论述。

δή 的用法

注一：δή 的用法尤其多样，其基本功能难以确定，是大量学术讨论的主题。

59.44　δή 是后置词，它的基本功能是表达发话人认为（并且请求受话人也认为）δή 所修饰的文本片段或者单词/词组是清楚的、明确的或者准确的——

- 如果 δή 修饰个别的单词或词组，那么它就表达这个单词或词组完全或显然适用于当前的讨论（事实上、实际上、其实、恰恰、就，应体现出强调含义）；[1] 这个小品词尤其会与表达数量、大小、频率、强度等等的形容词或副词一起出现，还会与最高级、δῆλος［明显的］以及其他某些类型的代词一起出现(与代词一起出现的 δή 可能视作辖域小品词为宜，见 59.52)；
- δή 也可修饰整个分句，用来表现从句的内容显然是真实的或者相关的（肯定地、事实上；常常带有一种明显性的意味：显然、当然、明显地）；
- 在许多情况下，δή 似乎演变出一种连接性功能，用来向一个新的、明显相关的文本片段过渡（然后、那么、如今、因此）；
- 在原因从句（见第 48 章）、目的从句（见第 45 章）、比较从句（见 50.37）以及 ὡς + 分词结构（见 52.39）中，δή 的明显地这一含义常常带有讽刺、挖苦的意味（我确信、显然、似乎、无疑）。

(66) κίνησις γὰρ αὕτη μεγίστη δὴ τοῖς Ἕλλησιν ἐγένετο καὶ μέρει τινὶ

---

① 原文作 or translated by emphasis，见 59.51 脚注。

τῶν βαρβάρων. 因为对于希腊人和一部分外夷而言，这场动荡事实上恰恰发生得最为剧烈。(《佩战》1.1.2)［δή 修饰最高级 μεγίστη，强调这次出征无疑是史上最宏大的一次］

(67) σὲ δή, σὲ τὴν νεύουσαν εἰς πέδον κάρα, | φὴς ἢ καταρνεῖ μὴ δεδρακέναι τάδε; 那么，你这个对着地面低下头颅的人，承认抑或否认自己做过这些事情？（索《安》441–442）［δή 强调人称代词 σέ，带有轻蔑的口气；我们也可以认为，δή 表明，考虑到上文，克热翁对安提戈涅的质问在意料之中］①

(68) ἔστι δὲ οὗτος Ἀξιόχου μὲν ὑὸς ... ὄνομα δ᾽ αὐτῷ Κλεινίας. ἔστι δὲ νέος· φοβούμεθα δὴ περὶ αὐτῷ, οἷον εἰκὸς περὶ νέῳ.

这就是阿克西欧科斯之子……他的名字是克勒伊尼阿斯。他是一位年轻人，于是我们对他感到担心，就好像对一位年轻人常有的那种［担心］。（柏《欧》275a–b）［考虑到克勒伊尼阿斯尚且年轻，这种担心并不让人意外；这里的小品词 δή 似乎也有一种连接性功能，把 φοβούμεθα 开始的这个句子与之前的句子连在一起；注意，这里并没有出现其他连接词］

(69) ἐγὼ δ᾽ οὐκ ἀγνοῶ ... ὅτι πολλάκις ... τοὺς ὑστάτους περὶ τῶν πραγμάτων εἰπόντας ἐν ὀργῇ ποιεῖσθε, ἄν τι μὴ κατὰ γνώμην ἐκβῇ· οὐ μὴν οἶμαι δεῖν τὴν ἰδίαν ἀσφάλειαν σκοποῦνθ᾽ ὑποστείλασθαι ... φημὶ δὴ διχῇ βοηθητέον εἶναι ... · εἰ δὲ θατέρου τούτων ὀλιγωρήσετε, ὀκνῶ μὴ μάταιος ἡμῖν ἡ στρατεία γένηται. εἴτε γὰρ ... εἴτε ... δεῖ δὴ πολλὴν καὶ διχῇ τὴν βοήθειαν εἶναι. 而我并非不知道，如果出现了什么不如意的事情，你们往往迁怒于最近说起那些事情的人；但其实我并不认为应该关注一己的安全而畏缩。于是我主张援兵要分为两路……而如果你们小视其中的任何一路，我就担心我们的出征会徒劳无功。因为，或是……或是……因此，援兵必须众多且分为两路。(德《演》1.16–18)［两次用 δή 表达连接（注意，相关的从句中没有别的连词）；在两次使用中，δή 都标志着向论述中明显相关的下一步过渡（在第一次使用中，德摩斯梯尼解释完他为什么不应该隐瞒自己的看法后，实际上继续给出了自己的看法；在第二次使用中，他重申了那个看法，作为对上述论述的总结）；δή 的这种用法在某种程度上类似于 οὖν（见 59.34）；θατέρου 见 1.45 注三］

(70) Πολυνείκης πίτνει. | ὃ δ᾽, ὡς κρατῶν δὴ καὶ νενικηκὼς μάχῃ, | ξί-

① 此句的文字和标点与 51.35 例句 86 稍有差异，均从原书。

φος δικὼν ἐς γαῖαν ἐσκύλευέ νιν. 珀吕内伊刻斯倒下了。而那位[厄忒欧克勒斯]，由于以为自己真的打赢了并且在战斗中获胜，就把剑往地上一丢，卸起[弟弟的]甲胄。（欧《腓》1415–1417）[这个 δή 带有讽刺含义：ὡς κρατῶν 包含的主观动机（见 52.39）将被证明是悲剧性的误判——珀吕内伊刻斯还活着，并且将会杀死厄忒欧克勒斯]

注一：δή 有时与其所修饰的、紧跟其后的不定代词或不定副词合写成一个单词，例如 δήποτε；δήπου 见 59.47。

59.45 后置的小品词 **δῆτα** 是 δή 的强化形式，主要用于回答和疑问，例如：

(71) HT. οὐδὲ γὰρ εἶναι πάνυ φημὶ δίκην. ... ποῦ 'στίν; :: KP. παρὰ τοῖσι θεοῖς. :: HT. πῶς δῆτα δίκης οὔσης ὁ Ζεὺς οὐκ ἀπόλωλεν, τὸν πατέρ' αὑτοῦ δήσας; 歪理：并且我宣称根本就没有正义。它在哪儿呢？正理：在诸神那儿。歪理：那么，如果有正义，把自己的父亲绑起来的宙斯怎么没完蛋？（《云》902–906）[1]

59.46 后置的小品词 **δαί** 是 δή 的变体（很可能是口语性的），尤其用于疑问。小品词 **δῆθε(ν)** 似乎是 δή 的同义词，不过它主要见于上文所述的讽刺性语境。

δήπου 的用法

59.47 δήπου 是后置词，其基本功能是把 δή 的表达明显性的含义（见 59.44）与 που 的不确定性（见 59.50）组合在一起。δήπου 试探性地暗示某事对受话人而言应该与对发话人而言一样清楚或者显而易见（译文见 59.50 关于 που 的论述）：

(72) ἀναμνήσθητε ὅτι καὶ ἐψηφίσασθε δήπου τοὺς φυγάδας ἀγωγίμους εἶναι ἐκ πασῶν τῶν συμμαχίδων. 请你们回想起，你们甚至肯定投票决定了，可以从所有盟邦那里逮捕逃亡者。（色《希》7.3.11）

δῆτα 的用法

见 59.45 关于 δή 的论述。

ἦ 的用法

59.48 ἦ 的基本功能是作为客观的强调词，表达发话人对言语内容真实性的有力保证，这一内容被视作在客观上真实——

- 在陈述中，ἦ 用来强调发话人认为其陈述的整体或部分在客观上为真（真的、的确、当然地）；

---

① HT. 是 ἥττων λόγος 的简写，KP. 是 κρείττων λόγος 的简写。

• 在疑问中（ἆρα[= ἦ + ἄρα]见 59.43），ἦ 用来询问受话人是否真的认为某个情况属实（*真的、的确*），常常暗示着对之前的疑问的回答（*我猜想、……属实吗？*）。

(73) ἦ πολὺ πλεῖστον ἐκεῖνοι κατὰ τὴν ἀρετὴν ἁπάντων ἀνθρώπων διήνεγκαν. 那些人的确在英勇方面远远超越了所有人。（吕《演》2.40）

(74) ἦ κἀν θεοῖσι ταὐτὸν ἐλπίζεις τόδε;

你真的预期这点在诸神中也是相同的吗？（欧《希》97）[①]

(75) τίνες δ' ἔχουσι γαῖαν; ἦ θηρῶν γένος;

那么哪些人占有这片土地？真的是野兽的族类吗？（欧《圆》117）

注一：ἦ 或许可被视作否定词 οὐ 的肯定对应物：οὐ 表达某事并非如此，而 ἦ 则强调性地表达事情的确如此。

μήν 的用法

59.49 μήν 是后置词，其基本功能是作为*主观的强调词*，它表达发话人保证其话语的真实性或相关性，并且预料或假定受话人一方可能缺乏相关的保证——

• 在陈述中，μήν 表达发话人保证其陈述的真实性或相关性，无论受话人如何认为（μήν 预料到受话人不相信或怀疑，可译作*我向你保证、真的、的确、当然、事实上、要知道*）；

• 在疑问中，μήν 一般用于先前的回答被反驳的情况，表达发话人希望受话人给出的确真实或相关的回答（一般用强调性表达来翻译），因此常常与疑问词一起出现，例如：ποῦ μήν ... ;[……究竟在哪儿呢？]、τί μήν;[……究竟是什么？]，τί μήν 也可作为一种省略用法，意为*这又如何呢、是的，但你的意思是什么呢*；

• μήν 似乎也产生出一种连接性功能，表达过渡到一个有些出乎意料的要点（*然而、即便如此、不过*，此时的 μήν 与转折性的 μέντοι 非常相似，见 59.27；常有一个 μέν 预示着 μήν 的出现）；

• μήν 经常与否定词组合起来，比如 οὐ μήν（*其实并未、然而并不*），这一用法中常常会出现 γε。

(76) ΓΟ. εἰσὶ μέν ... ἔνιαι τῶν ἀποκρίσεων ἀναγκαῖαι διὰ μακρῶν τοὺς λόγους ποιεῖσθαι· οὐ μὴν ἀλλὰ πειράσομαί γε ὡς διὰ βραχυτάτων ... :: ΣΩ.

---

① κἀν 是 καὶ ἐν 融音后的形式，见 1.45 注二。

τούτου μὴν δεῖ, ὦ Γοργία· καί μοι ἐπίδειξιν ... ποίησαι τῆς βραχυλογίας ... :: ΓΟ. ἀλλὰ ποιήσω.

高尔吉亚：有一些回答必须以冗长的言辞作出，不过我当然至少会尝试用尽可能简短的[话]。**苏格拉底**：要的就是这个，高尔吉亚哦！请你也给我作一番文风简洁的炫示吧。高：得了，我会作的。（柏《高》449b–c）[苏格拉底肯定地说自己的确真的希望得到简短的解释（可能是为了防止高尔吉亚误以为自己想让他给出著名的冗长演说）；οὐ μὴν ἀλλά 见 59.75]

(77) ΤΕ. ἐθαύμαζον ὅτι οὐχ οἷός τ' ἦ εὑρεῖν. :: ΕΥ. οὐ γὰρ ἦ κατὰ πόλιν. :: ΤΕ. ποῦ μήν; **忒尔璞西翁**：我当时感到奇怪，没能找到[你]。**厄乌克勒伊得斯**：因为[我]并不在城里。忒：[那你]究竟在哪儿？（柏《泰》142a）①

(78) καλὸν μὲν ἡ ἀλήθεια, ὦ ξένε, καὶ μόνιμον· ἔοικε μὴν οὐ ῥᾴδιον εἶναι πείθειν. 真理是美好的东西，异方人啊，也是稳固的东西——不过，说服[某人]相信[真理]似乎并不容易。（《法义》663e）[考虑到之前的 μέν 分句，μήν 分句出人意料]

(79) διπλοῖς κέντροισί μου καθίκετο. | οὐ μὴν ἴσην γ' ἔτεισεν ... κτείνω δὲ τοὺς ξύμπαντας. [那老者]用双头刺棒打我。不过他并没有付出相等的[代价]……我把他们所有人全杀光了。（《俄僭》809–813）[μήν 强调俄狄浦斯对他受到的攻击给出了毫不相称(且出人意料)的反击]

注一：μήν 最常见于小品词组合，例如 ἀλλὰ μήν（见 59.60）、ἦ μήν（见 59.65）、καὶ μήν（见 59.71）和 οὐ μὴν ἀλλά（见 59.75–76）。

που 的用法

59.50 伊欧尼亚方言作 κου，后置词，基本功能是表达不确定性。发话人使用 που 来表示他对自己所说的内容并不完全确定（这种不确定性可能是伪装的，用以表达讽刺或礼貌）：

- που 几乎总是用于陈述，作为模糊语（或许、可能、以某种方式、恐怕、我猜、我相信、如果我没弄错的话），例如：

(80) εἶπον δέ που, πρὶν ἀναγιγνώσκεσθαι τούτους, ὡς ...

我说，或许，在宣读这些[文辞]之前……（伊索《演》15.75）

(81) ἀλλὰ ταῦτα δαίμονί κου φίλον ἦν οὕτω γενέσθαι. 不过，这些事情如此发生，[这一点]或许为一位神灵所青睐。（《原史》1.87.4）

---

① οἷός τε[能够的]带能动不定式，见 51.9。

注一：που 的这一用法很可能源自其用作不定副词时表达的含义在某处。

注二：που 有时用于疑问，尤其用于某些组合，例如：οὔ που;[可别……吧？]（询问发话人不希望为真的事情）、οὔ τί που;[确定不是……吗？]（询问发话人无法相信为真的事情）和 ἦ που;[恐怕……吧？]（询问发话人相信为真但不愿太过确定地加以陈述的事情）。

τοι 的用法

59.51 τοι 是后置词，其基本功能是辅助表达受话人特别关注的内容（τοι 原本是第二人称代词的与格）：

- 最常用于陈述，尤见于对话（注意、你[要]知道，应体现出强调含义）；① 为何某一观点要得到受话人特别关注的理由十分多样，比如为了吹嘘、威胁、修正、批评、赞美、说服，或者为了指出一种普遍原理尤其适用于受话人，等等：
- 常常带否定词，作 οὔτοι；
- 有时用于命令、意愿或疑问，表明与受话人特别相关。

(82) ΚΛ. κτενεῖν ἔοικας, ὦ τέκνον, τὴν μητέρα. | :: ΟΡ. σύ τοι σεαυτήν, οὐκ ἐγώ, κατακτενεῖς. 克吕泰姆内斯特剌：你看上去，孩子啊，要杀死你的母亲。俄瑞斯忒斯：是你要杀死你自己，不是我。（埃《奠》922–923）[俄瑞斯忒斯使用 τοι 来说明克吕泰姆内斯特剌要为她自己的死亡负责，从而修正了她刚才的说法]

(83) ΟΔ. μὴ χαῖρ', Ἀτρείδη, κέρδεσιν τοῖς μὴ καλοῖς. | :: ΑΓ. τόν τοι τύραννον εὐσεβεῖν οὐ ῥᾴδιον. | :: ΟΔ. ἀλλ' εὖ λέγουσι τοῖς φίλοις τιμὰς νέμειν. | :: ΑΓ. κλύειν τὸν ἐσθλὸν ἄνδρα χρὴ τῶν ἐν τέλει. | :: ΟΔ. παῦσαι· κρατεῖς τοι τῶν φίλων νικώμενος.

奥德修斯：阿特柔斯之子，切莫因不体面的收益而欢喜。阿伽门农：你要知道，君王虔诚行事并不容易。奥：但把尊荣给予口出良言的朋友却[容易]。② 阿：好人应该听从那些掌权者。奥：住手吧——你要知道，就算向朋友屈服，你仍有权势。（索《埃》1349–1353）[阿伽门农用 τοι 表明，关于君王和虔诚行事的普遍说法适用于此，因此，奥德修斯的请求并无道

---

① 原文作 sometimes best translated only by emphasis，59.44 有类似表述。博阿斯回复中译者说，作者意在用这一含混的表达说明 τοι 无法以英语直译，英译可使用强调性的字眼，也可使用斜体等形式来体现 τοι 所强调的内容。

② 也可译作但是人们说得好，应当为朋友们分配尊荣（把 λέγουσι 理解为直陈式）。

理；奥德修斯的 τοι 则用以说服阿伽门农同意他无论如何都可退让]

辖域小品词

引　言

59.52　辖域小品词（particle of scope）γε、γοῦν、καί（及其否定词 οὐδέ）和 περ 界定某个陈述的辖域或适用性。发话人可以使用这些小品词来表达他的说法至少在……的情况下、甚至/就算在……的情况下或者恰恰在……的情况下成立。

辖域小品词的用法

γε 的用法

59.53　**γε** 是后置词，其基本功能是表达聚集或限定——这个小品词聚焦于前方紧挨的单词或短语（有时是整个分句），并且把所表达的内容的适用性至少或[更]准确地限定于那个特定的成分——

- 强调单词、短语或分句（至少、在涉及到……的时候、准确地说、其实，常常用强调性表达翻译为好）；
- 在对话中，位于话轮开头的 γε 用来接续前一个发话人的句法，但聚焦于一个特定的成分（准确地说、其实）；在是非疑问的回答中，γε 常常暗示了是或非。

(84) οὐκ ἔφη ἑαυτοῦ γε ἄρχοντος οὐδέν' ἂν Ἑλλήνων εἰς τὸ ἐκείνου δυνατὸν ἀνδραποδισθῆναι. 他说，至少在他主事的时候，就其权能而言，任何一个希腊人都不可能被卖为奴隶。（色《希》1.6.14）

(85) καὶ μὲν δὴ τοῦτό γε ἐπίστασθε πάντες, ὅτι ἐσώθην καὶ ἐγὼ καὶ ὁ ἐμὸς πατήρ. 实际上，这一情况你们大家恰恰也都知道——我和家父都安然无恙。（安多《演》1.20）

(86) ΚΡ. δοκεῖ παρεικαθεῖν; :: ΧΟ. ὅσον γ', ἄναξ, τάχιστα.

克热翁：[在你]看来[我]该让步？歌队长：是的，主上，尽可能快。（索《安》1102–1103）

注一：某些带有 γε 的小品词组合有时会写成一个单词（例如 σύγε、καίτοιγε），对于 ἔγωγε[至少我]（ἐγώ + γέ，注意这里重音的转移，与格 ἔμοιγε 亦然）而言，这是常规情况。

γοῦν 的用法

59.54 伊欧尼亚方言作 γῶν，后置词，由 γε 和 οὖν 组合而成。在 γοῦν 修饰一个表达时，它通过限定之前的[一部分]表达的适用性（γε，见 59.53）来对它加以详述（οὖν，见 59.34；至少、无论如何）。γοῦν 所在的句子常常给前一个陈述提供最低限度的证据或适用性，例如：

(87) παρὰ μὲν γὰρ ἐκείνοις μείζων ἐστὶν ὁ τοῦ μέλλοντος φόβος τῆς παρούσης χάριτος, παρὰ δ᾽ ὑμῖν ἀδεῶς ἂν λάβῃ τις ἔχειν ὑπῆρχε τὸν γοῦν ἄλλον χρόνον. 因为在他们那里，对未来的恐惧大过当下的福祉，而在你们这里，至少在过去，有人可以毫无恐惧地保有他会获得的东西。（德《演》20.16）[τὸν γοῦν ἄλλον χρόνον 把对城邦的正面描述的适用性至少限定在过去][1]

注一：γοῦν 的否定对应物是 οὔκουν ... γε，详见 59.33。

περ 的用法

59.55 περ 是后置词，其基本功能是表达排他性的限制——这个小品词把所表达的内容的适用性完全且仅仅限制于前方紧挨的单词或词组——

• 在古典希腊语中，περ 通常只与关系词（ὅσπερ[正是那……的]）和 εἰ（如果事实上、当且仅当、恰好如果）组合使用，或是见于小品词组合 καίπερ（与分词一起使用，见 52.44）；

• 在早期希腊诗歌中（比方荷马、赫西俄德和埃斯库罗斯），περ 单独出现，表达让步含义（尤其与谓语性修饰语[见 26.26]特别是分词一起使用；可译作即便、就算）。

(88) Πάντ᾽, ἔφη, λέγεις οἷάπερ ἂν γένοιτο.

"你，"他说，"完全是在说那种恰恰可能发生的事情。"（《邦制》538c）

(89) μένει τὸ θεῖον δουλίᾳ περ ἐν φρενί. [卡珊德拉]心中留有神力，尽管[心灵]受到奴役。（埃《阿》1084）[形容词 δουλίᾳ 作 φρενί 的谓语性修饰语]

副词性的 καί 的用法

59.56 副词性的 **καί** 的基本功能是表达增添或扩展，它表明一个表达的适用性也延伸到了紧跟在它后面的单词或词组——

• 表达增添的内容超出了某个可比较的或者预期之中的程度（也、甚至、过于、亦然）；

---

① ἅν 来自 ἅ 和 ἄν 的融音。ὑπάρχω[开始]作无人称动词时意为可能、获准。

• 表达某一范围中的最高点（甚至、也、其实、亦然）；带分词的用法（即便）见 52.44；副词性的 καί 或者表达某一范围中的最低点（完全[不]、甚至）。

(90) βουλόμενος δὲ <u>καὶ</u> αὐτὸς λαμπρόν τι ποιῆσαι ... καταθεῖ.

而由于他也希望自己做件光辉的事，他就侵入……（色《教》5.4.15）

(91) ἐρρήθη γάρ που οὕτως ἡμῶν εἶναι ἡ ψυχὴ <u>καὶ</u> πρὶν εἰς σῶμα ἀφικέσθαι ... 因为，恐怕我们的灵魂据说以这一方式存在，甚至在它进入身体之前……（《斐多》92d）

(92) τίς δὲ <u>καὶ</u> προσβλέψεται | παίδων σ', ἵν' αὐτῶν προσέμενος κτάνῃς τινά; 哪个孩子还会朝你（阿伽门农）看，倘若你交出其中的一个后，杀死了[她]？（欧《伊奥》1192–1193）

它的否定词是 οὐδέ/μηδέ[甚至不；完全不；不及……的程度]：

(93) τούτῳ μὲν <u>οὐδὲ</u> διελέγετο, ἀλλ' ἐμίσει πάντων ἀνθρώπων μάλιστα. 他甚至未与此人交谈过，却在所有人中最厌恶[他]。（吕《演》3.31）

小品词组合

小品词组合的用法

ἀλλὰ γάρ 和 ἀλλὰ ... γάρ 的用法

59.57 发话人中断（ἀλλά，见 59.11）叙述或推理的线索——这常常发生在话语中间——然后解释原因（γάρ，见 59.14），可以译作不过/但是……其实/因为），例如：

(94) ΠΡ. δοκοῦσί γε οὐ φαύλως λέγειν. :: ΣΩ. πῶς γὰρ ἄν, μὴ φαῦλοί γε ὄντες; <u>ἀλλὰ γὰρ</u> ὑπεκστῆναι τὸν λόγον ἐπιφερόμενον τοῦτον βούλομαι.

璞若塔尔科斯：他们看起来讲得并非无足轻重。苏格拉底：怎么会呢，既然他们并非无足轻重之人？不过，我其实打算躲开这个正在逼近[我们]的论述。（《斐勒布》43a）[πῶς γάρ 见 38.19 注二、59.14]

(95) <u>ἀλλ'</u> εἰσορῶ <u>γὰρ</u> ... | Πυλάδην δρόμῳ στείχοντα, Φωκέων ἄπο, | ἡδεῖαν ὄψιν. 但是，其实我看见丕拉得斯从佛奇斯跑着过来——一幅令人愉悦的景象。（欧《俄》725–727）[同位语 ἡδεῖαν ὄψιν 见 27.14]

59.58 注意，在上面的例子中，ἀλλὰ γάρ 和 ἀλλὰ ... γάρ 在一个分句中组合使用（亦即只带一个谓语）。在这种简单用法之外，还有复杂的用法（表达的基本含义相同），也就是 ἀλλά 和 γάρ 分别位于两个分句，带各自的谓语。这种情况下的

γάρ 分句是插入性的，例如：

(96) Φοῖβός δέ, Φοῖβος — ἀλλ’, ἄναξ γάρ ἐστ’ ἐμός, | σιγῶ.

而光明神，光明神[啊]！——算了，我还是安静吧，因为他是我的主上。（欧《厄》1245–1246）[ἀλλ’ 引导 σιγῶ 分句，γάρ 引导带 ἐστ’ 的分句]

在诗歌中，即便 ἀλλά 和 γάρ 分别引导两个分句，它们也可在一个分句中以 ἀλλὰ γάρ 的形式出现，不过这种现象只会偶尔出现，例如：

(97) ἀλλὰ γὰρ Κρέοντα λεύσσω ... | πρὸς δόμους στείχοντα, παύσω ... γόους. 但是我会停止哀哭，因为我瞧见克热翁往大殿走来了。（欧《腓》1307–1308）[严格地说，ἀλλά 引导 παύσω 分句，γάρ 引导 λεύσσω 分句；这一用法可视作简单用法和复杂用法的混合]

ἀλλὰ (...) δή 的用法

59.59 ἀλλὰ (...) δή 引导的文本片段纠正或替代前一语篇中的信息（ἀλλά，见 59.11），同时表明新的说法是明确相关或者显而易见的（δή，见 59.44），例如：

(98) οὐκ ἐννοῶ, ὦ Σώκρατες· ἀλλὰ δὴ τίνα γραφήν σε γέγραπται;

苏格拉底啊，我[对他]并没有印象，不过他实际上对你提起了什么公诉？（柏《游》2b–c）[涉及控告者身份的讨论陷入了僵局，游叙弗伦便中断这一讨论，自然而然地把话题转到了公诉上]

ἀλλὰ μήν 的用法

59.60 ἀλλὰ μήν 引导的文本片段纠正之前的信息或其暗示（ἀλλά，见 59.11），同时发话人保证其说法的正确性和相关性（μήν，见 59.49），可译作*可是……当然*、*但清楚的是*、*不用担心*，例如：

(99) ΣΩ. οὐκοῦν τὸ μετὰ τοῦτο χρὴ ζητεῖν, εἴπερ ἐπιθυμεῖς εἰδέναι, ἥτις ποτ’ αὖ ἐστιν αὐτοῦ ἡ ὀρθότης. :: ΕΡ. ἀλλὰ μὴν ἐπιθυμῶ γε εἰδέναι. :: ΣΩ. Σκόπει τοίνυν. 苏格拉底：那么应该探寻下面这个问题——倘若你的确欲求知道——究竟什么才是它的正确性。赫尔摩革内斯：可是我当然欲求知道。苏：那你就探究吧。（柏《克拉》391b）[ἀλλά 回应 εἴπερ 从句，修正苏格拉底的暗示，即赫尔摩革内斯可能不欲求知道；μήν 强调了他的承诺]

ἀλλ’ οὖν 的用法

59.61 ἀλλ’ οὖν 纠正或摒弃之前的信息（ἀλλά，见 59.11），支持被认为更相关的信息（οὖν，见 59.34），可译作*即便如此*、*无论如何*；它在条件从句之后常常是结论性的（见 59.12 结论性的 ἀλλά），例如：

(100) ἔπειτ' εἰ καὶ τυγχάνομεν ἀμφότεροι ψευδῆ λέγοντες, ἀλλ' οὖν ἐγὼ μὲν τούτοις κέχρημαι τοῖς λόγοις, οἷσπερ χρὴ τοὺς ἐπαινοῦντας.

因而，虽然我们二人碰巧都说错了，但我无论如何都使用了这些论述——作颂词的人需要[使用]它们。（伊索《演》11.33）

γὰρ δή 的用法

59.62 δή（见 59.44）可以使 γάρ（见 59.14）给出的解释或动机变得更加肯定或者显而易见，例如：

(101) Μάγους ... ἀτρεκέως οἶδα ταῦτα ποιέοντας· ἐμφανέως γὰρ δὴ ποιεῦσι.

我明确知道穆护做这些事，因为他们就是公开做的。（《原史》1.140.2）[δή 表明，对我明确知道这一陈述的解释是毫无争议的]**

γὰρ οὖν 的用法

59.63 γὰρ οὖν 以更切题的话（οὖν，见 59.34）为之前的文本片段提供解释或动机（γάρ，见 59.14），可译作其实、事实上、也就是说、我的意思是、因为实际上：

(102) οἴμοι, τόδ' οἷον εἶπας· αἴσθησις γὰρ οὖν | καὶ τῶν θυραίων πημάτων δάκνει βροτούς. 哎呀，你说的是这件如此[可怕的]事情！因为实际上，甚至对外人之灾难的感受也会刺痛有死的凡人。（欧《厄》290–291）

注一：有时，这个组合中的 οὖν 似乎仅仅表达解释中的信息可以从前文中推出；由于 οὖν 有这一用法，因此 γὰρ οὖν 常常作为回答中的惯用语，例如：

(103) ΞΕ. καὶ τοῦ πτηνοῦ μὲν γένους πᾶσα ἡμῖν ἡ θήρα λέγεταί πού τις ὀρνιθευτική. :: ΘΕ. Λέγεται γὰρ οὖν. 异邦人：而且，对飞行类[动物]的猎取或许被我们统称作某种捕鸟术？泰阿泰德：是这样叫的。（《智术师》220b）

δ' οὖν 的用法

59.64 δ' οὖν 表达摒弃前文的信息（δέ，变换话题，见 59.16），而在某个特定关头赞同一个被认为更切题的观点（οὖν，见 59.34），可译作无论如何、不管怎样或者但是……的确（对比 59.61 的 ἀλλ' οὖν）：

(104) τότε δ' οὖν παρελθὼν τοῖς Ἀθηναίοις παρῄνει τοιάδε.

但无论如何，[阿尔喀比亚德]当时走上前来，向雅典人作出这样一番建议。（《佩战》6.15.5）[这个句子之前是一段离题话，关乎阿尔喀比亚德以及雅典人先前对阿氏的看法]

(105) οὐκ ἠξίωσε τοῦ θεοῦ προλαμβάνειν | μαντεύμαθ'· ἓν δ' οὖν εἶπεν· ... 他不认可抢在神谕之前。但他的确说了这一点：……（《伊昂》407–408）

ἦ μήν 的用法

59.65 ἦ μήν 是语气非常强烈的强调词，发话人用以表达其内容在客观（ἦ，见 59.48）和主观（μήν，见 59.49）层面都具有真实性；ἦ μήν 尤其用于誓言和其他语气强烈的预言等等（绝对、必然、我确信），例如：

(106) λαβόμενος τοῦ βωμοῦ ὤμοσεν ἦ μὴν μὴ εἶναί οἱ υἱὸν ἄλλον μηδὲ γενέσθαι πώποτε, εἰ μὴ Ἱππόνικον ἐκ τῆς Γλαύκωνος θυγατρός.

他按住祭坛起誓，绝对不存在也从未有过别的儿子，除了格劳孔之女所生的希波尼科斯。（安多《演》1.126）

καὶ γάρ 的用法

59.66 καί（见 59.20、59.56）和 γάρ（见 59.14）的含义可能有多种组合方式——

- 最常见的情况是在连续的语篇中引入带有解释作用的（γάρ）补充（καί）信息，可译作并且事实上、而实际上，例如：

(107) τὸ δὲ δὴ μετὰ τοῦτο ἐπιθυμῶ ὑμῖν χρησμῳδῆσαι, ὦ καταψηφισάμενοί μου· καὶ γάρ εἰμι ἤδη ἐνταῦθα ἐν ᾧ μάλιστα ἄνθρωποι χρησμῳδοῦσιν, ... 而如今在这过后，投票判我有罪的人啊，我想要对你们发出预言；并且事实上，此时我已然身处人们最常发出预言的时刻……（《申辩》39c）

- 在连续的语篇中，γάρ 引入解释或动机，同时使用副词性的 καί（因为……也/甚至），例如：

(108) θάρσει, παρέσται· καὶ γάρ, εἰ γέρων ἐγώ, | τὸ τῆσδε χώρας οὐ γεγήρακε σθένος. 别怕，[终点]会出现的！因为尽管我年迈，但这片土地的力量并未衰老。（《俄科》726–727）[καὶ εἰ 见 49.19–20][1]

- 在对话的回答中，γάρ 表达同意，同时使用副词性的 καί（是的，……也），例如：

(109) ΠΩ. οὐκ ἄρτι ὡμολόγεις ποιεῖν ἃ δοκεῖ αὐτοῖς βέλτιστα εἶναι ... ; :: ΣΩ. καὶ γὰρ νῦν ὁμολογῶ.

---

① παρέσται 的主语是第 725 行的 τέρμα τῆς σωτηρίας[拯救的终点]。

珀洛斯：你刚才不是同意，[他们]做那些在他们看来最好的事情吗？
苏格拉底：是的，我现在也同意。（柏《高》467b）

καὶ ... δέ 的用法

59.67 καὶ ... δέ 引入密切相关的新信息（καί，见 59.20），不过这个信息以某种方式不同于前文（δέ，见 59.16），可译作*不过在另一方面*、*不过另外*、*而……也*、*还有*，例如：

(110) ... Ξενοφῶντι, ὁρῶντι ... πελταστὰς πολλοὺς καὶ τοξότας καὶ σφενδονήτας <u>καὶ</u> ἱππέας <u>δὲ</u> ... , καλὸν αὐτῷ ἐδόκει εἶναι ...

色诺芬看着大量的轻盾兵、弓箭手、投石手，还有骑兵……在他看来……是一件美好的事情。（色《上》5.6.15）[最后一项 καὶ ἱππέας δέ 与其他项分离，因为这是唯一一群骑马的士兵]

καὶ δή 的用法

59.68 καὶ δή 的典型用法是——

• 在戏剧的对话中，καὶ δή 把注意力引向发话人和受话人眼前实际上正在发生的动作；这一用法常常表达一个命令得到了执行（*好的*、*你瞧*），或者标志一个事件的发生或一个人物的登场（*瞧*）：

(111) ΗΡ. τόλμα προτεῖναι χεῖρα καὶ θιγεῖν ξένης. :: ΑΔ. <u>καὶ δὴ</u> προτείνω. 赫剌克勒斯：请你拿出勇气，伸出手来，并且触碰这个外邦女人。阿德美托斯：好的，我伸出来了。（欧《阿》1117–1118）[καὶ δή 表示赫剌克勒斯的命令得到了执行]

(112) φίλαι, πάλαι ... | καραδοκῶ τἀκεῖθεν οἷ προβήσεται. | <u>καὶ δὴ</u> δέδορκα τόνδε τῶν Ἰάσονος | στείχοντ᾽ ὀπαδῶν. 朋友们，我一直等着瞧那里的事情将往何处发展。瞧，我看到伊阿宋的这名随从正在走来。（欧《美》1116–1119）[καὶ δή 标志着一个人物的登场][1]

• 在叙述中，καὶ δή 增添新的信息（καί，见 59.20）并且要求受话人想象所述的动作（δή，见 59.44），可译作*瞧啊*，例如：

(113) ἄλλην ἔδωκα κύλικα, γιγνώσκων ὅτι | τρώσει νιν οἶνος καὶ δίκην δώσει τάχα. | <u>καὶ δὴ</u> πρὸς ᾠδὰς εἷρπ᾽. 我给了另一杯，因为我知道这酒会害了他，并且他很快就会付出代价。瞧，他唱起歌来了。（欧《圆》421–423）

---

① 这里的 στείχοντ᾽ 即 στείχοντα，是 δέδορκα 所带的补充性分词，见 52.9。

καὶ δὴ καί 的用法

59.69 καὶ δὴ καί 在希罗多德和柏拉图笔下十分常见。这个小品词组合增添另外一条信息（καί ... καί[而且……亦然]，见 59.20），并且单独点出这一增添的信息（δή，见 59.44），可译作*而且尤其是*、*而特别地*：

(114) ἀλλ' ἔστι μέν, ὦ Νικία, χαλεπὸν λέγειν περὶ ὁτουοῦν μαθήματος ὡς οὐ χρὴ μανθάνειν· πάντα γὰρ ἐπίστασθαι ἀγαθὸν δοκεῖ εἶναι. καὶ δὴ καὶ τὸ ὁπλιτικὸν τοῦτο, εἰ μέν ἐστιν μάθημα, ... 但是，尼基阿斯啊，无论就哪种学问而言，都难以宣称无需学习——因为样样精通看起来好。而且尤其是这种重装格斗之事，如果它一方面是门学问……（《拉刻斯》182d–e）

59.70 ἄλλος 的某个形式后常常跟有 (καὶ δὴ) καί，用来从更大的群组中单独指出某个特别的实体（*其他……*，*尤其是*），例如：

(115) ἔς τε δὴ ὦν τὰς ἄλλας ἔπεμπε συμμαχίας καὶ δὴ καὶ ἐς Λακεδαίμονα. 于是，[克若伊索斯]便又派[人]去其他同盟者那里，尤其是去拉刻代蒙。（《原史》1.82.1）

καὶ μήν 的用法

59.71 通过使用 καὶ μήν，发话人增添信息（καί，见 59.20），并且表示他保证这一信息的正确性或相关性，即便受话人可能对此并无期待（μήν，见 59.49）：

- 在对话中，καὶ μήν 常常用于正向的回应，比如回应一个要求或命令（*当然*、*好吧*、*那么*），例如：

(116) ΟΡ. ἄκου', ὑπὲρ σοῦ τοιάδ' ἔστ' ὀδύρματα. | αὐτὸς δὲ σῴζῃ τόνδε τιμήσας λόγον. | :: ΧΟ. καὶ μὴν ἀμεμφῆ τόνδ' ἐτείνατον λόγον. 俄瑞斯忒斯：听，这些就是为你而发的悲叹。但你若尊重我们的这番言辞，便能自救。歌队长：好吧，你们俩无可责备地拖长了言辞。（埃《奠》508–510）

- 在戏剧中，καὶ μήν 标志着一个新角色出乎意料或突如其来的登场（*瞧啊*、*你看*；与 καὶ δή 不同，后者标志一个新角色的登场，但并不含有出乎意料的意味，见 59.68），例如：

(117) ΚΡ. κάτω νυν ἐλθοῦσ', εἰ φιλητέον, φίλει | κείνους· ἐμοῦ δὲ ζῶντος οὐκ ἄρξει γυνή. | :: ΧΟ. καὶ μὴν πρὸ πυλῶν ἥδ' Ἰσμήνη.

克热翁：你若必须爱，那么就下去爱他们吧！但只要我活着，女人就不会统治。歌队长：瞧啊，那位伊斯墨涅就在大门前。（索《安》524–526）

• 在论述性或叙述性文本中，καὶ μήν 表达转向一个新的阶段（不过、而且、如今、[而且]实际上），例如：

(118) οἱ μὲν δὴ Θηβαῖοι ... παρεσκευάζοντο ὡς ἀμυνούμενοι, οἱ δ᾽ Ἀθηναῖοι ὡς βοηθήσοντες. <u>καὶ μὴν</u> οἱ Λακεδαιμόνιοι οὐκέτι ἔμελλον, ἀλλὰ Παυσανίας ... ἐπορεύετο εἰς τὴν Βοιωτίαν.

于是忒拜人就为抵抗做起准备，雅典人则为援助[他们]作准备。并且事实上，拉刻代蒙人没有再拖延，而[他们的国王]泡撒尼阿斯向波约提阿进发。（色《希》3.5.17）[色诺芬用 μήν 表明波约提阿人和雅典人有正当理由进行准备——拉刻代蒙人无疑是个威胁]

μὲν οὖν（态度性的 μήν + οὖν）的用法

59.72 发话人用 μὲν οὖν 保证其说法的正确性或相关性（μήν 见 59.49，这里的 μέν 见 59.25），并且表明其说法以更加相关的表达来呈现（οὖν，见 59.34）；这个小品词组合尤其用于对话，表达纠正性的回答或反应，从而改进或扩充前文（你会说、你该说、毋宁说是）；在柏拉图笔下，μὲν οὖν 有时仅仅表达赞同性的回答（当然、肯定）。① 例如：

(119) ΑΓ. ... δοκῶν γυναικῶν ἔργα νυκτερήσια | κλέπτειν ... :: ΚΗ. ἰδού γε κλέπτειν· νὴ Δία, βινεῖσθαι <u>μὲν οὖν</u>. 阿伽同：因为我看起来要偷女人的夜间之事。岳父：看啊，“偷”，凭宙斯，还是说“被肏”吧。（阿《地》204–206）②

μὲν οὖν (... δέ) 和 μὲν τοίνυν (... δέ) 的用法

59.73 这两个组合都表达过渡到更相关、更切题的文本片段（οὖν 或 τοίνυν，分别见 59.34、59.39）；这一过渡分为两个阶段（μέν ... δέ，见 59.24），其中新的相关阶段由 δέ 片段呈现，而 μέν 分句常常对前文的铺展作概括或总结，例如：

(120) περὶ <u>μὲν οὖν</u> τούτων τοσαῦτά μοι εἰρήσθω· ὑπὲρ ὧν <u>δέ</u> μοι προσήκει λέγειν, ὡς ἂν οἷόν τε διὰ βραχυτάτων ἐρῶ.

那么，关于这些，我就说这么多吧；不过，关于适合我说的话，我会尽我所能说得简短。（吕《演》24.4）[μέν 分句总结这篇演说辞的前言，δέ 开启叙述部分；οὖν 表明说话者正在过渡到当前最切题的内容（即叙述）；注意，οὖν 的辖域覆盖的是整个 μέν-δέ 结构，而不仅仅是 μέν 分句]

---

① 出自柏拉图作品中的用法如 38.33 例句 55、59.33 例句 50。

② ΚΗ. 是 κηδεστής 的简写，通行本中作 ΜΗ.，表示人名 Μνησίλοχος。

59.74 类似地，**μὲν δή** (... **δέ**) 也表达过渡到一个明显相关的文本片段（δή，见 59.44），分为两个阶段（μέν/δέ，见 59.24），其中 μέν 分句有时对前文的铺展作概述或总结，例如：

(121) καὶ τἄλλα <u>μὲν δὴ</u> ῥᾳδίως ἔσω νεὼς | ἐθέμεθα κουφίζοντα· ταύρειος <u>δὲ</u> ποὺς | οὐκ ἤθελ' ὀρθὸς σανίδα προσβῆναι κάτα.

于是，我们轻而易举地把其他[祭品]装上了船，因为[它们]轻巧；但公牛的蹄子不愿意径直往前从跳板上走上去。(《海伦》1554–1556）[这个 δή 似乎同样涵盖整个 μέν-δέ 结构，引出了叙述中关于公牛的关键阶段]

οὐ μὴν ἀλλά 和 οὐ μέντοι ἀλλά 的用法

59.75 发话人用 οὐ μὴν ἀλλά 或 οὐ μέντοι ἀλλά 表达强烈的断言（μήν，见 59.49），否定前文引发的预期（μέντοι，见 59.27），断言只有自己所言属实（οὐ ... ἀλλά，见 59.11），可译作不过……仅仅、但是……完全，例如：

(122) ἐδυσχέρανε μὲν ἐπ' οὐδενὶ τῶν γεγραμμένων, ἐπῄνεσε δ' ὡς δυνατὸν μάλιστα, ... · <u>οὐ μὴν ἀλλὰ</u> φανερὸς ἦν οὐχ ἡδέως ἔχων ἐπὶ τοῖς περὶ Λακεδαιμονίων εἰρημένοις. 他并未对[我]所写的任何内容感到不满，而是极力赞美；但是他显然只是对那些论及拉刻代蒙人的内容不满意。(伊索《演》12.201）[注意 οὐ μὴν ἀλλά 在这里“补全了”μέν]

οὐ μὴν οὐδέ 和 οὐδὲ μήν 的用法

59.76 发话人表达强烈的断言，否定前文引发的预期（μήν，见 59.49），断言某个事情也不属实（(οὐ) ... οὐδέ，见 59.56），可译作事实上也不、其实也并不：

(123) καὶ κραυγὴ μὲν οὐδεμία παρῆν, <u>οὐ μὴν οὐδὲ</u> σιγή, φωνὴ δέ τις ἦν τοιαύτη οἵαν ὀργή τε καὶ μάχη παράσχοιτ' ἄν.

并且没有任何喊叫，事实上也不存在安静，有的却是怒火和战斗可能产生的某种如此这般的声音。(色《阿》2.12）

第60章　词　序

引　言

60.1　如果随机选取一些包含 ἔδωκε(ν)[他曾给予]这一动词的句子来观察，我们便能发现单词出现的次序所引发的问题：

(1) μετὰ δὲ ταῦτα ἐπεὶ συνεγένοντο ἀλλήλοις, Συέννεσις μὲν ἔδωκε Κύρῳ χρήματα πολλὰ εἰς τὴν στρατιάν, Κῦρος δὲ ἐκείνῳ δῶρα ἃ νομίζεται παρὰ βασιλεῖ τίμια. 而在这些之后，当他们彼此会面时，叙恩内西斯给了居鲁士大量钱财以供出征，而居鲁士给予他多种礼物——这些东西被视作在宫廷[才能得到]的荣誉。(色《上》1.2.27)①

(2) ἐκ δὲ τούτου πολλὰ καὶ καλὰ ἔδωκε δῶρα τῷ Ὑστάσπᾳ, ὅπως τῇ παιδὶ πέμψειε. 而在此之后，[居鲁士]给了绪斯塔斯帕斯许多漂亮的礼物，以便让他[把这些礼物]送给那位姑娘。(色《教》8.4.26)

(3) καὶ ἔδωκεν ὁ παρελθὼν χρόνος πολλὰς ἀποδείξεις ἀνδρὶ καλῷ κἀγαθῷ. 并且过去的时间向一位美好且优秀的人提供了许多展示[的机会]。(德《演》18.310)

(4) ἑκάστῳ δὲ ἀρχὴν πολλῶν ἀνθρώπων καὶ τόπον πολλῆς χώρας ἔδωκεν. [波塞冬]把对许多人的统治权交给每一个[儿子]，还给予[他们]空间宽阔的地域。(《克里提阿》114a)

60.2　我们可以在以下三个层面考量这些句子的词序——

• 某几类个别的单词具有相对固定的词序。所有的冠词都在其名词之前，比如例句 1 的 τὴν στρατιάν、例句 2 的 τῷ Ὑστάσπᾳ 和例句 3 的 ὁ παρελθὼν χρόνος。介词出现在其所修饰的名词短语之前，比如例句 1 的 μετὰ ταῦτα、εἰς τὴν στρατιάν、παρὰ βασιλεῖ 以及例句 2 的 ἐκ τούτου。在例句 1、2 和 4 中，连接性小品词 δέ 是句中的第二个单词，而 καί 是例句 3 中的第一个单词。

• 名词短语之内较难看出规律。在一些情况下，我们发现修饰语–中心语的词序，比如例句 3 的 ὁ παρελθὼν χρόνος、πολλὰς ἀποδείξεις、例句 4 的 πολλῶν ἀνθρώπων 和 πολλῆς χώρας。而在其他

---

① παρὰ βασιλεῖ τίμια 或译作由国王给予的荣誉。居鲁士在这里已经流露出当王的野心了。参见布泽蒂：《苏格拉底式的君主色诺芬：〈居鲁士上行记〉的论证》，高挪英、杨志城译，北京：华夏出版社，2020 年，第 73 页。另见 26.3 例句 8。

情况下，我们也看到中心语-修饰语的词序，比如例句 1 的 χρήματα πολλά、例句 3 的 ἀνδρὶ καλῷ τε κἀγαθῷ、例句 4 的 ἀρχὴν πολλῶν ἀνθρώπων 和 τόπον πολλῆς χώρας。另外，例句 2 中还有修饰语和中心语被一个插入的单词隔开的情况：πολλὰ καὶ καλὰ ἔδωκε δῶρα。

• 在句子或分句层面，考虑到各种成分（诸如主语、宾语、间接宾语和动词）的词序，便会有多种不同的排序，如例句 1 的*主-动-间宾-宾*（Συέννεσις ἔδωκε Κύρῳ χρήματα）、例句 2 的*动-宾-间宾*（ἔδωκε δῶρα τῷ Ὑστάσπᾳ）、例句 3 的*动-主-宾-间宾*（ἔδωκεν ὁ χρόνος ἀποδείξεις ἀνδρί）和例句 4 的*间宾-宾-动*（ἑκάστῳ ἀρχὴν καὶ τόπον ἔδωκεν）。概而言之，句法功能看起来并不是决定成分之顺序的主要因素。

60.3 在所有这些层面（除了第一个）决定词序的原则都未得到充分的理解。不过，一些语法书常常断言说，古希腊语的词序多多少少有些“随意”。这种说法并不正确。即便有许多不确定的情况，我们还是可以注意到一些倾向。

位置固定的单词：后置词和前置词

可动词、后置词和前置词

60.4 大多数古希腊语单词可以出现在分句的开头、结尾或者在分句的中间，这些单词被称作*可动词*（mobile）。然而，其他单词有更加固定的位置，它们被称作*后置词*（postpositive）和*前置词*（prepositive）。

60.5 *后置词*依附于前面的单词，因此后置词一般不会作为分句的第一个单词出现。最重要的后置词有——

许多连接性小品词：αὖ、γάρ、δέ、μέν、μέντοι、νυν（但 νῦν 是可动词）、οὖν、τε 和 τοίνυν；许多态度性小品词：ἄρα、δή、μήν、που 和 τοι；辖域小品词 γε 和 περ；情态小品词 ἄν；非对比性人称代词：μοι、σοι、με 和 σε 等等，还有 οὑ、οἱ、ἑ（希罗多德所用的 μιν）和 σφων 等等；αὐτός 的非主格形式（在充当第三人称代词时）；不定词，诸如 τις（而非 τίς）、ποτε（而非 πότε）和 που（而非 ποῦ）等等。

60.6 *前置词*依附于后面的单词，因此前置词可以是分句的第一个单词，但通常不是最后一个单词。最重要的前置词有——

冠词 ὁ、ἡ 和 τό 等等；介词 ἀμφί、ἀνά 和 ἀντί 等等；一些连接性小品词，比如 ἀλλά、ἀτάρ、ἤ、καί（副词性的 καί 亦然，见 59.56）、οὐδέ、οὔτε 和 τοιγάρ；态度性小品词 ἆρα（=ἦ ἄρα）、ἦ；从属词 ἐπεί、ὅτε、ὅτι 和 ὡς 等等；关系代词 ὅς、ἥ 和 ὅ 等等；否定词 οὐ 和 μή。

后置词的位置

60.7 后置词往往出现在其所属的句子、分句或词组的第一个单词之后，也就是出现在第二位置（second position）。这一规则被称作瓦克纳格尔规律（Wackernagel's Law）。第二位置在不同语境中的含义可能有些许差异，这取决于几个影响因素。

60.8 连接性小品词和辖域小品词出现在句子、分句或词组中的第二位置，具体位置取决于其辖域的覆盖范围的大小，例如：

(5) ἐλθὼν δὲ ἐς Λακεδαίμονα τῶν μὲν ἰδίᾳ πρός τινα ἀδικημάτων ηὐθύνθη, τὰ δὲ μέγιστα ἀπολύεται μὴ ἀδικεῖν. 而他来到拉刻代蒙后，一方面因为他个人对某人[所行]的不义而遭到惩罚，另一方面则得到豁免，[尽管]他犯了极其严重的错误。（《佩战》1.95.5）[第一个 δέ 把整个句子与前文相连；而这个句子本身又分为两个形成对比的部分，每个部分的第二个单词都是连接性小品词（μέν ... δέ）]

(6) εἰκὸς γὰρ ἐν ἀνδράσι γε ἀγαθοῖς καὶ ἄνευ τῆς αἰτήσεως τὴν ἀκρόασιν ὑπάρχειν τοῖς φεύγουσιν. 因为，至少在高尚的人中，甚至在没有请求的情况下，被告人也可能得到聆听。（安提《演》5.4）[γάρ 使整个句子与前文相连；辖域小品词 γε 出现在其所强调的名词短语的第二位置（ἐν ἀνδράσι 被当作一个单独而不可分的单位），见 60.10]

60.9 分句的第一个单词后可以有不止一个后置词。在这种情况下，后置词的标准顺序是：联系上文的连接性小品词（尤其是 μέν，常常也用小品词 τε）>联系后文的连接性小品词（δέ、γάρ 和 οὖν 等等）>其他小品词>不定代词>人称代词，例如：

(7) ἀλογία μὲν γὰρ δή τις φαίνεται διὰ τούτων. 因为，由于这些情况，似乎就[存在]某种不适宜。（忒欧弗剌斯托斯《论植物的原因》1.13.4）[1]

(8) εἰ οὖν τί σε τούτων ἀρέσκει ...

---

[1] 忒欧弗剌斯托斯这里谈及季节对植物发芽的影响：湿润温暖的春天有利于植物的发芽，但是干燥炎热的夏天和干燥寒冷的秋天则并不适宜。

那么，如果其中哪点让您满意……（《佩战》1.128.7）

［注意，例句 7 的作者更偏爱标准的词序，从而使 τις 与其修饰的名词 ἀλογία 分开；出于同样的原因，例句 8 中 σε 将不定代词 τι 与其修饰语 τούτων 分开；τι 的重音见 24.38 注一］

60.10 后置词常常并不紧挨在第一个单词之后（如例句 9），而是紧挨在分句的第一个成分之后，这个成分常常由前置词和可动词组成（如例句 10）。因此，第一个成分就被当作一个单独而不可分的单元，实质上相当于一个单词。例如：

(9) οἱ δ᾽ αὖ βάρβαροι οὐκ ἐδέχοντο. 但外夷［部队］又一次没有应战。（色《上》1.10.11）［两个后置词 δ᾽ αὖ 插在 οἱ βάρβαροι 这个成分之中］

(10) τῶν δούλων δ᾽ αὖ καὶ τῶν μετοίκων πλείστη ἐστὶν Ἀθήνησιν ἀκολασία. 另外，在雅典，最严重的放肆无度却在奴隶和客籍民身上。（托名色诺芬《雅典人的政制》1.10）［本句中 τῶν δούλων 这个成分被视作一个不可分的单元，因此后置词 δ᾽ αὖ 在它的后面］

尽管后置的小品词（尤其是连接性小品词）常常夹在第一个成分的两个组成元素之间，不定代词和人称代词却很少如此（ἄν 亦然），例如：

(11) ἡ γὰρ ἀνάγκη με πιέζει.

因为必然性逼迫我。（《云》437）［连接性小品词 γάρ 夹在 ἡ ἀνάγκη 这个成分之中（一并比较例句 9 中的 δ᾽ αὖ），但人称代词 με 在其之后］

60.11 其他后置词（尤其是人称代词）的位置由于几个相互冲突的倾向而变得错综复杂——

• 首先，这些后置词往往聚集在句子的第一个单词或成分之后。这就导致，在句法上关系紧密的单词可能在词序上距离较远（如例句 12）；

• 其次，还一种倾向是把后置词分散于整个句子，从而把句子划分为在句法上可以或多或少地识别出来的分句和词组（如例句 13）。

(12) πολλά τε γάρ μιν καὶ μεγάλα τὰ ἐπαείροντα καὶ ἐποτρύνοντα ἦν.

因为有许多激发、刺激他的重要［原因］。（《原史》1.204.2）［说明见下］

(13) καὶ οὐ μόνον ταῦτ᾽ ἐστὶ τὰ ποιοῦντά με ἀγωνίζεσθαι τὸν ἀγῶνα τοῦτον. 而且使得我打这场官司的不止是这些事情。（伊赛《演》2.43）

［在例句 12 中，后置词 μιν 充当分词 ἐπαείροντα καὶ ἐποτρύνοντα 的宾语，出现在整个句子中的第一个有效位置（在其他后置词之后）；而与此形成对比的是，在例句 13 中，分词短语 τὰ ποιοῦντα ... τοῦτον 的作用相当于一个

分离的从句，这是因为后置词 με 出现在这一从句的第一个成分之后]

• 第三，如果后置词充当动词的强制成分，那么它也可位于支配它的动词之后，例如：

(14) τούτου μὲν ἀφίημί σε. 在这点上我放过你。（柏《游》9c）[σε 直接在动词之后，作其宾语（而非在 μέν 之后，这种词序也有可能）]

• 第四，后置词也可置于句子最突出的单词或成分之后，例如：

(15) δοκοῦσι δὲ Ἀθηναῖοι καὶ τοῦτό μοι οὐκ ὀρθῶς βουλεύεσθαι, ὅτι ...

而雅典人，在我看来，在这一方面的决策也不妥当，那就是……（托名色诺芬《雅典人的政制》3.10）

60.12 小品词 **ἄν** 的位置有以下规则——

• 对于祈愿式（潜在结构）和情态直陈式（非事实）而言，ἄν 偶尔会重复出现，首先出现在句子或分句的第二位置，然后又出现在更靠近动词的地方：

(16) ὥστ' ἄν, εἰ σθένος | λάβοιμι, δηλώσαιμ' ἂν οἷ' αὐτοῖς φρονῶ.

从而，我若拥有力量，便会表明对他们感觉如何。（索《厄》333–334）

• 在包含 **ἄν** 和虚拟式的从句中，ἄν 通常直接跟在从属词后，比如 ὃς ἄν、ὅστις ἄν（又有 ὅ τι ἄν）和 ὅπως ἄν；但连接性小品词可以夹在它们之间（ὃς γὰρ ἄν、ὅ τι δ' ἄν，见 60.9）。然而，几个时间连词和条件连词 εἰ 必须与 ἄν 融音（ἐπεάν/ἐπάν、ἐπειδάν、ὅταν、ὁπόταν 和 ἐάν/ἥν/ἄν），在这些情况下，连接性小品词不夹在它们之中（ἐπειδὰν δέ、ὅταν γάρ）。

前置词的位置

60.13 前置词通常位于其辖域所涵盖的句子、分句或词组（比如名词短语）的第一位置，例如：

(17) καὶ οὐδεὶς ἔτι ἄνευ Ἑλλήνων εἰς πόλεμον καθίσταται, οὔτε ὅταν ἀλλήλοις πολεμῶσιν οὔτε ὅταν οἱ Ἕλληνες αὐτοῖς ἀντιστρατεύωνται· ἀλλὰ καὶ πρὸς τούτους ἐγνώκασι μεθ' Ἑλλήνων τοὺς πολέμους ποιεῖσθαι.

并且，在没有希腊人的情况下，任何[波斯]人都不再会开战，在他们[内部]相互为敌的时候和希腊人对他们举兵的时候都不。但是，甚至是在对付这些[希腊]人时，他们也意识到要与希腊人一同发动战争。（色《教》8.8.26）[句中的连接性小品词 καί 和 ἀλλά 都在它们所连接的句子的第一位置，οὔτε ... οὔτε 在它们所否定的时间从句之前，并且其中的两个 ὅταν（= ὅτε ἄν）也都处于它们所引导的时间从句的第一位置；所有的冠词都在其名词之前，所有的介词也都在其所修饰的名词之前；副词性的 καί 的辖

域涵盖了词组 πρὸς τούτους]

60.14 有时，尤其是在诗歌中，介词位于其所修饰的名词短语之后（亦即倒装[anastrophe]）。在这种情况下，介词的重音若有可能便落在第一音节（见 24.37），例如：

(18) λέγοιμ' ἂν οἷ' ἤκουσα τοῦ θεοῦ πάρα.

我可能会说出从神明那里听到的事。（《俄僭》95）

在阿提卡散文中，这种情况限于 περί + 属格的结构（例如 τούτων πέρι[关于这些事情]、τίνος πέρι;[关于什么？]）。

名词短语中的词序

中心语–修饰语与修饰语–中心语

60.15 名词短语中的修饰语可在其中心语之后，也可在其中心语之前（相关术语见 26.16），例如：

ὁ ἀνὴρ οὗτος / οὗτος ὁ ἀνήρ 那个男人；

(ἡ) δικαία γυνή / (ἡ) γυνὴ (ἡ) δικαία 一个/那个正义的女人；

ὁ τῶν Ἀθηναῖων δῆμος / ὁ δῆμος (ὁ) τῶν Ἀθηναῖων 雅典人的村社。

对于中心语–修饰语和修饰语–中心语这两种词序而言，它们的差异并不总是清晰可辨。不过，大体上说，中心语–修饰语词序是最常见的且“中立的”词序，而修饰语–中心语词序则用以表明修饰语包含特别突出的信息（亦即修饰语得到强调）。如果修饰语是对比性的、出乎意料的或者特别能提供信息，那么它就可能是突出的，例如：

(19) ταφαὶ δὲ τοῖσι εὐδαίμοσι αὐτῶν εἰσὶ αἵδε· τρεῖς μὲν ἡμέρας προτιθεῖσι τὸν νεκρόν. 而[色雷斯人]中那些富人的葬仪是这样的：遗体陈列三日。（《原史》5.8）[葬仪中包括停尸数日，这不足为怪；这里描述的色雷斯人仪式的特殊点是，他们陈尸“三”（τρεῖς）日；修饰语的位置在中心语名词之前，表明修饰语是名词短语中最重要的信息]

(20) ἐπὶ δὴ ταύτην τὴν ψάμμον στέλλονται ἐς τὴν ἔρημον οἱ Ἰνδοί, ζευξάμενος ἕκαστος καμήλους τρεῖς ... αἱ γάρ σφι κάμηλοι ἵππων οὐκ ἥσσονες ἐς ταχυτῆτά εἰσι, χωρὶς δὲ ἄχθεα δυνατώτεραι πολλὸν φέρειν. 事实上，印度人为了这种沙子才向沙漠进发，每人驾骆驼三头……因为他们的骆驼在速度上不逊于马匹，另外，它们的负重能力也强大得多。（《原史》3.102.3）[由于希罗多德继续解释印度人为何用骆驼而非用马，似乎 καμήλους 就已

经给出了最重要、最惊人的信息（读者可能会惊讶于骆驼）；他们驾“三头”（τρεῖς）骆驼这一事实则没有被当作更加相关的信息]

(21) Ἀρτάβανε, ἐγὼ τὸ παραυτίκα μὲν οὐκ ἐσωφρόνεον εἴπας ἐς σὲ μάταια ἔπεα χρηστῆς εἵνεκα συμβουλίης. 阿尔塔巴诺斯啊，当[我]针对有用的建议而向你说蠢话时，我一时糊涂了。（《原史》7.15.1）[μάταια 与 χρηστῆς 形成对比，且都在各自修饰的名词前]

60.16 具有相当长度的修饰语（也称作大型修饰语[heavy modifier]）倾向于位于其中心语之后，即便它提供了突出的信息，例如：

(22) ἐπιγίνεταί σφι τέρεα ἔτι μέζονα τοῦ πρὶν γενομένου τέρεος. 比之前发生的那场奇迹还要巨大的种种奇迹降临到他们身上。（《原史》8.37.2）

多个修饰语

60.17 如果中心语具有多个修饰语，那么修饰语可能在中心语之前或之后，也可能一些在前，一些在后。此时的词序也由上述涉及突出性（saliency）的具体规则决定。另外，多个修饰语可以是并列的（coordinated），也可以是并置的（juxtaposed）：

- 在并列的情况中，每个修饰语分别限定中心语，并且修饰语之间可能（但不必然）会出现诸如 καί、τε καί 等等的并列小品词，就如英语 great and old books 和 great, old books 都表达既伟大又古老的书（books which are great and old），例如：

(23) ὁ Σωκράτης ὁρῶν ... θεραπαίνας πολλὰς καὶ εὐειδεῖς ... 苏格拉底看到许多美貌的侍女……（色《回》3.11.4）[修饰语并列：苏格拉底看到许多侍女，她们都容貌姣好；这里并不暗示可能还有相貌平平的侍女]

- 在并置的情况下，第一个修饰语限定中心语以及其他的修饰语，并且不会出现并列连词，就如英语 great old books 意为伟大的古书（old books which are great），例如：

(24) καὶ ἅμα ἐπιτήδεια πολλὰ εἶχον, ἄλευρα, οἶνον, κριθὰς ἵπποις συμβεβλημένας πολλάς. 同时他们也有大量给养：面粉、酒以及为马匹收集的许多大麦。（色《上》3.4.31）[并置：这些大麦收集起来作为马料，且数量不少（可能还存在其他用途的大麦，比如通常为下次收获而种下的大麦）；不带冠词的定语性分词 συμβεβλημένας，见 52.47]

移 位

60.18 在我们目前给出的例子中，名词短语都是连续的（continuous）。这是因为，除了后置词以外，没有其他单词夹在修饰语和中心语之间。然而，许多名词短语是非连续的（discontinous），因为此时修饰语和中心语之间夹有可动词。这种现象被称作移位（hyperbaton），分为两种类型——

- 修饰语在中心语之前的移位，这种情况特别强调修饰语：

(25) ἀλλ’ οὐδὲν ἔχων δίκαιον εἰπεῖν ἑτέρων παρεμβολῇ πραγμάτων εἰς λήθην ὑμᾶς βούλεται τῆς κατηγορίας ἐμβαλεῖν.

但是，由于他没有任何正义的话要讲，他便企图通过插入其他事情来使你们陷入对指控的遗忘。（埃《演》3.205）

(26) μὴ τοίνυν λέγετε ... ὡς ὑφ’ ἑνὸς τοιαῦτα πέπονθεν ἡ Ἑλλὰς ἀνθρώπου. 那么你们就别说希腊因一个人而遭受了如是种种。（德《演》18.158）

- 中心语在修饰语之前的移位，这种情况不涉及强调，可能给出关于中心语的一些额外信息，这些信息或是可预见的，或者并不特别相关，例如：

(27) εἰσῆλθεν ἀνὴρ Θρᾷξ ἵππον ἔχων λευκόν.

一个色雷斯男子牵着一匹白马走了进来。（色《上》7.3.26）

中心语也可以是话题性的（见 60.22），此时由修饰语来添加新的信息，例如：

(28) ἐσθῆτα δὲ φορέουσι οἱ ἱρέες λινέην μούνην. 而祭司只穿亚麻衣服。（《原史》2.37.3）[或译作至于衣服，祭司们则只穿亚麻的]

60.19 对于移位来说，最重要的句法限制是，在打断非连续的名词短语的成分中，至少有一个必须是这个名词短语所依赖的成分，比如例句 25 中的 ἑτέρων ... πραγμάτων 是 παρεμβολῇ 的修饰语，例句 27 中的 ἵππον ... λευκόν 是 ἔχων 的宾语，例句 28 中的 ἐσθῆτα ... λινέην μούνην 是 φορέουσι 的宾语。

分句内各成分的顺序

宣称的信息和预设的信息

60.20 在英语中，成分的顺序是一种句法现象——一个成分是主语、宾语还是动词决定了它在分句中的位置，例如：

(29) Alcibiades（主语）likes（动词）Socrates（宾语）.

(30) Socrates(主语) dislikes(动词) Alcibiades(宾语).

[如果假定阿尔喀比亚德喜欢苏格拉底而苏格拉底不喜欢阿尔喀比亚德，那么在这两个句子中，成分的顺序就不可改变，因为根据英语语法，成分的顺序通常要求主句的主语在动词之前，宾语在动词之后]

而在古希腊语中，成分的顺序基本上不是句法现象，而是取决于它们的信息状态（information status）：在分句中，成分的位置在很大程度上取决于该成分加给语境的信息的新鲜程度和重要性（在英语中，信息状态几乎都由语调来表达）。

60.21 在口头或书面交流中，分句的各个部分并非在同等程度上提供信息。其实，成功的交流取决于发话人的这一能力：预估受话人已经知道多少相关信息，并且，通过增加信息或通过建立已知的信息与新增的信息的关联来增进受话人的了解。已知的信息被称作预设的（presupposed）信息，新增的信息被称作宣称的（asserted）信息。这两者的差异可由以下几组问答表明——

(31) A: Whom did Daphnis kiss? B: Daphnis kissed *CHLOE*.

甲：达弗尼斯亲吻了谁？乙：达弗尼斯亲吻了克洛厄。

[在乙的回答中，预设的信息是**达弗尼斯亲吻了某人**；由于甲问达弗尼斯亲吻了谁，乙就可认为达弗尼斯亲吻了某人这个信息已经为受话人所知；宣称的信息是“克洛厄”，因为这部分回答增进了甲的了解，亦即：

Daphnis kissed X(预设的信息) X = Chloe(宣称的信息).

在英语中，Chloe 要重读；其实只给出 Chloe 也足以回答问题（并且这种回答在现实生活的场景中更加常见）；另外，英语中还可使用一种分裂结构（cleft construction），亦即 It was Chloe whom Daphnis kissed.]

(32) A: Who kissed Chloe? B: *DAPHNIS* kissed Chloe.

甲：谁亲吻了克洛厄？乙：达弗尼斯亲吻了克洛厄。

[这个例句是例句 31 的镜像；预设的信息是**某人亲吻了克洛厄**，宣称的信息是“达弗尼斯”，亦即：

X kissed Chloe(预设的信息) X = Daphnis(宣称的信息).

在英语中，Daphnis 要重读，并且它本身同样是个充分而常见的回答（另可对比分裂结构 It was Daphnis who kissed Chloe）]

(33) A: What did Daphnis do? B: Daphnis *KISSED CHLOE*.

甲：达弗尼斯做了什么？乙：达弗尼斯亲吻了克洛厄。

[在这里，预设的信息是达弗尼斯做了某事，宣称的信息是他“亲吻了克洛厄”，亦即：

Daphnis did X（预设的信息） X = kissed Chloe（宣称的信息）.

与例句 31 和 32 不同的是，在这个分句中，动词也包含在宣称的信息之内]

(34) A: What happened? B: Daphnis kissed Chloe.

甲：发生了什么？乙：达弗尼斯亲吻了克洛厄。

[在这个分句中，所有的成分都属于宣称的信息，因为，在甲的疑问中，关于达弗尼斯和克洛厄涉及了什么事情、关于这种涉及的本质，都没有预设任何信息]

请注意，行文中可能更难区分预设的信息和宣称的信息，并且发话人拥有更多的自由来决定是否要把某个信息呈现为已知的信息。

古希腊语成分顺序的影响：焦点和话题

60.22 在古希腊语中，具有特定信息状态的某些成分在词序方面得到特殊对待——

- 分句中宣称的信息称作焦点（focus），这个焦点可能落在一个特定的成分上（窄焦点[narrow focus]），也可能落在包括动词在内的一组成分上（宽焦点[broad focus]）；
- 预设的信息中的某些部分，称作话题（topic）。

下面的公式总结了古希腊语陈述句中成分顺序的最主流的趋势。这些公式在后面几节中会得到详细解释。它们并不表达绝对的规则，而应当被视作一种工具，以用于分析众多古希腊语分句。

窄焦点分句				
（对比性或新生话题）	窄焦点	动词	（给定的话题）	（剩余内容）

动词紧跟在窄焦点之后。所有的对比性话题或新生话题都在窄焦点之前；给定的话题紧跟在动词之后，其他任何可预见的信息（剩余内容）都在给定的话题之后。

宽焦点分句				
	宽焦点			
（对比性或新生话题）	宽焦点一（即动词）	（给定的话题）	宽焦点二（其他焦点性成分）	（剩余内容）

宽焦点以动词开始，动词后面是其他所有的焦点性成分；所有的对比性话题或新

生话题都在焦点结构之前；任何给定的话题都会打断宽焦点结构（在动词和其他成分之间），其他所有可预见的信息（剩余内容）出现在最后。

焦点结构：宽焦点和窄焦点

60.23 分句中表达宣称的信息的成分称作分句的焦点。焦点有两种情况——

- 单一成分作为焦点（窄焦点，对比例句 31 和 32）；
- 包含动词和其他一个或多个成分的焦点（宽焦点，对比例句 33 和 34）。

在古希腊语的窄焦点结构中，焦点性成分直接在动词之前（如例句 35）。在宽焦点结构中，动词引出分句的焦点性部分，其他焦点性成分跟在后面（如例句 36）。例如：

(35) ΚΟ. ποῖ τοῦτον ἕλκεις; :: ΓΡ. Α. εἰς ἐμαυτῆς（窄焦点）εἰσάγω（动词）. **女青年**：你把他拖去哪里？**老妇甲**：去我那里。（阿《城》1037）［回答中的预设信息是**我带他去某地**：由于女青年问的是 ποῖ τοῦτον ἕλκεις，因此，老妇人可认为，女青年已经知道她要带那个男人去某个地方了（以至于在回答中可以省略 τοῦτον）；回答中宣称的信息仅限于 εἰς ἐμαυτῆς 这个成分；对比例句 31 和 32；这里的焦点是一个单独的成分，在动词之前］

(36) ΣΩ. οὗτος, τί ποιεῖς ἐτεόν, οὑπὶ τοῦ τέγους; | :: ΣΤ. ἀεροβατῶ καὶ περιφρονῶ τὸν ἥλιον（宽焦点）. **苏格拉底**：你这房顶上的家伙！究竟在做什么？**斯特热璞西阿得斯**：我在空中穿行并沉思太阳。（《云》1502–1503）［预设的信息是**我做某事**，因为苏格拉底的疑问 τί ποιεῖς 表明，斯特热璞西阿得斯可以预设苏格拉底知道他在做某事；斯氏宣称的信息包含两个分句，第一个分句仅由一个动词（ἀεροβατῶ）构成，故而没有词序的问题，第二个分句包含动词和一个名词（如同例句 33），在这个宽焦点结构中，τὸν ἥλιον 跟在 περιφρονῶ 之后］[①]

(37) ἐπορευόμην μὲν ἐξ Ἀκαδημείας εὐθὺ Λυκείου τὴν ἔξω τείχους ὑπ’ αὐτὸ τὸ τεῖχος（宽焦点）· ... καί με προσιόντα ὁ Ἱπποθάλης ἰδών, Ὦ Σώκρατες, ἔφη, ποῖ δὴ πορεύῃ καὶ πόθεν; Ἐξ Ἀκαδημείας（窄焦点），ἦν δ’ ἐγώ, πορεύομαι（动词）εὐθὺ Λυκείου. 我当时从阿卡德米阿出来，沿着城墙外、就在那墙下的［路］，径直去往吕刻雍。而希波塔勒斯看到我走来，便道：“苏

① οὑπί 是 ὁ ἐπί 融音后的形式。

格拉底啊，你这是往哪去，又从哪来？”“从阿卡德米阿来，”我说，“直接去吕刻雍。”（《吕西斯》203a–b）[第一个句子是全篇的开头；没有任何信息可以被认为是已经确立的事实，而且使用了宽焦点结构，动词在句首，其他所有的焦点性成分都在动词之后；在最后一句中，动词 πορεύομαι 属于预设的信息（对比希波塔勒斯的疑问中的 πορεύῃ），因此使用窄焦点结构，ἐξ Ἀκαδημείας 在动词之前（εὐθὺ Λυκείου 最好解释作一个新的分句或者前方带有一个停顿的分句尾[见 60.35]）]

60.24 一些类型的表达常常充当窄焦点，它们可能在动词之后而非在其之前。这一现象尤其见于——

- 后指性指示代词（见 29.28），它们往往出现在分句的最后；
- 带有副词性的 καί（见 59.56）的表达（有时称作附加[additive]焦点）。

(38) ὡς δὲ ὁ Γύγης ἀπίκετο, ἔλεγε(动词) ἡ γυνὴ τάδε(窄焦点)· ...

而巨革斯过来后，这位女人这样说：……（《原史》1.11.2）[ἡ γυνή 是一个给定的话题，见 60.26]

(39) ᾧ ἂν τὸ ἕτερον παραγένηται ἐπακολουθεῖ(动词) ... καὶ τὸ ἕτερον (窄焦点). 如果一个出现在他身上，另一个也就紧随而至。（《斐多》60c）

话 题

60.25 大多数分句都围绕一个单独的成分展开，这个成分被称作话题（topic）。陈述是就话题而作的，受话人恰恰是在对这个话题的了解上获得了最多的增进。话题属于预设的信息。话题的位置取决于它的类型，或是在分句的第一位置，在焦点之前，或是紧跟在动词之后。其他所有的预设信息往往都在分句的最后（这一点其实并不明显），在后文的例句中被称作剩余（rest）位置。

给定的话题（在动词之后）

60.26 在许多情况下，话题是前文给定的（given，即已知的）。如果一个话题对一段较长语篇的大部分内容或者全部内容有所影响，那么这个话题就常常涉及这段语篇中最重要的组成部分，即所谓的语篇话题（discourse topic）。给定的话题并不一定要公开表达出来，尤其是在它作为主语的时候（见 26.6–7）；对比例句 35–37，在这几个句子中，第一人称主语都作为话题而不表达出来。

然而，如果表达出给定的话题，那么它往往就紧跟在动词之后；因而在宽焦点结构中，话题就在动词和其他焦点性成分之间，例如：

(40) ... ἐπεθύμησε(宽焦点) ὁ Δαρεῖος(话题) τείσασθαι Σκύθας(宽焦点的延续). 大流士意欲惩罚斯曲泰人。(《原史》4.1.1)［在这句话之前的篇章中，希罗多德讲述了大流士如何攻下巴比伦；他现在转向大流士的另一次拓疆行动；大流士是给定的话题，位于动词之后，而动词及其补语构成宽焦点结构］

(41) τούτων μὲν εἵνεκα(焦点) οὐκ ἔπεμψε(动词) Ξέρξης(话题) τοὺς αἰτήσοντας. 出于这些原因，克色尔克色斯没有派人去作要求。(《原史》7.133.1)［希罗多德先说克色尔克色斯没有派传令官去雅典和斯巴达，再解释他为什么不这么做，眼下的这个句子为这一解释作结：希罗多德称，正是出于这些理由，克色尔克色斯没有派出传令官；Ξέρξης是给定的话题，出现在动词后；句子的其余部分依据窄焦点结构构成，有一个焦点性成分出现在动词之前；注意 τοὺς αἰτήσοντας（指传令官）占据着剩余位置，因为它表达的是完全可预期的预设信息］

对比性话题和新生话题（在分句开头）

60.27　在其他许多情况下，话题位于分句的第一位置，在焦点之前。这种话题一般不是给定的，亦即不是在前文中已然有所影响的可预见的话题。分句开头的话题大体上可分为对比性话题和新生话题。

60.28　分句开头的话题最常是对比性话题（contrastive topic）。在明显具有不止一个要点的语篇中，对比性话题挑出其中的一元——这些要点都可以是合适的话题，并且对比性话题表明了这个分句真正关注的是谁/什么，例如：

(42) στρουθὸν(话题) δὲ οὐδεὶς(窄焦点) ἔλαβεν(动词).

但没有人抓到过鸵鸟。(色《上》1.5.3)［这个句子来自一篇文段；色诺芬在其中罗列了居鲁士的部队在平原行军时遇到的几种动物，随后详述士兵如何猎捕它们；在这个句子中，色诺芬提到了鸵鸟，它是对比性话题；没有人能够捉到鸵鸟这一事实是宣称的信息，在窄焦点结构中］**

(43) τὸν μὲν ἡγεμόνα(话题) παραδίδωσι Χειρισόφῳ(宽焦点), τοὺς δὲ οἰκέτας(话题) καταλείπει τῷ κωμάρχῳ(宽焦点), πλὴν τοῦ υἱοῦ τοῦ ἄρτι ἡβάσκοντος· τοῦτον(话题) δὲ Πλεισθένει Ἀμφιπολίτῃ(窄焦点) δίδωσι(动词) φυλάττειν(剩余内容).

［色诺芬］把［村长］向导交给了刻伊瑞索佛斯，把村长的家人留了下来

——除了他那刚刚发育的儿子——而[色诺芬]把他交给安菲珀利斯人璞勒伊斯忒内斯看管。(色《上》4.6.1)[色诺芬在这里描述他如何安排一名部队向导的家人；色诺芬本人是给定的话题，省略了；家庭成员们作为对比性话题在分句的开头；前两个分句使用宽焦点结构，色诺芬释放村长家人这一事实和接收者的身份都是宣称的信息；最后一个分句使用窄焦点结构，接收者璞勒伊斯忒内斯是新宣称的信息，不过，所有读者此时都可期待一个意为给予的动词；而考虑到语境和动词 δίδωσι，不定式 φυλάττειν 提供的信息就在很大程度上是可预见的，从而处于剩余信息的位置]

动词也可以占据对比性话题的位置，在这种情况下，[窄]焦点在动词之后，例如：

(44) οὗτος ὁ Κροῖσος βαρβάρων πρῶτος ... τοὺς μὲν κατεστρέψατο Ἑλλήνων ... , τοὺς δὲ φίλους προσεποιήσατο. κατεστρέψατο(话题) μὲν Ἴωνάς τε καὶ Αἰολέας καὶ Δωριέας τοὺς ἐν τῇ Ἀσίῃ(焦点), φίλους δὲ προσεποιήσατο(话题) Λακεδαιμονίους(焦点). 这位克若伊索斯是外夷中首个使一些希腊人屈服，又与另一些[希腊人]交好的人。他使亚细亚的伊欧尼亚人、埃欧利斯人和多瑞斯人屈服，而与拉刻代蒙人交好。(《原史》1.6.2)[希罗多德先提到克若伊索斯是第一位使一些希腊人屈服又与另一些希腊人交好的人，然后再详述这两种做法：每个分句都与前一个句子中提到的一种做法有关，并且就这一点而言，相关的动词分别都是话题；两种情况中宣称的信息均包含克若伊索斯对待的族群，从而动词的宾语是焦点；注意，整个短语 φίλους προσεποιήσατο 居于动词(即话题)的位置：这两个词表达一个概念，因而它们一起填充一个位置]

60.29 在其他情况下，位于分句开头第一位置的话题并不明确与周围语篇的一个或多个其他话题构成对比。因此，在严格意义上它就不是对比性的。然而，这种话题依旧把分句中的一元视作分句所关乎的对象(而排除了其他内容)。由于这种话题在紧挨的前文中一般尚未有所影响(不同于给定的话题)，因此它们可被称作新生话题(new topic)，不过它们被当作预设信息的一部分。在一段较长的语篇中，新生话题常常使得其中的一元成为语篇话题，例如：

(45) ἀφικνοῦνται εἰς Χάλυβας(宽焦点). οὗτοι(话题) ὀλίγοι(窄焦点) τε ἦσαν(动词) καὶ ὑπήκοοι τῶν Μοσσυνοίκων(焦点), καὶ ὁ βίος(话题) ἦν τοῖς πλείστοις αὐτῶν ἀπὸ σιδηρείας(宽焦点).

[希腊人]来到了卡吕贝斯人那里。这些人为数不多，还受制于摩斯叙诺伊科伊人，并且其中大多数人靠打铁为生。（色《上》5.5.1）[色诺芬描述了希腊雇佣军遇到的一个族群；当他最初提到达卡吕贝斯人时，他们是焦点性内容；当色诺芬用 οὗτοι 指代这些人时，他们就成为了新生话题（被作为焦点提到一次，这通常并不足以使之成为给定的话题），而这是前指性代词（见 29.30）非常常见的用法；当色诺芬接下来具体论及这些人的生活方式时，就适宜用 ὁ βίος 来作为一个新生话题]

(46) καὶ τὸ θέρος ἐτελεύτα. τοῦ δ᾽ ἐπιγιγνομένου χειμῶνος（场景）ἡ νόσος（话题）τὸ δεύτερον（焦点）ἐπέπεσε（动词）τοῖς Ἀθηναίοις（剩余部分）.

并且，夏季结束了。在接下来的冬季里，瘟疫再次降临到雅典人身上。（《佩战》3.86.4–87.1）[场景（见 60.32）在分句之前，后者以话题 ἡ νόσος 开始；在首次提到瘟疫之后，作者在较长的篇幅里均未提到它，直到此处作为语篇话题再次出现；瘟疫的再次来袭是宣称的信息（τὸ δεύτερον 是焦点），而瘟疫降临到雅典人身上则是可预见而无标志的]

60.30 如果一个文段首次引入了新的组成部分（全新的信息），那么这些内容常常并不适合成为它们所在的分句的话题，因为它们本身不易被呈现为预设的信息。一般来说，引入句（presentational sentence）具有宽焦点结构，它们以动词开始，随后引入作为焦点性信息的新的组成部分，例如：

(47) Ἀγησιλάῳ μὲν δὴ ... οὐδὲν ἐγένετο βαρύτερον ἐν τῇ στρατείᾳ. ἦν δέ τις Ἀπολλοφάνης Κυζικηνός, ὃς καὶ Φαρναβάζῳ ἐτύγχανεν ἐκ παλαιοῦ ξένος ὢν καὶ Ἀγησιλάῳ κατ᾽ ἐκεῖνον τὸν χρόνον ἐξενώθη. οὗτος οὖν εἶπε πρὸς τὸν Ἀγησίλαον ὡς οἴοιτο συναγαγεῖν αὐτῷ ἂν εἰς λόγους περὶ φιλίας Φαρνάβαζον.

于是，对于阿革西拉欧斯而言，在这次出征中，没有发生过更沉重的事情：当时有一位曲孜迪科斯人阿波罗法内斯，他不仅碰巧是法尔纳巴孜多斯的老朋友，而且大约在那个时候也与阿革西拉欧斯结交。于是，这个人就对阿革西拉欧斯说，他认为自己能使法尔纳巴孜多斯与他相会，谈谈友情。（色《希》4.1.28–29）[色诺芬使用宽焦点结构的引入句，把一个新的组成部分阿波罗法内斯引入了叙述；引入之后，阿波罗法内斯就立刻成为了后一个分句的新生话题，由 οὗτος 来指代；关于 οὗτος 的这一用法，对比例句 45]**

然而，新的组成部分偶尔也会立刻被提升到话题的地位，亦即被呈现为预设的信息，并且出现在分句的第一位置，例如：

(48) τὸν δὲ οἶδα αὐτὸς πρῶτον ὑπάρξαντα ἀδίκων ἔργων ἐς τοὺς Ἕλληνας,

τοῦτον σημήνας προβήσομαι ἐς τὸ πρόσω τοῦ λόγου ... Κροῖσος ἦν Λυδὸς μὲν γένος, ... 而我本人所知道的首先开始对希腊人施行不义的那个人，在把他指出来后，我会推进我的叙述……克若伊索斯在血统上是吕迪阿人。（《原史》1.5.3–6.1）［希罗多德在这里把克若伊索斯引入他的叙述，但克氏的初次登场就被赋予了话题的作用；希罗多德选择使用这一结构而非 ἦν Κροῖσος，可能表明他预设自己的受众已经知道克若伊索斯了］

分句外围的内容：场景、主题和分句尾

60.31 分句的外围常常还有一些内容，这些内容严格来说在分句之前或之后，可分为两类——

- 在分句左侧（之前）的内容：场景（setting，很常见）和主题（theme）；
- 在分句右侧（之后）的内容：分句尾（tail）。

场　景

60.32 许多古希腊语句子以一个或多个背景信息开始。这些信息出现在分句本身之前，并且为这一分句或者随后的整段文本提供场景。这种场景详细描述后面的动作所处的情状、位置或者时间。场景一般以情状性分词、情状性独立属格、时间从句或者另一种状语的形式出现：

(49) ἐν δὲ τῷ ἐπιόντι χειμῶνι（场景）τὰ μὲν Ἀθηναίων καὶ Λακεδαιμονίων ἡσύχαζε διὰ τὴν ἐκεχειρίαν. 而在随后的冬天里，雅典人和拉刻代蒙人的事情因休战而平息下来。（《佩战》4.134.1）［状语 ἐν δὲ τῷ ἐπιόντι χειμῶνι 是场景，在话题 τὰ μὲν ... Λακεδαιμονίων 之前］

(50) ἐπεὶ δὲ καὶ οἱ ἄλλοι στρατιῶται συνῆλθον（场景），ἀνέστη πρῶτος μὲν Χειρίσοφος ὁ Λακεδαιμόνιος. 而在其他士兵也已集合完毕后，拉刻代蒙人刻伊瑞索佛斯首先站起来。（色《上》3.2.1）［时间从句为后文的讨论情节提供场景；注意场景分句之中的词序遵循之前所述的同一条基本规则：(καὶ) οἱ ἄλλοι στρατιῶται 是窄焦点，在其动词之前］**

(51) πράττοντος δὲ τοῦ Κύρου ταῦτα（场景）θείως πως ἀφικνοῦνται ἀπὸ Ὑρκανίων ἄγγελοι. 而当居鲁士做这些事情的时候，绪尔卡尼阿人那里派出的使节以有些出于神意的方式抵达了。（色《教》4.2.1）［场景以独立属格的形式出现；请再次注意，场景之中有其自身的词序规则：τοῦ Κύρου 在作为给定的话题的动词形式之后，可预见的 ταῦτα 在剩余位置］

主　题

60.33　许多句子在为一段话语给出话题时会把话题放在句子的左侧。如果语篇中的一元暂时未被提及，那么尤其会如此。尽管这种主题（theme）并不总是能够与对比性话题或新生话题明确区分，但它们仍然有差异——尤其是，主题构成了自己的语调单元（intonation unit，亦即主题和严格意义上的分句之间有停顿），并且主题在场景之前（然而话题是在场景之后，对比例句 46 和 49），例如：

(52) Πρόξενος δὲ καὶ Μένων（主题）, ἐπείπερ εἰσὶν ὑμέτεροι μὲν εὐεργέται, ἡμέτεροι δὲ στρατηγοί（场景）, πέμψατε αὐτοὺς δεῦρο.

而璞若克色诺斯和美农，既然他们是你们的恩主，又是我们的将领，你们把他们送到这来吧。（色《上》2.5.41）［注意 Πρόξενος καὶ Μένων 在场景之前；我们还能从以下事实看出这几个词在严格意义上并非分句的一部分：Πρόξενος καὶ Μένων 通过前指性代词 αὐτούς 被再次提及］

(53) οὐρέουσι（主题）αἱ μὲν γυναῖκες（对比性话题）ὀρθαί（焦点）, οἱ δὲ ἄνδρες（对比性话题）κατήμενοι（焦点）.

［埃及］女人站着小解，男子则坐着。（《原史》2.35.3）［μέν 的位置表明严格意义上的分句是从 αἱ 开始的，因而动词 οὐρέουσι 是主题］

明确表达主题的一种常见方式是使用介词 **περί** + 属格，例如：

(54) περὶ μὲν δὴ Φλειασίων（主题）, ὡς καὶ πιστοὶ τοῖς φίλοις ἐγένοντο καὶ ἄλκιμοι ἐν τῷ πολέμῳ διετέλεσαν, καὶ ὡς πάντων σπανίζοντες διέμενον ἐν τῇ συμμαχίᾳ, εἴρηται. 事实上，关于弗勒尤斯人，已经说过，他们对朋友是如何忠诚，他们在战争中始终保持勇敢，他们如何坚守同盟，即便缺乏各种东西。（色《希》7.3.1）

60.34　主题的概念也有助于解释所谓的独立主格（nominative absolute）。这是古希腊语中常常出现的一种“不合语法的”句子。这种主格给出主题，但其本身在句子的句法结构之外。主题常常随后会在句子中以人称代词的相关变格形式再一次出现，例如：

(55) <u>οἱ δὲ φίλοι</u>, ἄν τις ἐπίστηται αὐτοῖς χρῆσθαι ὥστε ὠφελεῖσθαι ἀπ᾽ αὐτῶν, τί φήσομεν <u>αὐτοὺς</u> εἶναι; 至于朋友们，如果有谁懂得使用他们，从而从他们那里受益，那么我们把他们称作什么？（色《家》1.14）［对比例句 52］

分句尾

60.35 有时候，分句后跟着一个单独的语调单元（在停顿后），用来澄清或详述分句或其中的一个成分，几乎算是后来补充的内容——这种位于分句右侧的表达就是分句尾（tail）。

- 分句尾常常与给定的话题相似，因为两者都把可预见的一元当作分句所关乎的内容。如果发话人意识到完全省略话题会导致受话人无法充分辨识出话题，那么就会使用分句尾，例如：

(56) χαλεπὸν | θεῶν παρατρέψαι νόον | ἄνδρεσσιν ἐπιχθονίοις.

神明的心意难以扭转，对于大地上的凡人而言。（巴克曲利得斯《凯歌》5.94–96）［这一陈述的有效性针对的是凡人；这一点仅在句末才得到明确表达（位于格律停顿之后），几乎是后来补充的内容］

(57) αὗται αἱ πᾶσαι ... στρατηλασίαι μιῆς τῆσδε οὐκ ἄξιαι. τί γὰρ οὐκ ἤγαγε ἐκ τῆς Ἀσίης ἔθνος ἐπὶ τὴν Ἑλλάδα Ξέρξης; 所有这些出征都比不上这一次。因为，克色尔克色斯未曾带哪个族群从亚细亚去攻打希腊呢？（《原史》7.21.1）［《原史》中这一部分的主干和中心是克色尔克色斯出征希腊，他是 ἤγαγε 的可预见的主语，但直到句子最后才表达出来，可能是在一次停顿过后（尽管这点无法在散文文本中得到证明）］

- 在其他情况下，分句尾进一步澄清或详述一个在分句中已经明确表达出来的成分（这在句法上是一种同位形式，见 26.24）：

(58) ἐς σὲ δὴ βλέπω, | ὅπως τὸν αὐτόχειρα πατρῴου φόνου | ξὺν τῇδ' ἀδελφῇ μὴ κατοκνήσεις κτανεῖν | Αἴγισθον.

我便指望你不退缩，与你的姐姐一同诛戮那杀害我们父亲的凶手，埃吉斯托斯。（索《厄》954–957）［Αἴγισθον 使短语 τὸν αὐτόχειρα πατρῴου φόνου 的含义更加清楚，这个人名只是在句子最后才加上的，并且在一个格律停顿之后；明确给出这个名字的做法（这个名字是可预见的，从而其本身并非必需）可能具有不同的效果，这里可能表达一种轻蔑的语气］

总结：带有外围内容的分句

60.36 上文的论述可以归结为这个公式：

带有外围内容（periphery）的分句			
（主题）	（场景）	分句（带有焦点、话题等等）	（分句尾）

所有的场景都在分句之前，所有的主题都在分句和场景（如果有场景的话）之前，

所有的分句尾都在分句之后。

预　词

60.37　位于母句之后的从句的话题有时在句法上并入母句，这种情况称作预词（prolepsis）。预词结构使得发话人可以把“错位的”（‘dis-located’）成分当作从句的[给定]话题；若不使用预词，那么从句中就会有明显的焦点性内容，例如：

(59) ὡς δ’ ἤκουσα τοὺς ναύτας ὅτι | σοὶ πάντες εἶεν συννεναυστοληκότες ... 而当我听说这些水手全部都是与你出过海的同伴时……（索《菲》549–550）[ναύτας 是 ὅτι 从句的话题；注意 πάντες 并没有和 τοὺς ναύτας 放在一起，因此它得到了强调]

(60) ἦλθε δὲ καὶ τοῖς Ἀθηναίοις εὐθὺς ἡ ἀγγελία τῶν πόλεων ὅτι ἀφεστᾶσι. 而关于那些城邦的消息——它们叛离了——也径直传到雅典人那里。（《佩战》1.61.1）[在这个句子中，从句的主语以 ἀγγελία 所带的属格形式出现]

预词在很多方面与主题结构（见 60.33–34）相似，因为此时与话题相仿的内容出现在其所属的分句的左侧（即所谓的“左错位”）。

60.38　在某些情况的预词中，从句的话题在从句之前，但在句法上没有并入母句。如果从句的主语就是话题（从而以主格形式出现），那么尤其会出现这种现象，例如：

(61) εἰσάγγελλε Τειρεσίας ὅτι | ζητεῖ νιν.

请你进去通报，说忒瑞西阿斯找他。（欧《酒》173–174）[Τειρεσίας 是 ζητεῖ 的主语，但位于 ὅτι 引导的从句之前]

第 61 章　选段四则

叙述：吕西阿斯《演说辞集》12.5–12

引言和文本

61.1 佩洛璞斯岛战争结束后不久，雅典立刻遭到一个残暴的寡头政体的短暂统治，即我们所知的三十寡头（前 404–403 年）。新政权的一项措施是逮捕并处决大量客籍民（metics，即异乡侨民）并没收其资产，官方说法是为了镇压叛乱，但其实可能是这个现金短缺的政府获取资金的一条捷径。[①] 叙拉古籍演说辞写手吕西阿斯及其兄弟珀勒玛尔科斯（Polemarchus）均遭逮捕。吕西阿斯逃脱了，而珀勒玛尔科斯被三十寡头之一的厄剌托斯忒内斯（Eratosthenes）下令处决。后来，在民主制恢复之后，厄剌托斯忒内斯提请法庭公开审查他的行为（这一程序在古希腊语中被称作 εὔθυναι）。吕西阿斯抓住这次机会，以演说辞《诉厄剌托斯忒内斯》（*Against Eratosthenes*）亲自起诉厄剌托斯忒内斯，但实际上也在以此控告整个三十寡头政权。因此，在下面这段引文中，厄剌托斯忒内斯以外的三十寡头成员扮演着主要角色。这篇演说辞作为吕西阿斯本人在法庭上发表的唯一一篇演说而得到流传（我们不确定他是否的确这么做了）。引文是这篇演说辞的叙述（*narratio*）部分的开端；吕西阿斯在其中讲述了导致他自己逃亡和珀勒玛尔科斯死亡的那些事件。

τοιαῦτα λέγοντες οὐ τοιαῦτα ποιεῖν ἐτόλμων, ὡς ἐγὼ περὶ τῶν ἐμαυτοῦ
πρῶτον εἰπὼν καὶ περὶ τῶν ὑμετέρων ἀναμνῆσαι πειράσομαι. Θέογνις γὰρ
καὶ Πείσων ἔλεγον ἐν τοῖς τριάκοντα περὶ τῶν μετοίκων, ὡς εἶέν τινες τῇ
πολιτείᾳ ἀχθόμενοι· καλλίστην οὖν εἶναι πρόφασιν τιμωρεῖσθαι μὲν δο-
κεῖν, τῷ δ’ ἔργῳ χρηματίζεσθαι· πάντως δὲ τὴν μὲν πόλιν πένεσθαι τὴν δ’ 5
ἀρχὴν δεῖσθαι χρημάτων. καὶ τοὺς ἀκούοντας οὐ χαλεπῶς ἔπειθον· ἀπο-
κτιννύναι μὲν γὰρ ἀνθρώπους περὶ οὐδενὸς ἡγοῦντο, λαμβάνειν δὲ χρή-
ματα περὶ πολλοῦ ἐποιοῦντο. ἔδοξεν οὖν αὐτοῖς δέκα συλλαβεῖν, τούτων
δὲ δύο πένητας, ἵνα αὐτοῖς ᾖ πρὸς τοὺς ἄλλους ἀπολογία, ὡς οὐ χρημάτων
ἕνεκα ταῦτα πέπρακται, ἀλλὰ συμφέροντα τῇ πολιτείᾳ γεγένηται, ὥσπερ 10

① 参见色诺芬《希腊志》2.3.13 及下，这三十人需要资金来支付斯巴达驻防军的薪饷。

τι τῶν ἄλλων εὐλόγως πεποιηκότες. διαλαβόντες δὲ τὰς οἰκίας ἐβάδιζον· καὶ ἐμὲ μὲν ξένους ἑστιῶντα κατέλαβον, οὓς ἐξελάσαντες Πείσωνί με παραδιδόασιν· οἱ δὲ ἄλλοι εἰς τὸ ἐργαστήριον ἐλθόντες τὰ ἀνδράποδα ἀπεγράφοντο. ἐγὼ δὲ Πείσωνα μὲν ἠρώτων εἰ βούλοιτό με σῶσαι χρήματα λαβών· ὁ δ' ἔφασκεν, εἰ πολλὰ εἴη. εἶπον οὖν ὅτι τάλαντον ἀργυρίου ἕτοιμος εἴην δοῦναι· ὁ δ' ὡμολόγησε ταῦτα ποιήσειν. ἠπιστάμην μὲν οὖν ὅτι οὔτε θεοὺς οὔτ' ἀνθρώπους νομίζει, ὅμως δ' ἐκ τῶν παρόντων ἐδόκει μοι ἀναγκαιότατον εἶναι πίστιν παρ' αὐτοῦ λαβεῖν. ἐπειδὴ δὲ ὤμοσεν, ἐξώλειαν ἑαυτῷ καὶ τοῖς παισὶν ἐπαρώμενος, λαβὼν τὸ τάλαντόν με σώσειν, εἰσελθὼν εἰς τὸ δωμάτιον τὴν κιβωτὸν ἀνοίγνυμι· Πείσων δ' αἰσθόμενος εἰσέρχεται, καὶ ἰδὼν τὰ ἐνόντα καλεῖ τῶν ὑπηρετῶν δύο, καὶ τὰ ἐν τῇ κιβωτῷ λαβεῖν ἐκέλευσεν. ἐπεὶ δὲ οὐχ ὅσον ὡμολόγησεν εἶχεν, ὦ ἄνδρες δικασταί, ἀλλὰ τρία τάλαντα ἀργυρίου καὶ τετρακοσίους κυζικηνοὺς καὶ ἑκατὸν δαρεικοὺς καὶ φιάλας ἀργυρᾶς τέτταρας, ἐδεόμην αὐτοῦ ἐφόδιά μοι δοῦναι, ὁ δ' ἀγαπήσειν με ἔφασκεν, εἰ τὸ σῶμα σώσω. ἐξιοῦσι δ' ἐμοὶ καὶ Πείσωνι ἐπιτυγχάνει Μηλόβιός τε καὶ Μνησιθείδης ἐκ τοῦ ἐργαστηρίου ἀπιόντες.

尽管[三十寡头]这样说，他们却不敢这么做，正如我将试图通过首先谈论自己的事情然后谈论你们的事情来回忆的那样。因为，忒欧格尼斯和佩伊松在三十寡头中谈论过客籍民，说某些[客籍民]对[寡头]政制不满——因此[这]是个看似报复但实则敛财的绝佳借口；总之，城邦受穷，政权缺钱。并且，他们毫无困难地说服了听众——因为[后者]认为杀人不算什么，但觉得拿出钱来则事关重大。于是他们决定逮捕十个人，其中穷人两位，以便自己有对付其他人的辩解[理由]，说这样做不是为了钱，而是为了有益于[寡头]政制——好像他们合乎情理地干过其他任何事情！他们分配完[各自访问的]房子后就上路了。并且，当我在招待客人时，他们逮住了我。他们赶走了客人后把我交给佩伊松。其他人则去作坊那里着手登记奴隶。我当时问佩伊松，他是否愿意收钱饶我一命。而他说如果[钱]多就行。于是我说我甘愿交出一塔兰同银子，他便同意这样做。其实，我知道他既不敬神也不敬人，不过出于形势，在我看来，仍然极有必要从他那儿取得保证。佩伊松以自己和孩子的性命发誓，会在拿了一塔兰同后放我生路；在此之后，我走进卧室，打开钱柜。而佩伊松注意到了就走进来，并且一见到[钱柜]里的东西就叫来两个仆从，又命令他们拿走钱柜里的东西。但这时他拿的不是他之前同意的那么多，各位审判员啊，而是三塔兰同银子、四百曲孜迪科斯币、一百大流士币和四个银盏，我就求他给我些盘缠，可他说我能保住性命就该满意了。当我和佩伊松出来时，美洛比欧斯和姆内西忒伊得斯离开作坊，正好碰到[我们]。

注 释

泛 论

61.2 本段包含古希腊语叙述性文本的许多典型要素。在典型的叙述性文本中，发话人（叙述者）讲述一系列过去发生的事件，通常遵循基本的时间顺序；一旦叙述序列开始，如果没有给出相反的说明，那么就可以假定相继出现的主句反映的是各个事件的时间顺序。所用的时态是未完成时（和过去完成时）、不定过去时直陈式和历史现在时。通常以第三或第一人称来叙事，引文中就使用了这两种人称。从句和分词短语可以提供场景（见 60.32）或表达不太重要的事件。一般来说，叙事中情景或视角的切换由小品词 **δέ** 来表达，而一个情景中密切相关的各个事件则常常由 **καί** 来连接。

法庭演说辞是独白性文本（发话人发表长篇大论而无人打断），但受话人则是某个特定的群体，即担任审判员的男性雅典城邦民。这里的引文在几个地方都表现出有审判员在场，他们（与现代读者不同）只听一遍演说辞，并且发话人需要从头至尾抓住他们的注意力。例如，吕西阿斯清楚地宣布叙述性文本的开始（见第 1–2 行 ὡς ... πειράσομαι 的注释），以使审判员可以把握住文本的整体脉络；他加入讽刺性的旁白以便引起笑声（见第 10–11 行 ὥσπερ τι τῶν ἄλλων εὐλόγως πεποιηκότες 的注释），还直接对审判员说话（第 22–23 行的 ὦ ἄνδρες δικασταί），以便让他们注意到复杂的计算。

详 注

61.3 第 1 行 **τοιαῦτα λέγοντες οὐ τοιαῦτα ποιεῖν ἐτόλμων**：吕西阿斯刚刚简要描述过三十寡头的掌权过程，其中包括他们声称将清除雅典的败类，并让其余城邦民转向“美德和正义”。τοιαῦτα 是前指性的（见 29.28），指代他们声称的这些内容；τοιαῦτα（而非 ταῦτα）表达不屑，暗示吕西阿斯无需为准确无误而费心，因为三十寡头首先就言行不一。

未完成时 ἐτόλμων 与现在时不定式 ποιεῖν 一起表达连续的动作，以此表明吕西阿斯眼中三十寡头政权的一个关键特征。在文本层面，这个未完成时也表明这点还有待进一步言说（比较对第 3–8 行中的 ἔλεγον 的注释）；而且，这一叙述实际上由说明三十寡头伪善行径的几个例证组成。因此，这一陈述可理解为一个“场景”，随后的叙述内容应当依照这一场景来评估。

第 1–2 行 **ὡς ... πειράσομαι**：吕西阿斯宣布了后面要叙述的内容，并且明确表示，他的叙述要举出三十寡头的虚伪行径的例子。不定过去时不定式 ἀναμνῆσαι 的体的含义取决于 πειράσομαι，这个含义表明随后的整个叙事（吕西阿斯的回想的产物）会让审判员断定三十寡头“说一套，做一套”。

第 2 行 **γάρ**：这个小品词常常引出整个叙述（见 59.14）。如果发话人先前宣布，他出于某个目的而打算叙事，那么这之后的 γάρ 就尤其会这样用。从而，γάρ 明确表示叙述的确服务于那个目的（从而为那一宣布提供支撑性信息）：在这里，吕西阿斯用 γάρ 暗示，他的叙述将证明三十寡头是说谎的恶棍，正如他说过他会这么做。

第 3–8 行 **ἔλεγον ... καὶ ... οὐ χαλεπῶς ἔπειθον ... ἔδοξεν οὖν αὐτοῖς**：未完成时 ἔλεγον、ἔπειθον 所表达的动作在下一个动作发生之前就结束了；没有理由假设忒欧格尼斯和佩伊松的话被打断过，而且 ἔπειθον 所指的说服行为显然成功了（οὐ χαλεπῶς 排除了意动含义[见 33.25]）。这种未完成时所指的动作本身已经完成，并且把叙述时间提前，又把那些动作呈现为后来发生之事的背景，从而引发这个问题：接下来发生了什么？未完成时表达未完成动作的局部功能扩展为全面的、文本性的功能：这一文本片段所呈现的信息在整体上尚不完整（见 33.51）。就这一点而论，这些未完成时引出悬念，暗示很快会出现更重要的后果。实际上，三十寡头的这次讨论得出一个决定，由不定过去时 ἔδοξεν 表达，还由小品词 οὖν 标记，后者表示向叙事的主线过渡（见 59.34）。正是这个决定引发了其余的动作。从而，连续两个未完成时和一个不定过去时表明这是叙事的一个高潮。

第 2–3 行 **Θέογνις ... καὶ Πείσων ἔλεγον ἐν τοῖς τριάκοντα περὶ τῶν μετοίκων, ὡς ...**：忒欧格尼斯和佩伊松在此被引入语篇，但由于众所周知他俩是三十寡头的成员，因此他们直接被呈现为句子的话题（随后是以动词开始的一个宽焦点结构），而没有被更细致地由一个引入句（见60.30）引入。他俩的发言内容由 ὡς 从句（间接陈述）呈现，但这个从句前面是一个主题/话题成分（περὶ τῶν μετοίκων）；这类似于预词，不过在句法上被介词 περί（左错位内容中的 περί 见 60.33）更牢固地整合进母句（ἔλεγον）之中。

第 3–6 行 **ἔλεγον ... ὡς εἶέν τινες ... καλλίστην οὖν εἶναι πρόφασιν ... πάντως δὲ τὴν μὲν πόλιν πένεσθαι τὴν δ’ ἀρχὴν δεῖσθαι ...**：这个间接陈述由一个带间接祈愿式（εἶεν）的 ὡς 从句开始；使用 ὡς（而非 ὅτι）暗示忒欧格尼斯和佩伊松的观点似是而非（见 41.6），而后续转述中的宾格与不定式结构（表达观点的动词的首选补语，见 51.19 注一）明确地让他俩对所说的话负责。间接陈述中所嵌的小品词（οὖν ... δέ ... μὲν ... δ’）清楚地表明那是忒欧格尼斯和佩伊松的思路而非吕西阿斯的思路。

第 6–8 行 **ἀποκτιννύναι μὲν γὰρ ... ἡγοῦντο, λαμβάνειν δὲ ... ἐποιοῦντο**：γάρ 标志着这句话是在解释上文的 οὐ χαλεπῶς。两个不定式（及其宾语）是对比性话题（见 60.28；注意 μέν ... δέ）；περὶ οὐδενός 和 περὶ πολλοῦ 是窄焦点成分（见 60.23，这一固定表达见 30.31 注一）。现在时不定式暗示存在许多次杀戮和拿取行为（注意，ἀποκτιννύναι 来自无构干元音型形式 ἀποκτίννυμι，另外也存在构干元音型的 ἀποκτείνω）。

第 9–10 行 **ἵνα ... ᾖ ... ἀπολογία, ὡς ... πέπρακται, ἀλλὰ ... γεγένηται**：这是基于 ἀπολογία 的又一个间接陈述：同样（见上文对第 3–6 行中的 ὡς 的注释），ὡς 可能暗示三十寡头的借口是虚假的。这一点也可能导致目的从句沿用虚拟式 ᾖ，并且 ὡς 从句使用完成时直陈式 πέπρακται/γεγένηται（而非祈愿式），从而完全从三十寡头的视角（因此不是从吕西阿斯的视角）来呈现这种借口的目的和内容：见 41.13、45.3 注一。

第 10–11 行 **ὥσπερ τι τῶν ἄλλων εὐλόγως πεποιηκότες**：这是吕西阿斯的讽刺性旁白，由小品词 ὥσπερ[好像]和分词表达（见 52.43）。吕西阿斯嘲笑三十寡头突然觉得需要找借口，尽管他们要毫不迟延地犯下别的恶行。完成时的责任含义见 33.35。

第 11 行 **διαλαβόντες ... ἐβάδιζον**：随着我们离开三十寡头的会议并开始移动，叙述的状态也发生改变；吕西阿斯本人马上会被卷入情节之中。从这里开始，叙述大体上由更短的分句组成，并且更多地使用前置的不定过去时分词（比如这里的 διαλαβόντες，还有 ἐξελάσαντες、 ἐλθόντες、εἰσελθών、αἰσθόμενος 和 ἰδών，分别在第 12、13、20、20 和 21 行），目的是按顺序叙述各个事件（这类不定过去时分词会具有先在含义，描述一个早于母句动作的动作）。

在 ἔλεγον ... ἔδοξεν 序列（第 3–8 行）之后，ἐβάδιζον 开启一系列新的事件。未完成时再次表明，这是一个预备（背景）动作，将会导向发生在吕西阿斯家中的更核心的事件。这种情景切换功能的一个必然结果是，ἐβάδιζον 这类未完成时常常具有所谓的即刻性（见 33.52）：三十寡头分配完十个被选中的客籍民的房子后，就毫不迟疑地上路。

第 12–16 行 **καὶ ἐμὲ μὲν ... οἱ δὲ ἄλλοι ... ἐγὼ δὲ ... ὁ δ' ... εἶπον ... ὁ δ' ...**：三十寡头的成员（以及这篇叙述）来到吕西阿斯家后，最初是一阵迅疾的行动。我们的注意力在吕西阿斯和攻击者之间来回转移，并且在吕宅和武器作坊（为吕家所有）之间来回转移。除了佩伊松和吕西阿斯，其他人都去了武器作坊。此后，叙述聚焦于吕西阿斯与佩伊松的互动。这反映于这些句子中话题的持续转变上；吕西阿斯在第 14 行把注意力转向自己和佩伊松后，强调性的代词 ἐγώ 并未反复出现，第一人称的动词形式足够了。吕西阿斯以多种方式提及佩伊松，比方用 ὁ δέ（第 15、16 和 25 行，见 28.28）、用名字（第 20 行），或者不用任何明确的表达来提到他（第 18、22 行，见 26.7）。

第 12 行 **παραδιδόασιν**：吕西阿斯被佩伊松逮住是第一个用历史现在时（见 33.54）来强调的事件。在这篇演说辞中，吕西阿斯用历史现在时来挑明那些对其叙事而言特别重要的时刻（另见第 26 行的 ἐπιτυγχάνει），也用以标示出那些尤其应当归罪于佩伊松（同时暗示三十寡头的其他成员）的事件，比方佩伊松进吕西阿斯卧室洗劫钱柜的情节（第 21 行的 εἰσέρχεται、καλεῖ）。吕西阿斯邀请听众以特别的共情去体会他在这种时刻的感受，邀请他们与叙事中的当事人一起重温这些事件——就好像对他们来说这些都是“现在”的时刻。

第 13 行 **ἀπεγράφοντο**：在发生于不同地点的两个情景中（注意，在 ἐγὼ δέ 的作用下，情景从 ἐργαστήριον 切换回吕宅），语境里的未完成时表明，吕西阿斯与佩伊松进行谈判之时，三十寡头的其他成员正在作坊中登记奴隶的名单。这是因为未完成时表示一些人正在登记名单，而非表示他们在叙述中的地点转变之前完成了此事；因此宜译作着手登记。当三十寡头的两位成员“从作坊”（ἐκ τοῦ ἐργαστηρίου，第 26–27 行）

出来时，这两个场景再次合而为一。此时，我们可以从引文的最后一个句子推断出他们完成了登记。

第 14–16 行 **ἠρώτων ... ἔφασκεν ... εἶπον οὖν ... ὡμολόγησε**：与上文第 3–8 行中的 ἔλεγον 相同，这里也没有理由假设这些话轮被打断过，因此未完成时 ἠρώτων 和 ἔφασκε 肯定表达完成了的动作。未完成体再次暗示，谈判中最初的这几步引出了更关键的事件：当一塔兰同的最终出价得到接受后，我们便看到不定过去时（εἶπον、ὡμολόγησε）。同样，未完成时切换为不定过去时的时候伴随着小品词 οὖν，从而表明向更相关的内容过渡（见对第 3–8 行中的 οὖν 的注释）。

第 14–16 行 **εἰ βούλοιτό ... εἰ πολλὰ εἴη ... ὅτι ... ἕτοιμος εἴην ... ὁ δ' ὡμολόγησε ταῦτα ποιήσειν**：在这个迅速推进的叙述中，吕西阿斯以间接话语来呈现他与佩伊松的谈话，相较于直接转述，这样产生的停顿感更少。这里的间接陈述和间接疑问大多用间接祈愿式，从而以吕西阿斯当下的叙述视角来呈现整体情况（见 41.13）；ὡμολόγησε 与一个将来时不定式连用；这个动词实际上总是带不定式，因为它的准确含义是表达[与别人]相同的观点（对比 ὅμοιος λόγος[相同的道理]），因此带表达观点的动词的常规补语（见 51.19）。

第 16–20 行 **ἠπιστάμην μὲν οὖν ... ὅμως δ' ... ἐδόκει ... ἐπειδὴ δὲ ὤμοσεν ... εἰσελθὼν ... ἀνοίγνυμι**：μὲν οὖν ... δ' ... 是过渡性的（见 59.73）。μὲν οὖν 分句通过呈现吕西阿斯不信任佩伊松的承诺来结束引发佩伊松作出承诺的这段对话。δέ 分句呈现出取得誓言的新的相关步骤。未完成时 ἠπιστάμην 和 ἐδόκει 稍稍暂停了叙述的进程以提供背景信息，亦即，吕西阿斯说明自己为何要从佩伊松那里取得誓言。那个誓言通过 ἐπειδὴ δὲ ὤμοσεν ... ἐπαρώμενος ... σώσειν 给出，然后我们又回到了各种事件的迅速切换。在这个长长的从句之后，吕西阿斯不知不觉地改变了主语（从佩伊松变为他自己），而这点只能从第一人称的 ἀνοίγνυμι 看出来。

第 17 行 **νομίζει**：我们或许可以这样理解这个现在时——它并不是从吕西阿斯原本的话语中“保留”下来的，而是立足于吕西阿斯在庭审中的叙述视角；倘若如此，那么英译就可作 I knew that he has no regard for either gods or men，而非 that he had no regard。这样的效果是把佩伊松的道德缺陷呈现为一种固定的性格特征，一直持续至今（见 41.14）。

第 19 行 **λαβών**：λαβών 是 σώσειν 而非 ὤμοσεν 的谓语性修饰语，

也就是说，这句话的意思是他发誓会在拿了[钱财]后放[我]生路，而非拿了[钱财]之后，他发誓放[我]生路。

第 20 行：历史现在时 ἀνοίγνυμι 再次标记出一个特别重要的时刻：钱财现在发挥作用。

第 21 行 **εἰσέρχεται ... καλεῖ**：见第 13 行的注释。

第 22 行 **ἐπεὶ δὲ ... εἶχεν**：时间从句中的未完成时暗示同时性（对比第 18 行的不定过去时 ὤμοσεν）。

第 24–25 行 **ἐδεόμην ... ἔφασκεν**：关于未完成时的含义，对比上文第 3–8 行、第 14–16 行的注释。这两个未完成时让吕西阿斯是否真的能成功逃命这种紧张局面悬而未决；这一紧张局面通过在间接疑问中保留直陈式 σώσω 而得到强调：与间接祈愿式不同，直陈式从被叙述的时空的视角来呈现话语，在那个时空中，吕西阿斯的未来（是生是死？）依旧完全悬而未决。在叙述的其余部分（不见于引文），这一紧张局面会再三地得到强调和缓解。

第 25–27 行 **ἐξιοῦσι δ' ... ἀπιόντες**：分词短语 ἐξιοῦσι δ' ἐμοὶ καὶ Πείσωνι（ἐπιτυγχάνει 的与格补语）为后面的句子提供场景（见 60.32）。ἐπιτυγχάνει Μηλόβιός τε καὶ Μνησιθείδης 的词序暗示它是引入句，它通过宽焦点结构（见 60.30）引入新的成分。ἐκ τοῦ ἐργαστηρίου ἀπιόντες 出现在剩余位置，添加不太具有实际重要性的情状性信息（见 60.22）。

第 26 行 **ἐπιτυγχάνει**：见第 12 行的注释。

描述：色诺芬《居鲁士上行记》1.5.1–4

引言和文本

61.4 下面这段引文取自色诺芬《居鲁士上行记》开篇的一章。此书讲述居鲁士率领的一大批希腊雇佣军远征的故事——他想要从其兄长阿尔塔克色尔克色斯那里夺取波斯的王权——以及居鲁士阵亡后这支希腊雇佣军如何撤离敌方领地的故事。引文详细描述了居鲁士向都城（巴比伦）行军途中的某个阶段，并且相对详细地描述了他经过的地区。

ἐντεῦθεν ἐξελαύνει διὰ τῆς Ἀραβίας τὸν Εὐφράτην ποταμὸν ἐν δεξιᾷ ἔχων
σταθμοὺς ἐρήμους πέντε παρασάγγας τριάκοντα καὶ πέντε. ἐν τούτῳ δὲ
τῷ τόπῳ ἦν μὲν ἡ γῆ πεδίον ἅπαν ὁμαλὲς ὥσπερ θάλαττα, ἀψινθίου δὲ
πλῆρες· εἰ δέ τι καὶ ἄλλο ἐνῆν ὕλης ἢ καλάμου, ἅπαντα ἦσαν εὐώδη ὥσ-
περ ἀρώματα. δένδρον δ' οὐδὲν ἐνῆν, θηρία δὲ παντοῖα, πλεῖστοι ὄνοι ἄ- 5
γριοι, πολλαὶ δὲ στρουθοὶ αἱ μεγάλαι, ἐνῆσαν δὲ καὶ ὠτίδες καὶ δορκά-
δες. ταῦτα δὲ τὰ θηρία οἱ ἱππεῖς ἐνίοτε ἐδίωκον, καὶ οἱ μὲν ὄνοι, ἐπεί τις
διώκοι, προδραμόντες ἕστασαν. πολὺ γὰρ τῶν ἵππων ἔτρεχον θᾶττον. καὶ
πάλιν, ἐπεὶ πλησιάζοιεν οἱ ἵπποι, ταὐτὸν ἐποίουν, καὶ οὐκ ἦν λαβεῖν, εἰ
μὴ διαστάντες οἱ ἱππεῖς θηρῷεν διαδεχόμενοι. τὰ δὲ κρέα τῶν ἁλισκομέ- 10
νων ἦν παραπλήσια τοῖς ἐλαφείοις, ἁπαλώτερα δέ. στρουθὸν δὲ οὐδεὶς
ἔλαβεν· οἱ δὲ διώξαντες τῶν ἱππέων ταχὺ ἐπαύοντο· πολὺ γὰρ ἀπέσπα
φεύγουσα, τοῖς μὲν ποσὶ δρόμῳ, ταῖς δὲ πτέρυξιν αἴρουσα, ὥσπερ ἱστίῳ
χρωμένη. τὰς δὲ ὠτίδας, ἄν τις ταχὺ ἀνιστῇ, ἔστι λαμβάνειν· πέτονται
γὰρ βραχὺ ὥσπερ πέρδικες καὶ ταχὺ ἀπαγορεύουσι. τὰ δὲ κρέα αὐτῶν ἥ- 15
διστα ἦν. πορευόμενοι δὲ διὰ ταύτης τῆς χώρας ἀφικνοῦνται ἐπὶ τὸν Μά-
σκαν ποταμόν, τὸ εὖρος πλεθριαῖον.

[居鲁士]从那里穿过阿拉伯，置幼发拉底河于右方，行军五站荒漠，[计]三十五帕拉桑。而在这个地方，大地完全是海洋那般平坦的平原，又长满了苦蒿。假设长有任何其他的灌木或芦草，那么它们全都会芳香扑鼻，如同香料。而[那里]没有任何树木，却有各种各样的野兽，最多的是野驴，鸵鸟也众多，还有鸨和羚。骑手有时追捕这些野兽，另外，每当有人追捕，驴子就往前跑一阵后站住：因为它们跑得比马快很多。并且，马儿一靠近，它们就再一次这样做。没有可能抓住[野驴]，除非骑手们分批接力捕猎。捕得的[驴]肉非常像鹿

[肉]，不过更嫩。但没有人抓到过鸵鸟。骑手中追捕[它们]的人很快就停下来，因为[鸵鸟]逃跑时[把骑手]甩得远远的，一方面是凭借跑动时的双脚，另一方面是因为张开翅膀，就好像在使用风帆。但如果有谁行动迅速，就有可能逮住鸨，因为它们飞不远，如同鹧鸪，并且很快就[飞]不动了。[鸨]肉可口。行军通过这一地区后，他们到达了玛斯卡斯河，河宽一璞勒特戎。

注　释

泛　论

61.5　在描述性文本中，发话人/叙述者对地理位置、习俗、物体、生物和特征等等详加描述。与叙述性文本不同，描述性文本不是按照时间线索组织起来的，而是依次处理所描述的事物的不同方面。描述性文本可以设置在现在或过去，但是时间脉络在大多数情况下都无关紧要。如果描述性文本像这段那样被嵌入更大的叙述结构，那么这种描述实际上就打断了那条时间脉络，换而言之，这种描述把接下来发生了什么这一问题搁置一边。

以上这些都最直接地体现在时态的用法上：在对过去的描述中（比如这段内容），几乎完全使用未完成时；类似地，对当下某个事物的描述一般使用现在时直陈式（现在时和未完成时在体的方面含义相同，见33.22）。未完成时和现在时直陈式在描述中占据主导，因为发话人往往用以描述特定事物的永久特征，或是反复出现的习性和习俗：现在时词干的体（表达正在进行的或反复的动作）适合表达这种动作。由于完成体表达状态，因此它也是适合的。从而，在对过去的描述中，也会出现过去完成时；并且，在对现在的描述中，完成时直陈式并不少见。

这段典型的描述还有另一个特点，在于小品词和词序在构造文本时所用的方式。与论述和大多数对话（分别见61.8、61.13）不同，描述性文本在构造上通常相对不太复杂，因为各种特征依次得到描述。因此，这些特征之间所用的连接性小品词并不多样：描述性文本常常使用小品词 δέ 从一个话题转向另一个话题，偶尔也会出现 γάρ 引导的详述。态度性小品词罕见于描述性文本。另外，词序常常有助于辨识出文本从一个方面或话题转向另一个方面或话题。

与其他长篇的史书性文本类似，色诺芬的《居鲁士上行记》在很大程度上是独白性文本——它的受话人并非特定的人群。这段引文并没有对话性文本的典型特征，诸如态度性小品词（见 59.3）和以呼格形式出现的直接称呼。我们至多可以说，色诺芬把荒漠的地形和鸵鸟的翅膀分别比作大海和风帆，这表明，他心中想的是希腊读者——因为大多数希腊人会更加熟悉大海和船只，而非荒漠和鸵鸟。

详 注

61.6 第 1–2 行 **ἐντεῦθεν ... πέντε**：引文的第一个句子依旧是主体叙述的一部分，这一点从动词 ἐξελαύνει 中清晰可见，它只可能是历史现在时（这种现在时直陈式的用法主要见于叙述）。这个历史现在时通过突出居鲁士行军的主要阶段来给其叙述“加标点”（色诺芬笔下常常如此）：历史现在时以此方式把叙述性文本分为数个单元，这几个单元分别对应于行军的各个阶段（见 33.55）。

副词 **ἐντεῦθεν** 作为场景，后面立刻跟着一个长长的宽焦点结构（见 60.23），这一结构始于动词 ἐξελαύνει，覆盖了位置（阿拉伯）、持续的时间（五天）① 以及这一阶段行军的地理范围（三十五帕拉桑）：对于《居鲁士上行记》中涉及行军的内容来说，这是典型的词序，并非不像一个引入句（见 60.30 以及 61.3 中第 25–27 行的注释）。

第 2–6 行 **ἐν τούτῳ ... δορκάδες**：色诺芬现在中断了叙述，以详细描述他刚刚在前一个句子中提到的地方。这一描述分为两个部分：首先是对那一地区盛产的植物和动物的纯地理性描述，就好像它们由军队所发现的那样（第 2–7 行）；其次是离题话，其中提到军队反复尝试猎取那些动物为食，但大多失败（第 7–15 行）。第一部分中所有的动词（ἦν、ἐνῆν、ἦσαν、ἐνῆν 和 ἐνῆσαν，分别在第 3、4、4、5 和 6 行）全部是 εἰμί [是；存在]的未完成时形式：色诺芬只是在罗列他们在那一地区可以发现的所有动植物。

第 2–3 行 **ἐν τούτῳ δὲ τῷ τόπῳ**：代词 τούτῳ 是前指性的（见 29.32），指代刚刚提到的这片地方，色诺芬在这里重复它，用作后面整篇描述所在的场景（见 60.32）。小品词 δέ 表明这是文本中一个新的不同的部分。

第 3–6 行 **ἦν μὲν ἡ γῆ πεδίον ... ἀψινθίου δὲ ... δένδρον δ’ ... θηρία δέ ...**：动词 ἦν 的位置是一个明确的信号，表明描述从这里开始：ἦν 被置于分句的开头（μέν 清楚地表明这个分句从 ἦν 开始；之前的单词是场

① 一个 σταθμός[站]即一天行军的路程。

景），暗示这是引入句（见 60.30）：这部分关注的是那一地区所具有的东西，但实际上 ἦν 是带出 ἡ γῆ πεδίον 的系动词：这片土地是平原。

色诺芬继续提到这片地区的其他几个方面：地势、可以发现的低矮植物的种类、树木之匮乏，还有栖息于这片地区的动物。这每一个方面都由小品词 μέν ... δέ ... δ' ... δέ 带出，并且在每个分句的开头都是一个新的对比性话题——不过在 ἐνῆσαν δὲ καὶ ὠτίδες καὶ δορκάδες 中则不然，色诺芬在此选用的是一个引入句。

第 4 行 **ἅπαντα ἦσαν εὐώδη**：中性复数主语带复数形式的动词，强调每一种植物都芳香扑鼻（见 27.2）。

第 5–6 行 **θηρία δὲ παντοῖα ... πλεῖστοι ... μεγάλαι**：由于这个句子跟在一个否定句（δένδρον δ' οὐδὲν ἐνῆν）之后，因此其中的小品词 δέ 最好译作却，不过这只是译文上的变通，并非 δέ 的另一种不同的含义（这里仅仅表达话题的改变）。

整个短语 πλεῖστοι ... μεγάλαι 与 θηρία παντοῖα 同位。这个同位语用来进一步定义和详细说明宽泛意义上“各种各样的野兽”（见 26.24）。

在 στρουθοὶ αἱ μεγάλαι 这个短语中，形容词提供了必要的额外信息来确指所提到的特定一类 στρουθός：单独的 στρουθός 意为雀，只有在形容词 μεγάλη 修饰后才意为鸵鸟（见 28.11 注二）。

第 6 行 **ἐνῆσαν δὲ καὶ ὠτίδες**：在小品词组合 δὲ καί 中，第一个小品词是连接性小品词（这里可以略去不译，或译作而），而 καί 是副词性的辖域小品词（意为还，见 59.56）。

第 7–16 行 **ταῦτα δὲ τὰ θηρία ... ἥδιστα ἦν**：色诺芬的第二部分描述讲的是士兵尝试猎取他刚才提到的那些动物。由于这一部分接着提到了士兵和他们的行动，因此，在某些方面，相较于之前的地理性描述，这部分更加与叙述融为一体（这部分更像叙述性文本，尽管文本依旧不是按照时间线索组织起来的：色诺芬逐一描述所猎的动物，可能并不反映实际的捕猎顺序）。另外，未完成时增多（ἐδίωκον、ἔστασαν[见下注]、ἔτρεχον、ἐποίουν、ἦν、ἦν、ἐπαύοντο、ἀπέσπα 和 ἦν，分别在第 7、8、8、9、9、11、12、12 和 16 行），不过还出现过一次不定过去时（ἔλαβεν，第 12 行）以及一系列十分有趣的现在时（第 14–15 行）。与第一部分不同，这些未完成时大都表达反复的动作——时间副词 ἐνίοτε、πάλιν（分别在第 7、9 行）和带反复祈愿式（见 47.10）的时间从句 ἐπεί τις διώκοι、ἐπεὶ πλησιάζοιεν（分别在第 7–8、9 行）都表明了这点。

在一句简短的介绍（ταῦτα ... ἐδίωκον，第 7 行）过后，色诺芬依次谈到被追捕的每一种动物。句中首先出现的都是所涉及的动物（καὶ οἱ μὲν ὄνοι、στρουθὸν δέ 和 τὰς δὲ ὠτίδας，分别在第 7、11 和 14 行），作为对比性话题或者主题，由 μέν ... δέ ... δέ 划分。士兵们实际上捕获了两类动物，色诺芬也对它们的味道详加描述（τὰ δὲ κρέα，第 10、15 行）。

第 7 行 **ταῦτα δὲ τὰ θηρία**：前指性代词 ταῦτα 再次用来指代前文中的一个成分，并且作为后文离题话的基础（对比第 2–3 行中的 τούτῳ）。小品词 δέ 仅仅用来划分这一部分和前一部分。

第 7 行 ... **ἐδίωκον, καὶ οἱ μὲν ὄνοι**：色诺芬从 καί ... μέν 开始提到一系列动物，这里的 μέν 预示着后文的几个 δέ，并且，使用 καί 是因为这整个序列都是同一个项的部分，如同动词 ἐδίωκον 一样。我们可以对比这个 καί 和英译中 and 的作用：As for these animals, the horsemen at times chased them *and* the outcome was that ... 。

在第一次提到驴子的时候（第 5 行），ὄνοι 并没有使用冠词。在第一次提到之后，驴子就可确指，因此这里就使用了冠词 οἱ。对比 τάς 的用法（第 14 行，但见相关注释）。

第 7–8 行 **ἐπεί τις διώκοι**：这个时间从句表达一个过去的反复或习惯性动作，其中的祈愿式非常适用于像这里一样的描述性文本。现在时祈愿式的体表达相对时态含义（同时性，见 33.57），英译作 each time that someone *was chasing them*, ... 。这个从句跟在主题 οἱ μὲν ὄνοι（见 60.33）之后。

第 8 行 **προδραμόντες ἕστασαν**：过去完成时 ἕστασαν，作为完成时 ἕστηκα 的过去时态，暗示“站住”这个动作是即刻、完全实现的（见 33.53）：驴子彻底停止了它们的行动轨迹。与此同时，由于反复祈愿式 διώκοι（见前文）的存在，ἕστασαν 的确表达一个反复的动作。分词和动词的词序相当重要：如果不定过去时分词在主动词之前，那么分词就暗示出时间顺序（见 52.35–36）：驴子先跑开了，然后在远离骑手一段距离的地方站住；对比第 10 行 θηρῷεν διαδεχόμενοι 的词序。

第 8 行 **πολὺ γὰρ ... θᾶττον**：这个 γάρ 发挥其常规的解释性作用，用来解释驴子如何可能屡屡避开骑手。

第 8–9 行 **καὶ πάλιν, ἐπεὶ πλησιάζοιεν οἱ ἵπποι, ταὐτὸν ἐποίουν**：

πάλιν 和 ταὐτόν 强调了骑手反复捕猎失败，未完成时 ἐποίουν 和使用祈愿式的时间从句亦然。καί 表达的连接表明，这个句子应该被视作一系列失败尝试的一部分（καὶ πάλιν 大致相当于英语 and again and again）。

第 9 行 **καὶ οὐκ ἦν λαβεῖν**：未完成时 ἦν 不能被解释为表达反复的动作（因为它意为是、存在）：这个未完成时表达正在进行的动作，表明总是无法捉住任何野驴；这个 ἦν 相当于 ἐξῆν（来自 ἔξεστι[有可能]）。

第 9–10 行 **εἰ μὴ διαστάντες οἱ ἱππεῖς θηρῷεν διαδεχόμενοι**：这个否定性的条件从句（除非）实际上详细说明了骑手最终如何能够捉到一些野驴。祈愿式 θηρῷεν 依旧表达过去的反复动作——这种条件从句中的否定词稍许不同寻常，不过在这里是必须的，用来抵消前一个分句中的否定含义（οὐκ ἦν）。

两个分词分别在主动词前后，这一词序也值得注意。不定过去时分词 διαστάντες 再一次出现在主动词之前，暗示时间顺序：骑手们先各就各位，然后再捕猎。然而，现在时分词 διαδεχόμενοι 跟在主动词之后，表达骑手们的捕猎方式。

第 10–11 行 **τὰ δὲ κρέα τῶν ἁλισκομένων ἦν παραπλήσια τοῖς ἐλαφείοις, ἁπαλώτερα δέ**：由于之前的条件从句暗示出实际上捕到了一些野驴，因此色诺芬继续谈论捕得的驴肉（τῶν ἁλισκομένων，现在时分词的形式说明有多只野驴）。① 第一个 δέ 开启新的话题，第二个 δέ 表达对比（之前没有 μέν，它并不总是必须的）。

第 11–12 行 **στρουθὸν δὲ οὐδεὶς ἔλαβεν**：色诺芬接下来又提到一种动物，依旧放在句子的开头，由小品词 δέ 连接。

在未完成时占主导的这个段落中，不定过去时 ἔλαβεν 可能看起来有些突兀。但由于否定词 οὐδείς 的存在，它便是合适的（没有人抓到过鸵鸟，色诺芬在这里差不多以回顾性总结的方式用不定过去时来呈现这种彻底的失败）。οὐδείς 是这个句子的窄焦点，后面紧跟着动词，前面是对比性话题 στρουθόν。

第 12 行：**οἱ δὲ διώξαντες ... πολὺ γὰρ ἀπέσπα**：在 πολὺ γάρ 之后，主语从追逐鸵鸟的骑手变为鸵鸟（ἀπέσπα 用单数形式，因为其主语是士兵在某一次捕猎中试图猎取的一只鸵鸟，具有代表性），即便如此，这个主语并不需要另外表达出来。如果主语显然在作者的头脑中（作为给

---

① 这个现在时分词表达反复的动作，因此指的是多次捕得的驴肉。

定的话题），那么这种现象就很常见——尤其是在不会出现混淆的情况下，比如这里。

第 14–15 行 **τὰς δὲ ὠτίδας, ἄν ... ἀνιστῇ, ἔστι λαμβάνειν· πέτονται ... ἀπαγορεύουσι**：作者在这里提到了最后一种动物，依旧放在句子开头作为主题，由小品词 δέ 连接，后面跟着从句。色诺芬——他还写过一篇关于狩猎的短制——突然转换到现在时和一个使用 ἄν（即 ἐάν）+ 虚拟式（表达现在的习惯性动作，见 49.13）的条件从句。这些动词不可能是历史现在时：毋宁说，它们表达普遍真理，从而这些内容读起来很像关于狩猎的教科书。

ὠτίδας 的冠词 τάς 可能应被理解作类属冠词（见 28.6，后面的内容引导我们这样去理解），不过，读者最初读到这里时自然会认为这指的是先前提到的鸨。

第 15–16 行 **τὰ δὲ κρέα αὐτῶν ἥδιστα ἦν**：色诺芬使用未完成时 ἦν，短暂回到了对过去的描述。ἦν 表达捕猎者当时感觉到的肉的味道。

第 16 行 **πορευόμενοι δὲ διὰ ταύτης τῆς χώρας ἀφικνοῦνται ...**：色诺芬用 ταύτης τῆς χώρας 指刚刚描述过的这片地区，并且军队行经这一地区的情节用来作为下一阶段叙述的背景（整个短语 πορευόμενοι δὲ διὰ ταύτης τῆς χώρας 都是场景）。动词 ἀφικνοῦνται 是历史现在时（从而明确标志着重新开始了叙述），又一次处于宽焦点结构的开头（比较第 1–2 行的注释）。

论述：柏拉图《高尔吉亚》484c–485a

引言和文本

61.7　柏拉图的《高尔吉亚》是如同戏剧那样的哲学对话，数位发言者轮流发言。下面的引文选自其中卡珥利克勒斯的长篇独白（ῥῆσις）。在其独白中，卡珥利克勒斯提出了一种激进观点来代替苏格拉底的哲学观点——哲学式的“吹毛求疵”只会引出那些意在约束真正有能力的人的规则和法律；在每个人都应参与的政治生活中，容不下哲人品质。在这段引文中，卡珥利克勒斯坚称，只要苏格拉底放弃哲学，他就也会持此观点。卡氏论述说，哲学对于青年的教育来说可能是有用的组成部分，但是，一旦他积极参与政治，哲学就只会干扰他的良好判断。

τὸ μὲν οὖν ἀληθὲς οὕτως ἔχει, γνώσῃ δέ, ἂν ἐπὶ τὰ μείζω ἔλθῃς ἐάσας ἤδη
φιλοσοφίαν. φιλοσοφία γάρ τοί ἐστιν, ὦ Σώκρατες, χαρίεν, ἄν τις αὐτοῦ
μετρίως ἅψηται ἐν τῇ ἡλικίᾳ· ἐὰν δὲ περαιτέρω τοῦ δέοντος ἐνδιατρίψῃ,
διαφθορὰ τῶν ἀνθρώπων. ἐὰν γὰρ καὶ πάνυ εὐφυὴς ᾖ καὶ πόρρω τῆς ἡλι-
κίας φιλοσοφῇ, ἀνάγκη πάντων ἄπειρον γεγονέναι ἐστὶν ὧν χρὴ ἔμπειρον　5
εἶναι τὸν μέλλοντα καλὸν κἀγαθὸν καὶ εὐδόκιμον ἔσεσθαι ἄνδρα. καὶ
γὰρ τῶν νόμων ἄπειροι γίγνονται τῶν κατὰ τὴν πόλιν, καὶ τῶν λόγων οἷς
δεῖ χρώμενον ὁμιλεῖν ἐν τοῖς συμβολαίοις τοῖς ἀνθρώποις καὶ ἰδίᾳ καὶ
δημοσίᾳ, καὶ τῶν ἡδονῶν τε καὶ ἐπιθυμιῶν τῶν ἀνθρωπείων, καὶ συλλή-
βδην τῶν ἠθῶν παντάπασιν ἄπειροι γίγνονται. ἐπειδὰν οὖν ἔλθωσιν εἴς　10
τινα ἰδίαν ἢ πολιτικὴν πρᾶξιν, καταγέλαστοι γίγνονται, ὥσπερ γε οἶμαι
οἱ πολιτικοί, ἐπειδὰν αὖ εἰς τὰς ὑμετέρας διατριβὰς ἔλθωσιν καὶ τοὺς
λόγους, καταγέλαστοί εἰσιν. συμβαίνει γὰρ τὸ τοῦ Εὐριπίδου· λαμπρός
τέ ἐστιν ἕκαστος ἐν τούτῳ, καὶ ἐπὶ τοῦτ᾽ ἐπείγεται,
　　νέμων τὸ πλεῖστον ἡμέρας τούτῳ μέρος,　15
　　ἵν᾽ αὐτὸς αὑτοῦ τυγχάνει βέλτιστος ὤν·
ὅπου δ᾽ ἂν φαῦλος ᾖ, ἐντεῦθεν φεύγει καὶ λοιδορεῖ τοῦτο, τὸ δ᾽ ἕτερον
ἐπαινεῖ, εὐνοίᾳ τῇ ἑαυτοῦ, ἡγούμενος οὕτως αὐτὸς ἑαυτὸν ἐπαινεῖν.

于是，真相就是如此，而你会认识到，如果你现在放弃哲学，那么你就会来到更重要的事情上。其实，苏格拉底哦，姑且[说]哲学是令人欢喜的事物，倘若某人在合适的年龄适度涉猎；但他若超出合适[程度]地[用它]消磨时光，那么[它就是]对世人的败坏。因为，即便他天性非常优异——而他过了合适的年龄还搞哲学——那么他必然对所有那些事情都无经验：一个打算变得既美好又优秀且有好名声的男人必须对其有经验的那些事情。因为，他们对城邦的法律毫无经验，又对那些言辞也无经验，[而]在私人和公开场合都必须使用这些言辞与世人打交道，他们还对属于世人的快乐和欲望没有经验，并且，总而言之，他们对[世人的]习性彻彻底底没有经验。因此，当他们进入某种私人的或城邦的实践时，他们就变得荒唐可笑，我觉得恰恰就好像政治人在反过来进入你们的消遣和言辞时那样荒唐可笑。其实，这就导致了欧里庇得斯的那句话：在这之中，"每个人都光彩出色"，并且"对它紧追不舍"，

> 把一天中的大部分都分配给它，
> 在那里他碰巧成为最好的自己；

而无论他在哪方面逊色，他都会从那里逃开，并且指责它，却出于对自己的善意而称赞其他东西，因为他觉得自己在以这种方式自我称赞。

注 释

泛 论

61.8 在这样一篇论述性文本中，发话人提出一种主张，使受话人注意这一主张，并且以某种方式来支持这一主张。与叙述性文本不同而与描述性文本类似的是，论述性文本并不是按时间顺序组织起来的。其主句中的各个动词并不表达连续的事件。实际上，其中的个别句子包含一系列主张或者提议，而其他句子就为这些主张或提议提供证据、解释和结论等等。许多论述具有层级结构：一些证据和解释涉及主要的提议，而另一些证据和解释则支撑更为核心的证据和解释。柏拉图所用的小品词清晰地表明了卡珥利克勒斯的论述的内在结构，正如我们在下文概述其论述的总体结构时所示。

尽管卡珥利克勒斯的独白较长，但他从未忽视自己是在与苏格拉底对话。文段中的对话元素包含态度性小品词 τοι 和呼格 ὦ Σώκρατες（都是一种 *captatio benevolentiae*[套近乎]的做法，见第 2–3 行 φιλοσοφία ... τοί ἐστιν, ὦ Σώκρατες, ... ἐὰν δέ ... 和第 11 行 ὥσπερ γε οἶμαι οἱ πολιτικοί 的注释），还有第二人称动词 γνώσῃ（第 1 行，亦见 61.11）。复数的物主代词 ὑμετέρας（第 12 行）表明，卡珥利克勒斯可以说意在通过苏格拉底向所有哲人发言。

卡珥利克勒斯的论述的总体结构

61.9　引言：τὸ μὲν οὖν ἀληθὲς οὕτως ἔχει, γνώσῃ δέ, ... φιλοσοφίαν.

第一个句子结束了卡珥利克勒斯独白中的上一个话题，并且引入一个新生话题（见后文对第 1 行 μὲν οὖν ... δέ ... 的注释）。

核心主张：φιλοσοφία γάρ ... διαφθορὰ τῶν ἀνθρώπων.

γάρ 引出卡珥利克勒斯的核心主张。这个小品词常常出现在宣布叙事或论述开始之后（见 γνώσῃ；另见 61.3 对第 2 行的 γάρ 的注释）。这个小品词表达其通常的解释性含义，因为它表明后面的整个论述包含了苏格拉底为了明白卡珥利克勒斯说得正确而需要的信息。从而，γάρ 的辖域远远超出其所在的那个句子，覆盖的是后面的整个文段。在这种情况下，我们难以恰当地翻译这个 γάρ，仅仅用一个冒号就够了。

证据：ἐὰν γὰρ ... ἔσεσθαι ἄνδρα.

这个句子为核心主张提供证据：过度沉溺于哲学会导致人的败坏；这个 γάρ 表达其通常的解释性含义。

澄清：καὶ γὰρ ... ἄπειροι γίγνονται.

这个句子澄清证据的一个方面，明确了“一个打算变得既美好又优秀且有好名声的男人必须对其有经验的那些事情”是什么。同样，这个 γάρ 也表达其通常的解释性含义。注意，这一澄清仅仅解释了关于证据的某些事情：整个论述具有层级结构，而这一澄清体现出论述中最深的一层。

证据的结论：ἐπειδὰν οὖν ... καταγέλαστοί εἰσιν.

如通常那样，结论由 οὖν 引导：整个论据使得卡珥利克勒斯有机会主张说，搞哲学的人的败坏就在于他们“变得荒唐可笑”这一事实。这个小品词使得论述返回文本的一个更高层级。

证据：συμβαίνει γὰρ ... ἑαυτὸν ἐπαινεῖν.

在作总结时，卡珥利克勒斯以这种方式小心地迁就了苏格拉底——卡氏承认，就好像哲人会败坏政治人，政治人也可能是差劲的哲人。卡珥利克勒斯通过引用欧里庇得斯的两行诗来支持自己的那个说法，他显然把欧里庇得斯视作这一方面的权威。这里的 γάρ 表达其通常的解释性含义。

这番论述的各个主要部分都可以进一步划分为更小的片段。小品词在这里再一次承担了重要的角色，而这里的指示代词也很重要。

详　注

61.10　第 1 行 **μὲν οὖν ... δέ**：如果话题在一个句子中过渡到另一个话题，那么句子中常常就会出现这一串小品词。在小品词组合 μὲν οὖν 中，οὖν 结束了前一个话题，表示向[当下]更相关的要点过渡，而 μέν 则预示着 δέ，后者使得两个话题达成平衡，或者使得两者形成对比（见 59.73）。οὕτως 表明，句子的第一部分回顾了之前的内容，它在这里是前指性用法（对比前指性的 οὗτος，见 29.32）。

第 2–3 行 **φιλοσοφία ... τοί ἐστιν, ὦ Σώκρατες, ... ἐὰν δέ ...**：卡珥利克勒斯的核心主张由两部分组成，其中的第二部分包含了他后面将要证明的论点，而第一部分则是对苏格拉底的观点的预备性让步，意在安抚他的对话者（对比许多演说辞开篇的 *captatio benevolentiae*[套近乎]）。态度性小品词 τοι 表明了这一点，它在这里具有让步含义：哲学姑且是令人欢喜的事物。中性的 χαρίεν 见 27.8。δέ 分句与这个预备性的观点形成了对比，因此这个小品词可以译作而或者但。这两个条件从句都具有[对比性的]窄焦点成分，分别是 μετρίως 和 περαιτέρω τοῦ δέοντος，它们带出了核心观点。呼格 ὦ Σώκρατες 的作用类似于 τοι，因为它明确表达，卡珥利克勒斯给出了哲学是令人欢喜的事物这个观点，是为了迁就苏格拉底（请勿忘记，τοι 起初是第二人称代词的与格）。

第 4–5 行 **ἐὰν γὰρ καὶ πάνυ εὐφυὴς ᾖ καὶ πόρρω τῆς ἡλικίας φιλοσοφῇ**：关于 γάρ，见上文。尽管这两个处在 εἰ 的辖域之内的分句由 καί 连接从而是并列分句，但它们在语义上却并非平行关系（这很特殊）。只有第二个分句才提供了适用于主句的真实条件，意为如果谁过了合适的年龄还搞哲学，那么他必然[对所有那些事情都无经验]。第一个分句毋宁说是一种让步：即便某人的天性非常优异。第一个 καί 是副词性的，并且与 πάνυ 相连。

第 6–10 行 **καὶ γὰρ τῶν νόμων ... καὶ τῶν λόγων ... καὶ τῶν ἡδονῶν τε καὶ ἐπιθυμιῶν ... καὶ συλλήβδην τῶν ἠθῶν**：卡珥利克勒斯列举了生活的四个基本方面，而哲人在这些方面缺乏经验。每一项都由连接性小品词 καί 引导。第一个 καί 带出名词性短语 τῶν νόμων，不过两者由 γάρ 隔开，这是瓦克纳格尔规律（见 60.7）所导致的；这个 γάρ 的作用见上文。τῶν νόμων 与其修饰语 τῶν κατὰ τὴν πόλιν 并不连续，出现了移位现象，这是因为修饰语所包含的信息在很大程度上可被预见（见 60.18）。这串列举中的最后一项与其他几项相距较远，因为它总结了前面的内容：副词 συλλήβδην[总而言之]表明了这一点。这里的第三项可再分为由 τε καί 连接的两个小部分：这个小品词组合常常暗示其所连接的并列成分紧密相连。

第 11–12 行 **ὥσπερ γε οἶμαι οἱ πολιτικοί, ἐπειδὰν αὖ**：ὥσπερ γε[恰恰就好像]引入的观点同样意在安抚苏格拉底，或者意在预先阻止可能针对自己的反驳：卡珥利克勒斯承认，政治人反过来（αὖ，指的是与 ἐπειδὰν οὖν 分句完全相反的情况）在搞哲学时也做得不好——当然，在卡氏的推理中，这是一个相当不必要的让步，因为在他看来，生活的真正目标是政治而非哲学。由于辖域小品词 γε 在连接性小品词 ὥσπερ 之后，因此 γε 的辖域覆盖了整个分句。γε 的作用是限制性的：卡珥利克勒斯把政治人的无能仅仅限制于他们搞哲学的情况。

第 11 行 **οἶμαι**：在信心满满地作了这番断言（见后文）之后，卡珥利克勒斯用并列的 οἶμαι[我觉得]清楚地表明，他现在的这番说法仅仅是一种意见：他这样做，很可能是因为他并未宣称自己对哲学有什么经验；这一说法的真实性任由苏格拉底判断。τὰς ὑμετέρας διατριβάς[你们的消遣]中的第二人称物主代词通常所具有的强调含义加强了这种效果（见 29.22），从而表明哲学是某种不属于卡珥利克勒斯的东西，但属于苏格拉底以及与他类似的人。

第 13–14 行 **τὸ τοῦ Εὐριπίδου· λαμπρός τέ ... καί ...**：τὸ τοῦ Εὐριπίδου[欧里庇得斯的那句话]带出了摘自已佚剧作《安提欧佩》（*Antiope*）的引文。引文随即出现，没有连接性小品词：在这种明确的引用中，一般都会出现散珠格。当然，小品词 τε 呼应后面的 καί，从而把两个说法融合为一个观点：每个人都出色地完成他认为自己最擅长的事情，[从而]意在做他认为自己最擅长的事情。这处引文可能并非原文引用——柏拉图笔下的引文常常如此。

第 14–16 行 **ἐν τούτῳ ... ἐπὶ τοῦτ' ... τούτῳ ... ἵν'**：正如经常出现的那样，指示代词 οὗτος（而非 ὅδε）的几个形式都后指，带出后面的关系从句（见 29.32 注一）。

第 17 行 **ὅπου δ' ... ἐντεῦθεν ... τοῦτο**：这里的 ἐντεῦθεν 和 τοῦτο 是前指性用法，指代 ὅπου 引导的关系从句：ἐντεῦθεν 以及 οὗτος 的各种形式常常这样用（见 8.2、29.32）。

第 16–17 行 **ἵνα ... ὅπου δ' ἂν ... τὸ δ' ἕτερον**：这两个 δέ 都把其所在的分句与之前的分句作对比；限定性的名词短语 τὸ ἕτερον 指的是之前的 ἵνα 从句。注意这两个关系从句在语式上的不同：ἵνα 引导直陈式，表明每个人的生活中都存在一个自己碰巧最擅长的固定领域，并且，在原则上，这个固定领域在每一种情形下都是可确指的。与此形成对比的是，ὅπου 带 ἄν + 虚拟式（非限定性），表明可能存在许多其他并非完全可确指的领域，在这些方面每个人都比较逊色（见 50.21）。

论述的语气

61.11 这段选文不仅在结构上有论述的特征，而且它所用的语气至少也是一种典型的论述语气。卡珥利克勒斯仅只一次使用 οἶμαι（第 11 行）来弱化他的某个主张。在其他时候，他的语气非常自信。比如，卡珥利克勒斯使用无人称结构 ἀνάγκη ἐστίν[必然]（第 5 行）来表达他所想的事情*在逻辑上*是必然的。无人称动词 δεῖ[必须]（第 8 行）的功能类似：它表明，在卡珥利克勒斯看来，优秀的男人应该精通什么事情，这一点毫无讨论的余地。将来时直陈式 γνώσῃ[你会认识到]（第 1 行）是这种自信的又一明证：卡珥利克勒斯把苏格拉底在观念上的转变呈现为未来的*事实*，以此表明，当他结束自己的阐述后，苏格拉底实际上无法再坚持另一种观点。我们可以设想其他可能的表达，这有助于体会卡氏语言中这些特征的作用：卡珥利克勒斯原本可以使用*我认为*代替“必然”，使用*或许你会认识到*（潜在祈愿式 γνοίης ἄν）代替“你会认识到”。语气的改变会使得论述更加谦虚。

造成这种自信语气的最重要的一点或许是主句中一再出现的直陈式——它们表达的是发话人视作事实的内容。这些直陈式几乎都用现在时形式，从而表达不随时间变化的或习惯性的动作，亦即始终如一的情况（或者卡珥利克勒斯认为如此的情况）。因此，这些条件从句和时间从句就使用 ἐάν/ἐπειδάν + 虚拟式的形式。与此相应的是，卡珥利克勒斯讨论的是普遍意义上的人（第 2 行的 τις、第 4 行的 τῶν ἀνθρώπων）或者人的类别（第 6 行的 τὸν μέλλοντα ... ἄνδρα、第 12 行的 οἱ πολιτικοί）；这些名词短语都带有类属冠词（见 28.6）。

卡珥利克勒斯不止借助语法手段来强化自己的观点，他还使用富有表现力的词汇。因此，显而易见，卡氏对什么职业适合成年男子有明确的观点：他用 τὰ μείζω[更重要的事情]（第 1 行）来指称政治——请注意，其中的定冠词暗示每个人都认识到政治比哲学重要，而后者则被称作 χαρίεν[令人欢喜的事物]（第 2 行），注意，他使用中性传达出某种高人一等的态度。卡珥利克勒斯后面又用 αἱ ὑμέτεραι διατριβαί（第 12 行）来指称哲学。尽管 διατριβή 一词常常意为谈话，但这里在相当程度上暗示出这个词的一个不同的含义：消遣。最后，卡珥利克勒斯用 ἐνδιατρίβω[消磨时光]（第 3 行）来指称“搞哲学”——相反，在他看来，我们仅该“适度涉猎”（μετρίως ἅψηται，第 3 行）。

最后一点，柏拉图似乎常常在其作品中努力模仿口头语言。通常来说，相较于书面语，口头语言更随意一些，比较冗赘而不太符合语法。但是柏拉图的希腊语往往清晰易懂。在这段引文中，口头语言的影响显然体现在 ἄπειροι γίγνονται 的重复使用上（第 7 行和第 10 行），由这个短语充当谓语的那个长句引发了这一重复。当卡珥利克勒斯提到 τῶν ἠθῶν 的时候，他预见到，自己的受话人现在可能已经忘记了这个属格修饰的是 ἄπειροι γίγνονται，因而他重复了这个短语。口头语言的影响还体现在从单数的 τις[某人]（第 2 行；作 ἅψηται、ἐνδιατρίψῃ、ᾖ、φιλοσοφῇ 和 γεγονέναι 的主语）到复数 ἄπειροι γίγνονται、ἔλθωσιν 和 καταγέλαστοι γίγνονται 的转变。这一变化显然不难理解——如果我们意识到，τις 指代任何一位过了合适的年龄还在搞哲学的人，换而言之，τις 指代整一类人。两个在语义上并不对等的 εἰ 从句的并列（见上文对第 4–5 行的注释）也可视为口头语言的另一个特征。

对话：索福克勒斯《埃阿斯》1120–1141

引言和文本

61.12 在索福克勒斯的《埃阿斯》中，英雄埃阿斯发了疯，他试图乘希腊联军的首领在特洛伊城下熟睡之际杀死他们，但图谋未遂，因而自戕。埃阿斯发疯的原因是，阿喀琉斯被杀死后，他未能成功争得阿喀琉斯的武器。最终，这场竞争的结果由投票决定，奥德修斯被宣布为获胜者，并且得到了这份非凡的武器。剧作的第二部分涉及埃阿斯的葬礼：在这段引文的情景中，埃阿斯同父异母的兄弟透克洛斯和埃阿斯的宿敌墨涅拉奥斯就他的葬礼作了激烈的争论。透克洛斯认为，在那次决定性的投票中，墨涅拉奥斯个人对埃阿斯的失败负有责任；墨涅拉奥斯则考虑到埃阿斯犯下的罪行而不同意给予他一场符合习俗的葬礼。透克洛斯就这一点激烈争辩，致使墨涅拉奥斯毫不掩饰地侮辱他。

ME.	ὁ τοξότης ἔοικεν οὐ σμικρὸν φρονεῖν.	1120
TEY.	οὐ γὰρ βάναυσον τὴν τέχνην ἐκτησάμην.	
ME.	μέγ' ἄν τι κομπάσειας, ἀσπίδ' εἰ λάβοις.	
TEY.	κἂν ψιλὸς ἀρκέσαιμι σοί γ' ὡπλισμένῳ.	
ME.	ἡ γλῶσσά σου τὸν θυμὸν ὡς δεινὸν τρέφει.	
TEY.	ξὺν τῷ δικαίῳ γὰρ μέγ' ἔξεστιν φρονεῖν.	1125
ME.	δίκαια γὰρ τόνδ' εὐτυχεῖν κτείναντά με;	
TEY.	κτείναντα; δεινόν γ' εἶπας, εἰ καὶ ζῇς θανών.	
ME.	θεὸς γὰρ ἐκσῴζει με, τῷδε δ' οἴχομαι.	
TEY.	μή νυν ἀτίμα θεούς, θεοῖς σεσωσμένος.	
ME.	ἐγὼ γὰρ ἂν ψέξαιμι δαιμόνων νόμους;	1130
TEY.	εἰ τοὺς θανόντας οὐκ ἐᾷς θάπτειν παρών.	
ME.	τούς γ' αὐτὸς αὑτοῦ πολεμίους· οὐ γὰρ καλόν.	
TEY.	ἦ σοὶ γὰρ Αἴας πολέμιος προὔστη ποτέ;	
ME.	μισοῦντ' ἐμίσει· καὶ σὺ τοῦτ' ἠπίστασο.	
TEY.	κλέπτης γὰρ αὐτοῦ ψηφοποιὸς ηὑρέθης.	1135
ME.	ἐν τοῖς δικασταῖς κοὐκ ἐμοὶ τόδ' ἐσφάλη.	
TEY.	πόλλ' ἂν καλῶς λάθρᾳ σὺ κλέψειας κακά.	
ME.	τοῦτ' εἰς ἀνίαν τοὔπος ἔρχεταί τινι.	

TEY.	οὐ μᾶλλον, ὡς ἔοικεν, ἢ λυπήσομεν.	
ME.	ἕν σοι φράσω· τόνδ' ἐστὶν οὐχὶ θαπτέον.	1140
TEY.	ἀλλ' ἀντακούσῃ τοῦθ' ἕν, ὡς τεθάψεται.	

墨	这弓箭手看起来心气不低。	1120
透	因为我拥有的并非匠人的技艺。	
墨	要是你拿着盾牌，就会大肆吹嘘。	
透	即便我赤手空拳，至少也打得过全副武装的你。	
墨	你的舌头壮大了多么惊人的血气啊！	
透	因为与正义同在就可以心气昂扬。	1125
墨	谋杀我的[凶手]怎么还合乎正义地逍遥？	
透	谋杀？你说得真荒唐——如果你在被杀死后还活着。	
墨	因为一位神明拯救了我，而对于这人来说我离去了。	
透	若[你]为诸神所救，那就别再侮辱诸神了！	
墨	我怎么会诽谤神灵的礼法？	1130
透	如果你来禁止埋葬逝者。	
墨	我本人[不准埋葬]的是我本人的仇敌，因为[埋葬敌人]并不好。	
透	埃阿斯真的曾经站出来与你为敌吗？	
墨	他厌恶那个厌恶[他]的[我]——你也了解这点。	
透	是的，因为你被发现是投票时偷他东西的贼。	1135
墨	这怪那些裁判，并不怪我。	
透	你可能暗中漂漂亮亮地使了好多诈。	
墨	这造成苦痛的言语会落到某人身上。	
透	看起来不会比我将造成的[苦痛]更多。	
墨	我向你宣布一件事情——这人不可[得到]埋葬。	1140
透	但恰恰相反，你会听到只此一句回复——他会得到埋葬。	

注　释

泛　论

61.13　这段文本在整体上属于论述类型：墨涅拉奥斯和透克洛斯都各自给出一些说法，并且试图支持这些说法。然而，这场激烈的轮流对白（stichomythia；戏剧对话的一种形式，其中的角色隔行说话）迅速沦为一场骂战，或许与持续而一贯的文本类型更不相关。

不过，这段文字因为其中的许多对话元素而与我们的意图特别相关：其中有许多第一和第二人称的动词形式，还有许多第一和第二人称代词；时态的用法主要在现在时、将来时和不定过去时之间切换；语式的用法多样（命令式在非对话文本之外很少见）；相比于其他的文本类型，这里的交互小品词出现得更加频繁（并且其他小品词有时也以不同的方式得到使用，特别参看后文对 γάρ 的注释）；最后一点，引文中的句子大体上没有特别复杂的句法结构（也就是说，从句、情状性分词等等堆砌得不多）。就句法而言，这段对话也具有轮流对白常有的一种特征，也就是一名发话人从另一名发话人那里借用句法结构（见第 1131–1132 行的注释），引文中这一特征数次出现。

详　注

61.14 除了对文本的结构和连贯加以评述之外，在后文的注释中，我们还会分析墨涅拉奥斯和透克洛斯的修辞策略，因为无法撇开这方面的因素来看待发话人用以组织表达的方式。

第 1120 行：这一行满是讽刺和轻蔑。ὁ τοξότης 是一种侮辱，既因为墨涅拉奥斯使用第三人称（他可能对舞台上的歌队说这句话，并且假装无视透克洛斯，而这无疑是说给透克洛斯听的），还因为这个词强调了透克洛斯的卑微地位（相较于持盾牌的重装步兵，弓箭手在距离敌人更远的地方作战，因此被认为地位更低）。墨涅拉奥斯使用 ἔοικεν οὐ σμικρὸν φρονεῖν 这一表达故意在描述透克洛斯时显得慎重，实则意在讽刺，因为他说透克洛斯“看起来心气不低”：实际上，透克洛斯在这段引文之前所说的话足够清晰地表达出他对墨涅拉奥斯的态度。οὐ σμικρόν 中蕴含的双重否定被称作间接肯定/曲言（litotes），即一种婉转的说法，在这里暗示透克洛斯在正常情况下应当举止谦逊。

第 1121 行：相比于独白性的论述、叙述和描述，对话中 γάρ 的解释性含义通常不那么明显，因为一位发话人可以使用 γάρ 来连接自己的话与另一位发话人的话。一位发话人可以用 γάρ 来接续前一位发话人的观点，并加以详述。从而，γάρ 在对话中的作用事实上与在其他语境中相同——引入一个文本单元以沿着当下讨论的脉络推进（见 59.14）。在许多情况下，比如这里以及第 1125、1128 和 1135 行，γάρ 可以译作是的，因为……和事实上，由于……等等（在这里，透克洛斯使用这个词把墨涅拉奥斯的侮辱转变为象征荣誉的标志）。

βάναυσον τὴν τέχνην 中形容词–冠词–名词的词序需要注意（形容词在谓语性位置，见 28.11–12）：透克洛斯说，射箭术在他这里绝非地位低下的象征（反驳墨涅拉奥斯所用的 τοξότης 一词的暗示）。不定过去时 ἐκτησάμην 仅仅用来表达这个动作是完成的，非叙述性文本中常常这样用（透克洛斯在回想往事时回顾了他成为弓箭手的时间，见 33.28）。

第 1122 行：墨涅拉奥斯使用潜在条件句（条件分句用 εἰ + 祈愿式，结论分句用祈愿式 + ἄν，见 49.8）来表达某种修辞性效果：他不仅强调了透克洛斯恬不知耻到何种程度（意思是如果你在地位不高的时候就这样傲慢，那要是你地位高，你会怎么样呢？），而且暗中表示透克洛斯拥有盾牌的可能性微乎其微。

ἀσπίδ' 是条件从句 εἰ λάβοις 的话题，它在其所属的分句之前，是一种形式的预词（见 60.37）：这里暗示的意思差不多是假设你真的**有**一块盾牌，那么你肯定会大加吹嘘（λάβοις 是从句的焦点）。

第 1123 行：透克洛斯再一次接过墨涅拉奥斯的要点而以完全不同的方式来呈现这一要点，以此反驳墨涅拉奥斯：即便（κἄν 中的 καί）他不会有一块盾牌，他依旧有能力对付墨涅拉奥斯，不管地位如何。透克洛斯还加上了暴力威胁：既然盾牌和武器到目前为止基本都是地位的象征，透克洛斯这里就暗示他和墨涅拉奥斯实际上可以使用它们。

小品词 γε（σοί γ'）把透克洛斯的吹嘘明确地限制和集中到墨涅拉奥斯身上：我随时都可以干掉**你**，即便我没有武器（见 59.53）。

第 1124 行：这是一句轻蔑的感叹（由 ὡς 引导，见 38.47；ὡς 是前置词，见 60.13，在这里姗姗来迟，出现在与它关系最密切的 δεινόν 之前）。当然，感叹通常并不通过小品词与语境连接（散珠格，见 59.9）：一个感叹若具有即兴的特征，那么连接性小品词就会与这种特征矛盾。

第 1125 行：透克洛斯接过墨涅拉奥斯的要点（使用小品词 γάρ，见第 1121 行的注释），他无视后者感叹时流露的讽刺：他有充分理由表现得大胆。透克洛斯使用 ξὺν τῷ δικαίῳ 把一个关键的术语（τὸ δίκαιον）作为新生话题（见 60.29）引入这场对话，并且把讨论的核心定为这个问题：埃阿斯是否应当（在正义的要求下）得到安葬。

第 1126 行：墨涅拉奥斯接过了正义这个议题（δίκαια 位于话题的位置），但是他并不愿意承认透克洛斯和埃阿斯是正义的一方。他使用修辞性疑问来呈现自己在什么是正义的这个问题上的不同观点。

墨涅拉奥斯的这个疑问由 γάρ 引导。在是非疑问句中，这个小品词可以用来质疑另一位发话人的前提和/或假设：你这样说是因为……吗？你的意思是说……吗？（这个小品词再次详细解释了前一位发话人的话，见第 1121 行的注释）。在如这个例子所示的修辞性疑问中，我们可以这样理解 γάρ 的含义：发话人推翻了另一位发话人的前提（换言之，墨涅拉奥斯暗示，既然透克洛斯发表了那些言论，那么他对正义的理解肯定有误）。在第 1130 和 1133 行中，γάρ 的功能类似。

墨涅拉奥斯可以使用代词 τόνδ'，因为埃阿斯的“尸体”事实上就躺在舞台上。我们可以想见，扮演墨涅拉奥斯的演员在说这话时就指着那具“尸体”（见 29.29）。

当然，不定过去时分词 κτείναντα 在通常情况下所具有的相对时态含义（见 52.4）与“死人”在说话这个事实相矛盾。这一点由透克洛斯指明（见第 1127 行的注释），随后墨涅拉奥斯在第 1128 行被迫对它作出具体说明。

第 1127 行：透克洛斯直接引用了前一行中墨涅拉奥斯的 κτείναντα 一词，继续质疑其有效性。γ' 把透克洛斯的要点集中于 δεινόν 一词，它是这个句子的窄焦点：在译文中，我们能做的只不过是强调。使用不定过去时 εἶπας（εἶπες 的异体，见 13.32），仅仅是因为墨涅拉奥斯的相关表达是已完成的。

这里的 καί 是辖域小品词（见 59.56），把 ζῇς 的适用性延伸到预期之外（你在死了之后实际上还活着）。

第 1128 行：γάρ 见第 1121 行的注释。它在这里接续 ζῇς。这行中的现在时 οἴχομαι 如通常的那样，是结果性的（意为离去而非走开，见 33.18）；这里（和其他地方）的现在时 ἐκσῴζει 的作用相同（“一位神明拯救了我”）。小品词 δ' 把埃阿斯（再一次用 ὅδε 的一种形式来指代）与那位神明作了对比，这之前没有 μέν。

第 1129 行：透克洛斯阻止墨涅拉奥斯对神明作出评论，其目的是再一次把谈话的话题拉回到埋葬一事。透克洛斯所用的命令式 μὴ ἀτίμα 通过小品词 νυν（见 59.29）而与前文相连，这个小品词表示这一命令自然而然地来自墨涅拉奥斯先前对一位神明的提及。

ἀτίμα（现在时命令式）的体有重要意义：透克洛斯暗示，因为墨涅拉奥斯不允许透克洛斯埋葬埃阿斯，他已经在侮辱诸神了，并且他应该停止这种行为（见 38.30）；译作“别再侮辱诸神了”（stop dishonouring the gods）优于别侮辱诸神（don’t dishonour the gods）。

第 1130 行：墨涅拉奥斯看起来没有明白透克洛斯对他的谴责，并且他大体上否认自己可能对神灵的 νόμοι 有过不敬。潜在祈愿式 ἂν ψέξαιμι 的语气强于直陈式：墨涅拉奥斯认为他现在没有轻视神灵的规训，而且他认为自己从不可能如此（这个修辞性疑问暗示 οὐκ ἂν ψέξαιμι，即一种断然的否认；见 34.13）。γάρ 的用法，见第 1126 行的注释。

第 1131 行：透克洛斯现在来到其论述的核心：埋葬埃阿斯是正义之举。他的这句话仅仅由一个从句构成，在句法上并非完整的句子。这样做是可行的，因为，他借用了墨涅拉奥斯所用的句法：透克洛斯的条件从句抓住墨涅拉奥斯刚才所说的句子不放（就这一点而言，它无法由小品词来连接）。透克洛斯没用我们预期的否定词 μή（见 49.2），而是用了 οὐκ，表明他其实把这一行呈现为一个陈述，而非真实的条件。

使用分词 παρών 的目的很可能是为了明确地把责任归给墨涅拉奥斯：他是军队的一名统帅，又处于埃阿斯的遗体所在的现场，因此他个人对不举行葬礼负有责任。

第 1132 行：墨涅拉奥斯也从他的对手那里借用了句法：宾格 τοὺς πολεμίους 是前一行的 θάπτειν 的宾语，所以这个不定式无需再次给出。通过使用表达限定的小品词 γ’（见 59.53），墨涅拉奥斯把透克洛斯所用的宽泛表达 τοὺς θανόντας 限定为他自己的敌人：如果涉及的是某人自己的 πολέμιοι，那么他当然可以阻止举行葬礼，因为在道义上，埋葬他们并不好（οὐ γὰρ καλόν）。

αὐτὸς αὑτοῦ 是固定表达，不限于人称。尽管无法确定其中第二个词应该是 αὑτοῦ 还是反身代词 αὑτοῦ（后一种情况见 29.11），但是古希腊肃剧的抄本提供了有力的证据，表明这个短语所用的是不送气符，并且大多数晚近的校勘本实际上也都印作 αὑτοῦ。

第 1133 行：透克洛斯发现墨涅拉奥斯的论述中有破绽，并且没有在这一点上放过他。假设墨涅拉奥斯的论述严丝合缝，那么埃阿斯必然就是墨涅拉奥斯的（注意带重音的 σοί[与你]，见 29.4）πολέμιος（这个词暗示一种实际的暴力冲突，而不是情感上的厌恶）。透克洛斯使用一个具有强烈暗示性的疑问，质疑墨涅拉奥斯所言是否就是事实。小品词

γάρ 质疑墨涅拉奥斯的说法（见第 1126、1130 行）所基于的前提，并且这种质疑通过 ἦ（真的……吗？见 59.48）得到加强；这两个小品词就以这种方式一起表达充满愤慨的惊诧。

不定过去时 προὔστη（即 προ-ἔστη，见 11.52）常与不定词 ποτέ 一起出现：透克洛斯问，埃阿斯是否曾与墨涅拉奥斯有过任何冲突。

第 1134 行：墨涅拉奥斯只好放弃 πολέμιος 这个表达，但他试图扭转透克洛斯的质疑。墨涅拉奥斯的方法是，表明透克洛斯肯定已经非常清楚地意识到，他与埃阿斯长期相互厌恶。这种厌恶的强烈程度由未完成时 ἐμίσει（表达过去正在进行的动作，见 33.23）和同一个动词 μισέω 的另一个形式（强调相互性）来加强。

καί 很可能应理解作副词（"也"）。墨涅拉奥斯使用未完成时 ἠπίστασο 而非现在时，因为他指的是这一事实：在埃阿斯在世时，透克洛斯就知道埃阿斯和墨涅拉奥斯相互厌恶。

第 1135 行：透克洛斯现在忍不住指出被墨涅拉奥斯刻意回避而众所周知的问题，并且他用 γάρ（见第 1125、1128 行）给出了埃阿斯厌恶墨涅拉奥斯的理由：埃阿斯未能成功夺得阿喀琉斯的武器，墨涅拉奥斯被认为对此负有责任（结果最终是由投票决定的）。透克洛斯在这里使用 κλέπτης 一词，毫无保留地指控说墨涅拉奥斯导致埃阿斯未能获得理所应当属于他的东西。αὐτοῦ 是客体属格（见 30.28），表示遭受偷窃的人（注意，动词 κλέπτω 支配宾格来表达遭受盗窃的人）。形容词 ψηφοποιός（在古希腊文献中，这个词仅此一见；它的含义并不确定，可能意为投票时的或者篡改投票的）作同位语（见 26.24），进一步详述墨涅拉奥斯何以就是个 κλέπτης。

第 1136 行：墨涅拉奥斯把埃阿斯未能赢得武器的责任推给了主持投票的那些裁判：这个版本的故事比透克洛斯看似暗示的篡改投票的情况体面。墨涅拉奥斯在这里使用代词 τόδ'，因为关于阿喀琉斯的武器的事情现在在他的心头占据着重要位置（见 29.29）。

第 1137 行：透克洛斯否认墨涅拉奥斯没有导致埃阿斯失去阿基琉斯的武器。他认为，墨涅拉奥斯有能力掩饰自己犯下的各种罪过。这个句子的焦点是 λάθρᾳ。潜在祈愿式 ἄν ... κλέψειας（见 34.13）使得句子不只适用于这个正在讨论的特定情况：透克洛斯暗示，墨涅拉奥斯依旧准备随时使出这种能力，并且可能在过去的多个情况下这样做过。

第 1138–1139 行：在这两行中，谈话最终陷入僵局：两位发话人都作出威胁，尽管他们都使用间接的方式。墨涅拉奥斯宽泛地表达他的威胁，用的是不定代词 τινι 而非人称代词 σοι。他还撇清了这一威胁的责任——墨涅拉奥斯把透克洛斯之前的话作为 ἔρχεται 的主语：不是我会打击你，而是你刚才所说的事情会打击你。透克洛斯通过添加 ὡς ἔοικεν [看起来]来弱化将来时直陈式 λυπήσομεν 的强烈含义（它把一种纯粹的预言呈现为将来的事实，见 33.43）。透克洛斯也完全没有提到那个将会受到打击的人。我们很难说为何这种间接的威胁比直接的威胁更充满恶意（在效果上更具威胁性），但可能的原因是，通过撇清威胁的责任，他就暗示潜在的暴力后果不在控制范围之内，从而更加危险。

τοῦτο ... τοὔπος（τοὔπος 即 τὸ ἔπος 融音后的形式，见 1.43）是前指性用法，指的是透克洛斯之前的整个说法。现在时 ἔρχεται 最好理解为当下正在发生的动作：墨涅拉奥斯已经无法控制事态了。

第 1140 行：在 ἕν σοι φράσω 中，墨涅拉奥斯使用将来时直陈式来宣布他立刻要给出的内容。这种宣布表示，随后的说法非常重要，应当受到特别的关注。注意，在这种连接中，代词 σοι 用来直接针对透克洛斯。墨涅拉奥斯的陈述并不是由连接性小品词带出的（散珠格）：如果宣布要作出陈述后就给出了陈述的内容，那么就常会用到散珠格。

无人称表达 ἐστίν ... θαπτέον（见 37.3）让我们想到了法律用语：墨涅拉奥斯以国王的权威来说话，他并没有屈尊对个别臣民发言。如之前的情况所示（第 1126、1128 行），τόνδε 指的是舞台上的“遗体”。

第 1141 行：透克洛斯用小品词 ἀλλ’（见 59.11）来表达他拒斥墨涅拉奥斯的命令，并且这个命令被一个与之完全对立的计划取代，可以译作“但恰恰相反”。

ἀντακούσῃ 可以理解作 ἀντιλέγω[反驳；驳斥]的被动态；这个分句也宣布了一个重要的说法，它在这里使用 ὡς 从句的形式。

将来完成时 τεθάψεται（见 33.46）是表明透克洛斯胜墨涅拉奥斯一筹的例子：埃阿斯不仅会得到埋葬，而且会在坟墓中永远安息。将来完成时强调埋葬埃阿斯所造成的状态。请注意透克洛斯如何回应墨涅拉奥斯的命令：他也用被动表达，没有把自己呈现为埋葬动作的施事者。这同样可能暗示埋葬埃阿斯的行为不受任何个体的控制，因此不可避免。

参考文献、索引和附录

参考文献

引　言

关于古希腊语语言学的完整文献目录，读者可以从网络资源和纸质文献中获取（见下第一、第二部分）。因此，本书的参考文献不求详备，仅仅是为了表明《剑桥古典希腊语语法》的知识和学术背景。

第一、第二部分罗列了一些大型的参考性著作和网络资源。读者若有兴趣，可以参考其中给出的[更]详细的文献目录来深入了解某个主题。第二部分还列举了其他一些有用的网络资源。第三、第四部分分别给出普通语言学和历史语言学（原始印欧语、古希腊语历史语言学和词源学）文献，对我们理解古希腊语语法亦有助益。第五至第七部分罗列的著作和论文关注古希腊语，我们认为，它们的影响在本书大部分内容中清晰可见——或者，它们以其他重要方式协助我们形成自己的理解。

注一：因此，这份参考文献聚焦于语言学和古希腊语语法。编者自然在很大程度上依赖于一般词典（尤其是《希英大辞典》[Liddell-Scott-Jones]、《博睿希意/英词典》[Montanari]）和专业辞书，还有本书所引文献的笺注本。这些文献提供了大量信息，但这里不一一胪列。

注二：如果某部文集中的多篇文献或多个章节为编者所用，那么我们就给出文集而非篇章的信息。

著作、论文以及网络资源

一　百科全书和研究指南

Bakker, E. J. (ed.) 2010. *A Companion to the Ancient Greek Language*. Malden: Blackwell.
Giannakis, G. K. (ed.) 2013. *Encyclopedia of Ancient Greek Language and Linguistics*. Leiden: Brill.
Meier-Brügger, M. 1992. *Griechische Sprachwissenschaft*, 2 vols. Berlin: De Gruyter.

二　网络资源

（网址可能变动，故这部分中只给出名称，读者可自行搜索）

网络版文献目录：

– A Bibliography of Ancient Greek Linguistics (by M. Buijs)

– Oxford Bibliographies Online: Ancient Greek Language (by S. Colvin)
– Linguistic Bibliographies Online (Brill): Ancient Greek (by M. Janse)

文本数据库和检索工具：
– Perseus Digital Library（珀尔修斯电子图书馆）
– Perseus Under PhiloLogic（以爱语文数据库格式存储的珀尔修斯电子图书馆）
– Thesaurus Linguae Graecae（古希腊语语料库）

百科全书和研究指南：

在第一部分罗列的三条文献中，Bakker 2010 和 Giannakis 2013 有网络版，许多机构已购买了使用权。

三　普通语言学

Brown, G., Yule, G. 1983. *Discourse Analysis*. Cambridge: Cambridge University Press.

Bybee, J., Perkins, R., Pagliuca, W. 1994. *The Evolution of Grammar: Tense, Aspect and Modality in the Languages of the World*. Chicago: University of Chicago Press.

Comrie, B. 1976. *Aspect: An Introduction to the Study of Verbal Aspect and Related Problems*. Cambridge: Cambridge University Press.

Comrie, B. 1985. *Tense*. Cambridge: Cambridge University Press.

Cristofaro, S. 2003. *Subordination*. Oxford: Oxford University Press.

Dahl, Ö. 1985. *Tense and Aspect Systems*. Oxford: Blackwell.

Dahl, Ö. (ed.) 2000. *Tense and Aspect in the Languages of Europe*. Berlin: De Gruyter.

Dik, S. C. 1997. *The Theory of Functional Grammar*, 2nd ed., 2 vols, ed. K. Hengeveld. Berlin: De Gruyter.

Givón, T. 2001. *Syntax: An Introduction*. Amsterdam: Benjamins.

Gussenhoven, C., Jacobs, H. 2013. *Understanding Phonology*, 3rd ed. London: Routledge.

Haspelmath, M., Sims, A. D. 2010. *Understanding Morphology*, 2nd ed. London: Routledge.

Horn, L. R., Ward, G. (eds) 2004. *The Handbook of Pragmatics*. Malden: Blackwell.

Kroon, C. H. M. 1995. *Discourse Particles in Latin: A Study of* nam, enim, autem, vero, *and* at. Amsterdam: Gieben.

Ladefoged, P. 2001. *Vowels and Consonants: An Introduction to the Sounds of Languages*. Malden: Blackwell.

Lambrecht, K. 1994. *Information Structure and Sentence Form: Topic, Focus, and the Mental Representations of Discourse Referents*. Cambridge: Cambridge University Press.

Levinson, S. C. 1983. *Pragmatics*. Cambridge: Cambridge University Press.

Lyons, J. 1977. *Semantics*. Cambridge: Cambridge University Press.

Lyons, J. 1995. *Linguistic Semantics: An Introduction*. Cambridge: Cambridge University Press.

Mey, J. L. 2001. *Pragmatics: An Introduction*. Oxford: Blackwell.

Palmer, F. R. 1994. *Grammatical Roles and Relations*. Cambridge: Cambridge University Press.

Palmer, F. R. 2001. *Mood and Modality*, 2nd ed. Cambridge: Cambridge University Press.

Quirk, R., Greenbaum, S., Leech, G. N., Svartvik, J. 1985. *A Comprehensive Grammar of the English Language*. London: Longman.

Roulet, E., Filliettaz, L., Grobet, A. 2001. *Un modeèle et un instrument d'analyse de Vorganisation du discours*. Bern: Lang.

Smith, C. S. 2003. *Modes of Discourse: The Local Structure of Texts*. Cambridge: Cambridge University Press.

Sperber, D., Wilson, D. 1995. *Relevance: Communication and Cognition*, 2nd ed. Oxford: Blackwell.

四 历史语言学和古希腊语方言学

Beekes, R. S. P., Beek, L. van. 2010. *Etymological Dictionary of Greek*. Leiden: Brill.

Beekes, R. S. P., Vaan, M. A. C. de. 2011. *Comparative Indo-European Linguistics: An Introduction*. Amsterdam: Benjamins.

Buck, C. D. 1955. *The Greek Dialects*, 2nd ed. Chicago: University of Chicago Press.

Chantraine, P. 1961. *Morphologie historique du grec*. Paris: Klincksieck.

Chantraine, P. 1999, 2009. *Dictionnaire étymologique de la langue grecque*, rev. ed. Paris: Klincksieck.

Colvin, S. 2007. *A Historical Greek Reader: Mycenaean to the Koiné*. Oxford: Oxford University Press.

Colvin, S. 2014. *A Brief History of Ancient Greek*. Chichester: Wiley-Blackwell.

Fortson, B. W. I. 2004. *Indo-European Language and Culture: An Introduction*. Malden: Blackwell.

Frisk, H. 1960–72. *Griechisches etymologisches Wörterbuch*. Heidelberg: Winter.

Gary Miller, D. 2014. *Ancient Greek Dialects and Early Authors: Introduction to the Dialect Mixture in Homer, with Notes on Lyric and Herodotus*. Berlin: De Gruyter.

Horrocks, G. C. 2010. Greek: *A History of the Language and its Speakers*, 2nd ed. Malden: Wiley-Blackwell.

Kölligan, D. 2007. *Suppletion und Defektivitat im griechischen Verbum*. Bremen: Hempen.

Meier-Brügger, M., Fritz, M., Mayrhofer, M. 2003. *Indo-European Linguistics*. Berlin: De Gruyter.

Palmer, L. 1996. *The Greek Language*, new ed. Norman: University of Oklahoma Press.

Rix, H. 1992. *Historische Grammatik des Griechischen: Laut- und Formenlehre*, 2nd ed. Darmstadt: Wissenschaftliche Buchgesellschaft.

Schmitt, R. 1991. *Einführung in die griechischen Dialekte*, 2nd ed. Darmstadt: Wissenschaftliche Buchgesellschaft.

Sihler, A. L. 1995. *New Comparative Grammar of Greek and Latin*. Oxford: Oxford University Press.

Threatte, L. 1980–96. *The Grammar of Attic Inscriptions*. Berlin: De Gruyter.

五 全面的古希腊语参考性语法书

Bornemann, E., Risch, E. 1978. *Griechische Grammatik*. Frankfurt: Diesterweg.

Kühner, R., Blass, F. 1890/1892. *Ausführliche Grammatik der griechischen Sprache* (vol. 1: *Elementar- und Formenlehre*). Hanover: Hahnsche Buchhandlung (repr. 2015 Darmstadt: Wissenschaftliche Buchgesellschaft).

Kühner, R., Gerth, B. 1898/1904. *Ausführliche Grammatik der griechischen Sprache* (vol. 2: *Satzlehre*). Hanover: Hahnsche Buchhandlung (repr. 2015 Darmstadt: Wissenschaftliche Buchgesellschaft).

Schwyzer, E. 1934–71. *Griechische Grammatik: Auf der Grundlage von Karl Brugmanns griechischer Grammatik*, 4 vols, rev. A. Debrunner. Munich: Beck.

Smyth, H. W. 1956. *Greek Grammar*, rev. G. M. Messing. Cambridge, Mass.: Harvard University Press.

六 古希腊语语音、词法、重音和单词的构成

Aitchison, J. 1976. 'The Distinctive Features of Ancient Greek', *Glotta* 54: 173–201.

Allen, W. S. 1987. *Vox Graeca: A Guide to the Pronunciation of Classical Greek*, 3rd ed. Cambridge: Cambridge University Press.

Chantraine, P. 1933. *La formation des noms en grec ancien*. Paris: Klincksieck.

Devine, A. M., Stephens, L. D. 1994. *The Prosody of Greek Speech*. New York: Oxford University Press.

Duhoux, Y. 2000. *Le verbe grec ancien: Éléments de morphologie et de syntaxe historique*, 2nd ed. Louvain-la-Neuve: Peeters.

Lejeune, M. 1972. *Phonétique historique du mycénien et du grec ancien*. Paris: Klincksieck.

Probert, P. 2003. *A New Short Guide to the Accentuation of Ancient Greek*. Bristol: Bristol Classical Press.

Probert, P. 2006. *Ancient Greek Accentuation: Synchronic Patterns, Frequency Effects, and Prehistory*. Oxford: Oxford University Press.

另见第四部分中的 Beekes & van Beek 2010、Chantraine 1961、Chantraine 1968–80、Rix 1976、Threatte 1980–96 以及第五部分中的所有文献。

七 古希腊语句法、语义学、语用学和语篇

Aerts, W. 1965. Periphrastica: *An Investigation into the Use of εἶναι and ἔχειν as Auxiliaries or Pseudoauxiliaries in Greek from Homer up to the Present Day*. Amsterdam: Hakkert.

Allan, R. J. 2003. *The Middle Voice in Ancient Greek: A Study in Polysemy*. Amsterdam: Gieben.

Allan, R. J. 2010. 'The *Infinitivus Pro Imperativo* in Ancient Greek: The Imperatival Infinitive as an Expression of Proper Procedural Action', *Mnemosyne* 63.2: 203–28.

Allan, R. J. 2014. 'Changing the Topic: Topic Position in Ancient Greek Word Order', *Mnemosyne* 67.2: 181–213.

Allan, R. J., Buijs, M. (eds) 2007. *The Language of Literature: Linguistic Approaches to Classical Texts*. Leiden: Brill.

Amigues, S. 1977. *Les subordonnées finales par ὅπως en attique classique*. Paris: Klincksieck.

Bakker, E. J. (ed.) 1997. *Grammar as Interpretation: Greek Literature in its Linguistic Contexts*. Leiden: Brill.

Bakker, S. J. 2002. 'Futura Zonder Toekomst', *Lampas* 35.3: 199–214.

Bakker, S. J. 2009. *The Noun Phrase in Ancient Greek: A Functional Analysis of the Order and Articulation of NP Constituents in Herodotus*. Leiden: Brill.

Bakker, S. J., Wakker, G. C. (eds) 2009. *Discourse Cohesion in Ancient Greek*. Leiden: Brill.

Bakker, W. F. 1966. *The Greek Imperative: An Investigation into the Aspectual Differences between the Present and Aorist Imperatives in Greek Prayer from Homer up to the Present Day*. Amsterdam: Hakkert.

Bary, C. 2012. 'The Ancient Greek Tragic Aorist Revisited', *Glotta* 88: 31–53.

Basset, L. 1979. *Les emplois périphrastiques du verbe grec μέλλειν*. Lyon: Maison de l'Orient.

Bentein, K. 2012. "Verbal Periphrasis in Ancient Greek: A State of the Art', *Revue Belge de Philologie et d'Histoire* 90: 5–56.

Bers, V. 1984. *Greek Poetic Syntax in the Classical Age*. New Haven: Yale University Press.

Biraud, M. 1991. *La détermination du nom engrec classique*. Nice: Association des publications de la Faculté des lettres de Nice.

Boel, G. de. 1988. *Goal Accusative and Object Accusative in Homer: A Contribution to the Theory of Transitivity*. Brussels: AWLSK.

Buijs, M. 2005. *Clause Combining in Ancient Greek Narrative Discourse: The Distribution of Subclauses and Participial Clauses in Xenophon's* Hellenica *and* Anabasis. Leiden: Brill.

Chanet, A. M. 1979. 'ἕως et πρίν en grec classique', *Revue des études grecques* 92: 166–207.

Chantraine, P. 1926. *Histoire du parfait grec*. Paris: Champion.

Crespo, E. et al. 2003. *Sintaxis del griego clásico*. Madrid: Gredos.

Crespo, E. et al. (eds) 2003. *Word Classes and Related Topics in Ancient Greek*. Louvain-la-Neuve: Peeters.

Cristofaro, S. 1996. *Aspetti sintattici e semantici delle frasi completive in greco antico*. Florence: Nuova Italia.

Denizot, C. 2011. *Donner des ordres en grec ancien: étude linguistique des formes de l'injonction*. Mont-Saint-Aignan: Publications des universités de Rouen et du Havre.

Denniston, J. D. 1954. *The Greek Particles*, 2nd ed., rev. K. J. Dover. London: Duckworth.

Devine, A. M., Stephens, L. D. 2000. *Discontinuous Syntax: Hyperbaton in Greek*. New York: Oxford University Press.

Dickey, E. 1996. *Greek Forms of Address: From Herodotus to Lucian*. Oxford: Oxford University Press.

Dik, H. J. M. 1995. *Word Order in Ancient Greek: A Pragmatic Account of Word Order Variation in Herodotus*. Amsterdam: Gieben.

Dik, H. J. M. 2007. *Word Order in Greek Tragic Dialogue*. Oxford: Oxford University Press.

Dover, K. J. 1997. *The Evolution of Greek Prose Style*. Oxford: Clarendon.

Fanning, B. M. 1990. *Verbal Aspect in New Testament Greek*. Oxford: Clarendon.

Fournier, H. 1946. *Les verbes 'dire' en grec ancien*. Paris: Klincksieck.

George, C. H. 2005. *Expressions of Agency in Ancient Greek*. Cambridge: Cambridge University Press.

George, C. H. 2014. *Expressions of Time in Ancient Greek*. Cambridge: Cambridge University Press.

George, C. H. 2016. 'Verbal Aspect and the Greek Future: ἕξω and σχήσω', *Mnemosyne* 69.4: 597–627.

Gildersleeve, B. 1900–11. *Syntax of Classical Greek from Homer to Demosthenes*, with the cooperation of C. W. E. Miller. New York: American Book Company.

Goodwin, W. W. 1889. *Syntax of the Moods and Tenses of the Greek Verb*. London: Macmillan & Co.

Guiraud, C. 1962. *La phrase nominale en grec d'Homére à Euripide*. Paris: Klincksieck.

Hettrich, H. 1976. *Kontext und Aspekt in der altgriechischen Prosa Herodots*. Gottingen: Vandenhoeck und Ruprecht.

Humbert, J. 1960. *Syntaxe grecque*, 3rd ed. Paris: Klincksieck.

Jacquinod, B.(ed.) 1994. *Cas et prépositions en grec ancien: contraintes syntaxiques et interprétations sémantiques*. Saint-Etienne: Publications de l'Université de Saint-Etienne.

Jacquinod, B.(ed.) 1999. *Les complétives en grec ancien*. Saint-Etienne: Publications de l'Université de Saint-Etienne.

Jacquinod, B., Lallot, J. (eds) 2000. *Études sur l'aspect chez Platon*. Saint-Etienne: Publications de l'Université de Saint-Etienne.

Jong, I. J. F. de, Rijksbaron, A. (eds) 2006. *Sophocles and the Greek Language: Aspects of Diction, Syntax and Pragmatics*. Leiden: Brill.

Kahn, C. 2003. *The Verb "Be" in Ancient Greek*, with a new introd. essay. Indianapolis: Hackett.

Kurzová, H. 1968. *Zur syntaktischen Struktur des griechischen: Infinitiv und Nebensatz*. Amsterdam: Hakkert.

Lallot, J., Rijksbaron, A., Jacquinod, B., Buijs, M. (eds) 2011. *The Historical Present in Thucydides: Semantics and Narrative Function*. Leiden: Brill.

Lamers, H., Rademaker, A. 2007. "Talking About Myself: A Pragmatic Approach to the Use of Aspect Forms in Lysias 12.4–19', *Classical Quarterly* 57.2: 458–76.

Lloyd, M. A. 1999. 'The Tragic Aorist', *Classical Quarterly* 49.1: 24–45.

Matić, D. 2003. 'Topic, Focus, and Discourse Structure: Ancient Greek Word Order', *Studies in Language* 27.3: 573–633.

Monteil, P. 1963. *La phrase relative en grec ancien*. Paris: Klincksieck.

Moorhouse, A. C. 1959. *Studies in the Greek Negatives*. Cardiff: University ofWales Press.

Moorhouse, A. C. 1982. The *Syntax of Sophocles*. Leiden: Brill.

Muchnová, D. 2011. *Entre conjonction, connecteur et particule: le cas de ἐπεί en grec ancien. Étude syntaxique, sémantique et pragmatique*. Prague: Karolinum.

Nijk, A. A. 2013. 'The Rhetorical Function of the Perfect in Classical Greek', *Philologus* 157.2: 237–62.

Oguse, A. 1962. *Recherches sur le participe circonstanciel en grec ancien*. Paris: Klincksieck.

Ophuijsen, J. M. van, Stork, P. 1999. *Linguistics into Interpretation: Speeches of War in Herodotus VII 5 & 8–18*. Leiden: Brill.

Probert, P. 2015. *Early Greek Relative Clauses*. Oxford: Oxford University Press.

Rijksbaron, A. 1976. *Temporal and Causal Conjunctions in Ancient Greek: With Special Reference to the Use of ἐπεί and ὡς in Herodotus*. Amsterdam: Hakkert.

Rijksbaron, A. 1991. *Grammatical Observations on Euripides' Bacchae*. Amsterdam: Gieben.

Rijksbaron, A. (ed.) 1997. *New Approaches to Greek Particles*. Amsterdam: Gieben.

Rijksbaron, A. 2002. *The Syntax and Semantics of the Verb in Classical Greek: An Introduction*, 3rd ed. Amsterdam: Gieben (repr. 2006 University of Chicago Press).

Rijksbaron, A. 2019. *Form and Function in Greek Grammar*, ed. by R. J. Allan, E. van Emde Boas, L. Huitink. Leiden: Brill.

Rijksbaron, A., Mulder, H. A., Wakker, G. C. (eds) 1988. *In the Footsteps of Raphael Kühner*. Amsterdam: Gieben.

Rijksbaron, A., Slings, S. R., Stork, P., Wakker, G. C. 2000. *Beknopte Syntaxis van het Klassiek Grieks*. Lunteren: Hermaion.

Ruijgh, C. J. 1971. *Autour de 'τε épique': Études sur la Syntaxe Grecque*. Amsterdam: Hakkert.

Ruijgh, C. J. 1985. 'L'emploi 'inceptif' du thème du présent du verbe grec: Esquisse d'une théorie de valeurs temporelles des thèmes temporels', *Mnemosyne* 38.1/2: 1–61.

Ruipérez, M. S. 1982. *Structure du système des aspects et des temps du verbe en grec ancien: analyse fonctionnelle synchronique*. Paris: Belles-lettres.

Scheppers, F. 2011. *The Colon Hypothesis: Word Order, Discourse Segmentation and Discourse Coherence in Ancient Greek*. Brussels: Vubpress.

Sicking, C. M. J. 1992. 'The Distribution of Aorist and Present Stem Formsin Greek, Especially in the Imperative', *Glotta* 69: 14–43, 154–70.

Sicking, C. M. J., Ophuijsen, J. M. van. 1993. *Two Studies in Attic Particle Usage: Lysias and Plato*. Leiden: Brill.

Sicking, C. M. J., Stork, P. 1996. *Two Studies in the Semantics of the Verb in Classical Greek*. Leiden: Brill.

Slings, S. R. 1992. "Written and Spoken Language: an Exercise in the Pragmatics of the Greek Language', *Classical Philology* 87: 95–109.

Slings, S. R. 2002. "Oral Strategies in the Language of Herodotus', in: E. J. Bakker, H. van Wees, I. J. F. de Jong (eds), *Brill's Companion to Herodotus*. Leiden: Brill, 53–79.

Stahl, J. M. 1907. *Kritisch-historische Syntax des griechischen Verbums der klassischen Zeit*. Heidelberg: Winter.

Stork, P. 1982. *The Aspectual Usage of the Dynamic Infinitive in Herodotus*. Groningen: Bouma's Boekhuis.

Strunk, K. 1971. 'Historische und deskriptive Linguistik bei der Textinterpretation', *Glotta* 49: 191–216.

Wakker, G. C. 1994. *Conditions and Conditionals: An Investigation of Ancient Greek*. Amsterdam: Gieben.

Willi, A. (ed.) 2002. *The Language of Greek Comedy*. Oxford: Oxford University Press.

Willi, A. 2003. *The Languages of Aristophanes: Aspects of Linguistic Variation in Classical Attic Greek*. Oxford: Oxford University Press.

另见第五部分中的所有文献。

引文索引

主题索引

索引中的符号→表示参见。

每一条目中首先给出的是一般性的内容，随后按拉丁字母顺序胪列更具体的细节（古希腊语在英语之后）。涉及第一部分（语音和词法）的内容列于第二部分（句法）和/或第三部分（语篇连贯）之前，在第一部分后以三条竖线（|||）隔开。这一符号亦用于词条最后的 *also* →之前以列举其他相关的条目。分隔线（——）带出加粗的副标题，这些副标题下还有细目。

本书中的一章或一节有时对某个形式、结构等等的用法作出完整的概述或总结。对于这种情况，索引中只给出概览或总结所在的章节。

主题索引和古希腊语索引涉及的缩写如下：

2x acc.	double accusative	intr.	intransitive
acc.	accusative	Ion.	Ionic
act.	active	masc./m.	masculine
adj.	adjective	mid.	middle
adv.	adverb	mp.	middle-passive
aor.	aorist	n.	note
athem.	athematic	neg.	negative
Att.	Attic	neut./n.	neuter
augm.	augment(ed)	nom.	nominative
cf.	compare (*confer*)	opt.	optative
dat.	dative	pass.	passive
decl. inf.	declarative infinitive	pf.	perfect
du.	dual	pl.	plural
dyn. inf.	dynamic infinitive	plpf.	pluperfect
fem./f.	feminine	ppl.	participle
fut.	future	pres.	present
fut. pf.	future perfect	redupl.	reduplication/reduplicated
gen.	genitive	refl.	reflexive
Gk.	Greek	sec.	secondary
imp.	imperative	sg.	singular
impf.	imperfect	sigm.	sigmatic
impers.	impersonal	subj.	subjunctive
ind.	indicative	them.	thematic
inf.	infinitive	voc.	vocative

古希腊语索引

完整的古希腊语单词以词典形式出现。远古的希腊语字母和非希腊语字母（ϝ、ϙ和 y 等等）列在最后。单个动词时态-体词干的特殊形式一般不列出（见 22.8–9 以及涉及相关词干类型的章节）。一并参见主题索引前的说明。

附录一　古希腊语的音节划分[1]

音节划分（现代希腊语 συλλαβισμός）就是为一个单词划分音节。在古希腊语中，音节的划分遵循以下规则——

1. 词首的单个或多个辅音与后方的元音或双元音同属一个音节。词末的单个或多个辅音与前方的元音或双元音同属一个音节。例如：

να-ός、ναύ-της、βρα-δύς、στρα-τός 和 σάλ-πιγξ。

2. 元音或双元音之间的单个辅音与后方的元音或双元音同属一个音节，例如：

ἀ-γω-νι-ζό-με-θα、δύ-να-μαι 和 ἄ-πει-ροι。

3. 如果元音或双元音之间的两个辅音可以一起出现在单词词首，那么这两个辅音就与后方的元音或双元音同属一个音节，例如：

ἀ-γροί（γράφω）、ἀ-στήρ（στέλλω）、γί-γνο-μαι（γνῶσις）和 Ἀ-ρι-ά-δνη（δνοφερός）。

如果元音或双元音之间的两个辅音不可以一起出现在单词词首，那么这两个辅音就分属不同的音节，例如：

ἐλ-πίς、ὁρ-μή、ἵπ-πος 和 θάρ-ρος。

4. 如果元音或双元音之间的三个辅音（或者其中的前两个辅音）可以一起出现在单词词首，那么这三个辅音就与后方的元音或双元音同属一个音节，例如：

ἀ-στρα-πή（στρέφω）、ἐ-χθρός（χθές）和 ἰ-σχνός（σχῆμα）。

如果元音或双元音之间的三个辅音（或者其中的前两个辅音）不可以一起出现在单词词首，那么这三个辅音中的第一个辅音就与后面的两个辅音分属不同的音节，例如：

ἄν-θρω-πος、δέν-δρον、πορ-θμός 和 στιλ-πνός。

5. 对于复合词来说，如果前一部分的词干末尾的元音没有脱落，那么不同的部分就分属不同的音节，例如：

ἐξ-έρχομαι、συν-άγω、προσ-φέρω、δυσ-τυχής、Ἑλλήσ-ποντος 和 νουν-εχής。

如果这个元音脱落，那么就如简单词那样划分音节，例如：

πα-ρέρχομαι、ἀ-πέχω、κά-θοδος、νο-μάρχης、φί-λιππος 和 πρω-ταγωνι-στής。

[1] 关于本附录，详见中文版弁言。音节划分在英语中称作 syllabication 或 syllabification。

附录二 古希腊语作家作品译名表

阿里斯托芬 Aristophanes 阿
《阿卡奈人》(*Acharnenses*)《阿》
《财神》(*Plutus*)
《城邦大会妇女》(*Ecclesiazusae*)《城》
《地母节妇女》(*Thesmophoriazusae*)《地》
《和平》(*Pax*)
《吕西斯特剌忒》(*Lysistrata*)《吕》
《马蜂》(*Vespae*)
《鸟》(*Aves*)
《骑士》(*Equites*)
《蛙》(*Ranae*)
《云》(*Nubes*)

埃斯库罗斯 Aeschylus 埃
《阿伽门农》(*Agamemnon*)《阿》
《被缚的普罗米修斯》(*Prometheus vinctus*)
《波斯人》(*Persae*)
《奠酒人》(*Choephori*)《奠》
《和善女神》(*Eumenides*)
《乞援的妇女》(*Supplices*)

埃斯奇内斯 Aeschines 埃《演说辞集》

安多奇得斯 Andocides 安多《演说辞集》

安提丰 Antiphon 安提《演说辞集》

巴克曲利得斯 Bacchylides
《凯歌》(*Epinicia*)

柏拉图 Plato 柏
《阿尔喀比亚德前篇》(*Alcibiades I*)
《邦制》(*Respublica*)
《大希庇阿斯》(*Hippias maior*)
《蒂迈欧》(*Timaeus*)
《法义》(*Leges*)
《斐德若》(*Phaedrus*)
《斐多》(*Phaedo*)
《斐勒布》(*Philebus*)
《高尔吉亚》(*Gorgias*)《高》
《会饮》(*Symposium*)
《卡尔米德》(*Charmides*)《卡》
《克拉底鲁》(*Cratylus*)《克拉》
《克里提阿》(*Critias*)
《克力同》(*Crito*)
《拉刻斯》(*Laches*)
《吕西斯》(*Lysis*)
《美诺》(*Meno*)
《默涅克塞努斯》(*Menexenus*)《默》
《欧蒂德谟》(*Euthydemus*)《欧》
《帕默尼德》(*Parmenides*)《帕》
《普罗塔戈拉》(*Protagoras*)《普》
《苏格拉底的申辩》(*Apologia Socratis*)《申辩》
《泰阿泰德》(*Theaetetus*)《泰》
《忒阿革斯》(*Theages*)
《伊翁》(*Ion*)
《游叙弗伦》(*Euthyphro*)《游》
《治邦者》(*Politicus*)
《智术师》(*Sophista*)

得伊纳尔科斯 Dinarchus 得《演说辞集》

德摩斯梯尼 Demosthenes 德《演说辞集》

迪翁 Cassius Dio
《罗马史》(*Historiae Romanae*)

厄乌珀利斯 Eupolis 残篇

《古希腊铭文》(*Inscriptiones Graecae*)

克忒西阿斯 Ctesias 残篇

荷马 Homer
《奥德修斯纪》(*Odyssey*)
《伊利昂纪》(*Iliad*)

经验论者塞克斯都 Sextus Empiricus
《驳学问家》(*Adversus mathematicos*)

吕西阿斯 Lysias 吕《演说辞集》

吕库尔戈斯 Lycurgus《演说辞集》

米南德 Menander
《单行格言》(*Sententiae*)
《竖琴女》(*Citharista*)

欧里庇得斯 Euripides 欧
《阿珥刻斯提斯》(*Alcestis*)《阿》
《安德若玛刻》(*Andromache*)《安》
《俄瑞斯忒斯》(*Orestes*)《俄》
《厄勒克特剌》(*Electra*)《厄》
《腓尼基妇女》(*Phoenissae*)《腓》
《海伦》(*Helena*)
《赫卡贝》(*Hecuba*)
《赫剌克勒斯》(*Heracles*)《赫》
《赫剌克勒斯的儿女》(*Heraclidae*)
《酒神的女信徒》(*Bacchae*)《酒》
《美狄亚》(*Medea*)《美》
《乞援的妇女》(*Supplices*)《乞》
《特洛亚妇女》(*Troades*)《特》

《希波吕托斯》(*Hippolytus*)《希》
《伊昂》(*Ion*)
《伊菲革涅亚在奥利斯》(*Iphigenia Aulidensis*)《伊奥》
《伊菲革涅亚在陶里刻人中》(*Iphigenia Taurica*)《伊陶》
《圆目巨人》(*Cyclops*)《圆》

品达 Pindar
《奥林匹亚赛会凯歌》(*Olympian Odes*)
《地峡赛会凯歌》(*Isthmian Odes*)
《内美阿赛会凯歌》(*Nemean Odes*)

普鲁塔克 Plutarch
《尼基阿斯传》(*Nicias*)

色诺芬 Xenophon 色
《阿革西拉欧斯传》(*Agesilaus*)《阿》
《回忆苏格拉底》(*Memorabilia*)《回》
《会饮》(*Symposium*)
《居鲁士的教育》(*Cyropedia*)《教》
《居鲁士上行记》(*Anabasis*)《上》
《论骑术》(*De equitandi ratione*)
《骑兵统帅》(*De equitum magistro*)
《狩猎之道》(*Cynegeticus*)
《苏格拉底的申辩》(*Apologia Socratis*)《申辩》
《希腊志》(*Hellenica*)
《雅典人的政制》(*Respublica Atheniensium*)
《治家者》(*Oeconomicus*)《家》

索福克勒斯 Sophocles 索
《埃阿斯》(*Ajax*)《埃》
《安提戈涅》(*Antigone*)《安》
《俄狄浦斯僭主》(*Oedipus tyrannus*)《俄僭》
《俄狄浦斯在科洛诺斯》(*Oedipus Coloneus*)《俄科》
《厄勒克特剌》(*Electra*)《厄》
《菲洛克忒忒斯》(*Philoctetes*)《菲》
《特剌奇斯少女》(*Trachiniae*)《特》

忒欧格尼斯 Theognis
《诉歌集》(*Elegiae*)

忒欧弗剌斯托斯 Theophrastus
《论植物的原因》(*De causis plantarum*)

希波克拉底 Hippocrates
《论妇科病》(*De mulierum affectibus*)

希罗多德 Herodotus
《原史》(*Historiae*)

修昔底德 Thucydides
《佩洛璞斯岛人与雅典人的战争》(*Historiae*)《佩战》

绪佩热伊得斯 Hyperides
《诉阿忒诺革内斯》(*In Athenogenem*)
《葬礼演说》(*Epitaphius*)

亚里士多德 Aristotle
《邦务》(*Politica*)
《论动物的部分》(*De partibus animalium*)
《论动物的生殖》(*De generatione animalium*)
《论位篇》(*Topica*)
《论作诗术》(*Poetica*)
《修辞术》(*Rhetorica*)
《优台谟伦理学》(*Ethica Eudemia*)
《针对动物的探究》(*Historia animalium*)

伊赛欧斯 Isaeus 伊赛《演说辞集》

伊索克拉底 Isocrates 伊索
《书信集》(*Epistulae*)
《演说辞集》(*Orationes*)

《宗徒大事录》(*Actus apostolorum*)

附录三 术语对照表

ab urbe condita 结构 *ab urbe condita* construction
阿提卡型第二变格法 Attic second declension
阿提卡型将来时 Attic future
安色尔体 uncial
盎格鲁式古希腊语发音法 Anglophone pronunciation of Ancient Greek
奥斯特霍夫规律 Osthoff's law

半元音 semivowel
伴随与格 dative of accompaniment
爆破音 plosive
背景 background
被动的 passive
被动化 passivize
鼻音 nasal
比较[等级] comparison
比较从句 clause of comparison
比较级 comparative
比较属格 genitive of comparison
比较条件从句 comparative conditional clause
边辅音 lateral consonant
标点符号 punctuation
表达反复性的后缀 iterative suffix
表达接续动作的未完成时 imperfect of consecutive action
表达认知行为的动词 verb of practical knowledge
表达实践性认知的动词 见上
表达智识[性]认知的动词 verb of intellectual knowledge
表始的 inceptive/inchoative
表述性不定过去时 见述愿性不定过去时
宾格 accusative
宾格与不定式[结构] accusative-and-infinitive (construction) / accusative plus infinitive / accusative with infinitive / *accusativus cum infinitivo* (AcI)
宾格与分词[结构] accusative-and-participle (construction)
宾语 object
宾语[性]补语 object(ive) complement
宾语从句 object clause
宾语属格 见客体属格
并列[关系] co-ordination/parataxis
并列的 co-ordinated/paratactic
并置的 juxtaposed
补偿性延长 compensatory lengthening
补充性分词 supplementary participle
补述不定式 prolative infinitive
补说不定式 epexegetic(al) infinitive
补语 complement
不定代词 indefinite pronoun
不定关系词 indefinite relative
不定冠词 indefinite article
不定条件 indefinite condition
不定虚拟式 indefinite subjunctive
不及物的 intransitive
不受增饰的 unelaborated
不送气符 smooth breathing / *spiritus lenis*
部分属格 partitive genitive / genitive of the divided whole

擦音 fricative
残缺动词 defective verb
操控动词 manipulative verb
层级结构 hierarchy
插词 tmesis
插入句 parenthetical sentence/clause
差异程度与格 dative of measure of difference
长[首]双元音 diphthong beginning with a long vowel / 'long' diphthong
长音变体 long variant
长音符 macron
长元音 long vowel
场景 setting
抄本 manuscript
陈述的 declarative
陈言动词 declarative utterance verb
成节响音 syllabic resonant
程度感叹 exclamation of degree / *wh*-exclamation
齿音 dental
齿龈颤音 alveolar trill
抽象名词 abstract noun
唇音 labial
词法 morphology
词干型完成时 stem perfect
词干元音 stem-vowel
词根动词 primitive verb
词根名词 root noun
词根型不定过去时 root aorist
词根型现在时 root present
词末省音 elision
词首省音 prodelision/aphaeresis
词尾 ending
词缀 affix
次级序列 见历史序列
次生的 σ secondary σ
次扬词 paroxytone
次扬抑词 properispomenon
次音节 penult

从句 subordinate clause
从属[关系] subordination/hypotaxis
从属词 subordiantor
从属分句 见从句
从属感叹 dependent exclamation
从属疑问 dependent question
错位的 dislocated

大楷 majuscule
大写 capital(ize)
大型修饰语 heavy modifier
代词 pronoun
代替将来时的现在时 present for the future
代替将来完成时的完成时 perfect for future perfect
代替完成时的现在时 present for perfect
代替未完成时的过去完成时 pluperfect for imperfect
带冠词的不定式 articular infinitive
带有现在含义的完成时 perfect with present meaning / perfect with a 'present-like' sense
单独的 μέν μέν *solitarium*
单数 singular
单音节的 monosyllabic
单元音化 monophthongize
倒装 anastrophe
第二位置 second position
叠音 reduplication
定冠词 definite article
定语 attibutive modifier
定语性属格 attributive genitive
定语性位置 attributive position
动词 verb
动词词干 verb stem
动词前成分 preverb
动词性形容词 verbal adjective
动貌 actionality
动名词 gerund
动形词 gerundive
动作动词 action noun
逗号 comma
独白性文本 monological text
独立宾格 accusative absolute
独立属格 genitive absolute
独立主格 nominative absolute
独体形式 synthetic form
度量属格 genitive of quantity/measure
度量与格 dative of measure
短词干形式 short-stem form
短[首]双元音 diphthong beginning with a short vowel / 'short' diphthong
短音变体 short variant
短音符 breve
短元音 short vowel
断字 hyphenate

对比性代词 contrastive pronoun
对话性文本 dialogical text
多瑞斯型将来时 Doric future

e 级 e-grade

发话人 speaker
发音 pronunciation
反复祈愿式 iterative optative
反复性的 iterative
反身[性] reflexivity
反身代词 reflexive pronoun
反问 见修辞性疑问
泛称与格 见特征与格
方面宾格 accusative of respect
方式与格 dative of manner
方向宾格 accusative of direction
非连续的 discontinous
非目标体动词 atelic verb
非强制成分 non-obligatory constituent
非事实的 counterfactual / contrary-to-fact / unreal
非限制性关系从句 non-restrictive relative clause
非叙述性语境 non-narrative context
非圆唇元音 unrounded vowel
分词 participle
分句尾 tail
分离[状]语 (adverbial) disjunct
分离属格 genitive of separation
分裂结构 cleft construction
分音符 diaeresis
否定词 negative
否定性的 privative
辅音 consonant
辅音变格法 consonant-declension
辅音丛 consonant cluster
附加的 additive
附加疑问 tag question
附加状语 adjunct
复合 composition
复合词 compound word
复合性的 complextive
复述性的 resumptive
复数 plural
复杂句 complex sentence
副词性宾格 adverbial accusative
副词性从句 adverbial (subordinate) clause

感受与格 dative of feeling
感叹[句] exclamation/exclamative
感叹词 interjection
感叹的 exclamatory
感叹号 exclamation mark
格 case

格拉斯曼规律 Grassmann's law
格律音量 metrical quantity
格重音 case accent
给定的话题 given topic
根据含义而来的结构 sense construction / *constructio ad sensum* / κατὰ σύνεσιν
工具与格 dative of instrument
功能性含义 functional meaning
共指的 co-referential
构干元音 thematic vowel
构干元音[型]的 thematic
构件 building block
古典希腊语 classical greek
固着的重音 persistent accent(uation)
关联[现象] correlation
关联词 correlative
关联从句 correlative clause
关涉宾格 见方面宾格
关系词表连接 relative connection
关系词的逆向同化 inverse (relative) attraction
关系词的同化 relative attraction
关系从句 relative clause
关系代词 relative pronoun
关系副词 relative adverb
关系形容词 relative adjective
冠词 article
国际音标 International Phonetic Alphabet
国际语音学会 International Phonetic Association
过去的过去 past-in-the-past

喉音 laryngeal
后倾词 proclitic
后写的 ι iota adscript
[时态]后移 back-shifting (of tense)
后在性 posteriority
后指的 cataphoric
后置词 postpositive
后缀 suffix
呼格 vocative
互动性小品词 interactional particle
话轮 speech/speaking turn
话题 topic
话语 discourse
话语情景 speech situation
换音 Ablaut
混合变格法 mixed declension
混合条件句 mixed conditional
混合型完成时 mixted perfect

基本序列 primary sequence
基本重音 base accent
基数词 cardinal number
及物的 transitive
及物性 transitivity
即刻的 immediative
继续性的 continuative
寄生性的 parasitic
加标点 punctuate
假设性条件 hypothetical condition
假位代词 dummy pronoun
假性 σ 型不定过去时 sigmatic aorist improper
假性双元音 spurious diphthong
价格属格 genitive of price
价值属格 genitive of value
间接宾语 indirect object
间接陈述 indirect statement
间接陈述从句 indirect declarative clause
间接反身 indirect-reflexive
间接感叹 indirect exclamation
间接格 见斜格
间接话语 indirect speech
间接肯定 litotes
间接命令 indirect command
间接祈愿式 oblique optative
间接是非疑问 indirect yes/no-question
间接特指疑问 indirect specifying question
间接选择疑问 indirect alternative question
间接疑问 indirect question
间接疑问从句 indirect interrogative clause
间接指示 indirect directive
简单句 simple sentence
将来更大可能性条件 future more vivid condition
将来更小可能性条件 future less vivid condition
将来开放条件 future open condition
将来性 futurity
将来最大可能性条件 future most vivid condition
交流功能 communicative function
焦点 focus
阶段动词 phase verb
结果从句 result/consecutive clause
结果名词 result noun
结果性的 resultative
结论分句 apodosis
解释性关系从句 explanatory relative clause
介词 preposition
介词短语 prepositional phrase
禁止虚拟式 prohibitive subjunctive
静态动词 见状态动词
句感叹 sentence exclamation
句号 period
句子核心 sentence core / 'nucleus' of sentence
句子类型 sentence type
具格 instrumental
具体名词 concrete noun
具有特征的现在时 characterized present

聚合性的 concentrating
卷舌辅音 rhotic consonant
绝对时态 absolute tense
绝对性用法 elative use

κ 型完成时 kappa-perfect
考量虚拟式 deliberative subjunctive
考量疑问 deliberative question
可递归的过程 recursive process
可动词 mobile
可能祈愿式 见潜在祈愿式
可能条件 见潜在条件
可确指的 identifiable
可确指性 identifiability
可数名词 countable noun
可选成分 optional constituent
可移动的辅音 movable consonant
客体名词 object noun
客体属格 genitive of the object / objective genitive
肯定的 affirmative
空间宾格 accusative of space
空间属格 genitive of space
宽焦点 broad focus
框架 framework
括号 parenthesis sign

来源属格 genitive of origin
来自名词的动词 denominative verb
类似现在的 present-like
类属冠词 generic article
类推 analogy
离题性关系从句 digressive relative clause
历史现在时 historic(al) present
历史序列 historic/secondary sequence
历史直陈式 secondary indicative
连接性小品词 connective particle
连接状语 conjunct
连结分词 connected participle
连续的 continuous
量词 quantifier
零级 zero-grade
流音 liquid
流音第一不定过去时 liquid first aorist
轮流对白 stichomythia
论元 argument

勉力从句 effort clause
名词 noun
名词短语 noun phrase
名词化 nominalize
名词化[形式] nominalization
名词句 nominal sentence
名词性感叹 nominal exclamation
名词性形式 nominal form

命令不定式 imperatival infinitive / *infinitivus pro imperativo*
命题性内容 propositional content
母动词 matrix verb
母句 matrix clause
母谓语 matrix predicate
目标体动词 telic verb
目的从句 purpose/final clause
目的-结果不定式 final-consecutive infinitive

南非荷兰语 Afrikaans
内部宾语 internal object
能动不定式 dynamic infinitive
逆行的重音 recessive accent(uation)

o 级 o-grade

派生 derivation
配价 valency
配位 见语质
品质属格 genitive of quality
破折号 dash
普遍性不定过去时 generic aorist
普通级 normal grade
普通条件 generic condition

起始的 ingressive
气符 breathing mark/sign
前扬词 proparoxytone
前音节 antepenult
前指的 anaphoric
前置词 prepositive (word)
潜在祈愿式 potential optative
潜在条件 potential condition
强化词 intensifier
强级 strong grade
强调词 emphasizer
强制成分 obligatory constituent
清塞音 voiceless stop
情景类型 situation type
情态含义 modality
情态直陈式 modal indicative
情绪来源属格 genitive of source of emotion
情绪性将来条件 emotional future condition
情状性分词 circumstantial participle
情状与格 dative of circumstance
曲言 见间接肯定
全级 full grade
劝勉虚拟式 hortatory subjunctive
确指 identify

让步从句 concessive clause
人称 (grammatical) person
人称代词 personal pronoun
融音 crasis

融音符 coronis
软腭音 velar

σ 型不定过去时 sigmatic aorist
散珠格 asyndeton
塞音 stop
设问 见修辞性疑问
声带 vocal cord
省音符 apostrophe
施事[者]与格 dative of agent
施事名词 agent noun
时间[持续]宾格 accusative of (duration of) time
时间从句 temporal clause
时间锚 temporal anchor
时间属格 genitive of time
时间性增音 temporal augment / *augmentum temporale*
时间与格 dative of time
时态 tense
时态词干 tense stem
实词 substantive
实词化 substantivize
实词化工具 substantivizer
实词性从句 substantival clause
使成动词 factitive verb
使役动词 causative verb
事件动词 event noun
事实性 factuality
是非疑问[句] yes/no-question
手段与格 dative of means
受话人 addressee
属格 genitive
属格与分词[结构] genitive-and-participle (construction)
属有[者]与格 dative of the possessor
属有属格 genitive of possession/belonging
述说性的 ὅτι ὅτι *recitativum*
述行性不定过去时 performative aorist
述愿性不定过去时 constative aorist
数 number
数词 numeral
双宾格 double accusative
双重增音 double augment
双数 dual
双音 geminate
双元音 diphthong
双字母 digraph
顺向同化 progressive assimilation
瞬时性不定过去时 instantaneous aorist
瞬时性现在时 instantaneous present
咝音 sibilant
送气 aspiration
送气[清]塞音 aspirated (voiceless) stop
送气符 rough breathing / *spiritus asper*
送气型完成时 aspirated perfect
诉歌 elegiac
肃剧 tragedy
肃剧不定过去时 tragic aorist
莎草纸文献 papyrus
缩合 contraction
缩合动词 contract(ed) verb
缩合型将来时 contract future
所指对象 referent
所指性含义 referential meaning

特征与格 ethical dative
特指疑问 specifying question
体 aspect
体中立的 aspect-neutral
添加前缀 prefix(ation)
条件从句 conditional clause
条件分句 protasis
条件句 conditional period
通性 common gender
通性名词 ‘common gender’ noun
通用希腊语 Koine (Greek) / κοινή
同化（词法） assimilation
同化（句法） attraction
同时的 coincident
同时性 simultaneity
同时性叙述 simultaneous narration
同位 apposition
同位语 appositive
同义的 synonymous
同源宾语 cognate object
秃气 psilosis
突出性 saliency
图像式词序 iconic ordering
脱音 hyphaeresis

瓦克纳格尔规律 Wackernagel’s Law
外围内容 periphery
完成体 perfective aspect
完成现在时 perfective present
完全体 confective aspect
尾扬词 oxytone
尾扬抑词 perispomenon
尾抑词 barytone
尾音节 ultima
未实现的条件 unfulfilled condition
未完成时分词 imperfect participle
未完成体 imperfective aspect
位格 locative
位格形式 locative
位置与格 dative of place
谓语名词 predicate noun
谓语形容词 predicate adjective
谓语性补语 predicative complement
谓语性位置 predicative position

谓语性修饰语 predicative modifier
文本建构性小品词 text-structuring particle
文本类型 type of text
问号 question mark
无构干元音[型]的 athematic
无人称被动态 impersonal passive
无人称结构 impersonal construction
物质名词 mass noun
物主形容词 possessive adjective

析取关系 disjunction
习惯性条件 habitual condition
戏剧不定过去时 dramatic aorist
系动词 linking/copulative/copular verb / copula
辖域小品词 particle of scope
下加状语 subjunct
下写的 ι iota subscript
效果名词 effect noun
先行词 antecedent
先行同化 anticipatory assimilation
先在性 anteriority
现代希腊语 modern Greek
限定宾格 accusative of limitation
限定词性用法 adnominal use
限定动词 finite verb
限定关系词 definite relative
限定式 finite mood
限制性关系从句 restrictive/determinative rel-a-tive clause
相对时态 relative tense
相互代词 reciprocal pronoun
相互含义 reciprocal meaning
响音 resonant
小楷 minuscule
小品词 particle
小品词组合 particle combination
小写 lower case
斜格 oblique case
谐剧 comedy
新生话题 new topic
新月形的 σ lunate σ
信息状态 information status
星号 asterisk
行事性不定过去时 见述行性不定过去时
形容词 adjective
形容词性从句 adjectival clause
性属 gender
修辞性疑问 rhetorical question
修饰语 modifier
序数形容词 ordinal adjective
叙事诗 epic
叙事性的 τε epic τε
叙述性的 narrative
叙述性现在时 narrative present

宣称的 asserted
选言关系 见析取关系
选择疑问 alternative question

延长级 lengthened grade
言外 illocution
言外的 illocutionary
央元音 central vowel
扬抑音[符] circumflex
扬音[符] acute
阳性形式/的 masculine
一般条件 general condition
一致[关系] agreement
移动的重音 mobile accent(uation)
移后同化 lag assimilation
移位 hyperbaton
疑惧从句 fear clause
疑虑虚拟式 dubitative subjunctive
疑问[句] question
疑问词 question word
疑问的 interrogative
以言行事 见言外
异干动词 suppletive verb
异干互补 suppletion
异干名词 heteroclitic
异态动词 deponent verb
异体 alternative (form)
抑音[符] grave
意动的 conative
意欲祈愿式 cupitive optative
意愿[句] desiderative/wish
意愿的 desiderative
阴性形式/的 feminine
音变规律 sound change law
音长 length
音高 pitch
音高重音 pitch-accent
音级 grade
音节 syllable
音节划分 syllabi[fi]cation
音节性增音 syllabic augment / *augmentum syllabicum*
音量 quantity
音量换音 quantitative ablaut
音量交换 quantitative metathesis / exchange of (vowel) quantity
音调 tone
音值 value
音质 quality
音质换音 qualitative ablaut
引号 quotation mark
引入句 presentational sentence
隐含的将来 concealed future
隐性 σ 型不定过去时 pseudo-sigmatic aorist
印欧语 Indo-European language

有人称动词 verb with personal forms
迂说的 periphrastic
与格 dative
与格与分词[结构] dative-and-participle (construction)
语境 context
语篇 discourse
语篇话题 discourse topic
语篇连贯 textual coherence
语篇小品词 discourse particle
语式的同化 attraction of mood / *attractio modorum*
语调单元 intonation unit
语义标签 semantic label
语域 register
语质 diathesis
预词 prolepsis
预期结构 prospective/anticipatory construction
预期条件 prospective condition
预设的 presupposed
元音 vowel
元音递变 vowel graduation
元音化 vocalize
元音交替 apophony
原级 positive degree
原始动词 见词根动词
原因从句 causal clause
原因关系从句 causal relative clause
原因属格 genitive of cause
圆唇 roundness
圆唇元音 rounded vowel
远条件 remote condition
愿望动词 desiderative/volitional verb

增饰 elaboration
增音 augment
窄焦点 narrow focus
真性双元音 genuine diphthong
整合形式 见独体形式
震动的 tremulant
直接宾语 direct object
直接反身 direct-reflexive
直接话语 direct speech
直接语境 immediate context
只有被动形式的动词 passive-only verb / *passiva tantum*
只有中动形式的动词 middle-only verb / *media tantum*
指示[句] directive
指示代词 demonstrative pronoun
指示性的 deictic
指示中心 deictic centre
指小的 diminutive
中点 high dot
中心代词 head pronoun
中心名词 head noun
中心语 head
中性形式/的 neuter
中性条件 neutral condition
中元音 mid vowel
中缀 infix
重音[的确定] accent(uation)
重音[符] accent (sign)
重音值 weight
主导化用法 dominant use
主动的 active
主格 nominative
主格与不定式[结构] nominative-and-infinitive (construction)
主格与分词[结构] nominative-and-participle (construction)
主句 main clause
主题 theme
主体属格 genitive of the subject / subjective genitive
主[句]谓语 main predicate
主要部分 principal parts
主语 subject
主语[性]补语 subject(ive) complement
主语属格 见主体属格
助动词 auxiliary verb
专有名词 proper name
转述者 reporter / reporting speaker
转折的 adversative
装扮动词 verb of grooming
状态变化动词 change-of-state verb
状态动词 stative verb
状语 adverbial modifier
状语从句 adverbial clause
准无人称动词 ‘quasi-impersonal’ verb
浊塞音 voiced stop
自主关系从句 autonomous relative clause
字母表 alphabet
最高级 superlative

附录四 古典学音译流程图

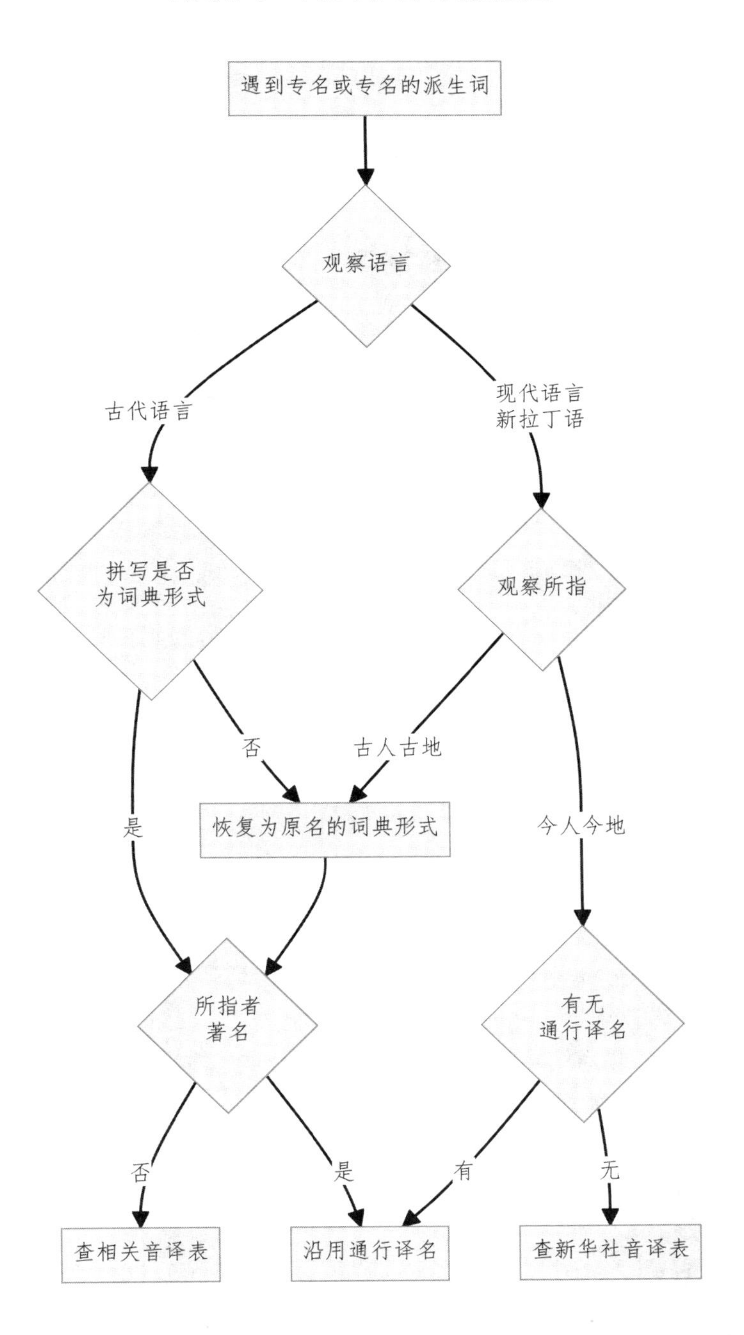

附录五 拉丁语古希腊语汉字转写表

	a/α	e/ε/η	i/ι	o/o/ω	u/ου	y/υ	ae/αι	au/αυ	an/αν	en/εν/ην	in/ιν	on/ον/ων	un/ουν	yn/υν	
c(h)/κ/χ	卡	刻	奇	科	库	曲	凯	考	坎	肯	钦	孔	琨	群	克
g/γ	伽	革	吉	戈	古	巨	盖	高	甘	艮	金	贡	衮	君	格
t(h)/τ/θ	塔	忒	提	托	图	缇	泰	陶	坦	腾	廷	同	屯	汀	特
d/δ	达	得	迪	多	都	笛	代	道	丹	登	丁	冬	顿	玎	德
p/π	帕	佩	皮	珀	普	丕	派	泡	潘	朋	品	珀恩	普恩	丕恩	璞
b/β	巴	贝	比	波	布	彼	拜	包	班	本	丙	波恩	布恩	彼恩	卜
n/ν	纳	内	尼	诺	努	倪	奈	瑙	南	嫩	宁	农	努恩	倪恩	恩
m/μ	玛	美	米	摩	穆	密	迈	茂	曼	门	明	蒙	穆恩	密恩	姆
r/ρ	刺	热	瑞	若	茹	律	赖	绕	冉	壬	灵	戎	闰	律恩	尔
l/λ	拉	勒	利	洛	路	吕	莱	劳	兰	冷	林	隆	伦	吕恩	珥
s/σ/ς	撒	色	西	索	苏	叙	赛	扫	珊	森	辛	松	荪	逊	斯
h/ʽ	哈	赫	希	霍	胡	绪	海	浩	罕	亨	兴	弘	浑	巽	曷
f/ph/φ	法	斐	菲	佛	福	费	蜚	孚	梵	分	芬	丰	封	风	弗
z/ζ	孜达	孜得	孜迪	孜多	孜都	孜笛	孜代	孜道	孜丹	孜登	孜丁	孜冬	孜顿	孜玎	孜德
x/ξ	克撒	克色	克西	克索	克苏	克叙	克赛	克扫	克桑	克森	克辛	克松	克荪	克巽	克斯
ps/ψ	璞撒	璞色	璞西	璞索	璞苏	璞叙	璞赛	璞扫	璞桑	璞森	璞辛	璞松	璞荪	璞巽	璞斯
i/j/ι	雅	耶	依	约	尤	聿	野	幺	彦	延	因	雍	云	芸	伊
v/u/ου	瓦	威	维	沃	武	宇	外	渥	万	文	维恩	沃恩	武恩	宇恩	乌
qu	克瓦	克威	克维	克沃	克武	克宇	克外	克渥	克万	克文	克维恩	克沃恩	克武恩	克宇恩	克乌
	阿	厄	伊	欧	乌	玉	埃	奥	安	[厄]恩	印	昂/翁	温	允	

使用说明

1. 词首的ι不与其后的元音一起转写，例如人名 Ἰοβάτης[伊欧巴忒斯]。

2. 转写表中未涉及的双元音（ᾳ、ei/ει/ῃ/ηι、eu/ευ/ηυ、oe/οι/ῳ/ωι、ωυ、ui 和 υι）拆分转写，例如：

poea/ποια/πῳα/πωια 转写为“珀雅”（从而与带分音符的 poëa[珀厄阿]、ποϊα[珀伊阿]区分）；

leun/λευν/λῃυν 转写为“勒温”；

εὐα 转写为“厄瓦”（双元音的第二部分的υ视作u）。

3. 转写表中提及的三种双元音（ae/αι、au/αυ 和 ου）不可拆分，例如：

caen/καιν/χαιν 转写为“凯恩”。

4. 软腭鼻音（亦即软腭塞音前的γ）视作 n/ν 来转写，例如：

怪兽名 Σφίγξ 按照通行习惯和转写表均作“斯芬克斯”。

5. 唇塞音（p/π、b/β 和 ph/φ；ψ同理）或唇鼻音（m/μ）之前的音节末尾的唇鼻音（m/μ）视作齿鼻音（n/ν），除非转写表以“恩”来拆分，例如：

人名 Σύμμαχος 转写为“逊玛科斯”（συμ 之后是μ，故视作 συν）；

人名 Θεόπομπος 转写为“忒欧珀姆珀斯”（μ之后虽为唇音π，但 πον 在转写表中拆分为“珀恩”，故依旧不变）。

6. 词首的“厄恩”（En/Ἐν/Ἠν）简化为“恩”，其他不会造成混淆的情况亦然：

人名 Ἔννομος 转写为“恩诺摩斯”；

人名 Cluentius 转写为“克路恩提乌斯”（lun 转写为“伦”）；

但是，puen 转写为“普厄恩”（“普恩”对应 pun，简化后会混淆）。

7.“翁”用于男性人名，“昂”用于其他情况，例如：

男性人名 Λέων 转写为“勒翁”；地名 Ῥήγιον 转写为“热吉昂”。

8. 应当根据齿鼻音 n/ν 所在的准确位置和数量来进行汉字转写，例如：

Οὐρανός[天空之神]宜转写为“乌剌诺斯”而非“乌冉诺斯”；

人名 Παυσανίας 宜转写为“泡撒尼阿斯”而非“波珊尼阿斯”（以上两个名词中都只有一个ν，不存在以齿鼻音结尾的音节）；

人名 Fannius 则宜转写为“梵尼乌斯”而非“法尼乌斯”。

9. 如果连续出现了同一个辅音，那么这两个辅音都宜译出以准确体现原文的拼写（而非发音），例如：

人名 Atticus 宜转写为“阿特提库斯”；

人名 Catullus（来源为凯尔特语）宜转写为“卡图珥路斯”，从而避免同与前者无词源关系的 Catulus[卡图路斯]（意为“小狗”“幼犬”，来源为翁布里亚语 katel）混淆。

原作者、中译者简介

范·埃姆德·博阿斯（Evert van Emde Boas） 主攻方向是应用现代语言学和认知法来进入古希腊文学，目前任教于丹麦奥胡斯大学。其著作包含论述古希腊肃剧的一部专著和数篇论文，还有几项关注戏剧观众心理学的跨学科研究。他先前在牛津大学、阿姆斯特丹大学、阿姆斯特丹自由大学、格罗宁根大学和莱顿大学担任过多种教学和研究职务。

莱克斯巴隆（Albert Rijksbaron） 阿姆斯特丹大学古希腊语语言学荣休教授。他的作品包括受到高度称赞和广泛使用的古希腊语语言学著作以及多篇论文。他曾编纂并参编这一领域的一些合作作品。

豪廷克（Luuk Huitink） 现为海德堡大学欧洲研究委员会“古代叙事”项目博士后研究员，关注古代修辞学与认知语言学的关系以厘清古代的读者想象问题。他曾任牛津大学默顿学院莱文提斯古希腊语研究员，曾为莱顿大学斯宾诺莎访问研究员。豪廷克发表过论述古典希腊语、后古典希腊语语言学和叙事学主题的作品，与鲁德（Tim Rood）合作编写了“剑桥希腊语拉丁语经典”系列中色诺芬《居鲁士上行记》第三卷的笺注本，此注本与本书契合。

德·巴克（Mathieu de Bakker） 阿姆斯特丹大学古典学系讲师，所授课程涵盖古希腊语文学的各个方面，著作涉及古希腊史家和演说家，先前任教于牛津大学。

顾枝鹰 1993 年生于上海，中国人民大学古典文明研究中心古典学博士，中国社会科学院外国文学研究所古典学研究室助理研究员；译有凯撒《高卢战记》第一卷（2015）、《拉丁语语法新编》（2017）、西塞罗《图斯库路姆论辩集》（2022）和普鲁塔克《西塞罗传》（即出）等。

杨志城 1992 年生于广东惠州，本硕博均就读于中国人民大学古典文明研究中心；译有《拉丁语语法新编》（2017）、《西方古代的天下观》（2018）、《苏格拉底式的君主色诺芬：〈居鲁士上行记〉的论证》（2020）、《苏格拉底与居鲁士：色诺芬导读》（2024）、《色诺芬的苏格拉底言辞：〈治家者〉义疏》（即出）、《色诺芬的苏格拉底》（即出）和色诺芬《希腊志》（即出）等。

张培均 1990 年生于浙江绍兴，中国人民大学古典文明研究中心古典学博士，中国社会科学院外国文学研究所古典学研究室助理研究员；译有《君主及其战争技艺》（2019）、《太平洋地缘政治学》（2020）、《地缘政治学的世界》（2021）、《追忆施特劳斯》（2023）、撒路斯提乌斯《罗马共和纪事》（2023）和希罗多德《原史》（即出）等。

李孟阳 1991 年生于广东广州，中国人民大学古典文明研究中心古典学硕士，英国爱丁堡大学古典学博士，中山大学博雅学院博士后，温州大学人文学院讲师；译有《论施特劳斯的思索和写作》（2021）和索福克勒斯《埃阿斯》（即出）等。

程茜雯 1994 年生于山西长治，中国人民大学古典文明研究中心古典学博士，上海师范大学人文学院讲师；译有《不羁的辩辞：路吉阿诺斯与传统之谐剧》（即出）和《路吉阿诺斯作品集》（即出）等。

图书在版编目（CIP）数据
剑桥古典希腊语语法/（荷兰）范・埃姆德・博阿斯等编；顾枝鹰等译. —上海：华东师范大学出版社，2021
ISBN 978-7-5760-1819-6
I. ①剑… II. ①范… ②顾… III. ①希腊语—语法—自学参考资料 IV. ①H791.34
中国版本图书馆 CIP 数据核字（2021）第 114556 号

华东师范大学出版社六点分社
企划人　倪为国

剑桥古典希腊语语法

编　　者　（荷兰）范・埃姆德・博阿斯　莱克斯巴隆　豪廷克　德・巴克
译　　者　顾枝鹰　杨志城　张培均　李孟阳　程茜雯
特约审读　唐祥婷
责任编辑　倪为国
责任校对　王　旭
排　　版　顾枝鹰
封面设计　刘怡霖

出版发行　华东师范大学出版社
社　　址　上海市中山北路 3663 号　　邮编　200062
网　　址　www.ecnupress.com.cn
电　　话　021-60821666　　行政传真　021-62572105
客服电话　021-62865537　　门市（邮购）电话　021-62869887
地　　址　上海市中山北路 3663 号华东师范大学校内先锋路口
网　　店　http://hdsdcbs.tmall.com

印 刷 者　上海景条印刷有限公司
开　　本　787×1092　1/16
印　　张　56
字　　数　510 千字
版　　次　2021 年 7 月第 1 版
印　　次　2025 年 4 月第 2 次
书　　号　ISBN 978-7-5760-1819-6
定　　价　168.00 元

出 版 人　王　焰

（如发现本版图书有印订质量问题，请寄回本社客服中心调换或电话 021-62865537 联系）

The Cambridge Grammar of Classical Greek
by Evert van Emde Boas, Albert Rijksbaron, Luuk Huitink, Mathieu de Bakker
ISBN-13: 9780521127295

上海市版权局著作权合同登记　图字：09-2020-1068 号